Liebe Leserin, lieber Leser,

wir freuen uns, daß Sie sich für ein Buch der Reihe Galileo Computing entschieden haben.

Galileo Computing bietet Titel zu allen wichtigen Sprachen, Tools und Techniken der Programmierung. Die Bücher der Reihe zeigen, wie es wirklich geht und warum – immer mit Blick auf die praktische Anwendung. Galileo Computing ist Fachliteratur für Experten von Experten. Kompakt in der Darstellung und benutzerfreundlich gestaltet. Wo wir Übersetzungen in unser Programm aufnehmen, garantieren wir deren herausragenden Informationswert. Hohe Qualität der Übertragung ist selbstverständlich.

Jedes unserer Bücher will Sie überzeugen. Damit uns das immer wieder neu gelingt, sind wir auf Ihre Rückmeldung angewiesen. Bitte teilen Sie uns Ihre Meinung zu diesem Buch mit. Ihre kritischen und freundlichen Anregungen, Ihre Wünsche und Ideen werden uns weiterhelfen.

Wir freuen uns auf den Dialog mit Ihnen.

Ihre Judith Stevens

Galileo Press
Gartenstr. 24
53229 Bonn

judith.stevens@galileo-press.de
www.galileocomputing.de

Günter Born

Dateiformate – Die Referenz

Tabellenkalkulation, Text, Grafik, Multimedia, Sound und Internet

Galileo Computing

Die Deutsche Bibliothek – CIP-Einheitsaufnahme

Ein Titeldatensatz für diese Publikation ist bei der Deutschen Bibliothek erhältlich

ISBN 3-934358-83-7

1. Auflage 2000

Der Name Galileo Press geht auf den italienischen Mathematiker und Philosophen Galileo Galilei (1564–1642) zurück. Er gilt als Gründungsfigur der neuzeitlichen Wissenschaft und wurde berühmt als Verfechter des modernen, heliozentrischen Weltbilds. Legendär ist sein Ausspruch **Eppur se muove** (Und sie bewegt sich doch). Das Emblem von Galileo Press ist der Jupiter, umkreist von den vier Galileischen Monden. Galilei entdeckte die nach ihm benannten Monde 1610.

Lektorat Barbara Lauer, Bonn **Korrektorat** Sandra Gottmann, Bonn **Einbandgestaltung** Barbara Thoben, Köln **Titelfoto** The Stock Market **Herstellung** Iris Warkus **Satz** reemers publishing services gmbh, Krefeld **Druck und Bindung** Media-Print, Paderborn

Inhalt

Vorwort 15

Teil 1: Tabellenkalkulation

1 Lotus 1-2-3-Format (WKS/WK1) 17

Der Aufbau der WKS/WK1-Dateien 17

Recordtypen in Lotus 1-2-3 (Versionen 1.1 bis 2.01) 18

2 LOTUS 1-2-3-Format (WK3) 53

Die LOTUS 1-2-3-Recordtypen der Version 3.x 53

3 Binary Interchange Format (BIFF) 87

Der BIFF-Recordaufbau der Versionen 2.0–8.0 87

Indizierung in der Tabelle 91

Die Recordtypen im BIFF2- bis BIFF8-Format 91

4 Quattro Pro 3.0-Dateiformat (WQ1) 219

Der Recordaufbau 219

Die Quattro Pro-Recordtypen 219

5 Symbolic Link-Format (SYLK) 279

Die Basis-SYLK-Records 279

SYLK-Formaterweiterungen für CHART 294

6 Data Interchange Format (DIF) 311

Der Aufbau des DIF-Headers 311

Die DIF-Datensatzstruktur 317

7 Super Data Interchange-Format (SDI) 323

Der Header einer SDI-Datei 323

Der Datenteil einer SDI-Datei 327

Teil 2: Textverarbeitung

8 Word 97-Dateiformat (DOC) 331

Der Aufbau einer Word DOC-Datei 331

Aufbau des Textbereichs 340

Zeichen- und Absatzformatierung 343

9 WordPerfect-Format 345

Der WordPerfect-Header (Version 5.0) 345

Der WordPerfect-Datenbereich (5.0) 350

Die 1-Byte-Steuercodes von 00H bis BFH 351

Die Fixed Length Multibyte-Steuercodes von C0H bis CFH 354

Variable Length Multibyte-Steuercodes von D0H bis FFH 357

Subfunktionen zur Fontauswahl (Code D1H) 363

Subfunktionen zur Gruppendefinition (Code D2H) 364

Set Group-Subfunktionen (Code D3H) 370

Die Format-Group-Subfunktionen (Code D4H) 376

Die Header/Footer-Group-Subfunktionen (Code D5H) 378

Footnote/Endnote-Group-Subfunktionen (Code D6H) 380

Generate Group-Subfunktionen (Code D7H) 381

Display Group-Subfunktionen 387

Miscellaneous Group 389

Box Group 391

Style Group 395

WordPerfect-Header (Version 5.1) 397

Der WordPerfect 5.1-Textbereich 400

Die Fixed Length Multibyte-Steuercodes (Version 5.1) 401

Die Variable Length Multibyte-Steuercodes (Version 5.1) 403

Subfunktionen zur Fontauswahl (Code D1H) 407

Subfunktionen zur Gruppendefinition (Code D2H) 409

Set Group-Subfunktionen (Code D3H, Version 5.1) 413

Format-Group-Subfunktionen (Code D4H) (Version 5.1) 416

Header/Footer-Group-Subfunktionen (Code D5H) 420

Footnote/Endnote-Group-Subfunktionen (Code D6H) 420

Generate Group-Subfunktionen (Code D7H) 420

Display Group-Subfunktionen (Code D8H) 421
Miscellaneous Group (Code D9H) 421
Box Group (Code DAH) 423
Table End of Line Codes Group 429
Table End of Pages Codes Group (0DDH) 431
Enhanced Merge Functions (Code DEH) 431

10 Rich Text Format (RTF Version 1.6) 437
Der Aufbau der RTF-Datei 438
Destination Control Words 440
Der Dokumentbereich 454
Verschiedene Kontrollwörter 512

Teil 3: Grafikformate

11 Das Adobe Illustrator File-Format (AI) 515
Die AI-Header-Comments 515

12 Das Adobe Photoshop-Format (PSD) 533
Der Photoshop-Header 533
Der Mode Data-Block 534
Der Resource Data-Block 535
Der Bilddatenbereich 535

13 AutoCAD Drawing Exchange Format (DXF) 537
Aufbau einer DXF-Datei 537
Der DXF-Header 548
DXF Table-Section 554
BLOCK-Abschnitt einer DXF-Datei 564
DXF Entities Section 566
AutoCAD Binary DXF 580
Das Drawing Exchange Binary-Format (DXB) 581

14 Das Autodesk Animator-Format (FLI) 583

Der FLI-Header 583

Die FLI-Frames 584

Das Animator CEL- und PIC-Format 589

15 Das Autodesk 3D Studio-Format (FLC) 591

Der FLC-Header 591

Die FLC-Frames 593

16 Das Audio/Video Interleaved-Format (AVI) 599

Die Resource Interchange File Format (RIFF)-Spezifikation 599

Der AVI-Header-CHUNK (hdrl) 601

Andere Daten-CHUNKs 609

17 Windows Bitmap-Format (BMP) 611

Erweiterter Header in Windows 3.x 611

Erweiterter Header in Windows NT 614

Erweiterter BMP4-Header (Windows 95) 615

Der Datenbereich 616

Das Windows RLE-Format (RLE) 619

18 OS/2 Bitmap-Format (BMP) 621

OS/2 Bitmap-Format (Version 1.1-1.3) 621

OS/2 Bitmap-Format (Version 2.0) 623

19 Das CAS Fax-Format (DCX) 631

Der DCX-Header 631

20 Computer Graphic Metafile-Format (CGM) 633

Binäre CGM-Kodierung 633

Kodierung als ASCII-Text 639

Die Character-Kodierung mit ISO-Zeichen 642

Metafile-Anweisungen 645

21 Das Dr. Halo-Format (PIC, CUT, PAL) 655

22 Graphics Interchange Format (GIF) 661
Der GIF-Header 662
Die GIF-Blocks 662
Subblocks mit Raster-Daten 674

23 GEM Image File-Format (IMG) 681
Der IMG-Kopfsatz 682
Speichern von IMG-Daten 685
Bildkomprimierung bei IMG-Dateien 686
Pixelkodierung 686
Das Solid Run-Format 687
Das Bit String-Format 687
Das Pattern Run-Format 688
Das Vertical Replication Count-Format 689

24 GEM-Metafile-Format (GEM) 693
Der Aufbau des GEM-Metafile-Headers 693
Das Format der Metafile-Objekte 695
Generalized Drawing Primitives (GDP Opcode 0BH) 699
Erweiterungen in GEM/3 716

25 Initial Graphics Exchange Language (IGES) 719
Die Start-Section 720
Die Global-Section 720
Die Directory-Entry-Section 722
Die Parameter Data-Section 724
Die Terminate-Section 724
Die Elemente einer IGES-Datei 724

26 Interchange File Format (IFF) 733
Der IFF-Header 734
IFF-Blockstruktur (CHUNK) 736
Die CHUNKs eines ILBM-FORMs 738
Die CHUNKs eines 8SVX-FORMs 744
Die CHUNKs des AIFF-FORM 747

Die CHUNKs des SMUS-FORM 748
Die CHUNKs des FTXT-FORM 749
Allgemeine CHUNKs 754

27 Das JPEG/JFIF-Format (JPG) 757
Die Marker einer JFIF-Datei 758
Das SPIFF-Format 767

28 Das MAC-Paint-Format (MAC) 771
Der MAC-Header 772
Der MAC-Datenbereich 774

29 Das MAC-Picture-Format (PICT) 777
Der PICT-Header 778
Der PICT-Datenbereich 778

30 Micrografx-Formate (PIC, DRW, GRF) 789
Recordtypen in den Grafikdateien 792
Recordaufbau der Version 1 803
Recordaufbau der Version 2 805
Recordaufbau der Version 3 807
Recordaufbau der Version 4 809
Recordaufbau der Version 5 811

31 WINDOWS 2.0 PAINT File-Format (MSP) 819
Der MSP-Header 819
Die Indextabelle 820
Der Datenbereich 820

32 Die PBM-Formate (PBM, PGM, PPM) 823
Der PBM-Header 823
Der PGM-Header 823
Der PPM-Header 824
Bilddaten 824

33 ZSoft Paintbrush File Format (PCX) 825

Der Aufbau des PCX-Headers 827
CGA-Farbpaletteninformationen 829
EGA/VGA-Palette mit 16 Farben 830
VGA-Palette mit 256 Farben 830
Die Kodierung der PCX-Daten 831
Das Format der PC Paintbrush-Bitmap-Zeichen 834
Das CAPTURE File-Format (SCR) 835

34 Das PCPAINT/Pictor-Format (PIC) 837

Der PCPAINT/Pictor-Header 837
Der PIC-Datenbereich 839

35 Das Portable Network Graphics-Format (PNG) 843

Der Aufbau der PNG-Datei 843
Kritische CHUNKs 845
Untergeordnete (ancillary) CHUNKs 847
Der Bilddatenbereich 851

36 Das Apple QuickTime-Format (QTM) 855

Das Movie Directory-Atom 856
Das Movie Header-Atom 857
Das Track Directory-Atom 858

37 Das SUN Rasterformat (RAS) 861

Der RAS-Header 861
Der Palettendatenbereich 863
Der RAS-Datenbereich 863

38 Das TARGA-Format (TGA) 865

Der TARGA-Header 865
Struktur des Headers 867
Palettendaten 869

Der Bilddatenbereich 870
Erweiterungen des TARGA-Formats 2.0 873

39 Tag Image File Format (TIFF 6.0) 877
Der TIFF-Header 877
Der Aufbau des Image File Directory (IFD) 878
Der Aufbau eines Tags 879
Beschreibung der Tag-Typen 881
TIFF-Komprimierungsverfahren 917

40 Das Windows Metafile-Format (WMF) 925
Der Metafile-Header 925
Die Metafile-Records 926
Das Enhanced Metafile-Format (EMF) 946

41 WordPerfect Graphic File Format (WPG) 951
WPG-Header 951
WPG-Records 951

Teil 4: Soundformate

42 Das Creative Music File-Format (CMF) 965
Der CMF-Header 965
Der Instrument-Block 967
Der Music-Block 969
Die Steuerbefehle 971

43 Das Creative Voice-Format (VOC) 975
Der VOC-Header 975
Der VOC-Datenbereich 976

44 Das AMIGA MOD-Format 981
Der MOD-Header 981
Der Noten-Block 982
Der Instrumentdatenbereich 983

45 Das MIDI-File-Format (MID) 985

Der MIDI Header-CHUNK 985

Der Track-CHUNK 987

Die MIDI-Events 989

Die Steuerbefehle 993

Die MIDI-Betriebsartenbefehle 995

Local Control 995

All Notes off 995

Die MIDI-Programm-Befehle 996

Die MIDI-Timing-Befehle 997

Die MIDI-System-Common-Befehle 997

Die Meta-Events 1000

46 Das Windows WAV-Format 1005

Der WAV-Header 1005

Der FMT-CHUNK 1006

Der DATA-CHUNK 1006

Teil 5: Beschreibungssprachen

47 Hewlett Packard Graphic Language (HP-GL/2) 1009

HP-GL/2-Gruppen 1010

Configuration and Status Group 1012

Vector Group 1014

Polygon Group 1017

Line and Fill Attributes Group 1019

Character Group 1021

Technical Graphics Extension 1024

Palette Extension 1027

Dual Context Extension 1028

Digitizing Extensions 1028

48 PostScript und Encapsulated PostScript (EPS) 1031

Die EPS-Strukturkonventionen 1034

PostScript-Anweisungen (Level 1) 1036

PostScript Level 2 1047

49 Das Portable Document Format (PDF) 1067

Hinweise zu PDF-Befehlen 1068

50 Standard Generalised Markup Language (SGML) 1071

Struktur einer SGML-Datei 1071

Struktur eines Dokuments 1072

51 Extended Markup Language (XML) 1081

XML-Dateistruktur 1081

XML-Elemente 1083

Hinweise zur Extended Backus-Naur Form (EBNF) 1086

52 Hypertext Markup Language (HTML) 1089

HTML-Varianten 1089

Die Grundstruktur einer HTML-Datei 1090

Sonderzeichen in HTML 1091

Gestaltung von Überschriften 1093

Horizontale Linien im Dokument 1096

Dokumente mit Aufzählungen gestalten 1097

Numerierungen in Dokumenten verwenden 1097

Grafiken in HTML-Dokumenten 1098

Hintergrundbilder und Hintergrundfarben 1099

Verweise in HTML-Dokumenten 1099

Tabellen in HTML-Dokumenten 1101

HTML-Referenz 1102

Index 1107

Vorwort

Die Ursprünge dieses Buches reichen bis in die Zeit um 1988 zurück. Damals beschäftigte ich mich als Software-Entwickler mit dem Problem, Daten zwischen Tabellenkalkulationsprogrammen, Datenbanken und eigenen Programmen auszutauschen. Auf der Suche nach der Lösung stieß ich häufig auf Begriffe wie DIF-, SYLK- und SDF-Format. Detaillierte Informationen darüber, was es mit diesen Formaten auf sich hatte, konnte allerdings keine der von mir befragten Personen geben. Literatur zu diesem Thema war ebenfalls rar. Irgendwann entstand bei Gesprächen mit Georg Weiherer (einem meiner Lektoren) die Idee, ein Buch über das Thema Dateiformate zu schreiben. Hätte ich damals gewußt, auf was ich mich einlassen würde, aus dem Projekt wäre nie etwas geworden!

Die darauffolgende Zeit verbrachte ich mit Informationsbeschaffung und -sichtung. Gerade diese Punkte erwiesen sich als sehr schwierig, da viele Firmen die Interna ihrer Dateiformate nicht veröffentlichen wollten (Anfragen wurden üblicherweise ignoriert, manchmal kam es zur Androhung rechtlicher Schritte, falls etwas veröffentlicht würde, nur wenige Firmen reagierten schnell und versorgten mich mit den benötigten Unterlagen). Nach fast zwei Jahren harter und teilweise frustrierender Arbeit kam dann die erste Version dieses Buches heraus. Das Echo auf dieses Werk war überwältigend, und so konnte das Buch in den folgenden Jahren mehrfach überarbeitet und erweitert werden. Als besonderen Erfolg werte ich die Tatsache, daß ab 1995 Ausgaben in Englisch und Russisch verfügbar waren und sich in diesem Sprachraum als Standard durchsetzten.

Nachdem der ursprüngliche Titel 1999 ausgelaufen war, führten Nachfragen aus Entwicklerkreisen im Sommer 2000 zur Idee einer Neuausgabe des Titels. Mit Galileo Press war schnell ein Verlag gefunden, um dieses Vorhaben zu verwirklichen, zumal der Titel dort nicht unbekannt war. Es stellte sich allerdings das Problem, daß das bisher angesammelte Material (bereits die fünfte Auflage umfasste 1800 Manuskriptseiten) viel zu umfangreich für ein Buch war. Um Platz für Neues zu schaffen, wurden Inhalte früherer Ausgaben herausgenommen. Das herausgenommene Material steht registrierten Besitzern dieses Buches weiterhin über das Internetangebot des Verlages zur Verfügung.

Abschließend noch ein paar Worte in eigener Sache. Von manchen Lesern wird die Meinung vertreten, daß das Buch als »Bibel« zu gelten hat und die darin enthaltenen Informationen »gefälligst vollständig und korrekt« zu sein haben. Der Inhalt wurde zwar von Autor und Verlag mehrfach geprüft und gelesen — aber letztendlich sind wir alle nur Menschen. Daher wird dieses Buch auch weiterhin Fehler oder Ungenauigkeiten enthalten. Hier bin ich auf Ihre Mitarbeit angewiesen. Durch die bisherigen Hinweise meiner Leser konnte das Buch verbessert und (falls die Informationen vorlagen) erweitert werden. Leider mußte ich in der Vergangenheit auch feststellen, daß der Autor gerne als öffentliche und kostenlose »Auskunftei« betrachtet wird. Jede zweite Anfrage zu diesem Thema befaßte sich mit dem »Problem« was wohl im Buch für Formate beschrieben (das

Inhaltsverzeichnis war im Internet verfügbar) oder ob nicht doch noch Informationen zu diesem oder jenem Format vorhanden seien (wenn dem so wäre, fänden sich die Informationen im Buch). Die Beantwortung solcher Anfragen ist mir zukünftig aus wirtschaftlichen und zeitlichen Gründen unmöglich. Über die Internetseite des Verlags werden registrierte Benutzer jedoch ein Forum finden, in dem zusätzliche Informationen bereitgestellt werden (Informationen zur Registrierung erhalten Sie am Ende dieses Buches). Natürlich bin ich im Hinblick auf zukünftige Versionen des Buches für Anregungen, Verbesserungsvorschläge und Hinweise aus dem Leserkreis dankbar.

Womit wir schon an dem Punkt wären, an dem ich mich für die gewährte Unterstützung bedanken möchte. Hier sei zuerst meine Familie genannt, die meine Arbeit als Autor in den letzten Jahren mit viel Geduld begleitete und so viele Werke überhaupt erst ermöglichte. Erwähnt seien auch Georg Weiherer, der mich vor fast zwölf Jahren auf diese Fährte setzte, sowie Barbara Lauer, die als Lektorin einige Ausgaben betreute. Ohne ihre motivierenden Worte hätte es die vorliegende Ausgabe nicht gegeben. Mein Dank gilt weiterhin den Firmen und Personen, die mich bei der Erstellung dieses Werkes unterstützten.

Das Buch ist meinen Eltern gewidmet, die mich lehrten, einen eingeschlagenen Weg bis zum Ziel zu verfolgen. Meinen Lesern wünsche ich viel Erfolg und neue Erkenntnisse beim Umgang mit dem vorliegenden Buch.

Günter Born
www.borncity.de

1 Lotus 1-2-3-Format (WKS/WK1)

Der Erfolg des Tabellenkalkulationsprogramms LOTUS 1-2-3 führt dazu, daß eine riesige Anzahl von Dateien in diesem Format entstanden ist. Viele Anwendungsprogramme unterstützen zumindest den Import von Daten in diesem Format. In Abhängigkeit von der verwendeten LOTUS-Version (1.0, 1.A, 2.01, 2.2 oder 3.0) haben diese Dateien die Erweiterung WKS, WK1 oder WK3. Im vorliegenden Kapitel wird das WKS/WK1-Format (bis Version 2.01) vorgestellt.

Der Aufbau der WKS/WK1-Dateien

Sowohl LOTUS 1-2-3 als auch die Tabellenkalkulation Symphony legen Daten und Kalkulationsformeln in *Binärdateien* ab. Texte aus den Rechenblättern werden dabei im ASCII-Format innerhalb der Binärdatei gespeichert. Die Dateien erhalten – je nach verwendeter Programmversion – die Erweiterung WKS oder WK1. Auch wenn sich einige Unterschiede zwischen den Dateien der LOTUS-Versionen ergeben, besitzen diese doch einen übereinstimmenden Satzaufbau. Alle Informationen werden satzweise in Records mit folgender Struktur gespeichert:

```
<Recordtyp> <Record Länge> <Daten>
```

Der Satzaufbau ist auch zwischen LOTUS und Symphony gleich und läßt sich über alle Versionen verfolgen. Die einzelnen Felder besitzen folgende Bedeutung:

- Das Feld *Recordtyp* ist zwei Bytes lang und enthält Informationen über den Recordtyp. Dieser bestimmt den Aufbau des nachfolgenden Datenfeldes. Bei Sätzen mit Daten wird dieser Recordtyp auch als Opcode für Rechenanweisungen oder zum Aufbau des Kalkulationsblatts interpretiert. Die beiden Begriffe (*Recordtyp/Opcode*) werden deshalb synonym benutzt. Beim Feld *Recordtyp* wird allerdings zuerst im niederwertigen Byte gespeichert; die Opcodes variieren mit den LOTUS-Versionen.
- Das *Längenfeld* umfaßt zwei Bytes und spezifiziert die Länge des nachfolgenden Datenfeldes in Byte. Dabei wird das LSB ebenfalls zuerst abgespeichert.
- Das *Datenfeld* besitzt eine variable Länge, die durch den jeweiligen Feldtyp spezifiziert wird. In diesem Feld finden sich Werte, Berechnungsformeln, Definitionen für den Aufbau des Kalkulationsblatts etc.

Bei der Interpretation einer LOTUS- oder Symphony-Datei mit dieser Struktur lassen sich die einzelnen Sätze leicht extrahieren. Lediglich einzelne Opcodes, die jedoch alle aufwärtskompatibel sind, variieren zwischen den Versionen.

An dieser Stelle noch eine Anmerkung: In Lotus werden Zeilen und Spalten aus Benutzersicht mit Buchstaben und Nummern versehen. Intern benutzen LOTUS und Symphony Zeilen- bzw. Spaltennummern mit 16-Bit-Breite, wodurch sich jede Feldposition eindeutig durch zwei Zahlen identifizieren läßt. Innerhalb der Datei wird diese Numerierung ebenfalls verwendet.

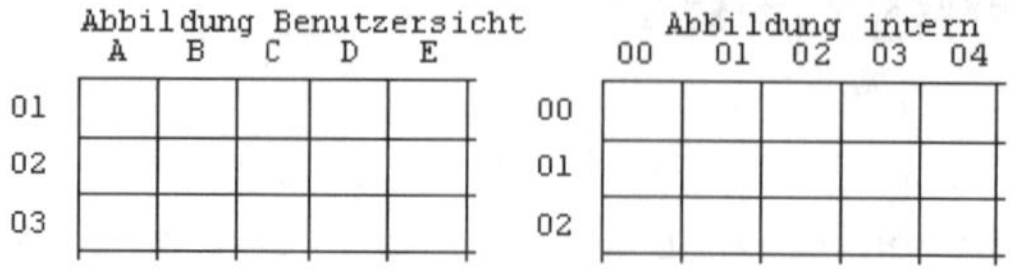

Abbildung 1.1 Spalten- und Zeilennumerierung

Recordtypen in Lotus 1-2-3 (Versionen 1.1 bis 2.01)

Nachfolgend werden die in den WKS-Dateien vorkommenden Satzarten (Opcodes), die sowohl von LOTUS als auch von Symphony benutzt werden, mit ihren Datenstrukturen vorgestellt. Jeder Opcode umfaßt zwei Byte, wobei das LSB (niedrigstwertiges Byte) zuerst gespeichert wird.

Spätere Programmversionen enthalten grundsätzlich die gleichen Opcodes, wurden jedoch um einige neu hinzugefügte Satzarten erweitert.

BOF (Opcode 0000H)

Dieser Feldtyp markiert den Beginn einer gültigen WKS-/WK1-Datei. Der Record besitzt folgenden Aufbau:

Offset	Bytes	Bedeutung
00H	2	Opcode BOF = 0000H
02H	2	Länge = 0002
04H	2	Versionsnummer Dateiformat 0404H 1-2-3 WKS-Format in Version 1.A 0405H Symphony Datei 1.0 0406H 1-2-3 Datei im WK1-Format ab Version 2.01 und Symphony 1.1

Tabelle 1.1 LOTUS-WKS-Recordstruktur (Opcode 0000H)

Das Datenfeld faßt zwei Bytes, in denen der Versionscode des Dateiformats abgelegt ist. Neuere Versionen von LOTUS und Symphony setzen diese Numerierung fort.

EOF (Opcode 0001H)

Dieser Record bildet den Abschluß einer WKS- oder WK1-Datei. Der Satz besitzt folgenden Aufbau:

Offset	Bytes	Bedeutung
00H	2	Opcode EOF = 0001H
02H	2	Länge = 0000

Tabelle 1.2 LOTUS-WKS-Recordstruktur (Opcode 0001H)

Der Satz ist lediglich 4 Bytes lang, das Datenfeld bleibt unbesetzt.

CALC_MODE (Opcode 0002H)

In LOTUS kann der Anwender festlegen, ob eine Neuberechnung der Ergebnisse automatisch nach jeder Eingabe (Standardeinstellung) oder erst auf manuelle Anforderung hin stattfindet. Der Berechnungsmodus wird in einem eigenen Record in der Datendatei mitgespeichert.

Der Satz besitzt folgenden Aufbau:

Offset	Bytes	Bedeutung
00H	2	Opcode CALC_MODE = 0002H
02H	2	Länge = 0001
04H	1	Berechnungsmodus 00 = manuelle Neuberechnung FF = automatische Neuberechnung

Tabelle 1.3 LOTUS-WKS-Recordstruktur (Opcode 0002H)

Standardmäßig enthält das Datenbyte den Wert FFH für eine automatische Neuberechnung (*Recalculation*) nach jeder Eingabe.

CALC_ORDER (Opcode 0003H)

Bei jeder Berechnung der Ergebnisse läßt sich festlegen, in welcher Reihenfolge die Formeln in der Tabelle bearbeitet werden. Diese Einstellung wird ebenfalls in einem Satz mit folgendem Aufbau gesichert:

Offset	Bytes	Bedeutung
00H	2	Opcode CALC_ORDER Opcode = 0003H
02H	2	Länge = 0001
04H	1	Berechnungsmodus 00 = natürliche Reihenfolge 01 = spaltenweise Berechnung FF = zeilenweise Berechnung

Tabelle 1.4 LOTUS-WKS-Recordstruktur (Opcode 0003H)

Bei der spaltenweisen Berechnung (Code 01) werden erst die Formeln der betreffenden Spalte abgearbeitet. Anschließend beginnt LOTUS mit der Berechnung der Formeln der folgenden Spalte.

WINDOW_SPLIT (Opcode 0004H)

LOTUS erlaubt die Aufteilung des Bildschirms in zwei Hälften (horizontal/vertikal). In Abhängigkeit vom gesetzten Modus wird ein *Kennbyte* in einem Record mit folgender Struktur abgespeichert:

Offset	Bytes	Bedeutung
00H	2	Opcode Window_Split = 0004H
02H	2	Länge = 0001
04H	1	Split Code 00H = kein Split 01H = vertikaler Split FFH = horizontaler Split

Tabelle 1.5 LOTUS-WKS-Recordstruktur (Opcode 0004H)

Standardmäßig wird der Wert 00H im Datenfeld gespeichert. Nur bei aufgeteiltem Bildschirm (*Split*) finden sich die Codes 01H oder FFH im Datenbyte.

CURSOR_SYNC (Opcode 0005H)

Dieser Feldtyp spezifiziert, ob die Synchronisation der Cursorbewegungen innerhalb eines Fensters ein- oder ausgeschaltet ist. Der Record besitzt folgenden Aufbau:

Offset	Bytes	Bedeutung
00H	2	Opcode CURSOR_SYNC = 0005H
02H	2	Länge = 0001
04H	1	Code 00H = Fenster nicht synchronisiert FFH = Fenster synchronisiert

Tabelle 1.6 LOTUS-WKS-Recordstruktur (Opcode 0005H)

Das Datenfeld umfaßt ein Byte mit dem Code.

SAVE_RANGE (Opcode 0006H)

Mit dem Satz wird in LOTUS der Bereich (RANGE) der in der Datei zu speichernden Zellen spezifiziert, wobei in der Regel das komplette Rechenblatt gesichert wird. Es gilt folgender Aufbau:

Offset	Bytes	Bedeutung
00H	2	Opcode SAVE_RANGE = 0006H
02H	2	Länge = 0008H
04H	2	Start Spalte *(Column)*
06H	2	Start Zeile *(Row)*
08H	2	Ende Spalte *(Column)*
0AH	2	Ende Zeile *(Row)*

Tabelle 1.7 LOTUS-WKS-Recordstruktur (Opcode 0006H)

Im Datenfeld werden die obere linke Ecke (Zeile/Spalte) und die untere rechte Ecke abgelegt. Falls die Datei durch das *File Save*-Kommando angelegt wurde, finden sich alle Felder des Rechenblatts in der Datei. Mit *File Xtract* werden nur die Zellen des spezifizierten Ausschnittes abgespeichert. Dann finden sich die Koordinaten des Ausschnittes im Datenfeld. Zu beachten ist, daß LOTUS die Spalten- und Zeilenadressen als 16-Bit-Nummern ablegt (das LSB wird dabei zuerst gespeichert). Beim Abspeichern der Zellen werden leere Felder am Ende einer Spalte oder Zeile nicht berücksichtigt. Sind keine Daten in dem mit *Range* bezeichneten Bereich vorhanden, setzt LOTUS im Datenfeld den Wert der Startspalte auf –1. Der Satztyp 06H findet sich in der Regel direkt nach dem BOF-Record. Dies sollte auch beachtet werden, falls WKS- oder WK1-Dateien durch Fremdprogramme angelegt werden.

WINDOW1 (Opcode 0007H)

In LOTUS lassen sich zwei Fenster definieren: Unter dem Opcode 07H wird die Einstellung des ersten Fensters (WINDOW1) abgespeichert. Es gilt folgender Satzaufbau:

Offset	Bytes	Bedeutung
00H	2	Opcode WINDOW1 = 0007H
02H	2	Länge 001FH bei WKS-Dateien 0020H bei WK1-Dateien
04H	2	Spalte aktuelle Cursorposition
06H	2	Zeile aktuelle Cursorposition
08H	1	Zellformat (Byte)
09H	1	unbelegt (00)
0AH	2	Spaltenbreite
0CH	2	Zahl der Spalten auf dem Bildschirm
0EH	2	Zahl der Zeilen auf dem Bildschirm
10H	2	linke Bildschirmspalte
12H	2	oberste Zeilennummer
14H	2	Zahl der Titelspalten
16H	2	Zahl der Titelzeilen
18H	2	linke Spalte, an der der Titel beginnt
1AH	2	oberste Zeile, an der der Titel beginnt
1CH	2	Breite der Randspalte
1EH	2	Breite der Randzeile
20H	2	Breite des Fensters (WINDOW)
22H	2	unbelegt (00 00)

Tabelle 1.8 LOTUS-WKS-Recordstruktur (Opcode 0007H)

Die Angaben in der Spalte *Offset* erfolgen in der Hexadezimalnotation. Alle 16-Bit-Werte enthalten das LSB im ersten Byte. Die Recordlänge variiert zwischen den einzelnen LOTUS-Versionen: LOTUS 1.A legt WKS-Dateien mit einem WINDOW1-Datenbereich von 31 Byte (1FH) an, während die Satzlänge der WK1-WINDOW1-Records ab LOTUS 2.01 32 Byte (20H) beträgt. Meines Wissens sind jedoch in allen Versionen die Bytes ab Offset 22 unbelegt und auf 00 gesetzt.

In den beiden ersten Worten speichert LOTUS die Informationen über die aktuelle Cursorposition im Arbeitsblatt. Ab Offset 08H findet sich ein Byte mit der Kodierung des Zellformats im Arbeitsblatt. Dieses Byte besitzt folgenden Aufbau:

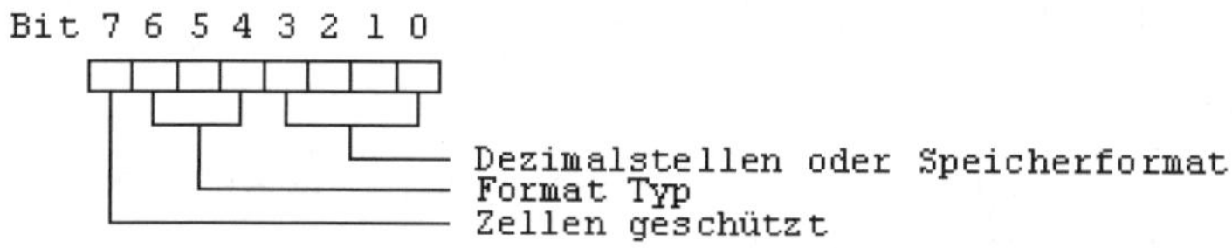

Abbildung 1.2 Kodierung LOTUS-Zellformat

Das oberste Bit gibt an, ob die Zellen innerhalb des Fensters für Schreibzugriffe gesperrt (*protected*) sind. Dabei gilt folgende Kodierung:

Bit 7	Funktion
1	1 protected
0	0 unprotected

Tabelle 1.9 Kodierung der Formate in LOTUS

In den Bits 4 bis 6 wird eine dreistellige Binärzahl mit dem Formattyp der Wertedarstellung geführt. Die Nomenklatur dazu sieht so aus:

Bit 654	Format
000	Festkommaformat (*fixed*)
001	Exponentdarstellung (*scientific notation*)
010	Währungsdarstellung (*currency*)
011	Prozent
100	Komma
101	Frei
110	Frei
111	Spezialformat

Tabelle 1.10 Kodierung der Formate in LOTUS

Für die Formattypen 0 bis 6 spezifizieren die restlichen Bits 0 bis 3 die Zahl der Dezimalstellen (zwischen 0 und 15). Der Formattyp 7 repräsentiert ein spezielles Format, das mit den Bits 0 bis 3 noch näher spezifiziert wird.

Bit 3210	Format
0000	+/–
0001	generelles Format
0010	Datumsformat: Tag, Monat, Jahr
0011	Datumsformat: Tag, Monat
0100	Datumsformat: Monat, Jahr
0101	Textformate
0110	Unbelegt
0111	Unbelegt
1000	Unbelegt
1001	Unbelegt
1010	Unbelegt
1011	Unbelegt
1100	Unbelegt
1101	Unbelegt
1110	Unbelegt
1111	Standarddarstellung

Tabelle 1.11 Kodierung des Spezialformates in LOTUS

In den restlichen Wörtern finden sich weitere Informationen über das Bildschirmfenster wie beispielsweise die Spaltenbreite, die Spaltenzahl des Bildschirms etc.

COLUMN_WIDTH_1 (Opcode 0008H)

Mit diesem Satz wird in LOTUS die Spaltenbreite in Fenster 1 spezifiziert. Es gilt folgender Satzaufbau:

Offset	Bytes	Bedeutung
00H	2	Opcode COLUMN_WIDTH_1 = 0008H
02H	2	Länge = 0003H
04H	2	Spaltennummer (16 Bit)
06H	1	Breite der Spalte

Tabelle 1.12 LOTUS-WKS-Recordstruktur (Opcode 0008H)

Im Datensatz für die WINDOW1-Definition gibt es bereits einen Eintrag für die Spaltenbreite. Dieser Wert bezieht sich jedoch auf alle Spalten des Rechenblatts, während sich mit dem Record 08H die Breiten verschiedener Spalten angeben lassen. Im ersten Wort steht dabei die betreffende Spaltennummer (LSB zuerst!). Das folgende Byte gibt die Breite der Spalte in Zeichen an.

Der Satztyp wird lediglich dann angelegt, wenn einzelne Spalten von der globalen Definition abweichen.

WINDOW2 (Opcode 0009H)

Der Record sichert in LOTUS die Einstellung des zweiten Fensters. Es gilt der gleiche Satzaufbau wie bei WINDOW1 (Opcode 07H).

COLUMN_WIDTH_2 (Opcode 000AH)

Falls ein WINDOW2 gesichert wurde, besteht die Möglichkeit, die Spaltenbreite individuell vorzugeben. Für das WINDOW2 werden diese Definitionen im Satztyp COLUMN_WIDTH_2 (Opcode 0AH) gespeichert. Er besitzt den gleichen Aufbau wie der Satztyp COLUMN_WIDTH_1 (Opcode 08H).

NAME (Opcode 000BH)

Mit dem Satz läßt sich der Name eines Bereichs (RANGE) in LOTUS 1-2-3 speichern. Es gilt folgende Struktur:

Offset	Bytes	Bedeutung
00H	2	Opcode NAME = 000BH
02H	2	Länge = 0018H (24 Bytes)
04H	16	ASCIIZ-String mit dem Namen
14H	2	Startspalte Range
16H	2	Startzeile Range
18H	2	Endspalte Range
1AH	2	Endzeile Range

Tabelle 1.13 LOTUS-WKS-Recordstruktur (Opcode 000BH)

Jedem markierten Bereich (RANGE) läßt sich in LOTUS ein Name zuweisen. Der Name darf bis zu 16 Zeichen lang sein und wird ab dem ersten Byte als ASCIIZ-String (Text mit 00H abgeschlossen) gesichert. Daran schließen sich die Start- und Endekoordinaten des Bereichs an. Für jeden markierten Bereich muß ein eigener Satz gespeichert werden.

BLANK (Opcode 000CH)

Normalerweise speichert LOTUS leere Zellen nicht mit ab, so daß geschützte oder formatierte Leerzellen beim Speichern eigentlich verlorengehen. Die Satzart 0CH sichert auch solche Zellen und hat folgende Struktur:

Offset	Bytes	Bedeutung
00H	2	Opcode BLANK = 000CH
02H	2	Länge = 0005H

Offset	Bytes	Bedeutung
04H	1	Formatbyte
05H	2	Spaltennummer
07H	2	Zeilennummer

Tabelle 1.14 LOTUS-WKS-Recordstruktur (Opcode 000CH)

Im ersten Datenbyte speichert LOTUS die Kodierung für die Formatierung (vorgestellt in Tabelle 1.9/1.10 beim WINDOW1-Record). Anschließend folgen zwei Worte mit den Koordinaten der Zelle.

INTEGER (Opcode 000DH)

Direkt eingegebene *Ganzzahlen* (Integer) werden aus dem Rechenblatt in die Datei übernommen. Der Record besitzt folgende Struktur:

Offset	Bytes	Bedeutung
00H	2	Opcode INTEGER = 000DH
02H	2	Länge = 0007H
04H	1	Formatbyte
05H	2	Spaltennummer
07H	2	Zeilennummer
09H	2	Integerwert

Tabelle 1.15 LOTUS-WKS-Recordstruktur (Opcode 000DH)

Der Satz besitzt insgesamt 7 Datenbytes, wobei im ersten Byte das *Zahlenformat* abgelegt wird. Die Kodierung ist in Tabelle 1.9/1.10 (siehe WINDOW1) aufgeführt. In den folgenden Wörtern steht die Position der Zelle mit dem Integerwert. Anschließend folgt ein 16-Bit-Wort, das dann den Integerwert enthält. Das oberste Bit gibt an, ob der Wert *positiv* (Bit = 0) oder *negativ* (Bit = 1) ist. In einer Integerzahl läßt sich somit ein Wertebereich zwischen –32768 und +32767 abbilden.

NUMBER (Opcode 000EH)

Mit diesem Recordtyp sichert LOTUS Fließkommazahlen. Der Record besitzt folgende Struktur:

Offset	Bytes	Bedeutung
00H	2	Opcode NUMBER = 000EH
02H	2	Länge = 000DH (13 Datenbytes)
04H	1	Formatbyte
05H	2	Spaltennummer

Offset	Bytes	Bedeutung
07H	2	Zeilennummer
09H	8	64 Bit IEEE-Fließkommazahl

Tabelle 1.16 LOTUS-WKS-Recordstruktur (Opcode 000EH)

Der Satz besitzt insgesamt 13 Datenbytes, wobei im ersten Byte das Format der Zahl abgelegt wird. Die Kodierung ist in Tabelle 1.12 (siehe WINDOW1) aufgeführt. In den folgenden Wörtern steht die Position der Zelle mit dem Fließkommawert (*Realwert*). Daran schließen sich 8 Bytes an, in denen der Wert als 64-Bit-IEEE-Fließkommazahl gespeichert wird. Diese Darstellung entspricht der Kodierung des 8087-Formats. Intern benutzt LOTUS eine eigene Darstellung.

Offset	Bytes	Bedeutung
00H	1	Vorzeichen der Zahl 0 = positive Zahl –1 = negative Zahl (–1 = FFH) 2 = Bereichsbyte (*Range*) 3 = Zeichenbyte (*String*)
01H	2	Exponentbyte als vorzeichenbehafteter Integerwert
03H	8	64 Bit vorzeichenloser Nachkommateil der Zahl

Tabelle 1.17 LOTUS 1-2-3-Fließkommadarstellung

Intern werden 11 Bytes zum Speichern der Fließkommazahl benutzt. Im ersten Byte findet sich gemäß Tabelle 1.17 ein Wert, der spezifiziert, wie die nachfolgende Zahl zu interpretieren ist. Mit den Codes 2 und 3 werden Range- und Stringwerte markiert.

Liegt in der betreffenden Zelle der Wert ERR vor, belegt LOTUS 1-2-3 die 11 Bytes mit folgender Signatur:

Offset	Wert
00H	ERR = 0; NA = –1
01–02H	2047 = 0FFFH
03–0AH	8 * 0

Tabelle 1.18 Interne Darstellung der Werte ERR und NA in LOTUS 1-2-3

Der Wert ERR enthält im ersten Byte die Signatur 0, während das Wort mit dem Exponenten mit 0FFFH belegt wird. Die 8 Bytes der Mantisse werden auf 0 gesetzt. Ähnliches gilt für den Code NA (*not available*). Hier wird lediglich das erste Byte auf den Wert –1 gesetzt. Die restlichen Bytes entsprechen der Kodierung laut Tabelle 1.18.

LABEL (Opcode 000FH)

Feste Texte in einem Kalkulationsblatt werden durch LOTUS in Labels gespeichert. In den WKS-/WK1-Dateien existiert ein eigener Satztyp mit folgendem Aufbau zur Ablage der Texte (siehe Tabelle 1.19).

Offset	Bytes	Bedeutung
00H	2	Opcode LABEL = 000FH
02H	2	Länge = 00xxH (variabel bis zu 245 Byte)
04H	1	Formatbyte
05H	2	Spaltennummer
07H	2	Zeilennummer
09H	5–245	ASCIIZ-String mit LABEL-Text

Tabelle 1.19 LOTUS-WKS-Recordstruktur (Opcode 000FH)

Der Datensatz besitzt eine variable Länge – sie richtet sich nach der Größe des Labeltextes.

Im ersten Datenbyte steht das Formatbyte mit der Kodierung gemäß Tabelle 1.9/1.10. Daran schließen sich zwei Worte mit der Spalten- und Zeilennummer an. Ab Offset 09H beginnt der eigentliche Text, der durch ein Nullbyte (00H) abgeschlossen werden muß und maximal 240 Byte lang sein darf. Das Feld selbst besitzt eine variable Länge von 5 bis 245 Byte. Das Byte ab Offset 09H enthält immer eines der folgenden Steuerzeichen (siehe Tabelle 1.20):

Zeichen	Bedeutung
|	Drucker-Kommandostring "Parse Zeilenformat"
\	Wiederholungszeichen
'	linksbündiger Text
"	rechtsbündiger Text
^	zentrierter Text

Tabelle 1.20 Steuerzeichen im Labelfeld

Mit dem Zeichen \ sollen in LOTUS Wiederholungen eingeleitet werden. Es ist mir allerdings nicht klar, wann dieses Zeichen benutzt wird, da es bei den Textlabels im Testbeispiel nicht zum Einsatz kommt.

FORMULA (Opcode 0010H)

Eine Zelle kann in LOTUS und Symphony eine Berechnungsformel enthalten. Diese Formel wird gemäß dem folgenden Format in einen Satz mit dem Opcode 10H gespeichert:

Offset	Bytes	Bedeutung
00H	2	Opcode FORMULA = 0010H
02H	2	Länge = xxxxH (variabel bis zu 2064 Byte)
04H	1	Formatbyte
05H	2	Spaltennummer

Offset	Bytes	Bedeutung
07H	2	Zeilennummer
09H	8	Formelergebnis als 64 Bit IEEE-Long Real
0BH	2	Länge der Formel in Byte
0CH	15–2063	Formelcode (max. 2048 Byte)

Tabelle 1.21 LOTUS-WKS-Recordstruktur (Opcode 0010H)

Im Datenfeld wird zuerst das Formatbyte für die Zelle gemäß der Kodierung in Tabelle 1.9/1.10 gespeichert. Daran schließen sich die Koordinaten für die Zelle als zwei 16-Bit-Werte an. Ab Offset 09H findet sich das Ergebnis der Berechnungsformel als 8-Byte-IEEE-Fließkommazahl mit doppelter Genauigkeit. Die Länge der Formel in Byte steht im folgenden Wort. Den Abschluß des Datenfeldes bildet der Formelcode. Die Länge des Datensatzes variiert zwischen 23 und 2064 Byte, wobei die Formel eine Länge zwischen 15 und 2048 Byte umfassen darf. LOTUS und Symphony setzen eine eingegebene Formel direkt in die umgekehrte polnische Notation um. Jeder Eintrag in dieser Formel wird durch einen eigenen Funktionscode mit zugehörigem Datenfeld dargestellt:

```
"Code,Datenfeld",.....,"Code,Datenfeld"
```

Der Code umfaßt ein Byte und spezifiziert den Typ des dargestellten Operators (Variable, Konstante, Klammer, Addition etc.). Daran schließen sich die Daten für diesen Operator an. Hierbei gilt folgende Kodierung:

Code	Bytes	Bedeutung
00H	1 8	Konstante 64 Bit Long-Real-Zahl
01H	1 2 2	Variable Spaltennummer (LSB zuerst) Zeilennummer (LSB zuerst)
02H	1 2 2 2 2	Range Start Spaltennummer (LSB zuerst) Start Zeilennummer (LSB zuerst) Ende Spaltennummer (LSB zuerst) Ende Zeilennummer (LSB zuerst)
03H	1	Ende der Formel (Return)
04H	1	Klammer
05H	1 2	Integerkonstante 16-Bit-Integerwert
06H	1 x	Stringkonstante ASCIIZ-String variabler Länge
07H	1	unbekannt
08H	1	Negation (unary minus)

Code	Bytes	Bedeutung
09H	1	Addition +
0AH	1	Subtraktion –
0BH	1	Multiplikation *
0CH	1	Division /
0DH	1	Exponentialfunktion ^
0EH	1	Gleich =
0FH	1	Ungleich <>
10H	1	Kleiner gleich <=
11H	1	Größer gleich >=
12H	1	Kleiner <
13H	1	Größer >
14H	1	AND
15H	1	OR
16H	1	NOT
17H	1	unary + (nicht bei Neuberechnung)
18H–1EH	1	--
1FH	1	@NA (not applicable)
20H	1	@ERR (Error)
21H	1	@ABS (absoluter Wert)
22H	1	@INT (Integerwert)
23H	1	@SQRT (Wurzel)
24H	1	@LOG (Logarithmus Basis 10)
25H	1	@LN (natürlicher Logarithmus)
26H	1	@PI (Konstante Pi)
27H	1	@SIN (Sinusfunktion)
28H	1	@COS (Cosinusfunktion)
29H	1	@TAN (Tangensfunktion)
2AH	1	@ATAN2 (Arcustangens 4. Quadrant)
2BH	1	@ATAN (Arcustangens 2. Quadrant)
2CH	1	@ASIN (Arcussinusfunktion)
2DH	1	@ACOS (Arcuscosinusfunktion)
2EH	1	@EXP (Exponentialfunktion)
2FH	1	@MOD(X,Y) (Modulofunktion)
30H	1	@CHOOSE (Auswahlfunktion)

Code	Bytes	Bedeutung
31H	1	@ISNA(x) (x=NA THEN 1)
32H	1	@ISERR(x) (x=ERR THEN 1)
33H	1	@FALSE (Return 0)
34H	1	@TRUE (Return 1)
35H	1	@RAND (Random Number 0...1)
36H	1	@DATE (Zahl der Tage seit 1.1.1900)
37H	1	@TODAY (Datumsnummer ausgeben)
38H	1	@PMT (Payment)
39H	1	@PV (Present Value)
3AH	1	@FV (Future Value)
3BH	1	@IF (IF-Abfrage)
3CH	1	@DAY (Tag des Monats)
3DH	1	@MONTH (Monat)
3EH	1	@YEAR (Jahr)
3FH	1	@ROUND (Rundungsfunktion)
40H	1	@TIME (Zeit)
41H	1	@HOUR (Stunden)
42H	1	@MINUTE (Minuten)
43H	1	@SECOND (Sekunden)
44H	1	@ISNUMBER (Wert = Nummer)
45H	1	@ISSTRING (Wert = String)
46H	1	@LENGTH (Längenfunktion)
47H	1	@VALUE (Wert ermitteln)
48H	1	@FIXED (Festzahl)
49H	1	@MID (Mittelwert)
4AH	1	@CHR (Zeichen ermitteln)
4BH	1	@ASCII
4CH	1	@FIND (Suche)
4DH	1	@DATEVALUE
4EH	1	@TIMEVALUE
4FH	1	@CELLPOINTER
50H	1	@SUM (Range | Cell | Konstante)
51H	1	@AVG (Range | Cell | Konstante)
52H	1	@CNT (Range | Cell | Konstante)

Code	Bytes	Bedeutung
53H	1	@MIN (Range | Cell | Konstante)
54H	1	@MAX (Range | Cell | Konstante)
55H	1	@VLOOKUP (X, Range, OFFSET)
56H	1	@NPV (Int, Range)
57H	1	@VAR (Range)
58H	1	@STD (Range)
59H	1	@IRR (Guess, Range)
5AH	1	@HLOOCKUP (X, Range, Offset)
5BH	1	@DSUM (Datenbankfunktion)
5CH	1	DAVG (Datenbankfunktion)
5DH	1	DCNT (Datenbankfunktion)
5EH	1	DMIN (Datenbankfunktion)
5FH	1	DMAX (Datenbankfunktion)
60H	1	DVAR (Datenbankfunktion)
61H	1	DSTD (Datenbankfunktion)
62H	1	@INDEX
63H	1	@COLS
64H	1	@ROWS
65H	1	@REPEAT
66H	1	@UPPER
67H	1	@LOWER
68H	1	@LEFT
69H	1	@RIGHT
6AH	1	@REPLACE
6BH	1	@PROPER
6CH	1	@CELL
6DH	1	@TRIM
6EH	1	@CLEAN
6FH	1	@S
70H	1	@V
71H	1	@STREQ
72H	1	@CALL
73H	1	---
74H	1	@RATE

Code	Bytes	Bedeutung
75H	1	@TERM
76H	1	@CTERM
77H	1	@SLN
78H	1	@SOY
79H	1	@DDB
7AH–9BH	1	---
9CH	1	@AAFSTART
CEH	1	@AAFUNKOWN (1-2-3, V 2.0)
FFH	1	@AAFEND (1-2-3, V 2.0)

Tabelle 1.22 Opcodes innerhalb einer LOTUS-Formel

TABLE (Opcode 0018H)

Mit diesem Datensatz werden Datentabellen aus Lotus gespeichert. Es gilt folgende Struktur:

Offset	Bytes	Bedeutung
00H	2	Opcode LABEL = 0018H
02H	2	Länge = 0019H (25 Byte)
04H	1	0 = keine Tabelle 1 = Tabelle 1 2 = Tabelle 2
05H	2	Tabelle Range Start Spaltennummer
07H	2	Tabelle Range Start Zeilennummer
09H	2	Tabelle Range Ende Spaltennummer
0BH	2	Tabelle Range Ende Zeilennummer
0DH	2	Eingabezelle 1 Start Spalte
0FH	2	Eingabezelle 1 Start Zeile
11H	2	Eingabezelle 1 Ende Spalte
13H	2	Eingabezelle 1 Ende Zeile
15H	2	Eingabezelle 2 Start Spalte
17H	2	Eingabezelle 2 Start Zeile
19H	2	Eingabezelle 2 Ende Spalte
1BH	2	Eingabezelle 2 Ende Zeile

Tabelle 1.23 LOTUS-WKS-Recordstruktur (Opcode 0018H)

In LOTUS werden zwei Datentabellen angelegt. Die genaue Bedeutung der Datenstruktur ist allerdings nicht bekannt.

QUERY_RANGE (Opcode 0019H)

Mit diesem Datensatz werden Daten eines Query-Bereichs (QUERY Range) gespeichert. Der Datensatz besitzt folgendes Format:

Offset	Bytes	Bedeutung
00H	2	Opcode QUERY_RANGE = 0019H
02H	2	Länge = 0019H (25 Byte)
04H	2	Eingabe Range Start Spalte
06H	2	Eingabe Range Start Zeile
08H	2	Eingabe Range Ende Spalte
0AH	2	Eingabe Range Ende Zeile
0CH	2	Ausgabe Range Start Spalte
0EH	2	Ausgabe Range Start Zeile
10H	2	Ausgabe Range Ende Spalte
12H	2	Ausgabe Range Ende Zeile
14H	2	Kriterium Start Spalte
16H	2	Kriterium Start Zeile
18H	2	Kriterium Ende Spalte
1AH	2	Kriterium Ende Zeile
1CH	1	Kommandocode 0 : kein Kommando 1 : Find Kommando 2 : Extract Kommando 3 : Delete Kommando 4 : Unique Kommando

Tabelle 1.24 LOTUS-WKS-Recordstruktur (Opcode 0019H)

Weitere Informationen über die Belegung liegen nicht vor.

PRINT_RANGE (Opcode 001AH)

Mit diesem Datensatz werden Daten eines Druckbereichs (PRINT Range) gespeichert. Der Datensatz besitzt folgendes Format:

Offset	Bytes	Bedeutung
00H	2	Opcode PRINT_RANGE = 001AH
02H	2	Länge = 0008H
04H	2	Start Spalte
06H	2	Start Zeile

Offset	Bytes	Bedeutung
08H	2	Ende Spalte
0AH	2	Ende Zeile

Tabelle 1.25 LOTUS-WKS-Recordstruktur (Opcode 001AH)

In diesem Satz stehen die Koordinaten eines Rechenblattausschnittes, der auf dem Drukker ausgegeben wird. Bei einem Druckbefehl werden alle Zellen innerhalb des Fensters ausgegeben.

SORT_RANGE (Opcode 001BH)

Mit diesem Datensatz werden Daten eines Sortierbereichs (SORT Range) gespeichert. Er besitzt folgendes Format:

Offset	Bytes	Bedeutung
00H	2	Opcode SORT_RANGE = 001BH
02H	2	Länge = 0008H
04H	2	Start Spalte
06H	2	Start Zeile
08H	2	Ende Spalte
0AH	2	Ende Zeile

Tabelle 1.26 LOTUS-WKS-Recordstruktur (Opcode 001BH)

Der Satz enthält die Koordinaten eines zu sortierenden Rechenblattausschnittes.

FILL_RANGE (Opcode 001CH)

Mit diesem Datensatz werden Daten eines Fill-Bereichs (FILL Range) gespeichert. Der Datensatz besitzt folgendes Format:

Offset	Bytes	Bedeutung
00H	2	Opcode FILL_RANGE = 001CH
02H	2	Länge = 0008H
04H	2	Start Spalte
06H	2	Start Zeile
08H	2	Ende Spalte
0AH	2	Ende Zeile

Tabelle 1.27 LOTUS-WKS-Recordstruktur (Opcode 001CH)

Der Satz enthält die Koordinaten eines Rechenblattausschnitts, der mit Daten gefüllt werden soll.

KEY_RANGE1 (Opcode 001DH)

Mit diesem Datensatz werden Daten eines Suchbereichs (SORT KEY Range) gespeichert. Der Datensatz besitzt folgendes Format:

Offset	Bytes	Bedeutung
00H	2	Opcode KEY_RANGE1 = 001DH
02H	2	Länge = 0009H
04H	2	Start Spalte
06H	2	Start Zeile
08H	2	Ende Spalte
0AH	2	Ende Zeile
0CH	1	Suchrichtung 00: absteigende Ordnung FF: aufsteigende Ordnung

Tabelle 1.28 LOTUS-WKS-Recordstruktur (Opcode 001DH)

In diesem Datensatz wird ein Ausschnitt aus dem Rechenblatt definiert. Die Zellen in dem Ausschnitt werden nach dem ersten Schlüssel (*Primary Key*) auf- oder absteigend sortiert.

H_RANGE (Opcode 0020H)

Mit diesem Datensatz werden interne Daten eines Bereichs (Distribution Range) gespeichert. Der Datensatz besitzt folgendes Format:

Offset	Bytes	Bedeutung
00H	2	Opcode H_RANGE = 0020H
02H	2	Länge = 0010H (16 Byte)
04H	2	Value Range Start Spalte
06H	2	Value Range Start Zeile
08H	2	Value Range Ende Spalte
0AH	2	Value Range Ende Zeile
0CH	2	Binary Range Start Spalte
0EH	2	Binary Range Start Zeile
10H	2	Binary Range Ende Spalte
12H	2	Binary Range Ende Zeile

Tabelle 1.29 LOTUS-WKS-Recordstruktur (Opcode 0020H)

Die genaue Bedeutung dieses Datensatzes ist nicht bekannt.

KEY_RANGE2 (Opcode 0023H)

Mit diesem Datensatz werden Daten eines Suchbereichs (KEY2 Range) gespeichert. Der Datensatz besitzt folgendes Format:

Offset	Bytes	Bedeutung
00H	2	Opcode KEY_RANGE2 = 0023H
02H	2	Länge = 0009H
04H	2	Start Spalte
06H	2	Start Zeile
08H	2	Ende Spalte
0AH	2	Ende Zeile
0CH	1	Suchrichtung 00H: absteigende Ordnung FFH: aufsteigende Ordnung

Tabelle 1.30 LOTUS-WKS-Recordstruktur (Opcode 0023H)

In diesem Datensatz wird ein Ausschnitt aus dem Rechenblatt definiert. Die Zellen in diesem Ausschnitt werden nach dem zweiten Schlüssel (*Secondary Key*) sortiert.

PROTECT (Opcode 0024H)

In diesem Datensatz speichert LOTUS die Information darüber, ob das Arbeitsblatt geschützt ist oder nicht.

Offset	Bytes	Bedeutung
00H	2	Opcode PROTECT = 0024H
02H	2	Länge = 0001H
04H	1	Code 00: Schutz ausgeschaltet 01: Schutz eingeschaltet

Tabelle 1.31 LOTUS-WKS-Recordstruktur (Opcode 0024H)

Es wird lediglich ein Byte gespeichert, das dann angibt, ob die Zellen des Arbeitsblatts schreibgeschützt sind.

FOOTER (Opcode 0025H)

In diesem Datensatz speichert LOTUS die Informationen über die Fußzeile bei der Druckerausgabe. Es gilt folgendes Format:

Offset	Bytes	Bedeutung
00H	2	Opcode FOOTER = 0025H

Offset	Bytes	Bedeutung
02H	2	Länge = 00F2H (variabel bis 242 Byte)
04H	0–241	ASCIIZ-String mit Fußtext

Tabelle 1.32 LOTUS-WKS-Recordstruktur (Opcode 0025H)

Ab Offset 4 findet sich ein ASCIIZ-String mit dem Text der Fußzeile. Der Eintrag kann leer sein und darf maximal 241 Zeichen fassen, da der Text immer mit einem Nullbyte abgeschlossen werden muß.

HEADER (Opcode 0026H)

In diesem Datensatz speichert LOTUS die Informationen über die Kopfzeile bei der Druckausgabe. Es gilt folgendes Format:

Offset	Bytes	Bedeutung
00H	2	Opcode HEADER = 0026H
02H	2	Länge = 00F2H (variabel bis 242 Byte)
04H	0–241	ASCIIZ-String mit Kopftext

Tabelle 1.33 LOTUS-WKS-Recordstruktur (Opcode 0026H)

Ab Offset 4 findet sich ein ASCIIZ-String mit dem Text der Kopfzeile. Der Eintrag darf maximal 241 Zeichen fassen, da der Text immer mit einem Nullbyte abgeschlossen werden muß.

SETUP (Opcode 0027H)

Für jeden Drucker läßt sich ein *Set Up*-Zeichensatz definieren, der vor der Ausgabe an den Drucker gesendet wird. Dieser Zeichensatz wird in einem Satz mit folgender Struktur gesichert:

Offset	Bytes	Bedeutung
00H	2	Opcode SETUP = 0027H
02H	2	Länge = 0028H (40 Byte)
04H	40	ASCIIZ-String mit Set Up-Text

Tabelle 1.34 LOTUS-WKS-Recordstruktur (Opcode 0027H)

Die Definition kann leer sein und darf maximal 39 Zeichen enthalten.

MARGINS (Opcode 0028H)

Offset	Bytes	Bedeutung
00H	2	Opcode MARGINS = 0028H
02H	2	Länge = 000AH

Offset	Bytes	Bedeutung
04H	2	linker Rand
06H	2	rechter Rand
08H	2	Seitenlänge
0AH	2	oberer Rand
0CH	2	unterer Rand

Tabelle 1.35 LOTUS-WKS-Recordstruktur (Opcode 0028H)

In diesem Datensatz speichert LOTUS die Informationen über die Randbegrenzungen (*margins*) bei der Druckausgabe. LOTUS kann mit diesen Angaben die Druckausgabe justieren.

LABEL_FORMAT (Opcode 0029H)

In diesem Datensatz merkt sich LOTUS, wie Labels justiert werden. Es gilt folgende Kodierung:

Offset	Bytes	Bedeutung
00H	2	Opcode LABEL_FORMAT = 0029H
02H	2	Länge = 0001H
04H	1	Formatcode 27H linksbündig 22H rechtsbündig EH zentriert

Tabelle 1.36 LOTUS-WKS-Recordstruktur (Opcode 0029H)

In Abhängigkeit des eingetragenen Codebytes werden Labels linksbündig, rechtsbündig oder zentriert ausgegeben.

TITLES (Opcode 002AH)

Mit diesem Datensatz werden die Abmessungen des Druckrandes gespeichert.

Offset	Bytes	Bedeutung
00H	2	Opcode TITLES = 002AH
02H	2	Länge = 0010H (16 Byte)
04H	2	Randspalte Start Spalte
06H	2	Randspalte Start Zeile
08H	2	Randspalte Ende Spalte
0AH	2	Randspalte Ende Zeile
0CH	2	Randzeile Start Spalte
0EH	2	Randzeile Start Zeile

Offset	Bytes	Bedeutung
10H	2	Randzeile Ende Spalte
12H	2	Randzeile Ende Zeile

Tabelle 1.37 LOTUS-WKS-Recordstruktur (Opcode 002AH)

Die Felder werden durch den Befehl TITLES selektiert. Die genaue Bedeutung der Definition ist allerdings nicht bekannt.

GRAPH (Opcode 002DH)

In diesem Datensatz legt LOTUS die Definitionen für die Grafikerstellung ab.

Offset	Bytes	Bedeutung	
00 / 00H	2	Opcode GRAPH = 002DH	
02 / 02H	2	Länge = 01B5H (437 Byte)	
04 / 04H	2	X Range	Start Spalte
06 / 06H	2	X Range	Start Zeile
07 / 08H	2	X Range	Ende Spalte
10 / 0AH	2	X Range	Ende Zeile
12 / 0CH	2	A Range	Start Spalte
14 / 0EH	2	A Range	Start Zeile
16 / 10H	2	A Range	Ende Spalte
18 / 12H	2	A Range	Ende Zeile
20 / 14H	2	B Range	Start Spalte
22 / 16H	2	B Range	Start Zeile
24 / 18H	2	B Range	Ende Spalte
26 / 1AH	2	B Range	Ende Zeile
28 / 1CH	2	C Range	Start Spalte
30 / 1EH	2	C Range	Start Zeile
32 / 20H	2	C Range	Ende Spalte
34 / 22H	2	C Range	Ende Zeile
36 / 24H	2	D Range	Start Spalte
38 / 26H	2	D Range	Start Zeile
40 / 28H	2	D Range	Ende Spalte
42 / 2AH	2	D Range	Ende Zeile
44 / 2CH	2	E Range	Start Spalte
46 / 2EH	2	E Range	Start Zeile
48 / 30H	2	E Range	Ende Spalte

Offset	Bytes	Bedeutung	
50 / 32H	2	E Range	Ende Zeile
52 / 34H	2	F Range	Start Spalte
54 / 36H	2	F Range	Start Zeile
56 / 38H	2	F Range	Ende Spalte
58 / 3AH	2	F Range	Ende Zeile
60 / 3CH	2	A Labels	Start Spalte
62 / 3EH	2	A Labels	Start Zeile
64 / 40H	2	A Labels	Ende Spalte
66 / 42H	2	A Labels	Ende Zeile
68 / 44H	2	B Labels	Start Spalte
70 / 46H	2	B Labels	Start Zeile
72 / 48H	2	B Labels	Ende Spalte
74 / 4AH	2	B Labels	Ende Zeile
76 / 4CH	2	C Labels	Start Spalte
78 / 4EH	2	C Labels	Start Zeile
80 / 50H	2	C Labels	Ende Spalte
82 / 52H	2	C Labels	Ende Zeile
84 / 54H	2	D Labels	Start Spalte
86 / 56H	2	D Labels	Start Zeile
88 / 58H	2	D Labels	Ende Spalte
90 / 5AH	2	D Labels	Ende Zeile
92 / 5CH	2	E Labels	Start Spalte
94 / 5EH	2	E Labels	Start Zeile
96 / 60H	2	E Labels	Ende Spalte
98 / 62H	2	E Labels	Ende Zeile
100/ 64H	2	F Labels	Start Spalte
102/ 66H	2	F Labels	Start Zeile
104/ 68H	2	F Labels	Ende Spalte
106/ 6AH	2	F Labels	Ende Zeile
108/ 6CH	1	Graph Typ	00 = xy-Grafik 01 = Balkengrafik (bar graph) 02 = Tortengraphik (pie chart) 04 = Liniengrafik 05 = Balken übereinander (stacked bar)
109/ 6DH	1	Gittertyp	00 = kein Gitter 01 = horizontal 02 = vertikal 03 = beide Richtungen

Offset	Bytes	Bedeutung	
110/ 6EH	1	Farbe	00 = Schwarzweiß FF = Farbdarstellung
111/ 6FH	1	A Range Linienformat 00 = kein Linienformat 01 = Linie 02 = Symbol 03 = Linien + Symbol	
112/ 70H	1	B Range Linienformat 00 = kein Linienformat 01 = Linie 02 = Symbol 03 = Linien + Symbol	
113/ 71H	1	C Range Linienformat 00 = kein Linienformat 01 = Linie 02 = Symbol 03 = Linien + Symbol	
114/ 72H	1	D Range Linienformat 00 = kein Linienformat 01 = Linie 02 = Symbol 03 = Linien + Symbol	
115/ 73H	1	E Range Linienformat 00 = kein Linienformat 01 = Linie 02 = Symbol 03 = Linien + Symbol	
116/ 74H	1	F Range Linienformat 00 = kein Linienformat 01 = Linie 02 = Symbol 03 = Linien + Symbol	
117/ 75H	1	A Range Daten-Label-Justierung 00 = zentriert 01 = rechtsbündig 02 = unterhalb 03 = linksbündig 04 = oberhalb	
118/ 76H	1	B Range Daten-Label-Justierung 00 = zentriert 01 = rechtsbündig 02 = unterhalb 03 = linksbündig 04 = oberhalb	

Offset	Bytes	Bedeutung
119/ 77H	1	C Range Daten-Label-Justierung 00 = zentriert 01 = rechtsbündig 02 = unterhalb 03 = linksbündig 04 = oberhalb
120/ 78H	1	D Range Daten-Label-Justierung 00 = zentriert 01 = rechtsbündig 02 = unterhalb 03 = linksbündig 04 = oberhalb
121/ 79H	1	E Range Daten-Label-Justierung 00 = zentriert 01 = rechtsbündig 02 = unterhalb 03 = linksbündig 04 = oberhalb
122/ 7AH	1	F Range Daten-Label-Justierung 00 = zentriert 01 = rechtsbündig 02 = unterhalb 03 = linksbündig 04 = oberhalb
123/ 7BH	1	x-Skalierung 00H = automatisch FFH = manuell
124/ 7CH	8	x-Achse Untergrenze (x lower limit) 64 Bit IEEE-Fließkommawert
132/ 84H	8	x-Achse Obergrenze (x upper limit) 64 Bit IEEE-Fließkommawert
140/ 8CH	1	y-Skalierung 00H = automatisch FFH = manuell
141/ 8DH	8	y-Achse Untergrenze (y lower limit) 64 Bit IEEE-Fließkommawert
149/ 95H	8	y-Achse Obergrenze (y upper limit) 64 Bit IEEE-Fließkommawert
157/ 9DH	40	Text erster Titel (40 Zeichen)
197/ C5H	40	Text zweiter Titel (40 Zeichen)
237/ EDH	40	Text x-Achse (40 Zeichen)
277/115H	40	Text y-Achse (40 Zeichen)
317/13DH	20	Legende a-Achse (20 Zeichen)
337/151H	20	Legende b-Achse (20 Zeichen)

Offset	Bytes	Bedeutung
357/165H	20	Legende c-Achse (20 Zeichen)
377/179H	20	Legende d-Achse (20 Zeichen)
397/18DH	20	Legende e-Achse (20 Zeichen)
417/1A1H	20	Legende f-Achse (20 Zeichen)
437/1B5H	1	x-Format Text
438/1B6H	1	y-Format Text
439/1B7H	2	Skip-Faktor

Tabelle 1.38 LOTUS-WKS-Recordstruktur (Opcode 002DH)

Die Tabelle enthält alle Informationen zur Konstruktion einer Grafik im LOTUS-Format.

NAMED_GRAPH (Opcode 002EH)

In diesem Datensatz legt LOTUS die Definitionen der aktuellen Grafik ab, falls diese mit einem Namen bezeichnet wird.

Offset	Bytes	Bedeutung	
00/00H	2	Opcode NAMED_GRAPH = 002EH	
02/02H	2	Länge = 01C5H (453 Byte)	
04/04H	16	Name als ASCIIZ-String	
20/14H	2	X Range	Start Spalte
22/16H	2	X Range	Start Zeile
24/18H	2	X Range	Ende Spalte
26/1AH	2	X Range	Ende Zeile
28/1CH	2	A Range	Start Spalte
30/1EH	2	A Range	Start Zeile
32/20H	2	A Range	Ende Spalte
34/22H	2	A Range	Ende Zeile
36/24H	2	B Range	Start Spalte
38/26H	2	B Range	Start Zeile
40/28H	2	B Range	Ende Spalte
42/2AH	2	B Range	Ende Zeile
44/2CH	2	C Range	Start Spalte
46/2EH	2	C Range	Start Zeile
48/30H	2	C Range	Ende Spalte
50/32H	2	C Range	Ende Zeile
52/34H	2	D Range	Start Spalte

Offset	Bytes	Bedeutung	
54/36H	2	D Range	Start Zeile
56/38H	2	D Range	Ende Spalte
58/3AH	2	D Range	Ende Zeile
60/3CH	2	E Range	Start Spalte
62/3EH	2	E Range	Start Zeile
64/40H	2	E Range	Ende Spalte
66/42H	2	E Range	Ende Zeile
68/44H	2	F Range	Start Spalte
70/46H	2	F Range	Start Zeile
72/48H	2	F Range	Ende Spalte
74/4AH	2	F Range	Ende Zeile
76/4CH	2	A Labels	Start Spalte
78/4EH	2	A Labels	Start Zeile
80/50H	2	A Labels	Ende Spalte
82/52H	2	A Labels	Ende Zeile
84/54H	2	B Labels	Start Spalte
86/56H	2	B Labels	Start Zeile
88/58H	2	B Labels	Ende Spalte
90/5AH	2	B Labels	Ende Zeile
92/5CH	2	C Labels	Start Spalte
94/5EH	2	C Labels	Start Zeile
96/60H	2	C Labels	Ende Spalte
98/62H	2	C Labels	Ende Zeile
100/64H	2	D Labels	Start Spalte
102/66H	2	D Labels	Start Zeile
104/68H	2	D Labels	Ende Spalte
106/6AH	2	D Labels	Ende Zeile
108/6CH	2	E Labels	Start Spalte
110/6EH	2	E Labels	Start Zeile
112/70H	2	E Labels	Ende Spalte
114/72H	2	E Labels	Ende Zeile
116/74H	2	F Labels	Start Spalte
118/76H	2	F Labels	Start Zeile
120/78H	2	F Labels	Ende Spalte
122/7AH	2	F Labels	Ende Zeile

Offset	Bytes	Bedeutung	
124/7CH	1	Graphtype	00 = xy-Grafik 01 = Balkengrafik (bar graph) 02 = Tortengrafik (pie chart) 03 = --- 04 = Liniengrafik 05 = Balken übereinander (stacked bar)
125/7DH	1	Gittertyp	00 = kein Gitter 01 = horizontal 02 = vertikal 03 = beide Richtungen
126/7EH	1	Farbe	00 = Schwarzweiß FF = Farbdarstellung
127/7FH	1	A Range Linienformat 00 = kein Linienformat 01 = Linie 02 = Symbol 03 = Linien + Symbol	
128/80H	1	B Range Linienformat 00 = kein Linienformat 01 = Linie 02 = Symbol 03 = Linien + Symbol	
129/81H	1	C Range Linienformat 00 = kein Linienformat 01 = Linie 02 = Symbol 03 = Linien + Symbol	
130/82H	1	D Range Linienformat 00 = kein Linienformat 01 = Linie 02 = Symbol 03 = Linien + Symbol	
131/83H	1	E Range Linienformat 00 = kein Linienformat 01 = Linie 02 = Symbol 03 = Linien + Symbol	
132/84H	1	F Range Linienformat 00 = kein Linienformat 01 = Linie 02 = Symbol 03 = Linien + Symbol	
133/85H	1	A Range Daten-Label-Justierung 00 = zentriert 01 = rechtsbündig 02 = unterhalb 03 = linksbündig 04 = oberhalb	

Offset	Bytes	Bedeutung
134/86H	1	B Range Daten-Label-Justierung 00 = zentriert 01 = rechtsbündig 02 = unterhalb 03 = linksbündig 04 = oberhalb
135/87H	1	C Range Daten-Label-Justierung 00 = zentriert 01 = rechtsbündig 02 = unterhalb 03 = linksbündig 04 = oberhalb
136/88H	1	D Range Daten-Label-Justierung 00 = zentriert 01 = rechtsbündig 02 = unterhalb 03 = linksbündig 04 = oberhalb
137/89H	1	E Range Daten-Label-Justierung 00 = zentriert 01 = rechtsbündig 02 = unterhalb 03 = linksbündig 04 = oberhalb
138/8AH	1	F Range Daten-Label-Justierung 00 = zentriert 01 = rechtsbündig 02 = unterhalb 03 = linksbündig 04 = oberhalb
139/8BH	1	x-Skalierung 00H = automatisch FFH = manuell
140/8CH	8	x-Achse Untergrenze (x lower limit) 64 Bit IEEE-Fließkommawert
148/94H	8	x-Achse Obergrenze (x upper limit) 64 Bit IEEE-Fließkommawert
156/9CH	1	y-Skalierung 00H = automatisch FFH = manuell
157/9DH	8	y-Achse Untergrenze (y lower limit) 64 Bit IEEE-Fließkommawert
165/A5H	8	y-Achse Obergrenze (y upper limit) 64 Bit IEEE-Fließkommawert
173/ADH	40	Text erster Titel (40 Zeichen)
213/D5H	40	Text zweiter Titel (40 Zeichen)

Offset	Bytes	Bedeutung
253/FDH	40	Text x-Achse (40 Zeichen)
293/125H	40	Text y-Achse (40 Zeichen)
333/14DH	20	Legende a-Achse (20 Zeichen)
353/161H	20	Legende b-Achse (20 Zeichen)
373/175H	20	Legende c-Achse (20 Zeichen)
393/189H	20	Legende d-Achse (20 Zeichen)
413/19DH	20	Legende e-Achse (20 Zeichen)
433/1B1H	20	Legende f-Achse (20 Zeichen)
453/1C5H	1	x-Format Text
454/1C6H	1	y-Format Text
455/1C7H	2	Skip-Faktor

Tabelle 1.39 LOTUS-WKS-Recordstruktur (Opcode 002EH)

Die Tabelle enthält einschließlich des Grafiknamens alle Informationen zur Konstruktion einer Grafik im LOTUS-Format. Die Struktur ist deshalb mit Tabelle 1.38 bis auf den zusätzlichen Eintrag des 16 Zeichen langen Namens identisch.

CALC_COUNT (Opcode 002FH)

In diesem Datensatz legt LOTUS die Information darüber ab, wie oft eine Berechnung (iteration) auszuführen ist.

Offset	Bytes	Bedeutung
00H	2	Opcode CALC_COUNT = 002FH
02H	2	Länge = 0001H
04H	1	Wiederholungszähler

Tabelle 1.40 LOTUS-WKS-Recordstruktur (Opcode 002FH)

UNFORMATTED (Opcode 0030H)

Dieser Datensatz enthält die Information darüber, ob die Druckausgabe formatiert oder unformatiert erfolgen soll.

Offset	Bytes	Bedeutung
00H	2	Opcode UNFORMATTED = 0030H
02H	2	Länge = 0001H
04H	1	Formatcode: 00 = formatiert 01 = unformatiert

Tabelle 1.41 LOTUS-WKS-Recordstruktur (Opcode 0030H)

Standardmäßig erfolgt die Ausgabe unformatiert.

CURSOR_WINDOW_1_2 (Opcode 0031H)

Dieser Datensatz beschreibt, in welchem Fenster des Rechenblatts (Fenster 1 oder Fenster 2) der Cursor steht. Der Satz besitzt folgenden Aufbau:

Offset	Bytes	Bedeutung
00H	2	Opcode CURSOR_WINDOW_1_2 = 0031H
02H	2	Länge = 0001H
04H	1	Formatcode: 01 = Cursor in WINDOW 1 02 = Cursor in WINDOW 2

Tabelle 1.42 LOTUS-WKS-Recordstruktur (Opcode 0031H)

Die Information ist nur dann von Bedeutung, wenn der Bildschirm im Split-Screen-Mode betrieben wird, d.h. wenn er in verschiedene Ausschnitte unterteilt ist.

WKS_PASSWORD (Opcode 004BH)

Dieser Datensatz dient zur Entschlüsselung eines kodierten Arbeitsblatts. Der Satztyp wird ab LOTUS 1-2-3, Version 2.0, und in Symphony unterstützt.

Offset	Bytes	Bedeutung
00H	2	Opcode WKS_PASSWORD = 004BH
02H	2	Länge = 0004H
04H	4	Paßwort

Tabelle 1.43 LOTUS-WKS-Recordstruktur (Opcode 004BH)

Die genaue Bedeutung dieses Satzes ist nicht bekannt.

HIDDEN_VECTOR1 (Opcode 0064H)

Offset	Bytes	Bedeutung
00H	2	Opcode HIDDEN_VECTOR1 = 0064H
02H	2	Länge = 0020H (32 Byte)
04H	32	Bitfeld

Tabelle 1.44 LOTUS-WKS-Recordstruktur (Opcode 0064H)

Dieser Datensatz enthält 32 Bytes, die genau 256 Einzelbits repräsentieren. Jedem Bit ist eine Spalte des Arbeitsblatts zugeordnet. Ist das Bit auf 1 gesetzt, handelt es sich um eine *Hidden*-Spalte, d.h., die Spalte ist verborgen und nicht sichtbar. Das Bitfeld ist so angeordnet, daß das LSB zuerst gespeichert wird. Bit 0 im Byte 0 gehört dann zur ersten Spalte. Die Funktion ist aber erst ab LOTUS 1-2-3, Version 2.0 verfügbar. Ist der Bildschirm geteilt, beziehen sich die Bits nur auf die Spalten von WINDOW 1.

HIDDEN_VECTOR2 (Opcode 0065H)

Dieser Datensatz enthält 32 Bytes, die ebenfalls 256 Einzelbits repräsentieren. Im Gegensatz zum vorher beschriebenen Datensatz HIDDEN_VECTOR1 ist hier jedem Bit jedoch eine Spalte des Arbeitsblatts in WINDOW 2 zugeordnet. Ist das Bit auf 1 gesetzt, handelt es sich um eine *Hidden*-Spalte, d.h., die Spalte ist verborgen und nicht sichtbar.

Offset	Bytes	Bedeutung
00H	2	Opcode HIDDEN_VECTOR2 = 0065H
02H	2	Länge = 0020H (32 Byte)
04H	32	Bitfeld

Tabelle 1.45 LOTUS-WKS-Recordstruktur (Opcode 0065H)

Das Bitfeld ist so angeordnet, daß das LSB zuerst gespeichert wird. Bit 0 im Byte 0 gehört dann zur ersten Spalte. Die Funktion ist aber erst ab LOTUS 1-2-3, Version 2.0, verfügbar. Die Werte sind nur gültig, falls der Bildschirm im Split Mode betrieben wird, d.h. in mehrere Ausschnitte unterteilt ist.

PARSE_RANGES (Opcode 0066H)

Dieser Datensatz enthält 16 Bytes, die ab LOTUS 1-2-3, Version 2.0, belegt werden. Es gilt folgendes Format:

Offset	Bytes	Bedeutung
00H	2	Opcode PARSE_RANGES = 0066H
02H	2	Länge = 0010H (16 Byte)
		Parse Input Range
04H	2	Start Spalte
06H	2	Start Zeile
08H	2	Ende Spalte
0AH	2	Ende Zeile
		Parse Output Range
0CH	2	Start Spalte
0EH	2	Start Zeile
10H	2	Ende Spalte
12H	2	Ende Zeile

Tabelle 1.46 LOTUS-WKS-Recordstruktur (Opcode 0066H)

Die genaue Bedeutung dieses Records ist nicht bekannt.

REGRESS_RANGES (Opcode 0067H)

Dieser Datensatz enthält 25 Datenbytes, die ab LOTUS 1-2-3, Version 2.0, belegt werden. Mit dem Record wird der Datenbereich für lineare Regressionsauswertungen definiert.

Offset	Bytes	Bedeutung
00H	2	Opcode REGRESS_RANGES = 0067H
02H	2	Länge = 0019H (25 Byte)
		Bereich der abhängigen Variablen
04H	2	Start Spalte
06Hz	2	Start Zeile
08H	2	Ende Spalte
0AH	2	Ende Zeile
		Bereich der unabhängigen Variablen
0CH	2	Start Spalte
0EH	2	Start Zeile
10H	2	Ende Spalte
12H	2	Ende Zeile
		Ausgabebereich
14H	2	Start Spalte
16H	2	Start Zeile
18H	2	Ende Spalte
1AH	2	Ende Zeile
1CH	1	Flag zur Unterdrückung von Nullwerten 0 = 0 Wert nicht unterdrücken –1 = 0 Wert unterdrücken

Tabelle 1.47 LOTUS-WKS-Recordstruktur (Opcode 0067H)

MATRIX_RANGES (Opcode 0069H)

Dieser Datensatz enthält 40 Datenbytes, die ab LOTUS 1-2-3, Version 2.0, belegt werden. Es gilt folgendes Format:

Offset	Bytes	Bedeutung
00H	2	Opcode MATRIX_RANGES = 0069H
02H	2	Länge = 0028H (40 Byte)
		Matrixinvertierung Quellbereich
04H	2	Start Spalte
06H	2	Start Zeile
08H	2	Ende Spalte
0AH	2	Ende Zeile
		Matrixinvertierung Zielbereich
0CH	2	Start Spalte
0EH	2	Start Zeile
10H	2	Ende Spalte
12H	2	Ende Zeile
		Matrixmultiplikant
14H	2	Start Spalte
16H	2	Start Zeile
18H	2	Ende Spalte
1AH	2	Ende Zeile

Offset	Bytes	Bedeutung
		Matrixmultiplikator
1CH	2	Start Spalte
1EH	2	Start Zeile
20H	2	Ende Spalte
22H	2	Ende Zeile
		Matrixprodukt
24H	2	Start Spalte
26H	2	Start Zeile
28H	2	Ende Spalte
2AH	2	Ende Zeile

Tabelle 1.48 LOTUS-WKS-Recordstruktur (Opcode 0069H)

Mit diesem Record wird der Datenbereich für Matrixberechnungen definiert.

CELL_PTR_INDEX (Opcode 0096H)

Dieser Datensatz enthält den Zell-Pointer-Index ab LOTUS 1-2-3, Version 2.0, und besitzt folgenden Aufbau:

Offset	Bytes	Bedeutung
00H	2	Opcode CELL_PTR_INDEX = 0096H
02H	2	Länge = 0006H
04H	2	Spaltennummer (Integerwert)
06H	2	niedrigste aktive Zellennummer
08H	2	höchste aktive Zellennummer

Tabelle 1.49 LOTUS-WKS-Recordstruktur (Opcode 0096H)

Der Satz enthält eine Liste mit Spalten der aktiven Zellen. Die genaue Bedeutung dieses Records ist nicht bekannt.

In Version 2.2 benutzt LOTUS 1-2-3 die gleiche Recordstruktur wie in Version 2.01. Es werden lediglich einige neue Funktionen eingeführt, deren Aufbau allerdings zur Zeit nicht bekannt ist.

2 LOTUS 1-2-3-Format (WK3)

Das Format der LOTUS 1-2-3-Version 3.0 benutzt ebenfalls ein Binärformat zur Speicherung der Daten. Nachfolgend finden Sie die Spezifikation der LOTUS 1-2-3-Dateien der Versionen 3.x.

Die LOTUS 1-2-3-Recordtypen der Version 3.x

Um die erweiterten Funktionen der LOTUS 1-2-3-Version 3.x zu speichern, wurde ein modifiziertes Format definiert. Lediglich die Struktur der Datensätze wurde im WK3-Format beibehalten. Jeder Satz besteht aus einer Reihe von Datenbytes mit den Strukturinformationen und den jeweiligen Daten (Abbildung 2.1).

Abbildung 2.1 Aufbau der WK3-Datensätze

Die ersten beiden Bytes enthalten den Opcode des entsprechenden Datensatzes und bestimmen damit auch den Inhalt des Datenbereichs. Das Wort ab Offset 2 enthält die Zahl der Folgebytes im Record. Die restlichen Bytes sind in Abhängigkeit vom Record unterschiedlich belegt. Die einzelnen Satzarten werden nachfolgend vorgestellt.

Anmerkung: Alle Werte innerhalb des WK3-Formates werden, sofern nicht anders spezifiziert, im Intelformat gespeichert.

Die einzelnen Datensätze innerhalb eines Kalkulationsblatts werden in einer bestimmten Reihenfolge gespeichert. Ab der LOTUS 1-2-3-Version 3.0 wird eine Kalkulationstabelle in Spalten, Zeilen und hintereinander liegende Teilarbeitsblätter aufgeteilt. Diese Struktur ist auch bei der Adressierung einzelner Zellen zu beachten. Nachfolgend wird der Aufbau der einzelnen Satzarten vorgestellt.

BOF (Opcode 0000H)

Mit diesem Recordtyp wird eine WK3-Datei eingeleitet. Der Record besitzt folgenden Aufbau:

Offset	Bytes	Bedeutung
00H	2	Opcode BOF = 0000H (Version 3.x)
02H	2	Länge = 26 (001AH)
04H	2	Filerevisions Code (1000H)
06H	2	Filerevisions Subcode (0004H)

Offset	Bytes	Bedeutung
08H	4	Range Start aktiver Arbeitsbereich
0CH	4	Range Ende aktiver Arbeitsbereich
10H	2	Count Feld
12H	2	reserviert (00 00)
14H	1	LMBCS-Gruppennummer
15H	1	Flags
16H	8	Start Range und Ende Range Lead Byte Tables

Tabelle 2.1 LOTUS-WK3-Recordstruktur (Opcode 0000H)

Alle Werte in der Spalte *Offs* sind als Dezimalzahlen zu interpretieren, sofern sie nicht explizit durch den nachgestellten Buchstaben H als Hexzahlen angegeben werden. Der BOF-Record ist länger als bei den früheren LOTUS-Versionen und umfaßt 26 Byte. Die ersten beiden Bytes enthalten eine Signatur zur Versionskennung. Für LOTUS-Produkte sind die Versionskennungen gemäß Tabelle 2.2 definiert.

Code	Version
0404H	LOTUS 1-2-3-Version 1A (WKS)
0406H	LOTUS 1-2-3-Version 2.0 bis 2.2 (WK1)
1000H	LOTUS 1-2-3-Version 3.0 (WK3)
0600H	LOTUS 1-2-3/J (WJ1)
8007H	LOTUS 1-2-3-Version 2.0 (FRM)
0405H	Symphony 1.0/1.01 (WRK)
0406H	Symphony 1.1/1.2/2.0 (WR1)

Tabelle 2.2 Versionscodes für LOTUS-Produkte

Der Subcode ab Offset 6 wird in der LOTUS 1-2-3-Version 3 auf 0004H gesetzt.

Die 4-Byte-Werte ab Offset 8 sind vom Datentyp *CELLCOORD* und definieren den Beginn (Range Start) und das Ende (Range Ende) des Arbeitsbereiches im Arbeitsblatt. Der Datentyp *CELLCOORD* wird dabei gemäß Tabelle 2.3 verschlüsselt.

Byte	Bemerkung
2	Reihe
1	Arbeitsblatt
1	Spalte

Tabelle 2.3 Kodierung des Datentyps CELLCOORD

Das erste Wort definiert die Reihe (Zeile) innerhalb des Arbeitsblattes. Daran schließt sich ein Byte an, das die Nummer des jeweiligen Arbeitsblattes definiert. Ab LOTUS 3.0 lassen sich mehrere Ebenen von Arbeitsblättern hintereinander stapeln. Das letzte Byte gibt die Spalte innerhalb des betreffenden Arbeitsblattes an.

Das Wort ab Offset 16 (10H) enthält einen Zähler, der ab dem Wert 0 beginnt und bei jedem Schreibzugriff auf die WK3-Datei um 1 erhöht wird. Der Zähler wird beim Überlauf auf 0 zurückgesetzt.

Das Wort ab Offset 18 (12H) ist reserviert und wird mit 00 00 belegt.

Multibyte Character Set (LMBCS)

Innerhalb der Arbeitsblätter kann LOTUS verschiedene Zeichencodes (ASCII-Zeichen, Sonderzeichen, Umlaute, Kanji-Schrift, etc.) verwenden. Diese Zeichensätze sind in der Spezifikation *LOTUS Multibyte Character Se*t (LMBCS) definiert. Mit dieser Spezifikation läßt sich jedes Zeichen in den LMBCS-Tabellen abbilden. Die Abbildung der Zeichen ist dabei recht trickreich gelöst.

- Der Code 00H ist als Stringterminator reserviert. Weist ein Byte diesen Wert auf, erkennen LOTUS-Produkte das Stringende.
- Alle Zeichen mit dem Wert zwischen 1 und 31 leiten eine Multibyte-Character-Sequenz ein. Die Kodierung dieser Zeichen wird nachfolgend kurz beschrieben.
- Die Zeichencodes zwischen 32 und 128 entsprechen 1:1 dem US-ASCII-Zeichensatz, d.h., in diesem Fall kann das Zeichen direkt bearbeitet werden.
- Die Zeichencodes zwischen 129 und 255 dienen zur Abbildung optimierter Zeichen in lokalen Zeichensätzen.

Alle Zeichenketten, die mit einem Code zwischen 1 und 31 beginnen, beziehen sich dann auf LMBCS-Tabellen. Diese Tabellen werden dabei in Codegruppen (ähnlich den Codepages bei DOS) unterteilt.

- Die Codegruppen umfassen dabei die Werte zwischen 1 und 31.
- Die Gruppen mit den Codes 1 bis 23 sind für landesspezifische Anpassungen vorgesehen.
- Die Gruppen 1 bis 15 enthalten immer zwei Byte (1 Byte Codegruppe, 1 Byte Zeichencode).
- Gruppe 1 definiert dabei den Zeichensatz der IBM Codepage 850 für lateinische Sprachen. Dort sind auch die Sonderzeichen des IBM-Zeichensatzes (Linien etc.) definiert.
- Gruppe 2 definiert die Zeichen der IBM Codepage 851 für griechische Schriften und mathematische Symbole.
- Gruppe 5 definiert einen kyrillischen Zeichensatz.

- Die Gruppen mit den Codes 6 bis 15 sind zur Zeit nicht definiert.
- Die Gruppen 16 bis 23 sind für drei Byte Zeichencodes (1 Byte Codegruppe, 2 Byte Zeichencode) vorgesehen. In Gruppe 16 werden zum Beispiel die japanischen Kanji-Schriftzeichen abgebildet. Die Gruppen 19 bis 23 sind zur Zeit undefiniert.
- Die Gruppen 24 bis 31 werden für die Anwendung vorgesehen.

Die LMBCS-Tabellen umfassen sowohl 1-Byte-Zeichen (US-ASCII-Zeichensatz) als auch 2-Byte-Codes für internationale Zeichen. Wird ein Zeichencode zwischen 31 und 128 nicht durch ein Byte mit dem Gruppencode eingeleitet, ist der Code direkt als ASCII-Zeichen zu interpretieren. Steht vor dem Zeichen ein Gruppenbyte, bestimmt der Zeichencode das Zeichen in der jeweiligen Gruppe.

Zur Optimierung fremdsprachlicher Anpassungen können die Zeichencodes zwischen 128 und 255 für landessprachliche Zeichen verwendet werden. Damit benötigen diese Zeichen ebenfalls nur ein Byte zur Speicherung. Die Codegruppe wird dann in einem separaten Satz (z. B. im BOF-Record) abgelegt. Das Byte ab Offset 20 (14H) im BOF-Record definiert die LMBCS Gruppennummer. Ab Offset 21 (15H) folgt ein Byte mit dem Flag, dessen einzelne Bits gemäß Tabelle 2.4 kodiert sind.

Wert	Bedeutung
01H	In der Datei wurden keine IEEE-10-Byte-Fließkommazahlen gespeichert
02H	Automatic Reservation erforderlich
04H	Group Mode eingeschaltet
08H	Neuberechnungsflag
F0H	Precision Bit

Tabelle 2.4 Kodierung des Flagbytes

Ist das Bit 4 (Wert 08H) gesetzt, muß LOTUS 1-2-3 die Tabelle beim Laden nicht neu durchrechnen. Bei gelöschtem Bit werden alle Formeln beim Laden durchgerechnet. Ist das Bit gesetzt, aber die *Precision Bits* stimmen für die Plattform nicht, muß die Neuberechnung trotzdem ausgeführt werden. Das Bit kann nur durch LOTUS 1-2-3 und nicht durch Add-in-Produkte gesetzt werden. Die *Precison Bits* erlauben die Übernahme von Kalkulationstabellen aus anderen Systemen. Die vier Bits werden beim Speichern gemäß folgender Formel:

18 – Zahl der signifikanten Stellen

bestimmt. Die LOTUS 1-2-3-Version 3.0 besitzt 18 Stellen, d. h., die Bits werden auf 0 gesetzt. Bei LOTUS 1-2-3/J werden nur 15 Stellen erreicht, d. h., die Bits erhalten den Wert 3. Die 8 Byte ab Offset 22 (16H) enthalten zwei Zeiger auf den Anfang und das Ende der LMBCS-Tabelle.

EOF (Opcode 0001H)

Mit diesem Recordtyp wird eine WK3-Datei beendet. Der Record besitzt folgenden Aufbau:

Offset	Bytes	Bedeutung
00H	2	Opcode EOF = 0001H (Version 3.x)
02H	2	Länge = 0 (0000H)

Tabelle 2.5 LOTUS-WK3-Recordstruktur (Opcode 0001H)

Der Record besitzt kein Datenfeld, und das Längenfeld ist mit Null belegt.

PASSWORD (Opcode 0002H)

Dieser Recordtyp markiert eine verschlüsselte WK3-Datei. Der Record besitzt den Aufbau aus Tabelle 2.6.

Offset	Bytes	Bedeutung
00H	2	Opcode PASSWORD = 0002H (Version 3.x)
02H	2	Länge = 16 (0010H)
04H	16	verschlüsseltes Paßwort

Tabelle 2.6 LOTUS-WK3-Recordstruktur (Opcode 0001H)

Im Datenbereich ist das Paßwort in verschlüsselter Form abgelegt.

CALCSET (Opcode 0003H)

Mit diesem Recordtyp werden das Rechenverfahren für Tabellen und die Schrittweite definiert (Tabelle 2.7).

Offset	Bytes	Bedeutung
00H	2	Opcode CALCSET = 0003H (Version 3.x)
02H	2	Länge = 6 (0006H)
04H	2	Autocalc Flag 0: manuell 1: automatisch (Standard)
06H	2	Berechnungsmodus (Calculation Order) 00 = natürliche Reihenfolge 01 = spaltenweise Berechnung 02 = zeilenweise Berechnung
08H	2	Iteration Count (1 – 50)

Tabelle 2.7 LOTUS-WK3-Recordstruktur (Opcode 0003H)

In LOTUS kann der Anwender festlegen, ob eine Neuberechnung der Ergebnisse automatisch nach jeder Eingabe (Standardeinstellung) oder erst auf manuelle Anforderung stattfindet. Standardmäßig enthält das Datenbyte den Wert 1 für eine automatische Neuberechnung nach jeder Eingabe.

Bei der Berechnung der Ergebnisse läßt sich zusätzlich die Reihenfolge der Bearbeitung festlegen. Die Reihenfolge wird ab Offset 6 festgelegt. Bei einer natürlichen Reihenfolge werden abhängige Formeln nacheinander berechnet. Bei einer spaltenweisen Berechnung beginnt diese bei A:A1 und wird dann Spalte für Spalte ausgeführt. Bei zeilenweiser Berechnung startet diese mit der Zelle A:A1 und geht dann Zeilen für Zeile weiter. Das letzte Wort enthält einen Iterationszähler, der Werte zwischen 1 und 50 annehmen kann.

WINDOWSET (Opcode 0004H)

In diesem Recordtyp werden die Informationen über die Fenstereinstellungen (Windows) innerhalb der Arbeitsblätter gespeichert. Der Datensatz besitzt die Struktur aus Tabelle 2.8.

Offset	Bytes	Bedeutung
00H	2	Opcode WINDOWSET = 0004H (Version 3.x)
02H	2	Länge = 28 (001CH)
04H	1	Zahl der angezeigten Fenster (Windows)
05H	1	Windows Synchronisierungsmodus 0: unsynchronisiert 1: synchronisiert
06H	1	aktuelle Position Fenster in Abhängigkeit vom aktuellen Modus
		Modus: perspektivisch 0 = Vordergrund (Front) 1 = Mitte (Middle) 2 = Hintergrund (Back)
		Modus: vertikal 1 = links (Left) 2 = rechts (Right)
		Modus: horizontal 1 = oben (Top) 2 = unten (Bottom)
07H	1	Window-Zoom-Modus 0 = ungezoomt 1 = gezoomt
08H	2	Window 1 Worksheet Offset
0AH	1	Window 1 Spaltenzähler (Column Count)
0BH	1	Window 1 Höhe in Zeilen (Rows)
0CH	1	Window 1 Breite in Zeichen (Columns)
0DH	1	Window 1 linker Rand in Zeichen

Offset	Bytes	Bedeutung
0EH	1	Window 1 oberer Rand in Zeilen
0FH	1	reserviert
10H	2	Window 2 Worksheet Offset (optional)
12H	1	Window 2 Spaltenzähler (Column Count)
13H	1	Window 2 Höhe in Zeilen (Rows)
14H	1	Window 2 Breite in Zeichen (Columns)
15H	1	Window 2 linker Rand in Zeichen
16H	1	Window 2 oberer Rand in Zeilen
17H	1	reserviert
18H	2	Window 3 Worksheet Offset (optional)
1AH	1	Window 3 Spaltenzähler (Column Count)
1BH	1	Window 3 Höhe in Zeilen (Rows)
1CH	1	Window 3 Breite in Zeichen (Columns)
1DH	1	Window 3 linker Rand in Zeichen
1EH	1	Window 3 oberer Rand in Zeilen
1FH	1	reserviert

Tabelle 2.8 LOTUS-WK3-Recordstruktur (Opcode 0004H)

Der Record muß innerhalb der WK3-Datei vorkommen. Das erste Byte ab Offset 4 definiert die Zahl der angezeigten Fenster (1–3). Das folgende Byte gibt an, ob der Cursor in den einzelnen Fenstern synchronisiert wird. Das nächste Byte definiert die Lage des aktuellen Fensters. Der Wert ist abhängig vom Synchronisationsmodus. Ab Offset 7 findet sich ein Byte mit dem Zoomstatus des aktuellen Fensters.

Danach beginnt der Bereich mit den Definitionen des Fensters 1. Neben dem Offset im Kalkulationsblatt finden sich dort die Zahl der Spalten im Fenster, die Zahl der Zeilen sowie die Koordinaten der linken oberen Fensterecke in Zeichen. Falls die Fenster 2 und 3 definiert sind, schließen sich deren Daten an.

SHEETCELLPTR (Opcode 0005H)

Dieser Record enthält den Zell-Pointer, den Nullpunkt des Fensters und die Titelinformationen bei verschobenem Zell-Pointer. Der Datensatz wird nur angelegt, falls der Zell-Pointer verschoben wird. Die Struktur wird in Tabelle 2.9 beschrieben.

Offset	Bytes	Bedeutung
00H	2	Opcode SHEETCELLPTR = 0005H (Version 3.x)
02H	2	Länge = 16 (0010H)
04H	1	Worksheet Offset

Offset	Bytes	Bedeutung
05H	1	Window 2 Flag 0: nicht Window 2 1: Window 2
06H	2	reserviert
08H	2	Zell-Pointer Zeile
0AH	1	Zell-Pointer Spalte
0BH	1	Nullpunkt (Spalte) linker Fensterrand
0CH	2	Nullpunkt (Zeile) oberer Fensterrand
0EH	2	oberste Zeile mit dem Titel
10H	1	linke Spalte mit dem Titelanfang
11H	1	Zahl der Spalten mit dem Titel
12H	2	Zahl der Zeilen mit dem Titel

Tabelle 2.9 LOTUS-WK3-Recordstruktur (Opcode 0005H)

Das erste Datenbyte definiert den Offset in das Kalkulationsblatt. Ab Offset 8 finden sich der Zell-Pointer (Zeile, Spalte) und die Koordinate der linken oberen Fensterecke. Die Definitionen für die Titelzeile und -spalte sind ungültig, falls die Zahl der Titelspalten und -zeilen auf 0 gesetzt ist.

Die Titelzeilen können innerhalb des Arbeitsblattes die einzelnen Spalten bezeichnen. Die Zahl der Zeilen für die Spaltenüberschriften wird nach der Formel

Zeilenzahl = (unterste Titelzeile – oberste Titelzeile) + 1

berechnet.

SHEETLAYOUT (Opcode 0006H)

Dieser Record enthält Informationen über die Standardspaltenbreite eines Kalkulationsblatts und ist optional. Die Struktur ist in Tabelle 2.10 beschrieben.

Offset	Bytes	Bedeutung
00H	2	Opcode SHEETLAYOUT = 0006H (Version 3.x)
02H	2	Länge = 5 (0005H)
04H	1	Offset Arbeitsblatt
05H	1	Window 2 Flag 0: nicht Window 2 1: Window 2
06H	2	reserviert
08H	2	Spaltenbreite Standardeinstellung

Tabelle 2.10 LOTUS-WK3-Recordstruktur (Opcode 0006H)

Das Datenwort ab Offset 8 definiert die Spaltenbreite des Kalkulationsblatts.

COLUMNWIDTH (Opcode 0007H)

Dieser Record besitzt eine variable Länge und enthält Informationen über die Spaltenbreite auf Ebene der einzelnen Arbeitsblätter. Die Struktur wird in Tabelle 2.11 beschrieben.

Offset	Bytes	Bedeutung
00H	2	Opcode COLUMNWIDTH = 0007H (Version 3.x)
02H	2	Länge = 6–516 Byte, Schrittweite 2
04H	1	Offset Arbeitsblatt
05H	1	Window 2 Flag 0: nicht Window 2 1: Window 2
06H	2	reserviert
08H	1	Offset 1. Spalte
09H	1	Breite 1. Spalte
0AH	1	Offset 2. Spalte
0BH	1	Breite 2. Spalte
0CH	1	etc.

Tabelle 2.11 LOTUS-WK3-Recordstruktur (Opcode 0007H)

Für jede Spalte, deren Breite von der globalen Voreinstellung abweicht, wird ein Eintrag mit der Spaltennummer (beginnend bei 0) und der Spaltenbreite angelegt.

HIDDENCOLUMN (Opcode 0008H)

Dieser Record besitzt eine variable Länge und enthält Informationen über die verborgenen Spalten im Arbeitsblatt. Die Struktur wird in Tabelle 2.12 beschrieben.

Offset	Bytes	Bedeutung
00H	2	Opcode HIDDENCOLUMN = 0008H (Version 3.x)
02H	2	Länge = 5–260 Byte, Schrittweite 1
04H	1	Offset Arbeitsblatt
05H	1	Window 2 Flag 0: nicht Window 2 1: Window 2
06H	2	reserviert
08H	1	Offset 1. verborgene Spalte
09H	1	Offset 2. verborgene Spalte
0AH	1	etc.

Tabelle 2.12 LOTUS-WK3-Recordstruktur (Opcode 0008H)

Für jede verborgene Spalte erfolgt ein Eintrag im Datensatz, wobei ab der Spalte 0 gezählt wird.

USERRANGE (Opcode 0009H)

Der Datensatz ist optional und enthält Informationen über Bereiche (Named Ranges), die vom Benutzer mit Namen versehen wurden (Tabelle 2.13).

Offset	Bytes	Bedeutung
00H	2	Opcode USERRANGE = 0009H (Version 3.x)
02H	2	Länge = 26–539 Byte, Schrittweite 1
04H	2	Range Typ 0: regulärer User Range 1: User Range unbekannt
06H	16	Name des Userbereiches
16H	4	linke obere Ecke in Zellkoordinaten
1AH	4	rechte untere Ecke in Zellkoordinaten
1EH	n	Bemerkung zum Userbereich

Tabelle 2.13 LOTUS-WK3-Recordstruktur (Opcode 0009H)

Der Datensatz enthält den Namen eines Bereichs, der vom Benutzer definiert wurde. Weiterhin werden die Koordinaten als 4-Byte-Wert in der Kodierung des Typs *CELLCOORD* (siehe Tabelle 2.3) angegeben. Sofern ein Kommentar eingegeben wurde, findet sich dieser Kommentar als LMBCS-Zeichenkette ab Offset 30. Der Text kann bis zu 513 Zeichen (Byte) umfassen.

SYSTEMRANGE (Opcode 000AH)

Der Datensatz ist optional und enthält Informationen über Bereiche (System Ranges), die vom System verwaltet werden. Die Struktur ist in Tabelle 2.14 definiert.

Offset	Bytes	Bedeutung
00H	2	Opcode SYSTEMRANGE = 000AH (Version 3.x)
02H	2	Länge = 206–n Byte
04H	2	Range Typ 0: Koordinatenpaar 1: Range Alias
06H	16	Name des Systembereichs
16H	4	linke obere Ecke in Zellkoordinaten oder Maske mit Zeichenkette, falls Range Typ auf den Wert 1 gesetzt wurde
1AH	4	rechte untere Ecke in Zellkoordinaten

Tabelle 2.14 LOTUS-WK3-Recordstruktur (Opcode 000AH)

Die Bereichskoordinaten lassen sich einmal mit dem Datentyp *CELLCOORD* angeben (siehe Tabelle 2.3). Dies ist der Fall, falls das Wort ab Offset 4 den Wert 0 aufweist. Dann werden die Koordinaten der linken oberen und der rechten unteren Ecke jeweils als

4-Byte-Wert gespeichert. Sofern das Wort den Wert 1 aufweist, wird der Bereich über die Aliasnamen als Text (LMBCS) mit einer maximalen Länge von 513 Byte angegeben.

ZEROFORCE (Opcode 000BH)

Der Datensatz ist optional und enthält das *Force Zero Intercept*-Flag, das bei Regressionsrechnungen auf Daten verwendet wird. Die Struktur des Datensatzes ist in Tabelle 2.15 definiert.

Offset	Bytes	Bedeutung
00H	2	Opcode ZEROFORCE = 000BH (Version 3.x)
02H	2	Länge = 1 (0001H)
04H	1	Force Zero Intercept Flag 0: don't force zero intercept 1: force zero intercept

Tabelle 2.15 LOTUS-WK3-Recordstruktur (Opcode 000BH)

SORTKEYDIR (Opcode 000CH)

Der Datensatz ist ebenfalls optional und enthält Informationen über die Sortierfolge von Schlüsseln. Die Struktur des Satzes ist in Tabelle 2.16 definiert.

Offset	Bytes	Bedeutung
00H	2	Opcode SORTKEYDIR = 000CH (Version 3.x)
02H	2	Länge = 4–510 Byte, Schrittweite 2
04H	n*2	Sortierrichtung 1. Byte 0: aufsteigend 1: absteigend FFH: unbelegt 2. Byte reserviert
..H	..	weitere Einträge für zusätzliche Schlüssel

Tabelle 2.16 LOTUS-WK3-Recordstruktur (Opcode 000CH)

Der Satz kann die Sortierung verschiedener Schlüssel speichern. Die Sortierfolge des ersten Schlüssels ist ab Offset 4 gespeichert. Sofern mehr als ein Schlüssel definiert wurde, enthält der Datensatz n Einträge à zwei Byte.

FILESEAL (Opcode 000DH)

Dieser Datensatz enthält das Paßwort für Dateizugriffe (FILE SEAL PASSWORD). Die Struktur des Satzes ist in Tabelle 2.17 definiert.

Offset	Bytes	Bedeutung
00H	2	Opcode FILESEAL = 000DH (Version 3.x)
02H	2	Länge = 18 (12H)
04H	16	Paßwort als LMBCS-String mit 15 Zeichen
14H	2	Schutztyp 0: Dateischutz 1: Reservierungsschutz

Tabelle 2.17 LOTUS-WK3-Recordstruktur (Opcode 000DH)

Der Satz enthält ein Paßwort mit maximal 15 Zeichen und einem Nullbyte. Das letzte Wort enthält den Typ des Paßwortschutzes (0 = File sealed, 1 = Reservation setting sealed).

DATAFILLNUMS (Opcode 000EH)

Der Datensatz ist optional und enthält den Bereich, der mit Daten zu füllen ist. Die Struktur des Satzes ist in Tabelle 2.18 definiert.

Offset	Bytes	Bedeutung
00H	2	Opcode DATAFILLNUMS = 000EH (Version 3.x)
02H	2	Länge = 32 (20H)
04H	10	Startwert als TREAL-Zahl
0EH	10	Schrittweite als TREAL-Zahl
18H	10	Endewert als TREAL-Zahl
22H	2	Typ der Schrittweite 1 = numerisch 2 = Jahr 4 = vierteljährlich 8 = Monat 16 = Woche 32 = Tag 64 = Stunde 128 = Minute 256 = Sekunde

Tabelle 2.18 LOTUS-WK3-Recordstruktur (Opcode 000EH)

Über die Werte läßt sich ein Bereich mit Daten füllen. Die Start- und Endewerte sowie die Schrittweite werden als 10-Byte-Realzahlen angegeben. Eine solche TREAL-Zahl besitzt das Format gemäß Abbildung 2.2.

Der Exponent ist mit einem BIAS von 3FFFH versehen. Der Wert 0.0 muß Exponent = 0, S = 0 oder 1 und I = aufweisen. Bei Werten ungleich 0.0 muß der Exponent größer null und I = 1 gesetzt sein.

```
       9          8  7                    0 Byte
79 78         64 63 62                    0 Bits
 |S| Exponent  |I|        Mantisse        |
S = Sign (Vorzeichen)
I = Integerbit der Mantisse
```

Abbildung 2.2 Kodierung einer TREAL-Zahl

In der TREAL-Zahl lassen sich zusätzlich spezielle Werte speichern. Tabelle 2.19 gibt die Werte an.

Wertetyp	Byte 9–8	Byte 7–0
Nummer	0–FFFEH	Wert
Blank	FFFFH	0
ERR	FFFFH	7 = C0H, 6–0 = 0
NA	FFFFH	7 = D0H, 6–0 = 0
String	FFFFH	7 = E0H, 6–0 = --

Tabelle 2.19 Kodierung spezieller Werte

Bei Realzahlen entspricht die Darstellung der IEEE-Spezifikation für Gleitkommazahlen.

PRINTMAIN (Opcode 000FH)

Dieser Datensatz ist nur vorhanden, falls Daten für einen Ausdruck definiert wurden. Die Struktur des Satzes ist in Tabelle 2.20 definiert.

Offset	Bytes	Bedeutung
00H	2	Opcode PRINTMAIN = 000FH (Version 3.x)
02H	2	Länge = 86 (56H)
04H	1	ID-Nummer Printeinstellung 1 = aktuelle Einstellungen 2–255 = Einstellungen über Namen
05H	16	LMBCS-String mit dem Namen der Einstellungen Der String umfaßt 15 Zeichen und 00H.
15H	16	LMBCS-String mit dem Namen des Treibers (15 Zeichen + 00H)
25H	16	LMBCS-String mit dem Linknamen (15 Zeichen + 00H)
35H	1	Line Space 0 = Standard 1 = Compressed
36H	1	Format Flag 0 = unformatiert 1 = formatiert
37H	1	Orientation 0 = Portrait 1 = Landscape

Offset	Bytes	Bedeutung
38H	1	Automatic Linefeed 0 = kein autom. Linefeed (Standard) 1 = Linefeed automatisch
39H	1	Wait Flag 0 = nicht warten 1 = warten
3AH	1	Range Font Typ 0 = Default Font 1 = Normal Serif 2 = Bold Serif 3 = Italic Serif 4 = Bold Italic Serif 5 = Regular Sans Serif 6 = Bold Sans Serif 7 = Italic Sans Serif 8 = Bold Italic Sans Serif
3BH	1	Header Font Typ
3CH	1	Border Font Typ
3DH	1	Frame Font Typ
3EH	1	Range Color 0 = Default 1 = Weiß 2 = Rot 3 = Grün 4 = Blau 5 = Gelb 6 = Magenta 7 = Cyan 8 = Purpur
3FH	1	Blank Header Flag 0 = unterdrücke Flag 1 = drucke leeren Kopf
40H	1	Zeichenzwischenraum 0 = Standard 1 = komprimiert 2 = expandiert
41H	1	reserviert
42H	1	Priorität (Hintergrunddruck) 0 = Standard 1 = hoch 2 = niedrig
43H	1	Frame Flag 0 = No Frame 1 = Print Frame

Offset	Bytes	Bedeutung
44H	1	Bildgröße 0 = Margin fill 1 = Length fill 2 = Reshape
45H	1	GO Typ 0 = kein 1 = Range 2 = Image 3 = Sample (Testseite)
46H	1	Bildrotation 0 = Nein 1 = Ja
47H	1	reserviert
48H	1	Format Typ 0 = wie Anzeige 1 = Zellformeln
49H	1	Auflösung Ausdruck 0 = volle Auflösung 1 = Entwurf
4AH	2	linker Rand
4CH	2	rechter Rand
4EH	2	oberer Rand
50H	2	unterer Rand
52H	2	Bildgröße (1–1000)
54H	2	Bildbreite (1–1000)
56H	2	Seitenlänge
58H	2	Baud-Rate 0 = 4800 (Standard) 1 = 110 2 = 150 3 = 300 4 = 600 5 = 1200 6 = 2400 7 = 4800 8 = 9600 9 = 19200

Tabelle 2.20 LOTUS-WK3-Recordstruktur (Opcode 000FH)

PRINTSTRING (Opcode 0010H)

Der Datensatz ist optional und besitzt eine variable Länge. Die Struktur des Satzes ist in Tabelle 2.21 definiert.

Offset	Bytes	Bedeutung
00H	2	Opcode PRINTSTRING = 0010H (Version 3.x)
02H		Länge = 3–315, Schrittweite 1
04H	1	ID-Nummer Print Setting Worksheet
05H	1	PRINT-String Typ 0 = Header 1 = Footer 2 = Setup 3 = Image Name
06H	n	PRINT-String als LMBCS-Zeichenkette

Tabelle 2.21 LOTUS-WK3-Recordstruktur (Opcode 0010H)

Der Satz muß direkt nach einem PRINTMAIN-Record folgen. Der Satz enthält den Text für den Ausdruck.

GRAPHMAIN (Opcode 0011H)

Dieser Record ist optional und enthält die Definitionen für die Grafikausgabe.

Offset	Bytes	Bedeutung
00H	2	Opcode GRAPHMAIN = 0011H (Version 3.x)
02H	2	Länge = 178
04H	1	ID-Nummer Graph settings Worksheet
05H	16	LBMCS Name Graph settings
15H	3	1., 2., 3. Textfeld Fonttyp 0 = Standardfont 1 = Serif normal 2 = Serif fett 3 = Serif kursiv 4 = Serif fett & kursiv 5 = Sans serif 6 = Sans serif fett 7 = Sans serif kursiv 8 = Sans serif fett & kursiv
18H	7	Color-Werte (A–F Range) 0 = Standard 1 = Weiß
		2 = Rot 3 = Grün 4 = Blau 5 = Gelb 6 = Magenta 7 = Cyan 8 = Purpur
		FEH = verborgen FFH = verwende System Range

Offset	Bytes	Bedeutung
1FH	6	Muster (A–F Range) 0 = Standard 1 = Filled 2 = Fine crosshatch 3 = Diagonal triple 4 = Diagonal double 5 = Coarse crosshatch 6 = Diagonal double 7 = Diagonal single 8 = Hollow FFH = verwende System Range
25H	6	123/M Extended Filename (1. Teil, LMBCS)
2BH	3	1., 2., 3. Textfeld mit Textgröße 0 = Standard 1 = schmal bis 9 = breit
2EH	1	Gittertyp 0 = kein 1 = horizontal 2 = vertikal 3 = beide
2FH	1	Color-Flag 0 = Farbe falls möglich 1 = keine Farbe benutzen 2 = Farbe benutzen
30H	1	Graph-Typ 0 = Linie 1 = Balken (bar) 2 = XY 3 = Stacked bar 4 = Pie 5 = High-low-close-open 6 = reserviert 7 = gemischt 8 = reserviert 9 = Graph-Typ erweitert
31H	3	Skalierung (x-, y-, 2y-Achsen) 0 = automatisch FFH = manuell
34H	3	Exponent (x-, y-, 2y-Achsen) 00H = automatisch FFH = manuell
37H	3	Indikator Anzeige (x-, y-, 2y-Achsen) 0 = Indikator anzeigen 1 = Indikator unterdrücken FFH = manuell eingeg. Indikator anzeigen
3AH	3	Skalierung Typ (x-, y-, 2y-Achsen) 0 = Standard 1 = logarithmisch

Offset	Bytes	Bedeutung
3DH	3	Offset Weite (x- ,y- , 2y-Achse) 00H = automatisch FFH = manuell
40H	6	Achse Typ (A–F Range) 1 = y-Achse 2 = 2y-Achse
46H	6	Linienformate (A–F Range) 0 = Linie und Symbole 1 = Linien 2 = Symbole 3 = keine Linien und Symbole 4 = Area
4CH	6	Label-Formate (A–F Range) 0 = zentriert 1 = rechts 2 = unterhalb 3 = links 4 = oberhalb
52H	1	Horizontalgitter-Flag 0 = Gitter y-Achse anzeigen 1 = Gitter 2y-Achse anzeigen 2 = Gitter y- und 2y-Achse anzeigen
53H	1	Rotations-Flag 0 = vertikal 1 = horizontal
54H	1	Autograph-Flag 0 = permanente Bereiche (Ranges) 1 = Autograph Ranges
55H	1	Prozent-Flag 0 = No graph data ranges as % 1 = Data graph as % of all ranges
56H	1	Stacked-Flag 0 = Not stacked 1 = Stack
57H	2	reserviert
59H	3	Textfarben (x-, y-, 2y-Achse) 0 = Standard 1 = Weiß 2 = Rot 3 = Grün 4 = Blau 5 = Gelb 6 = Magenta 7 = Cyan 8 = Purpur FEH = verborgen

Offset	Bytes	Bedeutung
5CH	2	Skip-Faktor x-Range (1–8192)
5EH	6	Label Breite 1–50 (x-, y-, 2y-Achse)
64H	2	Graph Name Setting Range Extender-Feld; Werte von 0000H bis FFFFH
66H	2	2. Teil 1-2-3/M Extended File Name (LMBCS)
68H	6	Exponent (x-, y-, 2y-Achse)
6EH	12	Formate (x-, y-, 2y-Achse)
7AH	30	Scala (min., x-, y-, 2y-Achse) als TREAL
98H	30	Scala (max., x-, y-, 2y-Achse) als TREAL

Tabelle 2.22 LOTUS-WK3-Recordstruktur (Opcode 0011H)

Der Aufbau einer TREAL-Zahl ist in Abbildung 2.2 (Seite 65) definiert. Einstellungen mit variabler Länge werden in GRAPHSTRING-Records gespeichert. Eine WK3-Datei darf daher mehrere GRAPHMAIN-Records aufweisen. Das Textfeld *Font Type* ist ein Byte lang. Ab Offset 15H sind drei Byte für den ersten, zweiten und dritten Fonttyp reserviert.

Die 6 Bytes ab Offset 25H definieren den ersten Teil des 1-2-3/M Extend File-Namens. Dieser Name wird als LMBCS-String kodiert. Falls das Feld keinen 0-Terminator enthält, folgt der zweite Teil des Namens ab Offset 66H.

Die Exponenten der Achsenskalierung werden als Word ab Offset 68H kodiert. Die Formatbeschreibung (Offset 6EH) der Achsen enthält drei Einträge à vier Byte. Abbildung 2.3 (Seite 73) zeigt die Kodierung dieser Bytes.

GRAPHSTRING (Opcode 0012H)

Dieser optionale Record enthält alle Einträge mit variabler Länge für die Grafiken.

Offset	Bytes	Bedeutung
00H	2	Opcode GRAPHMAIN = 0012H (Version 3.x)
02H	2	Länge = 4–515, Schrittweite 1
04H	1	ID-Nummer Graph-Einstellungen Arbeitsblatt 0 = keine ID FFH = ID-Nummer
05H	1	Typ Graph String 0 = Data Range A Legende 1 = Data Range B Legende 2 = Data Range C Legende 3 = Data Range D Legende 4 = Data Range E Legende 5 = Data Range F Legende 6 = x-Achse Indikator

Offset	Bytes	Bedeutung
		7 = y-Achse Indikator 8 = 2y-Achse Indikator 9 = x-Achse Titel 10 = yy-Achse Titel 11 = 2y-Achse Titel 12 = Graph Titel 13 = Graph Sub-Titel 14 = Graph Note 15 = Graph Sub-Note
06H	n	Graphstring LMBCS (max. 513 Zeichen)

Tabelle 2.23 LOTUS-WK3-Recordstruktur (Opcode 0012H)

Dieser Record kann nur nach einem GRAPHMAIN-Record folgen. Ein Graph String wird in einem LMBCS-String variabler Länge gespeichert. Der String wird mit einem 00H-Byte abgeschlossen. Die WK3-Datei kann mehrere dieser Records enthalten.

FORMAT (Opcode 0013H)

Dieser Record enthält die Zellen und globalen Formatinformationen für die WK3-Datei.

Offset	Bytes	Bedeutung
00H	2	Opcode FORMAT = 0013H (Version 3.x)
02H	2	Länge = 4–1028
04H	1	Nummer Arbeitsblatt
05	1	Subtyp (0)
06H	2	Zeile
08H	n	Feld mit Format-Records (bis 1024 Zeichen)

Tabelle 2.24 LOTUS-WK3-Recordstruktur (Opcode 0013H)

Die Formatbeschreibung wird separat von anderen Zellinformationen gespeichert. Dies ermöglicht eine Komprimierung der Informationen:

- ▶ Sequenzen mit identisch formatierten Zellen in einer Zeile werden durch *Run Length Encoding* (RLE) (*4 Byte Format + 1 Byte Wiederholungszähler*) kodiert. Folgende Sequenzen oder Zellen mit Standardformatierung in einer Zeile werden nicht gespeichert.
- ▶ Ist eine Reihe von Zellen im Arbeitsblatt identisch zu einer vorhergehenden Zeile, wird nur ein Verweis auf diese vorhergehende Reihe gespeichert (der DUPFMT-Record wird verwendet).

Jede Zeile mit Zellen im Standardformat (0FFH) wird nicht gespeichert. Alle Zeilen werden in Sequenzen mit identischen Zellformaten aufgeteilt.

- Die Formatbeschreibung einer Zelle belegt 4 Bytes. Das höchste Bit (R) in der Formatbeschreibung wird auf 0 gesetzt (Single Cell Indicator).
- Eine Formatbeschreibung für mehrere Zellen umfaßt dagegen 5 Bytes. 4 Bytes definieren das Format. Hier ist das höchste Bit (R) aber gesetzt und wird von einem Byte mit dem Wiederholungszähler gefolgt.

Die Struktur eines Zellformates wird in Abbildung 2.3 gezeigt.

```
31   30 - 11            10 9 8 7  6-4    3-0

|R| reserviert          |H|p|n|P|  Typ  | NN |
p = geschützt
H = Intensitätsbit
P = Zahl in Klammern ()
n = Zellfarbe falls Nummer positiv
R = 1: Wiederholungszähler folgt
```

Abbildung 2.3 4-Byte-Formatstruktur

Der Formattyp ist identisch mit der 1-2-3-Version 2.01. In den WK3-Dateien gibt es drei Subtypen des Format Records:

- Der erste FORMAT-Record (Subtyp 00H) enthält die Beschreibung des Formats einer Zeile.
- Der GBLFMT-Record (Subtyp 01H) beschreibt das globale Format der Zellen.
- Der DUPFMT-Record verweist auf identisch formatierte Zellen (Subtyp 2).

Das Subtyp-Byte ist das zweite Byte im Datenbereich. Die Records müssen in aufsteigender (Zell-)Reihenfolge geschrieben werden.

GBLFMT (Opcode 0013H)

Dies ist ein Subtyp-Records des FORMAT-Record und benutzt die gleiche Struktur. Der Record enthält die Beschreibung des globalen Formates für die Zellen des Arbeitsblatts.

Offset	Bytes	Bedeutung
00H	2	Opcode GBLFMT = 0013H (Version 3.x)
02H	2	Länge = 12–525 Byte
04H	1	Nummer Arbeitsblatt
05H	1	Subtyp = 1
06H	2	reserviert (0000)
08H	4	Global Format Record (FRMT)
0CH	2	/Woksheet Global Label prefix char. code

Offset	Bytes	Bedeutung
0EH	2	Global zero suppression Flag 0 = Nullen anzeigen 1 = Nullen unterdrücken
10H	n	Global Zero String (max 513 LMBCS Zeichen)

Tabelle 2.25 LOTUS-WK3-Recordstruktur (Opcode 0013H)

Die globale Formatbeschreibung wird in 4 Bytes gespeichert (Abbildung 2.4). Gültige Einträge für das Feld */Worksheet Global Label prefix character code* sind:

34 = "

39 = '

94 = ^

Falls das *global zero suppression flag* auf 0 gesetzt wurde, umfaßt der Record nur 12 Bytes. Ist das Flag auf 1 gesetzt, folgt ein LMBCS-String variabler Länge (global zero string). Die minimale Länge dieses Strings beträgt 2 Bytes (1 Zeichen und der 00 Terminator).

DUPFMT (Opcode 0013H)

Dieser Record wird benutzt, um eine Reihe eines Arbeitsblattes zu duplizieren.

Offset	Bytes	Bedeutung
00H	2	Opcode DUPFMT = 0013H (Version 3.x)
02H	2	Länge = 8
04H	1	Nummer Arbeitsblatt
05H	1	Subtyp = 2
06H	2	Zeile
08H	2	Arbeitsblatt in der Datei mit dem Zeilenformat
0AH	2	Zeile in der Datei mit dem Zeilenformat

Tabelle 2.26 LOTUS-WK3-Recordstruktur (Opcode 0013H)

Der Record ist optional und kann mehrfach in einer WK3-Datei auftreten. Wichtig ist, daß die referenzierte Zeile in einem vorhergehenden Record beschrieben wurde.

ERRCELL (Opcode 0014H)

Der ERRCELL-Record definiert eine Zelle mit dem Ergebnis ERR. Dieses Ergebnis kann von einer */Range Value*-Operation, bei der die Werte auf ERR gesetzt waren, oder von */Copy*- oder */Move*-Befehlen stammen.

Offset	Bytes	Bedeutung
00H	2	Opcode ERRCELL = 0014H (Version 3.x)
02H	2	Länge = 4
04H	4	Zellkoordinaten 2 Byte Zeile 1 Byte Arbeitsblatt 1 Byte Spalte

Tabelle 2.27 LOTUS-WK3-Recordstruktur (Opcode 0014H)

Die Zelle ist numerisch identisch zu einer Formelzelle, die den Eintrag +@ERR enthält. Der ERRCELL-Record läßt sich aber effektiver verwenden.

NACELL (Opcode 0015H)

Der Record definiert eine Zelle mit dem Wert NA. Dies ist das Ergebnis einer */Range Value*-Operation oder eines /Copy- oder /Move-Befehls.

Offset	Bytes	Bedeutung
00H	2	Opcode NACELL = 0015H (Version 3.x)
02H	2	Länge = 4
04H	4	Zellkoordinaten 2 Byte Zeile 1 Byte Arbeitsblatt 1 Byte Spalte

Tabelle 2.28 LOTUS-WK3-Recordstruktur (Opcode 0015H)

Die Zelle ist identisch zu einer Formelzelle, die den Wert +@NA enthält.

LABEL (Opcode 0016H)

Dieser Record definiert einen Texteintrag (Label) im Arbeitsblatt.

Offset	Bytes	Bedeutung
00H	2	Opcode LABELCELL = 16H (Version 3.0)
02H	2	Länge = 6–518, Schrittweite 1
04H	4	Zellkoordinaten 2 Byte Zeile 1 Byte Arbeitsblatt 1 Byte Spalte
08H	n	Labeltext (LMBCS String)

Tabelle 2.29 LOTUS-WK3-Recordstruktur (Opcode 0016H)

Für jede Zelle mit einem Texteintrag wird ein solcher Record in der WK3-Datei angelegt. Der Text kann maximal 512 Zeichen umfassen und wird mit einem 0-Byte abgeschlossen.

NUMBERCELL (Opcode 0017H)

Dieser Recordtyp definiert Zellen, deren Werte nicht als Integer dargestellt werden.

Offset	Bytes	Bedeutung
00H	2	Opcode NUMBERCELL = 17H (Version 3.0)
02H	2	Länge = 14
04H	2	Zeile
06H	1	Arbeitsblatt
07H	1	Spalte
08H	10	Wert als TREAL-Zahl

Tabelle 2.30 LOTUS-WK3-Recordstruktur (Opcode 0017H)

Das Programm TRANSLATE verwendet dieses Format. der Aufbau einer TREAL-Zahl ist in Abbildung 2.2 dargestellt.

SMALLNUMCELL (Opcode 0018H)

Dieser Recordtyp wird benutzt, um zwei verschiedene Datentypen im Integerformat zu speichern.

Offset	Bytes	Bedeutung
00H	2	Opcode SMALLNUMCELL = 18H (Version 3.0)
02H	2	Länge = 6
04H	2	Zeile
06H	1	Arbeitsblatt
07H	1	Spalte
08H	2	Wert (Integer)

Tabelle 2.31 LOTUS-WK3-Recordstruktur (Opcode 0018H)

Die Integerwerte werden ab Offset 08H als Wort gespeichert. Hierbei gilt die folgende Kodierung:

- Bit 0: 0, dann enthalten Bits 1 bis 15 eine vorzeichenbehaftete Integerzahl (–16384 – +16383).
- Bit 0: 1, die Bits 1 bis 15 enthalten eine Zahl, die gemäß Abbildung 2.4 kodiert ist.

Die letzte Variante ermöglicht die Speicherung sehr großer Zahlen in einem 16-Bit-Wert.

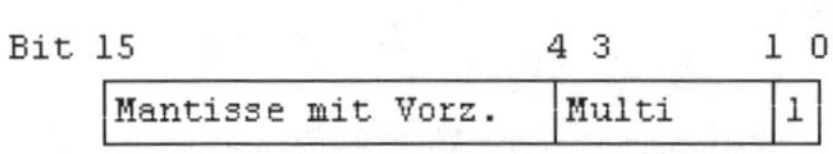

Abbildung 2.4 Kodierung einer SMALLNUMCELL-Zahl bei Bit 0 = 1.

Ist im Record eine kodierte Zahl gespeichert, läßt sich diese über die Werte aus Tabelle 2.32 berechnen.

Multi	Multiplikator	Wert und Schrittweite
0	5000	bis 10235000 Schrittweite 5000
1	500	bis 1023500 Schrittweite 500
2	0,05	bis 102,35 Schrittweite 0,05
3	0,005	bis 10,235 Schrittweite 0,005
4	0,0005	bis 1,0235 Schrittweite 0,0005
5	0,00005	bis 0,10235 Schrittweite 0,00005
6	0,0625	bis 127,9375 Schrittweite 1/16
7	0,015625	bis 31,984375 Schrittweite 1/16

Tabelle 2.32 Kodierung der Multiplikatoren

Bei gesetztem Bit 0 ermitteln Sie den Wert *Multi* aus den Bits 1 bis 3. Dieser Wert ergibt dann den Multiplikationsfaktor gemäß Tabelle 2.32. Der Wert läßt sich dann folgendermaßen berechnen:

*Wert = (vorzeichenbehaftete Mantisse) * Multiplikator*

Enthalten die Bits 1 bis 3 zum Beispiel den Wert 1, ist als Multiplikator der Wert 500 zu verwenden (siehe Tabelle 2.32).

FORMULACELL (Opcode 0019H)

Dieser Record dient zur Aufnahme einer Formel.

Offset	Bytes	Bedeutung
00H	2	Opcode FORMULACELL = 19H (Version 3.0)
02H	2	Länge = 14–2048, Schrittweite 1
04H	2	Zeile
06H	1	Arbeitsblatt
07H	1	Spalte
08H	10	Formel (TREAL-Nummer)
12H	n	Formel-Tokenstring (n Opcodes)

Tabelle 2.33 LOTUS-WK3-Recordstruktur (Opcode 0019H)

Der Formel-Tokenstring enthält eine Sequenz von Operatoren (1 Byte) mit den zugehörigen Operanden. Das letzte Byte im String ist der *End of Formula Opcode* (03H). Tabelle 2.34 enthält die Operatoren in einer WK3-Datei. Die Operatoren mit dem Code von 1FH bis 6FH stimmen mit der WK1-Definition überein.

LOTUS und Symphony behandeln Formeln in der umgekehrten polnischen Notation. Jeder Eintrag startet mit dem Opcode der Formel, gefolgt von den Operanden.

```
Formelcode, Operanden, ....., Formelcode, Operanden
```

Das Opcode-Byte der Formel definiert den Operatortyp (Variable, Konstante, Klammer, + etc.). Dem Operator folgen keine, eine oder mehrere Operanden.

Code	Bytes	Formel
00H	11	Konstante + 1 TREAL-Argument
01H	6	Zellreferenz +RELBITS (1 Byte) bit 0 = 1: Spalte 0 ist relativ 1 = 1: Reihe 0 ist relativ 2 = 1: Arbeitsblatt 0 ist relativ 3 = 1: Spalte 1 ist relativ 4 = 1: Reihe 1 ist relativ 5 = 1: Arbeitsblatt 1 ist relativ
		CELLCOORDINATES (4 Byte) 2 Byte Zeile 1 Byte Arbeitsblatt 1 Byte Spalte
02H	10	Range + RELBITS + 2 * CELLCOORDINATES
03H	1	End of Formula-Record (Return)
04H	1	Klammer (keine Argumente)
05H	3	Integerkonstante (16-Bit)
06H	1	Stringkonstante (LMBCS), der String folgt in einem FORMULASTRING-Record
07H	4	Named Range-Referenz mit dem Range-Namen
08H	1	Absolut Named-Range
09H	5	ERR Range-Referenz + 4 Byte Garbage
0AH	6	ERR Zellreferenz + 5 Byte Garbage
0BH	11	ERR Konstante + 10 Byte Garbage
0CH	1	dBASE Field-Referenz
0DH	1	dBASE Field-Platzhalter
0EH	1	unary –
0FH	1	plus +
10H	1	minus –
11H	1	multiply *
12H	1	division /
13H	1	power ^
14H	1	equal =
15H	1	not equal <>
16H	1	less or equal <=
17H	1	greater or equal >=
18H	1	less <
19H	1	greater >

Code	Bytes	Formel
1AH	1	AND
1BH	1	OR
1CH	1	NOT
1DH	1	unary + (nicht für Neuberechnung)
1EH	1	& (concatenate)
1FH	1	@NA (not applicable)
20H	1	@ERR (error)
21H	1	@ABS (absolute value)
22H	1	@INT (integer value)
23H	1	@SQRT (sqare root)
24H	1	@LOG (logarithm base 10)
25H	1	@LN (logarithm natural)
26H	1	@PI (constant pi)
27H	1	@SIN (sine)
28H	1	@COS (cosine)
29H	1	@TAN (tangens)
2AH	1	@ATAN2 (arcustangens 4. quadrant)
2BH	1	@ATAN (arcurstangens 2. quadrant)
2CH	1	@ASIN (arcussine)
2DH	1	@ACOS (arcuscosine)
2EH	1	@EXP (exponentation)
2FH	1	@MOD(X,Y) (modulofunction)
30H	1	@CHOOSE (+ 2 variable)
31H	1	@ISNA(x) (x=NA THEN 1)
32H	1	@ISERR(x) (x=ERR THEN 1)
33H	1	@FALSE (Return 0)
34H	1	@TRUE (Return 1)
35H	1	@RAND (Random number 0..1)
36H	1	@DATE (Days since 1.1.1900)
37H	1	@TODAY
38H	1	@PMT (Payment)
39H	1	@PV (Present Value)
3AH	1	@FV (Future Value)
3BH	1	@IF
3CH	1	@DAY (Day of month)
3DH	1	@MONTH
3EH	1	@YEAR
3FH	1	@ROUND
40H	1	@TIME
41H	1	@HOUR
42H	1	@MINUTE
43H	1	@SECOND
44H	1	@ISNUMBER
45H	1	@ISSTRING
46H	1	@LENGTH
47H	1	@VALUE
48H	1	@FIXED
49H	1	@MID

Code	Bytes	Formel
4AH	1	@CHR
4BH	1	@ASCII
4CH	1	@FIND
4DH	1	@DATEVALUE
4EH	1	@TIMEVALUE
4FH	1	@CELLPOINTER
50H	1	@SUM (Range x Cell x Constant)
51H	1	@AVG (Range x Cell x Constant)
52H	1	@CNT (Range x Cell x Constant)
53H	1	@MIN (Range x Cell x Constant)
54H	1	@MAX (Range x Cell x Constant)
55H	1	@VLOOKUP (X,Range,OFFSET)
56H	1	@NPV (Int, Range)
57H	1	@VAR (Range)
58H	1	@STD (Range)
59H	1	@IRR (Guess,Range)
5AH	1	@HLOOCKUP (X,Range,Offset)
5BH	1	DSUM (Database function, 3 arg)
5CH	1	AVG (Database function)
5DH	1	DCNT (Database function)
5EH	1	DMIN (Database function)
5FH	1	DMAX (Database function)
60H	1	DVAR (Database function)
61H	1	DSTD (Database function)
62H	1	@INDEX
63H	1	@COLS
64H	1	@REIHES
65H	1	@REPEAT
66H	1	@UPPER
67H	1	@LOWER
68H	1	@LEFT
69H	1	@RIGHT
6AH	1	@REPLACE
6BH	1	@PROPER
6CH	1	@CELL
6DH	1	@TRIM
6EH	1	@CLEAN
6FH	1	@S
70H	1	@N
71H	1	@EXTRACT
72H	1	--
73H	1	@@
74H	1	@RATE
75H	1	@TERM
76H	1	@CTERM
77H	1	@SLN
78H	1	@SYD
79H	1	@DDB

Code	Bytes	Formel
7AH	1	@SPLfunc
		neue Opcodes --
7BH	1	@SHEETS
7CH	1	@INFO
7DH	1	@SUMPRODUCT
7EH	1	@ISRANGE
7FH	1	@DGET
80H	1	@DQUERY
81H	1	@COORD
82H	1	--
83H	1	@TODAY
84H	1	@VDB
85H	1	@DVARS
86H	1	@DSTDS
87H	1	@VARS
88H	1	@STDS
89H	1	@D360
8AH	1	--
8BH	1	@ISAPP (Add-in)
8CH	1	@ISAAF (Add-in)
		--- japanische (nihon) @Funktionen
8DH	1	@WEEKDAY
8EH	1	@DATEDIF
8FH	1	@RANK
90H	1	@NUMBERSTRING
91H	1	@DATESTRING
92H	1	@DECIMAL
93H	1	@HEX
94H	1	@DB
95H	1	@PMTI
96H	1	@SPI
97H	1	@FULLP
98H	1	@HALFP
99H	1	@PUREAVG
9AH	1	@PURECOUNT
9BH	1	@PUREMAX
9CH	1	@PUREMIN
9DH	1	@PURESTD
9EH	1	@PUREVAR
9FH	1	@PURESTDS
A0H	1	@PUREVARS
A1H	1	@PMT2
A1H	1	@PMT2
A2H	1	@PV2
A3H	1	@FV2
A4H	1	@TERM2

Code	Bytes	Formel
		Add-in @funct. für WK1, erzeugt in 3
9CH	1	--
9DH	1	R2_SHEETS
9EH	1	R2_INFO
9FH	1	R2_SUMPRODUCT
A0H	1	R2_ISRANGE
A1H	1	R2_DGET
A2H	1	R2_DQUERY
A3H	1	R2_COORD
A4H	1	R2_VDB
A5H	1	R2_DVARS
A6H	1	R2_DSTDS
A7H	1	R2_VARS
A8H	1	R2_STDS
A9H	1	R2_D360
AAH	1	--
ABH	1	R2_ISAPP
ACH	1	R2_ISAAF
ADH	1	R2_WEEKDAY
AEH	1	R2_DATEDIF
AFH	1	R2_RANK
B0H	1	R2_DGET
B1H	1	R2_DATESTR
B2H	1	R2_DECIMAL
B3H	1	R2_HEX
B4H	1	R2_DB
B5H	1	R2_PMTI
B6H	1	R2_SPI
B7H	1	R2_FULLP
B8H	1	R2_HALP
B9H	1	R2_PUREAVG
BAH	1	R2_PURECOUNT
BBH	1	R2_PUREMAX
BCH	1	R2_PUREMIN
BDH	1	R2_PURESTD
BEH	1	R2_PUREVAR
BFH	1	R2_PURESTDS
C0H	1	R2_PUREVARS
C1H	1	R2_PMT2
C2H	1	R2_PV2
C3H	1	R2_FV2
C4H	1	R2_TERM2
C5H	1	R2_DSUMDIFF
C6H	1	R2_DAVGDIFF
C7H	1	R2_DCOUNTDIFF
C8H	1	R2_DMINDIFF
C9H	1	R2_DMAXDIFF

Tabelle 2.34 Opcodes in einer LOTUS-Formel

Code	Bytes	Formel
CAH	1	R2_DVARDIFF
CBH	1	R2_DSTDDIFF
CCH	1	R2_INDEXDIFF

Tabelle 2.34 Opcodes in einer LOTUS-Formel

Der Formeltyp (Nummer, ERR, NA, String) wird im Wertefeld der Formel definiert. Ist die Formel vom Typ STRING, muß der folgende Record vom Typ FORMULASTRING sein. In diesem Fall ist das Wertefeld unbelegt (Offset 08H).

FORMULASTRING (Opcode 001AH)

Dieser Recordtyp folgt einem FORMULACELL-Record mit einer String-Formel. Der Record enthält den Wert des vorhergehenden Satzes als String.

Offset	Bytes	Bedeutung
00H	2	Opcode FORMULASTRING = 1AH (Version 3.0)
02H	2	Länge = 5–517, Schrittweite 1
04H	2	Zeile
06H	1	Arbeitsblatt
07H	1	Spalte
08H	n	LMBCS String-Wert (max. 513 Zeichen)

Tabelle 2.35 LOTUS-WK3-Recordstruktur (Opcode 001AH)

Der LMBCS-String enthält den Wert und kann bis zu 512 Zeichen (inklusive 0-Terminator) umfassen.

XFORMAT (Opcode 001BH)

Dieser Record umfaßt eine variable Länge bis zu 2048 Byte. Der Record ist für eine erweiterte Formatbeschreibung vorgesehen, bisher wurde er aber noch nicht verwendet.

DTLABELMISC (Opcode 001CH)

Dieser optionale Record enthält verschiedene Informationen für */Data Table*-Befehle.

Offset	Bytes	Bedeutung
00H	2	Opcode DTLABELMISC = 1CH (Version 3.0)
02H	2	Länge = 6

Tabelle 2.36 LOTUS-WK3-Recordstruktur (Opcode 001CH)

Offset	Bytes	Bedeutung
04H	2	Typ letztes /Data Table-Kommando 0 = kein Kommando 1 = /Data Table 1 2 = /Data Table 2 3 = /Data Table 3 4 = /Data Table-Legende
06H	4	LMBCS-Label Füllzeichen

Tabelle 2.36 LOTUS-WK3-Recordstruktur (Opcode 001CH)

Damit kann der letzte */Data Table*-Befehl über die Taste F8 erneut ausgeführt werden. Es ist nur ein Record im WK3-File zulässig.

DTLABELCELL (Opcode 001DH)

Der Record enthält die Beschreibung der */Data Table Input*-Zell-Liste.

Offset	Bytes	Bedeutung
00H	2	Opcode DTLABELCELL = 1DH (Version 3.0)
02H	2	Länge = variabel
04H	2	Typ der Zelle 0 = Down 1 = Across 2 = Page/worksheet
06H	2	Cellcounter oder Continuation-Flag (N)

Tabelle 2.37 LOTUS-WK3-Recordstruktur (Opcode 001DH)

Ist das Wort ab Offset 06H größer 9, enthält es einen Zellzähler. Der Record ist optional.

GRAPHWINDOW (Opcode 001EH)

Dieser Record definiert einen sogenannten *Hot Graph* der gerade angezeigten Grafik.

Offset	Bytes	Bedeutung
00H	2	Opcode GRAPHWINDOW = 1EH (Version 3.0)
02H	2	Länge = 1
04H	1	Flag 0 = kein Graph-Fenster angezeigt 1 = Graph-Fenster angezeigt

Tabelle 2.38 LOTUS-WK3-Recordstruktur (Opcode 001EH)

Ein *Hot Graph* wird bei jeder Benutzereingabe aktualisiert. Es darf nur ein Record im WK3-File auftreten.

CPA (Opcode 001FH)

Dieser Record enthält ein Feld mit Zellzeigern. Diese werden benutzt, um die Zellreferenzen vorzubelegen.

Offset	Bytes	Bedeutung
00H	2	Opcode CPA = 1FH (Version 3.0)
02H	2	Länge = variabel 8–132
04H	1	Arbeitsblatt 0–255
05H	1	Spalte 0–255
06H	1	Einträge 1–32
07H	1	reserviert
08H	n	Für jeden Eintrag: 2 Byte Zeile Start 2 Byte Zeile Ende

Tabelle 2.39 LOTUS-WK3-Recordstruktur (Opcode 001FH)

LPLAUTO (Opcode 0020H)

Der Record definiert die Bits für *Auto-Invoke* und die Tastenzuordnung.

Offset	Bytes	Bedeutung
00H	2	Opcode LPLAUTO = 20H (Version 3.0)
02H	2	Länge = variabel 8–132
04H	2	Bitfeld (Wert 8000H = Auto-Invoke)
06H	n	Filedescriptor

Tabelle 2.40 LOTUS-WK3-Recordstruktur (Opcode 0020H)

Der *Filedescriptor* definiert das Laufwerk, den Pfad und den Namen der zu ladenden Datei. Der Descriptor ist ein LMBCS-String mit bis zu 130 Zeichen (0-terminiert). Im Flag ab Offset 04H ist nur ein Bit definiert. Die restlichen Bits sind reserviert.

QUERY (Opcode 0021H)

Dieser Record enthält die Informationen für das */Data Query*-Kommando und wird optional benutzt. Es darf nur ein Record in der WK3-Datei auftreten.

Offset	Bytes	Bedeutung
00	2	Opcode QUERY = 21H (Version 3.0)
02	2	Länge = 1

Tabelle 2.41 LOTUS-WK3-Recordstruktur (Opcode 0021H)

Offset	Bytes	Bedeutung
04	1	Last /Data Query-Typ 0 = kein Kommando 1 = Find 2 = Extract 3 = Delete 4 = Unique 5 = Modify

Tabelle 2.41 LOTUS-WK3-Recordstruktur (Opcode 0021H)

Der Record erlaubt es, das letzte */Data Query*-Kommando erneut auszuführen (F7).

HIDDENSHEET (Opcode 0022H)

Der Record markiert alle verborgenen Zellen im Arbeitsblatt.

Offset	Bytes	Bedeutung
00H	2	Opcode HIDDENSHEET = 22H (Version 3.0)
02H	2	Länge = variabel 1–255
04H	1	Offset erstes verborgenes Arbeitsblatt
05H	1	Offset nächstes verborgenes Arbeitsblatt
		....

Tabelle 2.42 LOTUS-WK3-Recordstruktur (Opcode 0022H)

Der Record ist optional und darf nur einmal in einer Datei auftreten. Damit können max. 256 Einträge im Record auftreten. Jeder Eintrag definiert den Offset vom 1. Arbeitsblatt in der Datei (Basis 0) zum Arbeitsblatt.

Das LOTUS 1-2-3 FRM-Fileformat

Die LOTUS 1-2-3-Version 3.x erzeugt zusätzliche FRM-Dateien mit der Formatbeschreibung für Texte im Arbeitsblatt. Die FRM-Dateien beginnen mit einem BOF-Record (26 Byte lang). Der Record verwendet eine unterschiedliche Signatur (00 00 1A 00 01 80 01 00 ....). Die Datei wird mit einem EOF-Record (Code 01 00) abgeschlossen. In der Datei werden verschiedene Records mit der Formatbeschreibung gespeichert. Die Struktur lehnt sich an die WK3-Struktur an. Die Recordstruktur für den FONTNAME-Record wird in Tabelle 2.43 gezeigt.

Offset	Bytes	Bedeutung
00H	2	Opcode FONTNAME = AEH (Version 3.0)
02H	2	Länge = variabel
04H	1	Einträge (1–n)
05H	n	Font Name (LCMBS String + 00H)

Tabelle 2.43 LOTUS-FRM-Recordstruktur (Opcode 00AEH)

Die Belegung der restlichen Recordtypen ist unbekannt.

3 Binary Interchange Format (BIFF)

Dieses Format wird von Microsoft EXCEL sowohl auf dem PC unter DOS und OS/2 als auch auf dem Macintosh verwendet. Ähnlich wie bei den LOTUS-WKx-Formaten handelt es sich dabei um eine Folge unterschiedlich langer Records, die verschiedene Informationen (Formeln, Ergebnisse, Texte etc.) enthalten können. Nachfolgend wird der Aufbau der einzelnen Records beschrieben.

Der BIFF-Recordaufbau der Versionen 2.0–8.0

Microsoft hat den Recordaufbau bisher in allen BIFF-Versionen (2.0 Excel 2.0, 3.0 Excel 3.0, 4.0 Excel 4.0, 5.0 Excel 5.0, 7.0 Excel 95 und 8.0 Excel 97) gleich gehalten. Lediglich die Funktionalität sowie die möglichen Recordtypen variieren mit den einzelnen Versionen. Die Records besitzen in den BIFF-Dateien eine unterschiedliche Länge, die durch den Recordtyp definiert wird. Allerdings sind Recordtyp und -länge im Kopf des Satzes aufgeführt. Der Aufbau eines Records läßt sich gemäß Tabelle 3.1 leicht bestimmen:

Offset	Byte	Bedeutung
00	2	Recordtyp
02	2	Recordlänge
04	n	Daten des Records

Tabelle 3.1 Aufbau des BIFF-Records

Für den Aufbau eines Records gibt es verschiedene Randbedingungen:

- Die ersten beiden Bytes eines Records enthalten den Code für den Recordtyp. Viele Recordtypen sind innerhalb der verschiedenen BIFF-Versionen kompatibel.
- Um geänderte Recordtypen von früheren Versionen (kleiner 3.0) zu unterscheiden, erhalten die betreffenden Records im High Byte den Wert 02H, d.h., zum Recordtyp wird der Wert 200H addiert. Aus dem BOF-Record der Version 2.0 (09 00 04 00 00 00 20 00) wird in BIFF3 dann die Codefolge (09 02 06 00 00 00 01 00 6A 04).
- In BIFF4 wird für geänderte Recordtypen der Wert 400H addiert, d.h. der BOF-Record erhält die Anfangssignatur 09 04 06 00 00 00 20 00 00 00.
- Ab BIFF5 enthält eine XLS-Datei eine Arbeitsmappe (workbook). Dieses Workbook kann Objekte (VBA-Code, Kalkulationsdaten etc.) aufweisen. Diese Objekte lassen sich wie Dateien innerhalb der XLS-Datei interpretieren. Jedes Objekt wird dabei mit BOF- und EOF-Records markiert. Eine BIFF5-Datei beginnt mit der Anfangssignatur des BOF-Records 09 08 08 00 00 05 05 00 6C 09 C9 07.
- Im zweiten Wort steht die Länge des folgenden Datenbereiches in Byte. Der Wert für die Länge variiert dabei in Abhängigkeit vom Recordtyp. Einige Recordtypen besitzen eine feste Länge, während andere Recordtypen (z.B. mit Formeln) variable Datenbereiche aufweisen.

- In BIFF 7 (und in früheren Versionen) ist die Länge des Datensatzes auf 2084 Datenbyte begrenzt, d.h., die Daten können maximal 2080 Bytes umfassen. Ab BIFF8 wurde die Länge eines BIFF-Records auf 8228 Bytes erweitert (max. Recordlänge für Nutzdaten 8224 Bytes). Umfaßt ein Objekt mehr Daten, als die Recordlänge erlaubt, muß es auf mehrere CONTINUE-Records aufgeteilt werden.
- Bezüglich der Reihenfolge der Speicherung der Datenbytes gibt es eine Besonderheit bei PC und Macintosh. Motorola-Prozessoren speichern die Bytes in anderer Reihenfolge als Rechner mit Intel-Prozessoren. Damit ergibt sich, ähnlich wie beim TIFF-Format, eine unterschiedliche Reihenfolge der Bytes zwischen Macintosh (Motorola-Prozessoren) und DOS oder OS/2 (Intel-Prozessoren). Um die Austauschbarkeit der Dateien zu gewährleisten, speichert EXCEL auf dem Mac die Bytes gemäß den Intel-Konventionen (Low Byte first). Für die Datenfolge: 0209 0070 0000 0010 A3F0 ergibt sich damit folgende Bytefolge in der BIFF-Datei: 09 02 70 00 00 00 10 00 F0 A3. Werden die Daten auf dem Mac gelesen, muß die Software die einzelnen Bytes eines Wortes vertauschen. Werden 32-Bit-Datenwörter gelesen, sind zuerst die Daten in den beiden Worten zu swappen. Dann müssen noch die beiden 16-Bit-Wörter vertauscht werden.
- Sind in der folgenden Beschreibung bestimmte Bits als reserviert gekennzeichnet, darf ein Programm die betreffenden Bits nicht auswerten oder verändern. Hier darf auch ein Zufallswert beim Schreiben abgespeichert werden. Ist dagegen das betreffende Bit als »reserviert mit dem Wert 0« markiert, muß die Software vor dem Abspeichern das betreffende Bit löschen.
- Bei der Numerierung der Zellen beginnt der Wert bei 0 und nicht bei 1. Die Zelle A1 besitzt damit intern die Zeilennummer 00H. Die Spaltennummer der Zelle A1 wird ebenfalls auf 00H gesetzt. Für B3 gelten dann Zeile 02H und Spalte 01H.
- Undefinierte bzw. unbelegte Zellen werden nicht in einer BIFF-Datei abgelegt. Dies spart Speicherplatz, ist aber beim Schreiben und Lesen von BIFF-Files zu beachten.

Beim Speichern kann ab BIFF7 (Excel 95) ein vereinfachtes Format benutzt werden, falls ein Workbook keine VBA-Module und keine Pivot-Tabellen enthält. Die einzelnen Streams müssen dann 4 Kbyte groß sein. Um unterschiedliche BOF/EOF-Kombinationen in einem Stream zu verarbeiten, können Sie einen Zähler einführen, der alle gefundenen BOF-Records auflistet. Bei jedem EOF-Record wird der Zähler erniedrigt. Ist der Wert 0, sind alle Records im Stream gelesen.

Aus Kompatibilitätsgründen bietet Microsoft Excel 97 beim Speichern die Möglichkeit, den Dateityp »Microsoft Excel 97 & 5.0/95 Workbook« bzw. in der deutschen Excel-Fassung »Microsoft Excel 97 & 5.0/95 Arbeitsmappe« zu verwenden. Bei diesem Dateityp speichert Excel zwei komplette Steams: Der erste enthält die Daten im Microsoft Excel 5.0/95-Format (BIFF5/BIFF7), und der zweite Stream enthält die Daten im Microsoft Excel 97-Format (BIFF8). In diesem Fall enthält der BIFF8-Stream einen DSF-Record, der auf die »Double Stream«-Datei hinweist. Zur Unterscheidung werden BIFF5/BIFF7-Streams auch als »Book« und BIFF8-Streams als »Workbook« bezeichnet.

Unicode-Zeichenketten im BIFF8-Format

In BIFF8 (Excel 97) wurde die Möglichkeit zur Speicherung von Zeichenketten im Unicode-Zeichensatz eingeführt. Unicode ist ein Standard, der jedes Zeichen durch 2 Byte beschreibt. Unicode-Zeichenketten werden dabei in BIFF8 in einem komprimierten Format hinterlegt (Tabelle 3.1a).

Offset	Byte	Bedeutung
00H	2	*cch* Die Zahl der Zeichen im String (nicht die Zahl der Bytes)
02H	1	*grbit* Optionsflag: Unicode-Zeichen werden mit 2 Byte gespeichert. Enthalten alle High-Bytes eines Strings den Wert 00H, läßt sich eine Zeichenkette im Compressed-Unicode-Format sichern. Das *grbit*-Flag definiert die Kodierung der komprimierten Strings: Bit 0: fHighByte 0 nur Speicherung der Low-Bytes (compressed) 1 unkomprimierte Speicherung (double-byte characters) Bit 1: reserviert (muß 0 sein) Bit 2: fExtSt, Extended-String (Far East Version, siehe unten) folgt Bit 3: fRichSt, Rich-String folgt Bit 4–7: reserviert (müssen 0 sein)
03H	n	*rgb* Array mit den Strings sowie mit den Formatierungsinformationen

Tabelle 3.1a Kodierung Unicode-Strings in BIFF8

Unicode-Zeichen werden standardmäßig mit 2 Byte gespeichert. Enthalten alle High-Bytes eines Strings den Wert 00H, läßt sich eine Zeichenkette im Compressed-Unicode-Format sichern. Dann werden nur die Low-Bytes der Zeichen gespeichert. Die Art der Komprimierung läßt sich dem *grbit*-Optionsflag entnehmen (siehe Tabelle 3.1a). Ist *grbit* = 0, liegt ein unformatierter Text vor, d.h., es gibt auch kein Längenfeld (*Run*-Feld) mit Angaben zur Formatierung (siehe folgende Ausführung).

Ein formatierter Text wird durch das *fRichSt*-Bit (*grbit = 08H* gesetzt) markiert. Jetzt muß die Bytefolge im Datenbereich (*rgb*-Array) als kodierte Zeichenkette interpretiert werden. In diesem Fall gibt das erste Wort die Zahl der *Run*-Felder an. Ein Wert 0002 besagt beispielsweise, daß es zwei *Run*-Felder gibt. Anschließend folgen die eigentlichen Zeichen des Strings. Die Zahl der Zeichen ist im ersten Wort des Records (siehe Tabelle 3.1) angegeben. Hinter der Zeichenkette schließen sich dann n *Run*-Felder an. Diese Felder umfassen jeweils 2 Wörter und beschreiben die Formatierung der Zeichen. Nehmen wir an, daß gemäß dem Zähler 2 *Run*-Felder existieren. Eine Bytefolge 08 00 06 00 0B 00 05 00 würde dann als 0008, 0006 und als 000B, 0005 interpretiert. Das erste *Run*-Feld legt dann fest, daß ab dem achten Zeichen (0008) der Font-Record mit dem Index Nummer 6 zu verwenden ist. Demzufolge wird ab Zeichen 11 der Font-Record 5 verwendet. Beachten Sie, daß die Zählung der Records mit 0 beginnt, d.h., es wird der siebte und der sechste Font-Record benutzt.

Ein kleines Problem weisen Daten aus Fernost-Versionen von Excel auf. Hier werden die Zeichen als Extended-Strings gespeichert (diese enthalten zusätzliche Felder mit phonetischen und anderen Informationen). Extended-Strings in Fernost-Versionen von Excel enthalten ein gesetztes *fExtSt*-Bit im *grbit*-Flag. Die Kodierung der Zeichenketten erfolgt dann gemäß Tabelle 1.3b.

Offset	Byte	Bedeutung
00H	2	*cch* Die Zahl der Zeichen im String (nicht die Zahl der Bytes)
02H	1	*grbit* Optionsflag: Unicode-Zeichen werden mit 2 Byte gespeichert. Enthalten alle High-Bytes eines Strings den Wert 00H, läßt sich eine Zeichenkette im Compressed-Unicode-Format sichern. Das *grbit-Flag* definiert die Kodierung der komprimierten Strings: Bit 0: fHighByte 0 nur Speicherung der Low-Bytes (compressed) 1 unkomprimierte Speicherung (double-byte characters) Bit 1: reserviert (muß 0 sein) Bit 2: 1 fExtSt, Extended-String (Far East-Version, siehe unten) folgt Bit 3: fRichSt, Rich-String folgt Bit 4–7: reserviert (müssen 0 sein)
03H	4	*cchExtRst:* Länge des *ExtRst*-Datenbereichs
07H	n	*Rgb*-Array mit den Strings sowie mit den Formatierungsinformationen (siehe oben)
xxH	n	*ExtRst*-Daten (Aufbau unbekannt, die Länge findet sich in *cchExtRst*)

Tabelle 3.1b Kodierung Far East Unicode-Strings in BIFF8

Noch trickreicher wird die Sache bei formatierten Zeichenketten in Fernost-Versionen. Der Aufbau einer Zeichenkette wird in Tabelle 3.1c beschrieben.

Offset	Byte	Bedeutung
00H	2	*cch* Die Zahl der Zeichen im String (nicht die Zahl der Bytes)
02H	1	*grbit* Optionsflag: Unicode-Zeichen werden mit 2 Byte gespeichert. Enthalten alle High-Bytes eines Strings den Wert 00H, läßt sich eine Zeichenkette im Compressed-Unicode-Format sichern. Das *grbit-Flag* definiert die Kodierung der komprimierten Strings: Bit 0: fHighByte 0 nur Speicherung der Low-Byte (compressed) 1 unkomprimierte Speicherung (double-byte characters) Bit 1: reserviert (muß 0 sein) Bit 2: 1 fExtSt, Extended-String (Far East-Version, siehe unten) folgt Bit 3: fRichSt, Rich-String folgt Bit 4–7: reserviert (müssen 0 sein)
03H	2	*crun:* Zahl der *Run*-Felder
05H	4	*cchExtRst:* Länge des *ExtRst*-Datenbereichs
09H	n	*rgb* Stringdaten

Offset	Byte	Bedeutung
xxH	n	*RgSTRUN*-Array mit Formatinformationen als *Run*-Strukturen (siehe oben), Länge ist *crun* x 8 Byte.
xxH	n	*ExtRst* Daten (Aufbau unbekannt, die Länge findet sich in *cchExtRst*)

Tabelle 3.1c Kodierung formatierter Far East Unicode-Strings in BIFF8

Indizierung in der Tabelle

In BIFF-Dateien werden die Zellstrukturen der Kalkulationsblätter mit einem 0-basierten Index gespeichert. Die Zelle A1 wird dann als Zeile 0 und Spalte 0 hinterlegt.

Die Recordtypen im BIFF2- bis BIFF8-Format

Die BIFF-Dateien besitzen innerhalb der verschiedenen Versionen immer den gleichen Recordaufbau. Lediglich die Recordtypen sowie die Kodierung innerhalb der Records haben sich verändert. Tabelle 3.2 enthält eine Auflistung der Recordtypen der BIFF-Versionen 2 bis 5.

BIFF2	BIFF3	BIFF4	BIFF5	Record
00H	200H	200H	00H	DIMENSIONS
01H	201H	201H	01H	BLANK
02H	--	--	--	INTEGER
03H	203H	203H	03H	NUMBER
04H	204H	204H	04H	LABEL
05H	205H	205H	05H	BOOLERR
06H	206H	406H	06H	FORMULA
07H	207H	207H	07H	STRING
08H	208H	208H	08H	ROW
09H	209H	409H	809H	BOF
0AH	0AH	0AH	0AH	EOF
0BH	20BH	40BH	0BH	INDEX
0CH	0CH	0CH	0CH	CALCCOUNT
0DH	0DH	0DH	0DH	CALCMODE
0EH	0EH	0EH	0EH	PRECISION
0FH	0FH	0FH	0FH	REFMODE
10H	10H	10H	10H	DELTA
11H	11H	11H	11H	ITERATION
12H	12H	12H	12H	PROTECT
13H	13H	13H	13H	PASSWORD

BIFF2	BIFF3	BIFF4	BIFF5	Record
14H	14H	14H	14H	HEADER
15H	15H	15H	15H	FOOTER
16H	16H	16H	16H	EXTERNCOUNT
17H	17H	17H	17H	EXTERNSHEET
18H	218H	218H	18H	NAME
19H	19H	19H	19H	WINDOWPROTECT
1AH	1AH	1AH	1AH	VERTICALPAGEBREAKS
1BH	1BH	1BH	1BH	HORIZONTALPAGEBREAKS
1CH	1CH	1CH	1CH	NOTE
1DH	1DH	1DH	1DH	SELECTION
1EH	1EH	1EH	1EH	FORMAT
1FH	---	---	---	FORMATCOUNT
20H	---	---	---	COLUMNDEFAULT
21H	221H	221H	21H	ARRAY
22H	22H	22H	22H	1904
32H	223H	223H	23H	EXTERNNAME
24H	---	---	---	COLWIDTH
25H	225H	225H	25H	DEFAULTROWHEIGHT
26H	26H	26H	26H	LEFTMARGIN
27H	27H	27H	27H	RIGHTMARGIN
28H	28H	28H	28H	TOPMARGIN
29H	29H	29H	29H	BOTTOMMARGIN
2AH	2AH	2AH	2AH	PRINTHEADERS
2BH	2BH	2BH	BH	PRINTGRIDLINES
2FH	2FH	2FH	2FH	FILEPASS
31H	231H	231H	31H	FONT
32H	---	---	---	FONT2
36H	236H	236H	36H	TABLE
37H	---	---	---	TABLE2
3CH	3CH	3CH	CH	CONTINUE
3DH	3DH	3DH	DH	WINDOW1
3EH	23EH	23EH	3EH	WINDOW2
40H	40H	40H	40H	BACKUP
41H	41H	41H	41H	PANE

BIFF2	BIFF3	BIFF4	BIFF5	Record
42H	42H	42H	42H	CODEPAGE
43H	243H	443H	---	XF
44H	---	---	---	EFONT
4DH	4DH	4DH	4DH	PLS
50H	50H	50H	50H	DCON
51H	51H	51H	51H	DCONREF
52H	52H	52H	52H	DCONNAME
55H	55H	55H	55H	DEFCOLWIDTH
	56H	56H	---	BUILTINFMTCOUNT
	59H	59H	59H	XCT
	5AH	5AH	5AH	CRN
	5BH	5BH	5BH	FILESHARING
	5CH	5CH	5CH	WRITEACCESS
	5DH	5DH	5DH	OBJ
	5EH	5EH	5EH	UNCALCED
	5FH	5FH	5FH	SAVERECALC
	60H	60H	60H	TEMPLATE
	61H	61H	---	INTL
	63H	63H	63H	OBJPROTECT
	7DH	7DH	7DH	COLINFO
	27EH	27EH	7EH	RK
	7FH	7FH	7FH	IMDATA
	80H	80H	80H	GUTS
	81H	81H	81H	WSBOOL
	82H	82H	82H	GRIDSET
	83H	83H	83H	HCENTER
	84H	84H	84H	VCENTER
			85H	BOUNDSHEET
	86H	86H	86H	WRITEPROT
	87H	87H	87H	ADDIN
	88H	88H	88H	EDG
	89H	89H	89H	PUB
	8BH	8BH	---	LH
	8CH	8CH	8CH	COUNTRY

BIFF2	BIFF3	BIFF4	BIFF5	Record
	8DH	8DH	8DH	HIDEOBJ
	91H	91H	91H	SUB
	92H	92H	92H	PALETTE
	93H	93H	93H	STYLE
	94H	94H	94H	LHRECORD
	95H	95H	95H	LHNGRAPH
		96H	96H	SOUND
		97H	---	SYNC
		98H	98H	LPR
		99H	99H	STNDARDWIDTH
		9AH	9AH	FNGROUNAME
			9BH	
		9CH	9CH	FNGROUPCOUNT
		A0H	A0H	SCL
		A1H	A1H	SETUP
		A2H	---	FNPROTO
		A9H	A9H	COORDLIST
		ABH	ABH	GCW
			AEH	SCENMAN
			AFH	SCENARIO
			B0H	SXVIEW
			B1H	SXVD
			B2H	SXVI
			B4H	SXIVD
			B5H	SXLI
			B6H	SXPI
			B8H	DOCROUTE
			B9H	RECIPNAME
			BCH	SHRFMLA
			BDH	MULRK
			BEH	MULBLANK
			C1H	MMS
			C2H	ADDMENU
			C3H	DELMENU

BIFF2	BIFF3	BIFF4	BIFF5	Record
			C5H	SXDI
			CDH	SXSTRING
			D0H	SXTBL
			D1H	SXTBRGITM
			D2H	SXTBPG
			D3H	OBPROJ
			D5H	SXIDSTM
			D6H	RSTRING
			D7H	DBCELL
			DAH	BOOKBOOL
			DCH	SXEXT
			DDH	SCENPROTECT
			DEH	OLESIZE
			DFH	UDDESC
			E0H	XF
			E1H	INTERFACEHDR
			E2H	INTERFACEDND
			E3H	SXVS

Tabelle 3.2 BIFF-Records (Version 2.0–5.0)

Die Codes für die einzelnen Recordtypen werden in einem 16-Bit-Wort abgelegt. In BIFF2 sind nur die unteren 8 Bit relevant. In BIFF3 und BIFF4 wurde der Aufbau verschiedener Datensätze geändert. Diese Datensätze werden mit einem zusätzlichen Wert (z.B. 200H) markiert. Ab BIFF5 (d.h. auch in BIFF 7 und BIFF8) entfällt dieser Zusatz, d.h., die Codes werden wie angegeben im Low-Byte abgelegt (das High Byte ist nicht von Bedeutung). Lediglich der BOF-Record wird in BIFF5 mit dem Code 09 08 gespeichert, d.h., das High-Byte enthält den Wert 08H.

Eine XLS-Datei beginnt dabei immer mit einem BOF-Record und endet mit einem EOF-Record. Dazwischen liegen die Records mit den Daten und Steuerinformationen in einer bestimmten Reihenfolge. Tabelle 3.3 enthält zum Beispiel eine Aufstellung der einzelnen Recordtypen in der Reihenfolge, wie sie in der EXCEL-Version 3.0 auftreten.

Typ	Bedeutung
209	BOF-Record, erweitert ab Version 3.0
86*	WRITEPROT (Dokument ist schreibgeschützt)
2F	FILEPASS (Dokument ist paßwortgeschützt)

Typ	Bedeutung
60*	TEMPLATE (Dokument ist eine Schablone)
87*	ADDIN (Dokument ist ein Makro)
5C*	WRITEACCESS (Zugriffsschutz Nutzername)
5B*	FILESHARING (Filesharing und Verschlüsselung)
5E*	UNCALCED (Recalculation Status)
20B	INDEX (Indexsatz)
61*	INTL (Dokument ist internationales Makro)
42	CODEPAGE (Codepage der gesicherten Daten)
0C	CALCOUNT (Zähler bei Iterationen)
0D	CALCMODE (Berechnungsmodus)
0E	PRECISION (Genauigkeit)
0F	REFMODE (Referenzmodus)
10	DELTA (Schrittweite bei Iterationen)
11	ITERATION (Iterationsmodus)
22	1904 (Datumssystem)
2A	PRINT HEADERS (Zeilen- und Spalten-Labels)
2B	PRINT GRIDLINES (Gitter beim Druck)
5F*	SAVERECALC (Neuberechnung vor Speicherung)
82*	GRIDSET (Status der Gitteroption)
83*	HCENTER (Seitenmitte horizontal)
84*	VCENTER (Seitenmitte vertikal)
80*	GUTS (Spaltenrand)
225	DEFAULT ROW HEIGHT
8C*	COUNTRY (Index Landescode)
8D*	HIDEOBJ (Optionen zur Objektanzeige)
81*	WSBOOL
1B	HORIZONTAL PAGE BREAKS
1A	VERTICAL PAGE BREAKS
231	FONT (Beschreibung Zeichensatz)
14	HEADER (Kopftext jeder Seite)
15	FOOTER (Fußtext jeder Seite)
26	LEFT MARGIN (linker Rand)
27	RIGHT MARGIN (rechter Rand)
28	TOP MARGIN (oberer Rand)

Typ	Bedeutung
29	BOTTOM MARGIN (unterer Rand)
4D	PLS (umgebungsspezifische Druckinfos)
40	BACKUP (Backup-Version)
16	EXTERNCOUNT (Zahl externer Referenzen)
17	EXTERNSHEET (externe Dokumente)
223	EXTERNNAME (externer Name)
59*	XCT (Zähler CRN-Records)
5A*	CRN
56	BUILTINFMTCOUNT
1E	FORMAT (Zahlenformat)
218	NAME
12	PROTECT (geschützte Zellen)
19	WINDOW PROTECT (geschütztes Fenster)
63*	OBJPROTECT (geschütztes Object)
13	PASSWORD (Paßwortschutz)
243	XF (erweitertes Zellformat)
93*	STYLE
92*	PALETTE
55	DEFCOLWIDTH (Spaltenbreite)
7D*	COLINFO (Spaltenformat)
200	DIMENSIONS (Größe Tabelle)
208	ROW (Zeilenbeschreibung)
27E*	RK (Zelle mit RK-Nummer)
201	BLANK (leere Zelle)
203	NUMBER (Zelle mit Fließkommazahl)
204	LABEL (Zelle mit Marke)
205	BOOLERR (Zelle mit logischem Fehlerwert)
206	FORMULA (Zelle mit Formel)
221	ARRAY (Formel über Array)
3C	CONTINUE (Fortsetzungsrecord)
207	STRING (Text in einer Formel)
236	TABLE (Eingabe per DATA TABLE)
5D*	OBJ (Objektbeschreibung)
7F*	IMDATA (Image Data)

Typ	Bedeutung
1C	NOTE (Bemerkung)
50	DCON (Info Datenüberprüfung)
51	DCONREF (Referenz Datenüberprüfung)
52	DCONNAME (Namensreferenz)
3D	WINDOW 1
23E	WINDOW 2
41	PANE
1D	SELECTION
94*	LHRECORD (Lotus Help)
95*	LHNGRAPH (Lotus Help Graph)
88*	EDG
89*	PUB
91*	SUB
0A	EOF

Tabelle 3.3 BIFF-Records (3.0)

Die mit einem Stern (*) markierten Records wurden in der Version 3.0 neu aufgenommen. Die Recordtypen mit Werten 2xx wurden gegenüber älteren BIFF-Recordformaten geändert.

Nachfolgend findet sich eine Beschreibung der einzelnen Recordformate.

ADDIN – Add-in-Makro (Recordtyp 87H, Version 3.0–8.0)

In einer BIFF-Datei lassen sich Makros für Workbooks/Arbeitsblätter ablegen. Der Record signalisiert, daß Makros innerhalb der Datei als *Add-in*-Makros gespeichert wurden. Dieser Record besteht nur aus dem Opcode und der Recordlänge und muß direkt auf den BOF-Record folgen.

ADDMENU – Add-Menü (Recordtyp C2H, Version 5.0–8.0)

Dieser Recordtyp existiert ab BIFF5 und besitzt den Opcode C2H. Sobald Sie einen Eintrag in der Menüleiste einfügen, schreibt Excel einen oder mehrere ADDMENU-Records.

Offset	Byte	Bedeutung
00H	2	Recordtyp (C2 00)
02H	2	Recordlänge in Byte
04H	2	Icetab des Befehls
06H	2	IcetabBefore (vorher existierender Befehl)

Offset	Byte	Bedeutung
08H	1	Zahl der ADDMENU-Records in der nächsten Hierarchieebene
09H	1	Flag 0 Platzhalter 1 Menüobjekt einfügen
0AH	n	Strings mit Text des Menüobjekts, vorhergehendes Menüobjekt, Makroname, Statusleistentext, Context-ID und Name Hilfedatei

Tabelle 3.4 BIFF-Recordtyp C2H (Version 5.0–8.0)

Die fünf Strings ab Offset 0AH werden jeweils durch Nullbytes 00H voneinander getrennt.

ARRAY – Formel in Array (Recordtyp 21H, Version 2.0–8.0)

Dieser Recordtyp existiert ab BIFF2 und besitzt den Opcode 21H. Der Record beschreibt eine Formel, die als Feld in einem Zellbereich eingegeben wurde. Der Record muß direkt nach einem FORMULA-Record in der linken oberen Ecke des Arrays auftreten. Die geparste Formel wird dabei in einem komprimierten internen Format gespeichert (siehe FORMULA-Record).

In EXCEL 2.0 wird folgendes Format verwendet.

Offset	Byte	Bedeutung
00H	2	Recordtyp (21 00)
02H	2	Recordlänge in Byte
04H	2	Erste Zeile des Arrays
06H	2	Letzte Zeile des Arrays
08H	1	Erste Spalte des Arrays
09H	1	Letzte Spalte des Arrays
0AH	1	Recalculation-Flag >0: Neuberechnung erforderlich
0BH	1	Länge des Ausdrucks
0CH	n	Ausdruck geparst

Tabelle 3.5 BIFF-Recordtyp 21H (Version 2.0)

In EXCEL 3.0/4.0 wird der Opcode mit 221H angegeben. Der Record besitzt eine etwas modifizierte Struktur.

Offset	Byte	Bedeutung
00H	2	Recordtyp (21 02)
02H	2	Recordlänge in Byte
04H	2	Erste Zeile des Arrays

Offset	Byte	Bedeutung
06H	2	Letzte Zeile des Arrays
08H	1	Erste Spalte des Arrays
09H	1	Letzte Spalte des Arrays
0AH	2	Option-Flag
0CH	2	Länge des Ausdrucks
0EH	n	Ausdruck geparst

Tabelle 3.6 BIFF-Recordtyp 221H (Version 3.0/4.0)

Der Ausdruck kann ab der Version 2.0 mehr als 255 Bytes umfassen. Weiterhin wurde das Option-Flag als Word ausgeführt.

In EXCEL 5.0 wird der Opcode mit 21H angegeben. Der Record besitzt die folgende Struktur.

Offset	Byte	Bedeutung
00H	2	Recordtyp (21 00)
02H	2	Recordlänge in Byte
04H	2	Erste Zeile des Arrays
06H	2	Letzte Zeile des Arrays
08H	1	Erste Spalte des Arrays
09H	1	Letzte Spalte des Arrays
0AH	2	Option-Flag
0CH	4	unbenutzt beim Lesen; 0 beim Schreiben
10H	2	Länge des Ausdrucks
12H	n	Ausdruck geparst

Tabelle 3.7 BIFF-Recordtyp 21H (Version 5.0)

Der Wert ab Offset 0CH ist beim Lesen zu ignorieren. Schreibt eine Anwendung einen Record, muß der Wert auf 0 gesetzt werden. In BIFF7/8 wird die gleiche Struktur wie in Tabelle 3.7, aber mit dem Opcode 221H, benutzt

Das *Option*-Flag besitzt folgende Struktur:

Bit	Bedeutung
0	1: Neuberechnung immer
1	1: Neuberechnung beim Öffnen (wird in Version 3.0 ignoriert)

Tabelle 3.8 Option-Flag

Die restlichen Bits sind unbelegt.

AUTOFILTER – AutoFilter-Daten (Recordtyp 9EH, Version 8.0)

Dieser Recordtyp wurde in BIFF5 eingeführt, um einen aktiven AutoFilter zu speichern. Hierbei wird folgendes Format verwendet.

Offset	Byte	Bedeutung
00H	2	Recordtyp (9E 00)
02H	2	Recordlänge in Byte
04H	2	Index aktiver Autofilter
06H	2	Option-Flags 0–1: 1 = Custom Filter AND 0 = Custom Filter OR 2: 1 = 1. Condition simple equality 3: 1 = 2. Condition simple equality 4–15: reserviert Erweiterungen in BIFF 8 4: 1, falls Condition ein Top-10-AutoFilter ist 5: 1, falls der Top-10-AutoFilter die Top-Einträge zeigt 0, falls der Filter die Bottom-Einträge zeigt 6: 1, falls der Top-10-AutoFilter Prozentwerte zeigt 0, falls Einträge gezeigt werden 7–15: Zahl der anzuzeigenden Einträge (1 bis 500) als Binärwert
08H	10	DOPER-Struktur erste Filterbedingung
12H	10	DOPER-Struktur zweite Filterbedingung
1CH	n	String bei DOPER-Struktur für Strings

Tabelle 3.9 BIFF-Recordtyp 9EH (Version 5.0–8.0)

Die variable Struktur ab Offset 1CH wird zur Speicherung des Strings bei einer String-DOPER-Struktur verwendet. Die Struktur DOPER (Database Operand) enthält die geparste Filterdefinition aus dem AutoFilter-Dialogfeld. Die Struktur ist abhängig vom Datentyp:

Offset	Byte	Bedeutung
00H	1	Datentyp 00 Filter unbenutzt 02 RK-Nummer 04 IEEE-Nummer 06 String 08 Boolean oder Fehlerwert 0C Leerzeichen in Prüfung einbeziehen 0E Leerzeichen nicht einbeziehen
01H	1	Vergleichscode 1 < 2 = 3 <= 4 > 5 <> 6 >=

Offset	Byte	Bedeutung
04H		
		bei einer DOPER-RK-Nummer: 4 Byte RK-Nummer 4 Byte reserviert
		bei einer DOPER-IEEE-Nummer: 8 Byte IEEE-Zahl
		bei einer DOPER-String-Struktur: 4 Byte reserviert 1 Stringlänge 3 reserviert
		bei DOPER für Boolean oder Error: 1 Byte Flag 0 = Boolean-Wert 1 = Error-Wert 1 Byte Wert Boolean oder Fehlerwert; die Kodierung der Fehlerwerte finden Sie in Tabelle 3.22 6 Byte reserviert

Tabelle 3.10 DOPER-Struktur

AUTOFILTERINFO – Drop-down-Arrow-Count (Recordtyp 9DH, Version 8.0)

Dieser Datensatz speichert die Zahl der AutoFilter Drop-down-Arrows. Für jeden dieser *AutoFilter Drop-down-Arrows* gibt es einen korrespondierenden OBJ-Record.

Offset	Byte	Bedeutung
00H	2	Recordtyp (9D 00)
02H	2	Recordlänge in Byte
04H	2	Zahl der AutoFilter Drop-down-Arrows

Tabelle 3.11 BIFF-Recordtyp 9DH (Version 5.0-8.0)

BACKUP – Sichere Backup-Version (Recordtyp 40H, Version 2.0–8.0)

Dieser Record definiert, ob EXCEL die BIFF-Version mit sichern soll. Der Aufbau ist in allen EXCEL-Versionen gleich.

Offset	Byte	Bedeutung
00H	4	Recordtyp (40 00)
02H	2	Recordlänge in Byte
04H	2	1 = Backup-Version sichern

Tabelle 3.12 BIFF-Recordtyp 40H (Version 3.0/5.0/8.0)

Mit dem Wert 1 wird die EXCEL-Version in der BIFF-Datei gesichert.

BLANK – Blank-Cell (Recordtyp 01H, Version 2.0–8.0)

Dieser Satz beschreibt eine Zelle, die keine Formel oder keinen Wert enthält. Der Satz der BIFF-Version 2.0 besitzt folgenden Aufbau.

Offset	Byte	Bedeutung
00H	4	Recordtyp (01 00)
02H	2	Recordlänge in Byte
04H	2	Zeilennummer (beginnt ab 0)
06H	2	Spaltennummer (beginnt ab 0)
08H	3	Zellattribute

Tabelle 3.13 BIFF-Recordtyp 01H (Version 2.0)

Die Zählung für Zeile und Spalte beginnt bei 0. Die Zellattribute der BIFF-Version 2.0 sind in Tabelle 3.14 aufgeführt.

Offset	Bit	Bemerkung
0	7 6 5–0	1: Zelle verborgen 1: Zelle gesperrt (locked) XF Record- Index
1	7–6 5–0	FONT Recordindex FORMAT Recordindex
2	7 6 5 4 3 2–0	1: Zelle schattiert 1: Zelle hat unteren Rand 1: Zelle hat oberen Rand 1: Zelle hat rechten Rand 1: Zelle hat linken Rand Ausrichtung: 0 = general 1 = links 2 = zentriert 3 = rechts 4 = fill

Tabelle 3.14 Kodierung des Zellattribut-Flags in BIFF2

In den Versionen 3.0, 4.0, 5.0, 7.0 und 8.0 entfällt das Zellattribut-Flag. An dessen Stelle findet sich ein Zeiger auf einen XF-Record (der die Daten enthält). Der BLANK-Record wird in BIFF3 bis BIFF8 mit dem Opcode 201H markiert.

Offset	Byte	Bedeutung
00H	4	Recordtyp (01 02)
02H	2	Recordlänge in Byte
04H	2	Zeilennummer (beginnt ab 0)

Offset	Byte	Bedeutung
06H	2	Spaltennummer (beginnt ab 0)
08H	2	Index in XF-Record mit Zellformat

Tabelle 3.15 BIFF-Recordtyp 201H (Version 3.0–8.0)

Die Zählung für Zeile und Spalte beginnt bei 0.

BOF – Beginn-of-File (Recordtyp 09H, Version 2.0–8.0)

Dieser Record muß als erstes in der Datei stehen und identifiziert den Typ der BIFF-Datei. Der Record besitzt in BIFF2 folgende Einträge:

Offset	Byte	Bedeutung
00H	2	Recordtyp (09 00)
02H	2	Recordlänge in Byte
04H	2	Versionsnummer
06H	2	Typ des Dokuments 10H: Kalkulationsblatt (.XLS) 20H: Chart (.XLC) 40H: Makroblatt (.XLM)

Tabelle 3.16 BIFF-Recordtyp 09H (Version 2.0)

Der BOF-Record wurde in den Versionen 3.0 und 4.0 erweitert und besitzt daher den Code 200H + 09H. Es ergibt sich der folgende Aufbau:

Offset	Byte	Bedeutung
00H	2	Recordtyp 09 02 in BIFF3 09 04 in BIFF4 09 08 in BIFF5 bis BIFF8
02H	2	Recordlänge in Byte
04H	2	Versionsnummer (0600 für BIFF8)
06H	2	Typ des Dokuments 05H: Workbook globals (BIFF5-8) 06H: Visual Basic-Modul (BIFF5-8) 10H: Kalkulationsblatt (.XLS) 20H: Chart (.XLC) 40H: Makroblatt (.XLM) (Excel 4) 100H: Arbeitsdatei (.XLW)
08H	2	reserviert (00 00) bis BIFF 5 für BIFF 5–8 gilt: 2 Byte Build Identifier (0DBBh für Microsoft Excel 97) 2 Byte Build Year (07CCh für Microsoft Excel 97)

Offset	Byte	Bedeutung
		4 Byte File History-Flags der Datei (nur BIFF 8) Bit 0: 1, letzte Bearbeitung durch MS Excel für Windows Bit 1: 1, letzte Bearbeitung durch MS Excel auf RISC-Plattform Bit 2: 1, letzte Bearbeitung durch MS Excel Beta Bit 3: 1, Datei wurde mit MS Excel für Windows bearbeitet Bit 4: 1, Datei wurde mit MS Excel für Macintosh bearbeitet Bit 5: 1, Datei wurde mit MS Excel Beta bearbeitet Bit 6–7: reserviert (müssen 0 sein) Bit 8: 1, Datei wurde mit MS Excel auf RISC-Plattform bearbeitet Bit 9–31: reserviert (müssen 0 sein) 4 Byte Lowest BIFF-Version (niedrigste Version, die die Datei lesen kann, nur in BIFF8)

Tabelle 3.17 BIFF-Recordtyp 209H (Version 3.0–8.0)

Die Versionsnummer wird bei EXCEL 3.0-Dateien immer auf 0 gesetzt. Bei Excel 5.0 finden Sie den Eintrag 05 00. Das High-Byte der Versionsnummer wird weiterhin bei Multiplan-Dokumenten als Flagbyte belegt:

0100H	Datei enthält ein Multiplan-Dokument
FE00H	reserviert

Tabelle 3.18 Kodierung der Version

Bei Excel 95 und Excel 97 ist die Version im Versionsfeld ab Offset 04H zu finden. Der Wert 0600H weist auf Excel 97 hin. Das Feld mit dem Dokumenttyp spezifiziert, um welche Daten es sich in der BIFF-Datei handelt. Die beiden letzten Bytes des Records sind für interne Zwecke reserviert und sollten beim Lesen ignoriert werden. Beim Schreiben sind die Bytes auf 0 zu setzen. In BIFF5, 7 und 8 sind die letzten Bytes des Records gemäß obiger Tabelle kodiert.

BOOKBOOL – Workbook Option-Flag (Recordtyp DAH, Version 5.0–8.0)

Dieser Recordtyp existiert erst ab BIFF5 und speichert die Optionen der Arbeitsmappe (Workbook):

Offset	Byte	Bedeutung
00H	4	Recordtyp (DA 00)
02H	2	Recordlänge in Byte
04H	2	1 = Option *Save External Link Values* ist ausgeschaltet

Tabelle 3.19 BIFF-Recordtyp DAH (Version 5.0–8.0)

BOOLERR – Zelle mit Fehlerwert (Recordtyp 05H, Version 2.0–8.0)

Dieser Satz beschreibt eine Zelle, die eine Boolesche Konstante oder einen Fehlerwert enthält. In BIFF2 besitzt der Satz folgenden Aufbau:

Offset	Byte	Bedeutung
00H	4	Recordtyp (05 00)
02H	2	Recordlänge in Byte
04H	2	Zeilennummer (beginnt ab 0)
06H	2	Spaltennummer (beginnt ab 0)
08H	3	Zellattribute
0BH	1	Boolescher Wert oder Fehlerwert (bBoolErr)
0CH	1	Typ-Flag (fError)

Tabelle 3.20 BIFF-Recordtyp 05H (Version 2.0)

Die Kodierung der Zellattribute wurde bereits weiter oben im Satz BLANK beschrieben. In BIFF3, BIFF4 und BIFF5 wurde der Record um ein Byte verkürzt. An Stelle des Zellattributes enthält das Wort ab Offset 08H einen Index in den XF-Record. Dort sind die Zellattribute gespeichert. In BIFF5 wird der Recordtyp auf 05 00 gesetzt. In BIFF8 wird der Recordwert 05 02 benutzt.

Offset	Byte	Bedeutung
00H	4	Recordtyp (05 02)
02H	2	Recordlänge in Byte
04H	2	Zeilennummer (beginnt ab 0)
06H	2	Spaltennummer (beginnt ab 0)
08H	2	Index in XF-Record mit dem Zellformat
0AH	1	Boolean oder Fehlerwert (bBoolErr)
0BH	1	Typ (fError)

Tabelle 3.21 BIFF-Recordtyp 0205H (Version 3.0–8.0)

Der Satz beschreibt eine Zelle, die eine boolesche Konstante oder einen Fehlerwert enthält. Die Art des Wertes (*fError*) steht dabei ab Offset 0BH (0 = das Feld *bBoolErr* enthält einen booleschen Wert, 1 = das Feld *bBoolErr* enthält einen Fehlerwert). Der Wert selbst steht in dem vorhergehenden Byte (*bBoolErr*, Offset 0AH). Für die Fehlerwerte gilt:

Wert	Fehler
00H	#Null!
07H	#DIV/0!
0FH	#VALUE!

Wert	Fehler
17H	#REF!
1DH	#NAME?
24H	#NUM!
2AH	#N/A

Tabelle 3.22 Kodierung der Fehlerwerte

Bei Booleschen Werten sind 0 für *false* und 1 für *true* vorgesehen.

BOTTOMMARGIN – Einstellung unterer Rand (Recordtyp 29H, Version 2.0–8.0)

Dieser Satz definiert den unteren Seitenrand in Zoll.

Offset	Byte	Bedeutung
00H	4	Recordtyp (29 00)
02H	2	Recordlänge in Byte
04H	8	unterer Seitenrand

Tabelle 3.23 BIFF-Recordtyp 29H (Version 2.0–8.0)

Der Seitenrand wird als 8-Byte-IEEE-Fließkommazahl übergeben. Der Seitenrand wird bei der Druckausgabe eines Dokuments benötigt.

BOUNDSHEET – Sheet-Information (Recordtyp 85H, Version 5.0–8.0)

In diesem Datensatz speichert Excel den Namen, den Typ und die Stream-Position eines Kalkulationsblatts (Sheet).

Offset	Byte	Bedeutung
00H	4	Recordtyp (85 00)
02H	2	Recordlänge in Byte
04H	4	Stream-Position
08H	2	Option-Flags Bits 0–7: Sheet-Typ 00 Worksheet/Dialogsheet 01 Excel 4.0 Makroblatt 02 Chart 06 Visual Basic-Modul Bits 8–9: Hidden Status 00 sichtbar 01 verborgen 02 verborgen (nur per VBA einblendbar) Bits 10–15: reserviert

Offset	Byte	Bedeutung
0AH	1	Länge Sheet-Name (ab BIFF8 werden 2 Byte für das Feld benutzt)
0BH	n	Name des Kalkulationsblatts

Tabelle 3.24 BIFF-Recordtyp 85H (Version 5.0–8.0)

Die Sichtbarkeit eines Blatts läßt sich in Visual Basic auf *hidden* setzen. Dann kann das Blatt nur noch mit Visual Basic eingeblendet werden.

BUILTINFMTCOUNT – Zahl der Formatrecords (Recordtyp 56H, Version 3.0–5.0)

Dieser Record ist erst ab EXCEL 3.0 definiert und gibt die Zahl der eingebauten Formatrecords an.

Offset	Byte	Bedeutung
00H	4	Recordtyp (56 00)
02H	2	Recordlänge in Byte
04H	2	Zahl der Formatrecords

Tabelle 3.25 BIFF-Recordtyp 56H (Version 3.0–5.0)

In BIFF2 wird die Satzart FORMATCOUNT für diesen Zweck benutzt. Ab BIFF7 ist der Record nicht mehr vorhanden.

CALCCOUNT – Iterationszähler (Recordtyp 0CH, Version 2.0–8.0)

Dieser Recordtyp wird in EXCEL 2.0 bis 8.0 unverändert benutzt und enthält die Zahl der Berechnungen. Der Record besitzt folgenden Aufbau:

Offset	Byte	Bedeutung
00H	4	Recordtyp (0C 00)
02H	2	Recordlänge in Byte
04H	2	Iterationszähler

Tabelle 3.26 BIFF-Recordtyp 0CH (Version 2.0–8.0)

Der Wert wird im Dialogfeld *Berechnungen* (Calculations) eingetragen.

CALCMODE – Berechnungsmodus (Recordtyp 0DH, Version 2.0–8.0)

Dieser Record enthält den Berechnungsmodus für das Arbeitsblatt und wird ab EXCEL 2.0 unverändert eingesetzt. Es gilt dabei folgendes Recordformat:

Offset	Byte	Bedeutung
00H	4	Recordtyp (0D 00)
02H	2	Recordlänge in Byte
04H	2	Berechnungsmodus: 0 = manuell 1 = automatisch –1 = automatisch, außer bei Tabellen

Tabelle 3.27 BIFF-Recordtyp 0DH (Version 2.0–8.0)

Der Modus wird über das Menü *Optionen* (Dialogfeld *Berechnungen*) in EXCEL gesetzt.

CF: Bedingungen bedingte Formatierung (Recordtyp 1B1H, Version 8.0)

Dieser Record ist erst ab BIFF8 vorhanden und speichert die Bedingungen für eine bedingte Formatierung. Es gilt dabei folgendes Recordformat:

Offset	Byte	Bedeutung
00H	4	Recordtyp (B1 01)
02H	2	Recordlänge in Byte
04H	1	Typ bedingte Formatierung (ct)
05H	1	Operator bedingte Formatierung (cp)
06H	2	*cce1:* Zahl der Bytes in *rgcel*
08H	2	*cce2:* Zahl der Bytes in *rgce2*
0AH	n	*rgbdxf:* anzuwendendes bedingtes Format
xxH	n	*rgce1*: erste Formel für diese Kondition
xxH	n	*rgce2*: zweite Formel für diese Kondition

Tabelle 3.28 BIFF-Recordtyp 1B1H (Version 8.0)

CODENAME: VBE-Objektname (Recordtyp 42H, Version 8.0)

Dieser Recordtyp wird nur in BIFF8 unterstützt und gibt den Namen eines Arbeitsblattobjekts (Workbook-Objekt) an. Es handelt sich aber um den Namen, der im VBE-Projektfenster angezeigt wird.

Offset	Byte	Bedeutung
00H	4	Recordtyp (42 00)
02H	2	Recordlänge in Byte
04H	n	Name als Unicode-Zeichenkette

Tabelle 3.29 BIFF-Recordtyp 42H (Version 8.0)

CODEPAGE – Code Page der Datei (Recordtyp 42H, Version 2.0–8.0)

Dieser Record wird in allen EXCEL-Versionen unverändert benutzt und besitzt folgenden Aufbau:

Offset	Byte	Bedeutung
00H	4	Recordtyp (42 00)
02H	2	Recordlänge in Byte
04H	2	Code Page

Tabelle 3.30 BIFF-Recordtyp 42H (Version 2.0–8.0)

Damit lassen sich die verschiedenen Zeichensätze der unterschiedlichen EXCEL-Plattformen identifizieren und gegebenenfalls umsetzen. Für die Codepages gilt die Kodierung aus Tabelle 3.31.

Code	Bedeutung
01B5H	437 IBM PC Multiplan 850 Presentation Manager
8000H	Macintosh
8001H	ANSI (Windows) BIFF2 & BIFF3
04E4H	ANSI (Windows) BIFF4 – BIFF8

Tabelle 3.31 Kodierung der Codepages

Ab EXCEL 4.0 wird die Code Page für Windows unter dem Wert 04E4H abgelegt.

COLINFO – Spaltenformat (Recordtyp 7DH, Version 3.0–8.0)

Dieser Satz enthält die Informationen zur Formatierung der Zellen (Spalten) eines Bereichs und ist erst ab EXCEL 3.0 definiert.

Offset	Byte	Bedeutung
00H	4	Recordtyp (7D 00)
02H	2	Recordlänge in Byte
04H	2	erste formatierte Spalte
06H	2	letzte formatierte Spalte
08H	2	Spaltenbreite in 1/256 Zeichenbreite
0AH	2	Index in den XF-Record mit Standardformat
0CH	2	Optionen Low-Byte Bit 0: 1 Spaltenbereich ausblenden 1–7: unbenutzt

Offset	Byte	Bedeutung
0DH		Optionen High-Byte Bit 0–2: Outline Level-Spaltenbereich 3: reserviert (muß 0 sein) 4: 1 = Column Range collapsed in outlining 5–7: reserviert (muß 0 sein)
0EH	1	reserviert (muß 0 sein)

Tabelle 3.32 BIFF-Recordtyp 7DH (Version 3.0–8.0)

Mit diesem Record wird eine Reihe von Zellen formatiert. In BIFF2 dient der COLWIDTH-Record diesem Zweck. Ab BIFF3 wird COLWIDTH nicht mehr benutzt. Die Standardbreite von Zellen wird im Satz DEFCOLWIDTH gesichert. Ab BIFF4 existiert der Recordtyp STANDARDWIDTH für die Speicherung der Zellbreite.

CONDFMT: Conditional Formatting Range Information (Recordtyp 1B0H, Version 8.0)

Dieser Satz existiert ab BIFF8 und speichert Informationen über einen Bereich mit bedingter Formatierung.

Offset	Byte	Bedeutung
00H	4	Recordtyp (B0 01)
02H	2	Recordlänge in Byte
04H	2	*ccf*: Zahl der bedingten Formate
06H	2	*grbit*: Option-Flags Bit 0: 1, falls die Darstellung der Zelle eine signifikante Bearbeitung (significant processing) erfordert Bit 1–15: reserviert (muß auf 0 gesetzt sein)
08H	2	*rwFirst:* erste Zeile der bedingten Formatierung (Zählung ab 0)
0AH	2	*rwLast:* letzte Zeile der bedingten Formatierung (Zählung ab 0)
0CH	2	*colFirst:* erste Spalte der bedingten Formatierung (Zählung ab 0)
0EH	2	*colLast:* letzte Spalte der bedingten Formatierung (Zählung ab 0)
10H	n	Spaltenbreite in 1/256 Zeichenbreite
0AH	2	*rgbSqref*: Feld mit *sqref*-Strukturen 2 Byte: Zahl der folgenden Bereiche n Byte: Feld der Bereiche mit folgendem Aufbau 2 Byte: erste Zeile der Referenz 2 Byte: letzte Zeile der Referenz 2 Byte: erste Spalte der Referenz 2 Byte: zweite Spalte der Referenz

Tabelle 3.33 BIFF-Recordtyp 1B0DH (Version 8.0)

COLUMNDEFAULT – Standard-Zellattribute (Recordtyp 20H, Version 2.0)

Dieser Satztyp wird nur in EXCEL 2.0 zur Sicherung der Standard-Zellattribute verwendet.

Offset	Byte	Bedeutung
00H	4	Recordtyp (20 00)
02H	2	Recordlänge in Byte
04H	2	erste Spalte mit Standardformat
06H	2	letzte Spalte mit Standardformat
08H	n	Feld mit den Standard-Zellattributen

Tabelle 3.34 BIFF-Recordtyp 20H (Version 2.0)

Die Kodierung der Zellattribute wurde beim BLANK-Record weiter oben beschrieben.

COLWIDTH – Spaltenbreite (Recordtyp 24H, Version 2.0)

Dieser Satztyp wird nur in EXCEL 2.0 benutzt und enthält die Definition der Standardbreite der einzelnen Zellen (Spalten).

Offset	Byte	Bedeutung
00H	4	Recordtyp (24 00)
02H	2	Recordlänge in Byte
04H	1	erste Spalte Bereich
05H	1	letzte Spalte Bereich
06H	2	Spaltenbreite in 1/256 der Zeichenbreite

Tabelle 3.35 BIFF-Recordtyp 24H (Version 2.0)

Die Breite wird dabei in 1/256-Zeichen angegeben und gilt für alle Zellen der Spalten des angegebenen Bereiches. Ab BIFF3 wird die Satzart COLINFO zur Speicherung dieser Informationen benutzt.

CONTINUE – Continue-Record (Recordtyp 3CH, Version 2.0–8.0)

In BIFF-Dateien sind nur begrenzte Satzlängen (BIFF2 z. B. bis 2084 Byte, siehe Kapitelanfang) erlaubt. Bei längeren Daten werden diese auf Folgerecords aufgeteilt. Der CONTINUE-Record wird unmodifiziert in allen BIFF-Versionen benutzt.

Offset	Byte	Bedeutung
00H	4	Recordtyp (3C 00)
02H	2	Recordlänge in Byte
04H	n	Folgedaten

Tabelle 3.36 BIFF-Recordtyp 3CH (Version 2.0–8.0)

Die Interpretation der Daten hängt dabei vom vorhergehenden Satz ab.

COORDLIST – Polygon-Koordinaten (Recordtyp A9H, Version 4.0–8.0)

Diese Satzart existiert erst ab der BIFF-Version 4.0 und dient zur Speicherung der Koordinaten für ein Polygon (Vertex-Koordinaten).

Offset	Byte	Bedeutung
00H	4	Recordtyp (A9 00)
02H	2	Recordlänge in Byte
04H	n	Datenstruktur mit Koordinaten 2 Byte x-Koordinate des Punkts 2 Byte y-Koordinate des Punkts

Tabelle 3.37 BIFF-Recordtyp A9H (Version 4.0–8.0)

Die Koordinaten werden in einem Feld als x-,y-Werte (vorzeichenlose Word-Werte) gespeichert. Die Koordinaten beziehen sich dabei auf ein Rechteck (Bounding-Box) mit den Abmessungen 4000 x 4000 Punkte.

COUNTRY – Ländereinstellungen (Recordtyp 8CH, Version 3.0–8.0)

Dieser Recordtyp gibt die Standardvorgabe für die Landeseinstellung sowie die Einstellung aus WIN.INI wieder.

Offset	Byte	Bedeutung
00H	4	Recordtyp (8C 00)
02H	2	Recordlänge in Byte
04H	2	Standard-Landescode (iCountryDef)
06H	2	Landescode aus WIN.INI (iCountryWinIni)

Tabelle 3.38 BIFF-Recordtyp 8CH (Version 3.0–8.0)

Die Standardeinstellung wird durch die EXCEL-Version gesetzt, die ursprünglich das Dokument erstellt hat. Die US-Version von EXCEL setzt diesen Eintrag immer auf 1. Im Feld *iCountryWinIni* wird die Ländereinstellung aus WIN.INI übernommen. Der Indexwert entspricht dabei den internationalen Telefonvorwahlnummern (z.B.: 1 = USA, 49 = Deutschland, 32 = Belgien).

CRN – Recordzähler (Recordtyp 5AH, Version 3.0–8.0)

Der CRN-Record beschreibt nicht resident geladene Operanden von Formeln und wird ab EXCEL 3.0 benutzt.

Offset	Byte	Bedeutung
00H	4	Recordtyp (5A 00)
02H	2	Recordlänge in Byte

Offset	Byte	Bedeutung
04H	1	letzte Spalte Operand
05H	1	erste Spalte Operand
06H	2	Zeile des nicht residenten Operanden
08H	x	Struktur des Operanden

Tabelle 3.39 BIFF-Recordtyp 5AH (Version 3.0–8.0)

Die Struktur des Operanden hängt von dem gespeicherten Wert ab. Hierbei gilt:

▶ **Der Operand einer Zelle enthält eine Zahl:**

Offset	Byte	Bedeutung
00H	1	01H als Markierung für eine Zelle mit der Zahl
01H	8	Zahl in 8-Byte-IEEE-Darstellung

Tabelle 3.40 Operandenstruktur bei numerischen Werten

▶ **Der Operand einer Zelle enthält einen String:**

Offset	Byte	Bedeutung
00H	1	02H als Markierung für eine Zelle mit dem String
01H	1	Stringlänge in Byte
21H	x	String

Tabelle 3.41 Operandenstruktur bei Strings

▶ **Der Operand einer Zelle enthält eine logische Variable:**

Offset	Byte	Bedeutung
00H	1	04H als Markierung für Zelle mit logischen Werten
01H	2	1 = true, 0 = false
03H	6	unbenutzt

Tabelle 3.42 Operandenstruktur bei logischen Werten

▶ **Der Operand einer Zelle enthält einen Fehlerwert:**

Offset	Byte	Bedeutung
00H	1	10H als Markierung für Zellen mit Fehlerwerten
01H	2	Fehlernummer (siehe Tabelle 3.22)
03H	6	unbenutzt

Tabelle 3.43 Operandenstruktur bei Fehlerwerten

Die Daten einer Formel können zum Beispiel in einem Ausdruck:

=SUM(EXT.XLS!A1:A3)

definiert sein. Damit liegen Daten in der externen Datei EXT.XLS vor. Diese Formel erzeugt dann einen CRN-Record mit der Beschreibung der betreffenden Zellen (A1:A3). Enthält eine Formel mehrere Zeilen oder mehrere unabhängige Bereiche, wird für jede Zeile/Bereich ein eigener CRN-Record erzeugt. Falls sich mehrere Formeln auf einen Bereich beziehen, wird nur ein CRN-Record angelegt.

DBCELL – Stream-Offsets (Recordtyp D7H, Version 5.0–8.0)

In diesem Datensatz werden die Offsets auf die Streams in der BIFF-Datei gespeichert.

Offset	Byte	Bedeutung
00H	4	Recordtyp (D7 00)
02H	2	Recordlänge in Byte
04H	4	Offset vom Anfang des DBCELL-Records zum Anfang des ersten ROW-Records im Block
06H	n	Array mit Stream-Offsets (jeder Eintrag umfaßt 2 Byte)

Tabelle 3.44 BIFF-Recordtyp D7H (Version 5.0–8.0)

Für jeden Block mit ROW-Records wird jeweils ein DBCELL-Record gespeichert. Jeder Block kann dabei Daten für bis zu 32 Zeilen enthalten.

DCON – Data-Consolidation (Recordtyp 50H, Version 2.0–8.0)

Dieser Record dient zur Speicherung von Informationen, die über das Dialogfeld *Konsolidierung* eingetragen werden. Der Datensatz wird in allen BIFF-Versionen benutzt.

Offset	Byte	Bedeutung
00H	4	Recordtyp (50 00)
02H	2	Recordlänge in Byte
04H	2	Index zur Konsolidierungsfunktion
06H	2	1= Option Left Column gesetzt
08H	2	1= Option Top Row gesetzt
06H	2	1= Option Create Links to Source Data gesetzt

Tabelle 3.45 BIFF-Recordtyp 50H (Version 2.0–8.0)

Der Indexwert (Offset 04H) zeigt auf folgende Konsolidierungsfunktionen:

Wert	Funktion
0	AVERAGE
1	COUNT
2	COUNTA
3	MAX
4	MIN
5	PRODUCT
6	STDEV
7	STDEVP
8	SUM
9	VAR
0AH	VARP

Tabelle 3.46 Konsolidierungsfunktionen

DCONNAME – Data-Consolidation für benannte Referenzen (Recordtyp 52H, Version 2.0–8.0)

Dieser Record dient zur Speicherung des Namens eines Bereiches, der konsolidiert werden soll. Der Datensatz wird in allen BIFF-Versionen benutzt.

Offset	Byte	Bedeutung
00H	4	Recordtyp (52 00)
02H	2	Recordlänge in Byte
04H	1	Länge Bereichsname der Quelldaten
05H	n	Bereichsname der Quelldaten
xxH	1	Länge Dokumentname
xxH	n	Dokumentname

Tabelle 3.47 BIFF-Recordtyp 52H (Version 2.0–8.0)

DCONREF – Data-Consolidation für Referenz (Recordtyp 51H, Version 2.0–8.0)

Dieser Record enthält die komplette Beschreibung eines Zellbereichs, der zu konsolidieren ist. Der Datensatz wird in allen BIFF-Versionen benutzt.

Offset	Byte	Bedeutung
00H	4	Recordtyp (51 00)
02H	2	Recordlänge in Byte
04H	2	erste Zeile Quellbereich
06H	2	letzte Zeile Quellbereich
08H	1	erste Spalte Quellbereich
09H	1	letzte Spalte Quellbereich

Offset	Byte	Bedeutung
0AH	1	Länge Dokumentname (Arbeitsblatt)
0BH	n	Dokumentname

Tabelle 3.48 BIFF-Recordtyp 51H (Version 2.0–8.0)

Das Feld *Dokumentname* enthält den Namen in kodierter Form (siehe EXTRNSHEET-Record).

DEFAULTROWHEIGHT – Standardzeilenhöhe (Recordtyp 25H, Version 2.0–8.0)

Dieser Record wird in allen BIFF-Versionen benutzt und definiert die Höhe aller Zeilen, die nicht explizit definiert wurden. Der Datensatz besitzt in der BIFF-Version 2 folgenden Aufbau:

Offset	Byte	Bedeutung
00H	4	Recordtyp (25 00)
02H	2	Recordlänge in Byte
04H	2	Standardzeilenhöhe

Tabelle 3.49 BIFF-Recordtyp 25H (Version 2.0)

Die Zeilenhöhe wird in 1/20 Punkt angegeben. In BIFF3 bis BIFF5 gilt eine etwas modifizierte Recordstruktur, weshalb als Opcode 225H benutzt wird.

Offset	Byte	Bedeutung
00H	4	Recordtyp (25 02)
02H	2	Recordlänge in Byte
04H	2	Option-Flags für undefinierte Zeilen
06H	2	Standardzeilenhöhe

Tabelle 3.50 BIFF-Recordtyp 225H (Version 3.0–5.0)

Die Option-Flags werden gemäß folgender Tabelle bitweise interpretiert:

Offset	Bit	Bedeutung
0	0 1 2 3 4–7	1: falls Font- und Zeilenhöhe bei undefinierten Zeilen nicht kompatibel 1: falls Zeilenhöhe bei undefinierten Zeilen ist 0 1: falls dicke Linie (extra Space) oberhalb der Zeile 1: dicke Linie (extra Space) unterhalb der Zeile unbelegt
1	0–7	unbelegt

Tabelle 3.51 Kodierung der Optionen

DEFCOLWIDTH – Standard-Spaltenbreite (Recordtyp 55H, Version 2.0–8.0)

Dieser Satz enthält die Definition der Standardbreite der einzelnen Zellen (Spalten).

Offset	Byte	Bedeutung
00H	4	Recordtyp (55 00)
02H	2	Recordlänge in Byte
04H	2	Standardbreite Spalte

Tabelle 3.52 BIFF-Recordtyp 55H (Version 2.0–8.0)

Die Breite wird dabei in Zeichen angegeben und gilt für alle Zellen, deren Format nicht explizit umdefiniert wurde. Der Satzaufbau ist in allen BIFF-Versionen gleich.

DELMENU – Delete Menü (Recordtyp C3H, Version 5.0–8.0)

Dieser Satz enthält die Informationen, um einen Menüeintrag zu entfernen.

Offset	Byte	Bedeutung
00H	4	Recordtyp (C3 00)
02H	2	Recordlänge in Byte
04H	2	Icetab des Befehls
06H	1	Zahl der DELMENU-Records in der nächsten Menüebene
07H	1	Flag 0 = Platzhalter 1 = Menüobjekt löschen
08H	1	1 Eintrag besitzt mehrere Untereinträge
09H	n	Eintrag

Tabelle 3.53 BIFF-Recordtyp C3H (Version 5.0–8.0)

Das erste Byte des Eintrags gibt die Zahl der Bytes an. Das letzte Byte im Eintrag ist reserviert.

DELTA – Increment Iterationszähler (Recordtyp 10H, Version 2.0–8.0)

Dieser Recordtyp wird in allen EXCEL-Versionen benutzt und besitzt folgenden Aufbau:

Offset	Byte	Bedeutung
00H	4	Recordtyp (10 00)
02H	2	Recordlänge in Byte
04H	8	max. Schrittweite

Tabelle 3.54 BIFF-Recordtyp 10H (Version 2.0–8.0)

Der Wert für die maximale Schrittweite (Iteration Increment) wird als 8-Byte-Fließkommazahl (IEEE) abgelegt. Der Wert läßt sich in der Option Calculation in EXCEL einstellen.

DIMENSIONS – Tabellengröße (Recordtyp 200H, Version 2.0–8.0)

Dieser Satz enthält Informationen über die Abmessungen eines Dokuments. In BIFF2 enthält der Satz folgende Daten:

Offset	Byte	Bedeutung
00H	4	Recordtyp (00 00)
02H	2	Recordlänge in Byte
04H	2	erste definierte Zeile eines Dokumentes
06H	2	letzte definierte Zeile eines Dokumentes
08H	2	erste definierte Spalte eines Dokumentes
0AH	2	letzte definierte Spalte eines Dokumentes

Tabelle 3.55 BIFF-Recordtyp 00H (Version 2.0)

Bei der Analyse der Werte ist zu beachten, daß die aktuellen Zellennummern immer um 1 größer als die Werte im Record sind (Zeile A beginnt mit 0, Spalte 1 beginnt mit 0). In BIFF3 bis BIFF8 wurde dem Satz ein reserviertes Word angehängt.

Offset	Byte	Bedeutung
00H	4	Recordtyp (00 02)
02H	2	Recordlänge in Byte
04H	2 (4)	erste definierte Zeile eines Dokuments + 1 bei BIFF8 werden 4 Byte für den Wert benutzt
06H	2 (4)	letzte definierte Zeile eines Dokuments bei BIFF8 werden 4 Byte für den Wert benutzt
08H	2	erste definierte Spalte eines Dokuments
0AH	2	letzte definierte Spalte eines Dokuments + 1
0CH	2	reserviert (0000)

Tabelle 3.56 BIFF-Recordtyp 200H (Version 3.0–8.0)

Das reservierte Wort muß den Wert 0 enthalten.

DOCROUTE – Route Slip-Informationen (Recordtyp B8H, Version 5.0-8.0)

Hier werden Informationen zum Routing für Dokumente gespeichert.

Offset	Byte	Bedeutung
00H	4	Recordtyp (B8 00)
02H	2	Recordlänge in Byte
04H	2	Routing Stage
06H	2	Zahl der Empfänger (Recipients)

Offset	Byte	Bedeutung
08H	2	Delivery-Option 0 = einer pro Zeiteinheit 1 = alle zusammen
0AH	2	Option-Flags Bit 0: 1 = Dokument geroutet 1: 1 = Dokument zum Absender zurückgeben 2: 1 = Statusmeldung senden 3: 1 = Statusmeldung ist vom Typ Benutzermeldung 4–6: reserviert 7: 1 = Routing Slip-Informationen sind zu sichern
0CH	2	Länge Subjekt-String
0EH	2	Länge Message-String
10H	2	Länge Route ID-String
12H	2	Länge Custom Message Type-String (bei BIFF 8)
14H	2	Länge »Book«-Titelstring
16H	2	Länge Originator Friendly Name
18H	4	Länge Originator systemspezifischer Adress-String
1CH	4	*rgch*: Das Feld enthält sieben nullterminierte Zeichenketten für Subject, Message, Route ID, Custom Message Type, Book Title, Originator's Friendly Name, und Originator's System-Specific Address. Die Längen der Strings werden in den obigen Längenfeldern angegeben.

Tabelle 3.57 BIFF-Recordtyp 161H (Version 5.0–8.0)

DSF – Double Stream File (Recordtyp 161H, Version 8.0)

Dieser Satz wird erst ab der BIFF-Version 8.0 benutzt und gibt an, daß es sich um einen Double Stream File handelt.

Offset	Byte	Bedeutung
00H	4	Recordtyp (61 01)
02H	2	Recordlänge in Byte
04H	2	1, falls Workbook als Double Stream File gespeichert ist

Tabelle 3.58 BIFF-Recordtyp 161H (Version 8.0)

DV – Data Validation (Recordtyp 1BEH, Version 8.0)

Dieser Satz speichert in der BIFF-Version 8.0 die Validierungskriterien der Daten für einen Validierungsbereich.

Offset	Byte	Bedeutung
00H	4	Recordtyp (BE 01)
02H	2	Recordlänge in Byte

Offset	Byte	Bedeutung
04H	4	Option-Flag Bit 0–3: Validation-Typ Bit 4–6: Error Alert-Stil Bit 7: 1, falls eine List-Type-Validation mit explizit angegebener Liste mit gültigen Eingaben Bit 8: 1, unterdrücke Fehler, falls eine in der Validierungsformel referenzierte Zelle leer ist Bit 9: 1, falls eine List-Type-Validation, bei der keine Listenfelder bei Anwahl der Zelle anzuzeigen sind Bit 10–17: IME-Mode der Zelle (nur Fernost-Version) Bit 18: 1, zeige Input-Meldungsfeld Bit 19: 1, zeige Fehlermeldung (Dialogfeld) Bit 20–23: Operatortyp Bit 24–31: reserviert (muß 0 sein)
08H	n	Feld mit den Validierungskriterien, gefolgt von Title, Prompt, Error sts, MinMax rgces und cref REFs. Detaillierte Angaben zum Aufbau liegen nicht vor.

Tabelle 3.59 BIFF-Recordtyp 1BEH (Version 8.0)

DVAL: Data Validation Information (Recordtyp 1B2H, Version 8.0)

Enthält die Daten für die Validierung (nur in BIFF 8).

Offset	Byte	Bedeutung
00H	4	Recordtyp (B2 01)
02H	2	Recordlänge in Byte
04H	2	Option-Flag Bit 0: 1: Input-Fenster geschlossen Bit 1: 1: Input-Fenster an Position verankert Bit 2: 1, falls Informationen zur Zelldatenvalidierung gecached sind Bit 3–15: reserviert (müssen 0 sein)
06H	4	x-Koordinate Eingabefenster (Input Window).
0AH	4	y-Koordinate Eingabefenster (Input Window).
0EH	4	Die Objekt-ID des Drop-down OBJ-Records für eine Liste mit »in-cell«-Listenfeldern (Drop-down).
12H	4	Zahl der folgenden DV-Records.

Tabelle 3.60 BIFF-Recordtyp 1B2H (Version 8.0)

EDG – Edition-Globals (Recordtyp 88H, Version 3.0–8.0)

Dieser Satz wird erst ab der BIFF-Version 3.0 benutzt und enthält Informationen für den Publisher (Macintosh). EXCEL ignoriert unter Windows diesen Satz.

Offset	Byte	Bedeutung
00H	4	Recordtyp (88 00)
02H	2	Recordlänge in Byte

Offset	Byte	Bedeutung
04H	4	Zähler Section-Records in Dokument + 1
08H	2	Zähler PUB-Records in Datei
0AH	2	reserviert (00)

Tabelle 3.61 BIFF-Recordtyp 88H (Version 3.0–8.0)

EFONT – Extended-Font (Recordtyp 45H, Version 2.0)

Dieser Satztyp wird nur in EXCEL 2.0 verwendet.

Offset	Byte	Bedeutung
00H	4	Recordtyp (45 00)
02H	2	Recordlänge in Byte
04H	4	Index in Farbtabelle 0 Schwarz 1 Weiß 2 Rot 3 Grün 4 Blau 5 Gelb 6 Magenta 7 Cyan

Tabelle 3.62 BIFF-Recordtyp 45H (Version 2.0)

Ab BIFF3 wird die Farbinformation im FONT-Record mit gespeichert.

EOF – End-of-File (Recordtyp 0AH, Version 2.0–8.0)

Dieser Satztyp beendet alle EXCEL-Dateien und wird in allen Versionen verwendet.

Offset	Byte	Bedeutung
00H	4	Recordtyp (0A 00)
02H	2	Recordlänge in Byte

Tabelle 3.63 BIFF-Recordtyp 0AH (Version 2.0–8.0)

Der Satz besitzt keine Daten und muß als letzter Eintrag in der Datei auftreten.

EXTERNCOUNT – Zahl der externen Referenzen (Recordtyp 16H, Version 2.0–8.0)

Dieser Record definiert die Żahl der externen Dokumente (Workbooks), die in einem EXCEL-Dokument referenziert werden.

Offset	Byte	Bedeutung
00H	4	Recordtyp (16 00)
02H	2	Recordlänge in Byte
04H	2	Zahl der externen Dokumentreferenzen

Tabelle 3.64 BIFF-Recordtyp 16H (Version 2.0–8.0)

Diese Referenz umfaßt sowohl externe Arbeitsblattdateien als auch DDE-Verbindungen. Bei Verwendung mehrerer Arbeitsblätter vom gleichen Typ (z. B. .XLS) wird jeweils nur ein Wert im Zähler berücksichtigt. Der Record wird unmodifiziert in allen BIFF-Versionen benutzt.

EXTERNNAME – Name externe Referenz (Recordtyp 23H, Version 2.0-8.0)

In diesem Record wird der Name einer externen Referenz (Dokument) festgehalten. Für BIFF2-Dateien gilt folgender Satzaufbau:

Offset	Byte	Bedeutung
00H	4	Recordtyp (23 00)
02H	2	Recordlänge in Byte
04H	1	Länge des Namens
05H	x	Name der Referenz

Tabelle 3.65 BIFF-Recordtyp 23H (Version 2.0)

Der Record muß direkt auf den Satz EXTERNSHEET folgen. In Windows kann eine externe Referenz ein Makro oder ein Arbeitsblatt sein. Der Name kann sich unter Windows auch auf eine DDE-Verbindung beziehen. Ist der Name zu lang, kann er auf mehrere Records aufgeteilt werden. Dann folgt auf den EXTERNNAME-Record ein CONTINUE-Record.

Ab der BIFF-Version 3.0 wird eine erweiterte Struktur für den Satz benutzt.

Offset	Byte	Bedeutung
00H	4	Recordtyp (23 02)
02H	2	Recordlänge in Byte
04H	2	Option-Flags Bit 0: 1 Build-in-Name 1–2: reserviert (müssen 0 sein) 3–15: unbelegt
06H	1	Länge des Namens
07H	x	Name der Referenz

Tabelle 3.66 BIFF-Recordtyp 223H (Version 3.0–4.0)

Ab der BIFF5-Version wird die folgende Struktur für den Satz benutzt, falls ein externer Name gespeichert wird.

Offset	Byte	Bedeutung
00H	4	Recordtyp (23 02)
02H	2	Recordlänge in Byte
04H	2	Option-Flags Bit 0: 1 Build-in-Name 1–4: reserviert (müssen 0 sein) 5–15: unbelegt
06H	4	reserviert (muß 0 sein)
0AH	1	Länge externer Name
0BH	n	Externer Name
xxH	2	Länge Namensdefinition
xxH	n	Namensdefinition (im Format eines geparsten Ausdrucks)

Tabelle 3.67 BIFF-Recordtyp 223H (Version 5.0–8.0) bei External Name

Ab der BIFF5-Version wird die folgende Struktur für den Satz benutzt, falls ein DDE-Link gespeichert wird.

Offset	Byte	Bedeutung
00H	4	Recordtyp (23 02)
02H	2	Recordlänge in Byte
04H	2	Option-Flags Bit 0: muß 0 sein 1: 0 manueller DDE-Link 1 automatische DDE-Verbindung 2: 1 Excel benötigt die Daten im cfPict-Format der Zwischenablage, OBJ und IMDATA enthalten das Bild 3: 1 Satz speichert OLE ID 4: 0 DDE-Link 5–14: Format der Zwischenablage 15: reserviert (muß 0 sein)
06H	4	reserviert (muß 0 sein)
0AH	1	Länge externer Name
0BH	n	externer Name
xxH	n	Feld mit OPER-Strukturen, welche die Werte des Namens enthalten

Tabelle 3.68 BIFF-Recordtyp 223H (Version 5.0–8.0) bei DDE-Link

Ab BIFF5 wird die folgende Struktur für den Satz benutzt, falls ein OLE-Link gespeichert wird.

Offset	Byte	Bedeutung
00H	4	Recordtyp (23 02)
02H	2	Recordlänge in Byte
04H	2	Option-Flags Bit 0: muß 0 sein 1: 0 manueller OLE-Link 1 automatische OLE-Verbindung 2: 1 Excel benötigt die Daten im cfPict-Format der Zwischenablage, OBJ und IMDATA enthalten das Bild 3: reserviert (muß 0 sein) 4: 1 OLE-Link 5–15: reserviert (muß 0 sein)
06H	4	OLE 2 ID-Code
0AH	1	Länge Link-Name
0BH	n	Link-Name

Tabelle 3.69 BIFF-Recordtyp 223H (Version 5.0–8.0) bei OLE-Link

EXTERNSHEET – Externe Referenz (Recordtyp 17H, Version 2.0–8.0)

In diesem Record wird der Name des externen Dokuments festgehalten.

Offset	Byte	Bedeutung
00H	4	Recordtyp (17 00)
02H	2	Recordlänge in Byte
04H	1	Länge des Namens
05H	x	Dateiname des Dokuments

Tabelle 3.70 BIFF-Recordtyp 17H (Version 2.0–7.0)

Für jedes externe Dokument tritt ein Record in der BIFF-Datei auf, d.h., die Zahl der Records entspricht dem Zähler in EXTERNCOUNT. Die Reihenfolge dieser Sätze sollte in der BIFF-Datei nicht verändert werden. Die Namen der Dokumente sind als ASCII-Texte gespeichert. Es ist darauf zu achten, daß diese Namen auf verschiedenen Plattformen zu verwenden sind. Deshalb wird als erstes Zeichen im Dateinamen (Offset 05H) ein Code für den Typ des Namens geführt:

Typ	Dateityp
0	Referenz auf den Namen eines leeren Arbeitsblattes
1	Dateiname verschlüsselt
2	externe Referenz mit Abhängigkeit zum aktuellen Arbeitsblatt
3	DDE-Link

Tabelle 3.71 Typ der externen Referenz

Falls das erste Zeichen 00H ist, verweist die Referenz auf ein leeres Blatt (z. B. =!$A$1). Das Zeichen 02H signalisiert, daß die externe Referenz zum aktuell geladenen Arbeitsblatt gehört (z. B. SALES:XLS enthält die Formel: =SALES.XLS!$A$1).

Mit dem Wert 01H im ersten Zeichen wird signalisiert, daß der Pfadname zum Dokument in eine weniger maschinenabhängige Darstellung übersetzt wurde. Die folgenden Codes werden im Dateinamen zur Kodierung verwendet:

01H Tritt der Code 01H auf, enthält das folgende Byte im DOS-Filesystem den Laufwerkbuchstaben. Auf dem Macintosh sind Laufwerknamen mit einem Buchstaben nicht geläufig; hier wird der Code 05H benutzt.

02H Das Quelldokument liegt auf dem gleichen Laufwerk als das abhängige Dokument. Dann entfällt der Laufwerkbuchstabe.

03H Das Quelldokument liegt in einem Unterverzeichnis des aktuellen Verzeichnisses. Der Name des Unterverzeichnisses steht vor dem Code, während der Dateiname folgt.

04H Das Quelldokument befindet sich im nächsthöheren Verzeichnis.

05H Definiert ein LongVolume auf dem Macintosh, gefolgt von dem Laufwerknamen.

06H Das Quelldokument befindet sich im Startverzeichnis, in dem EXCEL.EXE steht.

07H Das Quelldokument befindet sich in einem alternativen Startverzeichnis.

08H Das Quelldokument befindet sich im Bibliotheksverzeichnis.

09H Das Quelldokument ist in die Arbeitsmappe eingebunden.

Wird im ersten Byte des Dateinamens der Code 02H verwendet, handelt es sich um einen externen Dateinamen, wobei Quelldokument und abhängige Daten im gleichen Bereich liegen.

In BIFF8 wurde eine geringfügig geänderte Struktur für den Record benutzt.

Offset	Byte	Bedeutung
00H	4	Recordtyp (17 00)
02H	2	Recordlänge in Byte
04H	2	Zahl der folgenden XTI-Strukturen
06H	x	XTI-Strukturen (alle Indexwerte beginnen mit 0) 2 Byte: Index zur Tabelle der SUPBOOK-Datensätze 2 Byte: Index auf erstes Blatt (sheet tab) in der Referenz 2 Byte: Index auf letztes Blatt (sheet tab) der Referenz

Tabelle 3.72 BIFF-Recordtyp 17H (Version 8.0)

EXTSST: Extended Shared String Table (Recordtyp FFH, Version 8.0)

BIFF8-Satzart, welche die Hash-Tabelle für externe Kopieroperationen enthält.

Offset	Byte	Bedeutung
00H	4	Recordtyp (FF 00)
02H	2	Recordlänge in Byte
04H	2	Zahl der Strings in jedem Eintrag (Bucket)
06H	n	Feld mit n Einträgen der folgenden Struktur 4 Byte: Position des Streams, wo der String beginnt (Zeiger in SST-Record) 2 Byte: Offset in SST-Record zum Punkt, wo das »Bucket« beginnt 2 Byte: reserviert (muß 0 sein)

Tabelle 3.73 BIFF-Recordtyp FFH (Version 8.0)

Beim Schreiben einer XLS-Datei müssen SST- und LABELSST-Records mit EXTSST-Records gesichert werden.

FILEPASS – Passwortgeschützte Datei (Recordtyp 2FH, Version 2.0–8.0)

Diese Satzart wird in EXCEL-Dateien verwendet, wenn deren Inhalt mit einem Paßwort gesichert wurde. In diesem Fall muß der Record sofort auf den BOF-Record folgen. Die Folgerecords sind dann verschlüsselt und können nicht mehr gelesen werden.

Offset	Byte	Bedeutung
00H	4	Recordtyp (2F 00)
02H	2	Recordlänge in Byte
04H	2	Paßwort (verschlüsselt)

Tabelle 3.74 BIFF-Recordtyp 2FH (Version 2.0–8.0)

Alle Sätze hinter diesem Record werden verschlüsselt abgespeichert. EXCEL verwendet noch einen weiteren Satztyp (PASSWORD), um ein Dokument zu schützen.

FILESHARING – Filesharing und Password (Recordtyp 5BH, Version 3.0-8.0)

Dieser Record enthält die Informationen, die beim Speichern mit *Speichern unter* (save as) gesetzt wurden, sowie die verschlüsselten Paßwörter zum Zugriffsschutz. Der Record besitzt folgenden Aufbau:

Offset	Byte	Bedeutung
00H	4	Recordtyp (5B 00)
02H	2	Recordlänge in Byte

Offset	Byte	Bedeutung
04H	2	ReadOnlyRec-Option-Flag
06H	2	verschlüsseltes Paßwort
08H	1	Länge Name
09H	X	User Name

Tabelle 3.75 BIFF-Recordtyp 5BH (Version 3.0-8.0)

Im Wort ab Offset 04H findet sich ein Flag, welches auf 1 gesetzt wird, falls die Option Read Only Recommended beim Speichern mit *Save as* gesetzt war. Das folgende Wort enthält ein verschlüsseltes Paßwort. Ist hier der Wert 0 eingetragen, wurde die Datei ohne Zugriffsschutz gespeichert. Die restlichen Bytes enthalten die Länge und den Namen des Benutzers, der diese Datei erzeugt hat.

Ab BIFF7 gibt es einen zweiten FILESHARING2-Record. Tritt dieser Record auf, enthält FILESHARING nur einen Dummy-Eintrag

FILESHARING2 – Filesharing-Informationen (Recordtyp 1A5H, Version 7.0–8.0)

Diese Satzart wird ab Excel 95 (BIFF7) verwendet, um File-Sharing-Optionen (gewählt im Dialog *Speichern unter*) zu sichern. Das Schreibschutz-Kennwort, das der Benutzer eingibt, wird als Integer verschlüsselt abgespeichert. Der Datensatz enthält auch den Benutzernamen. Tritt FILESHARING2 auf, ist der FILESHARING-Eintrag mit einem Dummy-Wert belegt.

Offset	Byte	Bedeutung
00H	4	Recordtyp (A5 01)
02H	2	Recordlänge in Byte
04H	2	1, falls die Option schreibgeschützt (Read Only) im Optionsfeld gesetzt wurde.
06H	2	Paßwort (verschlüsselt), beim Wert 0 gibt es kein Kennwort
08H	1	Länge Benutzername
09H	n	Benutzername

Tabelle 3.76 BIFF-Recordtyp 1A5H (Version 7.0–8.0)

FILTERMODE – Blatt mit gefilterter Liste (Recordtyp 9BH, Version 5.0–8.0)

Dieser Datensatz zeigt an, daß das Kalkulationsblatt eine gefilterte Liste enthält. Der Recordtyp besitzt keine Daten.

FNGROUPCOUNT – Built-in-Funktionsgruppe (Recordtyp 9CH, Version 4.0–8.0)

Dieser Record wurde erst in BIFF4 eingeführt und enthält die Zahl der Built-in-Funktionen (Finanzfunktionen, mathematische Funktionen, Datum, Zeit etc.) in der Datei.

Offset	Byte	Bedeutung
00H	4	Recordtyp (9C 00)
02H	2	Recordlänge in Byte
04H	2	Zahl der Built-in-Funktionen

Tabelle 3.77 BIFF-Recordtyp 9CH (Version 4.0–8.0)

Im Wort ab Offset 04H findet sich der betreffende Wert.

FNGROUPNAME – Name der Funktionsgruppe (Recordtyp 9AH, Version 4.0–8.0)

Dieser Record wurde erst in BIFF4 eingeführt und enthält den Namen der anwenderspezifischen Funktionsgruppe. Diese Funktionsgruppe wird durch ein REGISTER()- oder DEFINE.NAME-Makro erzeugt.

Offset	Byte	Bedeutung
00H	4	Recordtyp (9A 00)
02H	2	Recordlänge in Byte
04H	1	Länge Name
05H	n	Name der Funktionsgruppe (Kategorie)

Tabelle 3.78 BIFF-Recordtyp 9AH (Version 4.0–8.0)

Im Wort ab Offset 04H findet sich die Länge des Namens, gefolgt vom Namen als String.

FNPROTO – Funktionsprototyp (Recordtyp A2H, Version 4.0)

Dieser Record wurde erst in BIFF4 eingeführt und enthält ein Feld mit Prototyp-Funktionen.

Offset	Byte	Bedeutung
00H	4	Recordtyp (A2 00)
02H	2	Recordlänge in Byte
04H	2	Größe Prototyp Daten
06H	n	Array mit Funktionsprototypen

Tabelle 3.79 BIFF-Recordtyp A2H (Version 4.0)

Das Feld ab Offset 06H basiert auf der folgenden Datenstruktur für jeden Eintrag.

Offset	Byte	Bedeutung
0	1	1: Der Name ist eine Funktion oder ein Kommando in einem Makroblatt
1	1	Index Funktionsgruppe
2	1	Länge Argumentliste
3	1	Länge Funktionsname
4	n	Funktionsname
xx	n	Argumentliste

Tabelle 3.80 Datenstruktur für die Funktionen

FONT – Fontbeschreibung (Recordtyp 31H, Version 2.0–8.0)

Dieser Satz enthält die Beschreibung der zur Textausgabe verwendeten Schriftarten (Fonts). In BIFF2 gilt folgender Satzaufbau:

Offset	Byte	Bedeutung
00H	4	Recordtyp (31 00)
02H	2	Recordlänge in Byte
04H	2	Fonthöhe
06H	2	Fontattribute Bit 0–7: reserviert (00) 8: 1 Bold (fett) 9: 1 Italic (kursiv) 10: 1 Underline 11: 1 Strikeout 12–15: reserviert (0)
08H	1	Länge Fontname
09H	X	Fontname

Tabelle 3.81 BIFF-Recordtyp 31H (Version 2.0)

Die reservierten Bits im Fontattribut müssen auf 0 gesetzt werden.

In BIFF3 bis BIFF5 gilt eine etwas erweiterte Struktur, da hier auch die Farbinformationen mit abgespeichert werden. In BIFF2 existiert hierzu ein eigener Record.

Über die XF-Records läßt sich die Schriftart innerhalb eines Dokuments wechseln. Die Höhe einer Schriftart wird in 1/20 Punkt angegeben.

Offset	Byte	Bedeutung
00H	4	Recordtyp (31 02)
02H	2	Recordlänge in Byte
04H	2	Fonthöhe (1/20 Punkt)

Offset	Byte	Bedeutung
06H	2	Fontattribute Bit 0: 1 Bold 1: 1 Italic 2: 1 Underline 3: 1 Strikeout 4: 1 Outline 5: 1 Shadow 6–7: 0 reserviert 8–F: 0 unbenutzt
08H	2	Index in Farbpalette
0AH	1	Länge Fontname
0BH	X	Font Name

Tabelle 3.82 BIFF-Recordtyp 231H (Version 3.0–4.0)

Die Fonts werden von 0 bis n durchnumeriert und in dem Fontrecord spezifiziert. Der Fontindex wird dann in den XF-Records benutzt, um innerhalb eines Dokumentes den Font zu wechseln. Die Attribute Outline und Shadow sind nur für den Macintosh gültig. Ab BIFF5 gilt eine etwas erweiterte Struktur:

Offset	Byte	Bedeutung
00H	4	Recordtyp (31 00)
02H	2	Recordlänge in Byte
04H	2	Fonthöhe (1/20 Punkt)
06H	2	Fontattribute Bit 0: 0 in Biff5 1: 1 Italic 2: 0 in BIFF5 3: 1 Strikeout 4: 1 Outline (nur Mac) 5: 1 Shadow (nur Mac) 6–7: 0 reserviert (muß 0 sein) 8–15:0 unbenutzt
08H	2	Index in Farbpalette
0AH	2	Stil für Fett (ein Wert zwischen 100–1000 gibt den Grad für den Fettdruck an, Standard ist 400 für normalen Text und 700 für Fettdruck)
0CH	2	Hoch-/Tiefstellung 00: nichts 01: Superscript (hochgestellt) 02: Subscript (tiefgestellt)
0EH	1	Stil Unterstreichen 00H: nichts 01H: einfach 02H: doppelt 21H: single accounting 22H: double accounting

Offset	Byte	Bedeutung
0FH	1	Fontfamilie (definiert in der Windows LOGFONT-Struktur)
10H	1	Zeichensatz (gemäß LOGFONT-Struktur)
11H	1	reserviert (muß 0 sein)
12H	1	Länge Fontname
13H	n	Fontname

Tabelle 3.83 BIFF-Recordtyp 31H (Version 5.0–8.0)

FONT2 – Zusätzliche Fontinformationen (Recordtyp 32H, Version 2.0)

Dieser Record wird nur in EXCEL 2.0 verwendet und definiert zusätzliche Fontinformationen zum FONT-Record. Diese Satzart sollte nicht mehr verwendet werden.

FOOTER – Fußzeile auf jeder Seite drucken (Recordtyp 15H, Version 2.0–8.0)

Dieser Satz enthält eine Textsequenz, die auf jedem auszugebenden Seitenfuß erscheint.

Offset	Byte	Bedeutung
00H	4	Recordtyp (15 00)
02H	2	Recordlänge in Byte
04H	1	Länge des Textstrings in Byte
05H	x	Textstring Fußtext

Tabelle 3.84 BIFF-Recordtyp 15H (Version 2.0–8.0)

Der Text wird in der Footer-Dialogbox definiert.

FORMAT – Zahlenformat (Recordtyp 1EH, Version 2.0–8.0)

Dieser Satztyp beschreibt das Zahlenformat im Dokument. Für die BIFF-Versionen 2.0 und 3.0 gilt der Aufbau gemäß folgender Tabelle:

Offset	Byte	Bedeutung
00H	4	Recordtyp (1E 00)
02H	2	Recordlänge in Byte
04H	1	Länge des Formatstrings
05H	x	Formatstring für Zahlen

Tabelle 3.85 BIFF-Recordtyp 1EH (Version 2.0–3.0)

Ab BIFF4 wurde die Recordstruktur gemäß folgender Tabelle erweitert.

Offset	Byte	Bedeutung
00H	4	Recordtyp (1E 04)
02H	2	Recordlänge in Byte
04H	2	Format-Indexcode
06H	1	Länge des Formatstrings
07H	x	Formatstring für Zahlen

Tabelle 3.86 BIFF-Recordtyp 41EH (Version 4.0–8.0)

Der Format-Indexcode wird nur intern durch EXCEL belegt.

Alle FORMAT-Records sollten zusammen in der BIFF-Datei gespeichert werden. Die Reihenfolge sollte dabei nicht verändert werden. Neue Formatdefinitionen sollten am Ende des Bereiches angehängt werden.

FORMATCOUNT – Zahl der Built-in-Formatrecords (Recordtyp 1FH, Version 2.0)

Dieser Satztyp definiert die Zahl der Formatrecords im Dokument und wird nur in EXCEL 2.0 benutzt.

Offset	Byte	Bedeutung
00H	4	Recordtyp (1F 00)
02H	2	Recordlänge in Byte
04H	2	Zahl der Formatrecords

Tabelle 3.87 BIFF-Recordtyp 1FH (Version 2.0)

Der Inhalt eines FORMAT-Records ist im vorhergehenden Abschnitt beschrieben.

FORMULA – Zellenformel (Recordtyp 06H, Version 2.0–8.0)

Dieser Satz beschreibt eine Zelle mit einer Formel. In BIFF2 gilt dabei folgende Struktur.

Offset	Byte	Bedeutung
00H	4	Recordtyp (06 00)
02H	2	Recordlänge in Byte
04H	2	Zeilennummer (beginnt ab 0)
06H	2	Spaltennummer (beginnt ab 0)
08H	3	Zellattribute
0BH	8	aktueller Ergebniswert der Formel
13H	1	Recalculation-Flag Bit 0: Formel immer neu berechnen 1: Formel beim Öffnen neu berechnen 2–15: unbenutzt

Offset	Byte	Bedeutung
14H	1	Länge geparster Ausdruck
15H	n	geparster Ausdruck

Tabelle 3.88 BIFF-Recordtyp 06H (Version 2.0)

Die Zellattribute wurden bereits weiter oben beim BLANK-Record beschrieben.

In BIFF3 und BIFF4 gilt der Recordaufbau gemäß folgender Tabelle. Der Opcode wird in BIFF4 jedoch mit 406H angegeben.

Offset	Byte	Bedeutung
00H	4	Recordtyp (06 02)
02H	2	Recordlänge in Byte
04H	2	Zeilennummer (beginnt ab 0)
06H	2	Spaltennummer (beginnt ab 0)
08H	2	Index in XF-Record mit dem Zellformat
0AH	8	aktueller Ergebniswert der Formel
12H	2	Recalculation-Flag Bit 0: Formel immer neu berechnen 1: Formel beim Öffnen neu berechnen 2–15: unbenutzt
14H	2	Länge geparster Ausdruck
16H	n	geparster Ausdruck

Tabelle 3.89 BIFF-Recordtyp 206H und 406H (Version 3.0–4.0)

Ab BIFF5 wurde ein erweiterter Satzaufbau eingeführt.

Offset	Byte	Bedeutung
00H	4	Recordtyp (06 04)
02H	2	Recordlänge in Byte
04H	2	Zeilennummer (beginnt ab 0)
06H	2	Spaltennummer (beginnt ab 0)
08H	2	Index in XF-Record mit dem Zellformat
0AH	8	aktueller Ergebniswert der Formel
12H	2	Recalculation-Flag Bit 0: Formel immer neu berechnen 1: Formel beim Öffnen neu berechnen 2: reserviert 3: 1 = Formel ist Teil einer gemeinsam benutzten Formelgruppe 5–15: unbenutzt

Offset	Byte	Bedeutung
14H	4	reserviert (muß 0 sein)
18H	2	Länge geparster Ausdruck
1AH	n	geparster Ausdruck

Tabelle 3.90 BIFF-Recordtyp 406H (Version 5.0–8.0)

Die Formel wird als geparster Ausdruck im Record abgelegt. Das Ergebnis der Berechnung liegt als 8-Byte-IEEE-Wert vor. Boolesche Werte werden folgendermaßen abgelegt:

Bytes	Bedeutung
1	Typ Boolean (immer 1)
1	reserviert (0)
1	Boolescher Wert
3	reserviert (0)
2	immer FFFFH

Tabelle 3.91 Kodierung Boolescher Werte im Formelrecord

Ein Fehlerwert wird folgendermaßen gespeichert:

Bytes	Bedeutung
1	Typ Error (immer 2)
1	reserviert (0)
1	Error Wert
3	reserviert (0)
2	immer FFFFH

Tabelle 3.92 Kodierung eines Fehlerwertes im Formelrecord

Ein Ergebnisstring wird dagegen folgendermaßen gespeichert:

Bytes	Bedeutung
1	Typ String (immer 0)
5	reserviert (0)
2	immer FFFFH

Tabelle 3.93 Kodierung eines Stringergebniswerts

Der String wird nicht im Formelrecord, sondern im folgenden STRING-Record abgelegt.

Ab Offset 22H (BIFF3/BIFF4) findet sich der geparste String mit der Formel. EXCEL verwendet die umgekehrte polnische Notation zur Darstellung der Formel. Die Formel besteht aus einer Sequenz verschiedener Tokens, die Operatoren oder Operanden darstellen. Ein Token besteht immer aus einem Tokentyp, gefolgt von dem eigentlichen Wert.

Der Tokentyp umfaßt immer ein Byte mit Werten zwischen 01H und 7FH. Die Werte von 80H bis FFH sind reserviert. Es sind Tokens zulässig, die lediglich aus einem Tokentyp bestehen. Andere Tokens haben mehrere Bytes mit dem Tokenwert. Nachfolgend finden Sie eine Aufstellung der verschiedenen Tokentypen.

12H	Unary Plus (+)
13H	Unary Minus (–)
14H	Percent (%)
	2 Operanden-Tokens
03H	Addition
04H	Subtraction
05H	Multiplication
06H	Division
07H	Exponentiation (2. = Exponent)
08H	Concatenation
09H	Less Than
0AH	Less Than or Equal
0BH	Equal
0CH	Greater Than or Equal
0DH	Greater Than
0EH	Not Equal
0FH	Intersection (space operator)
10H	Union (comma operator)
11H	Range (bounding rectangle)
	Constant Tokens
16H	Missing Argument
17H	String (1 Byte Len + String)
1CH	Error Value (1 Byte)
1DH	Boolean 0 = False, 1 = True
1EH	Integer (2 Byte unsigned)
1FH	Number (8 Byte IEEE-Float)

Tabelle 3.94 Kodierung der einfachen Tokens

Weiterhin kennt EXCEL noch Tokens, die Operanden beschreiben. Deren Strukturen werden nachfolgend beschrieben.

Array-Konstante (Opcode 20H)

Offset	Byte	Bedeutung
00H	1	Opcode 20H
01H	6	reserviert in BIFF2 reserviert in BIFF3/4
..H	1	Zahl der Einträge
..H	2	Zahl der Zeilen in der Array-Konstante
..H	n	Array-Werte

Tabelle 3.95 Array-Konstante (20H)

Die Array-Werte werden folgendermaßen kodiert:

Byte	Bedeutung
1 8	01H IEEE-Wert folgt IEEE-Wert
1 8 n	02H String-Wert folgt Stringlänge String

Tabelle 3.96 Kodierung eines Array-Elements

Name-Operand (Opcode 23H)

Dieses Token definiert den Namen einer Referenz. Dabei gilt folgende Struktur:

Offset	Byte	Bedeutung
0	2	Index zur Referenz
2	n	reserviert, muß 0 sein 5 Byte in BIFF2 8 Byte in BIFF3/4 12 Byte in BIFF5

Tabelle 3.97 Struktur eines Name-Operanden

Der Index verweist in die Tabelle mit den externen Referenznamen (EXTERNNAME).

Zell-Referenz (Opcode 24H)

Dieses Token definiert einen Verweis auf eine einzelne Zelle und besitzt folgende Struktur:

Offset	Byte	Bedeutung
00H	2	Bit 0–13: Zeilennummer Bit 14: 1 Spalte relativ Bit 15: 1 Zeile relativ
02H	1	Spalte

Tabelle 3.98 Struktur eines Zell-Referenz-Operanden

Die angegebenen Zeilen- und Spaltennummern können absolut oder relativ sein.

Area-Referenz (Opcode 25H)

Dieses Token definiert einen Bereich mit mehreren Zellen und besitzt folgende Struktur:

Offset	Byte	Bedeutung
00H	2	Bit 0–13: Nummer erste Zeile Bit 14: 1= Spalte relativ Bit 15: 1= Zeile relativ

Offset	Byte	Bedeutung
02H	2	Bit 0–13: Nummer letzte Zeile Bit 14: 1= Spalte relativ Bit 15: 1= Zeile relativ
04H	1	erste Spalte
05H	1	letzte Spalte

Tabelle 3.99 Struktur eines Area-Referenz-Operanden

Die angegebenen Zeilen- und Spaltennummern können absolut oder relativ sein.

Konstanten-Referenz (Opcode 26H)

Dieses Token definiert eine Referenz auf Operanden.

Offset	Byte	Bedeutung
00H	4	reserviert
04H	2	Länge des Ausdrucks
06H	2 2 2 1 1	Nummer Rechteck erste Zeile letzte Zeile erste Spalte letzte Spalte
..	2	nächstes Rechteck ....

Tabelle 3.100 Struktur eines Konstanten-Referenz -Operanden

Es können mehrere Unterausdrücke gemäß obiger Struktur im Token auftreten.

Fehlerkonstanten-Referenz (Opcode 27H)

Dieses Token enthält eine Referenz zu einer Fehlerkonstanten und besitzt folgende Struktur:

Offset	Byte	Bedeutung
00H	3 4	reserviert in BIFF2 reserviert ab BIFF3
..H	1 2	Länge des Ausdrucks BIFF2 Länge des Ausdrucks ab BIFF3

Tabelle 3.101 Struktur eines Fehlerkonstanten-Referenz-Operanden

Die Unterausdrücke folgen entweder in einer Deleted-Cell-Referenz oder in einer Deleted-Area-Referenz.

Deleted-Cell-Referenz (Opcode 2AH)

Diese Referenz ist das Ergebnis einer Bearbeitung des Kalkulationsblattes. Dem Opcode-Byte folgen drei reservierte Bytes.

Deleted-Area-Referenz (Opcode 2BH)

Diese Referenz beschreibt einen gelöschten Bereich im Kalkulationsblatt. Dem Opcode-Byte folgen sechs reservierte Bytes.

Cell-Referenz in einem Namen (Opcode 2CH)

Diese Referenz tritt nur in dem Ausdruck (parsed expression) eines NAME-Records auf und definiert einen Verweis auf eine einzelne Zelle. Nach dem Opcode steht folgende Struktur.

Offset	Byte	Bedeutung
00H	2	Zeile Bit 15: 1= Zeile relativ 0= Zeile absolut Bit 14: 1= Spalte relativ 0= Spalte absolut Bit 0–13: Zeile
02H	1	Spalte

Tabelle 3.102 Struktur einer Zellreferenz in einem NAME-Operanden

Area-Referenz in einem Namen (Opcode 2DH)

Diese Referenz tritt nur in einem Ausdruck (parsed expression) eines NAME-Records auf und definiert einen Verweis auf einen Bereich. Nach dem Opcode steht folgende Struktur.

Offset	Byte	Bedeutung
00H	2	erste Zeile Bit 15: 1= Zeile relativ 0= Zeile absolut Bit 14: 1= Spalte relativ 0= Spalte absolut Bit 0–13: Zeile
02H	2	letzte Zeile
04H	1	erste Spalte
05H	1	letzte Spalte

Tabelle 3.103 Struktur einer Area-Referenz in einem NAME-Operanden

Die Kodierung der ersten und letzten Zeile in einem Wort ist identisch. Die beiden oberen Bits werden verwendet, um die Adressierungsart (absolut, relativ) festzulegen.

Name oder externer Name (Opcode 39H)

Diese Referenz tritt nur in BIFF5-Dateien auf und enthält einen Index zu einem Namen. Nach dem Opcode steht folgende Struktur:

Offset	Byte	Bedeutung
00H	2	Index auf einen EXTERNSHEET-Satz; ist der Wert FFFFH, befindet sich die Referenz in der aktuellen Arbeitsmappe
02H	8	reserviert
0AH	2	Index auf den NAME-Satz oder auf die EXTERNNAME-Tabelle
0CH	12	reserviert

Tabelle 3.104 NAME- oder EXTERN-Name-Operanden

Ist der Wert des Index im ersten Wort FFFFH, findet sich der Index ab Offset 0AH (zeigt in eine NAME-Tabelle).

Zellreferenz (Opcode 3AH)

Diese Referenz wurde in BIFF5 neu eingeführt, um eine 3D-Referenz auf eine Zelle zu speichern. Die Referenz kann sich auf eine Zelle der aktuellen Arbeitsmappe oder auf eine Zelle in einer anderen Arbeitsmappe beziehen.

Offset	Byte	Bedeutung
00H	2	Index auf einen EXTERNSHEET-Satz (definiert eine Zelle in einer anderen Arbeitsmappe); ist der Wert FFFFH, befindet sich die Referenz in der aktuellen Arbeitsmappe.
02H	8	reserviert
0AH	2	Index auf das erste Blatt der 3D-Referenz
0CH	2	Index auf das letzte Blatt der 3D-Referenz
0EH	2	Bit 0–13: Zeilennummer oder Zeilen-Offset 14: 1= Offset-Spalte ist relativ 15: 1= Offset-Zeile ist relativ
10H	1	Spalte oder Offset

Tabelle 3.105 3D-Zellreferenz

Ist der Wert des Index im ersten Wort FFFFH, findet sich der Index ab Offset 0AH.

3D-Area-Referenz in einem Namen (Opcode 3BH)

Diese Referenz wurde in BIFF5 neu eingeführt, um eine 3D-Referenz auf einen Bereich (Area) zu speichern. Die Referenz kann sich auf einen Bereich der aktuellen Arbeitsmappe oder auf einen Bereich in einer anderen Arbeitsmappe beziehen.

Offset	Byte	Bedeutung
00H	2	Index auf einen EXTERNSHEET-Satz ist der Wert FFFFH, befindet sich die Referenz in der aktuellen Arbeitsmappe
02H	8	reserviert

Offset	Byte	Bedeutung
0AH	2	Index auf das erste Blatt der 3D-Referenz
0CH	2	Index auf das letzte Blatt der 3D-Referenz
0EH	2	erste Zeile des Bereichs Bit 0–13: Zeilennummer oder Zeilenoffset 14: 1= Offset-Spalte ist relativ 15: 1= Offset-Zeile ist relativ
10H	2	letzte Zeile des Bereichs
12H	2	erste Spalte des Bereichs
14H	2	letzte Spalte des Bereichs

Tabelle 3.106 3D-Area-Referenz

Die Kodierung der vier Worte ab Offset 0EH mit der Definition des Bereichs ist gleich. Die beiden oberen Bits werden verwendet, um die Adressierungsart (absolut, relativ) festzulegen. Die restlichen Bits geben die betreffenden Zeilen/Spalten an.

Deleted 3D-Zell-Referenz (Opcode 3CH)

Diese Referenz wurde in BIFF5 neu eingeführt, um eine gelöschte 3D-Zell-Referenz anzugeben. Der Datensatz entspricht dem Aufbau einer 3D-Zellreferenz.

Deleted 3D-Area-Referenz (Opcode 3DH)

Diese Referenz wurde in BIFF5 neu eingeführt, um eine gelöschte 3D-Area-Referenz anzugeben. Der Datensatz entspricht dem Aufbau einer 3D-Area-Referenz.

Control Tokens

Weiterhin kann ein EXCEL-Ausdruck weitere Tokens zur Kontrolle eines Datenbereiches enthalten.

Array-Formel (Opcode 01H)

Dieses Token steht für ein Feld, das eine Formel enthält. Es tritt nur in FORMULA-Records auf und besitzt folgende Struktur nach dem Opcode-Byte:

Offset	Byte	Bemerkung
0	2	Zeile obere linke Ecke
2	1	Spalte obere linke Ecke

Tabelle 3.107 Array-Formula

Ab der BIFF-Version 3.0 wird die Spaltennummer nicht als Byte, sondern als Wort kodiert.

Datentabelle (Opcode 02H)

Dieses Token markiert eine Datentabelle in einem Arbeitsblatt und kommt nur in einem FORMULA-Record vor. In diesem Fall ist es das einzige Token in der Formel und besitzt nach dem Opcode-Byte folgende Struktur:

Offset	Byte	Bemerkung
0	2	Zeile obere linke Ecke
2	1	Spalte obere linke Ecke

Tabelle 3.108 Datentabelle

Ab der BIFF-Version 3.0 wird die Spaltennummer nicht als Byte, sondern als Wort definiert.

Klammern (Opcode 15H)

Dieser Opcode definiert ein Klammernpaar in einem Ausdruck.

Spezialattribute (Opcode 19H)

Dieser Opcode wird für verschiedene Zwecke benutzt. In Abhängigkeit von der BIFF-Version ergeben sich nach dem Opcode-Byte verschiedene Strukturen.

Offset	Byte	Bedeutung
 0 1	 1 1	BIFF2 Option-Flag Datenbyte
 0 1	 1 2	BIFF3 – BIFF4 Option-Flag Datenword
 0 1 2	 1 1 2	BIFF4 falls Bit 6 = 1 Option-Flags Spacing-Attribut Zahl der Spaces

Tabelle 3.109 Spezialattribute

Das Option-Flag besitzt folgende Kodierung:

Bit	Bedeutung
0	1: Formel enthält eine nicht permanente (volatile) Funktion
1	1: optimierte IF-Funktion implementieren
2	1: optimierte CHOOSE-Funktion implementieren
3	1: springe zu einer anderen Stelle im Ausdruck
4	1: optimierte SUM-Funktion implementieren

Bit	Bedeutung
5	1: Formel ist Zuweisung im BASIC-Stil
6	1: Makro-Formel enthält Leerzeichen (BIFF3, BIFF4)
7	unbenutzt

Tabelle 3.110 Kodierung des Option-Flag

Externe Referenz (Opcode 1AH)

Dieses Token besitzt nach dem Opcode-Byte folgende Struktur:

Offset	Byte	Bedeutung
0	4 6	reserviert BIFF2 reserviert BIFF3, BIFF4
..H	2	Index Arbeitsblatt
..H	1	reserviert (0)

Tabelle 3.111 Externe Referenz

Das Token wurde in BIFF5 weggelassen.

Ende externe Referenz (Opcode 1BH)

Dieses Token besitzt nach dem Opcode-Byte folgende Struktur:

Offset	Byte	Bedeutung
0	3 4	reserviert BIFF2 reserviert BIFF3, BIFF4

Tabelle 3.112 Ende externe Referenz

Das Token wurde in BIFF5 weggelassen.

Unvollständiger Teilausdruck einer Konstanten-Referenz (Opcode 28H)

Dieses Token besitzt nach dem Opcode-Byte folgende Struktur:

Offset	Byte	Bedeutung
0	3 4	reserviert BIFF2 reserviert BIFF3, BIFF4, BIFF5
..H	1 2	Länge Referenz BIFF2 Länge Referenz BIFF3, BIFF4, BIFF5

Tabelle 3.113 Unvollständiger Teilausdruck einer Konstanten-Referenz

Referenz Teilausdruck

EXCEL definiert einige Opcodes für Unterausdrücke (bzw. Teilausdrücke). Diese besitzen die gleiche Datenstruktur, aber unterschiedliche Opcodes.

Code	Funktion
29H	Teilausdruck Variablenreferenz
2EH	Referenz Teilausdruck (nur in einem NAME-Record)
2FH	unvollständige Referenz auf einen Teilausdruck in einem Namen

Tabelle 3.114 Opcodes für Referenzen auf Teilausdrücke

Dieses Token besitzt nach dem Opcode-Byte folgende Struktur:

Offset	Byte	Bedeutung
0	1 2	Länge Referenz BIFF2 Länge Referenz BIFF3, BIFF4, BIFF5

Tabelle 3.115 Struktur einer Referenz auf einen Teilausdruck

Operatoren für Funktionen

Weiterhin können in einem EXCEL-Ausdruck Operatoren für Funktionen auftreten. Hierbei sind folgende Operatoren definiert:

Operator Funktion (Opcode 21H)

Dieser Operator folgt einer Funktion mit einer festen Anzahl an Argumenten. Nach dem Opcode folgt ein Byte (BIFF2) oder ein Wort (BIFF3, BIFF4) mit dem Index der Funktion.

Operator Funktion mit variablen Argumenten (Opcode 22H)

Dieser Operator zeigt eine Funktion mit einer variablen Anzahl von Argumenten an. Nach dem Opcode folgt eine Datenstruktur mit folgendem Aufbau:

Offset	Byte	Bedeutung
0	1	Bit 0–6: Zahl der Argumente Bit 7= 1 Funktion mit Benutzerabfrage
1	1 2	Index der Funktion BIFF2 Bit 0–14: Index BIFF3, 4 Bit 15: Funktion entspricht einem Kommando

Tabelle 3.116 Variable Argument-Funktion

Operator einer befehlsgleichen Funktion (Opcode 38H)

Diesen Opcode gibt es bis BIFF4, und er zeigt an, daß die Funktion einem EXCEL-Kommando entspricht. Dem Opcode folgt eine Reihe von Argumenten und ein Index zur Funktion.

Offset	Byte	Bedeutung
0	1	Zahl der Argumente
1	1	Index der Funktion

Tabelle 3.117 Command-Equivalent-Funktion

Die restlichen Opcodes sind für zukünftige Erweiterungen der Funktionen reserviert.

GCW – Globale Flags für Spaltenbreite (Recordtyp ABH, Version 4.0–8.0)

Dieser Record ist erst ab BIFF4 definiert und besitzt folgende Struktur.

Offset	Byte	Bedeutung
00H	4	Recordtyp (AB 00)
02H	2	Recordlänge in Byte
04H	2	Länge der folgenden Struktur in Byte
06H	2	Global Column Width-Flag (A-P)
08H	2	Global Column Width-Flag (Q-AF)
..	...	
0..H	2	Global Column Width-Flag (IG-IV)

Tabelle 3.118 BIFF-Recordtyp ABH (Version 4.0–6.0)

Der Satz enthält ein Feld mit 256 Flag-Bits, wobei jedes Bit für eine Spalte des Arbeitsblattes steht. Ist das Bit gesetzt, wird für die betreffende Spalte die Standardbreite verwendet. Ist das Bit = 0 gesetzt, wird die Breite dieser Spalte in einem eigenen STANDARDWIDTH-Record beschrieben.

Das Word mit dem Global Column Width-Flag wird als Bitfeld interpretiert, wobei jedes Bit für eine Spalte steht (Bit 0 = 1. Spalte, Bit 1 = 2. Spalte etc.)

GRIDSET – Statusänderung Gitterlinien (Recordtyp 82H, Version 3.0–8.0)

Der Record enthält den Status für die Gitterlinien und signalisiert, ob vom Benutzer die Einstellung verändert wurde.

Offset	Byte	Bedeutung
00H	4	Recordtyp (82 00)
02H	2	Recordlänge in Byte
04H	2	1 = Einstellungen verändert

Tabelle 3.119 BIFF-Recordtyp 82H (Version 3.0–8.0)

Die Einstellung läßt sich in EXCEL über das Dialogfeld *Seiteneinrichtung* verändern.

GUTS – Größe der Zeilen-/Spaltenränder (Recordtyp 80H, Version 3.0–8.0)

Dieser Satztyp definiert die Größe des Randes (Bundsteg, engl. Gutter) oberhalb des Spaltenkopfes und links vom Zeilenanfang. Dieser Bereich läßt sich für Outline–Symbole nutzen. Der Record besitzt dabei folgenden Aufbau:

Offset	Byte	Bedeutung
00H	4	Recordtyp (80 00)
02H	2	Recordlänge in Byte
04H	2	Größe Bundsteg am linken Rand
06H	2	Bundsteg am oberen Rand der Spalten
08H	2	max. Outline-Level (Zeilenrand)
0AH	2	max. Outline-Level (Spaltenrand)

Tabelle 3.120 BIFF-Recordtyp 80H (Version 3.0–8.0)

Der Abstand wird in Bildschirmeinheiten (Pixeln) angegeben.

HCENTER – Horizontal zwischen Rändern ausrichten (Recordtyp 83H, Version 3.0–8.0)

Der Record ist erst ab BIFF3 definiert und enthält eine Angabe darüber, ob das Arbeitsblatt bei der Ausgabe auf dem Drucker zwischen linkem und rechtem Rand zu zentrieren ist.

Offset	Byte	Bedeutung
00H	4	Recordtyp (83 00)
02H	2	Recordlänge in Byte
04H	2	1 = Ausgabe zwischen horizontalen Rändern zentrieren

Tabelle 3.121 BIFF-Recordtyp 83H (Version 3.0–8.0)

HEADER – Kopfzeile drucken (Recordtyp 14H, Version 2.0–8.0)

Diese Satzart spezifiziert den Kopftext für die Druckausgabe jeder Seite.

Offset	Byte	Bedeutung
00H	4	Recordtyp (14 00)
02H	2	Recordlänge in Byte
04H	1	Länge folgender String
05H	n	String mit Kopftext

Tabelle 3.122 BIFF-Recordtyp 14H (Version 2.0–8.0)

HIDEOBJ – Anzeigeoptionen eines Objekts (Recordtyp 8DH, Version 2.0–8.0)

Mit diesem Record werden die Informationen über die Sichtbarkeit bestimmter Optionen gespeichert.

Offset	Byte	Bedeutung
00H	4	Recordtyp (8D 00)
02H	2	Recordlänge in Byte
04H	2	Anzeige der Optionen 0: Show all-Option auf *ein* gesetzt 1: Platzhalter-Option auf *ein* gesetzt 2: Hide-Option auf *ein* gesetzt

Tabelle 3.123 BIFF-Recordtyp 8DH (Version 2.0–8.0)

Damit enthält der Record eine Abbildung, wie obige Optionen vor dem Speichern gesetzt waren.

HLINK – Hyperlink (Recordtyp 1B8H, Version 8.0)

Dieser Record definiert einen Hyperlink und ist nur in BIFF8 vorhanden.

Offset	Byte	Bedeutung
00H	4	Recordtyp (B8 01)
02H	2	Recordlänge in Byte
04H	2	Erste Zeile des Hyperlink
06H	2	Letzte Zeile des Hyperlink
08H	2	Erste Spalte des Hyperlink
0AH	2	Letzte Spalte des Hyperlink
0CH	n	Hyperlink-Stream (Aufbau nicht bekannt)

Tabelle 3.124 BIFF-Recordtyp 1B8H (Version 8.0)

HORIZONTAL PAGE BREAKS – Feste Seitenwechsel (Recordtyp 1BH, Version 2.0–8.0)

Dieser Record enthält eine Liste von expliziten Seitenumbrüchen (Row Page Breaks) für einzelne Zeilen.

Offset	Byte	Bedeutung
00H	4	Recordtyp (1B 00)
02H	2	Recordlänge in Byte
04H	2	Zahl der Seitenwechsel (Page Breaks)
06H	n*2	Feld mit den Zeilennummern

Tabelle 3.125 BIFF-Recordtyp 1BH (Version 2.0–8.0)

Ab Offset 06H findet sich ein Feld aus 2-Byte-Werten, in dem die Zeilennummern in aufsteigender Reihenfolge eingetragen sind, in denen explizit ein Seitenumbruch (Page Break) durchgeführt wird. Die Zeilennummern müssen in aufsteigender Reihenfolge sortiert werden.

IMDATA – Bilddaten (Recordtyp 7FH, Version 3.0–8.0)

Dieser Satztyp enthält ein komplettes Bitmap-Bild.

Offset	Byte	Bedeutung
00H	4	Recordtyp (7F 00)
02H	2	Recordlänge in Byte
04H	2	Bildformat 02H: Windows Metafile oder Mac PICT 09H: Windows Bitmap 0EH: Spezialformat
06H	2	Umgebung 1: Windows 2: Macintosh
08H	4	Länge Datenbereich in Byte
0CH	n	Datenbereich

Tabelle 3.126 BIFF-Recordtyp 7FH (Version 3.0–8.0)

Wurde ein Bild im Window-Bitmap-Format gespeichert, beginnt der Datenbereich mit dem BMP-Header (BITMAPCOREINFO), gefolgt von der Bitmap-Struktur (siehe Kapitel 17 über das BMP-Format).

Weiterhin können Bilder in spezifischen Anwendungsformaten gespeichert werden. In diesem Fall wird ab Offset 04H der Wert 0EH abgelegt. EXCEL kann in diesem Fall die Bilddaten nicht bearbeiten (sondern nur eine OLE-Anwendung aufrufen).

INDEX – Index (Recordtyp 0BH, Version 2.0–8.0)

Dieser Satz ist in jeder BIFF-Datei vorhanden und beschreibt einen Index. Für die Version 2.0 gilt folgende Struktur:

Offset	Byte	Bedeutung
00H	4	Recordtyp (0B 00)
02H	2	Recordlänge in Byte
04H	4	absolute Dateiposition der ersten NAME-Records
08H	2	erste Reihe im Dokument
0AH	2	letzte Reihe im Dokument
0CH	x	Feld mit absoluten Dateipositionen

Tabelle 3.127 BIFF-Recordtyp 0BH (Version 2.0)

Ab BIFF3 wurde die Recordstruktur um ein Feld erweitert:

Offset	Byte	Bedeutung
00H	4	Recordtyp (0B 02)
02H	2	Recordlänge in Byte
04H	4	Offset erster NAME-Record
08H	2	erste Reihe im Dokument
0AH	2	letzte Reihe im Dokument
0CH	4	Offset XF-Record
10H	x	Feld mit absoluten Dateipositionen

Tabelle 3.128 BIFF-Recordtyp 20BH (Version 3.0–7.0)

Der Satz enthält eine Reihe Zeiger, die den Offset in Byte vom Dateianfang zu bestimmten Sätzen angeben. Im Feld ab Offset 04H findet sich der Zeiger auf den Beginn des ersten NAME-Records. Die beiden folgenden Variablen geben die erste und letzte Zeile im Arbeitsblatt an, die durch Formeln oder Zellen belegt sind. Die Zählweise beginnt dabei ab 0, und der Wert für die letzte Reihe wird immer um 1 erhöht.

Das Wort ab Offset 0CH gibt den Offset zum Anfang des ersten XF-Records an. Als letztes findet sich im Record ein Feld mit 4-Byte-Zeigern, die den Offset (0 = Dateianfang) der einzelnen ROW-Records angeben. Sofern alle ROW-Records hintereinander gespeichert werden, gibt es nur einen Eintrag.

In BIFF8 wurde die Recordstruktur nochmals geändert:

Offset	Byte	Bedeutung
00H	4	Recordtyp (0B 02)
02H	2	Recordlänge in Byte
04H	4	reserviert (muß 0 sein); in BIFF7 nicht enthalten
08H	4	erste Zeile, die im Blatt existiert (wie BIFF7)
0CH	4	letzte Zeile + 1, die im Blatt existiert
10H	4	reserviert (muß 0 sein)
14H	x	Feld mit Offsets für jeden Block der ROW-Records in den DBCELL-Record. Ein Blick enthält bis zu 32 Zeilen.

Tabelle 3.129 BIFF-Recordtyp 20BH (Version 8.0)

INTEGER – Integerwert in Zelle (Recordtyp 02H, Version 2.0)

Diese Satzart wird nur in BIFF2 zur Speicherung von Integerwerten verwendet.

Offset	Byte	Bedeutung
00H	4	Recordtyp (02 00)

Offset	Byte	Bedeutung
02H	2	Recordlänge in Byte
04H	2	Zeilennummer (beginnt ab 0)
06H	2	Spaltennummer (beginnt ab 0)
08H	3	Zellattribute
0BH	2	Integerwert

Tabelle 3.130 BIFF-Recordtyp 02H (Version 2.0)

Die Zählung für Zeile und Spalte beginnt bei 0. Der Wert der Zelle wird als vorzeichenlose Integerzahl gespeichert. Die Kodierung der Zellattribute wurde beim BLANK-Record vorgestellt. Ab BIFF3 speichert EXCEL die Integerwerte in einem RK-Record.

INTERFACEEND – Ende User-Interface-Record (Recordtyp E2H, Version 5.0–8.0)

Diese Satzart wird nur in BIFF5 verwendet. Sie markiert das Ende eines *User-Interface* Abschnitts und besitzt keinen Datenbereich.

INTERFACEHDR – Anfang User-Interface-Records (Recordtyp E1H, Version 5.0–8.0)

Diese Satzart wird ab BIFF5 verwendet. Sie markiert den Anfang eines *User-Interface* Abschnitts und besitzt in BIFF5 bzw. BIFF7 keinen Datenbereich. Ab BIFF8 wurde ein Datenbereich eingefügt.

Offset	Byte	Bedeutung
00H	4	Recordtyp (E1 00)
02H	2	Recordlänge in Byte
04H	2	Code Page: 01B5H (437 dec.) = IBM PC (Multiplan) 8000H (32768 dec.) = Apple Macintosh 04E4H (1252 dec.) = ANSI (Microsoft Windows)

Tabelle 3.131 BIFF-Recordtyp E1H (Version 8.0)

INTL – Internationales Makroblatt (Recordtyp 61H, Version 3.0–4.0)

Dieser Satz markiert ein Makro, das als International Macro Sheet in der BIFF-Datei gespeichert wurde.

Offset	Byte	Bedeutung
00H	4	Recordtyp (61 00)
02H	2	Recordlänge in Byte
04H	2	reserviert (müssen 00 00 sein)

Tabelle 3.132 BIFF-Recordtyp 61H (Version 3.0–4.0)

ITERATION – Iterationsmodus (Recordtyp 11H, Version 2.0–8.0)

Dieser Recordtyp spezifiziert den Iterationmodus und besitzt folgenden Aufbau:

Offset	Byte	Bedeutung
00H	4	Recordtyp (11 00)
02H	2	Recordlänge in Byte
04H	2	1 = Iteration *Ein*

Tabelle 3.133 BIFF-Recordtyp 11H (Version 2.0–8.0)

Der Wert 1 signalisiert, daß der Mode auf *Ein* gestellt wurde.

IXFE – Index Extended Format-Record (Recordtyp 44H, Version 2.0)

Dieser Recordtyp wird nur in BIFF2 benutzt und definiert einen Index in einem XF-Record.

Offset	Byte	Bedeutung
00H	4	Recordtyp (44 00)
02H	2	Recordlänge in Byte
04H	2	Index in XF-Record

Tabelle 3.134 BIFF-Recordtyp 44H (Version 2.0)

LABEL – Cell Value-String (Recordtyp 04H, Version 2.0–8.0)

Dieser Satz beschreibt eine Zelle mit einem Texteintrag (Label). In BIFF2 gilt folgende Struktur:

Offset	Byte	Bedeutung
00H	4	Recordtyp (04 00)
02H	2	Recordlänge in Byte
04H	2	Zeilennummer (beginnt ab 0)
06H	2	Spaltennummer (beginnt ab 0)
08H	3	Zellattribut
0BH	1	Länge des Textstrings
0CH	x	Textstring

Tabelle 3.135 BIFF-Recordtyp 04H (Version 2.0)

Die Zellattribute wurden bereits im Rahmen des BLANK-Records vorgestellt. Ab BIFF3 gilt die folgende Struktur:

Offset	Byte	Bedeutung
00H	4	Recordtyp (04 02)
02H	2	Recordlänge in Byte

Offset	Byte	Bedeutung
04H	2	Zeilennummer (beginnt ab 0)
06H	2	Spaltennummer (beginnt ab 0)
08H	2	Index in XF-Record mit dem Zellformat
0AH	2	Länge des Textstrings
0CH	x	Textstring

Tabelle 3.136 BIFF-Recordtyp 204H (Version 3.0–8.0)

Die Zählung für Zeile und Spalte beginnt bei 0. Der Text der Zelle wird in einem String gespeichert. Der Text darf dabei eine Länge von 0 bis 255 Zeichen nicht überschreiten.

LABELSST: Zellwert, String-Konstante/SST (Recordtyp FDH, Version 8.0)

Dieser Satz beschreibt eine Zelle, die eine Zeichenkettenkonstante einer »Shared String-Tabelle« enthält (neu in Excel 97).

Offset	Byte	Bedeutung
00H	4	Recordtyp (FD 00)
02H	2	Recordlänge in Byte
04H	2	Zeile (Zählung ab 0)
06H	2	Spalte (Zählung ab 0)
08H	2	Index in XF-Record
0AH	4	Index in SST-Record

Tabelle 3.137 BIFF-Recordtyp FDH (Version 8.0)

Der eigentliche Text (String) ist in einem SST (Shared String Table) Record enthalten, der letzte Eintrag im Record zeigt in diese Tabelle (Indexwert ab 0 gezählt, d.h., 1 ist der 2. String der Tabelle).

LEFTMARGIN – Linker Rand (Recordtyp 26H, Version 2.0–8.0)

Dieser Satz definiert den linken Rand in Zoll.

Offset	Byte	Bedeutung
00H	4	Recordtyp (26 00)
02H	2	Recordlänge in Byte
04H	8	linker Rand 8-Byte-IEEE-Fließkommazahl

Tabelle 3.138 BIFF-Recordtyp 26H (Version 2.0–8.0)

LH – Alternate Menu Key-Flag (Recordtyp 8BH, Version 3.0–4.0)

Dieser Record ist erst ab EXCEL 3.0 definiert und spezifiziert, wie sich die LOTUS 1-2-3-Hilfe abrufen läßt.

Offset	Byte	Bedeutung
00H	4	Recordtyp (8B 00)
02H	2	Recordlänge in Byte
04H	2	Alternate Menu Key-Flag 1: LOTUS 1-2-3-Hilfe 0: EXCEL-Menüzeile

Tabelle 3.139 BIFF-Recordtyp 8BH (Version 3.0–4.0)

LHNGRAPH – Information Named Graph (Recordtyp 95H, Version 3.0–8.0)

Dieser Record wurde ab EXCEL 3.0 definiert und spezifiziert ähnlich wie der WKS-NGRAPH-Record (siehe WKS-Format) eine Grafik. Allerdings werden die ersten 13 Bytes nicht geschrieben. An dieser Stelle erscheinen 13 Integerwerte, die anzeigen, ob die x-Referenzen A–F und die Datenlabels A–F gültig sind.

LHRECORD – .WK? – Konvertierinformationen (Recordtyp 94H, Version 3.0–8.0)

Dieser Record wurde ab EXCEL 3.0 definiert und spezifiziert die Informationen, die von EXCEL beim Im-/Export der WKS-, WK1- und WK3-Formate benötigt werden.

Offset	Byte	Bedeutung
00H	4	Recordtyp (94 00)
02H	2	Recordlänge in Byte
04H	2	Subrecord-Typ
06H	2	Länge Datenrecord
08H	n	Datenrecord

Tabelle 3.140 BIFF-Recordtyp 94H (Version 3.0–8.0)

Für die Subrecords sind folgende Typen definiert:

Code	Typ
01H	reserviert
02H	Header-String für das /GRAPH SAVE PRINT Help-Kommando
03H	Footer-String für das /GRAPH SAVE PRINT Help-Kommando
04H	linker Rand für das /GRAPH SAVE PRINT-Kommando (IEEE-Zahl)
05H	rechter Rand für das /GRAPH SAVE PRINT-Kommando (IEEE-Zahl)

Code	Typ
06H	oberer Rand für das /GRAPH SAVE PRINT-Kommando (IEEE-Zahl)
07H	unterer Rand für das /GRAPH SAVE PRINT-Kommando (IEEE-Zahl)
08H	aktuelle /Graph View-Daten (ähnlich wie der WKS GRAPH-Record)
09H	globale Spaltenbreite (Integer)
0AH	reserviert
0BH	Tabellentyp 0: keine (Standard) 1: Tabelle 1 2: Tabelle 2
0CH	reserviert

Tabelle 3.141 Kodierung der Subrecords

LPR – Blatt mit LINE.PRINT() drucken (Recordtyp 98H, Version 4.0–8.0)

Dieser Record wird in BIFF4 und BIFF5 angelegt, wenn ein Dokument mit dem LINE.PRINT()-Makro auszugeben ist.

Offset	Byte	Bedeutung
00H	4	Recordtyp (98 00)
02H	2	Recordlänge in Byte
04H	2	Option-Flag
06H	2	linker Rand (in Zeichen)
08H	2	rechter Rand (in Zeichen)
0AH	2	oberer Rand (in Zeichen)
0CH	2	unterer Rand (in Zeichen)
0EH	2	Zeilenzahl pro Seite
10H	1	Länge Setup-String
11H	n	Printer Setup-String

Tabelle 3.142 BIFF-Recordtyp 98H (Version 4.0–8.0)

Das Option-Flag besitzt dabei folgende Kodierung:

Bit	Bedeutung
0	1: Meldung nach Ausgabe jeder Seite
1	1: Kopf-/Fußzeile ausgeben
2	1: Carrige Return am Seitenende ohne LF

Tabelle 3.143 Kodierung des Option-Flag

MMS – ADDMENU/DELMENU-Recordgruppe (Recordtyp C1H, Version 5.0–8.0)

Dieser Satz wird ab BIFF5 benutzt, um die Zahl der ADDMENU- und DELMENU-Gruppen in einem *Bookstream* zu speichern.

Offset	Byte	Bedeutung
00H	4	Recordtyp (C1 00)
02H	2	Recordlänge in Byte
04H	1	Zahl der ADDMENU-Records
05H	1	Zahl der DELMENU-Records

Tabelle 3.144 BIFF-Recordtyp C1H (Version 5.0–8.0)

MSODRAWING: Microsoft Office Drawing (Recordtyp ECH, Version 8.0)

Dieser Satz wird ab BIFF8 benutzt, um ein mit den Office-Zeichenfunktionen erstelltes Zeichenobjekt (drawing object) zu speichern.

Offset	Byte	Bedeutung
00H	4	Recordtyp (EC 00)
02H	2	Recordlänge in Byte
04H	n	Daten des Objekts im Office-Drawing-Format

Tabelle 3.145 BIFF-Recordtyp ECH (Version 8.0)

MSODRAWINGGROUP: Microsoft Office Drawing Group (Recordtyp EBH, Version 8.0)

Dieser Satz wird ab BIFF8 benutzt, um eine mit den Office-Zeichenfunktionen erstellte Gruppe (drawing group object) zu speichern.

Offset	Byte	Bedeutung
00H	4	Recordtyp (EB 00)
02H	2	Recordlänge in Byte
04H	n	Daten des Gruppenobjekts im Office-Drawing-Format

Tabelle 3.146 BIFF-Recordtyp EBH (Version 8.0)

MSODRAWINGSELECTION: Microsoft Office Drawing Selection (Recordtyp EDH, Version 8.0)

Dieser Satz wird ab BIFF8 benutzt, um eine mit den Office-Zeichenfunktionen erstellte Auswahl (Selection) zu speichern.

Offset	Byte	Bedeutung
00H	4	Recordtyp (ED 00)
02H	2	Recordlänge in Byte
04H	n	Daten des Selection-Objekts im Office-Drawing-Format

Tabelle 3.147 BIFF-Recordtyp EDH (Version 8.0)

MULBLANK – Mehrere leere Zellen (Recordtyp BEH, Version 5.0–8.0)

Mit diesem Satz lassen sich bis zu 255 BLANK-Records ersetzen, um leere Zellen anzugeben.

Offset	Byte	Bedeutung
00H	4	Recordtyp (BE 00)
02H	2	Recordlänge in Byte
04H	2	Zeilennummer (0 bis n)
06H	2	Spaltennummer (0 bis n) der ersten Spalte des Mehrfach-RK-Records
08H	n	Feld mit Indizes zu den XF-Records
..H	2	letzte Spalte, die eine BLANKREC-Struktur enthält

Tabelle 3.148 BIFF-Recordtyp BEH (Version 5.0–8.0)

MULRK – Mehrfach RK-Zellen (Recordtyp BDH, Version 5.0–8.0)

Dieser Satz kann Daten speichern, die bis zu 256 RK-Datensätzen entsprechen.

Offset	Byte	Bedeutung
00H	4	Recordtyp (BD 00)
02H	2	Recordlänge in Byte
04H	2	Zeilennummer (0 bis n)
06H	2	Spaltennummer (0 bis n) der ersten Spalte des Mehrfach-RK-Records
08H	n	Feld mit 6 Byte RKREC-Strukturen
..H	2	letzte Spalte, die eine RKREC-Struktur enthält

Tabelle 3.149 BIFF-Recordtyp BDH (Version 5.0–8.0)

NAME – Dokumentname (Recordtyp 18H, Version 2.0–8.0)

Dieser Satz speichert den Namen eines Dokumentes. In BIFF2 gilt folgende Struktur:

Offset	Byte	Bedeutung
00H	4	Recordtyp (18 00)
02H	2	Recordlänge in Byte
04H	1	Namensattribut 1

Offset	Byte	Bedeutung
05H	1	Namensattribut 2
06H	1	Tastaturkürzel
07H	1	Länge des Namenstextes
08H	2	Länge der Namensdefinition
0AH	x	Text des Namens
..H	x	geparster Ausdruck der Definition
..H	1	Länge der Namensdefinition

Tabelle 3.150 BIFF-Recordtyp 18H (Version 2.0)

Das Namensattribut 1 ist in der Version 2.0 folgendermaßen kodiert:

Bit	Bedeutung
0	reserviert (muß 0 sein)
1	1: Name ist eine Funktion oder ein Kommando in einem Makro
2	1: Name enthält komplexe Funktion
3–7	reserviert (müssen 0 sein)

Tabelle 3.151 Kodierung Namensattribut 1

Das Namensattribut 2 besitzt nur dann eine Bedeutung, wenn Bit 1 im Namensattribut auf 1 gesetzt ist, d.h. wenn der Name eine Funktion oder ein Kommando in einem Makro bezeichnet.

Dann gilt folgende Kodierung

Bit	Bedeutung
0	1: Name einer Makrofunktion
1	1: Name einer Makroanweisung
2–7	reserviert (müssen 0 sein)

Tabelle 3.152 Kodierung Namensattribut 2

In der BIFF-Version 3 gilt die in folgender Tabelle gezeigte Recordstruktur:

Offset	Byte	Bedeutung
00H	4	Recordtyp (18 02)
02H	2	Recordlänge in Byte
04H	2	Attribute des Namens
06H	1	Tastaturkürzel
07H	1	Länge des Namenstextes

Offset	Byte	Bedeutung
08H	2	Länge der Namensdefinition
0AH	x	Text des Namens
..H	x	geparster Ausdruck der Definition

Tabelle 3.153 BIFF-Recordtyp 218H (Version 3.0)

In diesem Fall ist das Attributwort folgendermaßen kodiert.

Bit	Bedeutung
0	1: Name verborgen (hidden)
1	1: Name ist eine Funktion
2	1: Name ist ein Kommando
3	1: Name ist ein Kommando oder eine Funktion in einem Makro
4	1: Name enthält eine komplexe Funktion
5	1: Name ist ein Build-in-Name
6–15	unbelegt

Tabelle 3.154 Kodierung des Attributwortes

Ist das Bit 4 des Attributes gesetzt, enthält der Name eine komplexere Funktion (TREND, MINVERSE etc.), die ein Ergebnisfeld zurückgibt. Alternativ kann es sich um benutzerdefinierte Funktionen oder um Funktionen, die Zeilen/Spalten auswerten, handeln.

In der BIFF-Version 4 gilt die in folgender Tabelle gezeigte Recordstruktur:

Offset	Byte	Bedeutung
00H	4	Recordtyp (18 02)
02H	2	Recordlänge in Byte
04H	2	Attribute des Namens
06H	1	Tastaturkürzel
07H	1	Länge des Namenstextes
08H	2	Länge der Namensdefinition
0AH	x	Text des Namens
..H	x	geparster Ausdruck der Namensdefinition

Tabelle 3.155 BIFF-Recordtyp 218H (Version 4.0)

In der Version 4.0 wird das Attributwort folgendermaßen kodiert:

Bit	Bedeutung
0	1: Name verborgen (hidden)
1	1: Name ist eine Funktion

Bit	Bedeutung
2	1: Name ist ein Kommando
3	1: Name ist ein Kommando oder eine Funktion in einem Makro
4	1: Der Name enthält eine komplexe Funktion
5	1: Name ist ein Build-in-Name
6–11	Index in Funktionsgruppe
12–15	unbelegt

Tabelle 3.156 Kodierung des Attributworts

Der geparste Ausdruck eines Namens wird im internen EXCEL-Format für Formeln gespeichert. Alle NAME-Records mit der Beschreibung von Namen sollten zusammen in der BIFF-Datei gespeichert werden.

Ab BIFF5 gilt die in folgender Tabelle gezeigte erweiterte Recordstruktur:

Offset	Byte	Bedeutung
00H	4	Recordtyp (18 02)
02H	2	Recordlänge in Byte
04H	2	Attribute des Namens Bit 0: 1 = Name verborgen 1: 1 = Funktionsname 2: 1 = Name einer VBA-Prozedur 3: 1 = Funktion oder Makro 4: 1 = komplexe Funktion 5: 1 = Build-in-Funktion 6–11: Index Funktionsgruppe 12: 1 = Bezug auf Binärdaten 13–15: reserviert
06H	1	Tastaturkürzel
07H	1	Länge des Namenstextes
08H	2	Länge der Namensdefinition
0AH	2	Index des Blatts, das den (lokalen) Namen enthält
0CH	2	Inhalt wie vorhergehendes Wort
0EH	1	Länge des benutzerdefinierten Menütexts
0FH	1	Länge Beschreibungstext
10H	1	Länge Text Hilfethema
11H	1	Länge Text Statuszeile
12H	n	Text des Namens
..H	n	geparster Ausdruck der Namensdefinition
..H	n	Text für den Menüeintrag

Offset	Byte	Bedeutung
..H	n	Beschreibungstext
..H	n	Text Hilfethema
..H	n	Text Statuszeile

Tabelle 3.157 BIFF-Recordtyp 218H (Version 5.0–8.0)

Werden Build-in Funktionsnamen verwendet, erscheinen diese in BIFF2 im Klartext. Ab der Version 3 enthält die BIFF-Struktur nur noch ein Byte mit einem Code für den betreffenden Funktionsnamen.

Code	Funktionsname
00H	Consolidate_Area
01H	Auto_Open
02H	Auto_Close
03H	Extract
04H	Database
05H	Criteria
06H	Print_Area
07H	Print_Table
08H	Recorder
09H	Data_Form
0AH	Auto_Activate
0BH	Auto_Deactivate
0CH	Sheet_Title

Tabelle 3.158 Kodierung der Build-in-Funktionsnamen

NOTE – Kommentar zu einer Zelle (Recordtyp 1CH, Version 2.0–8.0)

Dieser Record enthält Anmerkungen (Notes), die zu einzelnen Zellen eingegeben wurden. Der Record besitzt dabei folgenden Aufbau:

Offset	Byte	Bedeutung
00H	4	Recordtyp (1C 00)
02H	2	Recordlänge in Byte
04H	2	Zeile
06H	2	Spalte
08H	2	Länge Anmerkungstext in Byte
0AH	n	Anmerkungstext

Tabelle 3.159 BIFF-Recordtyp 1CH (Version 2.0–8.0)

Die Nummern der Zeilen und Spalten beginnen ab 0. Umfaßt der Anmerkungstext mehr als 2048 Zeichen, muß er in verschiedene NOTE-Records unterteilt werden. Der erste NOTE-Record enthält dann die in obiger Tabelle beschriebene Struktur. Ab Offset 08H findet sich jedoch die Gesamtlänge des Kommentartextes, und ab Offset 0AH schließen sich die ersten 2048 Byte an. Die folgenden NOTE-Records mit den restlichen Teiltexten besitzen dann folgenden Aufbau:

Offset	Byte	Bedeutung
00H	4	Recordtyp (1C 00)
02H	2	Recordlänge in Byte
04H	2	FFFFH
06H	2	reserviert (0000H)
08H	2	Länge Teiltext in Byte
0AH	n	Teiltext der Anmerkung

Tabelle 3.160 NOTE-Folgerecord

In BIFF8 wurde der Satzaufbau erweitert, da sich dort keine Anmerkungen/Notizen sondern Kommentare mit umfangreichen Informationen an Zellen anhängen lassen.

Offset	Byte	Bedeutung
00H	4	Recordtyp (1C 00)
02H	2	Recordlänge in Byte
04H	2	Zeile
06H	2	Spalte
08H	2	Option-Flag Bit 0: (reserviert, muß 0 sein) Bit 1: 0 falls der Kommentar ausgeblendet ist (Standard) Bit 2–15: reserviert, müssen 0 sein)
0AH	2	Objekt-ID des OBJ-Records, der den Kommentar enthält.
0CH	n	Name des Kommentarautors

Tabelle 3.161 BIFF-Recordtyp 1CH (Version 8.0)

NUMBER – Zellwert vom Typ Float (Recordtyp 03H, Version 2.0–8.0)

Dieser Satz beschreibt eine 8-Byte-Fließkommazahl in einer Zelle. In BIFF2 besitzt die Zelle folgende Struktur.

Offset	Byte	Bedeutung
00H	4	Recordtyp (03 00)
02H	2	Recordlänge in Byte
04H	2	Zeilennummer (beginnt ab 0)

Offset	Byte	Bedeutung
06H	2	Spaltennummer (beginnt ab 0)
08H	3	Zellattribut
0BH	8	IEEE-Fließkommazahl

Tabelle 3.162 BIFF-Recordtyp 03H (Version 2.0)

Die Zählung für Zeile und Spalte beginnt bei 0. Das Zellattribut wurde bereits im Rahmen des BLANK-Records vorgestellt. Der Wert der Zelle wird im 8-Byte-Fließkommaformat gespeichert. Ab BIFF3 gilt folgende Struktur:

Offset	Byte	Bedeutung
00H	4	Recordtyp (03 02)
02H	2	Recordlänge in Byte
04H	2	Zeilennummer (beginnt ab 0)
06H	2	Spaltennummer (beginnt ab 0)
08H	2	Index zum XF-Record
0AH	8	IEEE-Fließkommazahl

Tabelle 3.163 BIFF-Recordtyp 203H (Version 3.0–8.0)

Der Record ist ein Byte kürzer und enthält an Stelle des Zellattributes einen Index zum XF-Record.

OBJ – Objektbeschreibung (Recordtyp 5DH, Version 3.0–8.0)

Dieser Satz beschreibt eines der EXCEL-Objekte (Linie, Rechteck, Oval, Bogen, Text, Bild, Polygon, Gruppe und Schaltfläche). Allerdings wurde in BIFF8 der Aufbau des Records geändert. Für BIFF3 bis BIFF7 gilt: Die ersten 34 Bytes im Record sind für alle Objekte gleich und enthalten folgende Daten:

Offset	Byte	Bedeutung
00H	4	Recordtyp (5D 00)
02H	2	Recordlänge in Byte
04H	4	Objektzahl (beginnt ab 1)
08H	2	Objekttyp 00H : Gruppe 01H : Linie 02H : Rechteck 03H : Ellipse 04H : Bogen (Arc) 05H : Chart 06H : Text

Offset	Byte	Bedeutung
		07H : Schaltfläche (Button) 08H : Bild (Picture) 09H : Polygon (nur BIFF4) 0BH : Kontrollkästchen (BIFF5) 0CH : Optionsfeld (BIFF5) 0DH : Eingabefeld (BIFF5) 0EH : statischer Text (BIFF5) 0FH : Dialograhmen (BIFF5) 10H : Drehfeld (BIFF5) 11H : Bildlaufleiste (BIFF5) 12H : Listenfeld (BIFF5) 13H : Gruppenfeld (BIFF5) 14H : Drop-down-Feld (BIFF5)
0AH	2	Objekt ID-Nummer
0CH	2	Option-Flags
0EH	2	Spalte obere linke Ecke der Objekt-Bounding-Box
10H	2	X-Position der oberen linken Ecke Bounding-Box in 1/1024 der Zellbreite
12H	2	Zeile obere linke Ecke der Objekt-Bounding-Box
14H	2	Y-Position der oberen linken Ecke Bounding-Box
16H	2	Spalte untere rechte Ecke der Objekt-Bounding-Box
18H	2	X-Position der unteren rechten Ecke Bounding-Box in 1/1024 der Zellbreite
1AH	2	Zeile untere rechte Ecke der Objekt-Bounding-Box
1CH	2	Y-Position der unteren rechten Ecke Bounding-Box
1EH	2	Länge ASCIIZ-String mit einer Referenz auf das zugehörige Makro
20H	2	unbenutzt
22H	4	reserviert in BIFF5 (muß 0 sein)

Tabelle 3.164 BIFF-Recordtyp 5DH (Version 3.0–7.0)

Die Koordinaten der linken oberen und rechten unteren Ecken der Bounding-Box beziehen sich relativ auf den linken bzw. oberen Rand der unterlagerten Zelle.

Das Option-Flag besitzt bei allen Objekten in BIFF2 bis BIFF4 folgende Belegung:

Bit	Bedeutung
0	1: Objekt verbergen
1	1: Objekt ist sichtbar
2–7	unbenutzt
8	1: Objekt ist selektiert
9	1: Objekt wird mit Zelle bewegt und skaliert (Autosize)

Bit	Bedeutung
10	1: Objekt wird mit Zelle bewegt
11	0: reserviert
12	1: Objekt gesperrt, falls Paßwort gesetzt wurde
13–14	reserviert
15	1: Objekt gehört zu einer Gruppe

Tabelle 3.165 Kodierung des Option-Flag

Das Option-Flag besitzt bei den Objekten ab BIFF5 folgende Belegung:

Bit	Bedeutung
0	1: Objekt ist markiert (selektiert)
1	1: Objekt wird mit Zellen bewegt und skaliert (AutoSize)
2	1: Objekt wird mit Zellen verschoben
3	reserviert (muß 0 sein)
4	1: Objekt gesperrt, falls das Blatt geschützt wurde
5	reserviert (muß 0 sein)
6	reserviert (muß 0 sein)
7	Objekt ist Bestandteil einer Gruppe
8	1: Objekt ist verborgen (nur per Makro zu setzen)
9	1: Objekt ist sichtbar
10	1: Objekt läßt sich drucken
11–15	0: reserviert (muß 0 sein)

Tabelle 3.166 Kodierung des Option-Flag (BIFF5–7)

Die folgenden Einträge im Satz hängen dann vom Typ des Objekts ab. Diese Einträge beginnen ab Offset 34 (22H) in den Versionen bis BIFF4. In BIFF5–7 beginnen die Daten ab Offset 38 (24H). Sie müssen daher die Werte der Spalte *Offset* der folgenden Tabellen entsprechend korrigieren.

Linienobjekt

Bei einem Linienobjekt besitzen die restlichen Bytes im Record folgende Struktur:

Offset	Byte	Bedeutung
22H	1	Index in Farbpalette
23H	1	Linienart 0: durchgezogen (solid) 1: gestrichelt (dash) 2: gepunktet (dot)

Offset	Byte	Bedeutung
		3: Strich-Punkt (dash-dot) 4: Strich-Punkt-Punkt (dash-dot-dot) 5: unbenutzt 6: dunkelgrau 7: mittelgrau 8: hellgrau
24H	1	Liniendicke 0: fein 1: dünn 2: doppelt 3: dick
25H	1	Bit 0 = 1: Option automatischer Rand *Ein*
26H	2	Linienende
28H	1	Quadrant Index 0: links oben/rechts unten 1: rechts oben/links unten 2: rechts unten/links oben 3: links unten/rechts oben
29H	1	unbenutzt
		ab BIFF5
..H	1	Länge des Namens
..H	n	Name
..H	n	Struktur des geparsten Objekts 2 Byte Länge 4 Byte reserviert n geparster Ausdruck

Tabelle 3.167 Linienobjekt

Der Index in die Farbpalette enthält Werte zwischen 08H und 17H. Der Eintrag 18H aktiviert die Farbe *Auto*.

Die Linienenden werden durch das Word ab Offset 28H definiert:

Bit	Linienende
0–3	Form Pfeilspitze 0: kein Pfeil 1: Pfeil geöffnet 2: Pfeil gefüllt
4–7	Breite Pfeilspitze 0: Narrow 1: Medium 2: Wide

Bit	Linienende
8–11	Länge Pfeilspitze 0: Short 1: Medium 2: Long
12–15	unbenutzt

Tabelle 3.168 Attribute der Pfeilspitze

Rechteckobjekt

Handelt es sich bei dem Objekt um ein Rechteck, besitzen die restlichen Bytes im Record folgende Struktur:

Offset	Byte	Bedeutung
22H	1	Index in Farbpalette Hintergrundfarbe
23H	1	Index in Farbpalette Vordergrundfarbe
24H	1	Füllmuster 0: weiß 1–4: Graustufen 0EH,0FH: Graustufen 05H–0CH: Schraffur 10H–12H: Schraffur
25H	1	Automatic Fill-Option 1: Ein
26H	1	Index in Farbpalette Linienfarbe
27H	1	Linientyp (siehe Linie)
28H	1	Linienstarke (siehe Linie)
29H	1	1: Automatic Border On
2AH	2	Rahmenstil (Framestyle)
		ab BIFF5
..H	1	Länge des Namens
..H	n	Name
..H	n	Struktur des geparsten Objekts 2 Byte Länge 4 Byte reserviert n geparster Ausdruck

Tabelle 3.169 Rechteckobjekt

Der Index in die Farbpalette enthält Werte zwischen 08H und 17H. Der Eintrag 18H aktiviert die Farbe *Auto*. Die Kodierung der Linientypen wurde bereits beim Objekt *Linie* vorgestellt.

Der Rahmenstil ab Offset 2AH ist folgendermaßen definiert:

Bit	Rahmenstil
0	1: abgerundete Ecken
1	1: Rechteck schattiert
2–9	Durchmesser runde Ecke
10–15	unbenutzt

Tabelle 3.170 Rahmenstil bei Rechtecken

Das Füllmuster belegt Werte zwischen 00H und 12H und entspricht dem Füllmuster der Auswahlliste im EXCEL-Dialogfeld zur Gestaltung von Rahmen.

Ellipsenobjekt

Ist als Objekt eine Ellipse (Oval) gespeichert, besitzt der Record ab Offset 34 (22H) folgende Struktur:

Offset	Byte	Bedeutung
22H	1	Index in Farbpalette Hintergrundfarbe
23H	1	Index in Farbpalette Vordergrundfarbe
24H	1	Füllmuster (siehe Rechteck)
25H	1	Automatic Fill-Option 1: ein
26H	1	Index in Farbpalette für die Linienfarbe
27H	1	Linientyp (siehe Linie)
28H	1	Linienstärke (siehe Linie)
29H	1	1: Automatic Border On
2AH	2	Rahmenstil
		ab BIFF5.
..H	1	Länge des Namens
..H	n	Name
..H	n	Struktur des geparsten Objekts 2 Byte Länge 4 Byte reserviert n geparster Ausdruck

Tabelle 3.171 Objekt Ellipse

Der Index in die Farbpalette enthält Werte zwischen 08H und 17H. Der Eintrag 18H aktiviert die Farbe *Auto*. Die Kodierung der Linientypen wurde bereits beim Objekt *Linie* vorgestellt.

Der Rahmenstil ab Offset 2AH ist folgendermaßen definiert:

Bit	Rahmenstil
0	unbelegt
1	1: schattiert
2–9	unbelegt
10–15	unbenutzt

Tabelle 3.172 Rahmenstil bei Ellipsen

Kreisbogenobjekt (Arc)

Ist als Objekt ein Kreisbogen (Arc) definiert, besitzt der Record ab Offset 34 (22H) folgende Struktur:

Offset	Byte	Bedeutung
22H	1	Index in Farbpalette für die Hintergrundfarbe
23H	1	Index in Farbpalette für die Vordergrundfarbe
24H	1	Füllmuster (siehe Rechteck)
25H	1	Automatic Fill-Option 1: ein
26H	1	Index in Farbpalette für die Linienfarbe
27H	1	Linientyp (siehe Linie)
28H	1	Linienstärke (siehe Linie)
29H	1	1: Automatic Border On
2AH	1	Quadrant Index: 0: oben rechts 1: oben links 2: unten links 3: unten rechts
2BH	1	reserviert (0)
		ab BIFF5
..H	1	Länge des Namens
..H	n	Name
..H	n	Struktur des geparsten Objekts 2 Byte Länge 4 Byte reserviert n geparster Ausdruck

Tabelle 3.173 Objekt Kreisbogen (Arc)

Der Index in die Farbpalette enthält Werte zwischen 08H und 17H. Der Eintrag 18H aktiviert die Farbe *Auto*. Die Kodierung der Linientypen wurde bereits beim Objekt *Linie* vorgestellt.

Chart-Objekt

Ein Chart-Objekt besitzt ab Offset 34 (22H) folgende Struktur:

Offset	Byte	Bedeutung
22H	1	Index in Farbpalette für die Hintergrundfarbe
23H	1	Index in Farbpalette für die Vordergrundfarbe
24H	1	Füllmuster (siehe Rechteck)
25H	1	Automatic Fill-Option 1: Ein
26H	1	Index in Farbpalette für die Linienfarbe
27H	1	Linientyp (siehe Linie)
28H	1	Linienstärke (siehe Linie)
29H	1	1: Automatic Border On
2AH	2	Rahmenstil (siehe Rechteck)
2CH	2	reserviert (muß 0 sein) bis BIFF4 in BIFF5 Option-Flags Bit 1: 1= Link zu einem Chart-Blatt 15: muß 0 sein
2EH	16	reserviert (muß 0 sein)
		ab BIFF5
..H	1	Länge des Namens
..H	n	Name
..H	n	Struktur des geparsten Objekts 2 Byte Länge 4 Byte reserviert n geparster Ausdruck

Tabelle 3.174 Chart-Objekt

Der Index in die Farbpalette enthält Werte zwischen 08H und 17H. Der Eintrag 18H aktiviert die Farbe *Auto*. Die Kodierung der Linientypen wurde bereits beim Objekt *Linie* vorgestellt.

Auf den Record mit dem Chart Objekt folgt ein eingebetteter CHART BIFF-File. Der CHART-File beginnt mit einem BOF-Record und endet mit einem EOF-Record.

Text to Objekt

Ein OBJ-Record kann auch einen Text als Objekt enthalten. Dann besitzt der Record ab Offset 34 (22H) folgende Struktur:

Offset	Byte	Bedeutung
22H	1	Index in Farbpalette für die Hintergrundfarbe
23H	1	Index in Farbpalette für die Vordergrundfarbe
24H	1	Füllmuster (siehe Rechteck)
25H	1	Automatic Fill-Option 1: ein
26H	1	Index in Farbpalette für die Linienfarbe
27H	1	Linientyp (siehe Linie)
28H	1	Linienstärke (siehe Linie)
29H	1	1: Automatic Border On
2AH	2	Rahmenstil (siehe Rechteck)
2CH	2	Länge Text im Objekt
2EH	2	reserviert
30H	2	Gesamtlänge aller TXORUNS-Strukturen im Record
32H	2	Index auf FONT-Record, falls Offset 30H = 0, sonst reserviert
34H	2	reserviert
36H	2	Option-Flags
38H	2	Flag Ausrichtung 0: links nach rechts 1: oben nach unten, Buchstaben aufrecht 2: Text –90 Grad gegen Uhrzeiger rotiert 3: Text +90 Grad rotiert
3AH	8	reserviert (letztes Feld bei einem leeren Textobjekt)
..H	n	Objekttext
..H	8	TXORUNS-Struktur
..H	8	TXORUNS-Struktur
		in BIFF5 gilt folgendes
3EH	12	reserviert (muß 0 sein)
..H	1	Länge des Namens
..H	n	Name
..H	n	Struktur des geparsten Objekts 2 Byte Länge 4 Byte reserviert n geparster Ausdruck
..H	n	Objekttext
..H	8	TXORUNS Struktur
..H	8	TXORUNS Struktur

Tabelle 3.175 Objekt Text

Der Index in die Farbpalette enthält Werte zwischen 08H und 17H. Der Eintrag 18H aktiviert die Farbe *Auto*. Die Kodierung der Linientypen wurde bereits beim Objekt *Linie* vorgestellt. Das Wort ab Offset 32H ist nur definiert, falls der Eintrag im vorhergehenden Wort = 0 ist, d.h. falls kein Textobjekt vorhanden ist.

In BIFF5 wurden in der Struktur ab Offset 3EH mehrere Felder (Länge, Name, Objektstruktur) eingefügt. (Beachten Sie, daß in BIFF5 alle Offset-Werte um 4 Byte verschoben sind. Der Offset, an dem sich die Änderungen ergeben, ist daher nicht 3AH, sondern 3EH.)

Die TXORUNS-Struktur enthält Informationen über die Formatierung des Objekts. Die Struktur tritt bei jedem Wechsel der Formatierung im Objekttext auf.

Offset	Byte	Bedeutung
0	2	Index auf erstes Zeichen mit neuem Format
2	2	Index auf FONT-Record
4	4	reserviert

Tabelle 3.176 Aufbau einer TXORUNS-Struktur

Ein Textobjekt enthält aber mindestens zwei TXORUNS-Strukturen, wobei das erste Wort (Index auf das erste Zeichen) auf die Länge des Textobjekts (Offset 2CH) gesetzt wird. Weiterhin enthält der Index auf den FONT-Record den Wert 0.

Das Option-Flag (Offset 36H) bestimmt die Ausrichtung des Textes.

Bit	Bedeutung
0	unbenutzt
1–3	horizontale Ausrichtung 0: links 1: zentriert 2: rechts
4–6	vertikale Ausrichtung 0: links 1: zentriert 2: rechts
7	1: Autotext Size On
8	unbelegt
9	1: Lock Text On
10–15	unbelegt

Tabelle 3.177 Kodierung des Option-Flag

Objekt Schaltfläche (Button)

Enthält ein OBJ-Record die Definitionen für Schaltflächen, besitzt der Record (in BIFF4) ab Offset 34 (22H) die gleiche Struktur wie ein Textobjekt.

Offset	Byte	Bedeutung
22H	1	1BH: Schaltfläche
23H	1	1BH: Schaltfläche
24H	1	01H: Schaltfläche
25H	1	1: Schaltfläche
26H	1	18H: Schaltfläche
27H	1	00H: Schaltfläche
28H	1	00H: Schaltfläche
29H	1	1: Schaltfläche
2AH	2	50H: Schaltfläche
2CH	2	Länge Name Schaltfläche
2EH	2	reserviert
30H	2	Gesamtlänge aller TXORUNS-Strukturen im Record
32H	2	Index auf FONT-Record, falls Offset 30H = 0, sonst reserviert
34H	2	reserviert
36H	2	Option-Flag (siehe Textobjekt)
38H	2	Flag Ausrichtung 0: links nach rechts 1: oben nach unten, Buchstaben aufrecht 2: Text –90 Grad gegen Uhrzeiger rotiert 3: Text +90 Grad rotiert
3AH	8	reserviert (letztes Feld bei einer leeren Schaltfläche)
42H	n	Name Schaltfläche
..H	8	TXORUNS-Struktur
..H	8	TXORUNS-Struktur

Tabelle 3.178 Objekt Schaltfläche (BIFF4)

Allerdings beziehen sich die Einträge auf das Objekt *Schaltfläche*, d.h., viele Einträge sind mit Konstanten belegt.

In BIFF5 wird eine geänderte Struktur zur Beschreibung des Objekts *Schaltfläche* benutzt. Diese besitzt folgenden Aufbau:

Offset	Byte	Bedeutung
26H	1	Index für Hintergrundfarbe
27H	1	Index auf Vordergrundfarbe

Offset	Byte	Bedeutung
28H	1	Füllmuster (konstant)
29H	1	Option-Flags (konstant)
2AH	1	Index auf Linienfarbe (konstant)
2BH	1	Linienstil
2CH	1	Liniendicke
2DH	1	1: Schaltfläche
2EH	2	reserviert
30H	2	Länge Name Schaltfläche
32H	2	reserviert
34H	2	Gesamtlänge aller TXORUNS-Strukturen im Record
36H	2	Index auf FONT-Record, falls Offset 34H = 0, sonst reserviert
38H	2	reserviert (muß 0 sein)
3AH	2	Option-Flag (siehe Tabelle 3.59)
3CH	2	Flag Ausrichtung 0: links nach rechts 1: oben nach unten, Buchstaben aufrecht 2: Text –90 Grad gegen Uhrzeiger rotiert 3: Text +90 Grad rotiert
3EH	6	reserviert (muß 0 sein)
44H	2	Flag Bit 0: 1 = Standardschaltfläche 1: 1 = Schaltfläche Hilfe 2: 1 = Schaltfläche Abbrechen 3: 1 = Schaltfläche Schließen
46H	2	Tastenkürzel der Schaltfläche
48H	2	reserviert
4AH	1	Länge des Namens
4BH	n	Name Schaltfläche
..H	n	Struktur des geparsten Objekts 2 Byte Länge 4 Byte reserviert n geparster Ausdruck
..H	n	Objekttext
..H	8	TXORUNS-Struktur
..H	8	TXORUNS-Struktur

Tabelle 3.179 Objekt Schaltfläche (BIFF5)

Das Option-Flag besitzt in BIFF5 folgende Kodierung:

Bit	Bedeutung
0	unbenutzt
1–3	horizontale Ausrichtung 0: links 1: zentriert 2: rechts
4–6	vertikale Ausrichtung 0: links 1: zentriert 2: rechts
7	1: AutoSize *Ein*
8	unbelegt
9	1: Lock Text-Option *Ein*
10	1: Objekt selektiert
11–15	unbelegt

Tabelle 3.180 Kodierung des Option-Flag (BIFF5)

Bildobjekt (Picture)

Wird ein Bild als Objekt in einen OBJ-Record eingebracht, ergibt sich ab Offset 34 (22H bzw. Offset 26H bei BIFF5) die folgende Struktur:

Offset	Byte	Bedeutung
22H	1	Index in Farbpalette für die Hintergrundfarbe
23H	1	Index in Farbpalette für die Vordergrundfarbe
24H	1	Füllmuster (siehe Rechteck)
25H	1	AutoFill-Option 1: ein
26H	1	Index in Farbpalette für die Linienfarbe
27H	1	Linientyp (siehe Linie)
28H	1	Linienstärke (siehe Linie)
29H	1	1: Automatic Border *Ein*
2AH	2	Rahmenstil (siehe Rechteck)
2CH	2	Bildformat 00H: Textformat 01H: keine Bilddaten 02H: Windows Metafile oder Mac PICT 09H: Windows Bitmap
2EH	4	reserviert
32H	2	Länge FMLA-Struktur

Offset	Byte	Bedeutung
34H	2	reserviert
36H	2	Option-Flag Bit 0: 1 = manuelle Einstellung Bildgröße 1: 1 = Referenz in der FMLA-Struktur ist eine DDE-Referenz 2–15: unbenutzt (0)
2EH	n	FMLA-Struktur 2 Byte Länge der Struktur 4 Byte reserviert n Byte geparster Ausdruck

Tabelle 3.181 Bildobjekt (Picture)

Die FMLA-Datenstruktur enthält eine Referenz, über die EXCEL das Bild aufbaut. Die Länge der Struktur (in Byte) wird im ersten Wort festgelegt. Ab dem sechsten Byte folgt ein (geparster) Ausdruck im internen EXCEL-Format. Dieser Ausdruck besitzt die gleiche Kodierung wie EXCEL-Formeln (siehe FORMULA-Record).

Objekt Gruppe

EXCEL kann einzelne Objekte zu einer Gruppe zusammenfassen. In diesem Fall besitzt der OBJ-Record ab Offset 34 (22H) die folgende Struktur:

Offset	Byte	Bedeutung
22H	4	reserviert
26H	2	Objekt ID-Nummer des der Gruppe folgenden Objekts
28H	16	reserviert

Tabelle 3.182 Objekt Gruppe

EXCEL faßt die Objekte einfach zu einer Gruppe zusammen, indem das erste Objekt außerhalb der Gruppe angegeben wird.

Objekt Polygon

Weiterhin kann EXCEL ein Polygon in einem OBJ-Record speichern. Dann besitzt der OBJ-Record ab Offset 34 (22H) die folgende Struktur:

Offset	Byte	Bedeutung
22H	1	Index in Farbpalette für die Hintergrundfarbe
23H	1	Index in Farbpalette für die Vordergrundfarbe
24H	1	Füllmuster (siehe Rechteck)
25H	1	AutoFill-Option 1: Ein

Offset	Byte	Bedeutung
26H	1	Index in Farbpalette für die Linienfarbe
27H	1	Linientyp (siehe Linie)
28H	1	Linienstärke (siehe Linie)
29H	1	1: Automatic Border *Ein*
2AH	2	Rahmenstil (siehe Rechteck)
2CH	2	1: Polygon geschlossen
2EH	10	reserviert
36H	2	Zahl der Stützpunkte
38H	8	reserviert
		in BIFF5
..H	1	Länge des Namens
..H	n	Name
..H	n	Struktur des geparsten Objekts 2 Byte Länge 4 Byte reserviert n geparster Ausdruck

Tabelle 3.183 Objekt Polygon

Die Koordinaten der Stützpunkte werden im folgenden COORDLIST-Record angegeben.

Anmerkung: In BIFF5 sind weitere Objekttypen (Kontrollkästchen, Dialogfeld, Dropdown-Liste, Eingabefeld, Guppenfeld, Text (Label), Listenfeld, Optionsfeld, Bildlaufleiste, Drehfeld) definiert. Da sich diese Objekte auf Formulare in Excel-Blättern beziehen, wurde auf eine Beschreibung verzichtet.

Recordaufbau in BIFF8

In BIFF8 enthält der OBJ-Record eine Teilbeschreibung des Zeichenobjekts. Die restlichen Daten des Zeichenobjekts finden sich dann in MSODRAWING-, MSODRAWINGGROUP- und MSODRAWINGSELECTION-Records. Microsoft Excel schreibt zum Speichern eines OBJ-Records in BIFF8 eine Sammlung von Subrecords. Die Struktur dieser Subrecords entspricht den BIFF-Record-Strukturen: Die ersten zwei Bytes enthalten den Code des Subrecordtyps, daran schließt sich ein 2-Byte-Längenfeld an. Auf das Längenfeld folgen die Daten des Subrecords. Der erste Subrecord muß vom Typ *Common Object Data* und der letzte vom Typ *ftEnd* sein. Die folgende Tabelle enthält die Subrecordtypen.

Subtyp	Bedeutung
00H	End of OBJ (FtEnd)
01H	reserviert
02H	reserviert

Subtyp	Bedeutung
03H	Makro (FtMacro)
04H	Fmla-Style-Makro
05H	Befehlsschaltfläche (ftButton)
06H	Group Marker (ftGmo)
07H	Clipboard-Format
08H	Picture-Option-Flag
09H	Picture fmla-Style-Makro
0AH	Kontrollkästchen (Checkbox Link)
0BH	Optionsfeld (Radio Button)
0CH	Bildlaufleiste (Scrollbar)
0DH	Note-Struktur
0EH	Scrollbar fmla-Style-Makro
0FH	Gruppendaten (Groupbox Data)
10H	Daten-Edit-Control
11H	Daten-Radio-Button (Optionsfeld)
12H	Daten-Checkbox (Kontrollkästchen)
13H	Daten-Listbox (Listenfeld)
14H	Checkbox Link fmla-Style-Makro
15H	Common Object Data

Tabelle 3.184 Subrecordtypen

Common Object Data (15H)

Dieser Subrecord besitzt folgenden Aufbau:

Offset	Byte	Bedeutung
00H	2	Recordtyp (15H)
02H	2	Länge Datenbereich
04H	2	Objekttyp 00 Group 01 Line 02 Rectangle 03 Oval 04 Arc 05 Chart 06 Text 07 Button 08 Picture 09 Polygon 0A (reserviert)

Tabelle 3.185 Subrecordtyp (15H)

Offset	Byte	Bedeutung
		0B Checkbox 0C Option button 0D Editbox 0E Label 0F Dialogbox 10 Spinner (Drehfeld) 11 Scrollbar 12 Listbox 13 Groupbox 14 Combobox 15–18 (reserviert) 19 Comment 1A–1D (Reserviert) 1E Microsoft Office-Drawing
06H	2	Objekt-ID-Nummer
08H	2	Option-Flags Bit 0: 1, falls Objekt fixiert (locked) bei einem geschützten Blatt (protected sheet) Bit 1–3: reserviert (müssen 0 sein) Bit 4–12: reserviert (müssen 0 sein) Bit 13: 1, falls Objekt den Auto-Fill-Stil nutzt Bit 14 : 1, falls Objekt den Automatic-Line-Stil nutzt Bit 15: reserviert (muß 0 sein)
0AH	12	reserviert (müssen 0 sein)

Tabelle 3.185 Subrecordtyp (15H)

ftEnd (00H)

Diese Subrecordtypen besitzen folgenden Aufbau:

Offset	Byte	Bedeutung
00H	2	Recordtyp (00H)
02H	2	Länge Datenbereich (00)

Tabelle 3.186 Subrecordtyp (00H)

Andere Subrecordtypen (04H–13H)

Dieser Subrecord besitzt folgenden Aufbau:

Offset	Byte	Bedeutung
00H	2	Recordtyp (04H bis 13H)
02H	2	Länge
02H	n	reserviert

Tabelle 3.187 Subrecordtyp (04H–13H)

OBJPROTECT – Protected-Object (Recordtyp 63H, Version 3.0–8.0)

Dieser Satz definiert, ob ein Objekt im Arbeitsblatt über die Option *Protect Document* vor Zugriffen geschützt wurde.

Offset	Byte	Bedeutung
00H	4	Recordtyp (63 00)
02H	2	Recordlänge in Byte
04H	2	1 = Objekt ist geschützt

Tabelle 3.188 BIFF-Recordtyp 63H (Version 3.0–8.0)

OBJPRO – VBA-Projekt (Recordtyp D3H, Version 5.0–8.0)

Dieser Satz ist ab BIFF5 definiert und enthält lediglich vier Bytes, die reserviert sind.

OLESIZE – Größe OLE-Objekt (Recordtyp DEH, Version 5.0–8.0)

Dieser Satz kommt nur in BIFF5 vor und definiert die Größe eines OLE-Objekts, falls Excel als Server fungiert.

Offset	Byte	Bedeutung
00H	4	Recordtyp (DE 00)
02H	2	Recordlänge in Byte
04H	4	reserviert
08H	2	erste Zeile
0AH	2	letzte Zeile
0CH	2	erste Spalte
0EH	2	letzte Spalte

Tabelle 3.189 BIFF-Recordtyp DEH (Version 5.0–8.0)

PALETTE – Definition der Farbpalette (Recordtyp 92H, Version 3.0–8.0)

Dieser Satz enthält die Definition der Farbpalette.

Offset	Byte	Bedeutung
00H	4	Recordtyp (92 00)
02H	2	Recordlänge in Byte
04H	2	Zahl der Farbeinträge in der Palette
06H	4	Farbwert der ersten Farbe der Palette
0AH	4	Farbwert der zweiten Farbe der Palette
0EH	4	Farbwert der dritten Farbe der Palette
...		
..H	4	Farbwert der n-ten Farbe der Palette

Tabelle 3.190 BIFF-Recordtyp 92H (Version 3.0–8.0)

Die einzelnen Farben werden als 4-Byte-Codes definiert. Die ersten drei Bytes enthalten die Farbanteile für Rot, Grün und Blau. Das vierte Byte ist unbenutzt. Bei Verwendung der Standardpalette enthält die BIFF-Datei keinen COLOR-Record. In EXCEL 3.0 enthält die Palette 16 Farben. Wird im Kalkulationsblatt die Standardpalette benutzt, kann dieser Record entfallen.

PANE – Zahl und Position der Fenster (Panes) (Recordtyp 41H, Version 2.0–8.0)

Dieser Record definiert die Zahl der geteilten Fenster (pane) und deren Position.

Offset	Byte	Bedeutung
00H	4	Recordtyp (41 00)
02H	2	Recordlänge in Byte
04H	2	Horizontale Position der Teilung (0 = keine)
06H	2	vertikale Position der Teilung (0 = keine)
08H	2	oberste sichtbare Zeile im unteren Teilfenster
0AH	2	linke sichtbare Spalte im rechten Teilfenster
0CH	2	Nummer des aktiven Teilfensters 0 unten rechts 1 oben rechts 2 unten links 3 oben links

Tabelle 3.191 BIFF-Recordtyp 41H (Version 2.0–8.0)

Die horizontale und vertikale Position der Fensterteilung wird in 1/20 Punkt angegeben. Das aktive Teilfenster wird im letzten Wort definiert. Ist ein Teilfenster eines Dokuments eingefroren, wird dies in einem WINDOW2-Record festgelegt. Bei einer vertikalen Bildaufteilung enthält das erste Wort im Record die Zahl der sichtbaren Zeilen im oberen Teilfenster. Bei einer horizontalen Teilung enthält das zweite Word die Zahl der sichtbaren Spalten im linken Teilfenster. Die beiden Angaben lassen sich zusätzlich im Record kombinieren, falls eine horizontale und vertikale Teilung vorliegt.

PARAMQRY-Query Parameters (Recordtyp DCH, Version 8.0)

Dieser Record enthält die Abfragedaten (Query).

Offset	Byte	Bedeutung
00H	4	Recordtyp (DC 00)
02H	2	Recordlänge in Byte
04H	2	Bei ODBC-Abfragen: der Parameter SQL-Typ

Offset	Byte	Bedeutung
06H	2	Option-Flag Bit 0–1: pbt-Flag (Parameter Binding-Typ): 0: Prompt-Typ 1: Festwert-Typ (Fixed Value, Zahlen, Datum etc.) 2: Referenz-Typ (z. B. =Sheet2!$A$5) Bit 2: 1 für automatische Parameter Bit 3 0 = Programm fragt Namen an Bit 4–15: reserviert (müssen 0 sein)
08H	2	Wert true/false, falls pbt-Flag den Wert 2 besitzt und der Parameter vom Typ Boolean ist
0AH	n	Rgb (Daten)

Tabelle 3.192 BIFF-Recordtyp DCH (Version 8.0)

Der Datenbereich kann unterschiedliche Daten aufnehmen. Ist das *pbt*-Flag 0, wird der Text der Prompt-Abfrage als Unicode-String im *rgb*-Datenbereich hinterlegt. Bei *pbt*-Flag = 1 enthält der *rgb*-Bereich eine 8-Byte-IEEE-Zahl für Datums- oder Dezimalwerte, einen 4-Byte-Wert bei Integerzahlen, einen Unicode-String variabler Länge bei Texten oder keine Daten bei Boolean-Wert (da diese ab Offset 8 gespeichert werden). Ist *pbt* = 2, enthält *rgb* den geparsten Ausdruck der Referenz.

PASSWORD – Kennwortschutz (Recordtyp 13H, Version 2.0–8.0)

Dieser Satz enthält das verschlüsselte Paßwort für ein geschütztes Dokument.

Offset	Byte	Bedeutung
00H	4	Recordtyp (13 00)
02H	2	Recordlänge in Byte
04H	2	verschlüsseltes Paßwort

Tabelle 3.193 BIFF-Recordtyp 13H (Version 2.0–8.0)

Das Kennwort wird in der Option *Protect Document* (bzw. Dokument schützen) gesetzt.

PLS – Druckinformationen (Recordtyp 4DH, Version 2.0–8.0)

Der PLS-Record enthält einige Zusatzinformationen über umgebungsspezifische Druckausgaben.

Offset	Byte	Bedeutung
00H	4	Recordtyp (4D 00)
02H	2	Recordlänge in Byte

Offset	Byte	Bedeutung
04H	2	Maschine 0 = Microsoft Windows 1 = Macintosh 2 = OS/2
06H	x	Definitionen für Maschinenumgebung

Tabelle 3.194 BIFF-Recordtyp 4DH (Version 2.0–4.0, Macintosh)

Diese Satzart wird in BIFF2 nur auf dem Macintosh verwendet. Ab BIFF3 kann der Satz auch unter Windows verwendet werden. Dann gilt folgende Struktur:

Offset	Byte	Bedeutung
00H	4	Recordtyp (4D 00)
02H	2	Recordlänge in Byte
04H	2	Maschine 0 = Microsoft Windows 1 = Macintosh
06H	2	Ausrichtung 1: Portrait (hoch) 2: Landscape (quer)
08H	2	Papiergröße
0AH	2	Skalierung

Tabelle 3.195 BIFF-Recordtyp 4DH (Version 3.0, Windows)

Ab der BIFF-Version 4 wurde der Satzaufbau unter Windows wieder etwas verändert:

Offset	Byte	Bedeutung
00H	4	Recordtyp (4D 00)
02H	2	Recordlänge in Byte
04H	2	Maschine 0 = Microsoft Windows 1 = Macintosh
06H	2	Ausrichtung 1: Portrait (hoch) 2: Landscape (quer)
08H	2	Papiergröße
0AH	2	Skalierung
0CH	2	Druckerauflösung
0EH	2	Auflösung y-Achse Drucker

Tabelle 3.196 BIFF-Recordtyp 4DH (Version 4.0–8.0, Windows)

Papiergröße, Skalierung und Auflösung richten sich nach der Windows DEVMODE-Datenstruktur.

PRECISION – Anzeigegenauigkeit (Recordtyp 0EH, Version 2.0–8.0)

Der Datensatz speichert den Wert der Option *Precision As Displayed* (bzw. Genauigkeit wie angezeigt).

Offset	Byte	Bedeutung
00H	4	Recordtyp (0E 00)
02H	2	Recordlänge in Byte
04H	2	0: falls Option *Genauigkeit wie Angezeigt* (*Precision as Displayed*) eingeschaltet

Tabelle 3.197 BIFF-Recordtyp 0EH (Version 2.0–8.0)

PRINTGRIDLINES – Gitterlinien drucken (Recordtyp 2BH, Version 2.0–8.0)

Dieser Datensatz speichert den Wert der Option *Gridline* (Gitter).

Offset	Byte	Bedeutung
00H	4	Recordtyp (2B 00)
02H	2	Recordlänge in Byte
04H	2	1: Gitterlinien drucken

Tabelle 3.198 BIFF-Recordtyp 2BH (Version 2.0–8.0)

PRINTHEADERS – Drucke Zeilen-/Spaltenkopf (Recordtyp 2AH, Version 2.0–8.0)

Dieser Datensatz enthält ein Flag, welches definiert, ob die Kopfzeilen der Spalten und der linke Rand der Zeilen auszudrucken ist.

Offset	Byte	Bedeutung
00H	4	Recordtyp (2A 00)
02H	2	Recordlänge in Byte
04H	2	1: Zeilen- und Spaltenüberschrift drucken

Tabelle 3.199 BIFF-Recordtyp 2AH (Version 2.0–8.0)

PROTECT – Zellen schützen (Recordtyp 12H, Version 2.0–8.0)

Dieser Satz definiert, ob die Zellen im EXCEL-Dokument vor Zugriffen geschützt wurden.

Offset	Byte	Bedeutung
00H	4	Recordtyp (12 00)
02H	2	Recordlänge in Byte
04H	2	1 = Dokument ist geschützt

Tabelle 3.200 BIFF-Recordtyp 12H (Version 2.0–8.0)

Mit diesem Satz wird ein Password für ein Dokument definiert. Alternativ gibt es einen Zugriffsschutz auf Dateiebene.

PROT4REV-Shared-Workbook-Protection-Flag (Recordtyp 1AFH, Version 8.0)

Dieser Satz speichert ein Shared-Workbook-Protection-Flag.

Offset	Byte	Bedeutung
00H	4	Recordtyp (AF 01)
02H	2	Recordlänge in Byte
04H	2	1 = falls Dokument geschützt (Sharing with Track Changes-Option ein)

Tabelle 3.201 BIFF-Recordtyp 1AFH (Version 8.0)

PROT4REVPASS-Shared-Workbook-Protection-Password (Recordtyp 1BCH, Version 8.0)

Dieser Satz speichert das Kennwort zum Aufheben des Shared-Workbook-Protection-Schutzes.

Offset	Byte	Bedeutung
00H	4	Recordtyp (BC 01)
02H	2	Recordlänge in Byte
04H	2	Verschlüsseltes Kennwort (0 = kein Kennwort)

Tabelle 3.202 BIFF-Recordtyp 1BCH (Version 8.0)

PUB – Publisher (Recordtyp 89H, Version 3.0–8.0)

Diese Satzart ist nur auf dem Macintosh auswertbar, da sie Informationen für den Mac-Publisher enthält.

Offset	Byte	Bedeutung
00H	4	Recordtyp (89 00)
02H	2	Recordlänge in Byte
04H	2	Option-Flag Bit 0: 1 = Publisher Inhalt ausdrucken 1: 1 = Größe beim Ausdruck beibehalten 2–15: unbelegt
06H	6	Referenzstruktur
0CH	36	Section Record
30H	N	Inhalt des Alias

Tabelle 3.203 - BIFF-Recordtyp 89H (Version 3.0–8.0)

In Windows muß dieser Datensatz überlesen werden. Die Referenzstruktur beschreibt den Bereich im Arbeitsblatt, der für den Publisher benötigt wird. Der *Section*-Record ist mit dem Bereich des Publishers verbunden. Die Daten finden sich ab Offset 30H.

QSI: External Data Range (Recordtyp 1ADH, Version 8.0)

Speichert einen externen Datenbereich (External Data Range).

Offset	Byte	Bedeutung
00H	4	Recordtyp (AD 01)
02H	2	Recordlänge in Byte
04H	2	Option-Flag Bit 0: 1 = Bereich ohne Titel 1: 1 = Bereich benutzt Zeilennummern 2: 1 = Refresh abgeschaltet 3–6: unbelegt (müssen 0 sein) 7: 1 = im Bereich wurde Füllen angewandt (Fill applied) 8: 1 = im Bereich wurde Autoformat angewandt 9: reserviert (muß 0 sein) 10: 1 = Zellen für Editieren gesperrt 11–15: reserviert (müssen 0 sein)
06H	2	Index zur Autoformat-Tabelle
08H	2	Die unteren 6 Bits enthalten das Autoformat-Attribut-Flag, die oberen 10 Bits sind reserviert.
0AH	4	reserviert (müssen 0 sein)
0EH	1	Länge Name
30H	N	Name als Zeichenkette

Tabelle 3.204 BIFF-Recordtyp 1ADH (Version 8.0)

RECIPNAME – Name des Rezipienten (Recordtyp B9H, Version 5.0–8.0)

Dieser Satz enthält Informationen zum Routen und wird ab BIFF5 eingesetzt.

Offset	Byte	Bedeutung
00H	4	Recordtyp (B9 00)
02H	2	Recordlänge in Byte
04H	2	Länge Recipient-Name
06H	4	Länge des systemspezifischen Adress-Strings des Rezipienten
0AH	N	Daten

Tabelle 3.205 BIFF-Recordtyp B9H (Version 5.0–8.0)

REFMODE – Referenzmodus (Recordtyp 0FH, Version 2.0–8.0)

Dieser Record gibt den in der Option *Workspace* gesetzten Referenzmodus an.

Offset	Byte	Bedeutung
00H	4	Recordtyp (0F 00)
02H	2	Recordlänge in Byte
04H	2	Referenz Modus: 0 = R1C1 Modus 1 = A1 Modus

Tabelle 3.206 BIFF-Recordtyp 0FH (Version 2.0–8.0)

REFRESHALL – Refresh-Flag (Recordtyp 1B7H, Version 8.0)

Dieser Record speichert ein Option-Flag.

Offset	Byte	Bedeutung
00H	4	Recordtyp (B7 01)
02H	2	Recordlänge in Byte
04H	2	1: Refresh all soll auf alle externen Datenbereiche und Pivot-Tabellen beim Laden in die Arbeitsmappe ausgeführt werden (Standard ist 0).

Tabelle 3.207 BIFF-Recordtyp 1B7H (Version 8.0)

RIGHTMARGIN – Rechter Rand (Recordtyp 27H, Version 2.0–8.0)

Dieser Record definiert den rechten Rand des Ausdrucks.

Offset	Byte	Bedeutung
00H	4	Recordtyp (27 00)
02H	2	Recordlänge in Byte
04H	8	rechter Rand (IEEE-Zahl)

Tabelle 3.208 BIFF-Recordtyp 27H (Version 2.0–8.0)

RK – Zelle mit RK-Nummer (Recordtyp 27EH, Version 3.0–8.0)

Dieser Satz enthält die kodierten Daten einer Zelle in einem internen (RK-) Format.

Offset	Byte	Bedeutung
00H	4	Recordtyp (7E 02)
02H	2	Recordlänge in Byte
04H	2	Zeilennummer (beginnt ab 0)
06H	2	Spaltennummer (beginnt ab 0)

Offset	Byte	Bedeutung
08H	2	Index in XF-Record mit dem Zellformat
0AH	4	4-Byte-RK-Nummer

Tabelle 3.209 BIFF-Recordtyp 27EH (Version 3.0–8.0)

EXCEL speichert die internen Daten möglichst effizient, um Speicher zu sparen. Diese Werte werden als RK-Nummern bezeichnet und stellen entweder eine 30-Bit-Integerzahl oder einen 30-Bit-Fließpunktwert dar. Die beiden untersten Bits der 32-Bit-Zahl werden zur Dekodierung der RK-Zahl benutzt:

Bit 0–1	Typ
0	Realzahl
1	Realzahl * 100
2	Integerzahl
3	Integerzahl * 100

Tabelle 3.210 Kodierung der RK-Typen in Bit 0–1

Bei den RK-Typen 0 oder 1 enthält das 32-Bit-Wort eine Realzahl, wobei diese folgendermaßen kodiert ist:

Bit	Bedeutung
0–1	RK-Typ (siehe Tabelle 3.182)
2–19	18-Bit-Mantisse
20–30	11-Bit-Exponent
31	Vorzeichenbit

Tabelle 3.211 Kodierung einer Realzahl

Liegt ein RK-Typ 1 vor, müssen Sie anschließend das Ergebnis mit 100 multiplizieren. Bei den RK-Typen 2 oder 3 enthalten die 32-Bit eine Integerzahl. Die beiden unteren Bits 0, 1 dienen zur Kodierung des RK-Typs. Die (vorzeichenbehaftete) 30-Bit-Integerzahl wird dann in den Bits 3 bis 31 gespeichert. Beim RK-Typ 3 müssen Sie das Ergebnis noch mit 100 multiplizieren.

EXCEL versucht Zahlen zuerst als RK-Nummer zu sichern. Nur wenn eine Speicherung im RK-Format nicht möglich ist, verwendet EXCEL das IEEE-Fließkommaformat. Dies ist zum Beispiel der Fall, wenn die Zahl zu klein oder zu groß für die Darstellung als 32-Bit-Realzahl ist. Der Recordtyp INTEGER wird ab BIFF3 nicht mehr zur Speicherung von Daten verwendet.

ROW – Beschreibung Zeile (Recordtyp 08H, Version 2.0–8.0)

Dieser Satz enthält Informationen über die Abmessungen einer Zeile. In BIFF2 gilt folgender Satzaufbau:

Offset	Byte	Bedeutung
00H	4	Recordtyp (08 00)
02H	2	Recordlänge in Byte
04H	2	Zeilennummer
06H	2	erste definierte Spalte der Zeile
08H	2	letzte definierte Spalte der Zeile + 1
0AH	2	Zeilenhöhe
0CH	2	reserviert (sollte 0 sein)
0EH	1	1: Zeile besitzt Standardzellattribut
0FH	2	relativer Fileoffset im Zellrecord für Zeile
11H	3	Standardzellattribute
14H	2	Index auf XF-Record

Tabelle 3.212 - BIFF-Recordtyp 08H (Version 2.0)

Die Kodierung der Zellattribute wurde bereits beim BLANK-Record (siehe oben) vorgestellt. Ab BIFF3 gilt folgende modifizierte Struktur:

Offset	Byte	Bedeutung
00H	4	Recordtyp (08 02)
02H	2	Recordlänge in Byte
04H	2	Zeilennummer
06H	2	erste definierte Spalte der Zeile
08H	2	letzte definierte Spalte der Zeile + 1
0AH	2	Zeilenhöhe
0CH	2	reserviert (sollte 0 sein)
0EH	2	(reserviert) relativer Dateioffset zum ersten Zellrecord der Zeile
10H	2	Option-Flag Bits 0–2: Index *Outline Level* der Zeile 3: reserviert 4: 1= Zeile in Outline (collapsed) 5: 1= Zeilenhöhe ist auf 0 gesetzt 6: 1= Font- und Zeilenhöhe inkompatibel 7: 1= Zeile formatiert, auch wenn nur leere Zellen enthalten sind
		8–15: unbelegt
12H	2	Index auf XF-Record (oder undefiniert, falls Bit 7 in Options = 9)

Tabelle 3.213 BIFF-Recordtyp 208H (Version 3.0–8.0)

Der Eintrag ab Offset 12H enthält nur dann einen gültigen Index auf einen XF-Record, falls Bit 7 im Option-Flag gesetzt ist. Das Wort ab Offset 0CH wird intern zur Optimierung benutzt und sollte auf 0 gesetzt sein. Die Numerierung der Zeilen beginnt ab null.

Die Zeilenhöhe wird in 1/20 Punkt angegeben. Ist im Wert der Zeilenhöhe Bit 15 gesetzt, wird die Standardzeilenhöhe verwendet. Dabei enthalten die unteren Bits die ursprüngliche Zeilenhöhe in 1/20 Punkt.

RSTRING – Zelle mit Zeichenformat (Recordtyp D6H, Version 5.0–8.0)

Ab Excel 5.0 kann eine Zelle einen Text enthalten, bei dem nur einzelne Zeichen formatiert sind. Dieses Format wird mit dem RSTRING-Datensatz gespeichert.

Offset	Byte	Bedeutung
00H	4	Recordtyp (D6 00)
02H	2	Recordlänge in Byte
04H	2	Zeile
06H	2	Spalte
08H	2	Index in den XF-Record
0AH	2	Stringlänge
0CH	n	String
..H	1	Zahl der folgenden Strukturen
..H	n	n Strukturen mit folgenden Einträgen: 1 Byte Index auf erstes Zeichen mit dem neuen Format 1 Byte Index in den FONT-Record

Tabelle 3.214 BIFF-Recordtyp D6H (Version 5.0–8.0)

SAVERECALC – Beim Speichern neu berechnen (Recordtyp 5FH, Version 3.0–8.0)

Dieser Satz enthält ein Flag, daes die Neuberechnung des Arbeitsblattes vor dem Speichern koordiniert.

Offset	Byte	Bedeutung
00H	4	Recordtyp (5F 00)
02H	2	Recordlänge in Byte
04H	2	1: Neuberechnung vor dem Speichern

Tabelle 3.215 BIFF-Recordtyp 5FH (Version 3.0–8.0)

SCENARIO – Szenario-Daten (Recordtyp AFH, Version 5.0–8.0)

Dieser Satz enthält die Daten für ein einzelnes Szenario.

Offset	Byte	Bedeutung
00H	4	Recordtyp (AF 00)
02H	2	Recordlänge in Byte
04H	2	Zahl der zu berechnenden Zellen
06H	1	= 1, falls Szenario für Änderungen gesperrt ist
07H	1	= 1, falls Szenario ausgeblendet (hidden) ist
08H	1	Länge Name
09H	1	Länge Kommentar
0AH	1	Länge Benutzername
0BH	n	*rgch*: Bereich mit den verknüpften Zeichenketten für den Szenario-Namen, den Benutzernamen (vorangestellt ist zweimal die Längenangabe des Benutzernamens, s. Offset 0AH) und der Kommentartext (vorangestellt ist zweimal die Länge des Kommentars)
..H	n	*rgRef*: Feld mit Zellreferenzen, das die zu ändernden Zellen des Szenarios enthält 2 Byte: Zeilennummer (0 basierend) 2 Byte: Spaltenummer (0 basierend)
..H	n	*rgst*: Feld (Zeichenketten) mit geänderten Zellwerten In BIFF8 werden alle Zellwerte als Feld von Unicode-Strings hinterlegt. In BIFF7 und früher werden die Zellwerte als Feld mit Stringwerten (byte-counted) folgendermaßen hinterlegt: 1-Byte-Stringlänge, n-Byte-String
..H	n	*rglfmt*: Feld mit 2-Byte-Integern (nur wenn Szenario Zellen mit Datum-/Zeit-Format enthält), sonst enthält das Feld 0 Werte

Tabelle 3.216 BIFF-Recordtyp AFH (Version 5.0–8.0)

Die sich ändernden Zellen des Szenario werden in drei Feldern am Ende des Datensatzes hinterlegt.

SCENMAN – Allgemeine Daten für Szenario (Recordtyp AEH, Version 5.0–8.0)

Dieser Satz enthält allgemeine Daten für einen Satz Szenarios.

Offset	Byte	Bedeutung
00H	4	Recordtyp (AE 00)
02H	2	Recordlänge in Byte
04H	2	Zahl der Szenarios
06H	2	Index des aktuellen Szenarios
08H	2	Index letztes angezeigtes Szenario

Offset	Byte	Bedeutung
0AH	2	Zahl der Referenzbereiche im folgenden Szenario Ergebnisfeld
0CH	n	Feld mit den Szenarioergebnissen 2 Byte: erste Zeile 2 Byte: letzte Zeile 1 Byte: erste Spalte 1 Byte: letzte Spalte

Tabelle 3.217 BIFF-Recordtyp AEH (Version 5.0–8.0)

SCENPROTECT – Szenarioschutz (Recordtyp DDH, Version 5.0–8.0)

Dieser Satz enthält ein Wort, das als Flag fungiert. Ist das Flag auf 1 gesetzt, ist das Szenario geschützt.

Offset	Byte	Bedeutung
00H	4	Recordtyp (DD 00)
02H	2	Recordlänge in Byte
04H	2	Flag, 1 = Szenario geschützt

Tabelle 3.218 BIFF-Recordtyp DDH (Version 5.0–8.0)

SCL – Windows-Zoomfaktor (Recordtyp A0H, Version 4.0–8.0)

Diese Satzart wird ab BIFF4 benutzt und gibt den Zoomfaktor für die Darstellung an.

Offset	Byte	Bedeutung
00H	4	Recordtyp (A0 00)
02H	2	Recordlänge in Byte
04H	2	Zähler Skalierung
06H	2	Nenner Skalierung

Tabelle 3.219 BIFF-Recordtyp A0H (Version 4.0–8.0)

Der Zoomfaktor wird als Bruch gespeichert. Ein Wert von 75% wird als 3/4 gesichert. Fehlt dieser Satztyp, wird der Zoomfaktor auf 100% gesetzt.

SELECTION – Aktuelle Auswahl (Recordtyp 1DH, Version 2.0–8.0)

Dieser Record definiert, welche Zelle in einem geteilten Fenster selektiert wurde.

Offset	Byte	Bedeutung
00H	4	Recordtyp (1D 00)
02H	2	Recordlänge in Byte

Tabelle 3.220 BIFF-Recordtyp 1DH (Version 2.0–8.0)

Offset	Byte	Bedeutung
04H	1	Nummer Fenster (Pane) 0 unten rechts 1 oben rechts 2 unten links 3 oben links
05H	2	Zeilennummer aktive Zelle
07H	2	Spaltennummer aktive Zelle
09H	2	Referenznummer aktive Zelle
0BH	2	Einträge im folgenden Feld
0DH	n	Feld mit Referenzen; pro Referenz sind folgende Werte vorhanden: 2 Byte erste Zeile der Referenz 2 Byte letzte Zeile der Referenz 1 Byte erste Spalte der Referenz 1 Byte letzte Spalte der Referenz

Tabelle 3.220 BIFF-Recordtyp 1DH (Version 2.0–8.0)

Ab Offset 04H wird angegeben, um welches Teilfenster es sich handelt. Enthält die Anzeige keine geteilten Fenster, wird der Code 3 als Fensternummer eingetragen. Der Index in das Feld mit den Referenzen beginnt ab 0. Ist eine Auswahl so groß, daß die maximale Länge eines BIFF-Records überschritten wird, wird es in mehrere SELECTION-Records aufgeteilt.

SETUP – Seiteneinstellung (Recordtyp A1H, Version 4.0–8.0)

Dieser Record enthält Einstellungen zur Seiteneinrichtung.

Offset	Byte	Bedeutung
00H	4	Recordtyp (A1 00)
02H	2	Recordlänge in Byte
04H	2	Papiergröße
06H	2	Skalenfaktor
08H	2	Seitennummer Start
0AH	2	Anpassen an Seitenbreite
0CH	2	Anpassen an Seitenhöhe
0EH	2	Option-Flag ab BIFF5
10H	2	Druckauflösung (vom Treiber ermittelt)
12H	2	Druckauflösung vertikal
14H	8	Rand Kopfzeile (IEEE-Zahl)
1CH	8	Rand Fußzeile (IEEE-Zahl)
24H	2	Zahl der Kopien beim Drucken

Tabelle 3.221 BIFF-Recordtyp A1H (Version 4.0–8.0)

Das Option-Flag besitzt dabei folgende Kodierung:

Bit	Bedeutung
0	Zeile überdrucken, dann abwärts drucken
1	0: Landscape, 1: Portrait
2	1: Papiergröße, Skalierung, Ausrichtung etc. nicht vom Drucker abfragbar, Werte ungültig
3	Schwarzweißausgabe
4	Entwurfsqualität (BIFF5)
5	Anmerkungen drucken
6	Ausrichtung nicht gesetzt
7	Seitennummer vom Benutzer gesetzt
8–15	unbenutzt

Tabelle 3.222 Kodierung des Option-Flag

SHRFMLA – Shared Formel (Recordtyp BCH, Version 5.0–8.0)

Dieser Record wird ab BIFF5 zusammen mit dem FORMULA-Record benutzt, um die Dateigröße zu optimieren. In dem SHRFMLA-Datensatz kann eine Formel gespeichert sein, die von mehreren Zellen gemeinsam benutzt wird (hier nicht dokumentiert).

SORT – Sortieroptionen (Recordtyp 90H, Version 5.0–8.0)

In diesem Datensatz werden Sortieroptionen (ab BIFF5) gespeichert.

Offset	Byte	Bedeutung
00H	4	Recordtyp (90 00)
02H	2	Recordlänge in Byte
04H	2	Option-Flag Bit 0: = 1, falls Option »Sort Left To Right« *ein* ist Bit 1: = 1, Schlüssel 1 in absteigender (descending) Richtung Bit 2: = 1, Schlüssel 2 in absteigender (descending) Richtung Bit 3: = 1, Schlüssel 3 in absteigender (descending) Richtung Bit 4: = 1, Sortierung Groß-/Kleinschreibung (case-sensitive) Bit 5–9: Index in Tabelle mit »First Key Sort Order«-Option (0 = normale Sortierung) Bit 10: (nur in Fernost-Version von Excel belegt) Bit 11–15: reserviert
06H	1	Länge Zeichenkette für Sortierschlüssel 1
07H	1	Länge Zeichenkette für Sortierschlüssel 2
08H	1	Länge Zeichenkette für Sortierschlüssel 3
09H	n	Zeichenkette mit Sortierschlüssel 1
0AH	n	Zeichenkette mit Sortierschlüssel 2
0BH	n	Zeichenkette mit Sortierschlüssel 3

Tabelle 3.223 BIFF-Recordtyp 90H (Version 5.0–8.0)

SOUND – Sound-Anmerkung (Recordtyp 96H, Version 4.0–8.0)

Dieser Record enthält die Beschreibung einer Anmerkung in Form eines Klangs (Sound).

Offset	Byte	Bedeutung
00H	4	Recordtyp (96 00)
02H	2	Recordlänge in Byte
04H	2	4257H Sound-Signatur
06H	2	Umgebung 1: Windows 2: Macintosh
08H	2	Länge Sound-Daten
0AH	n	Sound-Daten

Tabelle 3.224 BIFF-Recordtyp 96H (Version 4.0–8.0)

SST: Shared String Table (Recordtyp FCH, Version 8.0)

Dieser Recordtyp ist erst ab BIFF8 definiert und enthält Stringkonstanten.

Offset	Byte	Bedeutung
00H	4	Recordtyp (FC 00)
02H	2	Recordlänge in Byte
04H	4	Zahl der Strings in Shared-String-Tabelle und in Extended-String-Tabelle (EXTSST-Record)
08H	4	Zahl der eindeutigen (unique) Strings in Shared-String-Tabelle
0CH	n	Feld mit Unique-Strings (im Unicode-Format)

Tabelle 3.225 BIFF-Recordtyp FCH (Version 8.0)

STANDARDWIDTH – Spaltenbreite (Recordtyp 99H, Version 4.0–5.0)

Dieser Recordtyp ist erst ab BIFF4 definiert und enthält die Einstellungen für die Standard-Zellbreite.

Offset	Byte	Bedeutung
00H	4	Recordtyp (99 00)
02H	2	Recordlänge in Byte
04H	2	Standardbreite Zelle

Tabelle 3.226 BIFF-Recordtyp 99H (Version 4.0–5.0)

Die Breite wird in 1/256 der Zeichenbreite definiert.

STRING – Stringwert für eine Formel (Recordtyp 07H, Version 2.0–8.0)

Bezieht sich eine Formel auf einen String, folgt ein STRING-Record auf den FORMULA-Record. Dieser STRING-Record enthält den String. In BIFF2 besitzt der Record folgenden Aufbau:

Offset	Byte	Bedeutung
00H	4	Recordtyp (07 00)
02H	2	Recordlänge in Byte
04H	1	Stringlänge in Byte
05H	n	String

Tabelle 3.227 BIFF-Recordtyp 07H (Version 2.0)

Ab der BIFF-Version 3.0 umfaßt das Feld für die Stringlänge zwei Byte.

Offset	Byte	Bedeutung
00H	4	Recordtyp (07 02)
02H	2	Recordlänge in Byte
04H	2	Stringlänge
06H	n	String

Tabelle 3.228 BIFF-Recordtyp 207H (Version 3.0–8.0)

Ein STRING-Record kann auch auf einen ARRAY-Record folgen, falls die Formel als Feld eingetragen wurde.

STYLE – Formatinformation (Recordtyp 293H, Version 3.0–8.0)

Jeder in einem EXCEL-Arbeitsblatt definierte Stil (Format) wird durch einen solchen Record definiert.

Offset	Byte	Bedeutung
00H	4	Recordtyp (93 02)
02H	2	Recordlänge in Byte
04H	2	Style-Flag
06H	1	interne Style-Nummer oder Länge des Namens eines anwenderdefinierten Style
07H	n	1 Byte Level Outline Style oder Style Name

Tabelle 3.229 BIFF-Recordtyp 293H (Version 3.0–8.0)

Das *Style*-Flag besitzt folgende Kodierung:

Bit	Bedeutung
0–11	Index in den XF-Record
12–14	unbenutzt
15	0: User Defined Style 1: Build-in Style

Tabelle 3.230 Style-Flag

Ist Bit 15 im Style-Flag gesetzt, handelt es sich um einen anwenderdefinierten Stil. In diesem Fall folgt ab Offset 06H ein Byte mit der Längenangabe und dem *Style*-Namen. Andernfalls wird ab Offset 06H ein Byte mit der *Style*-Nummer ausgegeben. Diese Nummer wird folgendermaßen kodiert:

Nr.	Style
0	Normal
1	RowLevel_n
2	ColumnLevel_n
3	Komma
4	Währung (Currency)
5	Prozent (Percent)
6	Komma (0)
7	Währung (0)

Tabelle 3.231 Kodierung der Style-Nummer

Die Outline-Styles RowLevel_n und ColumnLevel_n werden durch die Codes 1 und 2 definiert und erhalten den Levelcode n-1 zugewiesen.

SUB – Subscriber (Recordtyp 91H, Version 3.0–8.0)

Dieser Recordtyp wird nur beim Macintosh verwendet und enthält Informationen für den Publisher.

Offset	Byte	Bedeutung
00H	4	Recordtyp (91 00)
02H	2	Recordlänge in Byte
04H	6	Referenz Struktur
0AH	2	Zahl der Zeilen im SUB-Bereich
0CH	2	Zahl der Spalten im SUB-Bereich

Offset	Byte	Bedeutung
0EH	2	Option-Flag Bit 0: reserviert 1: 1= Beschreibung im Objekt Layer 2–15: reserviert
10H	2	Größe Alias-Bereich
12H	36	Section Record
36H	n	Alias-Bereich
..H	n	String mit dem Pfad auf den Publisher + 00H

Tabelle 3.232 BIFF-Recordtyp 91H (Version 3.0–8.0)

SUBBOOK – Supporting Workbook (Recordtyp 1AEH, Version 8.0)

Enthält Daten über die Unterstützung externer Arbeitsmappen.

Offset	Byte	Bedeutung
00H	4	Recordtyp (AE 01)
02H	2	Recordlänge in Byte
04H	2	Zahl der Tabs (Arbeitsblätter) in Arbeitsmappe (Workbook)
06H	n	Verschlüsselter Dateiname Arbeitsmappe als Unicode-String
..H	n	Feld mit Strings der Arbeitsblätternamen

Tabelle 3.233 BIFF-Recordtyp 1AEH (Version 8.0)

SX-Records (Version 5.0–8.0)

Ab BIFF5 wurden neue Recordtypen zur Speicherung der Daten für Pivot-Tabellen definiert. Tabelle 3.234 enthält eine Zusammenfassung dieser Satztypen.

Name	Code	Bedeutung
SXDI	C5H	Informationen zu Daten der Pivot-Tabelle
SXEXT	DCH	externer SQL-Query-String
SXIDSTM	D5H	Wort mit dem Stream-ID-Code
SXIVD	B4H	Feld-ID für Zeile/Spalte
SXLI	B5H	Spalten und Zeilen einer Pivot-Tabelle
SXPI	B6H	Seitendaten einer Pivot-Tabelle
SXSTRING	CDH	SQL-Query-String
SXTBL	D0H	Information über Quelldaten einer Pivot-Tabelle zur Mehrfachkonsolidierung
SXTBPG	D2H	Indizes für Seitendaten einer Pivot-Tabelle
SXTBRGIITM	D1H	Zahl der Seitendateneinträge
SXVD	B1H	Informationen zur Feldanzeige

Name	Code	Bedeutung
SXVI	B2H	Informationen über einen Eintrag in der Pivot-Tabelle
SXVIEW	B0H	Informationen zur Pivot-Tabelle
SXVS	E3H	definiert die Datenquelle der Tabelle

Tabelle 3.234 SX-Datensätze in BIFF5–BIFF8

Der Aufbau dieser Datensätze wird hier nicht dokumentiert.

SYNC – Fenster synchronisieren (Recordtyp 97H, Version 4.0)

Dieser Recordtyp dient zur Sicherung der Scrollposition bei gesetzter Sync-Option für horizontal oder vertikal geteilte Fenster.

Offset	Byte	Bedeutung
00H	4	Recordtyp (97 00)
02H	2	Recordlänge in Byte
04H	2	Zeilenindex obere linke Kopfzeile
06H	2	Spaltenindex obere linke Überschriftenspalte

Tabelle 3.235 BIFF-Recordtyp 97H (Version 4.0)

TABID: Sheet Tab Index Array (Recordtyp 13DH, Version 7.0–8.0)

Speichert Zeiger, die die Reihenfolge der anzuzeigenden Arbeitsblätter der Arbeitsmappe festlegen.

Offset	Byte	Bedeutung
00H	4	Recordtyp (3D01)
02H	2	Recordlänge in Byte
04H	n	Feld mit 2-Byte-Indizes, die die Arbeitsblätter (Zählung bei 0 beginnend) angeben

Tabelle 3.236 BIFF-Recordtyp 13DH (Version 7.0–8.0)

TABIDCONF: Sheet Tab ID of Conflict History (Recordtyp EAH, Version 7.0–8.0)

Enthält den Index des Arbeitsblatts für das »Conflict History«-Arbeitsblatt (wird von Shared Lists-Funktionen benutzt).

Offset	Byte	Bedeutung
00H	4	Recordtyp (EA 00)
02H	2	Recordlänge in Byte
04H	2	Index für das Conflict History-Arbeitsblatt (FFFFH = Benutzer hat gemeinsame Benutzung eines Arbeitsblatts beendet)

Tabelle 3.237 BIFF-Recordtyp EAH (Version 7.0–8.0)

TABLE – Datentabelle (Recordtyp 36H, Version 2.0–8.0)

Dieser Recordtyp dient zur Aufnahme einer Datentabelle, die durch das Kommando /TABELLE erzeugt wurde. In BIFF2 gilt folgende Kodierung:

Offset	Byte	Bedeutung
00H	4	Recordtyp (36 00)
02H	2	Recordlänge in Byte
04H	2	erste Zeile der Tabelle
06H	2	letzte Zeile der Tabelle
08H	1	erste Spalte der Tabelle
09H	1	letzte Spalte der Tabelle
0AH	1	Recalculation-Flag 0: Tabelle berechnet x: Tabelle neu berechnen
0BH	1	Flag 0: spaltenweise Eingabe 1: zeilenweise Eingabe
0CH	2	Zeile Eingabezelle
0EH	2	Spalte Eingabezelle

Tabelle 3.238 BIFF-Recordtyp 36H (Version 2.0)

In BIFF2 wird nur eine Tabelle mit einer Eingabe beschrieben. Der TABLE2-Record beschreibt dagegen Zellen mit zwei Eingaben. Ab BIFF3 gilt folgende Struktur für den Datensatz:

Offset	Byte	Bedeutung
00H	4	Recordtyp (36 02)
02H	2	Recordlänge in Byte
04H	2	erste Zeile der Tabelle
06H	2	letzte Zeile der Tabelle
08H	1	erste Spalte der Tabelle
09H	1	letzte Spalte der Tabelle
0AH	2	Option-Flag
0CH	2	Zeile Eingabezelle bei zeilenweiser Eingabe
0EH	2	Spalte Eingabezelle bei zeilenweiser Eingabe
10H	2	Zeile Eingabezelle bei spaltenweiser Eingabe
12H	2	Spalte Eingabezelle bei spaltenweiser Eingabe

Tabelle 3.239 BIFF-Recordtyp 236H (Version 3.0–8.0)

Das Option-Flag umfaßt 2 Bytes und besitzt folgende Kodierung:

Bit	Bedeutung
0	Formel immer berechnen
1	Formel beim Öffnen der Datei neu berechnen
2	0: Eingabe spaltenweise 1: Eingabe zeilenweise
3	0: Tabelle mit einer Eingabe 1: Tabelle mit zwei Eingaben
4–15	Reserviert

Tabelle 3.240 Kodierung des Option-Flag

Der Bereich der Tabelle im Arbeitsblatt wird durch die Einträge ab Offset 04H definiert. Dieser Bereich enthält keine Eingabezellen oder Formeln, sondern nur die Tabellenwerte.

TABLE2 – Datentabelle 2 (Recordtyp 37H, Version 2.0)

Dieser Recordtyp dient zur Aufnahme einer Datentabelle mit Wertepaaren (X,Y) und wird nur in BIFF2 benutzt.

Offset	Byte	Bedeutung
00H	4	Recordtyp (37 00)
02H	2	Recordlänge in Byte
04H	2	erste Zeile der Tabelle
06H	2	letzte Zeile der Tabelle
08H	1	erste Spalte der Tabelle
09H	1	letzte Spalte der Tabelle
0AH	1	Recalculation-Flag 0: Tabelle berechnet x: Tabelle neu berechnen
0BH	1	reserviert (muß 0 sein)
0CH	2	Zeile Eingabezelle bei zeilenweiser Eingabe
0EH	2	Spalte Eingabezelle bei zeilenweiser Eingabe
10H	2	Zeile Eingabezelle bei spaltenweiser Eingabe
12H	2	Spalte Eingabezelle bei spaltenweiser Eingabe

Tabelle 3.241 BIFF-Recordtyp 37H (Version 2.0)

TEMPLATE – Vorlage (Recordtyp 60H, Version 3.0–8.0)

Der Record signalisiert, daß es sich bei der Datei um eine Formatvorlage (Template) für ein Arbeitsblatt handelt. Der Record besteht nur aus dem Opcode (60H 00) und der Recordlänge und muß direkt auf den BOF-Record folgen.

TOPMARGIN – Einstellung oberer Rand (Recordtyp 28H, Version 2.0–8.0)

Dieser Satz definiert den oberen Rand (in Zoll) für die Druckausgabe.

Offset	Byte	Bedeutung
00H	4	Recordtyp (28 00)
02H	2	Recordlänge in Byte
04H	8	oberer Rand (IEEE-Zahl)

Tabelle 3.242 BIFF-Recordtyp 28H (Version 2.0–8.0)

Der Wert wird aus dem Dialogfeld zur Seiteneinstellung als 8-Byte-IEEE-Fließpunktzahl übernommen.

TXO: Text Object (Recordtyp 1B6H, Version 8.0)

Speichert ein Textobjekt.

Offset	Byte	Bedeutung
00H	4	Recordtyp (B6 01)
02H	2	Recordlänge in Byte
04H	2	Option-Flags Bit 0: reserviert Bit 1–3: horizontale Textausrichtung 1 = linksbündig 2 = zentriert 3 = rechtsbündig 4 = ausgerichtet/justiert Bit 4–6: vertikale Textausrichtung 1 = oben 2 = zentriert 3 = unten 4 = justiert Bit 7–8: reserviert Bit 9: 1, falls »Lock Text«-Option ein Bit 10–15: reserviert
06H	2	Ausrichtungswinkel Textobjekt in Objektgrenzen: 0, keine Rotation (Text von links nach rechts) 1, Text von oben nach unten (Buchstaben aufrecht) 2, Text um 90 Grad gegen Uhrzeigersinn drehen 3, Text um 90 Grad im Uhrzeigersinn drehen
08H	6	reserviert (müssen 0 sein)
0CH	2	Textlänge (im ersten CONTINUE-Record)
10H	2	Länge Formatierung-Runs (im zweiten CONTINUE-Record)
12H	4	reserviert (müssen 0 sein)

Tabelle 3.243 BIFF-Recordtyp 1B6H (Version 8.0)

UDDESC – Chart Autoformat (Recordtyp DFH, Version 5.0–8.0)

Dieser Satz wird ab BIFF5 benutzt, um eine Beschreibung für ein Chart zu speichern.

Offset	Byte	Bedeutung
00H	4	Recordtyp (DF 00)
02H	2	Recordlänge in Byte
04H	1	Stringlänge
05H	n	String

Tabelle 3.244 BIFF-Recordtyp DFH (Version 5.0–8.0)

UNCALCED – Berechnungsstatus (Recordtyp 5EH, Version 3.0–8.0)

Tritt dieser Satztyp im Dokument auf, ist dies ein Hinweis, daß die Nachricht *Berechnung* während der Speicherung sichtbar war.

Offset	Byte	Bedeutung
00H	4	Recordtyp (5E 00)
02H	2	Recordlänge in Byte
04H	4	reserviert (muß 0 sein)

Tabelle 3.245 BIFF-Recordtyp 5EH (Version 3.0–8.0)

Wird ein Rechenblatt auf manuelle Berechnung gestellt und dann geändert, können einige Ergebnisse falsch sein, falls keine Neuberechnung durchgeführt wird. EXCEL schreibt diesen Record, falls beim Abspeichern die Meldung *Berechnen* in der Statuszeile sichtbar war. Der Record besitzt keine Nutzdaten.

USERBVIEW: Workbook Custom View Settings (Recordtyp 1A9H, Version 8.0)

Enthält Einstellungen für eine benutzerspezifische Anzeige der Arbeitsmappe.

Offset	Byte	Bedeutung
00H	4	Recordtyp (A9 01)
02H	2	Recordlänge in Byte
04H	4	ID für Custom-View
08H	4	Tab-Index für aktives Arbeitsblatt (Zählung ab 1)
0CH	16	Global Unique Identifier (GUID) für Custom-View
1CH	4	Horizontale Fensterposition
20H	4	Vertikale Fensterposition
24H	4	Fensterbreite

Offset	Byte	Bedeutung
28H	4	Fensterhöhe
2CH	2	Verhältnis der Breite der Arbeitsblatt-Registerreiter (Tabs) zur Breite der horizontalen Bildlaufleiste (Wert in Dezimalzahl konvertieren und durch 1000 dividieren)
2EH	2	Option-Flags 1
30H	2	Option-Flags 2
32H	2	Zeitintervall für automatische Zusammenführung der Arbeitsblätter
34H	2	reserviert
36H	n	Name benutzerspezifische Ansicht als Unicode-String

Tabelle 3.246 BIFF-Recordtyp 1A9H (Version 8.0)

USERVIEWBEGIN: Custom View Settings (Recordtyp 1AAH, Version 8.0)

Enthält Einstellungen für eine benutzerspezifische Anzeige des Arbeitsblatts (sichert benutzerspezifische Anzeigeoptionen).

Offset	Byte	Bedeutung
00H	4	Recordtyp (AA 01)
02H	2	Recordlänge in Byte
04H	16	GUID für benutzerspezifische Anzeige
14H	4	Tab-Index für aktives Arbeitsblatt (Zählung ab 1)
18H	4	Zoomfaktor Fenster
1CH	4	Index zum Farbwert
20H	4	Seitennummer des aktiven Fensters
24H	4	Optionsflags Bit 0: 1 = Seitenumbrüche anzeigen Bit 1: 1 = Formeln anzeigen (sonst Werte) Bit 2: 1 = Gitterlinien anzeigen Bit 3: 1 = Zeilen-/Spaltentitel anzeigen Bit 4: 1 = Gliederungssymbole (outline) anzeigen Bit 5: 1 = Nullwerte (0) anzeigen (sonst Nullwerte unterdrücken) Bit 6: 1 = Blatt beim Drucken zwischen horizontalen Rändern ausrichten Bit 7: 1 = Blatt beim Drucken zwischen vertikalen Rändern ausrichten Bit 8: 1 = Zeilen- und Spaltenköpfe drucken Bit 9: 1 = Gitterlinien drucken Bit 10: 1 = Fit-To-Option eingeschaltet Bit 11: 1 = mindestens ein Druckbereich im Blatt definiert Bit 12: 1 = nur ein Druckbereich im Blatt definiert Bit 13: 1 = Liste gefiltert Bit 14: 1 = AutoFilter ist aktiv Bit 15–16: reserviert Bit 17: 1 = Fenster vertikal geteilt Bit 18: 1 = Fenster horizontal geteilt

Offset	Byte	Bedeutung
		Bit 19–20: 3 = ausgeblendete Zeilen als Namen definiert Bit 21: 1 = mindestens eine ausgeblendete Spalte im Blatt Bit 22–23: reserviert Bit 24: 1 = Blatt ist Chart Bit 25: 1 = Ansicht enthält gefilterte Liste Bit 26: 1 = Blatt im Vorschaumodus für Seitenumbrüche Bit 27–31: reserviert
28H	4	Referenzstruktur, beschreibt den sichtbaren Bereich im Fenster links oben
2CH	16	Feld, bestehend aus 2-IEEE-Fließkommazahlen, die die vertikale und horizontale Position der Fensterteilung angeben
3CH	2	erste sichtbare Spalte in rechtem Fenster (–1 = keine vertikale Teilung)
3EH	2	erste sichtbare Zeile im unteren Fenster (–1 = keine horizontale Teilung)

Tabelle 3.247 BIFF-Recordtyp 1AAH (Version 8.0)

USERVIEWEND: End of Custom View Records (Recordtyp 1ABH, Version 8.0)

Enddatensatz für eine benutzerspezifische Anzeige des Arbeitsblatts.

Offset	Byte	Bedeutung
00H	4	Recordtyp (AB 01)
02H	2	Recordlänge in Byte
04H	4	1, falls die gesicherten Anzeigeoptionen gültig sind

Tabelle 3.248 BIFF-Recordtyp 1ABH (Version 8.0)

USESELFS: Natural Language Formulas-Flag (Recordtyp 160H, Version 8.0)

Speichert ein Flag.

Offset	Byte	Bedeutung
00H	4	Recordtyp (60 01)
02H	2	Recordlänge in Byte
04H	4	1, falls die Datei mit einer Microsoft Excel-Version gesichert wurde, die natürliche Formulareingabe unterstützt

Tabelle 3.249 BIFF-Recordtyp 160H (Version 8.0)

VCENTER: Vertikal ausrichten (Recordtyp 84H, Version 2.0–8.0)

Der Record enthält eine Angabe darüber, ob das Arbeitsblatt bei der Ausgabe auf dem Drucker zwischen oberem und unterem Druckrand zu zentrieren ist.

Offset	Byte	Bedeutung
00H	4	Recordtyp (84 00)
02H	2	Recordlänge in Byte
04H	2	1: Ausgabe zentrieren

Tabelle 3.250 BIFF-Recordtyp 84H (Version 3.0–8.0)

VERTICALPAGEBREAKS – Seitenwechsel in Spalten (Recordtyp 1AH, Version 2.0–8.0)

Dieser Record enthält eine Liste von expliziten Seitenumbrüchen für einzelne Spalten.

Offset	Byte	Bedeutung
00H	4	Recordtyp (1A 00)
02H	2	Recordlänge in Byte
04H	2	Zahl der Seitenumbrüche (Page Breaks)
06H	n*2	Feld mit den Spaltennummern

Tabelle 3.251 BIFF-Recordtyp 1AH (Version 2.0–8.0)

Ab Offset 06H findet sich ein Feld aus 2-Byte-Werten, in dem die Spaltennummern in aufsteigender Reihenfolge eingetragen sind, in denen explizit ein Seitenumbruch (page break) durchgeführt wird.

WINDOW 1 – Fensterinformationen (Recordtyp 3DH, Version 2.0–8.0)

Dieser Satz speichert die Basisinformationen zu einem EXCEL-Fenster.

Offset	Byte	Bedeutung
00H	4	Recordtyp (3D 00)
02H	2	Recordlänge in Byte
04H	2	horizontale Position des Fensters
06H	2	vertikale Position des Fensters
08H	2	Fensterbreite
0AH	2	Fensterhöhe
0CH	1	Option-Flag Bit 0: 1 = Fenster verborgen 1: 1 = Fenster als Symbol (BIFF5) 2: reserviert 3: 1 = horizontale Bildlaufleiste (BIFF5) 4: 1 = vertikale Bildlaufleiste (BIFF5) 5: 1 = Registerreiter anzeigen (BIFF5) 6–7: reserviert

Offset	Byte	Bedeutung
		nur in BIFF5
0DH	1	reserviert
0EH	2	Index ausgewählter Registerreiter (0–n)
10H	2	Index erster angezeigter Registerreiter
12H	2	Zahl der ausgewählten Registerreiter
14H	2	Verhältnis der Breite der Registerreiter zur Breite der horizontalen Bildlaufleiste

Tabelle 3.252 BIFF-Recordtyp 3DH (Version 2.0–8.0)

Die Fensterkoordinaten und -abmessungen werden in 1/20 Punkt angegeben.

WINDOW 2 – Fensterinformationen (Recordtyp 3EH, Version 2.0–8.0)

Dieser Satz speichert Zusatzinformationen zu einem EXCEL-Fenster. In BIFF2 gilt folgender Satzaufbau:

Offset	Byte	Bedeutung
00H	4	Recordtyp (3E 00)
02H	2	Recordlänge in Byte
04H	1	1: Formelanzeige
05H	1	1: Gitterlinien
06H	1	1: Beschriftung Zeilen und Spalten
07H	1	1: Panes einfrieren
08H	1	1: 0 Werte anzeigen
09H	2	oberste im Fenster sichtbare Reihe
0BH	2	erste sichtbare Spalte
0DH	1	1: Überschriften und Gitter in der Standardfarbe
0EH	4	Farbe Gitter und Spalten-/Zeilenüberschrift

Tabelle 3.253 BIFF-Recordtyp 3EH (Version 2.0)

Ab BIFF 3.0 gilt folgende Recordstruktur:

Offset	Byte	Bedeutung
00H	4	Recordtyp (3E 02)
02H	2	Recordlänge in Byte
04H	2	Option-Flags
06H	2	oberste sichtbare Zeile
08H	2	linke sichtbare Spalte

Offset	Byte	Bedeutung
0AH	2	Farbe Zeilen-/Spaltenüberschrift und Gitter
0CH	2	Zoomfaktor in Seitenumbruch-Vorschau (nur BIFF8)
0EH	2	Zoomfaktor in normaler Anzeige (nur BIFF8)

Tabelle 3.254 BIFF-Recordtyp 23EH (Version 3.0–8.0)

Die beiden letzten Einträge in obiger Tabelle werden erst ab BIFF8 benutzt. Die Option-Flags besitzen folgende Kodierung:

Bit	Bedeutung
0	0: Anzeige Werte 1: Anzeige Formeln
1	1: Anzeige Gitter
2	1: Anzeige Zeilen-/Spaltenüberschriften
3	1: Fenster (Pane) eingefroren
4	1: Anzeige Nullwerte
5	0: Farbdefinition ab Offset 0AH 1: Standardfarbe
6	1: arabische EXCEL-Version
7	1: Anzeige Outline-Symbole
8	1: Outline-Symbole anzeigen (BIFF5) 1: Bereich Fenster eingefroren, aber nicht geteilt (BIFF8)
9	1: Registerreiter des Blatts markiert (BIFF5) 1: Registerreiter des Blatts selektiert (BIFF8)
10	1: Blatt wird aktuell im Fenster der Arbeitsmappe angezeigt(BIFF5–8)
11	1: Blatt wurde im Anzeigemodus Seitenumbruchvorschau gesichert (BIFF8)
12–15	reserviert

Tabelle 3.255 Kodierung des Option-Flag

WINDOWPROTECT – Fenster geschützt (Recordtyp 19H, Version 2.0–8.0)

Dieser Satz definiert, ob der Anzeigebereich (Dokumentfenster) vor Zugriffen geschützt wurde.

Offset	Byte	Bedeutung
00H	4	Recordtyp (19 00)
02H	2	Recordlänge in Byte
04H	2	1 = Dokumentfenster sind geschützt

Tabelle 3.256 BIFF-Recordtyp 19H (Version 2.0–8.0)

WRITEACCESS – Benutzername (Recordtyp 5CH, Version 3.0–8.0)

Dieser Record enthält den Benutzernamen, der bei der Installation von EXCEL eingetragen wurde. Der Record besitzt dabei folgenden Aufbau:

Offset	Byte	Bedeutung
00H	4	Recordtyp (5C 00)
02H	2	Recordlänge in Byte
04H	1	Länge des Namens
05H	x	Username

Tabelle 3.257 BIFF-Recordtyp 5CH (Version 3.0–8.0)

Das Feld wird immer mit Blanks (20H) auf eine Länge von 31 Byte aufgefüllt. In den ersten Bytes steht dann der ASCII-Text mit dem Benutzernamen. Damit läßt sich feststellen, von welchem EXCEL-Benutzer die Arbeitsdatei erstellt wurde. Bei BIFF8 wird ab Offset 4 der Benutzername als unformatierter Unicode-String hinterlegt. Der Name wird mit Leerzeichen aufgefüllt, so daß das Feld immer 112 Bytes umfaßt.

WRITEPROT – Schreibgeschütztes Dokument (Recordtyp 86H, Version 3.0–8.0)

Dieser Record besitzt keine Daten, sondern nur den Recordtyp (2 Byte) und die Länge (2 Byte). Sofern dieser Satz in der Datei auftritt, signalisiert dies, daß das Arbeitsblatt über einen Schreibschutz verfügt. Die eigentlichen Informationen finden sich im FILESHARING-Record.

WSBOOL – Workspace-Info (Recordtyp 81H, Version 3.0–8.0)

Dieser Record enthält zusätzliche Informationen zum Arbeitsbereich. Ab BIFF3 gilt folgende Struktur:

Offset	Byte	Bedeutung
00H	4	Recordtyp (81 00)
02H	2	Recordlänge in Byte
04H	2	Option-Flag

Tabelle 3.258 BIFF-Recordtyp 81H (Version 3.0–8.0)

Das Option-Flag besitzt folgende Kodierung:

Bit	Bedeutung
0	1: Auto-Page-Break-Marken sichtbar
1–3	unbelegt
4	1: Dialog-Arbeitsblatt (BIFF5–8)

Bit	Bedeutung
5	0: Autoformat in Zusammenfassung anwenden
6	1: Zusammenfassung unterhalb der Details
7	1: Spalten Zusammenfassung rechts von den Details anzeigen
8	1: Option »An Seite anpassen« *Ein*
9	1: externe Links speichern *Aus* (bis BIFF4) reserviert in BIFF5
10–11	1: anzuzeigendes Outline-Symbol
12–13	unbelegt (BIFF3, BIFF5–8) 1: Sync Vertical-Option *Ein* (BIFF4) 2: Sync Horizontal-Option *Ein* (BIFF4) 3: beide Sync-Optionen *Ein* (BIFF4)
14	1: Option »*Alternativer Ausdruck auswerten*« Ein (BIFF4, 5–8)
15	1: Option »Alternative Formel« Ein (BIFF4, 5–8)

Tabelle 3.259 Kodierung Option-Flag

Diese Flags lassen sich in verschiedenen Optionsboxen einstellen. In BIFF4 gilt die gleiche Recordstruktur, lediglich die Bits des *Option*-Flag wurden erweitert.

XCT-CRN Record Count (Recordtyp 59H, Version 3.0–8.0)

Dieser Satz enthält einen Zähler mit der Zahl der CRN-Records in der BIFF-Datei.

Offset	Byte	Bedeutung
00H	4	Recordtyp (59 00)
02H	2	Recordlänge in Byte
04H	2	Zahl der CRN-Records
06H	2	Index (0 basiert) zum Registerreiter (Tab) des Blatts, welches mit den CRN-Datensätzen assoziiert ist (nur in BIFF8).

Tabelle 3.260 BIFF-Recordtyp 59H (Version 3.0–8.0)

Der CRN-Record folgt sofort nach dem XCT-Record.

XF – Extended Cell Format (Recordtyp 43H, Version 2.0–8.0)

Dieser Satz enthält die Daten für das erweiterte Zellformat in EXCEL. In BIFF2 gilt folgender Satzaufbau:

Offset	Byte	Bedeutung
00H	4	Recordtyp (43 00)
02H	2	Recordlänge in Byte
04H	1	Index zum FONT-Record
05H	1	Gittercode (für Kanji)

Offset	Byte	Bedeutung
06H	1	Flag Bit 0–5: Index in FORMAT-Record 6 = 1 Zelle gesperrt 7 = 1 Zelle verborgen
07H	2	Flag Ausrichtung Bit 0–2: 0 general 1 left 2 center 3 right 4 fill Bit 3: = 1 Zelle hat linken Rand Bit 4: = 1 Zelle hat rechten Rand Bit 5: = 1 Zelle hat oberen Rand Bit 6: = 1 Zelle hat unteren Rand Bit 7: = 1 Zelle ist schattiert

Tabelle 3.261 BIFF-Recordtyp 43H (Version 2.0)

In BIFF3 gilt dagegen folgende Kodierung des Records:

Offset	Byte	Bedeutung
00H	4	Recordtyp (43 02)
02H	2	Recordlänge in Byte
04H	1	Index zum FONT-Record
05H	1	Index zum FORMAT-Record
06H	2	Flag Bit 0: 1 Zelle gesperrt 1: 1 Zelle verborgen 2: 0 XF für eine Zelle 1 CF für einen Stil 3–9: unbenutzt 10: 1 Number Check Box ist *Aus* 11: 1 Font Check Box ist *Aus* 12: 1 Alignment Check Box ist *Aus* 13: 1 Border Check Box ist *Aus* 14: 1 Pattern Check Box ist *Aus* 15: 1 Protection Check Box ist *Aus*
08H	2	Flag Ausrichtung Bit 0–2: 0 general 1 left 2 center 3 right 4 fill 5 justify 6 center across selection Bit 3: 1 Textumbruch in der Zelle 4–15: Index zum XF-Record

Offset	Byte	Bedeutung
0AH	2	Flags Bit 0–5: Füllmuster 6–10: Index in FarbpaletteVordergrund 1–15: Index in Farbpalette Hintergrund
0CH	2	Flags Bit 0–2: Rahmentyp (obere Linie) 0 kein Rahmen 1 normale Linie 2 mitteldicke Linie 3 gestrichelt (-----) 4 gestrichelt kurz 5 dicke Linie 6 Doppellinie 7 Punktlinie Bit 3–7: Index in Farbpalette, Rahmen oben Bit 8–10: Rahmentyp (linke Seite) Bit 11–15: Index in Farbpalette, linker Rahmen
0EH	2	Flags Bit 0–2: Rahmentyp (untere Linie) Bit 3–7: Index in Farbpalette, Rahmen unten Bit 8–10: Rahmentyp (rechte Seite) Bit 11–15: Index in Farbpalette, rechter Rahmen

Tabelle 3.262 BIFF-Recordtyp 243H (Version 3.0)

In BIFF4 wurde die Struktur nochmals geändert:

Offset	Byte	Bedeutung
00H	4	Recordtyp (43 04)
02H	2	Recordlänge in Byte
04H	1	Index zum FONT-Record
05H	1	Index zum FORMAT-Record
06H	2	Flag Bit 0: 1 Zelle gesperrt 1: 1 Zelle verborgen 2: 0 Cell XF 1 Style XF 3: Alternate Key-Option *Off* 4–15: XF Index
08H	2	Alignment-Flag Bit 0–2: 0 general 1 left 2 center 3 right 4 fill

Offset	Byte	Bedeutung
		Bit 3: 1 Wrap Text in Cell Bit 4–5: Vertical Alignment 0 top 1 center 2 bottom Bit 6–7: Text Orientation 0 no rotation 1 top to bottom (letters upright) 2 rotate 90 degree counterclockwise 3 rotate 90 degree counterclockwise Bit 8–9: unbenutzt
		Folgende Bits zeigen eine geänderte Option zum Parent XF-Record an: Bit 10: Index FORMAT-Record Bit 11: Index FONT-Record Bit 12: Alignment oder Text-Wrap-Feld Bit 13: Border Line-Field Bit 14: Pattern-Field Bit 15: Hidden- oder Locked-Field
0AH	2	Flags Bit 0–5: Füllmuster 6–10: Index in Farbpalette Vordergrund 11–15: Index in Farbpalette Hintergrund
0CH	2	Flags Bit 0–2: Rahmentyp (obere Linie) 0 kein Rahmen 1 normale Linie 2 mitteldicke Linie 3 gestrichelt (-----) 4 gestrichelt kurz 5 dicke Linie 6 Doppellinie 7 Punktlinie
		Bit 3–7: Index in Farbpalette Rahmen oben Bit 8–10: Rahmentyp (linke Seite) Bit 11–15: Index in Farbpalette linker Rahmen
0EH	2	Flags Bit 0–2: Rahmentyp (untere Linie) Bit 3–7: Index in Farbpalette Rahmen unten Bit 8–10: Rahmentyp (rechte Seite) Bit 11–15: Index in Farbpalette rechter Rahmen

Tabelle 3.263 BIFF-Recordtyp 443H (Version 4.0)

Der Satz erweitert die Formatbeschreibung für eine oder mehrere Zellrecords der BIFF-Datei. Ab BIFF5 werden zusätzliche Flags belegt. Die Struktur ist in folgender Tabelle enthalten.

Offset	Byte	Bedeutung
00H	4	Recordtyp (43 00)
02H	2	Recordlänge in Byte
04H	2	Index zum FONT-Record
06H	2	Index zum FORMAT-Record
08H	2	Flags Bit 0: 1 Zelle gesperrt 1: 1 Zelle verborgen 2: 0 XF für Zelle 1 XF für Stil 3: 123-Prefix-Flag 4–15: Index auf Parent XF-Record
0AH	2	Flags Bit 0–2: Ausrichtung 0 general 1 left 2 center 3 right 4 fill Bit 3: 1 Textumbruch in Zelle Bit 4–6: Vertikale Ausrichtung 0 top 1 center 2 bottom 3 justify Bit 7: reserviert (für asiatische Versionen) Bit 8–9: Textausrichtung Zelle 0 keine Rotation 1 Text von oben nach unten 2 um 90 Grad gegen Uhrzeigersinn 3 um 90 Grad im Uhrzeigersinn
		Folgende Bits zeigen eine geänderte Option zum Parent XF-Record an: Bit 10: Index FORMAT-Record Bit 11: Index FONT-Record Bit 12: Feld Ausrichtung oder Textumbruch Bit 13: Border Line-Feld Bit 14: Pattern-Feld Bit 15: Hidden- oder Locked-Feld
0CH	2	Bit 0–6: Index in Farbpalette der Vordergrundfarbe Füllmuster 7–12: Index in Farbpalette für den Hintergrund des Füllmusters 13: 1= XF-Record gehört zu einer Pivot-Tabelle 14–15: reserviert
0EH	2	Bit 0–5: Füllmuster 6–8: Stil Rahmenlinie untere Linie 0 kein Rahmen 1 normale Linie 2 mitteldicke Linie

Offset	Byte	Bedeutung
		3 gestrichelt (-----) 4 gestrichelt kurz 5 dicke Linie 6 Doppellinie 7 Punktlinie 9–15: Index in Farbpalette unterer Rand
10H		Bit 0–2: Stil Rahmenlinie obere Linie 3–5: Stil Rahmenlinie linke Linie 6–8: Stil Rahmenlinie rechte Linie Bit 9–15: Index in Farbpalette oberer Rand
12H	2	Bit 0–6: Index in Farbpalette linker Rand Bit 8–13: Index in Farbpalette rechter Rand Bit 14–15: reserviert

Tabelle 3.264 BIFF-Recordtyp 43H (Version 5.0–8.0)

STYLE XF-Record (Recordtyp 243H, Version 3.0)

Für Style XF-Records gilt in BIFF3 folgende Kodierung:

Offset	Byte	Bedeutung
00H	4	Recordtyp (43 02)
02H	2	Recordlänge in Byte
04H	1	Index zum FONT-Record
05H	1	Index zum FORMAT-Record
06H	2	Flag Bit 0: 1 Zelle gesperrt 1: 1 Zelle verborgen 2: 1 Stil zugeordnet 3–9: unbenutzt 10: 1 Number-Option Aus 11: 1 Font-Option Aus 12: 1 Alignment-Option Aus 13: 1 Border-Option Aus 14: 1 Pattern-Option Aus 15: 1 Protection-Option Aus
08H	2	Flag horizontale Ausrichtung Bit 0–2: 0 general 1 left 2 center 3 right 4 fill Bit 3: 1 Textumbruch in Zelle 4–15: FFHF0H
0AH	2	Flags Bit 0–5: Füllmuster
		6–10: Index in Farbpalette Vordergrund 11–15: Index in Farbpalette Hintergrund

Offset	Byte	Bedeutung
0CH	2	Flag Bit 0–2: Rahmentyp (obere Linie) 0 kein Rahmen 1 normale Linie 2 mitteldicke Linie 3 gestrichelt (-----) 4 gestrichelt kurz 5 dicke Linie 6 Doppellinie 7 Punktlinie Bit 3–7: Index in Farbpalette Rahmen oben Bit 8–10: Rahmentyp (linke Seite) Bit 11–15: Index in Farbpalette linker Rahmen
0EH	2	Flag Bit 0–2: Rahmentyp (untere Linie) Bit 3–7: Index in Farbpalette Rahmen unten Bit 8–10: Rahmentyp (rechte Seite) Bit 11–15: Index in Farbpalette rechter Rahmen

Tabelle 3.265 BIFF-Recordtyp 243H Style XF-Record (Version 3.0)

In BIFF4 besitzt der Style XF-Record folgende Struktur:

Offset	Byte	Bedeutung
00H	4	Recordtyp (43 04)
02H	2	Recordlänge in Byte
04H	1	Index zum FONT-Record
05H	1	Index zum FORMAT-Record
06H	2	Flag Bit 0: 1 Zelle gesperrt 1: 1 Zelle verborgen 2: 0 Cell XF 1 Style XF 3: Alternate Key-Option *Aus* 4–15: FFF0H
08H	2	Flag Ausrichtung Bit 0–2: 0 general 1 left 2 center 3 right 4 fill 5 justify 6 center across selection Bit 3: 1 Textumbruch in Zelle Bit 4–5: vertikale Ausrichtung 0 top 1 center 2 bottom

Offset	Byte	Bedeutung
		Bit 6–7: Textausrichtung 0 keine Rotation 1 von oben nach unten 2 Rotiert um 90 Grad (im Uhrzeigersinn) 3 Rotiert um 90 Grad (gegen Uhrzeigersinn) Bit 8–9: unbenutzt Bit 10: Number-Option Aus Bit 11: Font-Option Aus Bit 12: Alignment-Option Aus Bit 13: Border-Option Aus Bit 14: Pattern-Option Aus Bit 15: Protect-Option Aus
0AH	2	Flag Bit 0–5: Füllmuster 6–10: Index in Farbpalette Vordergrund 11–15: Index in Farbpalette Hintergrund
0CH	2	Flags Bit 0–2: Rahmentyp (obere Linie) 0 kein Rahmen 1 normale Linie 2 mitteldicke Linie 3 gestrichelt (-----) 4 gestrichelt kurz 5 dicke Linie 6 Doppellinie 7 Punktlinie Bit 3–7: Index in Farbpalette Rahmen oben Bit 8–10: Rahmentyp (linke Seite) Bit 11–15: Index in Farbpalette linker Rahmen
0EH	2	Flag Bit 0–2: Rahmentyp (untere Linie) Bit 3–7: Index in Farbpalette Rahmen unten Bit 8–10: Rahmentyp (rechte Seite) Bit 11–15: Index in Farbpalette rechter Rahmen

Tabelle 3.266 BIFF-Recordtyp 443H (Version 4.0)

Ab BIFF5 werden zusätzliche Flags belegt. Die Struktur ist in folgender Tabelle enthalten.

Offset	Byte	Bedeutung
00H	4	Recordtyp (43 00)
02H	2	Recordlänge in Byte
04H	2	Index zum FONT-Record
06H	2	Index zum FORMAT-Record

Offset	Byte	Bedeutung
08H	2	Flag Bit 0: 1 Zelle gesperrt 1: 1 Zelle verborgen 2: 0 XF für Zelle 1 XF für Stil 3: 0 4–15: FFF
0AH	2	Flags Bit 0–2: Ausrichtung 0 general 1 left 2 center 3 right 4 fill 5 justify 6 center (in Markierung) Bit 3: 1 Textumbruch in Zelle Bit 4–6: vertikale Ausrichtung 0 top 1 center 2 bottom 3 justify Bit 7: reserviert (für asiatische Versionen) Bit 8–9: Textausrichtung Zelle 0 keine Rotation 1 Text von oben nach unten 2 um 90 Grad gegen Uhrzeigersinn 3 um 90 Grad im Uhrzeigersinn
		Folgende Bits zeigen eine geänderte Option zum Parent XF-Record an: Bit 10: 0 Stil enthält Zahlenformat Bit 11: 0 Stil enthält Font Bit 12: Feld Ausrichtung oder Textumbruch Bit 13: Border Line-Feld Bit 14: Pattern-Feld Bit 15: Stil umfaßt Protection
0CH	2	Bit 0–6: Index in Farbpalette der Vordergrundfarbe Füllmuster 7–12: Index in Farbpalette für den Hintergrund des Füllmusters 13: 0 14–15: reserviert
0EH	2	Bit 0–5: Füllmuster 6–8: Stil Rahmenlinie untere Linie 0 kein Rahmen 1 normale Linie 2 mitteldicke Linie 3 gestrichelt (-----) 4 gestrichelt kurz 5 dicke Linie 6 Doppellinie 7 Punktlinie 9–15: Index in Farbpalette unterer Rand

Offset	Byte	Bedeutung
10H		Bit 0–2: Stil Rahmenlinie obere Linie Bit 3–5: Stil Rahmenlinie linke Linie Bit 6–8: Stil Rahmenlinie rechte Linie Bit 9–15: Index in Farbpalette oberer Rand
12H	2	Bit 0–6: Index in Farbpalette linker Rand Bit 8–13: Index in Farbpalette rechter Rand Bit 14–15: reserviert

Tabelle 3.267 BIFF-Recordtyp 43H (Version 5.0)

1904 – Datumsformat (Recordtyp 22H, Version 2.0–8.0)

Dieser Recordtyp spezifiziert das Datumssystem, welches im EXCEL-Dokument benutzt wird.

Offset	Byte	Bedeutung
00H	4	Recordtyp (22 00)
02H	2	Recordlänge in Byte
04H	2	1 = 1904 Datumssystem benutzen

Tabelle 3.268 BIFF-Recordtyp 22H (Version 2.0–8.0)

Das Datumssystem läßt sich in EXCEL über das Eigenschaftenfenster *Optionen* einstellen.

Anmerkung: Weitere Satztypen sind für Arbeitsblätter und Charts definiert. Von Microsoft gibt es ein Excel Software Development Kit. Die gedruckte Form ist nach den Informationen des Autors leider nicht mehr verfügbar. Von Microsoft kann aber die Formatbeschreibung zum Excel 97-Format angefordert werden (Details zu diesen Modalitäten finden Sie im Web unter *http://msdn.microsoft.com*, indem Sie nach dem Excel-Dateiformat suchen). Excel 2000 sichert die Daten im BIFF8-Format. Allerdings wird Microsoft zukünftig XML als Format zur Datenspeicherung favorisieren.

4 Quattro Pro 3.0-Dateiformat (WQ1)

Quattro Pro ist das Tabellenkalkulationsprogramm der Firma Borland (das Produkt wurde zwischenzeitlich aber von der Firma Corel aufgekauft). Das Dateiformat von Quattro Pro basiert auf den in Lotus 1-2-3 eingeführten Recordtypen (wobei jedoch weitere Satzarten definiert wurden). Viele der von Lotus 1-2-3 übernommenen Recordtypen besitzen in Quattro Pro den gleichen Aufbau. Abweichungen gibt es bei formatierten Strings (in Lotus 1-2-3 werden nullterminierte Strings benutzt, während Quattro Pro ein Längenbyte vor dem String verwendet). Die Spreadsheet-Dateien erhalten ab Quattro Pro, Version 1.0, die Erweiterung .WQ1.

Der Recordaufbau

Der Recordaufbau ist in den verschiedenen Quattro Pro-Versionen gleich und lehnt sich an die Lotus 1-2-3 WKS-Formate an. Die Records besitzen in den WQ1-Dateien eine unterschiedliche Länge, die durch den Recordtyp bestimmt wird. Alle Records besitzen die folgende Struktur:

```
<Recordtyp><Recordlänge><Datenbereich>
```

Der Recordtyp umfaßt immer zwei Bytes. Daran schließen sich zwei Bytes an, die die Zahl der Folgebytes im Datensatz spezifizieren. Hierbei darf die Längenangabe auch 0 sein. Ab Offset 04H kommt dann eine Sequenz variabler Länge, die die eigentlichen Daten des Satzes im Binärformat enthält. Der Aufbau des Datenbereichs hängt dabei vom jeweiligen Recordtyp ab.

Die Quattro Pro-Recordtypen

Nachfolgend werden die verschiedenen Recordtypen aufgelistet. Eine WQ1-Datei beginnt dabei mit einem BOF-Record und wird mit einem EOF-Record abgeschlossen.

BOF (Opcode 0000H)

Dieser Feldtyp markiert den Beginn einer gültigen WKS-/WK1-Datei. Der Record besitzt folgenden Aufbau:

Offset	Bytes	Bedeutung
00	2	Opcode BOF = 0000H
02	2	Länge = 0002H
04	2	Versionsnummer (5120H für WQ1-Dateien)

Tabelle 4.1 Quattro Pro-Recordstruktur (Opcode 0000H)

Der Datenbereich umfaßt zwei Bytes, in denen der Versionscode abgelegt ist. Dieser ist bei WQ1-Dateien immer mit dem Wert 5120H belegt (d.h., der Record besitzt die Bytefolge 00 00 02 00 20 51).

EOF (Opcode 0001H)

Dieser Record bildet den Abschluß einer WQ1-Datei und besitzt folgenden Aufbau:

Offset	Bytes	Bedeutung
00	2	Opcode EOF = 0001H
02	2	Länge = 0000H

Tabelle 4.2 Quattro Pro-Recordstruktur (Opcode 0001H)

Der Satz ist lediglich 4 Bytes lang, d.h., es existiert kein Datenbereich.

CALC_MODE (Opcode 0002H)

In Quattro Pro kann der Anwender festlegen, ob eine Neuberechnung der Ergebnisse automatisch nach jeder Eingabe (Standardeinstellung) oder erst auf manuelle Anforderung hin stattfindet. Der Berechnungsmodus wird in einem eigenen Record in der Datendatei mit gespeichert. Der Satz besitzt folgenden Aufbau:

Offset	Bytes	Bedeutung
00	2	Opcode CALC_MODE = 0002H
02	2	Länge = 0001H
04	1	Berechnungsmodus 00H = manuelle Neuberechnung 01H = im Hintergrund (Standard) FFH = automatische Neuberechnung

Tabelle 4.3 Quattro Pro-Recordstruktur (Opcode 0002H)

Standardmäßig enthält das Datenbyte den Wert 01H für eine Neuberechnung im Hintergrund.

CALC_ORDER (Opcode 0003H)

Bei jeder Berechnung der Ergebnisse läßt sich festlegen, in welcher Reihenfolge die Formeln in der Tabelle bearbeitet werden. Diese Einstellung wird ebenfalls in einem Satz mit folgendem Aufbau gesichert:

Offset	Bytes	Bedeutung
00	2	Opcode CALC_ORDER Opcode = 0003H
02	2	Länge = 0001H
04	1	Berechnungsmodus 00H = natürliche Reihenfolge 01H = spaltenweise Berechnung FFH = zeilenweise Berechnung

Tabelle 4.4 Quattro Pro-Recordstruktur (Opcode 0003H)

Bei der spaltenweisen Berechnung (Code 01) werden erst die Formeln der betreffenden Spalte abgearbeitet. Anschließend beginnt Quattro Pro mit der Berechnung der Formeln der folgenden Spalte.

WINDOW_SPLIT (Opcode 0004H)

Quattro Pro erlaubt die Aufteilung des Bildschirms in zwei Hälften (horizontal/vertikal). In Abhängigkeit vom gesetzten Modus wird ein *Kennbyte* in einem Record mit folgender Struktur abgespeichert:

Offset	Bytes	Bedeutung
00	2	Opcode Window_Split = 0004H
02	2	Länge = 0001H
04	1	Splitcode 00H = kein Split (Standard) 01H = vertikaler Split FFH = horizontaler Split

Tabelle 4.5 Quattro Pro-Recordstruktur (Opcode 0004H)

Standardmäßig wird der Wert 00H im Datenfeld gespeichert. Nur bei aufgeteiltem Bildschirm (*Split*) finden sich die Codes 01H oder FFH im Datenbyte.

CURSOR_SYNC (Opcode 0005H)

Dieser Feldtyp spezifiziert, ob die Synchronisation der Cursorbewegungen innerhalb eines Fensters ein- oder ausgeschaltet ist. Der Record besitzt folgenden Aufbau:

Offset	Bytes	Bedeutung
00	2	Opcode CURSOR_SYNC = 0005H
02	2	Länge = 0001H
04	1	Code 00H: Fenster nicht synchronisiert FFH: Fenster synchronisiert

Tabelle 4.6 Quattro Pro-Recordstruktur (Opcode 0005H)

Das Datenfeld umfaßt ein Byte mit dem Code. Standardmäßig wird der Wert FFH in diesem Datensatz hinterlegt.

SAVE_RANGE (Opcode 0006H)

Mit dem Satz wird in Quattro Pro der Bereich (RANGE) der in der Datei zu speichernden Zellen spezifiziert, wobei in der Regel das komplette Kalkulationsblatt gesichert wird. Es gilt folgender Aufbau:

Offset	Bytes	Bedeutung
00	2	Opcode SAVE_RANGE = 0006H
02	2	Länge = 0008H
04	2	Start Spalte (*Column*)
06	2	Start Zeile (*Row*)
08	2	Ende Spalte (*Column*)
0A	2	Ende Zeile (*Row*)

Tabelle 4.7 Quattro Pro-Recordstruktur (Opcode 0006H)

Im Datenfeld werden die obere linke Ecke (Zeile/Spalte) und die untere rechte Ecke abgelegt. Die Zählung der Spalte A beginnt dabei mit 00. Die Zeile 1 wird ebenfalls mit dem Wert 00 festgelegt. Ein Kalkulationsblatt, welches die Zellen A1 bis B5 belegt, besitzt dann die Werte 06 00 08 00 00 00 00 01 00 04 00 im Datensatz. Zu beachten ist, daß Quattro Pro die Spalten- und Zeilenadressen als 16-Bit-Nummern ablegt (das LSB wird dabei zuerst gespeichert). Beim Abspeichern der Zellen werden leere Felder am Ende einer Spalte oder Zeile nicht berücksichtigt. Sind keine Daten in dem mit *Range* bezeichneten Bereich vorhanden, erzeugt Quattro Pro den Datensatz 06 00 08 00 00 00 00 FF FF FF FF. Der Satztyp 06H findet sich in der Regel direkt nach dem BOF-Record.

WINDOW1 (Opcode 0007H)

In Quattro Pro lassen sich zwei Fenster definieren: Unter dem Opcode 07H wird die Einstellung des ersten Fensters (WINDOW1) abgespeichert. Es gilt folgender Satzaufbau:

Offset	Bytes	Bedeutung
00	2	Opcode WINDOW1 = 0007H
02	2	Länge 0026H (38 Byte)
04	2	Spalte aktuelle Cursorposition
06	2	Zeile aktuelle Cursorposition
08	1	Zellformat (F1H)
09	1	unbelegt (00)
0A	2	globale Spaltenbreite
0C	2	Zahl der Spalten auf dem Bildschirm
0E	2	Zahl der Zeilen auf dem Bildschirm
10	2	linke Bildschirmspalte
12	2	oberste Zeilennummer
14	2	Zahl der Titelspalten
16	2	Zahl der Titelzeilen
18	2	linke Spalte, an der der Titel beginnt

Offset	Bytes	Bedeutung
1A	2	oberste Zeile, an der der Titel beginnt
1C	2	Koordinate linke Spalte
1E	2	Koordinate oberste Zeile
20	2	Breite des Fensters in Zeichen
22	1	unbelegt
23	1	letzte Zeile partiell anzeigen (partially display last row = 00)
24	2	Zeilenzahl der Anzeige 20 CGA 23 VGA
26	2	Zeilenzahl im Titel (00)
28	1	Zeilen- und Spaltentitel anzeigen (01)
29	1	Map-View (00)

Tabelle 4.8 Quattro Pro-Recordstruktur (Opcode 0007H)

Die Angaben in der Spalte *Offset* erfolgen in der Hexadezimalnotation. Alle 16-Bit-Werte enthalten das LSB im ersten Byte. In den beiden ersten Worten speichert Quattro Pro die Informationen über die aktuelle Cursorposition im Arbeitsblatt. Ab Offset 08H findet sich ein Byte mit der Kodierung des Zellformats im Arbeitsblatt. Dieses Byte besitzt folgenden Aufbau:

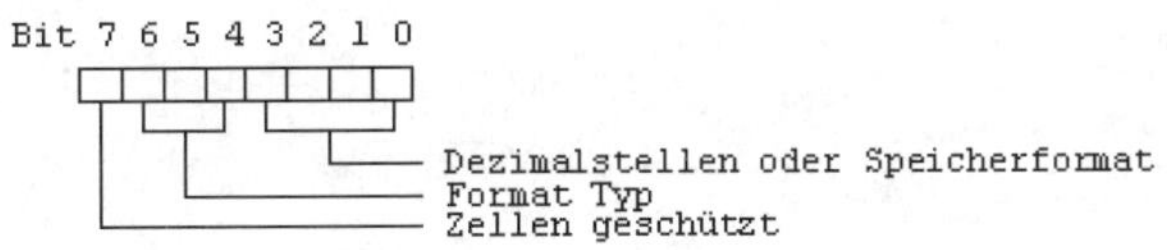

Abbildung 4.1 Kodierung Quattro Pro-Zellformat

Das oberste Bit gibt an, ob die Zellen innerhalb des Fensters für Schreibzugriffe gesperrt (*protected*) sind. Dabei gilt folgende Kodierung:

Bit 7	Funktion
1	protected (Standard)
0	unprotected

Tabelle 4.9 Kodierung Zellschutz in Quattro Pro

In den Bits 4 bis 6 wird eine dreistellige Binärzahl mit dem Formattyp der Wertedarstellung geführt. Die Nomenklatur dazu sieht so aus:

Bit 654	Format
000	Festkommaformat (*fixed*)
001	Exponentdarstellung (*scientific notation*)

Bit 654	Format
010	Währungsdarstellung (*currency*)
011	Prozent
100	Komma
101	Datumsformat für Zelleinträge
110	frei
111	Spezialformat

Tabelle 4.10 Kodierung der Bits 4–6 in Quattro Pro

Für die Formattypen 0 bis 4 spezifizieren die restlichen Bits 0 bis 3 die Zahl der Dezimalstellen (zwischen 0 und 15). Der Formattyp 5 repräsentiert ein spezielles Format, das mit den Bits 0 bis 3 noch näher spezifiziert wird.

Bit 3210	Format
0000	unbenutzt
0001	Datumsformat: Tag, Monat, Jahr
0010	Datumsformat: Tag, Monat
0011	Datumsformat: Monat, Jahr
0100	Datum; Long International
0101	Datum; Short International
0110	Zeitformat: Stunde, Minute, Sekunde
0111	Zeitformat: Stunde, Minute
1000	Zeit; Long International
1001	Zeit; Short International
1010	unbelegt
1011	unbelegt
1100	unbelegt
1101	unbelegt
1110	unbelegt
1111	unbelegt

Tabelle 4.11 Kodierung des Spezialformats für den Formattyp 5

Der Formattyp 7 repräsentiert ebenfalls ein spezielles Format, welches in den Bits 0 bis 3 noch näher spezifiziert wird.

Bit 3210	Format
0000	+/–
0001	generelles Format

Bit 3210	Format
0010	Datumsformat: Tag, Monat, Jahr
0011	Datumsformat: Tag, Monat
0100	Datumsformat: Monat, Jahr
0101	Textformate
0110	hidden
0111	Zeitformat: Stunde, Minute, Sekunde
1000	Zeitformat: Stunde, Minute
1001	Datum; Long International
1010	Datum; Short International
1011	Zeit; Long International
1100	Zeit; Short International
1101	unbelegt
1110	unbelegt
1111	Standarddarstellung

Tabelle 4.12 Kodierung des Spezialformates für den Formattyp 7

In den restlichen Wörtern finden sich weitere Informationen über das Bildschirmfenster wie beispielsweise die Spaltenbreite, die Spaltenzahl des Bildschirms etc. An den Record schließen sich die folgenden Records *Column_Width*-Record (08H), *Hidden_Vector1*-Record (64H) und WINDOW2-Record (09H) an.

COLUMN_WIDTH_1 (Opcode 0008H)

Mit diesem Satz wird in Quattro Pro die Spaltenbreite in Fenster 1 spezifiziert. Es gilt folgender Satzaufbau:

Offset	Bytes	Bedeutung
00	2	Opcode COLUMN_WIDTH_1 = 0008H
02	2	Länge = 0003H
04 06	2 1	Spaltennummer (16 Bit) Breite der Spalte

Tabelle 4.13 Quattro Pro-Recordstruktur (Opcode 0008H)

Im Datensatz für die WINDOW1-Definition gibt es bereits einen Eintrag für die Spaltenbreite. Dieser Wert bezieht sich jedoch auf alle Spalten des Rechenblatts, während sich mit dem Record 08H die Breiten verschiedener Spalten angeben lassen. Im ersten Wort steht dabei die betreffende Spaltennummer (LSB zuerst!). Das folgende Byte gibt die Breite der Spalte in Zeichen an. Der Satztyp wird lediglich dann angelegt, wenn einzelne Spalten von der globalen Definition abweichen.

WINDOW2 (Opcode 0009H)

Der Record sichert in Quattro Pro die Einstellung des zweiten Fensters. Es gilt der gleiche Satzaufbau wie bei WINDOW1 (Opcode 07H).

COLUMN_WIDTH_2 (Opcode 000AH)

Falls ein WINDOW2 gesichert wurde, besteht die Möglichkeit, die Spaltenbreite individuell vorzugeben. Für das WINDOW2 werden diese Definitionen im Satztyp COLUMN_WIDTH_2 (Opcode 0AH) gespeichert. Er besitzt den gleichen Aufbau wie der Satztyp COLUMN_WIDTH_1 (Opcode 08H).

NAME (Opcode 000BH)

Mit dem Satz läßt sich der Name eines Bereichs (RANGE) in Quattro Pro speichern. Es gilt folgende Struktur:

Offset	Bytes	Bedeutung
00	2	Opcode NAME = 000BH
02	2	Länge = 0018H (24 Bytes)
04 05	1 15	Stringlänge Name als ASCII-String
14 16 18 1A	2 2 2 2	Startspalte Range Startzeile Range Endspalte Range Endzeile Range

Tabelle 4.14 Quattro Pro-Recordstruktur (Opcode 000BH)

Jedem markierten Bereich (RANGE) läßt sich in Quattro Pro ein Name zuweisen. Der Name darf bis zu 15 Zeichen umfassen, wobei die Zahl der gültigen Zeichen ab Offset 04H angegeben wird. (Hier weicht Quattro Pro von Lotus 1-2-3 ab, da in WK1-Dateien ASCIIZ-Strings benutzt werden.) Daran schließen sich die Start- und Endekoordinaten des Bereichs an. Für jeden markierten Bereich muß ein eigener Satz gespeichert werden.

BLANK (Opcode 000CH)

Normalerweise speichert Quattro Pro leere Zellen nicht mit ab, so daß geschützte oder formatierte Leerzellen beim Speichern eigentlich verlorengehen. Die Satzart 0CH sichert leere geschützte Zellen und besitzt folgende Struktur:

Offset	Bytes	Bedeutung
00	2	Opcode BLANK = 000CH
02	2	Länge = 0005H

Offset	Bytes	Bedeutung
04 05 07	1 2 2	Formatbyte (siehe Abbildung 4.1) Spaltennummer Zeilennummer

Tabelle 4.15 Quattro Pro-Recordstruktur (Opcode 000CH)

Im ersten Datenbyte speichert Quattro Pro die Kodierung für die Formatierung (vorgestellt in Tabelle 4.9 bis 4.11 beim WINDOW1-Record). Anschließend folgen zwei Worte mit den Koordinaten der Zelle.

INTEGER (Opcode 000DH)

Direkt eingegebene Ganzzahlen (Integer) werden aus dem Rechenblatt in die Datei übernommen. Der Record besitzt folgende Struktur:

Offset	Bytes	Bedeutung
00	2	Opcode INTEGER = 000DH
02	2	Länge = 0007H
04 05 07 09	1 2 2 2	Formatbyte (siehe Abbildung 4.1) Spaltennummer Zeilennummer Integerwert

Tabelle 4.16 Quattro Pro-Recordstruktur (Opcode 000DH)

Der Satz besitzt insgesamt 7 Datenbytes, wobei im ersten Byte das *Zahlenformat* abgelegt wird. Die Kodierung ist in den Tabellen 4.9 bis 4.11 (siehe WINDOW1) aufgeführt. In den folgenden Wörtern steht die Position der Zelle mit dem Integerwert. Anschließend folgt ein 16-Bit-Wort, das dann den Integerwert enthält. Das oberste Bit gibt an, ob der Wert *positiv* (Bit = 0) oder *negativ* (Bit = 1) ist. In einer Integerzahl läßt sich somit ein Wertebereich zwischen –32768 und +32767 abbilden.

NUMBER (Opcode 000EH)

Mit diesem Recordtyp sichert Quattro Pro Fließkommazahlen. Der Record besitzt folgende Struktur:

Offset	Bytes	Bedeutung
00	2	Opcode NUMBER = 000EH
02	2	Länge = 000DH (13 Datenbytes)
04 05 07 09	1 2 2 8	Formatbyte (siehe Abbildung 4.1) Spaltennummer Zeilennummer 64-Bit-IEEE-Fließkommazahl

Tabelle 4.17 Quattro Pro-Recordstruktur (Opcode 000EH)

Der Satz besitzt insgesamt 13 Datenbyte, wobei im ersten Byte das Format der Zahl abgelegt wird. Die Kodierung ist in den Tabellen 4.9 bis 4.11 (siehe WINDOW1) aufgeführt. In den folgenden Wörtern steht die Position der Zelle, die den Fließkommawert (*Realwert*) enthält. Daran schließen sich 8 Bytes an, in denen der Wert als 64-Bit-IEEE-Fließkommazahl gespeichert wird. Diese Darstellung entspricht der Kodierung des 8087-Formats. Intern benutzt Quattro Pro eine eigene Darstellung.

Offset	Bytes	Bedeutung
00	1	Vorzeichen der Zahl 0 = positive Zahl –1 = negative Zahl (–1 = FFH) 2 = Bereichsbyte (*Range*) 3 = Zeichenbyte (*String*)
01	2	Exponentbyte, vorzeichenbehafteter Integerwert
03	8	64 Bit vorzeichenloser Nachkommateil der Zahl

Tabelle 4.18 Quattro Pro-Fließkommadarstellung

Im ersten Byte findet sich gemäß Tabelle 4.18 ein Wert, der spezifiziert, wie die nachfolgende Zahl zu interpretieren ist. Mit den Codes 2 und 3 werden Range- und Stringwerte markiert. Liegt in der betreffenden Zelle der Wert ERR vor, belegt Quattro Pro die 11 Byte mit folgender Signatur:

Offset	Wert
00	ERR = 0; NA = –1
01–02	2047 = 0FFFH
03–10	8 * 0

Tabelle 4.19 Interne Darstellung der Werte ERR und NA

Der Wert ERR enthält im ersten Byte die Signatur 0, während das Exponentenwort mit 0FFFH belegt wird. Die 8 Bytes der Mantisse werden auf 0 gesetzt. Ähnliches gilt für den Code NA (*not available*). Hier wird lediglich das erste Byte auf den Wert –1 gesetzt.

LABEL (Opcode 000FH)

Statische Texte in den Zellen eines Kalkulationsblatts werden durch Quattro Pro in Labels gespeichert. In den WQ1-Dateien existiert ein eigener Satztyp mit folgendem Aufbau zur Ablage der Texte:

Offset	Bytes	Bedeutung
00	2	Opcode LABEL = 000FH
02	2	Länge = 00xxH (variabel bis zu 245 Byte)
04	1	Formatbyte (siehe Abbildung 4.1)

Offset	Bytes	Bedeutung
05	2	Spaltennummer
07	2	Zeilennummer
09	1	Label Format-Prefix 22H Right Alignment 27H Left Alignment 5CH Repeating Character 5EH Center Alignment 7CH Printer Command String
0A	1	Stringlänge
0B	7–239	ASCII-String mit LABEL-Text

Tabelle 4.20 Quattro Pro-Recordstruktur (Opcode 000FH)

Der Datensatz besitzt eine variable Länge – sie richtet sich nach der Größe des Labeltextes (maximal 239 Zeichen). Im ersten Datenbyte steht das Formatbyte mit der Kodierung gemäß den Tabellen 4.9 bis 4.11. Daran schließen sich zwei Worte mit der Spalten- und Zeilennummer an. Das Byte ab Offset 09H definiert das Format für den jeweiligen Labeltext. Ab Offset 0AH folgt ein Längenbyte, welches festlegt, wie viele Zeichen der folgende String besitzt. Ab Offset 0BH beginnt der eigentliche Text, der maximal 239 Byte lang sein darf.

FORMULA (Opcode 0010H)

Eine Zelle kann in Quattro Pro eine Berechnungsformel enthalten. Diese Formel wird gemäß dem folgenden Format in einen Satz mit dem Opcode 10H gespeichert:

Offset	Bytes	Bedeutung
00	2	Opcode FORMULA = 0010H
02	2	Länge = xxxxH (variabel bis zu 2064 Byte)
04	1	Formatbyte (siehe Bild 4.1)
05	2	Spaltennummer Bit 15: 0: absolute Zellreferenz 1: relative Zellreferenz
07	2	Zeilennummer Bit 15: 0: absolute Zellreferenz 1: relative Zellreferenz
09	8	Formelergebnis als 64-Bit-IEEE-Long Real
0B	2	Länge der Formel in Byte
0C	15–2063	Formelcode (max. 2048 Byte)

Tabelle 4.21 Quattro Pro-Recordstruktur (Opcode 0010H)

Im Datenfeld wird zuerst das Formatbyte für die Zelle gemäß der Kodierung der Tabellen 4.9 bis 4.11 gespeichert. Daran schließen sich die Koordinaten für die Zelle als zwei 16-Bit-Werte an. Bit 15 steuert jeweils, ob diese Koordinaten absolut oder relativ angegeben werden. Ab Offset 09H findet sich das Ergebnis der Berechnungsformel als 8-Byte-IEEE-Fließkommazahl mit doppelter Genauigkeit. Die Länge der Formel in Byte steht im folgenden Wort. Den Abschluß des Datenfeldes bildet der Formelcode. Die Länge des Datensatzes variiert zwischen 23 und 2064 Byte, wobei die Formel eine Länge zwischen 15 und 2048 Byte umfassen darf. Quattro Pro setzt eine eingegebene Formel direkt in die umgekehrte polnische Notation um. Jeder Eintrag in dieser Formel wird durch einen eigenen Funktionscode mit zugehörigem Datenfeld dargestellt:

```
"Code,Datenfeld", ... ,"Code,Datenfeld"
```

Der Code umfaßt ein Byte und spezifiziert den Typ des dargestellten Operators (Variable, Konstante, Klammer, Addition etc.). Daran schließen sich die Daten für diesen Operator an. Hierbei gilt folgende Kodierung:

Code	Bytes	Bedeutung
00H	1 8	Konstante 64-Bit-Long-Real-Zahl
01H	1 2 2	Variable Spaltennummer (LSB zuerst) Zeilennummer (LSB zuerst)
02H	1 2 2 2 2	Range Start Spaltennummer (LSB zuerst) Start Zeilennummer (LSB zuerst) Ende Spaltennummer (LSB zuerst) Ende Zeilennummer (LSB zuerst)
03H	1	Ende der Formel (Return)
04H	1	Klammer
05H	1 2	Integerkonstante 16-Bit-Integerwert
06H	1 x	Stringkonstante ASCII-String variabler Länge
07H	1	unbekannt
08H	1	Negation (unary minus)
09H	1	Addition (+)
0AH	1	Subtraktion –
0BH	1	Multiplikation *
0CH	1	Division /
0DH	1	Exponentialfunktion ^
0EH	1	Gleich =

Code	Bytes	Bedeutung
0FH	1	Ungleich <>
10H	1	Kleiner gleich <=
11H	1	Größer gleich >=
12H	1	Kleiner <
13H	1	Größer >
14H	1	AND
15H	1	OR
16H	1	NOT
17H	1	unary + (nicht bei Neuberechnung)
18H	1	& String-Verkettung
19H–1EH	1	-
1FH	1	@NA (not applicable)
20H	1	@ERR (Error)
21H	1	@ABS (absoluter Wert)
22H	1	@INT (Integerwert)
23H	1	@SQRT (Wurzel)
24H	1	@LOG (Logarithmus Basis 10)
25H	1	@LN (natürlicher Logarithmus)
26H	1	@PI (Konstante Pi)
27H	1	@SIN (Sinusfunktion)
28H	1	@COS (Cosinusfunktion)
29H	1	@TAN (Tangensfunktion)
2AH	1	@ATAN2 (Arcustangens 4. Quadrant)
2BH	1	@ATAN (Arcustangens 2. Quadrant)
2CH	1	@ASIN (Arcussinusfunktion)
2DH	1	@ACOS (Arcuscosinusfunktion)
2EH	1	@EXP (Exponentialfunktion)
2FH	1	@MOD(X,Y) (Modulofunktion)
30H	1	@CHOOSE (Auswahlfunktion)
31H	1	@ISNA(x) (x=NA THEN 1)
32H	1	@ISERR(x) (x=ERR THEN 1)
33H	1	@FALSE (Return 0)
34H	1	@TRUE (Return 1)
35H	1	@RAND (Random Number 0...1)
36H	1	@DATE (Zahl der Tage seit 1.1.1900)

Code	Bytes	Bedeutung
37H	1	@NOW (Datumsnummer ausgeben)
38H	1	@PMT (Payment)
39H	1	@PV (Present Value)
3AH	1	@FV (Future Value)
3BH	1	@IF (IF-Abfrage)
3CH	1	@DAY (Tag des Monats)
3DH	1	@MONTH (Monat)
3EH	1	@YEAR (Jahr)
3FH	1	@ROUND (Rundungsfunktion)
40H	1	@TIME (Zeit)
41H	1	@HOUR (Stunden)
42H	1	@MINUTE (Minuten)
43H	1	@SECOND (Sekunden)
44H	1	@ISNUMBER (Wert = Nummer)
45H	1	@ISSTRING (Wert = String)
46H	1	@LENGTH (Längenfunktion)
47H	1	@VALUE (String in Wert konvertieren)
48H	1	@STRING (Wert in String)
49H	1	@MID (Mittelwert)
4AH	1	@CHR (Zeichen ermitteln)
4BH	1	@CODE (erste Zeichenkette im ASCII-Code)
4CH	1	@FIND (Suche)
4DH	1	@DATEVALUE
4EH	1	@TIMEVALUE
4FH	1	@CELLPOINTER
50H	1	@SUM (Range | Cell | Konstante)
51H	1	@AVG (Range | Cell | Konstante)
52H	1	@COUNT (Range | Cell | Konstante)
53H	1	@MIN (Range | Cell | Konstante)
54H	1	@MAX (Range | Cell | Konstante)
55H	1	@VLOOKUP (X, Range, OFFSET)
56H	1	@NPV (Int, Range)
57H	1	@VAR (Range)
58H	1	@STD (Range)
59H	1	@IRR (Guess, Range)

Code	Bytes	Bedeutung
5AH	1	@HLOOCKUP (X, Range, Offset)
5BH	1	DSUM (Datenbankfunktion)
5CH	1	AVG (Datenbankfunktion)
5DH	1	DCOUNT (Datenbankfunktion)
5EH	1	DMIN (Datenbankfunktion)
5FH	1	DMAX (Datenbankfunktion)
60H	1	DVAR (Datenbankfunktion)
61H	1	DSTD (Datenbankfunktion)
62H	1	@INDEX
63H	1	@COLS
64H	1	@ROWS
65H	1	@REPEAT
66H	1	@UPPER
67H	1	@LOWER
68H	1	@LEFT
69H	1	@RIGHT
6AH	1	@REPLACE
6BH	1	@PROPER
6CH	1	@CELL
6DH	1	@TRIM
6EH	1	@CLEAN
6FH	1	@S
70H	1	@N (numerischen Wert der Zelle zurückgeben)
71H	1	@EXACT (zwei Strings vergleichen)
72H	1	--
73H	1	@@ indirekte Zellreferenz
74H	1	@RATE
75H	1	@TERM
76H	1	@CTERM
77H	1	@SLN
78H	1	@SYD
79H	1	@DDB
7AH	1 1	@STDS (Standardabweichung) Zahl der Argumente
7BH	1 1	@VARS (Varianz) Zahl der Argumente

Code	Bytes	Bedeutung
7CH	1	@DSTDS (Standardabweichung)
7DH	1	@DVARS (Varianz)
7EH	1	@PVAL (aktualisierte Version von @PV)
7FH	1	@PAYMT (aktualisierte Version von @PMT)
80H	1	@FVAL (aktualisierte Version von @FV)
81H	1	@NPER (aktualisierte Version von @CTERM)
82H	1	@IRATE (aktualisierte Version von @RATE)
83H	1	@IPAYMT
84H	1	@PPAYMT
85H	1	@SUMPRODUCT (Vektorprodukt)
86H	1	@MEMAVAL (freier konventioneller Speicher)
87H	1	@MEMEMSAVAIL (freier EMS)
88H	1	@FILEEXISTS (Datei in Arbeitsverzeichnis vorhanden)
89H	1	@CURVALUE (Wert Menübefehl)
8AH	1	@DEGREES (Rad in Grad)
8BH	1	@RADIANS (Grad in Rad)
8CH	1	@HEXTONUM (Hex in Dezimal)
8DH	1	@NUMTOHEX (Dezimal in Hex)
8EH	1	@TODAY (numerischer Wert Systemdatum)
8FH	1	@NPV
90H	1	@CELLINDEX
91H	1	@VERSION (Quattro Pro Version)
9CH	1	@ISAAF (für Lotus 1-2-3-Kompatibilität)
9DH	1	@ISAPP (für Lotus 1-2-3-Kompatibilität)

Tabelle 4.22 Opcodes innerhalb einer Quattro Pro-Formel

TABLE (Opcode 0018H)

Mit diesem Datensatz werden Datentabellen aus Quattro Pro gespeichert. Es gilt folgende Struktur:

Offset	Bytes	Bedeutung
00	2	Opcode LABEL = 0018H
02	2	Länge = 0019H (25 Byte)
04	2	Table-Range Start Zeilennummer
08	2	Table-Range Start Spaltennummer
08	2	Table-Range Ende Zeilennummer
0A	2	Table-Range Ende Spaltennummer

Offset	Bytes	Bedeutung
0C	2	Eingabezelle 1 Start Spalte
0E	2	Eingabezelle 1 Start Zeile
10	2	Eingabezelle 1 Ende Spalte
12	2	Eingabezelle 1 Ende Zeile
14	2	Eingabezelle 2 Start Spalte
16	2	Eingabezelle 2 Start Zeile
18	2	Eingabezelle 2 Ende Spalte
1A	2	Eingabezelle 2 Ende Zeile
1C	1	Tabellen-Flag 0 keine Tabelle 1 Tabelle 1 2 Tabelle 2

Tabelle 4.23 Quattro Pro-Recordstruktur (Opcode 0018H)

In Quattro Pro werden zwei Datentabellen angelegt. Die genaue Bedeutung der Datenstruktur ist allerdings nicht bekannt.

QUERY_RANGE (Opcode 0019H)

Mit diesem Datensatz werden Daten eines Query-Bereichs (QUERY-Range) gespeichert. Der Datensatz besitzt folgendes Format:

Offset	Bytes	Bedeutung
00H	2	Opcode QUERY_RANGE = 0019H
02H	2	Länge = 0019H (25 Byte)
04H	2	Eingabe Range Start Spalte
06H	2	Eingabe Range Start Zeile
08H	2	Eingabe Range Ende Spalte
0AH	2	Eingabe Range Ende Zeile
0CH	2	Ausgabe Range Start Spalte
0EH	2	Ausgabe Range Start Zeile
10H	2	Ausgabe Range Ende Spalte
12H	2	Ausgabe Range Ende Zeile
14H	2	Kriterium Start Spalte
16H	2	Kriterium Start Zeile
18H	2	Kriterium Ende Spalte
1AH	2	Kriterium Ende Zeile
1CH	1	Kommandocode 0 : kein Kommando 1 : Find Kommando 2 : Extract Kommando 3 : Delete Kommando 4 : Unique Kommando

Tabelle 4.24 Quattro Pro-Recordstruktur (Opcode 0019H)

Weitere Informationen über die Belegung liegen nicht vor.

PRINT_RANGE (Opcode 001AH)

Mit diesem Datensatz werden Daten eines Druckbereichs (PRINT-Range) gespeichert. Der Datensatz besitzt folgendes Format:

Offset	Bytes	Bedeutung
00H	2	Opcode PRINT_RANGE = 001AH
02H	2	Länge = 0008H
04H 06H 08H 0AH	2 2 2 2	Start Spalte Start Zeile Ende Spalte Ende Zeile

Tabelle 4.25 Quattro Pro-Recordstruktur (Opcode 001AH)

In diesem Satz stehen die Koordinaten eines Rechenblattausschnitts, der auf dem Drukker ausgegeben wird. Bei einem Druckbefehl werden alle Zellen innerhalb des Fensters ausgegeben.

SORT_RANGE (Opcode 001BH)

Mit diesem Datensatz werden Daten eines Sortierbereichs (SORT-Range) gespeichert. Er besitzt folgendes Format:

Offset	Bytes	Bedeutung
00H	2	Opcode SORT_RANGE = 001BH
02H	2	Länge = 0008H
04H 06H 08H 0AH	2 2 2 2	Start Spalte Start Zeile Ende Spalte Ende Zeile

Tabelle 4.26 Quattro Pro-Recordstruktur (Opcode 001BH)

Der Satz enthält die Koordinaten eines zu sortierenden Rechenblattausschnitts.

FILL_RANGE (Opcode 001CH)

Mit diesem Datensatz werden Daten eines Fill-Bereichs (FILL-Range) gespeichert. Der Datensatz besitzt folgendes Format:

Offset	Bytes	Bedeutung
00H	2	Opcode FILL_RANGE = 001CH
02H	2	Länge = 0008H
04H	2	Start Spalte
06H	2	Start Zeile

Offset	Bytes	Bedeutung
08H	2	Ende Spalte
0AH	2	Ende Zeile

Tabelle 4.27 Quattro Pro-Recordstruktur (Opcode 001CH)

Der Satz enthält die Koordinaten eines Rechenblattausschnitts, der mit Daten gefüllt werden soll.

KEY_RANGE1 (Opcode 001DH)

Mit diesem Datensatz werden Daten eines Suchbereichs (SORT KEY-Range) gespeichert. Der Datensatz besitzt folgendes Format:

Offset	Bytes	Bedeutung
00H	2	Opcode KEY_RANGE1 = 001DH
02H	2	Länge = 0009H
04H 06H 08H 0AH	2 2 2 2	Start Spalte Start Zeile Ende Spalte Ende Zeile
0CH	1	Suchrichtung 00H: absteigende Ordnung FFH: aufsteigende Ordnung

Tabelle 4.28 Quattro Pro-Recordstruktur (Opcode 001DH)

In diesem Datensatz wird ein Ausschnitt aus dem Rechenblatt definiert. Die Zellen in dem Ausschnitt werden nach dem ersten Schlüssel (*Primary Key*) auf- oder absteigend sortiert.

H_RANGE (Opcode 0020H)

Mit diesem Datensatz werden interne Daten eines Bereichs (Distribution-Range) gespeichert. Der Datensatz besitzt folgendes Format:

Offset	Bytes	Bedeutung
00H	2	Opcode H_RANGE = 0020H
02H	2	Länge = 0010H (16 Byte)
04H 06H 08H 0AH 0CH 0EH 10H 12H	2 2 2 2 2 2 2 2	Value Range Start Spalte Value Range Start Zeile Value Range Ende Spalte Value Range Ende Zeile Binary Range Start Spalte Binary Range Start Zeile Binary Range Ende Spalte Binary Range Ende Zeile

Tabelle 4.29 Quattro Pro-Recordstruktur (Opcode 0020H)

Die genaue Bedeutung dieses Datensatzes ist nicht bekannt.

KEY_RANGE2 (Opcode 0023H)

Mit diesem Datensatz werden Daten eines Suchbereichs (KEY2-Range) gespeichert. Der Datensatz besitzt folgendes Format:

Offset	Bytes	Bedeutung
00H	2	Opcode KEY_RANGE2 = 0023H
02H	2	Länge = 0009H
04H 06H 08H 0AH 0CH	2 2 2 2 1	Start Spalte Start Zeile Ende Spalte Ende Zeile Suchrichtung 00H: absteigende Ordnung FFH: aufsteigende Ordnung

Tabelle 4.30 Quattro Pro-Recordstruktur (Opcode 0023H)

In diesem Datensatz wird ein Ausschnitt aus dem Rechenblatt definiert. Die Zellen in diesem Ausschnitt werden nach dem zweiten Schlüssel (*Secondary Key*) sortiert.

PROTECT (Opcode 0024H)

In diesem Datensatz speichert Quattro Pro die Information darüber, ob das Arbeitsblatt geschützt ist oder nicht.

Offset	Bytes	Bedeutung
00H	2	Opcode PROTECT = 0024H
02H	2	Länge = 0001H
04H	1	Code 00H: Schutz ausgeschaltet FFH: Schutz eingeschaltet

Tabelle 4.31 Quattro Pro-Recordstruktur (Opcode 0024H)

Es wird lediglich ein Byte gespeichert, das dann angibt, ob die Zellen des Arbeitsblatts schreibgeschützt sind.

FOOTER (Opcode 0025H)

In diesem Datensatz speichert Quattro Pro die Informationen über die Fußzeile bei der Druckausgabe. Es gilt folgendes Format:

Offset	Bytes	Bedeutung
00H	2	Opcode FOOTER = 0025H
02H	2	Länge = 00F2H (variabel bis 242 Byte)
04H	0–241	Längenbyte + ASCII-String mit Fußtext

Tabelle 4.32 Quattro Pro-Recordstruktur (Opcode 0025H)

Ab Offset 4 findet sich ein Längenbyte gefolgt von dem ASCII-String mit dem Text der Fußzeile. Der Eintrag kann leer sein und darf maximal 241 Zeichen fassen, da das Längenbyte berücksichtigt werden muß (LOTUS 1-2-3 speichert den Text dagegen als ASCIIZ-String, d.h., er wird mit einem Nullbyte abgeschlossen).

HEADER (Opcode 0026H)

In diesem Datensatz speichert Quattro Pro die Informationen über die Kopfzeile bei der Druckausgabe. Es gilt folgendes Format:

Offset	Bytes	Bedeutung
00H	2	Opcode HEADER = 0026H
02H	2	Länge = 00F2H (variabel bis 242 Byte)
04H	0–241	Länge + ASCII-String mit Kopftext

Tabelle 4.33 Quattro Pro-Recordstruktur (Opcode 0026H)

Ab Offset 4 findet sich ein Längenbyte gefolgt von einem ASCII-String mit dem Text der Kopfzeile. Der Eintrag darf maximal 241 Zeichen fassen.

SETUP (Opcode 0027H)

Für jeden Drucker läßt sich ein Setup-Zeichensatz definieren, der vor der Ausgabe an den Drucker gesendet wird. Dieser Zeichensatz wird in einem Satz mit folgender Struktur gesichert:

Offset	Bytes	Bedeutung
00H	2	Opcode SETUP = 0027H
02H	2	Länge = 0028H (40 Byte)
04H	40	Längenbyte + ASCII-String mit Setup-Text

Tabelle 4.34 Quattro Pro-Recordstruktur (Opcode 0027H)

Die Definition kann leer sein und darf maximal 39 Zeichen enthalten.

MARGINS (Opcode 0028H)

In diesem Datensatz speichert Quattro Pro die Informationen über die Randbegrenzungen (*Margins*) bei der Druckausgabe.

Offset	Bytes	Bedeutung
00H	2	Opcode MARGINS = 0028H
02H	2	Länge = 000AH

Offset	Bytes	Bedeutung
04H 06H 08H 0AH 0CH	2 2 2 2 2	linker Rand rechter Rand oberer Rand unterer Rand Seitenlänge

Tabelle 4.35 Quattro Pro-Recordstruktur (Opcode 0028H)

Quattro Pro kann mit diesen Angaben die Druckausgabe justieren.

LABEL_FORMAT (Opcode 0029H)

In diesem Datensatz merkt sich Quattro Pro, wie Labels justiert werden. Es gilt folgende Kodierung:

Offset	Bytes	Bedeutung
00H	2	Opcode LABEL_FORMAT = 0029H
02H	2	Länge = 0001H
04H	1	Formatcode 27H linksbündig 22H rechtsbündig 5EH zentriert

Tabelle 4.36 Quattro Pro-Recordstruktur (Opcode 0029H)

In Abhängigkeit des eingetragenen Codebytes werden Labels linksbündig, rechtsbündig oder zentriert ausgegeben.

TITLES (Opcode 002AH)

Mit diesem Datensatz werden die Abmessungen des Druckrandes gespeichert.

Offset	Bytes	Bedeutung
00H	2	Opcode TITLES = 002AH
02H	2	Länge = 0010H (16 Byte)
04H 06H 08H 0AH 0CH 0EH 10H 12H	2 2 2 2 2 2 2 2	Randspalte Start Spalte Randspalte Start Zeile Randspalte Ende Spalte Randspalte Ende Zeile Randzeile Start Spalte Randzeile Start Zeile Randzeile Ende Spalte Randzeile Ende Zeile

Tabelle 4.37 Quattro Pro-Recordstruktur (Opcode 002AH)

Die Felder werden durch das Kommando *Titles* selektiert. Die genaue Bedeutung der Definition ist allerdings nicht bekannt.

GRAPH (Opcode 002DH)

In diesem Datensatz legt Quattro Pro die Definitionen für die Grafikerstellung ab.

Offset	Bytes	Bedeutung
00/00H	2	Opcode GRAPH = 002DH
02/02H	2	Länge = 02DAH (706 Byte)
04/04H	2	X Range Start Spalte
06/06H	2	Start Zeile
07/08H	2	Ende Spalte
10/0AH	2	Ende Zeile
12/0CH	2	A Range Start Spalte
14/0EH	2	Start Zeile
16/10H	2	Ende Spalte
18/12H	2	Ende Zeile
20/14H	2	B Range Start Spalte
22/16H	2	Start Zeile
24/18H	2	Ende Spalte
26/1AH	2	Ende Zeile
28/1CH	2	C Range Start Spalte
30/1EH	2	Start Zeile
32/20H	2	Ende Spalte
34/22H	2	Ende Zeile
36/24H	2	D Range Start Spalte
38/26H	2	Start Zeile
40/28H	2	Ende Spalte
42/2AH	2	Ende Zeile
44/2CH	2	E Range Start Spalte
46/2EH	2	Start Zeile
48/30H	2	Ende Spalte
50/32H	2	Ende Zeile
52/34H	2	F Range Start Spalte
54/36H	2	Start Zeile
56/38H	2	Ende Spalte
58/3AH	2	Ende Zeile
60/3CH	2	A Labels Start Spalte
62/3EH	2	Start Zeile
64/40H	2	Ende Spalte
66/42H	2	Ende Zeile
68/44H	2	B Labels Start Spalte
70/46H	2	Start Zeile
72/48H	2	Ende Spalte
74/4AH	2	Ende Zeile
76/4CH	2	C Labels Start Spalte
78/4EH	2	Start Zeile
80/50H	2	Ende Spalte
82/52H	2	Ende Zeile

Offset	Bytes	Bedeutung
84/54H 86/56H 88/58H 90/5AH	2 2 2 2	D Labels Start Spalte Start Zeile Ende Spalte Ende Zeile
92/5CH 94/5EH 96/60H 98/62H	2 2 2 2	E Labels Start Spalte Start Zeile Ende Spalte Ende Zeile
100/64H 102/66H 104/68H 106/6AH	2 2 2 2	F Labels Start Spalte Start Zeile Ende Spalte Ende Zeile
108/6CH	1	Graph-Typ 00 = xy-Grafik 01 = Balkengrafik (bar graph) 02 = Tortengrafik (pie chart) 04 = Liniengrafik 05 = Balken übereinander (stacked bar) 06 = Column 07 = High/Low 08 = Rotated Bar 09 = Text
109/6DH	1	Gittertyp 00 = kein Gitter 01 = horizontal 02 = vertikal 03 = beide Richtungen
110/6EH	1	Farbe 00H = Schwarzweiß FFH = Farbdarstellung
111/6FH	1	A Range Linienformat 00 = kein Linienformat 01 = Linie 02 = Symbol 03 = Linien + Symbol
112 70H	1	B Range Linienformat 00 = kein Linienformat 01 = Linie 02 = Symbol 03 = Linien + Symbol
113/71H	1	C Range Linienformat 00 = kein Linienformat 01 = Linie 02 = Symbol 03 = Linien + Symbol

Offset	Bytes	Bedeutung
114/72H	1	D Range Linienformat 00 = kein Linienformat 01 = Linie 02 = Symbol 03 = Linien + Symbol
115/73H	1	E Range Linienformat 00 = kein Linienformat 01 = Linie 02 = Symbol 03 = Linien + Symbol
116/74H	1	F Range Linienformat 00 = kein Linienformat 01 = Linie 02 = Symbol 03 = Linien + Symbol
117/75H	1	A Range Daten-Label-Justierung 00 = zentriert 01 = linksbündig 02 = oberhalb 03 = rechtsbündig 04 = unterhalb 05 = keine Justierung
118/76H	1	B Range Daten-Label-Justierung 00 = zentriert 01 = linksbündig 02 = oberhalb 03 = rechtsbündig 04 = unterhalb 05 = keine Justierung
119/77H	1	C Range Daten-Label-Justierung 00 = zentriert 01 = linksbündig 02 = oberhalb 03 = rechtsbündig 04 = unterhalb 05 = keine Justierung
120/78H	1	D Range Daten-Label-Justierung 00 = zentriert 01 = linksbündig 02 = oberhalb 03 = rechtsbündig 04 = unterhalb 05 = keine Justierung
121/79H	1	E Range Daten-Label-Justierung 00 = zentriert 01 = linksbündig 02 = oberhalb 03 = rechtsbündig 04 = unterhalb 05 = keine Justierung

Offset	Bytes	Bedeutung
122/7AH	1	F Range Daten-Label-Justierung 00 = zentriert 01 = linksbündig 02 = oberhalb 03 = rechtsbündig 04 = unterhalb 05 = keine Justierung
123/7BH	1	Skalierung x-Achse 00H = automatisch FFH = manuell
124/7CH	8	x-Achse Untergrenze (x lower limit) 64 Bit IEEE-Fließkommawert
132/84H	8	x-Achse Obergrenze (x upper limit) 64 Bit IEEE-Fließkommawert
140/8CH	1	Skalierung y-Achse 00H = automatisch FFH = manuell
141/8DH	8	y-Achse Untergrenze (y lower limit) 64 Bit IEEE-Fließkommawert
149/95H	8	y-Achse Obergrenze (y upper limit) 64 Bit IEEE-Fließkommawert
157/9DH 197/C5H 237/EDH 277/115H 317/13DH 337/151H 357/165H 377/179H 397/18DH 417/1A1H	40 40 40 40 20 20 20 20 20 20	Text erster Titel (Länge + 39 Zeichen) Text zweiter Titel (Länge + 39 Zeichen) Text x-Achse (Länge + 39 Zeichen) Text y-Achse (Länge + 39 Zeichen) Legende a-Achse (Länge + 19 Zeichen) Legende b-Achse (Länge + 19 Zeichen) Legende c-Achse (Länge + 19 Zeichen) Legende d-Achse (Länge + 19 Zeichen) Legende e-Achse (Länge + 19 Zeichen) Legende f-Achse (Länge + 19 Zeichen)
437/1B5H 438/1B6H	1	x-Format Text (siehe Abbildung 4.1) y-Format Text (siehe Abbildung 4.1)
439/1B7H	2	Skip Faktor
441/1B9H	1	Skalierung x-Display 00H = Ja FFH = Nein
442/1BAH	1	Skalierung y-Display 00H = Ja FFH = Nein
443/1BBH	2	First Pie Slice oder Series Pattern 0 = Empty Fill 1 = Solid Fill 2 = Line Fill
		3 = LtSlash Fill

Offset	Bytes	Bedeutung
		4 = Slash Fill 5 = BkSlash Fill 6 = LtBkSlash Fill 7 = Hatch Fill 8 = XHatch 9 = Interleave Fill AH = WideDot Fill BH = CloseDot Fill CH = User Fill
445/1BDH 447/1BFH 449/1C1H	2 2 2	Second Pie Slice oder Series Pattern Third Pie Slice oder Series Pattern Fourth Pie Slice oder Series Pattern
451/1C3H 453/1C5H 455/1C7H 457/1C9H 459/1CBH	2 2 2 2 2	Fifth Pie Slice oder Series Pattern Sixth Pie Slice oder Series Pattern Seventh Pie Slice oder Series Pattern Eighth Pie Slice oder Series Pattern Ninth Pie Slice oder Series Pattern
461/1CDH	2	First Pie Slice oder Series Color 0 = Black 1 = Blue 2 = Green 3 = Cyan 4 = Red 5 = Magenta 6 = Brown 7 = Light Gray 8 = Dark Gray 9 = Light Blue AH = Light Green BH = Light Cyan CH = Light Red DH = Light Magenta EH = Yellow FH = White
462/1CFH 463/1D1H 465/1D3H 467/1D5H 469/1D7H 471/1D9H 573/1DBH 475/1DDH	2 2 2 2 2 2 2 2	Second Pie Slice oder Series Pattern Third Pie Slice oder Series Pattern Fourth Pie Slice oder Series Pattern Fifth Pie Slice oder Series Pattern Sixth Pie Slice oder Series Pattern Seventh Pie Slice oder Series Pattern Eighth Pie Slice oder Series Pattern Ninth Pie Slice oder Series Pattern
477/1DFH	2	Graph-Status
479/1E1H	2	Hintergrundfarbe
481/1E3H	2	Attribute Titel-Font Bit 0: 1 = Bold Bit 1: 1 = Italic Bit 2: 1 = Drop Shadow

Offset	Bytes	Bedeutung
		Bit 3: 1 = Underline Bit 4: 1 = Subscript Bit 5: 1 = Superscript Bit 6: 1 = Scalable Bit 7: 1 = Double Underline Bit 8: 1 = Landscape Bit 9: 1 = Outline Bit 10: 1 = Shadow Bit 11: 1 = Monospace Bit 12: 1 = Sans serif Bit 13–15: niederwertige 3 Bits für Font-ID
483/1E5H	2	Laserjet und Canon Typeface Bitstream und Hershey-Fonts Bit 0–12: Style-Code in FONTS.BGI Bit 13–15: Typ 0 = Canon 1 = Bitmap 2 = Hershey 3 = BS Bitmap 4 = PostScript 5 = Laserjet 6 = SPD Outline 7 = BS Outline Laserjet und Canon-Fonts Bits 0–9: Style-Code Bits 10–12: High-Order 3 Bits für Font-ID Laserjet und Canon Bits 13–15: Typ 0 = Canon 1 = Bitmap 2 = Hershey 3 =BS Bitmap 4 = PostScript 5 = Laserjet 6 = SPD Outline 7 = BS Outline
485/1E7H 487/1E9H	2 2	Punktgröße Farbe (siehe Offset 461)
489/1EBH	8	Attribute Titel 2-Font
497/1F1H	8	Attribute Font x-Achse
505/1F9H	8	Attribute Font y-Achse
513/201H	8	Attribute Label-Fonts
521/209H	8	Attribute Fonts Legenden
529/211H	1	y-Achse, X-Series
530/212H	1	X-Series, override
531/213H	1	A-Series, y-Achse

Offset	Bytes	Bedeutung
532/214H	1	A-Series, override
533/215H	1	B-Series, y-Achse
534/217H	1	B-Series, override
535/219H	1	C-Series, y-Achse
536/21AH	1	C-Series, override
537/21BH	1	D-Series, y-Achse
538/21CH	1	D-Series, override
539/21DH	1	E-Series, y-Achse
540/21EH	1	E-Series, override
541/21FH	1	F-Series, y-Achse
542/220H	1	F-Series, override
543/221H	1	y2-Skalierung
544/222H 552/228H	8 8	y2-Skalierung low y2-Skalierung high
560/230H	1	Format y2-Achse (siehe Abbildung 4.1)
561/231H	1	Skalierung y2-Achse anzeigen 00H = Skalierung anzeigen FFH = nicht anzeigen
562/232H	40	y2-Titel (Längenbyte + ASCII-String)
602/25AH	1	Position Legende 0 = Bottom 1 = Right 2 = None
603/25BH	1	Titelrahmen (Title-Box) 0 = Box 1 = Double Line 2 = Thick Line 3 = Shadow Bbox 4 = 3D Box 5 = Round Box 6 = No Box 7 = Sculpted Box
604/25CH	1	Rahmen Legende (wie Titelrahmen)
605/25DH	1	Rahmen Grafik (wie Titelrahmen)
606/25EH	2	x-Achse, Zahl der Teilungen (minor ticks)
608/260H	1	Skalierungsmodus x-Achse 0 = normal 1 = logarithmisch 2 = englisch logarithmisch
609/261H	8	Schrittweite x-Achse

Offset	Bytes	Bedeutung
617/269H	2	y-Achse, Zahl der Teilungen (minor ticks)
619/26BH	1	Skalierungsmodus y-Achse
620/26CH	8	Schrittweite y-Achse
628/274H	2	y2-Achse, Zahl der Teilungen (minor ticks)
630/276H	1	Skalierungsmodus y2-Achse
631/277H	8	Schrittweite y2-Achse
639/27FH	1	Stil Gitterlinien 0 = Solid Line 1 = Dotted Line 2 = Center Line 3 = Dashed Line 4 = User Line
640/280H	2	Farbe Gitterlinien (siehe oben)
642/282H	1	Pie Explode-Sector 1
643/283H	1	Pie Explode-Sector 2
644/284H	1	Pie Explode-Sector 3
645/285H	1	Pie Explode-Sector 4
646/286H	1	Pie Explode-Sector 5
647/287H	1	Pie Explode-Sector 6
648/288H	1	Pie Explode-Sector 7
649/289H	1	Pie Explode-Sector 8
650/28AH	1	Pie Explode-Sector 9
651/28BH	1	X Alternate Ticks
652/28CH	1	Pie-Labelformat 0 = kein 1 = Wert 2 = Prozent 3 = Währung
653/28DH	1	Pie Label Ticks
654/28EH	1	3D
655/28FH	2	Marker, Series A 0 = gefülltes Rechteck 1 = + 2 = * 3 = leeres Rechteck 4 = X 5 = gefülltes Dreieck 6 = Sanduhr (Hourglass) 7 = Rechteck mit X 8 = vertikale Linie 9 = horizontale Linie

Offset	Bytes	Bedeutung
657/291H	2	Marker, Series B
659/293H	2	Marker, Series C
661/295H	2	Marker, Series D
663/297H	2	Marker, Series E
665/299H	2	Marker, Series F
667/29BH	2	Linien, Series A 0 = Solid 1 = Dotted 2 = Center-line 3 = Dashed 4 = Heavy solid 5 = Heavy dotted 6 = Heavy centered 7 = Heavy dashed
669/29DH	2	Linien, Series B
671/29FH	2	Linien, Series C
673/2A1H	2	Linien, Series D
675/2A3H	2	Linien, Series E
677/2A5H	2	Linien, Series F
679/2A7H	2	Balkenbreite (Bar Width)
681/2A9H	8	Bounding-Box Rechteck 4 Byte: links, oben, rechts, unten 2 Byte: Ecke oben links 2 Byte: Ecke unten rechts
689/2B1H	8	Rechteck Titel (wie vorheriger Eintrag)
697/2B9H	8	Rechteck Legende
705/2C1H	1	Manual Sizing
706/2C2H	2	Grid Fill Color (wie bei Offset 479)

Tabelle 4.38 Quattro Pro-Recordstruktur (Opcode 002DH)

Die Tabelle enthält alle Informationen zur Konstruktion einer Grafik im Quattro Pro-Format.

NAMED_GRAPH (Opcode 002EH)

In diesem Datensatz legt Quattro Pro die Definitionen der aktuellen Grafik ab, falls diese mit einem Namen bezeichnet wird.

Offset	Bytes	Bedeutung
00/00H	2	Opcode NAMED_GRAPH = 002EH
02/02H	2	Länge = 02DAH (730 Byte)
04/04H	16	Name (Längenbyte + ASCII-String)

Offset	Bytes	Bedeutung
20/14H	2	X Range Start Spalte
22/16H	2	Start Zeile
24/18H	2	Ende Spalte
26/1AH	2	Ende Zeile
28/1CH	2	A Range Start Spalte
30/1EH	2	Start Zeile
32/20H	2	Ende Spalte
34/22H	2	Ende Zeile
36/24H	2	B Range Start Spalte
38/26H	2	Start Zeile
40/28H	2	Ende Spalte
42/2AH	2	Ende Zeile
44/2CH	2	C Range Start Spalte
46/2EH	2	Start Zeile
48/30H	2	Ende Spalte
50/32H	2	Ende Zeile
52/34H	2	D Range Start Spalte
54/36H	2	Start Zeile
56/38H	2	Ende Spalte
58/3AH	2	Ende Zeile
60/3CH	2	E Range Start Spalte
62/3EH	2	Start Zeile
64/40H	2	Ende Spalte
66/42H	2	Ende Zeile
68/44H	2	F Range Start Spalte
70/46H	2	Start Zeile
72/48H	2	Ende Spalte
74/4AH	2	Ende Zeile
76/4CH	2	A Labels Start Spalte
78/4EH	2	Start Zeile
80/50H	2	Ende Spalte
82/52H	2	Ende Zeile
84/54H	2	B Labels Start Spalte
86/56H	2	Start Zeile
88/58H	2	Ende Spalte
90/5AH	2	Ende Zeile
92/5CH	2	C Labels Start Spalte
94/5EH	2	Start Zeile
96/60H	2	Ende Spalte
98/62H	2	Ende Zeile
100/64H	2	D Labels Start Spalte
102/66H	2	Start Zeile
104/68H	2	Ende Spalte
106/6AH	2	Ende Zeile
108/6CH	2	E Labels Start Spalte
110/6EH	2	Start Zeile
112/70H	2	Ende Spalte
114/72H	2	Ende Zeile

Offset	Bytes	Bedeutung
116/74H 118/76H 120/78H 122/7AH	2 2 2 2	F Labels Start Spalte Start Zeile Ende Spalte Ende Zeile
124/7CH	2	Graphtype 00 = XY-Grafik 01 = Balkengrafik (bar graph) 02 = Tortengrafik (pie chart) 03 = -- 04 = Liniengrafik 05 = Balken übereinander (stacked bar)
125/7DH	1	Gittertyp 00 = kein Gitter 01 = horizontal 02 = vertikal 03 = beide Richtungen
126/7EH	1	Farbe 00H = Schwarzweiß FFH = Farbdarstellung
127/7FH	1	A Range Linienformat 00 = kein Linienformat 01 = Linie 02 = Symbol 03 = Linien + Symbol
128/80H	1	B Range Linienformat 00 = kein Linienformat 01 = Linie 02 = Symbol 03 = Linien + Symbol
129/81H	1	C Range Linienformat 00 = kein Linienformat 01 = Linie 02 = Symbol 03 = Linien + Symbol
130/82H	1	D Range Linienformat 00 = kein Linienformat 01 = Linie 02 = Symbol 03 = Linien + Symbol
131/83H	1	E Range Linienformat 00 = kein Linienformat 01 = Linie 02 = Symbol 03 = Linien + Symbol

Offset	Bytes	Bedeutung
132/84H	1	F Range Linienformat 00 = kein Linienformat 01 = Linie 02 = Symbol 03 = Linien + Symbol
133/85H	1	A Range Daten-Label-Justierung 00 = zentriert 01 = rechtsbündig 02 = unterhalb 03 = linksbündig 04 = oberhalb
134/86H	1	B Range Daten-Label-Justierung 00 = zentriert 01 = rechtsbündig 02 = unterhalb 03 = linksbündig 04 = oberhalb
135/87H	1	C Range Daten-Label-Justierung 00 = zentriert 01 = rechtsbündig 02 = unterhalb 03 = linksbündig 04 = oberhalb
136/88H	1	D Range Daten-Label-Justierung 00 = zentriert 01 = rechtsbündig 02 = unterhalb 03 = linksbündig 04 = oberhalb
137/89H	1	E Range Daten-Label-Justierung 00 = zentriert 01 = rechtsbündig 02 = unterhalb 03 = linksbündig 04 = oberhalb
138/8AH	1	F Range Daten-Label-Justierung 00 = zentriert 01 = rechtsbündig 02 = unterhalb 03 = linksbündig 04 = oberhalb
139/8BH	1	Skalierung 00H = automatisch FFH = manuell
140/8CH	8	x-Achse Untergrenze (X lower limit) 64 Bit IEEE-Fließkommawert
148/94H	8	x-Achse Obergrenze (X upper limit) 64 Bit IEEE-Fließkommawert

Offset	Bytes	Bedeutung
156/9CH	1	Y-Skalierung 00H = automatisch FFH = manuell
157/9DH	8	y-Achse Untergrenze (Y lower limit) 64 Bit IEEE-Fließkommawert
165/A5H	8	y-Achse Obergrenze (Y upper limit) 64 Bit IEEE-Fließkommawert
173/ADH	40	Text erster Titel (40 Zeichen)
213/D5H	40	Text zweiter Titel (40 Zeichen)
253/FDH	40	Text x-Achse (40 Zeichen)
293/125H	40	Text y-Achse (40 Zeichen)
333/14DH	20	Legende a-Achse (20 Zeichen)
353/161H	20	Legende b-Achse (20 Zeichen)
373/175H	20	Legende c-Achse (20 Zeichen)
393/189H	20	Legende d-Achse (20 Zeichen)
413/19DH	20	Legende e-Achse (20 Zeichen)
433/1B1H	20	Legende f-Achse (20 Zeichen)
453/1C5H	1	X-Format Text (siehe Abbildung 4.1)
454/1C6H	1	Y-Format Text (siehe Abbildung 4.1)
455/1C7H	2	Skip-Faktor
457/1C9H	1	Skalierung X-Display 00H = Ja FFH = Nein
458/1CAH	1	Skalierung Y-Display 00H = Ja FFH = Nein
459/1CBH	2	First Pie Slice oder Series Pattern 0 = Empty Fill 1 = Solid Fill 2 = Line Fill 3 = LtSlash Fill 4 = Slash Fill 5 = BkSlash Fill 6 = LtBkSlash Fill 7 = Hatch Fill
		8 = XHatch 9 = Interleave Fill AH = WideDot Fill BH = CloseDot Fill CH = User Fill

Offset	Bytes	Bedeutung
461/1CDH 463/1CFH 465/1D1H 467/1D3H 469/1D5H 471/1D7H 473/1D9H 475/1DBH	2 2 2 2 2 2 2 2	Second Pie Slice oder Series Pattern Third Pie Slice oder Series Pattern Fourth Pie Slice oder Series Pattern Fifth Pie Slice oder Series Pattern Sixth Pie Slice oder Series Pattern Seventh Pie Slice oder Series Pattern Eighth Pie Slice oder Series Pattern Ninth Pie Slice oder Series Pattern
477/1DDH	2	First Pie Slice oder Series Color 0 = Black 1 = Blue 2 = Green 3 = Cyan 4 = Red 5 = Magenta 6 = Brown 7 = Light Gray 8 = Dark Gray 9 = Light Blue AH= Light Green BH = Light Cyan CH= Light Red DH= Light Magenta EH = Yellow FH = White
479/1DFH 481/1E1H 483/1E3H 485/1E5H 487/1E7H 489/1E9H 591/1EBH 493/1EDH	2 2 2 2 2 2 2 2	Second Pie Slice oder Series Color Third Pie Slice oder Series Color Fourth Pie Slice oder Series Color Fifth Pie Slice oder Series Color Sixth Pie Slice oder Series Color Seventh Pie Slice Color Eighth Pie Slice Color Ninth Pie Slice Color
495/1EFH	2	Graph-Status
497/1F1H	2	Hintergrundfarbe
499/1F3H	2	Attribute Titel-Font Bit 0: 1 = Bold Bit 1: 1 = Italic Bit 2: 1 = Drop Shadow Bit 3: 1 = Underline Bit 4: 1 = Subscript Bit 5: 1 = Superscript Bit 6: 1 = Scalable Bit 7: 1 = Double Underline Bit 8: 1 = Landscape Bit 9: 1 = Outline Bit 10: 1 = Shadow Bit 11: 1 = Monospace Bit 12: 1 = Sans serif Bit 13–15: niederwertige 3 Bits für Font-ID

Offset	Bytes	Bedeutung
501/1F5H	2	Laserjet und Canon Typeface-Bitstream und Hershey-Fonts Bit 0–12: Style-Code in FONTS.BGI Bit 13–15: Typ 0 Canon 1 Bitmap 2 Hershey 3 BS Bitmap 4 PostScript 5 Laserjet 6 SPD Outline 7 BS Outline Laserjet- und Canon-Fonts Bits 0–9: Style-Code Bits 10–12: High-order 3 Bits für Font-ID Laserjet und Canon Bits 13–15: Typ 0 Canon 1 Bitmap 2 Hershey 3 BS Bitmap 4 PostScript 5 Laserjet 6 SPD Outline 7 BS Outline
503/1F7H	2	Punktgröße
505/1F9H	2	Farbe (siehe Offset 461)
507/1FBH	8	Attribute Titel 2-Font
515/203H	8	Attribute Font x-Achse
523/20BH	8	Attribute Font y-Achse
531/213H	8	Attribute Label-Fonts
539/21BH	8	Attribute Fonts Legenden
547/223H	1	y-Achse, X-Series
548/224H	1	X-Series, override
549/225H	1	A-Series, y-Achse
550/226H	1	A-Series, override
551/227H	1	B-Series, y-Achse
552/228H	1	B-Series, override
553/229H	1	C-Series, y-Achse
554/22AH	1	C-Series, override
555/22BH	1	D-Series, y-Achse
556/22CH	1	D-Series, override
557/22DH	1	E-Series, y-Achse
558/22EH	1	E-Series, override

Offset	Bytes	Bedeutung
559/22FH	1	F-Series, y-Achse
560/230H	1	F-Series, override
561/231H	1	y2-Skalierung
562/232H 570/23AH	8	y2-Skalierung low y2-Skalierung high
578/242H	1	Format y2-Achse (siehe Abbildung 4.1)
579/243H	1	Skalierung y2-Achse anzeigen 00H = Skalierung anzeigen FFH = nicht anzeigen
580/244H	40	y2-Titel (Längenbyte + ASCII-String)
620/26CH	1	Position Legende 0 = Bottom 1 = Right 2 = None
621/26DH	1	Titelrahmen (Title-Box) 0 = Box 1 = Double Line 2 = Thick Line 3 = Shadow Box 4 = 3D Box 5 = Round Box 6 = No Box 7 = Sculpted Box
622/26EH	1	Rahmen Legende (wie Titelrahmen)
623/26FH	1	Rahmen Grafik (wie Titelrahmen)
624/270H	2	x-Achse, Zahl der Teilungen (minor ticks)
626/272H	1	Skalierungsmodus x-Achse 0 = normal 1 = logarithmisch 2 = englisch logarithmisch
627/2723H	8	Schrittweite x-Achse
635/27BH	2	y-Achse, Zahl der Teilungen (minor ticks)
637/27DH	1	Skalierungsmodus y-Achse
638/27EH	8	Schrittweite y-Achse
646/286H	2	y2-Achse, Zahl der Teilungen (minor ticks)
648/288H	1	Skalierungsmodus y2-Achse
649/289H	8	Schrittweite y2-Achse
657/291H	1	Stil Gitterlinien 0 = Solid Line 1 = Dotted Line
		2 = Center Line 3 = Dashed Line 4 = User Line

Offset	Bytes	Bedeutung
658/292H	2	Farbe Gitterlinien (siehe oben)
660/294H	1	Pie Explode Sector 1
661/295H	1	Pie Explode Sector 2
662/296H	1	Pie Explode Sector 3
663/297H	1	Pie Explode Sector 4
664/298H	1	Pie Explode Sector 5
665/299H	1	Pie Explode Sector 6
666/29AH	1	Pie Explode Sector 7
667/29BH	1	Pie Explode Sector 8
668/29CH	1	Pie Explode Sector 9
669/29DH	1	X Alternate Ticks
670/29EH	1	Pie Labelformat 0 = kein 1 = Wert 2 = Prozent 3 = Währung
671/29FH	1	Pie Label Ticks
672/2A0H	1	3D
673/2A1H	2	Marker, Series A 0 = gefülltes Rechteck 1 = + 2 = * 3 = leeres Rechteck 4 = X 5 = gefülltes Dreieck 6 = Sanduhr (Hourglass) 7 = Rechteck mit X 8 = vertikale Linie 9 = horizontale Linie
675/2A3H	2	Marker, Series B
677/2A5H	2	Marker, Series C
679/2A7H	2	Marker, Series D
681/2A9H	2	Marker, Series E
683/2ABH	2	Marker, Series F
685/2ADH	2	Linien, Series A 0 = Solid 1 = Dotted 2 = Center-line 3 = Dashed 4 = Heavy solid 5 = Heavy dotted 6 = Heavy centered 7 = Heavy dashed

Offset	Bytes	Bedeutung
687/2AFH	2	Linien, Series B
689/2B1H	2	Linien, Series C
691/2B3H	2	Linien, Series D
693/2B5H	2	Linien, Series E
695/2B7H	2	Linien, Series F
697/2B9H	2	Balkenbreite (bar width)
699/2BAH	8	Bounding-Box Rechteck 4 Byte: links, oben, rechts, unten 2 Byte: Ecke oben links 2 Byte: Ecke unten rechts
707/2C3H	8	Rechteck Titel (wie vorheriger Eintrag)
715/2CBH	8	Rechteck Legende
723/2D3H	1	Manual Sizing
724/2D4H	2	Grid Fill Color (wie bei Offset 479)
726/2D6	8	Insert Graph Area-Block 4 Byte: links, oben, rechts, unten 2 Byte: Ecke oben links 2 Byte: Ecke unten rechts

Tabelle 4.39 Quattro Pro-Recordstruktur (Opcode 002EH)

Die Tabelle enthält einschließlich des Grafiknamens alle Informationen zur Konstruktion einer Grafik im Quattro Pro-Format. Die Struktur ist deshalb mit Tabelle 4.38 bis auf den zusätzlichen Eintrag des 16 Zeichen langen Namens identisch.

CALC_COUNT (Opcode 002FH)

In diesem Datensatz legt Quattro Pro die Information darüber ab, wie oft eine Berechnung (*Iteration*) auszuführen ist.

Offset	Bytes	Bedeutung
00	2	Opcode CALC_COUNT = 002FH
02	2	Länge = 0001H
04	1	Wiederholungszähler

Tabelle 4.40 Quattro Pro-Recordstruktur (Opcode 002FH)

Standardmäßig wird der Wert für den Wiederholungszähler auf 1 gesetzt.

UNFORMATTED (Opcode 0030H)

Dieser Datensatz enthält die Information darüber, ob die Druckausgabe formatiert oder unformatiert erfolgen soll.

Offset	Bytes	Bedeutung
00	2	Opcode UNFORMATTED = 0030H
02	2	Länge = 0001H
04	1	Formatcode: 00 = formatiert 01 = unformatiert

Tabelle 4.41 Quattro Pro-Recordstruktur (Opcode 0030H)

Standardmäßig erfolgt die Ausgabe unformatiert.

CURSOR_WINDOW_1_2 (Opcode 0031H)

Dieser Datensatz beschreibt, in welchem Fenster des Rechenblatts (Fenster 1 oder Fenster 2) der Cursor steht. Der Satz besitzt folgenden Aufbau:

Offset	Bytes	Bedeutung
00	2	Opcode CURSOR_WINDOW_1_2 = 0031H
02	2	Länge = 0001H
04	1	Formatcode: 01 = Cursor in WINDOW 1 02 = Cursor in WINDOW 2

Tabelle 4.42 Quattro Pro-Recordstruktur (Opcode 0031H)

Die Information ist nur dann von Bedeutung, wenn der Bildschirm im Split-Screen-Mode betrieben wird, d.h. wenn er in verschiedene Ausschnitte unterteilt ist.

STRINGVAL (Opcode 0033H)

Dieser Datensatz enthält den Wert einer Stringfunktion und besitzt folgenden Aufbau:

Offset	Bytes	Bedeutung
00	2	Opcode STRINGVAL = 0033H
02	2	Länge = 00xxH (bis 246 Byte)
04	1	Zellformat (siehe Abbildung 4.1)
05	2	Spaltennummer
07	2	Zeilennummer
09	1 n	Längenbyte String (max. 250 Zeichen)

Tabelle 4.43 Quattro Pro-Recordstruktur (Opcode 0033H)

WKS_PASSWORD (Opcode 004BH)

Dieser Datensatz enthält das (verschlüsselte) Kennwort eines kodierten Arbeitsblatts.

Offset	Bytes	Bedeutung
00	2	Opcode WKS_PASSWORD = 004BH
02	2	Länge = 0004H
04	4	Paßwort

Tabelle 4.44 Quattro Pro-Recordstruktur (Opcode 004BH)

Die genaue Bedeutung dieses Satzes ist nicht bekannt.

HIDDEN_VECTOR1 (Opcode 0064H)

Dieser Datensatz enthält 32 Bytes, die genau 256 Einzelbits repräsentieren. Jedes dieser Einzelbits gibt an, ob eine Spalte des Arbeitsblatts verborgen (hidden) ist.

Offset	Bytes	Bedeutung
00	2	Opcode HIDDEN_VECTOR1 = 0064H
02	2	Länge = 0020H (32 Byte)
04	32	Bitfeld

Tabelle 4.45 Quattro Pro-Recordstruktur (Opcode 0064H)

Jedem Bit ist eine Spalte des Arbeitsblatts zugeordnet. Ist das Bit auf 1 gesetzt, handelt es sich um eine *hidden* Spalte, d.h., die Spalte ist verborgen und nicht sichtbar. Das Bitfeld ist so angeordnet, daß das LSB zuerst gespeichert wird. Bit 0 im Byte 0 gehört dann zur ersten Spalte. Ist der Bildschirm geteilt, beziehen sich die Bits nur auf die Spalten von WINDOW 1.

HIDDEN_VECTOR2 (Opcode 0065H)

Dieser Datensatz enthält 32 Bytes, die ebenfalls 256 Einzelbits repräsentieren. Im Gegensatz zum vorher beschriebenen Datensatz HIDDEN_VECTOR1 ist hier jedem Bit jedoch eine Spalte des Arbeitsblatts in WINDOW 2 zugeordnet. Ist das Bit auf 1 gesetzt, handelt es sich um eine *hidden* Spalte, d.h., die Spalte ist verborgen und nicht sichtbar. Der Satzaufbau entspricht Tabelle 4.45. Die Werte sind nur gültig, falls der Bildschirm im Split-Modus betrieben wird, d.h. in mehrere Ausschnitte unterteilt ist.

PARSE_RANGES (Opcode 0066H)

Dieser Datensatz enthält 16 Byte, die zwei Bereiche angeben. Es gilt folgendes Format:

Offset	Bytes	Bedeutung
00	2	Opcode PARSE_RANGES = 0066H
02	2	Länge = 0010H (16 Byte)
04 06 08 0A	2 2 2 2	Parse Input Range Start Spalte Start Zeile Ende Spalte Ende Zeile
0C 0E 10 12	2 2 2 2	Parse Output Range Start Spalte Start Zeile Ende Spalte Ende Zeile

Tabelle 4.46 Quattro Pro-Recordstruktur (Opcode 0066H)

Der angegebene Eingabebereich ist dann zu parsen, und die Ergebnisse werden im Ausgabebereich hinterlegt.

REGRESS_RANGES (Opcode 0067H)

Mit dem Record wird der Datenbereich für lineare Regressionsauswertungen definiert.

Offset	Bytes	Bedeutung
00	2	Opcode REGRESS_RANGES = 0067H
02	2	Länge = 0019H (25 Byte)
 04 06 08 0A	 2 2 2 2	Bereich der abhängigen Variablen Start Spalte Start Zeile Ende Spalte Ende Zeile
 0C 0E 10 12	 2 2 2 2	Bereich der unabhängigen Variablen Start Spalte Start Zeile Ende Spalte Ende Zeile
 14 16 18 1A	 2 2 2 2	Ausgabebereich Start Spalte Start Zeile Ende Spalte Ende Zeile
1C	1	Flag zur Unterdrückung von Nullwerten 0 = Wert nicht unterdrücken –1 = Wert unterdrücken

Tabelle 4.47 Quattro Pro-Recordstruktur (Opcode 0067H)

MATRIX_RANGES (Opcode 0069H)

Dieser Datensatz enthält 40 Datenbytes und besitzt folgendes Format:

Offset	Bytes	Bedeutung
00	2	Opcode MATRIX_RANGES = 0069H
02	2	Länge = 0028H (40 Byte)
		Matrixinvertierung Quellbereich
04	2	Start Spalte
06	2	Start Zeile
08	2	Ende Spalte
0A	2	Ende Zeile
		Matrixinvertierung Zielbereich
0C	2	Start Spalte
0E	2	Start Zeile
10	2	Ende Spalte
12	2	Ende Zeile
		Matrixmultiplikant
14	2	Start Spalte
16	2	Start Zeile
18	2	Ende Spalte
1A	2	Ende Zeile
		Matrixmultiplikator
1C	2	Start Spalte
1E	2	Start Zeile
20	2	Ende Spalte
22	2	Ende Zeile
		Matrixprodukt
24	2	Start Spalte
26	2	Start Zeile
28	2	Ende Spalte
2A	2	Ende Zeile

Tabelle 4.48 Quattro Pro-Recordstruktur (Opcode 0069H)

Mit diesem Record wird der Datenbereich für Matrixberechnungen definiert.

CELL_PTR_INDEX (Opcode 0096H)

Dieser Datensatz enthält den Zell-Pointer-Index und besitzt folgenden Aufbau:

Offset	Bytes	Bedeutung
00	2	Opcode CELL_PTR_INDEX = 0096H
02	2	Länge = 000xH (n * 6 Byte)
04	2	Nummer erste aktive Spalte (Integerwert)
06	2	niedrigste aktive Zellennummer
08	2	höchste aktive Zellennummer
0A	n*3*2	für jede weitere aktive Spalte 3*2 Byte

Tabelle 4.49 Quattro Pro-Recordstruktur (Opcode 0096H)

Der Satz enthält eine Liste mit Spalten der aktiven Zellen. Für jede aktive Spalte werden 6 Byte gemäß der Kodierung aus Tabelle 4.49 (Offset 04H-06H) im Datensatz abgelegt.

EXTWKST (Opcode 0097H)

Dieser Datensatz enthält eine Verknüpfung zu einem externen Arbeitsblatt und besitzt folgenden Aufbau:

Offset	Bytes	Bedeutung
00	2	Opcode ExtWkst = 0097H
02	2	Länge = 000xH (variabel)
04	2	ID Arbeitsblatt
06	n	Name Arbeitsblatt (Länge + String)

Tabelle 4.50 Quattro Pro-Recordstruktur (Opcode 0097H)

EXTNMRANGE (Opcode 0098H)

Dieser Datensatz definiert einen Bereich (Range) in einem externen Arbeitsblatt und besitzt folgenden Aufbau:

Offset	Bytes	Bedeutung
00	2	Opcode ExtNmRange = 0098H
02	2	Länge = 0019H (25)
04	16	Range Name
14	8	Range
1C	1	ID externes Arbeitsblatt

Tabelle 4.51 Quattro Pro-Recordstruktur (Opcode 0098H)

MACROLIB (Opcode 0099H)

Dieser Datensatz definiert eine Makrobibliothek. Der Datensatz besitzt folgenden Aufbau:

Offset	Bytes	Bedeutung
00	2	Opcode MacroLib = 0099H
02	2	Länge = 0001H
04	1	Makro-Flag 0 = keine Makrobibliothek 1 = Makrobibliothek

Tabelle 4.52 Quattro Pro-Recordstruktur (Opcode 0099H)

WINTL (Opcode 009AH)

Dieser Datensatz definiert die obere linke Position des Quattro Pro-Fensters. Der Datensatz besitzt folgenden Aufbau:

Offset	Bytes	Bedeutung
00	2	Opcode WinTL = 009AH
02	2	Länge = 0004H
04	2	X-Koordinate
06	2	Y-Koordinate

Tabelle 4.53 Quattro Pro-Recordstruktur (Opcode 009AH)

FONTS (Opcode 009BH)

Dieser Datensatz beschreibt die Schriftarten und -attribute und besitzt folgenden Aufbau:

Offset	Bytes	Bedeutung
00	2	Opcode Fonts = 009BH
02	2	Länge = 0040H (64)
04	2	Font 1 Attribute Bit 0: 1= Bold Bit 1: 1= Italic Bit 2: 1= Drop Shadow Bit 3: 1= Underline Bit 4: 1= Subscript Bit 5: 1= Superscript Bit 6: 1= Scalable Bit 7: 1= Double Underline Bit 8: 1= Landscape Bit 9: 1= Outline Bit 10: 1= Shadow Bit 11: 1= Monospace Bit 12: 1= Sans serif Bits 13–15: untere 3 Bits Font-ID Laserjet und Canon
	2	Typeface (Bitstream- und Hershey-Fonts) Bits 0–12: Stylecode in FONTS.BGI Bits 13–15: Typ 0: Canon 1: Bitmap 2: Hershey 3: BS Bitmap 4: PostScript 5: Laserjet 6: SPD Outline
		7: BS Outline

Offset	Bytes	Bedeutung
		Typeface (Laserjet- und Canon-Fonts) Bits 0–9: Stylecode Bits 10–12: obere 3 Bit Font-ID Laserjet und Canon Bits 13–15: Typ 0: Canon 1: Bitmap 2: Hershey 3: BS Bitmap 4: Postscript 5: Laserjet 6: SPD Outline 7: BS Outline
	2	aktuelle Schriftgröße (point size)
	2	Farbe 0: Black 1: Blue 2: Green 3: Cyan 4: Red 5: Magenta 6: Brown 7: Light Gray 8: Dark Gray 9: Light Blue AH: Light Green BH: Light Cyan CH: Light Red DH: Light Magenta EH: Yellow FH: White
0C	8	Font 2 (wie Font 1)
14	8	Font 3
1C	8	Font 4
24	8	Font 5
2C	8	Font 6
34	8	Font 7
3C	8	Font 8

Tabelle 4.54 Quattro Pro-Recordstruktur (Opcode 009BH)

STYLECPI (Opcode 009CH)

Dieser Datensatz beschreibt die Spaltengröße der Style-Tabelle des Arbeitsblatts. Der Datensatz besitzt folgenden Aufbau:

Offset	Bytes	Bedeutung
00	2	Opcode StyleCPI = 009CH
02	2	Länge = 000xH (variabel)

Offset	Bytes	Bedeutung
04 06 08	2 2 2	Nummer erste aktive Spalte (Integer) Nummer niedrigste aktive Zeile in Spalte Nummer höchste aktive Zeile in Spalte
0A	2	Nummer nächste aktive Spalte (Integer) ...

Tabelle 4.55 Quattro Pro-Recordstruktur (Opcode 009CH)

Der Datensatz enthält sechs Byte für jede aktive Spalte.

STYLECELL (Opcode 009DH)

Dieser Datensatz beschreibt den Stil einer Zelle und besitzt folgenden Aufbau:

Offset	Bytes	Bedeutung
00	2	Opcode StyleCell = 009DH
02	2	Länge = 0007H
04	1	Zellformat (siehe Abbildung 4.1)
05	4	Zellkoordinate Top Line Drawing Left Line Drawing Shading Alignment
09	2	Stil Datentyp Zellfont

Tabelle 4.56 Quattro Pro-Recordstruktur (Opcode 009DH)

CONDITION (Opcode 009EH)

Dieser Datensatz beschreibt die Optionen für eine *Condition* (Bedingung) und besitzt folgenden Aufbau:

Offset	Bytes	Bedeutung
00	2	Opcode Condition = 009EH
02	2	Länge = 0011H (17 Byte)
04	1	Conditional Colors 0: disabled 1: enabled
05	8	Minimum (Fließkommazahl)
0D	8	Maximum

Tabelle 4.57 Quattro Pro-Recordstruktur (Opcode 009EH)

KRANGE3 (Opcode 009FH)

Dieser Datensatz beschreibt den dritten Bereich für den Sortierschlüssel und besitzt folgenden Aufbau:

Offset	Bytes	Bedeutung
00	2	Opcode KRange3 = 009FH
02	2	Länge = 0009H
04	2 2 2 2	Startspalte Startzeile Endspalte Endzeile
0C	1	Sortierfolge 00H: absteigend FFH: aufsteigend

Tabelle 4.58 Quattro Pro-Recordstruktur (Opcode 009FH)

KRANGE4 (Opcode 00A0H)

Dieser Datensatz beschreibt den vierten Bereich für den Sortierschlüssel und besitzt den in Tabelle 4.58 gezeigten Aufbau.

KRANGE5 (Opcode 00A1H)

Dieser Datensatz beschreibt den fünften Bereich für den Sortierschlüssel und besitzt den in Tabelle 4.58 gezeigten Aufbau.

ANNVISUAL (Opcode 00A2H)

Dieser Datensatz enthält die Anmerkung für einen sichtbaren Datensatz. Der Record besitzt folgenden Aufbau:

Offset	Bytes	Bedeutung
00	2	Opcode AnnVisual = 00A2H
02	2	Länge = 0035H (53 Byte)
04	16	Graph-Name
14	1	Version
15	1	Revision
16 17 18 19 1A 1C	1 1 1 1 2 2	Viewport Left Boundary Viewport Top Boundary Viewport Right Boundary Viewport Bottom Boundary Viewport Top Left Corner Viewport Bottom Right Corner
1E	1	Background

Offset	Bytes	Bedeutung
1F	2	Free list
21	2	List base
23	2	List last
25	2	Objekt handle
27	2	Objekt count (Objekt in Object-Records)
29	2	Link handle
2B	2	Link count
2D	2	Index handle
2F	2	Index size
31	2	Index used
33	2	Data handle
35	2	Data size
37	2	Count In-use

Tabelle 4.59 Quattro Pro-Recordstruktur (Opcode 00A2H)

ANNOBJECT (Opcode 00A3H)

Dieser Datensatz enthält ein Feld mit Anmerkungen. Der Record besitzt folgenden Aufbau:

Offset	Bytes	Bedeutung
00	2	Opcode AnnObject = 00A3H
02	2	Länge = 00xxH (variabel)
04	16	Graph-Name (Länge + String)
14	1	Version
15	1	Revision Objekt 1
16	1	Objekttyp 0 = None 1 = Arrow 2 = Rectangle 3 = Circle 4 = Ellipse 5 = Polyline 6 = Polygon 7 = Boxtext 8 = Text 9 = Roundrect 10 = Line 11 = Square
		12 = Group

Offset	Bytes	Bedeutung
		13 = Graphpane 14 = Legendpane 15 = Titlepane 16 = Clipobject 17 = Background 18 = Lineobject 19 = Csector 20 = Esector 21 = Bar3D
17	1	Objektsegment (wird ignoriert)
18	1	Objekt Füllfarbe (0–15)
19	1	Objekt Randfarbe (0–15)
1A	1	Objekt Hintergrundfarbe (0–15)
1B	1	Objekt Textfarbe (0–15)
1C	1	Objekt Füllmuster (0–15)
1D	1	Objekt Linienstil (0–7)
1E	1	Objekt mit Rahmen (bordered)
1F	1	Hot Link
20	1	Selected
21	1	Series, Link-Referenz
22	2	Index, Link-Referenz
24	1	nur ausgeben (wird ignoriert)
25	1	Ausrichtung (wird ignoriert)
26	2	Drop X (rechts/links custom drop shadow offset, Standard ist 5)
28	2	Drop Y (down/up customer drop shadow offset, Standard ist 10)
2A	16	Domain left boundary top boundary right boundary bottom boundary top left corner bottom right corner
32	2	Heap-Index (Handle für Array mit Punkten)
34	2	Count (Zahl der Punkte)
36	2	Startwinkel
38	2	Endwinkel
3A	2	Oberer linker Punkt Labelrecord
3C	2	Labelrecord Breite und Höhe
3E	2	Labelrecord Breite/Höhe Textblock
40	2	Labelrecord *hTopline* Data-heap handle

Offset	Bytes	Bedeutung
42	1	Labelrecord Rahmentyp 0 = Box 1 = Double Line 2 = Thick Line 3 = Shadow Box 4 = 3D Box 5 = Round Box 6 = No Box 7 = Sculpted
43	1	Labelrecord Flag Bit 0: 1 es gibt einen GRRAPHBUTTON Bits 1–7: reserviert
44	8	Labelrecord Font Byte Attribute Typeface Pointsize Color
4C	2	Labelrecord ausrichten (justify) 0: Left justified 1: Centered 2: Right justified
4E	2	Handle vorheriges Objekt
50	2	Handle nächstes Objekt
52	2	Handle nächstes selektiertes Objekt

Tabelle 4.60 Quattro Pro-Recordstruktur (Opcode 00A3H)

Innerhalb des Datensatzes können zwischen 1 und 15 Objekte beschrieben werden.

ANNINDEX (Opcode 00A4H)

Dieser Datensatz enthält ein indiziertes Feld mit variablen Anmerkungsdaten für Objekte. Der Zugriff auf die Daten erfolgt über ein Zeigerfeld. Der Record besitzt folgenden Aufbau:

Offset	Bytes	Bedeutung
00	2	Opcode AnnIndex = 00A4H
02	2	Länge = 00xxH (variabel)
04	16	Graph-Name (Länge + String)
14	1	Version
15	1	Revision
16	1024	Index 1 (Block mit 512 Integerwerten)

Tabelle 4.61 Quattro Pro-Recordstruktur (Opcode 00A4H)

Im Block *Index n* sind jeweils 512 Einträge enthalten, die auf die jeweiligen Daten im *AnnHeapData*-Record zeigen. Im Record können zwischen 1 und 15 Indexblöcke à 1024 Byte gespeichert werden.

ANNHEAPDATA (Opcode 00A5H)

Dieser Datensatz enthält die eigentlichen Datei für die Anmerkungen (es wird aus *AnnIndex* auf diese Daten verwiesen). Der Record besitzt folgenden Aufbau:

Offset	Bytes	Bedeutung
00	2	Opcode AnnHeapDate = 00A5H
02	2	Länge = 00xxH (variabel)
04	16	Graph-Name (Länge + String)
14	1	Version
15	1	Revision
16	n	Heap-Block 2 Byte: Index aus AnnIndex 2 Byte: Länge Datenbereich n Byte: Datenbereich

Tabelle 4.62 Quattro Pro-Recordstruktur (Opcode 00A5H)

OPTIMIZE (Opcode 00B5H)

Dieser Datensatz wird zur Speicherung von Koeffizienten bei der linearen Optimierung benutzt. Der Record besitzt folgenden Aufbau:

Offset	Bytes	Bedeutung
00	2	Opcode Optimize = 00B5H
02	2	Länge = 0051H (81 Byte)
04	8	Linear constraint coefficients
0C	8	Constant constraint terms
14	8	Objective function
1C	8	Inequality equality relations
24	8	Bounds for variables
2C	8	Formula constraints
34	8	Solution
3C	8	Variablen
44	8	Dual values
4C	8	Additional dual values
54	1	Extremum 0 = kleinstes (Standard) 1 = größtes

Tabelle 4.63 Quattro Pro-Recordstruktur (Opcode 00B5H)

SLIDER (Opcode 00B6H)

Dieser Datensatz gibt den Anzeigebereich für Graphen (Graph Slide Show Range) an. Der Record besitzt folgenden Aufbau:

Offset	Bytes	Bedeutung
00	2	Opcode Slider = 00B6H
02	2	Länge = 0008H
04	8	Bereich der Graphen für die Anzeige

Tabelle 4.64 Quattro Pro-Recordstruktur (Opcode 00B6H)

SOLVE (Opcode 00B7H)

Dieser Datensatz enthält die Eingabewerte und Kriterien für die Solve-Funktion. Der Record besitzt folgenden Aufbau:

Offset	Bytes	Bedeutung
00	2	Opcode Solve = 00B7H
02	2	Länge = 0022H (34 Byte)
04	8	Eingabezelle
0C	8	Zielzelle
14	8	Ziel (Standard 0.0)
1C	8	Genauigkeit (Accuracy, Standard = 0,005)
24	2	Durchläufe (Iteration, Standard = 5)

Tabelle 4.65 Quattro Pro-Recordstruktur (Opcode 00B7H)

SEXTGRAPH (Opcode 00B8H)

Dieser Datensatz enthält Informationen für erweiterte Grafiken (Extended Graph). Der Record wird zusammen mit 3D-Graphen benutzt, um diese für Quattro Pro mit Versionen kleiner 2.0 lesbar zu machen. Der Record wird vor dem GRAPH-Record gespeichert und besitzt folgenden Aufbau:

Offset	Bytes	Bedeutung
00	2	Opcode SExtGraph = 00B8H
02	2	Länge = 0001H
04	1	Extended-Graph AH = 3D Bar Graph BH = 3D Ribbon Graph CH = 3D Step Graph DH = 3D Area Graph

Tabelle 4.66 Quattro Pro-Recordstruktur (Opcode 00B8H)

GNAME (Opcode 00B9H)

Dieser Datensatz enthält den Namen des vor dem Speichern zuletzt angezeigten Graphen. Der Record besitzt folgenden Aufbau:

Offset	Bytes	Bedeutung
00	2	Opcode GName = 00B9H
02	2	Länge = 0010H (16 Byte)
04	16	Edit Graph Name (Länge + String)

Tabelle 4.67 Quattro Pro-Recordstruktur (Opcode 00B9H)

SCALE (Opcode 00BBH)

Dieser Datensatz enthält die Skalierung für die Druckausgabe und besitzt folgenden Aufbau:

Offset	Bytes	Bedeutung
00	2	Opcode Scale = 00BBH
02	2	Länge = 0002H
04	2	Print Scale

Tabelle 4.68 Quattro Pro-Recordstruktur (Opcode 00BBH)

Zulässige Werte für den Druckbereich liegen zwischen 1 und 1000, wobei standardmäßig der Wert 100 benutzt wird.

ORIENTATION (Opcode 00BCH)

Dieser Datensatz gibt die Ausrichtung des Kalkulationsblatts beim Drucken an. Der Datensatz besitzt folgenden Aufbau:

Offset	Bytes	Bedeutung
00	2	Opcode Orientation = 00BCH
02	2	Länge = 0001H
04	1	Orientation 0 = Portrait (Standard) 1 = Banner 2 = reserviert 3 = Landscape

Tabelle 4.69 Quattro Pro-Recordstruktur (Opcode 00BCH)

Zulässige Werte für den Druckbereich liegen zwischen 1 und 1000, wobei standardmäßig der Wert 100 benutzt wird.

ANNGRID (Opcode 00BDH)

Dieser Datensatz enthält Informationen über den Abstand der Gitterlinien. Der Datensatz besitzt folgenden Aufbau:

Offset	Bytes	Bedeutung
00	2	Opcode AnnGrid = 00BDH
02	2	Länge = 0002H
04	2	Gitter-Inkrement

Tabelle 4.70 Quattro Pro-Recordstruktur (Opcode 00BDH)

Der Wert 1 bewirkt den kleinstmöglichen Gitterabstand, während 25 den größten Gitterabstand definiert. Standardmäßig wird der Abstand auf 4 gesetzt.

ANNVIS (Opcode 00BEH)

Dieser Datensatz enthält Informationen, ob die Gitterlinien angezeigt werden. Der Datensatz besitzt folgenden Aufbau:

Offset	Bytes	Bedeutung
00	2	Opcode AnnVis = 00BEH
02	2	Länge = 0001H
04	1	Flag 00H: Gitter nicht sichtbar FFH: Gitter anzeigen

Tabelle 4.71 Quattro Pro-Recordstruktur (Opcode 00BEH)

ANNSNAP (Opcode 00BFH)

Dieser Datensatz enthält das Flag, welches das Ausrichten an den Gitterlinien ein-/ausschaltet. Der Datensatz besitzt folgenden Aufbau:

Offset	Bytes	Bedeutung
00	2	Opcode AnnSnap = 00BFH
02	2	Länge = 0001H
04	1	Flag 00H: nicht am Gitter ausrichten FFH: Objekte am Gitter ausrichten

Tabelle 4.72 Quattro Pro-Recordstruktur (Opcode 00BFH)

DISPGRID (Opcode 00C0H)

Dieser Datensatz enthält ein Flag, welches die Anzeige der Gitterlinien im WYSIWYG-Modus ein-/ausschaltet. Der Datensatz besitzt folgenden Aufbau:

Offset	Bytes	Bedeutung
00	2	Opcode DispGrid = 00C0H
02	2	Länge = 0001H
04	1	Flag 00H: Gitter nicht anzeigen FFH: Gitter anzeigen

Tabelle 4.73 Quattro Pro-Recordstruktur (Opcode 00C0H)

Standardmäßig ist die Gitteranzeige im WYSIWYG-Modus eingeschaltet.

ANNDROP (Opcode 00C1H)

Dieser Datensatz enthält Informationen zur Farbe der Hintergrundschattierung (Drop Shadow) für jede Textfarbe. Der Datensatz besitzt folgenden Aufbau:

Offset	Bytes	Bedeutung
00	2	Opcode AnnDrop = 00C1H
02	2	Länge = 0020H (32 Byte)
04	2	Drop-Color für schwarzen Text
06	2	Drop-Color für blauen Text
08	2	Drop-Color für grünen Text
0A	2	Drop-Color für Text in Cyan
0C	2	Drop-Color für roten Text
0E	2	Drop-Color für Text in Magenta
10	2	Drop-Color für braunen Text
12	2	Drop-Color für hellgrauen Text
14	2	Drop-Color für dunkelgrauen Text
16	2	Drop-Color für hellblauen Text
18	2	Drop-Color für hellgrünen Text
1A	2	Drop-Color für Text in hellem Cyan
1C	2	Drop-Color für hellroten Text
1E	2	Drop-Color für Text in hellem Magenta
20	2	Drop-Color für gelben Text
22	2	Drop-Color für weißen Text

Tabelle 4.74 Quattro Pro-Recordstruktur (Opcode 00C1H)

Die Farben werden als Zahlen gemäß folgender Aufstellung kodiert:

Farbe	Farbe
0 Schwarz	8 Dunkelgrau
1 Blau	9 Hellblau
2 Grün	10 Hellgrün
3 Cyan	11 Hellcyan
4 Rot	12 Hellrot
5 Magenta	13 Hellmagenta
6 Braun	14 Gelb
7 Hellgrau	15 Weiß

Tabelle 4.75 Farbkodierung

RHSIZE (Opcode 00C2H)

Dieser Datensatz definiert die vom Benutzer festgelegte Zellhöhe. Der Datensatz besitzt folgenden Aufbau:

Offset	Bytes	Bedeutung
00	2	Opcode RHSize = 00C2H
02	2	Länge = 0004H
04	2	erste Zeile mit der neuen Zeilenhöhe
06	2	letzte Zeile mit der neuen Zeilenhöhe

Tabelle 4.76 Quattro Pro-Recordstruktur (Opcode 00C2H)

RHRANGE (Opcode 00C3H)

Dieser Datensatz definiert einen Bereich mit vom Benutzer veränderter Zellhöhe. Der Datensatz besitzt folgenden Aufbau:

Offset	Bytes	Bedeutung
00	2	Opcode RHRange= 00C3H
02	2	Länge = 00xxH (variabel, max. 1024 Byte)
04	2	erste Zeile mit neuer Zeilenhöhe
06	2	letzte Zeile mit neuer Zeilenhöhe
08	2	Zeilenhöhen (max. 1024 Byte)

Tabelle 4.77 Quattro Pro-Recordstruktur (Opcode 00C3H)

Ist die Zeilenhöhe kleiner gleich 7, enthält das Byte einen Fontindex. Ist der Wert größer 7, wird die Zeilenhöhe in Pixel als zu Wert –7 angegeben.

Anmerkung: Die vorliegenden Seiten enthalten eine Beschreibung der Recordtypen der Quattro Pro-Version 3.0. In der Version 4.0 wurden die Recordtypen leicht erweitert, es liegen mir aber keine Informationen über den genauen Aufbau der Datensätze vor.

5 Symbolic Link-Format (SYLK)

Die Firma Microsoft hat für die Programme Multiplan Excel und Chart ein eigenes Format für den Austausch von Daten mit Fremdprogrammen definiert. Dieses Format wird als Symbolic Link-Format (SYLK) bezeichnet. Damit lassen sich nicht nur Daten, sondern zusätzlich auch alle Informationen zur Definition eines Rechenblatts übertragen.

SYLK besitzt einen zeilenorientierten Satzaufbau, wobei jeder Satz durch ein CR/LF abgeschlossen wird. Alle Sätze besitzen folgenden grundlegenden Aufbau:

```
<Recordtyp><Feldtyp><Felder>
```

Jeder Satz enthält mehrere Informationen und wird daher in einzelne Felder aufgeteilt. Die spitzen Klammern (< und >) wurden hier nur zur Markierung der einzelnen Felder eingeführt und sind in die Datensätze nicht einzutragen. Das Zeichen # wird nachfolgend als Platzhalter für Leerzeichen (20H) benutzt.

Der erste Eintrag gibt den *Recordtyp* des betreffenden Satzes an. Dieser Typ spezifiziert den Aufbau und die Bedeutung der nachfolgenden Felder und besteht aus einem oder zwei Großbuchstaben (z. B. ID, F, B, C etc.).

Der zweite Eintrag ist optional und beschreibt den *Feldtyp*. Er wird bei bestimmten Satztypen zur Selektion verschiedener Unterfunktionen benutzt. Vor dem Feldtyp steht immer ein Semikolon als Separator; näheres hierzu folgt bei der Beschreibung der Recordtypen.

An diese beiden Einträge schließen sich, in Abhängigkeit vom Recordtyp, weitere Felder mit den Daten an. Die Einträge *Feldtyp* und *Recordtyp* innerhalb eines Satzes werden durch ein Semikolon separiert.

Die Basis-SYLK-Records

Für die Recordtypen der Basis-SYLK-Dateien gelten folgende Codes:

ID-Record (ID)

Der erste Satz innerhalb einer SYLK-Datei benutzt den ID-Recordtyp und besitzt folgendes Format:

```
<Recordtyp>;<Feldtyp><Feld>
   ID     ;    P     <Name>
```

Als Feldtyp wird *;P* vorgegeben. Daran schließt sich der Name des Programms als ASCII-String an, das die Datei erzeugt hat. Ein gültiger SYLK-ID-Satz könnte zum Beispiel so aussehen:

```
ID;PdBASE II CR/LF
```

Der Feldtyp *P* kann auch entfallen, und hinter dem Semikolon dürfen beliebige Texte als Kommentare stehen.

Der zweite Feldtyp (;N) tritt in Multiplan und Excel auf und signalisiert, daß der ;N-Schutz an Stelle des ;P-Schutzes für die Zellen verwendet werden soll.

Der Feldtyp (;E) ist nur für Excel definiert und signalisiert, daß NE-Records redundant als Formeln vorliegen, um externe Referenzen direkt zu unterstützen.

Format-Record (F)

Dieser Recordtyp erlaubt die Formatierung einer Zelle oder des kompletten Kalkulationsblatts. Innerhalb des Records sind verschiedene Feldtypen zulässig; hier die einzelnen Variationen:

Zellkoordinaten (;X;Y)

Der erste Feldtyp erlaubt die Adressierung einer einzelnen Zelle, auf die sich dann alle weiteren Definitionen beziehen. Der Satz besitzt demnach folgendes Format:

```
<Recordtyp><Feldtyp>
   F        ;X;Y
```

Hinter dem Zeichen X wird die Spaltennummer des betreffenden Feldes angegeben, während die Zahl nach dem Buchstaben Y die Zeilennummer spezifiziert. Die Zelle A10 läßt sich so durch folgenden Satz adressieren:

```
F;X10;Y1
```

Es ist zu beachten, daß die Buchstaben zur Adressierung einer Zeile (A = 1) auf Nummern abgebildet werden und daß jeder Feldtyp im SYLK-Format durch ein Semikolon eingeleitet ist.

Zellformat (;F<c1># <n>#<c2>)

Mit diesem Feldtyp läßt sich das Zellformat angeben. Der Satz selber besitzt wiederum folgendes Format:

```
<Recordtyp><Feldtyp><Felder>
   F        ;F       <c1>#<n>#<c2>
```

Das Zeichen # steht als Platzhalter für ein Blank (20H). Das erste F markiert den Recordtyp, während mit *;F* der Formattyp *Zellformat* definiert wird. An den Feldtyp schließen sich mehrere Felder an, die mit spitzen Klammern (< und >) markiert sind. Das Feld *<c1>* enthält eines der Formatsteuerzeichen aus Tabelle 5.1 als Formatangabe für die Zellen des Kalkulationsblatts.

Zeichen	Bedeutung
D	Standardeinstellung (*default*)
C	zusammenhängende Ausgaben (*continuous*)
E	Exponentialnotation (*exponent*)
F	Festpunktdarstellung (*fixed*)
I	Ganzzahldarstellung (*integer*)
G	Anpassung an Zellbreite (*general*)
$	Währungsdarstellung *$xxx.xx*
*	Balkengrafikdarstellung

Tabelle 5.1 Formatsteuerzeichen im Feld <c1> für das F-Format

Mit dem Formatsteuerzeichen *C* erfolgt die Ausgabe der Daten in zusammenhängender Form (*continuous cross cell display*), wobei die Ausgaben notfalls auch über den Zellrand hinausreichen. Texte und Werte werden nicht abgeschnitten. Der Buchstabe *E* signalisiert die Darstellung in der wissenschaftlichen Exponentialdarstellung, während mit *F* die Festkommadarstellung selektiert wird. Mit *G* wird das Ausgabeformat vom Kalkulationsprogramm so gewählt, daß die Anzeige möglichst gut in die Zelle paßt (Standarddarstellung). Mit *$* selektiert SYLK die Währungsdarstellung, wobei jedem Wert das Zeichen $ vorangestellt wird. Die Zahlen besitzen dann auch nur zwei Nachkommastellen. * dient zur Übertragung von Daten in der Balkengrafikdarstellung, wobei jedes Sternchen dann eine Einheit repräsentiert.

Im Feld <*n*> steht ein Wert, der die Zahl der Stellen (*digits*) pro Zelle spezifiziert. Das letzte Feld <*c2*> gibt an, wie die Ausgaben innerhalb der Zelle anzuordnen sind (Tabelle 5.2).

Zeichen	Bedeutung
D	Standardeinstellung (*default*)
C	Ausgaben zentrieren (*center*)
G	Anpassung an Zellbreite (*general*)
L	Ausgaben linksbündig justieren (*left*)
R	Ausgaben rechtsbündig justieren (*right*)

Tabelle 5.2 Formatsteuerzeichen im Feld <c2> für die Textausrichtung

Die Wirkung des Kommandos hängt vom vorhergehenden Satz ab. Falls dieser die Zellkoordinaten *(F;Xn;Yn)* enthält, bezieht sich die Formatangabe auf die spezifizierte Zelle. Mit einem Satz *(F;Rn;Cn)* bezieht sich die Angabe auf eine komplette Zeile oder Spalte.

Zeilen-/Spaltenformatierung (;R;C)

Mit diesem Feldtyp lassen sich Spalten und Zeilen, auf die sich der nachfolgende Formatsatz *(F;..)* bezieht, spezifizieren. Es gilt folgender Satzaufbau:

```
<Recordtyp><Feldtyp>
   F;        Rn ; Cn
```

Der Buchstabe R spezifiziert dabei eine Zeile (*row*), deren Nummer direkt dahinter folgt. Der Buchstabe C adressiert eine Spalte (*column*). Mit dem Feldtyp lassen sich sowohl komplette Zeilen als auch Spalten definieren.

Default-Format (;D<c1>#<n>#<c2>#<c3>)

Mit diesem Feldtyp läßt sich analog zum F-Format das Standardformat der Zellen angeben. Der Satz besitzt folgenden Aufbau:

```
<Recordtyp><Feldtyp><Felder>
   F          ;     D   <c1>#<n>#<c2>#<c3>
```

Das Zeichen # steht als Platzhalter für ein Blank (20H). Das erste *F* markiert den Recordtyp, während mit *;D* der Formattyp *Default Format* definiert wird. An den Feldtyp schließen sich mehrere Felder an, die durch spitze Klammern (< und >) markiert sind. Die Belegung von *c1* und *c2* entspricht den Konventionen des F-Formats. Das Feld *<c3>* enthält zusätzlich die Standardbreite der Spalten.

Kommaformat (;K)

Dieser Satztyp signalisiert, daß Zahlen mit Kommata auszugeben sind. Der Satz besitzt folgenden Aufbau:

```
<Recordtyp> <Feldtyp>
  F           ;K
```

Das Semikolon gehört zum Feldtyp.

Formelformat (;E)

Dieser Satztyp spezifiziert die Formatoption, über die Multiplan Formeln lesen kann. Es gilt folgender Aufbau:

```
<Recordtyp> <Feldtyp>
  F           ;E
```

Das Semikolon gehört zum Feldtyp.

Width-Format (;W<c1>#<c2>#<c3>)

Mit diesem Feldtyp läßt sich die Breite mehrerer Spalten des Rechenblatts angeben. Der Satz besitzt folgendes Format:

```
<Recordtyp><Feldtyp><Felder>
   F         ;W       <c1>#<c2>#<c3>
```

Das Zeichen # steht als Platzhalter für ein Blank (20H). Das erste *F* markiert den Recordtyp, während mit *;W* der Feldtyp für die Breitendefinition angegeben wird. Das Feld *c1* spezifiziert die erste Spalte, ab der das Format gilt, in *c2* wird die letzte Spalte des betreffenden Formats markiert. Die Breite der Spalte in Zeichen findet sich dann in *c3*.

Font-Format (;N)

Dieser Feldtyp ist erst in Excel implementiert und definiert den zu benutzenden Font:

```
F;N Font_Id Size
```

Es sind als Parameter der Fontname und die Fontgröße zu definieren.

Bildformat (;P)

Auch dieses Format existiert erst in Excel und verweist auf ein Excel-Bild, welches in einem FP-Record gespeichert ist. Es gilt dabei die folgende Syntax:

```
F;P Index
```

Die Nummer gibt die Bildnummer im FP-Record an.

Style-Format (;Sx)

Dieser Feldtyp definiert, wie der Zeichenfont zu verwenden ist. Das Zeichen *x* steht dabei als Platzhalter für einen der folgenden Buchstaben:

I	Italic
D	Bold
T	Gridlines Top
L	Left
B	Bottom
R	Right

Mit der Angabe F;SI werden die Schriften dann kursiv dargestellt. Das Format existiert erst in EXCEL.

Header-Format (;H)

Dieses Format definiert in Excel, daß die Überschriften für Spalten und Zeilen unterdrückt werden *(F;H)*.

Grid-Format (;G)

Auch dieses Format ist erst in Excel vorhanden. Sobald der Record *F;G* auftritt, werden die Linien (Gridlines) bei der Ausgabe unterdrückt.

Boundary-Record (B)

Dieser Recordtyp definiert die Zeilen- und Spaltenzahl des Kalkulationsblatts. Es gilt folgender Satzaufbau:

```
<Recordtyp><Feldtyp><Felder>
   B          ;X         ;Y
```

Der Feldtyp Y spezifiziert die Zeilenzahl, wobei der betreffende Wert direkt dahinter steht. Mit X wird die Spaltenzahl spezifiziert, die Anzahl steht dahinter.

Cell Format-Record (C)

Dieser Recordtyp spezifiziert die Art und Weise, in der numerische oder Textwerte darzustellen sind: Er gibt beispielsweise an, ob eine Zelle geschützt wird. Innerhalb des Records sind 8 verschiedene Feldtypen zulässig, die im folgenden näher erläutert sind:

Zellkoordinaten (;X;Y)

Der erste Feldtyp erlaubt die Adressierung einer einzelnen Zelle, auf die sich alle weiteren Definitionen beziehen. Der Satz besitzt demnach folgendes Format:

```
<Recordtyp><Feldtyp>
   C        ;X;Y
```

Hinter *X* wird die Spaltennummer des betreffenden Feldes angegeben, während die Zahl nach dem Buchstaben *Y* die Zeilennummer spezifiziert. Der Aufbau des Formats entspricht dem F-Format.

Zellwert (;K)

Mit diesem Feldtyp wird der Wert einer Zelle übertragen; hier lassen sich numerische Angaben, Texte oder logische Größen spezifizieren. Der Wert steht hinter dem Feldtyp *K*, wobei Texte in Anführungszeichen gesetzt werden müssen:

```
<Recordtyp><Feldtyp>
   C        ;K"Umsatz"
   C        ;K12345.45
```

Die logischen Konstanten *False* und *True* stehen ebenfalls in Hochkommata. Der Wert ERROR muß durch das Zeichen # eingeleitet werden.

Protected (;P)

Der Feldtyp P aktiviert den Schutz für die aktuelle Zelle. Eine protected (d.h. geschützte) Zelle läßt sich nicht modifizieren.

Not Protected (;N)

Tritt dieser Feldtyp auf, ist die Zelle nicht gesperrt oder schreibgeschützt.

Expression (;E<expr.>)

Mit SYLK lassen sich auch Kalkulationsformeln übertragen. Der Feldtyp *E* erlaubt die Übergabe dieser Formeln. Es gilt folgender Satzaufbau:

```
<Recordtyp> <Feldtyp> <Felder>
   C      ;    E    <expr.>
```

Nach dem Schlüsselwort *;E* folgt eine gültige Multiplan-Kalkulationsformel im ASCII-Text.

Zeilen-/Spaltenadressierung (;R;C)

Mit diesem Feldtyp lassen sich die Spalten und Zeilen spezifizieren, auf die sich der nachfolgende Satz (*S;..*) bezieht. Es gilt folgender Satzaufbau:

```
<Recordtyp><Feldtyp>
   F;        Rn ; Cn
```

Der Buchstabe R spezifiziert dabei eine Zeile (*row*), deren Nummer direkt dahinter folgt. Der Buchstabe *C* adressiert eine Spalte (*column*).

Shared Expression-Value (;S)

Der Satztyp signalisiert, daß die Formel für diese Zelle aus einer anderen Zelle zu holen ist: Die Koordinaten werden aus dem vorhergehenden *;R;C*-Satz übernommen. Wenn der *;S*-Typ auftritt, darf in der gleichen Sequenz kein E(*xpression*)-Format benutzt werden. Vor dem *;R;C*-Satz müssen vielmehr die Feldtypen *;D* oder *;G* stehen.

Shared Expression (;D)

Dieser Feldtyp markiert eine Zelle, deren Kalkulationsformel von einer anderen Zelle benutzt wird (siehe auch *E-Format*).

Shared Values (;G)

Dieser Feldtyp markiert eine Zelle, deren Wert von einer anderen Zelle mitbenutzt wird (siehe auch *K-Format*). In diesem Fall darf das E-Format nicht gleichzeitig verwendet werden.

Cell hidden (;H)

Dieser Feldtyp tritt erst bei Excel auf und signalisiert, daß ein Zellinhalt nicht angezeigt wird (hidden). Ist das Attribut für alle Zellen gesetzt, wird das komplette Rechenblatt geschützt.

Expression Matrix (;M)

Auch dieser Feldtyp ist nur in Excel implementiert und enthält Ausdrücke (Expressions) einer Matrix. Die Abmessungen der Matrix beziehen sich auf die Angaben im *;T*-Record (linke obere Ecke) und auf die *;R*- und *;C*-Records (rechte untere Ecke). Falls der *;M*-Feldtyp auftritt, wird der *;K*-Feldtyp ignoriert. Dann wird auch kein *;E*-Feld geschrieben.

Table Reference (;T)

Dieser Feldtyp gibt in Excel die Koordinaten der linken oberen Ecke einer Tabelle an (siehe Expression-Matrix). Die rechte untere Ecke der Tabelle wird über *;R*- und *;C*-Sätze definiert. Der Satz besitzt das Format

```
C;Tx,y
```

wobei *x* und *y* die Spalten und Zeilennummern definieren.

Inside a Matrix (;I)

Dieses Format wird ebenfalls nur durch Excel unterstützt und definiert Werte innerhalb einer Tabelle. Bei Verwendung des Satztyps müssen die Abmessungen der Tabelle vorher mit *;T* und *;R;C* definiert sein. Sobald ein *;I*-Feld auftritt, werden alle Sätze mit dem *;K*-Typ ignoriert. Weiterhin werden keine *;E*-Sätze ausgegeben.

Picture-Record (P)

Dieser Recordtyp wird nur durch Excel unterstützt und geht allen *F*-Records voraus. Der Satz besitzt nur einen Eintrag für ein Bild mit dem Format:

```
;P Bild
```

Im Bildbereich wird ein Excel-Bild definiert.

Name-Record (NN)

Dieser Recordtyp spezifiziert den Bereich (Fenster) aus einem Kalkulationsblatt (z.B. Multiplan), der einem Namen zugeordnet wird. Der Bereich läßt sich dann über den Namen adressieren; zu seiner Beschreibung sind zwei Feldtypen erforderlich.

Name (;N<Name>)

Der erste Feldtyp definiert den Namen des Bereichs. Der Satz besitzt folgendes Format:

```
<Recordtyp><Feldtyp>
   NN       ;N<Name>
```

Hinter dem Zeichen *N* folgt direkt der Bereichsname als ASCII-String.

Bereich (;E)

In einem zweiten Feldtyp ist der entsprechende Bereich mit der Definition der Eckpunkte zu übergeben.

```
<Recordtyp><Feldtyp>
  NN       ;E<Bereich>
```

Im Feld *Bereich* stehen die Definitionen für den Ausschnitt, dem der Name zugeordnet wird. Ein solcher Bereich könnte zum Beispiel folgendermaßen angegeben werden:

```
Rn11:n12Cn13:n14,Rn21:n22Cn23:n24,....
```

R steht dabei für »Row« und C steht für »Column«. Die vier Zahlen Rn11:n12Cn13:n14 markieren damit einen Bereich im Arbeitsblatt.

Makro (;G)

Dieser Satztyp wird nur bei Excel verwandt und beschreibt den Namen eines ausführbaren Makros. Es gilt dabei die folgende Syntax:

```
NN;G ch1 ch2
```

wobei *ch1* den Namen des Makros und *ch2* die Aktivierungstaste (Command Key) bezeichnet. Auf dem Macintosh wird lediglich der erste Buchstabe benutzt.

Ordinary Name (;K)

Diese Satzart wird bei Multiplan 2.0 benutzt, um Namen von unbenutzten Kommandos und Aliasnamen anzugeben. Es gilt das Format

```
NN; K  ch1 ch2
```

wobei *ch1* das Kommando und *ch2* den Aliasnamen beschreibt.

Benutzbare Funktion (;F)

Dieser Recordtyp steht nur in Excel zur Verfügung und bezeichnet eine benutzbare Funktion. Der Record besitzt keine Parameter (z. B. *NN;F*).

Options-Record (O)

Dieser Record wurde erst in neueren SYLK-Versionen eingeführt, um globale Optionen zu übertragen. Der Record besitzt verschiedene Satztypen.

Iteration Count (;A)

Dieser Satztyp definiert, ob eine Iteration eingeschaltet ist. Der Satz besitzt folgenden Aufbau:

```
O;A cIter numDelta
```

Der Parameter *cIter* signalisiert, ob die Iteration gesetzt ist. In *numDelta* findet sich die Schrittweite für die Iteration. Die Satzart wird nur durch Excel verwendet.

Completion Test (;C)

Diese Satzart wird erst in neueren SYLK-Versionen verwendet und führt einen »Completion Test« auf der aktuellen Zelle aus. Der Satz besitzt keine weiteren Parameter.

Protected (;P)

Tritt dieser Satz (z.B. O;P) in einer SYLK-Datei auf, ist das Rechenblatt geschützt (kein Paßwort).

A1-Mode (;L)

Diese Satzart wird nur bei Excel verwendet und signalisiert, daß A1-Mode-Referenzen verwendet werden sollen.

Manual Recalc (;M)

Dieser Recordtyp wird nur bei Excel benutzt und signalisiert, daß eine manuelle Neuberechnung durchzuführen ist. Der Satz besitzt keine Parameter.

Precision (;R)

Dieser Recordtyp signalisiert in Excel, daß die Auflösung gemäß der Formatierung zu benutzen ist. Der Satz besitzt keine weiteren Parameter.

Executable Macro (;E)

Dieser Satztyp bezieht sich auf Excel-Dateien und markiert eine ausführbare Makro-SYLK-Datei. Dieser Satztyp sollte vor einem *;G-* oder einem *;F*-Feld auftreten. Das gleiche gilt für den *C*-Record, der Makrodefinitionen enthalten kann.

Name-Link (NE)

Dieser Recordtyp erlaubt es, eine Verbindung zu einem anderen inaktiven Rechenblatt (externe Tabelle) zu spezifizieren. Drei Feldtypen sind dabei erlaubt:

Name (;F<Name>)

Der erste Feldtyp definiert den Dateinamen des entsprechenden (Quell-) Kalkulationsblatts.

```
<Recordtyp><Feldtyp>
    NE      ;F<Name>
```

Hinter dem Zeichen *F* folgt direkt der Dateiname als ASCII-String.

Quellbereich (;S)

In einem zweiten Feldtyp ist der entsprechende Bereich im Quellkalkulationsblatt anzugeben.

```
<Recordtyp><Feldtyp>
  NE        ;S<Bereich>
```

Im Feld *Bereich* stehen die Definitionen für den Ausschnitt.

Bereich (;E)

Im dritten Feldtyp ist der entsprechende Bereich mit der Definition der Eckpunkte im Zielkalkulationsblatt zu übergeben.

```
<Recordtyp><Feldtyp>
  NE        ;E<Bereich>
```

Im Feld *Bereich* stehen wieder die Definitionen für den Ausschnitt.

File-Substitution (NU)

Dieser Recordtyp ermöglicht den Ersatz eines Dateinamens durch einen anderen. Der Name wird in zwei Schritten ersetzt.

Filename (;L<Name>)

Der erste Feldtyp definiert den Dateinamen der zu ersetzenden Datei:

```
<Recordtyp><Feldtyp>
    NU      ;L<Name>
```

Hinter dem Zeichen *L* folgt direkt der Dateiname als ASCII-String.

Ersatzname (;F<Name>)

In einem zweiten Feldtyp ist der Name der Ersatzdatei anzugeben.

```
<Recordtyp><Feldtyp>
     NU     ;F<Name>
```

Window (W)

Mit diesem Recordtyp lassen sich Fenster aus dem Rechenblatt definieren. Es gelten folgende Feldtypen:

Window Number (;N)

Der erste Feldtyp definiert die Nummer des entsprechenden Fensters:

```
<Recordtyp><Feldtyp>
     W      ;Nx
```

Hinter dem Zeichen *N* folgt die entsprechende Nummer.

Koordinaten (;A y x)

In einem zweiten Feldtyp müssen die Koordinaten der linken oberen Ecke des im Record *;N* aktivierten Fensters angegeben werden:

```
<Recordtyp><Feldtyp>
    W        ;A y x
```

Die Buchstaben *y* und *x* stehen für die Koordinaten der linken oberen Eckzelle.

Boardered Flag (;B)

Wenn dieses Feld belegt ist, wird das Fenster mit einer Umrandung versehen.

Split Window (;ST)

Der Feldtyp ermöglicht die Unterteilung des Fensters mit einem Titel. Es gilt folgendes Recordformat:

```
<Recordtyp><Feldtyp>
    W        ;ST cy cx
```

Das Zeichen *cy* steht für die Zeilenzahl des Fensters, während *cx* die Cursorposition im neuen Fenster spezifiziert.

Split Window horizontal (;SH)

Der Feldtyp ermöglicht die Unterteilung des Fensters in zwei horizontale Hälften. Es gilt folgendes Recordformat:

```
<Recordtyp><Feldtyp>
    W        ;SH 1cy cx
```

Das Zeichen *cy* steht für die Zeilenzahl des Fensters. Steht der Wert 1 davor, kann der Bereich nicht ganz im Fenster dargestellt werden, weswegen es sich scrollen läßt. In *cx* findet sich die Position des Cursors im neuen Fenster.

Split Window vertical (;SV)

Der Feldtyp erlaubt die Aufteilung des Fensters in zwei vertikale Hälften. Es gilt folgendes Recordformat:

```
<Recordtyp><Feldtyp>
    W        ;SV cy 1cx
```

Das Zeichen *cy* steht für die Zahl der Zeilen des Fensters, während in *cx* die Cursorposition zu finden ist. Steht der Wert 1 davor, läßt sich das Fenster scrollen.

Colors (;C)

Dieser Satztyp legt die Farben für Vorder- und Hintergrund sowie die Umrandung fest. Es gilt folgender Satzaufbau:

```
;C n1 n2 n3
```

Die Parameter sind dabei folgendermaßen belegt:

n1 = Vordergrundfarbe
n2 = Hintergrundfarbe
n3 = Farbe Umrandung

Diese Farbkodierung gilt nur unter DOS.

MAC R-Type (;R)

Diese Satzart wird nur auf dem Macintosh unter Multiplan erzeugt.

Es gilt dabei folgender Satzaufbau:

```
;R n1 n2 ... n14
```

Für die einzelnen Parameter ist folgendes festgelegt:

n1 .. n 8Title freeze info
n9 .. n12Scroll bar info
n13 .. n14Split bar info

Genauere Informationen über die Bedeutung sind aber nicht bekannt.

External Link-Record (NL)

Dieser Record wird nur von CHART für externe Verbindungen (Links) benutzt. Es existieren folgende Satzarten:

Destination Index (;C)

Dieser Satztyp definiert einen Index für eine externe Verbindung. Es gilt folgendes Format:

```
;C n
```

Der Parameter *n* bezeichnet dabei die Indexnummer für die Verbindung.

Dependant Area Name (;D)

Dieser Satztyp bezeichnet einen Bereich mit abhängigen Variablen (dependent variable source area). Es gilt folgendes Format:

```
;D expr
```

Mit expr wird entweder der Name oder ein Index des Bereichs definiert.

Dependant Area (;E)

Mit diesem Ausdruck werden die Abmessungen eines Bereichs für einen »Dependant« Namen angegeben. Es gilt folgendes Format:

```
;E[RC] n
```

Mit *R* und *C* werden die relativen Zeilen und Spalten des Bereichs definiert, während *n* den Index angibt.

Independant Area Name (;I)

Dieser Satztyp bezeichnet einen Namen oder einen Index für unabhängige (Quell-)Variablen. Es gilt folgendes Format:

```
;I expr
```

Mit *expr* wird entweder der Name oder ein Index des Bereichs definiert.

Independant Area (;J)

Mit diesem Ausdruck werden die Abmessungen eines Bereichs für einen »independant« (unabhängigen) Namen angegeben. Es gilt folgendes Format:

```
;J[RC] n
```

Mit R und C werden die relativen Zeilen und Spalten des Bereichs definiert, während *n* den Index angibt.

Filename (;F)

Mit dieser Satzart wird der Filename des Quellbereichs angegeben. Es gilt folgendes Format:

```
;F Filename
```

Im Parameter *Filename* muß ein gültiger Dateiname stehen.

End of SYLK (;E)

Dieser Recordtyp spezifiziert das Ende der SYLK-Datei. Für den Aufbau einer SYLK-Datei sind einige Regeln zu beachten:

- Als erster Satz muß ein ID-Record erscheinen.
- Die Datei muß mit einem E-Record abgeschlossen werden.
- Alle Satz- und Feldkennzeichen müssen in Großbuchstaben erscheinen.
- Record- und Satztyp werden durch ein Semikolon getrennt.
- Jeder Satz muß mit CR/LF abgeschlossen werden.
- Innerhalb eines Satzes oder Feldes dürfen keine CR/LF-Zeichen auftreten.

- D- oder G-Records beziehen sich immer auf das letzte C-Kommando.
- Bei Verwendung von NE-Records muß der Dateiname vorher mit NU definiert werden.
- Die Abmessungen der Fenster und deren Aufteilung müssen in logisch aufsteigender Reihenfolge definiert werden.

Die erste Zelle eines Kalkulationsblatts liegt immer in der linken oberen Ecke (1,1). Die Feldkoordinaten werden durch die Buchstaben *X* (Spalte) und *Y* (Zeile) angegeben. Texte müssen in Anführungszeichen stehen, während numerische Werte als Festkommazahlen oder mit Exponent übertragen werden. Vor der Übertragung der Daten müssen die Tabellengröße und das Format definiert werden (B-Satz). Die Daten lassen sich in der Regel mit der Satzart C übertragen. In nachfolgendem Bild ist ein Testkalkulationsblatt im SYLK-Format beschrieben.

```
ID;DEMO.SYLK
B;Y5;X10
F;W1 15
F;W2 2
F;W3 10
F;W4 10
F;W5 11
C;Y1;X3;K"Test Spread Sheet"
C;Y2;X3;K"================="
C;Y4;X1;K"Produkt"
C;Y4;X3;K"Preis"
C;Y4;X4;K"Rabatt"
C;Y4;X5;K"Netto"
C;Y5;X1;K"----------------------------------------"
C;Y6;X1;K"Disketten 5 1/4"
C;Y6;X3;K15.00
C;Y6;X4;K10.00
C;Y6;X5;K13.50
C;Y7;X1;K"Papier"
C;Y7;X3;K25.00
C;Y7;X4;K7.80
C;Y7;X5;K23.05
C;Y8;X1;K"Ordner"
C;Y8;X3;K3.50
```

```
ID;DEMO.SYLK
C;Y8;X4;K5.00
C;Y8;X5;K3.325
C;Y9;X1;K"-------------------------------------"
C;Y10;X1;K"Summe"
C;Y10;X3;K43.50
C;Y10;X5;K39.875
E
```

Abbildung 5.1 *Testkalkulationsblatt im SYLK-Format*

Die erste Zeile enthält einen Kommentar, der nicht ausgewertet wird. Die folgenden Zeilen mit den W-Records spezifizieren die Spaltenbreiten. Daran schließen sich die C-Records an, die die Texte und Daten enthalten. Aus Übersichtsgründen wurden für jede Zelle die X- und Y-Koordinaten im C-Satz übernommen, was in der SYLK-Definition eigentlich nicht zwingend erforderlich ist. Die Datei wird mit dem *E*-Record abgeschlossen.

SYLK-Formaterweiterungen für CHART

Microsoft hat für das Programm CHART einige Erweiterungen für das SYLK-Format definiert, die im folgenden kurz beschrieben werden.

Pseudorecords

Dies sind Informationen, die in einer normalen SYLK-Datei im *C*-Record innerhalb einer Textvariablen (Quoted Value) stehen. Microsoft benutzt in CHART diese Records, um Informationen zu kodieren, die durch Multiplan nicht verändert werden sollen. Die Einträge sind im normalen Recordformat aufgebaut:

```
"<Recordtyp>;<Feldtyp><Feld>"
```

Als Recordtyp werden immer die zwei ersten Buchstaben vom Namen des Programms verwendet, welches den Record erzeugt hat. In den Pseudorecords sind folgende Feldtypen definiert:

Type of Data (;Ttyp)

Dieser Feldtyp spezifiziert den Datentyp in einer Spalte. Es gilt der Satzaufbau

"xx;T*typ*"

wobei in *typ* die folgenden Buchstaben stehen dürfen:

A	alphanumerischer Text
D	Datum als Text
N	numerischer Wert
S	CHART-Sequenz

Die Buchstaben xx stehen als Platzhalter für den Recordtyp. Weitere Informationen sind allerdings nicht bekannt.

Text Align (;Atext oder ;Btext)

Dies sind zwei verschiedene Feldtypen, die definieren, wie Texte auszurichten sind.

"xx;Atext"	Text after String
"xx;Btext"	Text before String

Die genaue Bedeutung dieser Satzart ist mir zur Zeit aber nicht klar.

Highlighted Data Entry Point (;Cn)

Dieser Feldtyp gibt einen Index für Eingabefelder an, die im Eingabemodus (Entry Mode, siehe unten) optisch hervorzuheben, »highlighted«, sind. Es gilt folgender Satzaufbau:

```
"xx;Cn"
```

wobei in *n* der betreffende Indexwert steht.

Displayed Time (;Dn)

Dieser Satztyp gibt die Einheit für die Zeitachse einer darzustellenden Datenreihe an.

```
"xx;Dn"
```

Der Index *n* steht dabei für folgende Kodierung:

1	Jahr
2	Quartal
4	Monat
8	Tag
16	Wochentag

Die betreffende Skalierung wird dann an die Zeitachse geschrieben.

Display Entry Mode (;En)

Diese Satzart definiert den Index auf einen Namen in der oberen Bildschirmzeile. Es gilt folgendes Recordformat:

```
"xx;En"
```

Der Parameter *n* ist dabei die Nummer des Namens. Im Eingabemodus lassen sich dann in diesem Feld Eingaben durchführen.

Format (;F)

Dieser Satztyp definiert das Format von Datenreihen. Es gilt folgendes Recordformat:

```
"xx;Fn"
```

Der Parameter *n* definiert den Index für das Format der Datenreihe. Hierbei gilt:

0	Short
1	Medium
2	Long

Die genaue Definition für diese Formate ist mir aber nicht bekannt.

Skalierung (;G oder ;H)

Diese Satzarten definieren den Skalenfaktor in Einheiten. Es gilt das Format:

"xx;Gnum"	für die Wertekategorie (Category, bzw. x-Achse)
"xx;Hnum"	für die Skalierung der Werte (y-Achse)

wobei in *num* der Skalierungsfaktor steht.

Included (;I)

Dieser Satztyp wird als »included for plotting« definiert. Die Bedeutung ist mir allerdings nicht klar.

Edited (;J)

Dieser Satztyp wird als »edited« definiert. Die Bedeutung ist mir ebenfalls unklar.

Linked (;L)

Die Satzart definiert eine Ordnung auf Wertereihen. Es gilt folgendes Format:

```
"xx;Ln"
```

Der Satz tritt in Verbindung mit einer Wertereihe auf. Kommen mehrere Wertereihen in der SYLK-Datei vor, gibt der Parameter *n* die Ordnung der zugehörigen Wertereihe an. Die Wertereihen werden dann in der angegebenen Folge in der SYLK-Datei gespeichert.

Type (;M)

Diese Satzart definiert den Typ der Berechnung für einen Ergebniswert, der sich auf eine Wertereihe bezieht. Das Format

```
"xx;Mn"
```

enthält den Parameter n, der folgende Berechnungen symbolisiert:

0	Average
1	Cumulative Sum
2	Difference
3	Growth
4	Link to Xternal File
5	Percent

6 Statistics
7 Trend
8 Copy
9 Entry
10 Copy from Xternal File

Die genaue Bedeutung dieser einzelnen Funktionen ist mir zur Zeit allerdings unklar.

Name (;N)

Dieser Satz definiert einen Namen für eine Wertereihe (title for the series). Es gilt das Format

`"xx;Ntext"`

wobei in *text* der entsprechende Name steht.

Origin (;O)

Dieser Satz definiert die Herkunft (origin) einer Datenreihe (series). Es gilt folgendes Format

`"xx;Otext"`

wobei in *text* der entsprechende Name steht.

Period (;P)

Dieser Satz gibt die Periode einer Zeit- oder Wertereihe an. Es gilt das Format

`"xx;Pn"`

wobei in *n* der Abstand der einzelnen Werte definiert wird (z.B. Tageswerte mit einer stündlichen Aufzeichnung, *n* =1).

Dependant (;R)

Mit diesem Satz werden die von der Eingabe abhängigen Werte optisch hervorgehoben. Der Satz besitzt keine weiteren Parameter.

Start Value (;S)

Dieser Satz definiert einen Startwert

`"xx;Sn"`

für eine Datums- oder Wertefolge. Der Startwert steht im Parameter *n*.

Time Unit (;U)

Dieser Satztyp definiert die Zeiteinheit für eine Wertereihe, die sich auf ein Datum bezieht. Das Format

```
"xx;Un"
```

enthält im Parameter n einen Index mit folgender Kodierung:

1	Jahr
2	Quartal
3	Monat
8	Tag
16	Wochentag

Diese Zeiteinheit kann bei der Darstellung der Werte benutzt werden.

Neben diesen Pseudorecords besitzt CHART eine Reihe von Erweiterungen für die Beschreibung einer Grafik. Diese Datensätze werden nachfolgend kurz vorgestellt. Gemeinsam ist allen Recordtypen, daß sie mit dem Buchstaben G beginnen. Dabei können auf Sätze, die ein umfangreicheres grafisches Objekt beschreiben, weitere Sätze folgen, die ergänzende Informationen beinhalten. Deshalb ist die Reihenfolge der Records von Bedeutung. Die vorhergehenden Records beschreiben dann die Umgebungsbedingungen (Context) für die folgenden Datensätze.

GS-Record

Dieser Record besitzt die Syntax

```
GS; In ;F1 ;Rn ;Cn ;Mn ;Nn
```

und beschreibt das komplette Arbeitsblatt. Das Feld *F1* ist ein Feld mit Flags, wobei die 1 signalisiert, daß nur ein Zeichen (0 oder 1) benutzt wird. Im Record wird dann hinter dem F eine 0 oder eine 1 folgen. Eine 1 steht dabei für: *Show borders field in split command*. Beim Eintrag 0 werden die Ränder nicht dargestellt. Die Zahl der Zeilen wird in *Rn* und die Spaltenzahl in *Cn* definiert. Die Parameter *Mn* und *Nn* geben die Breite und die Höhe des Arbeitsblatts in 1/1440 Inch an.

Eine SYLK-Datei kann durchaus mehrere GS-Records enthalten. Auf jeden GS-Record müssen aber direkt GC-Records folgen. Deren Zahl wird im Parameter »In« angegeben.

GC-Record

Der Record besitzt dabei folgende Syntax:

```
GC; F6 ;Tn; Xn ;Cn ;On ;Gn ;Nn ;Ln ;En ;Un ;Rn ;An ;Dn ;Sn
```

und beschreibt eine Grafik. Auf diesen Record müssen folgende Records folgen:

```
GM, GL, GF, GX, GD, GN, GA (;An mal), GA, GA, GE (;Sn mal), GE
```

Der Parameter *F6* symbolisiert ein Flagfeld mit 6 Einträgen, die auf 0 oder 1 gesetzt werden können (z.B. F011001). Für die einzelnen Stellen gilt folgende Kodierung:

1. Legende vorhanden
2. 100% Chart (Formattyp)
3. dreidimensionales (stacked) Chart
4. Typ einer Bar-Graph- oder Säulengrafik (Column)
   (1 = Bar oder Column als Bar darstellen, sonst als Column)
5. Chart Serie oder Punkte variieren nach Kategorien
6. Auto Series-Assignment

Der Parameter *;Tn* gibt den Typ der Grafik an:

1	Bar-Graph oder Säulen (Column)
2	Liniengrafik
3	Tortendiagramm (Pie)
4	Flächen (Area)
5	Scatter

Der Parameter *;On* gibt den Abstand innerhalb der Balkengrafik in Prozent an. Der Parameter *Gn* gibt den Zwischenraum in Prozent bei Gruppen (Clustern) an. In *Nn* wird der Startwinkel für ein Tortendiagramm (Pie) angegeben.

Der Parameter *;An* definiert, wie viele GA-Records mit Labels folgen. Weiterhin müssen noch zwei GA-Records für das *Master Series-* und das *Master Value*-Label folgen. Der Parameter *;Dn* definiert die Zahl der auszugebenden Wertereihen (Series). Der Parameter *;Sn* spezifiziert, wie oft der GE-Record mit den Punkten einer Datenreihe folgt. Weiterhin muß noch ein GE-Record mit den Punkten der Hauptserie folgen.

Die Folgerecords besitzen folgende Bedeutung:

GM	beschreibt die Position der Grafik/des Diagramms
GL	beschreibt eine Verbindung zu anderen Diagrammen
GF	beschreibt den Rahmen des Diagramms
GX	beschreibt die Achsen
GD	beschreibt die Legende
GN	beschreibt die Abmessungen der »Drop-down«-Linien
GA	beschreibt die Labels
GZ	definiert die Wertereihen
GE	beschreibt Wertereihen, die von der Masterreihe abweichen

Der Aufbau dieser Records wird nachfolgend beschrieben.

GL-Record

Dieser Record besitzt folgende Syntax:

```
GL ;Rn ;Sn ;F4
```

und beschreibt die Verbindungen zwischen einzelnen Feldern zu den Formatinformationen. Für die einzelnen Parameter gilt:

;R »Link to chart #«-Feld im Format Link-Kommando; die Diagramme sind durchnumeriert.
;S Box-Nummer, wie sie im »in box #«-Feld spezifiziert wurde.
;F Vier Flags mit folgender Bedeutung:
1. Link Height
2. Link Width
3. Link Value Axis
4. Link Category Axis

Die genaue Bedeutung der einzelnen Parameter ist mir allerdings nicht klar.

GE-Record

Dieser Record besitzt die Syntax:

```
GE ;Pn ;Cn ;In ;Mn ;F7 ;En
```

auf den ein GN-Record mit der Beschreibung der Umrandung folgen muß. Der Satz beschreibt eine Reihe von Punkten in einem Diagramm (Tortendiagramm oder Einzelkurve in einem Diagramm). Die einzelnen Parameter besitzen folgende Bedeutung:

;P Muster (Pattern)
;C Farbe der Punktreihe/des Punktes (Color)
;I Punkt oder Punktreihe
;M Marker (Symbol)
;F 7 Flags
;E Exploded Darstellung bei Tortendiagrammen

Der Parameter *;E* gibt bei Tortendiagrammen einen Wert in % an, der bestimmt, wie weit die Segmente auseinander gezogen werden dürfen (Explosionsdarstellung).

Das Muster wird als Index zwischen 0 und 15 angegeben, wobei folgende Muster definiert sind:

0 durchsichtig (clear)
1 ausgefüllt (solid)
2 fett (dense)
3 halbfett (medium)
4 einfach (sparse)
5 weiß (white)
6 !!
7 ==
8 \\

9	//
10	++
11	XX
12	dark //
13	light //
14	dark //
15	light //

Die Farbe ist als Bytewert kodiert, wobei einzelne Bits die Intensität der Grundfarben angeben. Es gilt dabei folgende Kodierung:

Bit	0,1:Blauanteil
	2,3,4:Grünanteil
	5,6,7:Rotanteil

Die Form des Symbols für die Kurvendarstellung wird mit einem Index zwischen 0 und 9 definiert. Hierbei gilt folgende Belegung:

0	kein Symbol
1	. (Punkt)
2	+
3	*
4	o
5	x
6	-
7	o (ausgefüllt)
8	leeres Viereck
9	gefülltes Viereck

Der Wert für die Flags enthält sieben Zeichen mit folgender Kodierung:

1.	Auto Marker Style
2.	---
3.	Auto Color
4.	Auto Pattern
5.	Show Series/Point Label
6.	Show Value Label
7.	Show Value Label in Percent

Ist das Zeichen an der betreffenden Position auf 1 gesetzt, wird die Option eingeschaltet.

GA-Record

Dieser Record beschreibt die Labels (Beschriftungen) in einem Diagramm und besitzt folgende Syntax:

```
GA ;Ttext ;F4 ;An ;Vn ;S2
```

An den Record müssen sich die folgenden Records anschließen:

GP	relative Position des Labels
GT	andere Textattribute
GW	Label mit Pfeil
GP	relative Position des Pfeilkopfes
GF	Rahmen des Labels
GM	absolute Position der Pfeilspitze

Die einzelnen Parameter des GA-Records besitzen folgende Bedeutung:

;T	Text für das Objekt (nicht, falls Flag AutoText = 1 gesetzt)
;F	4 Flags
;A	Ausrichtung (align)
;V	Ausrichtung vertikal
;S	2 Flags

Die im Parameter *F* angegebenen Flags sind folgendermaßen kodiert:

1:	Label gelöscht
2:	---
3:	AutoText (0 = Text wird im Alpha-Kommando definiert)
4:	Vertikale Ausrichtung

Der Wert für das *;A*-Kommando definiert folgende Ausrichtungen für die Texte:

0	Mitte
1	Links
2	Rechts

Bei der vertikalen Ausrichtung (;V) sind folgende Formate definiert:

0	Fuß
1	Mitte
2	Kopf

Der Parameter *;S* definiert die beiden Flags:

1:	»Show Key«
2:	»Show Value«

Detailliertere Informationen über die Wirkung der Parameter liegen mir allerdings nicht vor.

GP-Record

Dieser Record beschreibt die relative Position eines Labels oder eines Pfeils. Es gilt dabei folgende Syntax:

```
GP ;Mn ;F2 ;On ;Yn ;Xn
```

Die einzelnen Parameter sind dabei gemäß folgenden Angaben zu interpretieren:

;M	Abstand in 1/1440 Inches
;F	2 Flags
;O	Typ des Labels (siehe unten)
;Y	Feld für Kurve/Punkt
;X	Feld für Category

Das Flag definiert nur zwei Schalter:

1:	gesetzt, falls das Feld *label for* frei ist
2:	AutoText-Flag

Der Typ des Labels im Parameter *;O* ist folgendermaßen definiert:

1	Titelbeschriftung
2	»Category«-Achsenbeschriftung (x-Achse)
3	Werte-Achsenbeschriftung (y-Achse)
4	Kurvenbeschriftung (Series/Point)

GD-Record

Dieser Satz beschreibt die Legende eines Diagramms und besitzt folgendes Format:

```
GD ;Tn ;Sn ;F1
```

Auf den Satz müssen die Records

GT	Textspezifikation der Legende
GF	Rahmen der Legende

folgen. Für die einzelnen Parameter des GD-Records gelten folgende Belegungen:

;T	Typ der Legende
;S	Abstand (Spacing Field)
;F	Flag (Auto-Legende)

Der Typ der Legende definiert die Lage der Beschriftung:

0	Bottom
1	Corner
2	Top
3	Vertical

Im Spacing-Parameter wird der Abstand zu anderen Objekten eingestellt. Hierbei gilt:

0	Close
1	Medium
2	Open

GW-Record

Diese Satzart beschreibt einen Pfeil, der einer Achsenbeschriftung (Label) zugeordnet wird. Dabei gilt folgende Syntax:

```
GW ;Tn ;Sn ;F1
```

Für die Parameter des GW-Records gilt:

;T	Kopf Feld
;S	Größe Kopftext
;F	Flag mit einem Bit (1 = Open Field)

Der Parameter *;T* spezifiziert, wie die Kopfzeile auszuführen ist (eng, mittel, breit):

0	Narrow
1	Medium
2	Wide

Der Parameter *;S* definiert die Größe des Kopftextes:

0	Off
1	Small
2	Medium
3	Large

Auf den Satz muß ein GN-Record folgen, der die Attribute des Pfeilschafts beschreibt.

GX-Record

Dieser Record besteht nur aus den Buchstaben GX und besitzt keine Parameter. Er leitet damit die Beschreibung der Achsen ein, d.h., dem Record müssen die Satzarten

GY	Stil x-Achse (category axis)
GY	Stil y-Achse (value axis)
GR	Bereich Werte Achse (value axis range)
GI	Bereich x-Achse (category axis range)
GF	Plotbereich (frame plot area)

folgen.

GY-Record

Dieser Record beschreibt den Stil der Achsen und besitzt folgende Syntax:

```
GY ;Jn ;Nn ;Tn ;F1 ;Mn ;Dn ;On
```

Dabei besitzen die Parameter folgende Bedeutung:

;J	Skalenteilung 1 (Major Tick Marks)
;N	Skalenteilung 2 (Minor Tick Marks)

;T Labels für die (Tick) Marken
;F Flag mit einem Bit (Auto Label-Distanz)
;M Label Abstand (in 1/1440 Inch)
;O Fonttyp
;D Distanz (?)

Für die *;J* und *;N*-Parameter (Tick Marks) gilt folgende Kodierung:

0 None
1 Inside
2 Outside
3 Cross

Für den Parameter *;T* (Labels for Tick Marks) gilt folgendes:

0 None
1 Axis
2 Low
3 High

Dem GY-Record müssen die Records

GT Dicke Label Textattribute
GN Linienstil Achsen
GN Gitter (Major Line Style)
GN Gitter (Minor Line Style)

folgen.

GI-Record

Dieser Record beschreibt die Achse (category), auf die sich die Werte beziehen (meist Zeit- oder x-Achse). Er besitzt folgenden Aufbau:

```
GI ;Cn ;F3 ;In
```

wobei die Parameter folgende Bedeutung besitzen:

;C Category-(Gruppen) Nummer (an der andere Achsen kreuzen)
;F 3 Flags
;I Zahl der (Werte-) Gruppen pro Abschnitt

Für die Flags gilt:

1: Crossing between points
2: Crossing after last category
3: Reverse data sequence

Auf den GI-Record muß ein GR-Satz folgen, der den Bereich der unabhängigen Variablen definiert (bei unterbrochenen Diagrammen).

GR-Record

Der Satz beschreibt den Bereich (Skalierung) einer Achse und besitzt folgenden Aufbau:

```
GR ;In ;An ;Jn ;Nn ;Cn ;F7
```

Die Werte n werden entweder als Dezimalzahl oder in Exponentform angegeben. Die einzelnen Parameter besitzen folgende Bedeutung:

;I	Minimum
;A	Maximum
;J	Intervall 1 (Major)
;N	Intervall 2 (Minor)
;C	Achsen kreuzen
;F	7 Flags

Für die Flags gilt folgende Kodierung:

1:	Auto Minimum
2:	Auto Maximum
3:	Auto Intervall 1 (Major)
4:	Auto Intervall 2 (Minor)
5:	Auto Achsen kreuzen
6:	logarithmische Skalierung
7:	---

Die genaue Bedeutung dieser Flags ist mir unbekannt.

GF-Record

Dieser Satz beschreibt den Rahmen eines Diagramms und besitzt folgenden Aufbau:

```
GF ;Cn ;Pn ;F4 ;Rn
```

Die einzelnen Parameter sind folgendermaßen zu interpretieren:

;C	Hintergrundfarbe
;P	Hintergrundmuster
;F	4 Flags
;R	Rahmentyp

Die Kodierung der Farbe und des Musters wurde bereits weiter oben (siehe GE-Record) beschrieben. Für die Flags gilt:

1:	Auto Position
2:	Auto Size
3.	Auto Color
4:	Auto Pattern

Für den Rahmentyp gilt:

0:	Normal
1:	Bevel (schräg)
2:	Double (doppelt)
3:	Round (abgerundet)
4:	Shadow (schattiert)

An den GF-Satz müssen sich die folgenden Records anschließen:

GN	Liniendefinition für den Rand
GM	Position der linken unteren Ecke
GM	Größe des Rahmens (rechte obere Ecke)

GT-Record

Dieser Satztyp beschreibt die Textattribute und besitzt folgende Syntax:

```
GT ;Cn ;On ;Sn ;F2
```

Die einzelnen Parameter besitzen dabei folgende Bedeutung:

;C	Farbe
;O	Font
;S	Fontgröße in 1/1440 Inch
;F	2 Flags

Die Flags beziehen sich dabei auf:

1. Auto Font
2. Auto Color

Die Kodierung der Farbe wurde bereits weiter oben beschrieben. Die Kodierung der Fonts ist etwas merkwürdig. Es wird ein Wert zwischen 0 und 255 vorgegeben, der einerseits die Schriftart als auch den Schriftstil definiert. Der Schriftstil ist folgendermaßen aufgeteilt:

0–63	Normal
64–127	Kursiv
128–191	Fett
192–255	Fett kursiv

Innerhalb dieser vier Bereiche stehen dann verschiedene Fonts zur Verfügung. Diese stehen in folgender Anordnung zur Verfügung:

Modern A	bis Modern P
Roman A	bis Roman P
Script A	bis Script H
Decor A	bis Decor H

Foreign A   bis Foreign H
Symbol A   bis Symbol H

Die Schriftart Modern B in normaler Ausführung steht dann unter dem Code 1 zur Verfügung, während der Code 65 die gleiche Schrift kursiv liefert.

GN-Record

Dieser Record beschreibt die Linienattribute und besitzt folgendes Format:

```
GN ;Cn ;Pn ;Wn ;F2
```

Für diese Parameter gilt folgende Belegung:

;C	Farbe
;P	Pattern (Muster)
;W	Weight (Linienstärke)
;F	2 Flags

Die Flags beziehen sich dabei auf:

1:	Auto Color
2:	Auto Pattern

Die Kodierungen für Farbe und Muster wurden bereits oben vorgestellt. Der Parameter *Weight* definiert die Linienstärke:

0	Light (schmal)
1	Medium (mittel)
2	Heavy (breit)

GM-Record

Dieser Satztyp beschreibt Abstände als Koordinatenpaare, die als Punktkoordinaten oder Seiten eines Rechtecks interpretiert werden. Es gilt folgender Satzaufbau:

```
GM ;Yn ;Xn
```

Die Parameter:

;Y	vertikaler Abstand in 1/1440 Inch
;X	horizontaler Abstand in 1/1440 Inch

sind als relative Koordinatenangaben zu verstehen.

GZ-Record

Dieser Satztyp definiert eine Nummer für eine (Werte-) Reihe in einem Diagramm. Der Record besitzt nur ein Feld:

```
GZ ;In
```

das die Nummer der Reihe angibt, die im Diagramm aufzunehmen ist.

Damit möchte ich die Beschreibung der SYLK-Erweiterungen für CHART beenden. Vieles konnte nicht in der Breite dargestellt werden, wie es für den täglichen Umgang wünschenswert wäre. Dies liegt vor allem in der Tatsache begründet, daß mir kaum (und teilweise fehlerhafte) Informationen über die Erweiterungen vorlagen. Weiterhin stand kein CHART-Paket zur Verfügung, mit dem einzelne Records getestet werden konnten. Ich habe den Text trotzdem in das Buch aufgenommen, in der Hoffnung, daß er vielleicht einigen Lesern weiterhelfen kann.

6 Data Interchange Format (DIF)

Der Austausch von Daten zwischen LOTUS 1-2-3, Symphony und Fremdprogrammen über WKS-/WK1-Dateien ist recht aufwendig. Dies gilt insbesondere dann, wenn lediglich die Kalkulationsdaten benötigt werden. LOTUS-Development definierte deswegen bereits vor einigen Jahren ein ASCII-Format, mittels dessen sich Daten unabhängig vom jeweiligen Programm zwischen verschiedenen Applikationen austauschen lassen. Dieses Format erhielt den Namen *Data Interchange Format* (DIF) und stellt mittlerweile einen Standard dar, der von vielen weiteren Produkten unterstützt wird.

DIF erlaubt nur den Austausch von Daten im ASCII-Format zwischen verschiedenen Anwendungen. Programmspezifische Informationen wie Zellformate oder Kalkulationsformeln sind hierbei nicht übertragbar.

Die Idee des DIF-Standards basiert darauf, Daten aus Kalkulationszellen in Sätzen zeilen- oder spaltenweise als ASCII-Text zu übertragen. In DIF bezeichnet man die Spalten dabei als *Vektoren*, die Zeilen als *Tuple*. Eine DIF-Datei setzt sich gemäß Abbildung 6.1 aus zwei Teilen zusammen:

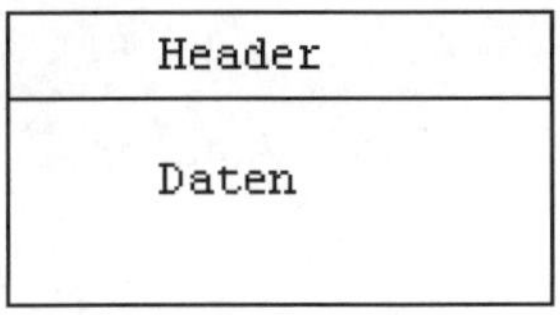

Abbildung 6.1 Struktur einer DIF-Datei

Vor den eigentlichen Daten steht ein Header, der einige Informationen und Definitionen über das Rechenblatt enthält. Die zugrundeliegenden Strukturen von Header und Datenbereich sind auf den folgenden Seiten beschrieben.

Der Aufbau des DIF-Headers

Der DIF-Header besteht aus mindestens 4 Einträgen und verschiedenen optionalen Informationen. Jeder Header-Eintrag besitzt folgendes Format:

```
<Topic>
<Vektor>,<Wert>
"<String>"
```

Die Felder wurden hier mit den Zeichen <..> markiert und besitzen eine besondere Bedeutung.

Topic enthält das Schlüsselwort – einen Namen mit einer Länge von maximal 32 Großbuchstaben – das den Satztyp spezifiziert. Im Header müssen mindestens die folgenden Satztypen erscheinen:

- TABLE
- VECTORS
- TUPLES
- DATA

Weitere Schlüsselwörter für die optionalen Satztypen werden auf den folgenden Seiten vorgestellt.

Das Feld *Vektor* enthält einen numerischen Wert, der die Interpretation der nachfolgenden Daten spezifiziert. Ein Eintrag 0 signalisiert, daß sich der Satz auf die komplette Tabelle bezieht. Alle positiven Werte ungleich 0 spezifizieren die Spalte, auf die sich der Satz bezieht. Der numerische Wert im nächsten Feld muß – sofern nichts anderes spezifiziert wird – immer auf 0 gesetzt werden.

In der dritten Zeile läßt sich optional ein Textstring einblenden. Wenn hier kein Text übergeben wird, stehen dort lediglich zwei Hochkommata ("" ohne trennendes Leerzeichen zwischen den Kommata).

Die vier Satztypen TABLE, VECTOR, TUPLES und DATA besitzen folgenden Aufbau:

TABLE

In diesem Satz werden die Informationen über die Tabelle gespeichert. Es gilt folgendes Format:

```
TABLE
0,<Version>
"<Titel>"
```

Mit dem Wert 0 im Feld *Vektor* wird die komplette Tabelle adressiert, andere Werte sind bei diesem Satztyp nicht zulässig. Die Versionsnummer im nachfolgenden Feld muß hingegen immer auf den Wert 1 gesetzt werden. In der Titelzeile läßt sich ein ASCII-String übergeben, beispielsweise der Name des erzeugenden Programms. Wenn kein Text eingetragen werden soll, sind zumindest zwei Hochkommata ohne Zwischenraum als Platzhalter anzugeben. Spitze Klammern (< und >), wie wir sie vorher zur Markierung der Felder einführten, dürfen in der DIF-Datei nicht erscheinen – sie benötigt als erstes einen Satz vom Typ TABLE.

VECTORS

Der folgende Satz im DIF-Header spezifiziert die Zahl der Vektoren (*Spalten*) der Tabelle. Es gilt folgendes Format:

```
VECTORS
0,<Count>
""
```

Im Feld *Vektor* ist der Wert 0 zwangsweise vorgegeben, da sich die Angaben auf die komplette Tabelle beziehen. Das Feld *Count* spezifiziert dann die Spaltenzahl der übertragenen Tabelle. Das Textfeld bleibt leer und muß durch zwei Hochkommata markiert werden. Ein Satz mit diesem Recordtyp muß nicht direkt nach dem TABLE-Record folgen. Wichtig ist allerdings, daß er vor dem ersten Satz mit Vektordefinitionen (z.B. LABEL) steht.

TUPLES

Die Zahl der Tuples (*Zeilen*) innerhalb einer Tabelle wird mit einem eigenen Satztyp gemäß folgendem Format übertragen:

```
TUPLES
0,<Count>
""
```

Im Feld *Vektor* muß immer der Wert 0 stehen, damit sich der Satz auf die komplette Tabelle bezieht. *Count* spezifiziert dann die Zahl der Zeilen innerhalb der Tabelle. Das Textfeld bleibt leer und muß durch Hochkommata markiert werden.

DATA

Dieser Satztyp ist ebenfalls im DIF-Header erforderlich und markiert das Ende des Headers. Er besitzt folgenden Aufbau:

```
DATA
0,0
""
```

Der Satz besitzt einen festen Aufbau gemäß der vorliegenden Darstellung. Anschließend folgen die Sätze des Datenteils. Abbildung 6.2 enthält ein Beispiel für den Aufbau des minimal erforderlichen Headers einer DIF-Datei.

Die Kommentare, markiert durch ein Semikolon, gehören nicht zur DIF-Datei und wurden zur Erläuterung nachträglich eingefügt.

```
TABLE          ; Kopfsatz
0,1            ; 0 = ganze Tabelle, Version 1
"Testdaten"    ; Titel
VECTORS        ; Spaltendefinition
```

```
0,5              ; 5 Spalten
""               ; kein Text
TUPLES           ; Zeilendefinition
0,10             ; 10 Zeilen
""               ; kein Text
DATA             ; Abschluß DIF-Header
0,0
""
```

Abbildung 6.2 Beispiel eines DIF-Headers

Die Spezifikationen des DIF-Formates erlauben weitere optionale Satztypen (z.B. Spaltenüberschriften), die allerdings nicht von allen Programmen unterstützt werden. Der Vollständigkeit halber sind diese Satztypen dennoch aufgeführt:

LABEL

Mit dieser Satzart läßt sich eine Überschrift für eine oder mehrere Spalten definieren. Es gilt folgender Satzaufbau:

```
LABEL
<Vektor>,<Lines>
"<Text>"
```

Im Feld *Vektor* steht die Nummer der betreffenden Spalte. Falls sich die Überschrift auf mehrere Spalten bezieht, ist im folgenden Feld die entsprechende Spaltenzahl anzugeben; andernfalls muß der Wert 1 eingetragen werden. Die eigentliche Überschrift steht in Hochkommata in der dritten Zeile.

COMMENT

Mit diesem Satztyp lassen sich einer Spalte weitere Informationen (Kommentare) zuordnen. Es gilt folgender Satzaufbau:

```
COMMENT
<Vektor>,<Lines>
"<Kommentar>"
```

Das Feld *Vektor* enthält die Nummer der betroffenen Spalte, wobei sich mit dem Wert in *Linie* mehrere Spalten spezifizieren lassen. Der Kommentar folgt in der dritten Zeile und ist in Anführungszeichen zu setzen.

SIZE

Mit diesem Satztyp kann einer Spalte eine feste Breite in Byte zugewiesen werden. Es gilt folgender Satzaufbau:

```
SIZE
<Vektor>,<Bytes>
""
```

Im Feld *Vektor* ist die Nummer der jeweiligen Spalte anzugeben, das folgende Feld enthält die Länge der Spalte in Byte. Das Textfeld bleibt leer.

PERIODICITY

Bei der Analyse von Zeitreihen wird häufig die Information über die Periodizität der Daten benötigt. Diese läßt sich mit diesem optionalen Satztyp angeben.

```
PERIODICITY
<Vektor>,<Periode>
""
```

Im Feld *Vektor* steht die Nummer der betreffenden Spalte mit den Meßwerten, im folgenden Feld die Zeitperiode dieser Daten. Das Textfeld bleibt in diesem Fall unbelegt.

MAJORSTART

Bei der Analyse von Zeitreihen (z.B. Umsatzzahlen) läßt sich das erste Jahr, auf das sich die Daten beziehen, mit diesem Recordtyp spezifizieren.

```
MAJORSTART
<Vektor>,<Start>
""
```

Im Feld *Vektor* steht die Nummer der jeweiligen Spalte mit den Daten. Im folgenden Feld *Start* folgt der Wert des ersten Jahres, auf das sich die Daten beziehen.

MINORSTART

Auch dieser Satztyp erlaubt eine Zeitangabe für die übergebenen Daten.

```
MINORSTART
<Vektor>,<Start>
""
```

Im Feld *Vektor* steht die Nummer der Spalte mit den Daten. Im folgenden Feld *Start* folgt der erste Zeitwert, auf den sich die Daten beziehen. Hierbei kann es sich zum Beispiel um Stunden, Minuten, Monate etc. handeln.

TRUELENGTH

Nicht immer sind alle Felder einer Spalte mit gültigen Werten belegt. Insbesondere wenn die letzten Felder einer Spalte keine signifikanten Daten enthalten, läßt sich der folgende Satztyp nutzen.

```
TRUELENGTH
<Vektor>,<Länge>
""
```

Im Feld *Vektor* steht die Nummer der jeweiligen Spalte mit den Daten. Im folgenden Feld *Länge* läßt sich die Zahl der Zeilen mit signifikanten Daten angeben. Das Textfeld bleibt unbesetzt und muß mit zwei Hochkommata markiert werden.

UNITS

Dieser optionale Recordtyp erlaubt es, die Einheiten für die Daten einer betreffenden Spalte zu übergeben. Es gilt dabei der folgende Satzaufbau:

```
UNITS
<Vektor>,0
"<Einheit>"
```

Im Feld *Vektor* steht die jeweilige Spaltennummer mit den Daten. Das folgende Feld ist mit dem Wert 0 zu belegen. Die Einheit wird als ASCII-Text mit Hochkommata im Textfeld übergeben. Falls im Text Hochkommata vorkommen (z.B. Zollangaben), ist das Hochkomma zu verdoppeln (z.B. "5 1/4"").

DISPLAYUNITS

Mit diesem Satztyp läßt sich der Name einer Spalte spezifizieren. Diese Spalte wird dann mit diesem Namen angezeigt.

```
DISPLAYUNITS
<Vektor>,0
"<Name>"
```

Im Feld *Vektor* steht die Nummer der betroffenen Spalte mit den Daten. In der dritten Zeile muß der Name in Hochkommata angegeben werden. Dieser Text ist unabhängig von der eventuell übergebenen Einheit.

Damit sind wir am Ende der Beschreibung optionaler Satztypen. Falls eine DIF-Datei diese optionalen Satztypen enthält, können sie von einem Programm durchaus überlesen werden. Die Zusatzinformationen gehen dann zwar verloren, die Daten lassen sich jedoch auch weiterhin lesen.

Die DIF-Datensatzstruktur

Der Header einer DIF-Datei wird durch den DATA-Record beendet, an den sich die eigentlichen Datensätze anschließen. Diese bestehen aus zwei Zeilen und besitzen folgendes Format:

```
<Typ>,<Wert>
<Zeichenfolge>
```

Der Datentyp spezifiziert, auf welche Art und Weise die nachfolgenden Informationen zu interpretieren sind. Man unterscheidet verschiedene Typen:

Special Datatype (–1)

Bei diesem Typ handelt es sich um ein spezielles Format, das den Beginn oder das Ende des DIF-Datenbereichs signalisiert. In beiden Fällen enthält das Feld *Wert* die Zahl 0. In der zweiten Zeile erscheinen die Schlüsselwörter BOT (*Begin of Tuple*) oder EOD (*End of Data*). Sie müssen nicht in Hochkommata gestellt werden. Die gültigen Satzaufbauten sehen folgendermaßen aus:

```
-1,0
BOT
-1,0
EOD
```

Mit dem Spezialtyp BOT wird der Beginn einer Tabellenzeile markiert. Der Satztyp EOD signalisiert das Ende der Daten in der DIF-Datei. Alle Informationen hinter diesem Satz werden als Kommentar überlesen. Die Datei kann durchaus mehrere BOT-Records aufweisen, sollte aber nur einen EOD-Satz besitzen.

Numeric Data (0)

Mit diesem Datentyp werden numerische Daten gemäß folgendem Satzaufbau übertragen:

```
0,<Wert>
<Value Indicator>
```

Der Code für den Satztyp ist 0, während im folgenden Feld der Wert der betreffenden Zelle als ASCII-String übergeben wird. In der nächsten Zeile findet sich dann ein Indikator, der den Typ des Wertefelds spezifiziert. Folgende Schlüsselwörter sind als »Value Indicator« zulässig:

Indikator	Bedeutung	Wert
V	Value	beliebig
NA	not available	0
ERROR	Fehler	0

Indikator	Bedeutung	Wert
TRUE	logische Konstante	1
FALSE	logische Konstante	0

Tabelle 6.1 Value-Indikatoren in DIF-Dateien

Bei den Indikatoren NA und ERROR muß das Feld *Wert* mit 0 besetzt werden. In allen anderen Fällen steht in diesem Feld der Wert der betreffenden Zelle. Der Wert 10,5 läßt sich dann zu diesem Wert übertragen:

```
0,10.5
V
```

Stringdata (1)

Neben numerischen Daten müssen häufig auch Texte und Stringkonstanten übertragen werden. Hier muß der *Satztyp 1* im Datenfeld benutzt werden. Sein Aufbau sieht wie folgt aus:

```
1,0
"<String>"
```

Das Wertefeld muß bei diesem Satztyp mit 0 belegt werden. Die Stringkonstante wird anschließend in Hochkommata gesetzt und in der zweiten Zeile übergeben. Die Konstante *Preis* wird dann mit dem nachstehend beschriebenen Record als DIF-Datum übertragen.

```
1,0
"Preis"
```

Daten werden in DIF-Dateien immer zeilenweise ausgegeben; innerhalb einer Zeile beziehen sich die Daten auf fortlaufende Spalten. Der Beginn einer neuen Zeile kann jederzeit durch den BOT (*Begin of Tuple*) eingeleitet werden. Der nächste Wert bezieht sich dann auf die erste Spalte der betreffenden Zeile. Die Übertragung beginnt immer mit Zeile 1, Spalte 1. Sobald alle Spalten einer Zeile übertragen wurden, erscheint eine BOT-Marke für die neue Zeile. Bei der Interpretation einer DIF-Datei ist diese Reihenfolge zu beachten, da die Ergebnisse sonst als transponierte Matrix erscheinen (Spalten und Zeilen vertauscht). Grundsätzlich gilt, daß für alle im Header spezifizierten Spalten und Zeilen im Datenteil ein entsprechender Satz vorhanden sein sollte. Der Abschluß des Datenbereichs wird durch EOD markiert.

Damit sind die verschiedenen Variationen der Datensätze in DIF-Dateien abgeschlossen. Abbildung 6.3 zeigt eine Kalkulationstabelle als DIF-Datei:

```
TABLE           ; Kopfsatz
0,1
""
VECTORS
0,5
""
TUPLES
0,10
""
DATA            ; Ende Header
0,0
""
-1,0            ; Beginn der 1. Zeile
BOT
1,0             ; Spezial-Datentyp (-1)
" "
1,0
""
1,0             ; Textkonstante (1)
"Test Spread-Sheet"
1,0
""
1,0
""
-1,0            ; Beginn der 2. Zeile
BOT
1,0
""
1,0
""
1,0
"================"
1,0
""
1,0
""
```

Tabellenkalkulation

```
-1,0          ; Beginn der 3. Zeile
BOT
1,0
""
1,0
""
1,0
""
1,0
""
1,0
""
-1,0          ; Beginn der 4. Zeile
BOT
1,0
"Produkt"
1,0
""
1,0
"Preis"
1,0
"Rabatt"
1,0
"Netto"
-1,0          ; Beginn der 5. Zeile
BOT
1,0
"---------------------------------------------"
1,0
""
1,0
""
1,0
""
1,0
""
```

```
-1,0            ; Beginn der 6. Zeile
BOT
1,0
"Disketten 5 1/4"
1,0
""
0,15
V
0,10
V
0,1.350000000000000E+01
V
-1,0            ; Beginn der 7. Zeile
BOT
1,0
"Papier"
1,0
""
0,25            ; Numerischer Wert (0)
V
0,7.800000000000000E+00
V
0,2.305000000000000E+01
V
-1,0            ; Beginn der 8. Zeile
BOT
1,0
"Ordner"
1,0
""
0,3.500000000000000E+00
V
0,5
V
0,3.325000000000000E+00
V
```

```
-1,0            ; Beginn der 9. Zeile
BOT
1,0
"----------------------------------------"
1,0
""
1,0
""
1,0
""
1,0
""
-1,0            ; Beginn der 10. Zeile
BOT
1,0
"Summe"
1,0
""
0,4.350000000000000E+01
V
1,0
""
0,3.987500000000000E+01
V
-1,0            ; Ende des Datenteils
EOD
```

Abbildung 6.3 Testkalkulationsblatt als DIF-Datei

Die Kommentare (durch ein vorangestelltes Semikolon markiert) gehören nicht zur DIF-Datei und wurden zur Erläuterung nachträglich eingeführt.

7 Super Data Interchange-Format (SDI)

Die Übertragung von Daten in DIF-Dateien bringt einige Einschränkungen bezüglich der übertragenen Informationen mit sich. So lassen sich Formelinhalte einzelner Zellen oder das jeweilige Format nicht im DIF-Format ablegen. Die Firma Computer Associates International (CA) erweiterte die DIF-Definition für das Produkt SuperCalc 3. Das Resultat wird als Super Data Interchange-Format (SDI) bezeichnet. Eine SDI-Datei lehnt sich im Aufbau an die DIF-Dateien an und besteht wieder aus einem Header, gefolgt vom Datenteil. Auch die Schlüsselwörter der DIF-Definition wurden übernommen und durch eigene Definitionen erweitert. Spalten bezeichnet man in SDI als *Vector* und Zeilen als *Tuple*. In SuperCalc (Version 2.0) werden die Zeilen von 1 bis 9999 durchnumeriert, während die Spalten von 1 bis 128 reichen. Diese Numerierung ist im SDI-Format abgebildet.

Die Sätze in Header und Datenbereich besitzen eine variable Länge, so daß jede Zeile einer SDI-Datei mit CR/LF (*Carriage Return* bzw. *Line Feed*) abschließt. Zur Definition des Zeichen- und Spaltenformats werden ASCII-Zeichen ebenfalls mit übertragen. Tabelle 7.1 enthält die Formatzeichen für solche Dateien:

Zeichen	Bedeutung
L	numerische Werte linksbündig justiert
R	numerische Werte rechtsbündig justiert
TL	Texte linksbündig justiert
TR	Texte rechtsbündig justiert
$	numerische Werte mit zwei Dezimalstellen und eventuell anhängenden Nullen formatieren
*	numerische Werte als * darstellen, 3 wird dann als *** dargestellt, während 0 eine Leerstelle ergibt
I	numerische Werte als Integer ausgeben
G	Standardformat mit bestmöglicher Anpassung an die Breite einer Zelle
D	entferne alle Formate und ersetze diese durch das Standardformat
E	Exponentdarstellung

Tabelle 7.1 Steuerzeichen im SDI-Format

Der Header einer SDI-Datei

Der SDI-Header besteht aus minimal zwei Einträgen und verschiedenen optionalen Informationen. Jeder Eintrag im Header besitzt folgendes Format:

```
<Topic>
<Vektor>,<Wert>
"<String>"
```

Die Felder wurden hier mit den Zeichen <> markiert und besitzen eine besondere Bedeutung.

Topic enthält das Schlüsselwort zur Spezifizierung des Satztyps. Bei diesen Schlüsselwörtern handelt es sich um Namen mit einer maximalen Länge von 32 Großbuchstaben. Der Kopf einer SDI-Datei muß mindestens die beiden Records *Table* und *Data* enthalten. Außerdem wurden weitere fünf optionale Recordtypen definiert. Hierzu gehören – im Gegensatz zu den Satztypen bei .DIF-Dateien – auch *Vectors* und *Tuples*. Hier eine Aufstellung der möglichen Recordtypen:

- TABLE
- VECTORS
- TUPLES
- GDISP-FORMAT
- COL-FORMAT
- ROW-FORMAT
- DATA

Das Feld *Vektor* enthält einen numerischen Wert, der die Interpretation der nachfolgenden Daten spezifiziert. Ein Eintrag 0 signalisiert, daß sich der Satz auf die komplette Tabelle bezieht. Alle positiven Werte ungleich 0 spezifizieren die Spalte, auf die sich der Satz bezieht. Der numerische Wert im nächsten Feld muß, sofern nichts anderes spezifiziert wird, immer auf 0 gesetzt werden. In der dritten Zeile läßt sich optional ein Textstring einblenden. Falls kein Text übergeben wird, stehen dort nur zwei Hochkommata ("" ohne trennendes Leerzeichen dazwischen). Nachfolgend finden Sie eine Beschreibung des Aufbaus der verschiedenen Satztypen:

TABLE (erforderlich)

Dies ist der erste Record in einer SDI-Datei, der den Header-Anfang signalisiert. Der Satz besitzt das folgende feste Format:

```
TABLE
0,1
""
```

Das Schlüsselwort TABLE muß in Großbuchstaben erscheinen, die zweiten und dritten Zeilen sind mit den oben gezeigten Parametern auszugeben. Zwischen den Anführungszeichen der dritten Zeile darf kein Text stehen, womit das SDI-Format von der DIF-Beschreibung abweicht.

VECTORS (optional)

Dieser Satztyp im SDI-Header spezifiziert die Zahl der Vektoren (*Spalten*) der Tabelle. Es gilt folgendes Format:

```
VECTORS
0,<Count>
""
```

Das Feld *Count* spezifiziert die Zahl der Spalten der übertragenen Tabelle. Das Textfeld bleibt leer und muß durch zwei Hochkommata markiert werden. Ein Satz mit diesem Recordtyp ist im SDI-Format optional.

TUPLES (optional)

Die Zahl der Tuples (Zeilen) innerhalb der Tabelle wird mit dem Satztyp gemäß folgendem Format übertragen:

```
TUPLES
0,<Count>
""
```

Count spezifiziert die Zeilenzahl innerhalb der Tabelle. Das Textfeld bleibt leer und muß durch Hochkommata markiert werden. Der Satztyp ist im SDI-Format optional.

GDISPFORMAT (optional)

Hier handelt es sich um einen weiteren optionalen Recordtyp, der die Formatierung des Kalkulationsblatts spezifiziert. Es gilt folgender Satzaufbau:

```
GDISP-FORMAT
<width>,0
<Formatstring>
```

Der Satz besitzt kein Äquivalent im DIF-Format und ist daher auch etwas anders strukturiert. Das Feld *width* spezifiziert die globale Spaltenbreite für das gesamte Rechenblatt. In der dritten Zeile findet sich ein String mit den Steuerzeichen für die Formatierung, die möglichen Steuerzeichen wurden in Tabelle 7.1 beschrieben. Im Gegensatz zu den anderen Satztypen dürfen die Texte hier nicht in Anführungszeichen gestellt werden. Ein Beispiel:

```
GDISP-FORMAT
10,0
LTR$
```

Die Formel setzt die Spaltenbreite für alle Zellen des Kalkulationsblatts auf zehn Zeichen. Alle numerischen Werte sind am linken Zellrand (L) ausgerichtet, wohingegen Texte am rechten Zellrand (TR) justiert werden müssen. Über das Zeichen $ werden alle numerischen Werte mit zwei Dezimalstellen ausgegeben.

Count spezifiziert die Zeilenzahl innerhalb der Tabelle. Das Textfeld bleibt leer und muß durch Hochkommata markiert werden. Der Satztyp ist im SDI-Format optional.

COL-FORMAT (optional)

Neben der globalen Formatangabe (GDISP-FORMAT) für alle Zellen des Kalkulationsblatts lassen sich über COL-FORMAT auch einzelne Spalten mit abweichenden Formaten belegen, und zwar mehrfach in einem Header. Jeder Satz besitzt folgenden Aufbau:

```
COL-FORMAT
<col>,<width>
<Formatstring>
```

Im Feld *col* wird die Nummer der jeweiligen Spalte angegeben, ihre Breite in Zeichen im nachfolgenden Feld *width*. In der dritten Zeile muß ein Formatstring mit den Zeichen aus Tabelle 7.1 erscheinen. Der String darf nicht durch Anführungszeichen eingefaßt werden.

ROW-FORMAT (optional)

Mit diesem Satztyp läßt sich das Darstellungsformat einer Zeile spezifizieren. Der Record besteht aus drei Zeilen mit dem folgenden Format:

```
ROW-FORMAT
<row>,<width>
<Formatstring>
```

Im Feld *row* wird die Nummer der betreffenden Zeile spezifiziert. Das nachfolgende Feld *width* definiert die Breite der einzelnen Zellen, in der dritten Zeile muß ein Formatstring mit den Zeichen aus Tabelle 7.1 erscheinen, wobei der String nicht durch Anführungszeichen eingefaßt werden darf. Der Satztyp ist optional und darf im Header mehrfach auftreten, wodurch sich das Format jeder Zeile beliebig einstellen läßt.

DATA (erforderlich)

Dieser Satztyp schließt den SDI-Header ab und ist auf jeden Fall erforderlich. Er signalisiert den Beginn des Datenbereichs und besitzt folgenden Aufbau:

```
DATA
0,0
""
```

Abbildung 7.1 enthält ein Beispiel für den Aufbau eines SDI-Headers:

```
TABLE      ; Kopfsatz
0,1        ; 0 = ganze Tabelle, Version 1
""§
COL-FORMAT ; Spaltendefinition
0,5        ; Spalte 0 5 Zeichen breit
```

```
TABLE      ; Kopfsatz
""
DATA       ; Abschluß SDI-Header
0,0
""
```

Abbildung 7.1 Beispiel eines SDI-Headers

Die mit Semikolons markierten Kommentare gehören nicht zur SDI-Datei und wurden zur Erläuterung nachträglich hinzugefügt.

Der Datenteil einer SDI-Datei

Nach dem DATA-Record beginnt der Datenbereich, in dem für jede Zelle des Rechenblatts ein Eintrag vorhanden sein muß. Als erstes wird die Zelle A1 übertragen. Danach folgen die Zellen B1 bis X1 der ersten Zeile, wobei jede neue Zeile durch das Schlüsselwort BOT, eine Leerzeile (CR/LF) oder einen anderen Separator (beispielsweise ein Semikolon) eingeleitet wird.

Die eigentlichen Datensätze sind nach folgender Struktur aufgebaut:

```
<Typ>,<Wert>
<String>
```

In *Typ* wird die Satzart gemäß Tabelle 7.2 festgelegt:

Typ	Bedeutung
1	Text
0	numerischer Wert
–1	Datendefinition
–2	GOTO-Zielspezifikation
–3	Anzeigeformat für Eingaben
–4	Kalkulationsformel
–5	Wiederholungszähler

Tabelle 7.2 Satzarten für Daten im SDI-Format

Insgesamt sind im SDI-Format sieben verschiedene Datentypen festgelegt, die Bedeutung der restlichen Felder ist je nach Datentyp unterschiedlich definiert. Die entsprechenden Strukturen sind nachfolgend beschrieben.

Text Entry (Typ = 1)

Mit diesem Datentyp lassen sich Texte im SDI-Format übertragen. Es gilt dabei folgender Satzaufbau:

```
1,<Wert>
<String>
```

Die letzte Zeile enthält den zu übertragenden Text. Besteht er jedoch nur aus Leerzeichen, müssen diese in Hochkommata eingeschlossen werden. Im Feld *Wert* sind die Zahlen 0 und 1 zulässig. Diese Werte spezifizieren, auf welche Art und Weise der nachfolgende Text zu interpretieren ist. Beim Wert 0 liegt in der folgenden Zeile ein regulärer Text vor. Dieser Text wird in die adressierte Zelle gespeichert. Der Wert 1 spezifiziert, daß sich der nachfolgende Text in mehreren Zellen wiederholt. Die Information über die Zahl der Wiederholungen findet sich im Satztyp –5 (*Repeat Count Entry*).

Numeric Entry (Typ = 0)

Numerische Werte werden mit diesem Datentyp im SDI-Format übertragen. Es gilt dabei folgender Satzaufbau:

```
0,<Wert>
<Format>
```

Im Feld *Wert* steht die zu übertragende Zahl. Die Formatanweisung in der zweiten Zeile bestimmt dann die Darstellung in der betreffenden Zelle. In Anlehnung an die DIF-Definition sind in diesem Feld die Schlüsselwörter gemäß Tabelle 7.3 zulässig.

Indikator	Bedeutung	Wert
V	Value	beliebig
NA	not available	0
ERROR	Fehler	0
NULL	Zelle nicht belegt	0

Tabelle 7.3 Formate für numerische Werte in SDI-Dateien

Gültige numerische Werte wurden mit dem Buchstaben V markiert, während im Feld *Wert* der numerische Wert als ASCII-String steht. Beim Format NA (*not available*) steht kein numerischer Wert zur Verfügung, und das betreffende Feld enthält den Eintrag 0. Das gleiche gilt für die Formate NULL und ERROR. Die folgende Abbildung enthält einige SDI-Datensätze:

```
0,13.000      ; gültiger Wert 13,0
V
0,0           ; Wert nicht verfügbar
NA
0,0           ; Zelle unbelegt
NULL
0,0           ; Wert fehlerhaft
ERROR
```

Abbildung 7.2 Datensätze im SDI-Format

Die Kommentare gehören nicht zum SDI-Format und wurden nachträglich eingefügt.

Data Definition Entry (–1)

Dieser Recordtyp dient zur Markierung neuer Zeilen (*Begin of Tuple*) oder zur Endmarkierung (*End of Data*) des Datenbereichs. Die folgenden zwei Variationen sind zulässig:

```
-1,0        ; Zeilenanfang
BOT

-1,0        ; Ende Datenbereich
EOD
```

Das Schlüsselwort BOT (*Begin of Tuple*) steht vor dem ersten Datensatz, mit dem Daten einer neuen Rechenblattzeile übertragen werden. Dies ist insbesondere dann interessant, wenn am Ende einer Zeile nur leere Zellen vorhanden sind. Das Schlüsselwort EOD (*End of Data*) signalisiert das Ende des Datenbereichs. Nach diesem Satz können zwar noch Einträge folgen, sie werden jedoch nicht mehr ausgewertet. Im Feld *Werte* muß bei der Satzart –1 eine 0 eingetragen werden.

Origin Specifier (GOTO) (Typ –2)

Mit diesem Recordtyp lassen sich einzelne Zellen direkt adressieren. Der Satz besteht aus zwei Zeilen mit folgendem Aufbau:

```
-2,0
<String>
```

Das Feld für die numerischen Werte ist immer mit dem Wert 0 zu belegen. Die folgende Zeile enthält den Formatstring mit den Zellkoordinaten in diesem Format:

```
Spalte:Zeile
```

Die beiden Werte sind durch einen Doppelpunkt getrennt. Die Zelle mit den Koordinaten Spalte = 10 und Zeile = 3 würde also beispielsweise mit folgendem Satz adressiert:

```
-2,0
10:3
```

In SuperCalc 3 dürfen die Werte für die Spalten zwischen 1 und 127 sowie die Zeilennummern zwischen 1 und 9999 liegen. Durch diesen Recordtyp läßt sich die Position der nächsten adressierten Zelle direkt spezifizieren, was das Überspringen unbelegter Zellen ermöglicht.

Level Display Formatting Entry (Typ –3)

Mit diesem Format läßt sich das Format der vorhergehenden Zelle angeben. Es gilt folgender Satzaufbau:

```
-3,0
<Format-String>
```

Als *Format-String* sind die Zeichen gemäß Tabelle 7.1 erlaubt; dabei dürfen durchaus mehrere Zeichen kombiniert werden. Die Formatanweisung der vorhergehenden Zelle sollte allerdings übernommen werden. Falls keine vorhergehende Zelle existiert, erzeugt der SDI-Parser eine Fehlermeldung.

Formula Entry (Typ –4)

SuperCalc kann mit dem SDI-Format auch Formeln einlesen. Es gilt folgendes Format:

```
-4,0
<Formel>
```

Im Feld *Formel* muß eine gültige Kalkulationsformel übergeben werden.

Repeat Count Entry (Typ –5)

Die Satzart berücksichtigt den Wiederholungsfaktor, der bei *Text Entry* außer acht gelassen wurde – hier konnten lediglich Stringwiederholungen spezifiziert werden.

```
-5,<Wiederholungsfaktor>
<String-Format>
```

Der Wiederholungsfaktor bezieht sich auf den String in der vorhergehenden Zelle. Im Feld *String-Format* darf allerdings nur das Steuerzeichen *R* auftreten. Der Text der vorhergehenden Zelle wird in die folgenden Zellen n-mal kopiert.

8 Word 97-Dateiformat (DOC)

Microsoft benutzt für Microsoft Word für Windows ein eigenes Dateiformat, welches in den verschiedenen Word-Versionen (6.0, Word 95 und Word 97) variiert. Nachfolgend finden Sie Informationen zum Aufbau des Dateiformats in Word 97.

Der Aufbau einer Word DOC-Datei

Microsoft Word ist als OLE2-Anwendung programmiert, die DOC-Dateien bestehen daher aus Streams, die über OLE2-Docfile-API-Aufrufe erstellt wurden. Eine Anwendung, die die Binärdaten aus den DOC-Dateien lesen möchte, sollte daher auch diese API-Aufrufe verwenden. Eine Word DOC-Datei besteht aus einem Main-Stream, einem Summary-Stream und keinem oder mehreren Objekt-Streams (enthalten die Daten von Objekten, die im Word-Dokument eingebettet sind). Objekt-Streams werden durch Word nicht ausgewertet, vielmehr verwendet das Programm die betreffenden OLE-Anwendungen zum Zugriff auf die Daten. Nachfolgend wird der Inhalt des Main-Streams beschrieben.

Textverarbeitung

Struktur des Main-Streams (nicht komplex)

Word kann den Main-Stream in einem komplexen und in einem nicht komplexen Format hinterlegen. In der nicht komplexen Variante beginnt die Datei mit einem Word-Datei-Header (FIB = File Information Block). Daran schließen sich der eigentliche Text (Text, Fußnoten, Kopfzeilen) sowie die Formatierungsinformationen an. Die Textposition wird im File Information Block im Feld *fib.fcMin* (Offset 18H) hinterlegt. Die erste Datenstruktur (FKP) mit der Formatbeschreibung beginnt an einer 512-Byte-Grenze hinter dem letzten Textzeichen. Die restlichen FKP-Blöcke werden als 512-Byte-Seiten angehängt. Die FKP-Blöcke für Zeicheneigenschaften (CHP), Absatzeigenschaften (PAP) und LVCs werden in Word 97 abwechselnd (interleaved) gespeichert, während frühere Word-Versionen diese kontinuierlich ablegten. An die Formatierungsinformationen können sich die Daten für Bilder, eingebettete Objekte etc. anschließen.

File Information Block (in Word 1.0, 2.0 und 6.0)

Der Header einer WinWord-Datei besteht aus 384 (17FH) Bytes, gefolgt vom Textbereich. Der Text wird dabei mit ANSI-Zeichen gespeichert. Die folgende Tabelle zeigt die Struktur des WinWord-Headers.

Offset	Bytes	Bemerkungen
00H	2	Signatur 9B A5H (WinWord 1.0) DB A5H (WinWord 2.0) D0 CFH (WinWord 6.0)
02H	2	Version (Major)
04H	2	Version (Minor)
06H	2	Language Stamp
08H	2	nächste Seitennummer
0AH	1	Flag (Bit 2: 1 = komplexes Format)
0BH	1	Encryption (1 = Ja)
0CH	6	intern benutzt
12H	1	Plattform (0: Windows, 1: Mac)
13H	1	reserviert
14H	2	Zeichensatz (0: ANSI, 100H: Mac)
16H	2	interner Zeichensatz
18H	4	Offset auf 1. Zeichen im Text
1CH	4	Offset Ende Textbereich + 1
20H	4	Offset Dateiende
...		andere Zeiger

Tabelle 8.1 Struktur des WinWord-Headers

File Information Block (in Word 97)

In Word 97 wurde die Struktur des File Information Block (FIB) geändert, um Erweiterungen am Format besser durchführen zu können. Der Header einer DOC-Datei besteht aus 898 Bytes, gefolgt vom Textbereich. Die folgende Tabelle skizziert die Struktur des File Information Block (FIB).

Offset	Bytes	Bemerkungen
00H	2	Signatur D0 CFH (ab Word 6 bis Word 97)
02H	2	FIB-Version (ist immer größer >= 101 für alle Dokumente ab Word 6.0 und höher)
04H	2	Produktversion
06H	2	Language stamp (für lokalisierte Version)
08H	2	nächste Seitennummer

Offset	Bytes	Bemerkungen
0AH	2	Flag Bit 0: 1= Dokument ist eine Vorlage Bit 1: 1= Dokument ist ein Glossar Bit 2: 1= Dokument als Complex gesichert (Schnellspeicherung) Bit 3: 1= Dokument enthält mindestens ein Bild Bit 4–7: Zahl der Schnellspeicherungen des Dokuments Bit 8: 1= Dokument verschlüsselt Bit 9: 0= FIB bezieht sich auf Table-Stream "0Table" 1= FIB bezieht sich auf Table-Stream "1Table" Bit 10: 1= Datei mit Schreibschutz öffnen empfohlen Bit 11: 1= Schreibschutz gesetzt Bit 12: 1= Extended-Characters benutzt Bit 13: FloadOverride Bit 14: FarEast Bit 15: Crypto
0CH	2	*FibBack*: Datei kann mit Lesern höherer Versionen gelesen werden
0EH	4	*LKey*: File-Encrypted-Key (nur gültig bei verschlüsselten Dokumenten)
12H	1	Plattform (0: Windows, 1: Mac)
13H	1	Flags Bit 0: 1= Dokument zuletzt auf Mac gespeichert Bit 4: 1= Dokument mit Word 97 gesichert
14H	2	Standard-Characterset-ID; Zeichensatz (0: ANSI, 100H: Mac)
16H	2	*ChsTables*: Standard-Extended-Character-Set (Zeichensatz) ID für Texte in internen Datenstrukturen.
18H	4	*fcMin*: Datei-Offset auf 1. Zeichen im Text, in nicht komplexen DOC-Dateien läßt sich die Zeichenposition (caracter position, cp) gemäß folgender Formel in eine Dateiposition (file position, fc) umrechnen: fc = cp + fib.fcMin.
1CH	4	*FcMac*: Datei-Offset letztes Zeichen des Texts im Dokument-Stream + 1
20H	2	*csw*: Zahl der Shorts-Einträge; das Feld beginnt ab Offset 22H
22H	2	*wMagicCreated*: ID zur Identifikation des schreibenden Programms (0x6A62 = Word)
24H	2	*wMagicRevised*: ID letzte Dateimodifikation
26H	2	*wMagicCreatedPrivate*: private Daten
28H	2	*wMagicRevisedPrivate*: private Daten
2AH	2	---
2CH	2	unbenutzt
2EH	2	unbenutzt
30H	2	unbenutzt
32H	2	unbenutzt
34H	2	unbenutzt
36H	2	unbenutzt

Offset	Bytes	Bemerkungen
38H	2	unbenutzt
3AH	2	unbenutzt
3CH	2	Dokument mit Fernost-Version von Word geschrieben
3EH	2	*clw*: Zahl der »Longs«-Einträge, das Feld beginnt ab Offset 40H
40H	4	*cbMac*: Datei-Offset auf letztes geschriebenes Byte + 1 in der Datei
44H	4	*lProductCreated*: Build-Datum des Creators (10695 = 6. Jan. 1995)
48H	4	*lProductRevised*: Build-Datum der Anwendung, mit der die Datei zuletzt geschrieben wurde
4CH	4	*ccpText*: Länge Main-Dokument-Stream
50H	4	*ccpFtn*: Länge Fußnoten Sub-Dokument-Stream
54H	4	*ccpHdd*: Länge Header Sub-Dokument-Stream
58H	4	*ccpMcr*: Länge Makro Sub-Dokument-Stream
5CH	4	*ccpAtn*: Länge Anmerkungen (Annotation) Sub-Dokument-Stream
60H	4	*ccpEdn*: Länge Endnoten (Endnoten) Sub-Dokument-Stream
64H	4	*ccpTxbx*: Länge Textfeld (Textbox) Sub-Dokument-Stream
68H	4	*ccpHdrTxbx*: Länge Header-Textbox Sub-Dokument-Stream
6CH	4	*pnFbpChpFirst*: falls ungenügend Speicher zum Expandieren der *plcfbte*-Struktur vorhanden ist, wird *plcfbte* als verzeigerte Liste à 512-Byte beginnend ab *pn* gespeichert.
70H	4	*pnChpFirst*: Seitennummer der ersten Seite im Dokument, welches die CHPX FKP beinhaltet. Das Kürzel FKP steht für Formatted Disk Pages. CHPX gibt die Ausnahmen von Zeicheneigenschaften (Character Property Exception) an.
74H	4	*cpnBteChp*: Zahl der CHPX FKP innerhalb der Datei.
78H	4	*pnFbpPapFirst*: falls ungenügend freier Speicher zum Expandieren der *plcfbte*-Struktur, wird diese in 512-Byte-Blöcken gesichert. *Pn* zeigt auf den Anfang der Liste.
7CH	4	*pnPapFirst*: Seitennummer der ersten Seite, die PAPX FKP-Informationen enthält. (PAPX steht für Paragraph Property Exception)
80H	4	*cpnBtePap*: Zahl der in der Datei gespeicherten PAPX FKP
84H	4	*pnFbpLvcFirst*: falls ungenügend freier Speicher zum Expandieren der *plcfbte*-Struktur, wird diese in 512-Byte-Blöcken gesichert. *Pn* zeigt auf den Anfang der Liste.
88H	4	*pnLvcFirst*: Seitennummer der ersten Seite, die LVC FKP-Informationen enthält
8CH	4	*cpnBteLvc*: Zahl der in der Datei gespeicherten LVC FKP
90H	4	*FcIslandFirst*
94H	4	*FcIslandLim*
98H	2	*cfclcb*: Zahl der Felder im Feld mit den FC/LCB-Paaren (das Feld schließt sich ab Offset 9AH an
9AH	4	*fcStshfOrig*: Offset original Allocation für STSH im Table-Stream

Offset	Bytes	Bemerkungen
9EH	4	*lcbStshfOrig:* Bytes der originalen STSH-Allocation
A2H	4	Offset des STSH im Table-Stream
A6H	4	Bytes der aktuellen STSH-Allokation
AAH	4	Offset in Table-Stream mit Fußnotenreferenzen
AEH	4	Byte-Counter Fußnotenreferenz
B2H	4	Offset in Table-Stream mit Fußnotentext
B6H	4	Bytes in Fußnotentext (0 = keine Fußnote)
BAH	4	Offset in Table-Stream der Anmerkungen (ATRD = Annotation Table Reference Definition). Die Zeichenpositionen (CP) in diesem Datenbereich (PLC) definieren den Offset der Anmerkungsreferenzen im Hauptdokument.
BEH	4	Bytes der Anmerkungsreferenz (Annotation Reference PLC)
C2H	4	Offset in Table-Stream mit Anmerkungstexten (Annotation Text PLC)
C6H	4	Bytezähler für Anmerkungstext PLC (Annotation Text PLC)
CAH	4	Offset in Table-Stream der Section-Descriptor SED PLC
CEH	4	Bytezähler für Section-Descriptor PLC
D2H	4	unbenutzt
D6H	4	unbenutzt
DAH	4	Offset in Table-Stream der PHE PLC-Struktur (Paragraph Heights)
DEH	4	Bytezähler für Paragraph-Height PLC
E2H	4	Offset in Table-Stream der Glossar-String-Tabelle (Glossary String Table)
E6H	4	Bytes in der Glossar-String-Tabelle
EAH	4	Offset in Table-Stream des Glossary PLC
EEH	4	Bytes in Glossary PLC
F2H	4	Offset in Table-Stream des Header HDD PLC (Struktur mit Kopfzeilen)
F6H	4	Bytezähler des Header-PLC (Länge Struktur mit Kopfzeilen)
FAH	4	Offset in Table-Stream mit der Zeichenformatierungstabelle (Character Property Bin Table PLC). Beschreibt Textformatierung des Hauptdokuments und aller Unterdokumente.
FEH	4	Bytes in der Zeichenformatierungstabelle (Character Property Bin Table PLC)
102H	4	Offset in Table-Stream Absatzformatierung (Paragraph Property Bin Table PLC). Beschreibt Textformatierung des Hauptdokuments und aller Unterdokumente.
106H	4	Bytes in der Absatzformatierungstabelle
10AH	4	Offset in Table-Stream (reserviert, intern benutzt)
10EH	4	Zahl der reservierten Bytes für interne Benutzung
112H	4	Offset in Table-Stream mit Font-Informationen (STTBF)
116H	4	Bytes in der Struktur (STTBF)
11AH	4	Offset in Table-Stream mit Feldpositionen des Hauptdokuments (FLD PLC)

Offset	Bytes	Bemerkungen
11EH	4	Bytes in dieser Struktur
122H	4	Offset in Table-Stream mit Feldpositionen im Header-Unterdokument (FLD PLC)
126H	4	Bytes in dieser Struktur mit Feldpositionen im Header-Unterdokument
12AH	4	Offset in Table-Stream mit Feldpositionen im Fußnoten-Unterdokument (FLD PLC)
12EH	4	Bytes in dieser Struktur mit Feldpositionen im Fußnoten-Unterdokument
132H	4	Offset in Table-Stream mit Feldpositionen im Anmerkungs-Unterdokument (FLD PLC)
136H	4	Bytes in dieser Struktur mit Feldpositionen im Anmerkungs-Unterdokument
13AH	4	unbenutzt
13EH	4	unbenutzt
142H	4	Offset in Table-Stream mit Struktur (STTBF), die Bookmark-Namen des Hauptdokuments enthält
146H	4	Bytes in der Struktur
14AH	4	Offset in Table-Stream in Struktur (PLCF), die die Zeichenpositionen (Offsets) auf den Anfang der Bookmarks im Hauptdokument enthält
14EH	4	Länge
152H	4	Offset in Table-Stream in Struktur (PLCF), die die Zeichenpositionen (Offsets) auf das Ende der Bookmarks im Hauptdokument enthält
156H	4	Länge
15AH	4	Offset in Table-Stream in Struktur mit Makrobefehlen
15EH	4	Länge »undocumented Structur«
162H	4	unbenutzt
166H	4	unbenutzt
16AH	4	unbenutzt
16EH	4	---
172H	4	Offset in Table-Stream mit Druckertreiberdaten (Treibername, Port etc.)
176H	4	Länge Struktur Druckerdaten in Byte
17AH	4	Offset in Table-Stream mit Druckerumgebung (Portrait-Modus)
17EH	4	Länge Struktur Druckerdaten in Byte
182H	4	Offset in Table-Stream mit Druckerumgebung (Landscape-Modus)
186H	4	Länge Struktur Druckerdaten in Byte
18AH	4	Offset in Table-Stream mit Window Save State-Datenstrukturen
18EH	4	Länge der Struktur in Byte
192H	4	Offset in Table-Stream mit Dokumenteigenschaften-Struktur
196H	4	Länge der Struktur in Byte

Offset	Bytes	Bemerkungen
19AH	4	Offset in Table-Stream mit (associated) Strings (beschreiben Summary-Info und Pfade zu speziellen mit dem Dokument verbundenen Dokumenten)
19EH	4	Länge der Struktur in Byte
1A2H	4	Offset in Table-Stream auf die Struktur, in der Informationen über Complex-Files hinterlegt sind (Schnellspeicherungsmodus)
1A6H	4	Länge der Struktur in Byte (0 = Dokument nicht im Schnellspeicherungsmodus hinterlegt)
1AAH	4	unbenutzt
1AEH	4	unbenutzt
1B2H	4	Offset in Table-Stream mit dem Namen der Originaldatei
1B6H	4	Länge der Struktur in Byte
1BAH	4	Offset in Table-Stream mit Strings, die die Besitzer (owner) der Anmerkungen enthält
1BEH	4	Länge der Struktur in Byte
1C2H	4	Offset in Table-Stream in Struktur, die Bookmarks für das Anmerkungs-Subdokument enthält
1C6H	4	Länge der Struktur in Byte
1CAH	4	Unbenutzt
1CEH	4	unbenutzt
1D2H	4	unbenutzt
1D6H	4	unbenutzt
1DAH	4	Offset in Table-Stream in FSPA PCC-Struktur des Hauptdokuments (0 = Dokument enthält keine Office-Art-Objekte)
1DEH	4	Länge der Struktur in Byte
1E2H	4	Offset in Table-Stream in FSPA PCC-Struktur des Header-Dokuments (0 = Dokument enthält keine Office-Art-Objekte)
1E6H	4	Länge der Struktur in Byte
1EAH	4	Offset in Table-Stream in Bookmark First-Struktur des Anmerkungs-Subdokuments
1EEH	4	Länge der Struktur in Byte
1F2H	4	Offset in Table-Stream in Bookmark Last-Struktur des Anmerkungs-Subdokuments
1F6H	4	Länge der Struktur in Byte
1FAH	4	Offset in Table-Stream mit Print Merge State-Informationen
1FEH	4	Länge der Struktur in Byte
202H	4	Offset in Table-Stream mit Formularfeldern (enthält Strings für Drop-down-Controls)
206H	4	Länge der Struktur in Byte
20AH	4	Offset in Table-Stream mit Endnote-Referenzen

Offset	Bytes	Bemerkungen
20EH	4	Länge der Struktur in Byte
212H	4	Offset in Table-Stream in Struktur, die auf den Endnote-Text zeigt
216H	4	Länge der Struktur in Byte
21AH	4	Offset in Table-Stream in Struktur mit Feldpositionen in Endnote-Subdokumenten
21EH	4	Länge der Struktur in Byte
222H	4	unbenutzt
226H	4	unbenutzt
22AH	4	Offset in Table-Stream mit Office-Art-Objekt-Datentabelle
22EH	4	Länge der Struktur in Byte
232H	4	Offset in Table-Stream mit Kürzel für Autorennamen, die Änderungen am Dokument vorgenommen haben
236H	4	Länge
23AH	4	Offset in Table-Stream mit Beschriftungen (Caption Titles) des Dokuments
23EH	4	Länge der Struktur in Byte
242H	4	Offset in Table-Stream der Struktur, die Objektnamen und Indizes für Objekte, die eine automatische Beschriftung (Auto-Caption) erhalten.
246H	4	Länge der Struktur in Byte
24AH	4	Offset in Table-Stream der Struktur, die die Abschnitte (Boundaries) der Teildokumente in einem Masterdokument (Zentraldokument) beschreibt
24EH	4	Länge der Struktur in Byte
252H	4	Offset in Table-Stream der Struktur, die die Stati der Rechtschreibprüfung beschreibt
256H	4	Länge der Struktur in Byte
25AH	4	Offset in Table-Stream der PLCF-Struktur, die die Anfangspositionen des ersten Zeichens der einzelnen Text in einem Textfeld (Textbox) beschreibt
25EH	4	Länge der Struktur in Byte
262H	4	Offset in Table-Stream der Struktur, die Feldgrenzen (Field Boundaries) in Textfeldern (Textboxes) beschreibt
266H	4	Länge der Struktur in Byte
26AH	4	Offset in Table-Stream der PLCF-Struktur, die die Anfangspositionen der Zeichen in Header-Textbox-Unterdokumenten beschreibt
26EH	4	Länge der Struktur in Byte
272H	4	Offset in Table-Stream der FLD PLCF-Struktur, die Feldgrenzen (Field Boundaries) in der Header-Textbox beschreibt
276H	4	Länge der Struktur in Byte
27AH	4	Makrobenutzer
27EH	4	Länge der Struktur in Byte

Offset	Bytes	Bemerkungen
282H	4	Offset in Table-Stream mit eingebetteten True-Type-Fontdaten
286H	4	Länge der Struktur in Byte
27AH	4	unbenutzt
27EH	4	unbenutzt
292H	4	Offset in Table-Stream mit Struktur, die Seitenbeschreibungen im Haupttext enthält
296H	4	Länge der Struktur in Byte
29AH	4	Offset in Table-Stream mit Struktur, die Seitenumbrüche (Break Descriptors) im Haupttext enthält
29EH	4	Länge der Struktur in Byte
2A2H	4	Offset in Table-Stream mit Struktur, die Seitenbeschreibungen im Fußnotentext enthält
2A6H	4	Länge der Struktur in Byte
2AAH	4	Offset in Table-Stream mit Struktur, die Seitenumbrüche (Break Descriptors) im Fußnotentext enthält
2AEH	4	Länge der Struktur in Byte
2B2H	4	Offset in Table-Stream mit Struktur, die Seitenbeschreibungen im Endnotentext enthält
2B6H	4	Länge der Struktur in Byte
2BAH	4	Offset in Table-Stream mit Struktur, die Seitenumbrüche (Break Descriptors) im Endnotentext enthält
2BEH	4	Länge der Struktur in Byte
2C2H	4	Offset in Table-Stream mit STTBF-Struktur, die Feld-Schlüsselwörter (Field Keywords) enthält (nur in internationalen Word-Versionen benutzt)
2C6H	4	Länge der Struktur in Byte
2CAH	4	Offset in Table-Stream mit Struktur, die Mailer-Routing-Slip beschreibt
2CEH	4	Länge der Struktur in Byte
2D2H	4	Offset in Table-Stream mit Struktur, die die Benutzernamen enthält, die das Dokument in alternative Speicherorte gesichert haben
2D6H	4	Länge der Struktur in Byte
2DAH	4	Offset in Table-Stream mit Struktur, die Dateinamen enthält, die im Dokument referenziert werden
2DEH	4	Länge der Struktur in Byte
2E2H	4	Offset in Table-Stream mit List-Format-Informationen
2E6H	4	Länge der Struktur in Byte
2EAH	4	Offset in Table-Stream mit List-Format-Override-Informationen
2EEH	4	Länge der Struktur in Byte
2F2H	4	Offset in Table-Stream mit Textbox-Break-Table des Hauptdokuments

Offset	Bytes	Bemerkungen
2F6H	4	Länge der Struktur in Byte
2FAH	4	Offset in Table-Stream mit Textbox-Break-Table des Header-Dokuments
2FEH	4	Länge der Struktur in Byte
302H - 32AH	4	Zeiger in Main-Stream mit undokumentierten Undo-Daten 4-Byte-Zeiger auf Struktur 4-Byte-Länge der Struktur in Byte
332H	4	Offset in Table-Stream mit String-Tabelle der Style-Namen für Glossareinträge
336H	4	Länge der Struktur in Byte
33AH	4	Offset in Table-Stream mit undokumentierten Grammatik-Optionen
33EH	4	Länge der Struktur in Byte
342H	4	Offset in Table-Stream mit undokumentierten OCX-Daten
346H	4	Länge der Struktur in Byte
34AH	4	Offset in Table-Stream in die Character Property Bin-Table (Zeichenformatierung)
34EH	4	Länge der Struktur in Byte
352H	4	FILETIME (low Date/Time)
356H	4	FILETIME (low Date/Time)
35AH	4	Offset in Table-Stream in LVC PLCF-Struktur
35EH	4	Länge der Struktur in Byte
362H	4	Offset in Table-Stream in Auto-Summary-Struktur
366H	4	Länge der Struktur in Byte
36AH	4	Offset in Table-Stream mit Struktur für Grammatik-Prüfungsstatus
36EH	4	Länge der Struktur in Byte
372H	4	Offset in Table-Stream mit Listennamen-String-Tabelle
376H	4	Länge der Struktur in Byte
37AH	4	Offset in Table-Stream mit undokumentieren Undo-/Versionsdaten
37EH	4	Länge der Struktur in Byte

Tabelle 8.2 Struktur des Word 97 File Information Blocks

Die über die Zeiger im File Information Block referenzierten Datenstrukturen des Streams enthalten dann Informationen zur Formatierung des Textbereichs oder zur Verwaltung der Daten.

Aufbau des Textbereichs

Der Text beginnt in der Datei an der im File Information Block (FIB) im Feld *fcMin* angegebenen Position. Dies ist in der Regel die auf den FIB folgende nächste freie Adresse, die auf einer 128-Byte-Grenze liegt. Der Text selbst wird im ASCII-Code hinterlegt. Hierbei werden einige ASCII-Codes als Steuerzeichen interpretiert.

- Absatzwechsel werden durch den Code 13 (0DH) markiert.
- Feste Zeilenumbrüche werden durch den Code 11 (0BH) markiert.
- Feste Trennzeichen (Breaking Hyphens) besitzen den Code 45 (2DH). Bedingte Trennstriche (Non-required Hyphens) erhalten den Code 31 (1FH). Geschützte Bindestriche (Non-Breaking Hyphens) werden mit dem Code 30 (1EH) gespeichert.
- Geschützte Leerzeichen (Non-Breaking Spaces) erhalten den Code 160 (A0H) und normale Leerzeichen den Code 32 (20H).
- Seiten- und Abschnittswechsel erhalten den Code 12 (0CH), was dem Form-Feed-Zeichen entspricht. Die Unterscheidung zwischen Seitenwechseln und Abschnittswechseln erfolgt über einen Eintrag in der Abschnittstabelle (Section Table).
- Spaltenwechsel erhalten das Zeichen 14 (0EH), und Tabulatoren werden mit dem Code 9 (09H) hinterlegt.
- Feldmarkierungen werden mit dem Zeichen 19 (13H) eingeleitet und mit dem Zeichen 21 (15H) abgeschlossen. Der Feldseparator ist der Code 20 (14H).
- Das Zeichen 7 markiert das Ende einer Tabellenzelle oder einer Tabellenzeile. Die Unterscheidung zwischen Zelle und Zeile erfolgt über die Absatzeigenschaften (Paragraph Property).

Zusätzlich benutzt Word noch einige ASCII-Codes als spezielle Zeichen, falls die Zeicheneigenschaft des Zeichens auf »spezial« gesetzt wurde.

ASCII-Code	Spezialzeichen
0	Aktuelle Seitennummer
1	Bild
2	Fußnotenreferenz (automatisch numeriert)
3	Trennzeichen Fußnote
4	Fortsetzungszeichen Fußnote
5	Verweis auf Anmerkung
6	Zeilennummer
7	handgezeichnete Anmerkung (Pen Windows)
8	Zeichenobjekt
10	abgekürztes Datum »Die. 1. Dez. 2000"
11	Zeitangabe
12	aktuelle Abschnittsnummer
14	abgekürzte Wochenangabe (Mo, Die etc.)
15	Wochentag (»Montag«)
16	Tag, kurze Angabe (»9«)

ASCII-Code	Spezialzeichen
22	Stunde aktuelle Zeit (ohne führende Null)
23	Stunde aktuelle Zeit (ggf. mit führender Null)
24	Minute aktuelle Zeit (ohne führende Null)
25	Minute aktuelle Zeit (ggf. mit führender Null)
26	Sekunde aktuelle Zeit
27	AM/PM aktuelle Zeit
28	aktuelle Zeit (altes Format)
28	aktuelle Zeit (altes Format)
28	aktuelle Zeit (altes Format)
29	Datum mit vollem Monatsnamen
30	Kurzdatum (12.4. 00)
33	Kurzangabe Monat (12 für Dezember)
34	Jahr 4 Ziffern
35	Jahr 2 Ziffern
36	abgekürzter Monat (»Apr«)
37	Monat ausgeschrieben
38	Uhrzeit in Std:Min ohne führende 0 bei Std.
39	Datum lang
41	Hilfsfeld Print Merge

Tabelle 8.3 Spezialzeichen im Textbereich

Bei Abschnittswechseln wird gleichzeitig auch ein Absatzwechsel eingeleitet. Das letzte Zeichen im Dokument ist immer ein Absatzwechsel. Ist der Text nicht im Complex-Format gespeichert, wird die Lage des Text-Streams des Dokuments durch die Felder *fib.fcMin* im Header bis zu *fib.fcMac* angegeben. Im komplexen Format muß das Dokument durch Tabellen, die Textfragmente enthalten, zusammengesetzt werden (wird hier nicht behandelt).

Neben dem eigentlichen Dokumenttext finden sich im Textbereich auch Kopf- und Fußzeilen sowie Anmerkungen etc. Die Größe des Hauptdokuments, der Kopfzeilen, der Fußzeilen etc. wird im File Information Block ab Offset 4CH in eigenen Feldern (*fib.ccpText, fib.ccpFtn, fib.ccpHdr* etc.) angegeben. Zum Zugriff auf Fußnoten etc. müssen Sie einfach die entsprechenden Längenangaben zum Zeiger für den Textanfang hinzuaddieren.

Zeichen- und Absatzformatierung

Zeichen- und Absatzformate werden in Word-Dokumenten in einem komprimierten Format hinterlegt. Die in der DOC-Datei enthaltenen Daten entsprechen daher nicht den Formateigenschaften für Zeichen oder Absätze im Text, sondern geben die Abweichungen in der Formatierung zu einem Referenzformat an. Word benutzt Strukturen, um die Formatierung zu hinterlegen. Eine PAP (Paragraph Property) ist eine Datenstruktur, die die unkomprimierten Absatzformate enthält. Ähnliches gilt für eine CHP (Character Property). Jeder Absatz im Dokument erhält einen Standardsatz an Absatz- und Zeichenformaten über die Formatvorlage (Style-Sheet-Datenstruktur) zugewiesen.

Eine PAP wird in die komprimierte Form PAPX überführt, indem die aktuellen Absatzformate mit den Formaten in der Formatvorlage des Absatzes verglichen werden. Weicht eine Absatzeigenschaft von der Vorlage ab, wird diese in der Liste als *sprms*-Eintrag hinterlegt. Ein *sprm* ist eine Anweisung, mit der eine oder mehrere Eigenschaften eines Zeichens, eines Absatzes, einer Tabelle etc. verändert werden können. *Sprm* ist dabei ein 2-Byte-Opcode ab Offset 0, der die auszuführende Operation definiert. Bei Bedarf lassen sich für die Operation erforderliche Informationen als Parameter fester Länge anhängen (ab Offset 2). Es gibt *sprm*-Einträge fester und variabler Länge. Liegt eine variable Länge für *sprm* vor, wird die Zahl der Bytes im folgenden Parameter ab Offset 2 und der Parameter ab Offset 3 gespeichert.

Bei Zeichenformaten wird ein ähnlicher Ansatz gewählt. Zuerst muß das Zeichenformat der Standardvorlage bekannt sein. Dann werden die Abweisungen der CHPX (komprimierte Zeicheneigenschaften) benutzt, um die individuelle Formatierung zu ermitteln. Auch hier werden *sprms*-Strukturen zur Beschreibung der Zeichenformate eingesetzt. Ein CHPX FKP und ein PAPX FKP besitzen ähnliche Strukturen. Ein FKP ist eine 512-Byte-Datenstruktur, die als Seite in einer Word-Datei hinterlegt wurde.

Anmerkung: Die einzelnen Datenstrukturen in der Word-Datei sind recht komplex. Aus Platzgründen ist es an dieser Stelle nicht möglich, die gesamten Strukturen der Streams sowie die Algorithmen zur Bestimmung der Textpositionen zu beschreiben. Entwickler können die betreffenden Spezifikationen direkt von Microsoft anfordern (*officeff@microsoft.com*). Registrierte Leser finden auf der Webseite des Verlages einen Link, über den sich die Formatbeschreibungen direkt abrufen lassen (sowohl für Word 6.0 als auch für Word 97).

9 WordPerfect-Format

Das Programm WordPerfect stellt eine Textverarbeitung dar, die auf sehr vielen Rechnerplattformen (MS-DOS, DEC-VAX, Unix, Windows etc.) läuft. Nach der Übernahme von WordPerfect durch die Firma Corel steht das Programm in der Corel Office-Suite zur Verfügung. Weiterhin wird WordPerfect unter Linux als Textverarbeitung genutzt. Die nachfolgenden Informationen beziehen sich primär auf die PC-Version, gelten aber auch für andere Versionen.

Das Textverarbeitungsprogramm WordPerfect benutzt in den Versionen 4.x/5.x ein gemischtes ASCII-/Binärformat zum Abspeichern von Textdateien. In der Version 4.x wird der Text direkt mit den Formatcodes gespeichert, ab Version 5.0 gliedern sich die WPF-Dateien in einen Header und in den Textbereich mit den Formatierungscodes (Abbildung 9.1). Die nachfolgenden Informationen beziehen sich nur noch auf WordPerfect-Dokumente der Version 5.0.

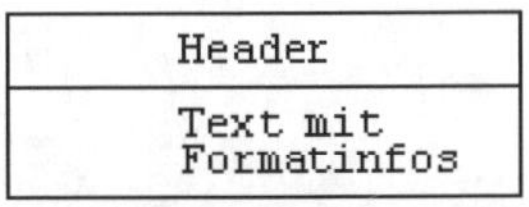

Abbildung 9.1 Gliederung einer WordPerfect-Datei

Der WordPerfect-Header (Version 5.0)

WordPerfect speichert am Dateianfang der Dokumentdatei einen Header mit verschiedenen Informationen über den Dateiinhalt ab. Die ersten 16 Bytes enthalten einen globalen Identifikationssatz, den alle Produkte der Firma WordPerfect benutzten. Die ersten 4 Bytes enthalten eine Signatur, die die Datei als WP-Textdatei ausweist. Daran schließt sich ein 4-Byte-Zeiger an, der den Offset vom Dateianfang bis zum ersten Textzeichen angibt. Weitere Bytes enthalten Informationen über den Typ des von der Datei erzeugten Produktes. Darauf folgen Daten über den Typ des Dokuments. Die ersten zehn Nummern sind für allgemeine Zwecke reserviert, die Nummern ab 10 werden in Abhängigkeit vom jeweiligen Produkt belegt. (Tabelle 9.1 enthält die entsprechenden Codes.) Versionsnummern beispielsweise werden in WordPerfect 5.0 immer mit dem Wert 0.0 belegt. Im *Encryption*-Feld markiert der Wert 0 eine unverschlüsselte Datei, andernfalls ist der Wert als Schlüssel zu interpretieren. Tabelle 9.1 enthält eine detaillierte Aufteilung dieses Headers:

Offset	Bytes	Bedeutung
Datei ID-Header für alle WPCORP-Produkte		
00H	4	WP-Signatur -1,"WPC"
04H	4	Zeiger auf erstes Textzeichen

Offset	Bytes	Bedeutung
08H	1	Produkttyp 1 WordPerfect 2 Shell 3 Notebook 4 Calculator 5 File Manager 6 Kalender 7 Programm-Editor 8 Macro-Editor 9 PlanPerfect 10 DataPerfect 11 Mail 12 Printer (PTR.EXE) 13 Scheduler 14 WordPerfect Office
09H	1	Dateityp 1 Macro File 2 Help File 3 Keyboard Definition File 4 -- ... 9 -- 10 WP-Dokument 11 Dictionary File 12 Thesaurus File 13 Block 14 Rechteck Block 15 Spalten Block 16 Printer Resource File (PRS) 17 Setup File 18 Prefix Informations File 19 Printer Resource File (ALL) 20 Display Resource File (DRS) 21 Overlay File (WP.FIL) 22 WP Graphic File (WPG) 23 Hyphenation Code Modul 24 Hyphenation Data Modul 25 Macro Resource File (MRS) 26 Graphik Bildschirmtreiber (WPD) 27 Hyphenation Lex Modul
0AH	1	Hauptversionsnummer
0BH	1	Unterversionsnummer
0CH	2	Encryption-Flag (0 = unverschlüsselt)
0EH	2	reserviert (0)

Tabelle 9.1 Header-Präfix einer WP-Datei

An diesen 16-Byte-Header schließen sich in einem oder mehreren sogenannten *Indexblöcken* (WordPerfect 5.0) weitere produktspezifische Informationen an. Innerhalb eines Indexblocks liegen Indizes und Daten vor. Abbildung 9.2 zeigt schematisch den Aufbau des WordPerfect-Headers (die folgenden Informationen beziehen sich auf die Version 5.0 des Programms):

```
    +---------------------------------+
    |        16 Byte Header           |
    +---------------------------------+
P┌  | 1. Indexblock   | Index 1 | ... |
t│  | Index 4 | Daten ...             |
r└> +---------------------------------+
    | 2. Indexblock   | Index 1 | ... |
    | Index 4 | Daten ...             |
    +---------------------------------+
    | Textbeginn                      |
    +---------------------------------+
```

Abbildung 9.2 Aufteilung des Headers in Indexblöcke

An die ersten 16 Bytes des ID-Headers schließt sich der Header des ersten Indexblocks an, dessen Länge und Belegung in Abhängigkeit von der Datei variieren. Der Offset in der Tabelle 9.2 bezieht sich auf den Beginn des Indexblocks. Für den ersten Indexblock ist der Wert von 10H zu addieren, um den Offset zum Dateianfang zu berechnen.

Offset	Bytes	Bedeutung
00H	2	Signatur 0000H Ende des Präfixbereichs FFFBH Next Header Indexblock FFFCH reserviert (find next read) FFFDH reserviert (find first) FFFEH reserviert (matches any packet) FFFFH Block zum Löschen markiert
02H	2	Zahl der Indizes im Block (für WP 5.0 wird immer Wert 5 eingetragen)
04H	2	Größe des Indexblocks
06H	4	Zeiger auf den nächsten Indexblock
0AH	2	Typ des Index 1
0CH	4	Länge des Datenpaketes 1 in Byte
10H	4	Zeiger auf die zugehörigen Daten des Indexteils 1
14H	2	Typ des Index 2
16H	4	Länge des Datenpaketes 2 in Byte
1AH	4	Zeiger auf die zugehörigen Daten des Indexteils 2
1EH	...	Index 3...4
...	...	Daten des Indexblocks

Tabelle 9.2 Format des Indexblocks im Header

Das erste Wort des Indexblocks enthält eine Signatur mit dem betreffenden Typ des Indexblocks. Bei WP 5.0 ist der Wert immer FFFBH, die Codes FFFC bis FFFEH sind bisher reserviert. Tritt die Signatur FFFFH auf, handelt es sich um einen gelöschten Indexblock, der jedoch physikalisch noch in der Datei steht. Ab Offset 2 steht im Indexblock die Zahl der Indizes dieses Blocks. Für WordPerfect 5.0 findet sich hier immer der Wert 05, da der Block den Header und weitere 4 Indizes aufnimmt. Das folgende Wort spezifiziert die Größe des Indexblocks in Byte. Daran schließt sich ein 4-Byte-Zeiger an, der auf den nächsten Indexblock im Header der Datei verweist. WordPerfect 5.0 kann durchaus mehrere Indexblöcke innerhalb des Dateiheaders anlegen. Der letzte Indexblock der Kette wird im Feld mit der Folgeadresse mit dem Wert 00 00 00 00 markiert.

An diesen Header des Indexblocks schließen sich dann die Header der 4 Indizes an. Diese Header enthalten Typ, Länge und Adresse der betreffenden Datenbereiche (Tabelle 9.2 gibt die jeweiligen Datenstrukturen an). Das erste Wort ist für den Typ des Datenblocks vorgesehen. Findet sich hier der Eintrag 00H, dann markiert dies ebenfalls das Ende des Indexbereichs. Hierbei gilt die Kodierung gemäß Tabelle 9.3:

Typ	**Bedeutung**
Pakettypen in Dokumentblocks	
0000H	Ende Indexbereich
0001H	Document Summary
0002H	reserviert
0003H	Document-Standardwerte
0004H	reserviert
0005H	reserviert
0006H	Document-Flags
0007H	Font Name String Pool
0008H	Graphic-Image-Daten
0009H	Format Hash-Tabelle
000AH	Liste der benutzten Fonts
000BH	reserviert
000CH	Dokument Druckerinformationen
000DH	reserviert
...	
00FFH	reserviert
0100H	Style-Pakete
...	
01FFH	Style-Pakete
0200H	PS-Tabellen für die Fonts 0 bis FFH
...	
02FFH	Style-Pakete

Typ	Bedeutung
Pakettypen in SetUp-Dateien	
0001H	Font-Liste
0002H	Font-String-Tabelle
0003H	Liste Proportionalschrift Tabellen
0004H	
...	
000FH	reserviert
0010H	Pfadname für Thesaurus
0011H	Info für Bildschirmtyp
0012H	Diverses (Backup Zeitpunkt etc.)
0013H	Control- und Alt-Tastenbelegung
0014H	Systemstandardeinstellung
0015H	reserviert
0016H	reserviert
0017H	diverse SetUp-Einstellungen
0018H	reserviert
0019H	reserviert
001AH	Standarddruckereinstellungen
001BH	Druckerselektionsliste
001CH	reserviert
...	
001FH	reserviert
0020H	Bildschirmattribut Monochrom
0021H	Bildschirmattribut CGA
0022H	Bildschirmattribut PC 3270
0023H	Bildschirmattribut EGA (kursiv)
0024H	Bildschirmattribut EGA (unterstrichen)
0025H	Bildschirmattribut EGA (Kleinbuchstaben)
0026H	Bildschirmattribut EGA (reserviert)
...	
0029H	Bildschirmattribut EGA (reserviert)
002AH	Bildschirmattribut Hercules RamFont 12
002BH	Bildschirmattribut Hercules RamFont 6
002CH	Bildschirmattribut Hercules RamFont reserviert ...
002FH	"

Tabelle 9.3 Pakettypen der Indizes

Im nächsten 4-Byte-Feld findet sich die Länge des Datenblocks, während im darauffolgenden 4-Byte-Feld die Adresse als Offset vom Dateianfang auf den Datenbereich steht.

Der Datentyp 0008H markiert Grafikdaten innerhalb der Datei; ein solcher Block darf nur am Ende des letzten Blocks auftreten. Der Wert im Längenfeld enthält immer den Eintrag 0 oder 2, wobei ein Wert 0 angibt, daß keine Grafikdaten existieren. Andernfalls finden sich die Daten an der durch den folgenden Zeiger adressierten Stelle. Das Format dieses Datenbereichs ergibt sich aus Tabelle 9.4.

Offset	Bytes	Bedeutung
00H	2	Zahl der Grafikbilder im Datenbereich
02H	4	Größe des ersten Grafikbildes
...	...	...
...	4	Größe des letzten Grafikbildes
...	...	Daten des ersten Grafikbildes
...	...	...
...	...	Daten des letzten Grafikbildes

Tabelle 9.4 Aufbau des Bereichs für Grafikdaten

Der Aufbau der restlichen Datenbereiche ist nicht bekannt. Neben den schon erwähnten Codes benutzt WordPerfect 5.0 bereits einige der als reserviert gekennzeichneten Codes innerhalb der Dateien.

Der WordPerfect-Datenbereich (5.0)

Der Textbereich setzt sich aus den eigentlichen ASCII-Zeichen und den dazwischen befindlichen Steuerzeichen zusammen. In der Version 5.0 von WordPerfect beginnt der Textbereich nach dem Header, wobei der Anfang des Textes durch einen Zeiger ab Offset 04H markiert wird. In Version 4.0 entfällt der Header, und der Textbereich beginnt direkt am Dateianfang.

Die Textdateien benutzen zur Darstellung lediglich die ASCII-Zeichen von 20H bis 7FH; die Codes von 0 bis 1FH werden zur Formatierung benutzt. Das gleiche gilt für Codes ab 80H bis FFH.

WordPerfect unterscheidet 1-Byte-Steuercodes und Multibyte-Codes; Umlaute werden beispielsweise durch die Zeichen C0H eingeschlossen. Da die Formatcodes der Versionen 4.0 und 5.0 weitgehend übereinstimmen, beziehen sich die nachfolgenden Informationen auf beide Versionen. Abweichungen von dieser Regel sind direkt markiert.

Im nachfolgenden Text werden verschiedene Maßeinheiten für die Angabe von Koordinaten in WordPerfect-Protokollen angegeben. Die Einheit wpu (*WordPerfect unit*) beträgt dabei 1/1 200 Zoll. Die Einheit *su* (*Screen Unit*) beträgt 1 Screen Display Column.

Die 1-Byte-Steuercodes von 00H bis BFH

Die Codes unterhalb 20H werden zur Markierung von Zeilenvorschub und Tabulatoren benutzt. Damit stimmen sie weitgehend mit den in allgemeinen Textdateien benutzten Codes überein. Es gilt die Belegung gemäß Tabelle 9.5.

Code	Version	Bedeutung
01H	4.0/5.0	reserviert
02H	5.0	Seitennummer an markierter Stelle ausgeben
03H	5.0	Merge Code C
04H	5.0	Merge Code D
05H	5.0	Merge Code E
06H	5.0	Merge Code F
07H	5.0	Merge Code G
08H	4.0/5.0	reserviert
09H	4.0	Hard-Tab (reserviert in 5.0)
0AH	4.0/5.0	Hard Return
0BH	4.0/5.0	Soft New Page
0CH	4.0/5.0	Hard New Page in 4.0 Hard Return in 5.0
0DH	4.0/5.0	Soft New Line
0EH	5.0	Merge Code N
0FH	5.0	Merge Code O
10H	5.0	Merge Code P
11H	5.0	Merge Code Q
12H	5.0	Merge Code R
13H	5.0	Merge Code S
14H	5.0	Merge Code T
15H	5.0	Merge Code U
16H	5.0	Merge Code V
17H	5.0	reserviert
...	...	...
1FH	5.0	reserviert

Tabelle 9.5 Belegung der Codes zwischen 00H und 1FH

Die Version 4.0 belegt nur einige der Codes in Tabelle 9.5. Merge-Dateien werden in der Version 4.0 nicht mit einem Anfangscode markiert. Das Ende ist lediglich durch [Ctrl]-[R] und ein hartes Return [↵] abgeschlossen.

Die Codes zwischen 20H und 7FH dienen zur Aufnahme der normalen ASCII-Zeichen. Umlaute und Sonderzeichen werden ab der Version 5.0 mit den Codes C0H...C0H eingeschlossen; näheres hierzu finden Sie im Abschnitt über die Multibyte-Steuercodes.

Tabelle 9.6 gibt die Belegung der Steuercodes zwischen 80H und BFH wieder.

Code	Version	Bedeutung
80H	4.0/5.0	temporär (wird normalerweise gelöscht)
81H	4.0/5.0	rechtsbündig ausrichten EIN
82H	4.0/5.0	rechtsbündig ausrichten AUS
83H	4.0/5.0	Ende Textzentrierung
84H	4.0 5.0	Ende ausgerichteter Text (4.0) reserviert in 5.0
85H	4.0 5.0	temporärer Startpunkt Kalkulationsformel Platzhalter (temporär)
86H	4.0/5.0	Seite zwischen oberem und unterem Rand zentrieren
87H	4.0/5.0	Zeilennumerierung EIN
88H	4.0/5.0	Zeilennumerierung AUS (am Seitenkopf)
89H	4.0 5.0	Tab nach rechter Randmarkierung reserviert in 5.0
8AH	4.0/5.0	Widow/Orphan Control EIN
8BH	4.0/5.0	Widow/Orphan Control AUS
8CH	4.0/5.0	Soft New Page/Hard Return
8DH	4.0/5.0	Fußnotennummer in Fußnote/Literaturverweis
8EH	5.0	Bildnummer innerhalb Kapitel
8FH	5.0	reserviert
90H	4.0 5.0	rote Linie EIN löschbares Return am Zeilenende
91H	4.0 5.0	rote Linie AUS löschbares Return am Seitenende
92H	4.0 5.0	Durchstreichen EIN beim Formatieren gelöschtes Seitenende
93H	4.0 5.0	Durchstreichen AUS unsichtbares Return innerhalb Zeile
94H	4.0 5.0	Unterstreichen EIN unsichtbares Return Zeilenende
95H	4.0 5.0	Unterstreichen AUS unsichtbares Return Seitenende
96H	4.0 5.0	reverse Video ein Block ein

Code	Version	Bedeutung
97H	4.0 5.0	reverse Video aus Block aus
98H	4.0/5.0	Platzhalter (Table of Content)
99H	4.0 5.0	Überschreiben reserviert
9AH	4.0 5.0	Trennung folgendes Wort aufheben Trennung aufheben
9BH	4.0/5.0	Ende erstellter Text
9CH	4.0 5.0	Fettschrift EIN reserviert
9DH	4.0 5.0	Fettschrift AUS reserviert
9EH	4.0/5.0	Trennung AUS
9FH	4.0/5.0	Trennung EIN
A0H	4.0/5.0	Hard space
A1H	4.0/5.0	»Do sub-total«
A2H	4.0/5.0	»Sub-total entry«
A3H	4.0/5.0	»Do total«
A4H	4.0/5.0	»Total entry«
A5H	4.0/5.0	»Do grant total«
A6H	4.0/5.0	»Calculation column«
A7H	4.0/5.0	Anfang mathematischer Modus
A8H	4.0/5.0	Ende mathematischer Modus
A9H	4.0/5.0	Bindestrich Zeile (fest)
AAH	4.0/5.0	Bindestrich Zeilenende (fest)
ABH	4.0/5.0	Bindestrich Seitenende (fest)
ACH	4.0/5.0	Bindestrich in der Zeile (weich)
ADH	4.0/5.0	Bindestrich am Zeilenende (weich)
AEH	4.0/5.0	Bindestrich am Seitenende (weich)
AFH	4.0/5.0	Spalten AUS am Zeilenende
B0H	4.0/5.0	Spalten AUS am Seitenende
B1H	5.0	Mathematik negieren
B2H	5.0	reserviert
...	...	....
BFH	5.0	reserviert

Tabelle 9.6 Belegung der Codes zwischen 80H und BFH

In Version 4.0 sind die Codes BCH (Superscript), BDH (Subscript), BEH (Advance Printer 1/2 Line up) und BFH (Advance Printer 1/2 Line down) definiert. Version 5.0 belegt die Codes nicht mehr.

Die Fixed Length Multibyte-Steuercodes von C0H bis CFH

WordPerfect benutzt diese Steuercodes zum Beispiel zur Darstellung von Sonderzeichen und Umlauten. Da es zwischen den Versionen 4.0 und 5.0 erhebliche Unterschiede in der Codebelegung gibt, werden nachfolgend lediglich die Definitionen für Version 5.0 beschrieben.

Extended Character (Code C0H)

In Version 5.0 benutzt WordPerfect den Code zur Klammerung von Sonderzeichen oberhalb von 80H. Es gilt dabei folgendes Format:

Offset	Bytes	Feld
00H	1	Extended Character ein (Code C0H)
01H	1	Zeichencode
02H	1	Zeichensatz Nr. 1–12
03H	1	Extended Character aus

Tabelle 9.7 Opcode C0H in Version 5.0

WordPerfect besitzt insgesamt zwölf Zeichensätze, die bei der Ausgabe der Sonderzeichen berücksichtigt werden müssen. Der zweite Eintrag im Satz gibt deshalb die Nummer des Zeichensatzes an.

Center, Align, Tab, Left Margin (Code C1H)

In Version 5.0 übernimmt dieser Code eine Reihe von Informationen zur Einstellung der Formatierung. Es gilt folgender Aufbau:

Offset	Bytes	Feld
00H	1	Beginn der Funktion (Code C1H)
01H	1	Flags Bit 7, 6: 00 Tabulator 01 ausrichten 10 linken Rand freigeben 11 zentrieren Bit 5: 1 zentriere zwischen zwei Marken 1 flush right Bit 4: 1 (dot leader) Bit 3: 0 Ausrichtung Mitte 1 rechtsjustierte Tabs

Offset	Bytes	Feld
02H	2	alte Spaltennummer (su)
04H	2	absolute Formatierposition (center, align, tab, ...) (wpu)
06H	2	Position Startspalte (su)
08H	1	Ende der Funktion

Tabelle 9.8 Opcode C1H in Version 5.0

Einrücken (Code C2H)

In Version 5.0 markiert dieser Code einen eingerückten Text:

Offset	Bytes	Feld
00H	1	Beginn der Funktion (Code C2H)
01H	1	Flags Bit 0: 0 = links eingerückt 1 = links/rechts eingerückt Bit 4: 1 = (dot leader)
02H	2	Differenz neue/alte Marke
04H	2	alte Spaltennummer (wpu)
06H	2	absolute Position Einrückung (su)
08H	2	Start Spaltenposition (wpu)
0AH	1	Ende der Funktion

Tabelle 9.9 Opcode C2H in Version 5.0

Attribute einschalten (Code C3H)

Dieser Code schaltet in Version 5.0 die Attribute ein.

Offset	Bytes	Feld
00H	1	Beginn der Funktion (Code C3H)
01H	1	Attribut-Typ 0: Extra Large 1: Very Large 2: Large 3: Small 4: Fine 5: Superscript 6: Subscript 7: Outline 8: Italics 9: Shadow a: Redline b: Double Underline c: Bold d: Strike out e: Underline f: Small Caps

Offset	Bytes	Feld
02H	1	Ende der Funktion

Tabelle 9.10 Opcode C3H in Version 5.0

Attribute ausschalten (Code C4H)

Dieser Code schaltet in der Version 5.0 die Attribute wieder aus.

Offset	Bytes	Feld
00H	1	Beginn der Funktion (Code C4H)
01H	1	Attributtyp 0: Extra Large 1: Very Large 2: Large 3: Small 4: Fine 5: Superscript 6: Subscript 7: Outline 8: Italics 9: Shadow a: Redline b: Double Underline c: Bold d: Strike out e: Underline f: Small Caps
02H	1	Ende der Funktion

Tabelle 9.11 Opcode C4H in Version 5.0

Block Protect (Code C5H)

In Version 5.0 läßt sich mit diesem Code ein Block vor Veränderungen schützen.

Offset	Bytes	Feld
00H	1	Beginn der Funktion (Code C5H)
01H	1	0: Block protect ein 1: Block protect aus
02H	2	Number of vertical wpu in block
04H	1	Ende der Funktion

Tabelle 9.12 Opcode C5H in Version 5.0

Einrücken Ende (Code C6H)

In Version 5.0 markiert dieser Code das Ende eines eingerückten Textes.

Offset	Bytes	Feld
00H	1	Beginn der Funktion (Code C6H)
01H	2	Old right temporary margin (wpu)
03H	2	Old left temporary margin (wpu)
05H	1	Ende der Funktion

Tabelle 9.13 Opcode C6H in Version 5.0

Unterschiedliche Zeichenanzeige bei Trennungen (Code C7H)

In Version 5.0 bestimmt dieser Code, wie die Wörter bei Trennungen geschrieben werden.

Offset	Bytes	Feld
00H	1	Beginn der Funktion (Code C7H)
01H	1	Flags Bit 0: 1 = word is hyphenated next to function Bit 1: 1 = this function preceeds hyphenation 0 = this function is after hyphenation
02H	2	Zeichenausgabe, falls Trennzeichen innerhalb der Zeile auftritt
04H	2	Zeichenausgabe bei Trennung
06H	1	Ende der Funktion

Tabelle 9.14 Opcode C7H in Version 5.0

Die Codes C8H bis CFH sind in Version 5.0 reserviert.

Variable Length Multibyte-Steuercodes von D0H bis FFH

WordPerfect benutzt diese Steuercodes, um Steuerinformationen für die Formatierung zu speichern, wobei es in der Belegung der Codes erhebliche Unterschiede zwischen den Versionen 4.0 und 5.0 gibt. Die Sätze sind symmetrisch aufgebaut, so daß sie sowohl von vorne als auch von hinten interpretiert werden können; WordPerfect kann so eine Formatierung an jeder Stelle des Textes vornehmen. Nachfolgend werden die Definitionen für die Version 5.0 beschrieben.

Set Lines per Inch (Code D0H, Subcode 00H)

In Version 5.0 benutzt WordPerfect den Code, um die Zeilenzahl pro Zoll einzustellen. Die Funktion wird durch die Codes D0H geklammert. Es gilt folgender Satzaufbau:

Offset	Bytes	Feld
00H	1	Set Lines per Inch (Code D0H)
01H	1	Subfunktionscode 00H
02H	2	Längenwort (Wert = 8)
04H	2	alter Wert Zoll/Zeile
06H	2	neuer Wert Zoll/Zeile
08H	2	Längenwort (Wert = 8)
0AH	1	Subfunktionscode 00H
0BH	1	Ende der Funktion (Code D0H)

Tabelle 9.15 Opcode D0H, 00H in Version 5.0

Die Funktion benutzt den Subcode 00H zur Definition der Zeilenzahl pro Zoll.

Left/Right Margin Set (Code D0H, Subcode 01H)

In Version 5.0 verwendet WordPerfect den Subcode 01H der Funktion D0H, um den linken und rechten Zeilenrand einzustellen. Es gilt folgender Satzaufbau:

Offset	Bytes	Feld
00H	1	Left/Right Margin (Code D0H)
01H	1	Subfunktionscode 01H
02H	2	Längenwort (Wert = 12)
04H	2	alter Wert linker Zeilenrand (wpu)
06H	2	alter Wert rechter Zeilenrand (wpu)
08H	2	neuer Wert linker Zeilenrand (wpu)
0AH	2	neuer Wert rechter Zeilenrand (wpu)
0CH	2	Längenwort (Wert = 12)
0EH	1	Subfunktionscode 01H
0FH	1	Ende der Funktion (Code D0H)

Tabelle 9.16 Opcode D0H, 01H in Version 5.0

Spacing Set (Code D0H, Subcode 02H)

In der Version 5.0 benutzt WordPerfect den Subcode 02H der Funktion D0H, um die Größe des Leerraums zwischen zwei Zeilen (*Spacing*) zu definieren. Es gilt folgender Satzaufbau:

Offset	Bytes	Feld
00H	1	Spacing Set (Code D0H)
01H	1	Subfunktionscode 02H
02H	2	Längenwort (Wert = 8)

Offset	Bytes	Feld
04H	2	alter Wert Spacing
06H	2	neuer Wert Spacing
08H	2	Längenwort (Wert = 12)
0AH	1	Subfunktionscode 02H
0BH	1	Ende der Funktion (Code D0H)

Tabelle 9.17 Opcode D0H, 02H in Version 5.0

Der Wert im Feld mit der Spacing-Angabe umfaßt zwei Bytes. Im niederwertigen Byte wird der Abstand in 1/256 der Zeilenhöhe spezifiziert, während das höherwertige Byte den Wert als Vielfaches der Zeilenhöhe angibt.

Hyphenation Zone Set (Code D0H, Subcode 03H)

Mit diesem Code wird in Word Perfect 5.0 die Umgebung von Worttrennungen markiert.

Offset	Bytes	Feld
00H	1	Hyphenation Zone Set (Code D0H)
01H	1	Subfunktionscode 03H
02H	2	Längenwort (Wert = 8)
04H	1	alter Wert linke Trennzone
05H	1	alter Wert rechte Trennzone
06H	1	neuer Wert linke Trennzone
07H	1	neuer Wert rechte Trennzone
08H	2	Längenwort (Wert = 8)
0AH	1	Subfunktionscode 03H
0BH	1	Ende der Funktion (Code D0H)

Tabelle 9.18 Opcode D0H, 03H in Version 5.0

Die Werte für die Trennzone sind als Binärzahl im Bereich 0 bis 255 zu interpretieren. Die Einstellung wird bei der Formatierung in Prozent umgerechnet (z. B. 128 / 256 = 50%).

Tab Set (Code D0H, Subcode 04H)

Die Funktion definiert die Tabulatorausgabe. Der Satzaufbau:

Offset	Bytes	Feld
00H	1	Tab Set (Code D0H)
01H	1	Subfunktionscode 04H
02H	2	Längenwort (Wert = 204)
04H	80	40 Einträge alte Tab-Positionen

Offset	Bytes	Feld
58H	20	40 alte Tab-Typen (1 Nibble/Tab) Kodierung Tab-Typen 0 : normal links ausgerichtet 1 : Tab zentriert 2 : Tab rechts ausgerichtet 3 : dezimal ausgerichteter Tab 4 : links mit führendem Punkt 5 : --- 6 : rechts ausgerichtet mit führendem Punkt (dot leader) 7 : dezimal justiert mit einem führenden Punkt (dot leader)
6CH	80	40 Einträge neue Tab-Positionen
C0H	20	40 alte Tab-Typen (1 Nibble/Tab)
D4H	2	Längenwort (Wert = 204)
D6H	1	Subfunktion 04H
80H	1	Ende der Funktion (Code D0H)

Tabelle 9.19 Opcode D0H, 04H in Version 5.0

Die 20 Bytes mit den Tabulatortypen enthalten jeweils den Code für einen Tabulator in 4 Bit, d.h., pro Byte sind zwei Codes gespeichert. Die Tab-Positionen wurden in wpu angegeben.

Top/Bottom Margin Set (Code D0H, Subcode 05H)

In Version 5.0 verwendet WordPerfect den Subcode 05H der Funktion D0H, um den oberen und unteren Zeilenrand einzustellen. Die Werte für die Positionen sind in wpu angegeben.

Offset	Bytes	Feld
00H	1	Top/Bottom Margin (Code D0H)
01H	1	Subfunktionscode 05H
02H	2	Längenwort (Wert = 12)
04H	2	alter Wert oberer Zeilenrand
06H	2	alter Wert unterer Zeilenrand
08H	2	neuer Wert oberer Zeilenrand
0AH	2	neuer Wert unterer Zeilenrand
0CH	2	Längenwort (Wert = 12)
0EH	1	Subfunktionscode 05H
0FH	1	Ende der Funktion (Code D0H)

Tabelle 9.20 Opcode D0H, 05H in Version 5.0

Suppress Page Characteristics (Code D0H, Subcode 07H)

WordPerfect legt in der Version 5.0 Informationen über die Ausgabe der Seite (Seitennumerierung, Kopf etc.) ab. Der Suppress-Code ist über die einzelnen Bits kodiert. Ist das betreffende Bit gesetzt, werden Zeilennumerierung und Ausgabe von Kopf- und Fußzeilen unterbunden.

Offset	Bytes	Feld
00H	1	Suppress Page Character (Code D0H)
01H	1	Subfunktionscode 07H
02H	2	Längenwort (Wert = 6)
04H	1	alter Suppress-Code Kodierung: 1 = Seitennumerierung suppress 2 = aktuelle Seitennumerierung unterdrücken, Seitennummer zentriert am unteren Blattrand 4 = unterdrücke Header A 8 = unterdrücke Header B 10 = unterdrücke Footer A 20 = unterdrücke Footer B
05H	1	neuer Suppress-Code
06H	2	Längenwort (Wert = 6)
08H	1	Subfunktionscode 07H
09H	1	Ende der Funktion (Code D0H)

Tabelle 9.21 Opcode D0H, 07H in Version 5.0

Page Number Position (Code D0H, Subcode 08H)

In diesem Satztyp sind die Informationen über die Lage der Seitennumerierung gespeichert.

Offset	Bytes	Feld
00H	1	Page Number Position (Code D0H)
01H	1	Subfunktionscode 08H
02H	2	Längenwort (Wert = 10)
04H	1	alter Position-Code Seitennummer Kodierung: 0 = keine Position 1 = Seitennummer links oben 2 = Seitennummer oben zentriert 3 = Seitennummer oben rechts 4 = abwechselnd rechts links oben 5 = Seitennummer links unten 6 = Seitennummer unten zentriert 7 = Seitennummer unten rechts 8 = abwechselnd rechts links unten

Offset	Bytes	Feld
05H	2	alte Fontgröße (wpu)
07H	1	neuer Positionscode
08H	2	neue Fontgröße (wpu)
0AH	2	Längenwort (Wert = 10)
0CH	1	Subfunktionscode 08H
0DH	1	Ende der Funktion (Code D0H)

Tabelle 9.22 Opcode D0H, 08H in Version 5.0

Der Positionscode spezifiziert, an welcher Position die Seitennummer gedruckt werden soll.

Form (Code D0H, Subcode 0BH)

In diesem Satztyp werden die Informationen über das Textformat abgelegt.

Offset	Bytes	Feld
00H	1	Form (Code D0H)
01H	1	Subfunktionscode 0BH
02H	2	Längenwort (Wert = 197)
04H	2	alte gewünschte Längeneinstellung
06H	2	alte gewünschte Höheneinstellung
08H	1	alte gewünschte Typeinstellung
09H	1	alte Länge gewünschter Typname
0AH	41	alter Name gewünschter Typ
33H	2	alte effektive Längeneinstellung
35H	2	alte effektive Höheneinstellung
37H	1	alte effektive Typeinstellung
38H	1	alte Länge effektiver Typname
39H	41	alter Name effektiver Typ
62H	1	alte effektive Orientierung: 0 = Porträt, 1 = Landscape
63H	2	neue gewünschte Längeneinstellung
65H	2	neue gewünschte Höheneinstellung
67H	1	neue gewünschte Typeinstellung
68H	1	neue Länge gewünschter Typname
69H	41	neuer Name gewünschter Typ
92H	2	neue effektive Längeneinstellung
94H	2	neue effektive Höheneinstellung

Offset	Bytes	Feld
96H	1	neue effektive Typeinstellung
97H	1	neue Länge effektiver Typname
98H	41	neuer Name effektiver Typ
C1H	1	neue effektive Ausrichtung
C2H	1	matched form number
C3H	2	matched form hash value
C5H	2	Längenwort (Wert = 197)
C7H	1	Subfunktionscode 0BH
C8H	1	Ende der Funktion (Code D0H)

Tabelle 9.23 Opcode D0H, 0BH in Version 5.0

Die genaue Bedeutung dieser Einträge ist nicht bekannt.

Subfunktionen zur Fontauswahl (Code D1H)

In Version 5.0 setzt WordPerfect den Code ein, um die Daten eines Zeichensatzes und verschiedene andere Parameter einzustellen. Die Funktionen werden durch den Code D1H geklammert, ein zweiter Subcode bestimmt die Art der Funktion.

Color (Code D1H, Subcode 00H)

Mit dieser Unterfunktion läßt sich die Farbe für die Textausgabe speichern.

Offset	Bytes	Feld
00H	1	Farbe (Code D1H)
01H	1	Subfunktionscode 00H
02H	2	Längenwort (Wert = 10)
04H	3	alter Farbwert als RGB mit 3 Byte (Rot, Grün, Blau) von 0–FFH
07H	3	neuer Farbwert als RGB
0AH	2	Längenwort (Wert = 10)
0CH	1	Subfunktionscode 00H
0DH	1	Ende der Funktion (Code D1H)

Tabelle 9.24 Opcode D1H, 00H in Version 5.0

Die Einstellung der Farbe wird mit einem 3-Byte-Wert definiert. In jedem Byte findet sich ein Wert zwischen 0 und FFH, der den Farbanteil (Rot, Grün, Blau) an der Gesamtfarbe angibt.

Font Change (Code D1H, Subcode 01H)

WP 5.0 setzt den Subcode 01H der Funktion D1H ein, um die Zeichensätze festzulegen. Manche der angegebenen Werte sind in WordPerfect-Units (wpu, 1/1200 Zoll) angegeben. Die *Descender Height* spezifiziert den Abstand zwischen der Zeichensatz-Basislinie und dem unteren Ende von Buchstaben mit Unterlängen. Die Einheit psu (Point Size Unit) wird als 1/10000 der zugehörigen Punktgröße des Zeichensatzes angegeben. Der *Typeface Descriptor* ist eine Datenstruktur, die Informationen über Serifen, Zeichengestalt, Schwärzung, Höhe etc. enthält. Dabei wird jede Information in einem Bit der 3-Byte-Datenstruktur gespeichert. Genaue Informationen über den Aufbau finden sich im *WP Programmer's Toolkit*. Die restlichen Subcodes der Funktion D1H sind in Version 5.0 nicht belegt.

Offset	Bytes	Feld
00H	1	Font Change (Code D1H)
01H	1	Subfunktionscode 01H
02H	2	Längenwort (Wert = 32)
04H	1	alte Fontnummer
05H	24	neue Fontbeschreibung mit folgender Kodierung: 2 Point size (in 3600 ths) 2 Optimal width (in wpu) 2 Cap height (in psu) 2 x Height (in psu) 2 Descender height (in psu) 2 Italic adjustment (in psu +/–) 2 Typeface descriptor 2 Typeface definition-Flag 2 Hash of typeface name 2 reserviert (immer 0)
		2 Hash of fontname 2 Characterset completeness bits 1 Bit pro 2 Zeichensatz in jedem Wort
1DH	1	matched font
1EH	2	matched font hash value
20H	2	Längenwort (Wert = 32)
22H	1	Subfunktionscode 01H
23H	1	Ende der Funktion (Code D1H)

Tabelle 9.25 Opcode D1H, 01H in Version 5.0

Subfunktionen zur Gruppendefinition (Code D2H)

Mit diesen Unterfunktionen lassen sich Teile eines Dokuments in Gruppen zusammenfassen (z. B. Spalten, Absätze etc.).

Define Math Columns (Code D2H, Subcode 00H)

Dieser Code definiert Spalten zur Berechnung von Ergebnissen. Es gilt folgender Aufbau:

Offset	Bytes	Feld
00H	1	Define math columns (Code D2H)
01H	1	Subfunktionscode 00H
02H	2	Längenwort (Wert = 212)
04H	24	Old math definition
1CH	20	Old calc 0
30H	20	Old calc 1
44H	20	Old calc 2
58H	20	Old calc 3
6CH	24	New math definition
84H	20	New calc 0
98H	20	New calc 1
ACH	20	New calc 2
C0H	20	New calc 3
D4H	2	Längenwort (Wert = 212)
D6H	1	Subfunktionscode 00H
D7H	1	Ende der Funktion (Code D2H)

Tabelle 9.26 Opcode D2H, 00H in Version 5.0

Define Columns (Code D2H, Subcode 01H)

Mit diesem Code werden in der Version 5.0 Spalten im Text definiert.

Offset	Bytes	Feld
00H	1	Define columns (Code D2H)
01H	1	Subfunktionscode 01H
02H	2	Längenwort (Wert = 198)
04H	1	Old numbers of columns
05H	24*2	Old columns left/right margins
35H	1	New numbers of columns Bit 0–4: Spaltenzahl 2–24 Bit 5: --- Bit 6: 1 parallele Spalten Bit 7: 1 parallele Spalten protected
36H	48	New left/right column margins
66H	2	Längenwort (Wert = 198)

Textverarbeitung

Offset	Bytes	Feld
68H	1	Subfunktionscode 01H
69H	1	Ende der Funktion (Code D2H)

Tabelle 9.27 Opcode D2H, 01H in Version 5.0

Paragraph Number Definition (Code D2H, Subcode 02H)

Die Funktion definiert eine neue Absatznummer, wobei folgender Satzaufbau gilt:

Offset	Bytes	Feld
00H	1	Paragraph Number Definition (Code D2H)
01H	1	Subfunktionscode 02H
02H	2	Längenwort (Wert = 84)
04H	24	8 Einträge à 3 Byte mit den alten Definitionen
1CH	16	8 Einträge à 2 Byte mit den alten Levelnummern
2CH	24	8 Einträge à 3 Byte mit den neuen Definitionen
44H	16	8 Einträge à 2 Byte mit den neuen Levelnummern
54H	2	Längenwort (Wert = 84)
56H	1	Subfunktion 02H
57H	1	Ende der Funktion (Code D2H)

Tabelle 9.28 Opcode D2H, 02H in Version 5.0

Die Datenstruktur ab Offset 2CH enthält im ersten und dritten Byte die Zeichen für die Interpunktion zwischen den Kapitelzeichen. Im zweiten Byte wird definiert, wie die Absatznumerierung erfolgt:

Notation	Numerierungsart
I:	große römische Ziffern
i:	kleine römische Ziffern
A:	Großbuchstaben
a:	Kleinbuchstaben
1:	arabische Ziffern

Tabelle 9.29 Absatznumerierung in Version 5.0

Die Darstellung von Leerzeichen in Absätzen ist nicht vorgesehen.

Footnote Options (Code D2H, Subcode 03H)

In Version 5.0 benutzt WordPerfect den Subcode 03H der Funktion D2H, um Fußnoten zu speichern.

Offset	Bytes	Feld
00H	1	Footnote Options (Code D2H)
01H	1	Subfunktionscode 03H
02H	2	Längenwort (Wert = 160)
04H	78	alter Wert
52H	 2 2 2 1	neuer Wert (78 Byte) Spacing in Fußnoten Spacing zwischen Fußnoten Zahl der zusammenzufassenden Fußnoten Flags Bit 1, 0: 0 = Nummern benutzen 1 = Zeichen benutzen 2 = Buchstaben benutzen
	       1 5*2 20 20 2 2 2 2 2 2 2 2 3 1	Bit 2: 1 = Numerierung beginnt auf jeder Seite Bit 3: 1 = Fortsetzung Fußnote Bit 4: 0 = Fußnoten hinter Text 1 = Fußnoten am unteren Seitenrand Bit 6, 5: 0 = kein Line-Separator 1 = 2"-Zeilen 2 = Zeile vom linken zum rechten Rand Zahl der Zeichen anstelle der Fußnotenzeichen Zeichen, die anstelle der Fußnoten benutzt werden (ASCII-Zeichenstring, falls Zahl < 5) String der Fußnotennummern im Text String der Fußnotennummern in der Fußnote linker Rand für Fußnoten (in wpu) rechter Rand für Fußnoten (in wpu) Zeilen/Zoll für Fußnoten Zeichenbreite Fußnoten (0 = Auto) Space Width in Fußnoten % Space minimum für Fußnoten % Space maximum für Fußnoten Attribut des Fußnotentextes Farbe des Fußnotentextes Font des Fußnotentextes
A0H	2	Längenwort (Wert = 160)
A2H	1	Subfunktionscode 03H
A3H	1	Ende der Funktion (Code D2H)

Tabelle 9.30 Opcode D2H, 03H in Version 5.0

Die Felder für die alte und neue Einstellung der Fußnotenopionen besitzen den gleichen Aufbau.

Endnote Options (Code D2H, Subcode 04H)

In Version 5.0 setzt WordPerfect den Subcode 04H der Funktion D2H ein, um die Optionen für die Literaturhinweise zu speichern.

Offset	Bytes	Feld
00H	1	Endnote Options (Code D2H)
01H	1	Subfunktionscode 04H
02H	2	Längenwort (Wert = 160)
04H	78	alter Wert
52H		neuer Wert (78 Byte)
	2	Spacing in Endnotes
	2	Spacing between Endnotes
	2	Zahl der zusammenzufassenden Literaturhinweise
		Flags:
	1	Bit 1, 0: 0 Nummern benutzen
		1 Zeichen benutzen
		2 Buchstaben benutzen
		Zahl der Zeichen anstelle der Endnote-Zeichen
	1	Zeichen, die anstelle der Endnote Numbers benutzt werden
	5*2	(ASCII-Zeichenstring, falls Zahl < 5)
		String der Endnote-Nummern im Text
		String der Endnote-Nummern im Literaturverweis
	20	linker Rand für Endnotes (in wpu)
	20	rechter Rand für Endnotes (in wpu)
		Zeilen/Zoll für Endnotes
	2	Zeichenbreite Endnotes (0 = Auto)
	2	Spacewidth in Endnotes
	2	% Space Minimum for Endnotes
	2	% Space Maximum for Endnotes
	2	Attribut des Endnote-Textes
	3	Farbe des Endnote-Textes
	1	Font des Endnote-Textes
A0H	2	Längenwort (Wert = 160)
A2H	1	Subfunktionscode 04H
A3H	1	Ende der Funktion (Code D2H)

Tabelle 9.31 Opcode D2H, 04H in Version 5.0

Der Aufbau entspricht weitgehend dem Satz zur Beschreibung der Fußnotenoptionen. Die Felder für die alte und die neue Einstellung der Endnote-Optionen besitzen den gleichen Aufbau.

Graph Box Options for Figures (Code D2H, Subcode 05H)

WordPerfect legt in Version 5.0 die Graph-Box-Optionen für die Abbildungen im Text ab.

Offset	Bytes	Feld
00H	1	Graph Box Options (Code D2H)
01H	1	Subfunktionscode 05H
02H	2	Längenwort (Wert = 128)

Offset	Bytes	Feld
04H	62	alte Werte
42H		neue Werte (62 Byte)
	1	Flags
		Bit 1, 0: Bildnumerierung, Level 1
		1 = Nummern
		2 = Großbuchstaben
		3 = große römische Ziffern
		Bit 3, 2: Bildnumerierung, Level 2
		0 = unbenutzt
		1 = Nummern
		2 = Kleinbuchstaben
		3 = kleine römische Ziffern
		Bit 4: 0 = Position caption below window
		1 = Position caption above window
		Bit 5: 0 = Position caption outside borders
		1 = Position caption inside borders
	1	Shading 0 – 100% (0 no shade)
	2	Border style
		0 = none
		1 = single
		2 = double
		3 = dashed
		4 = dotted
		5 = wide
		6 = unused
		7 = unused
	2	Minimaler Offset vom Absatzbeginn (in wpu)
	4*2	Abstand zwischen Rand und Text links, rechts, oben, unten (wpu)
	4*2	Abstand zwischen Rand und Bildern links, rechts, oben, unten (wpu)
	20	Text for figure number in caption
	2	alte Bildnummer (keine Bedeutung)
	2	Line spacing for captions
	2	Lines/Inch for captions
	2	Character width for captions (0 = Auto)
	2	Space width for captions
	2	% Space minimum for captions
	2	% Space maximum for captions
	2	Attribute for captions
	3	Color for captions
	1	Font for captions
80H	2	Längenwort (Wert = 128)
82H	1	Subfunktionscode 05H
83H	1	Ende der Funktion (Code D2H)

Tabelle 9.32 Opcode D2H, 05H in Version 5.0

Graph Box Options for Tables (Code D2H, Subcode 06H)

In diesem Satztyp werden die Optionen für die Graph-Box von Tabellen abgelegt. Der Aufbau ist mit der Graph Box für Abbildungen identisch; deshalb wird hier auf die Abbildung der Datenstruktur verzichtet.

Graph Box Options for Text Boxes (Code D2H, Subcode 07H)

In diesem Satztyp werden die Optionen für die Graph-Box von Textblöcken abgelegt. Der Aufbau ist mit der Graph-Box für Abbildungen identisch; deshalb wird hier auf die Abbildung der Datenstruktur verzichtet.

Graph Box Options for User Defined Boxes (Code D2H, Subcode 08H)

In diesem Satztyp werden die Optionen für die Graph-Box von anwenderdefinierten Blöcken abgelegt. Der Aufbau ist mit der Graph-Box für Abbildungen identisch.

Set Group-Subfunktionen (Code D3H)

In Version 5.0 benutzt WordPerfect den Code, um Steuerinformationen zur Textformatierung zu speichern. Die Funktionen werden durch den Code D3H geklammert. Ein zweiter Subcode bestimmt die Art der Funktion.

Set Alignment Character (Code D3H, Subcode 00H)

Mit dieser Unterfunktion werden die Zeichen für Trennung und Ausrichtung definiert.

Offset	Bytes	Feld
00H	1	Set Alignment Character (Code D3H)
01H	1	Subfunktionscode 00H
02H	2	Längenwort (Wert = 12)
04H	2	Old alignment character
06H	2	Old separator character
08H	2	New alignment character
0AH	2	New separator character
0CH	2	Längenwort (Wert = 12)
0EH	1	Subfunktionscode 00H
0FH	1	Ende der Funktion (Code D3H)

Tabelle 9.33 Opcode D3H, 00H in Version 5.0

Set Underline Mode (Code D3H, Subcode 01H)

In Version 5.0 aktiviert WordPerfect mit dem Subcode 01H der Funktion D3H die Textunterstreichung.

Offset	Bytes	Feld
00H	1	Set Underline Mode (Code D3H)
01H	1	Subfunktionscode 01H
02H	2	Längenwort (Wert = 6)

Tabelle 9.34 Opcode D3H, 01H in Version 5.0

Offset	Bytes	Feld
04H	1	Old definition
05H	1	New definition Bit 0 = 1: Leerzeichen unterstreichen Bit 1 = 1: Tabulatoren, Einrückungen etc. unterstreichen
06H	2	Längenwort (Wert = 6)
08H	1	Subfunktionscode 01H
09H	1	Ende der Funktion (Code D3H)

Tabelle 9.34 Opcode D3H, 01H in Version 5.0

Set Footnote Number (Code D3H, Subcode 02H)

Die Funktion definiert eine neue Nummer für die folgende Fußnote.

Offset	Bytes	Feld
00H	1	Set Footnote Number (Code D3H)
01H	1	Subfunktionscode 02H
02H	2	Längenwort (Wert = 8)
04H	2	Old number
06H	2	New number
08H	2	Längenwort (Wert = 8)
0AH	1	Subfunktion 02H
0BH	1	Ende der Funktion (Code D3H)

Tabelle 9.35 Opcode D3H, 02H in Version 5.0

Set Endnote Number (Code D3H, Subcode 03H)

Code D3H definiert eine neue Nummer für die folgende Endnote:

Offset	Bytes	Feld
00H	1	Set Endnote Number (Code D3H)
01H	1	Subfunktionscode 03H
02H	2	Längenwort (Wert = 8)
04H	2	Old number
06H	2	New number
08H	2	Längenwort (Wert = 8)
0AH	1	Subfunktion 03H
0BH	1	Ende der Funktion (Code D3H)

Tabelle 9.36 Opcode D3H, 03H in Version 5.0

Set Page Number (Code D3H, Subcode 04H)

Die Funktion definiert eine neue Seitennummer.

Offset	Bytes	Feld
00H	1	Set Page Number (Code D3H)
01H	1	Subfunktionscode 04H
02H	2	Längenwort (Wert = 8)
04H	2	Old page number
06H	2	New page number
08H	2	Längenwort (Wert = 8)
0AH	1	Subfunktion 02H
0BH	1	Ende der Funktion (Code D3H)

Tabelle 9.37 Opcode D3H, 04H in Version 5.0

Ist im Wort ab Offset 06H das Bit 15 gesetzt, werden die Seitennummern in römischen Lettern ausgegeben.

Line Numbering (Code D3H, Subcode 05H)

In Version 5.0 benutzt WordPerfect diesen Subcode zum Speichern der Zeilennumerierung.

Offset	Bytes	Feld
00H	1	Zeilennumerierung (Code D3H)
01H	1	Subfunktionscode 05H
02H	2	Längenwort (Wert = 14)
04H	1	Old interval
05H	2	Old position
07H	2	Old starting number
09H	1	New interval Bit 4–0: Intervall Zeilennumerierung (1–30) Bit 5: 1 = Numerierung auf jeder Seite 1 neu beginnen Bit 6: 1 = Numerierung nur bei Textzeilen Bit 7: 1 = Numerierung EIN 0 = Numerierung AUS
0AH	2	neue Position Zeilennummer (in wpu linker Rand bis rechter Rand Zeilennummer)
0CH	2	Negative starting number
0EH	2	Längenwort (Wert = 14)
10H	1	Subfunktionscode 05H
11H	1	Ende der Funktion (Code D3H)

Tabelle 9.38 Opcode D3H, 05H in Version 5.0

Advance to Page Position (Code D3H, Subcode 06H)

In Version 5.0 veranlaßt der Code einen Vorschub auf die Anfangsposition der Ausgabeseite.

Offset	Bytes	Feld
00H	1	Advance to Page Position (Code D3H)
01H	1	Subfunktionscode 06H
02H	2	Längenwort (Wert = 9)
04H	1	Flags Bit 0: 0 = relativ 1 = absolut Bit 1: 0 = vertikal 1 = horizontal
05H	2	Old position (in wpu)
07H	2	New position (in wpu)
09H	2	Längenwort (Wert = 9)
0BH	1	Subfunktionscode 06H
0CH	1	Ende der Funktion (Code D3H)

Tabelle 9.39 Opcode D3H, 06H in Version 5.0

Force odd/even Page (Code D3H, Subcode 07H)

Erzwingt gerade oder ungerade Seitennummern nach einem Abschnittswechsel.

Offset	Bytes	Feld
00H	1	Force odd/even Page (Code D3H)
01H	1	Subfunktionscode 07H
02H	2	Längenwort (Wert = 7)
04H	2	Old page number
06H	1	Flags: 0 = even, 1 = odd
07H	2	Längenwort (Wert = 7)
09H	1	Subfunktionscode 07H
0AH	1	Ende der Funktion (Code D3H)

Tabelle 9.40 Opcode D3H, 07H in Version 5.0

Character/Space Width (Code D3H, Subcode 0AH)

WordPerfect legt in Version 5.0 die Information über die Breite von Zeichen ab.

Offset	Bytes	Feld
00H	1	Zeichenbreite (Code D3H)
01H	1	Subfunktionscode 0AH

Offset	Bytes	Feld
02H	2	Längenwort (Wert = 12)
04H	2	Old % of character width
06H	2	Old % of space width
08H	2	New % of character width
0AH	2	New % of space width
0CH	2	Längenwort (Wert = 12)
0EH	1	Subfunktionscode 0AH
0FH	1	Ende der Funktion (Code D3H)

Tabelle 9.41 Opcode D3H, 0AH in Version 5.0

Space Expansion (Code D3H, Subcode 0BH)

WordPerfect legt in Version 5.0 die Information über die Breite von Leerzeichen ab. Über eine Abänderung dieser Breite lassen sich die Wortzwischenräume in Texten justieren.

Offset	Bytes	Feld
00H	1	Space Expansion (Code D3H)
01H	1	Subfunktionscode 0BH
02H	2	Längenwort (Wert = 12)
04H	2	Old minimum % of space width
06H	2	Old maximum % of space width
08H	2	New minimum % of space width
0AH	2	New maximum % of space width
0CH	2	Längenwort (Wert = 12)
0EH	1	Subfunktionscode 0BH
0FH	1	Ende der Funktion (Code D3H)

Tabelle 9.42 Opcode D3H, 0BH in Version 5.0

Set Graph Box Number for Figures (Code D3H, Subcode 0CH)

Offset	Bytes	Feld
00H	1	Figure Number (Code D3H)
01H	1	Subfunktionscode 0CH
02H	2	Längenwort (Wert = 8)
04H	2	Old box number
06H	2	New box number Bits 4–0: 2. Levelnumber
		Bits 15–5: 1. Levelnumber

Offset	Bytes	Feld
08H	2	Längenwort (Wert = 8)
0AH	1	Subfunktionscode 0CH
0BH	1	Ende der Funktion (Code D3H)

Tabelle 9.43 Opcode D3H, 0CH in Version 5.0

Der Satztyp definiert die Nummern für Bildunterschriften.

Set Graph Box Number for Tables (Code D3H, Subcode 0DH)

In diesem Satztyp werden die Optionen für die Tabellennumerierung abgelegt. Der Satzaufbau ist mit der Funktion 0CH identisch.

Set Graph Box Number for Text Boxes (Code D3H, Subcode 0EH)

In diesem Satztyp werden die Optionen für Textblöcke abgelegt. Der Satzaufbau ist mit der Funktion 0CH identisch.

Set Graph Box Number for User defined Boxes (Code D3H, Subcode 0FH)

In diesem Satztyp werden die Optionen für anwenderdefinierte Blöcke abgelegt. Der Satzaufbau ist mit der Funktion 0CH identisch.

Set Language (Code D3H, Subcode 11H)

Mit dieser Unterfunktion wird die Sprache für den Zeichensatz definiert.

Offset	Bytes	Feld
00H	1	Set Language (Code D3H)
01H	1	Subfunktionscode 11H
02H	2	Längenwort (Wert = 12)
04H	2	Old language 2 char ID (ASCII)
06H	2	New language 2 char ID (ASCII) US = amerikanisches Englisch DA = Dänisch NE = Niederländisch SU = Finnisch FR = Französisch DE = Deutsch IC = Isländisch IT = Italienisch NO = Norwegisch PO = Portugiesisch ES = Spanisch SV = Schwedisch UK = britisches Englisch CA = kanadisches Französisch
08H	2	Längenwort (Wert = 8)

Textverarbeitung

Offset	Bytes	Feld
0AH	1	Subfunktionscode 11H
0BH	1	Ende der Funktion (Code D3H)

Tabelle 9.44 Opcode D3H, 11H in Version 5.0

Die Format-Group-Subfunktionen (Code D4H)

In Version 5.0 benutzt WordPerfect den Code, um Formatinformationen zu speichern. Die Funktionen werden durch den Code D4H geklammert. Ein zweiter Subcode bestimmt die Art der Funktion.

End of Page Function (Code D4H, Subcode 00H)

Mit dieser Unterfunktion wird das Ende einer Seite definiert.

Offset	Bytes	Feld
00H	1	End of Page Function (Code D4H)
01H	1	Subfunktionscode 00H
02H	2	Längenwort (variabel)
04H	1	Group 0 marker
05H	1	Group 0 lenght (0BH)
06H	2	Number of formatter lines at end of page
08H	2	Actual page number this page
0AH	2	Number of formatter lines used for footnotes
0CH	1	Number of pages used for footnotes
0DH	1	Number of footnotes on this page
0EH	1	Conditional end of page-Flag
0FH	1	Suppress code
10H	1	Center page top to bottom
11H	1	Group 1 marker (optional)
12H	1	Group 1 length (variabel)
13H	x1	Maximum number of formatter lines for each column
...	x1	Maximum screen lines from column ON for each column
...	2	Number of formatter lines for last column
...	2	Screen lines from col ON for last line of last column
...	2	Screen lines column ON at top page
...	1	Group 2 marker (optional)
...	1	Group 2 length (variabel)
...	1	Number of boxes formatter is tracking

Offset	Bytes	Feld
...	x2	Formatter box table
...	2	Längenwort (variabel)
...	1	Subfunktionscode 00H
...	1	Ende der Funktion (Code D4H)

Tabelle 9.45 Opcode D4H, 00H in Version 5.0

Der Wert X1 berechnet sich aus *(Zeilenzahl –1) * 2 Byte, X2 aus 14 * Zahl der Boxes*.

End of Line Function (Code D4H, Subcode 01H)

In Version 5.0 markiert WordPerfect mit dem Subcode 01H das Zeilenende.

Offset	Bytes	Feld
00H	1	End of Line Function (Code D4H)
01H	1	Subfunktionscode 01H
02H	2	Längenwort (variabel)
04H	1	Group 0 marker (optional)
05H	1	Group 0 lenght (4)
06H	2	Maximum top shoulder height for line
08H	2	Maximum bottom shoulder height for line
0AH	2	Längenwort (variabel)
0CH	1	Subfunktionscode 01H
0DH	1	Ende der Funktion (Code D4H)

Tabelle 9.46 Opcode D4H, 01H in Version 5.0

Graph Box Information Function (Code D4H, Subcode 02H)

Die Funktion definiert einige Parameter einer Graph-Box.

Offset	Bytes	Feld
00H	1	Graph Box Information (Code D4H)
01H	1	Subfunktionscode 02H
02H	2	Längenwort (variabel)
04H	1	Group 0 marker
05H	1	Group 0 length (14H)
06H	2	Old left margin (wpu)
08H	2	Old temporary left margin (wpu)
0AH	2	Old right margin (wpu)
0CH	2	Old temporary right margin (wpu)

Offset	Bytes	Feld
0EH	2	Old number formatter lines (wpu)
10H	2	New left margin (wpu)
12H	2	New temporary left margin (wpu)
14H	2	New right margin (wpu)
16H	2	New temporary right margin (wpu)
18H	2	New number formatter lines (wpu)
1AH	1	Group 1 marker
1BH ...	1 1	Group 1 length (Boxes * 8 Bytes) Flags Bit 0: 1 = Top of box falls on this line Bit 1: 1 = Middle of box falls on this line Bit 2: 1 = Bottom of box falls on this line Bit 5–3: Box type 0 = Figure 1 = Table 2 = Text box 3 = User defined box
...	1	Box numbering mode
...	2	Box number Bit 4–0: Level 2 number Bit 15–5: Level 1 number
...	2	Box position left (wpu)
...	2	Box position right (wpu)
...	2	Längenwort (variabel)
...	1	Subfunktionscode 02H
...	1	Ende der Funktion (Code D4H)

Tabelle 9.47 Opcode D4H, 02H in Version 5.0

Für jede Box innerhalb der Gruppe 1 werden 8 Byte mit dem Flag und den Box-Daten belegt. Die Länge des Satzes ist variabel.

Die Header/Footer-Group-Subfunktionen (Code D5H)

In Version 5.0 benutzt WordPerfect den Code zum Speichern von Steuerinformationen für den Kopf und Fuß einer Seite.

Header A (Code D5H, Subcode 00H)

Mit dieser Unterfunktion wird die Einstellung für Header A abgespeichert. Im Record befinden sich neben dem Kopftext Informationen über die gewünschte Ausgabeposition für den Text auf der aktuellen Seite. Im *occurence*-Flag ist abgelegt, auf welchen Seiten der Header erscheint. Ein Wert 0 unterdrückt generell die Ausgabe des Headers.

Offset	Bytes	Feld
00H	1	Header A (Code D5H)
01H	1	Subfunktionscode 00H
02H	2	Längenwort (variabel)
04H	1	Old Occurence-Flag
05H	2	Old number of formatter lines (in wpu)
07H	2	Old position of last header A function
09H	2	Old position of last header A function
0BH	1	New Occurence-Flag: 0 = never 1 = all pages 2 = odd pages 3 = even pages
0CH	2	New number of formatter lines (wpu)
0EH	2	New position of last header A function (unbenutzt)
10H	2	New position of last header A function (unbenutzt)
12H	2	Number of boxes inside header
14H	2	Formatter hash value
16H	xx	Headertext als ASCII-String
xxH	2	Längenwort (variabel)
xxH	1	Subfunktionscode 00H
xxH	1	Ende der Funktion (Code D5H)

Tabelle 9.48 Opcode D5H, 00H in Version 5.0

Header B (Code D5H, Subcode 01H)

Analog zur Unterfunktion D500H besteht die Möglichkeit, einen zweiten Header zu definieren. Dieser Header B wird mit dem Code D501H abgelegt und besitzt die gleiche Recordstruktur wie Header A.

Footer A (Code D5H, Subcode 02H)

Analog zur Unterfunktion D500H besteht die Möglichkeit, einen Fußtext (Footer A) zu definieren. WordPerfect benutzt dafür den Code D502H, wobei die Recordstruktur mit der Headerdefinition (Code D500H) übereinstimmt.

Footer B (Code D5H, Subcode 03H)

Mit diesem Code läßt sich Header B definieren. Der Aufbau der Recordstruktur stimmt mit der Headerdefinition (Header A) überein.

Footnote/Endnote-Group-Subfunktionen (Code D6H)

Mit diesem Code belegt WordPerfect 5.0 die Definitionen für Fußnoten und Literaturverweise im Text.

Footnote (Code D6H, Subcode 00H)

Mit dieser Unterfunktion wird eine Fußnote (*footnote*) definiert. Es gilt dabei folgende Recordstruktur:

Offset	Bytes	Feld
00H	1	Fußnote (Code D6H)
01H	1	Subfunktionscode 00H
02H	2	Längenwort (variabel)
04H	1	Flag Bit 7: 0 use numbers 1 use characters Bit 3–0: number of characters, if bit 7 = 1
05H	2	Footnote number or character
07H	1	Number of additional pages in footnote
08H	x1	Number of formatter lines for each page of footnote (in wpu)
xxH	2	Number of formatter lines on page (wpu)
xxH	2	Number of footnote lines on page (wpu)
xxH	2	Number of footnote pages on page (wpu)
xxH	2	Number of boxes inside footnote
xxH	2	Formatter hash value
xxH	xx	Text of Footnote
xxH	2	Längenwort (variabel)
xxH	1	Subfunktionscode 00H
xxH	1	Ende der Funktion (Code D6H)

Tabelle 9.49 Opcode D6H, 00H in Version 5.0

Im Record finden sich neben dem Fußnotentext auch Informationen über die Indexnumerierung. Ist Bit 7 des Flags gelöscht, werden Zahlen zur Numerierung benutzt, ansonsten Zeichen. Die Länge des Feldes ab Offset 08H berechnet sich aus *Zahl der Seiten * 2*, d.h., für jede Seite wird ein Wort belegt.

Endnote (Code D6H, Subcode 01H)

Mit der Unterfunktion wird ein Literaturverweis definiert. Es gilt dabei folgende Recordstruktur:

Offset	Bytes	Feld
00H	1	Endnote (Code D6H)
01H	1	Subfunktionscode 01H
02H	2	Längenwort (variabel)
04H	1	Flag Bit 7: 0 = use numbers 1 = use characters Bit 3–0: number of characters, if bit 7 = 1
05H	2	Endnote number or character
07H	2	Number of boxes inside endnote
09H	2	Formatter hash value
0BH	xx	Text of endnote
xxH	2	Längenwort (variabel)
xxH	1	Subfunktionscode 01H
xxH	1	Ende der Funktion (Code D6H)

Tabelle 9.50 Opcode D6H, 01H in Version 5.0

Der Record enthält neben dem Fußnotentext auch Informationen über die Indexnumerierung. Ist Bit 7 des Flags gelöscht, werden Zahlen zur Numerierung benutzt, ansonsten Zeichen. Die Länge des Feldes ab Offset 08H berechnet sich aus *Zahl der Seiten* * 2, d.h., für jede Seite wird ein Wort belegt.

Generate Group-Subfunktionen (Code D7H)

Unter diesem Code speichert WordPerfect 5.0 Textmarkierungen innerhalb der Datei ab.

Begin Marked Text (Code D7H, Subcode 00H)

Mit dieser Unterfunktion wird der Beginn eines Textbereichs markiert.

Offset	Bytes	Feld
00H	1	Begin marked text (D7H)
01H	1	Subfunktionscode 00H
02H	2	Längenwort (Wert = 5)
04H	1	Flag: Bit 7–4: 0 = table of contents 1 = list Bit 3–0: table of contents level number or list number
05H	2	Längenwort (Wert = 5)
07H	1	Subfunktionscode 00H
08H	1	Ende der Funktion (Code D7H)

Tabelle 9.51 Opcode D7H, 00H in Version 5.0

End Marked Text (Code D7H, Subcode 01H)

Mit dieser Unterfunktion wird das Ende eines Textbereichs markiert.

Offset	Bytes	Feld
00H	1	End marked text (D7H)
01H	1	Subfunktionscode 01H
02H	2	Längenwort (Wert = 5)
04H	1	Flag: Bit 7–4: 0 = table of contents 1 = list Bit 3–0: table of contents level number or list number
05H	2	Längenwort (Wert = 5)
07H	1	Subfunktionscode 01H
08H	1	Ende der Funktion (Code D7H)

Tabelle 9.52 Opcode D7H, 01H in Version 5.0

Define Marked Text (Code D7H, Subcode 02H)

Mit dieser Unterfunktion wird eine Definition für einen markierten Textbereich angelegt.

Offset	Bytes	Feld
00H	1	Define marked text (Code D7H)
01H	1	Subfunktionscode 02H
02H	2	Längenwort (variabel)
04H	1	Flag Bit 7–4: 0 = table of contents 1 = index 2 = list 3 = table of authorities Bit 3–0: for table of contents = level number (0–4) for index: 0 = no concordance 1 = concordance for list: list number (0–4) for table of authorities: section number (0–15)
05H	5	5 x Definition Level oder List für Table of Contents, Index und Lists: 0: no page numbers 1: after text 2 blanks and page number 2: page number after text in () with 1 preceding space 3: page number flush right 4: page number flush right with preceding dot for table of authorities: Bit 0: 1 = insert blank lines between authorities Bit 1: 1 = dot before page number Bit 4: 1 = underlining allowed

Offset	Bytes	Feld
10H	...	Concordance Filename (optional)
xxH	2	Längenwort (variabel)
xxH	1	Subfunktionscode 02H
xxH	1	Ende der Funktion (Code D7H)

Tabelle 9.53 Opcode D7H, 02H in Version 5.0

Index Entry (Code D7H, Subcode 03H)

Mit dieser Unterfunktion wird die Numerierung der Indizes verwaltet.

Offset	Bytes	Feld
00H	1	Index entry (Code D7H)
01H	1	Subfunktionscode 03H
02H	2	Längenwort (variabel)
04H	xx	Heading (variable Länge)
xxH	1	Null separator (immer 00H)
xxH	xx	Subheading
xxH	2	Längenwort (variabel)
xxH	1	Subfunktionscode 03H
xxH	1	Ende der Funktion (Code D7H)

Tabelle 9.54 Opcode D7H, 03H in Version 5.0

Der Heading-Bereich besitzt ebenso wie der Subheading-Bereich eine variable Länge, die durch das Längenwort + 1 spezifiziert wird. Die beiden Bereiche werden durch ein Nullbyte 00H getrennt.

Table of Authority Entry (Code D7H, Subcode 04H)

Mit dieser Unterfunktion wird eine Tabelle mit Autorisierungseinträgen gespeichert. Der Record besitzt folgenden Aufbau:

Offset	Bytes	Feld
00H	1	Table of authority entry (Code D7H)
01H	1	Subfunktionscode 04H
02H	2	Längenwort (variabel)
04H	1	Section Number (0–15 oder 32)
xxH	x	Short form
xxH	1	Null separator (00H)
xxH	xx	Long form

Offset	Bytes	Feld
xxH	2	Längenwort (variabel)
xxH	1	Subfunktionscode 04H
xxH	1	Ende der Funktion (Code D7H)

Tabelle 9.55 Opcode D7H, 04H in Version 5.0

Die Ziffern 0–15 im Feld *Section Number* beziehen sich auf die Langform, während die 32 sich auf die Kurzform bezieht. Die Einträge finden sich in den entsprechenden Teiltabellen, die durch ein Nullbyte separiert werden.

Endnotes print here (Code D7H, Subcode 05H)

Mit dieser Unterfunktion wird die Position markiert, an der ein Literaturverweis gedruckt werden soll.

Offset	Bytes	Feld
00H	1	Endnotes print here (Code D7H)
01H	1	Subfunktionscode 05H
02H	2	Längenwort (Wert = 19)
04H	2	Zeilenzahl alter Bildschirm (su)
06H	1	Zahl der auszugebenden Textzeilen
07H	2	alte Zahl Formatter-Lines (wpu)
09H	2	Zahl der Seiten der Endnote
0BH	2	Zahl der Formatter-Lines der letzten Seite (wpu)
0DH	2	Position letzte EndNote Print Here-Funktion
0FH	2	Position letzte EndNote Print Here-Funktion
11H	2	alte Zahl der Endnotes bis zu diesem Punkt
13H	2	Längenwort (Wert = 19)
15H	1	Subfunktionscode 05H
16H	1	Ende der Funktion (Code D7H)

Tabelle 9.56 Opcode D7H, 05H in Version 5.0

Save Page Information (Code D7H, Subcode 06H)

Dieser Record wird nur während der Formatierung einer Seite temporär genutzt. Im Record finden sich verschiedene Parameter.

Offset	Bytes	Feld
00H	1	Save Page Info (Code D7H)
01H	1	Subfunktionscode 06H
02H	2	Längenwort (Wert = 13)

Offset	Bytes	Feld
04H	2	Zahl der Formatter-Lines (wpu)
06H	2	Seitennummer
08H	2	Seitenlänge (odd pages) (wpu)
0AH	2	Seitenlänge (even pages) (wpu)
0CH	2	Numerierungsmodus 0 = numerisch 1 = arabisch
0EH	2	Längenwort (Wert = 13)
10H	1	Subfunktionscode 06H
11H	1	Ende der Funktion (Code D7H)

Tabelle 9.57 Opcode D7H, 06H in Version 5.0

Auto Reference Definition (Code D7H, Subcode 07H)

Dieser Record dient zur Speicherung von Referenzen im Text.

Offset	Bytes	Feld
00H	1	Auto Reference Definition (Code D7H)
01H	1	Subfunktionscode 07H
02H	2	Längenwort (variabel)
04H	1	Referenztyp 0 : Seitennummer 1 : Absatznummer (Paragraph) 2 : Fußnotennummer 3 : Endnotennummer 4 : Bildnummer 5 : Tabellennummer 6 : Textboxnummer 7 : Benutzer-Textboxnummer
05H	xx	Tag Identifikationstext
xxH	1	Null-Separator (00H)
xxH	xx	Textnummer der Referenz
xxH	2	Längenwort (variabel)
xxH	1	Subfunktionscode 07H
xxH	1	Ende der Funktion (Code D7H)

Tabelle 9.58 Opcode D7H, 07H in Version 5.0

Auto Reference Tag (Code D7H, Subcode 08H)

Dieser Record dient zum Speichern von Textreferenzen.

Offset	Bytes	Feld
00H	1	Auto Reference Tag (Code D7H)
01H	1	Subfunktionscode 08H
02H	2	Längenwort (variabel)
04H	xx	Tag Identifikationstext
xxH	1	Null-Terminator (00H)
xxH	2	Längenwort (variabel)
xxH	1	Subfunktionscode 08H
xxH	1	Ende der Funktion (Code D7H)

Tabelle 9.59 Opcode D7H, 08H in Version 5.0

Include Subdocument (Code D7H, Subcode 09H)

Innerhalb einer Textdatei kann auf eine externe Dokumentendatei Bezug genommen werden. Der Record dient zum Speichern der erforderlichen Daten.

Offset	Bytes	Feld
00H	1	Include Subdocument (Code D7H)
01H	1	Subfunktionscode 09H
02H	2	Längenwort (variabel)
04H	2	Spaltenzahl alter Bildschirm (su)
06H	1	Zahl der Textzeilen im Display (wpu)
07H	xx	Dateiname als ASCII-String
xxH	2	Längenwort (variabel)
xxH	1	Subfunktionscode 09H
xxH	1	Ende der Funktion (Code D7H)

Tabelle 9.60 Opcode D7H, 09H in Version 5.0

Start of included Subdocument (Code D7H, Subcode 0AH)

Dieser Record steht im Text an der Stelle, an der die Informationen aus der Datei integriert werden sollen.

Offset	Bytes	Feld
00H	1	Start Included Subdocument (Code D7H)
01H	1	Subfunktionscode 0AH
02H	2	Längenwort (variabel)

Offset	Bytes	Feld
04H	2	Spaltenzahl alter Bildschirm (su)
06H	1	Zahl der Textzeilen im Display (wpu)
07H	xx	Dateiname als ASCIIZ-String
xxH	xx	Paßwortstruktur, falls Dokument verschlüsselt
xxH	2	Längenwort (variabel)
xxH	1	Subfunktionscode 0AH
xxH	1	Ende der Funktion (Code D7H)

Tabelle 9.61 Opcode D7H, 0AH in Version 5.0

End of included Subdocument (Code D7H, Subcode 0BH)

Dieser Record schließt das eingefügte Subdokument innerhalb des Textbereichs ab.

Offset	Bytes	Feld
00H	1	End Included Subdocument (Code D7H)
01H	1	Subfunktionscode 0BH
02H	2	Längenwort (variabel)
04H	2	Spaltenzahl alter Bildschirm (su)
06H	1	Zahl der Textzeilen im Display (wpu)
07H	xx	Dateiname als ASCII-String
xxH	2	Längenwort (variabel)
xxH	1	Subfunktionscode 0BH
xxH	1	Ende der Funktion (Code D7H)

Tabelle 9.62 Opcode D7H, 0BH in Version 5.0

Display Group-Subfunktionen

WordPerfect 5.0 legt unter dem Funktionscode D8H bestimmte Informationen über die Textausgabe (Datum, Absätze etc.) ab.

Date Function (Code D8H, Subcode 00H)

Dieser Record enthält ein Stringfeld mit Datumsinformationen.

Offset	Bytes	Feld
00H	1	Date Function (Code D8H)
01H	1	Subfunktionscode 00H
02H	2	Längenwort (variabel)
04H	xx	Formatstrings für das Datum
xxH	2	Längenwort (variabel)

Offset	Bytes	Feld
xxH	1	Subfunktionscode 00H
xxH	1	Ende der Funktion (Code D8H)

Tabelle 9.63 Opcode D8H, 00H in Version 5.0

Ab Offset 04H findet sich ein String variabler Länge mit den Formatinformationen für das Datum.

Paragraph Number (Code D8H, Subcode 01H)

In diesem Record speichert WordPerfect die Informationen über die Absatzgestaltung.

Offset	Bytes	Feld
00H	1	Paragraph Number (Code D8H)
01H	1	Subfunktionscode 01H
02H	2	Längenwort (variabel)
04H	1	New level number paragraph Bits 6–0 0 : Level number Bit 7 1: Level number fixed
05H	16	8 Wörter mit den alten Levelnummern
15H	xx	Textformatiermarken für die Ausgabe auf Bildschirm und Drucker
xxH	2	Längenwort (variabel)
xxH	1	Subfunktionscode 01H
xxH	1	Ende der Funktion (Code D8H)

Tabelle 9.64 Opcode D8H, 01H in Version 5.0

Ab Offset 04H steht ein Byte, dessen untere 7 Bits die Stufennummer des aktuellen Paragraphen angeben. Bei gesetztem oberstem Bit kann die Stufennummer nicht verändert werden. Ab Offset 15H findet sich ein String variabler Länge mit den Textformatmarken.

Overstrike (Code D8H, Subcode 02H)

Dieser Record schaltet den Durchstreichungsmodus (*Overstrike*) ein.

Offset	Bytes	Feld
00H	1	Overstrike (Code D8H)
01H	1	Subfunktionscode 02H
02H	2	Längenwort (variabel)
04H	2	Maximale Zeichenbreite (su)
06H	xx	durchgestrichen dargestellte Zeichen
xxH	2	Längenwort (variabel)

Offset	Bytes	Feld
xxH	1	Subfunktionscode 02H
xxH	1	Ende der Funktion (Code D8H)

Tabelle 9.65 Opcode D8H, 02H in Version 5.0

Miscellaneous Group

Unter dem Funktionscode D9H legt WordPerfect in der Version 5.0 diverse Informationen ab.

Embedded Printer Command (Code D9H, Subcode 00H)

In diesem Record speichert WordPerfect Steueranweisungen für den Drucker, wodurch die Anweisungen direkt im Text vorliegen. Das Flag ab Offset 04H gibt an, ob im nachfolgenden Feld ein ASCII-String mit Druckerbefehlen steht (Wert = 0). Ist es auf 1 gesetzt, enthält das nachfolgende Feld den Namen einer externen Datei mit den benötigten Steuerinformationen.

Offset	Bytes	Feld
00H	1	Embedded Printer Command (Code D9H)
01H	1	Subfunktionscode 00H
02H	2	Längenwort (variabel)
04H	1	Flag Byte 0: Kommandostring 1: Dateiname
05H	xx	Textstring mit Steueranweisungen oder Dateiname
xxH	2	Längenwort (variabel)
xxH	1	Subfunktionscode 00H
xxH	1	Ende der Funktion (Code D9H)

Tabelle 9.66 Opcode D9H, 00H in Version 5.0

Conditional End of Page Function (Code D9H, Subcode 01H)

Der Record enthält die Information darüber, wie viele Zeilen zusammenhängend am unteren Seitenrand ausgedruckt werden sollen. Falls die angegebene Zahl nicht erreicht wird (z. B. weil ein Absatz am Seitenende beginnt), wird vorher ein Seitenvorschub durchgeführt.

Offset	Bytes	Feld
00H	1	Condition EOP Function (Code D9H)
01H	1	Subfunktionscode 01H
02H	2	Längenwort (Wert = 5)
04H	1	Zahl der zusammenhängenden Zeilen (Schrittweite einzeilig)

Offset	Bytes	Feld
05H	2	Längenwort (Wert = 5)
07H	1	Subfunktionscode 01H
08H	1	Ende der Funktion (Code D9H)

Tabelle 9.67 Opcode D9H, 01H in Version 5.0

Comment (Code D9H, Subcode 02H)

Über diesen Record lassen sich im Text Kommentare einbinden und am Bildschirm anzeigen (Ablage des Kommentars ab Offset 07H).

Offset	Bytes	Feld
00H	1	Comment (Code D9H)
01H	1	Subfunktionscode 02H
02H	2	Längenwort (variabel)
04H	2	Old screen column (su)
06H	1	Zahl der anzuzeigenden Zeilen
07H	xx	Textstring mit dem Kommentar
xxH	2	Längenwort (variabel)
xxH	1	Subfunktionscode 02H
xxH	1	Ende der Funktion (Code D9H)

Tabelle 9.68 Opcode D9H, 02H in Version 5.0

Kerning (Code D9H, Subcode 03H)

In diesem Record läßt sich der Wert für das Kerning der Schrift festlegen und ein- oder ausschalten.

Offset	Bytes	Feld
00H	1	Kerning (Code D9H)
01H	1	Subfunktionscode 03H
02H	2	Längenwort (Wert = 6)
04H	1	alter Kerning-Wert 0 = OFF 1 = ON
05H	1	neuer Kerning-Wert
06H	2	Längenwort (Wert = 6)
08H	1	Subfunktionscode 03H
09H	1	Ende der Funktion (Code D9H)

Tabelle 9.69 Opcode D9H, 03H in Version 5.0

Steht ab Offset 04H der Wert 0, dann ist das Kerning abgeschaltet.

Box Group

Mit dem Funktionscode DAH werden die Daten für Textboxen, Bildrahmen, Tabellenrahmen etc. festgehalten.

Figure (Code DAH, Subcode 00H)

In diesem Record sind alle Informationen zur Gestaltung einer Box zum Einlesen von Bildern im Text abgelegt. Dabei gilt folgender Aufbau:

Offset	Bytes	Feld
00H	1	Figur (Code DAH)
01H	1	Subfunktionscode 00H
02H	2	Längenwort (variabel)
04H	2	Box number xx.xx Bit 15–5: Number level 1 (xx.) Bit 4–0: Number level 2 (.xx)
06H	1	Position- and Type-Flag Bit 1–0: Box type 0 = paragraph 1 = page 2 = character (in-line) Bit 4–2: Position option 0 = full page 1 = top 2 = middle 3 = bottom 4 = absolute Bit 5: Box bumped to next page Bit 7–6: reserviert
07H	1	Alignment-Flags Bit 1–0: Alignment option 0 = left 1 = right 2 = centered 3 = left & right justify
		Bit 3–2: Alignment with 0 = margins 1 = columns 2 = absolute Bit 4: Scale width figure Bit 5: Scale height figure Bit 6: reserviert Bit 7: 0 = wrap text around 1 = disable wrap text
08H	2	Box width (wpu)
0AH	2	Box height (wpu)
0CH	2	X position of box (wpu)

Offset	Bytes	Feld
0EH	2	Y position of box (wpu)
10H	2	Outside left spacing between window and text (wpu)
12H	2	Outside right spacing between window and text (wpu)
14H	2	Outside top spacing between window and text (wpu)
16H	2	Outside bottom spacing between window and text (wpu)
18H	2	Inside left spacing between window and image (wpu)
1AH	2	Inside right spacing between window and image (wpu)
1CH	2	Inside top spacing between window and image (wpu)
1EH	2	Inside bottom spacing between window and image (wpu)
20H	2	Horizontal offset (wpu)
22H	2	Vertical offset (wpu)
24H	1	Column X for column alignment
25H	1	Column Y for column alignment
26H	2	Source image width (wpu)
28H	2	Source image height (wpu) bei Textboxen = Zahl der Formatzeilen
2AH	2	Orientation Bit 15: 1 = mirror Bit 14: 1 = invert bits for monochrom bitmaps Bit 13–12: reserved Bit 11–0: rotation angle (0 ... 360)
2CH	2	Width scale factor (100 = 100%)
2EH	2	Height scale factor (100 = 100%)
30H	2	X crop offset (wpu) bei Textboxen = formatter hash table
32H	2	Y crop offset (wpu) bei Textboxen = rotation 0 = 0 degrees 1 = 90 degrees 2 = 180 degrees 3 = 270 degrees
34H	1	Format type of box contents 0 = empty box 1 = reserved ... 15 = reserved 16 = WordPerfect text 17 = reserved ... 127 = reserved 128 = WPG format 129 = Lotus PIC format 130 = TIFF format
		131 = PC Paintbrush PCX-format

Offset	Bytes	Feld
		132 = Windows Paint (MSP)format 133 = CGI Metafile (CGM) format 134 = AutoCAD (DXF) format 135 = reserved ... 137 = reserved 138 = GEM Paint (IMG) format 139 = HPGL format 140 = reserved 141 = PC Paint format 142 = Mac Paint format 143 = reserved 144 = reserved 145 = Dr. Halo II (PIC) format
		146 = reserved ... 255 = reserved
35H	21	ASCIIZ-String mit Dateiname
4AH	37	reserviert
6FH	2	Amount of extra space between caption and box (wpu)
71H	2	Image index number in graphics temporary file
73H	2	Number of formatter lines in caption (wpu)
75H	2	Formatter hash value for caption
77H	2	Length of caption in bytes
79H	xx	Text for caption
xxH	xx	Text for text box
xxH	2	Längenwort (variabel)
xxH	1	Subfunktionscode 00H
xxH	1	Ende der Funktion (Code DAH)

Tabelle 9.70 Opcode DAH, 00H in Version 5.0

Table (Code DAH, Subcode 01H)

In diesem Record werden die Informationen zur Gestaltung einer Box für das Einfügen von Tabellen im Text abgelegt. Dabei gilt der gleiche Aufbau wie bei einer Bildbox.

Text Box (Code DAH, Subcode 02H)

In diesem Record werden die Informationen zur Gestaltung einer Box für das Einfügen von Texten abgelegt. Dabei gilt der gleiche Aufbau wie bei einer Bildbox.

User Defined Text Box (Code DAH, Subcode 03H)

In diesem Record werden alle Informationen zur Gestaltung einer *User Defined Text Box* zum Einfügen im Text abgelegt. Dabei gilt der gleiche Aufbau wie bei einer Bildbox.

Horizontal Line (Code DAH, Subcode 05H)

Mit diesem Record lassen sich horizontale Linien im Text zeichnen und deren Position speichern.

Offset	Bytes	Feld
00H	1	Horizontal line (Code DAH)
01H	1	Subfunktionscode 05H
02H	2	Längenwort (Wert = 121)
04H	2	reserviert
06H	1	Vertical Position-Flags Bit 1–0: reserviert Bit 4–2: Position-Option Vertical Lines 0 = full page 1 = tops 2 = bottom 4 = absolute Bit 5: bump bit (immer 0) Bit 7–6: reserviert
07H	1	Alignment-Flags Bit 2–0: Alignment-Option für horizontale Linien 0 = left 1 = right 2 = centered 3 = left & right justify 4 = absolut für vertikale Linien 0 = left margin 1 = right margin 2 = between columns x,x1 3 = absolute position Bit 7–3: reserviert
08H	2	Width of line (wpu)
0AH	2	Height of line (wpu)
0CH	2	X position of line (wpu)
0EH	2	Y position of line (wpu)
10H	20	reserviert
24H	1	Shading (% black)
25H	1	Column x for vertical lines only
26H	4	reserviert
2AH	2	Konstante = 0
2CH	2	Konstante = 100

Offset	Bytes	Feld
2EH	2	Konstante = 100
30H	2	Konstante = 0
32H	2	Konstante = 0
34H	1	Konstante = 0
35H	66	reserviert
77H	2	Konstante = 0
79H	2	Längenwort (Wert = 121)
7BH	1	Subfunktionscode 05H
7CH	1	Ende der Funktion (Code DAH)

Tabelle 9.71 Opcode DAH, 05H in Version 5.0

Vertical Line (Code DAH, Subcode 06H)

Mit diesem Record lassen sich vertikale Linien im Text zeichnen und deren Position speichern. Es gilt der gleiche Satzaufbau wie bei den horizontalen Linien.

Style Group

Mit dem Funktionscode DBH speichert WordPerfect Informationen über das Format des Textdokuments ab. Die Subfunktionen heißen:

Begin Style ON (Code DBH, Subcode 00H)

Mit diesem Record wird der *Begin Style Mode* eingeschaltet.

Offset	Bytes	Feld
00H	1	Begin Style ON (Code DBH)
01H	1	Subfunktionscode 00H
02H	2	Längenwort (variabel)
04H	2	Old file position of Begin ON
06H	2	Old file position of Begin ON high part
08H	2	Old formatter hash value
0AH	1	Old Hard Return type code
0BH	1	Old unique style number
0CH	1	New Hard Return type code
0DH	1	New unique style number
0EH	2	Formatter hash value for text in style
10H	xx	Style name (max. 21 Byte)
xxH	2	Längenwort (variabel)

Offset	Bytes	Feld
xxH	1	Subfunktionscode 00H
xxH	1	Ende der Funktion (Code DBH)

Tabelle 9.72 Opcode DBH, 00H in Version 5.0

End Style ON (Code DBH, Subcode 01H)

Mit diesem Record wird der *End Style Mode* eingeschaltet.

Offset	Bytes	Feld
00H	1	End Style ON (Code DBH)
01H	1	Subfunktionscode 01H
02H	2	Längenwort (variabel)
04H	2	Old file position of Begin ON
06H	2	Old file position of Begin ON high part
08H	2	Old formatter hash value at begin
0AH	1	Old Hard Return type code
0BH	1	Old unique style number
0CH	2	New file position of Begin ON
0EH	2	New file position of Begin ON high part
10H	2	New formatter hash of old values
12H	1	New hard return type code
13H	1	New unique style number
14H	2	Formatter hash value for text in end style
10H	xx	Style name (maximal 21 Bytes)
xxH	2	Längenwort (variabel)
xxH	1	Subfunktionscode 01H
xxH	1	Ende der Funktion (Code DBH)

Tabelle 9.73 Opcode DBH, 01H in Version 5.0

Global ON (Code DBH, Subcode 02H)

Mit diesem Record wird der *Global Mode* eingeschaltet.

Offset	Bytes	Feld
00H	1	Global ON (Code DBH)
01H	1	Subfunktionscode 02H
02H	2	Längenwort (variabel)
04H	1	Unique style number

Offset	Bytes	Feld
06H	2	Format hash value for text in style
08H	xx	Style name (maximal 21 Bytes)
xxH	2	Längenwort (variabel)
xxH	1	Subfunktionscode 02H
xxH	1	Ende der Funktion (Code DBH)

Tabelle 9.74 Opcode DBH, 02H in Version 5.0

Style OFF (Code DBH, Subcode 03H)

Mit diesem Record wird der *Style Mode* ausgeschaltet.

Offset	Bytes	Feld
00H	1	Style OFF (Code DBH)
01H	1	Subfunktionscode 03H
02H	2	Längenwort (Wert = 5)
04H	1	Flag: 1 = text modified by format
05H	2	Längenwort (Wert = 5)
07H	1	Subfunktionscode 03H
08H	1	Ende der Funktion (Code DBH)

Tabelle 9.75 Opcode DBH, 03H in Version 5.0

WordPerfect-Header (Version 5.1)

Die Version 5.1 des Textverarbeitungsprogramms WordPerfect benutzt weitgehend das Format der Version 5.0. Die Abweichungen werden nachfolgend beschrieben. Auch in der Version 5.1 enthalten die ersten 16 Bytes einen globalen Identifikationssatz, den alle Produkte der Firma WordPerfect benutzen. Tabelle 9.76 enthält die Beschreibung des Headers.

Offset	Bytes	Bedeutung
File ID-Header für alle WPCORP-Produkte		
00H	4	WP-Signatur –1,"WPC"
04H	4	Zeiger auf 1. Textzeichen
08H	1 1 2 3 4 5 6 7	Produkttyp WordPerfect Shell Notebook Calculator File Manager Kalender Programm-Editor

Offset	Bytes	Bedeutung
	8 9 10 11 12 13 14 15	Macro-Editor PlanPerfect DataPerfect Mail Printer (PTR.EXE) Scheduler WordPerfect Office DrawPerfect
09H	1	Dateityp 1 Macro File 2 Help File 3 Keyboard Definition File 4 -- ... 9 -- 10 WP Dokument 11 Dictionary File 12 Thesaurus File 13 Block 14 Rechteckblock 15 Spaltenblock 16 Printer Resource File (.PRS) 17 Setup File 18 Prefix Informations File 19 Printer Resource File (.ALL) 20 Display Resource File (.DRS) 21 Overlay File (WP.FIL)
		22 WP Graphic File (WPG) 23 Hyphenation Code Modul 24 Hyphenation Data Modul 25 Macro Resource File (.MRS) 26 Grafik-Bildschirmtreiber (WPD) 27 Hyphenation Lex Modul 28 Printer Q codes (VAX und DG-Rechner) 29 Spell Code Module – Wordlist 30 5.1 Equation resource file (WP.QRS) 31 VAX Keyboard Definition 32 VAX .SET 33 Spell Code Module-Rules 34 Dictionary-Rules 36 .WPD-Files 37 reserviert ... 40 reserviert 41 WP51.INS File (Install Options)
0AH	1	Hauptversionsnummer
0BH	1	Unterversionsnummer
0CH	2	Encryption-Flag (0 = unverschlüsselt)
0EH	2	reserviert (0)

Tabelle 9.76 Header-Präfix einer WP-Datei (Version 5.1)

Ab Offset 08H steht der Typ des dateierzeugenden Produktes. Ab Version 5.1 kommt als Code Typ 15 für DrawPerfect hinzu (Versionsnummern werden in WordPerfect 5.1 immer mit dem Wert 0.1 belegt). Im *Encryption*-Feld markiert der Wert 0 eine unverschlüsselte Datei; andernfalls ist der Wert als Schlüssel zu interpretieren. Im Feld *Dateityp* wurden ebenfalls einige neue Codes aufgenommen. An diesen Header schließt sich ein erweiterter Header gemäß den für WordPerfect 5.0 gültigen Konventionen an. Ab Version 5.1 gelten für den Typ des Datenblocks innerhalb eines Indexblocks die Codes gemäß Tabelle 9.77.

Typ	**Bedeutung**
WP 5.1 .SET File-Paket	
0001H	reserviert
0002H	Font-String-Tabelle
0003H	Liste PS-Tabellen
0004H	Font-Liste
0005H	Serien-/Lizenznummer
0004H	Font String Pool
0010H	Pfadname für Thesaurus
0011H	Info für Bildschirmtyp
0012H	Diverses (Backup-Zeitpunkt etc.)
0013H	(Ctrl)- und (Alt)-Tastenbelegung
0014H	Systemstandardeinstellung
0015H	reserviert
0016H	reserviert
0017H	diverse Setup-Einstellungen
0018H	reserviert
0019H	reserviert
001AH	Standarddruckereinstellungen
001BH	Druckerselektionsliste
001CH	Druckoptionen
001DH	Standarddrucker (p_entry)
001CH	Selected Printers List
...	
001FH	reserviert
0020H	Bildschirmattribut Monochrom
0021H	Bildschirmattribut CGA
0022H	Bildschirmattribut PC 3270
0023H	Bildschirmattribut EGA (kursiv)

Typ	Bedeutung
0024H	Bildschirmattribut EGA (unterstrichen)
0025H	Bildschirmattribut EGA (Kleinbuchstaben)
0026H	Bildschirmattribut EGA (reserviert)
...	
0029H	Bildschirmattribut EGA (reserviert)
002AH	Bildschirmattribut Hercules RamFont 12
002BH	Bildschirmattribut Hercules RamFont6
002CH	Bildschirmattribut Hercules RamFont
...	reserviert
002FH	reserviert
0030H	NEC PC-9801
WP 5.1 Pakettypen	
0050H	reserviert
0051H	Info für Bildschirmtyp
0052H	Diverses (Backup-Zeitpunkt etc.)
0053H	(Ctrl)- und (Alt)-Tastenbelegung
0054H	System Standard Printer
0055H	Diverses
0056H	Druckoptionen
0057H	Zeichensatzliste
0058H	Serien-/Lizenznummer
0059H	Font String Pool
005AH	WP-Standardwerte
005BH	reserviert
005CH	gesetzter Drucker
005DH	PS Table List
005EH	Auxillary Path Name

Tabelle 9.77 Pakettypen der Indizes in WP 5.1

Der WordPerfect 5.1-Textbereich

Innerhalb des Textes finden sich 1-Byte- oder Mehrbyte-Steuercodes mit Formatanweisungen. Für die 1-Byte-Steuercodes gelten weitgehend die Konventionen der Version 5.0. Abweichungen hiervon werden nachfolgend beschrieben.

Für die *Single Byte Functions* im Bereich 80H bis BFH wurden die Codes gemäß Tabelle 9.78 neu belegt:

Code	Bedeutung
8CH	Hard/Soft Return
99H	Dormand Hard Return
B2H	Outline off

Tabelle 9.78 Erweiterte Single-Byte-Funktionen (5.1)

Die Fixed Length Multibyte-Steuercodes (Version 5.1)

WordPerfect 5.1 benutzt diese Steuercodes beispielsweise zur Darstellung von Sonderzeichen und Umlauten, wobei hier zur Version 5.0 eine Reihe von Unterschieden existiert. Tabelle 9.79 gibt die unveränderten Opcodes an. Die Recordstruktur ist im vorhergehenden Abschnitt (Version 5.0) beschrieben.

Opcode	Befehl
C0H	Extended Character
C2H	Einrücken
C4H	Attribute ausschalten
C5H	Block Protect
C6H	Einrücken Ende
C7H	Unterschiedliche Zeichenanzeige bei Trennungen

Tabelle 9.79 Unveränderte Multibyte-Steuercodes

Nachfolgend werden die Strukturen der in Version 5.1 modifizierten Records beschrieben.

Center, Align, Tab, Left Margin (Code C1H)

In Version 5.1 übernimmt dieser Code eine Reihe von Informationen zur Einstellung der Formatierung. Es gilt folgender Aufbau:

Offset	Bytes	Feld
00H	1	Beginn der Funktion (Code C1H)
01H	1	Flags Bit 7, 6: 00 Tabulator 01 ausrichten 10 linken Rand freigeben 11 zentrieren Bit 5: 1 zentriere zwischen 2 Marken
		Bit 4: 1 (dot leader) Bit 3: 0 Ausrichtung Mitte 1 rechts justierte Tabs Bit 2: 1 Ausrichtung table cell Bit 1: 1 = falls der Typ für (TAB, align etc.) als »hard« zu kodieren ist

Offset	Bytes	Feld
02H	2	alte Spaltennummer
04H	2	Position Startspalte (0)
06H	2	absolute Formatierungsposition (zentrieren, ausrichten etc.)
08H	1	Ende der Funktion (Code C1H)

Tabelle 9.80 Opcode C1H in Version 5.1

Gegenüber Version 5.0 wurde der Recordaufbau modifiziert; insbesondere im Flag sind neue Bits belegt.

Attribute einschalten (Code C3H)

In Version 5.1 schaltet dieser Code die Attribute ein.

Offset	Bytes	Feld
00H	1	Beginn der Funktion (Code C3H)
01H	1	Attributtyp 0: Extra Large 1: Very Large 2: Large 3: Small 4: Fine 5: Superscript 6: Subscript 7: Outline 8: Italics 9: Shadow a: Redline b: Double Underline c: Bold d: Strike out e: Underline f: Small Caps 10: Blink 11: Reverse Video
02H	1	Ende der Funktion (Code C3H)

Tabelle 9.81 Opcode C3H in Version 5.1

Gegenüber der Version 5.0 wurden zwei neue Attributtypen (10, 11) eingeführt.

Attribute ausschalten (Code C4H)

In Version 5.1 schaltet dieser Code die Attribute aus.

Offset	Bytes	Feld
00H	1	Beginn der Funktion (Code C4H)

Offset	Bytes	Feld
01H	1	Attributtyp 0: Extra Large 1: Very Large 2: Large 3: Small 4: Fine 5: Superscript 6: Subscript 7: Outline 8: Italics 9: Shadow
		a: Redline b: Double Underline c: Bold d: Strike out e: Underline f: Small Caps 10: Blink 11: Reverse Video
02H	1	Ende der Funktion (Code C4H)

Tabelle 9.82 Opcode C4H in Version 5.1

Gegenüber der Version 5.0 sind zwei neue Attributtypen (10, 11) eingeführt.

Die Variable Length Multibyte-Steuercodes (Version 5.1)

WordPerfect benutzt diese Steuercodes zum Speichern von Steuerinformationen für die Formatierung. Zwischen den Versionen 5.1 und 5.0 gibt es einige Unterschiede in der Belegung der Codes, die nachfolgend beschrieben werden. Tabelle 9.83 enthält alle Records des Opcodes D0H, die mit der Version 5.0 übereinstimmen. Die Beschreibung des Recordaufbaus ist im vorhergehenden Abschnitt zu finden.

Subcode	Befehl
00H	Set Lines per Inch
01H	Left/Right Margin Set
02H	Spacing Set
03H	Hyphenation Zone Set
05H	Top/Bottom Margin Set
08H	Page Number Position

Tabelle 9.83 Unmodifizierte Opcodes D0H (Version 5.1)

Nachfolgend sind die Strukturen der neuen oder veränderten Records beschrieben:

Tab Set (Code D0H, Subcode 04H)

Die Funktion definiert, wie die Tabulatoren ausgegeben werden müssen. Die 20 Bytes mit den Tab-Typen enthalten jeweils den Code für einen Tabulator in 4-Bit-Nibbles, d.h., pro Byte sind zwei Codes gespeichert. Unbenutzte Tab-Positionen sind mit dem Wert 0 gekennzeichnet.

Offset	Bytes	Feld
00H	1	Tab Set (Code D0H)
01H	1	Subfunktionscode 04H
02H	2	Längenwort (Wert = 208)
04H	80	40 Einträge alte Tab-Positionen
54H	20	40 alte Tab-Typen (1 Nibble) Bit 1: unbelegt Bit 2: Add dot leader Bit 3–4: Kodierung Tab Typen 0 : normal links ausgerichtet 1 : Tab zentriert 2 : Tab rechts ausgerichtet 3 : dezimal ausgerichteter Tab
68H	80	40 Einträge neue Tab-Positionen
B8H	20	40 neue Tab-Typen (Nibble)
CCH	2	alter »M«-Wert
CEH	2	neuer »M«-Wert
D0H	2	Längenwort (Wert = 208)
D2H	1	Subfunktion 04H
D3H	1	Ende der Funktion (Code D0H)

Tabelle 9.84 Opcode D0H, 04H in Version 5.1

Justification (Code D0H, Subcode 06H)

Der Record wurde neu in der Version 5.1 eingeführt und beschreibt die Justierung des Textes. Der Modus *decimal aligned* ist nur innerhalb von Tabellen verfügbar.

Offset	Bytes	Feld
00H	1	Justification (Code D0H)
01H	1	Subfunktionscode 06H
02H	2	Längenwort (Wert = 6)
04H	1	Old justification mode
05H	1	New justification mode 0 : left
		1 : full 2 : center 3 : right 4 : decimal aligned (in tables)

Offset	Bytes	Feld
06H	2	Längenwort (Wert = 6)
08H	1	Subfunktionscode 06H
09H	1	Ende der Funktion (Code D0H)

Tabelle 9.85 Opcode D0H, 06H in Version 5.1

Suppress Page Characteristics (Code D0H, Subcode 07H)

WordPerfect legt in Version 5.1 Informationen über die Ausgabe der Seite (Seitennumerierung, Kopf etc.) ab.

Offset	Bytes	Feld
00H	1	Suppress Page Character (Code D0H)
01H	1	Subfunktionscode 07H
02H	2	Längenwort (Wert = 6)
04H	1	Old Suppress-Code
		Kodierung: 1 = Seitennummerierung Suppress 2 = aktuelle Seitennumerierung unterdrücken, Seitennummer zentriert am unteren Blattrand 4 = unterdrücke Header A 8 = unterdrücke Header B 10 = unterdrücke Footer A 20 = unterdrücke Footer B 80 = this code NOT at top of page
05H	1	neuer Suppress Code
06H	2	Längenwort (Wert = 6)
08H	1	Subfunktionscode 07H
09H	1	Ende der Funktion (Code D0H)

Tabelle 9.86 Opcode D0H, 07H in Version 5.1

Form (Code D0H, Subcode 0BH)

In diesem Satztyp werden die Informationen über das Textformat abgelegt.

Offset	Bytes	Feld
00H	1	Form (Code D0H)
01H	1	Subfunktionscode 0BH
02H	2	Längenwort (Wert = 290)
04H	2	alte gewünschte Längeneinstellung
06H	2	alte gewünschte Höheneinstellung
08H	1	alte gewünschte Typeinstellung

Offset	Bytes	Feld
09H	1	alte Länge gewünschter Typname
0AH	41	alter Name gewünschter Typ
33H	2	alte effektive Längeneinstellung
35H	2	alte effektive Höheneinstellung
37H	1	alte effektive Typeinstellung
38H	1	alte Länge effektiver Typname
39H	41	alter Name effektiver Typ
62H	1	alte effektive Orientierung 0 = Porträt, 1 = Landscape
63H	2	neue gewünschte Längeneinstellung
65H	2	neue gewünschte Höheneinstellung
67H	1	neue gewünschte Typeinstellung
68H	1	neue Länge gewünschter Typname
69H	41	neuer Name gewünschter Typ
92H	2	neue effektive Längeneinstellung
94H	2	neue effektive Höheneinstellung
96H	1	neue effektive Typeinstellung
97H	1	neue Länge effektiver Typname
98H	41	neuer Name effektiver Typ
C1H	41	neue effektive Ausrichtung
EAH	1	matched form number
EBH	2	matched form hash value
EDH	2	old left margin
EFH	2	old right margin
F1H	2	old top margin
F3H	2	old bottom margin
F5H	1	Old-Flag indicating label form
F6H	2	old page where labels form is defined
F8H	1	old number of rows per page
F9H	1	old number of columns per page
FAH	2	old left offset top left corner
FCH	2	old top offset top left corner
FEH	2	old logical page width
100H	2	old logical page length
102H	2	old distance between label rows
104H	2	old distance between label columns

Offset	Bytes	Feld
106H	1	new flag indication label form Bit 0: 1 label form Bit 1: 1 label matched all others
107H	2	new page where label form is defined
109H	1	new number of rows per page
10AH	1	new number of columns per page
10BH	2	new left offset top left corner
10DH	2	new top offset top left corner
10FH	2	new logical page width
111H	2	new logical page length
113H	2	new distance between label rows
115H	2	new distance between label columns
117H	2	Label left margin
119H	2	Label right margin
11BH	2	Label top margin
11FH	2	Label bottom margin
121H	2	Längenwort (Wert = 290)
123H	1	Subfunktionscode 0BH
124H	1	Ende der Funktion (Code D0H)

Tabelle 9.87 Opcode D0H, 0BH in Version 5.1

Die genaue Bedeutung dieser Einträge ist nicht bekannt.

Subfunktionen zur Fontauswahl (Code D1H)

In Version 5.1 benutzt WordPerfect den Code, um die Daten eines Zeichensatzes (*Font*) und verschiedene andere Parameter einzustellen. Die Funktionen werden durch den Code D1H geklammert. Ein zweiter Subcode bestimmt die Art der Funktion. Gegenüber Version 5.0 wurde lediglich die Funktion *Color* (Code D1H, Subcode 00H) unverändert übernommen. Weiterhin wurden einige neue Opcodes aufgenommen. Nachfolgend finden Sie die Recordstrukturen der modifizierten oder neuen Funktionen zusammengefaßt.

Font Change (Code D1H, Subcode 01H)

In Version 5.1 benutzt WordPerfect den Subcode 01H der Funktion D1H, um die Zeichensätze festzulegen. Es gilt folgender Satzaufbau:

Offset	Bytes	Feld
00H	1	Font Change (Code D1H)
01H	1	Subfunktionscode 01H

Offset	Bytes	Feld
02H	2	Längenwort (Wert = 35)
04H	1	alte Fontnummer
05H	24	neue Fontbeschreibung mit folgender Kodierung: 2 Point size (in 3600 ths) 2 Optimal width (in wpu) 2 Cap height (in psu) 2 x Height (in psu) 2 Descender height (in psu) 2 Italic adjustment (in psu +/–) 3 Typeface descriptor 1 Typeface definition-Flag 1 Hash of typeface name 1 reserviert (immer 0) 2 Hash of fontname 4 Characterset completeness bits 1 Bit pro Zeichensatz in jedem Wort
1DH	1	matched Font
1EH	2	matched font hash value
20H	2	point size
22H	2	typeface-Flags
20H	2	Längenwort (Wert = 35)
22H	1	Subfunktionscode 01H
23H	1	Ende der Funktion (Code D1H)

Tabelle 9.88 Opcode D1H, 01H in Version 5.1

Dieser Code enthält Informationen über den jeweils verwendeten Zeichensatz, die für die Ausgabe auf einem Drucker wichtig sind. Manche Werte sind in WordPerfect-Units (wpu) angegeben, wobei 1 wpu = 1/1200 Zoll ist. Die *Descender Height* spezifiziert den Abstand zwischen der Basislinie des Zeichensatzes und dem unteren Ende von Buchstaben mit Unterlängen (z. B. »g«). Die Einheit psu (*Point Size Unit*) wird als 1/10000 der zugehörigen Punktgröße des Fonts angegeben. Der *Typeface Descriptor* ist eine Datenstruktur, die Informationen über Serifen, Zeichengestalt, Schwärzung, Höhe etc. enthält. Dabei wird jede Information in einem Bit der 3-Byte-Datenstruktur gespeichert. Genaue Informationen über den Aufbau finden sich im *WP Programmer's Toolkit*.

Color (DrawPerfect) (Code D1H, Subcode 02H)

In Version 5.1 benutzt WordPerfect den Subcode 02H zur Übernahme von Farbdaten aus dem Paket DrawPerfect. Es gilt folgender Satzaufbau:

Offset	Bytes	Feld
00H	1	Color DrawPerfect (Code D1H)

Offset	Bytes	Feld
01H	1	Subfunktionscode 02H
02H	2	Längenwort (Wert = 6)
04H	1	Old print color (0-FFH)
05H	1	New print color (0-FFH)
06H	2	Längenwort (Wert = 6)
08H	1	Subfunktionscode 02H
09H	1	Ende der Funktion (Code D1H)

Tabelle 9.89 Opcode D1H, 02H in Version 5.1

Die restlichen Subcodes sind in Version 5.1 reserviert.

Subfunktionen zur Gruppendefinition (Code D2H)

Mit diesen Unterfunktionen lassen sich Teile eines Dokuments wie beispielsweise Spalten und Absätze in Gruppen zusammenfassen. Gegenüber Version 5.0 wurden dabei einige Funktionen verändert. Tabelle 9.90 gibt die unmodifizierten Records an.

Code	Funktion
00H	Define Math Columns
01H	Define Columns
03H	Footnote Options
04H	Endnote Options
05H	Graph Box Options for Figures
06H	Graph Box Options for Tables
07H	Graph Box Options for Text Boxes
08H	Graph Box Options for user defined Text Boxes

Tabelle 9.90 Unveränderte Funktionen D2H (Version 5.1)

Paragraph Number Definition (Code D2H, Subcode 02H)

Die Funktion definiert eine neue Absatznummer, wobei in Version 5.1 folgender Satzaufbau gilt:

Offset	Bytes	Feld
00H	1	Paragraph Number Def. (Code D2H)
01H	1	Subfunktionscode 02H
02H	2	Längenwort (Wert = 140)
04H	24	8 Einträge à 3 Byte mit den alten Definitionen
1CH	16	8 Einträge à 2 Byte mit den alten Levelnummern
2CH	24	8 Einträge à 3 Byte mit den neuen Definitionen

Offset	Bytes	Feld
44H	16	8 Einträge à 2 Byte mit den neuen Levelnummern
54H	1	Old Attach-Flag
55H	1	Old Outline-Flag Bit 0 = 0 enter key inserts paragraph number Bit 1 = 0 tab to level of previous paragraph number
56H	18	Old outline style name
68H	1	New Attach-Flag
69H	1	New Outline-Flag
6AH	18	New outline style name
7CH	16	Old 8 level numbers from previous definitions
8CH	2	Längenwort (Wert = 140)
8EH	1	Subfunktion 02H
8FH	1	Ende der Funktion (Code D2H)

Tabelle 9.91 Opcode D2H, 02H in Version 5.1

Die Datenstruktur ab Offset 2CH enthält im ersten und dritten Byte die Zeichen für die Interpunktion zwischen den Kapitelzeichen. Die Darstellung von Leerzeichen in Absätzen ist nicht vorgesehen. Im zweiten Byte wird definiert, wie die Absatznumerierung erfolgt:

Notation	Numerierungsart
I	große römische Ziffern
i	kleine römische Ziffern
A	Großbuchstaben
a	Kleinbuchstaben
1	arabische Ziffern

Tabelle 9.92 Numerierungsart in Version 5.1

Für die *Box Options* sind nun auch Fenster für Gleichungen vorgesehen. Wird ein Fenster für eine Gleichung definiert, beziehen sich die Positionsangaben auf dieses Fenster.

Graph Box Options for Equations (Code D2H, Subcode 09H)

Diese Funktion wurde in Version 5.1 neu aufgenommen. Es gilt die gleiche Kodierung wie für die Funktionen D2H, 05H der Version 5.0.

Define Tables (Table On) (Code D2H, Subcode 0BH)

Die Funktion wurde in Version 5.1 neu aufgenommen und besitzt folgende Recordstruktur:

Offset	Bytes	Feld
00H	1	Define Tables (Code D2H)

Offset	Bytes	Feld
01H	1	Subfunktionscode 0BH
02H	2	Längenwort (Wert = variabel)
04H	1	Flags Bit 0–2: table position options 0 = align with left margin 1 = align with right margin 2 = center between margins 3 = full (adjust column width) 4 = absolute offset from left margin Bit 3–4: --- Bit 5: 0 = minus signs 1 = display negative results with parents Bit 6: 1 = auto adjust columns width Bit 7: 1 = expand columns width
05H	1	Shading (0–100%)
06H	2	Number of columns (maximal 32)
08H	2	Table number
0AH	2	Position left edge of table (wpu)
0CH	2	Left gutter space (wpu)
0EH	2	Right gutter space (wpu)
10H	2	Top gutter space (wpu)
12H	2	Bottom gutter space (wpu)
14H	2	Row number after header rows (0 = number header rows)
16H	2	Formatter lines at start of table
18H	2	Page number at start of table
1AH	2	Offset from left edge of paper
1CH	xx	Column widths (1 word/column) (in 1/1200)
xxH	xx	Column attributes (1 word/column)
xxH	xx	Column alignments (1 byte/column) Bit 0–2: horizontal alignment 0 = left 1 = justified (left, right) 2 = center 3 = flush right 4 = decimal align Bit 3: --- Bit 4–7: number of chars to right of decimal alignment for cells
xxH	xx	New values to repeat old-Flag values (Offset 04H)
xxH	2	Nullbytes (00H)
xxH	2	Längenwort (Wert = variabel)
xxH	1	Subfunktion 0BH
xxH	1	Ende der Funktion (Code D2H)

Tabelle 9.93 Opcode D2H, 0BH in Version 5.1

Define Link Start (Code D2H, Subcode 0DH)

Die Funktion wurde in Version 5.1 neu aufgenommen und besitzt folgende Recordstruktur:

Offset	Bytes	Feld
00H	1	Define Link Start (Code D2H)
01H	1	Subfunktionscode 0DH
02H	2	Längenwort (Wert = variabel)
04H	2	Old ufcur
06H	1	Number of lines of text to display
07H	1	Type (spreadsheet, text, ...)
08H	2	Date of file when last linked
0AH	2	Time of file when last linked
0CH	2	Begin column of range
0EH	2	Begin row of range
10H	2	End column of range
12H	2	End row of range
14H	81	Filename with length byte (max. 81)
65H	21	Range name with length byte (max. 21)
7AH	16	Range reference with length byte (max. 16)
8AH	2	Längenwort (Wert = variabel)
8CH	1	Subfunktion 0DH
8DH	1	Ende der Funktion (Code D2H)

Tabelle 9.94 Opcode D2H, 0DH in Version 5.1

Define Link End (Code D2H, Subcode 0EH)

Die Funktion wurde in Version 5.1 neu aufgenommen und besitzt folgende Recordstruktur:

Offset	Bytes	Feld
00H	1	Define Link End (Code D2H)
01H	1	Subfunktionscode 0EH
02H	2	Längenwort (Wert = variabel)
04H	2	Old ufcur
06H	1	Number of lines of text to display
07H	2	Begin column of range
09H	2	Begin row of range
0BH	2	End column of range
0DH	2	End row of range

Offset	Bytes	Feld
0FH	81	Filename with length byte (max. 81)
96H	2	Längenwort (Wert = variabel)
98H	1	Subfunktion 0EH
99H	1	Ende der Funktion (Code D2H)

Tabelle 9.95 Opcode D2H, 0EH in Version 5.1

Set Group-Subfunktionen (Code D3H, Version 5.1)

In Version 5.1 benutzt WordPerfect den Code zum Speichern von Steuerinformationen zur Textformatierung. Die Funktionen werden durch den Code D3H geklammert. Ein zweiter Subcode bestimmt die Art der Funktion. Tabelle 9.96 gibt die gegenüber der Version 5.0 unveränderten Funktionen wieder.

Code	Funktion
00H	Set Alignment Character
01H	Set Underline Mode
02H	Set Footnote Number
03H	Set Endnote Number
05H	Line Numbering
06H	Advance to Page Position
07H	Force odd/even Page
0AH	Character/Space Width
0BH	Space Expansion
0CH	Set Graph Box Number for Figures
0DH	Set Graph Box Number for Tables
0EH	Set Graph Box Number for Text Boxes
0FH	Set Graph Box Number for user defined Boxes

Tabelle 9.96 Unveränderte Funktionen D3H (Version 5.1)

Set Page Number (Code D3H, Subcode 04H)

Offset	Bytes	Feld
00H	1	Set Page Number (Code D3H)
01H	1	Subfunktionscode 04H
02H	2	Längenwort (Wert = 10)
04H	2	alte Seitennummer
06H	2	neue Nummer (Bit 15 = roman)
08H	1	Typ alte Seitennummer

Offset	Bytes	Feld
09H	1	Typ neue Seitennummer
0AH	2	Längenwort (Wert = 10)
0CH	1	Subfunktion 02H
0DH	1	Ende der Funktion (Code D3H)

Tabelle 9.97 Opcode D3H, 04H in Version 5.1

Die Funktion definiert eine neue Seitennummer. Falls im Wort ab Offset 06H das Bit 15 gesetzt ist, müssen die Seitennummern mit römischen Ziffern ausgegeben werden.

Character Baseline in Fixed Line Height (Code D3H, Subcode 08H)

Diese Funktion ist in Version 5.0 ab Juni 1989 und in Version 5.1 belegt. Hier werden die Definitionen für die Grundlinie (*baseline*) der Zeichen abgelegt.

Offset	Bytes	Feld
00H	1	Character baseline definition (Code D3H)
01H	1	Subfunktionscode 08H
02H	2	Längenwort (Wert = 6)
04H	1	alte Definition
05H	1	neue Definition
06H	2	Längenwort (Wert = 6)
08H	1	Subfunktionscode 08H
09H	1	Ende der Funktion (Code D3H)

Tabelle 9.98 Opcode D3H, 07H in Version 5.1

Set Graph Box Number for Equations (Code D3H, Subcode 10H)

Dieser Satztyp wurde in Version 5.1 neu definiert und nimmt die Numerierung für Gleichungen auf. Der Aufbau ist mit Funktion 0CH der Version 5.0 identisch.

Set Language (Code D3H, Subcode 11H)

Mit dieser Unterfunktion wird die Sprache für den Zeichensatz definiert.

Offset	Bytes	Feld
00H	1	Set Language (Code D3H)
01H	1	Subfunktionscode 11H
02H	2	Längenwort (Wert = 12)
04H	2	Old language 2 character ID (ASCII)

Offset	Bytes	Feld
06H	2	New language 2 character ID (ASCII) AF = Afrikaans CA = Katalanisch CZ = Tschechisch US = amerikanisches Englisch OZ = australisches Englisch DK = Dänisch
		NL = Niederländisch SU = Finnisch FR = Französisch DE = Deutsch SD = Schweizerdeutsch GR = Griechisch IC = Isländisch IT = Italienisch NO = Norwegisch PO = Portugiesisch BR = brasilianisches Portugiesisch SU = Russisch ES = Spanisch SV = Schwedisch UK = britisches Englisch CF = kanadisches Französisch
08H	2	Längenwort (Wert = 8)
0AH	1	Subfunktionscode 11H
0BH	1	Ende der Funktion (Code D3H)

Tabelle 9.99 Opcode D3H, 11H in Version 5.1

Set Page Number Style (Code D3H, Subcode 12H)

Mit dieser neuen Unterfunktion wird der Stil für die Seitennumerierung definiert.

Offset	Bytes	Feld
00H	1	Set Page Number Style (Code D3H)
01H	1	Subfunktionscode 12H
02H	2	Längenwort (Wert = 64)
04H	30	Old Page Number Style
22H	30	New Page Number Style
40H	2	Längenwort (Wert = 64)
42H	1	Subfunktionscode 12H
43H	1	Ende der Funktion (Code D3H)

Tabelle 9.100 Opcode D3H, 12H in Version 5.1

Format-Group-Subfunktionen (Code D4H) (Version 5.1)

In Version 5.1 benutzt WordPerfect den Code zum Speichern von Formatinformationen. Die Funktionen werden durch den Code D4H geklammert, ein zweiter Subcode bestimmt die Art der Funktion.

End of Page Function (Code D4H, Subcode 00H)

Mit dieser Unterfunktion wird das Ende einer Seite definiert.

Offset	Bytes	Feld
00H	1	End of Page Function (Code D4H)
01H	1	Subfunktionscode 00H
02H	2	Längenwort (variabel)
04H	1	Group 0 marker
05H	1	Group 0 length (16H)
06H	2	Number of formatter lines at end of page
08H	2	Actual page number
0AH	2	Number of formatter lines used for footnotes
0CH	1	Number of pages used for footnotes
0DH	1	Number of footnotes on this page
0EH	1	Conditional end of page-Flag
0FH	1	Suppress code
10H	1	Center page top to bottom
11H	1	Page-Flags
12H	1	Page length
13H	1	Odd page size
14H	1	Even page size
15H	1	Odd top margin
16H	1	Even top margin
17H	1	Group 1 marker (optional)
18H	1	Group 1 length (variabel)
19H	x1	Maximum number of formatter lines for each column
..H	x1	Maximum screen lines from column ON for each column
..H	2	Starting formatter lines for last column
..H	2	Starting page for last column
..H	2	Screenlines from column ON for last line of last column
..H	2	Screen lines column ON at top of page
..H	1	Suppress page state at column ON

Offset	Bytes	Feld
..H	2	Number of formatter lines used for footnotes at column ON
..H	2	Number of pages used for foot notes at column ON
..H	1	Group 2 marker (optional)
..H	1	Group 2 length (variable)
..H	1	Number of boxes formatter is tracking
..H	x2	Formatter box table
..H	2	Längenwort (variabel)
..H	1	Subfunktionscode 00H
..H	1	Ende der Funktion (Code D4H)

Tabelle 9.101 Opcode D4H, 00H in Version 5.1

Der Wert X1 berechnet sich aus:

```
(Zeilenzahl -1) * 2 Byte
```

Der Wert X2 berechnet sich aus:

```
14 * Zahl der Boxes
```

Beginning of Line Function (Code D4H, Subcode 01H)

In Version 5.0 markiert WordPerfect mit dem Subcode 01H das Zeilenende. Ab Version 5.1 wird der Anfang einer Zeile damit markiert.

Offset	Bytes	Feld
00H	1	Begin of Line Function (Code D4H)
01H	1	Subfunktionscode 01H
02H	2	Längenwort (variabel)
04H	1	Group 0 marker
05H	1	Group 0 Length (6)
06H	2	Maximum top shoulder height for line
08H	2	Maximum bottom shoulder height for line
0AH	2	Old uflin (wpu)
0CH	1	Group 1 marker
0DH	1	Group 1 length (6)
0EH	2	Number of spaces on line
10H	2	Space adjustment (+/–)
12H	2	Justify margin (absolute)
14H	2	Längenwort (variabel)

Offset	Bytes	Feld
16H	1	Subfunktionscode 01H
17H	1	Ende der Funktion (Code D4H)

Tabelle 9.102 Opcode D4H, 01H in Version 5.1

Der Record muß beim Speichern von Dateien nicht angegeben werden, da WordPerfect den Satzanfang automatisch erzeugt. Die Parameter der Gruppe 0 werden nur definiert, wenn die maximalen Werte von den aktuellen abweichen. Die Parameter der Gruppe 1 werden nur im *Full Justify Mode* abgespeichert.

Graph Box Information Function (Code D4H, Subcode 02H)

Die Funktion definiert einige Parameter einer Graph Box.

Offset	Bytes	Feld
00H	1	Graph Box Information (Code D4H)
01H	1	Subfunktionscode 02H
02H	2	Längenwort (variabel)
04H	1	Group 0 marker
05H	1	Group 0 length (14H)
06H	2	Old left margin (wpu)
08H	2	Old temporary left margin (wpu)
0AH	2	Old right margin (wpu)
0CH	2	Old temporary right margin (wpu)
0EH	2	Old number formatter lines (wpu)
10H	2	New left margin (wpu)
12H	2	New temporary left margin (wpu)
14H	2	New right margin (wpu)
16H	2	New temporary right margin (wpu)
18H	2	Signed change in new number
1AH	1	Group 1 marker
1BH ...	xx xx	Group 1 length (Boxes * 8 Bytes) Flags Bit 0: 1 = Top of box is on this line Bit 1: 1 = Middle of box is on this line Bit 2: 1 = Bottom of box is on this line Bit 5–3: Box type 0 = figure 1 = table 2 = text nox
		3 = user defined nox 4 = equation nox

Offset	Bytes	Feld
...	1	Box numbering mode
...	2	Box number Bit 4–0: Level 2 number Bit 15–5: Level 1 number
...	2	Box position left (wpu)
...	2	Box position right (wpu)
...	2	Längenwort (variabel)
...	1	Subfunktionscode 02H
...	1	Ende der Funktion(Code D4H)

Tabelle 9.103 Opcode D4H, 02H in Version 5.1

Für jede Box innerhalb der Gruppe 1 werden 8 Byte mit dem Flag und den Boxdaten belegt. Die Länge des Satzes ist variabel.

Marker for Repositioning (Code D4H, Subcode 03H)

Die Funktion definiert die Marker für die Neupositionierung einer Box.

Offset	Bytes	Feld
00H	1	Marker Repositioning (Code D4H)
01H	1	Subfunktionscode 03H
02H	2	Längenwort (Wert = 6)
04H	1	Mask of marker
05H	2	Längenwort (Wert = 6)
07H	1	Subfunktionscode 03H
08H	1	Ende der Funktion (Code D4H)

Tabelle 9.104 Opcode D4H, 03H in Version 5.1

Function to Contain Fixed Text (Code D4H, Subcode 04H)

Die Funktion wurde in Version 5.1 neu aufgenommen und definiert Texte, die nicht editierbar und nicht anzeigbar sein sollen.

Offset	Bytes	Feld
00H	1	Fixed Text (Code D4H)
01H	1	Subfunktionscode 04H
02H	2	Längenwort (variabel)
04H	2	Hash value (reserved 0)
06H	x1	Text
xxH	2	Längenwort (variabel)

Offset	Bytes	Feld
xxH	1	Subfunktionscode 04H
xxH	1	Ende der Funktion (Code D4H)

Tabelle 9.105 Opcode D4H, 04H in Version 5.1

Justification Information (Code D4H, Subcode 05H)

Die Funktion wurde in Version 5.1 neu aufgenommen und enthält Informationen zur Justierung.

Offset	Bytes	Feld
00H	1	Justification Info (Code D4H)
01H	1	Subfunktionscode 05H
02H	2	Längenwort (Wert = 8)
04H	2	Startposition (screen units)
06H	2	Startposition (wpu)
08H	2	Längenwort (Wert = 8)
0AH	1	Subfunktionscode 05H
0BH	1	Ende der Funktion (Code D4H)

Tabelle 9.106 Opcode D4H, 05H in Version 5.1

Header/Footer-Group-Subfunktionen (Code D5H)

In Version 5.1 benutzt WordPerfect den Code zum Speichern von Steuerinformationen für den Kopf und Fuß einer Seite. Gegenüber der Version 5.0 ergeben sich keine Änderungen im Recordaufbau.

Footnote/Endnote-Group-Subfunktionen (Code D6H)

Mit diesem Code belegt WordPerfect 5.1 die Definitionen für Fußnoten und Literaturverweise im Text. Gegenüber Version 5.0 ergeben sich keine Abweichungen im Recordformat.

Generate Group-Subfunktionen (Code D7H)

Unter diesem Code speichert WordPerfect 5.1 Textmarkierungen innerhalb der Datei ab. Tabelle 9.107 gibt die Funktionen an, deren Recordformat gegenüber der Version 5.0 unverändert geblieben ist.

Code	Funktion
00H	Begin marked text
01H	End marked text

02H	Define marked text
03H	Index entry
04H	Table of authority entry
05H	Endnotes print here
06H	Save Page Information
08H	Auto Reference Tag
09H	Include Subdocument
0AH	Start of included Subdocument
0BH	End of included Subdocument

Tabelle 9.107 Unveränderte Records D7H (Version 5.1)

Lediglich im Record *Auto Reference Definition* (Code D7H, Subcode 07H) wurde als Referenztyp (Offset 04H) ein weiterer Code (*8: Equation Box Number*) aufgenommen. Die Recordstruktur bleibt gegenüber Version 5.0 jedoch unverändert.

Textverarbeitung

Display Group-Subfunktionen (Code D8H)

WordPerfect 5.1 legt unter dem Funktionscode D8H bestimmte Informationen über die Textausgabe (Datum, Absätze etc.) ab. Gegenüber Version 5.0 wurde lediglich ein neuer Recordtyp angelegt.

Page Number Style Insert (Code D8H, Subcode 03H)

Dieser Record enthält Informationen zur Seitennumerierung. Ab Offset 04H findet sich ein String variabler Länge mit den Formatinformationen für die Seitennummern.

Offset	Bytes	Feld
00H	1	Page Number Style (Code D8H)
01H	1	Subfunktionscode 03H
02H	2	Längenwort (variabel)
04H	xx	Stylestring
xxH	2	Längenwort (variabel)
xxH	1	Subfunktionscode 03H
xxH	1	Ende der Funktion (Code D8H)

Tabelle 9.108 Opcode D8H, 03H in Version 5.1

Miscellaneous Group (Code D9H)

Unter dem Funktionscode D9H legt WordPerfect in Version 5.1 diverse Informationen ab. Gegenüber Version 5.0 sind die folgenden Funktionen hinzugekommen.

Outline ON (Code D9H, Subcode 04H)

In diesem Record speichert WordPerfect Steueranweisungen für die Absatznumerierung.

Offset	Bytes	Feld
00H	1	Outline ON (Code D9H)
01H	1	Subfunktionscode 04H
02H	2	Längenwort (Wert = 20)
04H	16	Old level numbers for paragraph numbering
14H	2	Längenwort (Wert = 20)
16H	1	Subfunktionscode 04H
17H	1	Ende der Funktion (Code D9H)

Tabelle 9.109 Opcode D9H, 04H in Version 5.1

Leading Adjustment (Code D9H, Subcode 05H)

In diesem Record steht die Information über die Justierung des Textes.

Offset	Bytes	Feld
00H	1	Leading Adjustment (Code D9H)
01H	1	Subfunktionscode 05H
02H	2	Längenwort (Wert = 12)
04H	2	Old srt and HRr leading (1200)
06H	2	New srt and HRr leading (1200)
08H	2	Längenwort (Wert = 12)
0AH	1	Subfunktionscode 05H
0BH	1	Ende der Funktion (Code D9H)

Tabelle 9.110 Opcode D9H, 05H in Version 5.1

Kerning (Code D9H, Subcode 06H)

In diesem Record läßt sich der Wert für das Kerning der Schrift festlegen.

Offset	Bytes	Feld
00H	1	Kerning (Code D9H)
01H	1	Subfunktionscode 06H
02H	2	Längenwort (Wert = 6)
04H	2	alter Kerning-Wert 100/Kerning * (Zeichenbreite)
06H	2	Längenwort (Wert = 6)
08H	1	Subfunktionscode 06H
09H	1	Ende der Funktion (Code D9H)

Tabelle 9.111 Opcode D9H, 06H in Version 5.1

Kerning (Code D9H, Subcode 07H)

In diesem Record lassen sich zusätzliche Informationen zum Kerning ablegen.

Offset	Bytes	Feld
00H	1	Kerning (Code D9H)
01H	1	Subfunktionscode 07H
02H	2	Längenwort (variabel)
04H	4	Produkttyp, Dateityp, Hauptversion, Unterversion
08H	xx	Informationen variabler Länge von WP zur Formatumwandlung
06H	2	Längenwort (variabel)
08H	1	Subfunktionscode 07H
09H	1	Ende der Funktion (Code D9H)

Tabelle 9.112 Opcode D9H, 07H in Version 5.1

Box Group (Code DAH)

Mit dem Funktionscode DAH werden die Daten für Textboxen, Bildrahmen, Tabellenrahmen etc. festgehalten.

Figure (Code DAH, Subcode 00H)

In diesem Record sind alle Informationen zur Gestaltung einer Box zum Einfügen von Bildern im Text abgelegt. Dabei gilt folgender Aufbau:

Offset	Bytes	Feld
00H	1	Figure (Code DAH)
01H	1	Subfunktionscode 00H
02H	2	Längenwort (variabel)
04H	2	Box Number xx.xx Bit 15–5: Nummer Level 1 (xx.) Bit 4–0: Nummer Level 2 (.xx)
06H	1	Position- and Type-Flag Bit 1–0: Box type 0 = paragraph 1 = page 2 = character (in-line) Bit 4–2: Position option 0 = full page 1 = top 2 = middle 3 = bottom 4 = absolute

Textverarbeitung

Offset	Bytes	Feld
		Bit 5: Box bumped to next page Bit 6: 0 not offset 1 page offset appears after page definition on Bit 7: print equation-Flag 0 print as graphics 1 print as text
07H	1	Alignment-Flags: Bit 1–0: Alignment-Option 0 = left 1 = right 2 = centered 3 = left & right justify Bit 3–2: Alignment with 0 = margins 1 = columns 2 = absolute Bit 4: Scale width figure Bit 5: Scale height figure Bit 6: reserviert Bit 7: 0 = wrap text around 1 = disable wrap text
08H	2	Box width (wpu)
0AH	2	Box height (wpu)
0CH	2	X position of box (wpu)
0EH	2	Y position of box (wpu)
10H	2	Outside left spacing between window and text (wpu)
12H	2	Outside right spacing between window and text (wpu)
14H	2	Outside top spacing between window and text (wpu)
16H	2	Outside bottom spacing between window and text (wpu)
18H	2	Inside left spacing between window and text (wpu)
1AH	2	Inside right spacing between window and text (wpu)
1CH	2	Inside top spacing between window and text (wpu)
1EH	2	Inside bottom spacing between window and text (wpu)
20H	2	Horizontal offset (wpu)
22H	2	Vertical offset (wpu)
24H	1	Column X for column alignment
25H	1	Column Y for column alignment
26H	2	Source image width (wpu)
28H	2	Source image height (wpu) bei Textboxen = Zahl der Formatzeilen

Offset	Bytes	Feld
2AH	2	Orientation Bit 15: 1 = mirror Bit 14: 1 = invert bits for monochrom bitmaps Bit 13–12: reserved Bit 11–0: rotation angle (0...360)
2CH	2	Width scale factor (100 = 100%)
2EH	2	Height scale factor (100 = 100%)
30H	2	X crop offset (wpu) bei Textboxen = formatter hash value
32H	2	Y crop offset (wpu) bei Textboxen = rotation 0 = 0 degrees 1 = 90 degrees 2 = 180 degrees 3 = 270 degrees
34H	1	Format type of box contents 0 = empty box 1 = reserved 2 = graphics of disk 3 = reserved ...
		7 = reserved 8 = Equation text 9 = reserved ... 14 = reserved 15 = reserved 16 = WordPerfect text 17 = ASCII text 18 = reserved ... 63 = reserved 64 = internal table format 65 = MathPlan 3.0 worksheet 66 = Lotus 1-2-3 worksheet 67 = DIF format 68 = reserved ... 126 = reserved 127 = reserved 128 = WPG format 129 = Lotus PIC format 130 = TIFF format 131 = PC Paintbrush PCX-format 132 = Windows Paint (MSP) format 133 = CGI Metafile (CGM) format 134 = AutoCAD (DFX) format 135 = reserved 136 = reserved 137 = MAC Paint file 138 = HPGL format 139 = Dr. Halo and Halo DPE format

Offset	Bytes	Feld
		140 = PC Paint normal format 141 = PC Paint BSAVE format 142 = GEM IMG format 143 = EPS files 144 = PostScript files 145 = reserved ... 255 = reserved
35H	21	ASCIIZ-String mit Dateiname
4AH	28	reserviert
66H	1	Justification-Flag for equation 0 = center 1 = left 2 = right
67H	2	Absolute page number box appears on (defined page + bumped + page offset)
69H	1	Number of pages box is bumped from page it is defined on
6AH	1	Number of pages page type box is offset from page it is defined on
6BH	2	Desired width as entered by user (wpu)
6DH	2	Desired height as entered by user (wpu)
6FH	2	Amount of extra space between caption and box (wpu)
71H	2	Image index number in graphics temporary file
73H	2	Number of formatter lines in caption (wpu)
75H	2	Formatter hash value for caption
77H	2	Length of caption in bytes
79H	xx	Text for caption
xxH	xx	Text for text box
xxH	2	Längenwort (variabel)
xxH	1	Subfunktionscode 00H
xxH	1	Ende der Funktion (Code DAH)

Tabelle 9.113 Opcode DAH, 00H in Version 5.1

Table (Code DAH, Subcode 01H)

In diesem Record werden alle Informationen zur Gestaltung einer Box für das Einfügen von Tabellen im Text abgelegt. Dabei gilt der gleiche Aufbau wie bei einer Bildbox.

Text Box (Code DAH, Subcode 02H)

In diesem Record werden alle Informationen zur Gestaltung einer Box für das Einfügen von Texten abgelegt. Dabei gilt der gleiche Aufbau wie bei einer Bildbox.

User Defined Text Box (Code DAH, Subcode 03H)

In diesem Record werden alle Informationen zur Gestaltung einer *User Defined Text Box* für das Einfügen im Text abgelegt. Dabei gilt der gleiche Aufbau wie bei einer Bildbox.

Equation (Code DAH, Subcode 04H)

In diesem Record werden alle Informationen zur Gestaltung einer *Equation Box* zum Einfügen im Text abgelegt. Dabei gilt der gleiche Aufbau wie bei einer Bildbox. Der Record wurde in Version 5.1 neu eingeführt.

Horizontal Line (Code DAH, Subcode 05H)

Mit diesem Record lassen sich horizontale Linien im Text zeichnen und deren Position speichern.

Offset	Bytes	Feld
00H	1	Horizontal line (Code DAH)
01H	1	Subfunktionscode 05H
02H	2	Längenwort (Wert = 121)
04H	2	reserviert
06H	1	Vertical Position-Flags Bit 1–0: reserviert Bit 4–2: Position option lines Vertical lines 0 = full page 1 = top 2 = middle 3 = bottom 4 = absolute for horizontal lines 0 = baseline 1 = --- 2 = --- 3 = --- 4 = absolute Bit 5: bump bit (immer 0) Bit 7–6: reserviert
07H	1	Alignment-Flags: Bit 2–0: Alignment option for horizontal lines 0 = left 1 = right 2 = centered 3 = left & right just. 4 = absolute

Offset	Bytes	Feld
		for vertical lines 0 = left margin 1 = right margin 2 = between columns x,x1 3 = absolute position Bit 7–3: reserviert
08H	2	Width of line (wpu)
0AH	2	Height of line (wpu)
0CH	2	x-position of line (wpu)
0EH	2	y-position of line (wpu)
10H	20	reserviert
24H	1	Shading (% black)
25H	1	Column x for vertical lines only
26H	4	reserviert
2AH	2	Konstante = 0
2CH	2	Konstante = 100
2EH	2	Konstante = 100
30H	2	Konstante = 0
32H	2	Konstante = 0
34H	1	Konstante = 0
35H	50	reserviert
67H	2	Appearance page
69H	14	reserviert
77H	2	Konstante = 0
79H	2	Längenwort (Wert = 121)
7BH	1	Subfunktionscode 05H
7CH	1	Ende der Funktion (Code DAH)

Tabelle 9.114 Opcode DAH, 05H in Version 5.1

Vertical line (Code DAH, Subcode 06H)

Mit diesem Record lassen sich vertikale Linien im Text zeichnen und deren Positionen speichern. Es gilt der gleiche Satzaufbau wie bei den horizontalen Linien.

Style Group (Code DBH)

Mit dem Funktionscode DBH speichert WordPerfect Informationen über das Format des Textdokuments ab. Es gilt der gleiche Recordaufbau wie in Version 5.0.

Table End of Line Codes Group

Diese Funktionen wurden erst in Version 5.1 aufgenommen.

Beginning of Column at EOL (Code DCH, Subcode 00H)

Mit diesem Record lassen sich Tabellen beschreiben. Es gilt folgender Aufbau:

Offset	Bytes	Feld
00H	1	Beginning Column at EOL (Code DCH)
01H	1	Subfunktionscode 00H
02H	2	Längenwort (variabel)
04H	1	Flags Bit 0: 1 = use cell justification instead of column defaults Bit 1: 1 = use cell attributes instead of column defaults Bit 2–3: vertical alignment cell 0 = top 1 = bottom 2 = center Bit 4: 1 = text type 0 = numeric type Bit 5: 1 = cell has formula Bit 6: 1 = cell is locked Bit 7: ---
05h	1	Column number
06H	1	Column spanning info Bit 0–5: number of columns this cell spans Bit 7: 1 = cell is continued from row above
07H	1	Row span info (number of rows/cell)
08H	2	Old maximum number formatter lines for row (uflin) (wpu)
0AH	2	Old maximum screen lines for row (screen units)
0CH	2	Cell attributes
0EH	2	Cell justification Bit 0–2: horizontal justify 0 = left 1 = flush right 2 = centered 3 = left & right justify 4 = decimal align
10H	xx 1 xx	Variable length Subgroup Info Subgroup code Subgroup length
xxH	2	Längenwort (Wert = 121)
xxH	1	Subfunktionscode 00H
xxH	1	Ende der Funktion (Code DCH)

Tabelle 9.115 Opcode DCH, 00H in Version 5.1

Beim *Subgroup Info* wird für jede Gruppe eine Liste variabler Länge angelegt. Falls die Länge mit dem Wert 15 belegt ist, existiert die Gruppe nicht; sie darf die Länge von 255 Zeichen nicht übersteigen. Zur Zeit ist lediglich Gruppe 1 (*Cell Formula*) definiert.

Beginning of Row at EOL (Code DCH, Subcode 01H)

Mit diesem Record lassen sich Tabellen beschreiben.

Offset	Bytes	Feld
00H	1	Beginning Row at EOL (Code DCH)
01H	1	Subfunktionscode 01H
02H	2	Längenwort (variabel)
04H	1	Old row height-Flags: Bit 0: 0 singleline text 1 multiline text (wrap) Bit 1: 0 fixed height 1 auto height Bit 2–7: ---
05H	2	Old row height (wpu)
07H	1	Old number of byte border info for this row (Bit 7 = 1: 1 word per column, Bit 7 = 0: 1 Byte per column)
08H	xx	Old border info (number of col. * 2 Bytes) Bit 0–2: for top border of cell Bit 3–5: for left border for cell Bit 6–7: -- High Byte: Bit 0–2: for bottom border cell Bit 3–5: for right border cell Bit 6: 1 = if shaded cell Bit 7: 1 = if this word is really a count word indicating next style (number is stored in bit 0–14)
xxH	1	New row Height-Flags:
xxH	2	New row height (wpu)
xxH	1	New number of byte border info for this row (Bit 7 = 1: 1 word per column, Bit 7 = 0: 1 Byte per column)
xxH	xx	New border info (number of col. * 2 Bytes)
xxH	2	Old number of formatter lines at top/row (wpu)
xxH	2	Längenwort (variabel)
xxH	1	Subfunktionscode 01H
xxH	1	Ende der Funktion (Code DCH)

Tabelle 9.116 Opcode DCH, 01H in Version 5.1

Table Off at End of Line (Code DCH, Subcode 02H)

Mit diesem Record läßt sich das Ende einer Tabelle markieren.

Offset	Bytes	Feld
00H	1	Table Off at EOL (Code DCH)
01H	1	Subfunktionscode 02H
02H	2	Längenwort (variabel)
04H	1	Flags: Bit 0–1: old row height option Bit 2–7: ---
05H	2	Old row height (wpu)
07H	1	Old number of byte border info for row
08H	xx	Old border info for row
xxH	1	Old number of rows
xxH	2	Old number of formatter lines at top of row (wpu)
xxH	2	Old size of header rows
xxH	2	Old number of columns
xxH	2	Längenwort (variabel)
xxH	1	Subfunktionscode 02H
xxH	1	Ende der Funktion (Code DCH)

Tabelle 9.117 Opcode DCH, 02H in Version 5.1

Table End of Pages Codes Group (0DDH)

Diese Gruppe von Subfunktionen wurde für die Version 5.1 neu definiert. Der Funktionscode 00H ist nicht belegt.

- Subcode 01H ist durch die Funktion *Beginning of Row at End of Page* belegt. Der Recordaufbau entspricht der Funktion DC01H.
- Subcode 02H ist durch die Funktion *Table Off at End of Page* belegt. Der Recordaufbau entspricht der Funktion DC02H.
- Subcode 03H ist durch die Funktion *Beginning of Row/Hard Page Break* belegt. Der Recordaufbau entspricht der Funktion DC01H.

Enhanced Merge Functions (Code DEH)

Diese Gruppe wurde ebenfalls erst ab Version 5.1 eingeführt. Es gilt generell folgender Recordaufbau:

Offset	Bytes	Feld
00H	1	Enhanced Merge (Code DEH)
01H	1	Subfunktionscode xxH
02H	2	Längenwort (Wert = 4)
xxH	xx	Parameter der Funktion
04H	2	Längenwort (Wert = 4)
xxH	1	Subfunktionscode xxH
xxH	1	Ende der Funktion (Code DEH)

Tabelle 9.118 Opcode DEH, xxH in Version 5.1

Das Längenwort wird bei fast allen Funktionen auf den Wert 4 gesetzt. Lediglich die Subfunktion DE34H besitzt den Wert 6 im Längenwort.

Für die Subfunktionen sind die Codes gemäß Tabelle 9.119 definiert.

Subcode	Subfunktion
20H	mrg_asgn (ASSIGN) var,expr
21H	mrg_bell (BELL)
22H	mrg_brk (BREAK)
23H	mrg_call (CALL) label
24H	mrg_cnclf (CANCEL OFF)
25H	mrg_cnclo (CANCEL ON)
26H	mrg_case (CASE) exp, case1, label... (ELSE) label
27H	mrg_casec (CASE CALL) exp, case1, label.. (ELSE) label
28H	mrg_chnmo (CHAIN MACRO) macroname
29H	mrg_chnp (CHAIN PRIMARY) filename
2AH	mrg_chns (CHAIN SECONDARY) file
2BH	mrg_char (CHAR) var, message
2CH	mrg_comt (COMMENT) comment
2DH	mrg_cton (CTON) character
2EH	mrg_dateo (DATE) Old ^D
2FH	mrg_doc (DOCUMENT) filename
30H	mrg_else (ELSE)
31H	mrg_endfl (END FIELD) Old ^R
32H	mrg_endfor (END FOR)
33H	mrg_endif (END IF)
34H	mrg_endrec (END RECORD) Old ^E Number of Fields in Record (1 Word)
35H	mrg_endwhl (END WHILE)

Subcode	Subfunktion
36H	mrg_field (FIELD) field Old ^F
37H	mrg_for (FOR) var,start,stop,step
38H	mrg_freach (FOR EACH) var,expr,expr...
39H	mrg_go (GO) label
3AH	mrg_if (IF) expr
3BH	mrg_ifb (IF BLANK) field
3CH	mrg_ifexst (IF EXISTS) var
3DH	mrg_notb (IF NOT BLANK) field
3EH	mrg_kybd (KEYBOARD) Old ^C
3FH	mrg_label (LABEL) label
40H	mrg_local (LOCAL) var, expr
41H	mrg_look (LOOK) var
42H	mrg_mid (MID) expr,offset,count
43H	mrg_mrcmd (MRG CMND)codes (MRG CMND)
44H	mrg_nestm (NEST MACRO) macroname
45H	mrg_nestp (NEST PRIMARY) filename
46H	mrg_nests (NEST SECONDARY) filename
47H	mrg_next (NEXT)
48H	mrg_nextr (NEXT RECORD) Old ^N
49H	mrg_ntoc (NTOC) number
4AH	mrg_proc (PROCESS) codes (PROCESS)
4BH	mrg_oncan (ON CANCEL) action
4CH	mrg_onerr (ON ERROR) action
4DH	mrg_pagef (PAGE OFF)
4EH	mrg_pagen (PAGE ON)
4FH	mrg_prnt (PRINT) Old ^T
50H	mrg_prompt (PROMPT) message
51H	mrg_quit (QUIT) Old ^Q
52H	mrg_ret (RETURN)
53H	mrg_retcan (RETURN CANCEL)
54H	mrg_reterr (RETURN ERROR)
55H	mrg_rwrite (REWRITE) Old ^U
56H	mrg_stepf (Step OFF)
57H	mrg_stepo (Step ON)
58H	mrg_subp (SUBST PRIMARY) filename

Subcode	Subfunktion
59H	mrg_subs (SUBST SECONDARY) file
5AH	mrg_sys (SYSTEM) sysvar
5BH	mrg_text (TEXT) var,message
5CH	mrg_var (VARIABLE) var
5DH	mrg_wait (WAIT) 10 ths
5EH	mrg_while (WHILE) expr
5FH	mrg_sprmt (STATUS PROMPT) message
60H	mrg_input (INPUT) message
61H	mrg_len (LEN) expr
62H	mrg_fldnm (FIELD NAME) name ...
63H	mrg_end End of Merge Command

Tabelle 9.119 Merge-Subfunktionen (Version 5.1)

Unter dem Code DFH wurde in der Version 5.1 eine weitere Gruppe von Subfunktionen für die Beschreibung von Gleichungen neu eingeführt. Lediglich die Funktion 00H ist jedoch definiert.

Equation Nested Function (Code DFH, Subcode 00H)

Die Funktion dient zur Aufnahme von Daten für die Ausgabe von Gleichungen im Text. Es gilt folgender Recordaufbau:

Offset	Bytes	Feld
00H	1	Equation Nested Function (Code DFH)
01H	1	Subfunktionscode 00H
02H	2	Längenwort (variabel)
04H	2	Flags, Bit 6–15 unbenutzt Bit 0–2: horizontal alignment 0 = left alignment 1 = right alignment 2 = center alignment Bit 3–5: vertical alignment 1 = top alignment 2 = center alignment 3 = bottom alignment
06H	2	Memory requirements of equation
08H	2	Offset from this location of equation text (0 in WP 5.1)
0AH	2	Equation base font size (graphic)
0CH	xx	Equation text
xxH	xx	Equation compact stream

Offset	Bytes	Feld
xxH	2	Längenwort (variabel)
xxH	1	Subfunktionscode 00H
xxH	1	Ende der Funktion (Code DFH)

Tabelle 9.120 Opcode DFH, 00H in Version 5.1

Unknown Function (Code FEH, Subcode FEH)

Die Funktion dient zur Markierung unbekannter Funktionen. Es gilt folgender Recordaufbau:

Offset	Bytes	Feld
00H	1	Unknown Function (FEH)
01H	1	Subfunktionscode FEH
02H	xx	Variable Länge
xxH	1	Subfunktionscode FEH
xxH	1	Ende der Funktion (Code FEH)

Tabelle 9.121 Opcode FEH, FEH in Version 5.1

Weitere Codes sind in Version 5.1 von WordPerfect nicht implementiert.

Anmerkung: Ab WordPerfect 6.x wird ein erweitertes Format verwendet. Informationen über dieses Format dürfen an dieser Stelle jedoch nicht publiziert werden. Entwickler, die Informationen zu diesem Format benötigen, können diese jedoch bei Corel anfordern. Nach Abschluß eines Lizenzvertrags mit einer Geheimhaltungsklausel erhalten Sie die Spezifikation des Formats.

10 Rich Text Format (RTF Version 1.6)

Dieses Format wurde durch Microsoft Mitte der 80er Jahre in der Version 1.0 definiert, um Text und Grafiken zwischen verschiedenen Anwendungen zu transferieren. Weiterhin wird das RTF-Format als Austauschformat für die Windows-Zwischenablage benutzt. Zwischenzeitlich hat Microsoft weitere Versionen von 1.2 bis 1.6 eingeführt, die den Befehlsumfang schrittweise erweitern.

Der RTF-Standard definiert ein Format, das für verschiedene Ausgabegeräte, Betriebssysteme und Umgebungen verwendbar ist. Das Rich Text Format verwendet daher nur anzeigbare Zeichen der ANSI-, MAC- und PC-Zeichensätze, um die Texte und Formatinformationen zu speichern. Jede RTF-Datei besteht aus unformatiertem Text, den Kontrollwörtern (control words) und den Kontrollzeichen (control symbols), die zu Gruppen (groups) zusammengefaßt werden. Die benutzten Zeichen lassen sich im 7-Bit-ASCII-Code speichern. In Word für Windows und Word für den Macintosh werden jedoch 8-Bit-Zeichen zum Datenaustausch benutzt. Abbildung 10.1 zeigt einen Ausschnitt aus einer RTF-Datei.

```
{\rtf1\pc {\info{\revtim\mo06\dy05\yr1989}{\creatim\mo05\dy18\yr1989}
{\nofchars4912}}\deff0{\fonttbl{\f0\fmodern pica;}
{\f1\fmodern Courier;}{\f2\fmodern elite;}{\f3\fmodern prestige;}
{\f4\fmodern lettergothic;}{\f5\fmodern gothicPS;}
{\f6\fmodern cubicPS;}{\f7\fmodern lineprinter;}
{\f8\fswiss Helvetica;}{\f9\fmodern avantegarde;}
{\f10\fmodern spartan;}{\f11\fmodern metro;}
{\f12\fmodern presentation;}{\f13\fmodern APL;}{\f14\fmodern OCRA;}
{\f15\fmodern OCRB;}{\f16\froman boldPS;}{\f17\froman emperorPS;}
{\f18\froman madaleine;}{\f19\froman zapf humanist;}
{\f20\froman classic;}{\f21\froman roman f;}{\f22\froman roman g;}
{\f23\froman roman h;}{\f24\froman timesroman;}{\f25\froman century;}
{\f26\froman palantino;}{\f27\froman souvenir;}{\f28\froman garamond;}
{\f29\froman caledonia;}{\f30\froman bodini;}{\f31\froman university;}
{\f32\fscript script;}{\f33\fscript scriptPS;}{\f34\fscript script c;}
{\f35\fscript script d;}{\f36\fscript commercial script;}
{\f37\fscript park avenue;}{\f38\fscript coronet;}
{\f39\fscript script h;}{\f40\fscript greek;}{\f41\froman kana;}
{\f42\froman hebrew;}{\f43\froman roman s;}{\f44\froman russian;}
{\f45\froman roman u;}{\f46\froman roman v;}{\f47\froman roman w;}
{\f48\fdecor narrator;}{\f49\fdecor emphasis;}
```

```
{\f50\fdecor zapf chancery;}{\f51\fdecor decor d;}
{\f52\fdecor old english;}{\f53\fdecor decor f;}{\f54\fdecor decor g;}
{\f55\fdecor cooper black;}{\f56\ftech Symbol;}{\f57\ftech linedraw;}
{\f58\ftech math7;}{\f59\ftech math8;}{\f60\ftech bar3of9;}
{\f61\ftech EAN;}{\f62\ftech pcline;}{\f63\ftech tech h;}}
\ftnbj\ftnrestart \sectd \linex576\endnhere \pard \sl-240
\plain MICROSOFT WORD VERSION 5.0\par
Diese Datei informiert Sie \'81ber bestimmte Limitationen in der
Konvertierung zwischen Texten, die in Word formatiert wurden, und
Texten, die in RTF (Rich Text Format) formatiert wurden. Sie
erfahren hier auch, wie Sie die Konvertierung von Schriftarten durch
die Erstellung spezieller Dateien Ihren Bed\'81rfnissen anpassen
k\'94nnen; diese Dateien werden zusammen mit dem Konvertierungs-
programm benutzt.\par
\par
```

Abbildung 10.1 Ausschnitt aus einer WORD-RTF-Datei

Der Aufbau der RTF-Datei

Jede RTF-Datei beginnt mit einer Steuersequenz zur Initialisierung des RTF-Lesers. Diese Steuersequenz wird dabei in Kontrollwörter (control words) und Steuersymbole (control symbols) unterteilt.

Ein Kontrollwort (control word) beginnt mit einem Backslash \, gefolgt von einem Schlüsselwort, und endet mit einem Delimiter:

```
\Schlüsselwort <delimiter>
```

Das Schlüsselwort darf nur Kleinbuchstaben (a bis z) enthalten (RTF-Anweisungen unterscheiden Groß-/Kleinschreibung). Der Delimiter am Ende dieses Kontrollworts darf aus folgenden Zeichen bestehen:

- Leerzeichen: in diesem Fall ist das Leerzeichen ein Teil des Kontrollworts.
- Ziffer oder –: zeigt einen folgenden numerischen Parameter mit einem Delimiter an. Delimiter sind Leerzeichen und andere Zeichen (aber nicht – oder Ziffern). Numerische Werte liegen im Bereich zwischen -32767 und 32767. Word (DOS, Windows, Macintosh, OS/2) begrenzt den Wertebereich zusätzlich auf -31680 bis 31680.
- alle anderen Zeichen mit Ausnahme von Buchstaben und Ziffern. Dann beendet der Delimiter das Kontrollwort und gehört nicht mehr dazu.

Ein Steuersymbol (control symbol) beginnt mit einem Backslash (\) gefolgt von einem weiteren Zeichen (nicht aus dem Alphabet):

```
\Zeichen
```

Es sind nur wenige Steuersymbole (z. B. ~) vereinbart, die jedoch durch einen RTF-Scanner übergangen werden können. Steuersymbole besitzen keine Delimiter.

Eine Gruppe (group) besteht aus Text und Kontroll- oder Steuerwörtern, die in Klammern {} eingeschlossen werden.

```
{Anfang der Gruppe
}Ende der Gruppe
```

Jede Gruppe spezifiziert den Text, der durch die Gruppe formatiert oder sonst beeinflußt wird. Die RTF-Datei kann jedoch zusätzliche Gruppen mit Definitionen für Fonts, Formate, Bildschirmfarben, Bilder, Fußnoten, Anmerkungen, Kopfzeilen etc. enthalten. Informationen zu Fonts, Formaten, Bildschirmfarben und zusammenfassende Texte (summary) müssen vor dem ersten Text (plain text) auftreten. Unbenutzte Gruppen sind zu entfernen.

Tritt eines der folgenden Zeichen im Text auf:

```
\ { }
```

muß es mit einem vorangestellten Backslash markiert werden:

```
\\
\{
\}
```

Damit kann der RTF-Scanner das folgende Zeichen als Text erkennen. Die Codes aus Tabelle 10.1 werden zur Druckausgabe verwendet und nicht weiter interpretiert.

Code	Feldbeschreibung
09H	Tabulator (\tab)
0AH	CR-Character (\tab)
0CH	LF-Character (\tab)

Tabelle 10.1 Spezialzeichen im RTF-Format

Die CR/LF-Zeichen sind vom Scanner zu überlesen. Die Zeichen dienen lediglich zur Formatierung der RTF-Datei. Jede RTF-Datei sollte nach 255 Zeichen einen Zeilenumbruch aufweisen.

Innerhalb eines Kontrollwortes kann eine CR/LF-Sequenz allerdings eine bestimmte Bedeutung erhalten (siehe Befehlsbeschreibung).

Einige Kontrollwörter schalten eine Eigenschaft ein. Das Kontrollwort *\b* ist zum Beispiel für das Einschalten des Fettdrucks verantwortlich. Um die Eigenschaft auszuschalten, wird dann die Ziffer 0 an das Kontrollwort angehängt. Für das Abschalten des Fettdrucks wird dann das Kontrollwort *\b0* benutzt.

Eine Formatanweisung innerhalb einer Gruppe bezieht sich nur auf den Text der jeweiligen Gruppe. Wird ein Format jedoch in einer Gruppe gesetzt (z.B. Fettdruck ein) und nicht wieder aufgehoben, erbt der Text der folgenden Gruppe dieses Format. Die Implementierung durch Microsoft setzt aber voraus, daß die Vererbung der Formatierung bei Fuß- oder Kopfzeilen, Anmerkungen und Fußnoten nicht angewandt wird.

Anmerkung: Einigen Kontrollwörtern ist die Zeichenfolge * vorangestellt. Dies sind Kontrollwörter, die in der RTF-Spezifikation Version 1.0 vom März 1987 nicht enthalten waren und in späteren RTF-Versionen hinzugefügt wurden.

Destination Control Words

Verschiedene Kontrollwörter initialisieren den RTF-Leser und leiten eine Gruppe ein. Die Kontrollwörter dürfen daher nur zu Beginn der Datei oder einer Gruppe auftreten. Die Kontrollwörter müssen inklusive der Parameter in Klammern eingefaßt werden:

```
{\rtf0\pc....... }
```

Nachfolgend finden Sie eine Kurzbeschreibung der jeweiligen Kontrollworte:

Header (\rtf <parameter>)

Dieses Kommando definiert den Kopf im Format *\rtfN*, wobei *N* für eine Versionsnummer steht. (Obwohl es die RTF-Spezifikationen 1.0 bis 1.6 gibt, steht hier der Wert 1.)

```
{\rtf1......}
```

An dieses Kontrollwort kann sich das optionale Kontrollwort *\deff* anschließen, das die Kontrollwörter für die verwendeten Schriftarten, Formatvorlagen etc. einleitet (*\rtf <charset> \deff <fonttbl>*.....).

Zeichensatz (\ansi \pc etc.)

Als zweites Kommando in der RTF-Datei ist der verwendete Zeichensatz zu vereinbaren. Die RTF-Spezifikation ermöglicht die Benutzung folgender Zeichensätze:

Befehl (Kontrollwort)	Zeichensatz
\ansi	ANSI (Standard)
\mac	Apple Macintosh
\pc	IBM PC mit Code Page 437
\pca	IBM PC mit Code Page 850

Tabelle 10.2 Zeichenkodierung

Die Option *\pca* wurde bisher in den Word-Varianten der RTF-Spezifikation nicht implementiert. Zum Textaustausch zwischen verschiedenen Plattformen sollte die Option *\ansi* benutzt werden.

Unicode-Unterstützung in RTF

In Word 2000 lassen sich Texte auch im Unicode hinterlegen, d.h., die Texte werden mit 16 Bit pro Zeichen und nicht mehr mit 8 Bit dargestellt. Aus diesem Grund wurde ab RTF 1.6 eine Erweiterung zur Unterstützung dieser Unicode-Zeichen eingeführt. (Frühere RTF-Versionen benutzten nur 7-Bit-Zeichen direkt und kodierten 8-Bit-Zeichen als Hexadezimalzahlen.) Unicode-Unterstützung kann in RTF 1.6 in jeder RTF-Destination (Kontrollwörter zur Initialisierung des Readers) oder im eigentlichen Haupttext auftreten. Zur Unicode-Unterstützung kennt RTF 1.6 daher folgende Kontrollwörter.

Befehl (Kontrollwort)	Zeichensatz
\ansicpgN	Repräsentiert eine ANSI-Codeseite N, die zur Konvertierung des Unicode/ANSI-Zeichensatzes herangezogen wird. Standardmäßig wird der ANSI-Code der Betriebssystemumgebung, z.B. \ansicpg1252, benutzt. Der RTF-Reader kann die gleiche ANSI-Codeseite nutzen, um ANSI-Text in Unicode zurückzukonvertieren. Es sind folgende Codeseiten zulässig: 437 United States IBM 708 Arabic (ASMO 708) 709 Arabic (ASMO 449+, BCON V4) 710 Arabic (transparent Arabic) 711 Arabic (Nafitha Enhanced) 720 Arabic (transparent ASMO) 819 Windows 3.1 (United States and Western Europe) 850 IBM multilingual 852 Eastern European 860 Portuguese 862 Hebrew 863 French Canadian 864 Arabic 865 Norwegian 866 Soviet Union 874 Thai 932 Japanese 936 Simplified Chinese 949 Korean 950 Traditional Chinese 1250 Windows 3.1 (Eastern European) 1251 Windows 3.1 (Cyrillic) 1252 Western European 1253 Greek 1254 Turkish 1255 Hebrew 1256 Arabic 1257 Baltic 1258 Vietnamese 1361 Johab
	Das Schlüsselwort sollte im Header nach \ansi, \mac, \pc or \pca auftreten.

Befehl (Kontrollwort)	Zeichensatz
\upr	Definiert ein Ziel (destination), welches zwei eingebettete Konversionsziele enthält: Ein Wert repräsentiert Unicode, und der andere Wert gibt die ANSI-Seiten an. Das Schlüsselwort wird (aus Kompatibilitätsgründen) in Konjunktion mit \ud benutzt. Es gilt folgende Syntax: {\upr{keyword ansi_text}{*\ud{keyword Unicode_text}}} Beachten Sie, dass kein * keyword benutzt wird. Dies veranlasst ältere RTF-Leser, die ANSI-Darstellung zu verwenden und Unicode-Teile zu übergehen.
\ud	Es handelt sich um eine in Unicode dargestellte Destination. Der Text wird als Mischung von in ANSI übersetzten Zeichen und \uN-Schlüsselwörtern (für Unicode-Zeichen, die kein ANSI-Äquivalent besitzen) dargestellt.
\uN	Das Schlüsselwort gibt ein einzelnes Unicode-Zeichen an, welches sich nicht über ein äquivalentes ANSI-Zeichen der aktuellen ANSI-Codeseite abbilden läßt. Der Buchstabe N ist eine Dezimalzahl, die den Code des Unicode-Zeichens angibt. Auf das Schlüsselwort folgen sofort äquivalente Zeichen in der ANSI-Darstellung (wenn das schreibende Programm ein Unicode-Zeichen ausgibt, sollte es das am besten zu diesem Unicode-Zeichen passende Zeichen, getrennt durch ein Blank, im ANSI-Format anhängen). Daher kann ein älterer RTF-Leser die \uN-Angabe übergehen und nur die ANSI-Darstellung bearbeiten. Tritt das Schlüsselwort auf, sollte der Leser die nächsten N Zeichen ignorieren, wobei der Wert N dem letzten \ucN-Eintrag entnommen wird.
\ucN	Gibt die Zahl der Bytes des korrespondierenden \uN-Unicode-Zeichens an. Der Wert wird ähnlich wie Zeichenformate benutzt, d.h., er bezieht sich auf folgende Zeichen der gleichen oder unterlagerter Gruppen. Wird eine Gruppe beendet, gilt der eventuell in der übergeordneten Gruppe gesetzte Wert.

Tabelle 10.2a Zeichenkodierung in Unicode

Fonttabelle (\fonttbl)

Dieses Kontrollwort leitet die Gruppe mit der Fontbeschreibung (*{ \fonttbl (Fontinformationen)}*) ein. In dieser Gruppe werden alle im Dokument verfügbaren Zeichenfonts definiert und die zugehörigen Fontnummern vereinbart. Für die Gruppe ist folgende Syntax vorgesehen:

\fonttbl	{\fonttbl (Fontinfo)}
fontinfo	<fontnummer><fontfamilie><zeichensatz><\font pitch request> <font embedding><codepage><fontname><alternativer fontname>)
fontnummer	\fN
fontfamilie	\fnil | \froman | etc.
Zeichensatz	\fcharset
font pitch request	\fprq
panose	*\panose (10 Byte Panose 1 Nummer)

\fonttbl	{\fonttbl (Fontinfo)}
nontaggedname	*\fname
fontname	#PCDATA
fontaltname	'{*' \falt #PCDATA '}'
font embedding	steht für eine eingebettete Schriftart {*\fontemb <fonttype> <fontname> <data>}
fonttype	\fnil | \fttruetype
codepage	Codeseite für eine eingebettete Schriftart \cpg
fontfname	Name der Schriftartendatei {*\fontfile <codepage> PCData}

Tabelle 10.3 Syntax der Fontdefinition

Einige dieser Elemente sind jedoch optional.

Fontnummer (\fN)

Jede im Dokument verwendete Schriftart wird in der Fonttabelle vereinbart. Die Auswahl der betreffenden Schriftart im Dokument erfolgt über eine sogenannte *Fontnummer*. Dies ist eine eindeutige Nummer, die in der Fonttabelle der Fontdefinition vereinbart wird. Die Fontnummer wird mit dem Schlüsselwort *\fN* vereinbart. Der Buchstabe N steht dabei für eine Ziffer (0, 1, 2 etc.).

Fontfamilie

Die Schriftarten werden in Fontfamilien zusammengefaßt. Das Schlüsselwort für die betreffende Schriftartenfamilie wird in der Fonttabelle gemäß folgender Tabelle angegeben:

\fnil	Wird für unbekannte oder Standardfonts verwendet.
\froman	Definiert proportionale (Serifen) Fonts aus der Roman-Schriftenfamilie (Times Roman, Times New Roman, Palatino etc.).
\fswiss	Definiert Fonts aus der Swiss-Familie (Helvetica, Swiss, Arial etc.).
\fmodern	Definiert Serifenschriften mit festem Zeichenabstand (fixed pitch). Beispiele sind Pica, Elite, Courier, Courier New etc.
\fscript	Diese Definition vereinbart Script-Fonts (Cursive etc.) und weist diesen eine Fontnummer zu.
\fdecor	Verwendet dekorative Fonts (Old English, ITC Zapf Chancery etc.).
\ftech	Definiert Fonts mit technischen und mathematischen Zeichen oder Symbolzeichensätze (SYMBOL etc.)
\fbidi	Definiert bidirektionale Fonts für Arabisch, Hebräisch oder andere Sprachen (Miriam etc.)

Tabelle 10.4 Schlüsselwörter für die Fontfamilien

Ein gültiges Kommando zur Definition einer Fonttabelle ist zum Beispiel:

```
{\rtf\ansi\deff0
{\fonttbl\f0\fnil default;}
{\f1\froman roman h;}
{\f2\fswiss helvetica;}}
```

Auf das Schlüsselwort *\fonttbl* folgt hier die erste Fontnummer *\f0*. Nach der Fontnummer wird die Fontfamilie (*\fnil* als Standard) erwartet. Der Parameter *default* signalisiert dem Leser, daß der Standardfont zu benutzen ist. Der Fontname ist durch ein Semikolon abzuschließen. Der nächste Parameter vereinbart den Fontnamen (roman h). Alle Anweisungen der Gruppe werden in Klammern eingeschlossen { }.

Diese Fontdefinition muß vor der Vereinbarung einer Formatvorlage (*\stylesheet*) und vor dem Text auftreten. Falls eine RTF-Datei einen Standardfont verwendet, läßt sich die Fontnummer für diese Schriftart durch das optionale Kontrollwort *\deffn* vereinbaren. Dann muß der RTF-Reader eine (freie) Nummer für das Argument *N* in *\fN* festlegen.

Alternativer Font (\falt)

Durch die Vorgabe von Schriftartenfamilien kann der RTF-Reader eine ähnliche Schriftart der gleichen Familie wählen, falls der in der RTF-Datei angegebene Font nicht installiert ist. Mit dem optionalen Schlüsselwort *\falt* läßt sich diese alternative Schriftart definieren.

non-tagged font name (*\fname)

Optionales Kontrollwort in der Fonttabelle, um einen Fontnamen ohne Tag anzugeben. Arial ist eine solche Schriftart, während Arial (Cyrillic) bereits eine Schriftart mit Tag ist. Das Element wird nur von WordPad benutzt, aber von Word ignoriert.

FernOst (\fbiasN)

Wird nur in Word 97 und höher benutzt, um zwischen zwei Fonts zu unterscheiden, falls ein Zeichen sowohl in einem FarEast-Font als auch in einem nicht FarEast-Font auftreten kann. Wird bei Aufzählungen (Bullets) und Listen (\listlevel) verwendet. Standardmäßig wird N auf 0 gesetzt, um nicht FarEast-Fonts zu nutzen, der Wert 1 weist auf einen FarEast-Font hin.

Zeichensatz (\fcharset)

Auf die Fonttabelle sollte die Definition des Zeichensatzes (character set) folgen. Diese verwendet den numerischen Parameter (*\fcharsetN*). Als Parameter *N* darf einer der folgenden Werte auftreten:

N	Zeichensatz
0	ANSI
1	Default
2	Symbol
3	invalid
77	Mac
128	SHIFTJIS (Japan)
129	Hangul
130	Johab
134	GB2312
136	Big5
161	Griechisch
162	Türkisch
163	Vietnamesisch
177	Hebräisch
178	Arabisch vereinfacht
179	Arabisch traditionell
180	Arabisch (User)
181	Hebräisch (User)
186	Baltisch
204	Kyrillisch
222	Thai
238	Osteuropa
254	PC437
255	OEM

Tabelle 10.5 Zeichensatz für eine Schriftart

Das Kontrollwort *\fcharset* ist optional und darf entfallen.

\fprq

Dieses optionale Kontrollwort definiert den Parameter *font pitch* request (*\fprqN*).

N	Pitch
0	Default
1	Fixed
2	Variabel

Tabelle 10.6 Font pitch request

\cpg

Die RTF-Spezifikation unterstützt eingebettete Schriftarten in einem Dokument. Diese werden mit dem Schlüsselwort *\fontemb* vereinbart. Eine solche eingebettete Schriftart läßt sich über einen Dateinamen angeben, oder die Fontdaten werden in die Gruppe aufgenommen. Wird ein Dateiname für die Schriftartdatei angegeben, läßt sich die für den Dateinamen verwendete Codeseite mit dem Schlüsselwort *\cpg* (Code Page Support) beschreiben. Gültige Werte für den Parameter *N* in *\cpgN* sind:

N	**Bemerkung**
437	IBM-Standardzeichensatz
708	Arabisch (ASMO 708)
709	Arabisch (ASMO 449+, BCON V4)
710	Arabisch (Transparent Arabisch)
711	Arabisch (Nafitha enhanced)
720	Arabisch (Transparent ASMO)
819	Windows 3.1 (USA & Westeuropa)
850	IBM multilingual
852	Osteuropa
860	Portugiesisch
862	Hebräisch
863	Kanada (französisch)
864	Arabisch
865	Norwegisch
866	Soviet Union (GUS)
932	Japanisch
936	Simplified Chinese
949	Korean
950	Traditional Chinese
936	Simplified Chinese
1250	Windows 3.1 (Osteuropa)
1251	Windows 3.1 (Kyrillisch)
1252	Westeuropa
1253	Griechisch
1254	Türkisch
1255	Hebräisch
1256	Arabisch

N	Bemerkung
1257	Baltisch
1258	Vietnamesisch
1361	Johab

Tabelle 10.7 Code Page-Unterstützung

\fontemb

Mit dem Kontrollwort *\fontemb* werden eingebettete Zeichensätze (font embedding) innerhalb der Fontdefinition unterstützt. Eingebettete Fonts können über den Dateinamen definiert werden.

\ftnil	Vereinbart einen unbekannten oder Standardfont.
\fttruetype	Definiert einen TrueType-Font.

Tabelle 10.8 Einträge für \fontemb

Bei Dateinamen müssen diese in der *\fontfile*-Gruppe angegeben werden.

Dateitabelle (\filetbl)

Das Kontrollwort *\filetbl* leitet die Gruppe mit den Referenzen aller im Dokument benutzten Dateien ein. Die Gruppe besitzt folgende Syntax:

\filetbl	{*\filetbl {fileinfo}}
fileinfo	\file <filenummer><pfad><osnum><filesource>+<filename >
filenummer	\fid
pfad	\fvalidmac | \fvaliddos etc.
osnum	\fosnum
filename	Dateiname im Klartext (PCData)

Tabelle 10.9 Syntax der Dateitabelle

Die nachfolgende Tabelle enthält weitere Hinweise zu den Kontrollwörtern, die in der Gruppe *\filetbl* auftreten dürfen.

\file	Markiert den Anfang der Dateigruppe. Bei \File handelt es sich um ein Basiskontrollwort.
\fidN	Definiert die ID-Nummer der Datei. Über diese Nummer wird später im Dokument auf die externe Datei zugegriffen.
\frelativeN	Definiert eine Zeichenposition im Pfad (Zählung beginnt mit 0), falls der Dateiname relativ zum aktuellen Pfad der Dokumentdatei angegeben wird. Damit kann der RTF-Leser den kompletten Pfad ermitteln.
\fosnumN	Dieses Kontrollwort wird für den MAC verwendet. N ist eine betriebssystemspezifische Dateinummer (Mac File ID).

\fvalidmac	Definiert das Mac-File-System.
\fvaliddos	Definiert das DOS-Dateisystem.
\fvalidntfs	Definiert das NTFS-File-System.
\fvalidhpfs	Definiert das OS/2 HPFS-File-System.
\fnetwork	Definiert ein Netzwerk-Dateisystem.

Tabelle 10.10 Einträge für \filetbl

Das Kontrollwort *\fnetwork* darf mit anderen Dateikontrollwörtern kombiniert werden.

Farbtabelle (\colortbl)

Dieses Kontrollwort vereinbart eine Gruppe mit den Farbdefinitionen für den Bildschirm und die Zeichen im Text. Jede Farbe wird durch drei Einträge (rot, grün, blau) definiert. Auf das Schlüsselwort *\colortbl* erwartet der RTF-Scanner die Definition für die Basisfarben:

```
\red000
\green000
\blue000
```

An Stelle der Nummer 000 stehen Werte zwischen 0 und 255, die den Farbanteil definieren.

```
{\colortbl\red128\green64\blue128;;\red0\green64\blue128;}
```

Die Definition einer Farbe wird durch ein Semikolon abgeschlossen. Zwei Semikolons lassen den Eintrag in der Tabelle unmodifiziert. Die Gruppe wird durch eine Klammer } geschlossen. Auf diese Art lassen sich die Farben 0 bis n definieren.

Im Text läßt sich dann auf diese Farben zurückgreifen. Der Parameter *\cfn* ruft die Vordergrundfarbe (n = 0, Standard) ab, während *\cbn* die Hintergrundfarbe (n = 0 Standard) angibt (z. B. {*\f1\cb1\cf3 Dies ist ein Text mit der Farbe 3 und der Hintergrundfarbe 1.*}).

Formatvorlagen (\stylesheet)

Das Schlüsselwort markiert den Anfang der Gruppe der Formatvorlagen. Diese Vorlagen enthalten die Definitionen für die verschiedenen Formate, die im Dokument verwendet werden. Für die Einträge der Gruppe gilt folgende Syntax:

<table>
<tr><td>\stylesheet</td><td>{\stylesheet (stil)}</td></tr>
<tr><td>stil</td><td>{<stil-definition><keycode><\additive> <\sbasedon><\snext><format></td></tr>
<tr><td><stil-name><keys><key>}</td><td></td></tr>
<tr><td>stil-definition</td><td>\s | \cs | \ds</td></tr>
</table>

keycode	{\keycode <keys> }
format	<brdrdef> | <parafmt> etc.
stil-name	Name für die Formatvorlage
keys	\shift + \ctrl + \alt und eine Taste
key	\fn | Taste im Klartext

Tabelle 10.11 Syntax der Formatvorlagendefinition

Die folgende Tabelle enthält die Beschreibung der Schlüsselwörter, die in der Formatvorlagendefinition auftreten können.

*\csN	Dieses Schlüsselwort bezeichnet ein Zeichenformat. Die Nummer N ist der Vorlage eindeutig zugeordnet und wird im Text zur Auswahl der Vorlage benutzt.
\sN	Dieses Schlüsselwort bezeichnet ein Absatzformat. Die Nummer N ist der Vorlage eindeutig zugeordnet und wird im Text zur Auswahl der Vorlage benutzt.
\dsN	Dieses Schlüsselwort bezeichnet ein Format für einen Abschnitt (Section). Die Nummer N ist der Vorlage eindeutig zugeordnet und wird im Text zur Auswahl der Vorlage benutzt.
\additive	Wird bei der Definition der Zeichenformate {*\cs...} verwendet und erlaubt, das Attribut zusätzlich zu den aktuellen Attributen anzuwenden (z.B. Fett und Kursiv).
\sbasedon000	Definiert die Formatnummer (style number), auf der die aktuelle Formatdefinition basiert. (Standard ist 222, d.h., die Vorlage basiert auf keiner anderen Vorlage.)
\snextN	Definiert das nächste Format, welches mit dem aktuellen Format verbunden ist. Fehlt dieses Schlüsselwort, wird das aktuelle Format für den nächsten Stil benutzt.
\sautoupd	Automatische Aktualisierung der Formatvorlage.
\shidden	Verborgene Formatvorlage (kann nur durch VBA angesprochen werden).
\spersonal	Formatvorlage ist persönliche E-Mail-Formatvorlage.
\scompose	Formatvorlage ist E-Mail-Compose-Vorlage.
\sreply	Formatvorlage für E-Mail-Beantwortung.
\keycode	Diese Gruppe definiert die Tastencodes, mit denen ein Format aufgerufen wird: {\s0{*\keycode \shift\ ctrl n}Normal;}.
\alt	Beschreibt Alt-Tastenkürzel für die Formate.
\shift	Beschreibt Shift-Tastenkürzel für die Formatvorlage.
\ctrl	Beschreibt Strg-Tastenkürzel für die Formatvorlage.
\fnN	Spezifiziert eine Funktionstaste (N = 1-12) zum Aufrufen des Formats.

Tabelle 10.12 Einträge für \stylesheet

Ein Beispiel für eine gültige Definition könnte folgendermaßen lauten:

```
{\stylesheet{\s0\f3\fs20\qj Normal;}
{\s1\f3\fs30\b\qc Heading Level 3;}
```

Die Formate (styles) werden von 0 bis n (*\s0 ..*) durchnumeriert. Die erste Definition verbindet das Format Normal mit der Nummer 0 (*\s0*). Normaler Text wird mit dem Font 3 (*\f3*) in 10 Punkt Größe (*\fs20*) angezeigt. Der Parameter *\qj* schaltet den Blocksatz (justified text) ein. Die zweite Zeile definiert das Format 1 mit dem Namen Heading Level 3. Die Fontgröße wird auf 15 Punkt (*\b* für bold) und zentriert (*\qc*) eingestellt.

List Table

Dies ist eine Neuerung, die in RTF 1.6 eingeführt wurde, da Word 97 und Word 2000 Schmuckpunkte und Numerierungen abweichend zu früheren Word-Versionen speichern. In Word 6.0 wurden diese Informationen in jedem Absatz hinterlegt. Ab Word 97 sind die Formatierungsinformationen in zwei dokumentweiten List Tables hinterlegt. Diese fungieren wie Formatvorlagen, und in den Absätzen des Texts findet sich nur noch ein Index in die betreffende Tabelle. Die beiden Listen sind *\listtable* (destination) und *\listoverridetable* (List Override). Die Syntax für *\listtable* ist folgendermaßen definiert:

<table>
<tr><td>\listtable</td><td>{ *\listtable <list>+ }</td></tr>
<tr><td>list</td><td>\list \listtemplateid & (\listsimple | listhybrid)? & <listlevel>+ & \listrestarthdn & \listid & (\listname #PCDATA ';')</td></tr>
<tr><td>listlevel</td><td><number> <justification> & \leveljcnN? & \levelstartatN & (\leveloldN & \levelprevN? & \levelprevspaceN? & \levelspaceN? & \levelindentN?)? & <leveltext> & <levelnumbers> & \levelfollowN & \levellegalN? & \levelnorestartN? & <chrfmt>? & \li? & \fi? & (\jclisttab \tx)?</td></tr>
<tr><td>number</td><td>\levelnfcN | \levelnfcnN | (\levelnfcN & \levelnfcnN)</td></tr>
<tr><td>justification</td><td>\leveljcN | \leveljcnN | (\leveljcN & \leveljcnN)</td></tr>
<tr><td>leveltext</td><td>{ \leveltext \leveltemplateid? #SDATA ';' }</td></tr>
<tr><td>levelnumbers</td><td>{'\levelnumbers #SDATA ';' }</td></tr>
</table>

Tabelle 10.13 Syntax der \listtable-Definition

Für die Top-Level-List-Eigenschaften sind folgende Kontrollwörter definiert:

\listidN	Jede Liste benötigt eine eindeutige ID-Nummer. N ist eine lange Integerzahl, Werte zwischen -1 und -5 sind unzulässig.
\listtemplateidN	Jede Liste sollte eine eindeutige Vorlagen-ID-Nummer haben. N ist eine lange Integerzahl, der Wert -1 ist unzulässig.
\listsimpleN	1, falls die Liste nur eine Ebene (Level) hat, 0 bei Listen mit (Standard) 9 Ebenen.
\listhybrid	Vorhanden, falls die Liste 9 Ebenen umfasst, wobei jede Ebene einer einfache (\listsimple) entspricht. Wird von Word 2000 benutzt.
\listrestarthdnN	1, falls die Liste bei jedem Abschnitt neu beginnt, 0, falls dies nicht zutrifft (für Word 7.0-Kompatibilität).
\listname	Als Argument wird eine Zeichenkette mit dem Namen der Liste übergeben (Destination Control Word). Ermöglicht ListNum-Feldern, die zugehörige Liste anzugeben.

Tabelle 10.14 Einträge Top-Level-List-Eigenschaften

Word 97 erzeugt entweder einfache (simple) oder Multilevel-Listen, Word 2000 generiert dagegen hybride Listen.

List Levels

Jede Liste besteht aus einer oder neun Listenebenen (wird über das *\listsimple*-Flag gesteuert). Jede Listenebene wird durch einen Satz an Eigenschaften (Startwert, die Numerierung umgebender Text, Ausrichtung, Einzug etc.) beschrieben. Diese Eigenschaften werden mit folgenden Steuercodes definiert:

\levelstartatN	N definiert den Startwert der Ebene.
\levelnfcN	Spezifiziert den Numerierungstyp der Ebene: 0 Arabisch (1, 2, 3) 1 Große römische Ziffern (I, II, III) 2 Kleine römische Ziffern (i, ii, iii) 3 Großbuchstaben (A, B, C) 4 Kleinbuchstaben (a, b, c) 5 Ordinalzahlen (1., 2., 3. bzw. 1st, 2nd etc.) 6 Kardinalzahlen als Text (Eins, Zwei bzw. One, Two, Three) 7 Ordinalzahlen als Text (Erstens, Zweiten bzw. First, Second) 10 Kanji-Numerierung (ohne Zahl *dbnum1) 11 Kanji-Numerierung (mit Zahl *dbnum2) 1246 phonetische Katakana-Zeichen in »aiueo«-Folge (*aiueo) 1346 phonetische Katakana-Zeichen in »iroha«-Folge (*iroha) 14 Double Byte-Zeichen 15 Single Byte-Zeichen 16 Kanji-Numerierung 3 (*dbnum3) 17 Kanji-Numerierung 4 (*dbnum4) 18 Circle-Numerierung (*circlenum) 19 Double-Byte Arabisch 2046 phonetische Double-Byte Katakana (*aiueo*dbchar) 2146 phonetische Double-Byte Katakana (*iroha*dbchar) 22 Arabisch mit führenden Nullen (01, 02, 03, ..., 10, 11) 23 Bullet (keine Numerierung) 24 Koreanische Numerierung 2 (*ganada) 25 Koreanische Numerierung 1 (*chosung) 26 Chinesische Numerierung 1 (*gb1) 27 Chinesische Numerierung 2 (*gb2) 28 Chinesische Numerierung 3 (*gb3) 29 Chinesische Numerierung 4 (*gb4) 30 Chinesische Zodiac-Numerierung 1 (* zodiac1) 31 Chinesische Zodiac-Numerierung 2 (* zodiac2) 32 Chinesische Zodiac-Numerierung 3 (* zodiac3) 33 Taiwanesische Double-Byte-Numerierung 1 34 Taiwanesische Double-Byte-Numerierung 2 35 Taiwanesische Double-Byte-Numerierung 3 36 Taiwanesische Double-Byte-Numerierung 4 37 Chinesische Double-Byte-Numerierung 1 38 Chinesische Double-Byte-Numerierung 2 39 Chinesische Double-Byte-Numerierung 3 40 Chinesische Double-Byte-Numerierung 4

	41 Koreanische Double-Byte-Numerierung 1 42 Koreanische Double-Byte-Numerierung 2 43 Koreanische Double-Byte-Numerierung 3 44 Koreanische Double-Byte-Numerierung 4 45 Hebräisch (nicht Standarddezimal) 46 Arabisch Alif Ba Tah 47 Hebräisch (biblischer Standard) 48 Arabisch Abjad-Stil 255 Keine Nummer
\leveljcN	Ausrichtung 0 Left justified 1 Center justified 2 Right justified
\levelnfcnN	Wie \levelnfc (aber mit höherer Priorität)
\leveljcnN	Ausrichtung 0 Left justified (für Links-rechts-Schrift) Right justified (für Rechts-links-Schrift) 1 Center justified 2 Right justified (für Links-rechts-Schrift) Left justified (für Rechts-links-Schrift)
\leveloldN	1, bei Konvertierung der Ebene aus Word 6.0 oder 7.0 0, bei Word 97 und höher.
\levelprevN	1, falls Text von übergeordneter Ebene übernommen wird (Word 7.0-Kompatibilität, nur gültig bei fehlendem \leveloldN-Eintrag).
\levelprevspaceN	1, falls Ebene die Einrückung der vorhergehenden Ebene übernimmt (für Word 7.0-Kompatibilität, nur gültig, falls \leveloldN auftritt).
\levelindentN	Minimale Distanz von der linken Einrückung zum Textanfang (für Word 7.0-Kompatibilität, benötigt \leveloldN).
\levelspaceN	Minimale Distanz von der rechten Kante des Numerierungssymbols bis zum Textanfang (für Word 7.0-Kompatibilität, benötigt \leveloldN).
\leveltext	Bei hybriden Listen (\listhybrid) wird \leveltemplateidN ausgegeben. Das 1. Argument ist die Level-ID. Das zweite Argument ist der Formatnummerstring für diese Ebene. Im ersten Zeichen steht die Stringlänge, dann folgen die Ebenen (z. B. {\leveltext \leveltemplateidN \'06\'00.\'01.\'02.}, definiert 6 Zeichen mit den Ebenen 1, 2 und 3, was 1.1.1 ergibt).
\levelnumbers	Das Argument ist eine Zeichenkette, die die Offsets der Ebenenplatzhalter angibt. Für 1.1.1. wird z. B. {\levelnumbers \'01\'03\'05} genutzt, um das 1., 3. und 5. Zeichen zu adressieren.
\levelfollowN	Definiert das auf das Numerierungssymbol folgende Zeichen: 0 Tab 1 Leerzeichen 2 nichts
\levellegalN	1, falls eine Zahl der vorherigen Ebenen in arabische Ziffern umzusetzen ist. 0, falls die Formatdefinitionen der Ebenen bleiben sollen.
\levelnorestartN	1, falls die Ebene die Zählung nicht neu beginnen soll, sobald die Zahl den Wert einer höheren Ebene erreicht.

Tabelle 10.15 Einträge der Ebeneneigenschaften

Zusätzlich kann jede Listenebene noch Zeicheneigenschaften für den Text der Ebene aufweisen.

List Override-Tabelle

Die List Override-Tabelle ist ebenfalls eine Liste mit Listen (*\listoverride*), welche die Vorgaben überschreiben. Jeder Listeneintrag enthält die Listen-ID der List-Tabelle sowie eine Liste der Eigenschaften, die zu überschreiben sind. Jeder Absatz enthält einen List-Override-Index (*\ls*) in diese Tabelle (Zählung ab 1).

\listidN	N ist ein Integerwert, der mit der \listid eines Eintrags der List-Tabelle übereinstimmt.
\listoverridecountN	Zahl der List-Override-Levels (1 oder 9)
\ls	Mit 1 beginnender Index dieses \listoverride-Eintrags in die \listoverride-Tabelle. Gültige Werte 1 bis 2000.

Tabelle 10.16 Einträge für List-Override-Tabelle

List Override Level

Jeder List-Override-Level enthält Flags, die festlegen, ob die Formatierung oder der Startwert der Numerierung für jede Ebene zu überschreiben ist.

\listoverridestartat	Legt den Startwert der Liste fest.
\listoverrideformatN	Zahl der List-Override-Levels in der Liste (1 oder 9)
\ls	Mit 1 beginnender Index dieses \listoverride-Eintrags in die \listoverride-Tabelle. Gültige Werte 1 bis 2000.

Tabelle 10.17 Einträge für List-Override-Level

Die Gruppe Revision Marks

Diese Gruppe enthält Informationen, die bei der Überarbeitung des Dokuments anfallen.

*\revtbl

Diese Gruppe enthält verschiedene Untergruppen, um den Autor einer Überarbeitung zu identifizieren. Tritt bei der Überarbeitung (Revision) ein Konflikt auf, wird die Anweisung *CurrentAuthor\'00\.... PreviousRevisionTime* in die RTF-Datei eingefügt. Zeitangaben werden als 32 Bit hinterlegt.

Bits	Bedeutung
0-5	Minuten
6-10	Stunden
11-15	Tag
16-19	Monat

Bits	Bedeutung
20-28	Jahr (Jahr–1900)
29-31	Wochentag (0 = Sonntag bis 6 = Samstag)

Tabelle 10.18 Kodierung der Zeitangaben

Die auf den vorhergehenden Seiten aufgeführten Schlüsselwörter beziehen sich auf den RTF-Header.

Der Dokumentbereich

An den Header schließt sich der eigentliche Dokumentbereich mit weiteren Gruppen an:

`<Info><Dokumentformat><Abschnitte>`

<Info> ist dabei optional, *<Dokumentformat>* und *<Abschnitte>* lassen sich mehrfach wiederholen. Die betreffenden Schlüsselwörter werden nachfolgend vorgestellt.

Die Informationsgruppe (\info)

Die Gruppe mit den Dokumentinformationen wird durch das Kontrollwort *\info* eingeleitet. Diese Gruppe enthält Informationen über das Dokument (Autor, Schlüsselwörter, Kommentare etc.).

\title	Definiert den Titel des Dokuments.
\subject	Definiert den Zweck (Subjekt) des Dokuments.
\manager	Managereigenschaft
\company	Firmeneigenschaft
\operator	Enthält den Namen des letzten Überarbeiters.
\category	Identifiziert die Kategorie des Dokuments.
\author	Identifiziert den Autor des Dokuments.
\keywords	Speichert ausgewählte Schlüsselwörter zum Dokument.
\comment	Enthält einen Kommentar, der vom RTF-Scanner aber ignoriert wird.
\doccomm	Enthält Kommentare, die im Word-Dialogfeld mit der Zusammenfassung auftauchen.
\hlinkbase	Definiert Basisadresse für Hyperlinks.
\version	Definiert eine Versionsnummer für das Dokument.

Tabelle 10.19 Kodierung der Dokumentinformationen

Die RTF-Spezifikation kennt folgende zusätzliche Informationen:

\vernN	Dies ist eine interne Versionsnummer.
\creatim	Definiert die interne Zeit, zu der das Dokument angelegt wurde (das Datum folgt).
\yrN	Jahr der Erzeugung des Dokuments
\moN	Monat der Erzeugung des Dokuments
\dyN	Tag der Erzeugung des Dokuments
\hrN	Stunde der Erzeugung des Dokuments
\minN	Minuten bei der Erzeugung des Dokuments
\secN	Uhrzeit in Sekunden beim Erzeugen des Dokuments
\revtim	Dieses Kontrollwort definiert das Datum und die Zeit der letzten Änderung (Revision).
\printtim	Speichert das Datum und die Zeit des letzten Ausdrucks.
\buptim	Enthält die Zeit und das Datum der letzten Datensicherung (Backup).
\edminsN	Enthält die addierte Zeit zur Bearbeitung des Dokuments.
\nofpagesN	Gibt die Seitenzahl des Dokuments an.
\nofwordsN	Speichert die Zahl der Wörter im Dokument.
\nofcharsN	Enthält die Zeichenzahl im Dokument.
\idN	Enthält eine interne ID-Nummer.
\userprops	Definiert benutzerspezifische Eigenschaften.
\propname	Eigenschaftenname
\proptype	Eigenschaftentyp (3 Integer, 5 Real-Wert, 7 Datum, 11 Boolean, 30 Text)
\staticval	Wert der Eigenschaft
\linkval	Verweis auf Textmarke (bookmark), die den anzuzeigenden Wert enthält

Tabelle 10.20 Kodierung weiterer Dokumentinformationen

Alle Kontrollwörter ohne einen numerischen Parameter beschreiben ein Datum oder eine Zeit (*\yr\mo\dy\hr\min\sec*).

Dokumentformatierung

Diese Kontrollwörter (document formatting properities) definieren die Eigenschaften (Ränder, Fußnotenpositionen etc.) eines Dokuments. Das Kontrollwort wird bei Bedarf hinter die Gruppe *Informationen*, aber vor dem Textbereich eingefügt. Die Kommandos werden in verschiedene Kategorien eingeteilt:

- Kommandos zur Formatierung des kompletten Texts
- Kommandos, die das aktuelle Absatzformat verändern
- Kommandos, die für die aktuelle Textausgabe gültig sind

Die nachfolgenden Seiten enthalten die Aufstellung der verschiedenen Kontrollwörter.

\deftabN

N definiert die Standardtabulatorweite in twips (Standard ist 720).

\hyphhotzN

Der Parameter *N* definiert die Trennungszone am rechten Rand (hyphenation hot zone) in twips.

\hyphconsecN

N ist die Anzahl an aufeinanderfolgenden Zeilen, die ein Trennzeichen am Ende aufweisen dürfen (0 = kein Limit).

\hyphcaps

Mit diesem Kommando läßt sich die Trennung von großgeschriebenen Wörtern ein- oder ausschalten (Standard = Ein, \hyphcaps 1 = On, \hyphcaps 0 = Off).

\hyphauto

Schaltet die automatische Trennung (automatic hyphenation) ein oder aus (0 = Off, 1 = On).

\linestartN

Definiert den Startwert (Standard = 1) für die Zeilennumerierung.

\fracwidth

Das Kontrollwort wird für QuickDraw benutzt und definiert, daß Zeichenweiten mit Nachkommastellen (fractional character widths) zu verwenden sind.

***\nextfile**

Definiert den Namen der nächsten Datei, die auszudrucken oder mit einem Index zu versehen ist. Der Dateiname muß in Klammern stehen.

***\template**

Definiert den Namen einer Datei mit der Formatvorlage. Der Name muß in Klammern stehen.

\makebackup

Definiert, daß eine automatische Sicherung beim Speichern des Dokuments anzulegen ist.

\defformat

Weist den RTF-Leser an, das Dokument im RTF-Format zu sichern.

\psover

Drucke in PostScript über den Text.

\doctemp

Wird in Word für Windows verwendet, falls es sich bei dem Dokument um eine Formatvorlage handelt. Bei Word für den Macintosh handelt es sich um eine sogenannte Stationary-Datei.

\deflangN

Diese Anweisung definiert die Sprache für den Textbereich (*N*). Die gültigen Einträge für *N* werden zusammen mit dem Schlüsselwort *\plain* vereinbart.

\deflangfeN

Standard-Sprach-ID (default language ID, für asiatische Texte in Word).

\windowcaption

Setzt den Titeltext für das Dokumentfenster.

\doctypeN

Integerwert, der den Dokumenttyp für AutoFormat angibt: (0 = allgemeines Dokument, 1 = Brief, 2 = E-mail)

\fromtext

Dokumentoriginal ist reiner Text (plain text).

\fromhtml

Originaldokument war HTML (darf auf die Versionsnummer folgen).

\horzdoc

Horizontale Ausgabe

\vertdoc

Vertikale Anzeige

\jcompress

Ausrichtung komprimiert (compressing justification, Standard)

\jexpand

Ausrichtung expandiert (expanding justification)

\lnongrid

Definiert eine Linie basierend auf einem Gitternetz.

Document Views und Zoom Level

\viewkindN

Integerwert (0-5), der den Anzeigemodus des Dokuments festlegt (0 = nichts, 1 = Seitenlayout, 2 = Outline/Gliederung, 3 = Master-Dokument, 4 = Normalansicht, 5 = Online-Layout).

\viewscaleN

Zoom-Ebene des Dokument (Standard ist 100 für N, was 100% entspricht)

\viewzkN

Integer (0 – 2), der Zoom-Art des Dokuments angibt (0 = nichts, 1 = volle Seite, 2 = anpassen).

\private

Überflüssig, sollte überlesen werden.

Schlüsselwörter für Fuß- und Endnoten

Die folgenden Kontrollwörter legen die Einstellungen für Fuß- und Endnoten im Dokument fest.

\fetN

N definiert eine Fuß-/Endnote (0 = Fußnote, 1 = Endnote, 2 = Fuß- und Endnote).

\ftnsep

Definiert das Trennzeichen, welches die Fußnoten vom Dokument separiert.

\ftnsepc

Dieses Kontrollwort definiert den Text, mit dem Fortsetzungen im Fußnotenbereich vom Text getrennt werden.

\ftncn

Definiert eine Notiz für fortgesetzte Fußnoten.

\aftnsep

Definiert ein Textargument, welches Endnoten vom Dokument trennt.

\aftnsepc

Enthält das Textargument, um fortgesetzte Endnotentexte vom Dokumenttext zu trennen.

\aftncn

Enthält als Argument eine Notiz für fortgesetzte Endnoten.

\endnotes

Alle Fußnoten am Ende eines Abschnitts sammeln (Standard).

\enddoc

Ausgabe aller Fußnoten am Ende des Dokuments

\ftnbj

Fußnoten werden am unteren Rand (bottom) der Seite justiert.

\ftntj

Fußnoten werden am Seitenanfang (top) justiert.

\aendnotes

Legt die Position einer Endnote am Ende eines Abschnitts fest (Standard).

\aenddoc

Position der Endnote am Dokumentende

\aftnbj

Endnotenposition am Seitenende (bottom)

\aftntj

Endnotenposition unterhalb des Textes (justiert am oberen Seitenrand)

\ftnstartN

Definiert den Startwert der Fußnotennumerierung (Standard 1).

\aftnstartN

Legt den Startwert für die Endnotennumerierung fest (Standard 1).

\ftnrstpg

Veranlaßt, daß die Numerierung der Fußnoten auf jeder Seite neu beginnt.

\fntrestart

Die Numerierung der Fußnoten beginnt nach jedem Abschnitt (Section). Auf dem Mac wird die Fußnotennummer auf jeder Seite zurückgesetzt.

\fntrstcont

Schaltet zu einer fortlaufenden Fußnotennumerierung zurück (Standard).

\aftnrestart

Setzt die Numerierung der Endnoten nach jedem Abschnitt zurück.

\aftnrstcont

Schaltet zu einer fortlaufenden Numerierung der Endnoten zurück (Standard).

\ftnnar

Fußnotennumerierung in arabischen Ziffern (1, 2, 3...)

\ftnnalc

Fußnotennumerierung alphabetisch (a, b, c...)

\ftnnauc

Fußnotennumerierung alphabetisch in Großbuchstaben (A, B, C...)

\ftnnrlc

Fußnotennumerierung in römischen Kleinbuchstaben (i, ii, iii...)

\ftnnruc

Fußnotennumerierung in römischen Großbuchstaben (I, II, III...)

\ftnnchi
Fußnotennumerierung mit Sonderzeichen (Chicago manual of style: *, §...)

\ftnnchosung
Fußnotennumerierung Koreanisch Nr 1 (*chosung)

\ftnncnum
Fußnotennumerierung mit Kreisen (*circlenum)

\ftnndbnum
Fußnotennumerierung mit Kanji (ohne Ziffern *dbnum1)

\ftnndbnumd
Fußnotennumerierung mit Kanji (mit Ziffern *dbnum2)

\ftnndbnumt
Fußnotennumerierung mit Kanji Nr. 3 (*dbnum3)

\ftnndbnumk
Fußnotennumerierung mit Kanji Nr. 4 (*dbnum4)

\ftnndbar
Fußnotennumerierung mit Double-Byte (*dbchar)

\ftnnganada
Fußnotennumerierung mit Koreanisch Nr. 2 (*ganada)

\ftnngbnum
Fußnotennumerierung mit Chinesisch Nr. 1 (*gb1)

\ftnngbnumd
Fußnotennumerierung mit Chinesisch Nr. 2 (*gb2)

\ftnngbnuml
Fußnotennumerierung mit Chinesisch Nr. 3 (*gb3)

\ftnngbnumk
Fußnotennumerierung mit Chinesisch Nr. 4 (*gb4)

\ftnnzodiac
Fußnotennumerierung mit Chinesisch Zodiac Nr. 1 (* zodiac1)

\ftnnzodiacd
Fußnotennumerierung mit Chinesisch Zodiac Nr. 2 (* zodiac2)

\ftnnzodiacl
Fußnotennumerierung mit Chinesisch Zodiac Nr. 3 (* zodiac3)

\aftnnar
Endnotennumerierung in arabischen Ziffern (1, 2, 3...)

\aftnnalc
Endnotennumerierung alphabetisch (a, b, c...)

\aftnnauc
Endnotennumerierung alphabetisch mit Großbuchstaben (A, B, C...)

\aftnnrlc
Endnotennumerierung mit römischen Ziffern (i, ii, iii...)

\aftnnruc
Endnotennumerierung mit römischen Ziffern (Großbuchstaben: I, II, III...)

\aftnnchi
Endnotennumerierung mit Sonderzeichen (Chicago manual of style: *, §...)

\aftnnchosung
Endnote koreanische Numerierung 1 (*chosung)

\aftnncnum
Endnote Numerierung mit Kreisen (*circlenum)

\aftnndbnum
Endnote Kanji-Numerierung ohne Ziffern (*dbnum1)

\aftnndbnumd
Endnote Kanji-Numerierung mit Ziffern (*dbnum2)

\aftnndbnumt
Endnote Kanji-Numerierung 3 (*dbnum3)

\aftnndbnumk
Endnote Kanji-Numerierung 4 (*dbnum4)

\aftnndbar
Endnote Double-Byte-Numerierung (*dbchar)

\aftnnganada
Endnote koreanische Numerierung 2 (*ganada)

\aftnngbnum
Endnote chinesische Numerierung 1 (*gb1)

\aftnngbnumd
Endnote chinesische Numerierung 2 (*gb2)

\aftnngbnuml

Endnote chinesische Numerierung 3 (*gb3)

\aftnngbnumk

Endnote chinesische Numerierung 4 (*gb4)

\aftnnzodiac

Endnote chinesische Numerierung Zodiac 1 (* zodiac1)

\aftnnzodiacd

Endnote chinesische Numerierung Zodiac 2 (* zodiac2)

\aftnnzodiacl

Endnote chinesische Numerierung Zodiac 3 (* zodiac3)

Schlüsselwörter zur Seiteneinstellung

Die folgenden Schlüsselwörter legen die Einstellungen und Eigenschaften der Seiten im Dokument fest.

\paperwN

Dieses Kontrollwörter legt die Papierbreite in twips (1 twip = 1/20 Punkt = 1/1440 Zoll) fest. (Standard 12240 twips).

\paperhN

Legt die Seitenhöhe des Papiers in twips fest (Standard 15840 twips).

\pszN

Wird in Windows NT verwendet, um verschiedene Papierformate zu unterscheiden. Werte zwischen 1 und 41 korrespondieren mit der Papiergröße (in DRIVINI.H). Werte >= 42 beziehen sich auf benutzerdefinierte Papiergrößen.

\marglN

Linker Rand in twips (Standard 1800)

\margrN

Rechter Rand in twips (Standard 1800)

\margtN

Oberer Rand in twips (Standard 1440)

\margbN

Unterer Rand in twips (Standard 1440)

\facingp

Das Facing Page-Kontrollwort aktiviert die Kopfzeilen für gerade/ungerade Seiten und den Bundsteg.

\gutterN
Definiert die Breite des Bundstegs in twips (Standard ist 0).

\rtlgutter
Bundsteg (Gutter) rechts positionieren

\gutterprl
Bundsteg parallel

\margmirror
Schaltet die Definition für die Seitenränder zwischen geraden und ungeraden Seiten um.

\landscape
Legt die Orientierung einer Seite auf Landscape (quer) fest. Ist der folgende Parameter auf 0 gesetzt, wird die Orientierung der Ausgabe auf Portrait (Hochformat) zurückgesetzt.

\pgnstartsN
Setzt die Anfangsseitennummer (Standard 1).

\widowctl
Läßt die Kontrolle des Umbruchs am Seitenende bezüglich Einzelzeilen (Witwen und Hurenkinder) zu. Der Parameter *0* sperrt diese Option.

\twoonone
Zwei Seiten auf ein Blatt drucken.

Dokumentvorlage (Linked-Stil)

Das folgende Kommando verknüpft ein Dokument mit der Vorlage:

\linkstyles
Aktualisiert das Dokumentformat automatisch anhand der Formatvorlage.

Kompatibilitätsoptionen

Die folgenden Schlüsselwörter legen die Kompatibilitätsoptionen, die in Word 6.0 verwendet werden, für das Dokument fest.

\notabind
Das Kontrollwort verhindert, daß automatisch Tabulatorstops für hängende Einzüge gesetzt werden.

\wraptrsp
Anhängende Leerzeichen in die Folgezeile umbrechen

\prcolbl
Drucke alle Farben schwarz auf Schwarzweißdruckern.

\noextrasprl
Kein zusätzlicher Zwischenraum zur Zeilenhöhe bei hoch- und tiefgestellten Zeichen

\nocolbal
Spaltenbreite nicht ausgleichen (don't balance columns)

\cvmme
Alte Escape-Anführungszeichen (\«) im aktuellen Format als (»«) in Mail-Merge-Dokumenten behandeln.

\sprstsp
Unterdrücke zusätzlichen Zwischenraum am Seitenanfang.

\sprsspbf
Unterdrücke zusätzlichen Abstand vor einem Absatz nach einem manuellen Seiten- oder Spaltenwechsel.

\otblrul
Kombiniere den Tabellenrand wie in Word für den Mac 5.x.

\transmf
Metafiles werden als transparent behandelt (Bereich hinter dem Bild nicht leer lassen).

\swpbdr
Tausche den rechten Rand für Seiten mit ungerader Seitennummer.

\brkfrm
Manuelle Seiten- und Spaltenwechsel in Rahmen anzeigen

\sprslnsp
Unterdrücke zusätzlichen Zeilenzwischenraum (extra line spacing), wie dies in WordPerfect, Version 5.x, der Fall ist.

\subfontbysize
Ersetze Schriftart (fonts) basierend auf der Größe (size first).

\truncatefontheight
Abrunden zur nächsten passenden Font-Größe

\truncex
Keinen zusätzlichen Zwischenraum (leading extra space) einfügen

\bdbfhdr
Drucke zuerst Dokumenttext (Body), bevor die Kopf-/Fußzeilen ausgegeben werden (nur Word für Macintosh 5.x).

\dntblnsbdb
Option für Word 6.0 (Japanisch)

\expshrtn
Zeichenzwischenraum bei Zeilen, die auf SHIFT+RETURN enden, erweitern (Word 6.0, japanisch)

\lytexcttp
Zeilen mit genauer (exakter) Zeilenhöhenangabe nicht zentrieren

\lytprtmet
Druckermetrik für Dokumentlayout benutzen

\msmcap
Kleinbuchstaben (Word for the Macintosh 5.x)

\nolead
Kein External Leading Space (für Word für Macintosh 5.x)

\nospaceforul
Kein Zwischenraum beim Unterstreichen (Word 6.0, japanisch)

\noultrlspc
Anhängende Leerzeichen nicht unterstreichen (Word 6.0, japanisch)

\noxlattoyen
Nicht in Yen übersetzen (Word 6.0, japanisch)

\oldlinewrap
Zeilenumbruch wie Word 6.0

\sprsbsp
Unterdrücke zusätzlichen Zwischenraum am Seitenende.

\sprstsm
Ignorieren

\wpjst
Volle Justierung (wie WordPerfect 6.x für Windows)

\wpsp
Breite Leerzeichen setzen (wie WordPerfect 5.x)

\wptab
Zum nächsten Tabstop (wie WordPerfect 6.x)

\splytwnine
AutoShapes nicht wie in Word 97 darstellen

\ftnlytwnine
Fußnoten nicht wie Word 6.0/95/97 darstellen

\htmautsp

Benutze Abstände für HTML-Absätze.

\useltbaln

Merke letzte Tab-Ausrichtung

\alntblind

Tabellenzeilen nicht unabhängig ausrichten

\lytcalctblwd

Tabellen nicht mit Zeilenbreite anzeigen

\lyttblrtgr

Auseinandergezogene Anzeige von Tabellenzeilen unterdrücken

\oldas

Word 95 Auto-Spacing

\lnbrkrule

Word 97-Regeln für Zeilenumbruch in asiatischen Texten ignorieren

\bdrrlswsix

Word 6.0/95-Regeln für Rahmen verwenden

\nolnhtadjtbl

Zeilenhöhe in Tabellen nicht anpassen

Formularoptionen

Die folgenden Schlüsselwörter legen Optionen für Formulare fest:

\formprot

Das Dokument ist als Formular geschützt.

\allprot

Dieses Dokument besitzt keine ungeschützten Bereiche.

\formshade

Signalisiert, daß die schattierte Feldanzeige in einem Formular eingeschaltet ist.

\formdisp

Ein Dokument mit einem Dropwdown-Element oder einer Auswahlliste (Checkbox) wurde angewählt.

\printdata

Das Dokument besitzt nur eine Maske zur Druckausgabe.

Revisionsinformationen

Die folgenden Schlüsselwörter legen Informationen bezüglich der Überarbeitung von Dokumenten fest.

\revprot

Dokument ist gegen Überarbeitungen geschützt. Der Benutzer kann zwar das Dokument bearbeiten. Jede Änderung wird jedoch als Überarbeitung markiert.

\revision

Setzt den Modus *Überarbeiten*.

\revpropN

Das Argument *N* definiert, wie Überarbeitungen im Text anzuzeigen sind: 0 = nicht, 1 = fett, 2 = kursiv, 3 = unterstrichen (Standard), 4 = doppelt unterstrichen.

\revbarN

Anzeige vertikaler Linien für überarbeitete Textstellen (0 = nein, 1 = linker Rand, 2 = rechter Rand, 3 = Außenseite (links/rechts))

Anmerkungen

Das nachfolgende Schlüsselwort bezieht sich auf Anmerkungen zum Dokument.

\annotprot

Dokument ist für Anmerkungen geschützt. Damit kann der Benutzer das Dokument nicht mehr verändern. Er darf aber Anmerkungen einfügen.

Click-and-Type

\ctsN

Index in Formatvorlage für Click-and-Type (0=Standard)

Kinsoku-Zeichen (FarEast)

Definieren einige Kontrollwörter für Fernost-Versionen.

\jsksu

Kinsoku-Set muß benutzt werden.

\ksulangN

Gibt die Sprache für angepaßte Kinsoku-Zeichen an.

***\fchars**

Liste von nachfolgenden Kinsoku-Zeichen

***\lchars**

Liste von vorausgehenden Kinsoku-Zeichen

Drawing Grid

Die folgenden Kontrollwörter definieren ein Zeichenmuster.

\dghspaceN
Zeichenmuster (Drawing Grid) horizontale Abstände in twips (Standard ist 120)

\dgvspaceN
Zeichenmuster (Drawing Grid) vertikale Abstände in twips (Standard ist 120)

\dghoriginN
Zeichenmuster (Drawing Grid) horizontaler Ursprung in twips (Standard ist 120)

\dgvoriginN
Zeichenmuster (Drawing Grid) vertikaler Ursprung in twips (Standard ist 120)

\dghshowN
Zeige n-te horizontale Gitterlinie (Standard ist 3).

\dgvshowN
Zeige n-te vertikale Gitterlinie (Standard ist 0).

\dgsnap
Ausrichten (Snap) für Gitter einschalten.

\dgmargin
Gitternetz folgt den Rändern.

Seitenränder (Page Borders)

\pgbrdrhead
Seitenrand umgibt Kopfzeile (header).

\pgbrdrfoot
Seitenrand umgibt Fußzeile.

\pgbrdrt
Seitenrand oben (top)

\pgbrdrb
Seitenrand unten (bottom)

\pgbrdrl
Seitenrand links

\pgbrdrr
Seitenrand rechts

\brdrartN
Seitenrand Grafik (N = 1-165 ist Typ des Grafikrands)

\pgbrdroptN
Seitenrand vom Text

\pgbrdrsnap
Ausrichten Absatzrand und Tabellenrand mit Seitenrand.

Bidirektionale Zeichensteuerung

Die folgenden Schlüsselwörter legen fest, wie die Zeichenausgabe im Dokument erfolgt.

\rtldoc
Das Dokument wird im arabischen Stil formatiert (rechts nach links).

\ltrdoc
Das Dokument wird im englischen Stil formatiert (Standard, links nach rechts).

Anmerkung: Die Schlüsselwörter *\formprot*, *\revprot* und *\annotprot* schließen sich gegenseitig aus.

Abschnittsformate (Section Formatting)

Die nächste Gruppe von Kontrollwörtern beeinflußt die Formatierung von Abschnitten (Sektionen) in einem Dokument.

\sect
Leitet einen neuen Abschnitt ein.

\sectd
Setzt die Standardeinstellung des Abschnitts zurück.

\endnhere
Endnoten werden im Abschnitt integriert. Der Parameter *0* unterdrückt diese Option.

\binfsxnN
N definiert den Papierschacht für die erste Seite eines Abschnitts. Fehlt dieses Schlüsselwort, gilt der in *\binsxnN* definierte Papierschacht für die erste Seite des Abschnitts.

\bindsxnN
N ist der Papierschacht für die nächsten Seiten des Abschnitts.

\dsN
Bestimmt das Format des Abschnitts.

\pnseclvlN
Wird für Multilevel-Listen benutzt und setzt den Standardnumerierungsstil (Aufzählungen und Numerierungen) für jedes korrespondierende *\pnlvlN*-Kontrollwort.

\sectunlocked

Der folgende Abschnitt ist freigegeben für Masken (forms).

Section Break-Kommandos

Die folgenden Schlüsselwörter beziehen sich auf einen Abschnittswechsel.

\sbknone

Mit diesem Kontrollwort wird kein Seitenwechsel (no section break) am Bereichsanfang ausgegeben.

\sbkcol

Tritt dieses Kontrollwort (section break) auf, beginnt der Abschnitt in einer neuen Spalte.

\sbkpage

Das Kontrollwort leitet einen Seitenwechsel für den neuen Abschnitt ein.

\sbkeven

Der neue Abschnitt beginnt auf einer geraden Seite.

\sbkodd

Der neue Abschnitt beginnt auf einer ungeraden Seite.

Kontrollwörter für Spalten (Columns)

Die folgenden Kontrollwörter beziehen sich auf Spalten eines Dokuments.

\colsN

Definiert die Zahl der Spalten (Standard 1).

\colsxN

Definiert den Raum zwischen zwei Spalten in twips (Standard 720 twips).

\colnoN

Dieses Kontrollwort gibt die zu formatierende Spalte an und wird in Spalten mit variabler Spaltenbreite verwendet.

\colsrN

Lage der rechten Spalte in twips

\colwN

Definiert die Spaltenbreite in twips.

\linebetcol

Definiert eine Zeile zwischen zwei Spalten.

Zeilennumerierung

Die folgenden Kontrollwörter beziehen sich auf die Zeilennumerierung.

\linemodN

Intervall Zeilennumerierung (Standard 1)

\linexN

Abstand der Zeilennummern zum linken Textrand in twips (Standard 360 twips, Automatik = 0)

\linestartsN

Beginne die Zeilennumerierung mit dem Wert *N*.

\linerestart

Zeilennumerierung auf den Wert von *\linestartsN* zurücksetzen

\lineppage

Zeilennumerierung auf jeder Seite neu beginnen

\linecont

Zeilennumerierung aus vorhergehendem Abschnitt fortsetzen

Seiteninformationen

Die nachfolgend aufgeführten Kontrollwörter enthalten Seiteninformationen.

\pgwsxnN

Seitenbreite in twips. Das Kontrollwort *\sectd* setzt den Wert auf den im Kontrollwort *\paperwN* für das Dokument definierten Wert zurück.

\pghsxnN

Seitenhöhe in twips. Das Kontrollwort *\sectd* setzt den Wert auf den im Kontrollwort *\paperhN* für das Dokument definierten Wert zurück.

\marginlsxnN

Linker Seitenrand in twips. Das Kontrollwort *\sectd* setzt den Wert auf den im Kontrollwort *\marglN* für das Dokument definierten Wert zurück.

\marginrsxnN

Rechter Seitenrand in twips. Das Kontrollwort *\sectd* setzt den Wert auf den im Kontrollwort *\margrN* für das Dokument definierten Wert zurück.

\margintsxyN

Oberer Seitenrand in twips. Das Kontrollwort *\sectd* setzt den Wert auf den im Kontrollwort *\margtN* für das Dokument definierten Wert zurück.

\margbsxnN

Der Parameter *N* definiert den oberen Seitenrand in twips. Der Wert wird über ein *\sectd*-Kommando auf die Vorgabe *\margbN* für das Dokument zurückgesetzt.

\guttersxnN

N definiert die Breite des Bundstegs im Abschnitt in twips. Der Wert wird über ein *\sectd*-Kommando auf die Vorgabe *\gutterN* für das Dokument zurückgesetzt.

\margmirsxn

Vertauscht Seitendefinitionen für links/rechts (in Zusammenhang mit *\facingp*).

\indscpsxn

Setzt die Seitenausrichtung auf Querdruck (Landscape). Sie sollten bei gemischtem Längs- und Querdruck auf das Schlüsselwort *\landscape* verzichten und statt dessen *\indscpsxn* verwenden.

\lndscpsxn

Seitenorientierung in Landscape-Format (Querdruck)

\titlepg

Definiert, daß die Seite ein eigenes Format besitzt (gilt z. B. für die Kopfzeile).

\headeryN

Definiert die (vertikale) Position der Kopfzeile vom oberen Seitenrand in twips (Standard 720 twips).

\footeryN

Definiert die (vertikale) Position der Fußzeile vom oberen Seitenrand in twips (Standard 720 twips).

Informationen zur Seitennumerierung

Die folgenden Kontrollwörter beziehen sich auf die Seitennumerierung.

\pgnstartsN

Ist das erste Kommando in der Gruppe der Seitennumerierung. Es definiert die Nummer der ersten Seite (Standard = 1) des Abschnitts.

\pgncont

Seitennumerierung fortlaufend (Standard)

\pgnrestart

Zurücksetzen der Seitennumerierung auf den *\pgnstartsN* Wert.

\pgnxN

Definiert die x-Position der Seitennummer in twips vom rechten Rand aus (Standard 720 twips).

\pgnyN
Definiert die y-Position der Seitennummer vom oberen Seitenrand in twips (Standard 720 twips.

\pgndec
Seitennumerierung im Dezimalformat

\pgnucrm
Seitennummern in römischen Großbuchstaben (upper case romans)

\pgnlcrm
Seitennummern in römischen Kleinbuchstaben (lower case romans)

\pgnucltr
Seitennummern in Großbuchstaben (upper case letters)

\pgnlcltr
Seitennummern in Kleinbuchstaben (lower case letters)

\pgnbidia
Seitennummern in Abjad Jawaz (bei Arabic) und Biblical Standard (bei Hebrew)

\pgnbidib
Seitennummern ist Alif Ba Tah (bei Arabic) und Non-standard Decimal (bei Hebrew).

\pgnchosung
Seitennummern in Koreanisch Nr. 1 (* chosung)

\pgncnum
Seitennummern als Kreise (*circlenum)

\pgndbnum
Seitennummern in Kanji (ohne Ziffern)

\pgndbnumd
Seitennummern in Kanji (mit Ziffern)

\pgndbnumt
Seitennummern in Kanji Nr. 3 (*dbnum3)

\pgndbnumk
Seitennummern in Kanji Nr. 4 (*dbnum4)

\pgndecd
Seitennummern in Double-Byte Dezimalzahlen

\pgnganada
Seitennummern in Koreanisch Nr. 2 (*ganada)

\pgngbnum
Seitennummern in Chinesisch Nr. 1 (*gb1)

\pgngbnumd
Seitennummern in Chinesisch Nr. 2 (*gb2)

\pgngbnuml
Seitennummern in Chinesisch Nr. 3 (*gb3)

\pgngbnumk
Seitennummern in Chinesisch Nr. 4 (*gb4)

\pgnzodiac
Seitennummern in Chinesisch Zodiac Nr. 1 (*zodiac1)

\pgnzodiacd
Seitennummern in Chinesisch Zodiac Nr. 2 (*zodiac2)

\pgnzodiacl
Seitennummern in Chinesisch Zodiac Nr.3 (*zodiac3)

\pgnhnN
Legt fest, welche Überschriftsebene in der Seitennummer mit verwendet wird (0 = Überschriftsebene nicht anzeigen, 1-9 korrespondieren mit den Überschriftsebenen).

\pgnhnsh
Definiert den Bindestrich (separator hyphen –) als Trennzeichen, welches zwischen der Nummer der Überschriftsebene und der Seitennummer verwendet wird.

\pgnhnsph
Definiert den Dezimalpunkt (separator colon .) als Trennzeichen zwischen der Nummer der Überschriftsebene und der Seitennummer.

\pgnhnsc
Definiert den Doppelpunkt (separator colon :) als Trennzeichen zwischen der Nummer der Überschriftsebene und der Seitennummer.

\pgnhnsm
Definiert das Zeichen Em-dash (separator Em-dash, d. h. Bindestrich der Länge des Buchstabens m) als Trennzeichen zwischen der Nummer der Überschriftsebene und der Seitennummer.

\pgnhnsn
Definiert das Zeichen En-dash (separator En-dash, d. h. Bindestrich der Länge des Buchstabens n) als Trennzeichen zwischen der Nummer der Überschriftsebene und der Seitennummer.

Vertikale Ausrichtung

Die folgenden Kontrollwörter definieren die vertikale Ausrichtung der Textabsätze.

\vertalt

Der Text wird am oberen Rand ausgerichtet (top aligned, Standard).

\vertalc

Vertikale Ausrichtung zentriert zwischen Seitenanfang und -ende (vertical align centered)

\vertalj

Der Text wird vertikal ausgerichtet (vertical justified).

\vertalb

Vertikale Ausrichtung des Textes am Seitenende (vertical aligned at bottom)

Bidirektionale Ausrichtung

Die folgenden Kontrollwörter beziehen sich auf die bidirektionale Ausrichtung eines Texts. Diese Ausrichtung legt fest, wie der Text beim Spaltendruck auszugeben ist. Dies muß bei der Verwendung von Sprachen, deren Text von rechts nach links läuft, beachtet werden.

\rtlsect

Bearbeitet Spalten in diesem Abschnitt von rechts nach links.

\ltrsect

Bearbeitet Spalten in diesem Abschnitt von links nach rechts (Standard, wie beim Zeitungsdruck).

Anmerkung: Für asiatische Versionen gibt es weitere Controls (*\horzsect*, *\vertsect*) für die horizontale/vertikale Anzeige. Zusätzlich legt *\stextflow* fest, wie die Texte anzuzeigen sind (links/rechts, oben/unten etc.).

Kopf- und Fußzeilen

Mit den folgenden Kommandowörtern werden Kopf- und Fußzeilen in einem Abschnitt vereinbart. Damit kann jeder Abschnitt eigene Kopf-/Fußzeilen aufweisen.

\header

Die Kopfzeile soll auf jeder Seite erscheinen.

\headerl

Definiert die Kopfzeile für linke (gerade) Seiten.

\headerr

Definiert die Kopfzeile für rechte (ungerade) Seiten.

\headerf
Definiert die Kopfzeile für die erste Seite.

\footer
Anzeige des Fußtextes auf allen Seiten

\footerl
Fußzeile für linke (gerade) Seiten

\footerr
Definiert die Fußzeile für ungerade (rechte) Seiten.

\footerf
Fußzeile für erste Seite definieren

Absatzformatierung

Der nächste Abschnitt beschreibt die Kontrollwörter für die Absatzformatierung. Bei Absätzen gibt es zwei Varianten: Texte und Tabellen. Eine Tabelle wird dabei als eine Sammlung von Absätzen betrachtet. Jede Zeile der Tabelle kann dabei mehrere Zellen enthalten, wobei jede Zelle einen eigenen Absatz darstellt. Das Schlüsselwort *\intbl* identifiziert einen Absatz als Zelle einer Tabelle.

\par
Leitet einen neuen Absatz ein.

\pard
Setzt die Absatzformatierung auf die Standardeinstellungen zurück.

\sN
Legt das Absatzformat N fest. Dieses Format muß für den Absatz definiert worden sein. *N* bezieht sich auf eine in der Gruppe *\stylesheet* definierte Absatzformatvorlage.

\hyphpar
Schaltet die automatische Trennung für den Absatz ein oder aus. Wird die Ziffer 0 angehängt, schaltet dies die Trennung aus. Fehlt die letzte Ziffer oder findet sich dort der Wert 1, wird die automatische Trennung für den Absatz eingeschaltet.

\intbl
Der Absatz ist Teil einer Tabelle (sprich, es ist ein Text innerhalb einer Zelle).

\itapN
Schachtelungstyp Absatz (0 Hauptdokument, 1 Tabellenzelle, 2 geschachtelte Tabellenzelle, 3 doppelt geschachtelte Tabellenzelle etc.).

\keep
Absatztext zusammenhalten (keep intact)

\nowidctlpar
Keine Kontrolle bezüglich Schusterjungen (widow) und Hurenkinder (widow/orphan control). Damit wird die Vorgabe für das Dokument überschrieben.

\keepn
Absatz mit nächstem Absatz zusammenhalten

\levelN
Outline Level N für den Absatz

\noline
Zeilennumerierung ausschalten

\nowidctlpar
Keine Widow-/Orphan-Kontrolle (Umbruch von Absätzen am Seitenende/-anfang). Überschreibt *\widowctrl*.

\widctlpar
Widow-/Orphan-Kontrolle für aktuellen Absatz

\outlinelevelN
Gliederungsebene (Outline Level) des Absatzes (0 bis 8)

\sbys
Einschalten der Option *side by side* für den Absatz (0 = Aus)

\pagebb
Seitenumbruch vor dem Absatz (page break before paragraph) einschalten (0 = Aus)

Absatzausrichtung

Die nachfolgend aufgeführten Schlüsselwörter beziehen sich auf die Ausrichtung des Absatzes. Es kann immer nur ein Schlüsselwort pro Absatz auftreten.

\ql
Absatzausrichtung linksbündig (quad left), was dem Standard entspricht

\qr
Setzt die Textausrichtung auf rechtsbündig (quad right).

\qc
Setzt die Textausrichtung auf zentriert (quad centered).

\qj
Setzt die Textausrichtung auf justiert (quad justified).

\qd
Setzt die Textausrichtung auf Distributed (quad distributed).

Anmerkung: Zur Zeichenausrichtung gibt es noch *\faauto* (Standard), *\fahang* (hängend), *\facenter* (zentriert), *\faroman* (Roman, Standard), *\favar* (upholding variable) und *\fafixed* (upholding fixed).

Einrückung

Die folgenden Schlüsselwörter definieren Absatzeinzüge.

\fiN

Erste Zeile eingezogen (Standard ist 0 twips)

\cufiN

Erstzeileneinzug in 1/100 einer Zeicheneinheit

\liN

Einzug links (Standard 0)

\linN

Linker Einzug für Links-rechts-Texte, rechter Einzug für Rechts-links-Text

\culiN

Linker Einzug in 1/100 der Zeicheneinheit

\riN

Einzug rechts (Standard 0)

Anmerkung: *\rinN* legt den Einzug am Zeilenende (rechts oder links) fest, *\curiN* definiert den rechten Einzug in 1/100 der Zeichenbreite. *\adjustright* justiert automatisch den rechten Einzug, falls ein Dokumentraster (Grid) definiert ist.

Absatzabstände

Die nachfolgend aufgeführten Schlüsselwörter definieren die Abstände vor und nach dem Absatz.

\sbN

Definiert den Abstand vor dem Absatztext (spaces before, Standard ist 0).

\saN

Definiert den Abstand nach dem Absatztext (spaces after, Standard ist 0).

\sbautoN

Auto-spacing-before (0 = Festlegung Space durch \sb, 1 = Auto \sb ignorieren)

\saautoN

Auto-spacing-after (0 = Festlegung Space durch \sa, 1 = Auto, \sa ignorieren)

\lisbN

Space-before in 1/100 der Zeicheneinheit

\lisaN

Space-after in 1/100 der Zeicheneinheit

\slN

Definiert den Zeilenabstand. Wird *\sl1000* verwendet oder fehlt das Schlüsselwort, ist der Zeilenabstand aus dem größten Zeichen der Zeile zu ermitteln. Bei positiven Werten kommt der Parameter *N* nur zum Einsatz, wenn er größer als die größte Zeichenhöhe ist. Bei negativen Werten von *N* wird der Zeilenabstand unabhängig von der Zeichenhöhe eingestellt.

\slmultN

Zeilenabstand als Vielfaches einer Einzelzeile (0 = exact, 1 = multiple)

\nosnaplinegrid

Snap-line bei Gitter abschalten

Referenz auf Dokumente

Das nachfolgende Kontrollwort tritt nur auf, falls eine Referenz auf ein externes Dokument vorhanden ist.

\subdocumentN

Dieses Kontrollwort darf nur einmal im Absatz auftreten und zeigt an, daß ein Subdokument einzufügen ist. *N* ist ein Index in die Dateitabelle mit den externen Dateien.

Bidirektionale Kontrolle

Die beiden folgenden Kontrollwörter legen die Ausrichtung des Textes in einer Zeile fest.

\rtlpar

Dies ist ein bidirektionales Kontrollwort, welches die Textanzeige eines Absatzes von rechts nach links festlegt.

\ltrpar

Dies ist ein bidirektionales Kontrollwort, welches die Textanzeige eines Absatzes von links nach rechts definiert (Standardvorgabe).

Formatierung von Tabulatoren

Die folgenden Kontrollwörter dienen zur Definition von Tabulatoren in einem Dokument.

\txN

Definiert die Tabulatorposition in twips, gemessen vom linken Rand.

\tqr

Die Option steht für einen rechts justierten Tabulator (flush right tab).

\tqc

Definiert einen zentrierten Tabulator.

\tqdec

Definiert einen dezimalen Tabulator.

\tbN

Definiert die Position eines vertikalen Strichs (vertical tab) in twips, bezogen auf den linken Rand.

\tldot

Definiert einen Punkt als Füllzeichen (tab leader dot) für den Tabulator.

\tlhyphen

Definiert einen Bindestrich (tab leader hyphen) als Füllzeichen für den Tabulator.

\tlul

Definiert einen Unterstrich (tab leader underline) als Tabulatorzeichen.

\tlth

Definiert eine dicke Linie (tab leader thick line) als Füllzeichen für den Tabulator.

\tleq

Definiert ein Gleichheitszeichen als Tabulatorzeichen (tab leader equal sign).

Aufzählungen (Bullets) und Numerierungen (vor Word 97)

Diese Gruppe von Kontrollwörtern definiert die Formate und Zeichen für Aufzählungen und Numerierungen.

\pntext

Diese Gruppe geht allen Absätzen mit Numerierungen und Aufzählungen voran und enthält den Text und das Format für die Numerierungs- und Aufzählungszeichen. Die Anweisung sollte vor dem Kommando *{*\pn..}* stehen.

\pn

Schaltet die Absatznumerierung ein.

\pnlvlN

Definiert die Absatzebene (Paragraph Level) zwischen 1-9. Der Standardwert wird mit dem Schlüsselwort *\pnseclvlN* definiert.

\pnlvlblt
Definiert einen Absatz mit einem Aufzählungssymbol (bulleted paragraph). Dabei wird die Absatzebene auf 11 festgelegt. Das Aufzählungssymbol ist in der Gruppe *\pntxb* definiert.

\pnlvlbody
Dies ist ein einfacher Absatz, der mit der Ebene 10 korrespondiert.

\pnlvlcont
Absatz innerhalb einer Numerierung, wobei die Nummer übersprungen und nicht angezeigt wird

\pnnumonce
Numeriert jede Zelle innerhalb der Tabelle einmal. Standardmäßig wird jeder Absatz innerhalb einer Zelle numeriert.

\pnacross
Numerierung über die Zeilen (Standard über Spalten) einer Tabelle

\pnhang
Absatz mit hängendem Einzug markieren

\pnrestart
Numerierung nach jedem Abschnitt (section break) neu beginnen

\pncard
Definiert eine Kardinalzahl zur Numerierung (Eins, Zwei, Drei).

\pndec
Definiert eine dezimale Numerierung (1, 2, 3).

\pnucltr
Numerierung mit Großbuchstaben (A, B, C)

\pnucrm
Numerierung mit großen römischen Ziffern (I, II, III)

\pnlcltr
Numerierung mit kleinen Buchstaben des Alphabets (a, b, c)

\pnlcrm
Setzt die Numerierung auf kleine römische Ziffern (i, ii, iii).

\pnord
Definiert eine ordinale Numerierung (1., 2., 3.).

\pnordt
Veranlaßt eine ordinale Textnumerierung (Erstens, Zweitens, Drittens).

\pnb
Numerierung fett (ab Word 6.0)

\pni
Numerierung kursiv (seit Word 6.0)

\pncaps
Alle Numerierungen mit Großbuchstaben (caps numbering, seit Word 6.0)

\pnscaps
Numerierungen mit kleinen Buchstaben (small caps numbering, seit Word 6.0)

\pnul
Schaltet die kontinuierliche Unterstreichung ein (seit Word 6.0).

\pnuld
Unterstreichen mit unterbrochener Linie (dotted underline)

\pnuld
Doppelt unterstreichen

\pnulnone
Unterstreichen ausschalten

\pnulw
Wortweises Unterstreichen einschalten

\pnstrike
Numerierung Seiten durchgestrichen

\pnfsN
Definiert die Fontgröße (in 1/2 Punkt) für die Numerierung der Seite.

\pncfN
Definiert die Vordergrundfarbe für die Numerierung (*N* ist ein Index in die Farbtabelle).

\pnfN
Stellt die Fontnummer für die Numerierung ein.

\pnindentN
Definiert den minimalen Abstand zwischen dem Rand und dem Textkörper.

\pnspN
Definiert die Entfernung der Nummer zum Textkörper.

\pnprev
Das Kontrollwort wird bei Listen mit mehreren Numerierungsebenen benutzt und enthält die Informationen der vorhergehenden Ebene, bezogen auf die aktuelle Ebene (1, 1.1, 1.1.1 etc.).

\pnqc
Wird für eine zentrierte Numerierung verwendet.

\pnql
Numerierung nach links ausgerichtet

\pnqr
Numerierung nach rechts ausgerichtet.

\pnstartN
Definiert den Startwert für die Numerierung eines Absatzes.

\pntxta
Enthält den Text, der einer Numerierung folgt (z. B. 1.). Der Text ist auf 32 Zeichen begrenzt.

\pntxtb
Definiert den Text, der vor der Numerierung stehen kann und auf 32 Zeichen begrenzt ist.

Absatzränder (Paragraph borders)

Diese Kommandos beschreiben die Ränder des Absatzes.

\brdrt
Definiert den oberen Rand (border top).

\brdrb
Definiert den unteren Rand (border bottom).

\brdrl
Beschreibt den linken Rand (border left).

\brdrr
Beschreibt den rechten Rand (border right).

\brdrbtw
Definiert einen Absatz mit einer individuellen Formatierung innerhalb einer einzelnen Gruppe zusammenhängender Absätze (mit gleichen Randeinstellungen).

\brdrbar
Definiert den äußeren Rand (links/rechts für gerade/ungerade Seiten).

\box
Definiert einen Rahmen (box) um einen Absatz.

\brdrs
Rahmen mit einer einfachen (single thickness border) Linie

\brdrth
Rahmen mit einer doppelt dicken Linie (double thickness border)

\brdsh
Rahmen mit Schattierung (shadowed border)

\brdrdb
Doppelrahmen (double border)

\brdrdot
Rahmen mit punktierter Linie (dotted border)

\brdrdash
Rahmen mit strichpunktierter Linie (dashed border)

\brdrhair
Rahmen mit einer dünnen Linie (hair line)

\brdrwN
Definiert die Strichdicke (in twips) für die Rahmenlinie.

\brdrcfN
Definiert die Linienfarbe für den Rahmen (*N* = Index in die Farbtabelle des RTF-Headers).

\brspN
Leeraum in twips zwischen dem Rahmen und dem Absatz

Absatzschattierung (Paragraph Shading)

Diese Gruppe mit Kontrollwörtern definiert die Eigenschaften schattierter Absätze.

\shadingN
Gibt die Graustufe (in %) an, mit welcher der Hintergrund des Textes zu schattieren ist.

\bghoriz
Definiert ein horizontales Muster, welches im Hintergrund des Absatzes zu zeichnen ist.

\bgvert
Spezifiziert ein vertikales Muster für den Absatzhintergrund.

\bgfdiag
Definiert ein nach vorne gerichtetes diagonales Muster (\\\) für den Absatzhintergrund.

\bgbdiag
Definiert ein nach rückwärts gerichtetes diagonales Muster (///) für den Absatzhintergrund.

\bgcross
Definiert ein gekreuztes Hintergrundmuster für den Absatz.

\bgdcross
Definiert ein diagonal gekreuztes Hintergrundmuster für den Absatz.

\bgdkhoriz
Spezifiziert ein dunkles horizontales Hintergrundmuster für den Absatz.

\bgdkvert
Spezifiziert ein dunkles vertikales Hintergrundmuster für den Absatz.

\bgdkfdiag
Definiert ein dunkles vorwärts gerichtetes diagonales Hintergrundmuster (\\\) für den Absatz.

\bgdkbdiag
Definiert ein dunkles rückwärts gerichtetes diagonales Hintergrundmuster (///) für den Absatz.

\bgdkcross
Definiert ein dunkles gekreuztes Hintergrundmuster für den Absatz.

\bgdkdcross
Definiert ein dunkles diagonal gekreuztes Hintergrundmuster für den Absatz.

\cfpatN
Vereinbart die Linienfarbe (*N*) für das Hintergrundmuster.

\cbpatN
Vereinbart die Hintergrundfarbe (*N*) für das Muster.

Absatzpositionierung

Die folgenden Kontrollwörter definieren die Absatzpositionen innerhalb der Seite. Hierbei handelt es sich um Absätze, die mittels Positionsrahmen innerhalb der Seite frei positioniert werden.

\abswN
Absolute Breite des (Positions-) Rahmens in twips

\abshN
Höhe eines (Positions-)Rahmens in twips. Ein positiver Wert für N definiert die minimale Höhe, während ein negativer Wert ein absolutes Maß festlegt. Wird N = 0 gesetzt, paßt der RTF-Reader die Rahmenhöhe an den Inhalt des Absatzes an.

Horizontale Positionsdaten

Die nachfolgenden Kontrollwörter beziehen sich auf die horizontalen Positionsdaten eines Positionsrahmens.

\phmrg
Verwende den Rand als horizontale Referenz für den Rahmen.

\phpg
Verwende die Seite als horizontale Referenz für den Rahmen.

\phcol
Verwende die Spalte als horizontale Referenz für den Rahmen. Dies ist die Standardvorgabe, falls kein horizontaler Rahmen definiert wurde.

\posxN
Positioniere den Rahmen (Frame) N twips von der linken Ecke des Referenzrahmens.

\posnegxN
Position wie bei *\posxN*, erlaubt aber negative Werte.

\posxc
Zentriere den Rahmen horizontal im Referenzrahmen.

\posxi
Positioniere den Absatz horizontal innerhalb des Referenzrahmens.

\posxl
Positioniere den Absatz links im Referenzrahmen. (Standard, falls keine horizontale Position angegeben wurde.)

\posxo
Absatzposition horizontal außerhalb des Referenzrahmens

\posxr
Absatzposition rechts im Referenzrahmen

Vertikale Positionsdaten

Die nachfolgend aufgeführten Schlüsselwörter beziehen sich auf die vertikale Positionierung.

\posyN
Absatzposition *N* twips von der oberen Ecke des Referenzrahmens

\posnegyN
Gleich wie *\posyN*, aber mit negativen Werten

\posyil
Vertikale Positionierung des Absatzes in einer Zeile

\posyt
Absatzposition am oberen Rand im Referenzrahmen.

\posyc
Absatzposition vertikal zentriert innerhalb des Referenzrahmens.

\posyb
Absatz am unteren Rand im Referenzrahmen positionieren.

\pvmrg
Referenzrahmen vertikal relativ zur Randeinstellung positionieren (Standard, falls keine vertikale Rahmenposition definiert wurde.)

\pvpg
Referenzrahmen vertikal relativ zum Seitenrand positionieren

\pvpara
Vertikale Position des Referenzrahmens relativ zur oberen linken Ecke des im RTF-Stream folgenden Absatzes, der keinen Positionsrahmen besitzt.

Zeilenumbruch in Positionsrahmen

Die folgenden Kontrollwörter beziehen sich auf den Zeilenumbruch bzw. Textfluß in absolut positionierten Absätzen (sprich Absätze, die sich in Positionsrahmen befinden).

\nowrap
Dieses Kontrollwort gehört zur Gruppe der Kommandos, die den Textumbruch beeinflussen. Es verhindert, daß der Text um ein absolut positioniertes Objekt (APO) fließt.

\dxfrtextN
Definiert den Abstand (in twips) eines absolut positionierten Absatzes zum Haupttext (dies bezieht sich auf alle Richtungen). Damit wird der Absatz im Positionsrahmen durch einen weißen Rand vom Haupttext abgesetzt.

\dfrmtxtxN
Vereinbart die horizontale Distanz in twips vom Text auf beiden Seiten des Positionsrahmens.

\dfrmtxtyN
Vertikaler Abstand in twips vom Text für beide Seiten des Positionsrahmens

\dropcapliN
Definiert die Zahl der Zeilen (lines to drop cap), die belegt werden (1-10).

\dropcaptN
Definiert den Drop-Cap-Typ (1 = In-Text Drop-Cap, 2 = Margin Drop-Cap).

Tabellendefinitionen

Die RTF-Spezifikation verwendet keine eigene Gruppe, um Tabellen zu definieren. Tabellen werden als spezielle Absätze definiert. Eine Tabelle besteht aus einzelnen Tabellenzeilen, die ihrerseits in einzelne Absätze aufgeteilt werden (eine Tabellenzeile enthält in der Regel mehrere Zellen, und jede Zelle kann Absätze enthalten). Eine Tabellenzeile beginnt mit dem Kontrollwort *\trwd* (Table Row Defaults) und endet mit dem Schlüsselwort *\row*. Jeder in dieser Zeile enthaltene Absatz muß das Schlüsselwort *\intbl* aufweisen. Eine Zelle kann mehrere Absätze aufweisen. Die Definition der Zelle wird daher mit dem Schlüsselwort *\cell* abgeschlossen.

\trowd
Die Definition leitet die Zeile einer Tabelle ein und setzt die Standardwerte.

\row
Ende einer Tabelle

\tcelld
Setzt Standardwerte für Tabellenzellen

\nestcell
Ende einer verschachtelten Zelle

\nestrow
Ende einer verschachtelten Zeile

\nesttableprops
Eigenschaften einer geschachtelten Tabelle

\nonesttables
Text für RTF-Leser, die keine geschachtelten Tabellen unterstützen

\trgraphN
Definiert den halben Abstand zwischen den Zellen der Zeile in twips.

\cellxN
Definiert den rechten Rand einer Tabellenzelle (beinhaltet den halben Abstand innerhalb der Zelle).

\cell
Zellende

\clmgf
Erste Zelle (cell merged first) in einem Zellbereich, der zusammenzufassen ist

\clmrg
Das *cell merge*-Kommando definiert den Inhalt einer Tabellenzelle, die mit einer vorhergehenden Zelle zusammengefaßt wird.

Formatierung einer Tabellenzeile

Die folgenden Kontrollwörter definieren das Format einer Tabellenzeile.

\trql
Richtet den Inhalt einer Tabellenzeile bezogen auf die einzelnen Spalten nach links aus.

\trqr
Richtet den Inhalt einer Tabellenzeile bezogen auf die einzelnen Spalten nach rechts aus.

\trqc
Zentriert den Inhalt einer Tabellenzeile bezogen auf die einzelnen Spalten

\trleftN
Position der linken Ecke der Tabelle

\trrhN
Höhe einer Tabellenzeile in twips. Ein Wert 0 für N veranlaßt, daß die Zellhöhe an den in den Zellen enthaltenen Text angepaßt wird. Ein positiver Wert gibt die Mindesthöhe der Zelle an. Mit einem negativen Wert wird die absolute Zellhöhe angegeben (Zellinhalte werden ggf. abgeschnitten).

\trhdr
Kopfzeile der Tabelle (table row header). Wird eine Tabelle auf zwei Seiten umbrochen, sollte das Schlüsselwort am Anfang der Folgeseite ebenfalls erscheinen.

\trkeep
Diese Zeile der Tabelle darf nicht durch einen Seitenumbruch auf die Folgeseite verschoben werden.

Bidirektionale Steuerung in Tabellen

Die beiden folgenden Schlüsselwörter legen die bidirektionale Textausgabe fest.

\rtlrow
Die Zellen dieser Zeile sind von rechts nach links zu bearbeiten.

\lttrow
Die Zellen dieser Zeile sind von links nach rechts zu bearbeiten (Standard).

Tabellenränder

Die folgenden Schlüsselwörter definieren den Tabellenrand.

\trbrdrt
Oberer Rand der Tabellenzeile (table row border top)

\trbrdrl

Linker Rand der Tabellenzeile (table row border left)

\trbrdrb

Unterer Rand der Tabellenzeile (table row border bottom)

\trbrdrr

Rechter Rand der Tabellenzeile (table row border right)

\trbrdrh

Horizontaler Rand innerhalb der Tabellenzeile (table row border horizontal)

\trbrdrv

Vertikaler Rand innerhalb der Tabellenzeile (table row border vertical)

Zellränder

Die folgenden Kontrollwörter beziehen sich auf den Zellrand.

\cldrdrb

Unterer Rand der Zelle (bottom table cell border)

\clbrdrt

Oberer Rand der Zelle (top table cell border)

\clbrdrl

Linker Rand der Zelle (left table cell border)

\clbrdrr

Rechter Rand der Zelle (right table cell border)

Schattierung und Hintergrund der Tabellenzellen

Die folgenden Schlüsselwörter legen die Schattierung und das Hintergrundmuster für einzelne Zellen einer Tabelle fest.

\clshdngN

Schattierung der Zelle in Prozent. Das Kontrollwort sollte zusammen mit den Informationen für den Zellrand angegeben werden.

\clbghoriz

Definiert ein horizontales Muster, welches im Hintergrund der Zelle zu zeichnen ist.

\clbgvert

Spezifiziert ein vertikales Muster für den Zellhintergrund.

\clbgfdiag

Definiert ein nach vorne gerichtetes diagonales Muster (\\\) für den Zellhintergrund.

\clbgbdiag

Definiert ein nach rechts gerichtetes diagonales Muster (///) für den Zellhintergrund.

\clbgcross

Definiert ein gekreuztes Hintergrundmuster für den Zellhintergrund.

\clbgdcross

Definiert ein diagonal gekreuztes Hintergrundmuster für den Zellhintergrund.

\clbgdkhor

Spezifiziert ein dunkles horizontales Hintergrundmuster für den Zellhintergrund.

\clbgdkvert

Spezifiziert ein dunkles vertikales Hintergrundmuster für den Zellhintergrund.

\clbgdkfdiag

Definiert ein dunkles vorwärts gerichtetes diagonales Hintergrundmuster (\\\) für den Zellhintergrund.

\clbgdkbdiag

Definiert ein dunkles rückwärts gerichtetes diagonales Hintergrundmuster (///) für den Zellhintergrund.

\clbgdkcross

Definiert ein dunkles gekreuztes Hintergrundmuster für den Zellhintergrund.

\clbgdkdcross

Definiert ein dunkles diagonal gekreuztes Hintergrundmuster für den Zellhintergrund.

\clcfpatN

Vereinbart die Linienfarbe (*N*) für das Hintergrundmuster.

\clcbpatN

Vereinbart die Hintergrundfarbe (*N*) für das Muster.

Zeichenformatierung

Diese Gruppe enthält die Anweisungen zur Zeichenformatierung der Texte innerhalb der RTF-Datei.

\plain

Setzt die Parameter zur Zeichenformatierung auf die Standardwerte zurück.

\b

Der Folgetext wird fett (bold) ausgegeben. Der Wert 0 schaltet den Fettdruck wieder ab.

\caps

Der folgende Text ist in Großbuchstaben (Kapitälchen) auszugeben. Mit dem Parameter 0 wird der Modus ausgeschaltet.

\deleted

Markiert einen im Rahmen einer Änderung gelöschten Text.

\dnN

Definiert die Position eines tiefgestellten Zeichens in 1/2 Punkt (Standard 6).

\sub

Text tiefstellen und die Größe in Abhängigkeit von der Fontgröße reduzieren.

\nosupersub

Hoch-/Tiefstellen abschalten

\expndN

Definiert den Faktor für Schmal- und Breitschrift in 1/4 Punkt für die Zeichenzwischenräume. Negative Werte zeigen eine komprimierte Schrift an (Standard ist 0).

\expndtwN

Expansions- oder Komprimierungsfaktor für die Zeichenzwischenräume in twips. Negative Werte stehen für einen Komprimierungsfaktor (Schmalschrift).

\kerningN

Definiert die Punktgröße (in 1/2 Punkt), oberhalb der die Funktion Kerning eingeschaltet wird (Parameter *0* = Kerning aus).

\fN

Der Parameter *N* definiert die (im RTF-Header vereinbarte) Fontnummer, d.h., die zugehörige Schriftart wird verwendet.

\fsN

Wählt die Fontgröße in 1/2 Punkt aus (Standard 24).

\i

Der Folgetext ist kursiv (italic) auszugeben (Parameter 0 = kursiv aus).

\outl

Zeichen als Outline ausgeben. *\outl0* schaltet die Option aus.

\revised

Der Text wurde hinzugefügt, seit die Markierung zur Überarbeitung gesetzt wurde.

\revauthN

Definiert einen Index in die Revisionstabelle mit den Änderungen. *N* bezieht sich dabei auf den Autor, der die Änderungen eingefügt hat.

\revdttmN

Legt die Zeit der letzten Änderung fest (32-Bit-Zeitangabe).

\scaps
Textanzeige in Kleinbuchstaben (small capitals). Mit *\scaps0* wird der Modus abgeschaltet.

\shad
Der folgende Text wird schattiert dargestellt. Der Parameter *0* setzt die Option zurück.

\strike
Folgenden Text durchgestrichen (strike through) anzeigen. Der Parameter *0* schaltet die Option wieder aus.

\ul
Kontinuierliches Unterstreichen einschalten. Mit *\ul0* wird die Option ausgeschaltet.

\ulw
Wortweises Unterstreichen für das folgende Wort

\uld
Unterstreichen mit Punktlinie (dotted underline) einschalten

\uldb
Doppelt unterstreichen (double underline) einschalten

\ulnone
Unterstreichen (underline) ausschalten

\upN
Definiert die Position hochgestellter Zeichen in 1/2 Punkt (Standard 6).

\super
Text hochstellen und die Größe gemäß der Fontvorgabe reduzieren

\v
Definiert einen verborgenen (hidden) Text (\v0 schaltet den Modus aus).

\cfN
Definiert die Vordergrundfarbe (*N* ist der Index in die Farbtabelle).

\cbN
Definiert die Hintergrundfarbe (*N* ist der Index in die Farbtabelle).

\rtlch
Die Zeichen der Tabelle sind von rechts nach links zu interpretieren.

\ltrch
Die Zeichen in der Tabelle werden von links nach rechts interpretiert (Standard).

\csN

Definiert das Zeichenformat (character style). Dieses Format muß in der Tabelle mit den Formatvorlagen definiert sein.

\cchsN

Dieses Kommando definiert alle Zeichen, die nicht zum Standardzeichensatz des Dokuments gehören (Mac-Zeichen mit Codes > 255). Der Wert *N* korrespondiert mit dem *\fcharset*-Kontrollwort.

\langN

Dieses Kommando weist einem Zeichen eine Sprache (*N* ist der ID-Code der Sprache) zu.

ID-Code	Sprache
400H	keine
41CH	Albanian
401H	Arabic
421H	Bahase
813H	Belgian Dutch (Flame)
80CH	Belgian French (Wallone)
416H	Brazilian Portuguese
402H	Bulgarian
403H	Catalan
41AH	Croato-Serbian (Latin)
405H	Czech
406H	Danish
413H	Dutch
C09H	English Australia
809H	English U.K.
409H	English U.S.
40BH	Finnish
40CH	French
C0CH	French Canadian
407H	German
408H	Greek
40DH	Hebrew
40EH	Hungarian
40FH	Icelandic
410H	Italian

ID-Code	Sprache
411H	Japanese (Nihon)
412H	Korean (Hongul)
414H	Norwegian (Bokmal)
814H	Norwegian (Nynorsk)
415H	Polish
816H	Portuguese
417H	Rhaeto-Romanic
418H	Romanian
419H	Russian
81AH	Serbo-Croatian (Cyrillic)
804H	Chinese (simplified)
41BH	Slovak
40AH	Spanish (Castilian)
80AH	Spanish (Mexican)
41DH	Swedish
100CH	Swiss French
807H	Swiss German
810H	Swiss Italian
41EH	Thai
404H	Chinese (traditional)
41FH	Turkish
420H	Urdu

Tabelle 10.21 Sprachunterstützung in TrueType und Unicode-Schriftarten

Anmerkungen: Um in *\expnd* einen negativen Wert aus der Mac-Word-Version zu übernehmen, sind nur die unteren sechs Bits zu lesen. (Werte zwischen 57 und 63 werden als -7 bis -1 interpretiert.)

Kontrollwörter für Eigenschaften

Die RTF-Definition kennt noch sogenannte *Property Association*-Kontrollwörter. Diese verknüpfen eine bestimmte Eigenschaft mit einer Schriftart. Bei diesen Kontrollwörtern wird der Buchstabe a (\ab) vor das Schlüsselwort gestellt. Es gilt die gleiche Syntax wie bei den Kontrollwörtern zur Textformatierung (*ab* für bold, *ai* für italic etc.).

\ab

Die zugewiesene Schriftart weist das Attribut *fett* auf.

\acaps

Die Zeichen mit der zugewiesenen Schriftart sind in Großbuchstaben (capitals) auszugeben).

\acfN

Verknüpfte Vordergrundfarbe (standardmäßig wird *N* auf 0 gesetzt).

\adnN

Die zugewiesene Schriftart ist tiefgestellt auszugeben, wobei die Position in 1/2 Punkt im Parameter *N* angegeben ist (Standard ist 6).

\aexpndN

Die Zeichen der zugewiesenen Schriftart sind in Breit- oder Schmalschrift auszugeben. *N* definiert den Faktor in 1/4 Punkt, um die der Zeichenzwischenraum zu variieren ist. Negative Werte stehen für Schmalschrift.

\afN

Legt die Nummer der Schriftart (associated font number) fest.

\afsN

Zugeordnete Schriftgröße in 1/2 Punkt (Standard ist 24)

\ai

Die zugewiesene Schriftart weist das Attribut *kursiv* (italic) auf.

\alangN

Definiert die Sprache für die zugewiesene Schriftart.

\aoutl

Die zugewiesene Schriftart weist das Attribut *Outline* auf.

\ascaps

Die zugewiesene Schriftart weist das Attribut *Kleinschreibung* auf.

\ashad

Die zugewiesene Schriftart weist das Attribut *schattiert* auf.

\astrike

Die zugewiesene Schriftart weist das Attribut *durchgestrichen* auf.

\aul

Die zugewiesene Schriftart weist das Attribut *unterstrichen* auf.

\auld

Die zugewiesene Schriftart weist das Attribut *punktiert unterstreichen* auf.

\auldb

Die zugewiesene Schriftart weist das Attribut *doppelt unterstrichen* auf.

\aulnone
Hebt die Unterstreichung bei der zugewiesenen Schriftart auf.

\aulw
Wortweises unterstreichen bei der zugewiesenen Schriftart

\aupN
Die zugewiesene Schriftart ist um den Faktor *N* hochgestellt auszugeben.

Kontrollwörter für Spezialzeichen

Die RTF-Spezifikation kennt verschiedene Kontrollwörter für spezielle Zeichen (Fußnoten, Datumsangabe etc.). Der RTF-Leser kann aber unbekannte Kontrollwörter überlesen. Dann ist der nachfolgende Text als einfacher Text zu interpretieren.

\chpgn
Legt eine neue Seitennummer wie in der Kopfzeile fest.

\chftn
Aktiviert die automatische Numerierung der Fußnoten. (Die Fußnoten folgen in einer Gruppe.)

\chdate
Definiert das aktuelle Datum wie in der Kopfzeile.

\chtime
Setzt die aktuelle Zeit wie in der Kopfzeile vereinbart.

\sectnum
Aktuelle Abschnittsnummer (wie in der Kopfzeile definiert).

\chatn
Definiert eine Referenz für Anmerkungen. (Die Anmerkungen folgen in einer eigenen Gruppe.)

\chftnsep
Separator einer Fußnote

\chftnsepc
Fortsetzungszeichen für Fußnoten

\chdpl
Aktuelles Datum im Langformat (z. B. Montag, 30. Dezember 1996)

\chdpa
Aktuelles Datum im abgekürzten Format (z. B. Mo, 30. Dez. 1996)

\|
Startet einen Formeltext.

:
Definiert einen Subindex in einem Stichworteintrag.

*****
Der RTF-Leser kann den Text ignorieren.

\~
Definiert einen festen Zwischenraum (nonbreaking space) zwischen zwei Wörtern.

\-
Definiert einen bedingten Trennstrich (nonrequired hyphen).

_
Definiert ein Trennzeichen (nonbreaking hyphen).

\'hh
Definiert eine Sequenz von Hexadezimalziffern, die den Zeichencode angeben.

\page
Anforderung eines Seitenwechsels

\line
Anforderung eines Zeilenumbruchs (kein Absatzende)

\par
Absatzende, kann auch mit den Codes \10 oder \13 dargestellt werden.

\sect
Definiert das Ende eines Abschnitts (Section) und damit auch das Absatzende.

\tab
Definiert das Tabulatorzeichen (entspricht dem ASCII-Code 09H).

\cell
Definiert das Ende einer Zelle in einer Tabelle.

\row
Definiert das Ende einer Zeile in einer Tabelle.

\column
Spaltenwechsel wird benötigt.

\softpage
Bedingter Seitenwechsel (non required page break)

\softcol
Bedingter Spaltenwechsel (non required column break)

\softline
Bedingter Zeilenumbruch (nonrequired line break)

\softlheightN
Automatische Zeilenhöhe (nonrequired line height), wird vor jeder Zeile ausgegeben.

\emdash
Definiert einen langen Trennstrich (Em-dash).

\endash
Definiert einen kurzen Bindestrich (En-dash).

\emspace
Definiert einen Wortzwischenraum (nonbreaking space) mit der Breite des Zeichens m im aktuellen Font.

\enspace
Definiert einen Wortzwischenraum (non breaking space) mit der Breite des Zeichens n im aktuellen Font.

\bullet
Definiert das Zeichen für den Schmuckpunkt (bullet) bei Aufzählungen.

\lquote
Legt das linke Anführungszeichen (left single quotation mark) fest.

\rquote
Legt das rechte Anführungszeichen (right single quotation mark) fest.

\ldblquote
Definiert das linke doppelte Anführungszeichen (left double quotation mark).

\rdblquote
Definiert das rechte doppelte Anführungszeichen (right double quotation mark).

\ltrmark
Folgezeichen von links nach rechts ausgeben. (Wird meist nach *\ltrch* ausgegeben.)

\rtlmark
Folgezeichen von rechts nach links ausgeben

\zwj
Ligatur für Wörter (zero width joiner)

\zwnj
Beendet die Ligatur eines Wortes (zero width non joiner).

Anmerkungen: Alle 255 Zeichen können direkt ohne Backslash \ in die RTF-Datei eingefügt werden. Dadurch wird die Datei kürzer. Der ASCII-Code 9 wird als Tabulator akzeptiert, der ASCII-Code 13 steht für ein Carriage Return. Ein Line Feed wird mit dem ASCII-Code 10 definiert. In Word für Windows sind weitere Dezimalcodes definiert (149 = *\bullet*, 150 = *\endash*, 151 = *\emdash*, 145 = *\lquote*, 146 = *\rquote*, 147 = *\ldblquote*, 148 = *\rdblquote*).

Kontrollwörter für Grafiken

RTF-Dateien können Grafiken aus anderen Anwendungen (QuickDraw, Paintbrush etc.) enthalten. Die Grafiken werden im Standard-Hexadezimalformat gespeichert. Zusätzlich ist ein Binärformat definiert. Einige der Maße werden in twips angegeben (1 twip = one twentieth of a point).

\pict

Dieses Schlüsselwort definiert die Bilddaten mit folgenden Kontrollwörtern: *brdr*, *shading*, *picttype*, *pictsize*, *metafileinfo* und *data*. Der Datenbereich *data* ist als Sequenz von Hexadezimalzahlen (Standard) oder als Binärsequenz definiert. In Binärsequenzen ist kein Leerzeichen zwischen dem Kontrollwort und dem Datenbereich erlaubt (da dies als Delimiter gelten würde).

\macpict

Dieses Kontrollwort definiert, daß das Bild im QuickDraw-Format vorliegt.

\pmmetafileN

Definiert ein OS/2-Metafile-Bild, wobei *N* den Typ der Bildquelle angibt.

N	Typ
04H	PU_ARBITRARY
08H	PU_PELS
0CH	PU_LOMETRIC
10H	PU_HIMETRIC
14H	PU_LOENGLISH
18H	PU_HIENGLISH
1CH	PU_TWIPS

Tabelle 10.22 PM-Metafile-Bildtyp

\wmetafileN

Definiert ein Bild im Windows-Metafile-Format, wobei *N* den Typ der Bildquelle angibt.

N	Typ
1	MM_Text
2	MM_LOMETRIC
3	MM_HIMETRIC
4	MM_LOENGLISH
5	MM_HIENGLISH
6	MM_TWIPS
7	MM_ISOTROPIC
8	MM_ANISOTROPIC

Tabelle 10.23 Windows Metafile-Bildtyp

Leerzeichen hinter dem Kontrollwort sind nicht erlaubt und werden im Binärformat als Delimiter interpretiert.

\dibitmapN
Dieses Kontrollwort definiert eine Windows *Device Dependant*-Bitmap, wobei N den Typ der Bitmap angibt (muß 0 sein). In der RTF-Struktur findet sich dann die BITMAPINFO-Struktur, gefolgt von den Bilddaten.

\wbitmapN
Die Bildquelle ist eine Windows *Device Independant*-Bitmap (DIB). N ist dabei der Bitmap-Typ (muß 0 sein). In der RTF-Struktur findet sich dann die Beschreibung der Bitmap in der Form, wie sie durch die Funktion *GetBitmapsBits* benutzt wird.

Anmerkung: Wegen der Abhängigkeit von Windows sollten Bilder in RTF-Dateien nicht mit den beiden Kontrollwörtern *\dibitmapN* und *\wbitmapN* gespeichert werden.

Kontrollwörter mit Bitmap-Informationen

Die folgenden Kontrollwörter enthalten Informationen zu einem Bitmap-Bild, welches in der RTF-Datei gespeichert wird.

\wbmbitspixelN
Zahl der Farben pro Bildpunkt. *N* kann folgende Werte annehmen: 1 = Monochrom, 4 = 16 Farben, 8 = 256 Farben, 24 = RGB-Echtfarbendarstellung.

\wbmplanedN
Zahl der Farbebenen innerhalb der Bitmap. Dieser Wert muß auf 1 gesetzt sein.

\wbnwidthbytesN
Gibt die Zahl der Byte für jede Rasterzeile innerhalb der Bitmap an. Der Wert N muß eine gerade Zahl sein (und der Wert multipliziert mit 8 muß größer als die Bildbreite *\picw* sein).

Skalierung, Größe, Beschneiden

Die folgenden Schlüsselwörter sind optional und definieren die Parameter des Bildes:

\pichN
Definiert die Bildhöhe (picture height) in Pixel für ein QuickDraw- oder Bitmap-Bild. Bei einer Metadatei definiert dieser Wert den Parameter *yExt*. Fehlt der Parameter, wird die Bildhöhe aus den Bilddaten berechnet.

\piwN
Definiert die Bildbreite (picture width) in Pixel (siehe *\pichN*) für ein QuickDraw- oder Bitmap-Bild. Bei einer Metadatei definiert dieser Wert den Parameter *yExt*.

\piwgoalN
Definiert die gewünschte Bildbreite in twips.

\pihgoalN
Definiert die gewünschte Bildhöhe in twips.

\picscalexN
Horizontale Skalierung, wobei *N* den Skalenfaktor in % angibt (Standard ist 100).

\picscaleyN
Vertikale Skalierung, *N* ist dabei die Skalierung in Prozent (Standard ist 100).

\picscaled
Dieses Kontrollkommando wird nur in Zusammenhang mit *\macpict* verwendet und skaliert das Bild so, daß es in den (vorgegebenen) Rahmen paßt.

\piccroptN
Wert in twips (Standard 0), um den das Bild am oberen Rand zu beschneiden ist. Positive Werte beschneiden das Bild in Richtung Bildmitte. Negative Werte vergrößern den Bildausschnitt.

\piccropbN
Unterer Wert zum Beschneiden (cropping value) in twips (Standard 0). Positive Werte verkleinern den Bildausschnitt, während negative Werte diesen vergrößern.

\piccroplN
Linker Wert in twips, um den das Bild zu beschneiden ist (Standard 0). Positive Werte verkleinern den Bildausschnitt, während negative Werte diesen vergrößern.

\piccroprN
Rechter Wert in twips, um den das Bild zu beschneiden ist (Standard 0). Positive Werte verkleinern den Bildausschnitt, während negative Werte diesen vergrößern.

\picscaleyN
Vertikale Skalierung, *N* ist die Skalierung in Prozent.

Metafile-Informationen

Die folgenden Kontrollwörter beziehen sich auf Metafile-Bilder.

\picbmp
Spezifiziert, ob ein Metafile-Bild Bitmap-Daten enthält.

\picbppN
Spezifiziert die Bits pro Pixel in einer Metafile-Bitmap (1, 4, 8, 24).

Bilddaten

Das folgende Kontrollwort bezieht sich auf die Bilddaten.

\binN
Definiert ein Bild mit Daten im Binärformat. Der Parameter N (32 Bit) definiert die Zahl der folgenden Bytes.

Objektkontrollwörter

Microsoft OLE-Objekte werden mit den Kommandos dieser Gruppe beschrieben.

\object
Dieses Schlüsselwort leitet den Anfang einer Objektdefinition ein und wird durch folgende Kontrollwörter ergänzt. Die nachfolgende Gruppe der Kontrollwörter beschreibt den Objekttyp:

\objemb	Der Objekttyp ist eingebettet (embedded). Wird kein Objekttyp angegeben, wird *\objemb* angenommen.
\objlink	Der Objekttyp ist verknüpft (OLE-Link).
\objautlink	Der Objekttyp wurde mit Autolink erzeugt.
\objsub	Dies ist ein Objekttyp des Mac Edition Manager Subscriber.
\objpub	Dies ist ein Objekttyp des Mac Edition Manager Publisher.
\objicemb	Dies ist ein Objekttyp des Mac Word Installable Command Embedder.

Die folgenden Kontrollwörter beschreiben Objektinformationen:

\linkself	Das Objekt ist mit einem anderen Teil des Objekts verbunden (linked).
\objupdate	Erzwingt eine Aktualisierung des Objekts vor der Anzeige.
\objlock	Sperrt das Objekt gegenüber Aktualisierungen.
\objclass	Spezifiziert die Objektklasse als Textargument.
\objname	Definiert den Objektnamen als Textargument.
\objtime	Beschreibt die Zeit, zu der das Objekt zuletzt aktualisiert wurde.

Die folgenden Kontrollwörter beschreiben die Objektgröße und -position:

\objhN	Definiert die Objekthöhe in twips.
\objwN	Definiert die Objektbreite in twips.
\objsetsize	Veranlaßt den Objektserver, das Objekt auf die vom Client definierten Abmessungen zu setzen.
\objalignN	Definiert die Ausrichtung (Abstand) in twips von der linken Ecke des Objekts zum Tabulator (wird vom Formeleditor bei Gleichungen benutzt).
\objtransyN	Ist der Abstand von der Basislinie (in twips) in y-Richtung, um den das Objekt zu verschieben ist (wird bei Gleichungen benutzt).
\objcroptN	Definiert das Maß zum Beschneiden des oberen Bildrands (top cropping distance) in twips.
\objcropbN	Definiert den Wert zum Beschneiden des unteren Bildrands (bottom cropping distance) in twips.
\objcroplN	Definiert den Wert zum Beschneiden des linken Bildrands (left cropping distance) in twips.
\objcroprN	Definiert den Wert zum Beschneiden des rechten Bildrands (right cropping distance) in twips.
\objscalexN	Definiert die horizontale Skalierung in Prozent.
\objscaleyN	Definiert die vertikale Skalierung in Prozent.

Die folgenden Kontrollwörter beschreiben die Objektdaten:

\objdata	Enthält die Objektdaten im betreffenden Format.
\objalias	Enthält den Objekt-Aliasrecord (für ein Objekt des Macintosh Publisher).
\objsect	Enthält den Objekt-Section-Aliasrecord (Macintosh Publisher).

Die folgenden Kontrollwörter geben das Ergebnis für das eingefügte Objekt (object result) an:

\rsltrtf	Falls möglich, Ergebnisse im RTF-Format speichern.
\rsltpict	Falls möglich, Ergebnisse im Windows-Metafile- oder MacPict-Format speichern.
\rsltbmp	Falls möglich, Ergebnisse als Bitmap speichern.
\rslttxt	Ergebnisse nach Möglichkeit als Text speichern.
\rsltmerge	Verwende die Formatierung des aktuellen Ergebnisses, sofern ein neues Ergebnis eintrifft.
\result	Das Ziel für die Ergebnisse in der Objektdefinition ist optional.

Der Mac Edition Manager verwendet zusätzlich die Kontrollwörter *\bkmkpub* (bookmark publisher object) und *\pubauto* (publisher object automatic update). Die beiden Kontrollwörter werden durch das Kontrollwort **bkmkstart* (für bookmark start) eingeleitet.

Kontrollwörter für Zeichnungen (Drawing Objects)

Zeichnungen und Zeichenobjekte verwenden Kontrollwörter mit den Buchstaben *do*... (drawing objects), *dp*... (drawing primitive), *co*... (call out objects) and *fill*... (fill). Diese Objekte sind in der RTF-Spezifikation 1.2 beschrieben. Für Zeichenobjekte gilt dabei folgende Syntax:

<table>
<tr><td>do</td><td>{*\di <dohead><dpinfo>}</td></tr>
<tr><td>dohead</td><td><dobx> <doby> <dodhgt> <dolock></td></tr>
<tr><td>dobx</td><td>\dobxpage | \dobxcolumn | \dobxmargin</td></tr>
<tr><td>doby</td><td>\dobypage | \dobypara | \dobymargin</td></tr>
<tr><td>dodhgt</td><td>\dodhgt></td></tr>
<tr><td>dolock</td><td>\dolock</td></tr>
<tr><td>dpinfo</td><td><dpgroup> | <dpcallout> | <dosimple></td></tr>
<tr><td>dpgroup</td><td>\dpgroup \dpcount <dphead> <dpinfo> + \dpendgroup <dphead></td></tr>
<tr><td>dpcallout</td><td>\dpcallout <cotype> <coangle> <coaccent> <cosmartacttach> <cobestfit> <cominusx> <cominusy> <coborder> <codescent> \docooffset \dpcolength <dphead> <dppolyline> <dphead> <dpprops> <dptextbox> <dphead> <dpprops></td></tr>
<tr><td>dpsimple</td><td><dpsimpledpk> <dphead> <dpprops></td></tr>
<tr><td>dpsimpledpk</td><td><dpline> | <dprect> | <dptextbox> | <dpellipse> | <dppolyline> | <dparc></td></tr>
</table>

Tabelle 10.24 Syntax für Zeichenobjekte

Die nachfolgenden Kontrollwörter beziehen sich auf Zeichenobjekte. Farbangaben erfolgen nicht als Index, sondern werden als RGB-Werte zwischen 0 und 255 angegeben.

\do

Dieses Kontrollwort zeigt an, daß im Text ein Zeichenelement einzufügen ist.

\dolock

Das Zeichenobjekt ist verankert und läßt sich nicht verschieben.

\dobxpage

Das Zeichenobjekt wird in x-Richtung relativ zur Seite positioniert.

\dobxcolumn

Das Zeichenobjekt wird in x-Richtung relativ zur Spalte positioniert.

\dobxmargin

Das Zeichenobjekt wird in x-Richtung relativ zum Rand positioniert.

\dobypage

Das Zeichenobjekt wird in y-Richtung relativ zur Seite positioniert.

\dobypara
Das Zeichenobjekt wird in y-Richtung relativ zum Absatz positioniert.

\dobymargin
Das Zeichenobjekt wird in y-Richtung relativ zum Rand positioniert.

DodhgtN
Das Zeichenobjekt wird gemäß der folgenden numerischen Adresse in z-Richtung positioniert.

Kontrollwörter für die Drawing-Primitiven

Die nachfolgenden Kontrollwörter geben die Grundoperationen für Zeichenoperationen (Drawing-Primitiven) an.

\dpgroup
Markiert den Anfang einer Gruppe graphischer Primitive.

\dpcountN
Definiert die Zahl der Einträge in der Gruppe der graphischen Primitive.

\dpendgroup
Markiert das Ende einer Gruppe graphischer Primitive.

\dparc
Graphische Primitive zum Zeichnen eines Kreisbogens (arc)

\dpcallout
Graphische Primitive für ein Callout (Ein Callout-Element besteht aus einer Linie und einem Textfeld.)

\dpellipse
Graphische Primitive zum Zeichnen einer Ellipse

\dpline
Graphische Primitive zum Zeichnen einer Linie

\dppolygon
Graphische Primitive zum Zeichnen eines Polygons

\dppolyline
Graphische Primitive zum Zeichnen einer Polygonlinie

\dprect
Graphische Primitive zum Zeichnen eines Rechtecks

\dptxbx
Graphische Primitive zum Zeichnen eines Textfeldes (Textbox)

Positionierung und Größenangaben

Die folgenden Kontrollwörter definieren die Größe und Position der Zeichenelemente.

\dpxN

Offset x-Richtung vom Anker des Zeichenelements (graphische Primitive)

\dpxsizeN

Größe x-Richtung des Zeichenelements

\dpyN

Offset y-Richtung vom Anker des Zeichenelements

\dpysizeN

Größe y-Richtung des Zeichenelements

Kontrollwörter für Callout-Elemente

Die nachfolgend aufgeführten Kontrollelemente beziehen sich auf Callout-Elemente (Linie und Textfeld), mit denen sich Legenden an Zeichnungen erstellen lassen.

\dpcoaN

Winkel (0, 30, 45, 60, 90) der diagonalen Linie, die zur Legende führt

\dpcoaccent

Vertikale Linie zwischen der Linie und dem Textfeld

\dpcobestfit

Best-fit für die x-Länge der Callout-Linien anwenden

\dpcoborder

Rahmen um Legendentext sichtbar

\dpcodabsN

Absolute Distanz der zugehörigen Linie (Offset in twips vom Bild zur linken Ecke des Textfelds)

\dpcodbottom

Linie für Callout am unteren Rand anhängen

\dpcodcenter

Linie für Callout in der Mitte (center attached) anhängen

\dpcodtop

Linie für Callout am oberen Rand anhängen

\dpcodlengthN

Länge des Callouts

\dpcodminusx
Das Textfeld der Legende befindet sich im Quadranten II oder III (relativ zum Anfang der Linie).

\dpcodminusy
Das Textfeld liegt in den Quadranten III oder IV (bezogen auf den Ursprung der Linie).

\dpcooffset
Abstand (Offset) vom Ende der Linie zur Kante des Textfelds

\dpcosmarta
Automatisch erstelltes Callout (die Linie wird am oberen oder unteren Rand des Textfelds angehängt)

\dpcotdouble
Doppellinie für Callout

\dpcotright
Rechtwinkliger Callout

\dpcotsingle
Einfache Linie für Callout

\dpcottriple
Callout mit Dreifachlinie

Rechteck für das Textfeld

Die folgenden Kontrollwörter beziehen sich auf das Textfeld einer Legende oder auf das zugehörige Rechteck.

\dptxbxmarN
Innerer Rand des Textfelds

\dptxbxtext
Gruppe, die den Text für das Textfeld enthält

\dproundr
Rechteck besitzt abgerundete Ecken.

Linien und Polygonlinien

Die folgenden Kontrollwörter beziehen sich auf Linien und Polygonzüge.

\dpptxN
X-Koordinate des aktuellen Scheitelpunkts (Vertex). Der Punkt wird durch die Koordinaten x, y angegeben.

\dpptyN
Y-Koordinate des aktuellen Scheitelpunkts (Vertex)

\dppolycountN
Zahl der Scheitelpunkte bei einer Polylinie

Kreisbögen

Die folgenden Kontrollwörter definieren Kreisbögen.

\dparcflipx
Legt fest, daß der Endpunkt des Kreisbogens rechts vom Startpunkt liegt. Kreisbögen werden immer gegen den Uhrzeigersinn gezeichnet.

\dparcflipy
Der Endpunkt des Kreisbogens liegt unterhalb des Startpunkts.

Linienstile

Die folgenden Kontrollwörter legen die Eigenschaften von Linien fest.

\dplinecobN
Blauanteil der Linienfarbe

\dplinecogN
Grünanteil der Linienfarbe

\dplinecorN
Rotanteil der Linienfarbe

\dplinepal
Die Linienfarbe wird durch das Makro PALETTERGB anstelle des RGB-Makros erzeugt.

\dplinedado
Strichpunktierte Linie (dash-dot)

\dplinedadodo
Strichpunktierte Linie (dash-dot-dot)

\dplinedash
Gestrichelte Linie

\dplinedot
Punktierte Linie

\dplinegrayN
Graustufe für die Linie

\dplinehollow
Linie ohne Farbe (hollow)

\dplinesolid
Linientyp durchgezogen

\dplinewN
Liniendicke in twips

Stile für Pfeile

Die folgenden Kontrollwörter legen die Linienstile für Pfeile fest.

\dpaendhol
Linie für den Pfeil hohl (hollow end arrow) zeichnen.

\dpaendlN
Länge des Pfeils am Linienende relativ zur Liniendicke (1 = schmal, 2 = mittel, 3 = groß)

\dpaendsol
Linienende für Pfeil durchgezogen (solid end arrow) zeichnen

\dpastarthol
Pfeillinie als *hollow start arrow* zeichnen

\dpastartlN
Länge des Startpfeils relativ zur Liniendicke (1 = schmal, 2 = mittel, 3 = groß)

\dpastartsol
Pfeillinie als *solid start arrow* zeichnen

\dpastartwN
Breite des Startpfeils relativ zur Liniendicke (1 = schmal, 2 = mittel, 3 = groß)

Füllmuster

Die folgenden Kontrollwörter legen die Füllmuster fest.

\dpafillbgcbN
Blauanteil der Farbe für das Füllmuster im Hintergrund

\dpafillbgcgN
Grünanteil der Farbe für das Füllmuster im Hintergrund

\dpafillbgcrN
Rotanteil der Farbe für das Füllmuster im Hintergrund

\dpafillbgpal

Verwendet das PALETTERGB-Makro anstelle des RGB-Makros zum Zeichnen des Hintergrundmusters.

\dpafillbggrayN

Graustufe für das Füllmuster im Hintergrund (in 1/2 Prozent)

\dpafillfgcbN

Blauanteil der Farbe für das Füllmuster im Vordergrund

\dpafillfgcgN

Grünanteil der Farbe für das Füllmuster im Vordergrund

\dpafillfgcrN

Rotanteil der Farbe für das Füllmuster im Vordergrund

\dpafillfgpal

Verwendet das PALETTERGB-Makro anstelle des RGB-Makros zum Zeichnen des Vordergrundmusters.

\dpafillfggrayN

Graustufe für das Füllmuster im Vordergrund (in 1/2 Prozent)

\dpafillpatN

Index in eine Liste mit Füllmustern. Hierbei werden Werte zwischen 0 und 25 im Parameter *N* angegeben. Die einzelnen Füllmuster lassen sich über die Schattierungsfunktionen von Windows-Anwendungen (z. B. Word) ermitteln. Den in diesen Anwendungen angezeigten Füllmustern werden sequentiell die Werte 0 bis 25 zugeordnet (0 = Transparent, 1 = Einfarbig 100%, 2 = 5%, 3 = 10% etc.).

Schattierung

Die folgenden Kontrollwörter beziehen sich auf die Schattierung eines Zeichenelements.

\dpshadow

Das aktuelle Zeichenelement ist schattiert zu zeichnen.

\dpshadxN

X-Offset für die Schattierung

\dpshadyN

Y-Offset für die Schattierung

Verschiedene Kontrollwörter

Die RTF-Spezifikation definiert verschiedene andere Kontrollwörter für unterschiedliche Zwecke:

\footnote
Leitet eine Fußnotendefinition ein.

\annotation
Leitet eine Anmerkung ein. Ist diese mit einer Marke (bookmark) verbunden, werden die Kontrollwörter *{*\atrfstart N}* *{*\atrfend N}* innerhalb der Marke eingefügt. *N* ist dabei der Name der Buchmarke.

\annotid	Definiert die ID der Anmerkung.
\atnauthor	Definiert den Autor der Anmerkung.
\atntime	Speichert die Zeit, zu der die Anmerkung erstellt wurde.

\field
Dies ist eine Gruppe von Kontrollwörtern, die Felder aus WORD beschreiben. Die folgenden Kontrollwörter beschreiben die Feldparameter.

\flddirty	Das Feld wurde seit der letzten Speicherung (Update) verändert.
\fldedit	Der Text wurde seit der letzten Sicherung (Update) verändert.
\fldlock	Feld gesperrt.
\fldpriv	Ergebnis nicht anzeigbar.
\fldinst	Feldinstruktionen.
\fldslt	Letztes berechnetes Ergebnis eines Feldes.
\fldalt	Die Referenz des Feldes bezieht sich auf eine Endnote.

\xe
Die Indexgruppe startet mit *\xe*, gefolgt von verschiedenen Kontrollwörtern:

\xefN	Erlaubt Mehrfachindizes im gleichen Dokument.
\bxe	Formatiert die Seitennummern oder das Stichwortverzeichnis fett.
\ixe	Format Seitennummern oder das Stichwortverzeichnis auf kursiv setzen.
\txe Text	Verwendet ein Textargument an Stelle der Seitennummer.
\rxe Bookmark	Verwendet eine Textmarke, um einen Bereich an Seitennummern zu definieren.

\toc

Definiert das Inhaltsverzeichnis (table of contents). Die folgenden Kontrollwörter werden hierbei verwendet:

\tcfN	Übersetzt die Tabelle (N wird dabei in A – Z übersetzt, Standard ist C, was dem Wert 67 entspricht).
\tclN	Nummer der Ebene (Standard = 1).

Die Gruppe bookmark enthält nur zwei Kontrollworte:

*\bkmkstart	Anfang der Buchmarke.
*\bkmkend	Ende der Buchmarke.

Die Anweisung *\bkmkcolN* bezeichnet die erste Spalte einer Tabelle für die Buchmarken und *\bkmkcollN* die letzte Spalte.

Anmerkung: Die RTF 1.6-Spezifikation enthält zusätzliche Kontrollwörter, die sich mit fremdsprachlichen Besonderheiten (z. B. Textausrichtung für Hebräisch, Arabisch, Fernost) oder mit speziellen Word 97/Word 2000-Eigenheiten befassen. Microsoft veröffentlicht die jeweils neueste Spezifikation im Microsoft Developer's Network. Sie können sich daher die aktuelle Spezifikation per Internet (*msdn.microsoft.com*, nach RTF suchen) jederzeit abrufen. Die Spezifikation enthält auch Informationen zur Implementierung von RTF-Readern.

11 Das Adobe Illustrator File-Format (AI)

Der Adobe Illustrator ist unter Windows und auf dem Macintosh verfügbar. Das Programm speichert Grafiken in einem modifizierten PostScript-Format. Die AI-Datei besteht dabei aus einem Prolog, gefolgt von den eigentlichen Script-Daten.

```
%!PS-Adobe-3.0 EPSF-3.0
< Header comments >
%%EndComments
<Procedure settings>
%%EndProlog
Script <Setup>
<Objects>
<Page trailer>
<Document trailer>
%%EOF
```

Abbildung 11.1 Struktur einer Illustrator (AI)-Datei

Die Header-Comments beginnen immer mit %% und einem Schlüsselwort und enthalten verschiedene Informationen über die Datei.

Die AI-Header-Comments

Der Header einer AI-Datei enthält EPS-Anweisungen für den Reader, die als Kommentare %% formatiert sind.

```
%!PS-Adobe-3.0 EPSF-3.0
%%BeginProlog
%%Creator: Adobe Illustrator (TM) 3.0.1
%%For: (user) (organisation)
%%Title: (illustration title)
%%CreationDate: (date) (time)
%%BoundingBox: llx lly urx ury
%%DocumentProcessColors: keyword
%%DocumentFonts: font...
%%+font....
%%DocumentFiles: filename
%%+filename....
```

```
%%DocumentSuppliedResources: proset
  packarray version
%%+ procset Adobe_cmykcolor version
   revision
....
%%EndComments
```

Abbildung 11.2 Struktur eines AI-Headers

Die Bedeutung dieser Kommandos wird nachfolgend kurz erläutert. Die Kommandos müssen nicht in jedem Header auftreten. Unter Windows entfallen verschiedene Anweisungen, die nur für den Mac von Bedeutung sind.

%!PS-Adobe-3.0 EPSF-3.0-String

Dieser String leitet eine gültige EPS-Datei und damit auch eine AI-Datei ein.

%%BeginProlog-String

Leitet den Prolog innerhalb der AI-Datei ein.

%%EndProlog-String

Beendet den Prolog einer AI-Datei und leitet zum Skriptteil über.

%%EndComments String

Zeigt das Ende des Kommentarteils innerhalb des Prologs an.

%%Creator-String

Dieses Kommando gibt den Programmnamen und die Version des erzeugenden Programmes an.

%%For (username) (organisation)

Hier wird der Username und die zugehörige Organisation definiert, die das Dokument erzeugt hat. Beide Parameter müssen als gültige PostScript-Strings definiert werden (siehe PostScript-Beschreibung). Dabei dürfen auch Escape-Zeichen (z. B. \230) zur Darstellung fremder Zeichensätze benutzt werden.

%%Title (title)

Definiert den Titel der Illustration, wobei es sich beim Titel um einen gültigen PostScript-String handeln muß.

%%CreationDate (date) (time)

Dieser Kommentar gibt das Datum und die Zeit an, zu der das Dokument erzeugt wurde. Die Parameter müssen als gültige PostScript-Strings vereinbart werden.

%%BoundingBox llx lly urx ury

Diese Anweisung muß im AI-Header auftreten und definiert die BoundingBox des Bildes in Integerkoordinaten (llx = lower left x, lly = lower left y, urx = upper right x, ury = upper right y).

%%DocumentProcessColors keyword

Das Schlüsselwort enthält Strings mit den Namen der benutzten Farben (z. B. Cyan, Magenta, Yellow, Black). Diese Informationen sind zur Farbseparation (color separation) hilfreich.

%%DocumentCustomColors (customcolorname)

Dieser Kommentar erlaubt die Angabe der Namen spezieller Farbsysteme (z. B. PANTONE 156 CV), die hier benutzt wurden. Das Kommando kann mehrere Farben umfassen. Dann findet sich in der Folgezeile die Zeichenkombination *%%+Farbe*.

%%CMYKCustomColors cyan magenta yellow black (customcolorname)

Dieser Kommentar spezifiziert die Farbe als Näherungswert der Farbkombination cyan, magenta, yellow und black. Das Kommando kann mehrere Farben umfassen. Dann findet sich in der Folgezeile die Zeichenkombination *%%+Farbe*.

%%DocumentFonts font

Hier werden die im Dokument benutzten Fontnamen vereinbart. Hierbei handelt es sich um PostScript-Fonts. Das Kommando kann mehrere Fontdefinitionen enthalten. Dann findet sich in der Folgezeile die Zeichenkombination %%+Font. Das Kommando entfällt, falls im Dokument keine Fonts verwendet werden.

%%DocumentFiles filename

Müssen Dateien zum Ausgeben der Grafik importiert werden, sind diese hier anzugeben. Das Kommando kann mehrere Dateien umfassen. Dann findet sich in der Folgezeile die Zeichenkombination *%%+Filename*.

%%DocumentSuppliedResources procset .. version revision

Dieser Kommentar wird erst ab Illustrator, Version 3, verwendet und definiert die Versionen unterstützter Ressourcen für *Adobe_packedarray, Adobe_cmykcolor, Adobe_cshow, Adobe_customcolor, Adobe_pattern_AI3, Adobe_typography_AI3 und Adobe_IllustratorA_AI3*. Eine Zeile besitzt das Format:

%%DocumentSuppliedResources: procset .. version revision

wobei für .. eines der obigen Schlüsselwörter, die Versionsnummer und die Revisionsnummer einzusetzen ist. Das Kommando kann mehrere Zeilen umfassen. Dann findet sich in der Folgezeile die Zeichenkombination *%%+procset...*

%%DocumentNeededResources

Dieses Kommando tritt im Adobe Illustrator 3 [AI3] auf und definiert die benötigten Ressourcen.

%%IncludeResource

Dieses Kommando tritt im Adobe Illustrator 3 [AI3] auf und definiert die im Dokument enthaltenen Ressourcen.

%%AI3_ColorUsage keyword

Hier wird definiert, ob das Dokument schwarzweiß oder in Farbe auszugeben ist. Keyword wird dann auf Black&White oder Color gesetzt.

%%AI3_TemplateBox lly lly urx ury

Definiert eine Bounding-Box, die alle Elemente in einer Dokumentvorlage (template) einschließt. Die Koordinaten können Integer oder Real sein. Ein Element wird als 1/72 inch square groß angenommen. Ist ein Dokument nicht als Vorlage (template) definiert, muß die Bounding-Box auf 0 gesetzt werden. Beim Illustrator 88 oder in der Version 4.0 für Windows und in der japanischen Version wird das Kommando mit *%%TemplateBox* bezeichnet.

%%AI3_TemplateFile filename

Definiert den Namen der Vorlagendatei (Template) im Format *volume::directory id:filename*.

%%AI3_TileBox llx lly urx ury

Definiert auf dem Mac eine Bounding-Box des sichtbaren Bildausschnitts.

Beim Illustrator 88 oder in der Version 4.0 für Windows und in der japanischen Version wird das Kommando mit *%%TileBox* bezeichnet.

Der Script-Setup

An den Header schließt sich ein Script-Setup-Bereich an. Dieser besteht aus einer Sequenz an Parametern, gefolgt von einem Schlüsselwort (in PostScript-Notation).

```
<script>::= <setup>
{<objects>]
{<page trailer>}
{<document trailer>}
%%EOF
```

```
<setup> ::= %%BeginSetup
{%%IncludeFont:font}
{<proc set init>}
<font encoding>
<pattern defs>
%%EndSetup

<page trailer> ::= %%PageTrailer
gsave annotatepage grestore showpage

<document trailer> ::= %%Trailer
{<proc set termination>}
```

Abbildung 11.3 Struktur eines Script-Setup

Mit *%%IncludeFont* werden spezielle im Dokument benutzte Fonts angegeben. Fehlt der Font, benutzt der Illustrator einen Ersatzfont. Weiterhin dient das Skript zur Initialisierung der Ressourcen. Die Font-Encoding-Section besitzt folgende Struktur:

```
<font encoding>::= [
 {re-encoding pairs}
<Te>
 {<re-encoding pair>}
<re-encoding> ::= %AI3_BeginEncoding
 newFontName oldFontname
 %AI3_EndEncoding <font type>
<font type> ::=  AdobeType | TrueType
```

Abbildung 11.4 Struktur einer Fonts-Encoding-Section

Der TE-Operator

Der TE-Operator definiert die Plattform für das Font-Encoding und besitzt folgenden Aufbau:

```
[encoding pair TE
```

Der TZ-Operator

Der TZ-Operator erzeugt einen neuen Font aus einem bestehenden Font. Die Encoding-Pair-Parameter sind eine Liste von Codes:

```
[encoding pair... TZ
```

Für einen Times-Roman-Font könnte diese Anweisung folgendermaßen aussehen:

```
%%BeginEncoding: _Times-Roman Times-Roman
 [    /_Times-Roman/Times-Roman 0 0 1 TZ
%%EndEncoding
```

Abbildung 11.5 Font-Encoding

Pattern Definition

Muster, die im Illustrator verwendet werden, sind im Script-Setup-Segment zu definieren.

Der E-Operator

Dieser Operator definiert ein Muster (pattern) im Format:

`(patternname) lly lly ury ury [<layerlist>]E`

Die Muster werden dabei verschiedenen Ebenen (layers) zugewiesen. Diese Layerlist enthält zwei Definitionen:

`(colordefinition)@`

Dieses Kommando definiert die Farbe und den Overprint-Style. Der Overprint-Style wird mit den O- und R-Operatoren definiert.

`(tiledefinition)&`

Dieser Operator definiert die Kachel (tile) für das Muster (pattern). Eine Musterdefinition könnte folgenden Aufbau haben:

```
%%BeginPattern: (sun)
 (sun) 100 200 120 300 [
 (0 0 0 R 0.03 0.05 0.15 0 (PANTONE 468 CV) ...
 _&
 (0 0 0 R 0.03 0.05 0.15 0 (PANTONE 468 CV) ...
(0 i 0 J 0 j 1 w 4 M [] 0 d
%%Note
105 115.3 m
105 120.3 L
...
s
) &
] E
%%EndPattern
```

Abbildung 11.6 Struktur einer Pattern-Definition

Das Muster wird innerhalb der Definition mit *m* (moveto) und *l* (lineto) konstruiert. Der Befehl *s* (stroke) sorgt dann für die Ausgabe.

Der Script-Body

Ein Illustrator-Bild besteht aus einer Sequenz aus graphischen Elementen. Diese werden als Objekte bezeichnet und mit der Objektbeschreibung spezifiziert:

```
<object>::={(A)}(object locking)
<path object>|
<path mask>|
<composite object>|
<text object>|
<placed art object>|
<subscriber object>|
<graph object>|
<PostScript document>

<path object>::=<paint style>
<path geometry>
<path render> |
<guide operator>

<path mask>::=<paint style>
<path geometry>
(H) | (H)
(W)
<path render>
<composite object>::=<group object> |
<group with mask> |
<compound path> |
<compound path mask> |
<wraparound group>

<group object> ::=(U)
<object>+(U)
```

Grafikformate

```
<group with mask> ::=(Q)
{<object>}
{<masked object>}
(Q)

<masked object> ::=<mask> | <object>

<mask> ::=<path mask> | <compound path mask>

<compound path> ::=<*u>
<compound path element>+<*U>

<compound path element> ::=
<path object>+<compound group>

<compound group> ::=(U)
<compound path element>+(U)

<compound path mask> ::= <*u>
<compound path mask element>+<*U>

<compound path mask element> ::=
<path mask>+<compound mask group>

<compound mask group> ::=
<compound mask bottom group> | <compound mask non-bottom group>
<compound mask bottom group> ::=
{(A)}
(Q)
<path mask>+(Q)

<compound mask non-bottom group>::=
{(A)}
(U)
<compound mask group>+(U)
```

Abbildung 11.7 Struktur einer Object-Description

Die einzelnen Operatoren in der Skriptregion werden nachfolgend kurz vorgestellt. Es handelt sich dabei im wesentlichen um abgekürzte PostScript-Befehle, die im Header vereinbart werden.

Locked Object Operator

Diese Gruppe enthält nur einen Befehl.

flag A Das Flag nimmt Werte von 0 und 1 an. Mit dem Wert 0 darf ein Objekt zum Editieren im Illustrator selektiert werden. Mit *flag = 1* ist das Objekt gesperrt.

Graphic State Operators

Diese Operatoren beschreiben den Graphikstatus.

[array] phase d	Der *d*-Operator entspricht dem setdash-Operator in PostScript. *array* enthält die Definition des Linienmusters, und *phase* bestimmt die Phase (phase) des Musters zum Start des Pfades.
flatness i	Der Operator entspricht dem *setflat*-Operator in PostScript. Werte müssen im Bereich zwischen 0 und 100 liegen.
flag D	Der *D*-Operator beschreibt die Richtung (winding order) eines Objektes beim Füllen von Flächen. Mit *flag = 0* wird der Pfad mit der Fläche im Uhrzeigersinn gefüllt.
linejoin j	Dieser Operator wirkt wie das PostScript *linejoin*-Kommando. Hierbei gilt (0 = mitered joins, 1 = round joins, 2 = beveled joins). Der Initialisierungswert ist 0.
linecap J	Dieser Operator wirkt wie das PostScript *linecap*-Kommando. Hierbei gilt (0 = butt end caps, 1 = round end caps, 2 = square end caps). Der Initialisierungswert ist 0.
miterlimit M	Der Operator wirkt wie der PostScript *setmiterlimit*-Operator. Der Initialisierungswert ist 4.
linewidth w	Der Operator entspricht dem *setlinewidth*-Kommando in PostScript. Die Initialisierung setzt die Liniendicke auf 1.0 (in user space). Der Wert 0 wird als dünnste mögliche Linie interpretiert.

Color Operators

Diese Operatoren bestimmen die Farben oder Graustufen der folgenden Objekte:

gray g	Definiert die Graustufe (0.0 = Schwarz, 1.0 = Weiß) mit der Pfade gefüllt werden. In PostScript übernimmt der *setgrayscale*-Operator diese Aufgabe.
gray G	Der (stroke)-Operator wirkt wie der *gray g*-Befehl, wirkt sich aber auf Pfade aus, die mit *stroke* gefüllt werden.
cyan magenta yellow black k	Dieser Operator (fill) entspricht dem PostScript *setcmykcolor*-Befehl und definiert die Farben für den zu füllenden Pfad. Jeder der Operanden muß zwischen 0.0 (Minimum) und 1.0 (Maximum) liegen.
cyan magenta yellow black K	Entspricht dem ..k-Operator, wird aber auf Pfade mit *stroke* (*stroke set cmykcolors*) angewandt.

cyan magenta yellow black (name) gray x	Definiert eine nutzerspezifische (fill custom color) Farbe zum Füllen von Pfaden.
cyan magenta yellow black (name) gray X	Entspricht ..X, wird aber auf mit *stroke* gezeichnete Pfade angewandt (stroke custom color).
(patternname) px py sx sy angle rf r k ka [a b c d tx ty] p	Der *p*-Operator definiert ein Muster für Fülloperationen (fill pattern). *px* und *py* definieren den Abstand (in points) vom Ursprung des Lineals (ruler) zum Punkt, an dem das Rechteck mit dem Muster auftritt. *sx* und *sy* definieren den Skalenfaktor. *angle* definiert den Drehwinkel gegen den Uhrzeigersinn, unter dem das Muster erscheint. *rf* (reflection flag) definiert, ob eine Reflektion auf das Muster angewandt wird (0 = true, 1 = false). *r* definiert den Winkel, unter dem das Muster reflektiert wird. *k* spezifiziert den Scheerwinkel (shear angle), und *ka* definiert die Scheerachse. *[abcd tx ty]* definiert die Initialisierungsmatrix für die Transformation der Muster.
(patternname) px py sx sy angle rf r k ka [a b c d tx ty] p	Entspricht ...p, wirkt aber auf einen *stroke*-Pfad (stroke pattern).
flag O	Overprint Flag (1 = fill overprinting)
flag R	Arbeitet wie der O-Operator, wird aber bei Pfaden per *stroke*-Befehl benutzt (stroke overprinting).

Group Operators

Diese beiden Befehle können Grafikobjekte in Einzelobjekte (Gruppe) zusammenfassen.

-u	Markiert den Beginn einer Sequenz mit Objektbeschreibungen der Gruppe.
-U	Markiert das Ende der Sequenz mit den Objektbeschreibungen der Gruppe.

Path Definition Commands

Diese Gruppe enthält Operatoren zur Konstruktion von Pfaden. In PostScript wird beim Zeichnen zuerst ein Pfad konstruiert und dann mit Farbe gefüllt.

x y m	Entspricht dem PostScript-Operator *moveto* und definiert den Anfangspunkt. Der Befehl muß vor jeder Pfadbeschreibung auftreten.
x y l	Zieht eine gerade Linie von der aktuellen Position zur angegebenen Position x,y. Der neue Punkt dient als Stützpunkt (smooth point) für eine Linie.
x y L	Arbeitet wie x y l, wobei der neue Punkt eine Ecke (corner) definiert.
x1 y1 d2 y2 x3 y3 c	Hängt (appends curve to) eine Bézierkurve an einen Pfad an. Der Endpunkt wird mit x3,y3 angegeben und bildet einen Stützpunkt (smooth point). x1 y1 x2 y2 definieren die Bézierkoordinaten.
x1 y1 d2 y2 x3 y3 C	Wirkt wie ...c, definiert aber mit x3,y3 einen Eckpunkt.
x2 y2 x3 y3 v	Fügt (adds) das Segment einer Bézierkurve an den aktuellen Pfad (x0,y0) an. Der neue Punkt x3,y3 wird als Stützpunkt benutzt. x0 y0 und x2 y2 definieren die Bézierkoordinaten.
x2 y2 x3 y3 V	Arbeitet wie ...v, wobei x3,y3 einen Eckpunkt definieren.

x1 y1 x3 y3 y	Fügt das Segment einer Bézierkurve an den aktuellen Pfad an (add). Der neue Punkt x3,y3 wird als Stützpunkt benutzt. x1 y1 x3 y3 definieren die Bézierkoordinaten.
x2 y2 x3 y3 Y	Arbeitet wie ...Y, wobei x3,y3 einen Eckpunkt definieren.

Path Painting-Kommandos

Die Operatoren setzen den aktuellen Pfad auf leer zurück.

-N	Dieser Operator hinterläßt den aktuellen Pfad als offen (newpath wird für unsichtbare Pfade benutzt).
-n	Schließt den Pfad, wirkt aber sonst wie -N.
-F	Füllt die vom Pfad umschlossene Fläche mit der aktuell eingestellten Farbe und dem aktuellen Füllmuster (fill path). Der Pfad bleibt dabei geöffnet.
-f	Wirkt wie -F, schließt aber den Pfad (fill and close path).
-S	Zeichnet (stroke path) den aktuellen Pfad mit der aktuellen Farbe (stroking color) oder Muster. Die Linienstärke wird mit w gesetzt. Die Linienform mit j und d.
-s	Wirkt wie -S, schließt den Pfad aber vor Ausführung des *stroke*-Befehls (stroke closed path).
-B	Arbeitet wie -F, füllt den Pfad aber und führt ein *stroke*-Kommando aus. Der Pfad bleibt dabei geöffnet (fill and stroke path).
-b	Arbeitet wie -B, schließt aber anschließend den Pfad (close, fill and stroke path).

Compound Paths-Kommandos

Diese Befehle verhalten sich wie die PostScript-Anweisungen und setzen Pfade zusammen (z. B. für Buchstaben). Die Struktur ist in Abbildung 11.6 definiert.

-u	Leitet einen Compound Path ein (group).
-U	Schließt den Compound Path ab (ungroup).

Clipping-Operatoren

Diese Befehle maskieren den sichtbaren Bereich. Hier gelangt der q-Operator zum Einsatz. Die Struktur des Operators wurde in Abbildung 11.6 definiert.

-q	Leitet einen Clipping Operator (clipping group) mit der Beschreibung der Maske ein. Die Objekte der Gruppe definieren eine Maske (clip path). Die Maske umschließt verschiedene Objekte. Nur diese Objekte bleiben sichtbar, wenn das Bild ausgegeben (rendering) wird.
-Q	Markiert das Ende einer Sequenz mit (Mask) Clipping-Operatoren.
-H	Wird bei der Erstellung der Maske für den Pfad benutzt (*closepath*).
-h	Arbeitet wie -H, schließt aber den Pfad.
-W	Unterbricht den clip path und setzt einen neuen reduzierten clip path.

Texte lassen sich ebenfalls als Maske verwenden. Dann ist der *Tr*-Operator zu verwenden.

Text

Der Illustrator kann Texte im änderbaren (revisable) oder Druckformat (final form) ausgeben. Texte werden in die drei Gruppen *point text*, *area text* und *text on path* unterteilt. Die Syntax von Textobjekten ist in Abbildung 11.8 aufgeführt.

```
<text object> ::=
<To>
<text at a point>|
<text area>|
<text along a path>
<TO>

<text at a point> ::=
<Tp>
<TP>+
<text rund>

<text area> ::=
<text area element>+
{<overflow text>}

<text area element> ::=
<Tp>
<path object>
<TP>
<text run>+

<text along a path> ::=
<Tp>
<path object>
<TP>
<text run>+
{<overflow text>}

<text run> ::=
```

```
{<text style>|
<paint style>|
<text position>|
<Tk>*}
<text body>

<text style> ::=
<Tr>|(render mode)
<Tf>|(font&size)
<Ts>|(rise&fall)
<Tz>|(horizontal scaling)
<Tt>|(tracking)
<TA>|(automatic kerning)
<TC>|(intercharacter spacing)
<TW>|(interword spacing)
<Ti>|(indents)
<Ta>|(alignment)
<Tq>|(hanging indent)

<Tl>(leading)

<text position> ::=
<Tc>|(computed interchar spacing)
<Tw>|(computed interword spacing)
<Tm>|(text matrix)
<Td>|(translate)
<T*>|(translate down)
<TR>|(reset matrix)
<text body> ::=
<Tx>|<Tj>|<T+>|<T->

<overflow text> ::=
{<text style>|
<paint style>|
<TK>}*
<Tx>|<T+>
```

Abbildung 11.8 Textsyntax

Grafikformate

Zur Ausgabe von Texten werden folgende Befehle benutzt:

*w	Markiert eine Textsequenz mit Wortumbruch (wrap around) am Zeilenende.
*W	Markiert das Ende einer *wrap around*-Sequenz. Innerhalb der Sequenz treten Textobjekte auf.
type To	Beginnt ein Textobject (begin text object). *Type* definiert die Textart (0 point text, 1 area text, 2 path text).
TO	Beendet ein Textobjekt.
a b c d tx ty start Tp	Beginnt einen Textpfad in einem Textobjekt (begin text path). (a b c d tx ty) definiert die Matrix, mit *start* wird der Startpunkt des Texts in der Matrix angegeben.
TP	Beendet einen Textpfad in einem Textobjekt (end text path).
Tr	Setzt den Textausgabemodus (text rendering mode). Hierbei gilt als Operator: 0 = fill text 1 = stroke text 2 = fill and stroke text 3 = invisible text 4 = mask and fill text 5 = mask and stroke text 6 = mask, fill and stroke text 7 = mask only text 8 = filled text followed by type 9 9 = stroked text preceded by type 8
user tracking Tt	Definiert Track-Kerning (manuelles Kerning).
autokern TA	Aktiviert Automatic-Kerning. Hier wird die Einstellung aus dem Header verwendet. Ist *autokern = 0,* wird kein *pair*-Kerning benutzt.
autokern kernvalue Tk	Schaltet das Kerning ein (pairwise kerning). Mit *autokern=0* wird manuelles Kerning verwendet, *autokern=1* aktiviert automatisches Kerning.
autokern kernvalue TK	Schaltet das Kerning von Overflow-Text ein, wirkt sonst wie *Tk*.
min opt max TW	Definiert die Wortzwischenräume (Word Spacing = Minimum, Optimum und Maximum) in % der Zeichenbreite.
wordspace Tw	Definiert *Computed Word Spacing*.
min opt max TC	Definiert das *Character Spacing* (Minimum, Optimum, Maximum) in % der Zeichenbreite.
charspace Tc	Definiert *Computed Character Spacing*.
leading paragraphLeading Tl	Definiert den Einzug von Zeilen und Absätzen (Line und Paragraph Leading) in 1/1000 Em-Square.
rise Ts	Definiert Tiefstellen (Subscripting, -xxx Ts) und Hochstellen (Superscripting, +xxx Ts) von Text. Die positiven oder negativen Parameter geben den Versatz in Punkten an.
T+	Definiert einen Trennstrich (discretionary hyphen).
T–	Definiert einen auszudruckenden Trennstrich (printable hyphen).

textstring Tx	Definiert unjustierten Text (non justified text).
textstring TX	Definiert unjustierten Text (non justified text), der aus dem sichtbaren Bereich hinausreicht (overflow).
textstring Tj	Definiert justierten Text (Blocksatz).
align Ta	Definiert die Ausrichtung (Alignment: 0 = links, 1 = zentriert, 2 = rechts, 3 Blocksatz, 4 justiert einschließlich letzter Zeile).
para 1st right Ti	Kontrolliert den Zeileneinzug eines Absatzes (Paragraph). Die Parameter definieren den linken Zeileneinzug (para), den linken Erstzeileneinzug (1st) und den rechten Einzug (right).
scale% Tz	Schmal- oder Breitschrift eines Zeichens in % der Fontgröße.
type To	Der Operator leitet einen Text ein. *Type* kann 0 = point text, 1 = area text oder 2 = path text sein.
[a b c d tx ty] startpt Tp	Der Operator klammert den Textpfad.
[a b c d tx ty] Tm	Der Operator setzt die Textmatrix für den Text.
tx ty Td	Transformiert die Textmatrix mit *tx* und *ty* an den Beginn der folgenden Zeile.
T*	Transformiert die Textmatrix an den Anfang der nächsten Zeile (final form).
[a b c d tx ty] TR	Setzt die Pattern-Matrix zurück (nur Pattern-Prototyp).
fontname size Tf	Definiert den reencoded Fontnamen und die Schriftgröße in Punkt (points).

Anmerkung: Die Operanden ^! # $ definieren Kanji-Bitmap-Strings.

Graphs-Operatoren

Diese Operatoren definieren Graphen innerhalb des Dokuments.

Gs	Leitet einen Graphen ein.
GS	Beendet die Definition eines Graphen.
left top right bottom Gb	Definiert die Abmessungen des Graphen (bounds). Achsen, Skalenbeschriftungen etc. liegen außerhalb des Rechtecks.
a b c d e f g h i j [k l]Gy	Definiert den Aufbau (style) des Graphen. a steht für den Typ der Grafik: 5 = gruppiertes Säulendiagramm 6 = gestapeltes Säulendiagramm 7 = Liniendiagramm 8 = Kreisdiagramm (Pie Chart) 9 = Punktdiagramm (Scatter Graph) 10 = Flächendiagramm (Area Graph) b definiert die Schattierung (1 = Schattierung). c definiert die Anordnung der Datenpunkte (data point order), d.h., mit c = 0 verdecken die unteren Punkte einer Grafik die Punkte der oberen Reihe.

Grafikformate

	d definiert die Legende bei Tortengrafiken (pie charts): 14 = wie Balken-/Liniengrafiken 15 = Legende in Kreis 16 = keine Legende e = 1 steht für die Punktsymbole (draw marks), d. h., bei Einzelwertdiagrammen (scattered graphs) werden Marken an den Punkten ausgegeben. f = 1 definiert, daß einzelne Punkte durch Linien zu verbinden sind. g = 1 erlaubt dickere Linien (shaped lines) zwischen Punkten zu ziehen. h = 1 definiert, daß die Legende oben über das Diagramm reichen darf (draw legend across the top). i definiert die Linienbreite (line shape width) zwischen 0 und 100.0 (default = 6). j definiert, über welcher Achse die Daten aufzutragen sind (44 use left axis, 45 use right axis). k definiert, daß die Prozentwerte in einem Tortendiagramm in den Segmenten eingezeichnet werden. l definiert die Zahl der Nachkommastellen für die Prozentwerte. Die Option ist nur unter Windows (Illustrator 4.x) verfügbar.
a b c d e f g h i Gd	Definiert einige der Werte in einer Graph Style-Dialogbox und ist spezifisch auf den Illustrator ausgelegt.
a b c d x Gj	Tritt nur beim Mac auf und gehört zu den Publish & Subscribe-Funktionen der System 7-Routinen.
x z Ga	Leitet eine Spezifikation der Graph-Achsen ein. x definiert die Achse (1 = x-Achse, 2 = linke y-Achse, 3 = rechte y-Achse). z definiert einen String, der an die Achsenbeschriftung (Label Text) angehängt wird.
a b c d e f g h GA	Beschreibt die Achse a = 1 verwendet manuelle Werte zur Achsenskalierung. b definiert den Typ der Teilungsstriche (Tick Marks: 13 = keine, 14 = kurz, 15 = lang). c definiert den minimalen Skalenwert der Achse. d definiert den maximalen Skalenwert der Achse. e gibt die Differenz zwischen zwei Skalenstrichen bei manueller Skalierung an. f definiert Zwischenskalierungen (small ticks per value). g zeichnet Marken zwischen den Labels h dieser String wird an die Achsenbeschriftung (Label) angehängt.
rows columns 1st_row 1st_col Gz	Zeigt die Größe einer Tabelle mit Zellen.
x1, x2, .. xn Gc	Liest Zellwerte ein.
col width1... num Gw	Überschreibt die Spaltenweite. Der erste Parameter gibt die Startspalte an. Der letzte Parameter definiert die Zahl der Parameter.
GC	Beendet die Definition einer Tabelle.

version Gt	Markiert den Anfang eines benutzerdefinierten Graphen. Version wird auf 2 gesetzt.
target customgraph Gx	Definiert einen benutzerspezifischen Graphen.
x Gp	Definiert einen benutzerspezifischen Graphen mit Illustrator-Operatoren.
flag G+	Mit *flag = 0* werden die Einstellungen zurückgesetzt.
send G1	Gleich wie *Gp* mit send = 0 -> send to back.
a b c d e Gf	Setzt den Zeichenstil (a = 1 Graph füllen, b = 1 Zeichnen, c = Füllstil, d = Zeichenstil, e = 1 Objekt mit Füllmaske).
col Gl	Spaltenindex (Column Index) für die Datenpunkte.
row Gr	Index in Zeile der Tabelle.
axis Gi	Definiert, welche Achse im Objekt liegt.
a b c d e f g h i j Gm	Wird für anwendungsspezifische Grafiken benutzt, die Matrizen zur Anpassung verwenden.
repeat Ge	Wird für anwendungsspezifische Grafiken verwendet.
tickvalue Gv	Definiert den Wert eines Skalenstrichs.

Abhängig von der Version des Illustrators werden nicht alle oben aufgeführten Operatoren benutzt. Eine genaue Beschreibung der einzelnen Operanden ist der AI-File-Format-Spezifikation zu entnehmen (diese ist von Adobe erhältlich).

12 Das Adobe Photoshop-Format (PSD)

Das Programm Photoshop von Adobe existiert in Versionen für den Macintosh und für Windows. Es erlaubt Bitmap-Grafiken mit einer maximalen Auflösung von 30000 x 30000 Bildpunkten zu erstellen, zu bearbeiten und abzuspeichern. Auf dem PC werden Photoshop-Bilder in Dateien mit der Endung .PSD abgelegt.

Die Bilddateien bestehen aus einem Header mit einer festen Länge, einem Mode-Block variabler Länge, einem Image Resource-Block variabler Länge, einem reservierten Block und den Bilddaten (Monochrom- oder Farbbilder).

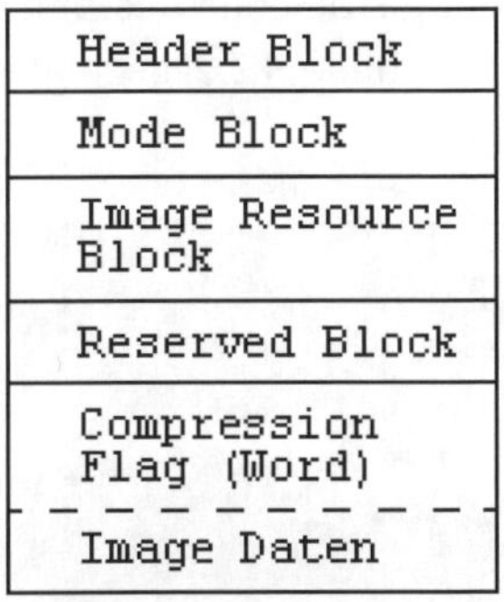

Abbildung 12.1 Struktur einer Photoshop (PCD)-Datei

Die Daten werden innerhalb der PCD-Datei im Motorola-Format (Big Endian) abgelegt.

Der Photoshop-Header

Der Header einer Photoshop-Datei besitzt eine feste Länge und enthält die Felder aus Tabelle 12.1.

Offset	Bytes	Bemerkungen
00H	4	Signatur »8BPS«
04H	2	Versionsnummer (immer 1)
06H	6	Reserviert (immer 0)
0CH	2	Farbkanäle (color channels)
0EH	4	Y Größe in Pixel
12H	4	X Größe in Pixel
16H	2	Bits pro Farbkanal
18H	2	Color Mode

Tabelle 12.1 Struktur eines Photoshop-Headers

Ab Offset 0 steht eine Signatur aus vier Zeichen (8BPS). Diese Signatur wird auf Macintosh-Rechnern auch zur Identifikation des Dateityps benutzt. Die Versionsnummer ab Offset 04H enthält zur Zeit den Wert 1. Die folgenden sechs Bytes sind reserviert und sollten mit 00H gefüllt werden.

Ab Offset 0CH wird in einem Wort die Zahl der Farbkanäle (color channels) definiert. Der Wert liegt in Photoshop 2.5 zwischen 1 und 16.

Die Bildabmessungen werden in zwei Feldern (DWORD) ab Offset 0EH angegeben. Es sind 30000 x 30000 Bildpunkte erlaubt. Ab Offset 16H ist die Zahl der Bits pro Farbkanal (Bits per Channel) aufgeführt. Die Werte liegen in Photoshop 2.5 bei 1 oder 8.

Das Feld *Mode* umfaßt zwei Byte und ist ab Offset 18H im Header gespeichert. Es definiert den Farbmodus der gespeicherten Datei. Hierbei gilt die in Tabelle 12.2 gezeigte Kodierung.

Modus	Bemerkungen
0	Bitmap (Monochrom)
1	Grayscale
2	Color (mit Palette)
3	RGB Color
4	CMYK Color
5	Multi Channel Color
6	Duotone
7	Lab Color

Tabelle 12.2 Modi in Photoshop

Die Bedeutung verschiedener Mode-Werte ist aber nicht vollständig geklärt.

An den Header schließen sich weitere Blöcke mit Zusatzinformationen an. Alle Blöcke beginnen mit einem 4-Byte-Längenfeld, gefolgt von einem Datenbereich variabler Länge (siehe unten).

Der Mode Data-Block

Auf den Header folgt ein Block, in dem Daten für die interne Modeeinstellungen von Photoshop abgelegt sind. Dieser Block besitzt den in Tabelle 12.3 gezeigten Aufbau.

Offset	Bytes	Bemerkungen
00H	4	Blocklänge
04H	n	Datenbereich

Tabelle 12.3 Struktur eines Mode-Blocks in Photoshop

Das erste Feld (DWORD) gibt die Länge des Mode-Blocks an. Falls das Mode-Feld des Headers (Offset 18H) ein Farbbild mit Palette (palette color image) definiert, ist der Mode-Block 768 Byte lang und enthält die Farbpalette (color palette) mit 256 Einträgen. Jeder Eintrag umfaßt 3 Byte mit den Farbanteilen Rot, Grün und Blau.

Enthält das Mode-Feld im Header den Wert 6 (duotone image), speichert Photoshop die entsprechenden Spezifikationsdaten im Mode-Block. Der Aufbau dieser Daten ist jedoch nicht bekannt.

Definiert das Mode-Feld des Headers einen anderen Bildtypen, enthält das Längenfeld des Mode-Blocks den Wert 0. Dann entfällt der Datenbereich des Mode-Blocks, d. h. der Block ist lediglich 4 Byte lang.

Der Resource Data-Block

An den Mode-Block schließt sich ein weiterer Block mit den Resource-Daten an. Dieser Block besitzt den in Tabelle 12.4 gezeigten Aufbau.

Offset	Bytes	Bemerkungen
00H	4	Blocklänge
04H	n	Datenbereich

Tabelle 12.4 Struktur eines Resource Data-Blocks in Photoshop

Das erste Feld (DWORD) gibt die Länge des Resource Daten-Blocks an. Daran schließt sich der Datenbereich mit Informationen über die für den Bildaufbau benötigten Ressourcen an. Über die Belegung dieses Blockes liegen keine Informationen vor.

Auf den Resource-Block folgt ein weiterer Block, der mit einem 4-Byte-Feld beginnt. Das Feld definiert die Länge des Datenbereiches. Der angeschlossene Datenbereich besitzt eine variable Länge (wie die anderen Blöcke). Der Block ist für Layer- und Maskeninformationen vorgesehen und wird in Photoshop 2.5 auf 0 gesetzt (d. h., der Datenbereich entfällt).

Der Bilddatenbereich

Die Bilddaten werden als 8-Bit-Bitmap in einzelnen Kanälen abgespeichert. Das erste Wort gibt den Komprimierungstyp an.

Code	Komprimierung
0	Unkomprimiert
1	RLE-komprimiert

Tabelle 12.5 Komprimierung

An dieses Wort schließt sich der Bilddatenbereich an. Die Daten werden in die einzelnen Bildebenen (channels) aufgeteilt und gespeichert.

Bei unkomprimierten Bilddaten liegen die Daten zeilenweise vor. Für die Komprimierung wird das Mac-Packbit-Verfahren benutzt. In diesem Fall stehen vor dem Bilddatenbereich die Längen der einzelnen Bildzeilen in Byte. Die Längenangaben umfassen immer ein Wort. An diese Längenangaben schließt sich der Bereich mit den gepackten Bilddaten an.

Die MAC-Packbit-Kodierung:

- Die Daten des Bildes werden zeilenweise komprimiert, d.h., die entkomprimierten Daten reichen nicht über eine Bildzeile hinaus.
- Beim Dekomprimieren ist jeweils ein Datenbyte zu lesen. Ist das oberste Bit dieses Datenbytes gesetzt (1), liegt ein gepackter Record vor. Dann ist das Zweierkomplement des Bytes zu berechnen und dient als Wiederholungszähler für das Folgebyte. Dieses Folgebyte wird dann n-mal kopiert.
- Enthält das oberste Bit den Wert 0, liegt ein unkomprimierter Record vor. Dann ist der Wert des Bytes um 1 zu erhöhen. Dieser Wert gibt die Zahl der folgenden unkomprimierten Datenbytes an, die zu lesen sind.

Die obigen Schritte sind so lange zu wiederholen, bis die für die Bildzeile benötigten Bytes vorliegen. Diese lassen sich dann ausgeben.

Anmerkung: Weitere Informationen zum Photoshop-Format (PSD) finden sich im Adobe Photoshop 3.04 Software Development Kit, das sich über die Firma Adobe beziehen läßt.

13 AutoCAD Drawing Exchange Format (DXF)

AutoCAD ist ein sehr populäres CAD-System im PC-Bereich. Das von Autodesk eingeführte DXF-Format (AutoCAD Drawing Exchange) zum Datenaustausch mit Fremdprogrammen wird mittlerweile von einer ganzen Reihe anderer Programme unterstützt.

Aufbau einer DXF-Datei

Eine DXF-Datei besteht aus einer Sequenz von ASCII-Anweisungen. Der prinzipielle Aufbau der DXF-Datei ist Abbildung 13.1 zu entnehmen.

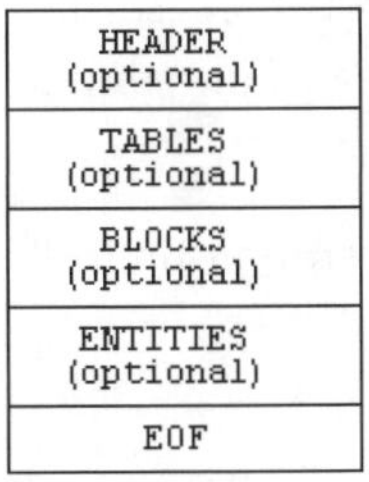

Abbildung 13.1 Aufbau einer DXF-Datei

Die Abschnitte *Header, Tables, Entities* und *Blocks* sind dabei optional und können in DXF-Dateien entfallen. Sie dienen zum Speichern der Einstellungen (Farben, Muster etc.) für AutoCAD. Die hierin enthaltenen Werte können jedoch nur übernommen werden, falls die internen Einstellungen noch nicht gesetzt sind. Dies ist dann der Fall, wenn noch keine Zeichenoperationen durchgeführt wurden. Die Abschnitte enthalten dabei Befehle im ASCII-Format, die jeweils aus zwei Zeilen bestehen:

```
<Gruppencode>
<Befehl>
```

In der ersten Zeile steht der sogenannte Gruppencode, der die Art des nachfolgenden Befehls angibt. Der Gruppencode darf zwischen 0 und 1071 liegen. Tabelle 13.1 enthält eine Übersicht der Gruppencodes und der zugehörigen Wertetypen.

Gruppencode	Typ des folgenden Werts
0–9	String
10–59	Floating Point-Wert
60–79	Integerwert
140–147	Floating Point-Wert
170–175	Integerwert

Gruppencode	Typ des folgenden Werts
210–239	Floating Point-Wert
999	Kommentar
1000–1009	String
1010–1059	Floating Point-Wert
1060–1079	Integerwert

Tabelle 13.1 Wertetypen der Gruppencodes

Die Zahlen werden dabei immer als ASCII-Folge ausgegeben. Der Datentyp *Integer* bedeutet dabei, daß die Zahl keine Kommastellen aufweist (z. B. 100). Beim Datentyp *Floating Point* kann der ASCII-String Nachkommastellen aufweisen (z. B. 3,1414). Dieser Datentyp ist synonym mit der nachfolgend verwendeten Bezeichnung Real. Eine genaue Aufstellung der einzelnen Codes finden Sie in Tabelle 13.2.

Die einzelnen Abschnitte (Section) *Header*, *Tables*, *Blocks* und *Entities* werden durch die zwei Befehle SECTION und ENDSEC geklammert:

```
0
SECTION
.
.
0
ENDSEC
```

Die Befehle EOF, ENDSEC und SECTION besitzen den Gruppencode 0. Gemäß Tabelle 13.2 werden alle Befehle mit diesem Code als Elemente (Entity) betrachtet.

Gruppe	Typ	Bedeutung
0	String	Beginn eines Elements (LINE, BLOCK etc.), Tabelleneintrags oder EOF-Befehls
1	String	primärer Textwert eines Elements
2	String	ein Name (Attribut-Tag, Blockname wie LINE, BLOCK etc.)
3–4	String	sonstige Textwerte oder Name
5	String	Entity-Handle als Hexstring (fixed)
6	String	Name Linientyp (fixed)
7	String	Name Textstil (fixed)
8	String	Layername (fixed)
9	String	Name einer Header-Variablen
10	Real	erste x-Koordinate (Startpunkt einer Linie, eines Texts oder Kreismittelpunkts)

Gruppe	Typ	Bedeutung
11–18	Real	andere x-Koordinaten
20	Real	erste y-Koordinate (folgt auf erste X-Koordinate)
21–28	Real	andere y-Koordinaten (folgen auf X-Koordinaten)
30	Real	erste z-Koordinate (ab Version 9.x, folgt auf die x-,y-Koordinate)
31–37	Real	andere z-Koordinaten (ab Version 9.x)
38	Real	Erhebung eines Elements (falls <> 0, fixed) (existiert nur bis Version 10.x)
39	Real	Dicke (thickness) eines Elements (z. B. einer Linie, fixed falls nicht 0).
40–48	Real	Größenfaktoren (z. B. Texthöhe, Skalierung etc.)
49	Real	Wiederholung von Werten (z. B. Längen bei gestrichelte Linien), im Block können mehrere Einträge mit dem Code 49 auftreten, vor dem Code 49 steht ein Gruppencode 70-78, der die Zahl der 49er-Gruppen angibt.
50–58	Real	Winkelangaben
62	Integer	Farbnummer (fixed) (7 = Weiß, 256 = Standardfarbe)
66	Integer	1 = weitere Elemente folgen 0 = keine weiteren Elemente
67	Integer	Wert gibt an, ob das Element im »model space« oder im »paper space« interpretiert wird
68	Integer	Gibt an, ob der »view port« eingeschaltet aber komplett »off screen«, inaktiv oder ausgeschaltet ist.
69	Integer	Identifikationsnummer des »view port«
70–78	Integer	sonstige Flags, Wiederholungszähler etc.
210	Real	x-Komponente Hochzugsrichtung (Extrusion direction, fixed)
220	Real	y-Komponente Hochzugsrichtung (Extrusion direction, fixed)
230	Real	z-Komponente Hochzugsrichtung (Extrusion direction, fixed, ab V 10)
999	String	Kommentare (ab Version 9.x)
1000	String	ASCII-Text für extended Daten
1001	String	ASCII-Text bis 31 Zeichen für eine für XDATA registrierte Anwendung
1002	String	Extended Element Datenkontrollstring { oder }
1003	String	Extended Element Layername für die Daten
1004	String	CHUNK mit bis zu 127 Bytes mit den extended Daten
1005	String	Extended Element Daten-Handle für Datenbank
1010 1020 1030	Real	Extended Daten x-, y-, z-Koordinaten
1011 1021 1031	Real	Extended Element x-, y-, z-Koordinaten des 3D »world space position«

Gruppe	Typ	Bedeutung
1012 1022 1032	Real	Extended Element x-, y-, z-Koordinaten des 3D »world space displacement«
1013 1023 1033	Real	Extended Element x-, y-, z-Koordinaten des 3D »world space direction«
1040	Real	Extended Element Daten
1041	Real	Extended Element Abstandswert
1042	Real	Extended Element Skalenfaktor
1070	Integer	Extended Element Daten (16 Bit)
1071	Integer	Extended Element Daten (32 Bit)

Tabelle 13.2 Gruppencodes der AutoCAD-Versionen bis 12.0

Alle Z-Komponenten werden in AutoCAD erst ab Version 10.0 unterstützt. Je nach Element werden die Befehle 40 bis 48, 50 bis 58 und 70 bis 78 speziell interpretiert. (Näheres hierzu im jeweiligen Abschnitt.) Einige Befehle, wie beispielsweise die Kommandos zur Eingabe von Kommentaren, stehen erst ab Version 9.x zur Verfügung. Der Befehl 38 (Objekthöhe) wird nur bis zur Version 9.x unterstützt. Die Codes oberhalb 999 definieren *Extended Elements*, die in AutoCAD ab der Version 11 eingeführt wurden. Abbildung 13.2 enthält als Anschauungsbeispiel einen Auszug aus einer gültigen DXF-Datei.

```
  0
SECTION   ]   Beginn der 1. Section
  2           ******************************
HEADER    ]   Section = HEADER
  9
$ACADVER  ]   1. Headervariable = Version
  1
AC1003    ]   Textwert des Elements
  9
$INSBASE
 10
0.0
 20
0.0
  9
$EXTMIN
```

```
 10
0.805232
 20
0.525617
  9
$EXTMAX
 10
12.104994
 20
7.731443
  9
$LIMMIN
 10
0.0
 20
0.0
  9
$LIMMAX
 10
12.0
 20
9.0
  .
  .
  9
$ORTHOMODE
 70
     1
  9
$REGENMODE
 70
     1
  9
$FILLMODE
 70
```

```
    1
  9
$QTEXTMODE
 70
    0
  9
$DRAGMODE
 70
    2
  .
  .
  9
$USERR4
 40         ]
0.0         ] Größenfaktor
  9
$USERR5
 40
0.0
  0         ]
ENDSEC      ] Ende des HEADERs
  0         ]
SECTION     ] Beginn nächste Section
  2           ******************************
TABLES      ] Section = Table
  0         ]
TABLE       ] Element = Table
  2         ]
LTYPE       ] Typ des ersten Elements
 70         ]
     1      ] Zahl der Elemente = 1
  0         ]
LTYPE       ] Element LTYPE
  2         ]
AUSGEZOGE   ] Name des Elements
```

```
70
   0      ] Zahl der Elemente
 3
Ausgezogene Linie ] Beschreibung Linientyp
72
  65      ] Justierungscode
73
   0      ] Anzahl der Gruppen mit Code 49
40
0.0       ] Summe der Längen in Gruppe 49

  0
ENDTAB    ] Ende der Tabelle
  0
TABLE     ] Beginn nächste Tabelle
  2
LAYER     ] Name der Tabelle
 70
    1     ] Zahl der Elemente
  0
LAYER     ] Element
  2
0         ] Name des Elements
 70
    0     ] Flag
 62
    7     ] Farbnummer
  6
AUSGEZOGEN ] Linientyp
  0
ENDTAB    ] Ende der Tabelle
  0
TABLE     ] Beginn nächste Tabelle
  2
STYLE     ] Name der Tabelle
```

```
 70
     1    ] Zahl der Elemente
  0
STYLE     ] Typ des Elements
  2
STANDARD  ] Name des Elements
 70
     0    ] Flag
 40
0.0       ] Texthöhe
 41
1.0       ] Textbreite
 50
0.0       ] Schriftwinkel
 71
     0    ] Flags
 42
0.2       ] letzte benutzte Höhe
  3
txt       ] Name des Zeichensatzes
  4
          ] Bigfoot Dateiname
  0
ENDTAB    ] Ende der Tabelle
  0
TABLE     ] Beginn nächste Tabelle
  2
VIEW      ] Name der Tabelle
 70
     0    ] Zahl der Elemente
  0
ENDTAB    ] Ende der Tabelle
  0
ENDSEC    ] Ende der Section Tables
  0
SECTION   ] Beginn der nächsten Section
```

```
  2          ******************************
BLOCKS    ]  Name der Section = Blocks
  0
BLOCK     ]  Typ des Elements
  8
0         ]  Name des Layers
  2
*X0       ]  Name des Elements (unnamed)
 70
      1   ]  Zahl der Elemente
 10
0.0       ]  erste X-Koordinate
 20
0.0       ]  erste Y-Koordinate
  0
LINE      ]  nächstes Element
  8
0         ]  Name des Layers
 62
      0   ]  Farbnummer
 10
6.609264  ]  erste X-Koordinate
 20
3.5       ]  erste Y-Koordinate
 11
6.625     ]  andere X-Koordinaten
 21
3.5       ]  andere Y-Koordinaten
  0
LINE      ]  nächstes Element
 .
 .
  0
ENDBLK    ]  Ende des Blocks
  8
0         ]  Layer-Name 0
```

Grafikformate

```
  0         ]
ENDSEC      ]  Ende der Section


  0         ]
SECTION     ]  Beginn der nächsten Section
  2         ]  *******************************
ENTITIES    ]  Name der Section
  0         ]
LINE        ]  Name des Elements
  8         ]
0           ]  Name des Layers
 10         ]
0.805232    ]  erste X-Koordinate
 20         ]
5.195401    ]  erste Y-Koordinate
 11         ]
3.091228    ]  weitere X-Koordinate
 21         ]
7.731443    ]  weitere Y-Koordinate
  0
LINE
  .
  .
  0          ]
INSERT       ]  Typ des Elements
  8          ]
0            ]  Layer-Nummer
 62          ]
     2       ]  Farbnummer
  2          ]
*X0          ]  Name des Elements (unnamed)
 10          ]
0.0          ]
 20          ]  Koordinaten
0.0          ]
```

```
  0       ]
TEXT      ]  Typ des Elements
  8       ]
0         ]  Layer-Nummer
 10       ]
0.987175  ]
 20       ]  Koordinaten
3.401942  ]
 40       ]
0.2       ]  Texthöhe
  1       ]
Hallo !   ]  Name des Textes (hier Text)
  0       ]
TEXT      ]  weiterer Text
  8
0
 10
0.987175
 20
3.068609
 40
0.2
  1
Dies ist ein DXF-File.
  0       ]
CIRCLE    ]  Typ des Elements
  8       ]
0         ]  Layer-Name
 62       ]
      1   ]  Farbe
 10       ]
3.818549  ]
 20       ]  Mittelpunkt
5.380913  ]
 40       ]
0.883144  ]  Radius
```

Grafikformate

```
  0        ]
ENDSEC       Ende der Section
  0        ]
EOF          Ende der DXF-Datei
```

Abbildung 13.2 Auszug einer DXF-Datei

Die Abbildung enthält einen Text, ein Fünfeck, eine Linie und einen Kreis. Die erzeugte DXF-Datei ist im Original über 48 kByte lang, das Beispiel wurde hier deshalb gekürzt wiedergegeben. Die Kommentare in Abbildung 13.2 wurden nachträglich eingefügt und sind nicht Bestandteil der DXF-Datei. Der einzig zwingend notwendige Befehl in der Datei ist EOF, mit dem ein definiertes Dateiende für AutoCAD erzeugt werden muß.

Der DXF-Header

Im Header-Abschnitt werden die Einstellungen der internen AutoCAD-Variablen abgelegt. AutoCAD wertet diese Daten jedoch nur dann aus, wenn noch keine internen Einstellungen definiert sind, d.h. wenn noch keine Zeichenoperation durchgeführt wurde. Der Abschnitt ist also optional und kann entfallen; deshalb wird er von vielen Fremdprogrammen ignoriert. Abbildung 13.3 zeigt den Aufbau der HEADER-Section.

```
  0        ]
SECTION      Beginn der Section
  2        ]
HEADER       Section = HEADER
  9        ]
$ACADVER     Variablen des Headers
  .
  .
  9
$USERR5
 40
0.0
  0       ]
ENDSEC      Ende des Headers
```

Abbildung 13.3 Aufbau der HEADER-Section

Der Abschnitt wird durch die Schlüsselwörter SECTION und ENDSEC eingerahmt. Der Befehl nach dem Sektionsstart identifiziert den Abschnitt mit diesem Code:

```
2
HEADER
```

Daran schließen sich die Befehle mit den Variablendefinitionen an, die sämtlich den Gruppencode 9 besitzen, gefolgt von den jeweiligen Variablennamen. Jeder Name beginnt mit dem Zeichen $. In den folgenden Zeilen können dann einzelne Parameter mit den Variableneinstellungen stehen. Folgende Anweisung definiert zum Beispiel die AutoCAD-Version, die die Datei erzeugt hat:

```
9
$ACADVER
1
AC1003
```

Tabelle 13.3 enthält eine Aufstellung der Header-Variablen bis zur Version 12.0.

Variable	Type	Beschreibung
$ACADVER	1	AutoCAD Drawing Database Versionsnummer Version 10 = AC1006 Version 11,12 = AC1009
$ANGBASE	50	Angle 0 Direction
$ANGDIR	70	Winkel Richtung 1 = im Uhrzeigersinn 0 = gegen Uhrzeigersinn
$ATTDIA	70	Attribut Entry-Dialoge: 1 = ein 0 = aus
$ATTMODE	70	Attribut Sichtbarkeit (visibility): 0 = none 1 = normal 2 = all
$ATTREQ	70	Attribut Abfrage bei INSERT: 1 = ein 0 = aus
$AUNITS	70	Einheitenformat (Units) für Winkel
$AUPREC	70	Einheiten Auflösung (precision) für Winkel
$AXISMODE	70	<> 0: Axis on (keine Funktion in der Version 12)
$AXISUNIT	10,20	x-,y-Achse Skalenteilung (tick spacing) (keine Funktion in Version 12)
$BLIPMODE	70	<> 0: Blip-Mode ein (keine Funktion in Version 12)
$CECOLOR	62	Farbnummer des Elements 0 = BYBLOCK 256 = BYLAYER
$CELTYPE	6	Name Linientyp für Element oder BYBLOCK oder BYLAYER
$CHAMFERA	40	First Chamfer Distance (Abstand Auskehlung)
$CHAMFERB	40	Second Chamfer Distance

Variable	Type	Beschreibung
$CLAYER	8	Current Layer-Name
$COORDS	70	Koordinatenanzeige 0 = Static Coordinate Display 1 = Continuous Update 2 = »d<a«-Format
$DIMALT	70	Alternate Unit Dimensioning (wird benutzt, falls der Wert <> 0 ist)
$DIMALTD	70	Alternate Unit Dezimalstellen
$DIMALTF	40	Alternate Unit Skalenfaktor
$DIMAPOST	1	Alternate Dimensioning Suffix
$DIMASO	70	1 = create associative dimensioning, draw individual entities
$DIMASZ	40	Dimensionierung der Pfeilgröße (Arrow Size)
$DIMBLK	2	Arrow Block-Name
$DIMBLK1	1	First Arrow Block-Name
$DIMBLK2	1	Second Arrow Block-Name
$DIMCEN	40	Größe Mittelpunkt (Center mark/lines)
$DIMCLRD	70	Dimension Line Color, Bereich von 0 = BYBLOCK bis 256 = BYLAYER
$DIMCLRE	70	Dimension Extension Line Color, Bereich von 0 = BYBLOCK bis 256 = BYLAYER
$DIMCLRT	70	Dimension Text Color, Bereich von 0 = BYBLOCK bis 256 = BYLAYER
$DIMDLE	40	Dimension line extension
$DIMDLI	40	Dimension line increment
$DIMEXE	40	Extension line extension
$DIMEXO	40	Extension line offset
$DIMGAP	40	Dimension line gap
$DIMLFAC	40	Linear Measurements scale factor
$DIMLIM	70	<> 0: Dimension limits generated
$DIMPOST	1	General dimensioning suffix
$DIMRND	40	Rounding value for dimension distances
$DIMSAH	70	<>0: Use separate arrow blocks
$DIMSCALE	40	Overall dimensioning scale factor
$DIMSE1	70	<> 0: First extension line suppressed
$DIMSE2	70	<> 0: Second extension line suppressed
$DIMSHO	70	1 = Recompute dimensions while dragging, 0 = drag original image
$DIMSOXD	70	<> 0: Suppress outside-extensions dimension lines

Variable	Type	Beschreibung
$DIMSTYLE	2	Dimension style name
$DIMTAD	70	<> 0 : Text über Bemaßung (above dimension line)
$DIMTFAC	40	Dimension tolerance display scale factor
$DIMTIH	70	<> 0: Text inside horizontal
$DIMTIX	70	<> 0: Force text inside extensions
$DIMTM	40	Minus Toleranz
$DIMTOFL	70	<> 0: If text outside extensions, force line extensions between extensions
$DIMTOH	70	<> 0: Text outside horizontal
$DIMTOL	70	<> 0: Dimension tolerances generated
$DIMTP	40	Plus Toleranz
$DIMTSZ	40	Dimensioning tick size: 0 = no ticks
$DIMTVP	40	Text vertical position
$DIMTXT	40	Dimensioning text height
$DIMZIN	70	Zero suppression for »feet & inch« dimensions
$DWGCODE-PAGE	70	Drawing code page (wird bei neuen Zeichnungen auf die Code Page des Systems gesetzt)
$DRAGMODE	70	Drag Modus 0 = aus 1 = ein 2 = auto
$ELEVATION	40	Current elevation set by ELEV command
$EXTMAX	10,20,30	X-, Y-, Z-Drawing extents (oben rechts, in Weltkoordinaten WCS)
$EXTMIN	10,20,30	X-, Y-, Z-Drawing extents (unten links, in Weltkoordinaten WCS)
$FILLETRAD	40	Fillet Radius
$FILLMODE	70	<> 0: Fill Mode
$HANDLING	70	<> 0: Handles enabled
$HANDSEED	5	Nächstes verfügbares Handle
$INSBASE	10,20,30	Insertion base set by BASE command (in WCS)
$LIMCHECK	70	<> 0: Limits checking on
$LIMMAX	10,20	XY Drawing Limits (oben rechts, in WCS)
$LIMMIN	10,20	XY Drawing Limits (unten links, in WCS)
$LTSCALE	40	Global linetype scale
$LUNITS	70	Units Format (Koordinaten und Abstände)
$LUPREC	70	Units Precision
$MAXACTVP	70	Max. Zahl an zu erzeugenden Viewports

Variable	Type	Beschreibung
$MENU	1	Name Menu File
$MIRRTEXT	70	<> 0: Mirror Text
$ORTHOMODE	70	<> 0: Ortho Mode ein
$OSMODE	70	Running object snap modes
$PDMODE	70	Point display mode
$PDSIZE	40	Point display size
$PELEVATION	40	Current paper space elevation
$PEXTMAX	10,20,30	Max. X-, Y-, Z-Extents for paper space
$PEXTMIN	10,20,30	Min. X-, Y-, Z-Extents for paper space
$PLIMCHECK	70	<> 0: Limits checking in paper space
$PLIMMAX	10,20	Max. X, Y Limits in paper space
$PLIMMIN	10,20	Min. X, Y Limits in paper space
$PLINEGEN	70	Governs the generation of linetype patterns around the vertices of a 2D Polyline 1 = linetype is generated in a continuous pattern around vertices of the Polyline 0 = each segment of the Polyline starts and ends with a dash
$PLINEWID	40	Default Polyline width
$PSLTSCALE	70	Controls paper space linetype scaling 0 = viewport scaling governs linetype scaling 1 = no special linetype scaling
$PUCSNAME	2	Current paper space Universal Coordinate System (UCS) name
$PUCSORG	10,20,30	Current paper space UCS origin
$PUCSXDIR	10,20,30	Current paper space UCS X axis
$PUCSYDIR	10,20,30	Current paper space UCS Y axis
$QTEXTMODE	70	<> 0: Quick Text Mode ein
$REGENMODE	70	<> 0: REGENAUTO Mode ein
$SHADEDGE	70	0 = faces shaded, edges not highlighted 1 = faces shaded, edges highlighted in black 2 = faces not filled, edges in entity color 3 = faces in entity color, edges in black
$SHADEDIF	70	Percent ambient/diffuse light, Bereich 1–100% (Standard 70)
$SKETCHINC	40	Sketch record increment
$SKPOLY	70	0 = sketch lines, 1 = sketch polylines
$SPLFRAME	70	Spline control polygon display, 1 = on, 0 = off

Variable	Type	Beschreibung
$SPLINESEGS	70	Number of line segments per spline patch
$SPLINETYPE	70	Spline curve type for PEDIT Spline
$SURFTAB1	70	Number of mesh tabulations (first direction)
$SURFTAB2	70	Number of mesh tabulations (second direction)
$SURFTYPE	70	Surface type for PEDIT Smooth
$SURFU	70	Surface density (PEDIT Smooth) in M direction
$SURFV	70	Surface density (PEDIT Smooth) in N direction
$TDCREATE	40	Date/time of drawing creation
$TDINDWG	40	Cumulative editing time for this drawing
$TDUPDATE	40	Date/time of last drawing update
$TDUSRTIMER	40	User elapsed timer
$TEXTSIZE	40	Default text height
$TEXTSTYLE	7	Current text style name
$THICKNESS	40	Current thickness set by ELEV command
$TILEMODE	70	1 = previous release compatibility mode, 0 = sonst
$TRACEWID	40	Default Trace width
$UCSNAME	2	Name current UCS
$UCSORG	10,20,30	Origin of current UCS (in WCS)
$UCSXDIR	10,20,30	Direction of current UCS's X axis (in Weltkoordinaten)
$UCSYDIR	10,20,30	Direction of current UCSs Y axis (in Weltkoordinaten)
$UNITMODE	70	Low bit set = display fractions, feet-and-inches, and surveyor's angles in input format
$USERI1 – 5	70	5 = Integerwerte für Fremdentwickler
$USERR1 – 5	40	5 = Realwerte für Fremdentwickler
$USRTIMER	70	0 = Timer off, 1 = Timer on
$VISRETAIN	70	Xref-dependent visibility settings 0 = don't retain, 1 = retain
$WORLDVIEW	70	1 = set UCS to WCS during DVIEW/VPOINT, 0 = don't change UCS

Tabelle 13.3 Header-Variablen

Abhängig von der AutoCAD-Version gibt es eine unterschiedliche Betrachtung der Variablen. In Versionen vor AutoCAD 11 gibt es einige Variablen, die die Viewport-Einstellungen definieren. Ab der Version 11 besitzt jeder Viewport eigene Einstellungen. Tabelle 13.4 gibt die betreffenden Variablen wieder.

Variable	Typ	Beschreibung
$FASTZOOM	70	Fast zoom enabled if nonzero
$GRIDMODE	70	<> 0: Grid mode
$GRIDUNIT	10,20	Grid X, Y spacing
$SNAPANG	50	Snap grid rotation angle
$SNAPBASE	10,20	Snap/grid base point (in UCS)
$SNAPISOPAIR	70	Isometric plane: 0 = left 1 = top 2 = right
$SNAPMODE	70	<> 0: Snap mode on
$SNAPSTYLE	70	Snap style: 0 = standard 1 = isometric
$SNAPUNIT	10,20	Snap grid X, Y spacing
$VIEWCTR	10,20	XY center of current view on screen
$VIEWDIR	10,20,30	Viewing direction (direction from target, in WCS)
$VIEWSIZE	40	Height of view

Tabelle 13.4 Variablen zur Einstellung des Viewports (vor Version 11) Variablen zur Einstellung des Viewports (vor Version 11)

Die Variablen *$TDCREATE* und *$TDUPDATE* mit den Datums-/Zeitangaben werden als Realzahlen im Format *<Julianisches Datum>.<Nachkommazahl>* ausgegeben. Die abgelaufene Zeit in den Variablen *$TDINDWG* und *$TDUSRTIMER* besitzt das Format *<Tage>.<Nachkommazahl>*.

Kommentare in einem DXF-Abschnitt

Eine DXF-Datei enthält normalerweise keine Kommentare. Sie haben aber die Möglichkeit, eine DXF-Datei zu editieren und Kommentare mit dem Code 999 einzufügen.

```
999
Dies ist ein einfacher Text
```

Diese Kommentarzeilen werden dann überlesen.

DXF Table-Section

Dieser Abschnitt enthält Tabellen mit den Definitionen von Linientypen, Layern, Textmodi etc. (Aufbau siehe Abbildung 13.4). Die Angaben sind optional und können in DXF-Dateien auch entfallen, da AutoCAD die Daten nur auswertet, falls keine interne Definition dafür vorliegt. Sobald eine Zeichenoperation ausgeführt wurde, ignoriert AutoCAD die *Tables Section*. Dies ist teilweise problematisch, da hier die Eigenschaften der verwendeten Objekte (Linien etc.) der Abschnitte *Blocks* und *Entities* definiert werden.

```
  0      ]
SECTION  ]  Beginn nächste Section
  2      ]
TABLES   ]  Section = Table
  0      ]
TABLE    ]  Element = Table
  2      ]
LTYPE    ]  1. Teiltabelle
  .
  .
  0      ]
ENDTAB   ]  Ende der Tabelle
  0      ]
TABLE    ]  Beginn nächste Tabelle
  .
  .
  0      ]
ENDTAB   ]  Ende der Tabelle
  0      ]
ENDSEC   ]  Ende der Section Tables
```

Abbildung 13.4 Aufbau der Table-Section

Die Anweisungen werden durch SECTION und ENDSEC geklammert. Innerhalb des Abschnitts dürfen mehrere Teiltabellen auftreten, die mit Schlüsselwörtern wie TABLE und ENDTAB (Code 0) eingeklammert werden. Nach dem Wort TABLE erscheint der Befehl, der den Tabellennamen angibt:

```
2
Name
```

Der Gruppencode ist mit dem Wert 2 belegt. Das Feld *Name* darf mit den Schlüsselwörtern gemäß Tabelle 13.5 belegt werden und ist in Großbuchstaben auszugeben:

LAYER	VIEW
LTYPE	VPORT (Version 10.0)
DIMSTYLE	APPID
STYLE	UCS (Version 10.0)

Tabelle 13.5 Schlüsselwörter innerhalb von Table

Nach dem Namen folgt ein Befehl mit dem Gruppencode 70, der in der zweiten Zeile die Anzahl der Tabellenelemente angibt. Der hier eingetragene Wert muß nicht immer richtig sein (gelöschte Einträge werden nicht in die DXF-Datei geschrieben).

Die einzelnen Einträge beginnen mit dem Gruppencode 0 mit der Identifikation des Elements (LTYPE oder LAYER), gefolgt von dem Gruppencode 2 mit dem Namen. Der Code 70 definiert Flags, die für den Eintrag relevant sind. Hierbei sind die in Tabelle 13.6 aufgeführten Flags zulässig:

Wert Flag-Bit	Bedeutung
16	Tabelleneintrag hängt extern von einem Xref ab
32	Ist Bit 16 auch gesetzt, konnte die externe Xref aufgelöst (resolved) werden.
64	Der Tabelleneintrag wird durch mindestens ein Element der Zeichnung referenziert.

Tabelle 13.6 Standard-Flags für Table-Einträge

Zusätzlich enthält die Tabelle weitere Einträge mit dem Gruppencode 70, die sich auf LAYER-, STYLE- und VIEW-Einträge beziehen. Diese Einträge werden nachfolgend beschrieben.

APPID

Mit diesem Element lassen sich Gruppen von Namen festlegen, die für alle in der Zeichnung registrierten Anwendungen gültig sind. Das Element besitzt die in nachfolgender Tabelle aufgeführten Befehle.

Gruppe	Bedeutung
2	User-supplied Application Name
70	Standard-Flags

Tabelle 13.7 Gruppencodes für das Element APPID

DIMSTYLE

Dieses Element besitzt die in nachfolgender Tabelle aufgeführten Befehle.

Gruppe	Bedeutung
2	Dimension Style Names
3	Dimension Variable dimpost
4	Dimension Variable dimapost
5	Dimension Variable dimblk
6	Dimension Variable dimblk1
7	Dimension Variable dimblk2

Gruppe	Bedeutung
40	Dimension Variable dimscale
41	Dimension Variable dimasz
42	Dimension Variable dimexo
43	Dimension Variable dimdli
44	Dimension Variable dimexe
45	Dimension Variable dimmd
46	Dimension Variable dimdle
47	Dimension Variable dimtp
48	Dimension Variable dimtm
70	Standard-Flags
71	Dimension Variable dimtol
72	Dimension Variable dimlim
73	Dimension Variable dimtih
74	Dimension Variable dimtoh
75	Dimension Variable dimsel
76	Dimension Variable dimse2
77	Dimension Variable dimtad
78	Dimension Variable dimzin
140	Dimension Variable dimtxt
141	Dimension Variable dimcen
142	Dimension Variable dimtsz
143	Dimension Variable dimaltf
144	Dimension Variable dimifac
145	Dimension Variable dimtvp
146	Dimension Variable dimtfac
147	Dimension Variable dimgap
170	Dimension Variable dimalt
171	Dimension Variable dimaltd
172	Dimension Variable dimtofl
173	Dimension Variable dimsah
174	Dimension Variable dimtix
175	Dimension Variable dimsoxd
176	Dimension Variable dimcird
177	Dimension Variable dimcire
178	Dimension Variable dimclrt

Tabelle 13.8 Gruppencodes für das Element APPID

LAYER

Diese Bereich besitzt einen Aufbau gemäß Abbildung 13.5 und enthält die Informationen über die Farbe, den Linientyp etc. einer Ebene.

```
0
TABLE      ] Element = Table
  2
LAYER      ] Name der Tabelle
 70
      1    ] Zahl der Elemente
  0
LAYER      ] Element
  2
0          ] Name des Elements
 70
      0    ] Flags
 62
      7    ] Farbnummer (weiß)
  6
AUSGEZOGEN ] Linientyp
  0
ENDTAB     ] Ende der Tabelle
```

Abbildung 13.5 Beispiel der Tabelle LAYER

Die Layerdefinition aus Abbildung 13.5 besitzt lediglich ein Element, und zwar eine ausgezogene Linie. Der Befehl mit dem Gruppencode 62 definiert die Farbe. Ist der Wert negativ, wird das Element im Layer abgeschaltet und nicht gezeichnet. Der Linientyp (Gruppencode 6) muß vorher in LTYPE definiert worden sein; abgesehen davon ist die Reihenfolge der Befehle in der Tabelle frei wählbar. Im zweiten Befehl mit der Gruppennummer 70 wird der Status des Layers bitkodiert übergeben. Hierbei gelten die Standard-Flags aus Tabelle 13.9 und die in Tabelle 13.10 aufgeführten Werte.

Tabelle 13.9 enthält die Definitionen der Gruppencodes für die Tabelle LAYER.

Gruppe	Bedeutung
2	Layer-Name
6	Name des Linientyps
62	Farbnummer (negativ = Layer ausgeschaltet)

Gruppe	Bedeutung
70	Standard-Flags und die folgenden Flags: Bit 1 = 1: Layer eingefroren Bit 2 = 1: Layer standardmäßig in einem neuen Viewport eingefroren Bit 3 = 1: Layer ist gesperrt

Tabelle 13.9 Gruppencodes für die Tabelle LAYER

Die Zählung der Flagbits in Tabelle 13. 9 beginnt mit Bit 1. Neben den in der Tabelle aufgeführten spezifischen Bits werden noch die Standard-Flags ausgewertet. Ist der Wert für das Flag (Gruppencode 70) auf 0 gesetzt, wird die Ebene (Layer) eingeblendet. Die Standardeinstellung für einen Layer sieht folgende Werte vor:

Farbe	Weiß
Linientyp	CONTIGUOUS (ausgezogen)
Layer	eingeschaltet, nicht eingefroren

Tabelle 13.10 Standardvorgaben für einen Layer

In Abbildung 13.5 sind diese Vorgaben bereits berücksichtigt.

LTYPE

Dieser Abschnitt definiert das Aussehen von Linien innerhalb eines Layers. Abbildung 13.6 enthält ein Beispiel für den Aufbau einer Tabelle vom Typ LTYPE.

Tabelle 13.11 enthält die weitere Aufschlüsselung der Bedeutung der Gruppencodes für die Tabelle:

Gruppe	Bedeutung
2	Name Linientyp
3	Beschreibung Linientyp
40	Summe der Längen in den Gruppen 49 (total pattern length)
49	Strichlänge (dash length, optional) negativ = angehobener Stift positiv = abgesenkter Stift 0 = Punkt
70	Standard-Flags
72	Justierungscode (der Wert wird immer auf 65 gesetzt, der Code 65 steht für 'A' = align)
73	Anzahl der Einträge mit dem Gruppencode 49

Tabelle 13.11 Gruppencodes der Tabelle LTYPE

Der Gruppencode 49 ist optional und kann mehrfach im Block auftreten. Er beschreibt eine gestrichelte Linie.

```
  0          ]
TABLE        ] Element = Table
  2          ]
LTYPE        ] Type des ersten Elements
 70          ]
      1      ] Zahl der Elemente = 1
  0          ]
LTYPE        ] Element LTYPE
  2          ]
AUSGEZOGE    ] Name des Elements
 70          ]
      0      ] Status
  3                  ]
Ausgezogene Linie    ] sonstiger Text
 72          ]
     65      ] Justierungs-Flag
 73          ]
      0      ] Anzahl der Gruppen
 40          ]
0.0          ] Summe der Längen
  0          ]
ENDTAB       ] Ende der Tabelle
```

Abbildung 13.6 Beispiel einer LTYPE-Tabelle

STYLE

In dieser Tabelle werden Informationen über Schriftarten abgelegt. Abbildung 13.7 enthält ein Beispiel mit den Definitionen innerhalb der Tabelle.

```
  0          ]
TABLE        ] Beginn Tabelle
  2          ]
STYLE        ] Name der Tabelle
 70          ]
      1      ] Zahl der Elemente
  0          ]
STYLE        ] Typ des Elements
```

```
  2
STANDARD  ]  Name des Elements
 70
     0    ]  Flags
 40
0.0       ]  Texthöhe
 41
1.0       ]  Textbreite
 50
0.0       ]  Schriftwinkel (Neigung)
 71
     0    ]  Flags
 42
0.2       ]  letzte benutzte Höhe
  3
txt       ]  Fontname
  4
          ]  Bigfont Filename
  0
ENDTAB    ]  Ende der Tabelle
```

Abbildung 13.7 Beispiel einer STYLE-Tabelle

Tabelle 13.12 enthält eine Aufstellung der bei STYLE verwendbaren Gruppencodes.

Gruppe	Bedeutung
2	Name des Style
3	Name der primären Zeichensatz- oder Symboldatei
4	Bigfont Dateiname
40	Texthöhe festgelegt (0 = nicht festgelegt)
41	Breitenfaktor
42	zuletzt benutzte Höhe
50	Neigungswinkel (oblique angle)
70	Standard-Flags und folgende Flags Bit 1: 1= Symboltabelle Bit 2: --- Bit 3: 1 = vertikale Schrift
71	Texterzeugungs-Flags Bit 1: 1 = rückwärts ausgeben Bit 2: 1 = Schrift auf dem Kopf

Tabelle 13.12 Gruppencodes der Tabelle STYLE

UCS

Das Element UCS (User Coordinate System) wird erst ab AutoCAD-Version 10.0 unterstützt. Tabelle 13.13 enthält eine Zusammenstellung der mit UCS erlaubten Gruppencodes.

Gruppe	Bedeutung
2	UCS Name
10,20,30	Ursprung (x, y, z) des Benutzerkoordinatensystems in Weltkoordinaten (ab Version 10.0)
11,21,31	Richtung der x-Achse in Weltkoordinaten
12,22,32	Richtung der y-Achse in Weltkoordinaten
70	Standard-Flags

Tabelle 13.13 Gruppencode der Tabelle UCS

VIEW

Mit diesem Element lassen sich verschiedene Ausschnitte einer Zeichnung selektieren. Tabelle 13.14 enthält eine Aufstellung der Gruppencodes, die in Verbindung mit VIEW verwendbar sind.

Gruppe	Bedeutung
2	View-Name
10,20	Mittelpunkt (x, y) des Ausschnitts (in DCS)
11,21,31	Ansichtsrichtung des Ausschnitts (in WCS)
12,22,32	Zielpunkt im Weltkoordinatensystem (WCS) (ab Version 10.0)
40	Höhe des Ausschnitts (in DCS)
41	Breite des Ausschnitts (in DCS)
42	Linsenlänge (ab Version 10.0)
43,44	vordere und hintere Schnittfläche (V 10.0) als Offset vom Zielpunkt
50	Drehwinkel
70	Standard-Flags
71	Ansichtsmodus (ab Version 10.0) Bit 1 = 1: perspektivische Ansicht aktiv Bit 2 = 1: vordere Schnittfläche aktiv Bit 3 = 1: hintere Schnittfläche aktiv Bit 4 = 1: »UCS follow«-Modus aktiv Bit 5 = 1: vordere Schnittfläche nicht am Auge

Tabelle 13.14 Gruppencode der Tabelle VIEW

Die Tabelle VIEW wird bei den älteren AutoCAD-Versionen mit keinem Element belegt (Abbildung 13.2).

VPORT

Diese Tabelle wird erst ab AutoCAD-Version 10.0 unterstützt. Tabelle 13.15 enthält eine Zusammenstellung der benutzten Gruppencodes.

Gruppe	Bedeutung
2	Viewport-Name
10,20	linke untere Ecke des Ansichtsfensters (Viewport) 0.0 bis 1.0
11,21	rechte obere Ecke des Ansichtsfensters
12,22	Koordinaten des Ansichtszentrums (in WCS)
13,23	Fangbasispunkt
14,24	Fangabstand in X- und Y-Richtung
15,25	Rasterabstand in X- und Y-Richtung
16,26,36	Ansichtsrichtung vom Zielpunkt
17,27,37	Koordinaten des Ansichtszielpunkts
40	Ansichtshöhe
41	Ansichtsfenster/Aspektverhältnis
42	Linsenlänge
43,44	Versetzung der vorderen und hinteren Schnittflächen vom Zielpunkt
50	Fangdrehwinkel
51	Ansichtsdrehwinkel
68	Statusfeld
69	ID
70	Standard-Flags
71	Ansichtsmodus (ab Version 10.0) Bit 1 = 1: perspektivische Ansicht aktiv Bit 2 = 1: vordere Schnittfläche aktiv Bit 3 = 1: hintere Schnittfläche aktiv Bit 4 = 1: »UCS follow«-Modus aktiv Bit 5 = 1: vordere Schnittfläche nicht am Auge
72	Kreis Zoom Prozent
73	Schnellzoomwert
74	Koordinatensystemsymbol (USC Icon)
75	1 = SNAP ein, 0 = SNAP aus
76	1 = GRID ein, 0 = GRID aus
77	Fangstil
78	Fang-Isopaar

Tabelle 13.15 Gruppencode der Tabelle VPORT

Die genaue Belegung des Statusfeldes ist nicht bekannt.

BLOCK-Abschnitt einer DXF-Datei

In dieser Tabelle sind die Informationen über die verwendeten Elemente gespeichert. Neben den AutoCAD-Blöcken können weitere unbenannte Blöcke vorkommen; in diesen Fällen wird der Name mit einem Stern eingeleitet. Der Befehl mit dem Gruppencode 70 definiert das *Block*-Flag mit der Belegung gemäß Abbildung 13.8:

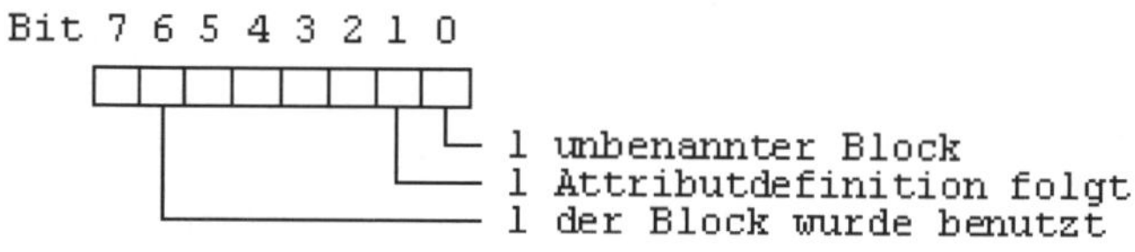

Abbildung 13.8 Kodierung des Block-Flags

Ein Block wird gemäß Abbildung 13.9 mit einer Sequenz von Befehlen eingerahmt.

```
0
SECTION
2
BLOCKS
0
BLOCK
.
.
.
0
ENDBLK
8
0
0
ENDSEC
```

Abbildung 13.9 Beispiel eines BLOCK-Abschnitts

Der Block besteht aus Elementen mit Gruppencode 0: BLOCK, gegebenenfalls ATTDEF und beliebig vielen Objekten (Linie, Kreis etc.), die in *Entities* benutzt werden. Abgeschlossen wird die Definition mit dem Element ENDBLK. Tabelle 13.16 gibt die Belegung der Gruppencodes für BLOCK, ATTDEF und ENDBLK wieder.

Gruppe	Bedeutung
BLOCK	
2	Blockname
3	auch Blockname
10,20,30	Koordinaten (x, y, z) des Basispunktes
70	Blocktyp-Flag Bit 1 = 1: Block ist anonym Bit 2 = 1: Attributdefinitionen folgen Bit 3 = 1: Block ist externe Referenz Xref Bit 4 = 1: --- Bit 5 = 1: Block ist abhängig von einer externen Referenz Bit 6 = 1: Aufgelöste externe Referenz oder abhängig von einer externen Referenz Bit 7 = 1: Definition referenziert
ATTDEF	
1	Vorgabewert bei Anfrage des Attributes
2	Bezeichnung des Attributes (tag string)
3	Text des Attributanfangs (prompt string)
7	Name des Textstyles
10,20,30	Koordinaten (x, y, z) Textanfangspunkt
11,21,31	Koordinaten (x, y, z) Ausrichtpunkt (falls Gruppe 72 oder 74 vorhanden)
40	Texthöhe
41	X-Größenfaktor (nur falls <> 1)
50	Drehwinkel (nur falls <> 0)
51	Neigungswinkel
70	Attribut-Flag Bit 1: 1 = unsichtbar Bit 2: 1 = konstant (ohne Anfrage) Bit 3: 1 = Anfrage prüfen Bit 4: 1 = Vorgabe als Attribut übernehmen
71	Texterzeugungs-Flag (nur falls <> 0) Bit 2 = 1: rückwärts Bit 3 = 1: auf dem Kopf
72	Textjustierungstyp (horizontal) Bit 1: 1 = linksbündig justiert Bit 2: 1 = entlang der Basislinie zentriert Bit 3: 1 = rechtsbündig justiert Bit 4: 1 = zwischen zwei Punkten justiert Bit 5: 1 = zentriert (Mitte) Bit 6: 1 = eingepaßt zwischen zwei Punkten
73	Feldlänge (nur falls <> 0)

Gruppe	Bedeutung
74	Textjustierungstyp (vertikal) Bit 1: 1 = Grundlinie (baseline) Bit 2: 1 = Unten (bottom) Bit 3: 1 = Mitte Bit 4: 1 = Top

Tabelle 13.16 Gruppencode in BLOCKS

Einem BLOCK kann eine Attributdefinition zugeordnet werden. In diesem Fall ist Bit 2 im *Block Typ*-Flag (Gruppencode 70) gesetzt. Weiterhin kann das Element ENDBLK als Abschluß stehen.

DXF Entities Section

Dieser Abschnitt enthält die eigentliche Bildbeschreibung. Verwendet werden die in BLOCKS beschriebenen Objekte. Der Abschnitt wird durch die in Abbildung 13.10 dargestellte Sequenz eingerahmt.

```
0
SECTION
2
ENTITIES
.
.
.
0
ENDSEC
```

Abbildung 13.10 Beispiel einer Entity Section

Innerhalb des Abschnitts können nun verschiedene, durch Gruppencode 0 definierte Objekte auftreten. Tabelle 13.17 enthält eine Aufstellung der bisher definierten Objekte im Abschnitt ENTITIES.

Objekt	Objekt	Objekt
LINE	SOLID	VERTEX
3DLINE	TEXT	SEQEND
POINT	SHAPE	3DFACE
CIRCLE	INSERT	DIMENSION
ARC	ATTRIB	
TRACE	POLYLINE	

Tabelle 13.17 Elemente im Abschnitt ENTITIES

Je nach verwendetem Objekt variiert die Bedeutung der Gruppencodes. Innerhalb dieser Elemente können die in Tabelle 13.18 aufgeführten allgemeinen Gruppencodes benutzt werden.

Gruppe	Bedeutung
6	Name Linientyp (Standard BYLAYER)
38	Elevation (Standard 0)
39	Thickness (Standard 0)
62	Farbnummer (Standard BYLAYER) 0 = BYBLOCK (floating) 256 = BYLAYER
210,220,230	Die Gruppen werden für Line, Point, Circle, Shape, Text, Arc, Trace, Solid, Block Reference, Polyline, Dimension, Attribute und Attribute-Definition eingefügt, falls die Extrusionsrichtung nicht parallel zur z-Achse des Weltkoordinatensystems liegt (Standard 0, 0, 1).

Tabelle 13.18 Allgemeine Gruppencodes in Entity

LINE

Mit diesem Befehl wird die Beschreibung eines Linienzuges eingeleitet:

```
0
LINE
```

Daran schließen sich weitere, die Linie beschreibende Befehle an. Tabelle 13.19 gibt die zugehörigen Gruppencodes an:

Gruppe	Bedeutung
0	Element = LINE
10,20,30	Anfangspunkt (x, y, z) der Linie
11,21,31	Endpunkt (x, y, z) der Linie

Tabelle 13.19 Gruppencode des Elements LINE

Die Linie wird als Vektor zwischen zwei Punkten beschrieben, wobei die z-Koordinaten erst ab Version 10.0 zulässig sind. Linientyp und -stärke etc. werden aus BLOCKS übernommen, dürfen aber auch explizit durch eigene Befehle gesetzt werden. In ENTITIES stehen lediglich die Anfangs- und Endkoordinaten des Vektors. Die Koordinaten eines Punktes werden dabei immer zusammenhängend (x, y, z) abgespeichert. Dann folgen die Koordinaten des nächsten Punktes.

3DLINE

Dieser Befehl leitet die Beschreibung eines dreidimensionalen Linienzuges ein:

```
0
3DLINE
```

Daran schließen sich weitere linienbeschreibende Befehle an. Tabelle 13.20 listet die zugehörigen Gruppencodes auf:

Gruppe	Bedeutung
0	Element = 3DLINE
10,20,30	Anfangspunkt (x, y, z) der Linie
11,21,31	Endpunkt (x, y, z) der Linie

Tabelle 13.20 Gruppencode des Elements 3DLINE

Die Linie wird als Vektor zwischen zwei Punkten beschrieben. Die z-Koordinaten sind erst ab Version 10.0 zulässig. Linientyp und -stärke etc. werden aus BLOCKS übernommen, dürfen jedoch auch explizit durch eigene Befehle gesetzt werden. In ENTITIES stehen lediglich die Anfangs- und Endkoordinaten des Vektors. Die Koordinaten eines Punktes werden immer zusammenhängend (x, y, z) abgespeichert, danach folgen die Koordinaten des nächsten Punktes.

POINT

Der Befehl leitet die Beschreibung eines Punktes im Koordinatenraum ein:

```
0
POINT
```

Die z-Komponenten werden jedoch erst ab Version 10.0 von AutoCAD unterstützt. Tabelle 13.21 gibt die Gruppencodes der folgenden Befehle an:

Gruppe	Bedeutung
0	Element = POINT
10,20,30	Koordinaten (x, y, z) des Punktes
50	Winkel der x-Achse im Benutzerkoordinatensystem (UCS, erst ab Version 10.0)

Tabelle 13.21 Gruppencode des Elements POINT

Der Befehl mit dem Gruppencode 50 wird in AutoCAD erst ab Version 10.0 unterstützt. Er gibt den Winkel der x-Achse im Benutzerkoordinatensystem gegenüber der Nullachse an.

CIRCLE

Der Befehl leitet die Beschreibung eines Kreises ein:

```
0
CIRCLE
```

Die z-Komponente wird erst ab AutoCAD-Version 10.0 unterstützt. Tabelle 13.22 listet die Gruppencodes der folgenden Befehle auf:

Gruppe	Bedeutung
0	Element = CIRCLE
10,20,30	Koordinaten (x, y, z) des Kreismittelpunktes
40	Kreisradius

Tabelle 13.22 Gruppencode des Elements CIRCLE

Zusätzlich können in der Befehlssequenz noch Anweisungen zur Selektion des Layers, der Farbe etc. stehen.

ARC

Mit diesem Befehl wird ein Kreisbogen definiert:

```
0
ARC
```

Dem Element folgen weitere Befehle, die in Tabelle 13.23 aufgeführt sind.

Gruppe	Bedeutung
0	Element = ARC
10,20,30	Koordinaten (x, y, z) des Mittelpunktes
40	Radius des Kreisbogens
50	Anfangswinkel Kreisbogen
51	Endwinkel Kreisbogen

Tabelle 13.23 Gruppencode des Elements ARC

Die z-Koordinate wird erst ab AutoCAD-Version 10.0 unterstützt. Weitere Befehle zur Beschreibung der Farbe, des Layers etc. können ebenfalls in der Sequenz enthalten sein.

TRACE

Mit diesem Element läßt sich eine geschlossene Linie zwischen vier Punkten (*Band*) beschreiben, die wiederum die Umrisse von Vierecken definiert. Die Sequenz beginnt mit dem Element:

```
0
TRACE
```

Daran schließen sich weitere Befehle gemäß Tabelle 13.24 zur Beschreibung der Eckpunkte an.

Gruppe	Bedeutung
0	Element = TRACE
10,20,30	Koordinaten (x, y, z) des 1. Punktes
11,21,31	Koordinaten (x, y, z) des 2. Punktes
12,22,32	Koordinaten (x, y, z) des 3. Punktes
13,23,33	Koordinaten (x, y, z) des 4. Punktes

Tabelle 13.24 Gruppencode des Elements TRACE

Die z-Koordinate wird erst ab AutoCAD-Version 10.0 unterstützt. Weitere Befehle zur Beschreibung der Farbe, des Layers etc. können ebenfalls in der Sequenz enthalten sein. Bei Dreiecken enthalten zwei Punkte die gleichen Koordinaten.

SOLID

Mit diesem Element läßt sich eine geschlossene Fläche zwischen vier Punkten – also ein Viereck – beschreiben. Die Sequenz beginnt mit dem Element:

```
0
SOLID
```

Daran schließen sich weitere Befehle gemäß Tabelle 13.25 zur Beschreibung der Eckpunkte an.

Gruppe	Bedeutung
0	Element = SOLID
10,20,30	Koordinaten (x, y, z) des 1. Punktes
11,21,31	Koordinaten (x, y, z) des 2. Punktes
12,22,32	Koordinaten (x, y, z) des 3. Punktes
13,23,33	Koordinaten (x, y, z) des 4. Punktes

Tabelle 13.25 Gruppencode des Elements SOLID

Die z-Koordinate wird erst ab AutoCAD-Version 10.0 unterstützt. Weitere Befehle zur Beschreibung der Farbe, des Layers, des Füllmusters etc. können ebenfalls in der Sequenz enthalten sein. Bei Dreiecken enthalten die beiden letzten Punkte die gleichen Koordinaten.

TEXT

Um in AutoCAD-DXF-Dateien Texte zu definieren, wird folgender Befehl eingesetzt:

```
0
TEXT
```

Daran schließt sich eine Sequenz weiterer Befehle zur Beschreibung des Textes an (Tabelle 13.26):

Gruppe	Bedeutung
0	Element = TEXT
1	Text als ASCII-String
7	Name des Textstiles (Standard = STANDARD)
10	Einfügepunkt des Textes X-Koordinate
20	Einfügepunkt des Textes Y-Koordinate
30	Einfügepunkt des Textes Z-Koordinate
11	Ausrichtpunkt des Textes X-Koordinate (optional)
21	Ausrichtpunkt des Textes Y-Koordinate (optional)
31	Ausrichtpunkt des Textes Z-Koordinate (optional)
40	Texthöhe
41	relativer Faktor x-Achse (Standard = 1)
50	Drehwinkel der Textausgabe (Standard = 0)
51	Neigungswinkel der Buchstaben (Standard = 0)
71	Generierungs-Flag (Standardwert = 0) Bit 2: 1 = Text rückwärts ausgeben Bit 3: 1 = Text über Kopf ausgeben
72	Justierungstyp horizontal 0: linksbündig 1: entlang der Basislinie zentriert 2: rechtsbündig 3: ausgerichtet zwischen zwei Punkten 4: zentriert (Mitte zwischen zwei Punkten) 5: eingepaßt zwischen zwei Punkten (variable Textbreite)
73	Justierung vertikal 0: Basislinie 1: unten 2: Mitte 3: oben

Tabelle 13.26 Gruppencode des Elements TEXT

Die z-Koordinate wird erst ab AutoCAD-Version 10.0 unterstützt. Die Befehle mit den Koordinaten des Ausrichtpunktes tauchen nur dann auf, wenn der Justierungstyp (Code 72) ungleich 0 ist. Der Text läßt sich in AutoCAD unter beliebigen Winkeln ausgeben; falls der Winkel ungleich 0 Grad ist, erscheint ein Befehl mit dem Gruppencode 50 oder 51. Gruppencode 51 definiert den Neigungswinkel von Buchstaben (Erzeugung von Kursivschriften). Nur wenn der Textstil von STANDARD abweicht, ist Gruppencode 7 erforderlich. Die Bits 1 und 2 des Generierungs-Flags (Gruppencode 71) spezifizieren die Richtung der Textausgabe (rückwärts oder über Kopf). Mit dem Gruppencode 72 kann die Option zur Ausrichtung des Textes eingestellt werden. Der Code bestimmt auch, ob ein zweiter Punkt zur Ausrichtung erforderlich ist. Weitere Befehle zur Beschreibung der Farbe, des Layers etc. können folgen.

SHAPE

Mit diesem Element wird in AutoCAD am angegebenen Punkt ein Symbol definiert. Die Sequenz beginnt mit dieser Anweisung:

```
0
SHAPE
```

Sie enthält die Befehle aus Tabelle 13.27.

Gruppe	Bedeutung
0	Element = SHAPE
2	Name des einzufügenden Symbols
10	Einfügepunkt des Symbols X-Koordinate
20	Einfügepunkt des Symbols Y-Koordinate
30	Einfügepunkt des Symbols Z-Koordinate
40	Symbolhöhe
41	relativer X-Größenfaktor (Standard = 1)
50	Drehwinkel (Standard = 0)
51	Neigungswinkel (Standard = 0)

Tabelle 13.27 Gruppencode des Elements SHAPE

Die Z-Koordinate wird erst ab AutoCAD-Version 10.0 unterstützt. Die Befehle für Drehwinkel, Größenfaktor und Neigung sind nur dann aufgeführt, wenn Werte ungleich der Standardeinstellung benutzt werden.

INSERT

Mit diesem Element wird ein bereits benutztes Objekt aus AutoCAD ein weiteres Mal in die Zeichnung eingefügt, wobei die Befehle der Anfangssequenz aus Tabelle 13.28 folgen können:

```
0
INSERT
```

Die Z-Koordinate wird erst ab AutoCAD-Version 10.0 unterstützt. Die Befehle für Drehwinkel, Anzahl der Kolonnen etc. werden nur aufgeführt, wenn Werte ungleich der Standardeinstellung benutzt werden. Falls Bit 0 des Attribut-Flags (Code 66) gesetzt ist, folgt auf die Befehle des Blocks eine Sequenz mit ATTRIB-Elementen, die durch SEQEND abgeschlossen wird. Wird ein Element aus LAYER 0 des Abschnitts BLOCKS mit INSERT beschrieben, dann entsprechen die Eigenschaften denen des Einfüge-Layers.

Gruppe	Bedeutung
0	Element = INSERT
2	Name des einzufügenden Blocks
10	Einfügepunkt des Blocks X-Koordinate
20	Einfügepunkt des Blocks Y-Koordinate
30	Einfügepunkt des Blocks Z-Koordinate
41	Größenfaktor x-Achse (Standard = 1)
42	Größenfaktor y-Achse (Standard = 1)
43	Größenfaktor z-Achse (Standard = 1)
44	Abstand der Kolonnen
45	Abstand der Reihen
50	Drehwinkel (Standard = 0)
66	Attribut-Flag Bit 1: 1 = ATTRIB folgt nach dem BLOCK
70	Anzahl der Kolonnen bei Mehrfacheinfügungen (Standard = 1)
71	Anzahl der Reihen bei Mehrfacheinfügungen (Standard = 1)

Tabelle 13.28 Gruppencode des Elements INSERT

ATTRIB

Dieses Element folgt auf einen INSERT-Befehl, wenn dort das Attributbit gesetzt ist. Die Tabelle beginnt mit diesem Befehl:

```
0
ATTRIB
```

Die z-Koordinate wird erst ab AutoCAD-Version 10.0 unterstützt. Die Befehle für Feldlänge, Drehwinkel etc. werden nur aufgeführt, wenn Werte ungleich der Standardeinstellung benutzt werden. Ist der Wert des Elements der Gruppe 72 ungleich 0, werden die Koordinaten des zweiten Ausrichtpunktes angegeben. Tabelle 13.29 listet alle weiteren darin enthaltenen Anweisungen auf:

Gruppe	Bedeutung
0	Element = ATTRIB
1	Text des Attributes
2	Bezeichnung des Attributes
7	Name des Textstils (Standard = STANDARD)
10	Einfügepunkt des Textanfangs x-Koordinate
20	Einfügepunkt des Textanfangs y-Koordinate
30	Einfügepunkt des Textanfangs z-Koordinate

Gruppe	Bedeutung
11	Ausrichtpunkt x-Achse, falls Gruppe 72 oder 74 vorhanden ist
21	Ausrichtpunkt y-Achse, falls Gruppe 72 oder 74 vorhanden ist
31	Ausrichtpunkt z-Achse, falls Gruppe 72 oder 74 vorhanden ist
41	relativer X-Skalenfaktor (Standard = 1)
50	Drehwinkel des Textes (Standard = 0)
51	Neigungswinkel des Textes (Standard = 0)
70	Attribut-Flag Bit 1: 1 = Attribut unsichtbar Bit 2: 1 = Attribut Konstante Bit 3: 1 = Verifizierung bei Eingabe gefordert Bit 4: 1 = Attribut vorhanden
71	Generierungs-Flag (Standardwert = 0) Bit 1: 1 = Text rückwärts ausgeben Bit 2: 1 = Text über Kopf ausgeben
72	Justierungstyp horizontal 0: linksbündig 1: entlang der Basislinie zentriert 2: rechtsbündig 3: ausgerichtet zwischen zwei Punkten 4: zentriert (Mitte zwischen zwei Punkten) 5: eingepaßt zwischen zwei Punkten 5: (variable Breite des Textes)
73	Feldlänge (Standard = 0)
74	Justierungstyp vertikal 0: Basislinie 1: unten 2: mitte 3: oben

Tabelle 13.29 Gruppencode des Elements ATTRIB

POLYLINE

Mit diesem Element läßt sich eine Verbindungslinie zwischen verschiedenen Punkten beschreiben. Die Sequenz beginnt mit diesem Befehl:

```
0
POLYLINE
```

Die Aufstellung der zulässigen Anweisungen dieses Elements findet sich in Tabelle 13.30:

Gruppe	Bedeutung
0	Element = POLYLINE
10,20,30	Polyline Elevation (10 und 20 sind immer 0)
40	vorgegebene Anfangsbreite (Standard 0)

Gruppe	Bedeutung
41	vorgegebene Endbreite
66	Scheitelpunkt-Flag Wert: 1 = Vertex-Elemente folgen
70	Polyline-Flag Bit 1: 1 = Polyline geschlossen (oder Polyline-Maschen sind in M-Richtung geschlossen) Bit 2: 1 = Kurve an Polyline angepaßt (Curve-fit vertices hinzugefügt) Bit 3: 1 = Spline an Polyline angepaßt (Spline-fit vertices hinzugefügt) Bit 4: 1 = 3D-Polyline (ab Version 10.0) Bit 5: 1 = Polygonmasche (ab Version 10.0, der Typ wird im Gruppencode 75 definiert) Bit 6: 1 = Polygonmasche in N-Richtung geschlossen (V 10.0) Bit 7: 1 = Polyline ist eine Polygonmasche Bit 8: 1 = Muster Linientyp kontinuierlich über Scheitelpunkte konstruieren
71	Polygon Mesh M Vertex Count (Zählung der Polygonmaschenscheitel in erster Richtung, Werte > 0, ab Version 10.0)
72	Polygon Mesh N Vertex Count (Zählung der Polygonmaschenscheitel in zweiter Richtung, Werte > 0, ab Version 10.0)
73	Smooth Surface M Density
74	Smooth Surface N Density
75	Curve und Smooth Surface-Typ (Standard 0) Flag, falls Bit 5 in Gruppe 70 = 1 (Wert = 16) 0: keine glatte Oberfläche (no smoth) 5: quadratische Oberfläche (quadratic B-spline) 6: kubische B-Spline-Oberfläche (cubic B-spline) 8: Bézier-Oberfläche (erst ab Version 10.0)

Tabelle 13.30 Gruppencode des Elements POLYLINE

Die Gruppencodes 71, 72 und 75 werden erst ab AutoCAD-Version 10.0 unterstützt. Die Polygonlinie besteht immer aus einer Sequenz von punkteangebenden VERTEX-Elementen. Die Sequenz wird durch ein SEQEND abgeschlossen. Codes 40 und 41 stehen für alle Elemente in VERTEX, die keine eigene Gruppennummer 40 oder 41 besitzen. Eine Polyline-Masche wird in der DXF-Datei als spezieller POLYLINE-Eintrag abgebildet. Dann ist Bit 5 im Gruppencode gesetzt (Wert 16). Der Typ wird im Gruppencode 75 festgelegt. Der Gruppencode 71 gibt die Zahl der Scheitelpunkte innerhalb der Masche und der Gruppencode 72 die Zahl der Oberflächen (Faces) an. Eine Anwendung muß aber nicht zwangsweise korrekte Werte in diesen beiden Gruppencodes angeben.

Auf den Header folgt eine Sequenz von Einträgen mit der Beschreibung der Scheitelpunkte (Vertex Coordinates) und der Oberflächen (Faces) für die einzelnen Maschen. Die Struktur der VERTEX-Einträge wird nachfolgend vorgestellt.

VERTEX

Mit diesem Element lassen sich die Punkte einer Polyline definieren. Die Sequenz beginnt mit diesem Befehl:

```
0
POLYLINE
```

Abgeschlossen wird mit ENDSEQ; dazwischen können mehrere VERTEX-Elemente mit Anweisungen gemäß Tabelle 13.31 stehen:

Gruppe	Bedeutung
0	Element = VERTEX
10	Standort des Scheitels X-Koordinate
20	Standort des Scheitels Y-Koordinate
30	Standort des Scheitels Z-Koordinate
40	vorgegebene Anfangsbreite
41	vorgegebene Endbreite
42	Ausbuchtung (0 = gerade, 1 = Halbkreis)
50	Tangentenrichtung, falls Bit 1 in Gruppe 70 gesetzt ist
70	Scheitel-Flag Bit 1: 1 = zusätzlicher Scheitelpunkt durch Kurvenanpassung Bit 2: 1 = Scheitel besitzt Tangentendefinition für Kurvenanpassung Bit 3: 1 = unbelegt Bit 4: 1 = Kurvenlinienscheitelpunkt (Spline Vertex) durch Kurvenanpassung (Spline-fitting) erzeugt Bit 5: 1 = Kontrollpunkt für Kurvenlinienrahmen Bit 6: 1 = 3D-Polyline-Scheitelpunkt (ab Version 10.0) Bit 7: 1 = Polygonmaschen-Scheitelpunkt (ab Version 10.0) Bit 8: 1 = Polgonlinienmaschen-Scheitelpunkt (Polyface Mesh Vertex, ab Version 11.0)

Tabelle 13.31 Gruppencode des Elements VERTEX

Für die Ausbuchtung (Bulge) wird die Tangente auf 1/4 des eingeschlossenen Winkels für ein Kreissegment gesetzt. Der Wert der Tangente wird negativ, falls das Kreissegment im Uhrzeigersinn vom Start- zum Endpunkt verläuft. Ein Wert 0 definiert ein gerades Segment und der Wert 1 einen Halbkreis. Jeder Scheitelpunkt, der zu einer Polygonmasche gehört, wird durch Bit 8 (Wert 128) im Gruppencode 70 markiert. Definiert der Eintrag die Koordinaten eines Maschenscheitelpunkts, ist Bit 7 (Wert 64) gesetzt, und die Koordinaten werden mit den Gruppencodes 10, 20, 30 angegeben. Definiert der Scheitelpunkt die Oberfläche (Face) einer Masche, wird im Gruppencode das Flagbit 8 (Wert 128) gesetzt und das Flagbit 7 (Wert 64) gelöscht. Dann sind die Werte der Gruppencodes 10, 20, 30 nicht relevant (werden auf 0 gesetzt). Die Indexwerte der einzelnen Maschen werden im Polyline-Abschnitt über die Gruppencodes 71, 72, 73 und 74 definiert.

Handelt es sich bei diesen Integerwerten um negative Zahlen, ist der betreffende Eckpunkt unsichtbar. Der erste Eintrag mit dem Wert 0 für einen Scheitelpunkt definiert das Ende der Beschreibung der Scheitelpunkte für die Oberfläche des Polygons.

SEQEND

Die Sequenz schließt die ATTRIB- und VERTEX-Definitionen ab.

3DFACE

Mit diesem Element lassen sich dreidimensionale Flächen beschreiben. Die Sequenz beginnt mit diesem Befehl:

```
0
3DFACE
```

Gruppe	Bedeutung
0	Element = 3DFACE
10,20,30	Koordinaten (x, y, z) der 3D-Fläche (1. Punkt)
11,21,31	Koordinaten (x, y, z) der 3D-Fläche (2. Punkt)
12,22,32	Koordiaten (x, y, z) der 3D-Fläche (3. Punkt)
13,23,33	Koordiaten (x, y, z) der 3D-Fläche (4. Punkt)
70	Flags für unsichtbare Kanten (ab V 10.0) Bit 1 = 1: 1. Kante unsichtbar Bit 2 = 1: 2. Kante unsichtbar Bit 3 = 1: 3. Kante unsichtbar Bit 4 = 1: 4. Kante unsichtbar

Tabelle 13.32 Gruppencode des Elements 3DFACE

Die Flags für die unsichtbaren Kanten werden erst ab AutoCAD-Version 10.0 unterstützt. Werden nur drei Punkte beschrieben, sind der dritte und vierte Wert gleichzusetzen. Tabelle 13.32 enthält eine Aufstellung der Gruppencodes.

VIEWPORT

Mit diesem Element läßt sich eine Ansicht beschreiben. Die Elemente werden erst ab der Version 12 unterstützt. Die Sequenz beginnt mit diesem Befehl:

```
0
VIEWPORT
```

Innerhalb der Sequenz werden verschiedene Gruppencodes gemäß Tabelle 13.33 unterstützt.

Gruppe	Bedeutung
0	Element = VIEWPORT
10,20,30	Koordinaten (x, y, z) des Mittelpunkts des Elements (in Paper Space-Koordinaten)
40	Breite (in Paper Space-Koordinaten)
41	Höhe (in Paper Space-Koordinaten)
68	Viewport Statusfeld –1 = Viewport ein, aber Off-Screen 0 = Viewport aus >0 = Viewport ein und aktiv, der Wert gibt die jeweilige Ansicht (Viewport) an
69	Viewport ID (1 = Paper Space Viewport)

Tabelle 13.33 Gruppencode des Elements VIEWPORT

Zusätzlich können Extended Entity Data Groups innerhalb der VIEWPORT-Sequenz auftreten. Hierbei handelt es sich um die Befehle mit den Gruppencodes von 1000 bis 1070. Tabelle 13.34 gibt die dabei zulässigen Einträge wieder.

Gruppe	Beschreibung
1001	Applikationsname (immer »ACAD«)
1000	Anfang Viewport-Daten (bisher immer »MVIEW«)
1002	Anfang Window Descriptor-Daten (immer das Zeichen {)
1070	Extended Entity Data-Version (Wert 16 für Version 11 und 12)
1010	Wert für View Target Point X
1020	Wert für View Target Point Y
1030	Wert für View Target Point Z
1010	Wert für View Target Direction X
1020	Wert für View Target Direction Y
1030	Wert für View Target Direction Z
1040	View Twist Angle
1040	View Height
1040	Wert View Center Point X
1040	Wert View Center Point Y
1040	Perspective Lens Length
1040	Wert Front Clip Plane Z
1040	Wert Back Clip Plane Z
1070	View Mode
1070	Circle Zoom
1070	Einstellung für Fast Zoom
1070	Einstellung für UCSICON (Symbol User Coordinate System)

Gruppe	Beschreibung
1070	Fangstil (Snap) ON/OFF
1070	Gitter ON/OFF
1070	Fangstil (Snap)
1070	Fangstil (Snap) ISOPAIR
1040	Winkel Fangstil (Snap angle)
1040	X-Koordinate Snap Basepoint UCS
1040	Y-Koordinate Snap Basepoint UCS
1040	X-Abstand Snap
1040	Y-Abstand Snap
1040	X-Abstand Gitter (Grid)
1040	Y-Abstand Gitter (Grid)
1070	Hidden in Plot-Flag
1002	Anfang Liste der eingefrorenen Layer (String {)
1003	Namen der eingefrorenen Layer in dieser Ansicht (kann Xref-abhängige Layer enthalten). Jeder Wert der Gruppe 1003 ist zulässig.
1002	Ende der Liste der eingefrorenen Layer (String })
1002	Ende Viewport-Daten (String })

Tabelle 13.34 Gruppencode für Extended Viewport-Elemente

Innerhalb der Sequenz kann ein Element mehrfach auftreten. Dabei ist die Reihenfolge der Elemente gemäß Tabelle 13.34 einzuhalten.

DIMENSION

Dieser Pseudoblock wird erst ab Version 9.0 unterstützt und beschreibt das Bemaßungsbild einer Zeichnung. Die Sequenz beginnt mit

```
0
DIMENSION
```

und enthält die Befehle aus Tabelle 13.35:

Gruppe	Bedeutung
0	Element = DIMENSION
1	Benutzerdefinierter Bemaßungstext (Dimension Text), "" unterdrückt die Ausgabe
2	Name des Pseudoblocks mit der aktuellenDimension/Geometrie
3	Name Dimensionsstil
10,20,30	Definitionspunkt (x, y, z) der Bemaßungstypen
11,21,31	Mittelpunkt (x, y, z) des Maßtextes

Gruppe	Bedeutung
12,22,32	Einfügepunkt (x, y, z) für Kopie der Bemaßung (Dimension Block Translation Vector)
13,23,33	Definitionspunkt Spezialpunkt: erste Hilfslinie bei linearer Bemaßung Endpunkt Hilfslinie bei Winkelbemaßung
14,24,34	Definitionspunkt Spezialpunkt: zweite Hilfslinie bei linearer Bemaßung Anfangspunkt Hilfslinie bei Winkelbemaßung
15,25	Definitionspunkt für Durchmesser und Radius
35	Erster Punkt der Maßlinie bei Radius und Durchmesser Anfangspunkt zweite Hilfslinie bei Winkelbemaßung
16,26,36	Spezifikationspunkt bei Maßbogen und Winkelbemaßungen
40	Führungslänge bei Radius- und Durchmesserbemaßungen
50	Winkel von gedrehten Horizontal- oder Vertikalbemaßungen
51	Orientierung (horizontal) des Bemaßungstextes (ab Version 10.0)
70	Bemaßungstyp gemäß folgenden Werten: 0: gedreht (horizontal oder vertikal) 1: ausgerichtet 2: Winkel 3: Durchmesser 4: Radius 5: Winkel (3 Punkte) 6: Ordinate 64: Ordinatentyp (abhängig von Wert 6, Bit 7 = 1 x-Ordinate, sonst y-Ordinate) 128: Bitwert (Bit 8 = 1) Lage Maßtext benutzerdefiniert

Tabelle 13.35 Gruppencode des Elements DIMENSION

Code 51 tritt erst ab Version 10.0 auf und gibt die Richtung des Bemaßungstextes an.

AutoCAD Binary DXF

Ab der Version 10 wurde in AutoCAD eine binäre Variante des DXF-Formats eingeführt. Eine binäre DXF-Datei beginnt mit der folgenden Signatur:

```
AutoCAD Binary DXF<0DH><0AH><1AH>00H>
```

Der Code 1AH signalisiert unter DOS das Ende einer Textdatei, d.h., die binäre DXF-Datei läßt sich nicht per Editor bearbeiten oder ausdrucken. Das Format der binären DXF-Dateien entspricht dem Aufbau der ASCII-DXF-Dateien (Gruppencode, Wertepaare). Allerdings werden numerische Werte binär kodiert. Gemäß der Autodesk-Dokumentation wird der Gruppencode als ein Byte (single byte binary value) abgelegt. Die Abbildung der DXF-Gruppencodes auf dieses Byte ist mir allerdings nicht bekannt. An das Byte mit dem Gruppencode schließt sich einer der folgenden Werte an, wobei die Speicherung im *little endian*- Format (low byte first) erfolgt:

- Integerwert mit zwei Byte
- Fließkommazahlen (IEEE-Format) liegen im 8-Byte-Double Precision-Format vor.
- ASCII-Strings sind mit einem Nullbyte 00H abzuschließen.

Die Gruppe 999 (Kommentar) ist in binären DXF-Dateien nicht zulässig. Die Daten für die Extended Elements (Codes ab 1000) werden mit dem Code 255 eingeleitet. Dahinter schließt sich ein 2-Byte-Wert mit dem Gruppencode und dem Wert an. Extended Entities mit dem Gruppencode 1071 besitzen einen 4-Byte-Datenwert. Elemente mit dem Gruppencode 1004 werden als single byte vorzeichenlose Integerzahl eingeleitet. Daran schließt sich die angegebene Anzahl Bytes mit den CHUNK-Daten an.

Binäre DXF-Dateien werden durch diese Methoden bis zu 30% kürzer als die ASCII-DXF-Dateien und lassen sich dementsprechend schneller laden.

Das Drawing Exchange Binary-Format (DXB)

Weiterhin gibt es ab AutoCAD 10.0 noch die Drawing Exchange Binary Files (DXB). Diese Dateien beginnen mit der Signatur:

```
AutoCAD DXB<0DH><0AH><1AH>00H>
```

Daran schließen sich keine oder mehrere Datensätze an. Jeder Datensatz beginnt mit einem Byte zur Identifikation des Recordtyps. Daran schließen sich die Datenwerte an; für diese sind verschiedene Datentypen zulässig. Innerhalb der Tabelle 13.36 werden die verschiedenen Datentypen mit den nachfolgenden Buchstaben abgekürzt:

w- 16-Bit-Integer im Intel-Format

f- IEEE 64-Bit Floating-Point-Wert im Intel-Format (80x87-Format)

l- 32-Bit-Integer im Intel-Format

n- Wert als 16-Bit-Integer oder Floating-Point (abhängig vom Modus 0 = default Integer, 1 = alle Einträge als Real lesen)

u- Wert als 32-Bit-Integer oder als Floating-Point-Zahl interpretieren (abhängig vom zuletzt gesetzten Modus). Bei 32-Bit-Integer wird der Wert mit 65536 skaliert. Real-Werte werden nicht skaliert.

a- Winkelangabe, bei 32-Bit-Integerwerten in ein millionstel Grad (Bereich 0 bis 360.000.000). Bei Floating-Point-Zahlen wird der Wert in Grad angegeben.

In der folgenden Tabelle schließt die Längenangabe das Byte für den Typ des Eintrags ein. Die Längenangabe geht davon aus, daß der Integermodus eingeschaltet ist. Werden die Zahlen als Fließkommawerte definiert, sind 6 Bytes für jedes n-Element und 4 Bytes für a- oder u-Einträge zur Länge hinzuzufügen.

Typ	Code	Dateneinträge	Länge in Bytes
Linie	1	n-fromx n-fromy n-tox n-toy n-fromx n-fromy n-fromz n-tox n-toy n-toz	13
Punkt	2	n-x n-y	5
Kreis	3	n-ctrx n-ctry n-rad	7
Arc	8	n-ctrx n-ctry n-rad a-starta a-enda	19
Trace	9	n-x1 n-y1 n-x2 n-y2 n-x3 n-y3 n-x4 n-y4	17
Solid	11	n-x1 n-y1 n-x2 n-y2 n-x3 n-y3 n-x4 n-y4	17
Seqend	17	---	1
Polyline	19	w-Closure-Flag	3
Vertex	20	n-x n-y	5
3Dface	22	n-x1 n-y1 n-z1 n-x2 n-y2 n-z2 n-x3 n-y3 n-z3 n-x4 n-y4 n-z4	25
Scale Factor	128	f-Scalefactor	9
New Layer	129	"layername" NUL	layername+2
Line Extension	130	n-tox n-toy	5
Trace Extension	131	n-x3 n-y3 n-x4 n-y4	9
Block Base	132	n-bx n-by	5
Ausbuchtung (Bulge)	133	u-2h/d	5
Width	134	n-startw n-endw	5
Number Mode	135	w-mode	3
New Color	136	w-colomum	3
3Dline Extension	137	n-tox n-toy n-toz	7

Tabelle 13.36 Recordlänge und Typen in DXB-Dateien

Der Eintrag *Line Extension* erweitert die letzte Linie vom Punkt *To* zu einem neuen Punkt *To*. Die *Trace*-Extension erweitert das letzte *Trace solid*-Kommando. Der Skalenfaktor *Scale Factor* ist ein Floating-Point-Wert, mit dem alle Integer-Koordinatenangaben zu multiplizieren sind. Der ursprüngliche Skalierungsfaktor wird beim Lesen der Datei auf 1.0 gesetzt.

Damit möchte ich die Beschreibung des AutoCAD-DXF-Formats abschließen. Weitere Hinweise zum DXF-Format sind in den Programmierhandbüchern der Firma Autodesk zu finden.

14 Das Autodesk Animator-Format (FLI)

Zur Darstellung bewegter Bilder (Animation) werden unterschiedliche Formate benutzt. Einen gewissen Standard setzt das Autodesk Animator File-Format (FLI). In diesen Dateien lassen sich Bildsequenzen mit einer Auflösung von 300 * 200 Bildpunkten speichern. Ein erweitertes Format (FLC) hebt diese Begrenzungen auf (siehe folgenden Abschnitt).

Die FLI-Dateien bestehen aus einem 128-Byte-Header, gefolgt von Abschnitten mit den Einzelbildern (Frames). Abbildung 14.1 gibt den Aufbau einer FLI-Datei wieder.

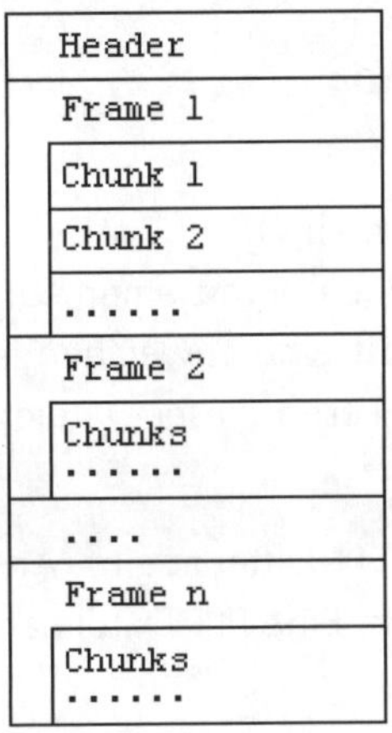

Abbildung 14.1 Struktur einer Animator-FLI-Datei

Da sich die Bilddaten bei einer Animation zwischen zwei Teilbildern wenig ändern, speichert der Animator nur diese Änderungen in den Frames. Lediglich im ersten Frame muß das komplette Bild abgelegt werden. Dies erfordert unterschiedliche Datenstrukturen und Kompressionsmethoden für die Teilbilder. Diese Datenstrukturen werden ähnlich wie beim IFF-Format als Chunks bezeichnet.

Im ersten Frame wird das komplette Bild (key frame) mit einer RLE-Komprimierung abgelegt. Die folgenden Frames enthalten dann nur noch die Bilddifferenzen (delta frames). Ein zusätzlicher Frame am Dateiende gibt die Differenzen zwischen erstem und letztem Frame an. Alle Daten in einer FLI-Datei werden im Intel-Format gespeichert.

Der FLI-Header

FLI-Dateien beginnen immer mit einem 128-Byte-Header. Dieser Header weist eine Struktur gemäß Tabelle 14.1 auf.

Offset	Bytes	Bemerkungen
00H	4	Dateigröße in Byte
04H	2	Signatur AF11H
06H	2	Nummer der Frames
08H	2	Breite Screen
0AH	2	Höhe Screen
0CH	2	Bits per Pixel
0EH	2	Flags
10H	4	Delay Time
14H	2	Reserviert (00 00)
16H	102	Füllbytes (00)

Tabelle 14.1 Struktur eines FLI-Headers

Das erste Feld definiert die Länge der FLI-Datei. Daran schließt sich ab Offset 04H eine 2 Byte lange Signatur mit den Werten AF11H an. Falls Sie eine Bilddatei mit einer Auflösung definieren, die weniger als 320 * 200 Bildpunkte umfaßt, ist eine abweichende Signatur zu speichern. Dies verhindert, daß andere Software beim Lesen dieser Dateien abstürzt.

Ab Offset 06H folgt ein Wort, welches die Zahl der Frames in der FLI-Datei angibt. Anhand dieses Werts lassen sich die Bildsequenzen lesen und anzeigen. Eine FLI-Datei darf dabei maximal 4000 Frames enthalten.

Die Felder *Breite Screen* und *Höhe Screen* definieren die Auflösung der FLI-Bilder. Diese ist bei FLI-Dateien auf 320 * 200 Bildpunkte begrenzt. Bei den im nächsten Abschnitt beschriebenen FLC-Dateien gilt diese Begrenzung nicht mehr.

Ab Offset 0CH findet sich die Zahl der Bits pro Bildpunkt. FLI-Dateien sind auf maximal 8 Bit pro Pixel begrenzt, d. h., es können Bilder mit bis zu 256 Farben gespeichert werden.

Die Flags ab Offset 0EH sind reserviert und müssen auf den Wert 0003H gesetzt werden. Zur Wiedergabe der Bilder ist eine bestimmte Geschwindigkeit einzuhalten. Die Wartezeit zwischen zwei Frames wird als 32-Bit-Wert ab Offset 10H in 1/70 Millisekunden angegeben. Die restlichen Bytes des Headers bis zur 128-Byte-Grenze sind reserviert und werden auf 00H gesetzt.

Die FLI-Frames

Die FLI-Dateien enthalten im Datenbereich ab Offset 80H die Bildsequenzen für die Animation. Die Einzelbilder werden dabei in den Frames abgelegt, wobei die Zahl der Frames (max. 4000) im Header steht. Jedes Frame besitzt einen 16-Byte-Header, der gemäß Tabelle 14.2 kodiert wird.

Offset	Bytes	Bemerkungen
00H	4	Framegröße in Byte
04H	2	Signatur (F1FAH)
06H	2	Zahl der CHUNKs
08H	8	Reserviert (0)

Tabelle 14.2 Struktur eines Frame-Headers

Die ersten 4 Byte geben die Länge des Frames in Byte an. Diese Länge beinhaltet auch die 16 Byte des Headers. Ab Offset 04H muß die Signatur F1FAH folgen. Andernfalls liegt ein Fehler in der FLI-Datei vor. Das Wort ab Offset 06H gibt die Zahl der CHUNKs in diesem Frame an.

Bei den CHUNKs handelt es sich um Datenstrukturen, die die Einzelinformationen zu einem Bild (z.B. Color-Palette, Pixeldaten etc.) aufnehmen. Jeder CHUNK besitzt dabei wieder einen 6-Byte-Header. Dieser enthält die 4-Byte-Längenangabe und ein Wort mit dem CHUNK-Typ. Daran schließen sich die Daten in einer CHUNK-spezifischen Struktur an. Nachfolgend werden die im FLI-Format definierten CHUNK-Typen beschrieben.

Grafikformate

COLOR_64-CHUNK (Type 11)

Bei diesem CHUNK wird eine komprimierte Farbpalette (Komprimierte Color Map) gespeichert. Dieser CHUNK tritt immer auf, wenn sich die Palette zum vorhergehenden Bild geändert hat. Der CHUNK besitzt folgenden Aufbau:

Offset	Bytes	Bemerkungen
00H	4	CHUNK-Größe in Byte
04H	2	CHUNK-Typ (0BH)
06H	2	Zahl der Pakete
08H	n	Pakete mit Color Map-Daten

Tabelle 14.3 Struktur eines COLOR_64-CHUNK

Das Wort ab Offset 06H definiert die Zahl der Datenpakete innerhalb des CHUNK. Diese Datenpakete enthalten die komprimierte Farbpalette (Color Map).

Die Farbpalette einer VGA-Karte enthält 256 Einträge à 3 Byte, die von 0 bis 255 durchnumeriert sind. Der COLOR_64-CHUNK definiert nun die Einträge der Palette, die sich zum vorhergehenden Bild geändert haben. Das erste Byte innerhalb eines Paketes gibt die Zahl der Einträge in der Palette an, die zu überspringen ist. Das folgende Byte im Paket definiert die Zahl der zu ändernden Einträge in der Farbpalette. Ist dieses Byte auf 0 gesetzt, sind alle 256 Einträge der Palette zu ändern. Anschließend folgen die Palette-Daten, wobei für jede zu ändernde Farbe drei Bytes (rot, grün, blau) gespeichert sind. Beim

COLOR_64-CHUNK enthalten die Bytes für die Farbanteile Werte zwischen 0 und 63, d.h., es sind nur 64 unterschiedliche Farben darstellbar. Im FLC-Format wird dagegen ein COLOR_256-CHUNK verwendet, der 256 Farben definieren kann.

DELTA_FLI-CHUNK (Type 12)

Hierbei handelt es sich um einen CHUNK, der komprimierte Daten (byte oriented delta frame data) enthält, d.h., der CHUNK beschreibt die Differenzen zum vorhergehenden Bild (Frame).

Offset	Bytes	Bemerkungen
00H	4	CHUNK-Größe in Byte
04H	2	CHUNK-Typ (0CH)
06H	2	Zahl der gleichen Zeilen (equal lines)
08H	2	Zahl der Abweichungen (change lines)
0AH	n	Daten der Abweichungen (changing lines)

Tabelle 14.4 Struktur eines DELTA_FLI-CHUNK

Das Wort ab Offset 06H definiert die Zahl der Bildzeilen, bezogen auf den oberen Bildrand, die sich gegenüber dem vorhergehenden Bild nicht geändert haben. Diese Bildzeilen müssen nicht mehr ausgegeben werden.

Das folgende Wort (ab Offset 08H) enthält die Zahl der Bildzeilen, die sich zum vorhergehenden Bild geändert haben. Diese Bildzeilen sind von oben nach unten auszugeben.

Ab Offset 0AH folgen die Daten der geänderten Bildzeilen im komprimierter Form. Jede einzelne Bildzeile wird getrennt komprimiert. Die Bilddaten werden auch byteweise mit dem vorhergehenden Frame verglichen.

- Das erste Byte in einer komprimierten Zeile gibt dabei die Zahl der folgenden Pakete an.
- Hat sich die betreffende Zeile zum vorhergehenden Bild nicht geändert, wird der Wert 0 im ersten Byte abgelegt. Damit folgen die Daten der nächsten Zeile.

Die einzelnen Pakete innerhalb einer Zeile besitzen dann folgenden Aufbau:

Bytes	Bemerkung
1	Skip Count
1	Size Count
n	Daten

Tabelle 14.5 Struktur eines Pakets

Das erste Byte (*Skip Count*) definiert die Zahl der Pixel, die in der Zeile zu überspringen sind. Diese Bildpunkte haben sich zum vorhergehenden Bild nicht geändert. Liegen mehr als 255 unveränderte Bildpunkte vor, muß die Längenangabe in zwei Datenpakete aufgeteilt werden.

Im nächsten Byte folgt der *Size Count*, der die Komprimierung bestimmt.

- Ein positiver Wert in *Size Count* dient als Zähler. Dann sind die folgenden n Byte zu lesen und als Pixel auszugeben.
- Bei einem negativen Wert in *Size Count* (größer 80H) liegt ein komprimierter Record vor. Dann definiert das folgende Byte den Wert des Pixel, welches *Size Count –1* mal auszugeben ist.

Bei dieser Komprimierungsmethode werden nur die Bilddatenbereiche gespeichert, die sich zum vorhergehenden Frame verändert haben. Im ungünstigsten Fall kann aber ein FLI_LC-CHUNK bis zu 70 kByte groß werden (Key Frame: *7102+Breite*Höhe*, Delta Frame: *802+Breite*Höhe*). Dies ist zum Beispiel bei Videosequenzen der Fall, wo meist ein Bildrauschen im Hintergrund auftritt. Dies sprengt aber die 64-kByte-Grenze der FLI-Definition. In diesem Fall legt der Autodesk Animator das Frame als FLI_COPY-CHUNK ab.

Anmerkung: Dieser CHUNK wurde durch den Animator verwendet. Der Animator PRO greift auf das FLC-Format zurück, welches diesen CHUNK nicht mehr benutzt. Trotzdem kann ein solcher CHUNK in einer Animator PRO-Datei auftreten, falls die ursprüngliche Animation durch den Animator erstellt wurde.

Grafikformate

FLI_BLACK-CHUNK (Type 13)

Dieser CHUNK besitzt einen sehr einfachen Aufbau und soll den kompletten Bildausschnitt schwarz zeichnen, d.h., alle Pixel werden auf 00H gesetzt.

Offset	Bytes	Bemerkungen
00H	4	CHUNK-Größe in Byte
04H	2	CHUNK-Typ (0DH)

Tabelle 14.6 Struktur eines FLI_BLACK-CHUNK

Der CHUNK besitzt keinen Datenbereich. Er wird im ersten Frame verwendet, falls der Benutzer den Befehl NEW im Animator benutzt hat.

FLI_BYTE_RUN-CHUNK (Type 15)

Dieser CHUNK speichert das komplette Bild mit einem RLE-Format und gleicht dem FLI_LC-CHUNK. Lediglich die zu überspringenden Bildzeilen (skip lines) fehlen, d.h., die

Bildbeschreibung beginnt in der obersten Zeile. Dieser CHUNK wird im ersten Frame zur Speicherung des kompletten Bildes benutzt.

Offset	Bytes	Bemerkungen
00H	4	CHUNK-Größe in Byte
04H	2	CHUNK-Typ (0FH)
06H	n	Daten geänderte Zeilen

Tabelle 14.7 Struktur eines FLI_BRUN-CHUNK

Ab Offset 06H folgen die Daten der Bildzeilen in komprimierter Form. Jede einzelne Bildzeile wird getrennt komprimiert und in Paketen gespeichert. Die Zahl der Bildzeilen ist im Header definiert.

- Das erste Byte in einer komprimierten Zeile gibt dabei die Zahl der folgenden Pakete an.
- Hat sich die betreffende Zeile zum vorhergehenden Bild nicht geändert, wird der Wert 0 im ersten Byte abgelegt. Damit folgen die Daten der nächsten Zeile.

Die einzelnen Pakete innerhalb einer Zeile besitzen dann folgenden Aufbau:

Bytes	Bemerkungen
1	Byte Size Count
n	Byte Daten

Tabelle 14.8 Struktur eines Paketes

Das erste Byte definiert den Size Count, der die Komprimierung bestimmt.

- Ein positiver Wert in *Size Count* dient als Zähler. Dann sind die folgenden n Byte zu lesen und als Pixel auszugeben.
- Bei einem negativen Wert in *Size Count* (größer 80H) liegt ein komprimierter Record vor. Dann definiert das folgende Byte den Wert des Pixels. Dann ist dieses Byte *Size Count –1* mal auszugeben.

Bei dieser Komprimierungsmethode werden alle Bilddatenbereiche gespeichert, die sich zum vorhergehenden Frame verändert haben. Im ungünstigsten Fall kann aber ein FLI_BRUN-CHUNK bis zu 70 kByte groß werden. Dies sprengt aber die 64-kByte-Grenze der FLI-Definition. In diesem Fall legt der Autodesk Animator das Frame als FLI_COPY-CHUNK ab.

FLI_COPY-CHUNK (Type 16)

Mit diesem CHUNK läßt sich ein Bild unkomprimiert speichern.

Offset	Bytes	Bemerkungen
00H	4	CHUNK-Größe in Byte
04H	2	CHUNK-Typ (10H)
06H	64000	Datenbytes

Tabelle 14.9 Struktur eines FLI_COPY-CHUNK

Der CHUNK besitzt einen Datenbereich mit 64.000 Byte, die das Bild unkomprimiert enthalten. Dieser CHUNK läßt sich im ersten Frame zur Ausgabe des Bildes benutzen.

Das Animator CEL- und PIC-Format

Der Animator kann einen Bildausschnitt in einem CEL-File speichern. Eine CEL-Datei besitzt einen 32-Byte-Header, gefolgt von einer Palette *(256 * 3 = 768 Byte)*, gefolgt von einem unkomprimierten Farbbild. Die Datei besitzt damit folgenden Aufbau.

Offset	Bytes	Bemerkungen
00H	2	Signatur (9119H)
02H	2	Breite CEL-Bild
04H	2	Höhe CEL-Bild
06H	2	X oben links
08H	2	Y oben links
0AH	1	Bits per Pixel (8)
0BH	1	Kompression (0 = keine)
0CH	4	Bildgröße in Byte
10H	16	Reserviert (0)
1CH	256*3	Palette (rot, grün, blau)
31CH	n	Bilddaten

Tabelle 14.10 Struktur einer CEL-Datei

Der Animator kann Einzelbilder weiterhin in PIC-Dateien ablegen. Diese verwenden das gleiche Format, wobei die Bilddaten auf Breite = 320, Höhe = 200 gesetzt werden. Die Bildposition wird auf 0,0 gesetzt.

Anmerkung: Zusätzlich existiert noch die COL-Datei, in der der Animator eine 256*3-Byte-Color-Palette ablegt. Diese Bytes können Werte zwischen 0 und 63 annehmen.

15 Das Autodesk 3D Studio-Format (FLC)

Die FLI-Dateien des Animators sind auf eine Auflösung von 300 * 200 Bildpunkten beschränkt. Mit dem Programm 3D Studio und dem Animator PRO führte Autodesk ein erweitertes Format (FLC) ein, welches diese Begrenzungen aufhebt. Die FLC-Dateien bestehen aus einem 128-Byte-Header, gefolgt von Abschnitten mit den Einzelbildern (Frames). Abbildung 15.1 gibt den Aufbau einer FLC-Datei wieder.

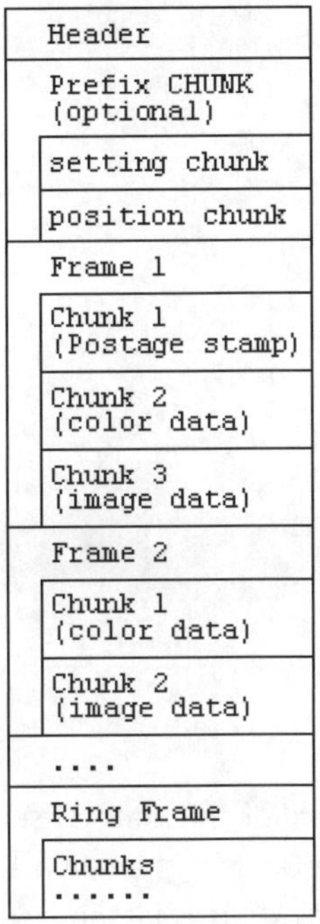

Abbildung 15.1 Struktur einer FLC-Datei

Die Struktur der FLC-Datei lehnt sich stark an die FLI-Dateien an. Der Header stimmt in den ersten 16 Bytes bis auf die Signatur überein. Es werden teilweise auch die gleichen CHUNKs verwendet. Das FLC-Format erweitert allerdings die Bildauflösung.

Die Einzelbilder werden in der FLC-Datei in Frames gespeichert. Das erste Frame enthält die Palette und das komplette Bild (RLE-komprimiert). Die folgenden Frames enthalten dann nur noch Delta Frames und bei Bedarf die geänderten Paletten. Die Daten werden in FLC-Dateien im Intel-Format gespeichert.

Der FLC-Header

FLC-Dateien beginnen immer mit einem 128-Byte-Header. Dieser Header weist eine Struktur gemäß Tabelle 15.1 auf.

Offset	Bytes	Bemerkungen
00H	4	Dateigröße in Byte
04H	2	Signatur AF12H
06H	2	Zahl der Frames
08H	2	Screen Width in Pixel
0AH	2	Screen Height in Pixel
0CH	2	Bits per Pixel
0EH	2	Flags
10H	4	Delay Time
14H	2	Reserviert (00 00)
16H	4	Creation Date & Time
1AH	4	Seriennummer Creator
1EH	4	Update Date & Time
22H	4	Update Seriennummer
26H	2	x-Achse Aspect Ratio
28H	2	y-Achse Aspect Ratio
2AH	38	Reserviert (00)
50H	4	Offset erster Frame
54H	4	Offset zweiter Frame
58H	40	Füllbytes (00)

Tabelle 15.1 Struktur eines FLC-Headers

Das erste Feld definiert die Länge der gesamten FLC-Datei. Daran schließt sich ab Offset 04H eine 2 Byte lange Signatur mit den Werten AF12H an. Ab Offset 06H folgt ein Wort, welches die Zahl der Frames in der FLC-Datei angibt. An Hand dieses Wertes lassen sich die Bildsequenzen lesen und anzeigen. Die Felder *Screen Width* (Bildbreite) und *Screen Height* (Bildhöhe) definieren die Auflösung der FLC-Bilder in Pixel. Die Beschränkung der FLI-Dateien auf 320 * 200 Bildpunkte gilt hier nicht mehr. Ab Offset 0CH findet sich die Zahl der Bits pro Bildpunkt. Bei FLC-Dateien wird der Wert immer auf 8 Bit pro Pixel gesetzt, d.h. es können Bilder mit bis zu 256 Farben gespeichert werden. Die Flags ab Offset 0EH sind reserviert und müssen auf den Wert 0003H gesetzt werden. Hier handelt es sich vermutlich um die Ablaufsteuerung für die Bildwiedergabe. Ist der Wert 1, wird die Animation nach Ausgabe des letzten Frames beendet. Beim Wert 2 ist die Animation zu wiederholen. Zur Wiedergabe der Bilder ist eine bestimmte Wartezeit zwischen zwei Frames einzuhalten. Die Wartezeit zwischen zwei Frames wird als 32-Bit-Wert ab Offset 10H in Millisekunden angegeben. Das Wort ab Offset 14H ist reserviert. Die Felder ab Offset 16H wurden gegenüber den FLI-Datei belegt. Die ersten vier Bytes enthalten das MS-DOS-Datum und die Uhrzeit, an der die Datei erzeugt wurde. Die nächsten vier

Bytes sind für die Seriennummer des Animator PRO vorgesehen. Sie sollten ignoriert und auf 0 gesetzt werden. Die 4 Bytes ab Offset 1EH enthalten das Datum und die Zeit der letzten Änderung. Die folgenden 4 Bytes dienen zur Aufnahme der Seriennummer des ändernden Programmes. Der Wert sollte auf 0 gesetzt werden. Die beiden Word-Werte ab Offset 26H definieren das Bildverhältnis (Pixel Aspect Ratio) der x- und y-Achse. Standardmäßig wird dieses Verhältnis auf 1:1 gesetzt. Bei 320 * 200 Bildern ist das Verhältnis dagegen 6:5. Ab Offset 50H finden sich zwei 4-Byte-Zeiger auf den ersten und zweiten Frame der FLC-Datei. Damit kann der optionale Prefix-CHUNK überlesen werden. Die restlichen Bytes des Headers bis zur 128-Byte-Grenze sind reserviert und werden auf 00H gesetzt.

Die FLC-Frames

Die FLC-Dateien enthalten im Datenbereich ab Offset 80H die Bildsequenzen für die Animation. Die Einzelbilder werden dabei in den Frames abgelegt, wobei die Zahl der Frames im Header steht. Jedes Frame besitzt einen 16-Byte-Header, der gemäß Tabelle 15.2 kodiert wird.

Offset	Bytes	Bemerkungen
00H	4	Frame Size in Byte
04H	2	Signatur (F1FAH)
06H	2	Zahl der CHUNKs
08H	8	reserviert (0)

Tabelle 15.2 Struktur eines Frame-Headers

Die ersten 4 Bytes geben die Länge des Frames in Byte an. Diese Länge beinhaltet auch die 16 Bytes des Headers. Ab Offset 04H muß die Signatur F1FAH folgen. Andernfalls liegt ein Fehler in der FLI-Datei vor. Das Wort ab Offset 06H gibt die Zahl der CHUNKs in diesem Frame an.

Bei den CHUNKs handelt es sich um Datenstrukturen, die die Einzelinformationen zu einem Bild (z.B. Color Palette, Pixeldaten etc.) aufnehmen. Jeder CHUNK besitzt dabei wieder einen 6-Byte-Header. Dieser enthält die 4-Byte-Längenangabe und ein Wort mit dem CHUNK-Typ. Daran schließen sich die Daten in einer CHUNK-spezifischen Struktur an. Nachfolgend werden die im FLI-Format definierten CHUNK-Typen beschrieben.

PREFIX-CHUNK (Typ F100H)

Bei FLC-Dateien kann sich vor dem ersten Frame ein optionaler Prefix-CHUNK befinden. Dieser CHUNK dient dem Animator PRO zur Speicherung privater Daten. Ein Prefix-CHUNK besitzt folgende Struktur.

Offset	Bytes	Bemerkungen
00H	4	CHUNK-Größe in Byte
04H	2	CHUNK-Typ (F100H)
06H	2	Zahl der Sub-CHUNKS
08H	8	reserviert (0)

Tabelle 15.3 Struktur eines PREFIX-CHUNK

An diesen Prefix CHUNK können sich verschiedene Sub-CHUNKs anschließen. Deren Aufbau ist aber privat, und die CHUNKs sollten von externen Programmen überlesen werden.

COLOR_256-CHUNK (Typ 4)

Bei diesem CHUNK wird eine komprimierte Farbpalette (Komprimierte Color Map) gespeichert. Dieser CHUNK tritt immer auf, wenn sich die Palette zum vorhergehenden Bild geändert hat. Der CHUNK besitzt folgenden Aufbau:

Offset	Bytes	Bemerkungen
00H	4	CHUNK-Größe in Byte
04H	2	CHUNK-Typ (04H)
06H	2	Zahl der Pakete
08H	n	Pakete mit Color Map-Daten

Tabelle 15.4 Struktur eines COLOR_256-CHUNK

Das Wort ab Offset 06H definiert die Zahl der Datenpakete innerhalb des CHUNK. Diese Datenpakete enthalten die komprimierte Farbpalette (Color Map).

Die Farbpalette einer VGA-Karte enthält 256 Einträge à 3 Byte, die von 0 bis 255 durchnumeriert sind. Der COLOR_256-CHUNK definiert nun die Einträge der Palette, die sich zum vorhergehenden Bild geändert haben. Das erste Byte innerhalb eines Paketes gibt die Zahl der Einträge in der Palette an, die zu überspringen sind. Das folgende Byte im Paket definiert die Zahl der zu ändernden Einträge in der Farbpalette. Ist dieses Byte auf 0 gesetzt, sind alle 256 Einträge der Palette zu ändern. Anschließend folgen die Palette-Daten, wobei für jede zu ändernde Farbe drei Bytes (rot, grün, blau) gespeichert sind. Beim COLOR_256-CHUNK enthalten die Bytes für die Farbanteile Werte zwischen 0 und 255, d.h., es sind 256 unterschiedliche Farben darstellbar.

DELTA_FLC-CHUNK (Typ 7)

Hierbei handelt es sich um einen CHUNK, der komprimierte Daten (Word-orientierte Delta Frame-Daten) enthält, d.h., der CHUNK beschreibt die Differenzen zum vorhergehenden Bild (Frame).

Offset	Bytes	Bemerkungen
00H	4	CHUNK-Größe in Byte
04H	2	CHUNK-Typ (07H)
06H	2	Zeilen im CHUNK
08H	2	Datenbereich

Tabelle 15.5 Struktur eines DELTA_FLC-CHUNK

Das Wort ab Offset 06H definiert die Zahl der Bildzeilen im CHUNK. Daran schließt sich ein Bilddatenbereich an.

Die Bilddaten werden zeilenweise komprimiert und in Paketen abgelegt. Vor diesen Datenpaketen kann die Bildzeile einige optionale Word-Werte mit Informationen enthalten. Ob es sich um einen Paketwert oder die optionalen Informationen handelt, wird durch Bit 14 und 15 markiert.

00: Sind die Bits 14, 15 auf 0 gesetzt, definiert das Wort die Zahl der für diese Zeile folgenden Pakete.

10: Mit Bit 15 = 1 und Bit 14 = 0 enthält das untere Byte des Word-Wertes den Wert für das letzte Pixel der Zeile. Dies ist bei Zeilen mit einer ungeraden Anzahl an Bildpunkten erforderlich, da die Daten wortweise komprimiert werden. Das folgende Wort enthält dann die Paketzahl der Zeile.

11: Sind beide Bits gesetzt, enthält das Wort einen *Line Skip Count*. Dann sind n Zeilen unverändert zu überspringen. An dieses Wort können sich weitere optionale Word-Daten (*Skip Count* etc.) anschließen.

An das Wort mit der Zahl der Pakete pro Bildzeile schließen sich die Pakete mit den komprimierten Bilddaten an. Die Bildzeilen beziehen sich immer auf den oberen Rand. Die Bilddaten werden vor der Komprimierung wortweise mit dem vorhergehenden Frame verglichen. Die einzelnen Pakete innerhalb einer Zeile besitzen dann folgenden Aufbau:

Bytes	Bemerkung
1	Skip Count
1	Size Count
n	Daten

Tabelle 15.6 Struktur eines Pakets (FLC)

Das erste Byte (Skip Count) definiert die Zahl der Pixel, die in der Zeile zu überspringen sind. Diese Bildpunkte haben sich zum vorhergehenden Bild nicht geändert. Liegen mehr als 255 unveränderte Bildpunkte vor, muß die Längenangabe in zwei Datenpakete aufgeteilt werden. Im nächsten Byte folgt der *Size Count*, der die Komprimierung bestimmt.

- Ein positiver Wert in *Size Count* dient als Zähler. Dann sind die folgenden *n* Word-Werte zu lesen und als Pixel auszugeben.
- Bei einem negativen Wert in *Size Count* (größer 80H) liegt ein komprimierter Record vor. Dann definiert das folgende Wort den Wert zweier Pixel, die *Size Count –1* mal auszugeben sind.

Bei dieser Komprimierungsmethode werden nur die Bilddatenbereiche gespeichert, die sich zum vorhergehenden Frame verändert haben.

FLC_BLACK-CHUNK (Typ 13)

Dieser CHUNK besitzt einen sehr einfachen Aufbau und soll den kompletten Bildausschnitt schwarz zeichnen, d.h., alle Pixel werden auf 00H gesetzt.

Offset	Bytes	Bemerkungen
00H	4	CHUNK-Größe in Byte
04H	2	CHUNK-Typ (0DH)

Tabelle 15.7 Struktur eines FLC_BLACK CHUNK

Der CHUNK besitzt keinen Datenbereich. Er wird im ersten Frame verwendet, falls der Benutzer den Befehl NEW im Animator benutzt hat.

FLC_BYTE_RUN-CHUNK (Typ 15)

Dieser CHUNK speichert das komplette Bild mit einem RLE-Format und gleicht dem DELTA_FLI-CHUNK. Lediglich die zu überspringenden Bildzeilen (skip lines) fehlen, d.h., die Bildbeschreibung beginnt in der obersten Zeile. Dieser CHUNK wird im ersten Frame zur Speicherung des kompletten Bildes benutzt.

Offset	Bytes	Bemerkungen
00H	4	CHUNK-Größe in Byte
04H	2	CHUNK-Typ (0FH)
06H	n	Daten geänderte Zeilen

Tabelle 15.8 Struktur eines FLC_BYTE_RUN-CHUNK

Ab Offset 06H folgen die Daten der Bildzeilen in komprimierter Form. Jede einzelne Bildzeile wird getrennt komprimiert und in Paketen gespeichert. Die Zahl der Bildzeilen ist im Header definiert.

- Das erste Byte in einer komprimierten Zeile gibt dabei die Zahl der folgenden Pakete an. Dieses Byte wurde aus Kompatibilitätsgründen vom Animator FLI-Format übernommen. Es sollte aber überlesen werden, da eine Zeile mehr als 255 Pakete aufnehmen kann. Die Zahl der unkomprimierten Bytes läßt sich aus der Bildbreite ermitteln.

- Hat sich die betreffende Zeile zum vorhergehenden Bild nicht geändert, wird der Wert 0 im ersten Byte abgelegt. Damit folgen die Daten der nächsten Zeile.

Die einzelnen Pakete innerhalb einer Zeile besitzen folgenden Aufbau:

Bytes	Bemerkung
1	Size Count
n	Daten

Tabelle 15.9 Struktur eines Pakets

Das erste Byte definiert den *Size Count*, der die Komprimierung bestimmt.

- Ein positiver Wert in *Size Count* dient als Zähler. Dann sind die folgenden n Byte zu lesen und als Pixel auszugeben.
- Bei einem negativen Wert in *Size Count* (größer 80H), liegt ein komprimierter Record vor. Dann definiert das folgende Byte den Wert des Pixels. Dann ist dieses Byte *Size Count –1* mal auszugeben.

Bei dieser Komprimierungsmethode werden alle Bilddatenbereiche gespeichert, die sich zum vorhergehenden Frame verändert haben.

LITERAL-CHUNK (Typ 16)

Mit diesem CHUNK läßt sich ein Bild unkomprimiert speichern.

Offset	Bytes	Bemerkungen
00H	4	CHUNK-Größe in Byte
04H	2	CHUNK-Typ (10H)
06H	64000	Datenbytes

Tabelle 15.10 Struktur eines LITERAL CHUNK

Der CHUNK besitzt einen Datenbereich mit *width * height* Byte, die das Bild unkomprimiert enthalten. Dieser CHUNK läßt sich im ersten Frame zur Ausgabe des Bildes benutzen.

PSTAMP-CHUNK (Typ 18)

Dieser CHUNK enthält ein verkleinertes Bild und tritt nur im ersten Frame auf. Der Aufbau dieses CHUNK ist in nachfolgender Tabelle aufgeführt.

Offset	Bytes	Bemerkungen
00H	4	CHUNK-Größe in Byte
04H	2	CHUNK-Typ (12H)
06H	2	Höhe
08H	2	Breite
0AH	2	Farbtyp
0CH	n	Datenbytes

Tabelle 15.11 Struktur eines PSTAMP-CHUNK

Der Farbtyp wird immer auf 1 gesetzt.

16 Das Audio/Video Interleaved-Format (AVI)

Mit Video for Windows führte Microsoft ein neues Format (AVI) zur Darstellung von Bildern und Tönen ein. Dieses Format basiert auf der Microsoft RIFF-Spezifikation.

Die Resource Interchange File Format (RIFF)-Spezifikation

Das Resource Interchange File Format wurde von Microsoft für Windows Multimediaanwendungen definiert. Die RIFF-Dateien bilden dabei einen Container, in dem Formate anderer Spezifikationen abgelegt werden (Tabelle 16.1).

.AVI	Video (Video for Windows)
.WAV	Audio Wave (Windows Wave Files)
.RDI	Bitmap
.RMI	MIDI
.BND	Bündel anderer RIFF-Dateien

Tabelle 16.1 Beispiele für RIFF-Dateien

Eine Anwendung des RIFF-Formats stellt beispielsweise das von Microsoft benutzte WAV-Format dar. Nachfolgend finden Sie jedoch die Beschreibung des AVI-Formats.

Die Struktur der RIFF-Dateien lehnt sich dabei an die IFF-Definition an. RIFF-Dateien werden in einzelne CHUNKs unterteilt, die die Daten enthalten. Ein RIFF-File beginnt mit einem Header, der die Struktur gemäß Tabelle 16.2 aufweist.

Offset	Bytes	Bemerkungen
00H	4	Signatur 'RIFF'
04H	4	Dateigröße in Byte
08H	4	RIFF-Typ

Tabelle 16.2 Struktur eines RIFF-Headers

Die ersten 4 Bytes enthalten die Signatur für die RIFF-Datei. Wurden die Daten im Intel-Format (little endian) gespeichert, findet sich die Signatur 'RIFF'. Dies ist der Standard für RIFF-Dateien. Es wurde aber die Möglichkeit vorgesehen, die Daten im Motorola-Format (big endian) abzulegen. Dann enthalten die ersten 4 Bytes die Signatur 'RIFX'.

Ab Offset 04H schließt sich ein DWORD mit der Längenangabe für die Datei an. Die Längenangabe berücksichtigt nicht die Felder mit der Signatur und der Längenangabe.

Die letzten 4 Bytes nehmen die Signatur für den RIFF-Typ an. Ist dieser String kürzer als 4 Zeichen, sind die Folgebytes mit Leerzeichen (20H) aufzufüllen. Für AVI-Dateien steht hier zum Beispiel die Signatur 'AVI'.

Der Aufbau eines RIFF-CHUNK

Ein RIFF-CHUNK besitzt die in Tabelle 16.3 gezeigte Struktur.

Offset	Bytes	Bemerkungen
00H	4	CHUNK-Signatur
04H	4	CHUNK-Größe in Byte
08H	n	CHUNK-Daten

Tabelle 16.3 Struktur eines RIFF-CHUNK

Die ersten 4 Bytes enthalten die Signatur für den CHUNK-Typ. Ist dieser String kürzer als 4 Zeichen, sind die Folgebytes mit Leerzeichen (20H) aufzufüllen.

Das DWORD ab Offset 04H gibt die Zahl der folgenden Datenbytes an. Bei RIFF-Dateien beginnen CHUNKs immer auf Word-Grenzen. Bei ungerader Länge wird ein Füllbyte angehängt. Die Längenangabe berücksichtigt dieses Füllbyte nicht. Weiterhin werden die ersten 8 Bytes des CHUNK nicht in die Längenangabe einbezogen, d.h., der Wert definiert wirklich die Zahl der folgenden Datenbytes.

Dieser Bereich mit den Datenbytes kann sich in weitere Sub-CHUNKs unterteilen. Diese Sub-CHUNKs enthalten die gleiche Struktur wie ein CHUNK und dienen zur Aufnahme der verschiedenen Daten.

Die AVI-Struktur

AVI-Dateien werden von Video for Windows verwendet, um Audio- und Videodaten zu speichern. Die AVI-Datei beginnt mit einem RIFF-Header ('RIFF' xx xx xx xx 'AVI'), dem mehrere CHUNKs folgen. Diese CHUNKs unterteilen sich in zwei LIST-CHUNKs, die die Informationen über die Datenkodierung (1. LIST CHUNK, 'hdrl') und die eigentlichen Daten (2. LIST CHUNK, 'movi') enthalten (Abbildung 16.1).

```
RIFF ('AVI '
 LIST ('hdrl'
       ....
     )
 LIST ('movi'
       ...
     )
 ['idx1' <optional AVI index>]
  ....
   )
```

Abbildung 16.1 Struktur eines AVI-Files

Auf die beiden LIST-CHUNKs folgen weitere Sub-CHUNKs mit den eigentlichen Daten (Abbildung 16.2).

```
RIFF ('AVI '
 LIST ('hdrl'
       'avih' <main AVI header>
    LIST ('strl' <stream line>
         'strh' <stream header>
         'strf' <stream format>
         'strd' <stream data>
          ....
         )
      )
 LIST ('movi'
       subchunk oder
    LIST ('rec' <data>
         subchunk 1
          ....
         subchunk n
         )
      )
 ['idx1' <optional AVI index>]
  ....
   )
```

Abbildung 16.2 Sub-CHUNK-Struktur in AVI-Dateien

Ein AVI-Reader muß deshalb nach der ersten LIST-Signatur die Sub-CHUNKs mit der Definition des Datenformats lesen. Sobald ein weiterer LIST-CHUNK auftritt, ist dessen Typ zu prüfen. Es kann sich um eine weitere Liste im Header oder um den Videodaten-Stream handeln. Der Beginn der Videodaten wird mit der Signatur 'movi' markiert. Dann folgen die Sub-CHUNKs mit den eigentlichen Videodaten. Tritt eine 'idx1'-Signatur in einem CHUNK auf, ist der Videodatenbereich beendet, und es folgen optionale AVI-Indexdefinitionen. Die Struktur der einzelnen CHUNKs wird nachfolgend vorgestellt.

Der AVI-Header-CHUNK (hdrl)

Der erste LIST-CHUNK enthält den Haupt-AVI-Header-CHUNK (main AVI header Sub CHUNK). Der CHUNK wird mit dem CHUNK-Typ 'hdrl' markiert.

Offset	Bytes	Bemerkungen
00H	4	CHUNK Signatur ('LIST')
04H	4	Länge Sub-CHUNK
08H	4	CHUNK-Typ ('hdrl')
0CH	n	Sub-CHUNKs

Tabelle 16.4 Struktur eines hdrl-CHUNK

Die Informationen in den Sub-CHUNKs des Headers definieren das Format des gesamten AVI-CHUNKs.

Der avih-Sub-CHUNK

Dieser Sub-CHUNK enthält die globalen Daten für den AVI-CHUNK. Der Datenbereich des avih-CHUNK besitzt folgende Struktur.

Offset	Bytes	Bemerkungen
00H	4	Signatur 'avih'
04H	4	CHUNK-Länge (38H)
08H	4	Time Delay zwischen Frames
0CH	4	AVI-Datenrate
10H	4	Reserviert
14H	4	Flags
18H	4	Zahl der Frames
1CH	4	Initial-Frames
20H	4	Zahl der Data-Streams
24H	4	Größe Playback Buffer
28H	4	Video Frame Width (Pixel)
2CH	4	Video Frame Height (Pixel)
30H	4	Unit Time Scale
34H	4	Playback-Datenrate
38H	4	Startzeit
3CH	4	Größe AVI Daten-CHUNK

Tabelle 16.5 Struktur eines avih-Sub-CHUNK

Das erste Feld enthält die Signatur ('avih'). Daran schließt sich ab Offset 04H der Datenbereich an. Dieser Datenbereich des Sub-CHUNK wird in 4-Byte-Felder (DWORD) aufgeteilt. Das erste Feld gibt die Verzögerungszeit in Millisekunden (Microseconds) zwischen zwei Einzelbildern (Frames) an. Das nächste Feld enthält die maximale Datenrate in Byte pro Sekunde. Dieser Wert gibt an, wie viele Bytes pro Sekunde das System aus der

AVI-Datei lesen muß, um die Bilder in der korrekten Geschwindigkeit auszugeben. Erreicht das System diese Datenrate nicht (abhängig von der Bildgröße), wird die Sequenz verzögert ausgegeben.

Das Feld ab Offset 10H ist reserviert und definiert die Option *Padding Granularity*. Der Wert wird meist auf 2048 gesetzt.

Die Flags ab Offset 14H enthalten Informationen über die nachfolgenden Daten. Zur Zeit sind folgende Flags definiert:

10H	AVIF_HASINDEX: AVI-File hat idx1-CHUNK.
20H	AVIF_MUSTUSEINDEX: Index CHUNK zur Bestimmung der Bildreihenfolge verwenden
100H	AVIF_ISINTERLEAVED: Interleaved AVI-File (wird bei CD-ROMs verwendet)
10000H	AVIF_WASCAPTUREFILE: AVI-File zur Speicherung von Real-Time-Videos verwenden
20000H	AVIF_COPYRIGHTED: AVI-File mit Copyright-Daten

Die Definition dieser Flag-Konstanten erfolgt in den Header-Dateien der AVI-Bibliothek.

Der Wert ab Offset 18H definiert die Zahl der Einzelbilder (Frames) in der AVI-Datei. Das Feld mit der Zahl der *Initial Frames* wird nur bei Interleave-Bildern verwendet. Der Wert gibt die Zahl der Frames an, die vor dem *Initial Frame* in der AVI-Datei stehen.

Das Feld ab Offset 20H definiert die Zahl der Streams in der AVI-Datei. Ein AVI-File mit Audio- und Videodaten besitzt zwei Streams.

Das Feld ab Offset 24H gibt die minimale Größe des Puffers für die Wiedergabe (Playback Buffer) an.

Ab Offset 28H finden sich zwei Felder, die die Abmessungen des Bildausschnitts für die Videosequenz angeben.

Ab Offset 30H steht die Einheit für die Zeitskala (Time Scale Unit). Das folgende Feld gibt die Datenrate (Frames) bei der Ausgabe an. Die Rate in *Samples per Second* läßt sich zu:

```
Datenrate / Time Scale
```

berechnen. Das Feld *Start* definiert die Startzeit des Videos und sollte auf 0 gesetzt werden. Das letzte Feld gibt die Länge des AVI-Files an. Die Einheiten werden durch die vorhergehenden Felder (Time Unit und Datenrate) definiert.

Der AVI-Stream-Line-Header-CHUNK (strl)

Auf den AVI-Header-CHUNK (hdrl) folgen ein oder mehrere Stream-Line-Header-CHUNKs (strl). Für jeden Stream existiert ein strl-CHUNK. Diese CHUNKs enthalten Informationen zu den einzelnen Streams der AVI-Datei. Die Informationen in diesen Streams beziehen sich auf den jeweiligen Daten-Stream im movi-CHUNK mit der gleichen Nummer.

Der CHUNK besitzt dabei den in Tabelle 16.5 gezeigten Aufbau. Als CHUNK-Typ wird allerdings die Signatur 'strl' eingetragen.

Jeder dieser strl-CHUNKs muß einen *stream header* (strh) und einen *stream format* (strf) Sub-CHUNK enthalten. Weiterhin können noch Stream-Data Sub-CHUNKs folgen.

Der strh-Sub-CHUNK

Dieser Header enthält Informationen zum zugehörigen Stream und besitzt folgenden Aufbau:

Offset	Bytes	Bemerkungen
00H	4	Signatur ('strh')
04H	4	Länge Sub-CHUNK (38H)
08H	4	Typ (4 Zeichen)
0CH	4	Handler (4 Zeichen)
10H	4	Flags
14H	4	reserviert
18H	4	Initial Frame
1CH	4	Scale
20H	4	Rate
24H	4	Start
28H	4	Length
2CH	4	Buffer Size
30H	4	Quality
34H	4	Sample Size

Tabelle 16.6 strh-Sub-CHUNK in einer AVI-Datei

Die ersten 4 Bytes enthalten die Signatur 'strh', gefolgt von der Längenangabe (in Byte) für den Datenbereich. Die 4 Bytes ab Offset 08H definieren den Typ des Streams. Hier werden die Strings 'vids' (video stream) oder 'auds' (audio stream) eingetragen.

An diesen Bereich schließen sich die Felder des Stream-Headers an. Die 4 Bytes ab Offset 0CH definieren den Typ des Handlers für die Kompression/Dekompression der Daten. Der Typ wird dabei mit 4 Zeichen (z. B. 'msvc') definiert. Das DWORD ab Offset 10H enthält Flags für den Datenstrom:

AVISF_DISABLED (Wert 01H)	Data Stream nur anzeigen, wenn er explizit freigegeben wird.
AVISF_VIDEO_PALCHANGES (Wert 10000H)	AVI-Datei enthält Informationen zum Palette-Wechsel.

Die Bits der einzelnen Flags sind in den Headerdateien der AVI-Bibliothek definiert.

Das DWORD ab Offset 18H definiert die Zahl der Frames, die vor dem *Initial Frame* auftreten. Dieses Feld wird nur bei Interleaved AVI-Files benutzt. Die restlichen Felder beschreiben die Abspielcharakteristik (playback characteristics) der AVI-Datei. Das Feld *Scale* definiert die Zeiteinheit für die Wiedergabe. Die Felder *Scale*, *Rate*, *Start*, *Length* und *Buffer Size* besitzen die gleiche Bedeutung wie die Felder im hdrl-CHUNK. Im Feld *Quality* wird ein Integerwert zwischen 0 und 10000 abgelegt. Dieser gibt die Qualität an, die beim Aufbereiten (encoding) der Daten benutzt werden soll. Das Feld *Sample Size* gibt die Größe eines einzelnen Bildes (sample) an. Ist der Wert 0, liegen die Einzelbilder in ungleichmäßiger Größe vor und werden in Sub-CHUNKs gespeichert. Wurde ein Wert eingetragen, besitzen alle Einträge (samples) die gleiche Größe.

Einige der Felder treten auch im Stream-Line-Header auf. In diesem Fall gelten die Daten im Stream-Header für die gesamte Datei, während sich die Daten in der strl-Struktur nur auf den folgenden Stream beziehen.

Der Stream-Format-CHUNK (strf)

Dieser Sub-CHUNK muß in jedem Stream-Header CHUNK hinter dem Stream Header (strh)-CHUNK auftreten. Dieser CHUNK enthält die Formatbeschreibung der Daten im zugehörigen Stream. Enthält der Stream Videodaten, wird der Stream-Format-CHUNK als BITMAPINFO-Header-Struktur definiert.

Offset	Bytes	Bemerkungen
00H	4	Header Size
04H	4	Bildbreite (in Pixel)
08H	4	Bildhöhe (in Pixel)
0CH	2	Zahl der Planes
0EH	2	Bits per Pixel
10H	4	Kompressionstyp
14H	4	Bildgröße in Byte
18H	4	X Pels per Meter
1CH	4	Y Pels per Meter
20H	4	Colors Used
24H	4	Colors Important
28H	n*4	RGB-Quad-Struktur 1 Byte blau 1 Byte grün 1 Byte rot 1 Byte reserviert

Tabelle 16.7 BITMAPINFO-Header-Struktur

Die Struktur wird auch in den Windows-BMP-Dateien verwendet. Das erste DWORD gibt die Länge des Headers (einschließlich des RGB-Quad-Records) an.

Die folgenden zwei Felder definieren die Bildabmessungen. Ab Offset 0CH findet sich die Zahl der Farbebenen, in denen die Daten gespeichert sind (sollte auf 1 gesetzt werden). Das folgende Word definiert die Zahl der Bits per Pixel. Ab Offset 10H folgt ein Flag (DWORD), welches die Komprimierung der Bilddaten angibt.

0: RGB, unkomprimierte Daten als Bitmap

1: RLE8, 8 Bit werden nach dem RLE-Verfahren komprimiert

2: RLE4, 4 Bit werden nach dem RLE-Verfahren komprimiert

Eine Beschreibung der Kompressionsmethoden finden Sie beim Windows-BMP-Format. Das DWORD ab Offset 14H gibt die Bildgröße in Byte an. Danach folgen zwei 4-Byte-Felder mit der horizontalen und vertikalen Auflösung. Diese wird in Picture Elements (Pels) per Meter angegeben.

Die letzten beiden Felder dienen zur Verwaltung der Farbinformationen. Es wird die Zahl der benutzten Farben und die Zahl der wichtigen Farben definiert.

Bei Audiodaten enthält der Sub-CHUNK eine PCMWAVEFORMAT- oder eine WAVEFORMATEX-Struktur. Die WAVEFORMATEX-Struktur stellt dabei eine Erweiterung der PCMWAVEFORMAT-Struktur dar.

Offset	Bytes	Bemerkungen
00H	2	Formattyp
02H	2	Kanalzahl
04H	4	Abtastrate (Sample Rate)
08H	4	Bytes pro Sekunde
0CH	2	Blockgröße Daten
10H	2	Bits per Sample
12H	2	Byte Counter Extend-Daten

Tabelle 16.8 WAVEFORMATEX-Struktur

Das erste Feld gibt den Formattyp (WAVE_FORMAT_PCM) oder (WAVE_FORMAT_EX) an. Ab Offset 02H steht die Zahl der Audiokanäle (1 = mono, 2 = stereo). Das DWORD ab Offset 04H gibt die Datenrate (sample rate) des Audiokanals in Samples per Sekunde an. Das folgende Feld enthält die mittlere zu übertragende Datenrate (in Byte/Sekunde) und dient zur Bestimmung der Puffergröße. Ab Offset 0CH findet sich die Blockgröße, in der die Daten zu lesen sind. Dies ist bei Interleaved-Daten (CD-ROM) erforderlich, da hier 2-kByte-Blöcke gebildet werden. Das folgende Bit per Sample schließt sich an die WAVE_FORMAT_PCM-Struktur an und definiert die Bits per Sample. Das letzte Feld tritt nur in der WAVE_FORMAT_EX-Struktur auf und gibt die Länge der folgenden Zusatzinformationen (extra informations) an.

Der Stream-Data-CHUNK (strd)

An den Stream-Format-CHUNK kann sich ein Stream-Data-CHUNK anschließen. Das Format dieses CHUNK wird durch den installierbaren Kompressions- oder Dekompressionstreiber festgelegt. Der Datenblock enthält in der Regel Informationen zur Konfigurierung des Treibers.

Der movi-CHUNK

An die CHUNKs der ersten LIST-Struktur schließt sich eine movi-CHUNK-Struktur mit den eigentlichen Daten an. Diese Daten können in einem Block oder in verschiedenen Sub-CHUNKs (rec-CHUNKs) vorliegen. Die rec-CHUNKs finden bei CD-ROMs Verwendung, um interleaved Daten zu speichern. Die Daten werden dabei in 2-kByte-Blöcken abgelegt. Der Treiber sollte in diesem Fall die komplette Datenstruktur lesen. Der movi-CHUNK besitzt folgende Struktur:

Offset	Bytes	Bemerkungen
00H	4	Signatur 'LIST'
04H	4	CHUNK-Länge in Byte
08H	4	CHUNK-Typ 'movi'
0CH	n	Datenbereich oder Sub-CHUNKs

Tabelle 16.9 Struktur eines movi-CHUNK

Der CHUNK beginnt mit einer 4-Byte-LIST-Signatur. Daran schließt sich Angabe der Länge des folgenden Datenbereiches an. Die letzten 4 Bytes enthalten den String 'movi' zur Markierung des CHUNK-Typs.

Der rec-CHUNK

Wurden die Daten in rec-Sub-CHUNKs aufgeteilt, schließt sich an den Header folgende Struktur an:

Offset	Bytes	Bemerkungen
00H	4	Signatur 'LIST'
04H	4	Länge Datenbereich
08H	4	Sub-CHUNK Typ 'rec '
0CH	n	Datenbereich

Tabelle 16.10 Struktur eines rec-CHUNK

Der Sub-CHUNK wird wieder mit der Signatur LIST eingeleitet. Die folgende Längenangabe bezieht sich auf den Datenbereich des Sub-CHUNKs. Das DWORD ab Offset 08H definiert den CHUNK-Typ (rec). Ab Offset 0CH folgen dann die Daten. Umfaßt der Datenbereich nicht ein Vielfaches von 2 kByte, kann sich anschließend ein JUNK-CHUNK zum Füllen anschließen (siehe unten).

Struktur des Datenrecords

Werden die Daten in einem Block im movi-CHUNK gespeichert, besitzt dieser Bereich folgende Struktur:

Offset	Bytes	Bemerkungen
00H	4	Signatur
04H	n	Datenbereich

Tabelle 16.11 Format eines Datenrecords

Da die Formatinformationen im Header-Stream stehen, enthält der Datenbereich nur eine 4-Byte-Signatur zur Identifikation der Daten. Hierbei gilt folgender Code:

- xxwb: Wave-Daten folgen
- xxdb: DIB-Bitmap-Daten (unkomprimiert) folgen
- xxdc: DIB-Bitmap-Daten (komprimiert) folgen

Die Zeichen xx dienen dabei zur Identifizierung des Streams. Ein Bitmap-Bild wird dabei als unkomprimierte oder komprimierte DIB-Struktur abgelegt, d.h., die Daten eines Pixels stehen zum Beispiel in einem Byte (bei 8 Bit per Pixel).

Der AVI_PALCHANGE-CHUNK

Innerhalb einer AVI-Datei kann die Palette zwischen einzelnen Bildern geändert werden. Dieser CHUNK besitzt folgende Struktur:

Offset	Bytes	Bemerkungen
00H	2	Signatur 'xxpc'
02H	1	1. Palette zu ändern
03H	1	Zahl der Einträge
04H	2	Flags
06H	n*4	Palette-Einträge

Tabelle 16.12 Format eines AVI-PALCHANGE-CHUNK

Der CHUNK wird durch einen 2-Byte-String eingeleitet. Die Signatur pc steht dabei für *palette change*. Das nächste Byte definiert den Index zum ersten zu ändernden Palette-Eintrag (0 bis 255). Daran schließt sich ein Byte mit der Zahl der Palette-Einträge des CHUNK an. Die Belegung des Flags ist nicht bekannt. Ab Offset 06H folgen n Einträge mit den Palette-Daten (grün, blau, rot, reserviert).

Anmerkung: Sofern AVI_PALCHANGE-CHUNKs im Datenstrom auftreten, muß im Stream-Header das VIDEO_PALCHANGE-Flag gesetzt sein.

Der idx1-CHUNK

Eine AVI-Datei kann optional mehrere idx-CHUNKs im Anschluß an einen movi-CHUNK enthalten. Hierbei handelt es sich um eine Liste mit Zeigern auf die einzelnen Daten-CHUNKs, mit der die Reihenfolge definiert wird. Damit ist auch ein Direktzugriff auf die Daten möglich, ohne die gesamte AVI-Datei analysieren zu müssen. Der CHUNK besitzt folgenden Aufbau:

Offset	Bytes	Bemerkungen
00H	4	Signatur ('idx1')
04H	4	Flags
08H	4	CHUNK-Offset
0CH	4	CHUNK-Länge

Tabelle 16.13 Struktur eines idx1-CHUNK

Die ersten 4 Bytes enthalten die Signatur (idx1). Daran schließt sich ein DWORD mit Flags an.

AVIIF_KEYFRAME	Das Flag zeigt an, dass Key Frames in der Videosequenz auftreten.
AVIIF_NOTIME	Der CHUNK beeinflußt nicht das Video-Timing (z. B. ein Palette-Change-CHUNK).
AVIIF_LIST	Markiert einen LIST-CHUNK.

Ab Offset 08H steht der Offset (relativ zum movi-CHUNK) auf den betreffenden CHUNK, gefolgt von der Längenangabe (ohne den 8-Byte-Header) für den CHUNK.

Der obige idx-CHUNK kann sich mehrfach wiederholen. Enthält der movi-CHUNK die Daten in rec-Sub-CHUNKs, wird für jeden Record je ein idx-CHUNK definiert.

Andere Daten-CHUNKs

Die RIFF-Definition erlaubt die Definition weiterer CHUNKs. Diese werden von Microsoft registriert und periodisch veröffentlicht. Der folgende CHUNK tritt zum Füllen von Datenbereichen auf:

Der JUNK-CHUNK

Dieser CHUNK besitzt lediglich die Aufgabe, eine Datenstruktur bis zur Blockgrenze (z. B. bei CD-ROM-Daten) aufzufüllen. Es gilt folgende Struktur:

Offset	Bytes	Bemerkungen
00H	4	Signatur 'JUNK'
04H	n	Daten

Tabelle 16.14 Struktur eines JUNK-CHUNK

Alternativ kann auch die Signatur 'PAD' auftreten, die ebenfalls zum Füllen von Datenbereichen benutzt wird. Der JUNK-CHUNK wurde von IBM registriert, während der PAD-CHUNK von Microsoft vorgeschlagen wurde.

17 Windows Bitmap-Format (BMP)

Windows 3.x, Windows NT und Windows 95 benutzen zum Speichern von Rasterbildern das BMP-Format. Dies ist ein geräteunabhängiges Format, welches Monochrom- und Farbbilder speichern kann. Das mit Windows 3.x gelieferte Programm PaintBrush sowie das in nachfolgenden Windows 9x- und Windows NT/2000-Versionen enthaltene Programm Paint sind wohl die populärsten Werkzeuge, die BMP-Dateien lesen und speichern können. Unter Windows 95 wird das gleiche Bitmap-Format durch das Programm MS Paint unterstützt. Eine BMP-Datei setzt sich aus mehreren Datenblöcken zusammen (Abbildung 17.1).

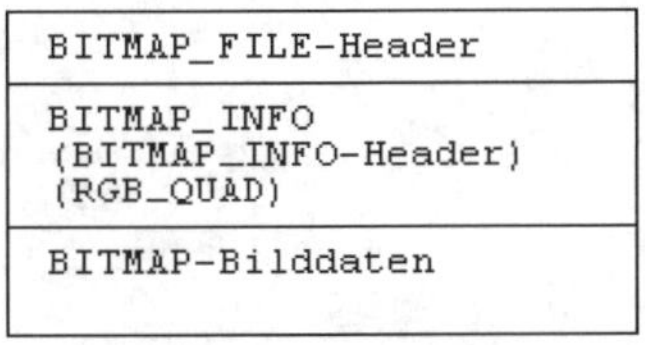

Abbildung 17.1 Aufbau des BMP-Formats (Windows 3.x)

Der BITMAP_FILE-Header ist eine Datenstruktur mit folgendem Aufbau:

Offset	Bytes	Name	Bedeutung
00H	2	bfType	File ID ('BM')
02H	4	bfSize	Filelänge in Byte
06H	2	-----	reserviert (muß 0 sein)
08H	2		reserviert (muß 0 sein)
0AH	4	bfOffs	Offset in Datenbereich

Tabelle 17.1 Aufbau des Windows BMP-Headers

Im ersten Word des Headers muß die Signatur 'BM' stehen, um eine gültige BMP-Datei zu identifizieren. Daran schließt sich ein Doppelwort mit der Dateilänge in Byte an. Der Header wird ab Offset 0AH mit einem 4-Byte-Zeiger abgeschlossen, der den Offset vom Dateianfang zum ersten Datenbyte des Bildes spezifiziert.

Anmerkungen: Dieser Header ist bei allen BMP-Versionen gleich. Die nachfolgend beschriebenen Strukturen weichen aber in den verschiedenen Windows-Versionen voneinander ab.

Erweiterter Header in Windows 3.x

Mit den Angaben im BITMAP_File-Header ist aber lediglich die Datei beschrieben. Was fehlt, sind Hinweise zum gespeicherten Bild. Deshalb schließt sich an den Datei-Header der BITMAP_INFO-Block an. Dieser enthält wiederum einen Header (BITMAP_INFO-

Header), der sich auf die Bilddaten bezieht. Der zweite Eintrag (RGB_QUAD) definiert die Farbpalette. Der BITMAP_INFO-Block für Windows 3.x-BMP-Dateien besitzt den in Tabelle 17.2 wiedergegebenen Aufbau.

Das Feld *biSize* (Offset 0EH) gibt die Länge des BITMAP_INFO-Headers in Byte an. An diesen Header schließt sich die Tabelle mit der Definition der Farbpalette (RGB_QUAD) an.

Offset	Bytes	Name	Bedeutung
			BITMAP_INFO-Header
0EH	4	biSize	Länge BITMAP_INFO-Header in Byte
12H	4	biWidth	Breite der Bitmap in Pixel
16H	4	biHeight	Höhe der Bitmap in Pixel
1AH	2	biPlanes	Farbebenen (muß 1 sein)
1CH	2	biBitCnt	Zahl der Bits pro Pixel
1EH	4	biCompr	Typ der Komprimierung
22H	4	biSizeIm	Bildgröße in Byte
26H	4	biXPels/m	horizontale Auflösung
2AH	4	BiYPels/m	vertikale Auflösung
2EH	4	biClrUsed	Zahl der benutzten Farben
32H	4	biClrImp.	Zahl der wichtigen Farben
			RGB_QUAD
36H	n*4		Definition für n Farben mit:
		rgbBlue	1 Byte Intensität Blau
		rgbgreen	1 Byte Intensität Grün
		rgbRed	1 Byte Intensität Rot
		rgbres	1 Byte reserviert

Tabelle 17.2 Aufbau des BITMAP_INFO-Blocks (Windows 3.x)

Die zwei Felder *biWidth* und *biHeight* geben Breite und Höhe des Bitmap-Bildes in Pixel an. Dies ist zur Erzeugung des späteren Bildes von Bedeutung.

Das Feld *biPlanes* (Offset 1AH) definiert die Zahl der Bitebenen (Planes) im Ausgabegerät. Der Eintrag muß zur Zeit auf 1 gesetzt werden.

Von besonderer Bedeutung ist das Feld ab Offset 1CH *biBitCount*. Dessen Wert definiert die Zahl der Bits pro Pixel und legt damit auch die Zahl der Farben im Bild fest. Hierbei sind folgende Werte erlaubt:

1: Definiert 1 Bit pro Pixel, was einem monochromen Bild entspricht. Ist das Bit gesetzt, wird die erste Farbe aus der Farbtabelle benutzt. Bei einem gelöschten Bit wird der Punkt mit der zweiten Farbe der Farbtabelle dargestellt.

4: Damit läßt sich ein Bild mit 16 Farben aufbauen. Die Farbpalette enthält dann 16 Einträge à 4 Byte. Jeder Bildpunkt besteht aus 4 Bit, d. h., ein Byte speichert die Farben zweier Bildpunkte. Der Wert 1FH steht dann für die 2. und 16. Farbe aus der Farbtabelle.

8: Diese Bitmap kann maximal 256 Farben enthalten, wobei jeder Bildpunkt durch 8 Bit dargestellt wird. Diese Werte dienen als Index in die 256 Elemente umfassende Farbtabelle. Der Wert 00H definiert dann einen Bildpunkt mit der ersten Farbe aus der Indextabelle.

24: Dieser Wert definiert ein Bild mit 2**24 (16 Millionen) Farben, d. h., jeder Bildpunkt wird durch 24 Bit dargestellt. Da die Farbtabelle in diesem Fall sehr groß würde, sind die Farben direkt im Bilddatenbereich kodiert. Die 24 Bit pro Pixel repräsentieren 3 Bytes, die die Intensitäten der Farben Rot, Grün und Blau im Bereich zwischen 0 und 255 definieren. Daraus wird von der Ausgabeeinheit dann die Mischfarbe generiert. Damit lassen sich Echtfarbenbilder erzeugen. Die Indextabelle mit den Farbdefinitionen im Header entfällt bei der 24-Bit-Darstellung.

Der Typ des Komprimierungsverfahrens der Bilddaten wird im Feld *biCompression* (Offset 1EH) als 4-Byte-Wert angegeben. Hierbei gibt es folgende Komprimierungsstufen:

BI_RGB: Die Bitmap-Daten liegen unkomprimiert vor.

BI_RLE8: Es wird ein Run-Length-Encoding-Verfahren (RLE) für Bitmaps mit 8 Bit pro Pixel verwendet.

BI_RLE4: Es wird ein Run-Length-Encoding-Verfahren (RLE) für Bitmaps mit 4 Bit pro Pixel verwendet.

Die Kodierung der Konstanten für die bisherigen Versionen von Windows sieht folgende Werte vor:

BI_RGB = 0
BI_RLE8 = 1
BI_RLE4 = 2

Eine Beschreibung dieser Komprimierungsverfahren findet sich weiter unten.

Das 4-Byte-Feld *biSizeImage* ab Offset 22H gibt die Länge des (komprimierten) Bitmap-Datenbereichs in Byte an. Die beiden folgenden Felder *biXPelsPerMeter* und *biYPelsPerMeter* definieren die Auflösung der Zieleinheit in Pels (Pels = Picture Elements) pro Meter für die x- und y-Achse. Damit kann eine Anwendung gegebenenfalls die für das Gerät am besten geeignete Bitmap aus einer Ressource auswählen.

Das Feld *biClrUsed* (Offset 2EH) spezifiziert, wie viele Farben das aktuelle Bild aus der Farbtabelle nutzt. Daher kann ein Bild weniger Farben enthalten, als nach der Farbtabelle möglich sind. Die wichtigsten Farben sollten deshalb zu Beginn der Indextabelle gespeichert werden. Ist der Wert des Feldes = 0, werden alle Farben benutzt. Die Ausführungen gelten jedoch nur, falls weniger als 24 Bit pro Bildpunkt gespeichert werden. Ist das Feld *biCount* (Offset 1CH) auf den Wert 24 gesetzt, gibt der Inhalt von *biClrUsed* die Größe der Referenztabelle mit den Farben an. Normalerweise benötigt man bei der 24-Bit-Darstellung keine Farbtabelle. Aus Optimierungsgründen darf aber eine Farbtabelle mit angegeben werden. Folgt der Bereich mit den Bitmap-Daten direkt auf den BITMAP_INFO-Header, muß das Feld auf 0 gesetzt werden.

Das letzte Feld *biClrImportant* (Offset 32H) definiert die Zahl der für die Anzeige wichtigen Farben. Ist der Wert 0, sind alle Farben der Referenztabelle von Bedeutung.

Ab Offset 36H beginnt die Tabelle mit den Farbdefinitionen. Jede Farbe wird durch die Anteile der Farben Blau, Grün und Rot definiert. Die Definition umfaßt dabei 4 Bytes, wobei das letzte Byte unbelegt bleibt. Die Länge der Tabelle wird durch die Zahl der Farben (Bits pro Pixel) bestimmt.

Erweiterter Header in Windows NT

In Windows NT wird die gleiche Struktur für den BITMAP_INFO-Header benutzt (Tabelle 17.2). Allerdings kann das Feld ab Offset 1EH etwas geänderte Werte für die Komprimierung aufweisen.

0: unkomprimierte Daten

1: 8-Bit-RLE-Komprimierung

2: 4-Bit-RLE-Komprimierung

3: Bitfeld-Kodierung

Die Codes 0, 1 und 2 wurden auch unter Windows 3.x für BMP-Dateien definiert. Die neue Bitfeld-Kodierung wurde für Bilder eingeführt, die 16 oder 32 Bit pro Bildpunkt aufweisen. Dann schließt sich an Stelle der RGB_QUAD-Struktur die in Tabelle 17.3 gezeigte Struktur mit den drei 32-Bit-Werten für die Farbfiltermasken an den BITMAP_INFO-Header an.

Offset	Bytes	Name	Bedeutung
36H	4	redMask	Maske für roten Farbanteil
3AH	4	greenMask	Maske für grünen Farbanteil
3EH	4	blueMask	Maske für blauen Farbanteil

Tabelle 17.3 Erweiterte Maskenwerte im BITMAP-Header (Windows NT)

Zur Dekodierung der Bilddaten ist ein Wert für einen Bildpunkt zu lesen. Dieser Wert (16 oder 32 Bit) ist dann ein Bitfeld, welches die Rot-, Grün- und Blauanteile des Bildpunkts enthält. Die Farbanteile lassen sich dekodieren, indem der Wert des Bildpunkts mit der betreffenden Maske über eine AND-Funktion verglichen wird. Bei den 32-Bit-Maskenwerten befinden sich die gültigen Werte in den höherwertigen Bits. Bei einem Vergleich mit 16-Bit-Bilddaten bleiben die niederwertigen Bits unberücksichtigt. Gültige Maskenwerte wären zum Beispiel:

redMask = F800 0000H
greenMask = 07E0 0000H
blueMask = 001F 0000H

Damit erhalten Sie 5 Bit für den roten Farbanteil, 6 Bit für den grünen Farbanteil und 5 Bit für den blauen Farbanteil. Bei 32 Bit werden in der Regel 10 Bit für jeden Farbanteil benutzt (die zwei niederwertigsten Bit der Maske bleiben frei).

Erweiterter BMP4-Header (Windows 95)

Mit Windows 95 wurde ein neuer BITMAPV4HEADER an Stelle des BITMAP_INFO-Headers eingeführt. Dieser besitzt die gleichen Felder wie der BITMAP_INFO-Header, verfügt aber über zusätzliche Felder (Tabelle 17.4).

Offset	Bytes	Bedeutung
		BITMAPV4HEADER
0EH	4	Länge Header in Byte
12H	4	Breite der Bitmap in Pixel
16H	4	Höhe der Bitmap in Pixel
1AH	2	Farbebenen (muß 1 sein)
1CH	2	Zahl der Bits pro Pixel
1EH	4	Typ der Komprimierung
22H	4	Bildgröße in Byte
26H	4	horizontale Auflösung (Pixel/Meter)
2AH	4	vertikale Auflösung (Pixel/Meter)
2EH	4	Zahl der benutzten Farben
32H	4	Zahl der wichtigen Farben zusätzlicher BMP4-Felder
36H	4	Maske roter Farbanteil
3AH	4	Maske grüner Farbanteil
3EH	4	Maske blauer Farbanteil
42H	4	Maske Alphakanal
46H	4	Color Space-Typ
4AH	4	X-Koordinate roter CIE-Endpunkt
4EH	4	Y-Koordinate roter CIE-Endpunkt
52H	4	Z-Koordinate roter CIE-Endpunkt
56H	4	X-Koordinate grüner CIE-Endpunkt

Offset	Bytes	Bedeutung
5AH	4	Y-Koordinate grüner CIE-Endpunkt
5EH	4	Z-Koordinate grüner CIE-Endpunkt
62H	4	X-Koordinate blauer CIE-Endpunkt
66H	4	Y-Koordinate blauer CIE-Endpunkt
5EH	4	Z-Koordinate blauer CIE-Endpunkt
62H	4	Gamma rote Koordinate
66H	4	Gamma grüne Koordinate
6AH	4	Gamma blaue Koordinate

Tabelle 17.4 Aufbau des BITMAPV4HEADER-Blocks (BMP4 Windows 95)

Die Maskenwerte werden wie bei Windows NT benutzt, um 16- oder 32-Bit-Bildpunkte in die einzelnen Farbanteile zu zerlegen. Windows 95 unterstützt bei 16-Bit-Bildwerten jedoch nur 5-5-5-oder 5-6-5-Masken. Bei 32-Bit-Bildwerten sind dagegen 8-8-8-Masken anzuwenden.

Das BMP4-Format unterstützt mehrere Farbsysteme (RGB, CIE). Der Typ des Farbsystems, in dem die Bilddaten kodiert sind, wird ab Offset 46H (Color Space-Typ) abgelegt. Dieses Feld kann dabei folgende Werte annehmen:

0: RGB-Farbsystem (kalibriert)

1: RGB-Farbsystem (geräteabhängig)

2: CMYK (geräteabhängig)

Standardmäßig werden die Bilddaten in einer geräteabhängigen RGB-Farbkodierung abgelegt (dies entspricht den BMP3-Bilddaten). Kalibrierte RGB-Bilddaten werden durch den 1931-CIE-XYZ-Standard festgelegt. Wird der Typ des Farbsystems auf 0 (RGB-Farbsystem kalibriert) gesetzt, folgen die X-, Y- und Z-Koordinaten der Endpunkte für die rote, grüne und blaue Farbe im CIE-Farbsystem. Die drei letzten 32-Bit-Felder sind als DWORD kodiert und enthalten die Skalierungswerte für die Gamma-Koordinaten der drei Farben Rot, Grün und Blau. Wird kein kalibriertes RGB-Farbsystem benutzt, bleiben die betreffenden Felder im BITMAPV4HEADER leer.

Der Datenbereich

An die beschriebenen Kopfdaten schließt sich der Datenbereich mit den Bitmap-Daten an. Das Bild wird Zeile für Zeile abgetastet und gespeichert. Dabei lassen sich die Daten gegebenenfalls komprimieren (was aber kaum genutzt wird). Hierbei wird zwischen der Komprimierung der Bilder mit:

- 4 Bit pro Pixel (RLE4)
- 8 Bit pro Pixel (RLE8)

unterschieden. Eine Bildzeile wird dabei immer zusammenhängend gespeichert. Gegebenenfalls werden die fehlenden Bildpunkte am rechten Rand bis zur Grenze von 32 Bit mit 0 ergänzt. Das Bild besitzt dabei seinen Ursprung in der linken unteren Ecke. Die (unkomprimierten) Bilddaten werden dabei Pixel für Pixel bearbeitet. Enthält ein Bild zum Beispiel 8 Bit pro Pixel, entspricht jedes Byte einem Bildpunkt. Bei 24 Bit pro Pixel müssen 3 Byte pro Bildpunkt gelesen werden. Bei 4 und 8 Bit pro Bildpunkt wird die Farbe eines Bildpunkts über eine Farbpalette ermittelt.

Auf NT-Rechnern werden 16-Bit-Bilddaten im Motorola-Format abgelegt – das Format wird auch als *big-endian* bezeichnet und bedeutet, das MSB wird auf der unteren Adresse gespeichert. Sie müssen auf Intel-Rechnern daher erst die Bytes tauschen, bevor Sie die Masken anwenden.

Im BMP3- und im BMP4-Format auf Windows 3.x- und Windows 95-Rechnern sind die Daten im Intel-Format (little endian) abgelegt. Sie können die Daten direkt lesen und ggf. über die Maskenwerte entschlüsseln.

8-Bit-RLE-Komprimierung

Sofern in der Bitmap pro Bildpunkt 8 Bit benutzt werden, verwendet Windows die 8-Bit-RLE-Kodierung. Hierbei können Bilddaten in zwei Varianten vorliegen.

Folgen gleicher Bits werden in 2 Bytes komprimiert:

Count	Farbe

Abbildung 17.2 RLE-Kodierung (Typ 1)

Das erste Byte spezifiziert, wie oft das folgende Byte zu duplizieren ist. Dieses Byte definiert einen Index in die Farbtabelle, aus der dann die Farbe rekonstruiert wird. Aus der Sequenz:

03 04H

wird die Folge:

04 04 04H

generiert, die drei Bildpunkte mit der Farbe Nummer 5 (Zählung beginnt bei 0) erzeugt. Der Zähler darf dabei Werte zwischen 1 und 255 enthalten.

Ist das erste Byte einer Sequenz dagegen mit 00H belegt, wird die zweite Variante (Absolute Mode) zur Speicherung verwendet. Es gilt dann folgende Kodierung:

00H	Count	Daten	..	Daten

Abbildung 17.3 RLE-Kodierung (Typ 2)

Sofern im zweiten Byte ein Wert zwischen 3 und FFH steht, handelt es sich um einen Datenrecord. Der Wert gibt dann die Zahl der folgenden Datenbytes an. Diese Bytes enthalten jeweils einen Index in die Farbtabelle, der pro Byte einen Bildpunkt kodiert. Die Sequenz:

```
00 04 3F 66 01 07H
```

definiert dann vier Bildpunkte mit unterschiedlichen Farben.

Enthält das zweite Byte dagegen Werte zwischen 0 und 2, handelt es sich um einen ESCAPE-Record. Mit diesem Record läßt sich das Ende einer Zeile oder einer Bitmap markieren. Hierbei gilt folgende Belegung:

Byte 2	Bedeutung
0	Ende einer Zeile
1	Ende der Bitmap
2	Delta-Record

Tabelle 17.5 Kodierung des ESCAPE-Modus

Die Sequenz 00 00H markiert demnach den Abschluß einer Zeile. Das folgende Byte gehört dann bereits zum nächsten Record. Mit 00 01H wird das Ende der Bitmap markiert.

Der Delta-Record besteht aus 4 Bytes und besitzt folgenden Aufbau:

```
00 02 xx yy
```

Die Zahlen xx und yy definieren einen relativen Offset in Bildpunkten ab der aktuellen Position, an der der nächste Bildpunkt auszugeben ist. Damit lassen sich Bitmaps mit wenigen Punkten recht effizient speichern. Die Bytefolge:

```
03 44  04 11  00 03 01 33 FF  00 02 05 01H
```

wird dann umgesetzt in:

```
44 44 44H
11 11 11 11H
01 33 FFH
5 Punkte rechts, 1 Punkt hoch
```

4-Bit-RLE-Komprimierung

Die Komprimierung entspricht im wesentlichen der 8-Bit-RLE-Kodierung. Steht im ersten Byte ein Wert zwischen 1 und 255, ist dies ein Wiederholungszähler, der angibt, wie viele Bildpunkte aus dem Folgebyte zu konstruieren sind. Das Folgebyte enthält bei 4 Bits pro Bildpunkt dann immer zwei Farbindizes (bzw. Bildpunkte). Aus den oberen 4 Bits wird der erste Farbwert ermittelt und ausgegeben. Dann werden die unteren 4 Bits zur Ausgabe des nächsten Farbpunktes benutzt. Anschließend wird der dritte Punkt wieder aus den 4 oberen Bits konstruiert. Diese Methode wird so lange wiederholt, bis die angegebene Zahl von Bildpunkten erzeugt wurde.

Ist das erste Byte 00, wird die absolute Kodierung der 8-Bit-RLE-Kodierung verwendet, d. h., das zweite Byte muß einen Wert zwischen 3 und FFH aufweisen. Daran schließen sich n Datenbytes an, wobei jedes Byte zwei Bildpunkte repräsentiert. Im *Absolute Mode* muß die Bytefolge auf Word-Grenzen enden. Für die ESCAPE-Sequenzen (zweites Byte = 0, 1 oder 2) gelten die gleichen Bedingungen wie für die 8-Bit-RLE-Kodierung.

Das Windows RLE-Format (RLE)

Windows 3.x und 9x benutzen zum Beispiel zur Ausgabe des Startlogos ein weiteres Dateiformat mit der Erweiterung RLE. Eine Analyse des Windows-Startlogos als RLE-Datei ergab, dass die Daten in einer RLE-Datei mit dem RLE4-Verfahren komprimiert sind. Dies ergibt dann eine geringfügig kleinere Datei als ein unkomprimiertes BMP-Bild.

18 OS/2 Bitmap-Format (BMP)

OS/2 benutzt im Presentation-Manager ebenfalls ein Bitmap-Format (BMP) zur Speicherung von Grafikbildern. Die Daten werden dabei geräteunabhängig als Device Independant Bitmap (DIB) gespeichert. Allerdings gibt es Abweichungen zum Windows BMP-Format.

OS/2 Bitmap-Format (Version 1.1-1.3)

OS/2 benutzt im Presentation-Manager in den Versionen 1.1, 1.2 und 2.0 ebenfalls ein BMP-Format zum Speichern von Rasterbildern. Die Daten werden dabei geräteunabhängig als Device Independant Bitmap (DIB) gespeichert. Das Format kann bis OS/2, Version 1.2, unter Windows 3.x gelesen werden. Daher lehnt sich die interne Struktur stark an das Windows-BMP-Format an.

BITMAP_FILE-Header
BITMAP_CORE_INFO (BITMAP_CORE-Header) (RGB_TRIPLE)
BITMAP-Bilddaten

Abbildung 18.1 Aufbau des BMP-Formats (OS/2 bis Version 1.2)

Abbildung 18.1 zeigt die Abweichungen in der Struktur im Vergleich mit den Abbildungen im vorherigen Kapitel zum Windows BMP-Format und im Vergleich zu Abbildung 18.2. Die folgende Beschreibung gilt für das Bitmap-Format von OS/2 bis zur Version 1.2. Der BITMAP_FILE-Header besitzt die Datenstruktur aus Tabelle 18.1.

Offset	Bytes	Name	Bedeutung
00H	2	bfType	File ID ('BM')
02H	4	bfSize	Filelänge in Byte
06H	2	-----	reserviert (muß 0 sein)
08H	2		reserviert (muß 0 sein)
0AH	4	bfOffs	Offset in Datenbereich

Tabelle 18.1 Aufbau des OS/2 BMP-Headers (Version 1.1/1.2)

Im ersten Wort des Headers muß die Signatur 'BM' stehen, um eine gültige BMP-Datei zu identifizieren. Daran schließt sich ein Doppelwort mit der Dateilänge in Byte an. Der Header wird ab Offset 0AH mit einem 4-Byte-Zeiger abgeschlossen, der den Offset vom Dateianfang zum ersten Datenbyte des Bildes spezifiziert.

An den Datei-Header schließt sich der BITMAP_CORE_INFO-Block an. Dieser enthält wiederum einen Header (BITMAP_CORE-Header), der sich auf die Bilddaten bezieht. Der zweite Eintrag (RGB_TRIPLE) definiert die Farbpalette. Der BITMAP_CORE_INFO-Block besitzt folgenden Aufbau (Tabelle 18.2):

Offset	Bytes	Name	Bedeutung
			BITMAP_CORE_INFO-Header
0EH	4	bcSize	Länge BITMAP_CORE_INFO-Header in Byte
12H	2	bcWidth	Breite der Bitmap in Pixel
14H	2	bcHeight	Höhe der Bitmap in Pixel
16H	2	bcPlanes	Zahl der Farbebenen (muß 1 sein)
18H	2	bcBitCnt	Zahl der Bits pro Pixel
			RGB_TRIPLE
1AH	n*3	 rgbBlue rgbgreen rgbRed	Farbdefinition für *n* Farben mit: 1 Byte Intensität Blau 1 Byte Intensität Grün 1 Byte Intensität Rot ...

Tabelle 18.2 Aufbau des BITMAP_CORE_INFO-Blocks

Der Aufbau dieses Blocks weicht etwas vom Windows-Format ab. Insbesondere ist der Header kürzer, und einige Felder sind nur als 2-Byte-Werte ausgeprägt.

Das Feld *bcSize* (Offset 0EH) gibt die Länge des BITMAP_CORE_INFO-Headers in Byte an. Die zwei Felder *biWidth* und *biHeight* geben Breite und Höhe des Bitmap-Bildes in Pixel an.

Das Feld *bcPlanes* (Offset 16H) definiert die Zahl der Bitebenen (Planes) im Ausgabegerät. Dieser Wert muß zur Zeit auf 1 gesetzt werden. Die Zahl der Bits pro Pixel wird in einem Wort ab Offset 18H angegeben. Hier sind die Werte 1 (monochrom), 4 (16 Farben), 8 (256 Farben) und 24 (16 Millionen Farben) erlaubt.

Ab Offset 1AH folgt dann die Tabelle mit den Definitionen der Farbpalette. Abweichend von der Windows-Palette umfaßt ein Eintrag hier lediglich 3 Bytes, in denen die Intensitäten der Grundfarben Blau, Grün und Rot gespeichert werden. Damit wird pro Eintrag eine Farbe definiert. Die Länge der Farbtabelle richtet sich nach der Zahl der Bits pro Pixel (Offset 18H). Hierbei gilt folgendes:

1: Definiert 1 Bit pro Pixel, was einem monochromen Bild entspricht. Ist das Bit gesetzt, wird die erste Farbe aus der Farbtabelle benutzt. Bei einem gelöschten Bit wird der Punkt mit der zweiten Farbe der Farbtabelle dargestellt.

4: Damit läßt sich ein Bild mit 16 Farben aufbauen. Die Farbpalette enthält dann 16 Einträge à 4 Byte. Jeder Bildpunkt besteht aus 4 Bit, d.h., ein Byte speichert die Farben zweier Bildpunkte. Der Wert 1FH steht dann für die 2. und 16. Farbe aus der Farbtabelle.

8: Diese Bitmap kann maximal 256 Farben enthalten, wobei jeder Bildpunkt durch 8 Bit dargestellt wird. Diese Werte dienen als Index in die 256 Elemente umfassende Farbtabelle. Der Wert 00H definiert dann einen Bildpunkt mit der ersten Farbe aus der Indextabelle.

24: Dieser Wert definiert ein Bild mit 2**24 (16 Millionen) Farben, d.h., jeder Bildpunkt wird durch 24 Bit dargestellt. Da die Farbtabelle in diesem Fall sehr groß würde, sind die Farben direkt im Bilddatenbereich kodiert. Die 24 Bit pro Pixel repräsentieren 3 Bytes, die die Intensitäten der Farben Rot, Grün und Blau im Bereich zwischen 0 und 255 definieren. Daraus wird von der Ausgabeeinheit dann die Mischfarbe generiert. Damit lassen sich Echtfarbenbilder erzeugen. Die Indextabelle mit den Farbdefinitionen im Header entfällt bei der 24-Bit-Darstellung.

Beachten Sie, daß die Farben in der Tabelle nach ihrer Wichtigkeit zu ordnen sind.

Der Datenbereich

An die beschriebenen Kopfdaten schließt sich der Datenbereich mit den Bitmap-Daten an. Das Bild wird dabei Zeile für Zeile abgetastet und gespeichert. Die Daten einer Zeile müssen gegebenenfalls bis zur Grenze von 32 Bit mit Nullbits aufgefüllt werden. Der Nullpunkt der Bitmap liegt in der linken unteren Ecke. Die Daten liegen nach meinen bisherigen Informationen bis zur OS/2-Version 1.2 unkomprimiert vor.

Anmerkung: OS/2-Version 1.3 benutzt die gleiche Kodierung wie Version 1.2.

OS/2 Bitmap-Format (Version 2.0)

OS/2 Version 2.0 benutzt zum Speichern von Rasterbildern ebenfalls ein BMP-Format, welches aber gegenüber den vorhergehenden Versionen etwas modifiziert wurde. Das Bitmap-Format wird dabei für Bilder, Icons und Pointer (Cursor) benutzt. Es handelt sich um ein geräteunabhängiges Format, welches Monochrom- und Farbbilder speichern kann. Die Auflösung kann dabei 1, 4, 8 und 24 Bit pro Pel (Pel = Pixel) betragen. Die Bitmap wird dabei so gespeichert, wie das Ausgabegerät die Daten verarbeiten kann. Das erste Pel erscheint in der linken unteren Ecke (Koordinaten Nullpunkt). Die folgenden Punkte werden zeilenweise von links nach rechts ausgegeben. Die einzelnen Zeilen werden von unten nach oben gezeichnet. Das höchstwertige Bit in einem Datenbyte gibt dabei das erste Pel an (z.B. bei monochromer Darstellung). Die Daten einer Ausgabezeile werden in Bytes zusammengepackt, wobei eine Zeile immer an einer 32-Bit-Grenze endet. Notfalls sind einzelne Pixel am rechten Bildrand bis zur Grenze von 32 Bit mit Nullbits aufzufüllen. Diese Technik ist bereits von Windows bekannt. Eine OS/2-BMP-Datei setzt sich in der Version 2.0 aus mehreren Datenblöcken zusammen (Abbildung 18.2).

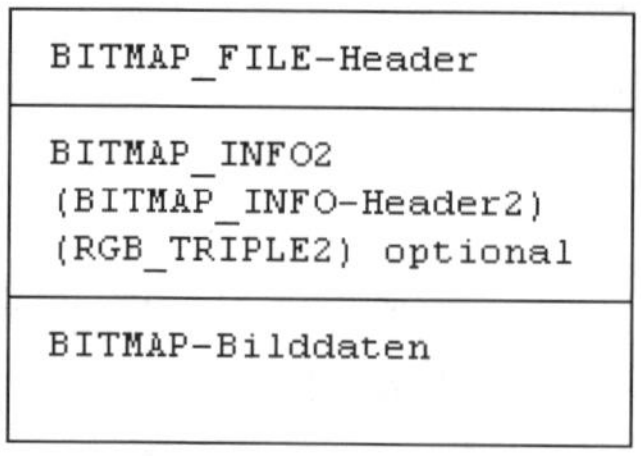

Abbildung 18.2 Aufbau des BMP-Formats (OS/2 Version 2.0)

Der BITMAP_FILE-Header ist eine Datenstruktur mit folgendem Aufbau:

Offset	Bytes	Name	Bedeutung
00H	2	usType	Typ des Resource Files
02H	4	cbSize	Länge BITMAP_FILE-Header in Byte
06H	2	xHotSpot	nur bei Icon und Cursor belegt
08H	2	yHotSpot	nur bei Icon und Cursor belegt
0AH	4	bfOffs	Offset in Datenbereich

Tabelle 18.3 Aufbau des OS/2-BMP-Headers

Im ersten Wort des Headers muß der Typ der Bitmap-Datei als Signatur stehen. Hier sind folgende Signaturen definiert:

- 'BM'=Bitmap-Datei mit einem Bild
- 'IC'=Icon-Datei
- 'PT'=Pointer (Cursor)
- 'CI'=Color Icon-Datei
- 'CP'=Color Pointer

Daran schließt sich ein Doppelwort mit der Länge des Headers in Byte an. Dies ist erforderlich, da ab OS/2 Version 2.0 der Header durchaus zweimal in der Datei vorkommen kann. Dies ist immer dann der Fall, wenn ein Icon oder ein Pointer in der Datei gespeichert ist. Dann enthält diese zwei Bitmap-Bilder (XOR-Maske und AND-Maske, siehe auch Windows Icon-Format).

Abweichend von der Windows-Header-Struktur sind die beiden Worte ab Offset 06H (*xHotSpot*, *yHotSpot*) bei Icons und Pointern als Koordinaten des »Hot Spot« definiert. Bei einem Bitmap-Bild werden die beiden Einträge ignoriert. Der Header wird ab Offset 0AH mit einem 4-Byte-Zeiger abgeschlossen, der den Offset vom Dateianfang zum ersten Datenbyte des Bildes spezifiziert. Sofern sich ein zweiter Header anschließt, besitzt dieser die gleiche Datenstruktur.

An den Header schließt sich der BITMAP_INFO2-Block an. Dieser enthält wiederum einen Header (BITMAP_INFO2-Header), der sich auf die Bilddaten bezieht. Der zweite Eintrag (RGB_TRIPLE2) ist optional und definiert die Farbpalette. Der BITMAP_INFO2-Block besitzt folgenden Aufbau (Tabelle 18.4):

Offset	Bytes	Name	Bedeutung
			BITMAP_INFO-Header
0EH	4	cbFix	Länge BITMAP_INFO2-Header in Byte
12H	4	cx	Breite der Bitmap in Pels
16H	4	cy	Höhe der Bitmap in Pels
1AH	2	cPlanes	Zahl der Farbebenen (wird auf 1 gesetzt)
1CH	2	cBitCnt	Zahl der Bits pro Pixel
1EH	4	ulCompr	Typ der Komprimierung
22H	4	cbImage	Länge Bitmap in Byte
26H	4	cxResol.	horizontale Auflösung
2AH	4	cyResol.	vertikale Auflösung
2EH	4	cClrUsed	Zahl der benutzten Farben
32H	4	cClrImp.	Zahl der wichtigen Farben
36H	2	usUnits	Units of Measure
38H	2	---	reserviert
3AH	2	usRecord.	Recording-Algorithmus
3CH	2	usRend.	Rendering-Algorithmus
3EH	4	cSize1	Size Wert 1
42H	4	cSize2	Size Wert 2
46H	4	ulClrEnc.	Color Encoding
4AH	4	ulIdentif	reserviert für Anwendungen
			RGB_TRIPLE2
4EH	n*4	 rgbRed rgbGreen rgbBlue	Farbdefinition für *n* Farben mit: 1 Byte Intensität Rot 1 Byte Intensität Grün 1 Byte Intensität Blau ...

Tabelle 18.4 Aufbau des BITMAP_INFO2-Blocks

Alle Angaben in der Spalte *Offset* basieren auf der Annahme, daß nur eine Kopie des Fileheaders benutzt wird. Die Länge des Headers wird jedoch in einem Feld angegeben, so daß gegebenenfalls die Distanz zu den Werten der Spalte *Offset* zu addieren ist.

Das Feld *cbFix* (Offset 0EH) gibt die Länge des BITMAP_INFO2-Headers in Byte an. An diesen Header schließt sich die (optionale) Tabelle mit der Definition der Farbpalette (RGB_TRIPLE2) an.

Die zwei Felder *cx* und *cy* geben Breite und Höhe des Bitmap-Bildes in Pels an. Dies ist zur Erzeugung des späteren Bildes von Bedeutung.

Das Feld *cPlanes* (Offset 1AH) definiert die Zahl der Bitebenen (Planes) im Ausgabegerät. Der Eintrag wird zur Zeit auf 1 gesetzt, kann aber zukünftig auch andere Werte aufweisen.

Von besonderer Bedeutung ist das Feld ab Offset 1CH *cBitCount*. Dessen Wert definiert die Zahl der Bits pro Pel in einer Ausgabeebene und legt damit auch die Zahl der Farben im Bild fest. Hierbei sind folgende Werte erlaubt:

1: Definiert 1 Bit pro Pixel, was einem monochromen Bild entspricht. Ist das Bit gesetzt, wird die erste Farbe aus der Farbtabelle benutzt. Bei einem gelöschten Bit wird der Punkt mit der zweiten Farbe der Farbtabelle dargestellt.

4: Damit läßt sich ein Bild mit 16 Farben aufbauen. Die Farbpalette enthält dann 16 Einträge à 4 Byte. Jeder Bildpunkt besteht aus 4 Bit, d.h., ein Byte speichert die Farben zweier Bildpunkte. Der Wert 1FH steht dann für die 2. und 16. Farbe aus der Farbtabelle.

8: Diese Bitmap kann maximal 256 Farben enthalten, wobei jeder Bildpunkt durch 8 Bits dargestellt wird. Diese Werte dienen als Index in die 256 Elemente umfassende Farbtabelle. Der Wert 00H definiert dann einen Bildpunkt mit der ersten Farbe aus der Indextabelle.

24: Dieser Wert definiert ein Bild mit 2**24 (16 Millionen) Farben, d.h., jeder Bildpunkt wird durch 24 Bit dargestellt. Da die Farbtabelle in diesem Fall sehr groß würde, sind die Farben direkt im Bilddatenbereich kodiert. Die 24 Bit pro Pixel repräsentieren 3 Bytes, die die Intensitäten der Farben Rot, Grün und Blau im Bereich zwischen 0 und 255 definieren. Daraus wird von der Ausgabeeinheit dann die Mischfarbe generiert. Damit lassen sich Echtfarbenbilder erzeugen. Die Indextabelle mit den Farbdefinitionen im Header entfällt bei der 24-Bit-Darstellung.

Der Typ des Komprimierungsverfahrens der Bilddaten wird im Feld *ulCompression* (Offset 1EH) als 4-Byte-Wert angegeben. Auch wenn mir keine Dokumentation zu diesem Thema vorliegt, dürften die Komprimierungstypen der Windows 3.x-Bitmaps verwendet werden.

0: Die Bitmap-Daten liegen unkomprimiert vor.

1: Es wird ein Run-Length-Encoding-Verfahren (RLE) für Bitmaps mit 8 Bit pro Pixel verwendet.

2: Es wird ein Run-Length-Encoding-Verfahren (RLE) für Bitmaps mit 4 Bit pro Pixel verwendet.

Anmerkung: Eine Beschreibung dieser Komprimierungsverfahren findet sich im Kapitel zum Windows Bitmap-Format.

Das 4-Byte-Feld *cbImage* ab Offset 22H gibt die Länge des (komprimierten) Bitmap-Datenbereichs in Byte an. Die beiden folgenden Felder *cxResolution* und *cyResolution* definieren die Auflösung der Zieleinheit in Pels (Pels = Picture Elements) für die x- und y-Achse. Damit kann eine Anwendung gegebenenfalls die am besten für das Gerät geeignete Bitmap aus einer Ressource auswählen.

Das Feld *cClrUsed* (Offset 2EH) spezifiziert, wie viele Farben aus der Farbtabelle das aktuelle Bild nutzen. Daher kann ein Bild weniger Farben enthalten, als nach der Farbtabelle möglich sind. Die wichtigsten Farben sollten deshalb zu Beginn der Indextabelle gespeichert werden. Ist der Wert des Feldes = 0, werden alle Farben benutzt. Die Ausführungen gelten jedoch nur, falls weniger als 24 Bit pro Bildpunkt gespeichert werden. Ist das Feld *cBitCount* (Offset 1CH) auf den Wert 24 gesetzt, gibt der Inhalt von *cClrUsed* die Größe der Referenztabelle mit den Farben an. Normalerweise benötigt man bei der 24-Bit-Darstellung keine Farbtabelle. Aus Optimierungsgründen darf aber eine Farbtabelle mit angegeben werden. Folgt der Bereich mit den Bitmap-Daten direkt auf den BITMAP_INFO2-Header, muß das Feld auf 0 gesetzt werden.

Das Feld *cClrImportant* (Offset 32H) definiert die Zahl der für die Anzeige wichtigen Farben. Ist der Wert 0, sind alle Farben der Referenztabelle von Bedeutung.

Bis zum Offset 32H stimmt die Datenstruktur mit den Vorgaben von Windows 3.x überein. Ab Offset 36H wurde die Datenstruktur aus Windows ergänzt. Die genaue Bedeutung dieser Werte ist mir allerdings zur Zeit noch nicht klar. Nach den vorliegenden Informationen wertet OS/2 in der Version 2.0 die Felder nicht aus.

An den Header schließt sich optional die Tabelle mit den Farbdefinitionen an. Jede Farbe wird durch die Anteile der Farben Blau, Grün und Rot definiert. Die Definition umfaßt dabei 3 Byte pro Farbe. Die Länge der Tabelle wird durch die Zahl der Farben (Bits pro Pixel) bestimmt. Unklar ist mir allerdings die Reihenfolge der einzelnen Bytes bzw. die Zuordnung der Farben. Während Windows die ungewöhnliche Reihenfolge Blau, Grün, Rot wählt, scheint unter OS/2 Version 2.0 die Reihenfolge in Rot, Grün und Blau umgedreht zu sein. (Dies muß aber noch verifiziert werden; für Tips aus dem Leserkreis bin ich dankbar).

Der Datenbereich

An die beschriebenen Kopfdaten schließt sich der Datenbereich mit den Bitmap-Daten an. Das Bild wird Zeile für Zeile abgetastet und gespeichert. Dabei lassen sich die Daten gegebenenfalls komprimieren. Eine Bildzeile wird immer zusammenhängend gespeichert. Gegebenenfalls werden die fehlenden Bildpunkte am rechten Rand bis zur Grenze von 32 Bit mit 0 ergänzt. Das Bild besitzt dabei seinen Ursprung in der linken unteren Ecke. Die Komprimierung erfolgt vermutlich nach den von Windows vorgegebenen Verfahren.

Da OS/2 in der Version 2.0 das gleiche Format für Bitmap-Bilder, Icons und Pointer benutzt, wurde die Dateistruktur (in Abhängigkeit von der Signatur) um einige Felder ergänzt. Bei Dateien mit mehreren Bildern enthält der erste Abschnitt ein Feld von BITMAP_ARRAY_HEADER-Strukturen:

```
BITMAP_ARRAY_FILE_HEADER
BITMAP_FILE_HEADER
Color Table
...
BITMAP_ARRAY_FILE_HEADER
BITMAP_FILE_HEADER
Color Table
...
```

Die Struktur eines BITMAP_ARRAY_FILE_HEADERs ist nachfolgend aufgeführt:

Offset	Bytes	Name	Bedeutung
00H	2	usType	Signatur ('BA')
02H	4	cbSize	Länge BITMAP_ARRAY_FILE-Header (Bytes)
06H	4	offNext	Offset nächster Header
0AH	2	cxDisp	Auflösung x-Achse in Pels
0CH	2	cyDisp	Auflösung a-Achse in Pelsr
			Struktur BITMAP_FILE-Heade

Tabelle 18.5 Aufbau des Windows BITMAP_ARRAY_FILE-Headers

Im ersten Wort erscheint die Signatur 'BA' (BITMAP_ARRAY), um die Ergänzung des Headers zu signalisieren. Die 4 Byte ab Offset 02H definieren die Länge des BITMAP_ARRAY_FILE-Headers in Byte. Da in der Struktur in der Regel mehrere Bitmaps abgespeichert werden, findet sich ab Offset 06H ein 4-Byte-Zeiger auf den Beginn des folgenden BITMAP_ARRAY_FILE-Headers. Die Felder *cxDisplay* und *cyDisplay* geben die vorgesehene Auflösung des Ausgabegerätes (z. B. VGA, 640 x 480) an. An diesen Header schließt sich dann die bereits beschriebene Struktur des BITMAP_FILE-Headers an.

In diesem Fall enthält das Feld *cy* den zweifachen Wert der Bildhöhe. Die Ursache ist darin begründet, daß zur Ausgabe eines Icons oder eines Pointers zwei komplette Bitmaps gespeichert werden. Die erste Bitmap definiert die XOR-Maske, die die Informationen zur Invertierung eines Bildpunktes enthält (0 = nicht invertieren, 1 = invertieren). Die zweite Bitmap enthält die AND-Maske, die bestimmt, ob ein Pixel dargestellt wird (0 = Schwarzweiß, 1 = Screen/invers Screen). Bei Farbbildern enthält eine Bitmap die AND- und XOR-Masken und liegt monochrom vor. Die zweite Bitmap speichert dann das Farbbild. Im *cy*-Feld des BITMAP_INFO2-Headers muß der Wert für die Color-Bitmap der wahren Größe entsprechen. In der Schwarzweiß-Bitmap ist dagegen der doppelte Wert anzugeben. Analoges gilt für das Feld *cx*. An die Definition der Farbtabelle schließen sich dann die Datenbereiche für die unterschiedlichen Bitmaps an. Die Auflösung für Icons ist in folgenden Stufen definiert:

- 32x32 4 Bit/Pel (16 Farben, VGA)
- 40x40 4 Bit/Pel (16 Farben, 8514/A, XGA)
- 32x32 1 Bit/Pel (monochrom)
- 20x20 1 Bit/Pel (monochrom)
- 16x16 1 Bit/Pel (monochrom)

Die Auflösungen mit 20 x 20 und 16 x 16 sind für Mini-Icons vorgesehen.

Damit möchte ich die Beschreibung des OS/2 BMP-Formats abschließen. Weitere Informationen lassen sich aus der IBM PM Programming Reference, Volume 2, entnehmen.

19 Das CAS Fax-Format (DCX)

Zur Speicherung von Faxdokumenten wurde das CAS Fax-Format (DCX-Format) definiert. Hierbei handelt es sich um ein Format, welches auf PCX basiert und mehrere Schwarzweißbilder aufnehmen kann. Hierzu wurde die PCX-Definition etwas erweitert. Eine DCX-Datei besitzt dabei die in Abbildung 19.1 gezeigte Struktur.

DCX-Header
PCX-Bilder (bis zu 1024)

Abbildung 19.1 DCX-Faxfile-Struktur

Eine DCX-Datei besteht damit aus einem Header, gefolgt von bis zu 1024 Einzelbildern, die gemäß der PCX-Spezifikation im Monochromformat abgespeichert sind.

Der DCX-Header

Der DCX-Header besitzt einen sehr einfachen Aufbau und dient zur Organisation der nachfolgenden Bilder.

Offset	Bytes	Bemerkungen
00H	4	Signatur
04H	1024*4	Image Pointer Array

Tabelle 19.1 Struktur eines DCX-Headers

Die ersten 4 Bytes enthalten eine Signatur mit den Werten 3A DE 68 B1. Daran schließt sich ein Feld mit 1024 Einträgen à 4 Byte an. Diese Einträge stellen Zeiger (Offset) auf die nachfolgenden Einzelbilder im PCX-Format dar. Ist ein Eintrag 00H, liegt kein Bild mehr vor.

Die Bilder werden gemäß der PCX-Spezifikation abgelegt. Jeder Bereich beginnt mit einem Header, gefolgt vom Datenbereich (siehe PCX-Beschreibung).

Anmerkung: Es gibt eine weitere Reihe an Faxformaten, die teilweise die empfangenen Daten komprimiert nach der CCITT-Group-3-Spezifikation ablegen. Die Daten werden dann entweder direkt in einer Datei oder im Anschluß an einen Header gespeichert. Der Aufbau dieses Headers variiert von Hersteller zu Hersteller. Meist werden jedoch nur vier Byte zur Signatur benutzt.

20 Computer Graphic Metafile-Format (CGM)

Das *Computer Graphic Metafile*-Format erlaubt den Austausch von Grafiken zwischen verschiedenen Rechnern. Die Definition des Metafile-Formats wurde 1987 international standardisiert (ISO 8662). Zwischenzeitlich wurde dieses Format als Basis für weitere Normen (z.B. ISO 8613 Norm *Office Document Architecture* (ODA), SGML und *Interchange*-Format) als Basis genommen. Weiterhin gibt es ab Januar 1999 eine Empfehlung (REC-WebCGM-19990121) des W3C-Komitees (*www.w3c.org*) zu WebCGM. Es handelt sich hierbei um eine Profilbeschreibung, die Hinweise zur Nutzung des CGM-Formats im Web gibt. Nachfolgend wird das Format CGM auszugsweise beschrieben. Für die Kodierung der CGM-Datei sind drei verschiedene Alternativen zulässig:

- Kodierung im Klartext als ASCII-File mit eingebetteten Steuersequenzen
- Binäre Kodierung aller Daten, Parameter und Anweisungen
- Ausgabe mit den 94 druckbaren ISO 646-Zeichen

Die binäre Kodierung ist zum Speichern und Bearbeiten auf dem Rechner optimal geeignet, während sich die Klartextausgabe als Ausdruck für die manuelle Bearbeitung eignet. Die ISO-Zeichenkodierung wurde für den Datenaustausch zwischen Rechnern spezifiziert.

Binäre CGM-Kodierung

Bei dieser Darstellung werden die Anweisungen und Parameter in Records gespeichert. Jeder Eintrag muß wortweise gelesen werden, da ein Record immer an einer Wortgrenze beginnt. Sätze mit einer ungeraden Anzahl von Bytes werden durch ein angehängtes Nullbyte auf die Wortgrenze ausgerichtet. Abbildung 20.1 zeigt den Satzaufbau.

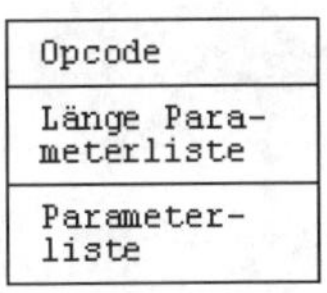

Abbildung 20.1 Format CGM-Kodierung

```
Begin Metafile ( 0000 0000 0011 0000
      class = 0            id 1           Länge = 16 Byte

              Parameterliste Begin Metafile

00 30 0E 43 3A 5C 46 4C-5C 42 4F 52 4E 2E 43 47
 .  0  .  C  :  \  F  L  \  B  O  R  N  .  C  G
       Metafile Version
                        Metafile Descriptor
                        (0001 0000 0101 1111)
                                                Len = continued
                                  id = 2
                             Class = 1
                              Len = 32 not continued

4D 00 10 22 00 01 10 5F-00 20 1E 46 72 65 65 6C
 M  .  .  "  .  .  .
    .     .  F  r  e  e  l
— Metafile Descriptor Parameterliste —
61 6E 63 65 20 4D 65 74-61 66 69 6C 65 20 56 65
 a  n  c  e     M  e  t  a  f  i  l  e     V  e
                                   VDC-Typ
— Metafile Descriptor                           Integer-
72 73 69 6F 6E 20 32 2E-31 00 10 62 00 00 10 82 Precision
 r  s  i  o  n     2  .  1  .  .  b  .  .  .  .

00 10 10 A6 00 01 00 10-00 10 10 C2 00 10 10 E2
00 10 11 02 00 10 11 22-00 10 11 4C 00 00 00 00
00 00 00 64 00 64 00 64-11 7F 00 DE 00 37 00 00
00 01 00 00 00 02 00 00-00 03 00 00 00 04 00 00
00 05 00 01 00 01 00 01-00 02 00 01 00 03 00 01
00 04 00 01 00 05 00 01-00 06 00 01 00 08 00 01
00 09 00 01 00 0D 00 02-00 01 00 02 00 02 00 02
00 03 00 02 00 04 00 02-00 05 00 02 00 06 00 03
00 01 00 03 00 04 00 03-00 06 00 04 00 01 00 04
00 03 00 04 00 04 00 04-00 07 00 04 00 0B 00 04
00 0C 00 04 00 0F 00 04-00 10 00 04 00 11 00 04
00 12 00 04 00 13 00 05-00 02 00 05 00 03 00 05
00 04 00 05 00 06 00 05-00 07 00 05 00 08 00 05
00 0A 00 05 00 0E 00 05-00 0F 00 05 00 10 00 05
00 12 00 05 00 16 00 05-00 17 00 05 00 18 00 05
00 1B 00 05 00 1C 00 05-00 1D 00 05 00 1E 00 05
00 22 00 06 00 01 00 07-00 02 11 BF 00 60 11 53
 .  "  .  .  .  .  .  .  .  .  .  .  .  '  .  S
```

```
61 6E 73 2D 73 65 72 69-66 20 53 74 72 6F 6B 65
 a  n  s  -  s  e  r  i  f     S  t  r  o  k  e
11 53 61 6E 73 2D 73 65-72 69 66 20 53 74 72 6F
 .  S  a  n  s  -  s  e  r  i  f     S  t  r  o
6B 65 11 53 61 6E 73 2D-73 65 72 69 66 20 53 74
 k  e  .  S  a  n  s  -  s  e  r  i  f     S  t
72 6F 6B 65 11 53 61 6E-73 2D 73 65 72 69 66 20
 r  o  k  e  .  S  a  n  s  -  s  e  r  i  f
53 74 72 6F 6B 65 05 53-77 69 73 73 05 53 77 69
 S  t  r  o  k  e  .  S  w  i  s  s  .  S  w  i
73 73 05 53 77 69 73 73-05 53 77 69 73 73 70 44
 s  s  .  S  w  i  s  s  .  S  w  i  s  s  p  D
4C 42 01 01 00 6A 08 50-49 43 54 55 52 45 31 00
 L  B  .  .  .  j  .  P  I  C  T  U  R  E  1  .
20 26 00 00 00 00 00 00-20 42 00 00 20 62 00 00
20 82 00 00 20 A2 00 00-20 C8 00 00 00 00 7F FF
60 B8 00 80 54 5F 00 4A-00 01 00 00 00 00 00 00
00 00 00 00 00 3F 00 00-00 3F 00 00 00 57 00 00
00 00 00 64 00 2D 00 06-00 30 00 08 00 05 00 30
00 05 00 4C 00 05 00 5F-00 64 00 64 00 57 00 05
00 43 00 05 00 2D 00 00-00 00 00 00 00 00 00 00
00 3F 30 22 00 10 30 82-00 01 30 C2 00 00 51 C2
00 01 51 42 00 01 51 E2-02 AA 52 08 00 00 02 AA
02 AA 00 00 52 4C 00 01-00 02 00 00 00 00 00 00
00 00 40 98 28 F0 30 84-00 01 11 44 69 65 73 20
 .  .  @  .  (  .  0  .  .  .  .  .  D  i  e  s
69 73 74 20 65 69 6E 20-54 65 78 74 50 82 00 01
 i  s  t     e  i  n     T  e  x  t  P  .  .  .
50 42 00 01 50 62 00 01-40 28 29 6F 3E 27 42 18
 P  B  .  .  P  b  .
3E 27 53 A2 00 01 53 C2-00 01 53 62 00 01 53 82
00 01 52 E2 00 01 52 C2-00 04 41 68 0E CC 27 F4
23 05 39 B7 41 86 36 80-4B 28 0A 5B 52 C2 00 01
40 F4 56 8F 4B 28 63 23-4D B2 63 23 42 97 53 1C
                         ┌──┬─ End Metafile
42 97 53 1C 49 91 00 A0-00 40  (class 0, Id 1, Len 0)
 B  .  S  .  I  .  .  .  .  @
```

Abbildung 20.2 Hexdump mehrerer binärer Records einer CGM-Datei

Abbildung 20.2 zeigt das Beispiel einer CGM-Datei als Hexdump. Bei CGM-Dateien, die auf PCs erstellt wurden, ist darauf zu achten, daß das höherwertige Byte eines Wortes entgegen den Intel-Konventionen zuerst (niedere Adresse) abgespeichert wird. Der Opcode und die Längenangabe für die Parameterliste werden im Record-Header gemäß Abbildung 20.3 abgelegt.

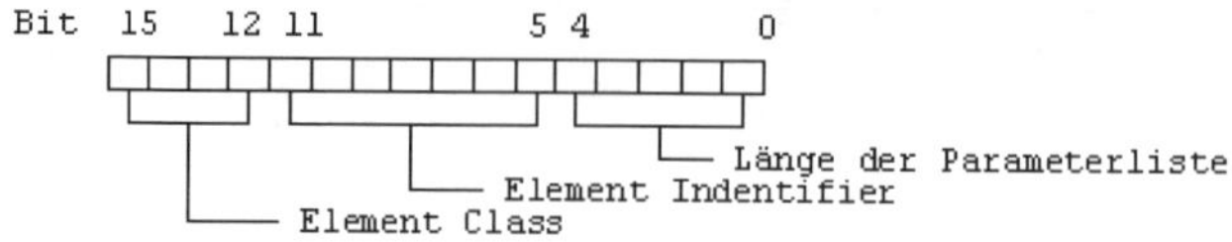

Abbildung 20.3 Kurzform des Record-Headers

In der in Abbildung 20.3 gezeigten Form belegt der Header zum Markieren einer CGM-Anweisung lediglich ein 16-Bit-Wort. Die Bits 12 bis 15 enthalten einen Code, der die Klasse (*class*) des Metafile-Elementes spezifiziert. Daran schließt sich in den Bits 5 bis 11 der Code (*id*) für das eigentliche Element an. Diese beiden Einträge fungieren als Opcode innerhalb des Headers. Da zu jedem Opcode eine unterschiedliche Anzahl von Parametern definiert ist, folgt anschließend eine Zahl, die die Länge der nachfolgenden Parameterliste in Byte spezifiziert. Bei Listen von maximal 30 Byte wird die Länge in den Bits 0-4 des ersten Wortes abgelegt (Abbildung 20.3). Um aber auch längere Parameterlisten in einem Record speichern zu können, existiert ein erweiterter Record-Header gemäß Abbildung 20.4.

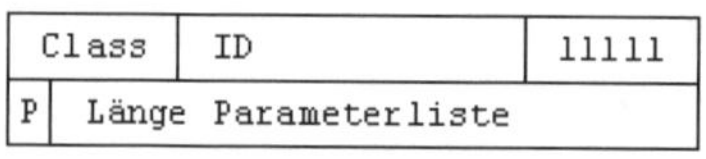

Abbildung 20.4 Erweiterter Record-Header

Der erweiterte Record-Header benötigt 2 Wörter. Im ersten Wort steht wie bisher der Code des Metafile-Elementes. Die Bits 0 bis 4 des Längenfeldes enthalten jedoch die binäre Signatur 11111. Damit steht fest, daß das folgende Wort vom Header belegt wird. Dieses zweite Wort enthält in den Bits 0 bis 14 die Länge der Parameterliste in Byte. Das oberste Bit fungiert als Flag (P). Falls die Parameterliste mehr als 127 Bytes umfaßt, könnte dies nicht mehr im Längenfeld dargestellt werden, wie zum Beispiel bei Strings. Hier greift man zu einem Trick und unterteilt die Parameterliste in mehrere *Teillisten* von maximal 127 Byte Länge. Das P-Flag im obersten Bit des zweiten Wortes signalisiert nun, ob sich an die Parameterliste eine weitere Teilliste anschließt. Die Kette der Teillisten wird so lange fortgesetzt, bis das P-Flag den Wert 0 enthält (Abbildung 20.5).

Negative Werte innerhalb der Parameterliste liegen im Zweierkomplement vor. Realzahlen benutzen das IEEE-Fließkommaformat. Ein String kann in der Kurzform bis zu 254 Zeichen enthalten; die Länge steht dann im ersten Byte des ASCII-Strings. In der Langform wird der String in Teilstrings gespeichert. Das erste Byte eines Strings enthält den Wert FFH. In den folgenden zwei Bytes steht dann die Stringlänge des ersten Teilstrings. Das oberste Bit dieses Wortes dient wiederum als Indikator für verkettete Teilstrings. Ist es auf 1 gesetzt, geben die restlichen Bits die Länge des Teilstrings an. An diesen Teilstring schließt sich eine weitere Zeichenkette mit der beschriebenen Struktur an. Die letzte Zeichenkette ist erreicht, sobald das oberste Bit im Kopf des Strings den Wert 0 annimmt.

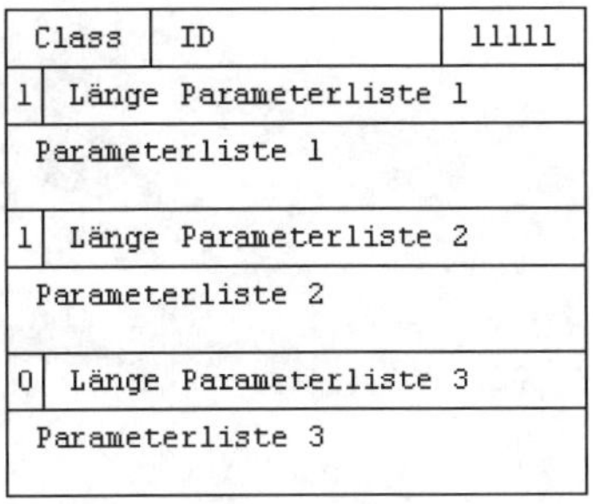

Abbildung 20.5 Verkettete Parameterliste

Bei der binären Kodierung enthält ein Metafile Opcodes gemäß Tabelle 20.1.

class	id	Element Name
0	1	Begin Metafile
0	2	End Metafile
0	3	Begin Picture
0	4	Begin Picture Body
0	5	End Picture
1	1	Metafile Version
1	2	Metafile Description
1	3	VDC-Typ
1	4	Integer Precision
1	5	Real Precision
1	6	Index Precision
1	7	Color Precision
1	8	Color Index Precision
1	9	Maximum Color Index
1	10	Color Value Extent
1	11	Metafile Element List
1	12	Metafile Defaults Replacements
1	13	Font List
1	14	Character Set List
1	15	Character Coding Announcer
2	1	Scaling Mode
2	2	Color Selection Mode
2	3	Line Width Specification Mode
2	4	Marker Size Specification Mode
2	5	Edge Width Specification Mode
2	6	VDC Extent
2	7	Background Color
3	1	VDC Integer Precision
3	2	VDC Real Precision
3	3	Auxiliary Color
3	4	Transparency
3	5	Clip Rectangle
3	6	Clip Indicator

class	id	Element Name
4	1	Polyline
4	2	Disjoint Polyline
4	3	Polymarker
4	4	Text
4	5	Restricted Text
4	6	Append Text
4	7	Polygon
4	8	Polygon Set
4	9	Cell Array
4	10	Generalized Drawing Primitive
4	11	Rectangle
4	12	Circle
4	13	Circular Arc 3 Point
4	14	Circular Arc 3 Point Close
4	15	Circular Arc Centre
4	16	Circular Arc Centre Close
4	17	Ellipse
4	18	Elliptical Arc
4	19	Elliptical Arc Close
5	1	Line Bundle Index
5	2	Line Type
5	3	Line Width
5	4	Line Color
5	5	Marker Bundle Index
5	6	Marker Type
5	7	Marker Size
5	8	Marker Color
5	9	Text Bundle Index
5	10	Text Font Index
5	11	Text Precision
5	12	Character Expansion Factor
5	13	Character Spacing
5	14	Text Color
5	15	Character Height
5	16	Character Orientation
5	17	Text Path
5	18	Text Alignment
5	19	Character Set Index
5	20	Alternate Character Set Index
5	21	Fill Bundle Index
5	22	Interior Style
5	23	Fill Color
5	24	Hatch Index
5	25	Pattern Index
5	26	Edge Bundle Index

class	id	Element Name
5	27	Edge Type
5	28	Edge Width
5	29	Edge Color
5	30	Edge Visibility
5	31	Fill Reference Point
5	32	Pattern Table
5	33	Pattern Size
5	34	Color Table
5	35	Ascpect Source Flags
6	1	Escape
7	1	Message
7	2	Application Data

Tabelle 20.1 Metafile-Opcodes bei Binary Encoding

Für den Binary-Encoding-Mode gelten folgende Standardeinstellungen:

- Werte mit *Real Precision* werden als Festkommazahlen mit 32 Bit (16-Bit-Zähler, 16-Bit-Nenner) dargestellt.
- Werte mit *Integer Precision* werden mit 16 Bit dargestellt.
- Bei der *Color Precision* wird ein Byte pro Farbe verwendet.
- Werte vom Typ *Index Precision* umfassen 16 Bit; Werte vom Typ *Color Index Precision* 8.
- Die Einstellung für VDC EXTENT liegt bei REAL auf (0.0, 0.0),(-0.999, -0.999) und bei *Integer* auf (0, 0),(32767, 32767)
- Werte für die Farberweiterungen (*Color Extent*) liegen zwischen (0, 0, 0) und (255, 255, 255).

Die Belegung der Parameterlisten ist den entsprechenden ISO-Dokumenten zu entnehmen; eine kurze Beschreibung findet sich am Ende dieses Kapitels.

Kodierung als ASCII-Text

Um Metafiles per Texteditor erstellen, ausdrucken und testen zu können, wurde die Darstellung im ASCII-Klartextmode definiert. Alle Anweisungen besitzen diese Syntax:

```
Opcode <sep> Operand <sep> Operand...<term>
```

Jede Anweisung wird mit einem Terminator *<term>* abgeschlossen. Hierbei ist entweder ein Semikolon (;) oder ein Schrägstrich (/) zulässig. Als Separatoren *<sep>* sind Leerzeichen, Tabulatoren oder Kommata zulässig. Operanden erscheinen im Klartext, wobei Zahlen zur besseren Lesbarkeit in Klammern gesetzt werden dürfen. Realzahlen werden in der Notation mit Dezimalpunkt in der Exponential- oder Fließkommaschreibweise (*Em.n* oder *Fm.n*) dargestellt, Integerwerte dürfen ebenfalls mit einem Dezimalpunkt abgeschlossen werden. Zahlen lassen sich in jedem beliebigen Zahlensystem mit der Basis 2 bis 16 angeben. In den Anweisungen lassen sich sogenannte Nullzeichen (z.B. das $-Zeichen oder ein Unterstrich) einbringen. Diese Zeichen werden vom CGM-Parser ignoriert, erhöhen aber unter Umständen die Lesbarkeit des Textes.

Strings müssen in Hochkommata (') oder normale Anführungszeichen (") eingeschlossen werden. Zwei dieser Zeichen hintereinander signalisieren, daß das betreffende Zeichen Stringelement ist. Zwischen Strings und anderen Operatoren muß kein Separator stehen.

Weiterhin können in die CGM-Datei innerhalb von Prozentzeichen (%) Kommentarzeilen eingebracht werden, die dann vom Parser überlesen werden. So ein Kommentar kann sich durchaus über mehrere Zeilen erstrecken.

Tabelle 20.2 enthält eine Zusammenstellung der Schlüsselwörter in der ASCII-Kodierung:

Name	Element Name
BEGMF	Begin Metafile
ENDMF	End Metafile
BEGPIC	Begin Picture
BEGPICBODY	Begin Picture Body
ENDPIC	End Picture
MFVERSION	Metafile Version
MFDESC	Metafile Description
VDCTYPE	VDC-Typ
INTEGERPREC	Integer Precision
REALPREC	Real Precision
INDEXPREC	Index Precision
COLRPREC	Color Precision
COLRINDEXPREC	Color Index Precision
MAXCOLRINDEX	Maximum Color Index
COLRVALUEEXT	Color Value Extent
MFELEMLIST	Metafile Element List
BEGMFDEFAULTS	Metafile Defaults Replacements
ENDMFDEFAULTS	"
FONTLIST	Font List
CHARSETLIST	Character Set List
CHARCODING	Character Coding Announcer
SKALEMODE	Skaling Mode
COLRMODE	Color Selection Mode
LINEWIDTHMODE	Line Width Specification Mode
MARKERSIZEMODE	Marker Size Specification Mode
EDGEWIDTHMODE	Edge Width Specification Mode
VDCEXT	VDC Extent
BACKCOLR	Background Color
VDCINTEGERPREC	VDC Integer Precision
VDCREALPREC	VDC Real Precision
AUXCOLR	Auxiliary Color
TRANSPARENCY	Transparency
CLIPRECT	Clip Rectangle
CLIP	Clip Indicator

Name	Element Name
LINE	Polyline
INCRLINE	
DISJTLINE	Disjoint Polyline
INCRDISJTLINE	
MARKER	Polymarker
INCRMARKER	
TEXT	Text
RESTRTEXT	Restricted Text
APNDTEXT	Append Text
POLGON	Polygon
INCRPOLYGON	
POLGONSET	Polygon Set
INCRPOLGONSET	
CELLARRAY	Cell Array
GDP	Generalized Drawing Primitive
RECT	Rectangle
CIRCLE	Circle
ARC3PT	Circular Arc 3 Point
ARC3PTCLOSE	Circular Arc 3 Point Close
ARCCTR	Circular Arc Centre
ARCCTRCLOSE	Circular Arc Centre Close
ELLIPSE	Ellipse
ELLIPARC	Elliptical Arc
ELLIPARCCLOSE	Elliptical Arc Close
LINEINDEX	Line Bundle Index
LINETYPE	Line Type
LINEWIDTH	Line Width
LINECOLOR	Line Color
MARKERINDEX	Marker Bundle Index
MARKERTYPE	Marker Type
MARKERSIZE	Marker Size
MARKERCOLR	Marker Color
TEXTINDEX	Text Bundle-Index
TEXTFONTINDEX	Text Font-Index
TEXTPREC	Text Precision
CHAREXPAN	Character Expansion-Factor
CHARSPACE	Character Spacing
TEXTCOLR	Text Color
CHARHEIGHT	Character Height
CHARORI	Character Orientation
TEXTPATH	Text Path
TEXTALIGN	Text Alignment
CHARSETINDEX	Character Set-Index
ALTCHARSETINDEX	Alternate Character Set-Index
FILLINDEX	Fill Bundle-Index
INTSTYLE	Interior Style
FILLCOLR	Fill Color

Name	Element Name
HATCHINDEX PATINDEX EDGEINDEX EDGETYPE EDGEWIDTH EDGECOLR EDGEVIS FILLREFPT PATTABLE PATSIZE COLRTABLE ASF	Hatch-Index Pattern-Index Edge Bundle-Index Edge Type Edge Width Edge Color Edge Visibility Fill Reference Point Pattern Table Pattern Size Color Table Aspect Source-Flags
ESCAPE	Escape
MESSAGE APPLDATA	Message Application-Data

Tabelle 20.2 Metafile-Opcodes bei ASCII-Encoding

Für die *Clear Text Encoding*-Methode gelten folgende Standardeinstellungen:

- Werte mit *Real Precision* liegen zwischen -32767 und 32767.
- Werte mit *Integer Precision* umfassen den Bereich von -32767 bis 32767.
- Bei der *Color Precision* liegt der maximale Wert einer Komponente bei 255.
- Werte vom Typ *Index Precision* umfassen die Werte zwischen 0 und 127, während der maximale Integerwert bei *Color Index Precison* bei 127 liegt.
- Die Einstellung für VDC EXTENT liegt bei REAL zwischen 0.0 und 1.0, wobei 4 Digits eingestellt werden. Bei Integer liegen sie zwischen -32767 und 32767.
- Werte für die Farberweiterungen (*Color Extent*) liegen zwischen (0,0,0) für Schwarz und (255,255,255) für Weiß.

Die Belegung der Parameterlisten ist den entsprechenden ISO-Dokumenten zu entnehmen.

Die Character-Kodierung mit ISO-Zeichen

In Anlehnung an die Kodierung im Klartext existiert als dritte Möglichkeit die Ausgabe eines Metafiles mit den ISO 646 7- oder 8-Bit-ASCII-Codes. In diesem Fall wird der Opcode durch ein oder zwei Zeichen aus der entsprechenden ISO 646-Tabelle spezifiziert. Die nachfolgende Tabelle 20.3 enthält eine Aufstellung der Befehle mit den verwendeten ISO-Zeichen:

code1	code2	Element Name
3/0	2/0	Begin Metafile
3/0	2/1	End Metafile
3/0	2/2	Begin Picture
3/0	2/3	Begin Picture Body
3/0	2/4	End Picture
3/1	2/0	Metafile Version
3/1	2/1	Metafile Description
3/1	2/2	VDC-Typ
3/1	2/3	Integer Precision
3/1	2/4	Real Precision
3/1	2/5	Index Precision
3/1	2/6	Color Precision
3/1	2/7	Color Index Precision
3/1	2/8	Maximum Color Index
3/1	2/9	Color Value Extent
3/1	2/10	Metafile Element List
3/1		Metafile Defaults Replacements
	2/11	Begin Metafile Defaults
	2/12	End Metafile Defaults
3/1	2/13	Font List
3/1	2/14	Character Set List
3/1	2/15	Character Coding Announcer
3/2	2/0	Scaling-Mode
3/2	2/1	Color Selection-Mode
3/2	2/2	Line Width Specification-Mode
3/2	2/3	Marker Size Specification-Mode
3/2	2/4	Edge Width Specification-Mode
3/2	2/5	VDC-Extent
3/2	2/6	Background Color
3/3	2/0	VDC Integer Precision
3/3	2/1	VDC Real Precision
3/3	2/2	Auxiliary Color
3/3	2/3	Transparency
3/3	2/4	Clip Rectangle
3/3	2/5	Clip Indicator
2/0		Polyline
2/1		Disjoint Polyline
2/2		Polymarker
2/3		Text
2/4		Restricted Text
2/5		Append Text
2/6		Polygon
2/7		Polygon Set
2/8		Cell Array
2/9		Generalized Drawing Primitive
2/10		Rectangle

code1	code2	Element Name
3/4	2/0	Circle
3/4	2/1	Circular Arc 3 Point
3/4	2/2	Circular Arc 3 Point Close
3/4	2/3	Circular Arc Centre
3/4	2/4	Circular Arc Centre Close
3/4	2/5	Ellipse
3/4	2/6	Elliptical Arc
3/4	2/7	Elliptical Arc Close
3/5	2/0	Line Bundle-Index
3/5	2/1	Line Type
3/5	2/2	Line Width
3/5	2/3	Line Color
3/5	2/4	Marker Bundle-Index
3/5	2/5	Marker Type
3/5	2/6	Marker Size
3/5	2/7	Marker Color
3/5	3/0	Text Bundle-Index
3/5	3/1	Text Font-Index
3/5	3/2	Text Precision
3/5	3/3	Character Expansion Factor
3/5	3/4	Character Spacing
3/5	3/5	Text Color
3/5	3/6	Character Height
3/5	3/7	Character Orientation
3/5	3/8	Text Path
3/5	3/9	Text Alignment
3/5	3/10	Character Set-Index
3/5	3/11	Alternate Character Set-Index
3/6	2/0	Fill Bundle-Index
3/6	2/1	Interior Style
3/6	2/2	Fill Color
3/6	2/3	Hatch Index
3/6	2/4	Pattern Index
3/6	2/5	Edge Bundle-Index
3/6	2/6	Edge Type
3/6	2/7	Edge Width
3/6	2/8	Edge Color
3/6	2/9	Edge Visibility
3/6	2/10	Fill Reference Point
3/6	2/11	Pattern Table
3/6	2/12	Pattern Size
3/6	3/0	Color Table
3/6	3/1	Aspect Source-Flags
3/7	2/0	Escape
3/7	3/0	Domaine Ring
3/7	2/1	Message
3/7	2/2	Application-Data

Tabelle 20.3 Metafile-Opcodes bei ISO 646-Kodierung

Die ISO-Zeichenkodierung wurde zum Austausch von CGM-Dateien per Rechnerkopplung definiert. Für die Parameter gibt es zwei Kodierungsmethoden:

Bei der Basiskodierung enthält jedes Byte eines Operanden reservierte Bits, die anzeigen, ob es sich um das letzte Byte handelt. Beim Bitstream-Format ist jeder Parameterliste eine Längenangabe vorgeschaltet. Strings werden durch die Zeichen ESCX und ESC[eingeschlossen. Steuerzeichen wie Space, Tilde oder Delete lassen sich durch 2-Zeichencodes ersetzen. Dabei beginnt eine solche Sequenz immer mit dem ISO-Code 7/14 (siehe Computer Graphics Metafile for the Storage and Transfer of Picture Description Information, ISO 8632, Parts 1-4).

Metafile-Anweisungen

In einer Metadatei lassen sich durchaus mehrere Bilder unterbringen. Die Bilder werden dann durch geeignete Separatoren getrennt. Alle nachfolgenden Angaben beziehen sich auf die Klartextkodierung. Für eine Metadatei gelten bestimmte Strukturelemente, die zu Beginn und zum Abschluß der Datei oder eines Bildes stehen. Ein Beispiel für eine minimale Metadatei bietet Abbildung 20.6.

```
BEGMF 'Metafile-Beispiel';
MFVERSION 1;
MFELEMLIST drawingplus;
% erstes Bild der Datei %
BEGPIC 'Bild 1';
BEGPICBODY;
ENDPIC;
% zweites Bild der Datei %
BEGPIC 'Bild 2';
BEGPICBODY;
ENDPIC;
ENDMF;
```

Abbildung 20.6 Beispiel eines minimalen Metafiles

Die Datei enthält einen Header mit der Anweisung BEGMF, der Versionsnummer und der Elementliste. Daran schließen sich die bildbegrenzenden Separatoren (BEGPIC, ENDPIC) an. Die Datei umfaßt zwei Bildbereiche: Hier wird allerdings kein Bild ausgegeben, da die Bild*beschreibungen* fehlen, die zwischen BEGPICBODY und ENDPIC positioniert werden müßten. Die Anweisungen MFVERSION und MFELEMLIST sind bei jeder Metadatei erforderlich. Sehen wir uns die einzelnen Anweisungen etwas genauer an:

Grafikformate

Metafile Version

Diese Anweisung ist in jeder Datei erforderlich und gibt die CGM-Version an. Alle CGM-Dateien, die zum ISO 8632-Standard von 1985 konform sind, müssen als Versionsnummer den Wert 1 aufweisen.

Metafile Description

Diese Anweisung enthält als optionalen Parameter einen String, der verschiedene Zusatzinformationen zur Datei aufnimmt (z.B. Autor, Ort etc.). Der XE des Strings ist nicht standardisiert.

VDC Type

Mit dieser Anweisung läßt sich über einen optionalen Parameter angeben, ob die *Virtual Device*-Koordinaten als Real- oder Integerwerte anzugeben sind. Standardmäßig sind dafür Integerwerte vorgesehen.

Integer Precision

Mit diesem Operator wird die Auflösung von Operanden vom Typ *Integer* bei den verschiedenen Kodierungsverfahren festgelegt. Die Anweisung ist innerhalb des Metafiles optional.

Real Precision

Mit diesem Operator wird die Auflösung von Operanden des Typs *Real* bei den verschiedenen Kodierungsverfahren festgelegt. Die Anweisung ist innerhalb des Metafiles optional.

Index Precision

Mit diesem Operator wird die Auflösung von Operanden des Typs *Index* bei den verschiedenen Kodierungsverfahren festgelegt. Die Anweisung ist innerhalb des Metafiles optional.

Color Precision

Mit diesem Operator wird die Auflösung von Operanden des Typs *Color* direkt bei den verschiedenen Kodierungsverfahren festgelegt. Die Anweisung ist innerhalb des Metafiles optional.

Color Index Precision

Mit diesem Operator wird die Auflösung von Operanden des Typs *Color Index* bei den verschiedenen Kodierungsverfahren festgelegt. Die Anweisung ist innerhalb des Metafiles optional.

Maximum Color Index

Mit diesem optionalen Operator läßt sich die Obergrenze der Indextabelle für den Metafile angeben, wodurch die Größe der Farbtabelle definierbar ist. Der Index ist standardmäßig auf den maximalen Wert von 63 begrenzt.

Color Value Extent

Dieser optionale Befehl besitzt zwei Parameter (*Minimum Value, Maximum Value*), die die Ober- und Untergrenze für Farbwerte angeben. Der minimale Wert bezieht sich auf die RGB-Einstellung (0,0,0), der zweite Parameter auf die Einstellung (1,1,1).

Metafile Element List

Dieser Befehl ist in jeder Metadatei erforderlich und listet alle darin enthaltenen Elemente auf. Die Standardbezeichner DRAWING SET (umfaßt eine Teilmenge) und DRAWING PLUS CONTROL SET umfassen alle Metafile-Elemente. Werden diese Bezeichner angegeben, kann die explizite Auflistung der Elemente entfallen.

Metafile Defaults Replacement

Mit diesem Befehl läßt sich eine Liste von Parametern übergeben, die die Standardeinstellungen des Interpreters überschreibt. Die Befehle werden durch die Separatoren BEGMFDEFAULTS und ENDMFDEFAULTS eingeschlossen. Mit dem Parameter LINEWIDTH xx läßt sich zum Beispiel die Linienstärke neu einstellen.

Font List

Mit dieser optionalen Anweisung läßt sich eine Liste der benutzten Zeichensätze angeben; als Parameter übergibt man die Liste der Fontnamen, die dann der Reihe nach FONT INDEX 1 bis FONT INDEX *n* zugeordnet werden.

Character Set List

Dieser Befehl besitzt die Parameter *Character Set Type* und *Designation Sequence Tail*. Die Anweisung läßt sich optional in den *Character Set Index* und *Alternate Character Set Index*-Sequenzen verwenden. Mit ihr lassen sich die Zeichensätze (z.B. japanische Schriftzeichen, Umlaute etc.) selektieren.

Character Coding Announcer

Dieser optionale Befehl signalisiert dem Interpreter, daß Codeerweiterungen benutzt werden sollen. Die Zeichen sind als BASIC 7-Bit, BASIC 8-Bit, EXTENDED 7-Bit und EXTENDED 8-Bit möglich.

Scaling Mode

Dieser Befehl besitzt die Parameter *mode* und *scale factor*. Für *mode* läßt sich zwischen ABSTRACT und METRIC wählen, während im zweiten Parameter der Skalenfaktor steht.

Color Selection Mode

Der Befehl selektiert die Kodierung der Farben eines Bildes (direkt oder per Index). Standardmäßig wird lediglich ein Farbindex angegeben, so daß die Farbe aus einer Tabelle ermittelt werden muß. Es besteht aber auch die Möglichkeit, die Farben direkt als Tripel (Rot, Grün, Blau) anzugeben.

Line Width Specification Mode

Über den Parameter *mode* wird die Breite der Linien eines Bildes gesetzt; sie wird standardmäßig durch den Interpreter skaliert.

Marker Size Specification Mode

Über den Parameter *mode* wird die Größe von Markern in einem Bild festgelegt.

Edge Width Specification Mode

Über den Parameter *mode* wird die Größe von Ecken explizit festgelegt.

VDC Extent

Mit diesem Befehl läßt sich über die zwei Parameter *first corner* und *second corner* das VDC-Koordinatensystem setzen.

Background Color

Der Befehl besitzt die Parameter *rot, grün, blau* und gibt die Hintergrundfarbe an.

VDC Space und VDC Range

Mit der *Space*-Anweisung läßt sich das Koordinatensystem für den virtuellen Metafile-Bildraum angeben. Mit RANGE wird das Koordinatensystem der realen Ausgabeeinheit beschrieben.

Precision Parameter Encoding

Mit den Anweisungen REAL PRECISION und INTEGER PRECISION läßt sich die Auflösung der betreffenden Parameter dieses Typs spezifizieren.

Auxiliary Color

Der Befehl gibt einen Index oder ein Farbtripel für die *auxiliary*-Farbe an.

Transparency

Dieser Befehl schaltet die Transparenzfunktion ein oder aus. Diese Funktion bestimmt, wie Linien und Flächen zu zeichnen sind.

Clip Rectangle

Der Befehl besitzt zwei Parameter *first corner* und *second corner*, mit denen die Koordinaten des Rechtecks festgelegt werden, auf das sich Clipping-Operationen (Ausschneiden) beziehen.

Clip Indicator

Dieser Indikator ermöglicht das Ein- und Ausschalten der Clipping-Funktion.

Polyline

Dieser Befehl enthält als Parameter die XY-Koordinaten von *n* Punkten, durch die eine Linie zu ziehen ist.

Disjoint Polyline

Dieser Befehl enthält als Parameter eine Liste von XY-Koordinaten.

Polymarker

Dieser Befehl enthält als Parameter die XY-Koordinaten von *n* Markierungspunkten.

Text

Der Befehl enthält die Parameter *point*, *flag* und *string* und erlaubt die Ausgabe von Strings am angegebenen Punkt.

Restricted Text

Der Befehl enthält die Parameter *extent, point, flag* und *string*. Mit dem Befehl läßt sich ein Text ausgeben.

Polygon

Dieser Befehl enthält als Parameter die XY-Koordinaten von n Punkten, durch die ein Polygon zu legen ist.

Polygon Set

Dieser Befehl enthält als Parameter eine Liste mit je einer xy-Koordinate und einem Flag.

Cell Array

Der Befehl enthält die Parameter *3 Eckpunkte, Spaltenzahl, Zeilenzahl, lokale Color-Precision* und *Cell-Color-Precision*.

Generalized Drawing Primitive

Der Befehl enthält als Parameter einen Identifier, eine Punktliste und einen Datenrecord.

Rectangle

Der Befehl beschreibt ein Rechteck über die zwei Parameter *corner-1* und *corner-2*.

Circle

Der Befehl beschreibt über die Parameter *Mittelpunkt* und *Radius* einen Kreis.

Circular ARC 3 Point

Dieser Befehl beschreibt über die drei Parameter *Startpunkt, Zwischenpunkt* und *Endpunkt* einen Kreis.

Circular ARC 3 Point Close

Dieser Befehl beschreibt über *Startpunkt, Zwischenpunkt, Endpunkt* und *Closetyp* einen gefüllten Kreisabschnitt.

Circular ARC Centre

Dieser Befehl beschreibt einen Kreisbogen über die Parameter *Mittelpunkt, Startpunkt, Endpunkt* und *Radius*.

Circular ARC Centre Close

Dieser Befehl beschreibt einen gefüllten Kreisabschnitt über die Parameter *Mittelpunkt, Startpunkt, Endpunkt, Radius* und *Closetyp*.

Ellipse

Dieser Befehl beschreibt eine Ellipse über *Mittelpunkt, 1. Randpunkt* und *2.Randpunkt*.

Elliptical Arc

Dieser Befehl beschreibt über die Parameter *Mittelpunkt, 1. Randpunkt, 2. Randpunkt, Startpunkt Linie* und *Endpunkt Linie* den Ausschnitt eines Ellipsenbogens.

Elliptical Arc Close

Dieser Befehl beschreibt einen Flächenausschnitt aus einer Ellipse über die Parameter *Mittelpunkt, 1. Randpunkt, 2. Randpunkt, Startpunkt Linie, Endpunkt Linie* und *Closetyp*.

Line Bundle Index

Der Befehl besitzt einen Parameter, der standardmäßig den Wert 1 annimmt.

Line Type

Die Anweisung legt den Linientyp (*durchgezogen, gestrichelt* etc.) fest.

Line Width

Die Anweisung bestimmt über einen Parameter die Linienbreite.

Line Color

Mit dem Befehl wird die Farbe von Linien festgelegt. Als Parameter wird in Abhängigkeit vom *Color Selection Mode* entweder ein Farbindex oder ein Farbtripel (rot, grün, blau) übergeben.

Marker Bundle Index

Der Parameter ist in der Regel mit dem Wert 1 belegt.

Marker Type

Der Befehl legt den Typ eines Markers fest. Normalerweise wird ein Marker als Punkt angegeben.

Marker Size

Der Befehl legt über einen Parameter die Größe des Markers fest.

Marker Color

Der Befehl legt mit einem Parameter die Farbe des Markers über einen Indexwert oder ein Farbtripel fest.

Text Bundle Index

Der Index ist standardmäßig auf 1 gesetzt.

Text Font Index

Der Befehl legt über den Parameter den im Text verwendeten Zeichensatz fest.

Text Precision

Über einen Parameter wird festgelegt, wie Textattribute zu behandeln sind.

Character Expansion Factor

Über einen Parameter (Standard 1.0) läßt sich die Geometrie eines Zeichens variieren.

Character Spacing

Über einen Parameter (Standard 0.0) läßt sich der Abstand zwischen zwei Zeichen variieren.

Text Color

Mit der Anweisung wird die Farbe eines Textes entweder als Index oder als Farbtripel gesetzt.

Character Height

Mit dem Befehl läßt sich über einen Parameter die Höhe eines Buchstabens setzen.

Character Orientation

Der Befehl beeinflußt die Richtung der Zeichenausgabe über die Parameter *up-vector-x*, *up-vector-y*, *base-vector-x* und *base-vector-y*. Damit lassen sich Kursivschriften erzeugen.

Text Path

Mit der Anweisung läßt sich die Ausgaberichtung über einen Parameter angeben. Standardmäßig ist die Einstellung auf *rechts* gesetzt, was der westlichen Schreibweise entspricht.

Text Alignment

Die Anweisung bestimmt über vier Parameter die Ausrichtung von Texten.

Character Set Index

Der Befehl selektiert über einen Parameter den benutzten Zeichensatz. Mit dem Index 1 wird der Zeichensatz ISO 646 eingesetzt.

Alternate Character Set Index

Der Befehl setzt über einen Indexparameter den Index des *Alternate*-Zeichensatzes für ISO 2022-Kontrollzeichen.

Fill Bundle Index

Der Parameter steht standardmäßig auf 1.

Interior Style

Der Befehl beeinflußt über den Parameter, ob Flächen gefüllt werden.

Fill Color

Mit einem Parameter bestimmt dieser Befehl die Füllfarbe. Gültig ist je nach Modus ein Index oder ein Farbtripel.

Hatch Index

Der Befehl spezifiziert das Muster für gestreifte Flächen. Index 1 selektiert horizontal gestreifte Muster.

Pattern Index

Der Wert ist standardmäßig auf 1 gesetzt und selektiert das Muster.

Edge Bundle Index

Der Wert ist standardmäßig auf 1 gesetzt.

Edge Type

Über den Parameter läßt sich die Form einer Umrandung bei geschlossenen Flächen bestimmen. Als Typ ist standardmäßig *solid* vorgegeben.

Edge Width

Mit dem Befehl wird die Linienbreite der Umrandung von Flächen festgelegt.

Edge Color

Über einen Parameter wird die Farbe von Flächenumrandungen festgelegt.

Edge Visibility

Mit diesem Befehl läßt sich die Begrenzungslinie einer Fläche ein- oder ausschalten.

Fill Reference Point

Mit diesem Befehl wird ein Referenzpunkt zum Füllen von Flächen festgelegt. Der Punkt liegt meist in der unteren linken Ecke.

Pattern Table

Mit diesem Befehl läßt sich ein Muster definieren. Der Befehl besitzt die Parameter *Index, Spaltenzahl, Zeilenzahl, Farbauflösung* und *n Farbmuster*. Die Farbauflösung bestimmt den Wertebereich der nachfolgenden Farbmuster.

Pattern Size

Der Befehl besitzt vier Parameter und bestimmt die Größe eines Musters.

Color Table

Der Befehl definiert die Farbtabelle mit n Farbtripels. Die Zahl der Farbtripels in der Tabelle wird im ersten Parameter angegeben.

Aspect Source Flags

Der Befehl enthält als Parameter eine Liste von ASF-Typen und ASF-Werten.

ESCAPE

Mit diesem Befehl lassen sich gerätespezifische Eigenschaften außerhalb des CGM-Standards aktivieren. Als ersten Parameter enthält der Befehl den Code für die aufzurufende Funktion. Daran schließen sich die von der Funktion benötigten Parameter an. Der Befehl sollte nicht benutzt werden.

Message

Mit diesem Befehl lassen sich Meldungen an den Benutzer absetzen. Der erste Parameter enthält ein Flag, das auf *action* gesetzt werden kann: Der folgende Text wird dann vom CGM-Interpreter ausgegeben.

Application Data

Mit diesem Befehl lassen sich spezifische Daten in ein Metafile einbinden. Als erster Parameter ist ein Identifikationscode für die Daten vorgesehen; der Aufbau des Datenbereichs ist jedoch nicht festgelegt.

Die obige Beschreibung des Aufbaus von Metafile-Elementen ist recht kurz, da eine ausgiebige Diskussion den Umfang des Buches sprengen würde. Weitere Informationen sind unter Computer Graphics Metafile for the Storage and Transfer of Picture Description Information, ISO 8632, Parts 1–4, zu finden.

21 Das Dr. Halo-Format (PIC, CUT, PAL)

Das Dr. Halo-Format dient zur Speicherung von Bitmap-Grafiken. Den Maustreibern der Firma Genius liegt ein Programm (Dr. Halo III oder Dr. Genius) bei, welches Bilder im PIC-Format unterstützt. Weiterhin können verschiedene Grafikkonvertierungsprogramme CUT-Bilder erstellen und konvertieren.

Das PIC-Dateiformat lehnt sich stark an die verwendete Hardware an, d.h., ein auf EGA-Karten erstelltes Bild kann kaum auf VGA-Karten ausgegeben werden. Die praktische Verwendbarkeit ist daher stark eingeschränkt. Anders sieht es bei dem CUT-Format aus, welches Bildausschnitte aus Dr. Halo-Bildern speichert. Die Palettedaten werden in einer dritten Datei (PAL) gespeichert. Tabelle 21.1 gibt die Dateierweiterungen der verschiedenen Varianten an.

Extension	Bemerkungen
CUT	Cut eines Dr. Halo-Bildes
PIC	Dr. Halo-Bild
PAL	Palette für CUT und PIC

Tabelle 21.1 Datei-Extensionen für Dr. Halo-Dateien

Grafikformate

Das PIC-Format

Eine Dr. Halo-Bilddatei besteht aus einem Header mit der Kennung und einigen Feldern mit der Bildbeschreibung (Image Descriptor), gefolgt von den eigentlichen Bilddaten. Die Bilddaten werden dabei in Blöcke zu 512 Byte aufgeteilt, die gemeinsam zu lesen und zu schreiben sind. Tabelle 21.2 gibt den Aufbau des PIC-Headers wieder.

Offset	Bytes	Bemerkungen
00H	2	Signatur 'AH'
02H	2	Versionsnummer (Integer) der Dr. Halo-Treiber-Lib (immer Code E3H (π))
04H	2	unbenutzt (00 00)
06H	1	Image-Flag (2 = Image File)
07H	1	Device Code
08H	2	unbenutzt (00 00)
0AH	n	adapterspezifischer Datenbereich für IBM EGA-Adapter 2 Byte Driver Modus 0 = 320 x 200, 4 Farben 1 = 640 x 200, 2 Farben

Tabelle 21.2 Struktur eines PIC-Headers

Das dritte Byte im Header wird meist mit der Signatur *p* belegt. Ab Offset 07H findet sich ein Code für den verwendeten Treiber (Tabelle 21.3).

Code	Treiber
1BH	HALODEBA, AT&T DEB
1CH	HALOINDA, AT&T Indigenous
15H	HALOIBME, Atronics Mega Graph, IBM EGA, STB EGA Plus
49H	HALOHERC, Hercules Mono
01H	HALOIBM , IBM CGA
47H	HALOIBMV, Sigma VGA
36H	HALOIBMP, Sigma VGA
13H	HALOIBMP, STB VGA Extra

Tabelle 21.3 Treibercodes

Die Treibermodi mit den zugehörigen Auflösungen sind ab Offset 0AH definiert. Tabelle 21.4 gibt die für die Dr. Halo-Treiber definierten Werte wieder.

Treiber	Nummer	Mode	Auflösung	Farbe	BIOS-Mode
HALOIBM	01H	0 1	320 x 200 640 x 200	4 2	04H 06H
HALOIBME	15H	0 1 2 3 4 5 A	320 x 200 640 x 200 320 x 200 640 x 200 640 x 350 640 x 800 640 x 350	4 2 16 16 16 16 4	04H 06H 0DH 0EH 10H -- 10H
HALOIBMG	1AH	0 1	320 x 200 640 x 200	4 2	04H 06H
HALOIBMP	3CH	0 1 2 3	320 x 200 640 x 200 640 x 480 320 x 200	4 2 2 256	04H 06H 11H 13H
HALOIBMV	47H	4 5 6 7	320 x 200 640 x 200 640 x 350 640 x 480	16 16 16 16	0DH 06H 10H 12H
HALODEBA	1BH	2 3 4 5	640 x 200 640 x 400 640 x 400 640 x 400	8 8 16 16	-- -- -- --

Tabelle 21.4 Auflösungen und Modi

An den Header schließt sich dann der Bereich mit den Bilddaten an. Bei EGA-Bildern beginnen die Bilddaten ab Offset 12 (0CH). Dieser Bilddatenbereich wird dabei in Blöcken zu 512 Byte geschrieben und gelesen.

Die Daten innerhalb eines 512-Byte-Blockes werden im RLE-Verfahren komprimiert. Dies setzt eine bestimmte Recordstruktur innerhalb eines 512-Byte-Blockes voraus. Abbildung 21.1 gibt die einzelnen Recordstrukturen wieder.

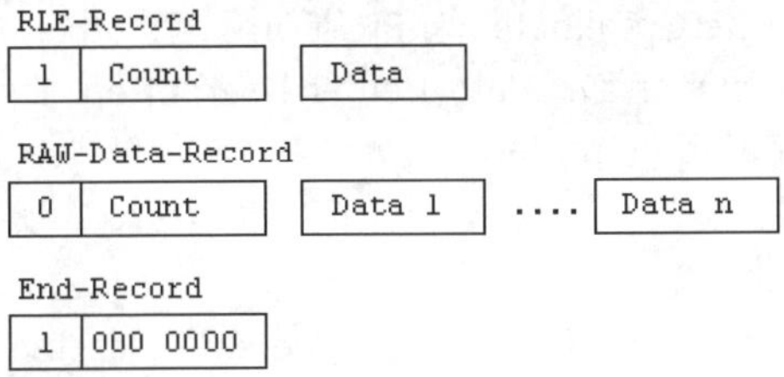

Abbildung 21.1 Recordformat der RLE-Kodierung (PIC)

Jeder Record besteht aus einem Headerbyte, gefolgt von einem oder mehreren Datenbytes. Gleiche Datenbytes in einem Bild werden im PIC-Format in einem RLE-Record abgelegt. Hierbei ist das oberste Bit des Headerbytes gesetzt (1). Die restlichen 7 Bits des Headerbytes definieren dann einen Zähler, der die Zahl der Wiederholungen angibt. Mit diesen 7 Bits sind damit Wiederholungsfaktoren zwischen 1 und 127 möglich. Im Folgebyte steht dann das zu kopierende Bitmuster. Die Hexadezimalsequenz

83 02

wird demnach zu

02 02 02

expandiert (83H = 3 Wiederholungen).

Lassen sich mehrere Bilddatenbytes nicht zusammenfassen, sind diese im sogenannten Rohformat (RAW-Format) zu speichern. In diesem Fall wird das oberste Bit des Headers auf 0 gesetzt. Die restlichen 7 Bits definieren einen Zähler (n), der die Zahl der Folgebytes angibt. Auf den Header folgen dann n Bytes mit unkomprimierten Daten. Die Sequenz

90 0F 08 0F 00 0F 0A 0F 09 0F 0C 88 0F

wird dann folgendermaßen expandiert:

```
┌─ 16 * 0F ──────────────────────────────────────────┐
0F 0F 0F 0F 0F 0F 0F 0F 0F 0F 0F 0F 0F 0F 0F 0F
┌─ 9 unkomprimierte Bytes┐ ┌─ 8 * 0F ──────────────
08 0F 00 0F 0A 0F 09 0F 0C 0F 0F 0F 0F 0F 0F 0F
──┐
0F
```

Abbildung 21.2 Expandierte Bilddaten

Die Bilddaten werden immer in Blöcken zu 512 Byte geschrieben oder gelesen. Die RLE- oder RAW-Records dürfen nicht über eine solche 512-Byte-Grenze hinausreichen. Deshalb bleiben am Ende dieses Bereichs in der Regel einige unbelegte Bytes zurück. Dieser unbelegte Bereich wird durch ein Endbyte markiert, welches den Wert 80H enthält. Dieser Wert kann bei den RLE- und RAW-Records nicht auftreten. Die Folgebytes bis zur Blockgrenze sind dann unbelegt. Das nächste Bilddatenbyte beginnt im folgenden 512-Byte-Block.

Auf Grund der Hardwareabhängigkeit läßt sich eine Grafikdatei im PIC-Format kaum auf andere Rechner übertragen und nur mit dem gleichen Dr. Halo-Treiber bearbeiten. Ich habe das Format der Vollständigkeit halber hier aufgenommen.

Das CUT-Format

Interessanter für den Austausch von Bildern im Dr. Halo-Format sind die CUT-Dateien. Diese werden in Dr. Halo III durch Ausschneiden und Speichern eines Bildbereiches erzeugt. Das CUT-Format ist unabhängig von der Hardware und wird von verschiedenen Grafikprogrammen unterstützt. Eine CUT-Datei besteht aus einem 6-Byte-Header, gefolgt von den Bilddaten. Tabelle 21.5 spezifiziert den Aufbau des CUT-Headers.

Offset	Bytes	Bemerkungen
00H	2	Bildbreite in Pixel
02H	2	Bildhöhe in Pixel
04H	2	unbenutzt (00 00)

Tabelle 21.5 Struktur eines CUT-Headers

Der Rest der Datei enthält die Bilddaten, die in Records mit folgender Struktur aufgeteilt sind:

Bytes	Bemerkungen
2	Länge Datenbereich in Byte
n	Datenbereich

Tabelle 21.6 Struktur eines CUT-Records

Der Datenbereich innerhalb eines CUT-Records wird wieder per RLE-Verfahren komprimiert, d.h., die Bilddaten liegen in einer Struktur wie beim PIC-Format vor.

Das PAL-Format

Die PIC- und CUT-Dateien enthalten keine Informationen über die verwendete Farbpalette. Vielmehr wird eine getrennte Palette-Datei mit der Erweiterung PAL, aber dem gleichen Dateinamen wie die CUT- oder PIC-Datei benutzt. Eine PAL-Datei besteht aus einem 40-Byte-Header, gefolgt von den Palette-Daten.

Offset	Bytes	Bemerkungen
00H	2	Signatur 'AH'
02H	2	Versionsnummer (Integer) der Dr. Halo-Treiber-Library meist Code E3H (p)
04H	2	Dateigröße – Headerlänge
06H	1	Signatur für PAL-Files (0AH)
07H	1	Palette File Subtyp 0 = generisch 1 = adapterspezifisch
08H	2	Adapter-ID-Nummer (unbenutzt, falls Palette-File-Subtype = generisch)
0AH	2	Graphikmodus
0CH	2	Palette-Einträge 15 = EGA, 255 = VGA
0EH	2	Maximum Rot (nur EGA) 3 = 100 %, 2 = 66 %, 1 = 33 %
10H	2	Maximum Grün (nur EGA) 3 = 100 %, 2 = 66 %, 1 = 33 %
12H	2	Maximum Blau (nur EGA) 3 = 100 %, 2 = 66 %, 1 = 33 %
14H	19	Palette-ID (ASCII-Text)

Tabelle 21.7 Struktur eines PAL-Headers

Die ersten Bytes des Headers stimmen weitgehend mit der CUT-Struktur überein. Sofern im Byte ab Offset 07H der Wert 0 (generic) steht, sind gerätespezifische Informationen nicht relevant. Der Palette-ID-String (Offset 14H) enthält meist die Signatur »Dr. Halo«.

An den Header schließt sich die Tabelle mit den Palette-Daten an. Die Zahl der Einträge in der Palette steht im Header ab Offset 0CH. Jeder Eintrag umfaßt drei Integerwerte mit den Farbanteilen in der Reihenfolge Rot, Grün und Blau. Beachten Sie aber, daß nur das untere Byte belegt wird, d.h., die Werte liegen zwischen 0 und 255 (0 bis 100 %). Die Farbe Schwarz wird zu 00 00, 00 00, 00 00 definiert. Weiß ist als FF 00, FF 00, FF 00 festgelegt.

22 Graphics Interchange Format (GIF)

Das 1987 von der Firma CompuServe definierte GIF89a-Format wurde 1989 um einige Zusätze unter dem Begriff GIF89a erweitert. In diesen GIF-Dateien lassen sich mehrere Bilder (wird für animierte GIF-Bilder benutzt) und transparente Bilder hinterlegen. Populär wurde das GIF-Format durch das World Wide Web, da die HTML-Spezifikation Bilder in diesem Format unterstützt. Nachfolgend finden Sie die Beschreibung des GIF89a-Formats, beim GIF87a-Format fehlen einige dieser Bildelemente.

Eine GIF89a-Datei besteht (wie die GIF98a-Datei) aus mehreren Blöcken zur Aufnahme der Grafiken und zusätzlich benötigter Daten. Dabei werden ähnlich wie beim TIFF-Format Tag-Felder benutzt. Die Blöcke lassen sich in drei Gruppen zusammenfassen:

- Control-Blocks
- Graphic Rendering-Blocks
- Special Purpose-Blocks

Die Control-Blocks (z.B. *Header, Logical Screen Descriptor, Graphics Control Extension, Trailor*) enthalten Informationen zur Steuerung der Bildwiedergabe. In den *Graphic Rendering*-Blocks (z.B. *Image Descriptor, Plain Text Extension* etc.) finden sich die eigentlichen Daten zur Ausgabe der Grafiken. Die *Special Purpose*-Blocks (z.B. *Comment Extension, Application Extension*) dienen zur Aufnahme herstellerspezifischer Informationen und sollten vom GIF-Decoder überlesen werden.

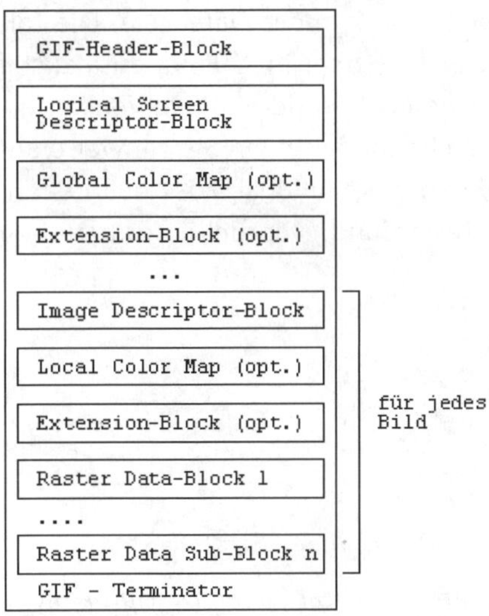

Abbildung 22.1 Struktur einer GIF-Datei

Die Blockgröße ist mit Ausnahme der Subblocks zur Aufnahme von Daten fest definiert. Enthält der Block ein *Block Size*-Feld, gibt dieser Wert die Zahl der folgenden Bytes im Block an. Diese Größe umfaßt nicht einen eventuell folgenden Terminator. Abbildung 22.1 gibt den strukturellen Aufbau einer GIF-Datei wieder.

Für jedes Bild der GIF-Datei werden ein Image Descriptor und ein oder mehrere *Raster Data*-Blocks abgelegt. Ein *Local Color Map*-Block kann optional auftreten. Innerhalb der Blockstruktur dürfen sogenannte Subblocks auftreten (z. B. Blöcke mit Bilddaten). Diese Subblocks bestehen aus einem Längenbyte, welches die Zahl der Folgebytes im Block (0–255) definiert. Daran schließt sich der Datenbereich mit 0 bis 255 Byte an.

Der GIF-Header

Eine GIF-Datei muß immer mit einem Header beginnen, der in beiden GIF-Versionen gleich ist. Dieser Header umfaßt 6 Byte und besitzt die in Tabelle 22.1 definierte Struktur (siehe auch vorhergehendes Kapitel).

Offset	Bytes	Feld
00H	3	Signatur 'GIF'
03H	3	Version '87a' oder '89a'

Tabelle 22.1 GIF87a- bzw. GIF89a-Header

In den ersten drei Bytes steht eine Signatur für den Header ('GIF'). Daran schließen sich drei Bytes mit der GIF-Version (GIF87a oder GIF89a) an. Der Header darf nur einmal innerhalb der GIF-Datei auftreten, und es muß der erste Block in der Datei sein. Die folgende Blockstruktur ist für GIF87a und GIF89a gleich, wobei in GIF89a zusätzliche Blocktypen definiert wurden. Weiterhin wurden einige Flags in der GIF89a-Version etwas modifiziert. An den betreffenden Stellen der Beschreibung finden Sie Hinweise auf die Änderungen. Auch ältere GIF87a-Decoder können eine GIF89a-Datei bearbeiten, wobei aber die erweiterten Blocktypen zu überlesen sind und eventuell Informationen verlorengehen.

Die GIF-Blocks

An den Header schließen sich verschiedene Blöcke mit Informationen an. Die verschiedenen Blocktypen werden nachfolgend beschrieben.

Der Logical Screen Descriptor-Block

An den Header muß sich (ab Offset 06H) der 7 Byte große *Logical Screen Desciptor*-Block mit den Daten des logischen Bildschirms anschließen. Auch dieser Block wird in GIF87a und GIF89a verwendet. Die Daten des Blocks gelten für die komplette GIF-Datei und sind in folgender Struktur abgelegt:

Bytes	Feld
2	Logical Screen Width
2	Logical Screen Height
1	Resolution-Flag
1	Background Color Index
1	Pixel Aspect Ratio

Tabelle 22.2 Struktur des Logical Screen Descriptor-Blocks

Der erste Eintrag umfaßt einen 16-Bit-Wert und gibt die Breite des logischen Bildschirms in Pixel an. Dabei wird die Intel-Notation (Low-Byte first) zur Speicherung benutzt. Das nächste Feld mit der Bildschirmhöhe enthält ebenfalls einen 16-Bit-Wert. Die beiden Werte für die Bildabmessungen beziehen sich auf einen virtuellen Bildschirm, dessen Nullpunkt sich in der oberen linken Ecke befindet.

Ab Offset 04H findet sich im *Logical Screen Descriptor*-Block ein Bitfeld (Resolution-Flag) mit der Kodierung gemäß Abbildung 22.2.

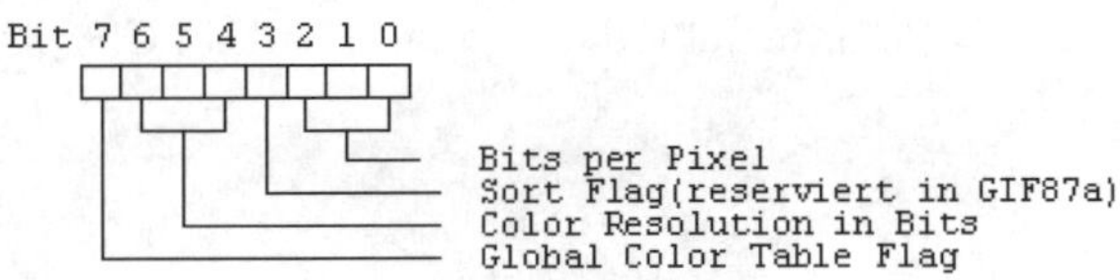

Abbildung 22.2 Kodierung des Resolution-Flag

Das oberste Bit 7 markiert, ob eine *Global Color Map* (Definition der Farbpalette) existiert. Ist Bit 7 auf 1 gesetzt, folgt auf den *Logical Screen Descriptor*-Block die *Global Color Map*. Ist dieses Bit auf 0 gesetzt, fehlt die *Global Color Map*, und die Bits für den *Background Color Index* (Hintergrundfarbe) besitzen keine Bedeutung.

In den Bits 4 bis 6 wird festgehalten, wie viele Bits zur RGB-Darstellung einer primären Farbe (Color Resolution) in der Farbtabelle zur Verfügung stehen. Der Wert in den Bits ist jeweils um 1 zu erhöhen. Der Wert 3 besagt, daß pro primäre Farbe 4 Bit in der entsprechenden Palette benutzt werden.

Bit 3 ist in der GIF87a-Spezifikation noch als reserviert markiert und muß auf 0 gesetzt werden. In der GIF89a-Spezifikation enthält dieses Bit das Sort-Flag. Der Wert 1 signalisiert, daß die *Global Color Table* sortiert vorliegt. Die Sortierung erfolgt dabei nach den Farben mit absteigender Bedeutung, d.h., die häufiger verwendeten Farben befinden sich am Beginn der Palette. Dies ist für Decoder, die nur wenige Farben unterstützen, hilfreich. Mit dem Wert 0 liegt die *Global Color Map* unsortiert vor.

In den Bits 0 bis 2 wird in GIF87a die Zahl der Bit pro Pixel angegeben. Der Wert ist dabei um 1 zu erhöhen. Der maximale Wert 7 bedeutet, daß 8 Bit pro Pixel verfügbar sind. Damit lassen sich 256 unterschiedliche Farben in einem Bild verwenden. In der GIF89a-

Spezifikation wird angegeben, daß bei gesetztem *Color Table*-Flag die drei Bits die Größe der globalen Farbpalette (global color table size) in Byte definieren. Letztlich handelt es sich aber um den gleichen Wert (Bit pro Pixel), da sich die Größe der Farbpalette zu

```
Color Table Size := 2 ** (value + 1)
```

berechnen läßt. Der Wert sollte auch dann gesetzt werden, wenn die GIF-Datei keine *Global Color Map* enthält. Dies ermöglicht dem Decoder, den entsprechenden Graphikmodus einzustellen.

Ab Offset 05H findet sich im *Logical Screen Descriptor*-Block ein Byte mit der Kodierung der Hintergrundfarbe (Background Color Index). Diese Hintergrundfarbe wird aus den 256 möglichen Farben ausgewählt. Die Hintergrundfarbe wird für die Teile des Bildschirms benutzt, die nicht durch die Bitmap belegt werden. Dieser Wert wird zum Beispiel benutzt, um transparente GIF-Grafiken für HTML-Dokumente zu erstellen. Falls das *Global Color-Flag* gelöscht (0) ist, sollte das Byte auf 0 gesetzt und vom Decoder überlesen werden.

Das Byte ab Offset 06H im *Logical Screen Descriptor*-Block definiert das *Pixel Aspect Ratio*. Die Belegung wird jedoch in GIF87a und GIF89a unterschiedlich gehandhabt. In GIF87a gilt die Kodierung gemäß Abbildung 22.3.

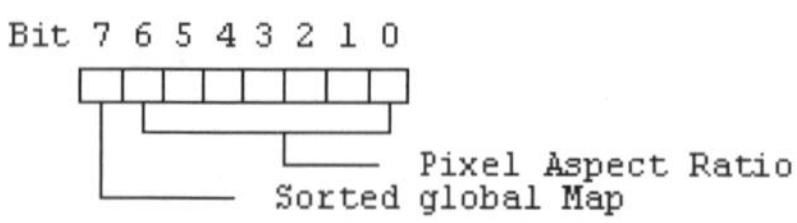

Abbildung 22.3 Kodierung des Pixel Aspect Ratio-Flag (GIF87a)

In GIF87a wird Bit 7 als Sorted *Global Color Map*-Flag verwendet. Die restlichen Bits geben das *Pixel Aspect Ratio* des ursprünglichen Bildes an.

In GIF89a ist das Sorted *Global Color Map*-Flag im *Resolution*-Flag integriert (siehe Abbildung 22.2). Daher werden alle Bits des *Pixel Aspect Ratio*-Feldes benutzt. Ist der Wert des Feldes ungleich 0, läßt sich das Verhältnis der Bildabmessungen zu:

```
Aspect Ratio = (Pixel Aspect Ratio + 15) / 64
```

berechnen. Das + ist als Quotient der Bildbreite zur Bildhöhe definiert. Die Spezifikation erlaubt einen Bereich zwischen 4:1 bis 1:4 in 1/64 Schritten.

Der Global Color Map-Block

Im Anschluß an den Logical *Screen Decriptor*-Block kann optional ein Block mit der *Global Color Map* (globale Farbpalette) gespeichert sein. Dies ist immer dann der Fall, wenn im vorhergehenden *Logical Screen Descriptor*-Block das Bit 7 des *Resolution*-Flag gesetzt ist.

Im *Color Map*-Block wird die globale Farbtabelle für die nachfolgenden Bilder spezifiziert. Diese globale Farbpalette wird immer dann verwendet, wenn ein Bild keine lokale Palette besitzt.

Für jeden Bildpunkt sind maximal 8 Bit vorgesehen, womit sich lediglich 256 Farben oder Graustufen abbilden lassen. Eine True-Color-Darstellung (Echtfarbenanzeige) ist nicht vorgesehen. Die *Global Color Map* enthält für jede der 256 Farben ein Tripel (3 Byte) mit den Grundfarben Rot, Grün und Blau (Abbildung 22.4).

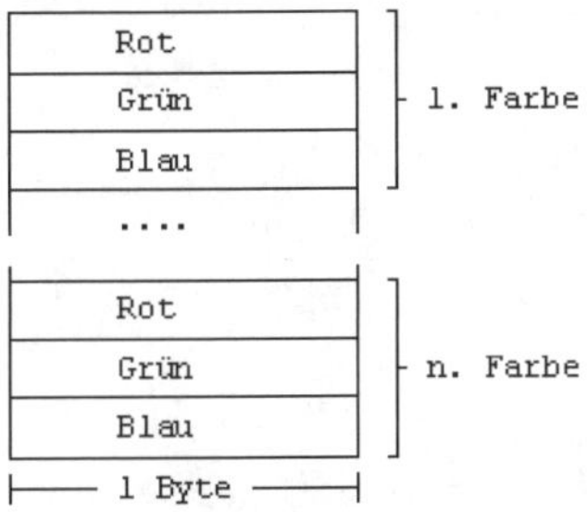

Abbildung 22.4 Struktur der Global Color Map

Jeder dieser drei Grundfarben ist ein Byte zugeordnet. Der in dem Byte abgelegte Wert bestimmt den Farbanteil (Intensität) in der Mischfarbe. Mit drei Byte pro Farbe lassen sich 16 Millionen Farben darstellen, wobei jedoch nur 256 Farben über die Palette im Bild genutzt werden können. Der Wert eines Bildpunktes wird als Offset in die Farbtabelle interpretiert, und die Grafikkarte generiert dann den zugehörigen Farbwert. Die Größe der Farbtabelle und die Zahl der Bits pro Farbe werden ebenfalls im *Resolution*-Flag spezifiziert *(Palette Size = 3 Byte * 2 ** Bits pro Pixel)*.

Der Image Descriptor-Block

Jedes Bild innerhalb der GIF-Datei muß durch einen 10 Byte großen *Image Descriptor*-Block eingeleitet werden. Der Block wird in beiden GIF-Varianten verwendet. Die Struktur dieses Blocks ist Tabelle 22.3 zu entnehmen.

Bytes	Feld
1	Image Separator Header (ASCII 2CH = ',')
2	Koordinate linker Rand
2	Koordinate oberer Rand
2	Bildbreite
2	Bildhöhe
1	Flags

Tabelle 22.3 Struktur eines Image Descriptor-Blocks

Der Block enthält die wichtigsten Daten eines Bildes wie Abmessungen, Koordinaten der linken oberen Ecke etc. Das erste Byte wird mit dem Separator (',' 2CH) gefüllt. Die beiden folgenden Felder geben die Bildkoordinaten für die obere linke Ecke des Bildes in Pixel an und umfassen jeweils 16 Bit (Unsigned Word). Diese Daten beziehen sich auf den logischen Bildschirm.

Ab dem dritten Feld (Offset 05H im Block) wird die Breite des Bildes (Image Width) in Pixel angegeben. Das folgende Wort definiert die Bildhöhe in Pixel. Beide Werte werden als unsigned Word definiert. Das letzte Byte dient zur Aufnahme verschiedener Flags, die gemäß Abbildung 22.5 kodiert sind.

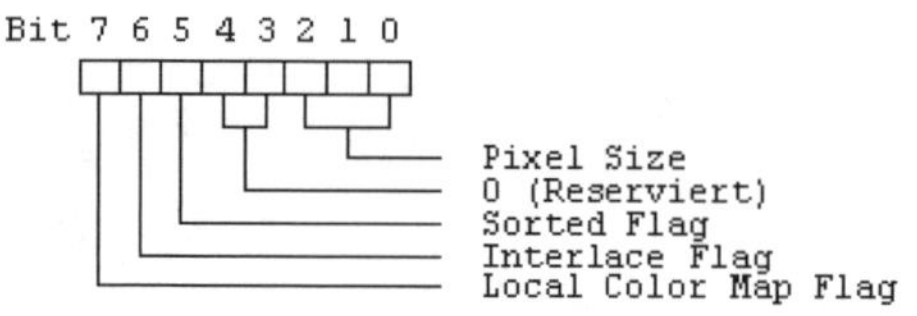

Abbildung 22.5 Kodierung des Flags im Image Descriptor-Block (IDB)

Das oberste Bit spezifiziert, ob sich eine lokale Palette (Local Color Map) an den *Image Descriptor*-Block anschließt. Ist Bit 7 = 1, folgt dem *Image Descriptor*-Block eine *Local Color Map*. In diesem Fall werden diese Daten für die Farbpalette des folgenden Teilbildes verwendet. Ein Decoder muß dann die *Global Color Map* sichern und die neuen Daten benutzen. Nach Bearbeitung des Bildes sind die Daten der *Global Color Map* zu restaurieren.

Bit 6 definiert das *Interlaced*-Flag, d.h., das Grafikbild kann sequentiell (Bit 6 = 0) oder interlaced (Bit 6 = 1) gespeichert sein. Der sequentielle Modus gibt Zeile für Zeile des Bildes aus. Im Gegensatz dazu wurde der *Interlaced Mode* geschaffen, um bei einer Übertragung per Telefonleitung möglichst schnell über ein Rohbild zu verfügen. In diesem Modus wird bei jedem Durchlauf nur jede achte Zeile übertragen und ausgegeben, so daß nach dem ersten Durchlauf zunächst die 0., 8., 16. usw. Zeile vorliegt. Die fehlenden Zeilen werden dann in den folgenden Durchläufen in der Folge der Anfangsreihen 4, 2, 1, 3, 5, 7 ergänzt. Beim zweiten Durchlauf erhält man demnach die 4., 12., 18. usw. Zeile und beim dritten Durchlauf die 2., 6., 10. usw. Zeile.

Bit 5 gibt in GIF89a an, ob die lokale Farbtabelle nach Farben sortiert ist. Bei gesetztem Bit werden die wichtigsten Farben zuerst in der Palette abgelegt. Die am häufigsten verwendete Farbe sollte zuerst gespeichert werden. Beim Flag = 0 werden die Farben der Palette unsortiert abgelegt. Bit 5 wird aber nur in wenigen Anwendungen benutzt, da die offizielle GIF87a-Dokumentation dieses Bit nicht erwähnt und zu 0 setzt.

Anmerkung: Die Bits 3 bis 5 sind in GIF87a als reserviert markiert und müssen auf 0 gesetzt werden.

Die unteren Bits 0 bis 2 definierten die Zahl der Bits pro Bildpunkt (GIF87a und GIF89a). Der Wert der Bits ist um 1 zu erhöhen. Mit einem Eintrag von 7 werden 8 Bit pro Pixel verwendet. Aus diesem Wert läßt sich die Zahl der Einträge in der Farbpalette (2**n) und damit deren Größe (Einträge * 3 Byte) berechnen. Der Wert dieser drei Bits sollte auf 0 gesetzt werden, falls keine *Local Color Map* folgt.

Der Local Color Map-Block

Neben der globalen Farbtabelle lassen sich auch vor den *Raster Image*-Blöcken eines Teilbildes lokale Farbpaletten definieren. Ist das *Local Color Table*-Flag im *Image Descriptor*-Block gesetzt, folgt auf diesen Block der *Local Color Map*-Block. Dann muß der Decoder die Daten der *Global Color Map* sichern. Erst nach Bearbeitung der Bilddaten ist die *Global Color Map* zu restaurieren. Der Aufbau der *Local Color Map* stimmt mit dem der *Global Color Map* überein (siehe Abbildung 22.4). Eine GIF-Datei kann mehrere *Local Color Map*-Blocks enthalten. Die *Local Color Map*-Blocks sind in beiden GIF-Spezifikationen definiert.

Der Extension-Block

An den Block mit der Local Color Map kann sich ein optionaler *Extension*-Block (Erweiterungsblock) anschließen. Über diese *Extension*-Blocks wurde in GIF89a ein Weg für zukünftige Erweiterungen des Formats geschaffen. In GIF87a waren diese *Extension*-Blocks zum Speichern von Informationen über das bilderzeugende Gerät, die benutzte Software, die Ausrüstung zur Bildabtastung (Scanner) etc. vorgesehen. Die *Extension*-Blocks haben den in Tabelle 22.4 beschriebenen Aufbau.

Bytes	Feld
1	Extension-Block Header (ASCII 21H = '!')
1	Funktionscode (0 .. 255)
1	Länge Datenblock 1 (in Byte)
n	Datenblock 1
1	Länge Datenblock 2
n	Datenblock 2
...	...
1	Länge Datenblock n
n	Datenblock n
1	00H als Terminator

Tabelle 22.4 Struktur eines Extension-Blocks (GIF89a)

Das erste Byte des Erweiterungsblocks enthält das Zeichen ! als Signatur. Darauf folgt ein Byte mit dem Funktionscode, der die Art der nachfolgenden Daten definiert.

Anschließend folgt der Datenbereich, der mehrere Records der gleichen Struktur enthalten kann. In jedem dieser Records findet sich im ersten Byte die Angabe über die Anzahl der nachfolgenden Datenbytes, womit ein Datenbereich die maximale Länge von 255 Byte besitzen kann.

Bei längeren Datensequenzen sind mehrere Subblocks zu speichern. Das Ende des *Extension*-Blocks wird durch ein Nullbyte (00H) markiert.

Die Belegung der Funktionscodes ist in GIF87a nicht definiert. Auch der interne Aufbau wurde dem jeweiligen Entwickler des Encoders überlassen. In GIF89a ändert sich die Situation, denn die Spezifikation beschreibt verschiedene *Extension*-Blocks. Am Ende dieses Kapitels wird der Aufbau dieser *Extension*-Blocks für GIF89a vorgestellt.

Der Raster Data-Block

Die eigentlichen Bilddaten (Image Data) werden in einem oder mehreren *Raster Data*-Blocks abgelegt. Ist im *Image Descriptor*-Flag (Abbildung 22.5) das Flag für die *Local Color Map* gesetzt, folgen die Bilddaten im Anschluß an die Farbtabelle. Fehlt die *Local Color Map*, schließen sich die Daten an den *Image Descriptor*-Block oder an einen *Extension*-Block an. Der erste *Raster Data*-Block besitzt den Aufbau gemäß Tabelle 22.5.

Bytes	Feld
1	Code Size
1	Bytes im Datenblock
n	Datenbytes

Tabelle 22.5 Struktur eines Raster Data-Blocks

Im ersten Byte des ersten Blocks steht ein Byte, welches als *Code Size* bezeichnet wird. Dieser Wert definiert die minimale Codelänge, die für die Darstellung der Pixel bei der LZW-Komprimierung benötigt wird. Dieses Byte wird zur Initialisierung des Decoders benutzt. In der Regel stimmt der Wert mit der Zahl der Farbbits pro Bildpunkt überein. Nur bei Schwarzweißbildern (Bit pro Pixel = 1) muß *Code Size* = 2 gewählt werden.

Das zweite Byte definiert die Zahl der Bytes im nachfolgenden Datenblock. Der Wert kann dabei zwischen 0 und 255 liegen.

Ab dem dritten Byte folgen die komprimierten Bilddaten. Umfassen die Bilddaten mehr als 255 Byte, folgen weitere Subblocks mit den restlichen Daten (siehe Abschnitt Subblocks mit Rasterdaten). Nach der Dekodierung ist das Bild, beginnend in der linken oberen Ecke, von links nach rechts und von oben nach unten aufzubauen. Zur Komprimierung wird der LZW-Algorithmus von Lempel Ziv und Welch in leicht modifizierter Form benutzt (siehe folgenden Abschnitt).

Die LZW-Komprimierung

In Programmen zur Bearbeitung von GIF-Grafikdateien wird die Technik des LZW-Verfahrens (Lempel-Ziv-Welch) benutzt. Der Algorithmus versucht den zu komprimierenden Zeichenstrom in Teilketten zu zerlegen und diese in einer Tabelle zu speichern. Anschließend werden nur die Indizes in die betreffende Tabelle als Ausgabecodes gespeichert. Anhand dieser Ausgabecodes läßt sich dann der ursprüngliche Zeichenstrom wieder generieren. Der prinzipielle Aufbau ist in Abbildung 22.6 wiedergegeben.

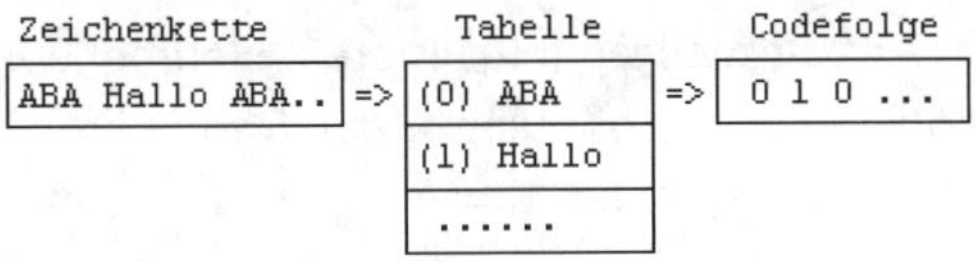

Abbildung 22.6 LZW-Encoding

Die Zeichenfolge aus Abbildung 22.6 läßt sich in Teilstrings (ABA, Hallo etc.) aufteilen. Diese Zeichenfolgen tauchen auch in der Kodierungstabelle auf. An Stelle der Teilstrings wird dann jeweils der zugehörige Tabellenindex als Ausgangscode übertragen. Aus der Ursprungszeichenkette mit 11 Zeichen (ABAHalloABA) wird dann eine Codefolge mit 3 Zeichen (010). Mit diesem recht einfachen Prinzip lassen sich beliebige Zeichenfolgen komprimieren.

Allerdings sind noch zwei Probleme zu beheben. Einmal wird die Codetabelle sich nur in den seltensten Fällen a priori bestimmen lassen. Sie wird aber auch nicht mit dem Code gespeichert und steht bei der Dekomprimierung nicht mehr zur Verfügung. Deshalb muß der Algorithmus bei der Komprimierung und Dekomprimierung die Tabelle jeweils selbst aufbauen. Die zweite Schwierigkeit betrifft die Größe der Tabelle. Theoretisch muß diese Tabelle unendlich groß sein, um alle Zeichenkombinationen aufzunehmen. Aus praktischen Gründen wird jedoch die Größe der Tabelle limitiert. Mit der Implementierung des LZW-Algorithmus für GIF-Dateien werden diese Probleme behoben.

Zur Diskussion des Verfahrens möchte ich vorher noch einige Begriffe erläutern.

<new>: Speicherzelle mit dem letzten gelesenen Zeichen

<old> : Speicherzelle mit dem vorletzten gelesenen Zeichen

[..] : Zeichenpuffer zum Aufbau der Tabelle

[..]K : Zeichenpuffer mit angefügtem Zeichen *K*

Für den Aufbau der Tabelle ist dabei der Puffer *[..]* von Bedeutung. Dieser Puffer kann einzelne Zeichen oder komplette Zeichenketten aufnehmen. Ziel des Algorithmus ist es, komplette Zeichenketten zu bilden, die noch nicht in der Tabelle abgespeichert sind. Tritt dieser Fall auf, wird der betreffende Teilstring in die Tabelle angefügt und ein Code für die letzte vorhandene Teilkette ausgegeben. So baut sich die Kodierungstabelle selbst auf und kann anhand des Ausgabecodes jederzeit bei der Dekomprimierung rekonstruiert werden.

Weiterhin stellt sich die Frage nach der Initialisierung der Tabelle zu Beginn der Komprimierung. Die Größe muß willkürlich festgelegt werden. Mit 12 Bit lassen sich zum Beispiel 4096 Einträge kodieren. Jeder Eintrag speichert später eine Zeichenfolge. Als Ausgabecode werden dagegen nur die 12-Bit-Indizes der Tabelle gespeichert. Dies führt zu der gewünschten Komprimierung. Mit etwas Kenntnis über die möglichen Zeichen im Eingabecode läßt sich die Tabelle teilweise mit Anfangswerten initialisieren. Nehmen wir an, die Eingangszeichen stammen aus dem Alphabet der Großbuchstaben. Dann können die ersten 26 Einträge der Tabelle mit den Codes der Zeichen (0 = A, 1 = B, 2 = C etc.) belegt werden.

Der LZW-Algorithmus zur Komprimierung läßt sich dann mit folgenden Pseudocodeanweisungen beschreiben.

```
initialize table
Clear Buffer [..]
WHILE Not EOF DO
 Read Code in K
 IF [..]K in Tabelle?
  [..] <- [..]K
 ELSE
  Add [..]K in Tabelle
  Write Tabellenindex von [..]
  [..] <- K
 ENDIF
WEND
Write Tabellenindex von [..]
```

Zuerst ist die Tabelle zu initialisieren und der Puffer *[..]* zu leeren. Dann wird die Folge von Eingabecodes zeichenweise gelesen. Das gerade gelesene Zeichen der Eingabefolge wird rechts vom Puffer als Postfix beigestellt (*[..]K*). Nun ist zu prüfen, ob der so gebildete Teilstring *[..]K* bereits in der Tabelle vorkommt. In diesem Fall bearbeitet der Algorithmus das nächste Zeichen. Kommt der String noch nicht in der Tabelle vor, beginnt der nächste Schritt. Als erstes wird der neue String *[..]K* in der Tabelle an der ersten freien Position angehängt. Dann wird der Tabellenindex des Teilstrings *[..] (not [..]K)* als Ausgabecode gespeichert. Abschließend ist der alte Pufferinhalt durch das zuletzt gelesene Zeichen *K* zu ersetzen. Dann wird das nächste Zeichen gelesen, und die Bearbeitung beginnt erneut. Erst wenn alle Zeichen gelesen wurden, ist der Code des Puffers mit dem Reststring aus der Tabelle zu ermitteln und auszugeben.

Dieser Sachverhalt soll nochmals an einem kleinen Beispiel verdeutlicht werden. Aus der Menge der Buchstaben *A, B, C, D* soll die Zeichenkette *ABACABA* gebildet werden. Die Tabelle läßt sich dann in den ersten vier Einträgen mit den Buchstaben *A, B, C, D* initialisieren. Die folgende Abbildung gibt die einzelnen Schritte bei der Komprimierung wieder:

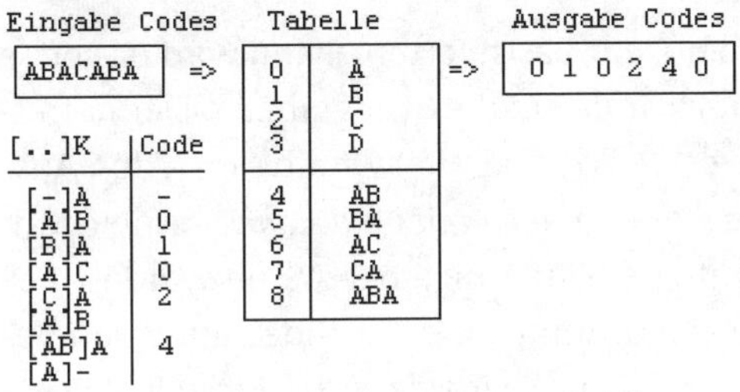

Abbildung 22.7 LZW-Kompression

Aus der Zeichenfolge ABACABA wird dann die Codefolge 010240. Diese Folge umfaßt nur noch 6 Codes, während der ursprüngliche String 7 Zeichen enthält. Bei längeren Zeichenketten ergeben sich wesentlich bessere Komprimierungsverhältnisse.

Bei der Dekomprimierung muß nun die Codefolge wieder in den Ausgabestring überführt werden. Hierzu wird ein Algorithmus verwendet, der sich mit folgenden Pseudocodeanweisungen beschreiben läßt:

```
Initialize Stringtabelle
<code> := 1. Code Byte
Tabelle[code] -> Ausgabestring
<old> := <code>
WHILE NOT EOF DO
 <code> := Next Code Byte
 IF Tabelle[code] belegt?
  Tabelle[code] -> Ausgabestring
  [..] <- Tabelle[old]
  K    <- 1. Zeichen (Tabelle[code])
  Write [..]K in Tabelle
  <old> := <code>
 ELSE
  [..] <- Tabelle[old]
  K    <- 1. Zeichen (..)
  [..]K -> in Ausgabestring
  [..]K -> Tabelle
  <old> := <code>
 END IF
WEND
```

Bezüglich der verwendeten Nomenklatur gilt: *<old>* und *<code>* sind zwei Variablen, in denen das vorletzte und das letzte gelesene Zeichen stehen. Mit *[..]* wird ein Zeichenpuffer definiert, der Strings aus der Stringtabelle enthält. Die Stringtabelle wird mit *Tabelle[..]* bezeichnet. Mit -> *Ausgabestring* werden Strings in die Ausgabeeinheit geschrieben.

Der Algorithmus initialisiert zuerst die Stringtabelle mit Basiswerten. Dann wird das erste Element der Codefolge gelesen. Der Wert dient als Index in die Stringtabelle. Der betreffende String (der Index zeigt auf den initialisierten Teil der Tabelle) wird dann in den Ausgabestrom geschrieben. Nun wird der gelesene Code in der Variablen *<old>* gespeichert. Die WHILE-Schleife sorgt dafür, daß alle Elemente der Codefolge bearbeitet werden. Sobald ein Codeelement gelesen wurde, prüft der Algorithmus, ob der Index auf einen bereits belegten Tabelleneintrag zeigt. Falls dies der Fall ist, wird der String in den Ausgabestrom angehängt. Anschließend wird der String aus *Tabelle[old]* in einen Zeichenpuffer übernommen und das erste Zeichen des Eintrags von *Tabelle[code]* angehängt *([..]K)*. Der neue Teilstring *[..]K* wird in der Tabelle an der ersten freien Position eingetragen. Dann muß nur noch das zuletzt gelesene Zeichen von *<code>* nach *<old>* kopiert werden.

Ist der Tabellenplatz für *<code>* noch unbelegt, muß der zugehörige String generiert werden. Hierzu wird der bereits existierende String aus *Tabelle[old]* in den Puffer *[..]* kopiert. Dann wird das erste Zeichen des Puffers *[..]* in die Variable *K* kopiert und an den Puffer angehängt *[..]K*. Dieser neue String wird sowohl in die Tabelle eingetragen als auch in den Ausgabestrom kopiert. Schließlich wird noch der Inhalt von *<code>* in *<old>* gesichert. Der Vorgang wiederholt sich so lange, bis alle Eingangscodes gelesen sind. Anschließend findet sich die ursprüngliche Zeichenfolge wieder im Ausgabestrom. Die folgende kleine Abbildung gibt die einzelnen Schritte der Dekomprimierung wieder.

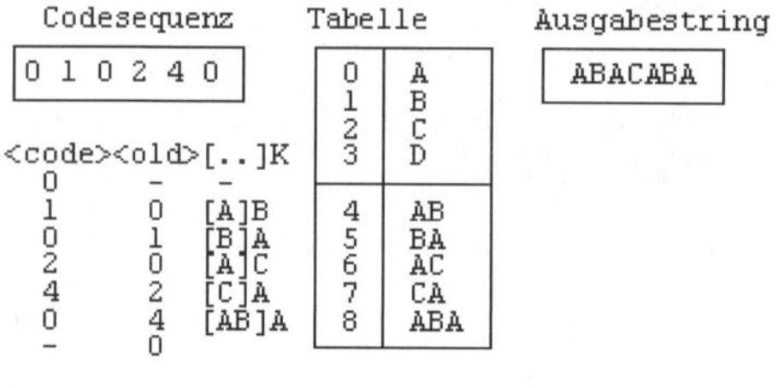

Abbildung 22.8 LZW-Dekodierung

Aus der Codefolge 010240 wurde wieder die ursprüngliche Zeichenfolge ABACABA generiert. Zu Beginn der Dekodierung wird die Stringtabelle mit den Zeichen A, B, C, D initialisiert. Dies waren die ursprünglichen Initialisierungszeichen der Komprimierungstabelle. Während der Bearbeitung der Eingabecodes wird die komplette Zeichentabelle wieder aufgebaut. Zum Abschluß liegt dann die komplette Tabelle mit allen Einträgen der Komprimierungstabelle vor (vergleichen Sie die beiden Beispiele).

Achtung: So elegant das LZW-Komprimierungsverfahren im GIF-Format funktioniert, gibt es einen gravierenden Nachteil, die Firma Unisys hält ein Patent auf dieses Verfahren. Dies führt dazu, dass Softwareentwickler Lizenzgebühren für Programme zahlen müssen, die das GIF-Format unterstützen. Selbst Webseitenanbieter werden mittlerweile von Unisys zur Kasse gebeten, da die GIF-Dateien häufig nicht mit lizenzierter Software erstellt wurden. Daher ist das PNG-Format wesentlich besser für Webgrafiken geeignet.

Modifiziertes LZW-Verfahren für GIF-Dateien

Bei der Komprimierung von GIF-Dateien gelangt das oben beschriebene Verfahren mit leichten Modifikationen zum Einsatz. Da es sich bei den Codes um Bitfolgen handelt, muß die Zahl der Bits pro Lesezugriff definiert werden. Es ist nicht sinnvoll, jeweils nur ein Bit (Pixel) zu lesen. Auch die Länge von 8 Bit pro Lesezugriff ist problematisch. Bei der GIF-Komprimierung wird vielmehr eine variable Codelänge verwendet, die zwischen 3 und 12 Bit lang sein darf. Im *Raster Data*-Block enthält das erste Byte die Größe Code Size. Dieser Wert entspricht zwar der Zahl der Bits pro Pixel. Der Wert wird aber als Startwert für die Codelänge interpretiert. Bei vier Bit pro Pixel wird in dem betreffenden Feld die Zahl N = 3 gespeichert. Dies bedeutet, daß bei jedem Zugriff auf die Eingangsdaten immer N + 1 = 4 Bit zu lesen sind. Während der weiteren Bearbeitung kann sich die Codelänge pro Zugriff auf 12 Bit erweitern. Sobald diese Länge erreicht wird, ist die Tabelle mit den Ausgabemustern voll, d.h., diese muß zurückgesetzt werden.

Der GIF-Komprimierer muß also eine Tabelle mit 4096 Einträgen anlegen. Zu Beginn wird diese Tabelle mit einigen Codes initialisiert. Die Größe des Initialisierungsbereiches wird dabei durch die Größe Code Size definiert. Bei 1 Bit pro Pixel muß N = 2 gesetzt werden. Dann werden die Einträge #0 und #1 der Tabelle initialisiert. Weiterhin werden an der Position 2**N und 2**N+1 zwei Spezialcodes abgelegt. Bei N = 2 sind dies die Positionen #4 und #5. Der erste Eintrag an der Position #4 wird als *clear code* <CC> bezeichnet. Wird dieser Eintrag bei der Dekomprimierung erkannt, muß die Tabelle neu initialisiert werden. Der Komprimierer wird diesen Code immer dann ausgeben, wenn die Tabelle voll ist. Weiterhin kann der Code als erstes Zeichen des Ausgangsstroms auftreten, um im Dekomprimierer einen Reset auszulösen. Der zweite Eintrag wird als *end of information <EOI>* bezeichnet. Er signalisiert dem Dekomprimierer, daß das Ende des Codestromes erreicht ist und keine weiteren Daten folgen.

Bei der Komprimierung/Dekomprimierung sollten neue Strings ab der Position <CC>+2 gespeichert werden. Der Code <CC> wird zu Beginn der Komprimierung und bei jedem Tabellenüberlauf in den Ausgabestrom geschrieben. Dann muß der Leser die Tabelle jeweils neu initialisieren. Die variable Codelänge der zu lesenden Daten sollte kein größeres Problem sein. Bei der Komprimierung wird mit der in *code size + 1* angegebenen Größe begonnen. Immer wenn ein Code aus der Tabellenposition *(2**(Codelänge) – 1)* ausgegeben wird, ist die Codelänge um 1 zu erhöhen. Dies wird so lange weitergeführt, bis die Codelänge von 12 Bit erreicht ist. Dann muß die Tabelle neu initialisiert werden. Bei der Dekomprimierung beginnt man ebenfalls mit der in *code size + 1* vereinbarten Codelänge. Die Codelänge ist immer um 1 zu erhöhen, sobald der Tabelleneintrag *(2**(Codelänge) -1)* in die Ausgabe geschrieben wird. Beachten Sie auch, daß die Bits in der Codefolge mit den Bits der Stringcodes der Tabelle übereinstimmen.

Subblocks mit Raster-Daten

Da ein Bild in der Regel mehr als 255 Datenbytes umfaßt, werden die komprimierten Daten in einen *Raster Data*-Block und mehrere (Raster Data-)Subblocks unterteilt. Die Subblocks besitzen einen Aufbau ähnlich Tabelle 22.5, wobei das erste Byte (Code Size) fehlt. Ein Subblock beginnt mit einem Längenbyte, welches die Zahl der Folgebytes im Block definiert. Es können dann zwischen 0 und 255 Datenbytes folgen. Der Subblock kann damit maximal 256 Byte umfassen.

Terminator-Block

Das Ende des Bilddatenbereichs wird durch einen *Terminator*-Block (00H) angezeigt. Dies ist nichts anderes als ein Subblock, bei dem das Byte mit der Längenangabe auf 0 gesetzt wird. Dieser Block umfaßt dann nur das Längenbyte.

Die Blöcke *Image Descriptor*, *Local Color Map* und *Raster Data* lassen sich bei Bedarf mehrfach in einer Datei anlegen. Dies erlaubt es, mehrere Bilder in einer Datei zu speichern.

Der Graphic Control Extension-Block (GIF89a)

Dieser Block wurde in GIF89a neu definiert und enthält zusätzliche Parameter für ein Bild. Der Block ist optional und muß nach dem *Image Descriptor*-Block, aber vor den eigentlichen *Raster Data*-Blocks stehen. Die Daten gelten nur für das folgende (Teil-)Bild. Der Block besitzt den in Tabelle 22.6 gezeigten Aufbau.

Bytes	Bemerkungen
1	Extension-Block-Signatur (21H)
1	Graphic Control Label (F9H)
1	Block Size (4)
1	Flags
2	Delay Time
1	Transparent Color Index
1	Block-Terminator (00H)

Tabelle 22.6 Struktur eines Graphic Control Extension-Blocks (GIF89a)

Das erste Byte enthält die Signatur für den *Extension*-Block. Das Byte wird fest auf den Wert 21H (entspricht !) gesetzt.

Byte 2 enthält das *Graphic Control Label*. Dies ist nichts anderes als die Signatur für einen *Graphic Control Extension*-Block und wird fest auf den Wert F9H gesetzt. Das Feld *Block Size* gibt die Zahl der folgenden Datenbytes im Block an. Der Block-Terminator wird jedoch nicht eingerechnet. Das Feld enthält bei einem *Graphic Control Extension*-Block immer den Wert 4. Das folgende Flagbyte (Offset 03H) besitzt einen Aufbau gemäß Abbildung 22.9.

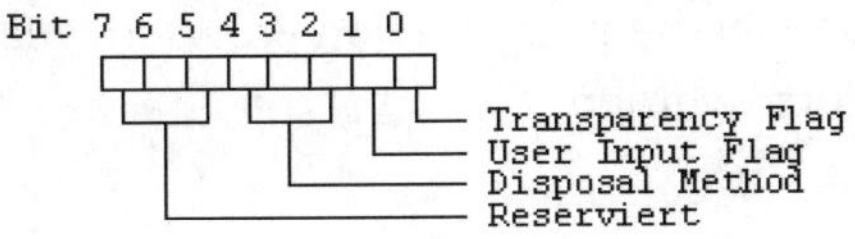

Abbildung 22.9 Kodierung des Flag im Graphics Control Extension-Block

Das *Transparency*-Flag signalisiert, ob das *Transparency Index*-Feld belegt ist. In diesem Fall wird das Flag auf 1 gesetzt. Ist das Flag auf 0 gesetzt, enthält das *Transparency Index*-Feld keinen gültigen Wert. (Dies wird in HTML genutzt, um transparente Bilder darzustellen.)

Das *User Input*-Flag definiert, ob auf eine Benutzereingabe nach der Ausgabe des Bildes gewartet wird. Ist das Flag auf 1 gesetzt, wird die Bearbeitung erst nach einer Benutzereingabe fortgesetzt. Die Art der Benutzereingabe (Return, Mausklick etc.) wird durch die Anwendung definiert. Ist eine Verzögerungszeit (Delay Time) definiert, wird die Bearbeitung nach dieser Wartezeit auch ohne Benutzereingabe fortgesetzt.

Die *Disposal*-Methode definiert, was mit der Grafik nach der Ausgabe passiert. Hierbei gibt es folgende Möglichkeiten:

- 0 No disposal specified
- 1 Do not dispose
- 2 Restore to background color
- 3 Restore to previous

Bei der Option 1 bleibt die Grafik erhalten. Beim Code 2 ist der Bereich der Grafik auf die Hintergrundfarbe zu setzen. Beim Code 3 ist die vorherige Einstellung zu restaurieren. Alle anderen Werte sind undefiniert.

Das Feld *Delay Time* ist als vorzeichenlose Zahl (unsigned Word) definiert. Ist das *User*-Flag gesetzt, definiert dieses Feld die Wartezeit in 1/100 Sekunden, ab der die Weiterbearbeitung der Datenfolge wieder aufgenommen wird. Diese Wartezeit kann durch eine Benutzereingabe abgebrochen werden. Die Wartezeit beginnt sofort nach der Ausgabe der Grafik.

Im Feld *Transparency Index* findet sich ein Bytewert. Tritt dieser Bytewert im Datenstrom für die Grafik auf, ist der betreffende Bildpunkt nicht auszugeben. Der Decoder kann zum nächsten Bildpunkt weitergehen. Hierdurch bleibt der Bildschirmhintergrund erhalten. Dieser Index ist nur dann gültig, falls das *Transparency*-Flag gesetzt ist.

Das letzte Byte dient als Block-Terminator und besitzt den Wert 00H. Dieses Byte wird in der Längenangabe des *Extension*-Blocks nicht berücksichtigt. Im Grunde genommen handelt es sich um einen leeren Block, der generell das Ende mehrerer Subblocks definiert.

Anmerkung: Dieser Block wird für animierte GIF-Dateien benutzt, die von Browsern wie Internet Explorer oder Netscape Navigator unterstützt werden.

Der Comment Extension-Block (GIF89a)

Dieser optionale Block ist ebenfalls erst ab GIF89a definiert und kann Kommentare zur GIF-Datei (z.B. Autor, Credits etc.) enthalten. Der Block darf an jeder Stelle in der GIF-Datei auftreten, an der ein Block beginnen kann. Er sollte jedoch nicht zwischen Subblocks eingefügt werden. Empfohlen wird, den Block zu Beginn oder am Ende der GIF-Datei einzufügen. Der Inhalt des Blocks besitzt keinen Einfluß auf die GIF-Bilder. Tabelle 22.7 gibt den Aufbau des Blocks wieder.

Bytes	Bemerkungen
1	Extension-Block-Signatur (21H)
1	Comment Label (FEH)
1	Block Size
n	Kommentar als Subblocks mit 1 Länge Subblock n Datenbereich Subblock
1	Block-Terminator (00H)

Tabelle 22.7 Struktur eines Comment Extension-Blocks (GIF89a)

Das erste Byte enthält die Signatur für den *Extension*-Block. Das Byte wird fest auf den Wert 21H (entspricht !) gesetzt.

Das zweite Byte enthält die Signatur für den *Comment Extension*-Block und wird immer mit dem Code FEH belegt.

An diese Signatur schließt sich eine Sequenz von Subblocks mit dem eigentlichen Kommentartext an. Jeder Subblock enthält im ersten Byte die Zahl der folgenden Datenbytes. An dieses Byte schließen sich zwischen 0 und 255 Datenbytes an. Ist der Kommentarstring länger als ein Block, wird er auf mehrere Subblocks aufgeteilt. Das Ende des *Comment Extension*-Blocks wird durch einen Terminator markiert. Hierbei handelt es sich um einen Subblock mit einem Byte Länge, der den Wert 00H enthält.

Der Kommentarstring sollte mit 7-Bit-ASCII-Zeichen erstellt werden. Eine Darstellung multilingualer Zeichen (ä, ö, ü etc.) ist nicht vorgesehen. Der Inhalt des Blocks sollte nicht zur Speicherung von Dekodierinformationen benutzt werden, d.h., der Decoder kann den Block übergehen.

Der Plain Text Extension-Block (GIF89a)

Dieser optionale Block ist ebenfalls erst ab GIF89a definiert und kann Texte und Parameter zur grafischen Darstellung dieser Texte enthalten. Tabelle 22.8 gibt den Aufbau des Blocks wieder.

Bytes	Bemerkungen
1	Extension-Block-Signatur (21H)
1	Plain Text (01H)
1	Block Size
2	Text Grid Left Position
2	Text Grid Top Position
2	Text Grid Width
2	Text Grid Height
1	Character Cell Width
1	Character Cell Height
1	Text Foreground Color
1	Text Background Color
n	Sequenz von Text-Subblocks mit 1 Byte Länge Subblock n Byte Subblock mit Text
1	Block-Terminator (00H)

Tabelle 22.8 Struktur eines Plain Text Extension-Blocks (GIF89a)

Das erste Byte enthält die Signatur für den *Extension*-Block. Das Byte wird fest auf den Wert 21H (entspricht !) gesetzt. Das zweite Byte enthält die Signatur für den *Plain Text Extension*-Block und wird immer mit dem Code 01H belegt. Das dritte Byte enthält die Längenangabe für den folgenden Datenbereich. Beim *Plain Text Extension*-Block wird dieser Wert fest auf 12 (0CH) gesetzt. Der Text wird dann in Subblocks mit eigenen Längenangaben gespeichert.

Ab Offset 03H vom Blockanfang beginnt eine Sequenz von Feldern, die als unsigned Word interpretiert werden. Das erste Feld definiert den linken Rand (column number) für das Gitter zur Textausgabe. Die Position wird dabei in Pixel vom linken Fensterrand definiert. Das folgende Feld legt die obere Gitterposition (row number) für die Textausgabe in Pixel fest und bezieht sich ebenfalls auf den logischen Bildschirm.

Das Feld *Character Cell Width* definiert die Breite einer Gitterzelle in Pixel. Diese Gitterzelle dient zur Aufnahme eines Zeichens. In *Character Cell Height* wird die Höhe einer Gitterzelle definiert. Auch dieser Wert wird als unsigned Word angegeben. Der Decoder muß diese Werte auf die Abmessungen des virtuellen Bildschirms umrechnen, wobei das Ergebnis nur ganzzahlig sein darf.

Die letzten beiden Felder belegen jeweils nur ein Byte und geben den Farbwert (Index in die Farbpalette) für die Vordergrund- und die Hintergrundfarbe des Textes an. Der eigentliche Text wird in einer Sequenz von Subblocks gespeichert. Diese Subblocks schließen sich direkt an die obige Struktur an. Jeder Subblock enthält im ersten Byte die Zahl der folgenden Datenbytes. An dieses Byte schließen sich zwischen 0 und 255 Datenbytes mit dem auszugebenden Text an. Ist der Text länger als ein Block, wird er auf mehrere Subblocks aufgeteilt. Das Ende des *Plain Text Extension*-Blocks wird durch einen Terminator markiert. Hierbei handelt es sich um einen Subblock mit einem Byte Länge, der den Wert 00H enthält.

Zur Ausgabe des Textes wird ein Gittermuster (grid of character cells) definiert, wobei jede Gitterzelle ein einzelnes Zeichen aufnimmt. Die Parameter für das Gittermuster finden sich im *Plain Text Extension*-Block. Der Decoder muß die Parameter so umsetzen, daß die Gitterabmessungen Ganzzahlen (Integer) ergeben. Ein auftretender Nachkommaanteil ist abzuschneiden. Aus Kompatibilitätsgründen sollten die Zellabmessungen mit 8 x 8 oder 8 x 16 Punkten (Breite x Höhe) gewählt werden.

Die einzelnen Zeichen sind sequentiell zu lesen und beginnend in der oberen linken Ecke des Gitters zeilenweise in die einzelnen Zellen einzutragen. Zur Anzeige ist der bestmögliche Monospace-Font mit der passenden Größe vom Decoder zu wählen. Der auszugebende Text muß mit 7-Bit-ASCII-Zeichen kodiert werden. Eine Darstellung multilingualer Zeichen (ä, ö, ü etc.) ist nicht vorgesehen. Treten Zeichencodes unterhalb 20H und oberhalb von 7FH auf, muß der Decoder ein Leerzeichen (Space, 20H) ausgeben.

Der Application Extension-Block (GIF89a)

Dieser optionale Block wurde erst in GIF89a definiert. Der Block dient zur Aufnahme anwendungsspezifischer Informationen. Tabelle 22.9 gibt den Aufbau des Blocks wieder.

Bytes	Bemerkungen
1	Extension-Block-Signatur (21H)
1	Application Extension (FFH)
1	Block Size 11
8	Application Identifier
3	Application Authentication Code

Bytes	Bemerkungen
n	Sequenz von Subblocks mit 1 Byte Länge Subblock n Byte Daten Subblock
1	Block-Terminator (00H)

Tabelle 22.9 Struktur eines Application Extension-Blocks (GIF89a)

Das erste Byte enthält die Signatur für den *Extension*-Block. Das Byte wird fest auf den Wert 21H (entspricht !) gesetzt. Das zweite Byte enthält die Signatur für den *Application Extension*-Block und wird immer mit dem Code FFH belegt.

Das dritte Byte enthält die Längenangabe für den folgenden Datenbereich. Beim *Application Extension*-Block wird dieser Wert fest auf 11 (0BH) gesetzt. Die eigentlichen Parameter werden dann in Subblocks mit eigenen Längenangaben gespeichert. Ab Offset 03H folgen 8 Byte mit dem *Application Identifier*. Dieser Identifier muß aus druckbaren ASCII-Zeichen bestehen und dient zur Bezeichnung der Anwendung, die die Daten erzeugt hat.

Anschließend folgen drei Byte für den *Application Authentication Code*. Hier kann ein Binärcode gespeichert werden, der durch die Anwendung berechnet wird. Damit ist eine eindeutige Identifizierung der erzeugenden Anwendung möglich.

An dieses Feld schließen sich die Subblocks mit den anwendungsspezifischen Daten an. Jeder Subblock beginnt mit einem Längenbyte, gefolgt von bis zu 255 Datenbytes. Der letzte Block enthält nur das Längenbyte mit dem Wert 00H und dient als Terminator.

Der GIF-Terminator

Der Abschluß einer GIF-Datei wird durch einen *Terminator*-Block markiert. Hierbei handelt es sich wieder um einen 1-Byte-Block. Dieses Byte enthält ein Semikolon (Code 3BH) als Terminator.

23 GEM Image File-Format (IMG)

Verschiedene GEM-Programme wie DR PAINT, DR DOODLE oder Publishers Paintbrush benutzen zum Speichern von Grafiken das Format der GEM-IMG-Dateien. Hierbei handelt es sich im wesentlichen um eine pixelorientierte Abspeicherung des Bildschirmfensters. Dieses Fenster wird gemäß Abbildung 23.1 in Zeilen und Spalten mit den Bildpunkten aufgeteilt.

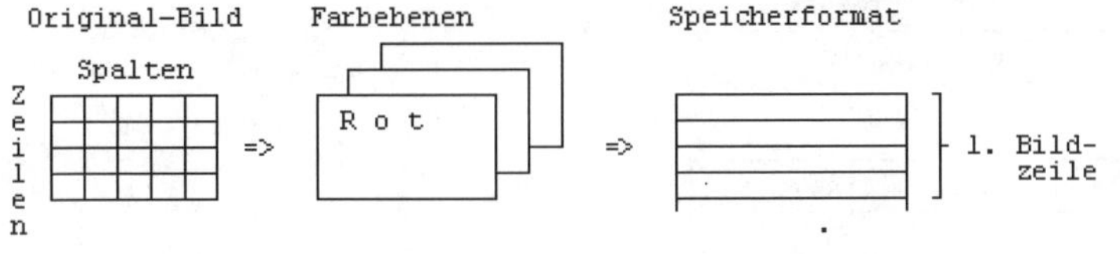

Abbildung 23.1 Umsetzung eines Bildes zum Speichern

Jedes durch eine Zeilen- und Spaltennummer adressierte Element des Originalbildes wird als Pixel (*Picture Element*) bezeichnet. Durch Aneinanderfügen dieser Pixel entsteht das Gesamtbild. Bei der Schwarzweißdarstellung entspricht jedes Pixel einem Bit, das gesetzt oder gelöscht sein kann. In der Regel werden jedoch farbige Bilder bearbeitet und gespeichert. Hier ist jedem Bildelement (Pixel) eine zusätzliche Farbinformation zugeordnet, die nicht mehr mit einem Bit kodierbar ist.

In Abhängigkeit von der Kodierung läßt sich die Farbe eines Bildpunktes in der Regel aus den Grundfarben Rot, Grün, Blau und einer Intensitätsinformation erzeugen. Dies bedeutet, daß das eigentliche Bild in vier Teilbilder mit den jeweiligen Farben zerlegt werden muß. So enthält man zum Beispiel ein Teilbild, in dem alle Pixel des Originalbildes mit einem Rotanteil gesetzt sind. Analoges gilt für das Teilbild mit den grünen Punkten. Durch Mischen der Grundfarben und Verknüpfung mit dem Intensitätsbit lassen sich so im Originalbild 16 Farben darstellen.

Zum Speichern der Bilder lehnt man sich an die Aufteilung in einzelne Zeilen an: Zeile für Zeile des Originalbildes wird gespeichert; die Pixel der einzelnen Farbebenen sind zeilenweise festgehalten. Dies bedeutet, daß der Datenbereich der ersten Zeile zunächst alle Bits der Farbe Rot erfaßt, dann die Zeile mit der Kodierung der grünen Farbe, daraufhin die Zeile mit den blauen Punkten und anschließend die Intensitätsbits. Erst wenn alle diese Informationen abgespeichert sind, kann die Bearbeitung der nächsten Bildzeile beginnen. Dieser Sachverhalt wurde in Abbildung 23.1 schematisch dargestellt.

Bei der Speicherung treten allerdings – wie bei den anderen Formaten (PCX, TIFF etc.) besprochen – einige Schwierigkeiten bezüglich des Speicherbedarfs auf. Ein Grafikbildschirm mit einer Auflösung von 640 x 200 Pixel benötigt bereits 128000 Bit zum Abspeichern eines S/W-Bildes. Hier wird jeder Punkt durch ein gesetztes oder ein gelöschtes Bit dargestellt. Bei Farben umfaßt ein Bildpunkt mit der beschriebenen Kodierung vier Bit (Rot, Grün, Blau, Intensität). Damit ergibt sich ein vierfacher Speicherbedarf von 512 kBit pro Bild. Zur Reduzierung des Speicherbedarfs gelangen in den IMG-Dateien verschiedene Datenreduktionsverfahren zum Einsatz, die mit dem dazugehörigen Speicherformat nachfolgend beschrieben sind. Abbildung 23.2 zeigt den prinzipiellen Aufbau einer IMG-Datei:

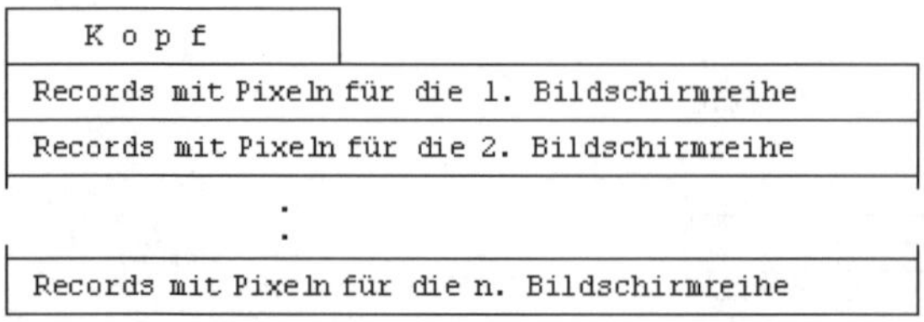

Abbildung 23.2 Prinzipieller Aufbau einer IMG-Datei

Die Datei besteht aus einem Kopfteil mit den Initialisierungsdaten, an den sich die eigentlichen Bildinformationen in der jeweiligen Kodierung anschließen. Diese werden in Abhängigkeit vom Komprimierungsverfahren in Records verschiedener Länge aufgeteilt.

Der IMG-Kopfsatz

Der Kopfsatz besteht in den bisherigen GEM-Versionen (bis 2.x) aus 16 Byte, die jedoch wortweise nach folgender Kodierung interpretiert werden:

Word	Kodierung
1	Dateiversion
2	Kopflänge in Wörtern
3	Bits pro Pixel (Zahl der Farbebenen)
4	Länge eines Musters
5	Pixelbreite (in Mikrometern)
6	Pixelhöhe (in Mikrometern)
7	Länge einer Pixelreihe in Punkten
8	Anzahl der Pixelzeilen (Scanlines)
9	Ventura Erweiterung (Bit Image-Flag)

Tabelle 23.1 Aufbau des Kopfsatzes einer IMG-Datei

Wichtig: Kopfdaten sind entgegen der üblichen Intel-Konvention gespeichert. Auf dem Byte mit der niederwertigen Adresse befindet sich das höherwertige Byte des Speicherwortes. Die Werte *FF 03H* ergeben bei der Abspeicherung gemäß den Intel-Konventionen das Ergebnis *03FF*. Beim IMG-Header ist der Wert als *FF03* zu interpretieren. Dies ist bei allen Zugriffen auf IMG-Dateien zu berücksichtigen.

Der erste Header-Eintrag gibt die GEM-Versionsnummer an, unter der die Bilddatei erstellt wurde. In den Versionen bis 2.x steht hier konstant der Wert 00 01H. Daran schließt sich das Feld mit der Kopflänge an. Auch hier speichert GEM zumindest bis zur Version 2.x konstant den Wert 00 08H ab. Digital Research hält sich hier jedoch die Möglichkeit offen, die Länge des Kopfes zu verändern, weshalb Anwenderprogramme immer die Kopflänge lesen sollten, um auch mit den Datenformaten neuerer GEM-Versionen kompatibel zu bleiben. Das Programm *Ventura Publisher* verwendet zum Beispiel ein extended *IMG-Format*, welches 9 Worte im Header belegt.

Das dritte Feld bestimmt die Anzahl der Bits pro Pixel und ist für die Farbdarstellung relevant. Der Wert 1 markiert eine monochrome Darstellung. Werte zwischen 2 und 16 stehen für Farbbilder.

Diese Information wird beim Speichern und Dekodieren von Bilddaten zur Bestimmung der Anzahl von Farbebenen benötigt. (Das Bild wird zeilenweise in den Pixelreihen der vier Farbebenen abgelegt.) In GEM ist die Reihenfolge der Farbebenen so festgelegt:

```
Rot  Grün  Blau  Intensität
```

In der Speicherdatei stehen daher zunächst alle Bits der Farbe Rot der betreffenden Zeile, gefolgt von den grünen Farbwerten derselben Zeile, der blauen Farbebene und den Intensitätsbits dieser Zeile. Erst danach kann die nächste Bildzeile bearbeitet werden.

Das vierte Word legt die Länge eines Musters fest. Hierbei handelt es sich um die Standardmuster (z. B. Backsteinmuster), die von den Grafikprogrammen zum Füllen von Flächen zur Verfügung gestellt werden. Die Information über die Länge des Musters wird beim *Pattern Run*-Komprimierungsverfahren benötigt und ist in vielen GEM-Versionen zur Zeit konstant auf 2 Byte festgelegt, darf aber zwischen 1 und 8 liegen.

Die Größe eines einzelnen Bildpunktes hängt natürlich von den vorherrschenden Geräteeigenschaften ab. Um eine Übertragung und Anpassung bestehender Zeichnungen an andere Geräte zu ermöglichen, werden die Abmessungen eines Bildpunktes im Dateikopf gespeichert. Die Breite eines Punktes in Mikrometern findet sich in Feld 5, während die Pixelhöhe in Feld 6 gespeichert wird. Mit diesen Kenngrößen lassen sich die Bilder weitgehend geräteunabhängig darstellen. Die Einträge müssen jeweils an das Gerät angepaßt werden, das die Datei erzeugt.

Das siebte Word enthält die Zahl der Pixel pro Bildzeile. Diese Information ist wichtig, da die Speicherung ja zeilenweise erfolgt. Das Feld wird deshalb von verschiedenen Komprimierungsverfahren ausgewertet.

Im achten Word steht die Zahl der Pixelzeilen in der IMG-Datei. Dieser Wert definiert damit auch die Bildhöhe.

Das neunte Word ist nur verfügbar, falls die Headerlänge im zweiten Eintrag die Länge mit 9 Word-Einträgen angibt. Dann handelt es sich um das erweiterte IMG-Format des Ventura Publisher, der im neunten Word das *Bit Image*-Flag speichert. Das Flag bestimmt die Interpretation von Bildern mit mehreren Farbebenen (z.B. Farbbilder, Graustufenbilder). Ist Word 9 vorhanden und enthält die Datei mehr als zwei Farbebenen (Word 3 ist größer als 2), enthält das Flag einen gültigen Wert. Der Wert 0 definiert dann, daß es sich um ein Farbgrafikbild handelt. Dabei wird eine feste Palette mit 16 Einträgen gemäß Abbildung 23.3 verwendet. Die Palette-Werte müssen vom lesenden Programm gesetzt werden. Die in Bild 23.3 in Klammern eingefaßten Werte sind als Hexzahlen zu interpretieren und geben den Palette-Wert der Farben *Rot, Grün* und *Blau an.*

```
 0: [3F,3F,3F]  1: [3F,00,00]  2: [00,3F,00]  3: [3F,3F,00]
 4: [00,00,3F]  5: [3F,00,3F]  6: [00,3F,3F]  7: [2B,2B,2B]
 8: [15,15,15]  9: [2B,00,00] 10: [00,2B,00] 11: [2B,2B,00]
12: [00,00,2B] 13: [2B,00,2B] 14: [00,2B,2B] 15: [00,00,00]
```

Abbildung 23.3 GEM-Standard 16-Farben-Palette

Ein Wert 1 im *Bit Image*-Flag (Word 9) bedeutet, daß ein Graustufenbild in der Datei gespeichert ist. In diesem Fall wird eine feste Palette mit 256 Graustufen verwendet. Die benötigten Werte müssen vom lesenden Programm gemäß Abbildung 23.4 bereitgestellt werden.

0: FF	1: 7F	2: BF	3: 3F	4: DF	5: 5F	6: 9F	7: 1F	8: EF	9: 6F
10: AF	11: 2F	12: CF	13: 4F	14: 8F	15: 0F	16: F7	17: 77	18: B7	19: 37
20: D7	21: 57	22: 97	23: 17	24: E7	25: 67	26: A7	27: 27	28: C7	29: 47
30: 87	31: 07	32: FB	33: 7B	34: BB	35: 3B	36: DB	37: 5B	38: 9B	39: 1B
40: EB	41: 6B	42: AB	43: 2B	44: CB	45: 4B	46: 8B	47: 0B	48: F3	49: 73
50: B3	51: 33	52: D3	53: 53	54: 93	55: 13	56: E3	57: 63	58: A3	59: 23
60: C3	61: 43	62: 83	63: 03	64: FD	65: 7D	66: BD	67: 3D	68: DD	69: 5D
70: 9D	71: 1D	72: ED	73: 6D	74: AD	75: 2D	76: CD	77: 4D	78: 8D	79: 0D
80: F5	81: 75	82: B5	83: 35	84: D5	85: 55	86: 95	87: 15	88: E5	89: 65
90: A5	91: 25	92: C5	93: 45	94: 85	95: 05	96: F9	97: 79	98: B9	99: 39
100: D9	101: 59	102: 99	103: 19	104: E9	105: 69	106: A9	107: 29	108: C9	109: 49
110: 89	111: 09	112: F1	113: 71	114: B1	115: 31	116: D1	117: 51	118: 91	119: 11
120: E1	121: 61	122: A1	123: 21	124: C1	125: 41	126: 81	127: 01	128: FE	129: 7E
130: BE	131: 3E	132: DE	133: 5E	134: 9E	135: 1E	136: EE	137: 6E	138: AE	139: 2E
140: CE	141: 4E	142: 8E	143: 0E	144: F6	145: 76	146: B6	147: 36	148: D6	149: 56
150: 96	151: 16	152: E6	153: 66	154: A6	155: 26	156: C6	157: 46	158: 86	159: 06

```
160: FA 161: 7A 162: BA 163: 3A 164: DA 165: 5A 166: 9A 167: 1A 168: EA 169: 6A
170: AA 171: 2A 172: CA 173: 4A 174: 8A 175: 0A 176: F2 177: 72 178: B2 179: 32
180: D2 181: 52 182: 92 183: 12 184: E2 185: 62 186: A2 187: 22 188: C2 189: 42
190: 82 191: 02 192: FC 193: 7C 194: BC 195: 3C 196: DC 197: 5C 198: 9C 199: 1C
200: EC 201: 6C 202: AC 203: 2C 204: CC 205: 4C 206: 8C 207: 0C 208: F4 209: 74
210: B4 211: 34 212: D4 213: 54 214: 94 215: 14 216: E4 217: 64 218: A4 219: 24
220: C4 221: 44 222: 84 223: 04 224: F8 225: 78 226: B8 227: 38 228: D8 229: 58
230: 98 231: 18 232: E8 233: 68 234: A8 235: 28 236: C8 237: 48 238: 88 239: 08
240: F0 241: 70 242: B0 243: 30 244: D0 245: 50 246: 90 247: 10 248: E0 249: 60
250: A0 251: 20 252: C0 253: 40 254: 80 255: 00
```

Abbildung 23.4 GEM-Standard 256-Graustufen-Palette

Der Wert FFH im Index 0 bedeutet, daß alle drei Einträge (Rot, Grün, Blau) den gleichen Wert (FF,FF,FF) verwenden. Die Graustufen-Palette wird niemals innerhalb der IMG-Datei gespeichert.

Speichern von IMG-Daten

Wie erwähnt, unterteilt GEM ein Bild in Zeilen und Spalten, wobei jedes Element dieser Matrix einem Bildpunkt entspricht. Das Speichern der Bilder erfolgt zeilenweise, wobei in der Farbdarstellung jeweils die Daten der verschiedenen Farbebenen der aktuellen Zeile bearbeitet werden. Erst danach wird zur folgenden Zeile übergegangen.

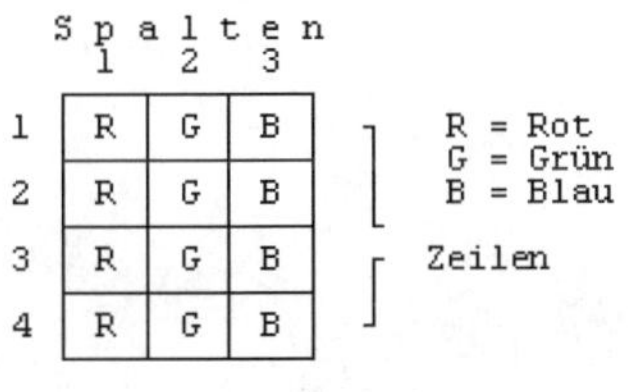

Abbildung 23.5 Muster in drei Spalten aus den Farben Rot, Grün, Blau

Zum Abspeichern des Musters sind *3 Spalten * 4 Zeilen * 4 Farben = 48 Bit* erforderlich. Die Zahl der Farbbits steht im Header einer IMG-Datei. Nun wird das Muster Zeile für Zeile abgetastet und in einer Datei gespeichert (Abbildung 23.5).

Aus diesen Informationen (Abbildung 23.5 und Abbildung 23.6) läßt sich später das Originalbild mit den Farben regenerieren. Die Zahl der Pixel pro Zeile steht im Kopf der IMG-Datei (Word 7). Auch die Zahl der Farbbits pro Pixel findet sich im Header (Word 3). Bei einem Wert von 4 wird jedes Pixel in vier Farbebenen zerlegt und gespeichert.

Pixel 1. Zeile (Rot)	1	0	0
Pixel 1. Zeile (Grün)	0	1	0
Pixel 1. Zeile (Blau)	0	0	1
Pixel 1. Zeile (Int.)	0	0	0
		...	
Pixel 4. Zeile (Rot)	1	0	0
Pixel 4. Zeile (Grün)	0	1	0
Pixel 4. Zeile (Blau)	0	0	1
Pixel 4. Zeile (Int.)	0	0	0

Abbildung 23.6 Speicherschema des unkodierten Musters

Bildkomprimierung bei IMG-Dateien

Bereits bei einer Auflösung von 640 x 300 Bildpunkten ist der Speicherbedarf eines Bildes recht hoch und nimmt bei steigender Auflösung und besserer Farbdarstellung noch drastisch zu. Aus diesem Grund benutzt GEM verschiedene Komprimierungsverfahren zur Datenreduzierung:

- *Vertical Replication Count*
- *Solid Run*
- *Bit String*
- *Pattern Run*

Diese Verfahren werden in Abhängigkeit von den Bildelementen gewählt.

Nach dem Header beginnt der Bereich mit den Bilddaten, wobei diese zeilenweise unter Berücksichtigung der Farbebenen gespeichert sind. Die Pixel werden in Records gemäß folgendem Format abgelegt:

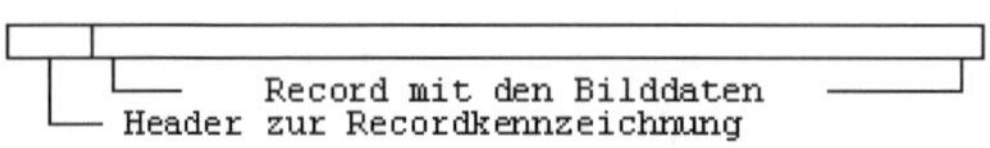

Abbildung 23.7 Datenspeicherung in Records

Der Aufbau der Records variiert dabei in Abhängigkeit vom Kodierungsverfahren.

Pixelkodierung

Naheliegend ist es, die einzelnen Pixel in ihre Farbebenen aufzuteilen und bitweise abzuspeichern. Bei vier Farbbits und 640 Pixel pro Zeile ergibt sich dann pro Zeile folgender Speicherbedarf:

```
640 Pixel x 4 Farbebenen / 8 Bit = 320 Byte
```

Hier versucht GEM, durch Anwendung geeigneter Kodierungen Speicherplatz zu sparen.

Das Solid Run-Format

Der einfachste Fall liegt vor, wenn mehrere Pixel einer Zeile identisch sind. Bei der Zerlegung der Pixel in die einzelnen Bits der Farbebenen sind häufig mehrere aufeinanderfolgende Bits mit dem gleichen Wert (0 oder 1) belegt. Zur Darstellung des Abschnitts genügt also die Angabe des Wertes und die Zahl der betroffenen Bits. Reserviert man nun ein Byte als Wiederholungszähler und benutzt Bit 7 als Markierung für *Solid Run*, sind maximal 127 Bit pro Datenbyte abbildbar, was bereits eine gute Komprimierung bedeutet. Die Spezifikation geht aber noch einen Schritt weiter: Die Bits mit gleichem Inhalt werden in Gruppen zu je 8 Bit (1 Byte) zusammengefaßt. Im *Solid Run*-Format werden dann zusammenhängende Bytes mit gleichen Werten gemäß Abbildung 23.8 gespeichert:

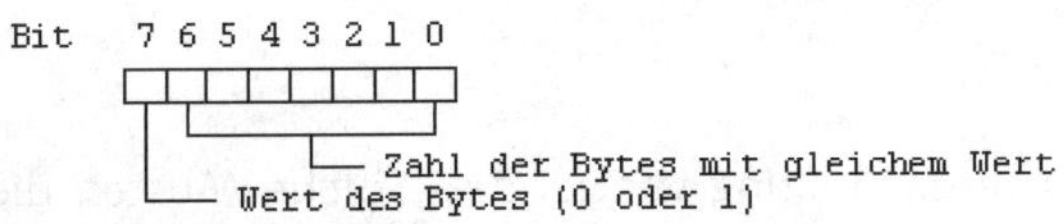

Abbildung 23.8 Das Format der Solid Run-Records

Als Basis für den Code dient immer ein Byte, dessen oberstes Bit den Wert der komprimierten Pixel (1 oder 0) eines Bytes anzeigt. Die restlichen Bits 0 bis 6 dienen als Zähler für die Menge der komprimierten Bytes. Liegt nun zum Beispiel eine Reihe von 320 Bit mit dem Wert 1 vor, sind dies genau 320/8 = 40 Byte. Analoges gilt für Bitreihen, die den Wert 0 enthalten. Damit sind folgende Codes möglich:

```
Bits = 0:01H (1 Byte bzw. 8 Bit)
...
7FH (127 Byte bzw. 1016 Bit)
Bits = 1:81H (1 Byte bzw. 8 Bit)
FFH (127 Byte bzw. 1016 Bit)
```

Der Eintrag 83H bedeutet zum Beispiel, daß die folgenden drei Bytes mit dem Wert 1 darzustellen sind. Mit dieser Methode lassen sich maximal 127 gleiche Bytes (entspricht 7FH oder FFH) zusammenfassen. Der Record ist lediglich ein Byte lang und besitzt Werte zwischen 01H und FFH. Der Wert 00H als Zähler ist nicht zulässig, da er einerseits sinnlos ist und andererseits zu Konflikten mit den Headerbytes der Formate *Bit String* (80H) und *Pattern Run* (00H) führt. Ein Wert von 80H ist in diesem Format ebenfalls nicht zulässig, da er 0 Wiederholungen eines Bytes mit dem Wert FFH definiert.

Das Bit String-Format

Dieses Format dient der Darstellung unkomprimierbarer Bildabschnitte. Es erlaubt das Speichern nicht wiederholbarer Muster als *Bitreihe*. Bit String-Records werden gemäß Abbildung 23.9 aufgebaut.

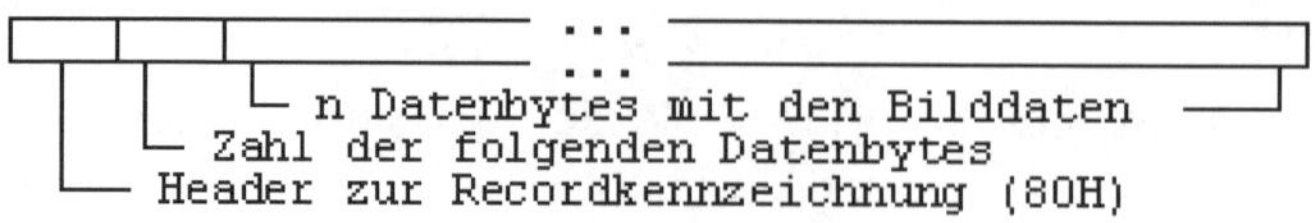

Abbildung 23.9 Format der Bit String-Records

Der Satz beginnt mit der Kennung 80H im ersten Byte. Das zweite Byte enthält einen Zähler, der die Anzahl der Folgebytes mit den Daten des Records enthält. In diesen Folgebytes sind die Pixel als Bitstrings abgespeichert, womit immer nur ein ganzzahliges Vielfaches von 8 als Pixelzahl speicherbar ist. Im *Bit String*-Format lassen sich maximal 255 Byte (2040 Bit) pro Satz darstellen, bei längeren Mustern muß ein zweiter Satz angefügt werden. GEM benutzt dieses Format nur, falls kein anderes Kodierverfahren paßt.

Das Pattern Run-Format

Eine weitere Kodierung wird für die Musterdarstellung verwendet. Solche Muster, die man zum Füllen von Flächen und Bildhintergründen benötigt, werden in der Regel von den Toolboxen der Grafikprogramme geliefert. Sie haben meist geometrische Strukturen und lassen sich mit einem Format gemäß Abbildung 23.10 darstellen.

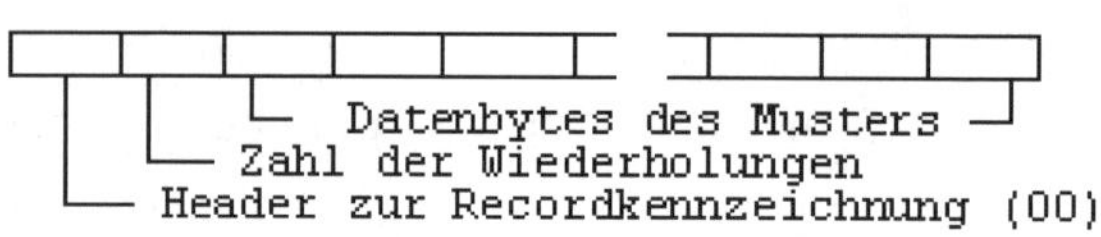

Abbildung 23.10 Format des Pattern Run-Records

Die Sätze beginnen mit dem Wert 00H als Recordkennung. Daran schließt sich ein Zählerbyte an, das die Wiederholungsrate des Musters angibt. Der Wert 5 bedeutet, daß das Muster in der betreffenden Zeile fünfmal in aufeinanderfolgenden Bits zu erzeugen ist. Der Rest des Satzes wird dann durch die Datenbytes des eigentlichen Musters belegt, wobei jedes Pixel des Musters durch ein Datenbit repräsentiert wird. Auch hier ist zu beachten, daß ein Muster aus einer durch 8 teilbaren Anzahl von Pixel bestehen muß. Nun fehlt aber noch die Information über die Länge des Musters. Wie viele Datenbytes sind durch dieses Muster belegt? GEM definiert in IMG-Dateien eine feste Datenlänge (im IMG-Header in Word 4 abgelegt) für alle angebotenen Muster, das in der Regel auf 2 Byte beschränkt ist. Ein solches Muster muß dann durch *2 * 8 = 16 Bit* dargestellt werden.

Ein aus n Byte bestehendes Muster läßt sich im *Pattern Run*-Format bis zu 255mal wiederholen, bevor ein neuer Record angelegt werden muß.

Das Vertical Replication Count-Format

Die bisher beschriebenen Kodierungsverfahren beziehen sich auf die Darstellungen einzelner Pixel in einer Reihe. Nun kommt es in Bildern aber immer wieder vor, daß komplette Zeilen identisch sind. Man denke nur an den oberen und unteren Bildrand, der häufig mit einer Farbe ausgefüllt ist: Hier reicht es, eine Zeile zu beschreiben und diese Zeile mehrfach zu kopieren. Zur Unterstützung dieser Technik wurde das *Vertical Replication Count*-Format eingeführt. Es kommt nur zur Anwendung, wenn sich mehrere aufeinanderfolgende Zeilen in der gleichen Kodierung darstellen lassen. Die Bilddaten werden nach wie vor mit einem der oben beschriebenen Formate (Pattern Run, Bit String, Solid Run) kodiert. Bei Anwendung des *Vertical Replication Count* wird vor dem Header des Datensatzes ein zweiter Header mit folgendem Aufbau kopiert:

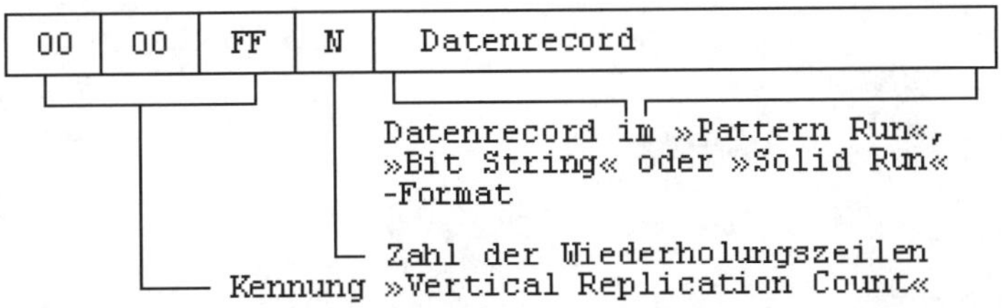

Abbildung 23.11 Vertical Replication Count-Format

Der Record beginnt immer mit einem vier Byte langen Header. Die ersten drei Bytes enthalten zur Formatmarkierung diese Signatur:

00 00 FF

Diese Kennung wird von keinem anderen Kodierverfahren benutzt und nur dann eingesetzt, wenn sich mehrere Zeilen mit *Vertical Replication Count* darstellen lassen. Das vierte Byte enthält einen Zähler mit der Anzahl der auszugebenden Zeilen. Ein Eintrag FEH veranlaßt, daß 254mal die gleiche Zeile ausgegeben wird. Es sind maximal 255 Zeilen in der gleichen Darstellung möglich. Die Kodierung der einzelnen Pixel erfolgt gemäß den oben beschriebenen Verfahren.

Bei der Erstellung eines Bildes im IMG-Format werden alle grafischen Objekte (Rechtecke, Kreise, Texte) im Pixelformat abgebildet und in den beschriebenen Formaten gespeichert. Abbildung 23.13 zeigt ein mit DR PAINT erstelltes Bild. Es enthält mehrere Objekte, die in einer Datei als Pixelgrafiken abgespeichert wurden. Auch Texte bildet GEM in einzelnen Punkten ab. Sobald ein Text gesichert wurde, lassen sich zum Beispiel die Darstellungsattribute (Größe, Stil etc.) nicht mehr ändern. Die Textausgabe G E M ergibt in der S/W-Darstellung folgendes Pixelmuster:

```
00111100  11111110  11000110 ┐
01100110  01100010  11101110 │
11000000  01100100  11111110 ┘
11001110  01111100  11111110 ┌ Pixelreihen
01100110  01100100  11010110 │
00111110  01100010  11000110 │
00000000  00000000  00000000 ┘
    G         E         M
```

Abbildung 23.12 Bitmuster des Textes GEM

Farbige Buchstaben lassen sich durch Mischen der Grundfarben (Rot, Grün, Blau und Intensität) erzeugen. In diesen Fällen teilen sich die Bits auf die vier Farbebenen auf. Durch Überlagerung der Bits ergibt sich dann eine der 16 möglichen Farben für den betreffenden Buchstaben. Bei der Bearbeitung einer IMG-Datei lassen sich die verschiedenen Recordformate leicht erkennen. Abbildung 23.13 zeigt eine solche Datei:

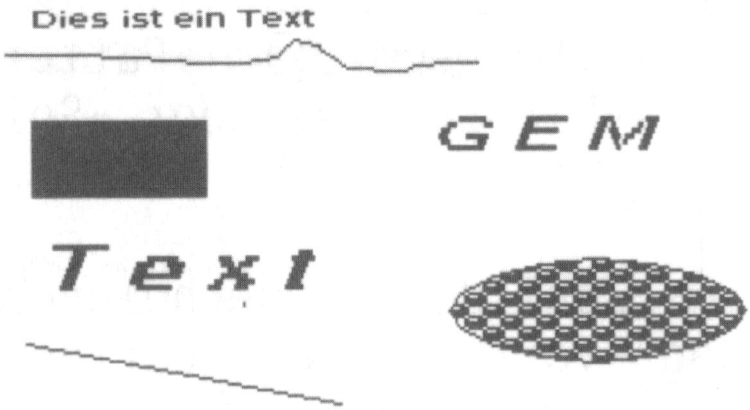

Abbildung 23.13 Darstellung des Originalbildes im PAINT-Format

Die IMG-Datei läßt sich anschließend als Hexdump ausgeben. Ein Ausschnitt aus dieser Anzeige wird in Abbildung 23.14 wiedergegeben. Bei der Konstruktion eines Bildes aus der IMG-Datei ist jeweils eine Zeile der entsprechenden Farbebene zu ermitteln; danach folgen die Daten der nächsten Farbebene. Sobald eine Bildreihe vorliegt, kann entschieden werden, ob eine Wiederholung mit *Vertical Replication Count* möglich ist.

```
GEM-Version
  Kopflänge in Wörtern (8)
    Anzahl der Bits pro Pixel
      Länge eines Musters
        Pixelbreite in Mikrometern
          Pixelhöhe in Mikrometern
            Pixel pro Zeile
              Scanlines

00 01 00 08 00 04 00 02-00 A9 01 74 01 30 00 7C <- Kopfsatz
                                                 Bit String-Records
03 80 02 38 20 02 80 02-20 04 02 80 05 80 00 F8
                                                 Solid Run-Records
                                                 Bit String-Records
00 10 16 03 80 02 38 20-02 80 02 20 04 02 80 05
                                                 Solid Run-Records

80 00 F8 00 10 16 03 80-02 38 20 02 80 02 20 04
02 80 05 80 00 F8 00 10-16 03 80 02 38 20 02 80
02 20 04 02 80 05 80 00-F8 00 10 16 03 80 0D 24
E1 87 00 E1 CF 00 63 8E-00 21 89 3C 16 03 80 0D
24 E1 87 00 E1 CF 00 63-8E 00 21 89 3C 16 03 80
0D 24 E1 87 00 E1 CF 00-63 8E 00 21 89 3C 16 03
    ....
Kopf eines »Vertical Replication Count«-Records
mit 5 Wiederholungen

CE 00 F3 83 00 73 C9 00-21 C9 0C 16 00 00 FF 05
26 26 26 26 17 80 01 38-0E 17 80 01 38 0E 17 80
01 38 0E 17 80 01 38 0E-17 80 01 44 0E 17 80 01
    ....
    ....
    Kopf eines »Vertical Replication Count«-Records
      mit 3 Wiederholungen
00 00 FF 03 10 80 01 01-00 04 FF 3F 80 01 E0 0C

  Solid Run            Bit String-Record
    ....
    ....
    Pattern Run-Record (Muster = 2 Byte)

00 07 55 55 1F 1E 07 80-01 1F 1E 07 80 01 1F 1E
07 80 01 1F 1E 08 80 01-F0 1D
```

Abbildung 23.14 Hexdump einer IMG-Datei

24 GEM-Metafile-Format (GEM)

In GEM existiert neben dem IMG-Format eine weitere Möglichkeit zur Beschreibung von Bilddateien. Dieses Format legt Bilddaten nicht direkt ab, sondern beschreibt die Objekte eines Bildes (Kreis, Rechteck, Linie, Text etc.) samt ihren Eigenschaften (Farbe, Schriftstil, Linienbreite etc.) Damit ist das Ausgabegerät für die Aufbereitung des Bildes zuständig. Dies hat den Vorteil, daß sich aus der Bildbeschreibung eine an das Ausgabegerät angepaßte Darstellung erzeugen läßt. Benutzt wurde dieses Metafile-Format vom GEM-Programm DRAW. Aber viele DTP-Programme wie Pagemaker oder Ventura Publisher unterstützen dieses Format ebenfalls.

Der Aufbau des GEM-Metafile-Headers

Ein GEM-Metafile besitzt einen n Byte langen Header, gefolgt von den Records mit der Beschreibung der grafischen Objekte. Die Header-Daten werden zur Zeit in insgesamt 15 Felder zu je zwei Byte unterteilt und gemäß Tabelle 24.1 interpretiert.

Offset	Bytes	Bedeutung
00H	2	Signatur FFFFH für Metafiles
02H	2	Länge des Headers in Worten
04H	2	Nummer der GEM-Version
06H	2	Koordinatensystem (RC oder NDC)
08H	2	X-Minimum
0AH	2	X-Maximum
0CH	2	Y-Minimum
0EH	2	Y-Maximum
10H	2	Seitengröße x-Achse
12H	2	Seitengröße y-Achse
14H	2	X-Minimum
16H	2	X-Maximum
18H	2	Y-Minimum
1AH	2	Y-Maximum
1CH	2	Bitimage Opcode-Flag
1EH	18	reserviert

Tabelle 24.1 Header eines GEM-Metafiles

Das erste Wort enthält den Wert FFFFH als Kennung für ein Metafile im GEM-Format. Daran schließt sich das Feld mit der Längenangabe des Headers an. Dieses Feld ist bisher mit dem Wert 0018H belegt, spätere Versionen könnten aber unterschiedliche Werte vorgeben. Die GEM-Version, unter der die Datei angelegt wurde, steht im dritten Wort, wobei die Hauptversion im oberen Byte und die Unterversion im unteren Byte abgelegt ist (z. B. 0210H = 2.1). Interessant ist der Eintrag ab Offset 06H, der die Art des benutzten Koordinatensystems spezifiziert. In GEM werden diese beiden Varianten benutzt:

Wert	Koordinatensystem
0	NDC (Normalized Device Coordinates)
2	RC (Raster Coordinates)

Tabelle 24.2 GEM-Koordinatensysteme

Abbildung 24.1 gibt den Ursprung der jeweiligen Koordinatensysteme an. Der Ursprung der beiden Koordinatensysteme ist verschieden. Die Auflösung beim NDC-System bezieht sich auf ein virtuelles Koordinatensystem. Im RC-System richtet sich die Auflösung nach dem verwendeten Ausgabegerät. Während ein virtuelles Gerät eine Auflösung von 0...32767 Punkten besitzt, reduziert sich die Auflösung zum Beispiel bei einer CGA-Karte auf 640 x 200 Punkte.

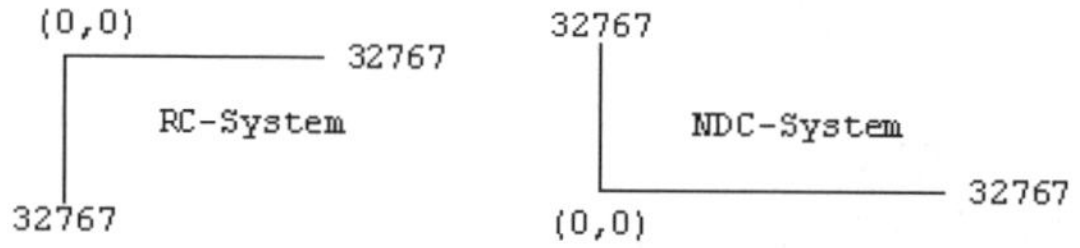

Abbildung 24.1 RC- und NDC-Koordinatensysteme

Die folgenden vier Felder im Kopf spezifizieren die Bildfläche, in der grafische Objekte dargestellt werden dürfen. Die Angabe ist jedoch nicht zwingend erforderlich, weswegen man in diesen vier Feldern oft den Wert 0 vorfindet. Ab Offset 10H findet sich die Seitengröße des Bildes in 1/10 Millimetern. Im ersten Feld wird die Bildbreite spezifiziert, während das zweite Feld die Bildhöhe angibt. Anhand dieser Maße läßt sich eine Neuskalierung des Bildes vornehmen, falls das Ausgabegerät andere Abmessungen besitzt. Die folgenden vier Wörter definieren ein Fenster innerhalb des Metafiles. Die Felder werden in der Regel jedoch mit den Werten 0 belegt. Das nächste Wort ist als 16-Bit-Flag zu interpretieren. Hier vermerkt GEM, ob in den späteren Metafile-Definitionen Bitimage-Daten abgelegt werden. Es gilt:

Bit 0	Kodierung
0	kein Bitimage-Opcode in der Datei
1	Bitimage-Opcode in der Datei

Tabelle 24.3 Kodierung des Image-Data-Flags

Die restlichen Bits des Flags sind bisher unbelegt. Auch die restlichen 9 Wörter im Header gelten als reserviert.

Das Format der Metafile-Objekte

An den Header schließen sich die Records mit den Objektbeschreibungen an. Jede Objektbeschreibung ist gemäß Tabelle 24.4 aufgebaut.

Wort	Bedeutung
0	Opcode des Objekts
1	Zahl der XY-Datenpaare
2	Zahl der restlichen Integerwerte
3	Subopcode des Objekts
4 ...	1. XY-Paar ... n. XY-Paar
... ...	1. Integerwert ... n. Integerwert

Tabelle 24.4 Struktur einer Objektbeschreibung

Der Record enthält einen Kopf, in dem der Opcode des jeweiligen grafischen Objekts abgelegt ist. Der folgende Eintrag definiert die Zahl der XY-Paare. Diese Werte finden sich hinter dem Kopf und geben zum Beispiel bei einem Viereck die Ecken an. Für jedes Paar sind im Record 2 Wörter vorhanden. Das nächste Feld enthält die Zahl der anderen Integerzahlen für das Objekt, die entsprechenden Werte finden sich hinter den XY-Paaren. Steht in den Wörtern 1 oder 2 der Wert 0, werden die betreffenden Ausgabefelder (XY-Paar oder Integerwert) nicht angelegt. Welche Informationen in diesen Feldern gespeichert sind, hängt vom jeweiligen Objekt ab.

Tabelle 24.5 enthält eine Zusammenstellung der definierten Opcodes mit den grafischen Objekten.

Typ	Subtyp	Objekt
03H	-	Clear Workstation
04H	-	Update Workstation
05H	02H 03H 14H 15H 16H 17H 19H 63H	Exit Alphanumeric Mode Enter Alphanumeric Mode Form Advance Output Window Clear Display List Output Bit Image File Output Printer Alphanumeric Text Set Bézier Quality (GEM/3)
06H	-	Polyline

Grafikformate

Typ	Subtyp	Objekt
07H	-	Polymarker
08H	-	Text
09H	-	Fill Area
0BH		Generalized Drawing Primitives (GDP)
	01H	Bar GDP
	02H	ARC GDP
	03H	PIE GDP
	04H	Circle GDP
	05H	Ellipse GDP
	06H	Elliptical Arc GDP
	07H	Elliptical Pie GDP
	08H	Rounded Rectangle
	09H	Filled Rounded Rectangle
	0AH	Justified Graphics Text
	13H	Enter Alphanumeric Mode
	14H	Form Advance
	17H	Output Bit Image File
	19H	Output Printer Alphanumeric Text
0CH	-	Set Character Height
0DH	-	Set Character Baseline Vector
0EH	-	Set Color Representation
0FH	-	Set Polyline Line Type
10H	-	Set Polyline Line Width
11H	-	Set Polyline Color Index
12H	-	Set Polymarker Type
13H	-	Set Polymarker Height
14H	-	Set Polymarker Color Index
15H	-	Set Text Font
16H	-	Set Text Color Index
17H	-	Set Fill Interior Style
18H	-	Set Fill Style Index
19H	-	Set Fill Color Index
20H	-	Set Writing Mode
27H	-	Set Graphic Text Alignment
68H	-	Set Fill Parameter Visibility
6AH	-	Set Graphics Text Special Effects
6BH	-	Set Character Height (Points Mode)
6CH	-	Set Polyline End Styles
70H	-	Set User defined Fill Pattern

Typ	Subtyp	Objekt
71H	-	Set User defined Line Style Pattern
73H	-	Fill Rectangle
81H	-	Set Clipping Rectangle

Tabelle 24.5 Opcodes der Metaobjekte

Für die wichtigsten Objekte wird nachfolgend die Parameterbelegung des Records beschrieben.

Poly Line (Opcode 06H)

Mit diesem Objekt läßt sich ein Linienzug zwischen mehreren Punkten beschreiben. Ein entsprechender Record ist gemäß Tabelle 24.6 aufgebaut:

Wort	Bedeutung
0	Opcode 06H
1	Zahl der XY-Paare
2	Zahl der Integerwerte (0)
3	Subopcode (0)
4	X-Koordinate 1. Punkt
5	Y-Koordinate 1. Punkt
...	...
...	X-Koordinate n. Punkt
...	Y-Koordinate n. Punkt

Tabelle 24.6 Recordformat des Objekts 06H

Das Objekt besitzt keine Integerwerte, ab dem vierten Wort werden die XY-Koordinaten von *n* Punkten abgespeichert. Die Anzahl der Parameter findet sich in Wort 1.

Anmerkung: In GEM/3 wurde unter dem Subcode 13 die Funktion *Output Bézier* eingeführt (siehe Kapitelende).

Poly Marker (Opcode 07H)

Mit diesem Objekt läßt sich die Markierung mehrerer Punkte durchführen. Das Objekt besitzt keine Integerwerte, ab dem vierten Wort werden die XY-Koordinaten von n markierten Punkten abgespeichert. Die Zahl der Parameter findet sich in Wort 1.

Wort	Bedeutung
0	Opcode 07H
1	Zahl der XY-Paare
2	Zahl der Integerwerte (0)

Wort	Bedeutung
3	Subopcode (0)
4	X-Koordinate 1. Punkt
5	Y-Koordinate 1. Punkt
...	...
...	X-Koordinate n. Punkt
...	Y-Koordinate n. Punkt

Tabelle 24.7 Recordformat des Objekts 07H

Text (Opcode 08H)

Mit diesem Objekt wird ein ASCII-Text an einer bestimmten Position ausgegeben. Es gilt folgendes Format:

Wort	Bedeutung
0	Opcode 08H
1	Zahl der XY-Paare (1)
2	Zahl der Integerwerte (x)
3	Subopcode (0)
4	X-Koordinate Textbeginn
5	Y-Koordinate Textbeginn
6	ASCII-String
...	...

Tabelle 24.8 Recordformat des Objekts 08H

Im Record werden die Anfangskoordinaten für die Textausgabe sowie der eigentliche Textstring abgelegt. Die Länge des Textes ist als Integerparameter vermerkt.

Fill Area (Opcode 09H)

Mit diesem Objekt wird eine gefüllte Fläche spezifiziert. Im Record sind die XY-Koordinaten der zu füllenden Fläche abgelegt.

Wort	Bedeutung
0	Opcode 09H
1	Zahl der XY-Paare (x)
2	Zahl der Integerwerte
3	Subopcode (0)
4	X-Koordinate 1. Punkt

Wort	Bedeutung
5	Y-Koordinate 1. Punkt
...	...
...	X-Koordinate n. Punkt
...	Y-Koordinate n. Punkt

Tabelle 24.9 Recordformat des Objekts 09H

Anmerkung: In GEM/3 wurde die Subfunktion 13 *(Output Filled Bézier)* zusätzlich aufgenommen (siehe Kapitelende).

Generalized Drawing Primitives (GDP Opcode 0BH)

Unter diesem Opcode werden einige grafische Grundelemente (Kreis, Rechteck etc.) zusammengefaßt. Die Unterscheidung der Elemente erfolgt durch den Subopcode. Winkelangaben erfolgen in 1/10 Grad, wobei Winkel gegen den Uhrzeigersinn abgetragen werden.

Bar GDP (Opcode 0BH, Subcode 01H)

Dieses Objekt zeichnet ein Rechteck und füllt es mit dem eingestellten *Area*-Attribut. Im Record werden die XY-Koordinaten zweier diagonaler Ecken des zu füllenden Rechtecks abgelegt.

Wort	Bedeutung
0	Opcode 0BH
1	Zahl der XY-Paare (2)
2	Zahl der Integerwerte (0)
3	Subopcode (01H)
4	X-Koordinate Ecke 1
5	Y-Koordinate Ecke 1
6	X-Koordinate Ecke 2
7	Y-Koordinate Ecke 2

Tabelle 24.10 Recordformat des Objekts 0BH, 01H

Arc GDP (Opcode 0BH, Subcode 02H)

Dieses Objekt benutzt die aktuellen *Polyline*-Attribute sowie den eingestellten Zeichenmode und gibt einen Kreisbogen aus.

Wort	Bedeutung
00H	Opcode 0BH
01H	Zahl der XY-Paare (4)
02H	Zahl der Integerwerte (2)
03H	Subopcode (02H)
04H	X-Koordinate Mitte Kreisbogen
05H	Y-Koordinate Mitte Kreisbogen
06H	0
07H	0
08H	0
09H	0
0AH	Radius des Kreisbogens
0BH	0
0CH	Anfangswinkel Kreisbogen (0–3600)
0DH	Endwinkel Kreisbogen (0–3600)

Tabelle 24.11 Recordformat des Objekts 0BH, 02H

Im Record werden die Anfangs- und Endwinkel des Kreisbogens in *Winkelgraden * 10* definiert. Weiterhin finden sich die XY-Koordinaten sowie der Radius des Kreisbogens. Für den Radius wird die Skalierung der x-Achse verwendet.

Pie GDP (Opcode 0BH, Subcode 03H)

Dieses Objekt erzeugt ein Kreissegment im aktuellen Schreibmodus und füllt die Fläche mit dem eingestellten Muster.

Wort	Bedeutung
00H	Opcode 0BH
01H	Zahl der XY-Paare (4)
02H	Zahl der Integerwerte (2)
03H	Subopcode (03H)
04H	X-Koordinate Mitte Kreisbogen
05H	Y-Koordinate Mitte Kreisbogen
06H	0
07H	0
08H	0
09H	0

Wort	Bedeutung
0AH	Radius des Kreisbogens
0BH	0
0CH	Anfangswinkel Kreisbogen (0–3600)
0DH	Endwinkel Kreisbogen (0–3600)

Tabelle 24.12 Recordformat des Objekts 0BH, 03H

Im Record werden die Anfangs- und Endwinkel des Kreisbogens in *Winkelgraden * 10* definiert, wobei die Winkel gegen den Uhrzeigersinn angegeben sind. Weiterhin finden sich die XY-Koordinaten sowie der Radius des Kreisbogens, der sich an der Skalierung der x-Achse orientiert. Das Füllattribut für die Fläche läßt sich mit dem Metaobjekt 25H einstellen.

Circle GDP (Opcode 0BH, Subcode 04H)

Dieses Objekt zeichnet einen Kreis im aktuellen Zeichenmodus und füllt die Fläche mit der eingestellten Farbe aus:

Wort	Bedeutung
00H	Opcode 0BH
01H	Zahl der XY-Paare (3)
02H	Zahl der Integerwerte
03H	Subopcode (04H)
04H	X-Koordinate Mitte Kreisbogen
05H	Y-Koordinate Mitte Kreisbogen
06H	0
07H	0
08H	Radius des Kreises
09H	0

Tabelle 24.13 Recordformat des Objekts 0BH, 04H

Im Record werden die Koordinaten des Mittelpunktes sowie der Kreisradius eingegeben. Das Füllattribut läßt sich durch das Metaobjekt 25H setzen.

Ellipse GDP (Opcode 0BH, Subcode 05H)

Dieses Objekt benutzt den eingestellten Zeichenmodus und gibt eine Ellipse aus, die mit dem aktuellen Muster gefüllt wird. Im Record werden die Radien in der jeweiligen Achsenskalierung sowie der Ellipsenmittelpunkt gespeichert.

Wort	Bedeutung
0	Opcode 0BH
1	Zahl der XY-Paare (2)
2	Zahl der Integerwerte
3	Subopcode (05H)
4	X-Koordinate Mittelpunkt Ellipse
5	Y-Koordinate Mittelpunkt Ellipse
6	Radius in X-Richtung
7	Radius in Y-Richtung

Tabelle 24.14 Recordformat des Objekts 0BH, 05H

Elliptical Arc GDP (Opcode 0BH, Subcode 06H)

Dieses Objekt benutzt den eingestellten Zeichenmodus und gibt einen Ellipsenbogen aus.

Wort	Bedeutung
0	Opcode 0BH
1	Zahl der XY-Paare (4)
2	Zahl der Integerwerte (2)
3	Subopcode (06H)
4	X-Koordinate Mittelpunkt Ellipsenbogen
5	Y-Koordinate Mittelpunkt Ellipsenbogen
6	Radius in X-Richtung
7	Radius in Y-Richtung
8	Anfangswinkel Bogen (0–3600)
9	Endwinkel Bogen (0–3600)

Tabelle 24.15 Recordformat des Objekts 0BH, 06H

Im Record werden die Radien in der jeweiligen Achsenskalierung und der Ellipsenmittelpunkt gespeichert. Weiterhin finden sich dort auch die Winkelangaben in *Grad * 10*.

Elliptical Pie GDP (Opcode 0BH, Subcode 07H)

Das Objekt benutzt den eingestellten Zeichenmodus und gibt einen Ellipsenausschnitt aus, der mit dem aktuellen Muster gefüllt wird.

Wort	Bedeutung
0	Opcode 0BH
1	Zahl der XY-Paare (2)
2	Zahl der Integerwerte (2)
3	Subopcode (07H)
4	X-Koordinate Mittelpunkt Ellipsensegment
5	Y-Koordinate Mittelpunkt Ellipsensegment
6	Radius in X-Richtung
7	Radius in Y-Richtung
8	Anfangswinkel Bogen (0–3600)
9	Endwinkel Bogen (0–3600)

Tabelle 24.16 Recordformat des Objekts 0BH, 07H

Im Record werden die Radien in der jeweiligen Achsenskalierung und der Ellipsenmittelpunkt gespeichert. Weiterhin finden sich dort auch die Winkelangaben in *Grad * 10*.

Rounded Rectangle GDP (Opcode 0BH, Subcode 08H)

Dieses Objekt zeichnet ein Rechteck mit abgerundeten Ecken in der eingestellten Linienart. Im Record werden die XY-Koordinaten zweier diagonaler Ecken des auszugebenden Rechtecks abgelegt. Das Objekt benutzt dabei die über den Code 23H eingestellte Linie zum Zeichnen.

Wort	Bedeutung
0	Opcode 0BH
1	Zahl der XY-Paare (2)
2	Zahl der Integerwerte (0)
3	Subopcode (08H)
4	X-Koordinate Ecke 1
5	Y-Koordinate Ecke 1
6	X-Koordinate Ecke 2
7	Y-Koordinate Ecke 2

Tabelle 24.17 Recordformat des Objekts 0BH, 08H

Filled Rounded Rectangle GDP (Opcode 0BH, Subcode 09H)

Dieses Objekt zeichnet ein Rechteck mit abgerundeten Ecken und füllt es mit dem eingestellten Farbmuster.

Wort	Bedeutung
0	Opcode 0BH
1	Zahl der XY-Paare (2)
2	Zahl der Integerwerte (0)
3	Subopcode (09H)
4	X-Koordinate Ecke 1
5	Y-Koordinate Ecke 1
6	X-Koordinate Ecke 2
7	Y-Koordinate Ecke 2

Tabelle 24.18 Recordformat des Objekts 0BH, 09H

Im Record werden die XY-Koordinaten zweier diagonaler Ecken des zu füllenden Rechtecks abgelegt. Das Objekt benutzt dabei die über den Code 25H eingestellten Farbattribute zum Füllen.

Justified Graphics Text GDP (Opcode 0BH, Subcode 0AH)

Dieses Objekt beschreibt einen String, der links und rechts zwischen zwei Punkten justiert wird. Es wird der aktuelle Schreibmodus mit den eingestellten Attributen verwendet.

Wort	Bedeutung
00H	Opcode 0BH
01H	Zahl der XY-Paare (2)
02H	Zahl der Integerwerte (x)
03H	Subopcode (0AH)
04H	X-Koordinate Stringanfang
05H	Y-Koordinate Stringanfang
06H	Stringlänge in x-Achse
07H	0
08H	Word Spacing-Flag
09H	Char Spacing-Flag
0AH	ASCII-String

Tabelle 24.19 Recordformat des Objekts 0BH, 0AH

Im Record werden die XY-Koordinaten für den Stringanfang und die Länge des Strings in Einheiten der X-Skalierung abgelegt. Das *Word Spacing*-Flag spezifiziert, ob der Zwischenraum zwischen Wörtern im String verändert werden darf. Ist das Flag gleich 0, darf der Zwischenraum nicht verändert werden. Das *Char Spacing*-Flag bildet die gleiche

Funktion auf den Zwischenraum zwischen einzelnen Zeichen ab. Ab dem zehnten Wort beginnt der ASCII-String als Integerparameter.

Anmerkung: In GEM/3 wurde zusätzlich der Subopcode 0DH *(Enable/Disable Bézier Capabilities)* aufgenommen. Die Beschreibung dieses Recordtyps befindet sich am Kapitelende.

Set Character Height (Opcode 0CH)

Dieses Objekt definiert die Schriftgröße bei der Textausgabe.

Die Höhe des Zeichens wird in den Einheiten des aktuellen Koordinatensystems (NDC, RC) angegeben.

Wort	Bedeutung
0	Opcode 0CH
1	Zahl der XY-Paare (1)
2	Zahl der Integerwerte
3	Subopcode
4	0
5	Zeichenhöhe

Tabelle 24.20 Recordformat des Objekts 0CH

Set Character Baseline Vector (Opcode 0DH)

Dieses Objekt definiert den Winkel, unter dem die Basislinie einer Schrift verdreht wird.

Wort	Bedeutung
0	Opcode 0DH
1	Zahl der XY-Paare
2	Zahl der Integerwerte (1)
3	Subopcode
4	Winkel (0–3600)

Tabelle 24.21 Recordformat des Objekts 0DH

Der Winkel wird in *Grad * 10* angegeben.

Set Color Mode (Opcode 0EH)

Dieses Objekt definiert einen Farbindex für die Ausgabe.

Wort	Bedeutung
0	Opcode 0EH
1	Zahl der XY-Paare (0)
2	Zahl der Integerwerte (4)
3	Subopcode
4	Farbindex
5	roter Farbanteil (0–1000)
6	grüner Farbanteil (0–1000)
7	blauer Farbanteil (0–1000)

Tabelle 24.22 Recordformat des Objekts 0EH

Für den angegebenen Index wird ein Farbmuster aus den drei Grundfarben definiert. Die Farbanteile werden in Promille angegeben.

Set Polyline Type (Opcode 0FH)

Dieses Objekt definiert den Linientyp für Mehrfachlinien.

Wort	Bedeutung
0	Opcode 0FH
1	Zahl der XY-Paare (0)
2	Zahl der Integerwerte (1)
3	Subopcode
4	Linientyp

Tabelle 24.23 Recordformat des Objekts 0FH

Für den Linientyp wird ein Wort mit folgender Kodierung übergeben:

Typ	Kodierung
FFFFH	Strich
FFF0H	langgestrichelte Linie
E0E0H	Punktlinie
FE38H	strichpunktierte Linie
FF00H	gestrichelte Linie
F198H	gestrichelte Linie mit zwei Punkten

Tabelle 24.24 Kodierung Linientyp

Weitere Codes lassen sich nutzerspezifisch mit dem Objektcode 71H festlegen.

Set Polyline Width (Opcode 10H)

Dieses Objekt definiert die Linienstärke für Mehrfachlinien.

Wort	Bedeutung
0	Opcode 10H
1	Zahl der XY-Paare (1)
2	Zahl der Integerwerte
3	Subopcode
4	Linienbreite
5	0

Tabelle 24.25 Recordformat des Objekts 10H

Für die Linienbreite wird ein Wort übergeben, das die Linienstärke in Einheiten der x-Achse spezifiziert. Der Wert ist ungerade und beginnt bei 1.

Set Polyline Color Index (Opcode 11H)

Dieses Objekt definiert die Farbe einer Linie bei Mehrfachlinien. Es wird ein Farbindex übergeben, der vorher mit dem Objekt 20H definiert wurde.

Wort	Bedeutung
0	Opcode 11H
1	Zahl der XY-Paare (0)
2	Zahl der Integerwerte (1)
3	Subopcode
4	Farbindex

Tabelle 24.26 Recordformat des Objekts 11H

Set Polymarker Type (Opcode 12H)

Dieses Objekt definiert das Symbol, mit dem die Polymarker-Funktionen ein Objekt markieren.

Wort	Bedeutung
0	Opcode 12H
1	Zahl der XY-Paare
2	Zahl der Integerwerte (1)
3	Subopcode
4	Markierungstyp

Tabelle 24.27 Recordformat des Objekts 12H

Für die Marke wird ein Wort mit folgender Kodierung übergeben:

Typ	Kodierung
1	Punkt
2	Plus
3	Stern (Standard)
4	Rechteck
5	diagonales Kreuz
6	Diamantsymbol

Tabelle 24.28 Kodierung eines Polymarkers

Werte größer 6 sind für anwenderspezifische Marken reserviert.

Set Polymarker Height (Opcode 13H)

Dieses Objekt definiert die Höhe eines Polymarkers.

Wort	Bedeutung
0	Opcode 13H
1	Zahl der XY-Paare (1)
2	Zahl der Integerwerte
3	Subopcode
4	0
5	Höhe

Tabelle 24.29 Recordformat des Objekts 13H

Der Parameter *Höhe* gibt die Höhe in Einheiten der y-Achse an.

Set Polymarker Color Index (Opcode 14H)

Dieses Objekt definiert die Farbe einer Markierung.

Wort	Bedeutung
0	Opcode 14H
1	Zahl der XY-Paare
2	Zahl der Integerwerte (1)
3	Subopcode
4	Farbindex

Tabelle 24.30 Recordformat des Objekts 14H

Für die Farbe wird ein vorher definierter Indexwert übergeben.

Set Text Font (Opcode 15)

Dieses Objekt selektiert den Zeichensatz des auszugebenden Textes.

Wort	Bedeutung
0	Opcode 15H
1	Zahl der XY-Paare
2	Zahl der Integerwerte (1)
3	Subopcode
4	Zeichensatznummer

Tabelle 24.31 Recordformat des Objekts 15H

Die Zeichensatznummern 1 bis 13 beziehen sich auf *Swiss Fonts*, während von 14 bis 17 die *Dutch Fonts* definiert sind. Näheres ist den GEM-Unterlagen zu entnehmen.

Set Text Color Index (Opcode 16H)

Dieses Objekt definiert die Farbe einer Schrift.

Wort	Bedeutung
0	Opcode 16H
1	Zahl der XY-Paare
2	Zahl der Integerwerte (1)
3	Subopcode
4	Farbindex

Tabelle 24.32 Recordformat des Objekts 16H

Für die Farbe wird ein vorher definierter Indexwert übergeben.

Set Fill Interior Style (Opcode 17H)

Dieses Objekt definiert den Modus, nach dem Flächen gefüllt werden. Code 4 ist anwenderspezifischen Füllmustern vorbehalten.

Wort	Bedeutung
0	Opcode 17H
1	Zahl der XY-Paare
2	Zahl der Integerwerte (1)
3	Subopcode
4	Füllindex

Tabelle 24.33 Recordformat des Objekts 17H

Für den Füllindex gilt folgende Belegung:

Index	Belegung
0	Fläche nicht füllen
1	Fläche mit Farbe füllen
2	Fläche mit einem Muster füllen
3	Fläche schraffieren

Tabelle 24.34 Füllindex

Set Fill Style Index (Opcode 18H)

Dieses Objekt definiert den Index des flächenfüllenden Musters.

Wort	Bedeutung
0	Opcode 18H
1	Zahl der XY-Paare
2	Zahl der Integerwerte (1)
3	Subopcode
4	Musterindex

Tabelle 24.35 Recordformat des Objekts 18H

Der Index des Füllmusters wird zusammen mit dem Index des Objekts 17H interpretiert, er gilt dabei für die Muster und Schraffuren in GEM. Näheres ist den GEM-Unterlagen zu entnehmen.

Set Fill Color Index (Opcode 19H)

Dieses Objekt definiert die Farbe, mit der Flächen ausgefüllt werden.

Wort	Bedeutung
0	Opcode 19H
1	Zahl der XY-Paare
2	Zahl der Integerwerte (1)
3	Subopcode
4	Farbindex

Tabelle 24.36 Recordformat des Objekts 19H

Für die Farbe wird ein vorher definierter Indexwert übergeben.

Set Writing Mode (Opcode 20H)

Dieses Objekt definiert den aktuellen Schreibmodus. Die für den Parametermodus erlaubten Werte sind im Anschluß an Tabelle 24.37 aufgelistet. Der eingestellte Modus bestimmt dann, wie ein ausgegebenes Objekt vor dem bereits gezeichneten Hintergrund dargestellt wird.

Wort	Bedeutung
0	Opcode 20H
1	Zahl der XY-Paare (0)
2	Zahl der Integerwerte (1)
3	Subopcode
4	Modus

Tabelle 24.37 Recordformat des Objekts 20H

Wert	Bedeutung
1	replace
2	transparent
3	XOR
4	reverse transparent

Tabelle 24.38 Darstellungsmodus

Set Graphic Text Alignment (Opcode 27H)

Dieses Objekt definiert die Ausrichtung von Texten im Grafikmodus.

Wort	Bedeutung
0	Opcode 27H
1	Zahl der XY-Paare (0)
2	Zahl der Integerwerte (2)
3	Subopcode
4	horizontale Justierung
5	vertikale Justierung

Tabelle 24.39 Recordformat des Objekts 27H

Die beiden Integerparameter in den Wörtern 4 und 5 geben die Ausrichtung des Textes in X- und Y-Richtung an. Für die horizontale Justierung gilt:

X-Wert	Ausrichtung
0	links justiert (Standard)
1	zentriert
2	rechts justiert

Tabelle 24.40 Ausrichtung Text (horizontal)

Für die vertikale Ausrichtung gelten die in der nächsten Tabelle gezeigten Werte. Die *Mittellängenlinie* einer Schriftart definiert den oberen Rand der Kleinbuchstaben a, c, v etc., die *Unterlängenlinie* den unteren Rand von Kleinbuchstaben wie y, g, q etc. sowie die *Oberlängenlinie* den oberen Rand von Großbuchstaben und manchen Kleinbuchstaben (je nach Schriftart) wie d, t, b etc. Die *Grundlinie* ist die Linie, auf der die Zeichen ohne Unterlängen wie a, c, v sitzen. *Obere* und *untere Begrenzungslinie* markieren den oberen und unteren Rand des Zeichenfelds; an diese Definitionen halten sich die meisten Schriften.

Y-Wert	Ausrichtung
0	Ausgabe auf der Grundlinie (base line)
1	Ausgabe auf der Mittellänge (half line)
2	Ausgabe auf der Oberlänge (ascend line)
3	Ausgabe auf der Unterlänge (descend line)
4	Ausgabe auf der unteren Begrenzungslinie (bottom line)
5	Ausgabe auf der oberen Begrenzungslinie (top line)

Tabelle 24.41 Ausrichtung Text (vertikal)

Für den Parametermodus sind folgende Werte erlaubt:

Wert	Bedeutung
1	replace
2	transparent
3	XOR
4	reverse transparent

Tabelle 24.42 Darstellungsmodus

Der eingestellte Modus bestimmt dann, wie ein ausgegebenes Objekt vor dem bereits gezeichneten Hintergrund dargestellt wird.

Set Fill Parameter Visibility (Opcode 68H)

Dieses Objekt schaltet die Funktion zum Zeichnen des Rahmens um Flächen ein oder aus.

Wort	Bedeutung
0	Opcode 68H
1	Zahl der XY-Paare (0)
2	Zahl der Integerwerte (1)
3	Subopcode
4	Flag

Tabelle 24.43 Recordformat des Objekts 68H

Enthält das Flag den Wert 0, wird die Randlinie einer Figur nicht gezeichnet. Bei einem Wert ungleich 0 wird die Umrandung einer Figur mit einer durchgezogenen Linie in der eingestellten Farbe gezeichnet.

Set Graphic Text Special Effects (Opcode 6AH)

Dieses Objekt erlaubt die Modifizierung der Textausgabe (Fettdruck, Unterstreichung, Kursivschrift etc.).

Wort	Bedeutung
0	Opcode 6AH
1	Zahl der XY-Paare (0)
2	Zahl der Integerwerte (1)
3	Subopcode
4	Effect-Flag

Tabelle 24.44 Recordformat des Objekts 6AH

Das Flag in Wort 4 spezifiziert den Schriftausgabemodus (Abbildung 24.2). Ist das betreffende Bit gleich 0, wird die Schriftfunktion abgeschaltet. Durch Bitkombinationen lassen sich Schriftfunktionen verbinden (z.B. kursiv, fett).

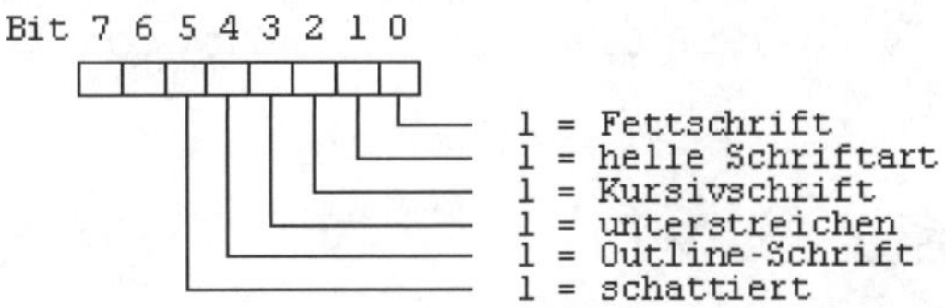

Abbildung 24.2 Kodierung der Schrifteffekte

Set Character Height (Opcode 6BH)

Wort	Bedeutung
0	Opcode 6BH
1	Zahl der XY-Paare (0)
2	Zahl der Integerwerte (1)
3	Subopcode
4	Höhe in Punkt

Tabelle 24.45 Recordformat des Objekts 6BH

Dieses Objekt definiert die Höhe der auszugebenden Zeichen als Vielfaches eines Punkts (*printer point*). Die Buchstabenhöhe in Punkten wird als Integerparameter übergeben.

Set Polyline End Style (Opcode 6CH)

Dieses Objekt definiert die Form der Anfangs- und Endpunkte einer Linie.

Wort	Bedeutung
0	Opcode 6CH
1	Zahl der XY-Paare (0)
2	Zahl der Integerwerte (2)
3	Subopcode
4	Form des Anfangspunktes
5	Form des Endpunktes

Tabelle 24.46 Recordformat des Objekts 6CH

Der Parameter für die Form kann die Werte 0 (rechteckiger Abschluß), 1 (Pfeil) und 2 (runder Abschluß) besitzen. Durch die zwei Parameter kann eine Linie durchaus zwei verschiedene Abschlüsse besitzen.

Set User Defined Fill Pattern (Opcode 70H)

Dieses Objekt definiert ein nutzerspezifisches Füllmuster. Für jede Farbebene werden 16 Wörter mit dem jeweiligen Bitmuster abgespeichert. Bei monochromer Darstellung wird nur eine Ebene benötigt (16 Wörter). Gesetzte Bits signalisieren dann, daß der Punkt in der Vordergrundfarbe zu zeichnen ist. Das definierte Muster kann zum Füllen von Flächen benutzt werden.

Wort	Bedeutung
0	Opcode 70H
1	Zahl der XY-Paare (0)
2	Zahl der Integerwerte (x)
3	Subopcode
4	Füllmuster
...	...

Tabelle 24.47 Recordformat des Objekts 70H

Set User Defined Linestyle Pattern (Opcode 71H)

Mit diesem Objekt läßt sich die Linienart benutzerspezifisch festlegen (siehe Objekt 0FH). Im Integerparameter wird in einem Wort das Muster für einen Linienzug definiert. Für jedes gesetzte Bit wird ein Pixel in der gezeichneten Linie ausgegeben.

Wort	Bedeutung
0	Opcode 71H
1	Zahl der XY-Paare (0)
2	Zahl der Integerwerte (1)
3	Subopcode
4	Linienmuster

Tabelle 24.48 Recordformat des Objekts 71H

GEM DRAW Beispieldatei

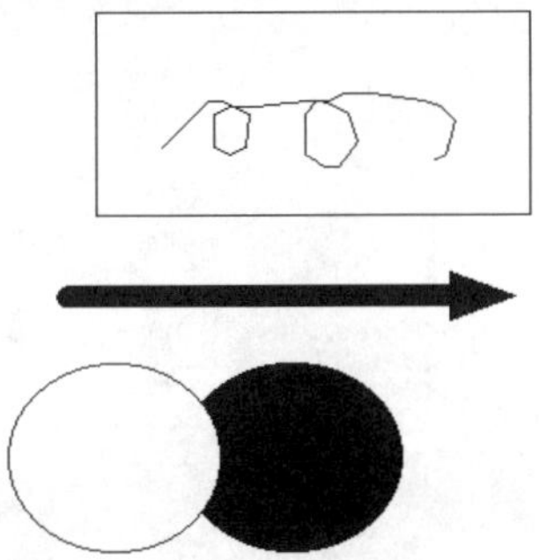

Abbildung 24.3 Beispielgrafik für die folgende Metadatei

```
Signatur
Header-Länge
Version
FF FF 18 00 65 00 02 00-27 F1 50 E2 B9 09 90 F2
71 07 EC 09 90 E8 40 1F-70 17 C0 E0 00 00 00 00   Header
00 00 00 00 00 00 00 00-00 00 00 00 00 00 00 00
Set writing mode
XY-Parameter
Integerparameter
Subcode
Mode
20 00 00 00 01 00 64 00-01 00 0F 00 00 00 01 00
                               Set poly line type

64 00 01 00 10 00 01 00-00 00 64 00 01 00 01 00

11 00 00 00 01 00 64 00-01 00 6C 00 00 00 02 00

64 00 00 00 00 00 12 00-00 00 01 00 64 00 01 00
```

```
13 00 01 00 00 00 64 00-01 00 01 00 14 00 00 00
01 00 64 00 01 00 0D 00-00 00 01 00 64 00 00 00
15 00 00 00 01 00 64 00-01 00 16 00 00 00 01 00
64 00 01 00 27 00 00 00-02 00 64 00 00 00 00 00
6A 00 00 00 01 00 64 00-00 00 6B 00 00 00 01 00
64 00 0C 00 17 00 00 00-01 00 64 00 01 00 .....
.............
20 00 00 00 01 00 63 00-02 00 0B 00 02 00 18 00
0A 00 27 F1 E0 E3 92 18-18 E8 01 00 01 00 47 00
                                          G
45 00 4D 00 20 00 44 00-52 00 41 00 57 00 20 00
 E  .  M  .     .  D  .  R  .  A  .  W  .     .
42 00 65 00 69 00 73 00-70 00 69 00 65 00 6C 00
 B  .  e  .  i  .  s  .  p  .  i  .  e  .  l  .
64 00 61 00 74 00 65 00-69 00 20 00 00 00 01 00
 d  .  a  .  t  .  e  .  i  .
......
FF FF
└──┴── Ende Metafile
```

Abbildung 24.4 Auszug aus einem GEM-Metafile als Hexdump

Das Ende eines Metafiles wird durch den Code FFFFH markiert. Abbildung 24.3 zeigt ein Beispiel für eine Grafik, deren Metafile als Hexdump in Abbildung 24.4 aufgeführt ist. Weitere Informationen zum Aufbau von GEM-Metafiles sind im zweiten Band des GEM *Programmer's Toolkit* enthalten (den es vermutlich aber nicht mehr am Markt gibt, da die Firma Digital Research nicht mehr existiert).

Erweiterungen in GEM/3

In GEM/3 wurden die folgenden Erweiterungen definiert.

Output Bézier (Opcode 06H)

Dieses Objekt zeichnet eine hohle Bézierkurve.

Word	Bemerkung
0	Opcode 06H
1	Zahl der XY-Paare (1)
2	Zahl der Integerwerte (x)
3	Subopcode (0DH)
4	Koordinaten (n)
...	Punkttypen (m)

Tabelle 24.49 Recordformat Objekt 06H

Die Zahl der Koordinatenpunkte wird im ersten Wort definiert.

Output filled Bézier (Opcode 09H)

Dieses Objekt zeichnet eine gefüllte Bézierkurve.

Word	Bemerkung
0	Opcode 09H
1	Zahl der XY-Scheitelpunkte (vertex count)
2	Integerparameter (x)
3	Subopcode (0DH)
4	Koordinaten (n)
...	Punkttypen (m)

Tabelle 24.50 Recordformat Objekt 09H

Die Zahl der Koordinatenpunkte wird in Wort 1 definiert.

Disable/Enable Bézier Capabilities (Opcode 0BH)

Dieses Objekt schaltet die Ausgabe von Bézierkurven (Capabilities) ein oder aus.

Word	Bemerkung
0	Opcode 0BH
1	Zahl der XY-Scheitelpunkte (Vertex) (0)
2	Zahl Integerparameter (0)
3	Subopcode 0DH

Tabelle 24.51 Recordformat Objekt 0BH

Word	Bemerkung
4	Flag 0 = Bézier Capabilities Off 1 =Bézier Capabilities On
5	0 (Integer)

Tabelle 24.51 Recordformat Objekt 0BH

Set Bézier Quality (Opcode 05BH)

Dieses Objekt bestimmt die Qualität, mit der Bézierkurven gezeichnet werden.

Word	Bemerkung
0	Opcode 05BH
1	Zahl der XY-Scheitelpunkte (Vertex) (0)
2	Zahl der Integerparameter (0)
3	Subopcode 63H
4	32 = Bézier-Qualität
5	1
6	Qualität in Prozent

Tabelle 24.52 Recordformat Objekt 05BH

25 Initial Graphics Exchange Language (IGES)

Mit IGES steht ein genormtes Format (NBSIR 88-3813) zum Austausch von CAD-Daten zur Verfügung. Die nachfolgende Beschreibung stützt sich auf die IGES-Version 4.0. IGES-Dateien können im ASCII-Format oder in binärer Form vorliegen. Die nachfolgend beschriebene ASCII-Form eignet sich insbesondere für den Austausch von Grafiken über verschiedene Plattformen.

Im ASCII-Format lassen sich zwei Varianten, das komprimierte und das 80-Zeichen-pro-Zeile-Format unterscheiden. IGES-Dateien sind zeilenorientiert aufgebaut. Nachfolgende Abbildung zeigt einen Ausschnitt aus einer 80-stelligen IGES-Datei:

```
translator commentsS0000001
,,1HA,5HA.IGS,...S0000002
....G0000001
4HINCH,32767,3.2767D1,....G0000002
110   1      1        1D0000001
110   2      1        1D0000002
...
110,6.80,5.0...P0000001
110,20.3,4.5,6.3...P0000002
...
S0000002G0000003d0000026P0000013T0000001
```

Abbildung 25.1 Struktur eines ASCII-IGES-Files

Jede Zeile enthält ab Spalte 74 eine fortlaufende Sequenznummer zur Identifikation. Hierbei handelt es sich um siebenstellige Nummern, die mit führenden Nullen oder Leerzeichen versehen werden können. Innerhalb der einzelnen Zeilen müssen verschiedene Regeln beachtet werden:

- Zur Trennung der Parameter muß ein Trennzeichen (z. B. Komma) vereinbart werden. Folgen zwei Trennzeichen aufeinander („), wird der betreffende Parameter auf 0 gesetzt.
- Weiterhin muß ein Trennzeichen für die Zeilen der Parametersektion definiert werden. Hierbei wird in der Regel das Semikolon (;) verwendet. Tritt dieses Trennzeichen in einer Zeile auf, bevor alle Parameter gelesen wurden, sind die fehlenden Parameter auf 0 zu setzen.
- Innerhalb von Textstrings dürfen keine Trennzeichen auftreten.
- Numerische Werte dürfen nicht über einen Zeilenumbruch hinausreichen.

An Stelle 73 einer Zeile steht ein Buchstabe, der die Sektion der IGES-Datei definiert. IGES-Dateien werden in verschiedene Sektionen unterteilt, die unterschiedliche Informationen (Parameter, Flags etc.) aufnehmen.

ID	Sektion
S	Start-Section
G	Globale-Section
D	Directory Entry-Section
P	Parameter Data-Section
T	Terminate-Sektion
B	Flag-Section (nur binär)
C	Flag-Section (nur ASCII-komprimiert)

Tabelle 25.1 Section-IDs in IGES-Zeilen

Der Inhalt der verschiedenen Sektionen wird nachfolgend beschrieben.

Die Start-Section

Die Start-Section enthält Kommentare für den Benutzer. Eine IGES-Datei muß mindestens eine solche Zeile aufweisen. Die verwendeten Buchstaben für den Kommentar müssen aus dem ASCII-Zeichensatz (Codes bis 127) stammen.

Die Global-Section

Die Global-Section enthält Informationen zur Transformation (z. B. Vereinbarung der Parametertrennzeichen). Eine Definition wird sofort wirksam. Die nachfolgende Tabelle gibt die Einträge der Global-Section an.

Index	Typ	Bemerkungen
1	String	Parameter Separator (,)
2	String	End of Line Separator (;)
3	String	ID IGES-Sender
4	String	IGES Filename
5	String	ID IGES Writer
6	String	Preprocessor Version
7	Integer	Max. Integergöße
8	Integer	Max. Exponentgröße Single Precison
9	Integer	Decimals Fraction Single Precision
10	Integer	Max. Exponentgröße Double Precision

Index	Typ	Bemerkungen
11	Integer	Dezimalbruch Double Precision
12	String	Produkt-ID-Receiver
13	Real	Skalenfaktor (.125)
14	Integer	Unit 1 = inch 2 = millimeter 3 = index reference 4 = foot 5 = miles 6 = meter 7 = kilometer 8 = mils (0.001 inch) 9 = micrometer 10 = centimeter 11 = micro inch
15	String	Unitname: 2HIN or 4HINCH = inches 2HMM = millimeter 2HFt = feet 2HMI = miles 2HM = meter 2HKM = kilometer 2HMIL = mils 2HUM = microns 2HCM = centimeter 3HUIN = micro inches MIL12 or IEEE260 = index
16	Integer	Max. Line Width (siehe Index 12 in der Directory-Section)
17	Real	Max. Line Width (in Units), siehe Index 12 in der Directory-Section)
18	String	Datum und Zeit (13HYYMMDD.HHNNSS YY = Jahr, MM = Monat, DD = Tag, HH = Std, NN = Min, SS = Sec)
19	Real	Max. Resolution (in Units aus Index 15)
20	Real	Max. Größe Koordinate
21	String	Autorenname
22	String	Firmenname
23	Integer	IGES-Versionsnummer 1 = Version 1.0 2 = ANSI Y14.26M-1981 3 = Version 2.0 4 = Version 3.0 5 = ANSI Y14.26M-1987 6 = Version 4.0

Index	Typ	Bemerkungen
24	Integer	Referenz zum Standard 0 = kein Standard 1 = ISO 2 = AFNOR 3 = ANSI 4 = BSI 5 = CSA 6 = DIN 7 = JIS

Tabelle 25.2 Einträge in der Global-Section

Texte werden immer in der Form nHxxxxx abgelegt, wobei *n* für die Zahl der folgenden Zeichen (xxxx) steht.

Die Directory-Entry-Section

An die Global-Section schließt sich die Directory-Entry-Section an. Diese enthält für jede Beschreibung innerhalb der IGES-Datei einen Indexeintrag. Jeder dieser Indexeinträge umfaßt zwei Zeilen zu 80 Zeichen. Pro Zeile werden dabei 10 Felder definiert. Die Felder 1 bis 9 und 11 bis 19 dienen zur Aufnahme der Definitionen. Die Felder 10 und 20 (beginnen ab Spalte 73) enthalten die Satznummern (z. B. D0000001).

Alle Daten (Integer oder Zeiger) werden mit führenden Nullen oder Leerzeichen rechtsbündig in der Spalte ausgegeben. Fehlende Einträge in der Spalte sind mit den Standardwerten zu belegen. Einzelne Felder enthalten nur Integerwerte, andere Felder nur Zeigerkonstanten. Es gibt aber Felder, die Integer oder Zeiger aufnehmen können. Dann dürfen diese Felder keine Leereinträge (Nulleinträge) enthalten. Positive Zahlen beschreiben einen Integerwert, negative Werte stehen für Zeiger. Nachfolgende Tabelle enthält eine Übersicht über die Einträge eines Indexrecords einer Directory-Entry-Section.

Index	Bemerkungen
1	Typ des Eintrags (100 = arc, 110 = line etc.)
2	Zeiger 1. Datenzeile dieses Typs
3	Struktur mit negativem Wert (definiert das Schema des Typs)
4	Definiert den Linientyp (1 solid, 2 dashed, 3 phantom, 4 centerline, 5 dotted)
5	Definiert die Ebenennummer des Elements
6	Definiert die Sichten des Elements
7	Definiert die Transformationssmatrix
8	Label Display, definiert die Elementbeschreibung für verschiedene Sichten (Views)

Index	Bemerkungen
9	Status-Flag »aabbccdd« aa Blank Status: 00 = sichtbar 01 = unsichtbar bb Subordinate Entity Switch 00 = unabhängig 01 = physikalisch abhängig 02 = logisch abhängig 03 = beides (1 & 2) cc Entity Use-Flag 00 = geometrisch 01 = Anmerkung 02 = Definition 03 = anderes 04 = logisch (positionsorientiert) 05 = abhängig von 2D-Parametern dd Hierarchie 00 = Top-down 01 = schrittweise 02 = andere
10	Zeilennummer (beginnt mit D0000001)
11	Eintrag Typnummer (wie Index 1)
12	Zeilenbreite Anzeige (View)
13	Farbe (Color) 0 = farblos 1 = schwarz 2 = rot 3 = grün 4 = blau 5 = gelb 6 = magenta 7 = cyan 8 = weiß
14	Zeilen in Parameter-Data-Section des Elements
15	Zahl der Forms in der Parameter-Data-Section
16	unbelegt
17	unbelegt
18	Entity-Label (bis 8 Zeichen)
19	Entity-Nummer (für Label)
20	Zeilennummer (wie in 10)

Tabelle 25.3 Einträge in der Directory-Entry-Section

Die Reihenfolge der Indizes in der Directory-Entry-Section ist dabei beliebig.

Die Parameter Data-Section

An die Parameter-Data-Section enthält die eigentlichen Parameter für die IGES-Einträge. Dies bedeutet, daß in der Directory-Entry-Section der Typ des Kommandos steht. Die zugehörigen Kommandos findet man im Satz mit der gleichen Nummer in der Parameter-Data-Section. Die Daten werden in einem freien Format definiert. Der erste Eintrag bestimmt den Typ (z. B. 124 = Matrixdefinition). Dann schließen sich bis Spalte 63 die einzelnen Parameter an. Diese Parameter werden durch Separatorzeichen (meist Kommata) getrennt. Spalte 65 enthält ein Blank, gefolgt von einem Zeiger (Spalte 66 bis 72) zur ersten Zeile des zugehörigen Eintrages in der Directory-Entry-Section. In Spalte 73 steht wieder das Zeichen P als Signatur für die Parameter-Data-Section. Die restlichen Spalten nehmen die fortlaufende siebenstellige Nummer (beginnt mit 1) auf.

Die Bedeutung der einzelnen Parameter richtet sich nach dem Elementtyp (siehe unten). Die Parameterliste wird mit einem Trennzeichen (meist Semikolon) abgeschlossen.

Die Terminate-Section

Eine IGES-Datei muß immer durch eine Terminate-Section abgeschlossen werden. Diese Section reduziert sich auf eine Zeile mit sechs Feldern.

Die ersten vier Felder enthalten die Anzahl der Sätze pro Section (Start-Section, Global-Section, Directory-Entry-Section, Parameter-Data-Section). Jedes Feld ist dabei 8 Zeichen lang, wobei der erste Buchstabe den Section-Typen (S, G, D, P) angibt. Das fünfte Feld ab Spalte 33 bis 72 ist unbenutzt und bleibt leer. Ab Spalte 73 findet sich der Buchstabe T als Signatur für den Section-Typ. Die restlichen Spalten nehmen die Nummer T0000001 auf.

Die Elemente einer IGES-Datei

In der Directory-Entry-Section werden die Elemente (Linie, Kreis etc.) der IGES-Datei vereinbart. Die Parameter stehen in der Parameter Data-Section. Alle Elemente werden in einem 3D-Koordinatensystem (model space) positioniert. Ein weiteres Koordinatensystem (definition space) ist für jedes Element definierbar. Dieses besitzt keinen festen Nullpunkt, sondern jener wird durch eine Matrix und einen Bezugsvektor jeweils festgelegt. Beide Koordinatensysteme werden im Elementtyp 124 (Matrix) vereinbart. Winkel sind im Uhrzeigersinn definiert. Die geometrischen Elemente werden in nachfolgender Tabelle vorgestellt.

Index	Bemerkungen
100	CIRCULAR ARC mit: P1 ZT-Referenzpunkt P2 X-Wert Mittelpunkt P3 Y-Wert Mittelpunkt P4 X-Koordinate Startpunkt Arc P5 Y-Koordinate Startpunkt Arc P6 X-Koordinate Endpunkt Arc P7 Y-Koordinate Endpunkt Arc
102	COMPOSITE CURVE mit: P1 Elementzahl P2-Pn Zeiger zur Directory-Entry-Section mit Elementbeschreibung
104	CONIC ARC P1-P6 Koeffizient für Ellipse P7 ZT Referenzpunkt P8 X-Koordinate Startpunkt P9 Y-Koordinate Startpunkt P10 X-Koordinate Endpunkt P11 Y-Koordinate Endpunkt P12-Pn Zeiger auf Directory-Entry-Section
106	COPIOUS DATA, Konstruktionspunkte P1 Interpretation-Flag (1 xy-Koordinaten, 2 xyz-Koordinaten, 3 xyz-Koordinaten + 3 Definitions-Vektoren) P2 Zahl Copious Data P3 (Interpretation-Flag =1 -> festes Z) P4-Pn Datenpunkte (Abszisse, Ordinate, if Interpretation-Flag =2)
108	PLANE P1-P4 Transferkoeffizienten P5 Zeiger auf Directory-Entry-Section P6 XT Coordinate Symbol Point P7 YT-Koordinate P8 ZT-Koordinate P9 Symbolgröße P10-Pn Pointer
110	LINE P1 X-Koordinate Startpunkt P2 Y-Koordinate Startpunkt P3 Z-Koordinate Startpunkt P4 X-Koordinate Endpunkt P5 Y-Koordinate Endpunkt P6 Z-Koordinate Endpunkt P7-Fn Pointers
112	SPLINE CURVE P1 Spline Typ (1 = linear, 2 = quadratisch, 3 = kubisch, 4 = Wilson Fowler, 5 = modif. Wilson Fowler, 6 = B-spline) P2 Continuity P3 Dimensionen P4 Segmentzahl P5-Pn Scheitelpunkte (erst alle x-, dann alle y-, dann aller z-Koordinaten, dann die Transformationskoeffizienten und -vektoren)

Index	Bemerkungen
114	SPLINE SURFACE P1 Flächentyp (siehe Typ 112) P2 Typ (1 kartesisch, 2 undefiniert) P3 Zahl der Linien P4 Zahl der Spalten P5-Pn Scheitelpunkte (erst alle Koordinaten x,y,z aller Zeilen, dann alle Spalten, dann Transformationskoeffizienten und -vktoren)
116	POINT P1 X-Koordinate P2 Y-Koordinate P3 Z-Koordinate P4 Pointer
118	RULED SURFACE (Arc Area) P1 Pointer 1. Kurve P2 Pointer 2. Kurve P3 Direction
120	SURFACE OF REVOLUTION P1 Pointer auf Oberfläche P2 Pointer auf Flächenvektor P3 Startwinkel P4 Endwinkel
122	TABULATED CYLINDER P1 Pointer auf Oberfläche P2-P4 Koordinaten Scheitelpunkt Fläche
124	MATRIX, Transformationsmatrix zwischen Modellraum und Definitionsraum
125	FLASH, Lokalisierungspunkt für geschlossene Fläche P1 X-Koordinate Referenzpunkt P2 Y-Koordinate Referenzpunkt P3 1. Größenparameter P4 2. Größenparameter P5 Rotationswinkel P6 Pointer auf Directory-Entry-Section
126	B-SPLINE CURVE P1,P2 Koeffizienten B-spline Kurve P3 Proportion 1: 0 = nicht planar, 1 = planar P4 Proportion 2: 0 = offene Kurve
128	B-SPLINE SURFACE P1-P4 Koeffizienten P5-P9 Proportion F10-Fn Scheitelpunkte, Breite, Kontrollpunkte, Zeiger
130	OFFSET CURVE P1 Pointer Basiskurve P2 Distanz (1 = einheitlich, 2 = variiert mit linearer Funktion, 3 = variiert mit definierbarer Funktion) P3 Pointer auf Kurve (If P2 = 3) P4 Pointer auf Koordinate der P3-Kurve
	P5 Offset Typ (1 = Arc, 2 = Parameter)

Index	Bemerkungen
132	CONNECT POINT (vereinfachte Kurven) P1 X-Koordinate P2 Y-Koordinate P3 Z-Koordinate P4-Pn Pointer
134	NODE für Finite Elemente P1 X-Koordinate P2 Y-Koordinate P3 Z-Koordinate P4 Pointer auf Transformationsmatrix
136	FINITE ELEMENT P1 Typ (eins von 33) P2 Knoten P3-Px Zeiger auf Knoten Pn Elementname
138	NODAL DISPLACEMENT AND ROTATION Finite Elemente-Daten P1 Nummer der Analyse P2-Pa Pointer auf Generalknoten (nodes) Pb Knotenzahl Pc Nummer 1. Konten Pd Pointer auf Node Directory Entry Pe-Pz n*3 Einträge (x, y, z)-Translation, dann x-, y-, z-Rotation
140	OFFSET SURFACE P1-P3 x-, y-, z-Koordinaten (Offset) P4 Distanz zur original Oberflächenprojektion P5 Pointer zur original Oberfläche
142	CURVE ON PARAMETER SURFACE P1 Kurve zur Oberflächenprojektion (0 nicht spezifiziert, 1 Kurve zur Oberfläche, 2 schneidet zwei Oberflächen, 3 isoparametrische Kurve) P2 Pointer zur Oberfläche P3 Pointer zum Eintrag Kurventyp B P4 Pointer zum Eintrag Kurventyp C P5 Definitionstyp (0 = undefiniert, 1 = Fläche über Kurve B, 2 = Kurventyp C, 3 = frei)
144	TRIMMED SURFACE einfache geschlossene Kurve in einer euklidischen Fläche P1 Zeiger zur zu trimmenden Oberfläche P2 0: falls Kurve die Oberfläche enthält, 1: falls die Oberfläche die Kurve enthält P3 Zahl der geschlossenen Kurven P4 Zeiger auf Rand der geschlossenen Kurve P5-Pn Zeiger zu anderen Kurven
146	NODAL RESULTS Relation zwischen Knoten und physikalischer Interpretation (reserviert)
148	ELEMENT RESULTS (reserviert)
150	BLOCK P1 Länge X P2 Länge Y P3 Länge Z P4-P6 Koordinate Ecke P7-P9 Vektor lokale x-Achse P10-p12 Vektor lokale z-Achse

Index	Bemerkungen
152	RIGHT ANGULAR WEDGE P1-P3 Länge x,y,z P4 Distanz zur lokalen x-Achse P5-P7 Koordinatenpunkt P8-P10 Vektor für lokale x-Achse P11-P13 Vektor für lokale z-Achse
154	CIRCULAR CYLINDER P1 Zylinderhöhe P2 Basisradius P3-P5 Koordinate Mittelpunkt Basis P6-P8 Vektor Achse
156	CIRCULAR CONE P1 Höhe P2 Basisradius P3 oberer Radius P4-P6 Koordinate Mittelpunkt Basis P7-P9 Vektor Achse
158	SPHERE P1 Radius P2-P4 Koordinate Mittelpunkt
160	TORUS P1 Radius Torus (von Torusachse zum Ringmittelpunkt) P2 Ringradius P3-P5 Koordinate Torusmittelpunkt P6-P8 Vektor Achse
162	SOLID OF REVOLUTION P1 Zeiger auf Element P2 Rotationswinkel P3-P5 Koordinate zeigt in Rotationsachse
164	SOLID OF LINEAR EXTRUSION P1 Zeiger auf Element P2 Länge Projektion P3-P5 Vektor Projektionsrichtung
168	ELLIPSOID P1 Länge lokale x-Achse P2 Länge lokale y-Achse P3 Länge lokale z-Achse P4-P6 Koordinatenmittelpunkt P7-P9 Vektor lokale x-Achse P10-12 Vektor lokale z-Achse
180	BOOLEAN TREE P1 Länge Notation P2-Pn negativer Wert = Zeiger auf Operanden oder positiver Integerwert der Operation
184	SOLID ASSEMBLY P1 Zahl der Einträge P2-Pa Zeiger auf Elemente
	Pb-Pz Zeiger zu Transformationsmatrizen

Index	Bemerkungen
430	SOLID INSTANCE P1 Index auf Solid Art Primitive

Tabelle 25.4 Einträge für geometrische Elemente in der Parameter Data-Section

Der Index wird in der Directory Entry-Section eingetragen. In der Parameter Data-Section finden sich dann die zugehörigen Parameter P1 bis Pn gemäß der obigen Spezifikation.

Neben den geometrischen Elementen aus Tabelle 25.4 erlaubt die IGES-Spezifikation noch Anmerkungselemente (annotation elements) und Strukturelemente (structure elements). Die Anmerkungselemente nehmen Bemaßungen, Hilfslinien etc. auf. Bezieht sich ein Anmerkungselement auf einen zweidimensionalen Raum (nicht im definition space), wird eine Verbindung zum ElemeNT 404 eingerichtet. Dieses Element enthält die zweidimensionale Matrix zur Umrechnung der Koordinaten. Die folgende Tabelle enthält die Anmerkungselemente.

Index	Bemerkungen
202	ANGULAR DIMENSION P1 Zeiger auf Textknoten P2 Zeiger auf WITNESS LINE 1 P3 Zeiger auf WITNESS LINE 2 P4-P5 Koordinate Referenzpunkt P6 Radius Eckline (angular line) P7-P8 Zeiger auf Pfeildefinition
206	DIAMETER DIMENSION P1-P3 Zeiger auf Directory-Entry-Section P4-P5 Koordinate Kreismittelpunkt
208	FLAG NOTE P1-P3 Koordinate untere linke Ecke P4 Rotationswinkel P5-Pn Zeiger auf Referenzpunkte
210	GENERAL LABEL P1 Zeiger auf GENERAL NOTE P2 Zahl der Referenzpunkte P3-Pn Zeiger auf Referenzpunkte
212	GENERAL NOTE P1-Pn Zeiger und Definitionen
214	LEADER ARROW P1 Zahl der Segmente P2 Höhe Pfeilspitze P3 Breite Pfeilspitze P4 Länge in z-Richtung P5-P6 Koordinate Pfeilspitze P7-Pn Koordinatenpaare für Segmente

Index	Bemerkungen
216	LINEAR DIMENSION P1-Pn Zeiger auf Textknoten, 1. Pfeil, 2. Pfeil, zwei Hilfslinien
218	ORDINATE DIMENSION P1 Zeiger auf GENERAL NOTE P2 Zeiger auf WIDTHNESS LINE DIRECTORY
220	POINT DIMENSION P1 Zeiger auf Textknoten P2 Zeiger auf Pfeil P3 Zeiger auf geometrisches Element
222	RADIUS DIMENSION P1 Zeiger auf Textknoten P2 Zeiger auf Pfeil P3-P4 Koordinate Kreismittelpunkt
228	GENERAL SYMBOL P1 Zeiger auf GENERAL NOTE P2 Zahl der Zeiger auf Figuren P3 Zahl der Verbindungen (associations) P4-Pn Zeiger auf Verbindungen (associations)
230	SECTIONED AREA P1 Zeiger auf Umriß (area shape) P2 Schraffur (hatch code) P3 x-Koordinate Muster P4 y-Koordinate Muster P5 z-Linientiefe P6 Linienabstand P7 Richtung Schraffur (in rad) P8 Zahl eingeschlossene Bereiche (incorporated areas) P9-Pn Zeiger auf Bereichskurve
106	SECTION Wiederholungswert Muster, definiert als COPIOUS DATA 31-38
108	WIDTHNESS LINE, definiert als COPIOUS DATA 40

Tabelle 25.5 Einträge Annotation Elements in der Parameter Data-Section

Weiterhin erlaubt die IGES-Definition noch Strukturelemente. Die nachfolgende Tabelle zeigt eine kurze Aufstellung dieser Elemente.

Index	Bemerkungen
302	ASSOCIATIVITY DEFINITION, definiert Klassen für IGES-Files
304	LINE FONT DEFINITION, definiert Muster für Linien
306	MACRO DEFINITION, definiert ein Makro
308	SUBFIGURE DEFINITION, definiert eine Referenz zu einer Figur
310	TEXT FONT DEFINITION, definiert ein Textfont (Name, Größe etc.)
312	TEXT DISPLAY TEMPLATE, definiert eine Formatvorlage für Text

Index	Bemerkungen
314	COLOR DEFINITION, enthält Übersetzungswerte für RGB-Werte nach CMY oder HLS
320	NETWORK SUBFIGURE DEFINITION, definiert eine Figur, die mehrfach benutzt wird
402	ASSOCIATIVITY INSTANCE, definiert die Relationen von Gruppen
404	DRAWING, sammelt Anmerkungselemente
408	SINGULAR SUBFIGURE INSTANCE, definiert eine einzelne Unterfigur
410	VIEW, definiert eine Sicht zum Modes Space- Koordinatensystem
416	EXTERNAL REFERENCE, Zeiger zu externen Grafikdateien
600-699	USER DEFINED MACRO INSTANCE, verwendet, um Makros zu integrieren

Tabelle 25.6 Einträge für Strukturelemente in der Parameter Data-Section

Die Strukturelemente werden nur von den wenigsten IGES-Lesern ausgewertet. Eine detaillierte Beschreibung der IGES-Befehle mit allen Hintergrundinformationen ist der Initial Graphic Exchange Specification (NBSIR 88-3813) zu entnehmen.

26 Interchange File Format (IFF)

Dieser Standard wurde von der Firma Elektronic Arts zum Speichern von Grafiken und Tönen in Dateien eingeführt. Ursprünglich wurden IFF-Dateien auf Amiga-Rechnern benutzt; seitdem jedoch die Programme *DeLuxe Paint* und *DeLuxe Paint II* verfügbar sind, setzt sich das Format auch für PCs durch. IFF-Dateien besitzen in der Regel die Erweiterung .LBM und sind ähnlich wie GIF- oder TIFF-Dateien blockorientiert aufgebaut (Abbildung 26.1).

Header (FORM)
CHUNK 1
....
CHUNK n

Abbildung 26.1 Aufbau einer IFF-Datei

```
 ┌─ Header-Signatur
 │                  ┌─ Dateilänge
 │                  │               ┌─ Datentyp
 │                  │               │             ┌ Header 1. CHUNK
┌──────────┐ ┌──────────┐ ┌──────────┐ ┌──────────┐
46 4F 52 4D 00 00 34 8C 38 53 56 58 56 48 44 52
 F  O  R  M        4     8  S  V  X  V  H  D  R
  ┌─ Blocklänge
┌──────────┐
00 00 00 14 00 00 01 A8 00 00 00 00 00 00 00 04
29 1E 05 00 00 01 00 00 4E 41 4D 45 00 00 00 0B
                         N  A  M  E
62 61 73 73 20 67 75 69 74 61 72 00 42 4F 44 59
 b  a  s  s     g  u  i  t  a  r     B  O  D  Y
00 00 34 50 CB 29 E7 B8 6F 6B 1E E8 C9 49 DC AB
2B 1F 0A 00 E2 3D D7 B3 1E 1A 0C FC E4 3C D8 B7
1D 1A 0B FB E4 3D D7 B9 1C 1A 0C F9 E6 3C D6 BC
....
```

Abbildung 26.2 Auszug aus einer IFF-Datei als Hexdump

Der erste Block der IFF-Datei enthält den Header (FORM), in dem Informationen über die Dateilänge und die Art der gespeicherten Daten abgelegt sind. Daran schließen sich ein oder mehrere Blöcke variabler Länge an, die nachfolgend als *CHUNKs* bezeichnet werden. In diesen CHUNKs befinden sich die Spezifikationen für die Datendekodierung sowie die eigentlichen Daten. Einen Auszug aus einer IFF-Datei sehen Sie in Abbildung 26.2. Die Daten liegen im AMIGA-Format vor, d.h., High- und Low-Byte sind vertauscht. Der genaue Aufbau des Records ist nachfolgend beschrieben.

Der IFF-Header

Am Anfang der Datei steht ein 12 Byte langer Header, der neben der Dateilänge zwei Signaturen enthält. Der Aufbau dieses Headers ist Tabelle 26.1 zu entnehmen:

Offset	Bytes	Bemerkungen
00H	4	Signatur1 im IFF-Header = 'FORM'
04H	4	Dateilänge in Byte (Motorola-Format)
08H	4	Datentyp als ASCII-String (z. B.: ILBM)

Tabelle 26.1 Aufbau des IFF-Headers

Die ersten 4 Bytes des Headers (und damit auch der IFF-Datei) enthalten immer die Signatur 'FORM' als ASCII-String, anhand derer sich gültige IFF-Dateien jederzeit identifizieren lassen. Enthält eine IFF-Datei nur ein Bild, wird die Struktur gemäß Abbildung 26.3 benutzt.

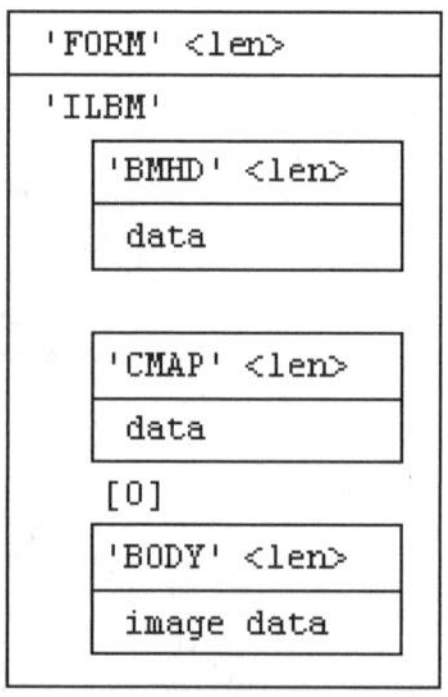

Abbildung 26.3 Struktur einer IFF-FORM-Datei

In einigen Fällen werden mehrere Objekte innerhalb einer IFF-Datei gespeichert (z. B. bei Bildkatalogen). In diesem Fall wird die CAT-Struktur (ConcATenate) aus Abbildung 26.4 verwendet.

Sobald die CAT-Signatur auftritt, enthält die IFF-Datei mehrere Objekte, die in weitere FORM-Strukturen aufgegliedert werden.

Weiterhin existieren noch IFF-Dateien mit der Signatur 'LIST' im Datei-Header. Diese Signatur ist ein Hinweis, daß die IFF-Datei mehrere Bilder enthält. Die LIST-Struktur kann einen 'PROP'-Block enthalten, mit dem sich Einstellungswerte (z. B. Palette) gemeinsam für mehrere Objekte der Datei verwenden lassen. Die Struktur einer IFF-LIST-Datei ist in Abbildung 26.5 zu sehen.

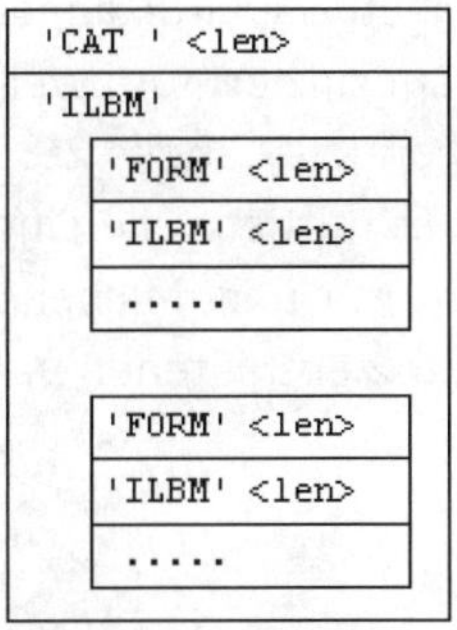

Abbildung 26.4 Struktur einer IFF-CAT-Datei

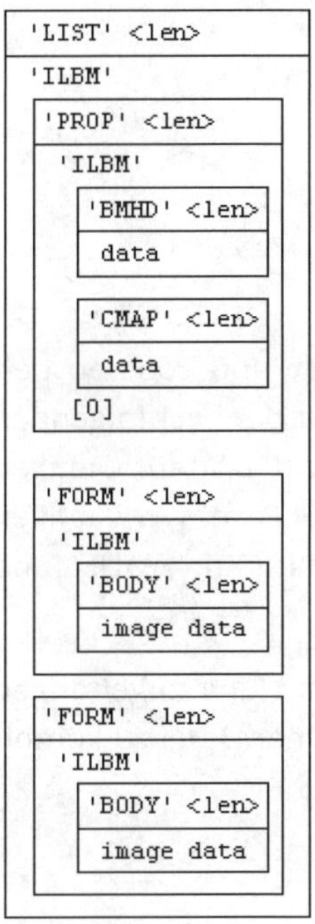

Abbildung 26.5 Struktur einer LIST-IFF-Datei

Die Signaturen 'LIST' und 'CAT' werden selten verwendet. Ein IFF-Reader kann daher diese Strukturen überspringen und die 'FORM'-Strukturen einlesen.

An die Signatur FORM, CAT oder LIST schließt sich ab Offset 04H ein 32-Bit-Wert an, der die Dateilänge in Byte spezifiziert. Die Zählung beginnt ab 1, wobei die Bytes im *Big endian*-Format (Amiga- bzw. Motorola-Konventionen) gespeichert sind. Dieser 32-Bit-Wert ist erforderlich, um das Ende des letzten CHUNKs zu ermitteln. Beachten Sie aber, daß sich in einer Datei mehrere FORMs befinden können, d.h., der Zeiger kann auf eine weitere 'FORM'-Signatur zeigen.

Der IFF-Header wird ab Offset 08H mit einer weiteren 4 Byte langen Signatur abgeschlossen. Dabei handelt es sich wieder um einen ASCII-String, der spezifiziert, um welche Daten (Grafik, Text, Musik) es sich in den nachfolgenden Blocks handelt. Tabelle 26.2 enthält eine Aufstellung gültiger Signaturen. Beachten Sie aber, daß es mittlerweile eine Reihe herstellerspezifischer Erweiterungen (ca. 50) gibt, die aber oft nur unzureichend dokumentiert sind. Nachfolgend werden deshalb nur die in Tabelle 26.2 enthaltenen Varianten behandelt.

Signatur	Datentyp
'WORD'	Textdatei (word data)
'ILBM'	Grafikdatei (interleaved bitmap)
'PBM'	Grafik analog 'ILBM'
'FTXT'	Textdatei (IFF-Format)
'AIFF'	Audio-IFF (Mac Soundmanager)
'SMUS'	Musikdaten (sample music)
'8SVX'	8-Bit-Sample-Daten (8 bit sample voice)

Tabelle 26.2 Signatur des IFF-Headers für verschiedene Datentypen

Mit dieser Information lassen sich in einer IFF-Datei Texte, Grafiken und Töne abspeichern. Findet sich z.B. im Header die Signatur 'WORD', enthält einer der nachfolgenden CHUNKs die Textdaten. Überwiegend wird hier jedoch die Signatur 'ILBM' für Grafiken auftauchen. Dies ist zum Beispiel bei Deluxe Paint der Fall, da dieses Paket nur Grafiken abspeichert. Musikdaten, Sound und Töne werden mit den Signaturen 'SMUS' und '8SVX' versehen.

Normalerweise enthält eine IFF-Datei nur einen FORM-Header mit den zugehörigen CHUNKs. Es ist aber durchaus möglich, Grafik, Text und Sound in einer Datei zu kombinieren, womit die Datei dann mehrere FORMs mit CHUNKs enthält.

IFF-Blockstruktur (CHUNK)

An den Header schließen sich mehrere Blöcke (*CHUNKs*) mit Informationen über Grafikmodus, Farbtabellen und Bilddaten an. Diese CHUNKs besitzen einen schematischen Aufbau gemäß Abbildung 26.6.

Name (4 Byte)
Länge (4 Byte)
Daten (n Byte) ....

Abbildung 26.6 Aufbau eines IFF-CHUNKs

Der erste Eintrag enthält eine 4 Byte lange Signatur in Form eines ASCII-Strings, der den Typ des jeweiligen CHUNKs (Blocks) angibt. Tabelle 26.3 enthält einige gültige Blocknamen für Grafik und Musikdaten.

Name	Bemerkungen
Grafik (ILBM)	
BMHD	Bitmap-Header
CMAP	Color Map
CRNG	Color Cycle-CHUNK von DPaint
CCRT	Color Cycle-CHUNK von Graphicraft
BODY	Bitmap-Daten der Grafik
Musik (8SVX)	
VHDR	Voice-Daten (Tempo, Oktave etc.)
NAME	Name des Klangs
(c)	Copyright-Vermerk
AUTH	Name des Autors
ANNO	Datum
BODY	Sounddaten
ATAK	Hüllkurveninfo Einschwingdaten
RLSE	Hüllkurveninfo Ausschwingdaten

Tabelle 26.3 IFF-CHUNK-Signaturen

Je nachdem, welches Programm die Datei erzeugt, können weitere Blöcke mit anderen Namen auftreten. Das Konzept erlaubt es, zukünftig neue Blocktypen zu definieren. Ein Block (CHUNK) beginnt immer an einer geraden Adresse innerhalb der Datei. Falls der vorhergehende Block eine ungerade Anzahl von Bytes enthält, wird an diesen Block ein Nullbyte angehängt, das allerdings im Längenfeld des Blocks nicht berücksichtigt wird. Der erste Eintrag des nachfolgenden Blocks enthält dann den 4-Byte-ASCII-String mit der Signatur. Der nächste Eintrag innerhalb des Blocks enthält einen 4-Byte-Zeiger mit der aktuellen Blocklänge in Byte. Daran schließt sich der Datenbereich an, dessen Länge sich aus *Blocklänge – 8* errechnen läßt. Falls ein unbekannter Block auftritt, kann dieser vom Leseprogramm ignoriert werden. *Deluxe Paint* beispielsweise legt weitere Blöcke mit den Bereichen für die Farbverläufe an.

Die Farbbereiche im Palettenmenü sind einstellbar; die Information wird für die Ausgabe der Bilddaten jedoch nicht benötigt und kann demnach überlesen werden. Nachfolgend wird die Struktur der einzelnen CHUNKs beschrieben.

Die CHUNKs des ILBM-FORM

Zum Speichern von Grafikdaten wird ein ILBM-FORM mit verschiedenen CHUNKs benutzt. Der Aufbau der gebräuchlichsten CHUNKs wird nachfolgend beschrieben.

Bitmap-Header-CHUNK (BMHD)

Dieser CHUNK enthält Informationen über Grafikmodus, Bildgröße etc. und muß vor allen anderen CHUNKs stehen. Tabelle 26.4 gibt den Aufbau dieses Blocks wieder.

Offset	Bytes	Bemerkungen
00H	4	Blockname 'BMHD' als ASCII-String
04H	4	Blocklänge in Byte (00 00 00 14)
08H	2	Bildbreite in Pixel
0AH	2	Bildhöhe in Pixel
0CH	2	X-Koordinate obere linke Bildecke (bei Deluxe Paint immer 0)
0EH	2	Y-Koordinate obere linke Bildecke (bei Deluxe Paint immer 0)
10H	1	Zahl der Farbebenen (Bitplanes) (bei EGA immer 4)
11H	1	reserviert (Maskierung)
12H	1	Bildkodierung 0 = ungepackte Speicherung 1 = gepackte Speicherung
13H	3	reserviert
16H	1	Breite eines Pixels (x-aspect ratio)
17H	1	Höhe eines Pixels (y-aspect ratio)
18H	2	maximale Bildbreite (X-Max)
1AH	2	maximale Bildhöhe (Y-Max)

Tabelle 26.4 Aufbau des Bitmap-Header-CHUNKs

Der CHUNK beginnt mit dem ASCII-String 'BMHD' als Signatur. Daran schließt sich ein 4-Byte-Wert mit der Blocklänge in Byte an; dieser Eintrag sollte den Wert 14H besitzen. Wichtig dabei ist, daß die Zahl im Motorola-Format gespeichert wird, damit der Wert 00000014H dann im Format 00 00 00 14 in der Datei abgelegt wird. Bei Intel CPUs werden die Daten in der Schreibweise 14 00 00 00 erwartet, d.h., es muß eine Umsetzung erfolgen (siehe TIFF-Format).

Die nächsten beiden 2-Byte-Vektoren beschreiben die aktuellen Bildabmessungen in der Maßeinheit Pixel. Die Koordinaten der linken oberen Bildecke werden ab Offset 0CH als 2-Byte-Werte (X, Y) geführt. Die maximal möglichen Abmessungen finden sich ab Offset

18H. Das Programm *DeLuxe Paint* trägt hier immer den Wert (0,0) ein. Beim Speichern von Bildausschnitten lassen sich dort unter Umständen andere Koordinaten ablegen.

IFF-Dateien mit ILBM-CHUNKs dienen hauptsächlich zum Übertragen farbiger Bilder. Ab Offset 10H steht in einem Byte die Zahl der Farbebenen (*Bitplanes*), bei Schwarzweißdarstellungen wird hier der Wert 1 eingetragen. Standardmäßig sind für EGA-Karten 16 unterschiedliche Farben vorgesehen, so daß der Wert auf 4 Bitplanes gesetzt wird: Der Wert FFH entspricht so 256 Farbebenen. Diese Informationen sind für die Dekodierung der Color Map wichtig.

Ab Offset 12H findet sich ein Byteflag mit der Spezifikation der Bilddatenkomprimierung. Der Wert 0 zeigt an, daß sie unkomprimiert im BODY-Block abgelegt sind. Da sich bei 640 x 350 Bildpunkten und 4 Bit pro Farbe jedoch 112000 Byte pro Bild ergeben, existiert hier ein einfaches Komprimierungsverfahren zum Speichern der Daten. Werte größer 0 signalisieren, daß die Daten im BODY-CHUNK komprimiert abgelegt sind. Zur Zeit sind jedoch nur die Codes 0 (*unverschlüsselt*) und 1 (*verschlüsselt*) definiert. Der Verschlüsselungsalgorithmus ist im Abschnitt über den BODY-Block beschrieben. Die Bytes ab Offset 16H geben die Größe eines Originalpunktes im Bild an. Dies ist für die Umrechnung in neue Bildabmessungen wichtig.

Der Color-Map-CHUNK (CMAP)

Bei Standardanwendungen werden Bilder aus 16 Farben zusammengesetzt. Diese Farben lassen sich bei EGA/VGA-Karten jedoch aus 16 Millionen Farbkombinationen zusammenstellen. Die Informationen über die jeweils aktuelle Farbpalette sind deshalb in einer eigenen Tabelle im CMAP-CHUNK-Block gespeichert, der sich an den BMHD-CHUNK anschließt und folgenden Aufbau besitzt:

Offset	Bytes	Bemerkungen
00H	4	Blockname 'CMAP' als ASCII-String
04H	4	Blocklänge in Byte (3 x n)
08H	3 x n	Farbtabelle mit *n* Einträgen á 3 Byte für die Farben Rot, Grün und Blau

Tabelle 26.5 Aufbau des Color Map-CHUNKs

Die ersten 4 Bytes enthalten wieder den Namen CMAP zur Markierung des CHUNK-Typs, darauf folgt die Blocklänge in Byte. Ab Offset 08H schließt sich eine Tabelle mit den Farbdefinitionen an: Jeder Farbe sind drei Bytes für den Rot-, Grün- und Blauanteil zwischen 0 und 255 zugeordnet. Mit 24 Bit lassen sich demnach 16 Millionen Farbstufen darstellen, bei 16 selektierten Farben besitzt die Tabelle *16 x 3 = 48 Byte*. Ein Bildpunkt läßt sich in diesem Fall durch 4 Bit abbilden. Bei zukünftigen Versionen der IFF-Dateien kann die Tabelle auch 256 Einträge zu je 3 Byte aufweisen, die Blocklänge läßt die Berechnung der Zahl der Einträge jederzeit zu. Bei der Auswertung der Farben müssen eventuell in Abhängigkeit vom Bildschirmmodus die Farben angepaßt bzw. umgesetzt werden.

Der CRNG-CHUNK (DeLuxe Paint)

Der CHUNK wird von Electronic Arts für das Programm DeLuxe Paint benutzt, um aufeinanderfolgende Farbregister für Schattierung und Farbwechsel anzugeben. Der CHUNK ist optional und muß vor einem BODY-CHUNK gesetzt werden. Ist das unterste Bit im Flag (Offset 0CH) auf 1 gesetzt, wird ein Farbwechsel aktiviert. Die Farbe wechselt dann zum nächsten (Register-)Wert. Ist das zweite Bit im Flag auf 1 gesetzt, erfolgt der Farbwechsel in entgegengesetzter Richtung. Die Werte ab Offset 14 (0EH) und 15 (0FH) geben dabei den Bereich der Farbregister an. Die Geschwindigkeit der Farbwechsel findet sich im Wert *Color cycle rate* (Offset 0AH). Bei 60 Farbwechseln pro Sekunde wird der Wert 16384 hinterlegt. Dieser CHUNK besitzt jedoch nur auf dem Amiga-Rechner eine Bedeutung.

Offset	Bytes	Bemerkungen
00H	4	Blockname 'CRNG' (Color Cycle)
04H	4	CHUNK-Länge in Byte
08H	2	reserviert (00 00)
0AH	2	Color Cyle Rate
0CH	2	Flag: aktiviert/nicht aktiviert
0EH	1	unterer Farbwert (Farbregister)
0FH	1	oberer Farbwert (Farbregister)

Tabelle 26.6 Aufbau des CRNG-CHUNKs

Der CCRT-CHUNK (Graphicraft)

Ähnlich wie bei DeLuxe Paint legen die Produkte der Firma Graphicraft einen *Color Cycle*-CHUNK an. Dieser erhält jedoch die Signatur CCRT und ist wie in Tabelle 26.7 beschrieben aufgebaut:

Offset	Bytes	Bemerkungen
00H	4	Blockname 'CCRT' (Color Cycle)
04H	4	CHUNK-Länge in Byte
08H	2	Richtung 0 = kein Cycling 1 = vorwärts -1 = rückwärts
0AH	1	Startfarbe (Farbregister low)
0BH	1	Endfarbe (Farbregister high)
0CH	4	Sekunden Wartezeit für Vertauschungen
10H	4	Mikrosekunden Wartezeit
14H	2	unbenutzt (00H 00H)

Tabelle 26.7 Aufbau des CCRT-CHUNKS

Die genaue Bedeutung der Felder konnte nicht in Erfahrung gebracht werden.

Der BODY-CHUNK mit den Daten

Die eigentlichen Bilddaten stehen im BODY-CHUNK. An diese Signatur schließt sich gemäß Tabelle 26.8 der 4-Byte-Zeiger mit der Blocklänge an:

Offset	Bytes	Bemerkungen
00H	4	Blockname 'BODY' als ASCII-String
04H	4	Blocklänge in Byte
08H	n	Bilddaten

Tabelle 26.8 Aufbau des BODY-CHUNK (Datenblock)

Die eigentlichen Bilddaten folgen ab Offset 08H. Ein Eintrag 0 im BMHD ab Offset 12H signalisiert, daß die Daten unkodiert vorliegen, während Werte größer 0 (ab Offset 12H) kodierte Daten anzeigen. Enthält das Flag im BMHD-Block den Wert 1, liegen die Daten in kodierter FORM vor. Die Bilddaten einer Bitplane werden dann zeilenweise nach folgender Recordstruktur gespeichert:

```
1. Byte = Steuerbyte
2. Byte = Datenbytes
...
n. Byte =     "
```

Das erste Byte wird jeweils als Steuerbyte interpretiert und bestimmt die Auswertung:

- Enthält es Werte kleiner 128 (80H), folgen anschließend *n* unterschiedliche Datenbytes. Der Wert *n* entspricht dabei dem Wert des Steuerbytes + 1.
- Bei Werten größer 128 (80H) enthält das Folgebyte die zu entschlüsselnde komprimierte Bildfolge. Dieses Byte ist dann n-fach zu duplizieren. Die Zahl *n* errechnet sich aus dem Wert des Steuerbytes gemäß folgender Anweisung:

  ```
  n = 100H - Wert des Steuerbytes + 1
  ```

- Ein Eintrag FDH im Steuerbyte ergibt damit einen Wiederholungsfaktor von *100H – FDH + 1 = 4*. So lassen sich einheitliche Bildbereiche (z. B. gefüllte Flächen) recht effizient speichern.
- Ein Wert von 80H im Steuerbyte ist zu überlesen und bewirkt, daß in diesem Fall das Folgebyte als Steuerbyte interpretiert wird.

Die Bildpunkte im Datenbereich werden zeilenweise abgespeichert.

Der GRAB-CHUNK

Dieser CHUNK ist optional, wird äußerst selten verwendet und beschreibt einen »hot spot« (z.B. Mauszeiger). Der CHUNK besitzt dabei folgenden Aufbau:

Offset	Bytes	Bemerkungen
00H	4	Blockname 'GRAB' als ASCII-String
04H	4	Blocklänge in Byte
08H	2	X-Koordinate (relativ)
0AH	2	Y-Koordinate (relativ)

Tabelle 26.9 Aufbau des GRAB-CHUNK

Der DEST-CHUNK

Dieser CHUNK ist ebenfalls optional und beschreibt, wie ein Grafikausschnitt in eine Ziel-Bitmap-Datei eingefügt werden kann. Der CHUNK besitzt folgenden Aufbau:

Offset	Bytes	Bemerkungen
00H	4	Blockname 'DEST' als ASCII-String
04H	4	Blocklänge in Byte
08H	1	Anzahl der Bitplanes der Quelle
09H	1	reserviert
0AH	2	Bits für Bitplane des Ziels
0CH	2	Bitplane-Flag 2
0EH	2	Maske Bitplane (Ziel)

Tabelle 26.10 Aufbau des DEST-CHUNK

Ab Offset 0AH befindet sich eine Maske, deren einzelne Bits signalisieren, ob die einzelnen Bitplanes des Zielbildes bearbeitet werden müssen. Ist das betreffende Bit = 1 gesetzt, darf in der Bitplane des Zielbildes nichts verändert werden. Ist das Bit = 0 gesetzt, muß das Bit im Folgewort ausgewertet werden. Falls dort das Bit = 1 gesetzt ist, ist die komplette Bitplane im Zielbild mit 1-Bits zu füllen. Das letzte Wort enthält eine Maske, wobei ein Bit = 0 bedeutet, daß die Bits der betreffenden Bitplanes nicht verändert werden sollen.

Der SPRT-CHUNK

Der SPRT-CHUNK definiert (optional) die Priorität eines Sprite. Der CHUNK besitzt dabei folgenden Aufbau:

Offset	Bytes	Bemerkungen
00H	4	Blockname 'SPRT' als ASCII-String
04H	4	Blocklänge in Byte
08H	2	Priorität des Sprite (0..7)

Tabelle 26.11 Aufbau des SPRT-CHUNK

Der Wert 0 signalisiert die höchste Priorität, d.h., das Sprite überlagert alle anderen Sprites.

Der CAMG-CHUNK

Der CAMG-CHUNK ist spezifisch für den Amiga und gibt den Grafikmodus an:

Offset	Bytes	Bemerkungen
00H	4	Blockname 'CAMG' als ASCII-String
04H	4	Blocklänge in Byte
08H	4	Daten des Viewmode-Registers

Tabelle 26.12 Aufbau des CAMG-CHUNK

Der CLUT-CHUNK

Der CLUT-CHUNK definiert eine Farbtabelle (Color Lock up Table):

Offset	Bytes	Bemerkungen
00H	4	Blockname 'CLUT' als ASCII-String
04H	4	Blocklänge in Byte
08H	4	Typ der Tabelle
0CH	4	reserviert
10H	256	Farbtabelle (8 Bit)

Tabelle 26.13 Der CLUT-CHUNK

Ab Offset 08H steht der Typ der Tabelle (Mono, RGB etc.). Die folgenden Bytes sind reserviert. Ab Offset 10H folgt eine Tabelle mit 256 Einträgen für die 8-Bit-Farbdefinitionen.

Für das ILBM-FORM sind weitere CHUNK-Namen reserviert, die aber teilweise sehr spezifisch belegt und nur unzureichend dokumentiert sind. So benutzt DPaint II den DPPV-CHUNK, um Informationen über die Perspektive der Sicht für einzelne rotierende Objekte abzulegen. Weiterhin existiert in der PC-Version von Deluxe Paint II Enhanced der TINY-CHUNK, in dem Teilbilder abgelegt werden. (Nach verschiedenen Informationen soll die Längenangabe in diesem CHUNK in einigen Fällen um 1 zu niedrig liegen).

Das Programm Deluxe Paint II erwartet die CHUNKs in der festen Reihenfolge: BMHD (Offset 0CH), CMAP (Offset 28H), BODY. Falls diese Reihenfolge nicht stimmt, kann das Bild nicht gelesen werden.

Als dritte Hürde wurde für die Speicherung von VGA-Bildern mit 256 Farben ein neues FORM ('PBM') definiert. Die CHUNKS entsprechen dem Aufbau der BMHD-CHUNKs. Allerdings werden die gespeicherten Bits anders interpretiert. Beim ILBM-FORM werden die einzelnen Bits eines Punktes in Farbebenen aufgeteilt. Bei 256 Farben ergibt dies 8 (Bit) Ebenen. Dann wird das Bild Bit für Bit gespeichert. Im ersten Durchlauf wird Bit 1 jedes Bytes der ersten Zeile zusammengefaßt und gespeichert. Im folgenden Durchlauf wird dann Bit 2 eines jeden Bytes gelesen und zeilenweise gespeichert. Sobald alle 8 Bits einer Zeile so gespeichert wurden, beginnt die Bearbeitung der zweiten Bildzeile. Dies ist ein recht umständliches Verfahren. Das PBM-FORM signalisiert nun, daß die Daten (8 Bit) eines Bildpunktes als Byte direkt gespeichert werden. Damit läßt sich jeder Punkt direkt aus dem Grafikspeicher bearbeiten, was einfacher und schneller ist. Die Daten befinden sich im BODY-Block und werden nach dem oben beschriebenen Verfahren komprimiert.

Die CHUNKs des 8SVX-FORM

Ähnlich wie bei Grafiken besteht auch die Möglichkeit, in IFF-Dateien digitalisierte Töne (*sampled data*) im 8-Bit-Format zu speichern. Für diesen Zweck ist der 8SVX-CHUNK vorgesehen. Der Aufbau des Headers (8SVX-FORM) ist mit dem ILBM-FORM identisch. Lediglich ab Offset 08H findet sich der 4-Byte-String 8SVX als Signatur. Die zugehörigen CHUNKs werden nachfolgend beschrieben.

Der Voice-Header-CHUNK (VHDR)

Dieser Block enthält die Informationen über die Speicherung der digitalisierten Töne im BODY-CHUNK. Der VHDR-CHUNK hat einen Aufbau gemäß Tabelle 26.14:

Offset	Bytes	Bemerkungen
00H	4	Signatur 'VHDR' (Voice Header)
04H	4	CHUNK-Länge in Byte
08H	4	OneShotHiSamples (Anzahl der digitalisierten Bytes für einen Anschlag)
0CH	4	RepeatHiSamples (Anzahl der Bytes für einen Klang)
10H	4	Samples per HiCycle (gerade Anzahl Bytes für eine Schwingung)
14H	2	Samples per Second (Abtastrate)

Offset	Bytes	Bemerkungen
16H	1	Anzahl Oktaven im BODY-CHUNK
17H	1	Kodierung 0 = ungepackt 1 = gepackt
18H	4	Volume (Lautstärke)

Tabelle 26.14 Der Aufbau des Voice-Header-CHUNKs

Die Werte müssen zur Interpretation des BODY-CHUNKs ausgewertet werden. Ab Offset 17H findet sich das Flag, das die Datenspeicherung im BODY-CHUNK spezifiziert. Falls hier der Wert 1 steht, liegen die Daten gepackt (Fibonacci-Delta) vor. Für die Einstellung der Lautstärke ab Offset 18H gilt als Standard der Wert 0001 0000H.

Der NAME-CHUNK (Name)

In diesem CHUNK läßt sich ein Text ablegen, der Hinweise auf das klangerzeugende Instrument gibt. Es gilt die Recordstruktur gemäß Tabelle 26.15.

Offset	Bytes	Bemerkungen
00H	4	Signatur 'NAME' (Name)
04H	4	CHUNK-Länge in Byte
08H	4	String mit dem Namen

Tabelle 26.15 Der Aufbau des NAME-CHUNKs

Im Textfeld dürfen beliebige Strings abgelegt werden, da diese bei der Auswertung als Kommentare gelten. Bei einer Stringlänge mit ungerader Bytezahl muß an den CHUNK ein Nullbyte (00) angehängt werden, das im Längenfeld des CHUNK jedoch nicht mitgezählt wird. Durch das Nullbyte beginnt ein eventuell folgender CHUNK auf einer geraden Offset-Adresse.

Der BODY-CHUNK (Daten)

In diesem CHUNK finden sich die digitalisierten Daten. Es gilt dabei der gleiche Aufbau wie beim ILBM-BODY-CHUNK (Tabelle 26.8). Für die gespeicherten Voice-Daten lassen sich zwei Verwendungsarten unterscheiden:

One Shot Sound

Hier wurde ein einmaliger Klang (*Effekt*) digitalisiert und abgespeichert. Im Voice-Header-CHUNK finden sich die Informationen über die Wandlungsrate *Samples per Second*, *OneShotHiSamples* und *RepeatHiSamples* für die Anzahl der Daten. Ist der Wert *SamplesperHiCycle* unbekannt, wird eine Null eingesetzt. Die Anzahl der Oktaven wird immer auf 1 gesetzt.

Musical Instrument

Die zweite Verwendungsart dient zum Abtasten und Abspeichern des Klangs eines Instrumentes. Hier wird folgende Strategie zur Digitalisierung verfolgt: Zuerst zeichnet man den Klang des Instruments mit einem *OneShotHiSample* auf. Im zweiten Teil wird die Klangdauer in *RepeatHiSamples* gespeichert. Um den Klang naturgetreu wiederzugeben, sind die Klänge über mehrere Oktaven gespeichert. Die Angaben im Voice Header beziehen sich immer auf die höchste gespeicherte Oktave. Ist in diesem Header die Zahl der Oktaven mit einem Wert größer 1 angegeben, liegen die Sounddaten von Oktave zu Oktave im BODY-CHUNK hintereinander. Es ist zu beachten, daß für jede Oktave *n* Byte für *OneShotSample* und *n* Byte für *RepeatHiSample* gespeichert werden, wodurch sich der Speicherbedarf von Oktave zu Oktave verdoppelt. Im Feld *Samples per HiCycle* im Voice Header wird die Anzahl der Bytes pro Schwingung für einen Klang der höchsten Oktave angegeben.

In der Regel sind die Daten unkomprimiert abgelegt, um Verzerrungen zu vermeiden. Beim Wert 1 im Voice Header ab Offset 17H sind die Daten nach dem Fibonacci-Delta-Algorithmus gepackt. Wie bereits erwähnt, liegen die Daten nach Oktaven geordnet hintereinander im Datenblock. Bei jeder Abtastung wird die Amplitude vorzeichenbehaftet mit 8 Bit verschlüsselt gespeichert. Dabei wird bei negativen Werten nur das oberste Bit invertiert. Die kleinste Amplitude läßt sich durch 1000 0000B darstellen, während die größte Amplitude den Wert 0111 1111B besitzt.

Der ATAK-CHUNK

Dieser CHUNK ist optional und beschreibt eine ansteigende Hüllkurve (Atak). Der CHUNK besitzt dabei 6 Datenbytes mit folgender Struktur:

Offset	Bytes	Bemerkungen
00H	4	Blockname 'ATAK' als ASCII-String
04H	4	Blocklänge in Byte
08H	2	Zeit bis Lautstärke erreicht
0AH	4	Lautstärkenfaktor

Tabelle 26.16 Der Aufbau des ATAK-CHUNKs

Die genaue Bedeutung dieser Daten ist aber nicht bekannt.

Der RLSE-CHUNK

Dieser CHUNK definiert eine absteigende Hüllkurve (Release), wobei der Datenbereich der Belegung des ATAK-CHUNKs entspricht. Auch dieser CHUNK ist optional.

Die CHUNKs des AIFF-FORM

Dies ist ein herstellerspezifisches FORM für den Sound-Manager des Apple Macintosh. Er dient zur Aufzeichnung von Musik und Sprache und bietet mehr Möglichkeiten als das 8SVX-Form. Da die Datenstruktur dokumentiert ist, möchte ich dieses Format hier kurz vorstellen.

Der COMM-CHUNK

Der COMM-CHUNK beschreibt die Aufzeichnung (Samples) und besitzt folgenden Aufbau:

Offset	Bytes	Bemerkungen
00H	4	Blockname 'COMM' als ASCII-String
04H	4	Blocklänge in Byte
08H	2	Anzahl der Kanäle
0AH	4	Anzahl FRAMES (Abschnitte in SNDD)
0EH	2	Bitanzahl der Samples
10H	10	Sample Rate (Frames/Sek.)

Tabelle 26.17 Der COMM-CHUNK

Der Wert für Sample Rate wird als 10-Byte-Fließkommazahl im Macintosh Pascal-Format eingetragen.

Der SNDD-CHUNK

Der SNDD-CHUNK beschreibt die Sounddaten der einzelnen Abschnitte:

Offset	Bytes	Bemerkungen
00H	4	Blockname 'SNDD' als ASCII-String
04H	4	Blocklänge in Byte
08H	4	Offset Beginn erstes FRAME
0CH	4	Blockgröße nn erstes FRAME
12H	x	Daten

Tabelle 26.18 Der SNDD-CHUNK

Die Kodierung der Daten ist mir aber nicht bekannt.

Der INST-CHUNK

Der INST-CHUNK spezifiziert für die MIDI-Schnittstelle das abzuspielende Instrument:

Offset	Bytes	Bemerkungen
00H	4	Blockname 'INST' als ASCII-String
04H	4	Blocklänge in Byte
08H	1	Notenbasis
09H	1	Veränderung des Tons (Pitch)
0AH	1	niedrigste Note Notenbereich
0BH	1	höchste Note Notenbereich
0CH	1	kleinster Velocity-Wert (Anschlag)
0DH	1	größter Velocity-Wert
0EH	2	Ton Variation (in db)
10H	6	Sustain Loop
16H	6	Release Loop

Tabelle 26.19 Der INST-CHUNK

Das FORM besitzt noch weitere CHUNKs (MIDI, AESD, APPL, COMT), die hier aber nicht weiter besprochen werden, da die genaue Belegung teilweise unbekannt ist.

Die CHUNKs des SMUS-FORM

Dieses FORM (SMUS = Simple Musical Score) speichert ebenfalls Daten für Musik und Ton, die mit MIDI-Werkzeugen erstellt wurden. Das FORM besitzt dabei folgende CHUNKs:

Der SHDR-CHUNK

Der CHUNK beschreibt den SCORE-Header und besitzt folgendes Format:

Offset	Bytes	Bemerkungen
00H	4	Blockname 'SHDR' als ASCII-String
04H	4	Blocklänge in Byte
08H	2	Tempo (1/4 Noten pro 128 Minuten)
0AH	1	Lautstärke (0..127)
0BH	1	Anzahl Stimmen des folgenden Tracks

Tabelle 26.20 Der SHDR-CHUNK

Die genaue Kodierung der Daten ist mir aber nicht bekannt.

Der INS1-CHUNK

Der CHUNK enthält die Informationen zum verwendeten Instrument für die folgenden Tracks und besitzt folgenden Aufbau:

Offset	Bytes	Bemerkungen
00H	4	Blockname 'INS1' als ASCII-String
04H	4	Blocklänge in Byte
08H	1	Registernummer Instrument (0-255)
09H	1	Flag-Auswahlinstrument: 0 = Auswahl über Name 1 = Auswahl über 2 Folgebytes
0AH	1	MIDI-Kanal (falls Flag = 0)
0BH	1	MIDI-Preset (falls Flag = 0)
0CH	x	Name des Instruments

Tabelle 26.21 Der INS1-CHUNK

Die genaue Kodierung der Daten ist mir aber nicht bekannt.

Der TRAK-CHUNK

Der TRAK-CHUNK enthält die Musikdaten einer MIDI-Spur und besitzt folgenden Aufbau:

Offset	Bytes	Bemerkungen
00H	4	Blockname 'TRAK' als ASCII-String
04H	4	Blocklänge in Byte
08H	n	Interpretation Folgebyte (Byte) und Datenbyte (Note)

Tabelle 26.22 Der TRAK-CHUNK

Pro Note werden 2 Bytes abgespeichert: Das erste Byte definiert, wie die im folgenden Byte gespeicherte Note zu interpretieren ist. Die genaue Kodierung der Daten ist mir aber nicht bekannt.

Die CHUNKs des FTXT-FORM

Für formatierte Texte wurde das FORM FTXT definiert. Dieses FORM wird aber bisher nur durch das Programm TextCraft genutzt, das nicht allzu verbreitet ist. Es existieren zwei CHUNKs für dieses FORM:

Der FONS-CHUNK

Der FONS-CHUNK beschreibt den im Text verwendeten Font:

Offset	Bytes	Bemerkungen
00H	4	Blockname 'FONS' als ASCII-String
04H	4	Blocklänge in Byte
08H	1	Fontnummer
09H	1	reserviert
0AH	1	Flag Proportional Font
0BH	1	Flag Serifen 0 = unbekannt 1 = Serifenschrift 2 = serifenlose Schrift
0CH	x	Fontname

Tabelle 26.23 Der FONS-CHUNK

Die genaue Kodierung der Daten ist mir aber nicht bekannt.

Der CHRS-CHUNK

Der CHUNK enthält den Text und besitzt folgende Struktur:

Offset	Bytes	Bemerkungen
00H	4	Blockname 'CHRS' als ASCII-String
04H	4	Blocklänge in Byte
08H	x	Text

Tabelle 26.24 Der CHRS-CHUNK

Die genaue Kodierung der Textformatierung ist mir aber nicht bekannt.

Die CHUNKs des WORD-FORM

Für formatierte Texte wurde das FORM WORD definiert. Dieses FORM wird aber bisher nur durch das Programm ProWrite von Horizon Software genutzt. Im Gegensatz zum FTXT-Format lassen sich hier auch Formatierungsanweisungen speichern. Es existieren zwei CHUNKs für dieses FORM:

Der FONT-CHUNK

Der FONT-CHUNK ist optional und beschreibt den im Text verwendeten Font:

Offset	Bytes	Bemerkungen
00H	4	Blockname 'FONT' als ASCII-String
04H	4	Blocklänge in Byte
08H	1	Fontnummer (0-255)

Offset	Bytes	Bemerkungen
09H	2	Fontgröße
0BH	x	Fontname

Tabelle 26.25 Der FONT-CHUNK

Für jeden verwendeten Font sollte ein solcher CHUNK vor den Daten stehen. Die genaue Kodierung der Daten ist mir aber nicht bekannt.

Der COLR-CHUNK

Der CHUNK beschreibt die Übersetzungstabelle für ISO-Farben. Es sind insgesamt 8 Einträge in der Tabelle vorhanden; deren Kodierung ist mir aber nicht bekannt.

Der DOC-CHUNK

Der CHUNK leitet den Anfang eines DOCUMENT-Abschnitts ein. Ab diesem CHUNK folgen die Anweisungen für die Formatierung des Textes.

Offset	Bytes	Bemerkungen
00H	4	Blockname 'DOC ' als ASCII-String
04H	4	Blocklänge in Byte
08H	2	erste Seitennummer
0AH	1	Typ der Seitennumerierung
0BH	5	reserviert

Tabelle 26.26 Der DOC-CHUNK

Die Seitennumerierung läßt sich als Zahl (1, 2 etc.) oder über Buchstaben (i, I, A, a) durchführen und wird im Feld *Typ der Seitennumerierung* angegeben.

Der FOOT/HEAD-CHUNK

Diese beiden CHUNKs besitzen einen identischen Aufbau und beschreiben Kopf- und Fußzeile eines Dokuments.

Offset	Bytes	Bemerkungen
00H	4	Blockname 'FOOT' oder 'HEAD'
04H	4	Blocklänge in Byte
08H	1	Position Kopf- oder Fußzeile
09H	1	erste Seite (0 = nicht Seite 1)
0AH	4	reserviert

Tabelle 26.27 Der FOOT/HEAD-CHUNK

Ist der Wert ab Offset 09H mit 0 belegt, wird die Ausgabe des Kopf- und Fußtextes auf der ersten Seite des Dokuments unterdrückt. Der Text für Kopf- und Fußzeile gilt bis zum nächsten CHUNK vom Typ DOC, HEAD, FOOT oder PCTS.

Der PARA-CHUNK

Dieser CHUNK beschreibt die Formatierung des folgenden Absatzes.

Offset	Bytes	Bemerkungen
00H	4	Blockname 'PARA' als ASCII-String
04H	4	Blocklänge in Byte
08H	2	einrücken (in 1/10 Punkt)
0AH	2	linker Rand
0CH	2	rechter Rand
0EH	1	Spacing (Abstand zwischen Absätzen)
0FH	1	Zeilenausrichtung (justify)
10H	1	Fontnummer
11H	1	Flag Fontstyle
12H	1	normal, sub- oder superscript
13H	1	interne Farbnummer
14H	4	reserviert

Tabelle 26.28 Der PARA-CHUNK

Die genaue Kodierung der einzelnen Einträge ist mir aber nicht bekannt.

Der TABS-CHUNK

Dieser CHUNK beschreibt die Position der Tabulatoren.

Offset	Bytes	Bemerkungen
00H	4	Blockname 'TABS' als ASCII-String
04H	4	Blocklänge in Byte
08H	2	TAB-Position in 1/10 Punkt
0AH	1	Ausrichtung (links, Mitte, ...)
0BH	1	reserviert

Tabelle 26.29 Der TABS-CHUNK

Die genaue Kodierung der einzelnen Einträge ist mir aber nicht bekannt.

Der PAGE-CHUNK

Dieser CHUNK beschreibt den Seitenumbruch im Text.

Offset	Bytes	Bemerkungen
00H	4	Blockname 'PAGE' als ASCII-String
04H	4	Blocklänge in Byte

Tabelle 26.30 Der PAGE-CHUNK

Der CHUNK besitzt keinen Datenbereich, sondern definiert nur eine Marke.

Der TEXT-CHUNK

Dieser CHUNK enthält den Text eines Absatzes und besitzt folgenden Aufbau:

Offset	Bytes	Bemerkungen
00H	4	Blockname 'TEXT' als ASCII-String
04H	4	Blocklänge in Byte
08H	x	Text

Tabelle 26.31 Der TEXT-CHUNK

Der Text sollte keine RETURN- oder LF-Zeichen enthalten.

Der FSCC-CHUNK

Dieser CHUNK definiert die Parameter FONT, STYLE und COLOR für den vorhergehenden Text:

Offset	Bytes	Bemerkungen
00H	4	Blockname 'FSCC' als ASCII-String
04H	4	Blocklänge in Byte
08H	2	Zeichenposition im Absatz
0AH	1	Fontnummer
0BH	1	Flags für Fontstyle
0CH	1	normal, subscript, superscript
0DH	1	interne Farbnummer
0EH	1	reserviert

Tabelle 26.32 Der FSCC-CHUNK

Genauere Informationen sind mir allerdings nicht bekannt.

Der PCTS-CHUNK

Dieser CHUNK definiert, daß ein Bild in den Text eingebunden werden soll:

Offset	Bytes	Bemerkungen
00H	4	Blockname 'PCTS' als ASCII-String
04H	4	Blocklänge in Byte
08H	1	Anzahl Farbebenen (Bitplanes)
09H	1	reserviert

Tabelle 26.33 Der PCTS-CHUNK

An diesen CHUNK schließt sich dann die Definition der Bilddaten (siehe unten) an.

Der PINF-CHUNK

Dieser CHUNK definiert weitere Infomationen zum Bild, das in den Text eingebunden werden soll:

Offset	Bytes	Bemerkungen
00H	4	Blockname 'PINF' als ASCII-String
04H	4	Blocklänge in Byte
08H	2	Breite in Pixel
0AH	2	Höhe in Pixel
0CH	2	Seitennummer für Bild
0EH	2	X-Position des Bildes
10H	2	Y-Position des Bildes
12H	1	Maske (siehe ILBM-BMHD)
13H	1	Kompression
14H	1	transparent
15H	1	reserviert

Tabelle 26.34 Der PINF-CHUNK

An diesen CHUNK schließt sich dann die Definition der Bilddaten an. Diese Bilddaten werden in einem BODY-CHUNK gespeichert, welcher der Kodierung des ILBM-FORMS entspricht.

Allgemeine CHUNKs

Zusätzlich wurden einige CHUNKs definiert, die in allen FORMS auftreten können. Sie definieren Kommentare und zusätzliche Informationen zu den Daten. Nachfolgende Tabelle zeigt die Namen und die Struktur dieser CHUNKs.

Offset	Bytes	Bemerkungen
00H	4	Blockname-CHUNK als ASCII-String '(c) ' Copyright-Vermerk 'ANNO' Anmerkung (Annotations) 'AUTH' Name des Autors 'CHRS' Text 'NAME' Name einer Grafik, Musik 'TEXT' unformatierter Text
08H	x	n Byte mit dem betreffenden Text

Tabelle 26.35 Allgemeine CHUNKs

Grafikformate

27 Das JPEG/JFIF-Format (JPG)

Das JPEG-Verfahren beschreibt nur die Komprimierungsmethoden für Bilder. Im JPEG-Standard (ISO DIS 10918-1) wird in Anhang B auch die Struktur der zugehörigen Dateien beschrieben. Allerdings erlaubt diese Definition viele Freiheiten, so daß ein Austausch von JPEG-Bilddaten zwischen verschiedenen Anwendungen und Plattformen relativ problematisch wird.

Mit dem JPEG File Interchange-Format wurde deshalb ein minimaler Standard definiert, um den Austausch von Bildern mit JPEG-Komprimierung über verschiedene Plattformen und Anwendungen zu organisieren. Das Format ist sowohl für PC, Macintosh als auch für Unix-Rechner implementierbar. So werden zum Beispiel keine Resource Forks des Macintosh benutzt, so daß ein Austausch mit anderen Plattformen möglich wird.

Das JFIF-Format baut auf dem JPEG-Standard (ISO DIS 10918-1) auf. Die folgende Beschreibung basiert auf der Version 1.02 der JFIF-Spezifikation. Dateien, die dem JPEG-Standard entsprechen, müssen in einzelne Blöcke, auch als Marker-Segmente bezeichnet, aufgeteilt werden. Jedes Marker-Segment besteht aus einer Kennung (Marker), gefolgt von den optionalen Parametern. Umfaßt ein Marker-Segment mehr als den Marker, findet sich im folgenden Feld die Längenangabe für das Segment.

Das JFIF-Format benutzt nur eine Untermenge der im Anhang B des Standards aufgeführten Marker für die einzelnen Segmente der Datei. Abbildung 27.1 zeigt den Aufbau einer JFIF-Datei aus den einzelnen Marker-Segmenten.

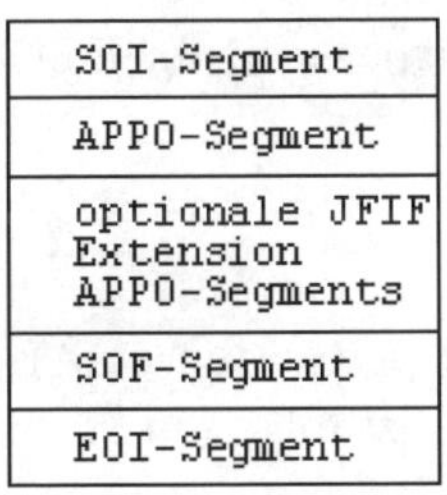

Abbildung 27.1 Struktur einer JFIF-Datei

Die Datei beginnt immer mit einem *Start of Image- (SOI-) Marker*-Segment. Daran schließt sich ein *Application- (APP0-) Marker*-Segment an. Dieses enthält zusätzlich Informationen zu den gespeicherten Bilddaten (z. B. Version, Auflösung etc.). Eine JFIF-Datei kann zusätzlich verkleinerte Bilder (Thumbnails) zur Vorschau enthalten. Für diesen Fall schließen sich an das erste *APP0-Marker*-Segment weitere optionale *Extension APP0-Marker*-Segmente an. Die komprimierten Bilddaten folgen in den *Start of Frame- (SOF-) Marker*-Segmenten. Eine JFIF-Datei wird immer mit einem *End of Image- (EOI-) Marker*-Segment abgeschlossen.

Die einzelnen Marker-Segmente enthalten zu Beginn einen 2-Byte-Marker, der den Typ identifiziert. Der Markercode besteht aus dem Wert FFxxH, wobei xx für eine Zahl zwischen C0H und FEH steht. Die Markercodes sind im JPEG-Standard im Anhang B definiert. Alle Daten in der JFIF-Datei werden dabei im Motorola-Format gespeichert. Die Struktur der einzelnen Marker-Segmente einer JFIF-Datei werden nachfolgend vorgestellt.

Anmerkung: Die JPEG-Spezifikation sieht für das Austauschformat eine Reihe zusätzlicher Marker-Segmente für Komprimierungstabellen vor. Diese werden nachfolgend ebenfalls beschrieben, sollten aber in JFIF-Dateien nicht auftreten, da hier eine Baseline DCT-Komprimierung gefordert wird.

Die Marker einer JFIF-Datei

Innerhalb der JFIF-Datei sind folgende Marker vorgesehen:

Das Start of Image- (SOI-) Marker-Segment

Jede JFIF-Datei (und auch jede andere gemäß dem JPEG-Standard gespeicherte Datei) muß mit einem SOI-Marker-Segment beginnen. Dieses Segment besitzt folgende Struktur.

Offset	Bytes	Bemerkungen
00H	2	SOI-Signatur (FFD8H)

Tabelle 27.1 Struktur eines SOI-Marker-Segments

Das Segment umfaßt nur die zwei Bytes mit der Signatur. Diese Signatur ist im JPEG-Standard definiert.

Das End of Image- (EOI-) Marker-Segment

Jede JFIF-Datei (und auch jede andere gemäß dem JPEG-Standard gespeicherte Datei) ist mit einem EOI-Marker-Segment abzuschließen. Dieses Segment besitzt folgende Struktur.

Offset	Bytes	Bemerkungen
00H	2	EOI-Signatur (FFD9H)

Tabelle 27.2 Struktur eines EOI-Marker-Segments

Das Segment umfaßt ebenfalls nur zwei Bytes zur Signatur.

Das Application-(APP0-)Marker-Segment

Das zweite Segment einer JFIF-Datei muß ein APP0-Marker-Segment sein. Dieses Segment zeigt die Kompatibilität zur JFIF-Spezifikation an und dient auch zur Identifizierung der Datei.

Offset	Bytes	Bemerkungen
00H	2	APP0-Signatur (FFE0H)
02H	2	Segmentlänge
04H	5	ID = »JFIF«
09H	2	Version (0102H)
0BH	1	Units
0CH	2	X Density
0EH	2	Y Density
10H	1	X Thumbnail
11H	1	Y Thumbnail
12H	3*n	RGB-Thumbnail-Werte

Tabelle 27.3 Struktur des APP0-Marker-Segments

Das Marker-Segment beginnt mit der Signatur FFE0H. Daran schließt sich ein Wort mit der Längenangabe des Blocks an. Diese Längenangabe umfaßt alle Bytes des Blocks ohne die zwei ersten Bytes mit der Signatur. Ab Offset 04H beginnt eine Kennung von 5 Byte für das Marker-Segment. Bei einer JFIF-Datei muß hier die Signatur 4AH 46H 49H 46H 00H stehen. Diese Signatur entspricht dem ASCIIZ-String »JFIF«. Bei einer gültigen JFIF-Datei muß deshalb ab Offset 04H diese Signatur auftreten.

Das Wort ab Offset 09H enthält die Versionsnummer der JFIF-Spezifikation. Das erste Byte definiert dabei die Hauptversionsnummer. Die vorliegende Spezifikation besitzt die Versionsnummer 0102H.

Die Felder ab Offset 0BH definieren die Auflösung des Bildes. Das Byte ab Offset 0BH spezifiziert das Maßsystem (Units) für die angegebene Bildauflösung (Resolution). Hierbei gilt die Kodierung aus Tabelle 27.4.

Code	Einheit
0	keine
1	x,y dots per inch
2	x,y dots per Zentimeter

Tabelle 27.4 Einheit der Auflösung

Falls der Code auf 0 gesetzt ist, definieren x und y das Bildverhältnis (pixel aspect ratio). Ab Offset 0CH findet sich dann ein Wort mit der horizontalen Auflösung (horizontal pixel density). Die vertikale Bildauflösung (vertical pixel density) wird ab Offset 0EH gespeichert.

Die JFIF-Datei kann ein verkleinertes Bild (Thumbnail) als RGB-Bitmap enthalten. Ab Offset 10H findet sich die Breite dieses Bildes in Pixel. Die Bildhöhe in Pixel wird ab Offset 11H gespeichert. Enthält die Datei keine Thumbnail-Bilder, sind die beiden Felder auf 0 zu setzen. Die Bilddaten schließen sich ab Offset 12H an. Diese werden dabei als RGB-Tabelle mit je drei Bytes (rot, grün, blau) gespeichert. Die Zahl der Einträge errechnet sich aus *Breite * Höhe*.

Das Extension APP0-(SOI-)Marker-Segment

An das APP0-Marker-Segment können sich ab der Version 1.02 optional weitere *Extension APP0-Marker*-Segmente anschließen. Die Syntax eines solchen *Extension APP0-Marker*-Segments ist in Tabelle 27.5 beschrieben.

Offset	Bytes	Bemerkungen
00H	2	APP0-Signatur FFE0H
02H	2	Segmentlänge
04H	5	ID = »JFXX«
09H	1	Extension Code
0AH	n	Datenbereich

Tabelle 27.5 Struktur eines Extension APP0

Das *Extension APP0-Marker*-Segment beginnt ebenfalls mit der Signatur FFE0H. Daran schließt sich ein Wort mit der Längenangabe des Blocks an. Diese Längenangabe umfaßt alle Bytes des Blocks ohne die zwei ersten Bytes mit der Signatur. Ab Offset 04H beginnt eine Kennung von 5 Byte für das *Extension Marker*-Segment. Bei einer JFIF-Datei muß hier die Signatur 4AH 46H 58H 58H 00H stehen. Diese Signatur entspricht dem ASCII-String »JFXX«.

Ab Offset 09H folgt dann der 1-Byte-Extension Code, der den Typ des *Extended APP0-Marker*-Segments spezifiziert. Hier sind bisher folgende Codes definiert:

Code	Bemerkungen
10H	Thumbnail JPEG-kodiert
11H	Thumbnail als 1 Byte/Pixel
13H	Thumbnail als 3 Byte/Pixel

Tabelle 27.6 Kodierung Extend APP0-Marker-Segment

Ab Offset 0AH schließt sich dann der Datenbereich an. Dieser Datenbereich variiert mit der jeweiligen Extension.

JFIF Extension: Thumbnail JPEG-kodiert

Diese Erweiterung dient zur Speicherung von Thumbnails, deren Bilddaten mit dem JPEG-Verfahren komprimiert wurden. Als Extension-Code wird der Wert 10H im Marker-Segment eingetragen. Das Extension-Datenfeld besitzt dann folgenden Aufbau:

```
SIO-Marker-Segment
SOF-Marker-Segment
EOI-Marker-Segment
```

Die Struktur dieser Segmente wird auf den folgenden Seiten beschrieben. Innerhalb des Datenbereiches dürfen keine Marker-Segmente mit den Signaturen »JFIF« oder »JFXX« auftreten.

JFIF-Extension: Thumbnail mit 1 Byte/Pixel

Bei dieser Erweiterung werden Thumbnails mit einem Byte pro Pixel abgelegt. Als Extension-Code wird der Wert 11H im Marker-Segment eingetragen. Das Extension-Datenfeld besitzt dann folgenden Aufbau:

Bytes	Bemerkungen
1	Thumbnail horizontale Pixelzahl (x)
1	Thumbnail vertikale Pixelzahl (y)
768	Palette mit 256 * 3 Byte (rot, grün, blau)
n	Datenbereich 1 Byte/Pixel für Thumbnail-Bild (n = x*y)

Tabelle 27.7 JFIF-Extension für Thumbnails (1 Byte/Pixel)

Die Daten werden unkomprimiert gespeichert.

JFIF-Extension: Thumbnail mit 3 Byte/Pixel

Bei dieser Erweiterung werden Thumbnails mit drei Byte pro Pixel abgelegt. Als Extension-Code wird der Wert 13H im Marker-Segment eingetragen. Das Extension-Datenfeld besitzt dann folgenden Aufbau:

Bytes	Bemerkungen
1	Thumbnail horizontale Pixelzahl (x)
1	Thumbnail vertikale Pixelzahl (y)
n	Datenbereich 3 Byte/Pixel für Thumbnail-Bild (n = 3*x*y)

Tabelle 27.8 JFIF-Extension für Thumbnails (3 Byte/Pixel)

Die Daten werden unkomprimiert gespeichert.

Das Define Huffman Table-(DHT-)Marker-Segment

Die JPEG-Spezifikation fordert, daß alle Tabellen mit Definitionen, die während der Dekodierung benötigt werden, vor der Benutzung im Datenstrom gespeichert werden müssen. Der JPEG-Standard beschreibt eine Reihe verschiedener Marker-Segmente mit Hilfstabellen zur Kodierung. Das *DHT-Marker*-Segment besitzt folgenden Aufbau:

Offset	Bytes	Bemerkungen
00H	2	DHT-Signatur (FFC4H)
02H	2	Segmentlänge
04H	1	Color Component Index
05H	16	Length Huffman-Tabelle
15H	n	Huffman-Tabelle

Tabelle 27.9 Struktur eines DHT-Marker-Segments

Das Marker-Segment umfaßt die zwei Bytes mit der Signatur, die Längenangabe (ohne die Signatur) und den Index auf die betreffende Farbkomponente. Dann wird die Länge der Huffman-Tabelle ab Offset 05H definiert. Daran schließt sich die eigentliche Tabelle an. Die Huffman-Tabellen sind in der JPEG-Spezifikation definiert, werden aber in JFIF-Dateien nicht benötigt.

Das Define Arithmetic Coding-(DAC-)Marker-Segment

Dieses Marker-Segment enthält die Informationen für die im Index angegebene Farbkomponente. Das *DAC-Marker*-Segment besitzt folgenden Aufbau:

Offset	Bytes	Bemerkungen
00H	2	DAC-Signatur (FFCCH)
02H	2	Segmentlänge
04H	1	Color Component Index
05H	1	Wert

Tabelle 27.10 Struktur eines DAC-Marker-Segments

Das Marker-Segment umfaßt die zwei Bytes mit der Signatur sowie die Längenangabe (ohne die Signatur). Nach dem Index auf die betreffende Farbkomponente wird die Arithmetikkodierung als Byte gespeichert. Dieses *Marker*-Segment wird aber in JFIF-Dateien nicht benötigt.

Das Define Quantisation Table-(DQT-)Marker-Segment

Dieses Marker-Segment definiert eine Quantisierungstabelle (DQT). Das *DQT-Marker*-Segment besitzt folgenden Aufbau:

Offset	Bytes	Bemerkungen
00H	2	DQT-Signatur (FFDBH)
02H	2	Segmentlänge
04H	1	Index
05H	64	Quantisierungstabelle

Tabelle 27.11 Struktur eines DQT-Marker-Segments

Das Marker-Segment umfaßt die zwei Bytes mit der Signatur und die Längenangabe (ohne die Signatur). Der Index liegt verschlüsselt vor. Die Bits 0 bis 3 definieren den Index in die Quantisierungstabelle, während der Wert der Bits 4 bis 7 das Format der Einträge angibt. Mit dem Wert 0 liegen die Einträge als Bytewerte vor, während der Wert 1 die Einträge als Word definiert. Dieses Marker-Segment sollte in JFIF-Dateien nicht benutzt werden.

Das Define Restart Interval-(DRI-)Marker-Segment

Innerhalb der Datenblöcke kann ein Restart der Kodierung erforderlich werden. Die Länge der Restart-Intervalle wird über ein DRI-Marker-Segment festgelegt.

Offset	Bytes	Bemerkungen
00H	2	DRI-Signatur (FFDDH)
02H	2	Segmentlänge
04H	2	Restart Interval

Tabelle 27.12 Struktur eines DRI-Marker-Segments

Das Marker-Segment umfaßt die zwei Bytes mit der Signatur und die Längenangabe (ohne die Signatur). Ab Offset 04H findet sich der Wert für das Restart-Intervall. Nach der im Intervall angegebenen *Minimum Code Units (MCU)* wird die JPEG-Kodierungsprozedur reinitialisiert. Dieses Marker-Segment sollte in JFIF-Dateien (Version 1.02) nicht auftreten.

Das Start of Frame-(SOF-)Marker-Segment

Die *SOF-Marker*-Segmente enthalten die Informationen zur Bildgröße und die Zuordnung der Quantisierungstabellen zu den einzelnen Farbkomponenten. Es gibt verschiedene *SOF-Marker*-Segmente, die mit den Kennungen 0, 1 ... 9, a, b, c, d, e und f bezeichnet werden. Die JFIF-Spezifikation sieht lediglich die *Baseline DCT*-Kodierung vor, so daß die oberen beschriebenen Marker-Segmente nicht auftreten sollten. Tabelle 27.13 enthält eine Aufstellung der verschiedenen *SOF-Marker*-Segmente.

Code	Marker-Segmente
--	- non-differential Huffman coding -
0	Baseline DCT
1	Extended sequential DCT
2	Progressive DCT
3	Spatial (sequential) lossless
--	- differential Huffman coding -
5	Differential sequential DCT
6	Differential progressive DCT
7	Differential spatial
--	- non-differential arithmetic coding -
8	reserviert
9	Extended Sequential DCT
a	Progressive DCT
b	Spatial (sequential) lossless
--	- differential arithmetic coding -
d	Differential sequential DCT
e	Differential progressive DCT
f	Differential spatial

Tabelle 27.13 Kodierung der SOF-Marker-Typen

Die in Tabelle 27.13 angegebenen Codes werden in der Spezifikation als *Index SOFx* angegeben. Weiterhin wird der Code als letzte Ziffer der Signatur (z. B. FFCAH = progressive DCT) verwendet. Ein *SOF-Marker*-Segment besitzt die in Tabelle 27.14 angegebene Struktur.

Offset	Bytes	Bemerkungen
00H	2	SOFx-Signatur (FFDxH)
02H	2	Segmentlänge
04H	1	Data Precision
05H	2	Bildhöhe in Pixel
07H	2	Bildbreite in Pixel
09H	1	Zahl der Komponenten
0AH	1	ID 1. Komponente
0BH	1	Abtastfaktor (sample factor) Bit 0-3: vertikal Bit 4-7: horizontal

Offset	Bytes	Bemerkungen
0CH	1	Nummer Quantisierungstabelle
0DH	1	ID 2. Komponente
0EH	1	Abtastfaktor Bit 0-3: vertikal Bit 4-7: horizontal
0FH	1	Nummer Quantisierungstabelle
10H	1	ID 3. Komponente
11H	1	Abtastfaktor Bit 0-3: vertikal Bit 4-7: horizontal
12H	1	Nummer Quantisierungstabelle
.....		

Tabelle 27.14 Struktur eines SOF-Marker-Segments

Das Marker-Segment umfaßt die zwei Bytes mit der Signatur. Hier wird für *x* ein Wert zwischen 0 bis FH gemäß Tabelle 27.13 eingesetzt. Wegen der geforderten Baseline DCT-Komprimierung sollte die Signatur FFD0H auftreten. Die Längenangabe beinhaltet nicht die 2 Bytes der Signatur. Ab Offset 04H findet sich der Wert für die Auflösung (data precision). Die Word-Daten ab Offset 05H definieren die Bildabmessungen in Pixel. Ab Offset 09H findet sich die Zahl der Farbkomponenten. Bei JFIF-Dateien sind die Werte 1 oder 3 erlaubt.

Die eigentlichen Bilddaten schließen sich ab Offset 0AH an (ID, Abtastfaktor, Nummer Quantisierungstabelle). Die Bilddaten werden dabei im YCbCr-Farbmodell in die Zahl der angegebenen Komponenten (1 oder 3) aufgeteilt.

Die Farbkodierung

JPEG-Grafiken werden im YCbCr-Farbmodell gespeichert. Dieses Farbmodell erlaubt eine Reduzierung der Informationen in der Farbebene (Crominanz), während die Helligkeit (Luminanz) erhalten bleibt. Der Standard-YCbCr-Farbraum ist gemäß CCIR 601 mit 256 Farbebenen festgelegt. Die RGB-Farben lassen sich linear aus dem YCbCr-Farbmodell ableiten. Eine Gammakorrektur ist nicht durchzuführen. Wird nur eine Komponente benutzt, sollte dies die Y-Komponente sein. Für die Komponenten des YCbCr-Farbsystems gilt:

```
Y  = 256 * E'y
Cb = 256 * [E'Cb] + 128
Cr = 256 * [E'Cr] + 128
```

Abbildung 27.2 Die YCbCr-Farbkodierung

Die Werte E'y (0 ... 1.0), E'Cb (-0.5 ... +0.5) und E'Cr (-0.5 ... +0.5) sind in CCIR 601 definiert. Die 256 Farbstufen des YCbCr-Farbsystems lassen sich direkt aus den RGB-Werten berechnen:

```
Y  =  0.299  R + 0.578  G + 0.114  B
Cb = -0.1687 R - 0.3313 G + 0.5    B + 128
Cr =  0.5    R - 0.4187 G - 0.0813 B + 128
```

Abbildung 27.3 Berechnung der YCbCr-Farbe

Die Werte R, G, B stehen dabei für die Farbanteile rot, grün und blau, die zwischen 0 und 255 liegen dürfen. Die Konvertierung vom YCbCr-Farbraum in die RGB-Ebene erfolgt über die Formeln:

```
R = Y                    + 1.402 (Cr-128)
G = Y - 0.34414 (Cb-128) - 0.71414 (Cr-128)
B = Y + 1.772   (Cb-128)
```

Abbildung 27.4 Berechnung der RGB-Farbe

Die Werte Y, Cb und Cr dürfen zwischen 0 und 255 liegen.

In den JFIF-Dateien ist die Bildorientierung immer von oben nach unten festgelegt. Die Bilddaten werden weiterhin von links nach rechts geschrieben.

Anmerkung: Bezüglich der Kodierung der einzelnen Daten und deren Bearbeitung möchte ich auf die JPEG-Spezifikation verweisen. In *W. Pennebaker, J. Mitchell, JPEG: Still image data compression standard, Van Nostrand Reinhold, ISBN 0-442-01272-1* finden Sie die JPEG-Spezifikation, die Definition der Datenformate und eine Beschreibung der Komprimierungsverfahren.

Das Start of Scan-(SOS-)Marker-Segment

Der *SOS*-Block leitet bei mehreren Bildern den Start eines Scans ein und besitzt folgende Struktur:

Offset	Bytes	Bemerkungen
00H	2	SOS-Signatur (FFDAH)
02H	2	Segmentlänge
04H	1	Zahl der Komponenten
05H	1	ID-Komponente
06H	1	Tabellenindex Bit 0-3: AC-Tabelle
		BIT 4-7: DC-Tabelle

Tabelle 27.15 Struktur eines SOS-Marker-Segments

Das Marker-Segment umfaßt die zwei Bytes mit der Signatur. Die Längenangabe beinhaltet nicht die 2 Bytes der Signatur. Ab Offset 04H findet sich das Byte mit der ID der benutzten Farbkomponente. Die Zuordnung der Tabellen zu der Komponente erfolgt über das Byte ab Offset 06H. Dieses Marker-Segment sollte in JFIF-Dateien jedoch nicht auftreten.

Anmerkung: Treten in einer JFIF-Datei unbekannte Marker-Segmente auf, sollte der JFIF-Leser diese überlesen können, ohne daß die Bilddekodierung beeinflußt wird.

Das SPIFF-Format

Bei dem JFIF handelt es sich um ein von Eric Hamilton (Firma C-Cube Microsystem) definiertes Format zum Austausch von JPEG-Daten. Mittlerweile wurde ein ISO-Standard 10918-2 »Digital Compression and Coding of Continuous-Tone Still Images: Extensions« verabschiedet. In diesem Standard wird auch ein Austauschformat für JPEG-Grafiken unter dem Namen SPIFF definiert. Eine Datei im SPIFF-Format besitzt dabei einen blockweisen Aufbau (Abbildung 27.5).

Abbildung 27.5 Struktur einer SPIFF-Datei

Der SPIFF-Header

Der Header eine SPIFF-Datei umfaßt 36 Bytes und besitzt den in Tabelle 27.16 gezeigten Aufbau:

Offset	Bytes	Bemerkungen
00H	4	Signatur FFD8FFE8H
04H	2	Header-Länge ohne Signatur
06H	6	ID-Wert »SPIFF«+00H
0CH	2	Version
0EH	1	Application Profile ID
0FH	1	Zahl der Farbkomponenten
10H	4	Bildhöhe
14H	4	Bildbreite

Offset	Bytes	Bemerkungen
18H	1	benutzter Farbraum
19H	1	Bit per Pixel
1AH	1	Komprimierungstyp
1BH	1	Resolution-Unit
1CH	4	vertikale Auflösung
20H	4	horizontale Auflösung

Tabelle 27.16 Struktur eines SPIFF-Headers (Version 1.0)

Die ersten vier Bytes enthalten eine feste Signatur FFD8FFE8H. Daran schließt sich die Header-Länge (ohne die Signatur) an. Der Wert wird auf 32 (20H) gesetzt. Danach folgt eine Zeichenkette mit der Signatur SPIFF. Die Zeichenkette wird durch ein Nullbyte abgeschlossen.

Als Versionsnummer kann 01H 00H eingetragen werden, was der Version 1.0 entspricht. Ab Offset 0EH kann die Anwendung einen ID-Code hinterlegen, der angibt, welches Profil der Leser unterstützen muß (0 kein Profil angegeben, 1 Continuous-Tone Base-Profil, 2 Continous-Ton Progressive-Profil, 3 Bi-Level Facsimile-Profil, 4 Continuous-Tone Facsimile-Profil).

Ab Offset 0FH wird die Zahl der Farbkanäle hinterlegt. Mit 1 wird ein monochromes Bild angegeben, und der Wert 3 steht für ein RGB- oder CMY-Bild. Die Bildabmessungen werden als Zahl der Bildzeilen und Zahl der Bildpunkte (Samples) angegeben. Der Farbraum (Offset 18H) für die Farbkodierung ist gemäß Tabelle 27.17 definiert.

Wert	Farbraum
0	Bi-Level
1	YCbCr, ITU-R BT 709, Video
2	kein Farbraum definiert
3	YCbCr, ITU-R BT 601-1, RGB
4	YCbCr, ITU-R BT 601-1, Video
5-7	reserviert
8	Graustufenbild
9	PhotoYCC
10	RGB
11	CMY
12	CMYK
13	YCCK
14	CIELab

Tabelle 27.17 Kodierung des Farbraums

Die Bilddaten können nach verschiedenen Komprimierungsverfahren in der Datei hinterlegt werden. Das Komprimierungsverfahren wird im Header ab Offset 1AH gemäß Tabelle 27.18 hinterlegt.

Wert	Komprimierungsverfahren
0	unkomprimiert
1	Modified Huffman
2	Modified READ
3	Modified Modified READ
4	JBIG
5	JPEG

Tabelle 27.18 Komprimierungstypen

Das Feld ab Offset 1BH gibt die *Resolution Unit* an (0 *Aspect Ratio* wird durch die vertikale und horizontale Auflösung definiert, 1 Dots per Inch, 2 Dots per Zentimeter). Die beiden letzten Felder des Headers enthalten dann die Auflösung (Resolution) für die X- und Y-Richtung (die Felder sind als DWORD ausgelegt). Wird der Wert der *Resolution Unit* auf 0 gesetzt, enthalten die beiden Felder den Zähler und den Nenner für den Wert des *Aspect Ratio* (Seitenverhältnis).

Der Directory-Teil

An den Header schließt sich eine Directory-Struktur mit folgendem Aufbau an:

Bytes	Bedeutung
2	Signatur FFE8H
2	Länge des Eintrags
4	TAG-ID des Eintrags (Bitfeld)
n	Daten (optional)

Tabelle 27.19 Aufbau der Directory-Struktur

Die ersten beiden Bytes dienen als Signatur zur Identifikation des Directory-Eintrags. Der Wert wird immer auf FFE8H gesetzt. Danach folgt ein Wort, das die Länge des Eintrags (ohne die 2 Bytes der Signatur) angibt. Der Wert kann zwischen 6 und 65534 Byte liegen. Die folgenden vier Bytes werden als Bitfeld interpretiert. Die Belegung dieser Bits ist folgendermaßen definiert:

Bit	Bedeutung
0–20	Tag-ID 01 = End of Directory 02 = Transfer Characteristics 03 = Component Registration

Grafikformate

Bit	Bedeutung
	04 = Image Orientation 05 = Thumbnail Image 06 = Image Title 07 = Image Description 08 = Time Stamp 09 = Version Number 10 = Creator Identification 11 = Protection Indicator 12 = Copyright Information 13 = Contact Information 14 = Tile Index 15 = Scan Index 16 = Set Reference
21–23	Konformität 0 = SPIFF-Spezifikation-Definition 1–3 = ISO/IEC- und Common Text Generic-Standard 4 = ISO Application-Standard 5 = ITU-T Recommendation 6 = National Standards Bodies 7 = Application specific

Tabelle 27.20 Belegung des Bitfelds mit dem ID-Wert des Directory-Eintrags

An diesen Header können sich nun optional die Directory-Daten anschließen. Diese müssen in 4 Byte langen Datenstrukturen angegeben werden. Hierbei dürfen durchaus mehrere solcher Directory-Strukturen in der Datei auftreten. Alternativ kann ein Zeiger auf dem (indirekten) Datenbereich abgelegt sein. Die Einträge im Directory-Teil werden nicht durch Offset-Werte miteinander verbunden. Vielmehr liegen die einzelnen Einträge jeweils hintereinander. Das Ende des Directory-Bereichs wird durch den *End of Directory(EOD)*-Marker markiert. Dieser Marker beginnt mit der Signatur FFE8H, weist eine Länge von 8 Byte auf und besitzt im letzten DWORD das Tag-ID 1.

Anmerkung: SPIFF-Leser können alle Einträge mit unbekannten Tags überlesen.

Der Datenbereich

An den Directory-Teil (nach dem EOD-Marker) schließen sich die Bilddaten an. Es handelt sich um einen Datenstrom, der in der angegebenen Kodierung vorliegt. Dies können Daten in der Huffman-Kodierung (Huffman 1D), Modified READ (MR), Modified Modified READ (MMR) und JBIG-Kompression (gem. ITU-T T.82 Spezifikation) sein.

Anmerkung: Wenn Sie eine JFIF-Datei um einen SPIFF-Header und einen EOD-Marker ergänzen, haben Sie im Grunde eine SPIFF-Datei. (Problem hierbei ist aber, daß nicht alle JFIF-Reader diese Datei lesen können.) Bisher wird das SPIFF-Format nach meinem Wissen noch nicht durch Anwendungen unterstützt. Lediglich das von der JPEG-Gruppe implementierte Beispielpaket (JPEG-Library) enthält auch Dateien, um SPIFF-Dateien zu unterstützen.

28 Das MAC-Paint-Format (MAC)

Das MAC-Paint-Format wurde von Apple für den Macintosh entwickelt und erlaubt die Speicherung monochromer Bilder. Diese Bilder besitzen damit ein Bit pro Pixel und werden immer mit den festen Abmessungen von 576 * 720 Pixel gespeichert. Die Auflösung beim Drucken beträgt 75 dpi. Auf dem Macintosh erhalten die MAC-Paint-Dateien die Endung PNTG.

Da sehr viele Grafiken in diesem Format vorliegen, unterstützen verschiedene Konvertierprogramme (z. B. PaintShop) das MAC-Paint-Format beim Import von Grafiken auf dem PC. MAC-Paint-Dateien erhalten auf dem PC unter MS-DOS die Erweiterung MAC (oder seltener PNT). Auf Grund des Ursprungs auf dem Macintosh besitzt das Format eine Reihe von Besonderheiten. Die erste Eigenart resultiert aus der Struktur des MAC-Dateisystems. Dort werden Dateien in sogenannten Forks abgelegt. Diese Forks repräsentieren Datenbereiche, in denen das Betriebssystem Informationen ablegt. Eine Macintosh-Datei besteht immer aus zwei dieser Forks. Ein Fork dient zur Speicherung der Daten, während das zweite Fork zur Ablage von Ressourcen (sprich Programmcode) verwendet wird. Physikalisch liegen damit zwei Dateien auf dem MAC vor, durch das MAC-Betriebssystem sieht der Benutzer jedoch nur eine Datei.

Bei MAC-Paint-Files bleibt das Ressouce-Fork aber leer. Während des Transfers vom Macintosh auf andere Rechner (z. B. PCs) werden die beiden Forks in einer einzigen Datei kombiniert. Damit sich diese Datei später wieder auf den Macintosh zurücklesen und in zwei Forks aufteilen läßt, wurde ein zusätzlicher Header von 128 Byte eingeführt. Dieser Header enthält Informationen für das Macintosh-Betriebssystem, um die ursprüngliche Struktur der Forks wieder herzustellen, und wird vor die zu exportierenden Daten geschrieben.

Sollen die Daten nicht mehr an den MAC zurückgesandt werden, läßt sich der Header entfernen. Dies ist der Grund, warum es mehrere Varianten der MAC-Paint-Dateien gibt:

- Eine Variante besitzt keinen Header und entspricht dem original MAC-Format.
- Die PC-Variante enthält einen 128 Byte langen Header mit Zusatzinformationen.

Innerhalb des Headers gibt es ebenfalls zwei Varianten, die dem original MacBinary- und dem MacBinary II-Standard entsprechen. Beide Header umfassen aber 128 Byte, wobei der MacBinary II-Header einige zusätzliche Daten enthält. Auf Grund dieser Eigenheiten besitzt eine MAC-Paint-Datei auf dem PC die in Abbildung 28.1 gezeigte Struktur.

Die Daten werden innerhalb der MAC-Datei immer im Motorola-Format abgelegt. Auf Grund der oben beschriebenen Eigenheiten muß ein Programm feststellen, ob die MAC-Datei mit einem Header versehen ist. Hierzu sind folgende Prüfungen auszuführen:

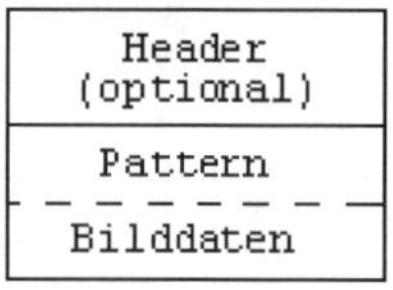

Abbildung 28.1 Struktur einer MAC-Datei

- Test, ob die Bytes ab Offset 101 bis 125 den Wert 00H aufweisen.
- Das Byte ab Offset 2 muß im Bereich zwischen 1 und 63 liegen.
- Die beiden DWORD-Einträge ab Offset 83 und 87 sollten Werte zwischen 0 und 007FFFFFH aufweisen.

Wenn alle diese Prüfungen positiv ausfallen, besitzt die MAC-Datei einen 128-Byte-Header. Eine andere Möglichkeit besteht darin, die 4 Byte ab Offset 41H bis 44H auf die Signatur »PNTG« zu untersuchen. In diesem Bereich legt das Macintosh-Betriebssystem den Dateityp ab.

Der MAC-Header

Der MAC-Header besitzt eine Länge von 128 Byte und enthält die Informationen, um eine Datei von Fremdrechnern wieder auf den Macintosh zu importieren. Die Daten sind dabei im Motorola-Format abgelegt. Tabelle 28.1 zeigt den Aufbau des Headers. Die Felder ab Offset 65H werden dabei erst ab dem MacBinary II-Standard definiert.

Offset	Bytes	Bemerkungen
00H	1	Version (immer 0)
01H	1	Länge Filename
02H	63	File-Name
41H	4	File-Typ
45H	4	File-Creator
49H	1	Flags File-Attribut
4AH	1	reserviert
4BH	2	File, vertikale Position im Fenster
4DH	2	File, horizontale Position im Fenster
4FH	2	Window oder Folder ID
51H	1	File Protection (1 = protected)
52H	1	reserviert
53H	4	Größe Data Fork in Byte
57H	4	Größe Resource Fork in Byte
5BH	4	Creation Time & Date
5FH	4	Modify Time & Date

Offset	Bytes	Bemerkungen
63H	2	GetInfo Message Länge
----	nur MacBinary II	----
65H	2	Finder-Flags
67H	14*1	reserviert
75H	4	Dateilänge ungepackt
79H	2	Secondary Header-Länge
7BH	1	MacBinary-Version für Upload
7CH	1	MacBinary-Version für Lesezugriff
7DH	1	CRC-Summe vorhergehende 124 Byte
7EH	2	reserviert

Tabelle 28.1 Struktur eines MAC-Headers

Ab Offset 0 steht ein Byte, das immer mit 00H belegt ist. Bei MAC-Paint-Dateien ohne Header ist das erste Byte ebenfalls 00H. Enthält eine Datei im ersten Byte einen Wert ungleich 00H, handelt es sich um keine MAC-Paint-Datei.

Ab Offset 01H folgt ein Byte mit einer Längenangabe (0-63) für den folgenden Dateinamen. Der Dateiname beginnt ab Offset 02H und bezieht sich auf die aktuelle Datei. Normalerweise speichert das MAC-Betriebssystem den bis zu 63 Byte langen Dateinamen gemäß den MAC-Konventionen. Beim Export auf andere Plattformen sind jedoch die dort geltenden Namenskonventionen zu beachten. Für UNIX gelten zum Beispiel 14 Zeichen, DOS erlaubt 8 + 3 Byte für den Dateinamen. Der Dateiname wird gemäß den Pascal-Konventionen gespeichert, d.h., das Byte ab Offset 01H ist das Längenbyte des Strings. Dadurch wird der Name nicht (wie in C üblich) mit einem Nullbyte abgeschlossen. Es dürfen nur die in der Längenangabe definierten Bytes als Name interpretiert werden.

Ab Offset 41H findet sich im Header der Dateityp der MAC-Anwendung. Bei MAC-Paint-Dateien wird die Signatur PNTG hinterlegt. Die folgenden vier Bytes dienen zur Speicherung des Programmnamens, welche die Datei erzeugt hat. Bei MAC-Paint steht hier der String MPNT. Das File-Attribut-Flag ab Offset 49H besitzt die Kodierung gemäß Tabelle 28.2.

Bit	Bemerkungen
0	Inited
1	Changed
2	Busy
3	Bozo

Bit	Bemerkungen
4	System
5	Bundle
6	Invisible
7	Locked

Tabelle 28.2 Kodierung File-Attribut-Byte

Die Kodierung ist spezifisch auf das MAC-Dateisystem abgestimmt.

Die beiden Worte ab Offset 4BH definieren die X/Y-Position der Datei auf dem (MAC-) Bildschirm. Die Felder Folder ID und File Protection sind spezifisch auf das MAC-Dateisystem abgestimmt.

Das Feld *SizeOfDataFork* ab Offset 53H umfaßt 4 Bytes (DWORD) und gibt die Länge des MAC-Datenbereiches an. Dies ist die Dateilänge abzüglich der Header-Länge. Das *SizeOfResourceFork*-Feld ist bei MAC-Paint-Dateien immer mit 0 belegt.

In den Feldern ab Offset 58H finden sich das Datum und die Uhrzeit der Dateierzeugung (Creation) und der letzten Änderungen (Modify). Diese Werte (DWORD) beziehen sich auf die Zahl der verstrichenen Sekunden seit dem 2. Januar 1904.

GetInfoMessageLength wird bei MAC-Paint-Dateien immer auf 0 gesetzt. Die folgenden Felder ab Offset 65H sind nur im MacBinary II-Standard belegt. Die Finder-Flags beziehen sich auf das MAC-Betriebssystem. Ab Offset 75H findet sich die Länge der unkomprimierten Bilddatei. *SecondHeaderLength* dient für zukünftige Erweiterungen, bei denen sich ein zweiter Header ab Offset 80H anschließt. Die *Upload*- und *Read*-Versionsnummer beschreibt die interne Softwareversion der Transferprogramme. Im Byte ab Offset 7DH folgt die CRC-Summe über die vorausgehenden 124 Bytes. Enthält dieses Feld den Wert 00H, ist die CRC-Summe zu ignorieren. Die restlichen Bytes dienen zum Auffüllen des Headers bis zur 128-Byte-Grenze.

Der MAC-Datenbereich

Auf den Header folgt der MAC-Datenbereich. Dieser beginnt immer mit der Signatur:

```
00 00 00 02
```

die den Start des Datenbereiches anzeigt. Anschließend kommt eine weitere Besonderheit des MAC-Paint-Formates zum Tragen. Das MAC-Paint-Programm zeigt beim Anlegen einer neuen Datei 38 vordefinierte Bitmuster an. Diese Bitmuster lassen sich ändern und werden mit der Datei gesichert. Die MAC-Paint-Datei enthält daher nach der 4-Byte-Signatur einen Bereich mit 304 Bytes, die diese Muster definieren. Jedes Muster umfaßt dabei 8 Byte Länge.

An diesen Bereich schließen sich 204 Nullbytes zum Füllen des Vorspanns an.

Bei einer MAC-Paint-Datei mit Header beginnen die Bilddaten daher ab Offset 640 (280H). Fehlt der Header, finden sich die Bilddaten ab Offset 512 (200H).

Die Bilddaten werden mit einem festen Raster von 576 * 760 Pixel gespeichert. Pro Pixel ist ein Bit mit den Werten 0 oder 1 vorgesehen, d.h., ein Byte stellt 8 Bildpunkte (Pixel) dar. Eine unkomprimierte Datei umfaßt 51840 Byte. Die Bilddaten sind zeilenweise zu lesen, wobei jede unkomprimierte Bildzeile aus 72 Bytes besteht. Der Datenbereich umfaßt weiterhin 720 Zeilen.

Anmerkung: Es gibt Hinweise, daß die Signatur 00 00 00 02 in den ersten vier Bytes des Datenbereiches für veränderte Muster steht. Werden die ersten 512 Bytes des Datenbereiches auf 00 gesetzt, generiert MAC Paint die 38 Muster mit den Initialisierungswerten.

Die MAC-Packbit-Kodierung

Um bei der Ablage der Bilddaten Speicherplatz zu sparen, werden die Daten mit einem einfachen Komprimierungsverfahren gepackt. Dieses Verfahren wird als MAC-Packbit-Komprimierung bezeichnet. Wegen der Monochrombilder ergeben sich aber sehr gute Komprimierungsverhältnisse.

Die Dekomprimierung der Daten arbeitet nach einem sehr einfachen Schema:

- Die Daten des Bildes werden zeilenweise komprimiert, d.h., die entkomprimierten Daten reichen nicht über eine Bildzeile hinaus.
- Beim Dekomprimieren ist jeweils ein Datenbyte zu lesen.
- Ist das oberste Bit dieses Datenbytes gesetzt (1), liegt ein gepackter Record vor. Dann ist das Zweierkomplement des Bytes zu berechnen und dient als Wiederholungszähler für das Folgebyte. Dieses Folgebyte wird dann n-mal kopiert.
- Enthält das oberste Bit den Wert 0, liegt ein unkomprimierter Record vor. Dann ist der Wert des Bytes um 1 zu erhöhen. Dieser Wert gibt die Zahl der folgenden unkomprimierten Datenbytes an, die zu lesen sind.

Die obigen Schritte sind so lange zu wiederholen, bis 72 entpackte Bytes vorliegen. Diese lassen sich dann als Bildzeile ausgeben. Beachten Sie aber, daß auf dem Macintosh schwarze Zeichen auf einem weißen Hintergrund ausgegeben werden. Dies ist bei anderen Systemen (z.B. MS-DOS) nicht immer der Fall.

29 Das MAC-Picture-Format (PICT)

Beim MAC-Picture-Format (PICT) handelt es sich um ein Metafile-Format, das die Speicherung von Bildern auf dem Macintosh erlaubt. Das Format wurde von Apple definiert, um Grafiken mit dem Programm QuickDraw zu speichern. Vom PICT-Format existieren zwei Versionen, die auf die unterschiedlichen QuickDraw-Versionen abgestimmt wurden.

- Das ursprünglich definierte Format für QuickDraw 1 unterstützt nur monochrome Bitmap-Bilder mit einer maximalen Größe von 32 kByte. Die Auflösung des Bildes von 72 dpi lehnt sich dabei an den MAC-Bildschirm an.
- Mit der QuickDraw-(Color)-Version 2.0 wurde die Unterstützung um Farbbilder mit 8-Bit-Bitmaps erweitert. Dieses Format erlaubt aber weiterhin die Speicherung monochromer Bilder.

MAC-Paint-Dateien erhalten auf dem PC unter MS-DOS die Erweiterung PCT. Die Daten werden dabei im Motorola Format (big endian) gespeichert. Auf Grund des Ursprungs auf dem Macintosh-besitzt das Format ebenfalls einige Besonderheiten. Die erste Eigenart resultiert aus der Struktur des MAC-Dateisystems. Dort werden Dateien in sogenannten Forks abgelegt. Diese Forks repräsentieren Datenbereiche, in denen das Betriebssystem Informationen ablegt. Eine Macintosh-Datei besteht immer aus zwei dieser Forks. Ein Fork dient zur Speicherung der Daten, während das zweite Fork zur Ablage von Ressourcen (sprich Programmcode) verwendet wird. Physikalisch liegen damit zwei Dateien auf dem MAC vor, durch das MAC-Betriebssystem sieht der Benutzer jedoch nur eine Datei. Bei MAC-QuickDraw-Files bleibt das Ressouce-Fork aber leer. Das Bilddaten-Fork besteht aus einem Header und einer Sequenz aus Metafile-Operatoren mit den zugehörigen Binärdaten (Abbildung 29.1).

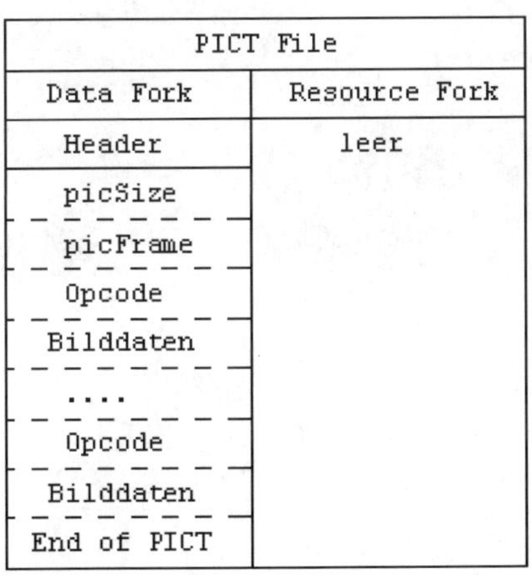

Abbildung 29.1 Struktur eines PICT-Files

Das Macintosh-Betriebssystem unterstützt das Lesen und Schreiben von PICT-Dateien mit einer Reihe von Bibliotheksroutinen.

Die beiden Versionen des PICT-Formats unterscheiden sich nur in wenigen Punkten:

- Im PICT 1-Format umfaßt ein Opcode immer nur ein Byte. Das PICT 2-Format definiert einen Opcode immer als Wort (2 Bytes). Werden die PICT 1-Opcodes im PICT 2-Format gespeichert, sind diese auf 2 Bytes zu erweitern.
- In der Version 1 dürfen Daten auf einer Bytegrenze beginnen. In Version 2 müssen Daten und Opcodes immer auf Wortgrenzen ausgerichtet werden.

Weiterhin wurden alle unbenutzten Opcodes der Version 2 mit der Zahl der Datenbytes vordefiniert, um eine zukünftige Kompatibilität mit folgenden Versionen sicherzustellen.

Der PICT-Header

Der PICT-Header besitzt eine feste Länge von 512 Bytes und enthält anwendungsspezifische Daten (Bildgröße, Skalierung, Version etc.). Die Struktur dieses Headers wird jedoch nicht offengelegt und sollte beim Import der Daten überlesen werden. Die nachfolgenden Datenrecords enthalten alle Informationen, um ein Bild zu konstruieren.

Der PICT-Datenbereich

An den 512-Byte-Header schließt sich der Datenbereich an. Dieser wird gemäß Bild 29.1 in einen weiteren Header mit den Elementen *picSize* und *picFrame* sowie weitere Datenrecords verschiedener Länge unterteilt. Der Header besitzt jedoch in den Versionen 1 und 2 einen unterschiedlichen Aufbau.

Der PicSize-Record

Ab Offset 200H folgt auf den internen Header der *PicSize*-Record. Dieser definiert die Bildabmessungen und besitzt die Struktur aus Tabelle 29.1.

Offset	Bytes	Bemerkungen
00H	2	Bildgröße in Byte (Integer)
02H	8	Picture Frame

Tabelle 29.1 Strukur des PicSize-Records

Das erste Feld ist als Integer definiert und gibt die Dateigröße (untere 16 Bit) in Byte an. Im zweiten Feld folgen die Bildabmessungen (Bounding-Box) als RECT-Struktur. Hierbei werden 4 Integerwerte in der Reihenfolge (oben, links, unten, rechts) abgelegt.

Der PicFrame-Record (PICT 1)

Ab Offset 20AH folgt der PicFrame-Record. Anhand dieses Records läßt sich die Version der PICT-Datei ermitteln. Auf Grund der geänderten Opcode-Feldlänge besitzen die PICT-Dateien in den Versionen 1 und 2 einen unterschiedlichen Aufbau. Dies schlägt sich auch im PicFrame-Record nieder. Tabelle 29.2 definiert den Aufbau des PicFrame-Records für die PICT 1-Version.

Byte	Bemerkungen
1	Version Operator (11H)
1	Picture Version (01H)

Tabelle 29.2 PicFrame Record in PICT 1

Beim PICT 1-Format folgen anschließend die Bilddaten.

Der PicFrame-Record (PICT 2)

In der PICT 2-Version wird der PicFrame-Record ebenfalls definiert. Dieser besitzt die gleichen Felder, aber jeweils mit einer Länge von 2 Bytes (Tabelle 29.3).

Byte	Bemerkungen
2	Version Operator (0011H)
2	Picture Version (02FFH)

Tabelle 29.3 PicFrame-Record in PICT 2

Wird die Signatur 2FFH erkannt, liegt eine PICT 2-Datei vor. Dann sind alle folgenden Opcodes als 2 Bytes kodiert.

Der Reserved Header-Record (PICT 2)

In PICT 2 schließt sich an den PicFrame-Record ein weiterer Header mit 26 Bytes an. Dieser Record ist bereits als regulärer Datenrecord (Opcode 0C00H) kodiert. Tabelle 29.4 gibt den Aufbau dieses Headers wieder.

Byte	Bemerkungen
2	Reserviert (Header Opcode, 0C00H)
24	Reserviert (Datenbereich)

Tabelle 29.4 Reserved Header in PICT 2

Dieser Header ist in der MAC-Dokumentation als reserviert für zukünftige Versionen des PICT-Formates gekennzeichnet. Tabelle 29.5 gibt jedoch die aktuelle Belegung der 26 Datenbytes wieder.

Bytes	Bemerkungen
2	Header Opcode (0C00H)
4	Bildgröße in Byte (-1 für Version 2)
4	Original horizontale Auflösung (pixel/inch)
4	Original vertikale Auflösung (pixel/inch)
2	Ecke oben links x
2	Ecke oben links y
2	Ecke unten rechts x
2	Ecke unten rechts y
4	Reserviert

Tabelle 29.5 Aufbau des Reserved-Headers

Die Bilddaten-Records (PICT 1,2)

An diesen Vorspann schließen sich in beiden PICT-Versionen die Bilddaten an. Diese werden als Records mit einem Opcode-Feld, gefolgt von den zugehörigen Binärdaten, gespeichert.

- In PICT 1 sind die Opcode-Felder immer ein Byte lang.
- In PICT 2 umfaßt ein Opcode-Feld immer ein Wort (2 Bytes).

Das Ende des Bilddatenbereichs wird durch den End of Picture-Record definiert. Hierbei handelt es sich um ein Byte (PICT 1) oder ein Wort (PICT 2) mit dem Wert FFH oder 00FFH.

Die Struktur der Bilddaten läßt sich damit so beschreiben:

```
Opcode
Daten

Opcode
Daten

...
00FF
```

Abbildung 29.2 Struktur der Bilddaten in PICT 2

Beim PICT 2-Format müssen die Opcodes und Daten immer auf 16-Bit-Grenzen ausgerichtet werden. Die nachfolgende Tabelle gibt die im PICT 2-Format definierten Opcodes mit den englischen MAC-Bezeichnungen wieder.

Opcode	Size	Bemerkungen
0000H	0	NOP
0001H	region	Clip area
0002H	8	Background pattern
0003H	2	Text font (word)
0004H	1	Text face (byte)
0005H	2	Text mode (word)
0006H	4	Extra space (fixed point)
0007H	4	Pen size (point)
0008H	2	Pen mode (word)
0009H	8	Pen pattern
000AH	8	Fill pattern
000BH	4	Oval size (point)
000CH	4	Origin (dhorz, dvert)
000DH	2	Text size (word)
000EH	4	Foreground color (long)
000FH	4	Background color (long)
0010H	8	Text ratio Numerator (point) Denominator (points)
0011H	1	Version
0012H	n	Color background pattern
0013H	n	Color pen pattern
0014H	n	Color fill pattern
0015H	2	Fractional pen position
0016H	2	Extra space for each char
0017H/0019H	0	Reserved opcodes
001AH	n	RGB Foreground color
001BH	n	RGB Background color
001CH	0	Highlight mode flag
001DH	n	RGB highlite color
001EH	0	Use default highlight color
001FH	n	RGB highlite color (arithmetic mode)
0020H	8	Line (x, y, x1, y1)
0021H	4	Line form (point)
0022H	6	Short line (x, y, dx, dy)

Opcode	Size	Bemerkungen
0023H	2	Short line from (dx, dy) (-128 ... 127)
0024H/ 0027H	len+data	Reserved opcodes (len = 2 Byte)
0028H	5+n	Long text 4 location (x, y) 1 count (0 ... 255) n text (0 ... 255)
0029H	2+n	Draw horizontal text 1 dh (0 ... 255) 1 count (0 ... 255) n text
002AH	2+n	Draw vertical text 1 dv (0 ... 255) 1 count (0 ... 255) n text
002BH	3+n	Draw horizontal, vertical text 1 dh (0 ... 255) 1 dv (0 ... 255) 1 count (0 ... 255) n text
002CH/002FH	len+data	Reserved opcodes (len = 2 byte)
0030H	8	Frame rectangle
0031H	8	Paint rectangle
0032H	8	Erase rectangle
0033H	8	Invert rectangle
0034H	8	Fill rectangle
0035H/0037H	8	Reserved opcodes
0038H	0	Frame same rectangle
0039H	0	Paint same rectangle
003AH	0	Erase same rectangle
003BH	0	Invert same rectangle
003CH	0	Fill same rectangle
003DH/003FH	0	Reserved opcode
0040H	8	Frame RoundRectangle
0041H	8	Paint RoundRectangle
0042H	8	Erase RoundRectangle
0043H	8	Invert RoundRectangle
0044H	8	Fill RoundRectangle
0045H/0047H	8	Reserved opcodes
0048H	0	Frame same RoundRectangle

Opcode	Size	Bemerkungen
0049H	0	Paint same RoundRectangle
004AH	0	Erase same RoundRectangle
004BH	0	Invert same RoundRectangle
004CH	0	Fill same RoundRectangle
004DH/004FH	0	Reserved opcodes
0050H	8	Frame oval
0051H	8	Paint oval
0052H	8	Erase oval
0053H	8	Invert oval
0054H	8	Fill oval
0055H/0057H	8	Reserved opcodes
0058H	0	Frame same oval
0059H	0	Paint same oval
005AH	0	Erase same oval
005BH	0	Invert same oval
005CH	0	Fill same oval
005DH/005FH	0	Reserved opcodes
0060H	12	Frame arc 4 Rect 4 Start angle 4 Arc angle
0061H	12	Paint arc
0062H	12	Erase arc
0063H	12	Invert arc
0064H	12	Fill arc
0065H/0067H	12	Reserved opcodes
0068H	4	Frame same arc
0069H	4	Paint same arc
006AH	4	Erase same arc
006BH	4	Invert same arc
006CH	4	Fill same arc
006DH/006FH	4	Reserved opcodes
0070H	poly	Frame polygon
0071H	poly	Paint polygon
0072H	poly	Erase polygon
0073H	poly	Invert polygon

Opcode	Size	Bemerkungen
0074H	poly	Fill polygon
0075H/0077H	poly	Reserved opcodes
0078H	0	Frame same polygon
0079H	0	Paint same polygon
007AH	0	Erase same polygon
007BH	0	Invert same polygon
007CH	0	Fill same polygon
007DH/007FH	0	Reserved opcodes
0080H	region	Frame region
0081H	region	Paint region
0082H	region	Erase region
0083H	region	Invert region
0084H	region	Fill region
0085H/0087H	region	Reserved opcodes
0088H	0	Frame same region
0089H	0	Paint same region
008AH	0	Erase same region
008BH	0	Invert same region
008CH	0	Fill same region
008DH/008FH	0	Reserved opcodes
0090H	n	Copy bits, rect clipped
0091H	n	Copy bits, region clipped
0092H/0097H	len+data	Reserved opcodes (len = 2 byte)
0098H	n	Packed copy bits, rect clipped
0099H	n	Packed copy bits, region clipped
009AH/009FH	len+data	Reserved opcodes (len = 2 byte)
00A0H	2	Short comment
00A1H	4+n	Long comment 2 kind 2 size n data
00A2H/00AFH	len+data	Reserved opcodes
00B0H/00CFH	0	Reserved opcodes
00D0H/00FEH	len+data	Reserved opcodes (len = 4 byte)
00FFH	0	End of Picture
0100H/01FFH	2	Reserved opcodes

Opcode	Size	Bemerkungen
0200H/0BFFH	4	Reserved opcodes
0C00H	24	Header
0C01H/7EFFH	4	Reserved opcodes
7F00H/7FFFH	254	Reserved opcodes
8000H/80FF	0	Reserved opcodes
8100H/FFFFH	len+data	Reserved opcodes (len = 4 Bytes)

Tabelle 29.6 PICT 2-Opcodes

Die Spalte *Size* in Tabelle 29.6 definiert die Recordlänge ohne die Opcode-Bytes. Die Records sind als Pascal-Strukturen gemäß Tabelle 29.7 definiert.

Bytes	Datentyp
1	Byte (unsigned)
1	SByte (signed -128 ... 127)
2	Integer (signed)
2	Word (unsigned)
4	LongInteger (signed)
4	DWORD (unsigned)
4	Points (x, y: Integer)
8	Rect (top, left, bottom, right: Integer)
n	Poly (10 Bytes + Data)
n	Region (10 Bytes + Data)
4	Fixed point
8	Pattern
2	Row bytes

Tabelle 29.7 Datentypen in PICT-Records

Die Records mit den Opcodes 0040H bis 0044H beziehen sich auf Rechtecke mit abgerundeten Ecken. Der Rundungsradius wird dabei über den Opcode 000BH (oval size) definiert.

Für die Records mit den Opcodes 0012H, 0013H und 0014H wird ein Farbmuster (color pattern) definiert, das folgende Struktur besitzt:

Bytes	Feld
2	Patterntyp 0001H
8	Old Pattern-Daten
n	Pixel-Map

Bytes	Feld
n	Color-Tabelle
n	Pixel-Daten
2	Patterntyp 0002H
8	Old Pattern-Daten
n	RGB-Tabelle

Tabelle 29.8 Recordstruktur Opcodes 0012H: 0014H

Die Color-Tabelle ist eine Datenstruktur, die nur bei PICT 2-Dateien auftritt und folgenden Aufbau besitzt:

Bytes	Feld
4	ID-Nummer Farbtabelle (0)
2	Flags
2	Einträge Farbtabelle – 1
(n+1)*8	Farbtabelle (4 Word): Pixelwert, rot, grün, blau

Tabelle 29.9 Struktur der Farbtabelle

Tritt dagegen die Struktur *RGBColor* auf, enthält diese drei Integerwerte mit den Farbanteilen rot, gün, blau. Die in den Datenrecords verwendete *pixMap*-Struktur besitzt den Aufbau gemäß Tabelle 29.10.

Typ	Feld
long	(unbenutzt)
word	RowBytes
rect	Bounds (Bounding-Box)
word	Versionsnummer (0)
word	Packformat (0)
long	Paketgröße (0)
fixed	Horizontale Auflösung (48000H)
fixed	Vertikale Auflösung (48000H)
word	Pixeltyp (0)
word	Bits per Pixel (1, 2, 4, 8)
word	Komponenten per Pixel (1)
long	Offset nächste Ebene (plane = 0)
long	Farbtabelle (0)
long	reserviert

Tabelle 29.10 pixMap-Struktur

Die Bilddaten werden in der *PixData*-Struktur gespeichert. Dabei können die Daten gepackt oder ungepackt vorliegen. Für die Decodierung der Daten gilt folgendes:

- Ist das Feld *RowBytes* < 8, liegen die Daten ungepackt vor. Damit enthält der Datenbereich *RowBytes*(Bounds.bottom-Bounds.top)* Datenbytes. Die Werte für *Bounds* finden sich in der *Bounding-Box*.
- Ist das Feld *RowBytes* >= 8, liegt ein gepackter Datenbereich vor. Die einzelnen Zeilen werden dabei separat gepackt. Die Zeilenzahl läßt sich zu *Bounds.bottom-Bounds.top* berechnen. Jede Bildzeile beginnt mit dem Feld *ByteCount*, gefolgt von den Daten. Ist *RowBytes* > 250, dann ist *ByteCount* als Wort definiert. Andernfalls liegt *ByteCount* als Byte vor. Hinter *ByteCount* folgen die komprimierten Bilddaten. Diese Daten sind dabei nach dem Packbit-Verfahren komprimiert (siehe MAC-Paint-Format).

Die Datenbereiche der Records 0090H und 0098H besitzen dabei folgende Struktur:

Typ	Feld
pixMap	Struktur Pixel Map
rect	Source Rectangle
rect	Destination Rectangle
word	Transfer Mode
PixData	Datenbereich mit Pixel

Tabelle 29.11 Struktur Datenbereich (Opcode 0090H, 0098H)

Die Datenbereiche der Records 0091H und 0099H besitzen dabei folgende Struktur:

Typ	Feld
pixMap	Struktur Pixel Map
ColorTable	Struktur Farbtabelle
rect	Source Rectangle
rect	Destination Rectangle
word	Transfer Mode
region	Mask Region
PixData	Datenbereich mit Pixel

Tabelle 29.12 Struktur Datenbereich (Opcode 0091H, 0099H)

Achtung: Die Opcodes 0090H bis 0099H wurden in PICT 2 modifiziert! Als erstes Wort folgt nach dem Opcode nicht das Feld *BaseAddress*, sondern der Datenbereich beginnt mit dem Feld *RowBytes*. Ist das oberste Bit in *RowBytes* gesetzt, liegt ein Farbbild vor. Dann enthält ein Bildpunkt mehrere Bits. Bei Werten von *RowBytes* unterhalb 80H liegt ein monochromes Bild mit einem Bit pro Pixel vor. Die Records mit den Opcodes 0090H und 0091H enthalten ungepackte Bitmap-Daten und dürfen nur bei Datenreihen mit weniger als 8 Bytes benutzt werden.

30 Micrografx-Formate (PIC, DRW, GRF)

Die Firma Micrografx hat eine Reihe von Produkten zur Gestaltung grafischer Bilder entwickelt und vertreibt diese mit Erfolg. Der folgende Abschnitt beschreibt die Fileformate für die folgenden Dateitypen:

Typ	Produkt	
PIC	Windows Draw, In*a*Vision	Version 1
DRW, GRW	Designer, Windows Graph, Graph, Plus, Charisma und Draw Plus	Version 2

Tabelle 30.1 Micrografx-Fileformate

Die Firma hat in der Entwicklungsgeschichte zwei verschiedene Fileformate (Typ 1 und Typ 2) definiert, die sich in den Extensionen .PIC bzw. .DRW und .GRF widerspiegeln.

Alle Records sind im gleichen Format aufgebaut:

`<Länge><Recordtyp><Daten>`

Für das Längenfeld gibt es jedoch einige Besonderheiten. Der Datenbereich kann länger als 255 Bytes werden. Daher definiert das Format zwei Fälle für die Längenangabe (siehe Abbildung 30.1).

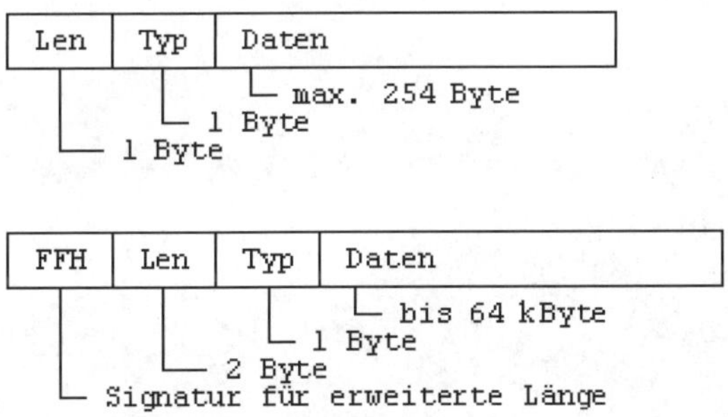

Abbildung 30.1 Satzaufbau für unterschiedliche Längen

Normalerweise umfaßt das Feld mit der Längenangabe ein Byte und kann Werte zwischen 0 und 255 (FFH) aufnehmen. Damit sind maximal 254 Zeichen im Datenrecord möglich (FFH ist reserviert). Bei längeren Datenrecords muß das Feld mit der Längenangabe erweitert werden. Deshalb wurde der Wert FFH als Signatur reserviert. Enthält das erste Byte den Wert FFH, schließt sich anschließend ein Feld mit der erweiterten Längenangabe an. Dieses Feld umfaßt 2 Bytes, die als vorzeichenlose Zahl zu interpretieren sind. Damit kann die Länge des Datenbereichs bis zu 64 kByte umfassen. Bei Werten kleiner FFH im ersten Byte entfällt dieses zusätzliche Längenfeld.

Durch einen Programmierfehler in den Programmen *Windows Draw* und *In*a*Vision* werden bei Records, die einen längeren Datenbereich als 254 Bytes aufweisen, 4 Bytes für das Längenfeld ausgegeben. Allerdings sind nur die ersten beiden Bytes mit einem Wert belegt. Die folgenden beiden Bytes bleiben leer. Um die Kompatibilität zu wahren, werden die zwei Zusatzbytes bei allen aktuellen Micrografx-Produkten mit ausgegeben.

Die Längenangabe definiert die Zahl der Bytes im Datenbereich. Der Wert beinhaltet nicht die Bytes für den Header und den Recordtyp. An das Feld mit den Längenangaben schließt sich ein Byte an, das den Recordtyp spezifiziert. Die verschiedenen Recordtypen werden nachfolgend beschrieben. Hierbei handelt es sich sowohl um Objektbeschreibungen (Kreis, Linie etc.) als auch um Beschreibungen von Operationen (Farbe wählen etc.). Alle Koordinatenangaben beziehen sich dabei auf ein geräteunabhängiges logisches Koordinatensystem mit den Abmessungen 32767 Einheiten in X- und 32767 Einheiten in Y-Richtung. Diese Koordinaten werden dann auf die Auflösung des Ausgabegerätes umgesetzt. Standardmäßig ist ein Umrechnungsfaktor von 200 Einheiten pro Zentimeter (oder 480 Einheiten pro Zoll) vorgesehen.

Die restlichen Bytes des Records werden mit Daten für die einzelnen Funktionen gefüllt. Die Zahl der Bytes wird durch die Längenangabe festgelegt.

Die Dateien sind so aufgebaut, daß eine bestimmte Reihenfolge der Recordtypen eingehalten werden muß. Für die Formate der Version 1 gilt dabei der Aufbau wie in Tabelle 30.2.

Record	Position
Begin of File	muß erster Record sein
Version	muß zweiter Record sein
Background Color	beliebig in der Datei
Font Name	beliebig in der Datei
Color Flag	beliebig in der Datei
Grid Settings	beliebig in der Datei
Initial Value	beliebig in der Datei
Current Overlay	beliebig in der Datei
Overlay Header	vor der SYMBOL-Definition
Overlay Color	nach dem Overlay Header
Visible Overlay	folgt auf den zugehörenden Overlay-Header
Symbol ID	muß auf SYMBOL folgen
Text	muß auf SYMBOL folgen
Polygon Points	muß auf SYMBOL folgen
End of File	muß als letzter Record folgen

Tabelle 30.2 Anordnung der Records (Version 1)

Die Position der anderen Records innerhalb der Datei ist dagegen beliebig. Für die Formate der Version 2 (.DRW und .GRF) gilt dagegen folgender Aufbau:

Record	Position
Begin of File	muß erster Record sein
Version	muß zweiter Record sein
Background Color	beliebig in der Datei
Font Name	beliebig in der Datei
Initial View	beliebig in der Datei
Current Overlay	beliebig in der Datei
Resolution	beliebig in der Datei
Dimension	beliebig in der Datei
Ruler	beliebig in der Datei
Grid Settings	beliebig in der Datei
Page	beliebig in der Datei
Font	beliebig in der Datei
Pattern	beliebig in der Datei
Color Flag	beliebig in der Datei
File Annotation	beliebig in der Datei
Comment	beliebig in der Datei
Overlay Header	vor der SYMBOL-Definition
Overlay Color	nach dem Overlay-Header
Visible Overlay	folgt auf den zugehörenden Overlay-Header
Locked Overlay	folgt auf den zugehörenden Overlay-Header
Overlay-Name	folgt auf den zugehörenden Overlay-Header
Symbol	folgt auf den zugehörenden Overlay-Header
Symbol ID	muß auf SYMBOL folgen
Text	muß auf SYMBOL folgen
Polygon Points	muß auf SYMBOL folgen
Bitmap	muß auf SYMBOL folgen
End of File	muß als letzter Record folgen

Tabelle 30.3 Anordnung der Records (Version 2)

Die Position der anderen Records innerhalb der Datei ist dagegen beliebig. In einer DRW- oder GRF-Datei müssen mindestens folgende Records auftreten:

- Background Color
- Color Flag
- Current Overlay

- Resolution
- Dimensions
- Version
- Begin of File

Dateien der Version 2 können weiterhin Recordtypen enthalten, die in der Version 1 unbekannt sind (z. B. Bitmap). Zusätzlich gibt es eine aktualisierte Variante der SYMBOL-Datenstruktur.

Bei Dateien der Version 2 können innerhalb der Datenbereiche Komprimierungsverfahren verwendet werden. Diese Komprimierung wird aber nur auf Datenrecords angewandt, die mehr als 2 gleiche Bytes aufweisen. Dann gelangt das Run Length-Verfahren zum Einsatz. Ein komprimierter Datensatz besteht immer aus 3 Bytes und beginnt mit dem Wert FFH (Abbildung 30.2).

FFH	Len	Data

Abbildung 30.2 Komprimierter Datensatz

Das zweite Byte definiert einen Zähler, der angibt, wie oft das folgende Byte (Data) zu duplizieren ist. Aus der Sequenz:

```
FF 05 47H
```

wird dann die Bytefolge:

```
47 47 47 47 47H
```

Sofern ein unkomprimiertes Datenbyte den Wert FFH aufweist, wird es gemäß obiger Notation komprimiert (FF 01 FFH). Unkomprimierte Daten werden fortlaufend gespeichert und dürfen Werte zwischen 00H und FEH aufweisen. Die Recordtypen zwischen 96 und 160 (60H bis A0H) enthalten immer unkomprimierte Datenbereiche. Bei allen anderen Records wird nach Möglichkeit die Datenkompression benutzt.

Für die Erzeugung von Dateien der Version 2 bietet Micrografx ein Toolkit an, das sicherstellt, daß die Kompatibilität zur Version 1 erhalten bleibt.

Recordtypen in den Grafikdateien

Innerhalb der PIC-, DRW- und GRF-Dateien dürfen folgende Recordtypen auftreten:

CHART_SKIP_SYMBOLS (Typ 44, 2CH)

Dieser Recordtyp wird nur durch Charisma und Graph Plus generiert und besitzt folgenden Aufbau:

Bytes	Bedeutung
1	Typ 44 (2CH)
2	Zahl der Symbole

Tabelle 30.4 CHART_SKIP_SYMBOLS-Record

Die zwei Bytes des Datenbereichs definieren, wie viele der direkt auf den Datensatz folgenden Symbole überlesen werden sollen, bevor weitere Symbolinformationen aus der Datei zu laden sind.

DRW_BACKGROUND (Typ 1, 01H)

Dieser Recordtyp definiert die Hintergrundfarbe, die zum Zeitpunkt der Sicherung der Grafik definiert war:

Bytes	Bedeutung
1	Typ 1 (01H)
4	Hintergrundfarbe

Tabelle 30.5 DRW_BACKGROUND-Record

Die Hintergrundfarbe wird als 4-Byte-Wert definiert. Dieser Wert enthält die (gepackten) Anteile der Farben Rot, Grün und Blau. Vermutlich wird dabei für jeden Farbanteil ein Byte benutzt, wobei dann das vierte Bytes unbelegt bleibt oder für die Intensität genutzt wird.

DRW_BAND (Typ 32, 20H)

Dieser Recordtyp definiert eine rechteckige Fläche mit einem Muster (Bitmap).

Bytes	Bedeutung
1	Typ 32 (20H)
1 16	Index Pattern

Tabelle 30.6 DRW_BAND-Record

Der Index ist ein Bytewert und spezifiziert die Nummer des Index, über den das folgende Muster adressiert werden kann. Andere Records können dann über den Index das Muster abrufen.

Das Muster selbst wird in einem 16 Bytes langen Feld als Bitmap definiert. Diese Bitmap wird dann zum Füllen von Flächen entsprechend oft dupliziert.

DRW_BITMAP (Typ 20, 14H)

Dieser Recordtyp definiert ein Bitmap-Bild.

Bytes	Bedeutung
1	Typ 20 (14H)
n*1	Bitmap-Daten

Tabelle 30.7 DRW_BITMAP-Record

Im Datenbereich ist die Bitmap für ein Symbol als Bytefolge gespeichert. Hierbei wird keine Komprimierung benutzt.

DRW_COLOR (Typ 9, 09H)

Dieser Recordtyp definiert die Farbe der Objekte.

Bytes	Bedeutung
1	Typ 9 (09H)
3	Farbe der folgenden Objekte

Tabelle 30.8 DRW_COLOR-Record

Im Datenbereich ist ein Eintrag mit den drei Bytes der Grundfarben Rot, Grün und Blau gespeichert. Der Wert gibt die Farbe der Objekte an, die zum betreffenden Overlay gehören. Sofern das DRW_COLOR_FLAG gesetzt ist, muß der Record vorhanden sein.

DRW_COLOR_FLAG (Typ 10, 0AH)

Dieser Recordtyp definiert, ob eine Objektgruppe nur eine Farbe benutzt.

Bytes	Bedeutung
1	Typ 10 (0AH)
1	Flag

Tabelle 30.9 DRW_COLOR_FLAG-Record

Das Flag wird als logische Variable interpretiert. Ist das Byte mit einem Wert ungleich 0 belegt, werden alle Objekte des folgenden Overlays mit einer Farbe ausgegeben.

DRW_COLOR_TABLE (Typ 35, 23H)

Dieser Recordtyp definiert eine Farbtabelle.

Bytes	Bedeutung
1	Typ 35 (23H)
4	Farbtabelle

Tabelle 30.10 DRW_COLOR_TABLE-Record

Dieser Record enthält eine Farbtabelle für den Virtual Bitmap Manager (VBM) und beeinflußt die letzte geladene Bitmap.

DRW_COMMENT (Typ 18, 12H)

Dieser Recordtyp definiert einen Kommentartext.

Bytes	Bedeutung
1	Typ 18 (12H)
n	Kommentar

Tabelle 30.11 DRW_COMMENT-Record

Dieser Record enthält im Datenfeld einen ASCIIZ-String mit einem Kommentartext. Die Datei kann eine unbegrenzte Anzahl an Kommentaren aufweisen.

DRW_CURR_OVERLAY (Typ 16, 10H)

Dieser Recordtyp definiert die Zahl der Overlays, die bei der Sicherung der Daten aktuell benutzt wurden.

Bytes	Bedeutung
1	Typ 16 (10H)
2	Zahl der Overlays

Tabelle 30.12 DRW_CUR_OVERLAY-Record

Es darf nur ein solcher Record in der Datei auftreten. Gültige Werte liegen dabei zwischen 0 und 63.

DRW_DIMENSIONS (Typ 24, 18H)

Dieser Recordtyp definiert das Format für die Dimension, die bei der Speicherung der Daten verwendet wurde.

Bytes	Bedeutung
1	Typ 24 (18H)
1	Format

Tabelle 30.13 DRW_DIMENSIONS-Record

DRW_EOF (Typ 254, FEH)

Dieser Recordtyp definiert das Ende einer Datei.

Bytes	Bedeutung
1	Typ 254 (FEH)

Tabelle 30.14 DRW_EOF-Record

Der Record besitzt keinen Datenbereich.

DRW_FACENAME (Typ 2, 02H)

Dieser Recordtyp definiert den Namen des verwendeten Fonts.

Bytes	Bedeutung
1	Typ 2 (02H)
n	Fontname

Tabelle 30.15 DRW_FACENAME-Record

Der Datenbereich enthält einen ASCII-String der Länge LF_FACESIZE. (Diese Konstante wird in der Datei WINDOWS.H definiert.) Mit dem Namen wird ein gültiger Font selektiert. In einer Datei dürfen mehrere Fontrecords auftreten, die in ihrer Reihenfolge mit einem Index von 0 bis *n* versehen werden. Texte beziehen sich dann über den jeweiligen Index auf die definierten Fonts.

DRW_FONT (Typ 21, 15H)

Dieser Recordtyp definiert einen logischen Font, der durch verschiedene Objekte benutzt wird.

Bytes	Bedeutung
1	Typ 21 (15H)
1	Index
1	PitchAndFamily
n	FaceName [LF_Facesize]

Tabelle 30.16 DRW_FONT-Record

Im Index wird die Indexnummer angegeben, über die sich andere Objekte auf den logischen Font beziehen können. Das folgende Byte definiert die Größe (Pitch) und den Fonttyp (Fontfamilie), wobei folgende Kodierung gilt:

Bits	Bedeutung
Bits 0-1:	00 = Default Pitch 01 = Fixed Pitch 10 = Variable Pitch
Bits 4-7:	0000 = unbekannt 0001 = Roman 0010 = Swiss 0011 = Modern 0100 = Script
	0101 = Decorative

Tabelle 30.17 Kodierung der Fontgröße und des Fonttyps

Daran schließt sich ein Text mit dem Namen des betreffenden Fonts an. Mit dieser Definition kann dann ein logischer Font aus der Familie der verfügbaren Fonts definiert werden.

DRW_GRADIENT (Typ 30, 1EH)

Dieser Recordtyp definiert, wie die Symbole mit der Funktion *Fill* zu füllen ist.

Bytes	Bedeutung
1	Typ 30 (1EH)
1	Index
1	Flags
1	xPercent
1	yPercent
2	Angle

Tabelle 30.18 DRW_GRADIENT-Record

Mit der *Fill*-Funktion lassen sich Flächen von Objekten (z.B. Kreise, Rechtecke etc.) auffüllen oder schraffieren. Der Record beschreibt die Art, wie ein Objekt gefüllt wird. Das Feld *Index* gibt dabei den Index für die jeweilige Definition an. Über diesen Index kann später ein anderes Objekt die Fill-Funktion mit der gewünschten Schraffur aktivieren.

Die folgenden Felder definieren die Parameter für den Gradienten der Füllfunktion. Das Feld *Flags* definiert, ob die Schraffur linear oder radial erfolgen soll. Es gilt folgende Kodierung:

Wert	Bedeutung
00	radial
01	linear
02	quadratisch (square)

Tabelle 30.19 Kodierung der Schraffur

Die beiden Parameter *xPercent* und *yPercent* definieren den Ursprungspunkt in der Bounding-Box des Objekts, von dem aus die Schraffur beginnt. Der Parameter *xPercent* wird im Modus *linear Gradient* nicht benutzt, da hier nur parallel zur y-Achse verschoben wird. Das Feld *Angle* gibt den Winkel an, um den im Modus *linear Gradient* rotiert wird. Die Angabe erfolgt in 1/10 Grad.

DRW_GRID (Typ 22, 16H)

Dieser Recordtyp definiert ein Gitter innerhalb der Zeichnung.

Bytes	Bedeutung
1	Typ 22 (16H)
2	horizontales Gitter
2	vertikales Gitter

Tabelle 30.20 DRW_GRID-Record

Die Angaben definieren die Zahl der Gitterlinien pro Einheit innerhalb der Zeichnung. Die Einheiten beziehen sich auf das Lineal (Ruler), das sich in das Bild einblenden läßt.

DRW_ID (Typ 4, 04H)

Dieser Recordtyp definiert einen Textstring, der einem Symbol einer Micrografx-Zeichnung zugewiesen wird.

Bytes	Bedeutung
1	Typ 4 (04H)
n	ASCII-String

Tabelle 30.21 DRW_ID-Record

DRW_INFO (Typ 19, 13H)

Dieser Recordtyp definiert einen ASCIIZ-String, der als globale Beschreibung für die Datei interpretiert wird.

Bytes	Bedeutung
1	Typ 19 (13H)
n	ASCIIZ-String

Tabelle 30.22 DRW_INFO-Record

Der String wird mit einem Nullbyte abgeschlossen. Es darf nur ein Record innerhalb der Datei auftreten.

DRW_LOCKED (Typ 29, 1DH)

Dieser Recordtyp enthält einen logischen Wert, der anzeigt, ob der letzte spezifizierte Overlay Record gesperrt (locked) ist.

Bytes	Bedeutung
1	Typ 29 (1DH)
1	Locked-Flag

Tabelle 30.23 DRW_LOCKED-Record

Ist der Wert ungleich 0, wird das betreffende Overlay gesperrt. Für jedes Overlay, das in der Datei beschrieben wird, darf ein solcher Record auftreten.

DRW_MAX_LINK_ID (Typ 37, 25H)

Dieser Record ist intern für die Micrografx-Produkte reserviert.

DRW_OLD_GRID (Typ 15, 0FH)

Dieser Recordtyp definiert die Startwerte für das Gitter, das Lineal und die Seite.

Bytes	Bedeutung
1	Typ 15 (0FH)
1	GridPosted
1	PagesPosted
1	RulersPosted
1	RulerType
1	SnapTo
2	HGridSize
2	HPageSize
2	HSnapSize
2	RulerIncrement
2	RulerSize
2	VGridSize
2	VPageSize
2	VSnapSize

Tabelle 30.24 DRW_OLD_GRID-Record

Die Angaben definieren die Voreinstellungen, wobei folgendes gilt:

GridPosted wird als logisches Flag benutzt, das definiert, ob das Gitter dargestellt oder unterdrückt wird. Das gleiche gilt für die Felder *PagesPosted* und *RulersPosted*, welche die Seitenanzeige und das Lineal beeinflussen. Das Feld *PageType* ist zur Zeit noch unbelegt.

Das Feld *RulerType* definiert die Einheit (0 = Inch, 1 = cm). Mit *SnapTo* wird die *Snap*-Funktion ein- oder ausgeschaltet. *HGridSize* definiert den Abstand der horizontalen Gitterlinien im Bildbereich, während *HPageSize* die horizontale Größe der Seite in logischen

Koordinaten angibt. Das gleiche gilt für die Felder, die mit dem Buchstaben V (vertical) beginnen. Das Feld *RulerIncrement* gibt die Schrittweite für die Einteilung des Lineals an.

DRW_OVERLAY (Typ 5, 05H)

Dieser Recordtyp definiert einen Overlay-Bereich.

Bytes	Bedeutung
1	Typ 5 (05H)
2	Overlay-Nummer
2	Zahl der Symbole

Tabelle 30.25 DRW_OVERLAY-Record

Der erste Eintrag definiert die Nummer des Overlays. Overlays leiten eine Recordfolge ein, in deren Verlauf mehrere Elemente zusammengefaßt werden. Deshalb gibt der zweite Parameter auch die Zahl der zusammengehörenden Elemente an. Zusammengesetzte Symbole lassen sich damit erzeugen. Jedes Overlay darf nur mit einem solchen Record eingeleitet werden.

DRW_OVERLAY_NAME (Typ 23, 17H)

Dieser Recordtyp definiert den Namen eines Overlay-Bereichs.

Bytes	Bedeutung
1	Typ 23 (17H)
n	Overlay-Name

Tabelle 30.26 DRW_OVERLAY_NAME-Record

Der Eintrag definiert den Namen des Overlays, der im vorhergehenden Record eingeleitet wurde.

DRW_PAGE (Typ 27, 1BH)

Dieser Recordtyp definiert die anwendungsspezifische Größe einer Seite in logischen Koordinaten.

Bytes	Bedeutung
1	Typ 27 (1BH)
2	Page Width
2	Page Height
2	Left Margin
2	Top Margin

Bytes	Bedeutung
2	Right Margin
2	Bottom Margin

Tabelle 30.27 DRW_PAGE-Record

Die Angaben für die Größe der Seite schließen die Randbegrenzungen (Margins) nicht ein.

DRW_PATTERN (Typ 28, 1CH)

Dieser Recordtyp definiert ein auszugebendes Muster.

Bytes	Bedeutung
1	Typ 28 (1CH)
1	Index
16	Bitmuster

Tabelle 30.28 DRW_PATTERN-Record

Im ersten Feld steht der Index, unter dem das Muster anzusprechen ist, während die folgenden 16 Bytes das eigentliche Muster spezifizieren.

DRW_POLYGON (Typ 6, 06H)

Dieser Recordtyp definiert ein Polygon, das auszugeben ist.

Bytes	Bedeutung
1	Typ 6 (06H)
n* 4	X/Y-Koordinatenpaare der Punkte

Tabelle 30.29 DRW_POLYGON-Record

Das Polygon wird durch ein Feld von x/y-Koordinaten beschrieben, die durch Linien verbunden werden. Die Koordinaten beziehen sich dabei relativ auf die Position des vorhergehenden Symbols. Dieser Record folgt nur auf Symbolrecords für Polygone und verbundene Linien.

DRW_RESOLUTION (Typ 25, 19H)

Dieser Recordtyp definiert die Auflösung der logischen Koordinaten einer Einheit auf dem Lineal (Ruler).

Bytes	Bedeutung
1	Typ 25 (19H)
2	Auflösung

Tabelle 30.30 DRW_RESOLUTION-Record

DRW_RULER (Typ 26, 1AH)

Dieser Recordtyp definiert den Typ und die Skalenteilung des Lineals (Ruler).

Bytes	Bedeutung
1	Typ 26 (1AH)
1	Metric (boolean)
2	nHorzSubdivisions
2	nVertSubdivisions
2	Increment

Tabelle 30.31 DRW_RULER-Record

Das Feld *Metric* signalisiert, ob die Skalierung metrisch (True) oder in Inch (False) erfolgen soll.

Die Felder *Subdivision* geben die Teilung des Lineals in X- und Y-Richtung in Einheiten an. Das Feld *Increment* definiert die Skalenteilung für die Hauptmarken (1, 2, 3 oder 2, 4, 6 etc.).

DRW_SYMBOL (Typ 7, 07H)

Dieser Recordtyp definiert ein Symbol (Kreis, Linie etc.).

Bytes	Bedeutung
1	Typ 7 (07H)
x	Recordstruktur des Symboltyps

Tabelle 30.32 DRW_SYMBOL-Record

Bei diesem Recordtyp wurden im Laufe der Zeit fünf verschiedene Versionen definiert:

Version	Produkt
1	Windows Draw, In*a*Vision
2	Windows Graph, Graph Plus
3	Designer 2.x
4	Designer 3.x, Charisma 2.0x
5	Charisma 2.1, Designer 3.1

Tabelle 30.33 Versionen des SYMBOL-Records

Für den Recordaufbau der einzelnen Versionen gilt eine etwas abweichende Beschreibung.

Recordaufbau der Version 1

Der SYMBOL-Record tritt in dieser Variante nur in PIC-Dateien auf und besitzt einen einfachen Aufbau:

Bytes	Name	Bedeutung
1	Type	Typ des Objekts
1	Flags	Linientyp, Fonts etc.
4	Pos	Position in log. Koordinaten (x, y)
8	Box	Bounding-Box des Objekts (x, y, dx, dy)
2	Angle	Rotation in 0.1 Grad gegen Uhrzeiger
2	XScale	additiver X-Skalierungswert
2	YScale	additiver Y-Skalierungswert
4	Color	Line, Text, Border Color
2	Handle	reserviert
4	Next	reserviert (next Symbol in List)
4	Prev	reserviert (previous Symbol in List)
		Arc und Pie Slize
1	Pattern	Füllmuster
4	FColor	Füllfarbe
4	Start	Startkoordinaten (X, Y)
4	End	Endekoordinaten (X, Y)
8	Frame	Bounding-Box Object
4	Endp	Endpunkt bei Single Line (X, Y)
		Rectangle und Ellipse
1	Pattern	Füllmuster
4	FColor	Füllfarbe
8	Frame	Bounding-Box Object

Tabelle 30.34 Aufbau SYMBOL-Record Typ 1

Das Feld für den Typ des Symbols besitzt folgende Kodierung:

Wert	Bedeutung
0	elliptischer Bogen
22	monochrome Bitmap
13	Ellipse, geschlossen, füllbar
27	Clip Path, einfache Instanz, geschlossen
14	elliptischer Bogen, im Uhrzeigersinn
24	geschlossene Bézierkurve, füllbar
15	geschlossene Parabel, füllbar
1	geschlossenes Polygon, füllbar
16	geschlossenes quadratisches Spline, füllbar
17	geschlossenes komplexes Objekt, füllbar

Wert	Bedeutung
2	Sammlung von Objekten
29	formatierter Text entlang einer Kurve
3	Kreis, Ellipse
5	Zeile mit skalierbarem Text
6	einzelnes Linienelement
23	offene, nicht füllbare Bézierkurve
18	Parabel
20	offenes, nicht füllbares komplexes Polygon
8	offenes, nicht füllbares einfaches Polygon
19	quadratisches Spline
9	Tortenausschnitt (pie wedge)
10	Rechteck oder Viereck
11	Rechteck mit runden Ecken
25	Rich Text Block
28	geschlossener Clip Path (tiled)
26	virtuelle Bitmap

Tabelle 30.35 Kodierung Symboltyp

Das Feld *Flag* enthält Informationen über das Objekt. Die unteren 4 Bits definieren die Linienform oder den Font für das Objekt. Ist Bit 4 der unteren Bits gesetzt, wird der Mode *winding fill* verwendet. Andernfalls wird der *alternate odd-even*-Modus benutzt. Für ein aus Linien bestehendes Objekt gilt die nachfolgend beschriebene Kodierung für die Linien.

Wert	Bedeutung
00H	Solid
01H	Dashed
02H	Dotted
03H	Dash dotted
04H	Dash dot dash
05H	Invisible

Tabelle 30.36 Kodierung für Linien

Bei Textobjekten werden die 4 unteren Bits logisch mit *oder* verknüpft. Es gilt dabei folgende Belegung:

Bit 0: Bold
1: Italic
2: Strikeout
3: Underline

Die Maske für die 4 oberen Bits definiert folgende Modi:

Bit 4: No-Rotate (nicht drehen)
5: Proportional Stretch (proportional strecken)
6: Static ID
7: Opaque (durchsichtig)

In *Pos* findet sich die Position in logischen Koordinaten (X, Y) für das betreffende Objekt. Ist das Objekt Bestandteil eines zusammengesetzten Objekts, werden die Koordinaten relativ angegeben.

Box ist die Definition des Rechtecks (X, Y, deltax, deltay), das sich um das Objekt zeichnen läßt. *Angle* definiert die Rotation eines Objekts in 1/10 Grad gegen den Uhrzeigersinn.

XScale und *YScale* werden nur bei Streckungen benutzt, um die Originalgröße der Bounding-Box zu erhalten. *Color* ist ein 4-Byte-Wert, der die Farbdefinition (RGB) enthält.

Grafikformate

Recordaufbau der Version 2

Der SYMBOL-Record tritt in dieser Variante in DRW- und GRF-Dateien auf und besitzt folgenden Aufbau:

Bytes	Name	Bedeutung
1	Type	Typ des Objekts
1	Flags	Linientyp, Fonts etc.
4	Pos	Position in log. Koordinaten (x, y)
8	Box	Bounding-Box des Objekts (x, y, dx, dy)
2	Angle	Rotation in 0.1 Grad gegen Uhrzeiger
2	XScale	additiver X-Skalierungswert
2	YScale	additiver Y-Skalierungswert
4	Color	Line, Text, Boarder Color
2	Handle	reserviert
4	Next	reserviert (next Symbol in List)
4	Prev	reserviert (previous Symbol in List)
		Arc, Chord, Pie
1	Pattern	Füllmuster
4	FColor	Füllfarbe
4	Start	Startkoordinaten (X, Y)
4	End	Endekoordinaten (X, Y)
8	Frame	Bounding-Box Object

Bytes	Name	Bedeutung
		Bitmap
2	HBitmap	reserviert
8	Rect	Clipping Region
2	BitPxl	Bits pro Pixel
2	BytesL	Bytes pro Scan-Zeile
2	Planes	Zahl der Farbebenen
2	Height	Höhe der Bitmap in Zeilen
2	Width	Breite der Bitmap in Pixel
		Composed Object
6	List	Symbolliste
1	Flags	reserviert
8	Rect	contracted Bounding-Box
4	---	reserviert
2	Handle	reserviert
		Line Segment
4	End	Endpunkt der Linie
4	Start	Startpunkt
1	Format	Liniendicke
2	Increm	Increment
		Single Line of Text
n	Handle	reserviert
1	Font	Schriftindex
2	Count	Zeichenzahl
2	Height	Schrifthöhe in log. Einheiten
2	Width	Schriftbreite in log. Einheiten
2	ESC	Fluchtwinkel in 1/10 Grad (counterclock)
2	X	Ausrichtung x-Achse
2	Y	Ausrichtung y-Achse
2	Space	Spacing
1	Align	Ausrichtung (horizontal, vertikal)
		open or closed Parabola
1	Pattern	Füllmuster
4	FColor	Füllfarbe (RGB)
4	Start	Startpunkt (X, Y)
4	Mid	Mittelpunkt (X, Y)
4	End	Endpunkt (X, Y)
		open or closed Path
1	Pattern	Füllmuster
4	FColor	Füllfarbe (RGB)
n	List	Symbolliste
		open or closed Polygon or Spline
1	Pattern	Füllmuster
4	FColor	Füllfarbe (RGB)
2	Handle	reserviert
2	nPoints	Zahl der Punkte

Bytes	Name	Bedeutung
		Rectangle und Ellipse
1	Pattern	Füllmuster
4	FColor	Füllfarbe
8	Frame	Bounding-Box Object
2	Round	Rundungsradius Ecken Rechteck
		Rich Text Block
n	hBlock	reserviert
2	ESC	Fluchtwinkel
2	x	Ausrichtungspunkt X
2	y	Ausrichtungspunkt Y
1	AFlags	Application Flags
4	BColor	Background Color
2	Penw	Penwidth
1	Style	Form Linienenden
1	Rad	Endradius
2	Rotpt	Pivot-Punkt für Symbol Rotation (X, Y)
2	Penh	Penhight
2	Pena	Penangle 0.1 Grad (counterclock)
1	LineSt	Linienart
8	Border	Bounding-Box (bordered)

Tabelle 30.37 Aufbau SYMBOL-Record Typ 2

Es gelten die Ausführungen bezüglich des Recordtyps 1.

Recordaufbau der Version 3

Der SYMBOL-Record tritt in dieser Variante in DRW- und GRF-Dateien auf und besitzt folgenden Aufbau:

Bytes	Name	Bedeutung
1	Type	Typ des Objekts
1	Flags	Linientyp, Fonts etc.
4	Pos	Position in log. Koordinaten (x, y)
8	Box	Bounding-Box des Objekts (x, y, dx, dy)
2	Angle	Rotation in 0.1 Grad gegen Uhrzeiger
2	XScale	additiver X-Skalierungswert
2	YScale	additiver Y-Skalierungswert
4	Color	Line, Text, Boarder Color
2	Handle	reserviert
4	Next	reserviert (next Symbol in List)
4	Prev	reserviert (previous Symbol in List)
		Arc, Chord, Pie
1	Pattern	Füllmuster
4	FColor	Füllfarbe
4	Start	Startkoordinaten (X, Y)
4	End	Endekoordinaten (X, Y)
8	Frame	Bounding-Box Object

Bytes	Name	Bedeutung
		Bitmap
2	HBitmap	reserviert
8	Rect	Clipping Region
2	BitPxl	Bits pro Pixel
2	BytesL	Bytes pro Scan-Zeile
2	Planes	Zahl der Farbebenen
2	Height	Höhe der Bitmap in Zeilen
2	Width	Breite der Bitmap in Pixel
		Composed Object
n	List	Symbolliste
1	Flags	reserviert
4	Rect	contracted Bounding-Box
4	---	reserviert
2	Handle	reserviert
		Single Line of Text
2	Handle	reserviert
1	Font	Schriftindex
2	Count	Zeichenzahl
2	Height	Schrifthöhe in log. Einheiten
2	Width	Schriftbreite in log. Einheiten
2	ESC	Fluchtwinkel in 1/10 Grad (counterclock)
2	X	Ausrichtung x-Achse
2	Y	Ausrichtung y-Achse
2	Space	Spacing
1	Align	Ausrichtung (horizontal, vertikal)
		Line Segment
4	End	Endpunkt der Linie
4	Start	Startpunkt
1	Format	Liniendicke
2	Increm	Increment
		open or closed Parabola
1	Pattern	Füllmuster
4	FColor	Füllfarbe (RGB)
4	Start	Startpunkt (X, Y)
4	Mid	Mittelpunkt (X, Y)
4	End	Endpunkt (X, Y)
		open or closed Path
1	Pattern	Füllmuster
4	FColor	Füllfarbe (RGB)
n	List	Symbolliste
		open or closed Polygon or Spline
1	Pattern	Füllmuster
4	FColor	Füllfarbe (RGB)
2	Handle	reserviert
2	nPoints	Zahl der Punkte
		Rectangle und Ellipse
1	Pattern	Füllmuster
4	FColor	Füllfarbe
8	Frame	Bounding-Box Object
2	Round	Rundungsradius Ecken Rechteck

Bytes	Name	Bedeutung
1	AFlags	Application Flags
4	BColor	Background Color
2	Penw	Penwidth
1	Style	Form Linienenden
1	Rad	Endradius
2	Rotpt	Pivot-Punkt für Symbol Rotation (X, Y)

Tabelle 30.38 Aufbau SYMBOL-Record Typ 3

Es gelten die Ausführungen bezüglich des Recordtyps 1.

Recordaufbau der Version 4

Der SYMBOL-Record tritt in dieser Variante in DRW- und GRF-Dateien auf und besitzt folgenden Aufbau:

Bytes	Name	Bedeutung
1	Type	Typ des Objekts
1	Flags	Linientyp, Fonts etc.
4	Pos	Position in log. Koordinaten (x, y)
8	Box	Bounding-Box des Objekts (x, y, dx, dy)
2	Angle	Rotation in 0.1 Grad gegen Uhrzeiger
2	XScale	additiver X-Skalierungswert
2	YScale	additiver Y-Skalierungswert
4	Color	Line, Text, Border Color
2	Handle	reserviert
4	Next	reserviert (next Symbol in List)
4	Prev	reserviert (previous Symbol in List)
		Arc, Chord, Pie
1	Pattern	Füllmuster
4	FColor	Füllfarbe
4	Start	Startkoordinaten (X, Y)
4	End	Endekoordinaten (X, Y)
8	Frame	Bounding-Box Object
		Bitmap
2	HBitmap	reserviert
8	Rect	Clipping Region
2	BitPxl	Bits pro Pixel
2	BytesL	Bytes pro Scan-Zeile
2	Planes	Zahl der Farbebenen
2	Height	Höhe der Bitmap in Zeilen
2	Width	Breite der Bitmap in Pixel
		Composed Object
n	List	Symbolliste
1	Flags	reserviert
8	Rect	contracted Bounding-Box
4	---	reserviert
2	Handle	reserviert

Bytes	Name	Bedeutung
		Single Line of Text
2	Handle	reserviert
1	Font	Schriftindex
2	Count	Zeichenzahl
2	Height	Schrifthöhe in log. Einheiten
2	Width	Schriftbreite in log. Einheiten
2	ESC	Fluchtwinkel in 1/10 Grad (counterclock)
2	X	Ausrichtung x-Achse
2	Y	Ausrichtung y-Achse
2	Space	Spacing
1	Align	Ausrichtung (horizontal, vertikal)
		Line Segment
4	End	Endpunkt der Linie
4	Start	Startpunkt
1	Format	Liniendicke
2	Increm	Increment
		open or closed Parabola
1	Pattern	Füllmuster
4	FColor	Füllfarbe (RGB)
4	Start	Startpunkt (X, Y)
4	Mid	Mittelpunkt (X, Y)
4	End	Endpunkt (X, Y)
		open or closed Path
1	Pattern	Füllmuster
4	FColor	Füllfarbe (RGB)
n	List	Symbolliste
n	Fsymb	Füllsymbol
		open or closed Polygon or Spline
1	Pattern	Füllmuster
4	FColor	Füllfarbe (RGB)
2	Handle	reserviert
2	nPoints	Zahl der Punkte
		Rectangle und Ellipse
1	Pattern	Füllmuster
4	FColor	Füllfarbe
8	Frame	Bounding-Box Object
2	Round	Rundungsradius Ecken Rechteck
		Rich Text Block
n	hBlock	reserviert
2	ESC	Fluchtwinkel
2	x	Ausrichtungspunkt X
2	y	Ausrichtungspunkt Y

Bytes	Name	Bedeutung
1	AFlags	Application Flags
4	BColor	Background Color
2	Penw	Penwidth
1	Style	Form Linienenden
1	Rad	Endradius
2	Rotpt	Pivot-Punkt für Symbol Rotation (X, Y)
2	Penh	Penhight
2	Pena	Penangle 0.1 Grad (counterclock)
1	LineSt	Linienart
8	Border	Bounding-Box (boardered)

Tabelle 30.39 Aufbau SYMBOL-Record Typ 4

Es gelten die Ausführungen bezüglich des Recordtyps 1.

Recordaufbau der Version 5

Der SYMBOL-Record tritt in dieser Variante in DRW- und GRF-Dateien auf und besitzt folgenden Aufbau:

Bytes	Name	Bedeutung
1	Typ	Typ des Objekts
1	Flags	Linientyp, Fonts etc.
4	Pos	Position in log. Koordinaten (x, y)
8	Box	Bounding-Box des Objekts (x, y, dx, dy)
2	Angle	Rotation in 0.1 Grad gegen Uhrzeiger
2	XScale	additiver X-Skalierungswert
2	YScale	additiver Y-Skalierungswert
4	Color	Line, Text, Border Color
2	Handle	reserviert
4	Next	reserviert (next Symbol in List)
4	Prev	reserviert (previous Symbol in List)
		Arc, Chord, Pie
1	Pattern	Füllmuster
4	FColor	Füllfarbe
4	Start	Startkoordinaten (X, Y)
4	End	Endekoordinaten (X, Y)
8	Frame	Bounding-Box Object
		Bitmap
2	HBitmap	reserviert
8	Rect	Clipping Region
2	BitPxl	Bits pro Pixel
2	BytesL	Bytes pro Scan-Zeile
2	Planes	Zahl der Farbebenen
2	Height	Höhe der Bitmap in Zeilen
2	Width	Breite der Bitmap in Pixel

Bytes	Name	Bedeutung
		Composed Object
n	List	Symbolliste
1	Flags	reserviert
8	Rect	contracted Bounding-Box
4	---	reserviert
2	Handle	reserviert
		Single Line of Text
2	Handle	reserviert
1	Font	Schriftindex
2	Count	Zeichenzahl
2	Height	Schrifthöhe in log. Einheiten
2	Width	Schriftbreite in log. Einheiten
2	ESC	Fluchtwinkel in 1/10 Grad (counterclock)
2	X	Ausrichtung x-Achse
2	Y	Ausrichtung y-Achse
2	Space	Spacing
1	Align	Ausrichtung (horizontal, vertikal)
		Line Segment
4	End	Endpunkt der Linie
4	Start	Startpunkt
1	Format	Liniendicke
2	Increm	Increment
		open or closed Parabola
1	Pattern	Füllmuster
4	FColor	Füllfarbe (RGB)
4	Start	Startpunkt (X, Y)
4	Mid	Mittelpunkt (X, Y)
4	End	Endpunkt (X, Y)
		open or closed Path
1	Pattern	Füllmuster
4	FColor	Füllfarbe (RGB)
n	List	Symbolliste
n	Fsymb	Füllsymbol
		open or closed Polygon or Spline
1	Pattern	Füllmuster
4	FColor	Füllfarbe (RGB)
2	Handle	reserviert
2	nPoints	Zahl der Punkte
		Rectangle und Ellipse
1	Pattern	Füllmuster
4	FColor	Füllfarbe
8	Frame	Bounding-Box Object
2	Round	Rundungsradius Ecken Rechteck

Bytes	Name	Bedeutung
		Rich Text Block
2	hBlock	reserviert
2	ESC	Fluchtwinkel
2	x	Ausrichtungspunkt X
2	y	Ausrichtungspunkt Y
2	Flags	reserviert
2	Handle	reserviert
2	nPoints	reserviert
1	AFlags	Application Flags
4	BColor	Background Color
2	Penw	Penwidth
1	Style	Form Linienenden
1	Rad	Endradius
2	Rotpt	Pivot-Punkt für Symbol Rotation (X, Y)
2	Penh	Penhight
2	Pena	Penangle 0.1 Grad (counterclock)
1	LineSt	Linienart
8	Border	Bounding-Box (bordered)

Tabelle 30.40 Aufbau SYMBOL-Record Typ 5

Es gelten die Ausführungen bezüglich des Recordtyps 1. Die Länge eines Handles beträgt 2 Bytes. Handles werden von Graph Plus benutzt. Ein Text-Record-Header umfaßt dagegen 3 Bytes. Die Records der Versionen 1 bis 4 sind Untermengen der Version 5.

Muster in einem Objekt werden gemäß folgenden Codes ausgegeben:

C0H	Hatch
80H	Pattern
40H	Solid
00H	ungefüllt

Die Schraffur eines Musters ist folgendermaßen kodiert:

00H	horizontal
01H	vertikal
02H	vorwärts diagonal
03H	rückwärts diagonal
04H	vertikal-horizontal (hatch)
05H	diagonal gekreuzt

Die Form eines Linienabschlusses (line cap) wird mit den Codes

0	abgerundet
1	flach
2	rechteckig

definiert.

Die Form spitz zulaufender Linienabschlüsse (line join) wird mit den Codes

0	abgerundet
1	schräg
2	Gehrung

angegeben.

DRW_SYMBOLVERSION (Typ 33, 21H)

Dieser Recordtyp definiert die Versionsnummer, die von der Symboldefinition benutzt wird.

Bytes	Bedeutung
1	Typ 33 (21H)
2	Versionsnummer = 5

Tabelle 30.41 DRW_SYMBOLVERSION-Record

Zur Zeit wird immer die Versionsnummer 5 benutzt.

DRW_TEXT (Typ 8, 08H)

Dieser Recordtyp definiert einen Text, der mit dem vorhergehenden Symbol verbunden ist.

Bytes	Bedeutung
1	Typ 8 (08H)
n	String

Tabelle 30.42 DRW_TEXT-Record

DRW_TEXTEXTRA (Typ 36, 24H)

Dieser Recordtyp ist für Micrografx reserviert.

DRW_TEXTHDR (Typ 31, 1FH)

Der Record definiert einen Header für ein S_TEXT-Symbol im vorhergehenden DRW_SYMBOL-Record.

Bytes	Bedeutung
1	Typ 31 (1FH)
1	Version
1	vertikale Ausrichtung

Bytes	Bedeutung
2	MemFlags
2	ESCAPE
x	DefFont
2	Parameterzahl
x	Parameterblock

Tabelle 30.43 DRW_TEXTHDR-Record

Das Feld *Version* definiert die Version des Textes. Die vertikale Ausrichtung ist folgendermaßen definiert:

0	Top Align
4	Middle Align
8	Bottom Align
16	Justify Align

Das Feld *MemFlags* bezieht sich auf die Allozierung des Textblocks. Das Feld *ESCAPE* definiert den Fluchtwinkel in 1/10 Grad, unter dem der Text auszugeben ist. Das Feld *DefFont* enthält eine Datenstruktur zur Definition des erforderlichen Textfonts. Diese Struktur enthält folgende Einträge:

1	Byte	Index des Fonts
1	Byte	Schriftstil (Style)
2	Byte	Schriftbreite
2	Byte	Schrifthöhe

Die Schriftgröße wird dabei in logischen Einheiten definiert. Das Feld mit der Parameteranzahl definiert die Zahl der Abschnitte (Paragraphen) im folgenden Feld. Der letzte Eintrag ist wiederum eine Datenstruktur, welche die Textblocks enthält.

Diese besitzt folgenden Aufbau:

2	Byte	Linker Rand
2	Byte	Rechter Rand
2	Byte	Einzug
1	Byte	Horizontale Ausrichtung
2	Byte	Extra Leading
2	Byte	Max. Leading
2	Byte	Max. Steigung (Ascending)
2	Byte	Max. Höhe
n	Byte	Bounding-Box des Absatzes
n	Byte	Handle

2	Byte	n Bytes
2	Byte	Space before (Einzug)
2	Byte	User Data (für Anwendungen)
2	Byte	Space after
n	Byte	Ofs

Mit *Handle* wird ein Verweis auf den globalen Speicher definiert, an dem Datenrecords mit dem Text stehen. Der Parameter *nBytes* gibt die Größe dieses Datenbereichs in Byte an. Die folgenden Felder definieren die Formatierung des Textes. *Ofs* gibt den Offset des Absatzes zum Beginn eines Textblocks.

DRW_TEXTPARA (Typ 34, 22H)

Der Record definiert einen Textparameterblock, wie er im vorhergehenden Record (siehe oben) beschrieben wurde.

Bytes	Bedeutung
1	Typ 34 (22H)
x	Parameterblock

Tabelle 30.44 DRW_TEXTPARA-Record

DRW_VERSION (Typ 3, 03H)

Der Record definiert verschiedene Versionsnummern innerhalb der Datei.

Bytes	Bedeutung
1	Typ 3 (03H)
2	Revision
1	Version
1	Application

Tabelle 30.45 DRW_VERSION-Record

Das erste Feld *Revision* umfaßt 2 Bytes und enthält eine Revisionsnummer der Anwendung, die diese Datei erzeugt hat. Das folgende Byte definiert die Versionsnummer der Datei. Hier gilt:

1	In*a*Vision, Windows Draw, Graph
2	Charisma, Designer

Das letzte Byte enthält einen anwendungsspezifischen Code:

0	In*a*Vision, Windows Draw
1	Windows Graph, Graph Plus, Charisma
2	Designer

Bei Dateien mit der Versionsnummer 1 wird der *Revision Level* immer auf 6 und das letzte Byte auf 0 gesetzt.

DRW_VIEW (Typ 14, 0EH)

Der Record definiert die Initialisierungswerte für den Bildnullpunkt und die Abmessungen.

Bytes	Bedeutung
1	Typ 14 (0EH)
4	WindowOrg
4	WindowExt

Tabelle 30.46 DRW_VIEW-Record

Das 4-Byte-Feld *WindowsOrg* definiert den Nullpunkt des sichtbaren Fensters (X, Y) in logischen Koordinaten. Der Wert entspricht der Einstellung, bei der die Datei erzeugt wurde. Im unteren Wort des Feldes steht dabei die X-Koordinate.

Im folgenden 4-Byte-Feld werden die Abmessungen der x- und y-Achse in logischen Koordinaten angegeben. Der Wert für die x-Achse steht dabei im unteren Wort.

DRW_VISIBLE (Typ 17, 11H)

Der Record enthält einen Booleschen Wert, der angibt, ob ein Overlay sichtbar sein soll.

Bytes	Bedeutung
1	Typ 17 (11H)
1	Visible

Tabelle 30.47 DRW_VISIBLE-Record

Für jeden Overlay-Record muß ein VISIBLE-Record definiert werden.

VERSION_REC (Typ 255, FFH)

Der Record markiert den Beginn einer Datei.

Bytes	Bedeutung
1	Typ 255 (FFH)
1	File Version

Tabelle 30.48 VERSION_REC-Record

Für die Versionsnummer gilt:

1	In*a*Vision, Windows Draw
2	Charisma, Designer, Windows Graph Graph Plus, Draw Plus

Dieser Record darf nur einmal in der Datei vorkommen. Damit möchte ich die Beschreibung des Recordformats der Micrografx-Produkte beenden.

31 WINDOWS 2.0 PAINT File-Format (MSP)

Dieses Format wurde in den WINDOWS-Versionen bis 2.x zum Speichern von Bitmap-Grafiken benutzt. Es wird seit Microsoft WINDOWS 3.x zwar nicht mehr verwendet, kann aber noch mit verschiedenen Microsoft-Programmen (wie PaintBrush) gelesen werden. Deshalb möchte ich das Format kurz vorstellen. Eine MSP-Datei gliedert sich in:

- den Header,
- eine Indextabelle und
- die Bilddaten,

wobei die Strukturen nachfolgend vorgestellt werden.

Der MSP-Header

Der Header beschreibt den Inhalt der Bilddaten. Er umfaßt 32 Bytes und besitzt folgenden Aufbau:

Offset	Byte	Bedeutung
00H	2	Signatur 1 (6144H oder 694CH)
02H	2	Signatur 2 (4D6EH oder 536EH)
04H	2	Breite der Bitmap in Pixel (X)
06H	2	Höhe der Bitmap in Pixel (Y)
08H	2	ScreenAspect Ratio x-Achse
0AH	2	ScreenAspect Ratio y-Achse
0CH	2	PrintAspect Ratio x-Achse
0EH	2	PrintAspect Ratio y-Achse
10H	2	Breite Druckauflösung (Pixel) dxprint
12H	2	Höhe Druckauflösung (Pixel) dyprint
14H	2	reserviert (0)
16H	2	reserviert (0)
18H	2	Checksum Feld
1AH	2	reserviert (0)
1CH	2	reserviert (0)
1EH	2	reserviert (0)

Tabelle 31.1 MSP-Header

Die ersten 4 Bytes stellen die Signatur für gültige MSP-Dateien dar. Hier scheint es verschiedene Versionen gegeben zu haben. Während die mir vorliegende Dokumentation von Microsoft die Signatur 44 61 6E 4D (in Hexzahlen) aufführt, habe ich Hinweise auf eine weitere Signatur (4C 69 53 6E) gefunden.

Die zwei Worte ab Offset 04H geben die Abmessungen der Bitmap (Breite * Höhe) in Pixel an. Die beiden Worte ab Offset 08H definieren die Auflösung (x, y) des Bildschirmes in Pixel. Ab Offset 0CH finden sich dann noch zwei Worte, deren Bedeutung mir nicht ganz klar ist. Die Einträge geben die Auflösung des Druckers, für den das Bild erstellt wurde, in X- und Y-Richtung an. Vermutlich handelt es sich um die Druckdichte (Punkte pro Zoll). Warum diese Werte in einer Bilddatei zu speichern sind, ist mir schleierhaft. Ab Offset 10H steht dann wiederum die Auflösung des Druckers, angegeben in Pixel für die x- und y-Achse, für das auszugebende Bild. Diese Werte interpretiere ich als die Zahl der Punkte in die jeweilige Druckrichtung, so daß der Wert vom Papierformat abhängt.

Ab Offset 18H wird die Checksumme der Datei gespeichert, um sicherzustellen, daß es sich um eine gültige MSP-Datei handelt. Über das Verfahren zur Berechnung der Checksumme liegen mir aber keine Angaben vor.

Die Indextabelle

An den Header schließt sich ab Offset 20H eine Indextabelle mit *n* Worten an, in denen jeweils die Länge der zugehörigen Datenzeile steht. Die Daten einer MSP-Datei sind nach dem »Run Length«-Verfahren komprimiert. Dabei wird jede Bildzeile separat verschlüsselt, wobei die Länge der jeweiligen Bildzeile von der Bitmap abhängt. In den entsprechenden Einträgen der Indextabelle findet sich die Länge der zugehörigen komprimierten Zeile (in Byte) als vorzeichenlose Integerzahl (2 Byte). Die Zahl der Einträge geht aus der Zahl der Bildzeilen (dyprint, Offset 12H) hervor. Inwieweit die Druckerauflösung benutzt wird, ist mir unklar geblieben.

Der Datenbereich

An die Indextabelle schließt sich der Datenbereich mit den komprimierten Bilddaten an. Dessen Lage berechnet sich durch Addition der Längen von Header und Indextabelle:

*= 32 Byte (Header) + Länge Indexeintrag * Bildzeilen (dyPrint)*
*= 32 + 2 * dyPrint*

Pro Indexeintrag werden 2 Bytes belegt. Sobald die Länge der komprimierten Zeile bekannt ist, sind die Daten byteweise einzulesen und dann zu entschlüsseln. Bei der Komprimierung werden zwei Verfahren benutzt:

Ist das erste Byte = 0, folgt dem Byte ein Zähler und ein Muster (Bild 31.1). Der Zähler umfaßt ein Byte und gibt an, wie oft das Folgebyte mit dem Muster zu wiederholen ist. Die Angabe *00 80 3FH* signalisiert, daß das Muster 3FH 128 mal (80H) zu wiederholen ist.

Ist der Wert des ersten Bytes ungleich 0 (zwischen 1 und 255), wird eine andere Kodierung gewählt (Abbildung 31.2).

00	Count	Muster

Abbildung 31.1 MSP-Datenrecord (Typ 1)

Count	Daten	..	Daten

Abbildung 31.2 MSP-Datenrecord (Typ 2)

Das erste Byte enthält einen Zähler, der die Zahl der folgenden Datenbytes angibt. Diese Datenbytes enthalten dann eine nicht komprimierte Bitmap, d.h., die Bits lassen sich direkt in Bildpunkte umsetzen. Die Sequenz *03 3F 44 00H* signalisiert, daß die folgenden drei Bytes (3F 44 00H) als Muster direkt gespeichert wurden.

Mit dieser Vorschrift sind so lange Datenbytes zu lesen, bis eine Bildzeile dekodiert wurde. Die Zahl der zu lesenden Bytes steht im zugehörigen Eintrag der Indextabelle. Dann sind die Bildpunkte zu dekodieren und auszugeben. Die Sequenz *00 40 FFH* signalisiert, daß 64 Bytes mit dem Wert FFH auszugeben sind. Dies ergibt eine Zeile mit 512 weißen Bildpunkten. Der Wert *01 01H* als Muster ergibt andererseits eine Folge von 7 schwarzen Pixel und einem weißen Bildpunkt.

Die Längenberechnung (Byte pro Zeile) für die Einträge der Indextabelle ist recht einfach. Umfaßt die Zeile zum Beispiel 520 Bildpunkte (512 + 8), ergibt die Längenberechnung mit folgenden Werten

00 40 FFH -> 3 Datenbyte für 512 weiße Bildpunkte
01 01H -> 2 Datenbyte für 7 schwarze und 1 weißen Punkt

das Ergebnis von 5 (Byte), das in der Indextabelle gespeichert wird. Durch die Kodierung kann jede Bildzeile eine unterschiedliche Länge haben. Um die Lage (Offset vom Dateianfang) der Daten einer Bildzeile zu berechnen, müssen die Längen der einzelnen Einträge in der Indextabelle bis zum gesuchten Eintrag addiert werden. Dann ist der Header (32 Byte) sowie die Länge der Indextabelle zu addieren. Ab dieser Position können dann n Bytes der betreffenden Bildzeile gelesen werden.

32 Die PBM-Formate (PBM, PGM, PPM)

Die Portable Bitmap-Formate wurden von Jeff Poskanzer als Zwischenformat für seine Portable Bitmap Utilities definiert. Es handelt sich dabei um ein sehr einfach gehaltenes Dateiformat, das die Bilddaten im ASCII-Format oder als Binärdaten enthält. In beiden Fällen werden die einzelnen Einträge durch Separatoren (Leerzeichen, Tabulator, CR/LF oder LF) getrennt. Jede Datei besteht aus einem Header, gefolgt von den Bilddaten (Abbildung 32.1).

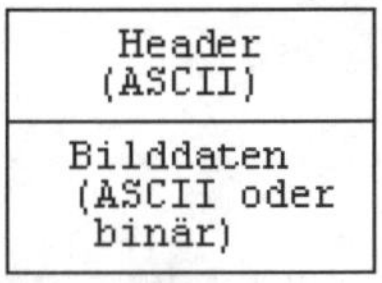

Abbildung 32.1 Struktur einer PBM-Datei

Je nach gespeichertem Bild werden verschiedene Dateierweiterungen und Header verwendet.

Der PBM-Header

Der PBM-Header besitzt folgende Struktur:

Signatur	Der Eintrag bestimmt, um welchen Header es sich handelt: »P1« ASCII-Version einer PBM-Datei »P4« Binärversion einer PBM-Datei
Breite	Bildbreite als ASCII-Wert
Höhe	Bildhöhe als ASCII-Wert

Tabelle 32.1 Struktur des PBM-Headers

Mit diesem Header wird eine Datei eingeleitet, die eine monochrome portable Bitmap-Grafik enthält.

Der PGM-Header

Der PGM-Header beschreibt eine portable Graustufen-Bitmap und besitzt folgende Struktur:

Signatur	Der Eintrag bestimmt, um welchen Header es sich handelt: »P2« ASCII-Version einer PGM-Datei »P5« Binärversion einer PGM-Datei
Breite	Bildbreite als ASCII-Wert
Höhe	Bildhöhe als ASCII-Wert
MaxGrey	Maximaler Grauwert (ASCII-Wert)

Tabelle 32.2 Struktur des PGM-Headers

Der PPM-Header

Der PPM-Header beschreibt eine portable farbige Bitmap und besitzt folgende Struktur:

Signatur	Der Eintrag bestimmt, um welchen Header es sich handelt: »P3« ASCII-Version einer PPM-Datei »P6« Binärversion einer PPM-Datei
Breite	Bildbreite als ASCII-Wert
Höhe	Bildhöhe als ASCII-Wert
MaxColor	Maximaler Farbwert (ASCII-Wert)

Tabelle 32.3 Struktur des PPM-Headers

Bilddaten

Die Bilddaten schließen sich direkt an den Header an. Bei PPM-Dateien wird jeder Bildpunkt durch drei ASCII-Werte beschrieben (wobei jeder Wert zwischen 0 und dem in MaxColor beschriebenen Wert liegen kann). Die drei Werte geben die Farbanteile für Rot, Grün und Blau wieder. Bei PBM und PGM wird jeder Bildpunkt durch einen ASCII-Wert beschrieben. Nachfolgend finden Sie ein Beispiel für eine PBM-Datei:

```
P2
# 4X4.PBM
4 4
0 0 1 1
0 0 1 1
1 1 0 0
1 1 0 0
```

Abbildung 32.2 Beispiel für eine PBM-Datei

Alle Zeilen, die mit dem Zeichen # beginnen, werden als Kommentar interpretiert. Die Datei definiert eine PBM-Datei im ASCII-Modus mit 4 x 4 Pixel. An den Header schließen sich die Bilddaten an (da es sich um ein monochromes Bild handelt, sind nur die Werte 0 und 1 zulässig).

Wird die binäre Variante eines Formats gewählt (Signaturen P4, P5 oder P6), liegen die Bilddaten als Bytesequenz (und nicht als ASCII-Daten, getrennt durch Separatoren) vor. Dann werden alle Bytes direkt (ohne Separatoren) im Bilddatenbereich abgelegt. Dadurch lassen sich aber nur Bilddaten mit Werten zwischen 0 und 255 speichern.

Anmerkung: Weitere Informationen zu diesem Format finden sich in dem von Jeff Poskanzer vertriebenen PBM-Paket (das sich auf verschiedenen Internetseiten findet).

33 ZSoft Paintbrush File Format (PCX)

Durch das Programm *Paintbrush* wurde das PCX-Format sehr populär. Dieses ursprünglich von der Firma ZSoft entwickelte Programm dient zur Speicherung von Grafiken und Bildern. Bedingt durch seine Popularität wird dieses Format von vielen Programmen unterstützt.

Leider besteht bei der Beschreibung der PCX-Dateiformate ein kleines Problem: Ausgehend von der ursprünglichen Definition für *PC Paintbrush* wurden zwischenzeitlich verschiedene Formatvariationen benutzt, was sich besonders bei der Kodierung der Farbdaten bemerkbar macht. Von diesen Änderungen waren insbesondere die ersten Versionen von *PC Paintbrush+* und *Publishers Paintbrush* betroffen. Eine Grafik wird gemäß Abbildung 33.1 durch Zeilen und Spalten in einzelne Bildpunkte aufgeteilt:

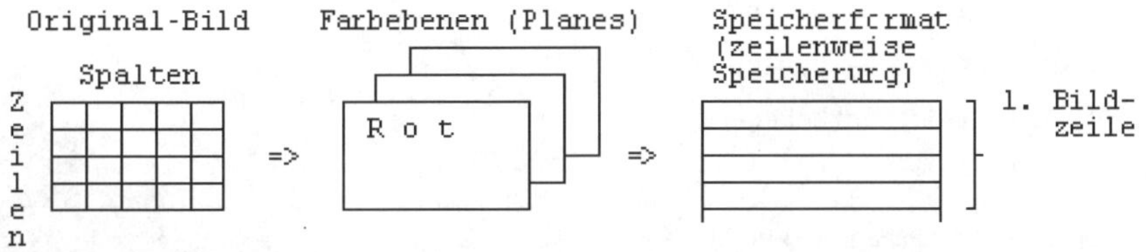

Abbildung 33.1 Umsetzung eines Bildes zur Speicherung im PCX-Format

Jeder durch eine Zeilen- und Spaltennummer adressierte Punkt des Originalbildes wird als *Pixel* (Picture Element) bezeichnet; das Gesamtbild entsteht durch zeilenweises Aneinanderfügen solcher Pixel. Bei Monochromdarstellung entspricht jedes Pixel einem Bit; ein gesetztes Bit erzeugt an dieser Stelle einen Punkt.

Aufwendiger wird die ganze Sache bei der Farbdarstellung: Hier läßt sich ein Pixel nicht mehr mit einem Bit darstellen; das Bild wird vielmehr in einzelne Farbebenen (Rot, Grün, Blau) zerlegt. Durch Addition dieser einzelnen Ebenen (*planes*) entsteht später das Bild in der Farbdarstellung. Die Kodierung dieser Farbinformationen ist zudem leider von der verwendeten Grafikkarte abhängig. Bei EGA- und VGA-Adaptern werden die Farbebenen allgemein als *Bit Planes* bezeichnet. In Anlehnung an Abbildung 33.1 erhält man durch Zerlegen des Originalbildes in die Farbebenen eine dreidimensionale Bilddarstellung. In PCX-Dateien werden Bildinformationen zeilenweise abgespeichert, und zwar jeweils eine komplette Zeile mit Bildpunkten der betreffenden Ebene in der Reihenfolge »Ebene 0 = Blau, Ebene 1 = Grün, Ebene 2 = Rot, Ebene 3 = Intensität«. In der Datei ergibt sich damit folgendes Abbild:

```
Bildzeile 0:      n Bits der Farbebene 0
                  n Bits der Farbebene 1
                  n Bits der Farbebene 2
                  n Bits der Farbebene 3

Bildzeile 1:      n Bits der Farbebene 0
                  n Bits der Farbebene 1
                  n Bits der Farbebene 2
                  n Bits der Farbebene 3

                  ...

Bildzeile n:      n Bits der Farbebene 0
                  n Bits der Farbebene 1
                  n Bits der Farbebene 2
                  n Bits der Farbebene 3
```

Abbildung 33.2 Speicherung der Farbebenen im PCX-Format

Da die Bits aus den Grafikelementen in die Bytes der Datei abgebildet werden müssen, beschreibt das PCX-Format einen rechteckigen Bildbereich, der aus *n* Zeilen mit je *x* Pixel pro Zeile besteht. Das Speichern der Bildpunkte erfolgt wortweise, weshalb die Zahl der Bits (X) geradzahlig und durch 16 teilbar sein muß. Falls das Bild dieser Forderung nicht genügt, kann es notwendig sein, einzelne Bits am Zeilenende unbenutzt zu lassen. Ähnliches gilt für die Zeilenzahl pro Bild, die nach ZSoft durch 8 oder 16 teilbar sein sollte. Eventuell sind einige Leerzeilen am unteren Bildrand einzufügen. Bild 33.3 demonstriert dieses Prinzip.

Der markierte Bereich (###) entspricht der Fläche des Originalbildes, das durch die Koordinaten (XMIN, YMIN) und (XMAX, YMAX) beschrieben wird. Am rechten sowie am unteren Bildrand sind eventuell Leerbits vorhanden.

```
            PCX-Bildausschnitt
        ┌─────────────────────────────┐
XMIN /«- Bildbereich -»«-  leer -»
YMIN    ┌─────────────────────────────┐
        │################             │
        │################             │
        │################             │
        │################             │
        │################             │
        │################ XMAX /      │┐
        │                 YMAX        ││ Leerzeilen
        └─────────────────────────────┘┘
```

Abbildung 33.3 Abbildung in das PCX-Format

Der Aufbau des PCX-Headers

Die PCX-Dateien besitzen – unabhängig von der jeweiligen Version – einen einheitlich aufgebauten Header von 128 Byte Länge. Dies gilt auch für Bildausschnitte, die in PCC-Dateien gespeichert werden. Tabelle 33.1 gibt das Format des PCX-Headers wieder.

Offset	Bytes	Bemerkungen
0	1	Identifikationsbyte: 0AH = PCX-Datei
1	1	PCX-Dateiversion 0 = Version 2.5 2 = Version 2.8 mit Palettendaten 3 = Version 2.8 ohne Palettendaten 5 = Version 3.0
2	1	Flag für komprimierte PCX-Dateien 0 = unkodiert, 1 = RLE-Kodierung
3	1	Bits pro Pixel (oder pro Ebene)
4	8	Koordinaten des Originalbildes als Worte: XMIN, YMIN, XMAX, YMAX
12	2	horizontale Auflösung eines Punktes in dpi (dots per inch)
14	2	vertikale Auflösung eines Punktes in dpi (dots per inch)
16	48	Color Map mit der Definition der Farbpalette; organisiert als 16 x 3 Byte-Feld
64	1	reserviert
65	1	Zahl der Farbebenen (maximal 4)
66	2	Bytes pro Bildzeile (gerade Zahl)
68	2	Palettendaten 1 = Farbe – S/W 2 = Graustufen
70	58	Leerbytes zum Auffüllen des Headers

Tabelle 33.1 Aufbau des PCX-Headers

Die Zahlen in den Spalten *Offset* und *Byte* sind in Tabelle 33.1 ausschließlich in dezimaler Schreibweise angegeben. Das erste Byte dient zur Identifikation einer gültigen PCX-Datei. ZSoft hat als Signatur den Wert 10 (0AH) festgelegt, und andere Hersteller richten sich in der Regel nach dieser Konvention.

Im zweiten Byte steht die Paintbrush-Versionsnummer, mit der die Datei erzeugt wurde. Der Wert 0 weist auf die Version 2.5 hin. Ab Version 2.8 besteht die Möglichkeit zur Aufnahme der Palettendaten in die PCX-Datei. Falls diese Information fehlt (z.B. bei s/w-Darstellung), wird das Byte mit dem Wert 03 belegt. Bei Farbdarstellungen sind ab Offset 68 die Palettendaten gespeichert. Das zweite Byte besitzt dann den Wert 02 zur Markierung der Version 2.8 mit Palettendaten. Ab Version 3.0 des Programms wird das Byte mit dem Wert 05H belegt.

Das dritte Byte enthält die Information darüber, ob die Daten der PCX-Datei kodiert sind. Bei einem Eintrag 0 liegt keine Kodierung vor. Mit dem Wert 1 wird signalisiert, daß die Daten im *Run Length Encoding*-Verfahren (RLE) komprimiert wurden; mehr dazu später.

Die Zahl der Bits pro Pixel (oder *Planes* pro Pixel) steht ab Offset 3. Dieser Wert berücksichtigt allerdings nicht die eventuell vorhandenen Farbebenen, weshalb sich dort in der Regel die Zahl 1 findet.

Ab Offset 04H beginnt eine Tabelle mit 4 Wörtern à 2 Byte, in denen die Dimension des Bildfensters definiert wird (siehe auch Bild 33.1). Die Koordinaten der linken oberen und rechten unteren Ecke des gültigen Bildabschnitts werden in der folgenden Reihenfolge abgelegt: XMIN, YMIN, XMAX, YMAX. Dies ist zum einen bei Bildausschnitten wichtig, wo die Koordinaten gesondert zu definieren sind. Weiterhin tritt häufig die Situation auf, daß sich die Zahl der gültigen Pixel pro Bild nicht ganz in Worten abbilden läßt. In diesem Fall befinden sich am rechten und unteren Bildrand Leerbits. Beim Lesen der PCX-Daten läßt sich dann der ungültige Bereich ausblenden.

In den Wörtern ab Offset 12 steht die Auflösung eines Bildpunktes in dpi (*dots per inch*). Die horizontale Auflösung (H_Res) findet sich ab Offset 12, während die Bildhöhe (vertikale Auflösung) ab Offset 14 gespeichert ist. Innerhalb der verschiedenen Paintbrush-Versionen ergeben sich hier allerdings einige Modifikationen, um die Darstellung geräteunabhängig zu gestalten, so daß die Werte mit Vorsicht zu genießen sind.

Ab Offset 16 ist ein 48 Byte langer Bereich für die Color Map reserviert. Bei Farbdarstellungen findet sich hier die Definition der einzelnen Farben; zum Verständnis des Aufbaus dieser Tabelle folgen nun einige Informationen zu den Möglichkeiten der Farbdarstellung:

Jede Farbe läßt sich grundsätzlich aus den folgenden drei Grundfarben mischen oder addieren:

```
Rot    Grün    Blau
```

Ein farbiger Bildpunkt ist im Grunde durch drei Bits darstellbar. Damit wird die Zahl der Farben aber auf $8 = 2^3$ beschränkt. Durch Hinzunahme eines weiteren Bits, des Intensitätsbits, sind 16 Farben möglich. Mittlerweile erlauben die Farbgrafikadapter aber eine wesentlich feinere Abstufung, die sich in der Abspeicherung der Farbinformationen niederschlägt. Dabei werden in der Regel die gleichen Verfahren benutzt, wie man sie bei Malern zur Erzeugung von Farbnuancen kennt: Verschiedene Farbtöne werden durch Variation der jeweiligen Anteile an den Grundfarben Rot, Grün und Blau erzeugt. Analog läßt sich auch bei Farbgrafikkarten verfahren. Wird der Anteil der Grundfarbe durch ein Byte angegeben, kann deren Anteil in 255 Stufen variiert werden. Bei drei Grundfarben sind nun drei Byte pro Farbton erforderlich. Damit wären aber auch drei Byte zur Darstellung der Farbe eines einzelnen Bildpunktes erforderlich, was einen enormen Speicherbedarf erforderlich machen würde. Man greift hier deshalb zu einem Trick: Durch Abspeichern der Definition des Farbtons in einer Tabelle muß nur noch der Tabellenindex mit der Bildinformation gespeichert werden. Bei 16 Farben sind lediglich 4 Bit erforderlich, und bei 255 Stufen reichen immer noch 8 Bit. Die Tabelle, in der die Farbtöne definiert sind, wird in Anlehnung an das Werkzeug eines Malers als Palette bezeichnet – wie diese Palette gespeichert wird, ist jedoch abhängig von der verwendeten Grafikkarte.

CGA-Farbpaletteninformationen

Bei der standardmäßigen CGA-Karte von IBM (oder dazu kompatiblen Karten) ist die Abspeicherung der Color Map recht komplex. Die 48 Byte im Header werden in 16 Gruppen zu je drei Byte (Tripel) aufgeteilt. Das erste Byte der beiden ersten Tripel enthält die Daten.

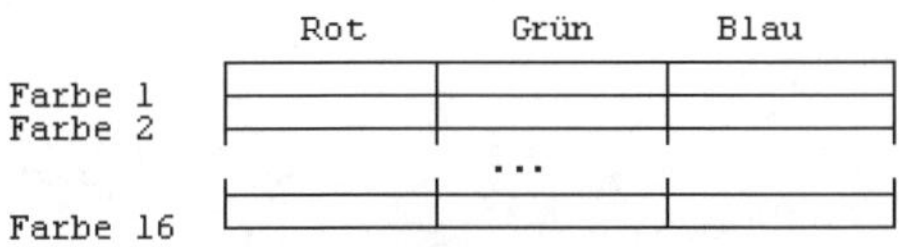

Abbildung 33.4 Speicherung der Color Map bei CGA-Karten

Daher sind nicht alle Byte eines Tripels belegt. Beim CGA-Adapter steht im ersten Byte (Offset 16) die Information über die Hintergrundfarbe, wobei nur die obersten vier Bits belegt sind; 16 verschiedene Farben sind darstellbar. Im ersten Byte (Offset 19) des folgenden Tripels findet sich in den oberen drei Bits die Information über die Vordergrundpalette. Es gilt dabei folgende Kodierung:

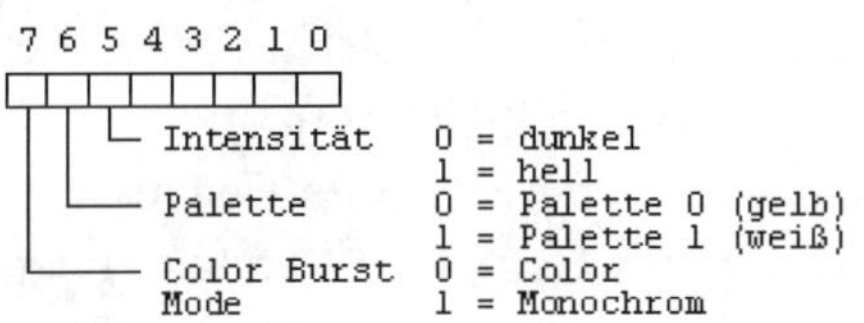

Abbildung 33.5 Kodierung des zweiten Bytes in der Color Map (CGA)

Im obersten Bit ist die Information über die Farbe (Monochrom/Farbe) gespeichert. Bit 5 legt die Intensität eines Bildpunktes fest. Mit Bit 6 kann eine der zwei CGA-Paletten ausgewählt werden. Hier gilt folgende Farbabstufung:

Palette	Farbabstufung
0	Grün, Rot, Braun (Gelb)
1	Cyan, Magenta, Weiß

Tabelle 33.2 CGA-Farbpaletten

Mit den drei Bit lassen sich insgesamt 8 verschiedene Kombinationen einstellen.

Anmerkung: Die Speicherung von PCX-Bildern mit einer CGA-Palette besitzt aber kaum noch Bedeutung, da sich Bilder mit minimal 256 Farben als Standard durchgesetzt haben.

EGA/VGA-Palette mit 16 Farben

Im Standard-EGA-/VGA-Modus stehen lediglich 16 Farben zur Verfügung. Hier wird die Color Map wieder in 16 Tripels á 3 Byte unterteilt. Jedem Byte wird eine Grundfarbe zugeordnet, in dem der jeweilige Farbtonanteil gespeichert ist. Die Werte eines Bytes können damit zwischen 0 und 255 liegen, so daß eine Umrechnung auf die RGB-Palette des Adapters erforderlich wird. Bei 16 Farben sind meist nur die obersten 2 Bits pro Byte definiert. Deshalb ergeben sich beim IBM-EGA-Adapter vier mögliche Stufen für die RGB-Farbpalette. Die in den drei Bytes gespeicherten Werte sind vor der Bearbeitung durch 64 zu dividieren und liegen dann bei 0, 1, 2 oder 3.

VGA-Palette mit 256 Farben

Pro Byte lassen sich im Grunde 256 verschiedene Farbstufen kodieren. Zur Unterstützung des VGA-Farbmodus hat ZSoft deshalb ab Version 3.0 eine Erweiterung der Color Map vorgenommen: Die Tabelle im Header faßt lediglich 16 x 3 Byte, weswegen eine eigene Tabelle mit 256 Einträgen à 3 Byte angelegt und an das Ende der Datei angehängt wurde. Hier finden sich dann die Informationen zur Farbpalette, die wie die Werte der (16 Farben der) EGA-Palette zu interpretieren sind (Division durch 64). Um die VGA-BIOS-Palette zu bestimmen, sind die Bytes der Tabelle durch 4 zu dividieren. Wird dieser Modus unterstützt, muß im Header ab Offset 2 (Version 3.0) der Wert 05H stehen – die letzten 769 Bytes der Datei sind dann in einem Puffer zu lesen. Findet sich im ersten Byte des Puffers die Signatur 0CH, liegen in den folgenden Bytes gültige Informationen über die Farbpalette vor. Damit ist die Beschreibung des *Color Map*-Feldes im Header abgeschlossen. Das Byte ab Offset 64 (40H) im Header der PCX-Datei ist für Erweiterungen reserviert.

Im Byte ab Offset 65 (41H) steht die Zahl der Color Planes, d.h., die Anzahl der Farbebenen pro Bildpunkt. Zur Zeit sind maximal vier Farbebenen (Rot, Grün, Blau, Intensität) möglich; bei Monochromdarstellung findet sich hier der Wert 1. Tabelle 33.3 enthält eine Übersicht über die möglichen Kombinationen.

Ebenen	Bit per Pixel	Bemerkung
1	1	Monochromes Bild mit 2 Farben
1	2	CGA-Bild mit 4 Farben
3	1	EGA-Bild mit 8 Farben (kaum benutzt)

Ebenen	Bit per Pixel	Bemerkung
4	1	EGA/VGA-Bild mit 16 Farben
1	8	VGA-Bild mit 256 Farben
3	8	True Color-Bild mit 16 Mio. Farben

Tabelle 33.3 Aufteilung der Ebenen und Bits per Pixel

Ab Offset 66 (42H) enthält der Header ein Wort mit der Anzahl der Bytes pro Bildzeile. Diese Zahl muß immer gerade sein, da die Bilddaten wortweise gespeichert werden; notfalls müssen beim Abspeichern also geeignete Füllbits benutzt werden. Beim Speichern farbiger Bilder entspricht dieser Wert auch der Zeilenlänge einer Farbebene.

Das Wort ab Offset 68 (44H) wird nicht immer benutzt. Hier liegt eine Information über die Interpretation der Palettenwerte in der Color Map. Der Eintrag 1 bedeutet, daß die Daten in der S/W- oder Farbdarstellung zu interpretieren sind. Beim Wert 2 sind alle Punkte als Graustufen gespeichert. Falls hier andere Werte eingetragen sind, ist das Feld unbenutzt und wird dem Füllbereich des Headers zugeordnet.

Am Schluß des Headers befinden sich ab Offset 70 weitere 58 Leerbytes, um die vorgeschriebene Länge von 128 Byte zu erreichen.

Anmerkung: Etwas verwirrend wird die Situation bei 24-Bit-True-Color-Bildern. Hier werden 24 Bit pro Bildpunkt verwendet. Zur Speicherung ist keine Palette erforderlich, die Farbinformation wird direkt im Bildpunkt gespeichert. Bei den 24-Bit-True-Color-Bildern wird ebenfalls die PCX-Version 3.0 im Header (Offset 01H) gesetzt. Diese Dateien lassen sich über die Einträge *Bits pro Pixel und Farbebene* (Offset 03H) und *Zahl der Farbebenen* (Offset 41H) erkennen. Ergeben diese beiden Werte 24 Bit pro Pixel, liegt ein Echtfarbenbild vor.

Die Kodierung der PCX-Daten

An den Header schließen sich die Bilddaten an. Jedes Bild wird zeilenweise abgetastet und in seine Farbebenen (Rot, Grün, Blau und Intensität) zerlegt. Dann werden alle Bits in der ersten Zeile der roten Farbebene wortweise zusammengefaßt und gespeichert. Unbelegte Bits im letzten Wort werden mit 0 aufgefüllt. Anschließend folgt die Abspeicherung der ersten Zeile der grünen Farbebene, der blauen Ebene und der Intensitätsinformationen. Erst danach kann mit der Bearbeitung der zweite Zeile der roten Farbebene begonnen werden. Dies wiederholt sich so lange, bis alle Zeilen gespeichert sind. Eventuell ungültige Bereiche am rechten und unteren Bildrand werden mit Nullbits aufgefüllt und müssen bei der Bearbeitung der Bilddaten ausgeblendet werden.

Die Informationen über den gültigen Bildausschnitt stehen im Header der PCX-Datei (XMIN, YMIN, XMAX, YMAX).

Abbildung 33.6 Original PC-Paintbrush-Bild

Bei den PCX-Dateien existieren nun zwei Methoden zur Ablage dieser Bilddaten in der Datei: Einmal lassen sich alle Bits in unkomprimierter Form ablegen – in diesem Fall steht im Header ab Offset 02 ein Wert ungleich 1. Leider ist bei diesem Verfahren wegen der unkomprimierten Dateien der Speicherbedarf recht hoch. Da jedoch bei Bildern mit mehreren einheitlichen Farbflächen viele Pixel identisch sind, stellt sich die Frage nach einer *Komprimierung* der Bilddaten. Beim *Run Length Encoding*-Verfahren steht im Header ab Offset 02H der Wert 1 – die Bilddaten liegen komprimiert vor.

Was verbirgt sich nun hinter diesem RLE-Verfahren? Man versucht einfach, gleiche Bits zusammenzufassen und deren Wiederholungsrate mit anzugeben. Hierzu gilt folgende Kodierung:

- Sind die beiden oberen Bits (6, 7) eines Bytes gesetzt (Bit = 1), liegt eine komprimierte Information vor. Die Bits 0 bis 5 werden dann als Zähler interpretiert, die den Wiederholungsfaktor für das im folgenden Byte gespeicherte Muster angeben.
- Sind die beiden oberen Bits eines Bytes *nicht* gesetzt (0), liegt ein reines Datenbyte vor. Die Bits 0 bis 7 lassen sich dann direkt als Bilddaten verarbeiten, d.h., bei der Speicherung unkomprimierter Bytes ist darauf zu achten, daß die beiden oberen Bits der Pixelfolge = 0 gesetzt sind.

Diese Komprimierung hat einige Konsequenzen: Mit dem RLE-Verfahren lassen sich mit 2 Bytes bis zu 63 Datenbytes oder 504 Bits kodieren, sofern alle Bits den gleichen Wert (0 oder 1) aufweisen. Bei Pixelreihen mit wechselnden Bits werden diese byteweise zusammengefaßt und (unkomprimiert) abgespeichert. Um beim Lesen Verwechslungen mit der RLE-Kennung auszuschließen, dürfen Datenbytes mit Werten größer C0H nicht direkt gespeichert werden. Vielmehr wird dann das Komprimierungsverfahren benutzt. Enthält eine Bildzeile zum Beispiel ein Bitmuster, das sich mit folgenden Hexzahlen angeben läßt:

```
FF FF FF FF C2 00 00 13 C9
```

ergibt sich folgende RLE-Kodierung:

```
C4 FF C1 C2 C2 00 13 C1 C9
```

Die zusammengehörenden Datenpaare sind dabei durch eine Unterstreichung markiert. Das Datenbyte *13* darf unkomprimiert gespeichert werden. Beim Wert *C9* kommt es aber zu einem Konflikt mit der RLE-Kodierung. Das Datenbyte *C9* wird deshalb als RLE-

Record mit den Codes *C1 C9* gespeichert. Bei Bildern ohne gleiche Muster wird die Datei durch das Komprimierungsverfahren zwangsweise länger als beim reinen unkomprimierten Abspeichern der Bilddaten, da ja die Bits 6 und 7 eines Bytes nicht benutzt werden. Daher kann PC Paintbrush in diesem Fall Daten auch unkomprimiert speichern.

```
┌─ PCX-Identifikationsbyte
│  ┌─ Version 3.0
│  │  ┌─ Dekodierung mit RLE
│  │  │  ┌─ Bits per Pixel (ohne Farbebene)
│  │  │  │   XMIN  YMIN  XMAX  YMAX   Auflösung
0A 05 01 01 00 00 00 00-7F 02 C7 00 80 02 C8 00
<         Color Map mit 16 Einträgen          >
FF 01 20 00 01 20 FF 01-20 00 01 20 FF 01 20 00
01 20 FF 01 20 00 01 20-FF 01 20 00 01 20 FF 01
20 00 01 20 FF 01 20 00-01 20 FF 01 20 00 01 20
 ┌─ reserviert
 │  ┌─ Zahl der Bit Planes (Farbebenen)
 │  │   ┌─ Byte pro Bildzeile (unkomprimiert)
 │  │   │    ┌─ Paletteninfo (hier reserviert)
 │  │   │    │   reservierter Bereich
00 01 50 00 07 07 07 C8-00 07 07 07 07 07 07 07
07 02 07 05 07 07 07 07-07 07 07 07 07 07 07 07
07 05 07 07 07 05 07 05-05 03 03 03 03 03 04 04
04 03 04 04 04 04 04 04-04 04 04 04 04 04 04 04
<             komprimierte Daten              >
FF FF D1 FF FF FF D1 FF-FF FF D1 FF FF FF D1 FF

FF FF D1 FF FF FF D1 FF-FF FF D1 FF FF FF D1 FF

FF FF D1 FF FF FF D1 FF-FF FF D1 FF FF FF D1 FF

FF FF D1 FF FF FF D1 FF-FF FF D1 FF FF FF D1 FF

FF FF D1 FF FF FF D1 FF-FF FF D1 FF FF FF D1 FF

F0 C1 FF 07 C1 FE 07 C1-C1 C1 F8 3E 1F C1 FF 07

      ................
```

Abbildung 33.7 Auszug einer PCX-Datei als Hexdump

Anmerkung: Bei 24 Bit pro Pixel werden die Daten in der Regel auf drei Farbebenen (3 * 8) aufgeteilt. Dann ist ein 24-Bit-Farbwert aus den jeweiligen Bytes der drei Farbebenen zu kombinieren.

Abbildung 33.7 zeigt einen Ausschnitt aus einer PCX-Datei. Das Originalbild finden Sie in Abbildung 33.6. Mit den vorliegenden Informationen läßt sich der XE einer PCX-Datei leicht dekodieren.

Das Format der PC Paintbrush-Bitmap-Zeichen

Texte werden in PC Paintbrush als Bitmuster in das Bild eingefügt. Die Definition der Zeichen ist in eigenen Zeichensatzdateien mit einem recht einfachen Format abgelegt (siehe Tabelle 33.4).

Byte	Bedeutung
1	AOH + Fontbreite in Punkten
1	Fonthöhe in Punkten
256	256 * (Zeichenlänge + 1)
xxx	Pixel mit den Zeichendefinitionen

Tabelle 33.4 Aufbau der PCX-Zeichensatzdateien

Im *ersten Byte* ist die Signatur *AOH* in kodierter Form abgelegt. Das Feld wird gleichzeitig zur Definition der Zeichenbreite in Punkten benutzt. Zur Ermittlung der Zeichenbreite muß der Wert des ersten Bytes gelesen und um *AOH* erniedrigt werden.

Das *zweite Byte* enthält die Höhe einer Zeichenmatrix. Die Information ist erforderlich, da es verschiedene Zeichensatzdefinitionen mit 5 x 7 bzw. 9 x 14 Pixel pro Zeichen gibt. Ein Zeichen wird dabei in einzelne Zeilen zerlegt und abgespeichert. Bei der Matrix im Format 5 x 7 werden dann 7 Byte zur Speicherung gebraucht, während die 9 x 14-Pixel-Darstellung pro Zeile 2 Bytes belegt, so daß diese Zeichen 28 Bytes zur Abbildung benötigen. Die einzelnen Zeichen sind in Anlehnung an die ASCII-Tabelle definiert und ab Offset 258 abgelegt. Vor diesem Datenbereich befindet sich ein Feld mit 256 Byte, in dem die Länge eines jeden Zeichens + 1 gespeichert ist. Dies ist insbesondere für selbsterstellte Zeichensätze wichtig, da diese bis zu einem Maximalwert von 10 kByte jede beliebige Größe annehmen dürfen. Abbildung 33.8 zeigt den Speicherdump eines 5 x 7-Zeichensatzes.

Mit diesen Informationen lassen sich gegebenenfalls eigene Zeichensätze entwerfen und in PC Paintbrush einbringen.

```
┌─ Zeichenbreite in Pixel
│  ┌─ Zeichenhöhe in Pixel
│  │    256 * (Zeichenlänge+1)
│  │  ┌──────────────────────────────────────────
A5 07 01 01 01 01 01 01-01 01 01 01 01 01 01
01 01 01 01 01 01 01 01-01 01 01 01 01 01 01
01 01 06 02 04 06 06 06-06 03 03 03 06 06 03 06
03 06 06 04 06 06 06 06-06 06 06 06 03 03 05 06
05 06 06 06 06 06 06 06-06 06 06 04 06 06 06 06
06 06 06 06 06 06 06 06-06 06 06 06 06 04 06 04
06 06 03 06 05 05 05 05-05 05 05 04 05 05 05 06
06 05 05 06 05 05 06 05-06 06 06 06 06 05 02 05
06 06 01 01 01 01 01 01-01 01 01 01 01 01 01
01 01 01 01 01 01 01 01-01 01 01 01 01 01 01
01 01 01 01 01 01 01 01-01 01 01 01 01 01 01
01 01 01 01 01 01 01 01-01 01 01 01 01 01 01
01 01 01 01 01 01 01 01-01 01 01 01 01 01 01
01 01 01 01 01 01 01 01-01 01 01 01 01 01 01
01 01 01 01 01 01 01 01-01 01 01 01 01 01 01
01 01 01 01 01 01 01 01-01 01 01 01 01 01 01
01 01 00 00 00 00 00 00-00 00 00 00 00 00 00
 ──┘ └──────────────────────────────────────────

       Definition der Zeichen
00 00 00 00 00 00 00 00-00 00 00 00 00 00 00
  ................
00 00 00 00 00 00 00 00-00 80 80 80 80 80 00 80
A0 A0 00 00 00 00 00 50-50 F8 50 F8 50 50 20 78
  ................
```

Abbildung 33.8 Dump einer 5 x 7-Zeichensatzdatei

Das CAPTURE File-Format (SCR)

Mit MS-Word für DOS wurde das Programm CAPTURE mitgeliefert. Aufgabe dieses Programms ist es, Bildschirmabzüge (Screen Shots) für Word unter DOS anzufertigen. Das Programm kann dabei die Bildschirmabzüge im Textmodus (Erweiterung LST) oder als Bitmap-Datei (Erweiterung SCR) speichern. Beim SCR-Dateiformat handelt es sich um eine modifizierte PCX-Variante. Der 128 Byte lange Header ist analog dem PCX-Format aufgebaut (siehe Tabelle 33.1). Es bestehen lediglich die folgenden Unterschiede:

- Das erste Byte (Offset 00) wird in PCX-Dateien auf 10 (0AH) als Markierung gesetzt. Eine SCR-Datei hat in diesem Byte den Wert 205 (CDH). Sofern Sie dieses Byte versuchsweise mit einem Debugger (z. B. DEBUG.COM) auf 0AH umsetzen, läßt sich die SCR-Datei mit dem Windows 3.1-Programm *Paintbrush* lesen und anzeigen.

- Die zweite Abweichung betrifft das Thema Bildschirmausschnitte. Bei PCX-Dateien wird jede Zeile mit einem Füllbyte abgeschlossen, um auf eine 16-Bit-Grenze zu kommen. Beim SCR-Format wird auf dieses Füllbyte verzichtet, d.h., eine Zeile weist die Zahl der im Header (Offset 67, 68) definierten Bytes pro Zeile auf.
- Die Daten werden mit RLE-Kodierung in der SCR-Datei gespeichert.

Mit diesem Wissen lassen sich SCR-Dateien recht einfach in das PCX-Format konvertieren und anzeigen.

34 Das PCPAINT/Pictor-Format (PIC)

Das Programm PCPAINT wurde 1984 für Mouse Systems entwickelt. PCPAINT existiert in verschiedenen Versionen, wobei ab der Version 2.0 das Format stabil wurde. Die folgende Beschreibung beschränkt sich deshalb auf das Format von PCPAINT 2.0 und Pictor 3.0/3.1. Die Bilddateien bestehen aus einem Header, gefolgt von einem Bilddatenbereich für Monochrom- oder Farbbilder. Die Daten werden innerhalb der PIC-Datei immer im Intel-Format abgelegt. Der Bildaufbau erfolgt von unten nach oben.

Der PCPAINT/Pictor-Header

Der PIC-Header besitzt eine variable Länge und enthält die Felder aus Tabelle 34.1.

Offset	Bytes	Bemerkungen
00H	2	Signatur 1234H
02H	2	X Bildbreite in Pixel
04H	2	Y Bildhöhe in Pixel
06H	2	X-Kordinate unten links
08H	2	Y-Koordinate unten links
0AH	1	Image-Flag Bit 0-3: Bit per Pixel und Plane Bit 4-7: Bitplanes
0BH	1	Flag (FFH = folgende Einträge gültig)
0CH	1	Video Mode (0 Standard) 0: 40 Zeichen Text 1: 80 Zeichen Text 2: Text Monochrom 3: 43 Zeilen Text A: 320 x 200 x 4 (CGA) B: 320 x 200 x 16 Tandy 1000 etc. C: 640 x 200 x 2 (CGA) D: 640 x 200 x 16 (EGA) E: 640 x 350 x 2 (EGA) F: 640 x 350 x 4 (EGA) G: 640 x 350 x 16 (EGA) H: 720 x 348 x 2 (Hercules) I: 320 x 200 x 16 (Plantronics) J: 320 x 200 x 16 (EGA) K: 640 x 400 x 2 (AT&T, Toshiba) L: 320 x 200 x 256 (VGA) M: 640 x 480 x 16 (EGA+, VGA) N: 720 x 384 x 16 (Herc. Incolor) O: 640 x 480 x 2 (VGA)

Offset	Bytes	Bemerkungen
0DH	2	Extra Info-Descriptor 0: nichts 1: Palette (1 Byte), Border (1 Byte) [CGA] 2: PCjr oder nicht ECD 16 Color-Register (0-15), je 1 Byte 3: EGA mit EDC 16 Color-Register (0-63), je 1 Byte 4: VGA 256 Color Info
0FH	2	Size Extra Info-Feld
11H	n	Extra Info-Block (optional)
..H	2	Nummer gepackte Blocks

Tabelle 34.1 Struktur des PCPAINT/Pictor PIC-Headers

Ab Offset 0 steht die Signatur 1234H für eine PIC-Datei. Die folgenden zwei Worte definieren die Bildbreite und Bildhöhe in Pixel. Ab Offset 06H findet sich der Nullpunkt des Bildes in Bildschirmkoordinaten. Dieser Wert wird standardmäßig auf 0,0 gesetzt. Das Bild ist von unten nach oben aufzubauen.

Das Byte ab Offset 0AH wird in zwei Nibbles aufgeteilt. Die unteren 4 Bits definieren die Zahl der Bits pro Pixel und Bildebene. Die oberen 4 Bit definieren die Zahl der Bildebenen. Für CGA mit 4 Farben enthält das Byte den Wert 02H, eine EGA-Darstellung mit 16 Farben wird mit 31H (3 Bildebenen, 1 Bit pro Pixel und Plane) kodiert. Der Plantronics-16-Farbmodus wird mit dem Eintrag 12H markiert.

Das Byte ab Offset 0BH definiert, ob die Datei Daten über die Palette und den Videomodus enthält. Dies ist ab Version 2.0 möglich. Ist der Wert ab Offset 0BH auf FFH gesetzt, sind die folgenden Felder gültig. Enthält Offset 0BH andere Werte, folgen die Bilddaten ab Offset 0CH.

Ist Offset 0BH = FFH, speichert das PIC-Format den Bildschirmmodus ab Offset 0CH. Das Wort ab Offset 0DH definiert, ob im Header ein Datenbereich mit Extra-Infos auftritt. In diesem Block lassen sich Palettendaten etc. ablegen. Ist das Word auf 00H gesetzt, fehlt der *Extra Info*-Block. Die Länge des *Extra Info*-Blocks (in Byte) ist im Wort ab Offset 0FH abgelegt. Steht hier der Wert 0, fehlt der Block.

Der optionale *Extra Info*-Block beginnt ab Offset 17H und enthält die Palettendaten. Deren Struktur ist in Tabelle 34.1 grob definiert. Zum Beispiel werden bei einer CGA-Karte zwei Byte (Palette, Border) benötigt. Beim Modus 3 liegen dagegen 64 Byte mit den Registerwerten vor.

An den *Extra Info*-Block schließt sich dann noch ein Wort mit der Zahl der folgenden gepackten Bilddatenblocks an. Ist hier der Wert 0 eingetragen, enthält die Datei ungepackte Daten.

Der PIC-Datenbereich

Auf den Header folgt der PIC-Datenbereich mit gepackten oder ungepackten Daten. In PCPAINT 2.0 werden die Bitplanes zusammengepackt, so daß sich die Daten sehr einfach auf dem PCjr anzeigen lassen (z. B. 4 Bit pro Pixel, 1 Bit pro Plane). Ab Pictor 3.0 werden die Bitplanes vor dem Speichern separiert und ebenenweise abgelegt. Eine PIC-Datei kann Bilddaten mit 1, 4 und 8 Bit pro Pixel enthalten.

Monochrombilder (1 Bit pro Pixel)

Bei 1 Bit pro Pixel werden die Daten in einer Ebene gespeichert. Jedes Byte definiert 8 Bildpunkte.

Farbbilder (4 Bit pro Pixel)

Hier werden die Bilddaten in 4 Ebenen aufgeteilt. Jede Ebene enthält dann ein Bit pro Pixel, d. h., ein gelesenes Bilddatenbyte beschreibt 8 Bildpunkte einer Farbebene. Für EGA- und VGA-Karten muß dann die Bildinformation aus den vier Farbebenen (Rot, Grün, Blau, Intensität) zusammengesetzt werden.

Farbbilder (8 Bit pro Pixel)

Hier werden die Bilddaten entweder zu 8 Bit pro Pixel in einer Ebene oder mit 1 Bit pro Pixel in 8 Ebenen abgelegt. Je nach Kodierung muß dann die Farbinformation für einen Bildpunkt zusammengesetzt werden.

Die Bilddatenblocks (PIC-File)

Die Bilddaten werden in einzelnen Blöcken abgelegt. Dabei können die Farbinformationen in einzelnen Ebenen oder zusammengefaßt abgespeichert werden. Die Art der Kodierung der Ebenen findet sich im Header ab Offset 0AH. Hier ist sowohl die Zahl der Bits pro Pixel und Ebene als auch die Zahl der Ebenen vermerkt.

Bei gepackter PIC-Datei (Offset 17H > 0) werden die Bilddaten in Blöcken zusammengefaßt. Beim Wechsel einer Bildebene muß auch ein neuer Block angelegt werden. Die Zahl der gepackten Blöcke folgt im Header hinter dem Extra-Info-Block.

Struktur eines Datenblocks

Die gepackten Daten werden in einzelnen Paketen (Datenblocks) abgelegt. Ein solches Paket besteht aus einem Header, gefolgt von den gepackten und ungepackten Bilddaten. Der Block-Header besitzt den in Tabelle 34.2 gezeigten Aufbau.

Bytes	Feld
2	Blockgröße (in Byte)
2	Größe Datenbereich ungepackt (in Byte)
1	Marker für gepackte Subrecords

Tabelle 34.2 Struktur eines Block-Headers

Die Blocklänge und die Länge der unkomprimierten Daten werden als Worte kodiert. Die Blocklänge schließt dabei diese beiden Längenbytes mit ein.

Ab Offset 05H wird ein Code als Markerbyte vereinbart. Der Wert dient innerhalb des Blockes zur Markierung gepackter Subrecords. In diesem Byte sollte deshalb ein Wert eingetragen werden, der innerhalb des entpackten Datenbereiches nicht oder nur selten vorkommt. Andernfalls vergrößert sich die PIC-Datei (siehe unten).

An diesen Header schließen sich dann die ungepackten Daten und/oder die Subrecords mit den komprimierten Daten an. Das PIC-Format nutzt dabei ein sehr einfaches Komprimierungsverfahren:

- Tritt ein Datenbyte mehrfach hintereinander auf, wird es in einem Subrecord als *Run Length* gespeichert.
- Ungleiche Datenbytes werden unkodiert in einem Block abgelegt.

Die Subrecords mit den gepackten Daten besitzen den in Tabelle 34.3 gezeigten Aufbau.

Bytes	Feld
1	Marker (markiert einen Run)
1	Run Count; IF Run Count = 0, 16-Bit-Run Count
1	Datenbyte Run

Tabelle 34.3 Struktur eines komprimierten Subrecords

Das Markerbyte dient zur Anzeige des gepackten Subrecords. Der Wert wurde im Header des Blocks ab Offset 05H vereinbart. Das folgende Byte enthält den Wiederholungszähler für das nächste Datenbyte. Ist der Wert größer 0, muß das Datenbyte n mal (max. 255) kopiert werden. Um größere Wiederholungsfaktoren abzubilden, wurde eine erweiterte Struktur definiert. Ist der Wiederholungszähler = 0, folgt ein 16-Bit-Wiederholungszähler. Dann ist das letzte Byte im Subblock n mal zu wiederholen.

Ungepackte Daten werden dagegen als einfache Bytefolge im Block abgelegt. Tritt ein Code mit dem Wert des Markerbytes auf, muß dieser Code in einem komprimierten Subrecord mit dem Wiederholungszähler 1 gespeichert werden. Deshalb ist es wichtig, daß der Markercode nicht oder nur selten in den Bilddaten auftritt. Andernfalls wird ein Bilddatenbyte mit drei Byte gespeichert, was die Dateilänge erhöht.

Das Lesen eines Datenblockes läßt sich mit folgendem Algorithmus durchführen:

```
Get block size
Get orig size
Get marker byte
Repeat (for all bytes in block)
 Get next byte
 IF byte = marker code THEN
/* komprimierter Subrecord
  Get run count byte
  IF run count = 0 THEN
   Get 16-Bit run count
  ENDIF
  Get data byte
  Repeat run count
   write data byte
  END Repeat
 ELSE
/* unkomprimiertes Datenbyte
  write data byte
 ENDIF
END Repeat
```

Abbildung 34.1 Pseudocode PIC-Reader

Diese Speicherstruktur ist sehr ökonomisch, falls ein Bild nur wenige Informationen enthält. Dann liegen große Bereiche mit gleichen Bilddaten vor, die sich gut packen lassen. Bei Bildern mit Mustern werden die Bilddaten unkomprimiert abgespeichert.

35 Das Portable Network Graphics-Format (PNG)

Dies ist ebenfalls ein Dateiformat zum Speichern von Bitmap-Grafiken. Es wurde definiert, um das von CompuServe definierte GIF zu ersetzen. Der Grund liegt darin, daß der von der GIF-Spezifikation benutzte LZW-Komprimierungsalgorithmus von der Firma Unisys patentiert wurde. Firmen, die den LZW-Algorithmus in Bibliotheken benutzen, müssen Lizenzgebühren an den Patenthalter abführen.

Das PNG-Format unterstützt Bilder mit bis zu 16 Bit pro Bildpunkt für Graustufen und mit bis zu 48 Bit für Farbbilder. Zusätzlich können die Bilddateien 16 Bit für einen Alphakanal aufweisen. Bei Graustufenbildern reichen die Werte für einen Bildpunkt von 0 (steht für einen schwarzen Punkt) bis zum maximalen Intensitätswert. Dieser maximale Wert wird durch 2**Bit per Pixel-1 spezifiziert (z.B. 28 ergibt den Wert 256, was 8 Bit pro Pixel entspricht – folglich werden Werte zwischen 0 und 255 für die Bildpunkte verwendet). Ein Bildpunkt in einem farbigen Bild kann entweder über eine Farbpalette oder als RGB-Wert (mit den Farbanteilen rot, grün und blau) definiert sein. Bei RGB-Bildern können die Farbwerte kalibriert oder unkalibriert vorliegen. (Die Kalibrierung der Farbwerte erfolgt über den *cHRM*-CHUNK.) Beachten Sie auch, daß die Farbwerte nicht unbedingt linear sein müssen. Über den *gAMA*-CHUNK läßt sich die Charakteristik des Viewers und der Source-Device festlegen.

Das Bild wird als rechteckige Pixelmap gescannt und gespeichert, wobei der Nullpunkt in der linken oberen Ecke liegt. Die Zeilen werden dann von links nach rechts ausgegeben. Hierbei lassen sich die Bildzeilen kontinuierlich oder interlaced speichern. Alle 16-Bit-Werte (Integer) werden im *Big-endian*-Format gespeichert, d.h., das oberste Byte (MSB) wird auf der niederwertigen Adresse gespeichert. Auf Intel-Plattformen müssen die beiden Bytes eines Worts getauscht werden, um einen Integerwert zu erhalten.

Der Aufbau der PNG-Datei

Eine PNG-Datei besitzt einen blockweisen Aufbau, der aus sogenannten CHUNKs besteht (siehe auch IFF oder WAV). Die Zahl der CHUNKs ist dabei abhängig vom gespeicherten Bild.

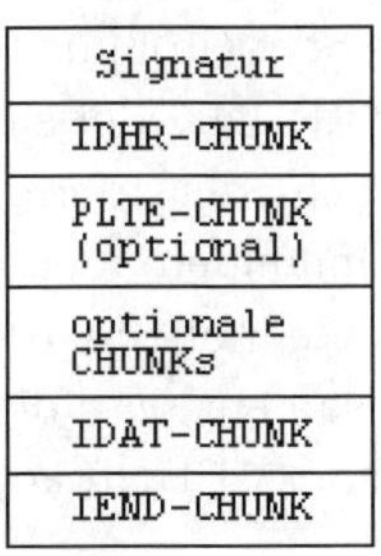

Abbildung 35.1 Struktur einer PNG-Datei

Die Datei beginnt mit einer Signatur (8 Byte), an die sich mindestens drei CHUNKs (IDHR, IDAT und IEND) anschließen. Darüber hinaus gibt es optionale CHUNKs (z.B. PLTE für Palettendaten), die in der Datei gespeichert werden können.

Die Signatur

Die ersten 8 Bytes einer PNG-Datei enthalten die Signatur 89H, 50H, 4EH, 47H, 0DH, 0AH, 1AH, 0AH. In dieser Signatur ist die Zeichenfolge PNG enthalten, und gleichzeitig bedeutet diese Signatur, daß die Datei ein einzelnes PNG-Bild enthält, das zwischen den CHUNKs IHDR und IEND eingebettet ist.

Die Struktur eines CHUNK

Die sich an den Header anschließenden CHUNKs besitzen die in folgender Tabelle gezeigte Struktur:

Offset	Bytes	Bedeutung
00H	4	Länge des Datenbereichs in Byte
04H	4	CHUNK-Typ
08H	n	Datenbereich des CHUNK
..H	4	CRC-Wert des Datenbereichs

Tabelle 35.1 Struktur eines CHUNKs

Das erste DWORD gibt die Länge des Datenbereichs des CHUNKs an. Daran schließen sich vier Bytes mit einer Signatur für den CHUNK an. Diese Signatur besteht aus den ASCII-Codes der Buchstaben des CHUNK-Namens (z.B. cHRM, IHDR, gAMA etc.). Die vier Bytes mit dem Namen des CHUNK enthalten zusätzlich einige Hinweise auf die Eigenschaften des CHUNK. Hierbei wird das Bit 5 benutzt, um im Namen zwischen Groß- und Kleinbuchstaben umzuschalten (der PNG-Reader liest aber nur Bytes). Je nach der Vergabe der Groß- und Kleinbuchstaben im Namen werden die Eigenschaften des CHUNK festgelegt. Enthält das erste Byte des CHUNK-Namens einen Großbuchstaben, handelt es sich um einen kritischen CHUNK (der von einem PNG-Programm unterstützt werden muß). Ein Kleinbuchstabe im Anfang des CHUNK-Namens weist auf einen untergeordneten (*ancillary*) CHUNK mit optionalen Informationen hin. Das zweite Zeichen kann ebenfalls als Groß- oder Kleinbuchstabe ausgeführt werden. Bei einem Großbuchstaben (dann ist Bit 5 = 0 gesetzt) handelt es sich um einen öffentlichen CHUNK, der ein Teil der PNG-Spezifikation ist. Eine Anwendung kann auch private (nicht registrierte) CHUNKs erzeugen. Dann ist der zweite Buchstabe im CHUNK-Namen mit einem Kleinbuchstaben zu kodieren. Der dritte Buchstabe muß z. Z. immer groß geschrieben werden, da Bit 5 in diesem Byte reserviert ist. Im letzten Buchstaben des Namens wird die *Safe to copy*-Option festgelegt. Ist das Bit 5 = 1 (Kleinbuchstabe), kann der CHUNK kopiert werden. Dies ist für PNG-Editoren hilfreich. Wird das Bit auf 0 gesetzt, muß der CHUNK im Editor implementiert sein, um die PNG-Daten korrekt für Änderungen zu interpretieren.

Die Daten des CHUNK folgen ab Offset 08H. Die letzten 4 Bytes eines CHUNK enthalten den CRC-32-Wert für den Datenbereich und das Feld mit dem CHUNK-Typ. (Das PNG-Format benutzt dabei das in der ISO 3309-Norm beschriebene Polygon $x^{32} + x^{26} + x^{23} + x^{22} + x^{16} + x^{12} + x^{11} + x^{10} + x^{8} + x^{7} + x^{5} + x^{4} + x^{2} + x + 1$ zur Berechnung des CRC-Werts.)

Kritische CHUNKs

Die PNG-Definition unterscheidet zwischen kritischen CHUNKs und untergeordneten (*ancillary*) CHUNKs. Die kritischen CHUNKs müssen von jedem Programm beherrscht werden, das eine PNG-Datei liest oder schreibt. (Diese kritischen CHUNKs beginnen mit einem Großbuchstaben im CHUNK-Namen. Untergeordnete (ancillary) CHUNKs beginnen dagegen mit einem kleinen Buchstaben im Namen wie z. B. cHRM.) Nachfolgend finden Sie die Beschreibung der kritischen CHUNKs.

Header-CHUNK (IHDR)

Der Header-CHUNK enthält Informationen über die Daten, die in der PNG-Datei gespeichert werden. Der CHUNK muß sofort nach den 8 Bytes der Signatur auftreten. Als Signatur wird der Name IHDR benutzt. Der Datenbereich des CHUNK besitzt den in Tabelle 35.2 gezeigten Aufbau.

Offset	Bytes	Bedeutung
00H	4	Breite des Bildes in Pixel
04H	4	Höhe des Bildes in Pixel
08H	1	Bit pro Pixel (oder pro Sample)
09H	1	Color Typ
0AH	1	Compression-Typ
0BH	1	Filter Typ
0CH	1	Interlace-Flag

Tabelle 35.2 Der Datenbereich des IHDR-CHUNK

Die ersten beiden DWORD-Einträge im Datenbereich des CHUNK geben die Abmessungen des Bildes in Pixel wieder. Danach folgt ab Offset 08H ein Byte, das die Zahl der Bits pro Sample festlegt. Bei Graustufenbildern sind die Werte 1, 2, 4, 8 und 16 zulässig. Bei Farbbildern, die auf einer Farbpalette basieren, sind 1, 2, 4 und 8 Bit pro Sample (und damit pro Bildpunkt) zugelassen. Bei True Color-Bildern können Sie dagegen 8 oder 16 Bit pro Sample (jedes Sample entspricht dann einem Farb- oder Alphakanal) hinterlegen.

Der *Color Typ* in Offset 09H gibt an, wie die Bildpunkte zu interpretieren sind. Hierbei wird eine bitweise Kodierung benutzt:

Bit	Bemerkung
0	1: eine Palette wird benutzt
1	1: Farbbild
2	1: Alphakanal wird benutzt

Tabelle 35.3 Kodierung des Farbtyps

Hierbei lassen sich mehrere Bits kombinieren. Ein Wert von 0 bedeutet zum Beispiel, daß ein Graustufenbild vorliegt. Der Wert 2 steht für ein TrueColor-Bild (ohne Palette), und der Wert 3 weist auf ein Farbbild mit einer Palette hin. (Es sind die Werte 0, 2, 3, 4 und 6 gültig.)

Die Bilddaten können komprimiert vorliegen. Dies wird durch ein Byte ab Offset 0AH im Datenbereich angezeigt. Zur Zeit ist nur der Wert 0 vorgesehen, der für die Deflate/Inflate-Komprimierung (mit 32 kByte Sliding Window) steht.

Die Filtermethode gibt an, wie die Daten vor der Komprimierung zu filtern sind. Zur Zeit wird nur der Wert 0 unterstützt (adaptive Filterung mit den fünf Basisfiltertypen).

Das letzte Byte im Datenbereich gibt an, ob die Bildzeilen interlaced gespeichert wurden. Der Wert 0 steht für eine kontinuierliche Speicherung der Bildzeilen (das Bild wird Zeile für Zeile gespeichert). Der Wert 1 steht für das Adam7-Interlaced-Verfahren.

Der Palette-CHUNK (PLTE)

Dieser CHUNK besitzt die Signatur PLTE für den CHUNK-Typ und ist in allen PNG-Dateien enthalten, die Farbbilder mit Palettendaten verwenden. Der PNG-Datenstrom darf dabei nur einen PLTE-CHUNK enthalten. Der CHUNK kann dabei zwischen 3 und 768 Bytes Daten enthalten.

Offset	Bytes	Bemerkungen
00H	3	Wert für die Palette 1 Byte rote Komponente 1 Byte grüne Komponente 1 Byte blaue Komponente

Tabelle 35.4 Aufbau des Palette-CHUNK

Jeder Eintrag der Palette umfaßt drei Bytes mit den Farbanteilen Rot, Grün und Blau. Im Palette-CHUNK lassen sich dabei zwischen 1 und 256 Farben definieren. Ein PLTE-CHUNK muß vor dem IDAT-CHUNK mit den Daten stehen.

Der Image-Daten-CHUNK (IDAT)

Dieser CHUNK besitzt die Signatur IDAT und enthält die komprimierten Daten des Bildes. Bei umfangreicheren Bildern können diese in mehreren aufeinanderfolgenden IDAT-CHUNKs hintereinander abgelegt werden.

Der Trailer-CHUNK (IEND)

Die PNG-Datei muß mit einem IEND-CHUNK abgeschlossen werden. Dieser CHUNK enthält keinen Datenbereich.

Untergeordnete (ancillary) CHUNKs

Neben den bereits erwähnten kritischen CHUNKs enthält die PNG-Spezifikation in der Version 1.0 weitere 10 untergeordnete CHUNKs. Mit diesen CHUNKs lassen sich Zusatzinformationen speichern, die zur Interpretation der PNG-Daten hilfreich sind.

Der Background Color-CHUNK (bKGD)

Dieser CHUNK besitzt die Signatur bKGD und muß vor dem IDAT-CHUNK, aber nach dem PLTE-CHUNK auftreten. Es darf nur einen solchen CHUNK in der PNG-Datei geben. Der CHUNK legt die Hintergrundfarbe für das Bild fest (der PNG-Reader kann aber diese Vorgabe ignorieren und eine eigene Hintergrundfarbe verwenden). Der Datenbereich dieses CHUNK wird durch den Bildtyp beeinflußt:

- Enthält die PNG-Datei ein Farbbild mit einer Palette, wird im bKGD-CHUNK nur ein Byte mit dem Palettenindex der Hintergrundfarbe hinterlegt.
- Bei einem Graustufenbild enthält der Datenbereich ein Wort (16 Bit) mit dem Graustufenwert für den Hintergrund.
- Enthält die PNG-Datei dagegen ein True-Color-Bild, werden im Datenbereich des bKGD-CHUNK drei 16-Bit-Werte für die Farbanteile Rot, Grün, Blau hinterlegt.

Die betreffenden Werte werden dann im Datenbereich des bKGD-CHUNK abgelegt.

Der Primary Chromaticities und White Point-CHUNK (cHRM)

Dieser CHUNK besitzt die Signatur cHRM und darf nur einmal innerhalb der PNG-Datei auftreten. Der CHUNK muß vor den PLTE- und IDAT-CHUNKs stehen und gibt die Werte *Chromaticity* und *White Point* im 1931 CIE XYZ-Farbraum an.

Offset	Bytes	Bedeutung
00H	4	X-Wert White Point
04H	4	Y-Wert White Point
08H	4	X-Wert Rot
0CH	4	Y-Wert Rot

Offset	Bytes	Bedeutung
10H	4	X-Wert Grün
14H	4	Y-Wert Grün
18H	4	X-Wert Blau
1CH	4	Y-Wert Blau

Tabelle 35.5 Aufbau des cHRM-CHUNK

Die Einträge sind alle als DWORD definiert und legen lediglich die X/Y-Koordinaten für den weißen Punkt und für den Farbpunkt im 1931 CIE-Farbraum fest. Die im CHUNK enthaltenen Werte sind durch 100.000 zu dividieren, um aus der Ganzzahl eine Dezimalzahl zu machen. Die Werte sind zur Kalibrierung von RGB-Farbbildern erforderlich.

Der Image Gamma-CHUNK (gAMA)

Der Gamma-CHUNK besitzt die Signatur gAMA und muß vor den PLTE- und IDAT-CHUNKs stehen. Der CHUNK besitzt im Datenbereich einen 32-Bit-Eintrag (DWORD), der dem mit 100.000 multiplizierten Gamma-Wert (der Kamera) entspricht.

Der Image Histogramm-CHUNK (hIST)

Der Histogramm-CHUNK besitzt die Signatur hIST und muß zwischen PLTE- und IDAT-CHUNK stehen. Der CHUNK besitzt im Datenbereich ein Feld mit 16-Bit-Werten. Jeder Eintrag beschreibt die Häufigkeit der Paletteeinträge (Usage Frequency) im Bild. Können die in der Palette enthaltenen Farben nicht dargestellt werden, läßt sich anhand dieses CHUNK festlegen, welche Farben in darstellbare Farben umzuwandeln sind (die Farben, die am seltensten im Bild vorkommen).

Der Physical Pixel Dimensions-CHUNK (pHYs)

Der Histogramm-CHUNK besitzt die Signatur pHYs und muß vor dem IDAT-CHUNK stehen. Der CHUNK besitzt im Datenbereich die folgenden Einträge:

Offset	Byte	Bedeutung
00H	4	Pixel per Unit in X-Richtung
04H	4	Pixel per Unit in Y-Richtung
08H	1	Flag 0 = Einheit unbekannt 1 = Einheit Meter

Tabelle 35.6 Der Physical Pixel Dimension-CHUNK

Die Einträge des CHUNK geben die Abmessungen eines Bildpunkts (Pixel) in X- und Y-Richtung an. Ist die Einheit (Unit) nicht bekannt, gibt der pHYs-CHUNK ein Seitenverhältnis (Aspect Ratio) an. Fehlt der CHUNK, sind die Pixel als rechteckige Punkte anzunehmen.

Der Significant Bits-CHUNK (sBIT)

Dieser CHUNK besitzt die Signatur sBIT und legt fest, daß nur eine bestimmte Anzahl an Bits in den Bilddaten zu berücksichtigen sind. Dies erlaubt auch Bilder zu speichern, deren Bit pro Pixel-Werte (oder Bits per Sample) nicht der PNG-Spezifikation entsprechen. In diesem Fall müssen die Daten bis zur nächsten gültigen Stufe mit Nullbits aufgefüllt werden (z. B. aus 5 Bit pro Pixel wird 8 Bit pro Pixel). Der CHUNK besitzt folgende Einträge:

Bytes	Bedeutung
 1	Graustufenbilder (Color Typ 0) Zahl der signifikanten Bits bei Graustufenbildern
 1	Graustufenbilder mit Alphakanal (Color-Typ 4) Zahl der signifikanten Bits in den Graustufen
1	Signifikante Bits im Alphakanal
 1 1 1	TrueColor (Color Typ 2 oder 3) Signifikante Bits rote Farbe Signifikante Bits grüne Farbe Signifikante Bits blaue Farbe
 1 1 1	TrueColor mit Alphakanal (Color-Typ 6) Signifikante Bits rote Farbe Signifikante Bits grüne Farbe Signifikante Bits blaue Farbe

Tabelle 35.7 Der Significant Bits-CHUNK

Der CHUNK muß vor dem PLTE- und vor dem IDAT-CHUNK auftreten. Im IDAT-CHUNK sind dann nur die signifikanten Bits für jeden Bildpunkt auszuwerten. Die Werte im Datenteil des CHUNK müssen größer 0 und kleiner als die erlaubte Zahl der Bits pro Sample sein.

Der Textual Data-CHUNK (tEXt)

Dieser CHUNK besitzt die Signatur tEXt und erlaubt es, lesbare Texte (z. B. Autor, Copyright etc.) in einer PNG-Datei mit abzulegen. Der Datenteil des CHUNK besitzt folgenden Aufbau:

Offset	Byte	Bedeutung
00H	n	String mit dem Schlüsselwort
..H	1	00H als Separator
..H	n	Text

Tabelle 35.8 Der Textural Data-CHUNK

Das erste Feld kann zwischen 1 und 79 Bytes umfassen und muß mit einem Nullbyte 00H abgeschlossen werden. In diesem Feld wird der Typ der Information festgehalten. Zur Zeit sind folgende Begriffe definiert: Title, Autor, Description, Copyright, Creation Time,

Software, Disclaimer, Warning, Source, Comment. In *Source* können Sie zum Beispiel den Namen des erzeugenden Geräts oder Programms hinterlegen. Weiterhin lassen sich neue Schlüsselwörter mit einer maximalen Länge von 79 Bytes definieren. Das Nullbyte dient als Separator für den folgenden Text. Dessen Länge ist aus der Längenangabe des CHUNK und der Länge des vorhergehenden ASCIIZ-Strings zu ermitteln. Eine PNG-Datei kann mehrere tEXt-CHUNK enthalten.

Der Image Last-Modification Time-CHUNK (tIME)

Dieser CHUNK besitzt die Signatur tIME und gibt den Zeitpunkt der letzten Änderung am Bild an. Der CHUNK besitzt folgende Einträge im Datenbereich:

Offset	Bytes	Bedeutung
00H	2	Jahr (z.B. 1995)
02H	1	Monat (1-12)
03H	1	Tag (1-31)
04H	1	Stunde (1-23)
05H	1	Minute (0-59)
06H	1	Sekunde (0-60)

Tabelle 35.9 Der Image Last-Modification Time-CHUNK

Die Zeitangaben sollten in der Universalzeit (GMT) und nicht in der lokalen Zeit erfolgen.

Der Transparency-CHUNK (tRNS)

Dieser CHUNK besitzt die Signatur tRNS und muß hinter dem PLTE-CHUNK, aber vor dem IDAT-CHUNK auftreten. Dieser CHUNK kann benutzt werden, falls kein Alphakanal definiert wurde, um die Sichtbarkeit von Bildteilen festzulegen. Der CHUNK besitzt folgende Einträge im Datenbereich:

Bytes	Bedeutung
 2	Graustufenbilder (Color-Typ 0) Wert der Graustufe, die transparent darzustellen ist
 2 2 2	TrueColor (Color-Typ 2) Rotanteil der transparenten Farbe Grünanteil der transparenten Farbe Blauanteil der transparenten Farbe
 N*1	Farbbilder mit Palette (Color Typ 3) Transparenzwert (für jeden Wert der Palette)

Tabelle 35.10 Datenbereich des Transparency-CHUNK

Entspricht eine Farbe bei Graustufen- und TrueColor-Bildern dem Transparenzwert, ist der betreffende Bildpunkt transparent darzustellen. Bei Farbbildern mit einer Palette enthält der Datenbereich für jeden Paletteneintrag ein Byte mit dem Transparenzwert. Hier werden die Transparenzwerte wie Alphawerte interpretiert (0 = 100 % transparent, 255 = opak).

Enthält der CHUNK weniger Werte als Paletteneinträge, ist für die fehlenden Einträge der Wert 255 anzunehmen. Soll nur die erste Farbe transparent sein, wird z.B. im CHUNK nur der Wert 0 im ersten Datenbyte abgelegt.

Der Compressed Textual Data-CHUNK (zTXt)

Dieser CHUNK besitzt die Signatur zTXt und wird benutzt, um längere Texte zu speichern. Der CHUNK besitzt den gleichen Zweck und einen ähnlichen Aufbau wie der tEXt-CHUNK. Die Texte werden allerdings mit dem Deflate-Verfahren komprimiert. Der CHUNK beginnt mit dem komprimierten Schlüsselwort, an das sich das Nullbyte anschließt. Im folgenden Byte wird der Wert 0 für die Deflate/Inflate-Komprimierung hinterlegt. Daran schließt sich der komprimierte Text an. Sobald Sie den Inhalt des CHUNK dekomprimiert haben, liegt die gleiche Struktur wie beim tEXt-CHUNK vor.

Anmerkung: Damit sind die in der PNG-Version 1.0 definierten CHUNKs vorgestellt. Es kann aber weitere CHUNKs geben. Die Vorschläge für neue CHUNKs lassen sich im Internet unter der Adresse *png-info@uunet.uu.net* abrufen. Weiterhin lassen sich private CHUNKs definieren, die nur innerhalb einer Anwendung genutzt werden können.

Der Bilddatenbereich

Die Bilddaten werden in IDAT-CHUNKs hinterlegt. Eine PNG-Datei kann dabei einen oder mehrere aufeinanderfolgende IDAT-CHUNKs aufweisen. Ein IDAT-CHUNK enthält immer komprimierte Bilddaten (die Länge des Bilddatenbereichs darf dabei durchaus 0 oder 1 Byte betragen, auch wenn dies aus Speichergründen nicht allzu sinnvoll ist). Beim Schreiben der Bilddaten führt das Programm folgende Schritte aus:

- Es wird eine Zeile des Bildes gelesen. Dann ist die geforderte Filtermethode auf diese Bilddaten anzuwenden.
- Anschließend werden die gefilterten Daten komprimiert. Diese komprimierten Daten sind in einen IDAT-CHUNK zu schreiben.

Beim Lesen können die Bilddaten in aufeinanderfolgenden Zeilen oder im Interlaced-Modus gewählt werden (dies wird im Header festgehalten). Zum Dekomprimieren ist die obige Reihenfolge umzukehren.

Die dekomprimierten Daten des Bildes liegen dabei zeilenweise Punkt für Punkt vor. Der Nullpunkt des Bildes befindet sich in der oberen linken Ecke. Bei der Komprimierung werden die Daten einer Zeile gepackt. Enthält ein Pixel weniger als 8 Bit, werden die fehlenden oberen Bits mit Nullbits ergänzt. Damit wird sichergestellt, daß eine Zeile immer auf einer Bytegrenze endet. Eine Zeile beginnt ebenfalls an einer Bytegrenze.

Filterung

Die PNG-Spezifikation erlaubt, verschiedene Filtermethoden auf die Bilddaten anzuwenden. Ziel der Filterung ist es, die Komprimierbarkeit der Daten zu verbessern. Durch die Filterung gehen keine Daten verloren, und der Umfang der Bilddaten nimmt auch nicht ab. In der PNG-Spezifikation sind verschiedene Filtertypen erlaubt (z.B. keine Filterung oder einer der angegebenen Filter). Für jede Bildzeile läßt sich ein eigener Filtertyp angeben. Diese Information wird im ersten Byte der komprimierten Bildzeile gespeichert. In der PNG-Spezifikation sind folgende Filtermethoden vereinbart:

Code	Name
0	kein Filter (None)
1	Sub
2	Up
3	Average
4	Path

Tabelle 35.11 Filtermethoden

Beim Filtertyp 0 werden die Bildzeilen unverändert komprimiert. Beim Filtertyp 1 wird die Differenz zwischen jedem Byte und dem korrespondierenden Byte des vorhergehenden Bildpunkts übertragen. Beim Filtertyp 2 wird die Differenz zwischen jedem Byte und dem darüberliegenden Bildpunkt (Pixel) übertragen. Dies ähnelt dem Filtertyp 1, bei dem der links danebenliegende Bildpunkt zur Berechnung der Differenz verwendet wird. Der Filtertyp 3 verwendet den Mittelwert zweier benachbarter Bildpunkte (links und oberhalb), um den Wert eines Bildpunkts zu berechnen. Beim Filtertyp 4 wird eine lineare Funktion durch drei benachbarte Bildpunkte (links, oberhalb, links oben) gelegt, um den Wert des Bildpunkts zu ermitteln.

Anmerkungen: Detailliertere Informationen über die Filtermethoden sind in der PNG-Spezifikation enthalten.

Interlacing

Die Bildzeilen können innerhalb einer PNG-Datei im Interlaced-Modus gespeichert sein. Dies ermöglicht es dem Decoder, ein Bild in Rohform aufzubauen und dann schrittweise zu verfeinern. Dies ist bei einer seriellen Übertragung aus Online-Medien hilfreich. Damit erhält der Benutzer bereits beim Laden eine Grobübersicht des Bildes.

Beim Interlaced-Modus 0 (dies entspricht einem ausgeschalteten Interlaced-Modus) werden die Bildpunkte sequentiell von links nach rechts gespeichert. Alle Bildzeilen folgen in sequentieller Reihenfolge.

Die PNG-Spezifikation 1.0 kennt noch den Interlaced-Modus *Adam7* (dieser wurde nach dem Autor Adam M. Costello benannt). Im Gegensatz zum in der GIF-Spezifikation verwendeten zeilenweisen Interlaced-Modus (hier werden einzelne Zeilen in einer bestimmten Reihenfolge übertragen) verwendet die PNG-Spezifikation ein etwas komplexeres Verfahren, um Bildteile zu übertragen. Dieses Verfahren verwendet 7 Durchläufe (Passes), wobei in den ersten sechs Durchläufen die Pixel der geraden Bildzeilen 0, 2, 4, 6 etc. erzeugt werden. Im siebten Durchlauf werden dann die ungeraden Bildzeilen 1, 3, 5, 7 etc. ergänzt. Bei den ersten sechs Durchläufen werden aber nicht die Bilddaten einer kompletten Zeile bearbeitet, sondern der PNG-Algorithmus wendet die nachfolgend gezeigte Maske (beginnend in der oberen linken Ecke) auf die Bilddaten an.

```
1 6 4 6 2 6 4 6
7 7 7 7 7 7 7 7
5 6 5 6 5 6 5 6
7 7 7 7 7 7 7 7
3 6 4 6 3 6 4 6
7 7 7 7 7 7 7 7
5 6 5 6 5 6 5 6
7 7 7 7 7 7 7 7
```

Die durch diese Maske ausgewählten Bildpunkte werden anschließend in den einzelnen Durchläufen gespeichert. Dies erlaubt dem Benutzer, bereits bei 20 bis 30 Prozent der übertragenen Daten den Bildinhalt zu erkennen (bei GIF sind ca. 50 % der Daten erforderlich). Allerdings hat das Interlacing den Nachteil, daß sich die Komprimierbarkeit der Bilddaten verschlechtert. (Bei jedem Durchlauf wird immer nur der achte Bildpunkt jeder achten Bildzeile übertragen. Bei Pass 2 werden z. B. die Pixel 4, 12, 20 etc. der Bildzeilen 0, 8, 16, etc. übertragen.) Durch das Interlacing werden quasi Teilbilder mit 8 x 8 Pixel erzeugt, die anschließend gefiltert und komprimiert werden.

Deflate/Inflate-Komprimierung

Bei PNG-Dateien wird zur Zeit nur der Komprimierungstyp 0 unterstützt. Es handelt sich um eine Deflate/Inflate-Komprimierung mit einem 32 kByte *Sliding Window*. Die Deflate-Komprimierung wurde vom LZ77-Komprimierungsverfahren abgeleitet. Dieses Verfahren ist lizenzfrei, und portierbare Bibliotheken mit C-Programmen sind frei verfügbar. Die PNG-Spezifikation benutzt das zlib-Format zur Speicherung der komprimierten Daten:

Byte	Bemerkung
1	Komprimierungsmethode/Flags-Code
1	Zusatz-Flags/Check Bits
n	Komprimierter Datenblock
4	Prüfwert

Tabelle 35.12 Aufbau eines komprimierten Datensatzes

Für den PNG-Komprimiertyp 0 muß der Wert 8 im ersten Byte (Komprimierungsmethode/Flags-Code) eingetragen werden. Der Prüfwert am Ende des Datenstroms wird mit der CRC-32-Methode über die unkomprimierten Daten berechnet (es wird das gleiche Polynom wie bei den Prüfsummen der CHUNKs verwendet).

Anmerkung: Dokumentation und C-Programmbeispiele hinsichtlich der Komprimierung/Dekomprimierung finden Sie im Info-Zip-Archiv (Internet-Adresse *ftp://ftp.uu.net/pub/archiving/zip/*). Die PNG-Spezifikation ist in vielen Online-Foren enthalten. Im Internet finden Sie die Spezifikation unter *http://sunsite.unc.edu/boutell/png.html*. Das offizielle PNG-Archiv befindet sich unter *ftp://ftp.uu.net/graphics/png/*, und im Unterverzeichnis *ftp://ftp.uu.net/graphics/png/src/* ist eine Referenzimplementierung eines PNG-Readers und -Writers in C zu finden. Weitere Informationen finden sich z. B. unter *http://quest.jpl.nasa.gov/PNG/* und unter *http://www.group-42.com/*.

36 Das Apple QuickTime-Format (QTM)

Von Apple wurde ein weiteres Format zur Speicherung von Videosequenzen mit Audiodaten definiert. Das QTM-Format (QuickTime Movie Resource-Format) wird von dem Produkt QuickTime verwendet und steht für den Macintosh und für Windows zur Verfügung.

Auf dem Mac werden die Dateien unter dem Typ *'moov'* abgelegt, während unter Windows die Erweiterung .QTM benutzt wird. Die Daten werden dabei im Motorola-Format (big-endian) gespeichert. In einer QTM-Datei können mehrere Spuren mit Audio- und Videodaten gespeichert werden. Zur Bearbeitung von QTM-Dateien bietet Apple eine Movie Toolbox. In dieser Bibliothek werden sechs verschiedene Kompressionsverfahren definiert, die aber bis auf das JPEG-Verfahren speziell von Apple verwendet werden. Audiodaten werden im AIFF-Format gespeichert (siehe IFF-Format).

QTM-Dateien werden ebenfalls in einzelne Blöcke mit den Informationen aufgeteilt. Hier erinnert die Struktur an die CHUNKs des AVI- und DVI-Formats. Die Blöcke werden bei Apple allerdings als Atome bezeichnet. Ein Atom besitzt folgende Struktur:

Offset	Bytes	Bemerkungen
00H	4	Atomgröße
04H	4	Atomtyp
08H	n	Atomstruktur
..H	n	Atomdaten

Tabelle 36.1 Struktur eines QTM-Atoms

Das Feld mit der Größe schließt den Header und das Typfeld des Atoms mit ein. Das *Typfeld* spezifiziert den Atomtyp und das Format der gespeicherten Daten. Der Typ wird als 4-Byte-String abgelegt. Anschließend folgen Datenstrukturen, wobei zwei Varianten existieren.

- Ein *Container*-Atom kann weitere Atome (können auch Container-Atome sein) enthalten.
- Ein *Leaf*-Atom enthält lediglich Daten.

In Abbildung 36.1 wird die Struktur einer QuickTime-Datei mit den einzelnen Atomen gezeigt.

```
Movie Directory
 Movie Header-Atom
  Clipping-Atom
   Clipping Region-Atom
 Track Directory
```

```
  Track Header-Atom
  Clipping-Atom
   Clipping Region-Atom
  Edits-Atom
   Edits List-Atom
  Media Directory
   Media Header-Atom
   Media Handler-Atom
   Media Info-Atom
    Video Media Info-Atom
    Sound Media Info-Atom
     Sound Media Info Header-Atom
    Handler-Atom
     Data Reference-Atom
     Sample Table-Atom
  User Data-Atom
 Movies User Data
```

Abbildung 36.1 Struktur einer QuickTime-Datei

Die einzelnen Atome können ineinander geschachtelt werden. Die Schachtelung umfaßt jedoch maximal 5 Stufen (Levels).

In QuickTime sind eine Reihe unterschiedlicher Atome definiert. Ein unbekanntes Atom sollte überlesen werden.

Das Movie Directory-Atom

Eine QTM-Datei beginnt immer mit einem Movie Directory-Atom, das folgende Struktur aufweist.

Offset	Bytes	Bemerkungen
00H	4	Atomgröße in Byte
04H	4	Atomtyp 'moov'
08H	n	Movie Header-Atom
..H	n	Clipping-Atom
..H	n	Track-Atome
..H	n	User Data-Atom

Tabelle 36.2 Struktur eines Movie Directory-Atoms

Das erste Feld definiert die Länge des Atoms und wird von einer Signatur gefolgt, die den Typ der Datei angibt. Daran schließen sich verschiedene Atomstrukturen an. Im *Movie-Header* werden globale Informationen über die Videosequenz abgelegt. Das *Movie Clipping*-Atom enthält Informationen über die Sichtbarkeit der Bilder. Das *Track*-Atom enthält ein Array für jede Spur (Track) innerhalb des Sequenz. Pro Datenstrom (Data Stream) findet sich eine Spur (Track). Im *User Data*-Atom lassen sich zusätzliche Informationen wie Copyright-Texte etc. ablegen.

Das Movie Header-Atom

Dieses Atom besitzt die nachfolgend gezeigte Struktur und enthält globale Informationen zur QTM-Datei.

Offset	Bytes	Bemerkungen
00H	4	Atomgröße
04H	4	Atomtyp 'mvhd'
08H	4	Version und Flags
0CH	4	Creation Time
10H	4	Modification Time
14H	4	Time Scale
18H	4	Movie-Dauer (Duration)
1CH	4	Abspielrate (Data Rate to play)
20H	2	Audio Data Volume
22H	2	reserviert
24H	2*4	reserviert
2CH	3*3*4	Transformationsmatrix
60H	4	Preview Time
64H	4	Preview Duration
68H	4	Poster Time
6CH	4	Selection Time
70H	4	Selection Duration
74H	4	Current Time
78H	4	Next Value Track-ID

Tabelle 36.3 Struktur eines Movie Header-Atoms

Der Header beginnt mit einem Längenfeld und einer 4-Byte-Signatur. Im Flag ist nur das erste Byte mit der Versionsnummer belegt.

Die Datums- und Zeitangaben (Creation, Modify) beziehen sich auf dem Mac auf den 1. Januar 1904.

Time Scale (Offset 14H) definiert die Einheiten (Units) pro Sekunde. Das Feld *Duration* gibt dann die Länge einer Sequenz in *Time Scale*-Einheiten an.

Data Rate ist die Zahl der Bytes pro Sekunde, die für eine korrekte Wiedergabe benötigt werden. Volume gibt die Lautstärke des Audiokanals an.

Eine QTM-Datei kann ein Preview enthalten. Ab dem Feld *Preview Time* finden sich die Informationen (Zeit ab der das Preview beginnt, Dauer etc.) über die Preview-Sequenz. In *Selection Time* und *Selection Duration* finden sich die Zeit und die Dauer des aktuell selektierten Bereiches der Sequenz. Die QTM-Dateien erlauben interaktive Eingriffe des Benutzers in den Ablauf.

Das Track Directory-Atom

Jeder Datenstrom wird durch ein *Track Directory*-Atom eingeleitet. Diese Atome werden in einem Array im *'moov'*-Atom gespeichert.

Offset	Bytes	Bemerkungen
00H	4	Atom Size
04H	4	Atomtyp 'trak'
08H	n	Track Header-Atom
..H	n	Clipping-Atom
..H	n	Edits-Atom
..H	n	Media-Atom
..H	n	User Data-Atom

Tabelle 36.4 Struktur eines Track Directory-Atoms

Die ersten vier Byte enthalten die Länge des Atoms und werden von der Signatur *('trak')* gefolgt. Daran schließen sich weitere Atome an.

Das Track Header-Atom

Dieses Atom enthält Informationen über die zugehörige Spur (Track) und besitzt folgendes Format.

Offset	Bytes	Bemerkungen
00H	4	Atom Size
04H	4	Atomtyp 'tkhd'
08H	4	Version und Flags
0CH	4	Creation Time
10H	4	Modification Time

Offset	Bytes	Bemerkungen
14H	4	Track ID-Nummer
18H	4	reserviert
1CH	4	Duration
20H	4	reserviert
24H	4	reserviert
28H	2	Layer
2AH	2	Track Group ID
2CH	2	Volume
2EH	2	reserviert
30H	3*3*4	Transformationsmatrix
64H	4	Track Width
68H	4	Track Height

Tabelle 36.5 Struktur eines Track Header-Atoms

Das erste Feld definiert die Atomlänge. Das nächste Feld identifiziert den Typ des Atoms. Im Flag ist nur das erste Byte mit der Versionsnummer belegt. Das Datum und die Zeit der Erzeugung und letzten Modifikation werden im Mac-Format definiert. Daran schließt sich die *Track ID*-Nummer an.

Das Feld *Duration* gibt die Länge des Tracks in *Time Units* an. In *Layer* wird die Priorität des Tracks (Layer Level) für die Ausgabe definiert. In *Volume* wird die Lautstärke bei der Wiedergabe der Audiodaten angegeben. Die Matrix enthält Daten zur Umrechnung der Bildpunkte zwischen verschiedenen Koordinatensystemen. Die letzten beiden Felder definieren den Bildausschnitt für die Sequenz.

Das Media-Atom

Dieses Atom beschreibt die verwendeten Medien in dieser Spur und besitzt folgende Struktur:

Offset	Bytes	Bemerkungen
00H	4	Atom Size
04H	4	Signatur 'mdia'
08H	n	Media Header-Atom
..H	n	Handle-Atom
..H	n	Media Info-Atom

Tabelle 36.6 Struktur eines Media-Atoms

Das erste Feld enthält die Länge, gefolgt von einer Signatur *('mdia')* mit dem Atomtyp. Daran schließen sich weitere Atome an.

Das Media Header-Atom

Dieses Atom besitzt folgende Struktur:

Offset	Bytes	Bemerkungen
00H	4	Atom Size
04H	4	Signatur ('mdhd')
08H	4	Flags und Version
0CH	4	Creation Time
10H	4	Modification Time
14H	4	Time Scale
18H	4	Duration
1CH	4	Language
20H	4	Quality

Tabelle 36.7 Media Header-Atom-Struktur

Die ersten vier Bytes definieren die Länge. Daran schließt sich die Signatur mit dem Atomtyp an. Das Flag enthält nur im ersten Byte die Versionsnummer. *Creation Time* und *Modify Time* beziehen sich auf die Mac-Zeit- und Datumsformate. *Time Scale* definiert die Einheiten in Sekunden. *Duration Time* gibt dann die Länge der Spur beim Abspielen an. Das Feld *Language* enthält einen Code für die in diesem Track verwendete Sprachversion. Das letzte Feld enthält die Information über die Qualität der gespeicherten Informationen.

Anmerkung: Weitere Informationen über das QuickTime-Format sind den Referenz-Manuals des QuickTime Developers Kit zu entnehmen.

37 Das SUN Rasterformat (RAS)

Die Firma SUN hat ein einfaches Rasterformat zur Speicherung von Bitmap-Bildern definiert. In diesen Dateien lassen sich Monochrom- und Colorbilder mit 1, 8, 24 und 32 Bit pro Pixel ablegen. Einige Konvertierungsprogramme (z. B. PaintShop) unterstützen dieses Format und legen die Bilddateien mit der Endung RAS unter DOS ab. Abbildung 37.1 gibt den Aufbau einer RAS-Datei wieder.

Abbildung 37.1 Struktur einer RAS-Datei

Die RAS-Dateien bestehen aus einem 32-Byte-Header, gefolgt von einem Datenbereich. Dieser Datenbereich kann dabei sowohl Bilddaten als auch optional Palettendaten enthalten.

Der RAS-Header

Der Header einer RAS-Datei besitzt immer eine feste Länge von 32 Byte und wird in 8 Felder zu je 4 Byte (DWORD) aufgeteilt. Die Daten werden dabei im Motorola-Format gespeichert (z. B. 00 00 00 01 = 1). Tabelle 37.1 zeigt den Aufbau dieses Headers.

Offset	Bytes	Bemerkungen
00H	4	Signatur (59 A6 6A 95)
04H	4	Bildbreite in Pixel
08H	4	Bildhöhe in Pixel
0CH	4	Bit per Pixel
10H	4	Bytes im Bildbereich
14H	4	RAW File-Typ
18H	4	Paletten-Flag 0 = keine Palette (Color Map) 1 = Palette (Color Map) 2 = RAW-Palette
1CH	4	Länge Palette

Tabelle 37.1 Struktur eines RAS-Headers

Die ersten vier Bytes enthalten eine Signatur *(59 A6 6A 95)*. Diese Signatur ist als Magic Number gespeichert, d. h., das erste Wort wird im zweiten Wort gespiegelt.

Ab Offset 04H folgt die Bildbreite in Pixel. Ein Eintrag von 00 00 00 10 bedeutet dabei eine Bildbreite von 16 Pixel. Ab Offset 08H findet sich die Bildhöhe in Pixel.

RAS-Dateien können die Bilder mit unterschiedlichen Bittiefen speichern. Tabelle 37.2 gibt die dabei verwendeten Bittiefen an.

Bit/Pixel	Bemerkungen
1	Monochrom
(4)	16 Color
8	256 Color
24	True Color
32	True Color

Tabelle 37.2 Bit pro Pixel

Die Zahl der Bit pro Pixel findet sich ab Offset 0CH. Bei 32 Bit pro Pixel werden drei Byte für die Farbdarstellung und ein Byte für Zusatzinformationen verwendet.

Das DWORD ab Offset 10H definiert die Länge des Bilddatenbereiches (ohne Palette) in Byte. Dieser Wert ist aber mit Vorsicht zu betrachten, da im Original SUN-Format das Feld zeitweise mit dem Typ der Kodierung (00H = keine Kodierung) belegt wurde. Sie sollten daher die Länge des Datenbereiches aus den Bilddaten (Breite * Höhe * Bittiefe) berechnen.

SUN hat verschiedene Typen an Rasterdateien definiert. Der Typ wird ab Offset 14H im Header angegeben. Tabelle 37.3 zeigt die bisher bekannten RAS-Datentypen.

Code	Typ
0	Old Style
1	Standard Style
2	Byte Encoded
3	RGB-Format
4	TIFF
5	IFF
FFFF	Experimental-Format

Tabelle 37.3 SUN-Raster Filetypen

Die Dateitypen 0 und 1 definieren ein identisches Speicherformat. Ist als Typ der Wert 2 eingetragen, liegen die Bilddaten in einer RLE-Kodierung vor. Bei RGB-Bildern werden die Bilddaten eines Pixels als Tripel oder Quadrupel (4 Byte) gespeichert. Bei RGB-Bildern entfällt in der Regel auch die Palette. Falls die Datentypen 4 (TIFF) oder 5 (IFF) auftreten, signalisiert dies lediglich, daß die Rasterdatei ursprünglich aus diesen Formaten konvertiert wurde. Der Code FFFFH ist für den Dateityp Experimental vorgesehen. Hierbei handelt es sich um ein implementationsspezifisches Format. Die nachfolgende Beschreibung bezieht sich auf das Standardformat (Typ 1).

Das DWORD ab Offset 18H definiert den Typ der Farbpalette. Diese Palette wird optional hinter dem Header gespeichert. Ist der Wert des Feldes auf 0 gesetzt, fehlt die Farbpalette, und die Bilddaten schließen sich an den Header an. Ist in der RAS-Datei eine Farbpalette gespeichert, enthält das Feld den Wert 1 (00 00 00 01). An den Header schließt sich in diesem Fall der Bereich mit den Palettendaten an. Der Wert 2 (00 00 00 02) deutet auf eine herstellerspezifisch kodierte Farbpalette hin.

Ab Offset 1CH wird die Länge der Farbpalette in Byte angegeben. Bei 256 Farben enthält das Feld zum Beispiel den Eintrag 00 00 03 00, was 256 Farben à drei Byte entspricht.

Der Palettendatenbereich

Ist das Feld ab Offset 18H mit 00 00 00 01 belegt, enthält die RAS-Datei die Palettendaten ab Offset 20H. Die Länge dieses Datenbereiches findet sich im Header ab Offset 1CH.

Eine RAS-Palette besteht standardmäßig aus 256 Farben, wobei pro Farbe 3 Byte benutzt werden. Allerdings sind die Palettendaten für die 256 Farben abweichend von den üblichen Konventionen gespeichert. Ab Offset 20H stehen 256 Datenbytes mit den Farbanteilen für die Farbe Rot. Ab Offset 120H folgen dann 256 Byte, welche die Farbanteile der Farbe Grün beschreiben. Der Palettenbereich enthält ab Offset 210H noch 256 Byte mit den blauen Farbanteilen. Rasterfiles mit 24 oder 32 Bit besitzen keine Palette, so daß sich hier die Bilddaten direkt an den Header anschließen.

Der RAS-Datenbereich

An den Header (sofern keine Palette vorliegt) oder hinter den Palettendaten schließt sich der Bilddatenbereich an. Die Zahl der Bit pro Pixel wird dabei im Header ab Offset 0CH gespeichert.

Die Zahl der Bilddatenbytes einer unkomprimierten Datei ist aus den Bildabmessungen (Höhe * Breite * Bit per Pixel) zu berechnen.

Monochrom-Darstellung (1 Bit pro Pixel)

Bei monochromen Bildern fehlt die Palette, und die Bilddaten werden in einer Ebene abgelegt. Ein Byte umfaßt dabei 8 Bildpunkte.

Graustufen und Farbbilder (8 Bit pro Pixel)

Bilder mit 256 Farben oder Graustufen benötigen eine Palette, die sich an den Header anschließt. Diese Palette enthält bei Graustufenbildern die entsprechenden Definitionen. Bei Farbbildern werden die einzelnen Farben der Palette durch drei Byte (rot, grün, blau) beschrieben. Im Bilddatenbereich beschreibt jedes (unkomprimierte) Byte einen Bildpunkt.

Echtfarbenbilder (24/32 Bit pro Pixel)

Bei diesen Dateien fehlt die Palette oder wird herstellerspezifisch (RAW-Color-Palette) gespeichert. Bei 24 Bit pro Pixel werden die Bilddaten jeweils in 3 Byte pro Bildpunkt abgelegt. Bei 32 Bit pro Pixel enthalten die ersten drei Byte die Farbinformationen. Das vierte Byte kann für Alphawerte benutzt werden.

Die RLE-Kodierung bei RAS-Dateien

Enthält der Header ab Offset 14H den Dateityp 2, liegen die Bilddaten in einem komprimierten Format vor. Das RAS-Format benutzt dabei ein einfaches RLE-Verfahren zur Verdichtung der Daten.

Die Bilddaten sind dabei byteweise zu lesen und zu dekodieren. Ist der Wert des betreffenden Bytes ungleich 80H oder 00H, liegt ein unkomprimiertes Bilddatenbyte vor.

Bei Monochrom- oder 256-Farben-Bildern können die Bildpunkte direkt ausgegeben werden. Bei 24- oder 32-Bit-Bildern ist der Wert in einen Zwischenpuffer zu übernehmen, bis alle Byte eines Bildpunktes dekodiert sind. Erst dann kann der Bildpunkt ausgegeben werden.

Nun tritt aber das Problem auf, daß ein Bilddatenbyte den Wert 80H beinhaltet. In diesem Fall wird ein modifizierter RLE-Record mit der Struktur aus Abbildung 37.2 zur Kodierung verwendet.

00H	80H

Abbildung 37.2 Speicherung des Codes 80H als Datenbyte

Das erste Byte enthält den Wert 00H. Im zweiten Byte steht dann der Wert 80H, der als Bilddatenbyte zu interpretieren ist. Tritt dagegen der Wert 00H als Bilddatenbyte auf, wird dieser als RLE-Record der Länge 1 kodiert (80 01 00). Komprimierte Bilddaten werden als Bytestrom gespeichert, d.h., die dekodierten Daten können über eine Bildzeile hinausreichen.

38 Das TARGA-Format (TGA)

Das TARGA-Format wurde von der Firma TrueVision zur Speicherung von Echtfarbenbildern (True Color Images) entwickelt. Mittlerweile sind eine Reihe von Varianten, die unterschiedliche Modi (Monochrom, 256 Farben, 24 Bits etc.) unterstützen, im Umlauf. Jede TARGA-Datei besteht dabei aus einem Header und den angehängten Bilddaten (Abbildung 38.1).

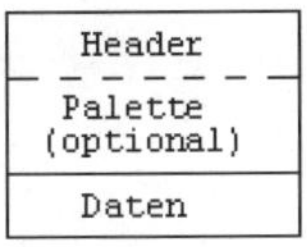

Abbildung 38.1 Struktur einer TGA-Datei

Der Header kann bei Color Map-Bildern (z. B. Bilder mit 256 Farben) eine optionale Farbpalette enthalten. Bei 24-Bit-Bildern werden dagegen die Bildpunkte direkt in der benötigten Farbe gespeichert; die Palette entfällt demnach.

An den Header schließt sich der Bereich mit den Bilddaten an. Diese Bilddaten werden unkomprimiert oder nach verschiedenen Komprimierungsverfahren gespeichert.

Der TARGA-Header

Der TARGA-Header besitzt eine feste Struktur und enthält alle Informationen, die zur Auswertung einer Bilddatei benötigt werden (z.B. Kodierung, Bildtyp, Abmessungen etc.). Allerdings verfügen TARGA-Dateien über keine Signatur im Header, die zwingend vorgeschrieben ist. Abbildung 38.2 zeigt einen Ausschnitt aus einer TARGA-Datei als Hexdump.

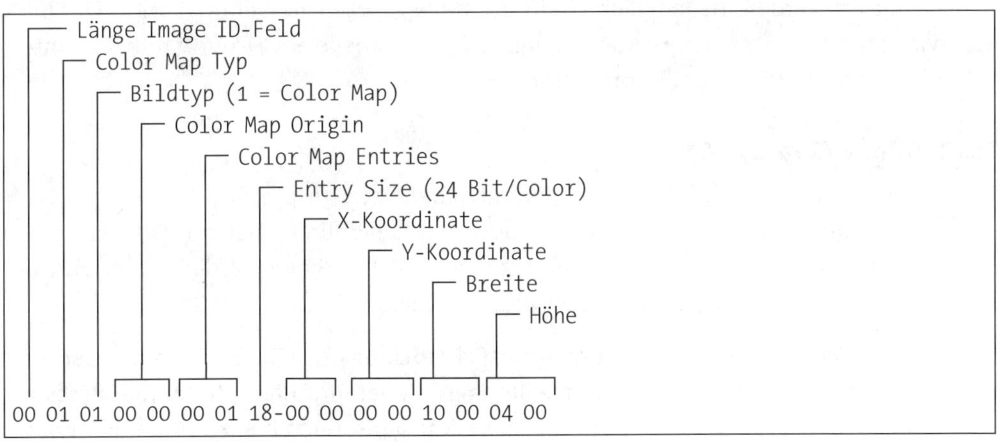

```
┌─ Bits per Pixel
│  ┌─ Image Descriptor Flag
│  │  Color Map (Palette)
│  │  ┌─────────────────────────────────────
08 00 00 00 00 00 00 80-00 80 00 00 80 80 80 00
00 80 00 80 80 80 00 C0-C0 C0 C0 DC C0 F0 CA A6
00 00 00 00 00 00 00 00-00 00 00 00 00 00 00 00
00 00 00 00 00 00 00 00-00 00 00 00 00 00 00 00
00 00 00 00 00 00 00 00-00 00 00 00 00 00 00 00
........
            ┌─── Bilddaten...
00 00 00 00 F0 FB FF A4-A0 A0 80 80 80 00 00 FF
00 FF 00 00 FF FF FF 00-00 FF 00 FF FF FF 00 FF
FF FF FF FF FF FF FF FF-FF FF FF FF FF FF FF FF
FF FF FF FF FF FF FF FF-FF FF FF FF FF FF FF FF
FF FF 00 00 FF FF 00 00-FF FF 00 00 FF FF 00 00
FF FF 00 00 FF FF 00 00-FF FF 00 00 FF FF 00 00
FF FF
```

Abbildung 38.2 Hexdump einer TARGA-Datei

Die einzelnen Felder werden nachfolgend beschrieben. Das TARGA-Format kennt verschiedene Bildtypen und Kodierungsvarianten.

Color Map-Bilder (Typ 1, 9, 32 und 33)

Bei Color Map-Bildern handelt es sich um Farbbilder, bei denen für jeden einzelnen Bildpunkt ein Farbindex gespeichert wird. Die eigentliche Farbe wird dabei in einer Palettentabelle abgelegt. Das gleiche Prinzip wird bei den anderen Bitmap-Formaten (z.B. PCX und TIFF) verwendet. Der Vorteil dieser Speicherung besteht darin, daß die Bilddaten stark reduziert werden, da lediglich ein Index in die Farbtabelle benötigt wird. Der Bildtyp wird ab Offset 03H im Header definiert (siehe Tabelle 38.1) und steht für unterschiedliche Farbtiefen und Komprimierungsverfahren.

RGB-Bilder (Typ 2, 10)

Bei RGB-Bildern werden 24 Bits pro Bildpunkt in der Datei gespeichert. Damit stehen für jeden Farbanteil 8 Bits zur Verfügung, was bis zu 16 Millionen Farben im Bild erlaubt. Bei diesem Verfahren wird auf die Palette verzichtet. 24-Bit-Bilder werden auf Grund der verfügbaren Farben auch als Echtfarben-Bilder bezeichnet.

Neben den TARGA 24-Dateien gibt es zusätzlich noch das TARGA 32-Format. Hier werden pro Bildpunkt 32 Bits gespeichert. Allerdings dienen nur die unteren drei Bytes zur Kodierung der Farbe. Das obere Byte speichert Attribute. Auch hier steht der Bildtyp für die Komprimierung (Typ 2 = unkomprimiert, Typ 10 = RLE-Komprimierung).

Monochrom-Bilder (Typ 3, 11)

Bei Schwarzweißbildern finden nur zwei Farben Anwendung. Die Farbpalette kann damit entfallen. Die Bildpunkte werden dann hintereinander in die Datei abgelegt. Bilder vom Typ 3 sind unkomprimiert gespeichert, während der Typ 11 eine RLE-Komprimierung verwendet.

Struktur des Headers

Tabelle 38.1 gibt die Struktur des Headers bei allen TARGA-Dateien wieder. Beachten Sie, daß bei der Speicherung von Daten diese im Intel-Format abgelegt werden, d.h., das niederwertige Byte wird auf der niederen Adresse gespeichert (Low Byte first).

Offset	Bytes	Bemerkungen
00H	1	Länge Image Identification-Feld, 0–255 Bytes, 0 = kein ID-Feld vorhanden
01H	1	Color Map-Typ 0 = keine Palette (Color Map) 1 = Palette in Datei
02H	1	TARGA Bildtyp 0 = keine Bilddaten in Datei 1 = Color Map, unkomprimiert 2 = RGB-Bild (24 Bit), unkomprimiert 3 = Monochrom-Bild, unkomprimiert 9 = Color Map, RLE-Kodierung 10 = RGB-Bild (24 Bits mit RLE) 11 = Monochrom, RLE-Kodierung 32 = Color Map Bild mit Huffman, Delta und RLE-Komprimierung 33 = Color Map Bild mit Huffman, Delta und RLE-Komprimierung (4 Pass Quad Tree)
03H	2	Color Map Origin (Integer)
05H	2	Color Map-Länge (Integer)
07H	1	Color Map Entry Size (16, 24, 32)
08H	2	X-Koordinatenursprung
0AH	2	Y-Koordinatenursprung
0CH	2	Bildbreite in Pixel
0EH	2	Bildhöhe in Pixel
10H	1	Bits per Pixel (1, 8, 24)
11H	1	Image Descriptor-Byte
12H	n	Image Identification-Feld (optional)
..H	n	Color Map (optional)

Tabelle 38.1 Struktur des TGA-Headers

Ab Offset 0 steht ein Byte, das die Länge des *Image Identification*-Felds angibt. Dieses Feld ist optional und dient zur Aufnahme herstellerspezifischer Informationen. Das Feld beginnt ab Offset 12H. Ist der Eintrag im ersten Byte 0, entfällt das Identifikationsfeld, und die Farbpalette beginnt ab Offset 12H.

Das zweite Byte gibt an, ob die Datei eine Farbpalette enthält. Der Wert 0 deutet auf eine TARGA-Datei ohne Palette hin. Dies sollte bei allen RGB-Dateien (TARGA 24) der Fall sein. Es gibt aber Programme, die bei RGB-Bildern eine Palette mit einem Eintrag für die Randfarbe (Border Color) setzen. Trotzdem sollte der Eintrag in diesem Feld bei RGB-Bildern überlesen werden. Beim Wert 1 findet sich im Header die Tabelle mit der Farbdefinition. Dies ist bei allen Color Map-Bildern der Fall.

Da es verschiedene Typen von TARGA-Dateien gibt, enthält der Header ein Byte mit der Typdefinition. Dieses Byte steht immer ab Offset 02H und ist gemäß Tabelle 38.1 kodiert. Die nachfolgenden Seiten enthalten die Formatbeschreibungen der Dateitypen 1, 2, 3, 9, 10 und 11. Über die restlichen Dateitypen, insbesondere über deren Komprimierung, liegen mir keine Informationen vor.

Ab Offset 03H folgen 5 Bytes mit der Spezifikation für die Farbpalette. Die Farbpalette selbst schließt sich an das *Image Identification*-Byte an. Das Wort ab Offset 03H definiert einen Index auf den ersten gültigen Eintrag in die Farbpalette (Color Map). In der Regel liegt eine komplette Palette vor, d.h., der Wert des Feldes wird auf 0 gesetzt. Ab Offset 05H findet sich die Länge (Zahl der Einträge) der Palette (00 01 = 100H = 256 Einträge). Offset 07H definiert ein Byte, das der Zahl der Bits pro Bildpunkt entspricht. Für TARGA 16 sind dies 16 Bit, für TARGA 24 sind es 24 Bits und 32 Bits für TARGA 32-Dateien.

Die Bildkoordinaten und -abmessungen werden in einem 10-Byte-Feld ab Offset 08H definiert. Die 2-Byte-Werte werden dabei als Integerzahlen interpretiert. Offset 08H definiert die X-Koordinate der Nullpunkts für das Bild. Das nächste Wort definiert die Y-Koordinate des Nullpunkts. Die Ausrichtung des Bildes (Nullpunkt links oben oder links unten) wird dabei im Flag ab Offset 11H spezifiziert. Ab Offset 0CH findet sich die Bildbreite in Pixel. Die Bildhöhe (in Pixel) wird in einem Wort ab Offset 0EH angegeben.

Die Zahl der Farbebenen (Bit pro Pixel) findet sich im Byte ab Offset 10H. Hier sind Werte von 1 (Monochrom), 8 (256 Farben) und 24 (16 Mio. Farben) vorgesehen. Bei 24 Bit liegt ein Echtfarbenbild vor, d.h., es wird auf die Farbpalette verzichtet. Es gibt auch TARGA-Bilder, wo die Bilddaten mit 32 Bit geschrieben werden. Die Auflösung eines Bildpunkts bleibt hier jedoch bei 24 Bit. Die restlichen Bits werden als Attribute (Alpha- oder Transparenzinformationen) benutzt.

Das *Image Descriptor*-Flag ab Offset 11H gibt an, ob Attributbits innerhalb der Bilddaten verwendet werden. Weiterhin definieren die Bits 4 und 5 die Lage des Nullpunkts (Bit 4 links, rechts, Bit 5 oben, unten). Ursprünglich war Bit 4 als reserviert markiert, so daß der

Nullpunkt über Bit 5 nach links unten oder links oben gelegt wurde. Die Bits 6 und 7 definieren den Versatz der einzelnen Bildzeilen (Interleave). Abbildung 38.3 gibt die Kodierung des *Image Descriptor*-Flags wieder.

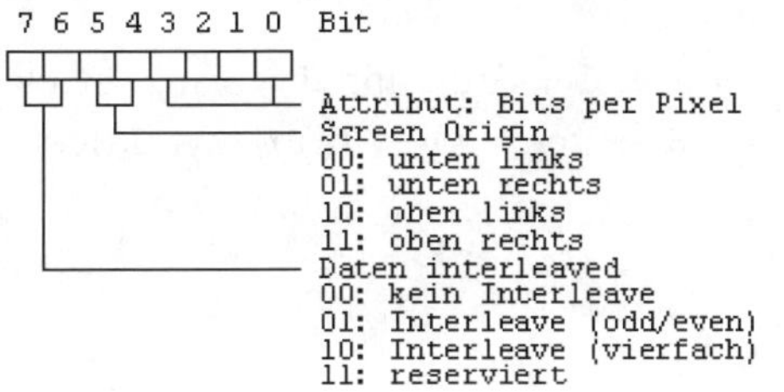

Abbildung 38.3 Kodierung des Image Descriptor-Flags

Der Wert für die Attributbits wird für TARGA-16-Dateien auf 0 oder 1 gesetzt. Bei TARGA-24-Dateien sollten die Bits auf 0 gesetzt sein, und bei 32-Bit-TARGA-Dateien werden 8 Attributbits pro Pixel vorgesehen. Das *Screen Origin*-Bit muß bei Truevision-Bildern auf 0 (Nullpunkt in linker unterer Ecke) gesetzt sein. Bei *Typ 1*-Bildern sollte das komplette Byte des *Image Desciptor*-Flags auf 0 gesetzt werden.

Ab Offset 12H ist das *Image Identification*-Feld vorgesehen. Dieses Feld kann bis zu 255 Bytes umfassen und dient zur Aufnahme herstellerspezifischer Informationen. Die Länge dieses Feldes ist im Byte ab Offset 00H angegeben. Steht in diesem Byte der Wert 0, entfällt das *Image Identification*-Feld komplett. Werden mehr als 255 Bytes zum Speichern der Informationen benötigt, können Sie diese in der Datei hinter den Bilddaten ablegen. Dies ist zum Beispiel bei TARGA-Bildern der Fall, die mit *Image Alchemy* bearbeitet wurden.

Palettendaten

Nach dem *Image Identification*-Feld (oder ab Offset 12H, falls das Feld fehlt) kann sich optional die Tabelle mit den Palettendaten (Color Map) anschließen. Ist der *Color Map*-Typ (Offset 01H) auf 0 gesetzt, fehlt die Tabelle mit den Palettendaten. Nur wenn der Typ auf 1 gesetzt wird, läßt sich die Lage der Farbpalette berechnen zu:

Länge Image Identification-Feld + 12H

Die Zahl der Einträge in der Tabelle wird im Header ab Offset 05H geführt. Das Wort ab Offset 03H gibt dagegen an, ab welchem Farbwert die Palette beginnt. Ein Wert von 0 (Standard) bedeutet, daß bereits der erste Eintrag der Palette gültig ist. Die Länge eines Eintrages in der Tabelle wird im Byte ab Offset 07H angegeben. Vorgesehen sind Werte im Bereich 16, 24 und 32 Bit. Umfaßt ein Eintrag 32 Bit, finden sich in den ersten drei Bytes die Farbinformationen in der Reihenfolge Blau, Grün und Rot. Das vierte Byte dient zur Aufnahme eines Attributs. Bei drei Bytes pro Paletteneintrag enthalten diese pro Byte den Farbanteil (Blau, Grün, Rot). Bei 16 Bit werden die Farbinformationen allerdings bitweise kodiert:

A RRRRR GGGGG BBBBB

Die Buchstaben stehen dabei für A = Attribut, R = Rot, G = Grün und B = Blau. Bei allen Paletteneinträgen werden überzählige Bits bis zur Bytegrenze wie Attributbytes behandelt.

Der Bilddatenbereich

Hinter der Palette schließt sich der Bereich mit den Bilddaten an. Der Beginn dieses Bereiches läßt sich berechnen zu:

12H + Länge Image Identification-Feld + Länge Color Map

Der Bildbereich enthält die Informationen für die Breite * Höhe Bildpunkte. Dabei gibt es verschiedene Farbtiefen (Monochrom, 256 Farben, 32767 Farben, 16 Millionen Farben). Zusätzlich lassen sich die Bilddaten mit verschiedenen Komprimierungsverfahren oder unkomprimiert ablegen (siehe Tabelle 38.1).

Unkomprimierte Monochrom-Bilder (Typ 3)

Einige Programme erlauben die Speicherung unkomprimierter Monochrom-Bilder. Abbildung 38.4 zeigt einen Hexdump eines 16 x 16-Pixel-Monochrom-Bildes.

```
┌── Länge Image ID-Feld
│  ┌─ keine Color Map (Palette)
│  │  ┌─ Bildtyp (3 = Monochrom unkomprimiert)
│  │  │   ┌─ Color Map (keine)
│  │  │   │                  ┌─ X-Koordinate
│  │  │   │                  │     ┌─ Y-Koordinate
│  │  │   │                  │     │     ┌─ Breite
│  │  │   │                  │     │     │    ┌ Höhe
│  │  │ ┌─┴─────────────┐ ┌──┴┐ ┌─┴─┐ ┌─┴┐ ┌─┴┐
00 00 03 00 00 00 00 00-00 00 00 00 10 00 10 00
┌─ Bits per Pixel
│  ┌─ Image Descriptor Flag (Nullp. unten links)
│  │  Bilddaten
│  │  ┌──────────────────────────────────────────
01 20 E0 FF FF FF FF FF-FF FF EA FF FF FF FF FF
E0 FF E0 80 80 80 00 C0-C0 C0 C0 DC C0 F0 BA A6
E0 FF
```

Abbildung 38.4 Hexdump eines 16 x 16-Monochrom-Bildes (unkomprimiert)

Ein Bild mit 16 x 16 Pixel enthält 256 Bildpunkte. Gemäß den Vorgaben im Header wird nur ein Bit pro Bildpunkt belegt. Damit lassen sich 8 Bildpunkte in einem Byte speichern, wodurch der Datenbereich nur noch 32 Bytes umfaßt.

Unkomprimierte Color Map-Bilder (Typ 1)

Bei unkomprimierten Color Map-Bildern werden n Bits pro Pixel gespeichert. Jeder Eintrag dient dabei als Index in die Farbpalette, wobei die Grafikkarte die Umsetzung übernimmt.

Interessant ist vielfach, daß im Header zwar 256 Einträge für die Palette vorgesehen sind, aber nur die ersten 16 Einträge mit Farbwerten versehen wurden. Die restlichen Werte werden auf 0 initialisiert (Farbe Schwarz).

Unkomprimierte RGB-Bilder (Typ 2)

Hier liegen die Bilddaten ebenfalls in einem sehr einfachen Speicherschema vor. Im Header wird die Zahl der Bits pro Pixel vereinbart (16, 24, 32). Mit 16 Bit pro Pixel lassen sich lediglich 32767 Farben darstellen. Die Bilddaten werden gemäß folgender Kodierung gespeichert:

A RRRRR GGGGG BBBBB

Die Buchstaben stehen dabei für A = Attribut, R = Rot, G = Grün und B = Blau. Dies bedeutet, daß pro Farbe 5 Bits verfügbar sind (32767 Farben).

Bei 24 Bit pro Bildpunkt stehen 8 Bits für jede Farbebene in der Reihenfolge Rot, Grün und Blau zur Verfügung. Dies ergibt 16 Millionen unterschiedliche Farben (Echtfarben- oder True-Color-Darstellung).

Bei 32 Bit pro Bildpunkt werden die Farben ebenfalls mit je drei Bytes in der Folge Rot, Grün und Blau kodiert. Das vierte Byte dient zur Aufnahme eines Attributs (Alpha- und Transparenzinformationen).

RLE-komprimierte Color Map-Bilder (Typ 9)

Um bei der Speicherung der Bilddaten Platz zu sparen, kennt das TARGA-Format verschiedene Komprimierungsverfahren. Nachfolgend wird jedoch nur das häufig verwendete RLE-Verfahren vorgestellt (Dateityp 9). Die Bilddaten werden dabei in Sätzen (Records) zusammengefaßt und gemäß Abbildung 38.5 verschlüsselt.

Abbildung 38.5 Recordformat bei RLE-Kodierung

Jeder Record besteht aus einem Headerbyte, gefolgt von einem oder mehreren Datenbytes. Ist das oberste Bit des Headerbytes gesetzt (1), handelt es sich um einen RLE-Record. Hier sind mehrere gleiche Bilddaten zusammengefaßt (komprimiert). Die restlichen 7 Bits des Headerbytes definieren dann einen Zähler, der die *Zahl der Wiederholungen – 1* angibt. Mit diesen 7 Bits sind damit Wiederholungsfaktoren zwischen 1 und 128 darstellbar. Im Folgebyte steht dann das zu kopierende Bitmuster. Die Hexadezimalsequenz:

```
82 02
```

wird demnach zu:

```
02 02 02
```

expandiert (82H = 3 Wiederholungen). Beachten Sie dabei, daß die Bilddaten eines expandierten RLE-Records auch über die Bildzeile hinaus in die Folgezeile reichen dürfen.

Lassen sich mehrere Bilddatenbytes nicht zusammenfassen, sind diese im sogenannten Rohformat (RAW-Format) zu speichern. In diesem Fall wird das oberste Bit des Headers auf 0 gesetzt. Die restlichen 7 Bits definieren einen Zähler (n), der die *Zahl der Folgepixel – 1* angibt. Auf den Header folgen dann n + 1 Bildpunkte mit unkomprimierten Daten. Da bei 8 Bits pro Bildpunkt jedes Pixel einem Byte entspricht, ist die Zahl der folgenden Bildpunkte gleich der Zahl der Folgebytes. Auch diese Daten können über das Ende der aktuellen Bildzeile hinausreichen.

Die Sequenz:

```
8F 0F 07 0F 00 0F 0A 0F 09 0F 0C 87 0F
```

wird dann folgendermaßen expandiert:

```
┌─ 16 * 0F ─────────────────────────────────────┐
0F 0F 0F 0F 0F 0F 0F 0F 0F 0F 0F 0F 0F 0F 0F 0F
┌─ 8 unkomprimiert Bytes ┐┌─ 8 * 0F ──────────┐
0F 00 0F 0A 0F 09 0F 0C 0F 0F 0F 0F 0F 0F 0F 0F
```

Abbildung 38.6 Expandierte Bilddaten

Über diese Technik erreicht die RLE-Kodierung eine Reduzierung der Bilddaten. Das gleiche Kodierungsverfahren wird auch bei komprimierten Monochrom-Bildern (Typ 11) benutzt.

RLE-komprimierte RGB-Bilder (Typ 10)

Bei RGB-Bildern wird bei der Komprimierung das im vorhergehenden Abschnitt beschriebene RLE-Verfahren benutzt. Allerdings ergeben sich einige Abweichungen bezüglich der Behandlung der Bilddaten.

Ein komprimierter Record beginnt ebenfalls mit dem Headerbyte. Das oberste Bit wird auf 1 gesetzt, und die restlichen 7 Bits definieren den *Wiederholungszähler – 1*. Auf den Header folgt nun ein Farbwert für den zu kopierenden Bildpunkt. Dieser Farbwert umfaßt dabei nicht ein Byte, sondern mehrere Bytes:

- Bei 16 Bits pro Pixel folgen zwei Bytes mit der Kodierung ARRRRRGGGGGBBBBB (A = Attribut, R = Rot, G = Grün, B = Blau) für die Farben.
- Bei 24 Bits pro Pixel folgen drei Bytes mit den Farbanteilen Rot, Grün und Blau.
- Bei 32 Bits pro Bildpunkt folgen vier Bytes mit den Farbanteilen Rot, Grün, Blau (je ein Byte) und ein Attribut (viertes Byte).

Der Bildpunkt ist dann n mal zu kopieren, wobei der Wert n dem *Wiederholungszähler + 1* entspricht.

Bei einem Record mit unkomprimierten Bilddaten ist das oberste Bit im Headerbyte auf 0 gesetzt. Die restlichen Bits des Headerbytes definieren den *Wiederholungsfaktor – 1*. Auf das Headerbyte folgen dann n Bildpunkte, wobei n aus dem *Wiederholungsfaktor + 1* abgeleitet wird. Ein Bildpunkt besteht aus 16, 24 oder 32 Bits gemäß der oben beschriebenen Kodierung.

Anmerkung: Bei der Analyse verschiedener TGA-Dateien ist mir aufgefallen, daß viele Programme nur die untersten vier Bits des Headerbytes als Zähler verwenden. Dies führt allerdings zu schlechteren Komprimierungsverhältnissen, stört aber die Leseprogramme nicht.

Erweiterungen des TARGA-Formats 2.0

In der Version 2.0 wurden verschiedene optionale Records definiert, die sich an das Ende einer TARGA-Datei anhängen lassen. In diesen Datensätzen lassen sich zusätzliche Informationen (Entwickler, Farbkorrekturen etc.) zum Bild speichern. Enthält eine TARGA-Datei solche Extended-Records, schließt sich hinter dem Bilddatenbereich folgender Header an (die Struktur gleicht den im TIFF verwendeten IFD-Strukturen).

Offset	Bytes	Bemerkungen
00H	2	Tag-ID-Nummer
02H	4	Offset zum nächsten Tag
06H	4	Tag-Größe in Bytes

Tabelle 38.2 Header der Developer-Area

Die Tag-ID-Nummern zwischen 0 und 32767 sind für Entwickler des TARGA-Formats reserviert. Tag-ID Nummern zwischen 32768 und 65535 sind von der Firma TrueVision reserviert. Der Wert ab Offset 02H enthält einen 4-Byte-Zeiger auf den Anfang des Datenbereichs (des Tags). Die Länge dieses Datenbereichs ist im DWORD ab Offset 06H definiert.

Alle Tags werden als aufeinanderfolgende Blöcke gespeichert und müssen nicht nach der Tag-ID-Nummer sortiert sein. Die zugehörigen Datenbereiche lassen sich kundenspezifisch gestalten.

Die Extension Area

Die Extension Area kann als zweiter Header interpretiert werden. Der Offset in diese *Extension Area* wird im *Footer*-Record (siehe unten) abgelegt. Die *Extension Area* ist immer 495 Bytes lang und enthält folgende Einträge.

Offset	Bytes	Bemerkungen
00H	2	Größe Extension Area in Bytes
02H	41	Name des Autors
2BH	324	Kommentar des Autors
16FH	2	Zeitstempel Monat
171H	2	Zeitstempel Tag
173H	2	Zeitstempel Jahr
175H	2	Zeitstempel Stunde
177H	2	Zeitstempel Minute
179H	2	Zeitstempel Sekunde
17BH	41	Jobname
1A4H	2	Job Stunden
1A6H	2	Job Minuten
1A8H	2	Job Sekunden
1A8H	41	Sofware-ID
1D1H	2	Versionsnummer
1D3H	1	Sofwareversion (Zeichen)
1D4H	4	Key Color
1D8H	2	Pixel Aspect Ratio (Numerator)
1DAH	2	Pixel Aspect Ratio (Denominator)
1DCH	2	Gamma-Wert (Numerator)
1DEH	2	Gamma-Wert (Denominator)
1E0H	4	Color Correction-Offset
1E4H	4	Stamp-Offset
1E8H	4	Scan-Offset
1ECH	1	Attributtyp

Tabelle 38.3 Struktur der Extension Area

Das erste Feld gibt die Größe des Bereichs an. Daran schließt sich der Name des Autors (40 Bytes + 00H), gefolgt von einem als ASCIIZ-String definierten Kommentarfeld an. Die sechs folgenden Felder geben den Zeitstempel an, zu dem das Bild erstellt wurde. Unbenutzte Felder sind auf den Wert 0 zu setzen.

Der Jobname ist ein 40-Byte-ASCIIZ-String, der von einem ID-Feld gefolgt wird, in dem der Name der erzeugenden Software hinterlegt wird (die ID ist ein maximal 40 Zeichen langer ASCIIZ-String). Die folgenden zwei Felder dienen zur Aufnahme versionsspezifischer Informationen des speichernden Programms.

Das Feld *Key Color* definiert die Hintergrundfarbe des Bildes (Standard ist 0, d.h., es wird ein schwarzer Hintergrund verwendet). Der Hintergrund ist für die Bildteile vorgesehen, an denen sich keine farbigen Bildpunkte befinden (dies entspricht den transparenten Teilen im GIF).

Die nächsten vier Felder beschreiben die Abmessungen eines Pixels (Aspect Ratio) und den Gamma-Wert. Beide Werte werden als Brüche mit Zähler und Nenner angegeben. Ist kein Pixel Aspect Ratio definiert, sind die Werte auf 0 zu setzen. Fehlt der Gamma-Wert, darf keine Gamma-Korrektur benutzt werden.

Offset 1E0H enthält einen Zeiger auf die Tabelle mit den Korrekturwerten für die Farben. Ist der Wert des Zeigers 0, existiert die Tabelle nicht.

Ab der Version 2.0 können TARGA-Dateien das Bild als Thumbnail (Stamp) enthalten. Enthält das Feld *Stamp Offset* einen Wert ungleich 0, entspricht dies einem Zeiger auf den Anfang dieses verkleinerten Bilds.

Das Feld *Scan Offset* enthält einen Zeiger in die *Scan Line Offset*-Tabelle. Das letzte Byte im Datensatz definiert den Typ des Alphakanals (00 = kein Alphakanal, 01H, 02H, 04H, 08H = Alphakanäle werden benutzt).

Stamp Image

Die TARGA-Datei kann ein verkleinertes Bild (stamp image) enthalten. Die zugehörige Datenstruktur wird am Ende der TARGA-Datei angehängt und ist über den Zeiger der *Extension Area* erreichbar. Das erste Byte der Stamp Image Area definiert die Breite des verkleinerten Bilds. Im zweiten Byte folgt die Höhe des Bildes. Das verkleinerte Bild (stamp) ist auf eine Größe von 64 × 64 Pixel begrenzt. Die Pixel werden unkomprimiert im Format des Originalbildes (Monochrom, RGB, Color Map etc.) gespeichert.

Scan Line- und Color Correction-Tabellen

Die TARGA-Datei kann ab der Version 2.0 zusätzliche Tabellen zur Farbkorrektur und zur Identifizierung einzelner Bildzeilen enthalten. Diese Datentabellen werden am Ende der Datei abgelegt und lassen sich über die Zeiger der *Extension Area* erreichen.

Die *Scan Line*-Tabelle enthält Werte, die einzelne Bildzeilen innerhalb des Bildes angeben. Damit lassen sich gezielt einzelne Bildzeilen aus dem Datenbereich lesen und dekodieren. Die Tabelle besteht aus einem Feld von DWORD-Zeigern. Jeder Zeiger definiert dabei den Offset vom Dateianfang zum Anfang der betreffenden Bildzeile im Datenbereich. Hierbei muß jede Bildzeile durch einen Eintrag in der Tabelle repräsentiert werden.

Die *Color Correction*-Tabelle enthält ein Feld mit 256 Einträgen. Jeder Eintrag definiert eine Ersatzfarbe. Pro Eintrag werden vier WORD-Felder für die Werte Alpha, Red, Green und Blue hinterlegt. Die Werte dürfen dabei zwischen 0 und 65535 (0, 0, 0, 0 ist Schwarz, und 65536, 65536, 65536, 65536 ist Weiß) liegen.

Footer

Die letzten 26 Bytes der TARGA 2.0-Datei enthalten den sogenannten Footer-Record. Der Datensatz enthält die Zeiger, um auf die oben beschriebenen Datenstrukturen zuzugreifen. Weiterhin umfaßt der Footer noch eine Signatur zur Identifizierung.

Offset	Bytes	Bemerkungen
00H	4	Offset zur Extension Area
04H	4	Offset zum Developers Directory
08H	18	TGA-Signatur

Tabelle 38.4 Struktur des Footer-Records

Der erste Eintrag zeigt auf den Anfang der *Extension Area*. Der nächste Zeiger gibt den Offset vom Dateianfang zum *Developers Directory* an. Enthält ein Feld den Wert 0, existiert die betreffende Struktur nicht. In den letzten 18 Bytes folgt die TGA-Signatur (TRUEVISON-XFILE).

39 Tag Image File Format (TIFF 6.0)

Das Tag Image File Format (nachfolgend als Format TIFF bezeichnet) geht auf eine gemeinsame Definition verschiedener Firmen (Aldus, Hewlett Packard, Microsoft etc.) zurück. In den vergangenen Jahren wurden mehrere verschiedene Versionen verabschiedet. Mittlerweile liegt die Version TIFF 6.0 vor, die nachfolgend vorgestellt wird. Eine TIFF-Datei besteht aus einem Header und einer variablen Zahl von Datenblöcken mit unterschiedlicher Länge, die über Zeiger adressiert werden (Abbildung 39.1):

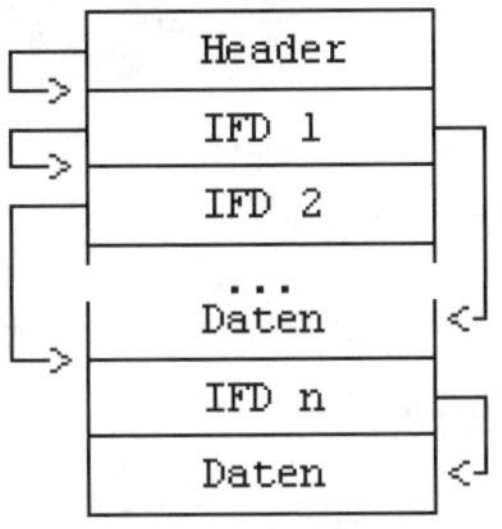

Abbildung 39.1 Struktur einer TIFF-Datei

Die Struktur der Datei wird im wesentlichen durch die als *Image File Directory* (IFD) bezeichneten Blöcke geprägt. Diese IFDs bilden eine verkettete Liste innerhalb der Datei und enthalten Informationen bezüglich der gespeicherten Datentypen, der Bilddaten, des Grafikmodus etc. Aus diesen IFDs verweisen Zeiger auf die eigentlichen Datenblöcke. Die Bilddaten werden dann in freien Bereichen innerhalb der Datei gespeichert. Dadurch ist der Aufbau der TIFF-Dateien recht flexibel, und es können mehrere Bilder oder verschiedene Varianten eines Bildes innerhalb einer Datei gespeichert werden.

Der TIFF-Header

Der Header besitzt ein festes Format und belegt immer die ersten 8 Bytes der Datei. Der Aufbau ist Tabelle 39.1 zu entnehmen.

Offset	Bytes	Bemerkungen
00H	2	Byte Order 'II' = Intel 'MM'= Motorola
02H	2	Version Number
04H	4	Pointer to first IFD

Tabelle 39.1 Struktur des TIFF-Headers

Grafikformate

Das TIFF wird sowohl bei Motorola- (Macintosh) als auch bei Intel-Prozessoren (IBM-PC) benutzt. Das TIFF unterstützt die Datenspeicherung in beiden Varianten (Big Endian und Little Endian). Beim Intel-Format wird das niederwertige Byte in der unteren Adresse gespeichert (Little Endian). Bei Motorola wird das höherwertige Byte zuerst gespeichert (Big Endian).

Die ersten beiden Bytes enthalten nun eine Signatur für das verwendete Speichermodell. Für das Intel-Format steht in den zwei Bytes die Signatur 'II' (4949H), für Motorola wird die Signatur mit 'MM' (4D4DH) angegeben. Alle weiteren Daten innerhalb der Datei sind dann im selektierten Format zu interpretieren.

Ab Offset 02H findet sich ein 16-Bit-Wert mit der Versionsnummer der TIFF-Datei. In den bisherigen Versionen wird der Wert immer auf 42 (2AH) gesetzt. Der Wert wird wohl auch zukünftig auf 2AH bleiben, sofern die TIFF-Struktur erhalten bleibt.

Die letzten 4 Bytes des Headers enthalten den Kopfzeiger auf den Beginn des ersten Image File Directory (IFD). Der Wert gibt dabei den Offset vom Dateianfang auf das erste IFD-Byte an.

Der Aufbau des Image File Directory (IFD)

Innerhalb der TIFF-Datei können die Daten beliebig angeordnet sein. Der Bezug darauf wird durch die IFDs vorgenommen. Ein IFD fungiert damit als Inhaltsverzeichnis und Header auf die eigentlichen Datenbereiche. Beginnend mit dem Header sind alle IFDs durch Zeiger verkettet (Abbildung 39.2).

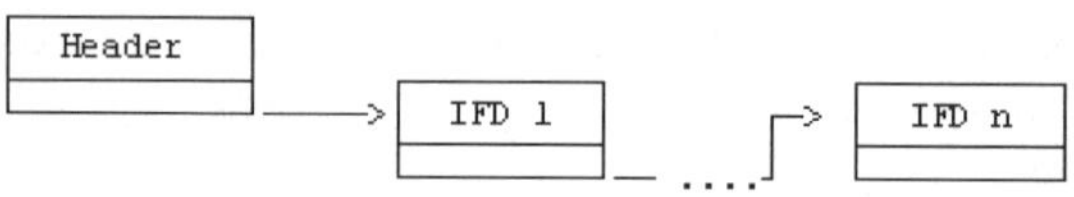

Abbildung 39.2 IFD-Kette

Die Folgezeiger finden sich innerhalb der IFD-Datenstruktur. Diese läßt sich gemäß Tabelle 39.2 in drei Teile (Count, Tag-Feld, Zeiger) untergliedern:

Offset	Bytes	Bemerkungen
00H	2	Zahl der Einträge
02H	12	Tag 0 (12 Byte)
0EH	12	Tag 1 (12 Byte)
	....	
...	12	Tag n (12 Byte)
...	4	Zeiger nächster IFD (0 = keine folgende IFD)

Tabelle 39.2 IFD-Blockstruktur

Die Länge eines IFDs ist variabel und wird durch die Anzahl der Tag-Einträge bestimmt. Ein Tag ist eine aus 12 Bytes bestehende Datenstruktur, die zur Aufnahme von Informationen über die Bilddaten dient (Näheres zum Aufbau der Tags im nächsten Abschnitt). Die Anzahl der Tag-Einträge ist im ersten Wort des IFDs festgehalten. Für jeden Eintrag sind anschließend 12 Bytes belegt. Im Anschluß an den letzten Tag steht der 4-Byte-Zeiger auf das folgende IFD. Falls kein weiterer IFD existiert, wird das Feld mit dem Wert 0 besetzt.

Der Aufbau eines Tags

Innerhalb eines IFDs findet sich ab Offset 02H eine Liste mit Tags. Hierbei handelt es sich um Datenstrukturen mit einer festen Länge von 12 Bytes. Sie dienen zur Aufnahme von Daten über Bildabmessungen, Pixelauflösung etc. Passen die Daten nicht in die Tag-Struktur, werden diese in freie Bereiche innerhalb der Datei ausgelagert. Im Tag findet sich dann ein Zeiger (Offset vom Dateianfang) zu diesem Datenbereich (Abbildung 39.3).

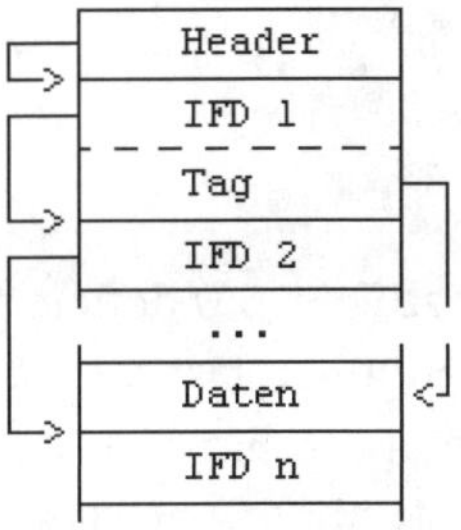

Abbildung 39.3 Zeiger von Tags in den Datenbereich

Der Aufbau eines Tags ist in Tabelle 39.3 wiedergegeben.

Offset	Bytes	Bemerkungen
00H	2	Tag-Typ
02H	2	Datentyp
04H	4	Länge Datenbereich
08H	4	Zeiger auf Datenbereich oder Wert

Tabelle 39.3 Tag-Struktur

Die ersten beiden Bytes innerhalb eines Tags geben den jeweiligen Tag-Typ an (die möglichen verschiedenen Typen sind im folgenden Abschnitt beschrieben). Das zweite Wort definiert den Datentyp der gespeicherten Werte – bisher gilt die Definition aus Tabelle 39.4:

Code	Typ	Bemerkungen
01H	Byte	8 Bit-Byte
02H	ASCII	8 Bit-ASCII-Code
03H	SHORT	16 Bit (unsigned) Integer
04H	LONG	32 Bit (unsigned) Integer
05H	RATIONAL	2 LONGs 1. Fraction 2. Denominator
06H	SBYTE	8 Bit (signed) Integer
07H	UNDEFINED	8 Bit anything
08H	SSHORT	16 Bit (signed) Integer
09H	SLONG	32 Bit (signed) Integer
0AH	RATIONAL	2 SLONGs Fraction Denominator
0BH	FLOAT	4 Byte Single Precision IEEE floating point
0CH	DOUBLET	8 Byte Double Precision IEEE floating point

Tabelle 39.4 Tag-Datentypen

Die Datentypen aus Tabelle 39.4 mit den Codes 06H-0CH sind erst ab TIFF 6.0 definiert. Ab Offset 04H findet sich dann ein Verweis auf die Länge des zugehörigen Datenbereiches, wobei die dafür verwendete Maßeinheit abhängig vom Datentyp ist. Ein als LONG definierter Datentyp wird beispielsweise über einen Eintrag von 0AH mit 10 x 4 Byte = 40 Byte Länge angegeben. Bei ASCII-Zeichen ist allerdings zu beachten, daß diese immer mit einem Nullbyte abgeschlossen werden, was in der Längenangabe mit berücksichtigt ist. Falls ein String dann eine ungerade Anzahl an Bytes aufweist, muß das nächste zu speichernde Datum wieder auf einer geraden Adresse liegen. Das Füllbyte am Stringende wird jedoch in keiner Längenangabe für den Datenbereich berücksichtigt.

Die letzten 4 Bytes eines Tags ab Offset 08H dienen zur Aufnahme des jeweiligen Wertes. So kann hier zum Beispiel die Auflösung der x-Achse stehen. Benötigt man zum Speichern der Daten mehr als diese 4 Bytes, enthält das Feld einen 4-Byte-Zeiger auf den eigentlichen Datenbereich, der dann wiederum an einer freien Stelle innerhalb der TIFF-Datei angelegt ist.

Innerhalb eines IFDs müssen die Tags (aus Optimierungsgründen) in aufsteigender Nummernfolge angeordnet werden. Neben den nachfolgend beschriebenen und öffentlich dokumentierten Tag-Typen (*public* Typen) dürfen auch firmenspezifische (private) Tag-Typen benutzt werden. Hier können Firmen zum Beispiel weitere Informationen über besondere Komprimierungsverfahren für Bilddaten ablegen. Diese Tags lassen sich dann von globalen Leseprogrammen nicht mehr auswerten. Beim Prüfen der Tag-Typen kann ein Programm abbrechen, sobald ein Code gefunden wird, der höher als die höchste implementierte Tag-Nummer ist. Die andere Alternative besteht darin, den Tag zu überlesen und die Datei weiter zu interpretieren.

Beschreibung der Tag-Typen

Die Definitionen der verschiedenen Tags untergliedern sich in mehrere funktionale Gruppen (Tabelle 39.5). Die TIFF 6.0-Spezifikation unterscheidet dabei zusätzlich zwischen den Basis-Tags und den Extension-Tags.

Code	Tag-Gruppe	Datentyp	Werte
Image Organisation-Tags			
0FEH	New Subfile	LONG	1
0FFH	SubfileType	SHORT	1
100H	ImageWidth	SHORT/LONG	1
101H	ImageLength	SHORT/LONG	1
112H	Orientation	SHORT	1
11AH	XResolution	RATIONAL	1
11BH	YResolution	RATIONAL	1
11CH	PlanarConfiguration	SHORT	1
128H	ResolutionUnit	SORT	1
Image Pointer-Tags			
111H	StripOffsets	SHORT/LONG	StripPerImage
117H	StripByteCounts	SHORT/LONG	StripPerImage
116H	RowsPerStrip	SHORT/LONG	1
142H	TileWidth	SHORT/LONG	1
143H	TileLength	SHORT/LONG	1
144H	TileOffsets	SHORT/LONG	TilesPerImage
145H	TileByteCounts	SHORT/LONG	TilesPerImage
Pixel Description-Tags			
102H	BitsPerSample	SHORT	SamplesPerPixel
106H	PhotometricInterpretation	SHORT	1
107H	Tresholding	SHORT	1
108H	CellWidth	SHORT	1
109H	CellLength	SHORT	1
115H	SamplesPerPixel	SHORT	1
118H	MinSampleValue	SHORT	SamplesPerPixel
119H	MaxSampleValue	SHORT	SamplesPerPixel

Code	Tag-Gruppe	Datentyp	Werte
122H	GrayResponseUnit	SHORT	1
123H	GrayResponseCurve	SHORT	2**BitPerSample
12CH	ColorResponseUnit	SHORT	1
12DH	ColorResponseCurves	SHORT	1 oder N
131H	Software	ASCII	
132H	DateTime	ASCII	
13BH	Artist	ASCII	
13CH	Host-Computer	ASCII	
13DH	Predictor	SHORT	1
13EH	WhitePoint	RATIONAL	2
13FH	PrimaryChromatics	LONG	2*SamplesPerPixel
140H	Color-Map	SHORT	3*(2**BitsPerSamples)
Data Orientation-Tags			
10AH	FillOrder	SHORT	1
Data Compression-Tags			
103H	Compression	SHORT	1
124H	T4Options	SHORT	1
125H	T6Options	SHORT	1
152H	ExtraSamples	BYTE	n
153H	SampleFormat	SHORT	SamplesPerPixel
154H	SMinSampleValue	ANY	SamplesPerPixel
155H	SMaxSampleValue	ANY	SamplesPerPixel
156H	TransferRange	SHORT	6
Document & Scanner Description-Tags			
10DH	DocumentName	ASCII	
10EH	ImageDescription	ASCII	
10FH	ScannerMake	ASCII	
110H	ScannerModel	ASCII	
11DH	PageName	ASCII	
11EH	XPosition	RATIONAL	
11FH	YPosition	RATIONAL	
129H	PageNumber	SHORT	2
8298H	Copyright	ASCII	
Storage Management-Tags			
120H	FreeOffsets	LONG	

Code	Tag-Gruppe	Datentyp	Werte
121H	FreeByteCounts	LONG	
Ink Management-Tags			
14CH	InkSet	SHORT	1
14DH	InkNames	ASCII	
14EH	NumberOfInks	SHORT	1
150H	DotRange	BYTE/SHORT	n
151H	TargetPrinter	ASCII	
JPEG Management-Tags			
200H	JPEGProc	SHORT	1
201H	JPEGInterchange-Format	LONG	1
203H	JPEGInterchange FormatLength	LONG	1
204H	JPEGRestartInterval	SHORT	1
205H	JPEGLossLess Predictors	SHORT	SamplesPerPixel
206H	JPEGPointTransforms	SHORT	SamplesPerPixel
207H	JPEGQTables	LONG	SamplesPerPixels
208H	JPEGDCTables	LONG	SamplesPerPixels
209H	JPEGACTables	LONG	SamplesPerPixels
YCbCr Management-Tags			
211H	YCbCrCoefficients	RATIONAL	3
212H	YCbCrSubSampling	SHORT	2
213H	YCbCrPositioning	SHORT	1

Tabelle 39.5 Tag-Gruppen

Die JPEG- und YCbCr-Tags wurden neu in TIFF 6.0 eingeführt. Nachfolgend werden die entsprechenden Definitionen behandelt.

NewSubFile-Tag (FEH)

Dieser Tag ersetzt den alten *SubFile*-Tag, da dieser zu viele Limitierungen aufweist.

Tag-Typ 254 (FEH)
Datentyp LONG
Länge Datenbereich = 1
Flag (BitFeld)

Tabelle 39.6 NewSubfile-Tag

Grafikformate

Das Datenfeld enthält einzelne Flags mit folgender Kodierung:

Bit 0: 1 = Bild besitzt eine reduzierte Auflösung gegenüber einem anderen Bild in der TIFF-Datei.

Bit 1: 1 = Bild ist eine Seite einer Mehrseitendarstellung (Multipage Image).

Bit 2: 1 = Transparency Mask für andere Bilder im TIFF-File (Photometric Interpretation muß dann gleich 4 sein).

Die restlichen Bits sind unbenutzt und müssen zu 0 gesetzt werden. Die Standardvorgabe für alle Bits ist 0.

Subfile-Tag (FFH)

Dieser Tag enthält die globale Beschreibung der Bitmap-Daten, die im IFD benutzt werden. Er wird insbesondere dann benötigt, wenn mehr als ein Bild in der Datei gespeichert wird. In der TIFF-Definition ist dieser Tag nicht als zwingend vorgeschrieben. Wird er jedoch benutzt, sind die Tags *ImageWidth*, *ImageLength* und *StripOffset* ebenfalls erforderlich. Der *Subfile*-Tag besitzt eine Struktur gemäß Tabelle 39.7.

Tag-Typ 255 (FFH)
Datentyp SHORT
Länge Datenbereich = 1
Subfile-Typ (Wert 1, 2, 3)

Tabelle 39.7 Subfile-Tag

Im Wertefeld sind folgende Eintragungen definiert:

Wert	Bemerkungen
1	Image with full resolution
2	Image with reduced resolution
3	Single page image

Tabelle 39.8 Werte des Subfile-Tags

Wert 1 signalisiert, daß das zugehörige Bild mit der vollen Auflösung gespeichert wurde. Ist das Bild noch einmal mit reduzierter Auflösung gespeichert, enthält der zugehörige Tag den Wert 2. Es muß ein Tag existieren, der das Bild mit der vollen Auflösung definiert. Tritt in dem entsprechenden Feld der Wert 3 auf, repräsentiert dies eine Bildseite aus einem mehrere Seiten umfassenden Bild, was einen *PageNumber*-Tag erforderlich macht, der die Seitennummer des zugehörigen Bildes spezifiziert. Fehlt der *Subfile*-Tag in der TIFF-Datei, sollte standardmäßig die volle Auflösung gesetzt werden.

ImageWidth-Tag (100H)

Dieser Tag beschreibt die Bildbreite in Pixel. Der Tag hat folgenden Aufbau:

Tag-Typ 256 (100H)
Datentyp SHORT or LONG
Länge Datenbereich = 1
ImageWidth (Wert 0...65535)

Tabelle 39.9 ImageWidth-Tag

Die Bildbreite wird dabei immer in Richtung der x-Achse gemessen. Der Tag ist innerhalb einer TIFF-Datei auf jeden Fall erforderlich. Der Wert läßt sich auch als die Zahl der Bildspalten interpretieren.

ImageLength-Tag (101H)

Dieser Tag beschreibt die Bildhöhe in Pixel und hat folgenden Aufbau:

Tag-Typ 257 (101H)
Datentyp SHORT oder LONG
Länge Datenbereich = 1
ImageLength (Wert 0 .... 65535)

Tabelle 39.10 ImageLength-Tag

Die Bildhöhe wird dabei immer in Richtung der y-Achse gemessen. Der Tag ist innerhalb einer TIFF-Datei auf jeden Fall erforderlich. Dieser Wert läßt sich auch als die Zahl der Bildzeilen interpretieren.

BitsPerSample-Tag (102H)

Dieser Tag gibt die Zahl der Bits an, die pro Bildpunkt in einer Ebene gespeichert werden müssen. Der Tag hat folgenden Aufbau:

Tag-Typ 258 (102H)
Datentyp SHORT
Länge Datenbereich = 1
BitsPerSample (Wert 1...65535)

Tabelle 39.11 BitsPerSample-Tag

Bei Schwarzweißdarstellungen genügt ein Bit pro Bildpunkt zur Darstellung. Bei 4 Graustufen werden zum Beispiel 4 Abtastungen und demnach 4 Bit pro Pixel gespeichert. Bei Farbdarstellungen mit 3 Farben und 8 Bit pro Farbe sind bereits 24 Bit per Bildpunkt möglich. Da die Farben in drei Ebenen (Rot, Grün, Blau) gespeichert sind, lassen sich unterschiedliche Bitzahlen pro Farbe selektieren (z. B. Rot 8 Bit, Grün 6 Bit, Blau 4 Bit). Im Wertefeld (Offset 08H) finden sich in den ersten beiden Bytes die *BitsPerSample*-Werte (hier 864H) für die Farben Rot, Grün und Blau. Für Graustufenbilder (Grayscale) sind 4 und 8 Bit erlaubt, während bei Farbdarstellungen 8 oder 12 Bit pro Pixel verwendet werden.

Compression-Tag (103H)

Dieser Tag beschreibt das Komprimierungsverfahren für die Ablage der Bilddaten, die zum jeweiligen IFD gehören.

Tag-Typ 259 (103H)
Datentyp SHORT
Länge Datenbereich = 1
Compression (Wert 1...65535) (Standard = 1)

Tabelle 39.12 Compression-Tag

Die komprimierten Daten werden in einem eigenen Bereich gespeichert und über die Strip-Datenzeiger adressiert. Der Wert im *Compression*-Tag spezifiziert dabei das Kodierungsschema.

1 Die Daten liegen unkomprimiert vor, die Pixelinformationen sind aber byteweise gepackt. Das Ende einer Datenzeile wird mit Leerbits bis zur Bytegrenze aufgefüllt.

Falls die Zahl der Bits/Sample größer als 8 ist, speichert TIFF die Werte in 16- oder 32-Bit-Blöcken. Dabei sind die Intel- und Motorola-Speicherkonventionen zu beachten. Bei unkomprimierten Bilddaten sind die Werte für *BitsPerSample*, *MinSampleValue* und *MaxSampleValue* entsprechend zu setzen, wobei der Wert von *BitsPerSample* immer die nächste passende Zahl 2^n sein muß. Bei 6 Bit pro Sample wird *BitsPerSample* auf 8 gesetzt. *MinSampleValue* erhält den Wert 0, und *MaxSampleValue* erhält den Wert 64 (6 Bit), damit der TIFF-Leser die korrekte Anzahl von Bits pro Pixel berechnen kann.

2 Die Daten werden nach einem modifizierten CCITT/3 1-D-Verfahren (Huffman RLE) komprimiert und abgespeichert. Im Unterschied zum normalen CCITT/3 1-D-Verfahren werden keine Endzeichen benutzt, und jede neue Zeile wird unabhängig von der vorhergehenden Zeile komprimiert.

Die beiden folgenden Komprimierungsverfahren werden bei der Übertragung von Bilddaten im Fax-Mode benutzt.

3 Fax CCITT Group 3-kompatible Speicherung: Jeder Strip beginnt auf einer Bytegrenze, und die Daten werden byteweise gespeichert. Weiterhin werden Endzeichen benutzt (T4bi-level Encoding).

4 Fax CCITT Group 4-kompatible Speicherung: Jeder Strip beginnt auf einer Bytegrenze (T6 Encoding).

Bei Komprimierungsverfahren nach CCITT/3 lassen sich zur Effizienzsteigerung die *StripOffset*-Tags verwenden.

5 LZW-Komprimierung für Monochrombilder, Bilder mit Farbpalette (mapped Color) und Echtfarbenbilder (True Color).

6 JPEG-Komprimierung (ab TIFF 6.0).

Die Werte zwischen 32768 und 65535 sind für herstellerspezifische (private) Komprimierungsverfahren reserviert. Bisher wurden zwei dieser Kodierungsverfahren als *public* erklärt:

32771: entspricht dem Typ 1 – abweichend beginnt jede Zeile auf der nächsten freien Wortgrenze.

32773: benutzt die PackBit-Komprimierung.

Bei Bilevel-Bildern sind nur die Komprimierungsverfahren 1, 2 und 32773 zulässig. Grayscale-Bilder lassen sich mit den Verfahren 1 und 32773 speichern. Hinweise zur Komprimierung der Bilddaten finden sich bei der Beschreibung des Bilddatenbereiches.

PhotometricInterpretation-Tag (106H)

Dieser Tag wird zusammen mit den Tags *MaxSampleValue* und *MinSampleValue* betrachtet und gibt an, auf welche Art und Weise die Bilddaten zu interpretieren sind.

Tag-Typ 262 (106H)
Datentyp SHORT
Länge Datenbereich = 1
PhotometricInterpretation (Wert 0...8)

Tabelle 39.13 PhotometricInterpretation-Tag

Im Wertefeld sind die Einträge 0 bis 8 für folgende Modi erlaubt:

0 *Für Bilevel- und Greyscale-Bilder*: Die in *MinSampleValue* eingetragene Farbstufe (z. B. 0) soll als Weiß interpretiert werden, die in *MaxSampleValue* eingetragene Farbstufe (z. B. FF) als Schwarz. Bei Graustufenbildern werden die Bildwerte dann in die entsprechenden Zwischenstufen umgesetzt. Dies ist die Standardvorgabe für den Kompressionstyp 2.

1 *Für Bilevel- und Greyscale-Bilder*: Die in *MinSampleValue* eingetragene Farbstufe soll als Schwarz interpretiert werden, die in *MaxSampleValue* als Weiß. Bei Graustufenbildern werden die Bildwerte dann in die entsprechenden Zwischenstufen umgesetzt. Ist dieser Wert für den Komprimierungstyp 2 vorgegeben, muß das Bild bei der Ausgabe invertiert werden.

2 Die Daten in der Bitmap sind im RGB-System kodiert. Der in *MinSampleValue* eingetragene Wert präsentiert die minimale Farbintensität, der Wert in *MaxSampleValue* die maximale.

Grafikformate

3 *Palette Color*: In diesem Mode wird eine Farbe durch einen Wert (1 Sample) beschrieben. Der Wert dient als Index in die *Color Response Curve* mit den Feldern für die Farbanteile Rot, Grün und Blau. In diesem Fall muß *SamplePerPixel* = 1 sein und die *Color Response Curve* unterstützt werden.

4 *Transparency Mask:* Dies bedeutet, daß das Bild als Maske (Fläche) eines anderen Bildes in der gleichen TIFF-Datei interpretiert wird. Die Werte *SamplePerPixel* und *BitsPerSample* müssen auf 1 gesetzt sein. Weiterhin ist die PackBit-Komprimierung gefordert. Die gesetzten (1) Bits der Maske definieren den inneren Bereich einer Fläche, während die gelöschten (0) Bits die Umrandung angeben. Damit läßt sich ein Teilbild (Region) innerhalb eines Bildes markieren. Das Bild der *Transparency Mask* muß in *ImageLength* und *ImageWidth* die gleichen Werte wie das Originalbild aufweisen.

5 Ein TIFF-Leser kann dann die Maske auswerten und nur die Bereiche des Bildes ausgeben, die innerhalb der Maske (Bits = 1) liegen.

6 *YCbCr Color Space:* Die Bilddaten werden nach dem YCbCr-Farbsystem skaliert. Dieser Modus wurde ab TIFF 6.0 neu aufgenommen.

8 *1976 CIEL*a*b Color System*: Der Wert wurde ab TIFF 6.0 aufgenommen.

Für den Parameter gibt es keine Standardvorgaben. Die Intensitätsinformationen für die RGB-Darstellung werden dabei gemäß der NTSC-Spezifikation interpretiert. Falls die Daten im CCITT/3-Verfahren kodiert sind, darf dieser Tag nicht vorkommen, da die Kodierung bereits die Interpretation der Bilddaten enthält. Der Scanner bzw. das Einlesegerät sollte mindestens die Modi 0 und 1 unterstützen.

Thresholding-Tag (107H)

Dieser Tag wird bei bearbeiteten Bilddaten verwendet. Er gibt zum Beispiel bei Graustufen das jeweilige Verfahren an.

Tag-Typ 263 (107H)
Datentyp SHORT
Länge Datenbereich = 1
Thresholding (Wert 1, 2, 3)

Tabelle 39.14 Thresholding-Tag

Im Wertefeld sind drei Einträge erlaubt:

1 Ein Bilevel-Bild (Schwarzweißbild) wurde abgespeichert. Die Zahl der Bits pro Pixel ist auf 1 zu setzen.

2 Ein Bild mit Graustufen wurde in ein Schwarzweißbild transformiert (dithered). Die Bits pro Pixel sind auf 1 zu setzen.

3 Ein Bild aus Graustufen wurde nach der Error-Diffusion-Methode in eine Schwarzweißdarstellung umgewandelt.

Bei solchen Bildern darf nachträglich keine neue Skalierung erfolgen, da sonst die Bilddaten verändert werden.

CellWidth-Tag (108H)

Der Tag beschreibt die Abmessungen der Matrix beim Dithering oder beim Halftone-Verfahren. Er tritt nur auf, wenn der *Thresholding*-Tag (107H) den Modus 2 spezifiziert. Der CellWidth-Tag gibt dabei die Breite der Matrix an und wird nur von wenigen TIFF-Scannern unterstützt.

Tag-Typ 264 (108H)
Datentyp SHORT
Länge Datenbereich = 1
CellWidth (Wert 1, 2 , 3)

Tabelle 39.15 CellWidth-Tag

CellLength-Tag (109H)

Dieser Tag beschreibt die Abmessungen einer Matrix beim Dithering oder beim Halftone-Verfahren und ist daher mit Tag 107H zu verwenden, falls dort der Modus 2 spezifiziert ist.

Tag-Typ 265 (109H)
Datentyp SHORT
Länge Datenbereich = 1
CellLength (Wert 1, 2 , 3)

Tabelle 39.16 CellLength-Tag

Der Tag gibt die Höhe der Matrix an; er wird nur in wenigen Treibern verwendet.

FillOrder-Tag (10AH)

Dieser Tag spezifiziert, wie die Daten eines Bildpunktes in den Bytes abgespeichert sind. Der Tag hat folgenden Aufbau:

Tag-Typ 266 (10AH)
Datentyp SHORT
Länge Datenbereich = 1
FillOrder (Wert 1, 2)

Tabelle 39.17 FillOrder-Tag

Für die Einträge im Wertefeld gelten folgende Modi:

1 Die Bildpunkte werden in einem Byte fortlaufend abgespeichert, wobei der erste Punkt links im höchstwertigen Bit beginnt und die folgenden Punkte in den niederwertigeren Bits untergebracht werden. Dieser Modus entspricht der Standardeinstellung.

2 Die Bildpunkte werden in einem Byte fortlaufend abgespeichert, wobei der erste Punkt rechts im niederwertigsten Bit beginnt und die folgenden Punkte in den höherwertigen Bits untergebracht werden.

DocumentName-Tag (10DH)

Dieser Tag spezifiziert den Namen des Dokuments, von dem das Bild erzeugt wurde. Er besitzt folgenden Aufbau:

Tag-Typ 269 (10DH)
Datentyp ASCII
Länge Datenbereich = n
Wert: Zeiger auf den Dokumentnamen

Tabelle 39.18 DocumentName-Tag

Das Wertefeld enthält einen Zeiger (Offset vom Dateianfang) auf den ASCIIZ-String mit dem Dokumentnamen. Der String wird durch ein Nullbyte (00H) abgeschlossen und steht irgendwo in der Datei.

ImageDescriptor-Tag (10EH)

Dieser Tag enthält verschiedene Informationen zum aktuell gespeicherten Bild. Er hat folgenden Aufbau:

Tag-Typ 270 (10EH)
Datentyp ASCII
Länge Datenbereich = n
Wert: Zeiger auf Dokumentinfo

Tabelle 39.19 ImageDescriptor-Tag

Das Wertefeld enthält einen Zeiger (Offset vom Dateianfang) auf den ASCIIZ-String mit den Informationen. Der String wird durch ein Nullbyte (00H) abgeschlossen. Es gibt zur Zeit keine Spezifikation, welche die Belegung der Informationen festschreibt.

Make-Tag (10FH)

Dieser Tag definiert den Namen des Scannerherstellers.

Tag-Typ 271 (10FH)
Datentyp ASCII
Länge Datenbereich = n
Wert: Zeiger auf den Make-String

Tabelle 39.20 Make-Tag

Das Wertefeld enthält einen Zeiger auf den ASCIIZ-String mit dem Namen des Geräteherstellers. Der String wird durch ein Nullbyte (00H) abgeschlossen.

Model-Tag (110H)

Dieser Tag definiert Modell und Nummer des Scanners.

Tag-Typ 272 (110H)
Datentyp ASCII
Länge Datenbereich = n
Wert: Zeiger auf den Modellstring

Tabelle 39.21 Model-Tag

Das Wertefeld enthält einen Zeiger auf den ASCIIZ-String mit dem Modellnamen des Scanners. Der String wird durch ein Nullbyte (00H) abgeschlossen.

Grafikformate

StripOffset-Tag (111H)

Der Tag spezifiziert entweder den Offset auf das Bitmap mit den Bilddaten oder auf ein weiteres Zeigerfeld. Er umfaßt immer den 4-Byte-Zeiger (Offset vom Dateianfang) auf den Beginn eines Datenfeldes mit den *BitImage*-Bilddaten. Über diesen Offset läßt sich dann direkt auf die Daten zugreifen. Zum Ermitteln der Bilddatenposition ist mindestens ein *StripOffset*-Pointer erforderlich.

Tag-Typ 273 (111H)
Datentyp SHORT oder LONG
Länge Datenbereich = n
Zeiger (Wert 0...(2$^{32)-1)}$

Tabelle 39.22 StripOffset-Tag

Um die Geschwindigkeit bei der Bildausgabe zu steigern, besteht die Möglichkeit, beim Lesen nur jede n-te Zeile zu bearbeiten. Ein Bild mit einer Auflösung von 300 dpi kann beispielsweise für Testzwecke mit 75 dpi ausgegeben werden, die Dekodierung der restlichen Zeilen entfällt beim 1. Durchlauf. Dadurch läßt sich ein Rohbild sehr schnell ausgeben, die fehlenden Zeilen können auf Wunsch in weiteren Durchläufen ergänzt werden. Für eine solche Vorgehensweise muß die Anfangsposition aller Bildzeilen im *Bit-Image*-Datenfeld bekannt sein. Hier bietet der *StripOffset*-Tag ebenfalls Unterstützung: Er läßt den Fall zu, daß sich der Zeiger im Wertefeld nicht direkt auf die Bilddaten bezieht, und verweist dann auf eine Tabelle mit den eigentlichen *StripOffset*-Zeigern. Diese Tabelle enthält dann für jede Bildzeile einen solchen Zeiger.

Die Unterscheidung dahingehend, welcher Fall vorliegt, erfolgt über den Wert des Längenfeldes. Falls das Feld mit der Längenangabe den Wert 1 enthält, existiert im letzten Feld lediglich ein Zeiger mit dem ersten StripOffset. Steht im Längenfeld ein Wert größer 1, dann verweist der Zeiger im Wertfeld auf eine Zeigertabelle innerhalb der Datei. In dieser Datei finden sich n Einträge mit den jeweiligen Zeigern auf den Anfang eines Stripbereiches. Die Zahl n steht im Längenfeld des Tags. Der Wert der Zeiger wird standardmäßig mit LONG angenommen. Nur bei sehr kleinen TIFF-Dateien können SHORT-Daten gespeichert werden, wobei diese Möglichkeit jedoch nicht genutzt werden sollte.

Orientation-Tag (112H)

Dieser Tag spezifiziert die Orientierung einer Bitmap-Grafik in x- und y-Richtung. Insgesamt gibt es acht mögliche Orientierungsrichtungen für ein Bild.

Tag-Typ 274 (112H)
Datentyp SHORT
Länge Datenbereich = 1
Orientation (Wert 1...8)

Tabelle 39.23 Orientation-Tag

Die acht Stufen zur Bildorientierung sind wie folgt definiert:

Code	1. Bitmap- Zeile	1. Spalte
1	oberer Rand	linker Rand
2	oberer Rand	rechter Rand
3	unterer Rand	linker Rand
4	unterer Rand	rechter Rand
5	linker Rand	oberer Rand
6	rechter Rand	oberer Rand
7	rechter Rand	unterer Rand
8	linker Rand	unterer Rand

Tabelle 39.24 Bildausrichtung

Der Wert 1 entspricht der Standardeinstellung, während die restlichen Werte bisher kaum von Scannern benutzt werden. Ein Wechsel der Werte rotiert das Bild um den Nullpunkt.

SamplesPerPixel-Tag (115H)

Dieser Tag gibt die Zahl der Abtastungen pro Bildpunkt an. Es gilt folgender Aufbau:

Tag-Typ 277 (115H)
Datentyp SHORT
Länge Datenbereich = 1
SamplesPerPixel (Wert 1...65535)

Tabelle 39.25 SamplesPerPixel-Tag

Bei Schwarzweißdarstellungen ist der Wert gleich 1 gesetzt, bei Farbbildern mit drei Farbebenen gleich 3. Graustufenbilder mit 4 oder 6 Stufen enthalten ebenfalls nur eine Farbebene und damit den Wert 1.

RowsPerStrip-Tag (116H)

Dieser Tag gibt die Zahl der unkomprimierten Zeilen eines Strips an.

Tag-Typ 278 (116H)
Datentyp LONG oder SHORT
Länge Datenbereich = 1
RowsPerStrip (Wert 0...$(2^{32)-1)}$

Tabelle 39.26 RowsPerStrip-Tag

Dieser Tag ist nur gültig, falls keine Datenkomprimierung benutzt wird. Der Eintrag im Wertefeld gibt die Zahl der unkomprimierten Zeilen in einem Strip (Teilbild) an. Dabei müssen aber alle Strips (ausgenommen der letzte) die gleiche Zeilenzahl enthalten.

StripByteCounts-Tag (117H)

Dieser Tag wird nur bei der Datenkomprimierung nach dem CCITT/3-Verfahren benutzt. Man prüft damit, ob die korrekte Anzahl von Daten gelesen wurde. Es gilt folgender Aufbau:

Tag-Typ 279 (117H)
Datentyp SHORT oder LONG
Länge Datenbereich = n
StripByteCounts (Wert 0...$(2^{32)-1)}$

Tabelle 39.27 StripByteCounts-Tag

Der Tag wird für jeden komprimierten Datensatz in der TIFF-Datei angelegt, auf den ein *StripOffset*-Zeiger hinweist. Im Wertefeld steht dann die Zahl der Bytes im zugehörigen Strip.

MinSampleValue-Tag (118H)

Dieser Tag beschreibt zusammen mit dem Tag *MaxSampleValue*, wie die Bitmap-Daten als Farben zu interpretieren sind.

Tag-Typ 280 (118H)
Datentyp SHORT
Länge Datenbereich = 1
MinSampleValue (Wert 0...65535)

Tabelle 39.28 MinSampleValue-Tag

Als Standardwert wird im Datenfeld die Zahl 0 als kleinstmöglicher Wert für einen Bildpunkt eingetragen. Der Tag wird zusammen mit dem Tag *PhotometricInterpretation* bearbeitet.

MaxSampleValue-Tag (119H)

Der Tag beschreibt zusammen mit dem Tag *MinSampleValue*, wie die Bitmap-Daten als Farben zu interpretieren sind.

Tag-Typ 281 (119H)
Datentyp SHORT
Länge Datenbereich = 1
MaxSampleValue (Wert 0...65535)

Tabelle 39.29 MaxSampleValue-Tag

Als Standardwert wird im Datenfeld die Zahl 65535 als größtmöglicher Wert für einen Bildpunkt angegeben. Bei Schwarzweißdarstellungen wird der minimale Wert auf 0 gesetzt und das Maximum als 1 definiert. Bei einer 4-Bit-Graustufendarstellung liegen die Werte zwischen 0 und 15. Der Tag wird zusammen mit dem *PhotometricInterpretation*-Tag bearbeitet.

XResolution-Tag (11AH)

Dieser Tag spezifiziert die Bildauflösung in X-Richtung. Er hat folgenden Aufbau:

Tag-Typ 282 (11AH)
Datentyp Rational
Länge Datenbereich = 1
Wert (1/((2$^{32)-1...(232)-1)}$

Tabelle 39.30 XResolution-Tag

Die Bildauflösung in Pixel ist besonders für Scanner wichtig, die in mehreren Auflösungsstufen arbeiten können – die Skalierung kann dann den Gerätemöglichkeiten angepaßt werden. Gebräuchliche Geräte liegen in ihrer Auflösung im Bereich von 75 bis 300 dpi (dots per inch). Im Wertefeld läßt sich eine Auflösung von 300 dpi als 300/1 spezifizieren, ein Wert von 75 dpi mit 150/2 (Zähler/Nenner). Das Feld liegt irgendwo innerhalb der Datei, während im Tag ein Zeiger auf den Wert gespeichert ist.

YResolution-Tag (11BH)

Dieser Tag spezifiziert die Bildauflösung in Y-Richtung; er ist gemäß Tabelle 39.31 aufgebaut:

Tag-Typ 283 (11BH)
Datentyp Rational
Länge Datenbereich = 1
Wert (1/(2$^{\text{32)-1...(232)-1)}}$

Tabelle 39.31 YResolution-Tag

Die Bildauflösung in Pixel ist besonders für Scanner wichtig, die in mehreren Auflösungsstufen arbeiten können – die Skalierung läßt sich dann den Gerätemöglichkeiten anpassen. Gebräuchliche Geräte liegen in ihrer Auflösung im Bereich von 75 bis 300 dpi (dots per inch) – 300 dpi läßt sich im Wertefeld als 300/1 spezifizieren. Das Wertefeld liegt irgendwo innerhalb der Datei, während im Tag ein Zeiger auf den Wert gespeichert ist.

PlanarConfiguration-Tag (11CH)

Dieser Tag beschreibt die Organisation der Daten bei Farb- oder Grauwertdarstellungen. Bei Schwarzweißdarstellungen wird der Tag nicht benötigt.

Tag-Typ 284 (11CH)
Datentyp SHORT
Länge Datenbereich = 1
PlanarConfiguration (Wert 1, 2)

Tabelle 39.32 PlanarConfiguration-Tag

Bilddaten für Farb- oder Graustufenbilder lassen sich in zwei Variationen speichern:

- Zum einen lassen sich alle Informationen zusammenhängend in einem Bildpunkt ablegen, d.h., die Farbebenenbits stehen hintereinander.
- Alternativ besteht die Möglichkeit, die Informationen über die Bildpunkte in mehreren Farbebenen oder Graustufen abzulegen. Dann werden erst alle Bildpunkte einer Ebene (Plane) beschrieben, bevor die nächste Farbebene an die Reihe kommt.

Der Wert 1 spezifiziert, daß alle Daten eines Punktes zusammenhängend gespeichert werden. Beim Wert 2 sind die Bilddaten in Ebenen (planes) unterteilt und pro Ebene abgespeichert. Zur Auswertung muß der Wert des *PhotometricInterpretation*-Tags herangezogen werden.

PageName-Tag (11DH)

Dieser Tag spezifiziert den Namen der Seite, von der das Bild gescannt wurde. Der Tag besitzt folgenden Aufbau:

Tag-Typ 285 (11DH)
Datentyp ASCII
Länge Datenbereich = n
Zeiger auf den Dokumentnamen

Tabelle 39.33 PageName-Tag

Das Wertefeld enthält einen Zeiger auf den ASCIIZ-String mit dem Dokumentnamen. Der String wird durch ein Nullbyte (00H) abgeschlossen.

XPosition-Tag (11EH)

Dieser Tag definiert den X-Offset des Bildausschnittes.

Tag-Typ 286 (11EH)
Datentyp RATIONAL
Länge Datenbereich = 1
Zeiger auf den Wert

Tabelle 39.34 XPosition-Tag

Das Wertefeld enthält einen Zeiger auf den eigentlichen Wert, der als rationale Zahl gespeichert wird. Die Zahl spezifiziert dabei die X-Koordinate der oberen linken Ecke des Bildes in Zoll.

YPosition-Tag (11FH)

Der Tag definiert den Y-Offset des Bildausschnittes. Das Wertefeld enthält einen Zeiger auf den eigentlichen Wert, der als rationale Zahl (Zähler, Nenner) gespeichert wird. Der Wert 2,5 Zoll ist dann als 5/2 abzulegen, was in der Intel-Notation den Zahlen 05 00 00 00 02 00 00 00 entspricht. Die Zahl spezifiziert dabei den Offset der Y-Koordinate der oberen linken Ecke des Bildes in Zoll. Im TIFF ist die positive y-Achse nach unten gerichtet.

Tag-Typ 287 (11FH)
Datentyp RATIONAL

Länge Datenbereich = 1
Zeiger auf den Wert

Tabelle 39.35 YPosition-Tag

FreeOffset-Tag (120H)

Dieser Tag enthält einen Zeiger auf eine Tabelle mit weiteren Zeigern. Jeder dieser Zeiger verweist wiederum auf einen freien Datenbereich in der TIFF-Datei. Der Tag besitzt folgenden Aufbau:

Tag-Typ 288 (120H)
Datentyp LONG
Länge Datenbereich = n
Zeiger auf die Tabelle

Tabelle 39.36 FreeOffset-Tag

Falls nur ein freier Bereich existiert, liegt auch nur ein Zeiger vor. Die Zahl der Einträge in der Zeigertabelle steht im Längenfeld des Tags. Der Tag kann überlesen werden.

FreeByteCount-Tag (121H)

Dieser Tag spezifiziert die Zahl der freien Bytes innerhalb eines Blocks. Der Tag wird zusammen mit dem *FreeOffset*-Tag benutzt.

Tag-Typ 289 (121H)
Datentyp LONG
Länge Datenbereich = n
Zeiger auf Datentabelle

Tabelle 39.37 FreeByteCount-Tag

Das Wertefeld enthält einen Zeiger auf eine Datentabelle. Diese enthält n 4-Byte-Einträge, die jeweils die Länge des zugehörigen freien Bereiches angeben. Die Lage dieser freien Bereiche ist über den *FreeOffset*-Tag zu bestimmen. Dieser Tag kann überlesen werden.

GrayResponseUnit-Tag (122H)

Dieser Tag gibt zusammen mit dem Wert für die *GrayResponseCurve* Hinweise zur Interpretation der Bilddaten und hat folgenden Aufbau:

Tag-Typ 290 (122H)
Datentyp SHORT

Länge Datenbereich = 1
GrayResponseUnit (Wert 1...5)

Tabelle 39.38 GrayResponseUnit-Tag

Der Eintrag im Wertefeld spezifiziert die Wertigkeit des *GrayResponseCurve*-Tags nach folgender Abstufung:

Wert	**Anzeigestufe**
1	1/10
2	1/100
3	1/1000
4	1/10000
5	1/100000

Tabelle 39.39 GrayResponse Units

Über die jeweilige Integerzahl und den Skalierungsfaktor läßt sich dann die Graustufe bestimmen. Ist der Wert in *GrayResponseUnit* auf 3 und der Eintrag in *GrayResponseCurve* auf 345 gesetzt, dann ergibt sich eine Graustufe von 0,345.

GrayResponseCurve-Tag (123H)

Dieser Tag gibt zusammen mit dem Wert für die *GrayResponseUnit* Hinweise zur Bilddateninterpretation. Er enthält einen Vektor auf die eigentlichen Daten. Für jede Abtastebene der Bilddaten findet sich hier ein Eintrag, der als Graustufe für die Interpretation der Bilddaten dient. Die Stufen geben dann die Schwellen zur Umrechnung der Grautöne zwischen minimalem und maximalem Grauwert wieder.

Tag-Typ 291 (123H)
Datentyp SHORT
Länge Datenbereich = $2^{Bits/Sample}$
GrayResponseCurve (Wert 0...65535)

Tabelle 39.40 GrayResponseCurve-Tag

T4Options-Tag (124H)

Dieser Tag wird bei einer Kodierung der Bilddaten nach dem CCITT Gruppe 3-Verfahren zum Setzen von Optionen benutzt.

Tag-Typ 292 (124H)
Datentyp LONG
Länge Datenbereich = 1
T4Options (Wert = 32-Bit-Flag)

Tabelle 39.41 T4Options-Tag

Im Wertefeld werden die 4 Bytes als 32-Bit-Flag interpretiert. Alle unbenutzten Bits sind auf 0 gesetzt. Dabei gilt folgende Belegung:

Bit 0: 0 für eindimensionale (Standard-) Kodierung, 1 für zweidimensionale Kodierung

Bit 1: 1 = unkomprimierter Modus benutzt

Bit 2: 1 = Füllbits am Ende einer Zeile eingefügt

Bei einer zweidimensionalen Kodierung der Daten muß die erste Zeile eines Strips immer eindimensional abgelegt werden. Der Tag wurde in TIFF 5.0 als *Group3Options* bezeichnet.

T6Options-Tag (125H)

Dieser Tag wird bei einer Kodierung der Bilddaten nach dem CCITT Gruppe 4-Verfahren zum Setzen von Optionen benutzt. Im Wertefeld werden die 4 Bytes als 32-Bit-Flag interpretiert – alle unbenutzten Bits sind auf 0 gesetzt. Die Belegung ist nachfolgend aufgeführt.

Tag-Typ 293 (125H)
Datentyp LONG
Länge Datenbereich = 1
T6Options (Wert = 32 Bit Flag)

Tabelle 39.42 T6Options-Tag

Im 32-Bit-Flag sind nur zwei Bits belegt:

Bit 0: unbenutzt

Bit 1: 1 = unkomprimierter Modus

Die restlichen Bits sind in der bisherigen TIFF-Spezifikation unbelegt. Der Tag wurde in TIFF 5.0 als *Group4Options* bezeichnet.

ResolutionUnit-Tag (128H)

Dieser Tag spezifiziert die bei den Tags *XResolution* und *YResolution* benutzte Einheit. Der Wert 2 gibt dabei die Standardeinstellung in dots per inch an. Der Tag hat folgenden Aufbau:

Tag-Typ 296 (128H)
Datentyp SHORT
Länge Datenbereich = 1
ResolutionUnit (Wert 1, 2, 3)

Tabelle 39.43 ResolutionUnit-Tag

Für das Wertefeld sind folgende Werte zulässig:

Wert	Einheit
1	keine absolute Einheit
2	Zoll
3	Zentimeter

Tabelle 39.44 Einheit Auflösung

Beim Wert 0 werden eventuell gesetzte Werte in den Resolution-Tags lediglich dazu benutzt, um das Verhältnis der Bildabmessungen zu bestimmen. Der Tag wird nur sehr selten angewendet; die Standardeinstellung ist 2.

PageNumber-Tag (129H)

Der Tag dient zur Angabe der (Bild-)Seitennummer bei TIFF-Dateien mit mehreren Bildern – besonders wichtig bei Fax-Übertragungen.

Tag-Typ 297 (129H)
Datentyp SHORT
Länge Datenbereich = 2
PageNumber (Wert 1, Wert 2)

Tabelle 39.45 PageNumber-Tag

Das Wertefeld enthält zwei 16-Bit-Werte. Der erste Wert gibt die aktuelle Seitennummer an, während der zweite Wert die Zahl der Seiten innerhalb der Datei spezifiziert. Die einzelnen Seiten müssen nicht in geordneter Form innerhalb der TIFF-Datei vorliegen.

ColorResponseUnit-Tag (12CH)

Dieser Tag gibt zusammen mit dem Wert für die *ColorResponseCurve* Hinweise zur Interpretation der Bilddaten. Er hat folgenden Aufbau:

Tag-Typ 300 (12CH)
Datentyp SHORT
Länge Datenbereich = 1
ColorResponseUnit (Wert 1...5)

Tabelle 39.46 ColorResponseUnit-Tag

Der Eintrag spezifiziert die Wertigkeit des ColorResponseCurve-Tags. Hierbei gilt folgende Abstufung:

Wert	Auflösung
1	1/10
2	1/100
...	
5	1/100000

Tabelle 39.47 Unit Color Response Curve

Über die jeweilige Integerzahl und den Skalierungsfaktor läßt sich dann die Farbstufe bestimmen. Ein Wert von 3 im Feld *ColorResponseUnit* und ein Eintrag von 345 in *ColorResponseCurve* ergeben eine Intensitätsstufe von 0,345.

TransferFunction-Tag (12DH)

Dieser Tag wurde in TIFF 5.0 als *ColorResponseCurve* bezeichnet und gibt zusammen mit dem Wert für die *ColorResponseUnit* Hinweise zur Bilddateninterpretation. Der Tag hat folgenden Aufbau:

Tag-Typ 301 (12DH)
Datentyp SHORT
Länge Datenbereich = {1 oder 3} * (2 $^{\text{Bits/Sample}}$)
TransferFunction (Wert 0...65535)

Tabelle 39.48 TransferFunction-Tag

Im Tag findet sich ein Vektor auf die eigentlichen Datentabellen. Jeder Eintrag der Tabelle ist vom Datentyp SHORT, umfaßt demnach 16 Bits. Die Tabelle enthält zuerst alle Einträge für die Farbe Rot. Daran schließen sich die Einträge für die Farbe Grün an, gefolgt von den Einträgen für Blau. Die Zahl der Einträge pro Farbe berechnet sich zu:

$$2^{\text{BitsPerSample}}$$

Bei 4 Bits sind demnach 16 Einträge und bei 8 Bits 256 Einträge möglich. Der Wert 0 in einem Eintrag repräsentiert dabei eine minimale Intensität der jeweiligen Farbe, während die Zahl 65535 für die maximale Intensität steht. Die Wertekombination (0,0,0) beschreibt die Farbe Schwarz, während (255,255,255) für Weiß steht. Zweck der *ColorResponseCurve* ist die Verfeinerung der Farbabstufung eines RGB-Bildes.

Software-Tag (131H)

Dieser Tag wurde in die TIFF-Version 5.0 neu aufgenommen und gibt den Namen des Softwarepaketes an, das die TIFF-Datei erzeugt hat.

Tag-Typ 305 (131H)
Datentyp ASCII
Länge Datenbereich = 1
Zeiger auf den String

Tabelle 39.49 Software-Tag

Das Datenfeld enthält einen Zeiger auf den betreffenden Text. Hier darf auch die Revisionsnummer der erzeugenden Software stehen.

DateTime-Tag (132H)

Dieser Tag gibt das Datum und die Zeit an, zu der die TIFF-Datei erzeugt wurde.

Tag-Typ 306 (132H)
Datentyp ASCII
Länge Datenbereich = 1
Zeiger auf den String

Tabelle 39.50 DateTime-Tag

Der String sollte das Format YYYY:MM:DD HH:MM:SS aufweisen. Die Uhrzeit wird im 24-Stunden-Modus angegeben. Der ASCIIZ-String umfaßt (einschließlich der 00) eine Länge von 20 Byte.

Artist-Tag (13BH)

Dieser Tag gibt den Namen der Person an, die das Bild in der TIFF-Datei erzeugt hat.

Tag-Typ 315 (13BH)
Datentyp ASCII
Länge Datenbereich = 1
Zeiger auf den String

Tabelle 39.51 Artist-Tag

Der String kann zum Beispiel zur Ablage einer Copyright-Nachricht verwendet werden. Der Tag kann direkt an den Header folgen.

Host-Computer-Tag (13CH)

Dieser Tag definiert den Namen des Rechners, auf dem die TIFF-Datei erzeugt wurde.

Tag-Typ 316 (13CH)
Datentyp ASCII

Länge Datenbereich = 1
Zeiger auf den String

Tabelle 39.52 Host-Computer-Tag

Der Tag ist optional und gibt eine Referenz zu einem Text mit dem Namen des Rechners an.

Predictor-Tag (13DH)

Dieser Tag wird nur benutzt, falls der Wert *Compression = 5* (LZW-Komprimierung) verwendet wird.

Tag-Typ 317 (13DH)
Datentyp SHORT
Länge Datenbereich = 1
Wert: 1,2

Tabelle 39.53 Predictor-Tag

Damit soll zukünftig die Komprimierung nach dem LZW-Verfahren für verschiedene Bilder optimiert werden. Zur Zeit gelten folgende Werte:

1. Kein Prediction-Schema zur Kodierung benutzt
2. Horizontale Differenzierung

Erkennt ein TIFF-Leser einen unbekannten Wert in diesem Tag, muß die Dekodierung des Bildes abgebrochen werden.

White Point-Tag (13EH)

Dieser Tag definiert eine weißen Bildpunkt im 1931 CIE xyY-Farbdiagramm. Dabei wird nur die Farbe (chromaticity), nicht aber die Helligkeit (luminance) spezifiziert.

Tag-Typ 318 (13EH)
Datentyp RATIONAL
Länge Datenbereich = 2
Zeiger auf die xy-Daten

Tabelle 39.54 White Point-Tag

Standardmäßig wird ein weißer Punkt mit den Werten:

```
D65: x = 0.313  y = 0.329
```

beschrieben. Der Wert dient zur Kalibrierung eines Monitors oder Scanners.

PrimaryChromaticities-Tag (13FH)

Dieser Tag definiert die Primärfarben.

Tag-Typ 319 (13FH)
Datentyp RATIONAL
Länge Datenbereich = 6
Zeiger auf Datenbereich

Tabelle 39.55 PrimaryChromaticities-Tag

Dieser Wert ist im 1931 CIE xy-Farbdiagramm definiert. Die Standardvorgaben für die Primärfarben sind:

Rot:	x = 0.635	y = 0.340
Grün:	x = 0.305	y = 0.595
Blau:	x = 0.155	y = 0.070

Tabelle 39.56 Farbkoeffizienten der Primärfarben

Der Wert dient zur Kalibrierung eines Monitors oder Scanners.

ColorMap-Tag (140H)

Dieser Tag definiert eine eigene Farbpalette.

Tag-Typ 320 (140H)
Datentyp SHORT
Länge Datenbereich = 3 * ($2^{\text{BitPerSample}}$)
Zeiger auf Farbpalette (Color-Map)

Tabelle 39.57 ColorMap-Tag

Der Wert definiert einen Zeiger auf die Tabelle mit der Farbpalette. Diese Tabelle enthält zuerst n Einträge mit den Anteilen der Farbe Rot für die jeweiligen Farben der Palette. Daran schließen sich n Einträge mit den Intensitäten der Farbe Grün an. Die Tabelle wird mit n Einträgen der Farbe Blau abgeschlossen. Damit lassen sich n Farben für das zugehörige Bild definieren. Die Zahl n errechnet sich zu:

$$2^{\text{BitPerSample}}$$

d.h. mit 4 Bit pro Pixel werden 16 Farben dargestellt. Damit liegen je 16 Einträge der Farben Rot, Grün und Blau hintereinander in der Tabelle. Ein Wert für ein Farbpixel wird dann als Index in die betreffende Farbtabelle (Palette) interpretiert. Aus den drei Einträgen der Tabelle wird dann die eigentliche Farbe gemischt.

Ein Eintrag umfaßt dabei 16 Bits, wobei der Wert 0 einen minimalen Anteil der Grundfarbe definiert. Mit dem Wert 65535 wird der maximale Anteil der Grundfarbe vorgeschrieben. Die Kombination (0,0,0) steht damit für die Farbe Schwarz, während (65535, 65535, 65535) die Farbe Weiß angibt. Die Farbtabelle kann mit der Color Response-Kurve zur Verfeinerung der Farbabstufungen benutzt werden. Der Tag muß bei allen Bildern, die eine Palette verwenden, benutzt werden.

HalftoneHints-Tag (141H, TIFF 6.0)

Zweck dieses Tags ist es, die Graustufenzuordnung zur Halbtonfunktion zu optimieren.

Tag-Typ 321 (141H)
Datentyp SHORT
Länge Datenbereich = 2
HalftoneHints-Feld

Tabelle 39.58 HalftoneHints-Tag

Das Datenfeld enthält zwei 16-Bit-Werte. Der erste Wert definiert die hellen Graustufen, die über die Halbtonfunktion in die hellste Druckstufe umzuwandeln sind. Der zweite Wert definiert die Graustufe der Schattierung.

TileWidth-Tag (142H, TIFF 6.0)

Die TIFF 6.0-Spezifikation sieht die Aufteilung eines Bildes in Kacheln (tiles) an Stelle von Streifen (strips) vor. Dieser Tag definiert die Breite einer Kachel in Pixel.

Tag-Typ 322 (142H)
Datentyp SHORT oder LONG
Länge Datenbereich = 1
TileWidth in Pixel

Tabelle 39.59 TileWidth-Tag

TileLength-Tag (143H, TIFF 6.0)

Dieser Tag definiert die Höhe einer Kachel in Pixel.

Tag-Typ 323 (143H)
Datentyp SHORT oder LONG
Länge Datenbereich = 1
TileLength in Pixel

Tabelle 39.60 TileLength-Tag

Der Wert für *TileLength* muß ein Vielfaches von 16 sein, falls die JPEG-Komprimierung benutzt wird.

TileOffsets-Tag (144H, TIFF 6.0)

Für jede Kachel mit einem Bildausschnitt wird ein Offset zu den Daten in der TIFF-Datei gespeichert. Dieser Tag definiert eine Tabelle mit den Offsets in Byte.

Tag-Typ 324 (144H)
Datentyp LONG
Länge Datenbereich = n
Zeiger auf Offset-Tabelle

Tabelle 39.61 TileOffsets-Tag

Der Tag ersetzt den *StripOffset*-Tag. Die Offsets werden nach den zugehörigen Kacheln von links nach rechts und von oben nach unten angeordnet.

Für die *PlanarConfiguration* = 1 wird im Feld *Länge Datenbereich* die Zahl der Tiles per Image abgelegt. Mit *PlanarConfiguration* = 2 enthält das Feld *Länge Datenbereich* den Wert:

```
SamplesPerImage * TilesPerImage
```

Bei einer *PlanarConfiguration* = 2 werden die Offsets der ersten Farbebene (plane) zuerst gespeichert.

TileByteCount-Tag (145H, TIFF 6.0)

Dieser Tag gibt für jede Kachel die Zahl der komprimierten Bilddaten in Bytes an.

Tag-Typ 325 (145H)
Datentyp SHORT oder LONG
Länge Datenbereich = n
Zeiger auf Offset-Tabelle

Tabelle 39.62 TileByteCount-Tag

Für die *PlanarConfiguration* = 1 wird im Längenfeld die Zahl der Tiles per Image abgelegt. Mit *PlanarConfiguration* = 2 enthält das Feld *Länge Datenbereich* den Wert:

```
SamplesPerImage * TilesPerImage
```

Bei einer *PlanarConfiguration* = 2 werden die Offsets der ersten Farbebene (Plane) zuerst gespeichert.

InkSet-Tag (14CH, TIFF 6.0)

Dieser Tag definiert das verwendete Farbmodell (ink set) in einem Bild mit Farbseparierung (*PhotometricInterpretation* = 5).

Tag-Typ 332 (14CH)
Datentyp SHORT
Länge Datenbereich = 1
Ink Set

Tabelle 39.63 InkSet-Tag

Erlaubt sind die Werte:

1 CMYK-Farbsystem

2 kein CMYK-Farbsystem

Standardmäßig wird der Wert 1 für das CMYK-Farbsystem eingetragen. Damit definiert jeder Farbpunkt im Bild einen Anteil an den Farben (Cyan, Magenta, Yellow, Black).

InkName-Tag (14DH, TIFF 6.0)

Dieser Tag wird in einem Bild mit Farbseparierung (*PhotometricInterpretation* = 5) verwendet.

Tag-Typ 333 (14DH)
Datentyp ASCII
Länge Datenbereich = 1
Zeiger auf den String

Tabelle 39.64 InkName-Tag

Die Namen der Farben werden als ASCIIZ-Liste definiert. Die Zahl der Einträge muß mit *NumberOfInks* übereinstimmen.

NumberOfInks-Tag (14EH, TIFF 6.0)

Dieser Tag gibt die Zahl der Farben (inks) an.

Tag-Typ 334 (14EH)
Datentyp SHORT
Länge Datenbereich = 1
NumberOfInks

Tabelle 39.65 NumberOfInks-Tag

Der Wert entspricht in der Regel dem Wert von *SamplesPerPixel*. Ausnahme bildet der *ExtraSample*-Tag, der einen anderen Wert definieren kann. Standard für die Farbzahl ist 4.

DOTRange-Tag (150H, TIFF 6.0)

Dieser Tag definiert den Bereich, in dem die Dicke der Farbpunkte liegen darf.

Tag-Typ 336 (150H)
Datentyp BYTE oder SHORT
Länge Datenbereich = 2 oder 2*SamplesPerPixel
DotRange[i]

Tabelle 39.66 DotRange-Tag

DotRange[0] korrespondiert zu 0% Punkte und *DotRange*[1] korrespondiert zu 100% Punkten. Ist für jede Komponente ein *DotRange*-Paar (Cyan etc.) enthalten, werden die Werte einer Komponente immer zusammen gespeichert.

TargetPrinter-Tag (151H, TIFF 6.0)

Dieser Tag definiert den Namen der Ausgabeeinheit.

Tag-Typ 337 (151H)
Datentyp ASCII
Länge Datenbereich = any
Zeiger auf den String

Tabelle 39.67 TargetPrinter-Tag

Der Tag enthält einen Verweis auf den Text mit dem Namen des Ausgabegeräts.

ExtrasSamples-Tag (152H, TIFF 6.0)

Dieser Tag enthält die Beschreibung zusätzlicher Daten für ein Bild.

Tag-Typ 338 (152H)
Datentyp SHORT
Länge Datenbereich = m
Zeiger auf die Daten

Tabelle 39.68 ExtrasSamples-Tag

Der Tag verweist auf einen Datenbereich, der für einen Bildpunkt *m* zusätzliche Informationen bereithält. In diesem Fall sind mehr Daten vorhanden, als das *PhotometricInterpretation* speichern kann. Zum Beispiel können bei einem RGB-Bild mehr als 3 *SamplesPerPixel* auftreten. Dann definiert der *ExtrasSamples*-Tag die Bedeutung der zusätzlichen Daten. Mögliche Werte für jeden Eintrag im Datenbereich sind:

0 Unspezifizierte-Daten

1 Zugeordnete Alpha-Daten (Opacity Information)

2 Nicht zugeordnete Alpha-Daten (Transparency Information)

Dabei müssen diese Zusatzinformationen in den letzten Bytes des Datenbereichs eines Pixels abgelegt werden. Bei RGB-Werten mit 24 Bit pro Pixel kann zum Beispiel der Alphawert im 4. Byte gespeichert werden.

SampleFormat-Tag (153H, TIFF 6.0)

Dieser Tag definiert, wie jeder Datenpunkt eines Pixels zu interpretieren ist.

Tag-Typ 339 (153H)
Datentyp SHORT
Länge Datenbereich = SamplesPerPixel
Zeiger auf die Daten

Tabelle 39.69 SampleFormat-Tag

Für die Werte sind folgende Codes definiert:

1 vorzeichenlose Integerwerte

2 signed Integerwerte

3 IEEE-Fließkommazahlen

4 undefiniertes Datenformat

Standardmäßig wird der Code 1 verwendet.

SMinSampleValue-Tag (154H, TIFF 6.0)

Dieser Tag definiert, wie viele Bildebenen (samples) für das Bild vorhanden sein müssen.

Tag-Typ 340 (154H)
Datentyp am besten passend
Länge Datenbereich = SamplesPerPixel
Zeiger auf die Daten

Tabelle 39.70 SMinSampleValue-Tag

Bei 3 *SamplesPerPixel* müssen mindestens 3 Werte pro Bildpunkt (z. B. 3 Byte) vorhanden sein.

SMaxSampleValue-Tag (155H, TIFF 6.0)

Dieser Tag definiert, wie viele Bildebenen (samples) für das Bild maximal vorhanden sein dürfen.

Tag-Typ 341 (155H)
Datentyp am besten passend
Länge Datenbereich = SamplesPerPixel
Zeiger auf die Daten

Tabelle 39.71 SMaxSampleValue-Tag

Bei einem Wert von 4 dürfen maximal 4 Samples pro Bildpunkt gespeichert werden.

TransferRange-Tag (156H, TIFF 6.0)

Dieser Tag erweitert den Bereich der *TransferFunction* (*PhotometricInterpretation*-Tag).

Tag-Typ 342 (156H)
Datentyp SHORT
Länge Datenbereich = 6
Zeiger auf die Daten

Tabelle 39.72 TransferRange-Tag

Das erste Wertepaar definiert die *TransferBlack*- und *TransferWhite*-Daten. Die Anordnung der Wertepaare entspricht der Reihenfolge im *PhotometricInterpretation*-Tag. Daran kann sich ein RGB-Wert als Realzahl anschließen.

YCbCrCoefficient-Tag (211H, TIFF 6.0)

Dieser Tag dient zur Transformation eines RGB-Wertes in das YCbCr-Farbsystem.

Tag-Typ 529 (211H)
Datentyp RATIONAL
Länge Datenbereich = 3
Zeiger auf Daten

Tabelle 39.73 YCbCrCoefficient-Tag

Das Wertefeld umfaßt drei Koeffizienten:

LumaRed

LumaGreen

LumaBlue

Aus diesen Koeffizienten lassen sich die YCbCr-Daten bestimmen:

Y = *(LumaRed*R + LumaGreen*G + LumaBlue*B)*

Cb = *(B-Y)/(2-2*LumaBlue)*

Cr = *(R-Y)/(2-2*LumaRed)*

Die Rückrechnung der RGB-Werte erfolgt durch:

R = *Cr*(2-2*LumaRed) + Y*

G = *(Y-LumaBlue*B – LumaRed*r)/(LumaGreen)*

B = *Cb*(2-2*LumaBlue) + Y*

Standardmäßig werden die CCIR 601-1 Werte 299/1000, 587/1000 und 114/1000 für *LumaRed*, *LumaGreen* und *LumaBlue* verwendet.

YCbCrSubSampling-Tag (212H, TIFF 6.0)

Dieser Tag spezifiziert Subsampling-Faktoren für die Farbkomponente (chrominance components) eines YCbCr-Bildes.

Tag-Typ 530 (212H)
Datentyp SHORT
Länge Datenbereich = 2
Zeiger auf Daten

Tabelle 39.74 YCbCrSubSampling-Tag

Das Wertefeld umfaßt die zwei Faktoren *YCbCrSubsampleHoriz* und *YCbCrSubsampleVertic*. Das erste Feld (*YCbCrSubsampleHoriz*) kann folgende Werte enthalten:

1 *ImageWidth* dieser Farbkomponenten (chroma image) ist gleich der *ImageWidth* der zugeordneten Helligkeitskomponente (luma image).

2 *ImageWidth* dieser Farbkomponenten (chroma image) entspricht der Hälfte der *ImageWidth* der zugeordneten Helligkeitskomponente (luma image).

4 *ImageWidth* dieser Farbkomponente (chroma image) ist 1/4 der *ImageWidth* der zugeordneten Helligkeitskomponente (luma image).

Das Feld (*YCbCrSubsampleVertic*) kann folgende Werte enthalten:

1 *ImageLength* der Farbkomponente (chroma image) ist gleich der *ImageLength* der zugeordneten Helligkeitskomponente (luma image).

2 *ImageLength* der Farbkomponente (chroma image) entspricht der Hälfte der *ImageLength* der zugeordneten Helligkeitskomponente (luma image).

4 *ImageLength* der Farbkomponente (chroma image) beträgt 1/4 der *ImageLength* der zugeordneten Helligkeitskomponente (luma image).

Standardmäßig wird das Feld auf 2,2 gesetzt.

YCbCrPositioning-Tag (213H, TIFF 6.0)

Dieser Tag spezifiziert die Position der zusätzlichen Farbkomponenten (subsampled chrominance components) relativ zu den Luminanzdaten (luminance data).

Tag-Typ 531 (213H)
Datentyp SHORT
Länge Datenbereich = 1
YCbCrPositioning

Tabelle 39.75 YCbCrPositioning-Tag

Die Werte für das Feld sind:

1 centered

2 cosited

Der Standardwert für das Feld ist 1.

ReferenceBlackWhite-Tag (214H, TIFF 6.0)

Dieser Tag spezifiziert den Abstand (Headroom und Footroom) der schwarzen und weißen Farbinformation von den maximal möglichen Werten. Diese Technik wird bei Filmen und in der Videotechnik verwendet.

Tag-Typ 532 (214H)
Datentyp RATIONAL
Länge Datenbereich = 6
ReferenceBlackWhite

Tabelle 39.76 ReferenceBlackWhite-Tag

Das Wertefeld enthält die Wertepaare für jede Farbkomponente. Der erste Wert definiert die schwarze, der zweite die weiße Farbe.

JPEGProc-Tag (200H, TIFF 6.0)

Dieser Tag spezifiziert, daß eine JPEG-Komprimierung für das Bild benutzt wurde.

Tag-Typ 512 (200H)
Datentyp SHORT
Länge Datenbereich = 1
JPEGProc

Tabelle 39.77 JPEGProc-Tag

Für das Wertefeld sind folgende Codes zulässig:

1 Baseline Sequential Process

14 Lossless Process mit Huffman-Kodierung

Zukünftig können jedoch weitere Werte für dieses Feld definiert werden.

JPEGInterchangeFormat-Tag (201H, TIFF 6.0)

Dieser Tag spezifiziert, ob die JPEG-Daten im Interchange-Format in der TIFF-Datei abgelegt wurden.

Tag-Typ 513 (201H)
Datentyp LONG
Länge Datenbereich = 1
JPEGInterchangeFormat

Tabelle 39.78 JPEGInterchangeFormat-Tag

Liegen die Daten im JPEG-Interchange-Format vor, enthält der Tag einen Zeiger auf den Beginn der Daten (start of image, SOI Marker Code). Wenn das Feld 0 ist, liegen die Daten nicht im Interchange-Format vor.

JPEGInterchangeFormatLength-Tag (202H, TIFF 6.0)

Dieser Tag gibt die Länge in Bytes des *JPEGInterchangeFormatLength*-Datenbereiches an.

Tag-Typ 514 (202H)
Datentyp LONG
Länge Datenbereich = 1
JPEGInterchangeFormatLenght

Tabelle 39.79 JPEGInterchangeFormatLength-Tag

Das Feld ist nur relevant, falls der *JPEGInterchangeFormat*-Tag vorhanden ist.

JPEGRestartInterval-Tag (203H, TIFF 6.0)

Dieser Tag definiert die Länge des Restart-Intervalls, das bei der Datenkompression benutzt wird.

Tag-Typ 515 (203H)
Datentyp SHORT
Länge Datenbereich = 1
JPEGRestartInterval

Tabelle 39.80 JPEGRestartInterval-Tag

Das Intervall ist definiert als die Zahl der minimalen Codeeinheiten (minimum code units) zwischen den Restart-Marken (restart markers). Ist das Feld nicht vorhanden oder auf 0 gesetzt, enthalten die Daten keine Restart-Marken.

JPEGLossLessPredictors-Tag (205H, TIFF 6.0)

Dieser Tag verweist auf eine Liste mit Lossless Predictors Selection-Werten. Jeder Komponente ist dabei ein Eintrag zugeordnet.

Tag-Typ 517 (205H)
Datentyp SHORT
Länge Datenbereich = SamplesPerPixel
Zeiger auf Tabelle

Tabelle 39.81 JPEGLossLessPredictors-Tag

Die zulässigen Werte für die Predictor-Faktoren sind in Tabelle 39.82 aufgeführt.

Auswahl	Prediction
1	A
2	B
3	C
4	A+B-C
5	A+(B-C)/2
6	B+(A-C)/2
7	(A+B)/2

Tabelle 39.82 Prediction-Werte

A, B und C sind die Abtastwerte direkt links, oberhalb und diagonal links neben dem aktuellen Punkt, der gerade kodiert wird. Näheres finden Sie im JPEG-Draft (ISO DIS 10918-1).

JPEGPointTransforms-Tag (206H, TIFF 6.0)

Dieser Tag verweist auf eine Liste mit Transformationspunkten. Jeder Komponente ist dabei ein Eintrag zugeordnet.

Tag-Typ 518 (206H)
Datentyp SHORT
Länge Datenbereich = SamplesPerPixel
Zeiger auf Tabelle

Tabelle 39.83 JPEGPointTransforms-Tag

Der Tag ist nur zulässig für eine verlustfreie (lossless) JPEG-Komprimierung.

JPEGQTables-Tag (207H, TIFF 6.0)

Dieser Tag verweist auf eine Liste mit den Offsets der Quantisierungstabelle (quantization tables).

Tag-Typ 519 (207H)
Datentyp LONG
Länge Datenbereich = SamplesPerPixel
Zeiger auf Tabelle

Tabelle 39.84 JPEGQTables-Tag

Jede Tabelle besteht aus 64 Bytes. Eine Beschreibung der Verfahren findet sich in der JPEG-Spezifikation (ISO DIS 10918-1).

JPEGDCTables-Tag (208H, TIFF 6.0)

Dieser Tag verweist auf eine Liste mit den Offsets der DC Huffman-Tabelle.

Tag-Typ 520 (208H)
Datentyp LONG
Länge Datenbereich = SamplesPerPixel
Zeiger auf Tabelle

Tabelle 39.85 JPEGDCTables-Tag

Jede Tabelle besteht aus 16 Bytes mit der Codelänge 1 ... 16 und bis zu 17 Bytes mit Werten. Eine Beschreibung der Verfahren findet sich in der JPEG-Spezifikation (ISO DIS 10918-1).

JPEGACTables-Tag (209H, TIFF 6.0)

Dieser Tag verweist auf eine Liste mit den Offsets der Huffman AC-Tabellen.

Tag-Typ 521 (209H)
Datentyp LONG
Länge Datenbereich = SamplesPerPixel
Zeiger auf Tabelle

Tabelle 39.86 JPEGACTables-Tag

Jede Tabelle besteht aus 16 Bytes mit der Codelänge 1 ... 16 und bis zu 256 Bytes mit Werten. Eine Beschreibung der Verfahren findet sich in der JPEG-Spezifikation (ISO DIS 10918-1).

Anmerkungen

Die TIFF 6.0-Spezifikation untergliedert die TIFF-Tags in eine Baseline-Gruppe und in die Extension-Tags. Für die einzelnen Gruppen (Bilevel, Grayscale, Color, RGB-Color) sind unterschiedliche Tags innerhalb der Baseline-Gruppe vorgeschrieben (Tabelle 39.87).

Tag Name	Code	Wert
		Bilevel Images
ImageWidth	100	
ImageLength	101	
Compression	103H	1,2,32773
PhotometricInterpretation	106H	0,1
StripOffsets	111H	
RowsPerStrip	116H	
StripByteCounts	117H	
XResolution	11AH	
YResolution	11BH	
ResolutionUnit	128H	1,2,3
		Grayscale Images
ImageWidth	100H	
ImageLength	101H	
BitsPerSample	102H	4,8
Compression	103H	1,32773
PhotometricInterpretation	106H	0,1
StripOffsets	111H	
RowsPerStrip	116H	
StripByteCounts	117H	
XResolution	11AH	
YResolution	11BH	
ResolutionUnit	128H	1,2,3
		Palette Color Images
ImageWidth	100H	
ImageLength	101H	
BitsPerSample	102H	4,8
Compression	103H	1,32773
PhotometricInterpretation	106H	3
StripOffsets	111H	

Tag Name	Code	Wert
RowsPerStrip	116H	
StripByteCounts	117H	
XResolution	11AH	
YResolution	11BH	
ResolutionUnit	128H	1,2,3
ColorMap	150H	
		RGB Color Images
ImageWidth	100H	
ImageLength	101H	
BitsPerSample	102H	8,8,8
Compression	103H	1,32773
PhotometricInterpretation	106H	2
StripOffsets	111H	
SamplesPerPixel	115	>= 3
RowsPerStrip	116H	
StripByteCounts	117H	
XResolution	11AH	
YResolution	11BH	
ResolutionUnit	128H	1,2,3

Tabelle 39.87 Required Tags für TIFF

Jeder TIFF-Leser sollte diese Tags bearbeiten können. Beim *Compression*-Tag sind nur wenige Kodierungsverfahren für die Basis-TIFF-Files vorgeschrieben.

TIFF-Komprimierungsverfahren

Da Bilddaten häufig in komprimierter Form vorliegen, sieht die TIFF-Spezifikation verschiedene Kodierungsverfahren vor:

Unkomprimiert

Jeder TIFF-Writer kann die Bilddaten in unkomprimierter Form in der Datei ablegen. Dies gewährleistet in der Regel die Übernahme der Bilddaten durch andere TIFF-Reader. Allerdings nehmen die Dateien einen sehr großen Umfang an.

PackBit-Kodierung

Dieses Verfahren gehört mit dem Code 32773 zu den privaten Kodierungen und stammt aus der Macintosh-Welt. Die Bilddaten werden recordweise gespeichert. Das erste Byte ist der Header, der die Zahl der nachfolgenden Datenbytes angibt. In Abhängigkeit vom Wert dieses Bytes gibt es zwei verschiedene Recordarten:

Record	Beschreibung
Header 0 – 7FH	Der Record besteht aus dem Header und n+1 Datenbytes. Der Wert n steht dabei im Headerbyte. In diesem Fall werden die nächsten n+1 Bytes der Eingabedatei gelesen und in die Ausgabe kopiert. Der Record enthält unkomprimierte Daten.
Header 81H – FFH	Der Record besteht aus dem Headerbyte, gefolgt von einem Datenbyte. Vom Wert des Headerbytes wird 80H subtrahiert und anschließend das Datenbyte (n+1) mal in die Ausgabe kopiert.

Tabelle 39.88 Packbit Compression

Der Code 80H im Header ist nicht zulässig. Tritt dieser Code auf, ist das betreffende Byte zu überlesen.

Die TIFF 6.0-Spezifikation definiert einige zusätzliche Anforderungen an die Packbit-Komprimierung:

- Jede Reihe mit Bilddaten muß separat komprimiert werden. Die gepackten Daten dürfen nicht über eine Bildzeile herausragen.
- Die unkomprimierten Bilddaten sollten auf 16-Bit-Grenzen ausgerichtet werden. Die Zahl der unkomprimierten Bytes pro Zeile errechnet sich zu (ImageWidth + 7)/8.

Aus der Größe des Record-Headers ergibt sich, daß Datenreihen mit mehr als 128 gleichen Bilddatenbytes in mehrere Records aufzuteilen sind.

Fax-Komprimierung (Modified Huffman Compression)

Einige Kodierungsverfahren in der TIFF-Spezifikation lehnen sich an die Fax CCITT/3-Group-Komprimierung an. Der Scanner versucht, möglichst zusammenhängende Gruppen weißer oder schwarzer Pixel zu kodieren. Hierzu wurde eine Tabelle definiert, welche die Codes für Bildverläufe zwischen 0 und 63 aneinanderhängende weiße Pixel enthält, und eine zweite mit den Codes für 0 bis 63 aneinandergereihte schwarzer Pixel. Weiterhin enthalten diese Tabellen auch noch Einträge für diskrete Stufen schwarzer und weißer Punktreihen mit mehr als 63 Punkten (hierfür sind die Codes 64 bis 2633 vorgesehen). Wird nun eine Zeile abgetastet, speichert der Scanner entsprechend der jeweiligen Zahl weißer oder schwarzer Punkte Tabellencodes in der Ausgabedatei. Dabei gelten im TIFF folgende Randbedingungen:

- Jede Zeile innerhalb eines Bitmaps wird unabhängig von den anderen Zeilen bearbeitet.
- Füllbits am Bildrand dürfen nicht komprimiert werden. Der Aufbau der CCITT/3-Tabellen ist Abbildung 39.4 oder den entsprechenden ISO-Dokumenten zu entnehmen.

- Jede kodierte Zeile muß mit einem weißen Bitmuster (zur Synchronisation) beginnen. Bei Bildern, die mit schwarzen Punkten anfangen, wird der Code für ein weißes Muster mit 0 Pixel eingeschoben.
- Die für Fax-Anwendungen nach CCITT/3 gedachten EOL-Markierungen (Zeilenende) werden in TIFF nicht verwendet.

Mit Hilfe der Codetabellen werden die Bildpunkte einer Reihe analysiert. Dann werden weiße und schwarze Bildfolgen zu den Codes aus der Tabelle zusammengefaßt. Damit ergeben sich für die Zeilen variabel lange Codefolgen. Um bei Farbdarstellungen den Leser zu synchronisieren, beginnen alle Zeilen mit einer Codezahl für weiße Pixel. Falls die Originalzeile mit schwarzen Punkten beginnt, generiert das Komprimierungsprogramm den Code für eine weiße Pixelfolge mit 0 Elementen.

- Bildfolgen zwischen 0 und 63 Pixel werden mit einem Terminatorcode (Word) kodiert.
- Pixelfolgen zwischen 64 und 2623 (2560 + 63) werden zuerst mit einem Make-up-Code (Run Length des nächsten kleineren Tabelleneintrages) eingeleitet. Dann folgt der Terminatorcode, in dem die Differenz gespeichert wird.
- Sequenzen länger (oder gleich) als 2624 werden mit dem Startcode 2560 eingeleitet. Ist die verbleibende Pixelzahl gleich oder größer 2560, werden weitere Sequenzen dieser Codefolge generiert. Erst wenn die verbleibende Pixelzahl kleiner als 2560 ist, wird ein weiterer Code mit der Zahl der verbleibenden Pixel generiert.

Falls bei der Dekodierung die Zahl der gelesenen Pixel nicht mit dem Eintrag in *ImageWidth* übereinstimmt, ist ein nicht behebbarer Fehler aufgetreten.

Bei der Komprimierung werden keine EOL-Codes verwendet. Es werden auch keine Füllbits am rechten Bildrand benutzt, um das letzte Byte einer Reihe zu füllen. Nachfolgende Abbildung enthält die Codes für die schwarzen und weißen Pixelfolgen.

```
     Terminating codes
     White          Black
   run    Code    run     Code
   length word    length  word
   ------ ----    ------  ----
      0   00110101   0   0000110111
      1   000111     1   010
      2   0111       2   11
      3   1000       3   10
      4   1011       4   011
      5   1100       5   0011
      6   1110       6   0010
```

Grafikformate

7	1111	7	00011
8	10011	8	000101
9	10100	9	000100
10	00111	10	0000100
11	01000	11	0000101
12	001000	12	0000111
13	000011	13	00000100
14	110100	14	00000111
15	110101	15	000011000
16	101010	16	0000010111
17	101011	17	0000011000
18	0100111	18	0000001000
19	0001100	19	00001100111
20	0001000	20	00001101000
21	0010111	21	00001101100
22	0000011	22	00000110111
23	0000100	23	00000101000
24	0101000	24	00000010111
25	0101011	25	00000011000
26	0010011	26	000011001010
27	0100100	27	000011001011
28	0011000	28	000011001100
29	00000010	29	000011001101
30	00000011	30	000001101000
31	00011010	31	000001101001
32	00011011	32	000001101010
33	00010010	33	000001101011
34	00010011	34	000011010010
35	00010100	35	000011010011
36	00010101	36	000011010100
37	00010110	37	000011010101
38	00010111	38	000011010110
39	00101000	39	000011010111
40	00101001	40	000001101100
41	00101010	41	000001101101
42	00101011	42	000011011010

```
   43   00101100  43   000011011011
   44   00101101  44   000001010100
   45   00000100  45   000001010101
   46   00000101  46   000001010110
   47   00001010  47   000001010111
   48   00001011  48   000001100100
   49   01010010  49   000001100101
   50   01010011  50   000001010010
   51   01010100  51   000001010011
   52   01010101  52   000000100100
   53   00100100  53   000000110111
   54   00100101  54   000000111000
   55   01011000  55   000000100111
   56   01011001  56   000000101000
   57   01011010  57   000001011000
   58   01011011  58   000001011001
   59   01001010  59   000000101011
   60   01001011  60   000000101100
   61   00110010  61   000001011010
   62   00110011  62   000001100110
   63   00110100  63   000001100111

        Make-up codes

 White              Black
run    Code      run      Code
length word      length   word
------ ----      ------   ----
    64 11011          64 0000001111
   128 10010         128 000011001000
   192 010111        192 000011001001
   256 0110111       256 000001011011
   320 00110110      320 000000110011
   384 00110111      384 000000110100
   448 01100100      448 000000110101
   512 01100101      512 0000001101100
```

```
   576 01101000    576 0000001101101
   640 01100111    640 0000001001010
   704 011001100   704 0000001001011
   768 011001101   768 0000001001100
   832 011010010   832 0000001001101
   896 011010011   896 0000001110010
   960 011010100   960 0000001110011
  1024 011010101  1024 0000001110100
  1088 011010110  1088 0000001110101
  1152 011010111  1152 0000001110110
  1216 011011000  1216 0000001110111
  1280 011011001  1280 0000001010010
  1344 011011010  1344 0000001010011
  1408 011011011  1408 0000001010100
  1472 010011000  1472 0000001010101
  1536 010011001  1536 0000001011010
  1600 010011010  1600 0000001011011
  1664 011000     1664 0000001100100
  1728 010011011  1728 0000001100101
  EOL 000000000001     EOL 000000000001

  Additional make-up codes

White
and
Black   Make-up
run     code
length  word
------  ----
  1792 00000001000
  1856 00000001100
  1920 00000001101
  1984 000000010010
  2048 000000010011
  2112 000000010100
  2176 000000010101
```

2240	000000010110
2304	000000010111
2368	000000011100
2432	000000011101
2496	000000011110
2560	000000011111

Abbildung 39.4 Fax-Kodierungstabellen

Wird nun eine Zeile abgetastet, speichert der Scanner entsprechend der jeweiligen Zahl der weißen oder schwarzen Punkte die Codes der Tabelle in die Ausgabedatei. Dabei gelten im TIFF die oben beschriebenen Randbedingungen.

Weitere Informationen zum Aufbau der CCITT/3-Tabellen sind den entsprechenden ISO-Dokumenten zu entnehmen.

Die LZW-Komprimierung (Code 5)

Dieses Komprimierungsverfahren nutzt adaptive Techniken zur Generierung der Codetabellen. Der Algorithmus selbst wurde bereits im Rahmen der GIF-Beschreibung vorgestellt. Für die TIFF-Komprimierung gilt folgendes:

- Jeder Strip muß separat mit LZW komprimiert werden.
- Ein Strip sollte maximal 8 kByte unkomprimierte Daten enthalten.
- Die Codelänge ist variabel, darf aber 12 Bits nicht überschreiten. Die Tabelle ist für jeden Strip neu aufzubauen.

Ist *BitsPerSample* = 4, enthält jedes LZW-Codebyte zwei Bildpunkte (à 4 Bit). Die Tabelle kann beim Start mit den Werten 0 bis 255 initialisiert werden. Der erste ausgegebene Code ist der *Clear-Code*. Jeder Strip ist mit einem *EndOfInformation-Code* abzuschließen. Jeder LZW-komprimierte Strip muß an Bytegrenzen beginnen. Eine Ausrichtung auf Wortgrenzen ist nicht erforderlich. *FillOrder* wird immer zu 1 angenommen. Die komprimierten Codes werden byteweise gespeichert.

Anmerkung: Für das LZW-Komprimierungsverfahren hält die Unisys Corporation ein Patent. Softwareentwickler, die dieses Verfahren zur Komprimierung von Bildern verwenden, benötigen eine Lizenz dieser Firma.

Die JPEG-Komprimierung

Ab TIFF 6.0 wurde die JPEG-Komprimierung in die Spezifikation aufgenommen. Das JPEG-Verfahren ist als ISO-Norm verabschiedet und kennt verschiedene Komprimierungsvarianten. Bei der Baseline-Komprimierung gehen Bildinformationen verloren. Alternativ gibt es daher das Lossless-Komprimierungsverfahren. Voraussetzung für die Verwendung der JPEG-Komprimierung ist, daß die Bilddaten pro Komponente als 8-Bit-Werte vorliegen. Andernfalls sind die Bilddaten zuerst in Bytes zu kodieren.

Die verschiedenen Komprimierungsvarianten werden in der TIFF 6.0-Spezifikation kurz vorgestellt. Eine sehr gute Referenz bietet: *W.B.Pennebaker, J.L. Mitchell, JPEG Still Image Compression Standard, Van Nostrand Reinhold, ISBN 0-442-01272-1*. Dieses Buch enthält im Anhang die ISO-Spezifikation für das JPEG-Verfahren.

40 Das Windows Metafile-Format (WMF)

Bitmap-Dateien können nur Punktgrafiken abbilden. Windows ermöglicht zusätzlich die Speicherung von Vektorgrafiken, wenn auch keine Standardwerkzeuge mitgeliefert werden, die dies unterstützen. Die Vektorgrafiken werden dabei als Metadateien abgespeichert. Eine Windows Metafile-Datei besteht aus einer Reihe von Anweisungen für das Graphics Device Interface (GDI). Damit richten sich die Parameter der Metaanweisungen nach den Aufrufkonventionen der einzelnen GDI-Funktionen. Die Metaanweisungen dürfen dabei im Speicher oder in einer Datei stehen. Nachfolgende Beschreibung bezieht sich auf das Dateiformat (im Speicher liegt ein analoges Format vor). Die Metadatei besteht aus einem Header und einem Datenteil mit den eigentlichen Metarecords.

Der Metafile-Header

Der Header eines Metafiles besitzt folgende Struktur (Tabelle 40.1):

Offset	Bytes	Name	Bedeutung
00H	2	mtType	Metafile-Typ
02H	2	mtHeader	Länge des Headers in Worten
04H	2	mtVersion	Windows-Version
06H	4	mtSize	Dateilänge in Worten
0AH	2	mtNoObj	Maximale Zahl der Elemente
0CH	4	mtMaxRec	Maximale Recordlänge
10H	2	mtnoPar	unbenutzt

Tabelle 40.1 Aufbau des WMF-Headers

Zu beachten ist, daß alle Längenangaben in Metafiles in Worten (2 Byte) erfolgen. Das erste Wort enthält den Typ des Metafiles:

1 = Metafile wird im Hauptspeicher gehalten.
2 = Metafile wird in Datei gespeichert.

Die Struktur der Metarecords ist für beide Varianten gleich.

Im folgenden Wort *mtHeaderSize* steht die Größe des Metafile-Headers in Worten. Ab Offset 04H findet sich ein Wort, das die Windows-Version aufnimmt, unter der die Metadatei erzeugt wurde. Diese Version wird als BCD-Zahl abgebildet (z. B. 300H entspricht 3.0).

Ab Offset 06H folgt ein Doppelwort mit der Länge der Metadatei in Worten. Daran schließt sich die maximale Zahl der Objekte an, die gleichzeitig in der Metadatei existieren können. Dies ist vor allem für Metafiles wichtig, die im Speicher gehalten werden.

Das Feld *mtMaxRecord* (Offset 0CH) definiert die Länge (in Worten) des größten Metafile-Records der Datei. Das letzte Wort im Header ist unbelegt.

Placeable metafiles

Neben den Standard-Metafiles wurden noch die sogenannten *placeable metafiles* (Aldus) definiert. Hierbei handelt es sich um Standard-Metafiles, denen ein 22 Byte langer Header vorangestellt wurde. Dieser Header enthält zusätzliche Informationen über die Originalgröße der Metadatei und die Seitenverhältnisse (Aspect Ratio) des Bildes. Der Header besitzt dabei folgende Struktur:

Offset	Bytes	Bemerkungen
00H	4	Binary-Schlüssel Dateityp (9AC6CDD7H)
04H	2	Handle (auf 0 gesetzt)
06H	8	Bounding-Box in Units 2 Byte linker Rand 2 Byte oberer Rand 2 Byte rechter Rand 2 Byte unterer Rand
0EH	2	Metafile Units per Zoll (Wert sollte kleiner 1440 sein)
10H	4	reserviert (muß 0 sein)
14H	2	Checksumme

Tabelle 40.2 Placeable Metafile-Header

Ab Offset 06H findet sich die Angabe über die *Bounding-Box* des Bildes. Diese wird als *Rect*-Struktur (4 Integerwerte) definiert und gibt die Koordinaten der linken oberen und rechten unteren Ecke des Rechtecks an. Der Wert muß im Bereich -32767 und +32767 liegen. Die Maßeinheit wird dabei im Wort ab Offset 0EH definiert und bezieht sich auf *n* Einheiten pro Zoll. Hierbei soll der Wert unter 1440 bleiben. Die Checksumme wird aus der XOR-Verknüpfung der ersten 10 Worte des Headers gebildet. Um eine solche Metadatei zu lesen, muß eine Windows-Anwendung den 22-Byte-Header entfernen und eine Standard-Metafile speichern.

Die Metafile-Records

An den Header schließt sich der Bereich mit den Metafile-Records an. Diese Records besitzen folgenden Aufbau:

Bytes	Bedeutung
4	Größe des Metafile-Records (in Word-Einträgen)
2	Typ des Metafile-Records
n*2	Feld mit n (Word-Einträgen) Parametern

Tabelle 40.3 Aufbau des Metafile-Records

Die einzelnen Recordtypen eines Metafiles sind für Windows 3.0 der zu entnehmen.

Viele dieser Strukturen sind sehr speziell auf Windows 3.x ausgerichtet. Daher möchte ich an dieser Stelle auf die Beschreibung der Parameter der einzelnen GDI-Funktionen bzw. Metarecords verzichten. Sofern diese für Sie von Interesse ist, sind die Parameter der GDI-Aufrufe in den meisten Programmierunterlagen für Windows (z. B. Win32 SDK, *msdn.microsoft.com*) beschrieben.

Code	Recordname
0201H	SETBKCOLOR
0102H	SETBKMODE
0103H	SETMAPMODE
0104H	SETROP2
0105H	SETRELABS
0106H	SETPOLYFILLMODE
0107H	SETSTRETCHBLTMODE
0108H	SETTEXTCHAREXTRA
0209H	SETTEXTCOLOR
020AH	SETTEXTJUSTIFICATION
020BH	SETWINDOWORG
020CH	SETWINDOWEXT
020DH	SETVIEWPORTORG
020EH	SETVIEWPORTEXT
020FH	OFFSETWINDOWORG
0400H	SCALEWINDOWEXT
0211H	OFFSETVIEWPORTORG
0412H	SCALEVIEWPORTEXT
0213H	LINETO
0214H	MOVETO
0415H	EXCLUDECLIPRECT
0416H	INTERSECTCLIPRECT
0817H	ARC
0418H	ELLIPSE
0419H	FLOODFILL
081AH	PIE
041BH	RECTANGLE
061CH	ROUNDRECT
061DH	PATBLT
001EH	SAVEDC

Code	Recordname
041FH	SETPIXEL
0220H	OFFSETCLIPRGN
0521H	TEXTOUT
0922H	BITBLT
0B23H	STRETCHBLT
0324H	POLYGON
0325H	POLYLINE
0626H	ESCAPE
0127H	RESTOREDC
0228H	FILLREGION
0429H	FRAMEREGION
012AH	INVERTREGION
012BH	PAINTREGION
012CH	SELECTCLIPREGION
012DH	SELECTOBJECT
012EH	SETTEXTALIGN
062FH	DRAWTEXT
0830H	CHORD
0231H	SETMAPPERFLAGS
0A32H	EXTTEXTOUT
0D33H	SETDIBTODEV
0234H	SELECTPALETTE
0035H	REALIZEPALETTE
0436H	ANIMATEPALETTE
0037H	SETPALENTRIES
0538H	POLYPOLYGON
0139H	RESIZEPALETTE
0940H	DIBBITBLT
0B41H	DIBSTRETCHBLT
0142H	DIBCREATEPATTERNBRUSH
0F43H	STRETCHDIB
01F0H	DELETEOBJECT
00F7H	CREATEPALETTE
00F8H	CREATEBRUSH
01F9H	CREATEPATTERNBRUSH
02FAH	CREATEPENINDIRECT

Code	Recordname
02FBH	CREATEFONTINDIRECT
02FCH	CREATEBRUSHINDIRECT
02FDH	CREATEBITMAPINDIRECT
06FEH	CREATEBITMAP
06FFH	CREATEREGION

Tabelle 40.4 Recordtypen einer WMF-Datei

Nachfolgend finden Sie Auszüge mit den Strukturen der jeweiligen Metafile-Records.

AnimatePalette

Hierbei handelt es sich um einen speziellen Metafile-Record.

Offset	Bytes	Bemerkungen
00H	4	Recordgröße (variabel)
04H	2	Recordtyp (0436H)
06H	 2 2 n*4	Parameter erster zu animierender Eintrag Zahl (n) der Animationseinträge Palette Entry Array mit: 1 Byte rot 1 Byte grün 1 Byte blau 1 Byte Flag .....

Tabelle 40.5 Der AnimatePalette-Record

Der Record definiert die Einträge der logischen Palette.

Arc

Dieser Record definiert einen Kreis (arc) in einer Metadatei.

Offset	Bytes	Bemerkungen
00H	4	Recordgröße (0BH)
04H	2	Recordtyp (0817H)
06H	 2 2 2 2 2 2 2 2	Parameter X1: X-Koord. oben links Y1: Y-Koord. oben links X2: X-Koord. unten rechts Y2: Y-Koord. unten rechts X3: log. X-Koord. Kreis Startpunkt Y3: log. Y-Koord. Kreis Startpunkt X4: log. X-Koord. Kreis Endpunkt Y4: log. Y-Koord. Kreis Endpunkt

Tabelle 40.6 Der Arc-Record

Alle Parameter sind als Integer definiert, und die absoluten Werte von X1-X2 und Y2-Y1 dürfen 32767 Units nicht überschreiten.

BitBlt

Dieser Record existiert in zwei Versionen. Records, die von Windows-Versionen vor 3.0 erzeugt werden, enthalten einen Device-Dependant Bitmap. Ab Windows 3.0 enthält der Record eine Device-Independant-Bitmap (DIB). Der BitBlt-Record aus Windows-Versionen vor 3.0 besitzt folgende Struktur:

Offset	Bytes	Bemerkungen
00H	4	Recordgröße (variabel)
04H	2	Recordtyp (0922H)
06H		Parameter
	2	High Order Word Raster Operation
	2	Y-Koordinate Source Origin
	2	X-Koordinate Source Origin
	2	Destination Y-Extend
	2	Destination X-Extend
	2	Y-Koordinate Destination Origin
	2	X-Koordinate Destination Origin
	2	Bitmap Width in Pixel
	2	Bitmap Height in Pixel
	2	Bytes per Raster-Line
	2	Color Planes Bitmap
	2	Adjacent Color Bits
	n	Device Dependent Bitmap Bits

Tabelle 40.7 Der BitBlt-Record (Windows 2.x)

In Windows 3.0 und höher wird folgende Struktur für den Record verwendet:

Offset	Bytes	Bemerkungen
00H	4	Recordgröße (variabel)
04H	2	Recordtyp (0940H)
06H		Parameter
	2	High Order Word Raster Operation
	2	Y-Koordinate Source Origin
	2	X-Koordinate Source Origin
	2	Destination y-Extend
	2	Destination x-Extend
	2	Y-Koordinate Destination Origin
	2	X-Koordinate Destination Origin
	n	BITMAPINFO-Struktur
	n	Device Independant Bitmap Bits

Tabelle 40.8 Der BitBlt-Record (Windows 3.x)

Die BITMAP_INFO-Struktur ist in Kapitel 17 über das Windows BMP-Format (Tabelle 17.2) beschrieben.

CHORD

Diese Funktion zeichnet einen Kreisbogen (chord). Die Parameter *X1, Y1* und *X2, Y2* definieren die obere linke und untere rechte Ecke der Bounding-Box einer Ellipse.

Offset	Bytes	Bemerkungen
00H	4	Recordgröße (0BH)
04H	2	Recordtyp (0830H)
06H		Parameter
	2	X1-Koord. oben links Box
	2	Y1-Koord. oben links Box
	2	X2-Koord. unten rechts Box
	2	Y2-Koord. unten rechts Box
	2	X3-Koord. Ende 1. Liniensegment
	2	Y3-Koord. Ende 1. Liniensegment
	2	X4-Koord. Ende 2. Liniensegment
	2	Y4-Koord. Ende 2. Liniensegment

Tabelle 40.9 Der CHORD-Record

Die Punkte *x3, y3* und *x4, y4* definieren die Endpunkte des Liniensegments, das die Ellipsenlinie schneidet. Der Kreisabschnittt (chord) wird mit dem aktuellen Stift (pen) und dem aktuellen Füllmuster (brush) gezeichnet.

CREATEBITMAP

Dieser Record erzeugt eine Device-Dependant-Bitmap.

Offset	Bytes	Bemerkungen
00H	4	Recordgröße (variabel)
04H	2	Recordtyp (06FEH)
06H		Parameter
	2	Bitmap Breite in Pixel
	2	Bitmap Höhe in Pixel
	1	Color Planes
	1	Bits per Pixel
	n*2	Array mit Bitmap Init-String

Tabelle 40.10 Der CREATEBITMAP-Record

CREATEBITMAPINDIRECT

Dieser Record erzeugt eine Device-Dependant Bitmap.

Offset	Bytes	Bemerkungen
00H	4	Recordgröße (variabel)
04H	2	Recordtyp (02FDH)

Grafikformate

Offset	Bytes	Bemerkungen
06H		Parameter
	2	Bitmap-Typ (0)
	2	Bitmap Breite in Pixel
	2	Bitmap Höhe in Pixel
	2	Bytes per Raster-Linie
	1	Color Planes
	1	Bits per Pixel
	n*2	Array mit Bitmap

Tabelle 40.11 Der CREATEBITMAPINDIRECT-Record

CREATEBRUSH

Die Struktur dieses Records (F8H) ist unbekannt.

CREATEBRUSHINDIRECT

Dieser Record definiert ein logisches Zeichenwerkzeug (brush) mit einer Form (style), einer Farbe (color) und einem Muster (pattern).

Offset	Bytes	Bemerkungen
00H	4	Recordgröße (07H)
04H	2	Recordtyp (02FCH)
06H		Parameter
	2	Style
	4	Farbwert
	2	Hatch

Tabelle 40.12 Der CREATEBRUSHINDIRECT-Record

Der Style ist dabei als DIB-Bitmap definiert, wobei die Typen *hatched brush*, *hollow brush*, *pattern brush* oder *solid brush* zulässig sind. Der Farbwert besteht aus vier Bytes, welche die Farbe angeben. Der Farbwert ist dabei folgendermaßen zu interpretieren:

- Ist das oberste Byte 0, enthalten die unteren drei Bytes die Werte für die Farbanteile (Blau, Grün, Rot). Der Wert 00FF0000H steht z. B. für ein reines Blau.
- Ist das oberste Byte 1, muß das nächste Byte 0 sein. Die beiden unteren Bytes enthalten dann einen Index in die virtuelle Farbpalette.
- Ist das oberste Byte 2, enthalten die restlichen 3 Bytes eine RGB-Farbe. Im Gegensatz zum ersten Fall (oberstes Byte = 0) wird die RGB-Farbe an die ähnlichste Farbe in der virtuellen Palette angeglichen.

CREATEFONTINDIRECT

Dieser Record vereinbart einen logischen Font.

Offset	Bytes	Bemerkungen
00H	4	Recordgröße (variabel)
04H	2	Recordtyp (02FBH)
06H		Font Parameter
	2	Höhe in logischen Units
	2	Breite in logischen Units
	2	Escapement (Winkel 1/10 Grad zwischen Basislinie und x-Achse)
	2	Orientation (Wert wird ignoriert)
	2	Fontformat (Weight) 100 don't care 100 thin 200 extralight 300 light 400 normal 500 medium 600 semibold 700 bold 800 extrabold 900 heavy
	1	Italic (IF <> 0)
	1	Underline (IF <> 0)
	1	Strikeout (IF <> 0)
	1	Character Set 0 ANSI 1 default 2 Symbol 128 SHIFTJIS 255 OEM
	1	Output Precision
	1	Clip Precision
	1	Quality
	1	Pitch and Family
	n	Face Name

Tabelle 40.13 Der CREATEFONTINDIRECT-Record

CREATEPALETTE

Diese Funktion erzeugt eine logische Palette.

Offset	Bytes	Bemerkungen
00H	4	Recordgröße (variabel)
04H	2	Recordtyp (0F7H)

Offset	Bytes	Bemerkungen
06H		Parameter
	2	Version
	2	Einträge (n)
	4*n	Color Palette, 1 Byte rot, grün, blau, Flags

Tabelle 40.14 Der CREATEPALETTE-Record

CREATEPATTERNBRUSH

Diese Funktion erzeugt in Windows 2.x ein logisches Zeichenwerkzeug (brush), das als Muster in einer Bitmap definiert ist.

Offset	Bytes	Bemerkungen
00H	4	Recordgröße (variabel)
04H	2	Recordtyp (01F9H)
06H		Parameter
	2	Breite Bitmap
	2	Höhe Bitmap
	2	Bytes per Rasterlinie
	1	Color Planes
	1	Bits per Pixel
	4	Pointer auf Bitwerte
	n	Bitmuster

Tabelle 40.15 Der CREATEPATTERNBRUSH-Record (Windows 2.x)

In Windows 3.x wird die folgende modifizierte Struktur verwendet:

Offset	Bytes	Bemerkungen
00H	4	Recordgröße (variabel)
04H	2	Recordtyp (0142H)
06H		Parameter
	2	Bitmap-Typ
	2	Color-Tabellen-Typ
	n	BITMAPINFO-Struktur
	n	Bitmap

Tabelle 40.16 Der CREATEPATTERNBRUSH-Record (Windows 3.x)

Die BITMAPINFO-Struktur wird im Kapitel über das BMP-Format (Tabelle 17.2) beschrieben.

CREATEPENINDIRECT

Dieser Record erzeugt einen logischen Stift (pen) mit einer Form (style), einer Strichbreite (width) und einer Farbe (color).

Offset	Bytes	Bemerkungen
00H	4	Recordgröße (08H)
04H	2	Recordtyp (02FAH)
06H	 2 2 2 4	Parameter Style (solid, dash, dot etc.) Pen Width (x) in log. Units unbenutzt Color

Tabelle 40.17 Der CREATEPENINDIRECT-Record

Die Farbe für Pen wird mit 4 Bytes angegeben. Die Kodierung der Farbwerte wird einige Seiten vorher beim Objekt CREATEBRUSHINDIRECT beschrieben.

CREATEREGION

Der Record mit dem Opcode 6FFH definiert einen rechteckigen Bereich (region).

Offset	Bytes	Bemerkungen
00H	4	Recordgröße
04H	2	Recordtyp (06FFH)
06H	 2 2 2 2	Parameter X oben links Y oben links X unten rechts Y unten rechts

Tabelle 40.18 Der CREATEREGION-Record

Der Wert X-Y darf 32767 Einheiten (units) nicht überschreiten.

DELETEOBJECT

Der Record mit dem Opcode 1F0H löscht ein Objekt. Der Satz enthält ein Handle als einen Parameter zur Objekttabelle.

Offset	Bytes	Bemerkungen
00H	4	Recordgröße
04H	2	Recordtyp (01F0H)
06H	 2	Parameter Handle

Tabelle 40.19 Der DELETEOBJECT-Record

DRAWTEXT

Über diesen Record läßt sich ein formatierter Text in einem Rechteck ausgeben.

Offset	Bytes	Bemerkungen
00H	4	Recordgröße
04H	2	Recordtyp (062FH)
06H		Parameter
	2	Format
	2	Stringlänge (-1 ASCIIZ-String)
	8	Koordinaten Rechteck
	n	String

Tabelle 40.20 Der DRAWTEXT-Record

ELLIPSE

Über diesen Record läßt sich eine Ellipse definieren.

Offset	Bytes	Bemerkungen
00H	4	Recordgröße
04H	2	Recordtyp (0418H)
06H		Parameter
	2	X1-Koordinate oben links
	2	Y1-Koordinate oben links
	2	X2-Koordinate unten rechts
	2	Y2-Koordinate unten rechts

Tabelle 40.21 Der ELLIPSE-Record

Der Mittelpunkt der Ellipse liegt in der Mitte des Rechtecks der Bounding-Box.

ESCAPE

Dieser Record spezifiziert eine Escape-Sequenz zum Zugriff auf spezielle Geräte.

Offset	Bytes	Bemerkungen
00H	4	Recordgröße
04H	2	Recordtyp (0626H)
06H		Parameter
	2	Escape-Nummer
	2	Zahl Folgebytes
	n	Escape-Sequenz

Tabelle 40.22 Der ESCAPE-Record

EXCLUDECLIPRECT

Dieser Record erzeugt eine neue Clipping Region, die auf der existierenden Clipping Region minus eines spezifizierten Rechtecks basiert.

Offset	Bytes	Bemerkungen
00H	4	Recordgröße
04H	2	Recordtyp (0415H)
06H		Parameter
	2	X1-Koordinate oben links
	2	Y1-Koordinate oben links
	2	X2-Koordinate unten rechts
	2	Y2-Koordinate unten rechts

Tabelle 40.23 Der EXCLUDECLIPRECT-Record

EXTTEXTOUT

Gibt einen Zeichenstring mit dem aktuellen Font in einem rechteckigen Bereich aus.

Offset	Bytes	Bemerkungen
00H	4	Recordgröße
04H	2	Recordtyp (0A32H)
06H		Parameter
	2	Y1-Koordinate erstes Zeichen
	2	X1-Koordinate erstes Zeichen
	2	Stringlänge
	2	Rechtecktyp
	8	Rechteckstruktur (x1,y1,x2,y2)
	n	String
	n	Word Array mit Abstand zwischen Zeichen

Tabelle 40.24 Der EXTTEXTOUT-Record

LINETO

Der Record definiert eine Linie vom aktuellen zum definierten Punkt.

Offset	Bytes	Bemerkungen
00H	4	Recordgröße
04H	2	Recordtyp (0213H)
06H		Parameter
	2	X-Koordinate Endpunkt
	2	Y-Koordinate Endpunkt

Tabelle 40.25 Der LINETO-Record

Der Endpunkt ist nicht Bestandteil der Linie.

MOVETO

Über diesen Record wird die aktuelle Position zum definierten Punkt verschoben.

Offset	Bytes	Bemerkungen
00H	4	Recordgröße
04H	2	Recordtyp (0214H)
06H	 2 2	Parameter X-Koordinate neuer Punkt Y-Koordinate neuer Punkt

Tabelle 40.26 Der MOVETO-Record

OFFSETCLIPRGN

Dieser Record verschiebt die Clipping Region eines gegebenen Geräts um einen definierten Offset.

Offset	Bytes	Bemerkungen
00H	4	Recordgröße
04H	2	Recordtyp (0220H)
06H	 2 2	Parameter Move x Units Move y Units

Tabelle 40.27 Der OFFSETCLIPRGN-Record

OFFSETVIEWPORTORG

Der Record 412H modifiziert den Ursprung-Viewport relativ zu den aktuellen Werten. Es wird die Struktur des OFFSETCLIPRGN-Records benutzt.

OFFSETWINDOWORG

Der Record 40FH modifiziert den Ursprung des Fensters relativ zu den aktuellen Werten. Es gilt die Struktur des OFFSETCLIPRGN-Records.

PAINTREGION

Der Record füllt den angegebenen Bereich mit dem ausgewählten Zeichenwerkzeug (Brush).

Offset	Bytes	Bemerkungen
00H	4	Recordgröße
04H	2	Recordtyp (012BH)
06H	 n	Parameter Füllbereich

Tabelle 40.28 Der PAINTREGION-Record

PATBLT

Dieser Record definiert ein Muster (Bitpattern) für das angegebene Gerät.

Offset	Bytes	Bemerkungen
00H	4	Recordgröße
04H	2	Recordtyp (061DH)
06H	 2 2 2 2 8	Parameter X-Koordinate oben links Y-Koordinate oben links Breite Höhe Raster Operationscode

Tabelle 40.29 Der PATBLT-Record

Das Muster (pattern) wird durch ein Rechteck (in logical Units) und den Rastercode definiert. Der Rastercode definiert, welche Funktionen auf die Bitmap anwendbar sind (alles schwarz, alles weiß, Invertieren, Kopieren, OR).

PIE

Der Opcode 81AH definiert einen Kreisausschnitt (Pie). Dabei wird die Struktur des Ellipse-Records benutzt.

POLYGON

Der Record definiert ein Polygon, bestehend aus zwei oder mehr Punkten (vertices).

Offset	Bytes	Bemerkungen
00H	4	Recordgröße
04H	2	Recordtyp (0324H)
06H	 2 n*4	Parameter Zahl der Punkte n Punkte (X, Y)

Tabelle 40.30 Der POLYGON-Record

POLYLINE

Der Record definiert eine Polylinie (Serie aus Liniensegmenten) und benutzt folgende Recordstruktur:

Offset	Bytes	Bemerkungen
00H	4	Recordgröße
04H	2	Recordtyp (0325H)

Offset	Bytes	Bemerkungen
06H	 2 n*4	Parameter Zahl der Punkte n Punkte (X, Y)

Tabelle 40.31 Der POLYLINE-Record

POLYPOLYGON

Der Record definiert mehrere Polygone und benutzt folgende Struktur:

Offset	Bytes	Bemerkungen
00H	4	Recordgröße
04H	2	Recordtyp (0538H)
06H	 2 n*2 n*4	Parameter Zahl der Polygone (n) Zahl der Punkte Polygon n Liste der Punkte (X, Y)

Tabelle 40.32 Der POLYPOLYGON-Record

RECTANGLE

Dieser Record definiert ein Rechteck.

Offset	Bytes	Bemerkungen
00H	4	Recordgröße
04H	2	Recordtyp (041BH)
06H	 2 2 2 2	Parameter X1-Koordinate oben links Y1-Koordinate oben links X2-Koordinate unten rechts Y2-Koordinate unten rechts

Tabelle 40.33 Der RECTANGLE-Record

Das Rechteck wird mit dem aktuellen Pinsel (brush) gefüllt und mit dem gewählten Stift (pen) gezeichnet.

RESICEPALETTE

Der Record verändert die Größe der aktuellen Palette.

Offset	Bytes	Bemerkungen
00H	4	Recordgröße
04H	2	Recordtyp (0139H)
06H	 2	Parameter Neue Zahl Paletteneinträge

Tabelle 40.34 Der RESICEPALETTE-Record

ROUNDRECT

Der Record beschreibt ein Rechteck mit abgerundeten Ecken.

Offset	Bytes	Bemerkungen
00H	4	Recordgröße
04H	2	Recordtyp (061CH)
06H	 2 2 2 2 2 2	Parameter X1-Koordinate oben links Y1-Koordinate oben links X2-Koordinate unten rechts Y2-Koordinate unten rechts Ellipse Breite für Ecken Ellipse Höhe für Ecken

Tabelle 40.35 Der ROUNDRECT-Record

Das Rechteck wird mit dem aktuellen Muster (brush) gefüllt und mit dem selektierten Stift (pen) gezeichnet.

SCALEVIEWPORT

Der Record definiert die Skalierung des Viewports.

Offset	Bytes	Bemerkungen
00H	4	Recordgröße
04H	2	Recordtyp (0412H)
06H	 2 2 2 2	Parameter Aktueller Multiplikator x Aktueller Divisor x Aktueller Multiplikator y Aktueller Divisor y

Tabelle 40.36 Der SCALEVIEWPORTEXT-Record

Ein neuer Wert wird mit dem Ausdruck:

*neu = alt * Multiplikator / Divisor*

berechnet.

SCALEWINDOWEXT

Der Record (Opcode 400H) verwendet die gleiche Struktur wie der SCALEVIEWPORTEXT-Record und modifiziert die Windows-Extends.

Grafikformate

SETBKCOLOR

Der Record (Opcode 201H) definiert eine neue Hintergrundfarbe. Der Record enthält die Farbe (4 Bytes) als Parameter.

SETBKMODE

Der Record (Opcode 102H) definiert einen neuen Hintergrundmodus. Der Record enthält ein Wort als Parameter für den neuen Modus (opak oder transparent).

SETDIBTODEV

Der Record enthält die Bits einer Device-Independant-Bitmap (DIB) für eine Einheit (Device).

Offset	Bytes	Bemerkungen
00H	4	Recordgröße
04H	2	Recordtyp (0D33H)
06H		Parameter
	2	Flag Color-Palette
	2	Zahl der Scanlines DIB
	2	erste Scanline DIB
	2	Y-Koordinate Source für DIB
	2	X-Koordinate Source für DIB
	2	Höhe Rechteck für DIB
	2	Breite Rechteck für DIB
	2	Y-Koordinate Origin Destination Rechteck für DIB
	2	X-Koordinate Origin Destination Rechteck für DIB
	n	BITMAP_INFO-Struktur
	n	Bitmap

Tabelle 40.37 Der SETDIBITSTODEVICE-Record

Die BITMAP_INFO-Struktur wird in Kapitel 17 im Abschnitt über das BMP-Format (Tabelle 17.2) beschrieben.

SETPALENTRIES

Der Record setzt einen RGB-Farbwert und definiert einen zu setzenden Bereich für den Eintrag in der logischen Palette.

Offset	Bytes	Bemerkungen
00H	4	Recordgröße
04H	2	Recordtyp (0037H)
06H		Parameter
	2	erster Eintrag in Palette
	2	zu setzende Einträge (n)
	n*4	1 Byte für rot, grün, blau, Flag

Tabelle 40.38 Der SETPALENTRIES-Record

SETPIXEL

Der Record definiert ein Pixel für einen x-, y-Punkt in der angegebenen Farbe.

Offset	Bytes	Bemerkungen
00H	4	Recordgröße
04H	2	Recordtyp (041FH)
06H	 2 2 4	Parameter X-Position Y-Position Farbe für Pixel (rot, grün, blau, Flag)

Tabelle 40.39 Der SETPIXEL-Record

SETPOLYFILLMODE

Der Record definiert einen neuen Füllmodus für Polygone. Der Record enthält einen Parameter (Word) mit dem neuen Füllmodus und besitzt den Opcode 106H.

SETROP2

Der Record definiert einen neuen Zeichenmodus (drawing mode). Der Modus wird als Integer (Word) übergeben, und der Recordtyp ist 104H.

SETSTRETCHBLTMODE

Der Record setzt den Stretching-Modus (Black on White, Color on Color, White on Black). Verwendet wird der Opcode 107H, und der Modus ist als Integer (Word) im Record gespeichert.

SETTEXTALIGN

Der Record (Opcode 12EH) enthält ein Flag (Word) für die Textjustierung (text align).

SETTEXTCHAREXTRA

Der Record definiert einen zusätzlichen Zeichenabstand zwischen Textzeichen. Der Wert wird in logischen Units als Word angegeben. Der Record besitzt den Opcode 108H.

SETTEXTCOLOR

Der Record (Typ 209H) definiert die Textfarbe. Diese wird als 4-Byte-Parameter (rot, grün, blau, Flag) gespeichert.

SETTEXTJUSTIFICATION

Der Record enthält einen Parameter zur Justierung des Textes.

Offset	Bytes	Bemerkungen
00H	4	Recordgröße
04H	2	Recordtyp (020AH)
06H	 2 2	Parameter Extra Space Zahl der Break Characters

Tabelle 40.40 Der SETTEXTJUSTIFICATION-Record

SETWINDOWEXT

Der Record definiert die Window-Extends des zugehörigen Fensters.

Offset	Bytes	Bemerkungen
00H	4	Recordgröße
04H	2	Recordtyp (020CH)
06H	 2 2	Parameter X-Extend in logical Units Y-Extend in logical Units

Tabelle 40.41 Der SETWINDOWEXT-Record

SETWINDOWORG

Der Record definiert einen neuen Ursprung für das verbundene Fenster.

Offset	Bytes	Bemerkungen
00H	4	Recordgröße
04H	2	Recordtyp (020BH)
06H	 2 2	Parameter X-Origin in logical Units Y-Origin in logical Units

Tabelle 40.42 Der SETWINDOWORG-Record

STRETCHBLT

Der Record enthält eine Device-Independant-Bitmap (DIB). Hierbei sind zwei Varianten für Windows 2.x (Code B23H) und Windows 3.x (Code B41H) definiert.

Offset	Bytes	Bemerkungen
00H	4	Recordgröße
04H	2	Recordtyp (0B41H)

Offset	Bytes	Bemerkungen
06H		Parameter
	2	Low Order Word Rasteroperation
	2	High Order Word Rasteroperation
	2	Source y-Extend
	2	Source x-Extend
	2	Y-Koordinate Source Origin
	2	X-Koordinate Source Origin
	2	Destination y-Extend
	2	Destination x-Extend
	2	Y-Koordinate Destination Origin
	2	X-Koordinate Destination Origin
	n	BITMAPINFO-Struktur
	n	Bitmap

Tabelle 40.43 Der STRETCHBLT-Record (Windows 3.x)

Die BITMAP_INFO-Struktur wird in Kapitel 17 im Abschnitt über das BMP-Format (Tabelle 17.2) vorgestellt. In Windows 2.x wird diese BITMAP_INFO-Struktur im Record nicht benutzt. Es wird die gleiche Struktur wie beim BitBlt-Record verwendet.

STRETCHDIB

Der Record enthält eine Device-Independant-Bitmap (DIB), die in ein Fenster (Window) verschoben wird.

Offset	Bytes	Bemerkungen
00H	4	Recordgröße
04H	2	Recordtyp (0F43H)
06H		Parameter
	2	anzuwendende Rasteroperation
	2	Flag (Color)
	2	Höhe Bitmap (Source)
	2	Breite Bitmap (Source)
	2	Y-Koordinate Source Origin
	2	X-Koordinate Source Origin
	2	Höhe Destination Rechteck
	2	Breite Destination Rechteck
	2	Y-Koordinate Destination Origin
	2	X-Koordinate Destination Origin
	n	BITMAP_INFO-Struktur
	n	Bitmap

Tabelle 40.44 Der STRETCHDIBITS-Record

Die BITMAP_INFO-Struktur wird in Kapitel 17 im Abschnitt über das BMP-Format (Tabelle 17.2) beschrieben.

TEXTOUT

Der Record enthält eine Zeichenkette, die im aktuellen Font auszugeben ist.

Offset	Bytes	Bemerkungen
00H	4	Recordgröße
04H	2	Recordtyp (0521H)
06H	 2 2 2 2	Parameter Stringlänge String Y-Koordinate Startpunkt X-Koordinate Startpunkt

Tabelle 40.45 Der TEXTOUT-Record

Anmerkung: Ein WMF-Reader oder -Writer sollte die Windows-Metafile-Funktionen zur Bearbeitung der Daten verwenden. Die erforderlichen Datenstrukturen werden im Windows-SDK beschrieben.

Das Enhanced Metafile-Format (EMF)

Das unter Windows 3.x eingeführte Metafile-Format ist geräteabhängig. Die Metadatei enthält keine Informationen zum benutzten Koordinatensystem und zur Lage der Grafik. Um diesen Nachteil zu umgehen, wurde von Aldus das *Placeable Metafile*-Format mit einem erweiterten Header definiert. Trotz dieser Erweiterung ließen sich die Nachteile des WMF-Formats nicht beheben. Die Microsoft-Entwickler haben deshalb in Win32 (Windows 95 und Windows NT) ein erweitertes Metafile-Format (EMF) eingeführt. Eine solche EMF-Datei besitzt einen erweiterten Header, einen optionalen Beschreibungstext, eine Metafile-Palette sowie eine größere Menge an GDI-Funktionen (Abbildung 40.1). Dadurch lassen sich EMF-Dateien allerdings nicht mehr unter Windows 3.x mit den Betriebssystemfunktionen »abspielen«. Unter Win32 lassen sich Enhanced Metafiles aber skalieren und beschneiden (Clipping), was bedeutet: Es ist eine Geräteabhängigkeit gegeben.

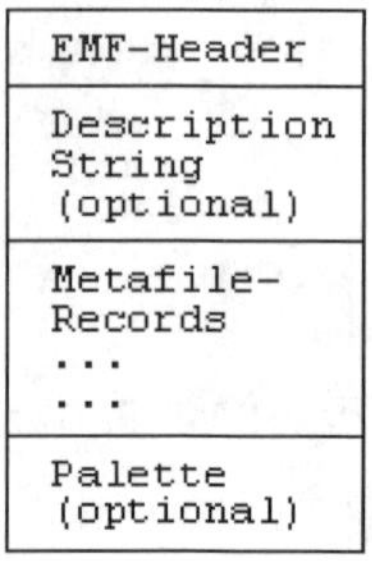

Abbildung 40.1 Struktur einer EMF-Datei

Der Enhanced Metafile-Header

Eine EMF-Datei besitzt einen erweiterten Header, dessen Struktur hier wiedergegeben wird.

Typ	Name	Bemerkung
DWORD	iType	Recordtyp (01 00 00 00)
DWORD	nSize	Record-Size in Byte
RECTL	rclBounds	Inclusive Bounds in Device Units
RECTL	rclFrame	Inclusive Picture Frame des Metafile in der Einheit 0,01 mm
DWORD	dSignature	Signatur (» EMF«)
DWORD	nVersion	Versionsnummer (00 00 01 00)
DWORD	nBytes	Größe der Metadatei in Byte
DWORD	nRecords	Zahl der Records im Metafile
WORD	nHandles	Zahl der Handles in der Handle-Tabelle; Handle-Index 0 ist reserviert
WORD	sReserved	reserviert (muß 0 sein)
DWORD	nDescription	Zahl der Zeichen im Unicode Description-String (oder 0, falls der String fehlt)
DWORD	offDescription	Offset zum Satz des Description String (oder 0, falls der String fehlt)
DWORD	nPalEntries	Zahl der Einträge in der Metafile-Palette
SIZEL	szlDevice	Größe der Referenzeinheit in Pixel
SIZEL	szlMillimeters	Größe der Referenzeinheit in Millimeter

Tabelle 40.46 Struktur des EMF-Headers

Der Wert *rclBounds* gibt die Abmessungen der Zeichenfläche in Geräteeinheiten wieder. Der folgende Wert legt den Rahmen für das Metafile-Bild in 0,01 mm-Einheiten fest. Beide Werte werden als RECTL-Struktur definiert (4 * 4 Bytes mit den Koordinaten der Fensterecken). Enthält die Metadatei einen Description-String, wird dessen Länge und Lage im Header in den Einträgen *nDescription* und *offDescription* angegeben. Enthält die EMF-Datei eine Palette, wird die Zahl der Einträge im Header im Feld *nPalEntries* eingetragen. Die eigentliche Palette befindet sich dann im EMR-EOF-Record am Ende der EMF-Datei hinter den Metafile-Records.

Enhanced Metafile-Records

Ein Record in einem Enhanced Metafile besitzt den hier gezeigten Aufbau.

DWORD	iType	Recordtyp
DWORD	nSize	Recordgröße in Byte
DWORD	dParm[1]	Feld mit den Parametern des Records

Tabelle 40.47 Struktur eines EMF-Records

Ein Vergleich ergibt eine ähnliche Recordstruktur wie bei WMF-Dateien. Beachten Sie aber, daß einmal die beiden Felder für den Recordtyp und die Recordgröße beim EMF-Format gegenüber dem WMF-Format vertauscht sind. Weiterhin wird beim WMF-Format die Recordgröße in Worten angegeben, während im EMF-Format die Recordgröße in Byte gespeichert ist. Zusätzlich werden in den EMF-Records DWORD-Datentypen für die Felder verwendet. Die Anzahl und Art der Felder hängt von den jeweiligen Recordtypen ab. Hierbei bildet jeder Record die Parameter des korrespondierenden GDI-Aufrufs ab. enthält eine Übersicht über die EMF-Records und die zugehörigen Recordtypen.

Record	Rec.-Typ	Record	Rec.-Typ
EMR_ABORTPATH	68	EMR_POLYLINE	4
EMR_ANGLEARC	41	EMR_POLYLINE16	87
EMR_ARC	45	EMR_POLYLINETO	6
EMR_ARCTO	55	EMR_POLYLINETO16	89
EMR_BEGINPATH	59	EMR_POLYPOLYGON	8
EMR_BITBLT	76	EMR_POLYPOLYGON16	91
EMR_CHORD	46	EMR_POLYPOLYLINE	7
EMR_CLOSEFIGURE	61	EMR_POLYPOLYLINE16	90
EMR_CREATEBRUSHINDIRECT	39	EMR_POLYTEXTOUTA	96
EMR_CREATEDIBPATTERNBRUSHPT	94	EMR_POLYTEXTOUTW	97
EMR_CREATEMONOBRUSH	93	EMR_REALIZEPALETTE	52
EMR_CREATEPALETTE	49	EMR_RECTANGLE	43
EMR_CREATEPEN	38	EMR_RESIZEPALETTE	51
EMR_DELETEOBJECT	40	EMR_RESTOREDC	34
EMR_ELLIPSE	42	EMR_ROUNDRECT	44
EMR_ENDPATH	60	EMR_SAVEDC	33
EMR_EOF	14	EMR_SCALEVIEWPORTEXTEX	31
EMR_EXCLUDECLIPRECT	29	EMR_SCALEWINDOWEXTEX	32
EMR_EXTCREATEFONTINDIRECTW	82	EMR_SELECTCLIPPATH	67
EMR_EXTCREATEPEN	95	EMR_SELECTOBJECT	37
EMR_EXTFLOODFILL	53	EMR_SELECTPALETTE	48
EMR_EXTSELECTCLIPRGN	75	EMR_SETARCDIRECTION	57
EMR_EXTTEXTOUTA	83	EMR_SETBKCOLOR	25
EMR_EXTTEXTOUTW	84	EMR_SETBKMODE	18
EMR_FILLPATH	62	EMR_SETBRUSHORGEX	13
EMR_FILLRGN	71	EMR_SETCOLORADJUSTMENT	23
EMR_FLATTENPATH	65	EMR_SETDIBITSTODEVICE	80
EMR_FRAMERGN	72	EMR_SETMAPMODE	17

Record	Rec.-Typ	Record	Rec.-Typ
EMR_GDICOMMENT	70	EMR_SETMAPPERFLAGS	16
EMR_HEADER	1	EMR_SETMETARGN	28
EMR_INTERSECTCLIPRECT	30	EMR_SETMITERLIMIT	58
EMR_INVERTRGN	73	EMR_SETPALETTEENTRIES	50
EMR_LINETO	54	EMR_SETPIXELV	15
EMR_MASKBLT	78	EMR_SETPOLYFILLMODE	19
EMR_MODIFYWORLDTRANSFORM	36	EMR_SETROP2	20
EMR_MOVETOEX	27	EMR_SETSTRETCHBLTMODE	21
EMR_OFFSETCLIPRGN	26	EMR_SETTEXTALIGN	22
EMR_PAINTRGN	74	EMR_SETTEXTCOLOR	24
EMR_PIE	47	EMR_SETVIEWPORTEXTEX	11
EMR_PLGBLT	79	EMR_SETVIEWPORTORGEX	12
EMR_POLYBEZIER	2	EMR_SETWINDOWEXTEX	9
EMR_POLYBEZIER16	85	EMR_SETWINDOWORGEX	10
EMR_POLYBEZIERTO	5	EMR_SETWORLDTRANSFORM	35
EMR_POLYBEZIERTO16	88	EMR_STRETCHBLT	77
EMR_POLYDRAW	56	EMR_STRETCHDIBITS	81
EMR_POLYDRAW16	92	EMR_STROKEANDFILLPATH	63
EMR_POLYGON	3	EMR_STROKEPATH	64
EMR_POLYGON16	86	EMR_WIDENPATH	66

Tabelle 40.48 Enhanced Metafile-Records

Informationen zu den Parametern der einzelnen Records finden Sie in den Win32 API-Beschreibungen (z. B. im Windows 32 SDK oder bei den API-Beschreibungen der Compiler). Als erster Satz muß immer der Metafile-Header auftreten. Der Wert für den Recordtyp ist zu EMR_HEADER (1) festgelegt (siehe auch Tabelle 40.48). Der letzte Satz in einer EMF-Datei ist der End-of-File-Record, dessen Recordtyp EMR_EOF (14) ist.

Zusätzlich dürfen zum EMF-Header, dem EOF-Record und den Metafile-Records zwei zusätzliche Informationen (der Description- String und die Metafile-Palette) enthalten sein. Der optionale Description-String folgt auf den Enhanced Metafile-Header. Es handelt sich dabei um einen Unicode-String, dessen Länge und Lage im Header angegeben wird. In diesem String können Sie zusätzliche Informationen zum Dateiinhalt (ein beschreibender Name für das Bild und der Name der Anwendung, welche die EMF-Datei erzeugt hat) hinterlegen. Die beiden Einträge müssen durch ein Nullbyte getrennt werden. Der Description-String endet mit zwei Nullbytes (z. B. *»Born-Edit«+00H+»Umsatzgrafik«+00H+00H*).

Die optionale Farbpalette wird in einem speziellen Enhanced Metafile-Record (es wird der EMR_EOF-Record benutzt) untergebracht. Diese Palette läßt sich mit den GDI-Funktionen *CreatePalette*, *SelectPalette* und *RealizePalette* erzeugen. Die Palette läßt sich unter Win32 mit der Funktion *GetEnhMetaFilePaletteEntries* aus der EMF-Datei lesen. Alternativ können Sie im Header prüfen, ob eine Palette vorhanden ist. Falls ja, befindet sich die Palette im letzten EMR_EOF-Record. Der EMR_EOF-Record mit Palette besitzt folgenden Aufbau:

Typ	Name	Bemerkung
EMR	emr	Einträge für den Basis Enhanced Metafile-Record
DWORD	nPalEntries	Zahl der Paletteneinträge
DWORD	offPalEntries	Offset zu den Paletteneinträgen
DWORD	nSizeLast	enthält den gleichen Wert wie das nSize-Feld im ersten Feld der *emr*-Struktur. Falls Paletteneinträge vorliegen, finden sich diese vor diesem DWORD.

Tabelle 40.49 Struktur des EMR_EOF-Records

Das letzte DWORD *(nSizeLast)* im EMR_EOF-Record gibt den Offset vom Dateiende zum Anfang des EMR_EOF-Records an. Damit läßt sich der Wert *offPalEntries* lesen, und Sie erhalten einen Zeiger auf die Palettendaten.

Anmerkung: Weitere Informationen über das EMF-Format bzw. über die API-Aufrufe zum Erzeugen der EMF-Records erhalten Sie im Win32 SDK.

41 WordPerfect Graphic File Format (WPG)

Die Firma WordPerfect hat für ihre Produkte ein eigenes Format zur Speicherung von Grafikdateien definiert. Dieses Format läßt sich zum Beispiel mit der WordPerfect-Textverarbeitung einlesen und in Dokumenten verwenden.

WPG-Header

Das Dateiformat sieht am Anfang den 16 Byte langen Header vor, dessen Aufbau für alle WP-Produkte gleich ist (Tabelle 41.1).

Offset	Bytes	Bedeutung
File ID-Header für alle WPCORP-Produkte		
00H	4	WP-Signatur -1,"WPC"
04H	4	Zeiger auf Beginn Grafikdaten
08H	1	Produkttyp (hier 1 für WordPerfect)
09H	1	Dateityp (hier 22 (16H) für WPG)
0AH	1	Hauptversionsnummer (hier 1)
0BH	1	Unterversionsnummer (hier 0)
0CH	2	Encryption-Flag (0 = unverschlüsselt)
0EH	2	reserviert (0)

Tabelle 41.1 Header-Präfix einer WPG-Datei

Die ersten 4 Bytes enthalten eine Signatur, welche die Datei als WP-Datei ausweist. Daran schließt sich ein 4-Byte-Zeiger an, der den Offset vom Dateianfang bis zum ersten Grafikzeichen angibt. Weitere Bytes enthalten Informationen über den Typ des Produktes, das die Datei erzeugt hat. Darauf folgen Daten über den Dokumententyp. Die Versionsnummern werden in WordPerfect 5.0 immer mit dem Wert 0.0 belegt. Im *Encryption*-Feld markiert der Wert 0 eine unverschlüsselte Datei.

WPG-Records

An den 16-Byte-Header schließen sich direkt die Grafikdaten an. WordPerfect legt sie in einer Art Metafile-Format ab. Die Werte stehen dabei in Records mit einem Aufbau gemäß Tabelle 41.2, bei dem hinter der Recordlänge Daten im Byteformat folgen.

Bytes	Bedeutung
1	Recordtyp
1	Recordlänge (0-FEH)
n	Recorddaten

Tabelle 41.2 Recordformat mit bis zu 254 Bytes

Zusätzlich gibt es in diesem Format Sätze mit einer Länge von mehr als 254 Bytes; das Feld ist dann für die Recordlänge auf 2 oder 4 Bytes erweitert. Tabelle 41.3 spezifiziert den Satzaufbau für Records mit einer Länge bis 7FFFH Bytes.

Bytes	Bedeutung
1	Recordtyp
1	0FFH
1	Recordlänge niederwertiges Byte
1	Recordlänge höherwertiges Byte (Werte 00–7FH)
n	Recorddaten

Tabelle 41.3 Recordformat mit bis zu 32767 Bytes

Im zweiten Byte signalisiert dann der Wert 0FFH, daß die folgenden 2 Bytes als Länge zu interpretieren sind. Das oberste Bit des höherwertigen Byte ist immer auf 0 gesetzt.

Bytes	Bedeutung
1	Recordtyp
1	0FFH
1	Recordlänge niederwertiges Byte High Word
1	Recordlänge höherwertiges Byte High Word (Bit 8 = 1)
1	Recordlänge niederwertiges Byte Low Word
1	Recordlänge höherwertiges Byte Low Word
n	Recorddaten

Tabelle 41.4 Recordformat über 32767 Bytes

Falls die Recordlänge 32767 Bytes übersteigt, wird das Längenfeld auf 4 Bytes erweitert (Tabelle 41.4).

In diesem Fall steht im zweiten Byte des Records wieder die Signatur 0FFH, anschließend folgt das Längenfeld. Ist das oberste Bit des höherwertigen Byte im High Word gesetzt, umfaßt das Längenfeld insgesamt 4 Bytes. Falls das Bit gleich 0 ist, liegt ein Recordformat gemäß Tabelle 41.3 vor.

Der nachfolgende Datenbereich ist abhängig vom Recordtyp gemäß nachfolgender Beschreibung aufgebaut. Die Tabellen geben lediglich den XE des Datenbereichs an. Der Header ist wie vorher beschrieben aufgebaut.

Fill Attributes (Typ 1)

Mit dem Recordtyp 1 werden die Füllmuster und Farben für Rechtecke, Polygone und Ellipsen definiert. Das erste Datenbyte enthält die Information über das Muster, mit dem Flächen gefüllt werden. Im zweiten Byte steht die Farbe für die zu füllenden Flächen als Index zwischen 0 und 255. Es gilt der Recordaufbau wie in Tabelle 41.5.

Offset	Bytes	Bedeutung
00H	1	Code für das Füllmuster 0 = hollow 1 = solid 2 = narrow spaced + 45 degree lines 3 = medium spaced + 45 degree lines 4 = widely spaced + 45 degree lines 5 = narrow spaced +/- 45 degree lines 6 = medium spaced +/- 45 degree lines 7 = widely spaced +/- 45 degree lines 8 = narrow spaced vertical lines 9 = medium spaced vertical lines 10 = widely spaced vertical lines 11 = interspaced dots or density 12 = dots 13 = dots 14 = dots (medium density) 15 = dots 16 = dots 17 = dots (most density) 18 = medium spaced dots 19 = widely spaced dots 20 = narrow spaced horizontal lines 21 = medium spaced horizontal lines 22 = widely spaced horizontal lines 23 = narrow spaced vert. & horiz. lines 24 = medium spaced vert. & horiz. lines 25 = widely spaced vert. & horiz. lines 26 = narrow spaced – 45 degree lines 27 = medium spaced – 45 degree lines 28 = widely spaced – 45 degree lines 29 = horizontal brick pattern 30 = vertical brick pattern 31 = --- 32 = interwoven pattern 33, 34 = --- 35 = tiled roof pattern 36 = thick 45 degree lines, widely spaced 37 = checkerboard pattern
01H	1	Fill Color (0 – FFH)

Tabelle 41.5 Format des Recordtyps 1

Grafikformate

Line Attributes (Typ 2)

Mit dem Recordtyp 2 werden die Attribute für zu zeichnende Linien definiert.

Offset	Bytes	Bedeutung
00H	1	Linientyp 0 = no line 1 = solid 2 = long dash 3 = dotted 4 = dash/dot 5 = medium dash 6 = dash/dot/dot 7 = short dash
01H	1	Line Color (0–FFH)
02H	2	Line Width (wpu)

Tabelle 41.6 Format des Recordtyps 2

Das erste Datenbyte gibt den Linientyp an, das zweite Byte die Farbe. Ab Offset 4 findet sich ein Wort mit der Linienstärke in wpu.

Marker Attributes (Typ 3)

Offset	Bytes	Bedeutung
00H	1	Marker style 0 = no markers 1 = dot 2 = + 3 = * 4 = circle 5 = square 6 = triangle 7 = upside down triangle 8 = diamond 9 = X
01H	1	Marker Color (0 – FFH)
02H	2	Marker Height (wpu)

Tabelle 41.7 Format des Recordtyps 3

Mit dem Recordtyp 3 werden die Attribute für Marker gesetzt. Das erste Datenbyte gibt die Form des Markers an, während das zweite Byte die Farbe spezifiziert. Ab Offset 4 findet sich ein Wort mit der Größe des Markers in wpu.

Polymarker (Typ 4)

Mit dem Recordtyp 4 lassen sich mehrere Marken im Bild setzen. Es gilt folgender Satzaufbau:

Offset	Bytes	Bedeutung
00H	2	Zahl der Koordinatenpunkte
02H	2	X-Koordinate 1. Punkt (in wpu)
04H	2	Y-Koordinate 1. Punkt (in wpu)
...	2	...

Tabelle 41.8 Format des Recordtyps 4

Das erste Datenwort gibt die Zahl der markierten Punkte an. Daran schließt sich eine Tabelle mit n XY-Koordinatenpaaren an. Alle Koordinatenangaben erfolgen in der Maßeinheit wpu von der oberen linken Ecke aus. An jedem Punkt wird ein Marker mit den eingestellten Attributen gezeichnet.

Line (Typ 5)

Dieser Recordtyp definiert Linienzüge innerhalb einer Grafik.

Offset	Bytes	Bedeutung
00H	2	X-Koordinate 1. Endpunkt (in wpu)
02H	2	Y-Koordinate 1. Endpunkt (in wpu)
04H	2	X-Koordinate 2. Endpunkt (in wpu)
06H	2	Y-Koordinate 2. Endpunkt (in wpu)

Tabelle 41.9 Format des Recordtyps 5

Im Datenbereich stehen 4 Wörter mit den XY-Koordinaten der beiden Endpunkte der Linie. Diese Linie wird mit den eingestellten Attributen gezeichnet.

Polyline (Typ 6)

Mit dem Recordtyp 6 lassen sich Linien zeichnen, die zwischen mehreren Punkten verlaufen.

Offset	Bytes	Bedeutung
00H	2	Zahl der Koordinatenpunkte
02H	2	X-Koordinate 1. Punkt (in wpu)
04H	2	Y-Koordinate 1. Punkt (in wpu)
...	2	...

Tabelle 41.10 Format des Recordtyps 6

Das erste Datenwort gibt die Zahl der benötigten Punkte an.

Daran schließt sich eine Tabelle mit n XY-Koordinatenpaaren an. Alle Koordinatenangaben erfolgen in der Maßeinheit wpu von der oberen linken Ecke aus. Die Punkte sind durch eine Linie verbunden, die wiederum laut den eingestellten Attributen (Farbe, Stärke, Muster) gezeichnet wird.

Rectangle (Typ 7)

Mit dem Recordtyp 7 werden Rechtecke innerhalb der Grafik definiert.

Offset	Bytes	Bedeutung
00H	2	X-Koordinate linke untere Ecke (in wpu)
02H	2	Y-Koordinate linke untere Ecke (in wpu)
04H	2	Breite Rechteck (in wpu)
06H	2	Höhe Rechteck (in wpu)

Tabelle 41.11 Format des Recordtyps 7

Die beiden ersten Datenwörter geben die Koordinaten der unteren linken Ecke des Rechtecks an. Die Abmessungen folgen in den nächsten zwei Feldern. Das Rechteck wird mit den eingestellten Attributen gezeichnet.

Polygon (Typ 8)

Mit dem Recordtyp 8 läßt sich ein geschlossener Linienzug (Polygon) mit bis zu 65535 Punkten zeichnen.

Offset	Bytes	Bedeutung
00H	2	Zahl der Koordinatenpunkte
02H	2	X-Koordinate 1. Punkt (in wpu)
04H	2	Y-Koordinate 1. Punkt (in wpu)
...	2	...

Tabelle 41.12 Format des Recordtyps 8

Das erste Datenwort gibt die Zahl der benötigten Punkte an. Daran schließt sich eine Tabelle mit n XY-Koordinatenpaaren an. Alle Koordinatenangaben erfolgen in der Maßeinheit wpu von der oberen linken Ecke aus. Die Punkte sind durch eine Linie verbunden, die anhand der eingestellten Attribute (Farbe, Stärke, Muster) gezeichnet wird. Dadurch entsteht eine geschlossene Fläche.

Ellipse (Typ 9)

Mit dem Recordtyp 9 lassen sich Ellipsen zeichnen.

Offset	Bytes	Bedeutung
00H	2	X-Koordinate Mittelpunkt (wpu)
02H	2	Y-Koordinate Mittelpunkt (wpu)
04H	2	Radius der Hauptachse (wpu)
06H	2	Radius der zweiten Achse (wpu)
08H	2	Rotationswinkel horizontal
0AH	2	Anfangspunkt des Kreises (0-360 Grad)
0CH	2	Endpunkt des Kreises (0-360 Grad)
0EH	2	Flags Bit 0: 1 = Endpunkte mit Mittelpunkt 1 = durch Linie verbinden Bit 1: 1 = Endpunkte mit Linie 1 = verbinden

Tabelle 41.13 Format des Recordtyps 9

Dieses Metaobjekt erlaubt sowohl das Zeichnen von Ellipsen und Kreisen als auch von Kreissegmenten, Ellipsensegmenten und Tortendiagrammen. Je nach gewähltem Element werden die eingestellten Attribute zum Zeichnen von Linien oder zum Füllen von Flächen genutzt. Das letzte Datenwort besitzt zwei Bits, die angeben, ob Kreisabschnitte oder Kreisausschnitte zu zeichnen sind. Sind beide Bits gleich 0, werden nur Kreis- oder Ellipsenbögen gezeichnet. Durch die Winkel läßt sich die Länge des Kreisbogens und seine Lage definieren. Für eine Ellipse oder einen Kreis ist der Startwinkel auf 0, der Endwinkel auf 360 Grad zu setzen.

Der Recordtyp 10 ist für Kurvenzüge reserviert, wird zur Zeit jedoch nicht benutzt.

Bitmap (Typ 11)

Mit dem Recordtyp 11 lassen sich im Bitmap-Format abgelegte Bilddaten einlesen.

Offset	Bytes	Bedeutung
00H	2	Bildbreite in Pixel
02H	2	Bildhöhe in Pixel
04H	2	Zahl der Farbbits pro Pixel 1 = monochromes Bild 2 = Bild mit 4 Farben 4 = Bild mit 16 Farben 8 = Bild mit 256 Farben
06H	2	Auflösung x-Achse Bitmap in Pixel/Zoll
08H	2	Auflösung y-Achse Bitmap in Pixel/Zoll
0AH	x	Bitmap-Daten des Bildes

Tabelle 41.14 Format des Recordtyps 11

Die zwei ersten Datenfelder geben die Bildabmessungen in Pixel an. Das Wort ab Offset 04H definiert, wie viele Bits pro Bildpunkt gespeichert werden; aus diesen Angaben läßt sich der Umfang der Bitmap-Daten des Records berechnen. Die Daten sind byteweise ab Offset 0Ah im Datenbereich gespeichert. Um Platz zu sparen, sind sie zusätzlich nach folgendem Verfahren komprimiert:

- Liegt der Wert des ersten Bytes zwischen 81H und FFH, ist der Betrag von 80H abzuziehen. Das Ergebnis (1-7FH) dient als Zähler und gibt an, wie oft das folgende Datenbyte in die Ausgabe kopiert werden muß.
- Ein Wert zwischen 01H und 7FH im ersten Byte gibt die Zahl der folgenden Datenbytes an, die direkt in die Ausgabe zu übernehmen sind.
- Liegt der Wert des ersten Bytes bei 80H, steht im folgenden Datenbyte ein Zähler. Dieser Zähler gibt an, wie oft der Wert FFH als Muster in die Ausgabe zu kopieren ist.
- Liegt der Wert des 1. Bytes bei 00H, steht im folgenden Datenbyte ein Zähler, der spezifiziert, wie häufig die letzte komplette Ausgabezeile dupliziert werden muß.

Durch diese Komprimierung läßt sich der für die Bilddaten benötigte Speicher reduzieren. Das Komprimierungsverfahren wird jedoch durch keines der anderen Bildformate unterstützt.

Graphic Text (Typ 12)

Mit dem Recordtyp 12 lassen sich Texte innerhalb der Grafik ausgeben.

Offset	Bytes	Bedeutung
00H	2	Länge des Textes in Byte
02H	2	X-Koordinate Textanfang (in wpu)
04H	2	Y-Koordinate Textanfang (in wpu)
06H	x	ASCII-Text

Tabelle 41.15 Format des Recordtyps 12

Zur Textausgabe werden die eingestellten Textattribute (Größe, Farbe etc.) benutzt.

Graphic Text Attributes (Typ 13)

Mit dem Recordtyp 13 werden die Attribute für auszugebende Texte definiert. Zur Textausgabe werden die hier eingestellten Textattribute (Größe, Farbe, Zeichensatz etc.) benutzt. Über den Rotationswinkel lassen sich Texte in beliebige Richtungen ausgeben.

Offset	Bytes	Bedeutung
00H	2	Breite eines Zeichens (in wpu)
02H	2	Höhe eines Zeichens (in wpu)

Offset	Bytes	Bedeutung
04H	10	reserviert
0EH	2	Font Descriptor 0D50H = Courier Font 1150H = Helvetica Font (keine Serifen) 1950H = Times-(Serifen-)Font
10H	1	reserviert
11H	1	horizontale Ausrichtung 0 = links justiert 1 = zentriert 2 = rechts justiert
12H	1	vertikale Ausrichtung 0 = base align 1 = center align 2 = top align 3 = bottom align 4 = top align
13H	1	Textfarbe (0–FFH)
14H	2	Rotationswinkel (0–360 Grad)

Tabelle 41.16 Format des Recordtyps 13

Die Codes 0 und 2 sind in der WPG-Version 5.0 reserviert. Der Text wird über Vektorfonts als Grafik ausgegeben. Proportionale Schriften werden zur Zeit nicht unterstützt.

Color Map (Typ 14)

Mit diesem Recordtyp läßt sich eine Tabelle mit den verwendeten Farben definieren. Diese Tabelle enthält für jede Farbe drei Bytes, die den Anteil der Grundfarben Rot, Grün und Blau spezifizieren. Für jede Farbe ist ein solches Tripel zu definieren.

Offset	Bytes	Bedeutung
00H	2	Startindex der Farben (0–255)
02H	2	Zahl der Einträge in der Tabelle
04H	xx	Tabelle mit je drei Bytes mit den Anteilen Rot, Grün, Blau für jeden Farbindex

Tabelle 41.17 Format des Recordtyps 14

Durch Variation der Farbanteile lassen sich ca. 16 Millionen Farbstufen einstellen. Die Farbe wird dann nur noch über den Index in dieser Tabelle bestimmt, und alle Farbangaben für Flächen, Linien etc. beziehen sich darauf.

Falls in einer WPG-Datei der Record mit der Color Map fehlt, benutzt WordPerfect die Standardeinstellungen für die Farben, die wiederum mit den Einstellungen der IBM-VGA-Karten übereinstimmen:

Einstellung	Farbe
0	Schwarz
1	Blau
2	Grün
3	Cyan
4	Rot
5	Magenta
6	Braun
7	Weiß

Tabelle 41.18 Kodierung der Farben

Die Farbindizes zwischen 8 und 15 geben die gleichen Farben mit erhöhter Intensität (z. B. Blau – Hellblau) an.

Start WPG Data (Typ 15)

Mit diesem Recordtyp wird der Anfang eines Datenbereichs signalisiert, weiterhin enthält er die Versionsnummer des WPG-Formats und die Bildabmessungen.

Offset	Bytes	Bedeutung
00H	1	WPG-Versionsnummer (zur Zeit 1)
01H	1	WPG-Flags Bit 0: 1 = PostScript-Daten folgen Bit 1-7: reserviert
02H	2	Bildbreite (in wpu)
04H	2	Bildhöhe (in wpu)

Tabelle 41.19 Format des Recordtyps 15

Der Satztyp wird in Verbindung mit Recordtyp 17 genutzt, der den Import von PostScript-Daten ermöglicht. Ist Bit 0 = 0 gesetzt, enthalten die PostScript-Daten eine Bitmap zur Anzeige (Preview). Der Nullpunkt des Bildes (0,0) liegt in der linken unteren Ecke.

End WPG Data (Typ 16)

Mit diesem Recordtyp wird ein Datenbereich innerhalb der WPG-Datei abgeschlossen. Der Record muß am Ende einer WPG-Datei auftreten und besitzt keinen Datenbereich.

PostScript Data (Typ 17)

Mit diesem Recordtyp lassen sich PostScript-Kommandos in die Grafikdatei integrieren.

Offset	Bytes	Bedeutung
00H	xx	Variable Länge eines PostScript-Textes

Tabelle 41.20 Format des Recordtyps 17

Der Satztyp kann nur dann verwendet werden, wenn die Ausgabe auf einen PostScript-Drucker erfolgt.

Output Attributes (Typ 18)

Mit diesem Recordtyp werden in der WPG-Version 5.0 die Vorder- und Hintergrundfarben sowie der Clipping-Bereich eines Bildes definiert.

Offset	Bytes	Bedeutung
00H	1	Hintergrundfarbe (0-255)
01H	1	Vordergrundfarbe (0-255)
02H	2	X-Koordinate Clipping-Fenster (in wpu)
04H	2	Y-Koordinate Clipping-Fenster (in wpu)
06H	2	Breite des Clipping-Fensters (in wpu)
08H	2	Höhe des Clipping-Fensters (in wpu)

Tabelle 41.21 Format des Recordtyps 18

Die Farbwerte geben einen Index aus der Farbtabelle an. Die Hintergrundfarbe wird bei Schwarzweißdarstellungen für »schwarze Punkte« und für transparente Darstellungen benutzt. Fehlt dieser Record, wird der gesamte Bildbereich als *ClipWindow* genutzt.

Anmerkung: Der Recordtyp 18 ist in der Version 5.1 reserviert.

Curve (Typ 19, WPG Version 5.1)

Mit diesem Recordtyp (13H) werden Kurven ausgegeben. Der Record nutzt die aktuell eingestellten (Bézier-)Linienattribute. Der Recordtyp ist erst ab der WPG-Version 5.1 definiert.

Offset	Bytes	Bemerkungen
00H	4	Größe äquivalente WPG-Daten
04H	2	Zahl der Punkte
06H	2	X-Koordinate (in wpu)
08H	2	Y-Koordinate (in wpu)
0AH	2	Kontrollpunkt (X)
0CH	2	Kontrollpunkt (Y)
0EH	2	...

Tabelle 41.22 Format Recordtyp 19

Das erste Feld definiert die Größe des äquivalenten WPG-Datenbereichs und wurde aus Kompatibilitätsgründen zur WPG-Version 5.0 eingeführt.

Bitmap 2 (Typ 20, WPG Version 5.1)

Mit diesem Recordtyp (14H) werden in WPG 5.1 Bitmaps mit verschobenen Koordinaten und Rotationswinkeln angegeben.

Offset	Bytes	Bemerkungen
00H	2	Bitmap Rotationswinkel (0-360 Grad)
02H	2	Unten links x (in wpu)
04H	2	Unten links y (in wpu)
06H	2	Oben rechts x (in wpu)
08H	2	Oben rechts y (in wpu)
0AH	2	Bildbreite (in Pixel)
0CH	2	Bildhöhe (in Pixel)
0EH	2	Bits per Pixel 1 = Mapped Pixel Array 8 = Byte Pixel Array
10H	2	Auflösung quer (Pixel/Zoll)
12H	2	Auflösung hoch (pixel/inch)
14H	n	Bitmap-Daten (komprimiert)

Tabelle 41.23 Format Recordtyp 20

Bei diesem Recordtyp wird ein Header mit dem Rotationswinkel und den Bildkoordinaten vor die Daten gesetzt. Ab Offset 10H entspricht der Recordaufbau dem Recordtyp 11. Dies gilt auch für die Komprimierung der Bilddaten.

Start Figure (Typ 21, WPG Version 5.1)

Mit diesem Recordtyp (15H) wird ein Bildobjekt in WPG 5.1 beschrieben.

Offset	Bytes	Bemerkungen
00H	4	Bildlänge
04H	2	Rotationswinkel
06H	2	X1-Koordinate Objekt
08H	2	Y1-Koordinate Objekt
0AH	2	X2-Koordinate Objekt
0CH	2	Y2-Koordinate Objekt

Tabelle 41.24 Format Recordtyp 21

Der Wert im Feld *Bildlänge* gibt die Länge des Objektdatenbereichs relativ zur Dateiposition nach dem Lesen des Längenfeldes an. Die Objektdaten schließen sich vermutlich ab Offset 0EH an. Es liegen jedoch keine Informationen über die Kodierung vor.

Start Chart (Typ 22, WPG Version 5.1)

Mit diesem Recordtyp (16H) wird ein Diagramm (Chart) in WPG 5.1 beschrieben.

Offset	Bytes	Bemerkungen
00H	4	Chart-Länge
04H	2	X1-Koordinate Objekt
06H	2	Y1-Koordinate Objekt
08H	2	X2-Koordinate Objekt
0AH	2	Y2-Koordinate Objekt
0CH	2	Start Chart-Daten

Tabelle 41.25 Format Recordtyp 22

Der Wert im Feld *Chart-Länge* gibt die Länge des Objektdatenbereichs relativ zur Dateiposition nach dem Lesen des Längenfeldes an. Die Daten zum Aufbau des Diagramms werden als WPG-Kommandos ab Offset 0CH abgelegt.

Der Recordtyp 23 ist für *PlanPerfect*-Daten vorgesehen. Es liegen jedoch keine Informationen über die Recordstruktur vor.

Graphics Text2 (Typ 24, WPG Version 5.1)

Mit diesem Recordtyp (18H) wird ein Text als Grafik in WPG 5.1 ausgegeben.

Offset	Bytes	Bemerkungen
00H	4	Größe äquivalente WPG-Daten
04H	2	Baseline Rotationswinkel
06H	2	Textlänge (in Byte)
08H	2	X1-Koordinate Text (in wpu)
0AH	2	Y1-Koordinate Text (in wpu)
0CH	2	X2-Koordinate Text (in wpu)
0EH	2	Y2-Koordinate Text (in wpu)
10H	2	X-Skalenfaktor (in wpu)
12H	2	Y-Skalenfaktor (in wpu)
14H	1	Byte Subtyp (0-15) 0 = Window-Typ 1 = Single Line-Typ 2 = Bullet Text Chart 3 = Simple Text Chart 4 = Free-Format Text Chart
15H	n	Start formatierter String

Tabelle 41.26 Format Recordtyp 24

Ein Skalierungsfaktor von 100 % bedeutet, daß der Text mit der angegebenen Punktgröße anzuzeigen ist. Innerhalb des Textes dürfen Funktionen eingebettet werden.

Start WPG2 (Typ 25, WPG Version 5.1)

Mit diesem Recordtyp (19H) wird eine WPG2-Grafikdatei eingeleitet. Der Recordtyp ist ab WPG 5.1 definiert.

Offset	Bytes	Bemerkungen
00H	1	Subtyp-ID
01H	2	Subtyp-Länge
03H	n	Subtyp-Daten

Tabelle 41.27 Format Recordtyp 25

Der Record muß nur einmal ausgewertet werden. Subtypen sind Vorder- und Hintergrundfarben einer Seite.

42 Das Creative Music File-Format (CMF)

Zur Speicherung von Sounddaten wurde von der Firma Creative Labs ein eigenes Format definiert, welches sich an die MIDI-Spezifikation anlehnt. Die CMF-Dateien enthalten dabei sowohl Informationen zu den benutzten Instrumenten als auch die eigentlichen Musikdaten. Eine CMF-Datei wird dabei gemäß Abbildung 42.1 in mehrere Blöcke aufgeteilt.

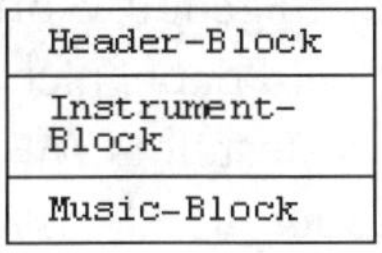

Abbildung 42.1 Struktur einer CMF-Datei

Die Daten lassen sich sequentiell lesen und sind im Intel-Format abgespeichert. Die Töne werden dabei über die Tonhöhe und das Instrument klassifiziert. Dies weicht von den bei anderen Formaten üblichen Aufzeichnung über digitalisierte Werte und Rückkopplungen ab. Damit lassen sich zwar nur solche Töne abbilden, die für das Instrument definiert wurden. Dies bringt jedoch den Vorteil, daß sich die zu speichernde Datenmenge enorm reduziert.

Der CMF-Header

Der Header besitzt einen festen Aufbau gemäß Tabelle 42.1.

Offset	Bytes	Bemerkungen
00H	4	File-ID (43 54 4D 46)
04H	2	Version
06H	2	Offset Instrument-Block
08H	2	Offset Music-Block
0AH	2	Takte Viertelnote
0CH	2	Takt per Sekunde
0EH	2	Offset Musiktitel
10H	2	Offset Komponistname
12H	2	Offset Kommentar
14H	16	Used Channel-Tabelle
24H	2	Zahl der Instrumente
26H	2	Grundtempo
28H	n	Bereich für Titel etc.

Tabelle 42.1 Struktur eines CMF-Headers

Die ersten vier Bytes einer CMF-Datei enthalten eine Signatur 'CTMF'. Damit läßt sich einwandfrei feststellen, ob eine CMF-Datei vorliegt. Ab Offset 04H folgt dann eine BCD-kodierte Versionsnummer (z. B. 010AH = 1.10).

Ab Offset 06H finden sich zwei Zeiger (Word), die als Offset auf die folgenden Blöcke dienen. Der Zeiger ab Offset 06H definiert den Anfang des Instrument-Blocks. Der Zeiger bezieht sich dabei auf den Dateianfang. Der zweite Zeiger gibt den Anfang des Music-Blocks in der CMF-Datei an.

Ab Offset 0AH wird die Zahl der Takte pro Viertelnote angegeben. Das folgende Wort (Offset 0CH) definiert dann die Zahl der Takte pro Sekunde. Unter Takt wird dabei nicht der Musiktakt verstanden, sondern der Wert legt den Takt bei der Ausgabe fest. Im CMF-Format wird die Ausgabe in Taktzyklen unterteilt. Ein Taktzyklus ist dabei die kleinste Zeiteinheit, mit der Ausgaben erfolgen können. Das Feld *Takte pro Sekunde* sollte nur Werte zwischen 20 und 150 annehmen. Die Angabe der *Takte pro Viertelnote* ab Offset 0AH definiert dann die Zeitdauer einer Viertelnote, gerechnet in Taktzyklen. Bedeutung erhält dieses Wort nur bei der Berechnung der Länge einer Note (Dauer = Takte pro Viertelnote/Takte pro Sekunde).

Ab Offset 0EH finden sich drei Worte mit Zeigern auf Kommentarfelder. Diese Kommentarfelder können sich ab Offset 28H im Header anschließen. Das erste Wort zeigt auf den String mit dem Musiktitel. Jede CMF-Datei kann einen Musiktitel enthalten, der als ASCIIZ-String ab dem angegebenen Offset im Header gespeichert wird. Enthält der Zeiger den Wert 0, wurde kein Musiktitel gespeichert. Der zweite Zeiger definiert die Lage des ASCIIZ-Strings mit dem Namen des Komponisten. Auch hier gilt, daß bei einem Wert 0 im Zeiger kein String gespeichert wurde. Das Feld ab Offset 12H enthält einen Zeiger auf einen optionalen Kommentarstring. Dieser String ist ebenfalls als ASCIIZ-String abzulegen. Enthält der Zeiger den Wert 0, fehlt der Kommentarstring.

Das CMF-Format arbeitet mit bis zu 16 Kanälen (unabhängig davon, wie viele Kanäle die Soundblaster Karte besitzt). Ab Offset 14H enthält der Header eine Tabelle mit 16 Bytes. Jedes Byte ist einem dieser Kanäle (1 bis 16) zugeordnet. Enthält das betreffende Byte den Wert 0, wird dieser Kanal in der CMF-Datei nicht benutzt. Eine 1 zeigt die Verwendung des Kanals an.

Das Wort ab Offset 24H gibt an, wie viele Instrumente in der CMF-Datei benutzt werden. Über diese Information ist die Größe des Instrument-Blocks zu ermitteln. Das Wort ab Offset 26H definiert das Grundtempo eines Musikstücks. Dieser Parameter scheint aber in der Regel nicht benutzt zu werden und ist (vermutlich) aus Kompatibilitätsgründen im Header definiert. Der Platz ab Offset 28H dient zur Aufnahme verschiedener ASCIIZ-Strings (Musiktitel, Komponist, Kommentare). Sofern keine Texte gespeichert wurden, beginnt hier der Instrument-Block.

Der Instrument-Block

Der Instrument-Block schließt sich an den Header an. Die Lage des Instrument-Blocks wird im Header ab Offset 06H angegeben. In diesem Instrument-Block werden alle in der CMF-Datei benutzten Instrumente definiert. Für jedes Instrument enthält der Block 16 Bytes mit einem Aufbau gemäß Tabelle 42.2.

Offset	Bytes	Bemerkungen
00H	1	Modulator-Charakteristik
01H	1	Carrier-Charakteristik
02H	1	Modulator Amplitude
03H	1	Carrier Amplitude
04H	1	Modulator Attack/Decay
05H	1	Carrier Attack/Decay
06H	1	Modulator Sustain/Release
07H	1	Carrier Sustain/Release
08H	1	Modulator Wave Form
09H	1	Carrier Wave Form
0AH	1	Feedback/Link
0BH	5	Reserviert

Tabelle 42.2 Struktur eines Instrumenteintrages

Die Zahl dieser 16-Byte-Einträge im Instrument-Block wird im Header der CMF-Datei ab Offset 24H vereinbart. Das erste Byte definiert die Charakteristik des Modulators. Das Byte wird dabei gemäß Tabelle 42.3 strukturiert.

Bit	Bemerkungen
0-3	Multiplikationsfaktor
4	Hüllkurve abfallend
5	Typ Hüllkurve
6	Vibrato-Effekt
7	Tremolo-Effekt

Tabelle 42.3 Kodierung Modulator-Charakteristik

Das zweite Byte beschreibt die Charakteristik des Trägersignals. Hierbei gilt die gleiche Kodierung wie beim Modulator (siehe Tabelle 42.3). Das Byte ab Offset 03H definiert die Amplitude des Modulators. Dieses Byte enthält den Dämpfungsfaktor und den Parameter für die Amplitudendämpfung:

Bits	Bemerkungen
0-5	Dämpfungsfaktor
6-7	Amplitudendämpfung

Tabelle 42.4 Kodierung Modulator-Amplitude

Das vierte Byte eines Instrument-Records beschreibt die Trägeramplitude. Die Kodierung entspricht der Amplitude des Modulators (Tabelle 42.4). Ab Offset 04H findet sich der Modulator Attack/Decay-Wert. Dieses Byte teilt sich ebenfalls bitweise auf:

Bits	Bemerkungen
0-3	Decay
4-7	Attack

Tabelle 42.5 Kodierung Attack/Decay-Byte

Für den Träger werden die gleichen Informationen ab Offset 05H abgelegt. Im Byte ab Offset 06H findet sich der Modulator Sustain/Release-Wert. Das Byte beschreibt zwei Werte einer ADSR-Hüllkurve:

Bits	Bemerkungen
0-3	Release
4-7	Sustain

Tabelle 42.6 Kodierung Sustain/Release-Byte

Ab Offset 07H findet sich das Byte mit dem *Sustain/Release*-Wert für den Träger. Hierbei gilt ebenfalls die in Tabelle 42.6 gezeigte Kodierung. Offset 08H und 09H enthalten je ein Byte mit der Wellenform des Modulators und des Trägers. Hierbei wird die Wellenform nur in den beiden unteren Bits 0,1 kodiert. Die Bits 2 bis 7 müssen gelöscht sein. Die Informationen über die Rückkopplung/Verbindung werden im Byte ab Offset 0AH gespeichert. Hierbei gilt die Kodierung aus Tabelle 42.7.

Bits	Bemerkungen
0	Link
1-2	Feedback Modulator
4-7	Reserviert (muß 0 sein)

Tabelle 42.7 Kodierung Feedback/Link-Byte

Die restlichen 5 Bytes wurden für spätere Erweiterungen freigelassen.

Der Music-Block

Der Music-Block enthält die eigentlichen Daten des aufgezeichneten Musikstücks. Die Entwickler von Creative Labs haben dabei auf die MIDI-Definition zurückgegriffen und Teile dieser Struktur übernommen. Der Music-Block besteht aus einer Sequenz von Kommandos zur Ausgabe von Klängen und zur Steuerung. Diese Kommandos werden gemäß der MIDI-Spezifikation als Ereignisse (Events) bezeichnet. Interessant ist hierbei, daß nur der Ton und eine Zeitdauer zur Ausgabe benötigt werden. Ob der Hörer anschließend eine Trompete, eine Gitarre etc. erkennt, wird über einen Instrumentenkanal definiert.

Vor jedem Event muß ein Pausenkommando stehen, d.h., Kommandos zur Ausgabe von Tönen, Steueranweisungen etc. und Pausen wechseln sich ab. Falls zwischen zwei Events keine Pause benötigt wird, ist die Pausenzeit auf 0 zu setzen.

Der Aufbau eines Pausekommandos

Ein Pausekommando besteht aus einem Record variabler Länge, dessen Bytes gemäß Abbildung 42.2 kodiert sind.

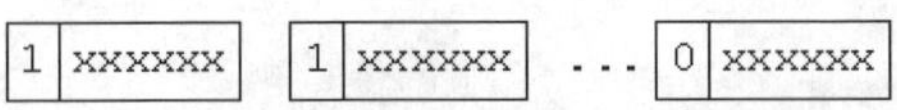

Abbildung 42.2 Struktur eines Pausekommandos

Die einzelnen Bytes enthalten in den Bits 0-6 den Pausenwert in Takten. Ist das oberste Bit auf 1 gesetzt, existiert ein Folgebyte. Im letzten Byte der Pausezeit wird das oberste Bit auf 0 gesetzt. Aus den gelesenen Bytes muß das oberste Bit ausgeblendet werden, d.h., die restlichen Bits der einzelnen Bytes sind zusammenzuschieben. Der so gefundene Wert gibt die Dauer der Pause in Taktzyklen an. Die Pausendauer in Sekunden läßt sich dann zu:

```
Dauer = Pausendauer (in Takten)/Takte pro Sekunde
```

berechnen. Die Takte pro Sekunde stehen ab Offset 0CH im Header. In der Regel lassen sich die Pausenzeiten aber in einem Byte (0 ... 127) Takte kodieren. Der erste Pauserecord beginnt direkt am Anfang des Music-Blocks.

Die Befehle des Music-Blocks

Auf jedes Pausenkommando folgt im Music-Block ein Event-Record. In Anlehnung an die MIDI-Spezifikation kennt das CMF-Format die in Tabelle 42.8 definierten Befehle.

Code	Bemerkung
9xH	Sound On
8xH	Sound Off

Code	Bemerkung
BxH	Control Command
CxH	Program Command

Tabelle 42.8 CMF Music-Block-Kommandos

Befehle, die mit den Codes 90H bis 9FH beginnen, schalten zum Beispiel einen Ton ein. Dieser Ton gilt so lange, bis er wieder durch einen Befehl mit dem Code 80H bis 8FH ausgeschaltet wird. Da zwischen den Events eine Pause stehen muß, gibt diese in der Regel die Tonlänge an. Allerdings fehlt neben dem Ton noch die Zuordnung des Instruments. Hierzu dienen die untersten 4 Bits des Kommandobyte. In Tabelle 42.8 wurde dies durch das Zeichen x angedeutet. Die Werte 0 bis 0FH stehen dann für die Instrumentenkanäle 1 bis 170. Um welches Instrument es sich handelt, ist im Instrument-Block vereinbart. Der Code 90H schaltet dann zum Beispiel einen Ton auf dem Instrumentenkanal 1 ein.

Der Befehl Ton ein

Der Befehl *Ton ein* umfaßt 3 Bytes mit folgender Struktur:

Byte	Bemerkung
1	Event-Code (9xH)
1	Ton (Sound) Nummer (0...127)
1	Dynamik (0...127)

Tabelle 42.9 Struktur eines Sound On-Kommandos

Das erste Byte dient zur Aufnahme des *Event*-Codes 9xH und enthält die Nummer des Instrumentenkanals in den unteren 4 Bits (z. B. 90H = Instrumentenkanal 1). Im zweiten Byte folgt der Code für die Tonhöhe (Klang). Der Wertebereich liegt zwischen 0 und 127. Die einzelnen Töne sind gemäß der MIDI-Spezifikation kodiert (siehe folgende Abschnitte). Der Kammerton a' wird zum Beispiel durch den Wert 45H dargestellt. Jeder Halbtonschritt nach oben oder unten verändert diesen Wert um 1.

Das dritte Byte definiert die (Anschlag-)Dynamik des Instruments und ist nur bei solchen Instrumenten sinnvoll, die dies auch unterstützen. Im CMF-Format wird die Dynamik einfach als Lautstärkewert im Bereich 0 (leise) bis 127 (maximale Lautstärke) abgebildet. Sobald das Kommando erkannt wird, ist der Ton auszugeben. Erst ein *Ton aus*-Kommando schaltet den Ton wieder aus.

Der Befehl Ton aus

Der Befehl *Ton aus* umfaßt 3 Bytes mit folgender Struktur:

Byte	Bemerkung
1	Event-Code (8xH)
1	Ton (Sound) Nummer (0...127)
1	Dynamik Parameter (0...127)

Tabelle 42.10 Struktur eines Sound Off-Kommandos

Das erste Byte dient zur Aufnahme des Event-Codes. Hier wird der Wert 8xH mit der Nummer des Instrumentenkanals in den unteren 4 Bit verknüpft. Das zweite Byte definiert den abzuschaltenden Ton. Bei mehrstimmigen Instrumenten lassen sich damit einzelne Töne des Synthesizers abschalten. Der dritte Parameter wird nicht mehr als Lautstärke interpretiert, sondern gibt die Dynamik beim Ausschwingen des Tones an.

Die Steuerbefehle

Neben den beiden Events zum Ein- und Ausschalten eines Tones kennt das CMF-Format weitere Steueranweisungen. Damit lassen sich zum Beispiel Verzerrungsfaktoren einstellen. Ein Steuerbefehl wird mit dem Code BxH eingeleitet, wobei für x die gewünschte Kanalnummer einzutragen ist. Allerdings ist diese Kanalnummer für einige Befehle wirkungslos. Das zweite Byte im Steuerrecord definiert dann einen der vier Unterbefehle. Daran schließen sich die Datenbytes an. Die Recordstruktur ist jedoch abhängig vom Befehlstyp. Nachfolgend werden die vier Sub-Befehle beschrieben.

Der CMF-Marker-Befehl

Die Marker besitzen die Aufgabe, bestimmte Stellen einer CMF-Datei zu markieren. Der Befehl besitzt dabei das folgende Format.

Byte	Bemerkung
1	Event-Code (BxH)
1	Subcode (66H)
1	Marker-Nummer (0...127)

Tabelle 42.11 Struktur eines Marker-Events

Der Event-Code BxH leitet den Marker ein, wobei die Kanalnummer hier ohne Bedeutung ist. Als Subcode wird der Wert 66H im zweiten Byte angehängt. Das dritte Byte definiert eine Marker-Nummer zwischen 0 und 127. Eine CMF-Datei kann damit bis zu 128 Abschnitte enthalten. Dies ist zum Beispiel zur Synchronisierung von Bildern und Musik hilfreich.

Der CMF-Modus-Befehl

Beim Abspielen von Musik läßt sich in CMF-Dateien zwischen Rhythmus und Melodie umschalten. Der zugehörige Record besitzt ebenfalls eine Länge von 3 Bytes mit folgendem Format.

Byte	Bemerkung
1	Event-Code (BxH)
1	Subcode (67H)
1	Modus-Flag (0: Melodie, 1: Rhythmus)

Tabelle 42.12 Struktur eine Mode-Events

Ein Modus-Ecord wird wieder durch den Event-Code BxH eingeleitet, wobei die Kanalnummer in den unteren 4 Bits einzublenden ist. Damit bezieht sich die Modusumschaltung auf einen definierten Instrumentenkanal. Bei den CMF-Dateien sind dabei bestimmte Kanäle festen Rhythmusinstrumenten zugeordnet.

Kanal	Instrument
12	Bass Drum
13	Snare Drum
14	Tom Tom
15	Top Cymbal
16	High-Hat Cymbal

Tabelle 42.13 Rhythmusinstrument für CMF-Kanäle

Die Kanalnummer aus Tabelle 42.13 ist dann um eins vermindert im ersten Codebyte einzublenden. Mit BFH wird zum Beispiel das Instrument aus Kanal 16 umgeschaltet. Das dritte Byte definiert die Richtung der Umschaltung. Der Wert 0 schaltet das Instrument auf Melodie, während der Wert 1 den Rhythmus aktiviert.

Der Befehl CMF Ton erhöhen

Zur Einstellung der Klangfarbe (Verzerrung) wird der Subbefehl *Ton erhöhen* benutzt. Der Befehl besitzt dabei das folgende Format.

Byte	Bemerkung
1	Event-Code (BxH)
1	Subcode (68H)
1	Frequenz Shift (0...127)

Tabelle 42.14 Struktur eines Increase Frequence-Events

Der Event-Code BxH leitet den Steuerrecord ein, wobei die Kanalnummer in den unteren vier Bit einzublenden ist. Als Subcode wird der Wert 68H im zweiten Byte angehängt. Das dritte Byte definiert die Erhöhung des Tones in 1/128 Halbtonschritten. Damit erhöht sich der Ton um die betreffende Frequenz. Der angegebene Wert darf zwischen 0 und 127 liegen. Ein Wert von 32 erhöht die Frequenz um 32/128 = 1/4 Halbton.

Der Befehl CMF Ton erniedrigen

Zur Absenkung eines Tones wird der Subbefehl *Tonerniedrigen* mit folgender Struktur verwendet.

Byte	Bemerkung
1	Event-Code (BCxH)
1	Subcode (66H)
1	Marker-Nummer (0...127)

Tabelle 42.15 Struktur eines Decrease Frequence-Events

Der Event-Code BxH leitet den Steuerrecord ein, wobei die Kanalnummer in den unteren vier Bits einzublenden ist. Als Subcode wird der Wert 69H im zweiten Byte angehängt. Damit definiert das dritte Byte die Absenkung der Tonfrequenz in 1/128 Halbtonschritten.

Der CMF-Programm-Befehl

Das CMF-Format sieht einen eigenen Befehl zur Einstellung eines Kanals auf ein bestimmtes Instrument vor. Dieser Befehl besitzt folgende Struktur.

Byte	Bemerkung
1	Event-Code (CxH)
1	Instrument (0...15)

Tabelle 42.16 Struktur eines Program Instrument-Events

Der Befehl wird mit dem Event-Code CxH eingeleitet. Dabei steht das Zeichen x für die Kanalnummer. Das zweite Byte dient zur Aufnahme der Instrumentennummer. Hier sind ebenfalls Werte zwischen 0 und 0FH einzutragen. Damit kann der Treiber die Instrumentendefinition im Instrument-Block lesen und dem betreffenden Kanal zuordnen. Damit lassen sich theoretisch beliebig viele Instrumente in einer CMF-Datei ablegen, wobei immer 16 Instrumente gleichzeitig aktiv sind. Ein Wechsel wird durch ein Program Instrument-Event eingeleitet.

Der CMF-End of Track-Befehl

Das Ende des CMF-Music-Bereiches wird durch das End of Track-Event eingeleitet. Der Record besitzt den folgenden Aufbau:

Byte	Bemerkung
1	Event-Code (FFH)
1	Subcode (2FH)
1	Endcode (00H)

Tabelle 42.17 Struktur eines End of Track-Events

Der End of Track-Record besitzt in der CMF-Datei immer die Bytefolge FF 2F 00.

Datenwiederholung im Music-Block

Die Daten werden in einer CMF-Datei im Music-Block unkomprimiert gespeichert. Die Dateilänge ist dabei auf 64 kByte begrenzt, da die Zeiger nur 16 Bit umfassen. Trotzdem kann eine CMF-Datei umfangreiche Musikstücke speichern. Der Grund liegt in der Aufzeichnung der Töne (nicht von digitalisierten Daten, wie in anderen Sound-Formaten). Zeiträume der Stille oder ohne Änderung der Töne werden durch die Pausenzeiten definiert. Hierdurch müssen für diese Zeiten keine Daten gespeichert werden, und die CMF-Dateien bleiben kompakt.

Trotzdem gibt es einen Ansatz zur Komprimierung der Befehlscodes. Immer wenn zwei aufeinanderfolgende Events den gleichen Befehlscode (z.B. C9H) aufweisen, kann der zweite Befehlscode entfallen. Nehmen wir an, auf Kanal 3 sollen nacheinander zwei Töne mit den Codes 45H und 30H ausgegeben werden. Dies ist mit dem Record *Ton ein* möglich, der drei Bytes umfaßt.

Struktur eines End of Track-Events

```
92 45 7F Set tone + volume
00 pause time 0
92 30 50 set new tone + volume
```

Die Sequenz umfaßt dabei 7 Bytes, wobei der Opcode für das Event 92H (Set Tone) zweifach auftritt. Die Sequenz läßt sich daher auf:

```
92 45 7F Set tone + volume
00 pause time 0
30 50 set new tone + volume
```

verkürzen. Der Opcode 92H nach der Pausenzeit wird einfach weggelassen. Findet der CMF-Leser nach einem Pausenbefehl wieder ein Byte mit einem Wert kleiner 80H, handelt es sich um neue Parameter für das letzte Event. Dann sind die benötigten Bytes einzulesen und mit dem letzten Event-Code auszuführen. Diese Komprimierung funktioniert, da im Music-Block immer Pausenkommandos mit Events abwechseln müssen und alle Event-Codes oberhalb von 80H liegen.

43 Das Creative Voice-Format (VOC)

Die Entwickler der Soundblaster Karten, die Firma Creative Labs, haben neben der CMF-Spezifikation weitere Soundformate definiert. Eines der am weitesten verbreiteten Formate ist das Creative-Voice-Format (VOC). Während CMF-Dateien die Daten in ungepackter Form aufnehmen, lassen sich im VOC-Format die Sounddaten auch packen. Dies trägt der Tatsache Rechnung, daß die Soundblaster Karten direkt gepackte Daten decodieren und ausgeben können. Eine VOC-Datei wird auf dem PC eingesetzt und enthält die Daten im Intel-Format. Dieses Format besteht aus einem Header und einem Datenbereich. Der Datenbereich wird wieder in eigene Subblöcke (CHUNKS) unterteilt (Abbildung 43.1).

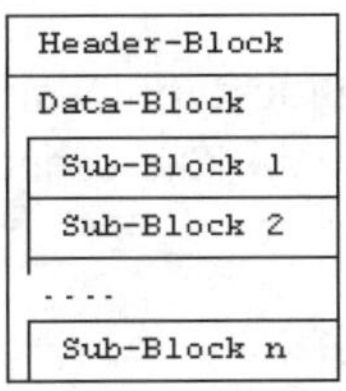

Abbildung 43.1 Struktur einer VOC-Datei

Der Header enthält dabei die Kennung, sowie die Versionsnummer. Der folgende Datenbereich wird in Subblocks mit 9 verschiedenen Subtypen aufgeteilt und enthält die Daten in verschlüsselter oder unverschlüsselter Form.

Der VOC-Header

Der Header einer VOC-Datei umfaßt immer 26 Bytes und ist gemäß Tabelle 43.1 strukturiert.

Offset	Bytes	Bemerkungen
00H	20	File-ID
14H	2	Offset-Sounddaten
16H	2	VOC-Version
18H	2	ID-Code-Version

Tabelle 43.1 Struktur eines VOC-Headers

Die ersten 20 Bytes dienen zur Aufnahme einer Signatur. Hierbei handelt es sich um den String *'Creative Voice File'*, dem das Zeichen 1AH angehängt wird. Das Zeichen 1AH dient in MS-DOS als *End of File*-Kennung. Ab Offset 14H findet sich ein Zeiger auf den Beginn des Soundbereiches. Hier wird der Wert 1AH abgelegt, da der Header bisher eine feste Größe besitzt. Die beiden Worte ab Offset 16H definieren die Versionsnummer des

VOC-Formats. Ab Offset 16H findet sich die Version im BCD-Format. Der Eintrag 0A 01 (Intel-Format) bedeutet zum Beispiel die Version 1.10. Das Wort ab Offset 18H enthält als Identifikationscode nochmals die Versionsnummer in verschlüsselter Form. Zum Wert 1233H wird das Zweierkomplement der vorhergehenden Versionsnummer addiert. Bei der Version 010AH wird der ID-Code zu *1233H – 010AH = 1129H* berechnet. Die ursprüngliche Versionsnummer läßt sich dann aus *1133H – 1129H* ermitteln.

Der VOC-Datenbereich

An den Header schließt sich der Datenbereich der VOC-Datei an. Dieser Datenbereich wird in verschiedene Subblöcke aufgeteilt. Hierbei sind 9 Subblöcke mit unterschiedlicher Struktur definiert. Dabei wurde der 9. Block nach meinen Informationen zu einem späteren Zeitpunkt als Extension-Block definiert.

Die Subblocks besitzen im ersten Byte den Identifikationscode für den Blocktyp. Daran schließt sich bei den meisten Blöcken ein 3-Byte-Feld mit der Blocklänge an. Die Länge eines Blockes berechnet sich aus den drei Bytes zu:

```
Len = Byte1 + 256*Byte2 + 65536*Byte3
```

Die Blocklänge bezieht sich dabei auf die Länge des Datenbereiches, d.h., die ersten vier Bytes mit dem Blockcode und der Blocklänge werden nicht mit einbezogen.

Auf diese Längenangabe folgen die eigentlichen Daten. Die VOC-Datei wird dabei immer durch einen Terminator-Block (Typ 0) abgeschlossen. Der Aufbau der einzelnen Blöcke wird nachfolgend beschrieben.

Der Terminator-Block (Typ 0)

Dieser Subblock schließt die VOC-Datei ab. Ein Terminator-Block besitzt lediglich eine Länge von 1 Byte. In diesem Byte wird der Code 00H für den Blocktyp eingetragen.

Der Voice-Data-Block (Typ 1)

In diesem Subblock werden die Sounddaten in der VOC-Datei abgelegt. Der Block besitzt den in Tabelle 43.2 gezeigten Aufbau.

Offset	Bytes	Bemerkungen
00H	1	Block Typ (01H)
01H	3	Blocklänge
04H	1	Encoded Sample Rate
05H	1	Compression-Flag
06H	n	Sample Data

Tabelle 43.2 Struktur eines Voice-Data-Blocks (01H)

Auf das Byte mit dem Blocktyp folgt die Längenangabe mit drei Bytes. Ab Offset 04H wird die Sample Rate in kodierter Form abgelegt. Dies ist erforderlich, da in einem Byte lediglich Werte von 0 bis 255 darstellbar sind. Im Byte ab Offset 04H wird daher eine Zeitkonstante (time constant) abgelegt, die sich aus der Abtastrate (sample rate) zu:

```
Time Constant = 256 - (10000000/Sample Rate)
```

berechnen läßt. Die Abtastrate (sample rate) läßt sich damit zu:

```
Sample Rate = 1E6/(256-Time Constant)
```

berechnen. Ein *Voice Data*-Block kann die *Sample*-Daten gepackt oder ungepackt enthalten. Informationen über die Komprimierung liefert das Byte ab Offset 05H.

Code	Bemerkungen
0	ungepackt 8 Bit
1	gepackt 4 Bit
2	gepackt 2.6 Bit
3	gepackt 2 Bit

Tabelle 43.3 Packcodes für VOC-Daten

Mit dem Code 0 liegen die Voice-Daten ungepackt mit 8 Bit vor. Mit 1 werden 8 Bit in 4 Bit gepackt (2:1). Mit dem Code 2 packt der Algorithmus 8 Bit in 2.6 Bit (3:1). Und mit dem Code 4 werden 8 Bit in 2 Bit (4:1) gepackt.

Der Komprimierungsalgorithmus ist so angelegt, daß er aus den original Sounddaten, die normalerweise mit 8 Bit pro Sample abgetastet werden, nur bestimmte Bits ausfiltert. Hierdurch ergibt sich eine Reduzierung der Bits, was allerdings einen Qualitätsverlust bedeutet, da beim Entpacken keine 8 Bit erreicht werden. Das Entpacken übernimmt dabei der Soundblaster Chip.

Ab Offset 06H folgen dann die eigentlichen *Voice*-Daten im angegebenen Format.

Der Voice-Continuation-Block (Typ 2)

Umfangreiche Sounddaten lassen sich nicht in einem Voice-Daten-Block speichern, da dessen Länge begrenzt ist. Deshalb wurde der *Voice Continuation*-Block eingeführt. Dieser Block enthält ebenfalls Sounddaten und besitzt folgende Struktur:

Offset	Bytes	Bemerkungen
00H	1	Block Typ (02H)
01H	3	Blocklänge
04H	n	Sample Daten

Tabelle 43.4 Struktur eines Voice-Continue-Blocks (02H)

Auf das Byte mit dem Blocktyp folgt die Längenangabe mit drei Bytes. Daran schließen sich die *Sample*-Daten an. Die Kodierung richtet sich nach dem letzten vorhergehenden *Voice-Data*-Block.

Der Silence-Block (Typ 3)

Pausen in einem Musikstück werden in der VOC-Datei in einem *Silence*-Block abgelegt. Der Block besitzt den in Tabelle 43.5 gezeigten Aufbau.

Offset	Bytes	Bemerkungen
00H	1	Block Typ (03H)
01H	3	Blocklänge
04H	2	Silence Duration
06H	2	SampleRrate

Tabelle 43.5 Struktur eines Silence-Blocks (03H)

Auf das Byte mit dem Blocktyp folgt die Längenangabe mit drei Bytes. Daran schließt sich der Wert für die Dauer der Stille (silence duration) an. Die Abtastrate (sample rate) wird ab Offset 06H angegeben. Diese wird wie beim *Voice-Data*-Block als *Time Constant* verschlüsselt gespeichert. Dabei wird der Wert zusätzlich um 1 erniedrigt.

Der Marker-Block (Typ 4)

Dieser Subblock dient zur Unterteilung von VOC-Dateien und besitzt folgenden Aufbau:

Offset	Bytes	Bemerkungen
00H	1	Block Typ (04H)
01H	3	Blocklänge (02H)
04H	2	Marker Nummer

Tabelle 43.6 Struktur eines Marker-Blocks (04H)

Auf das Byte mit dem Blocktyp folgt die Längenangabe mit drei Bytes. Die Blocklänge wird bei einem *Marker*-Block immer auf 02H gesetzt. Das folgende Wort enthält eine Nummer für den Marker im Bereich zwischen 1 und FFFEH. Die Werte 0 und FFFFH sind reserviert. *Marker*-Blöcke lassen sich zur Synchronisation in der VOC-Datei verwenden.

Der ASCII-Text-Block (Typ 5)

Dieser Subblock erlaubt die Aufnahme von Kommentaren als ASCII-Text in VOC-Dateien und besitzt folgenden Aufbau:

Offset	Bytes	Bemerkungen
00H	1	Block Typ (05H)
01H	3	Blocklänge
04H	n	ASCIIZ-String

Tabelle 43.7 Struktur eines ASCII-Text-Blocks (05H)

Auf das Byte mit dem Blocktyp folgt die Längenangabe mit drei Bytes. Ab Offset 04H folgt der eigentliche Text, der mit einem Nullbyte 00H abzuschließen ist.

Der Repeat Loop-Block (Typ 6)

Dieser Subblock erlaubt Sequenzen von Wiederholungen in der VOC-Datei zu speichern. Eine Wiederholungssequenz wird von einem *Repeat Loop*-Block eingeleitet und von einem *End Repeat Loop*-Block beendet. Die Blöcke innerhalb dieses Rahmens sind dann *n + 1 mal* zu wiederholen. Der Faktor n wird im Repeat Loop-Block angegeben.

Offset	Bytes	Bemerkungen
00H	1	Blocktyp (06H)
01H	3	Blocklänge (02H)
04H	2	Repeat Value-1

Tabelle 43.8 Struktur eines Repeat Loop-Blocks (06H)

Auf das Byte mit dem Blocktyp folgt die Längenangabe mit drei Bytes. Diese wird fest auf 02H gesetzt. Ab Offset 04H folgt ein Wort mit dem Wiederholungszähler (repeat value). Dieser darf Werte zwischen 0 und 65535 annehmen. Der Wert ist vor der Wiederholung um 1 zu erhöhen.

Der End Repeat Loop-Block (Typ 7)

Dieser Subblock schließt eine Wiederholungssequenz ab und besitzt folgenden Aufbau:

Offset	Bytes	Bemerkungen
00H	1	Blocktyp (07H)
01H	3	Blocklänge (00H)

Tabelle 43.9 Struktur eines End Repeat Loop-Blocks (07H)

Auf das Byte mit dem Blocktyp folgt die Längenangabe mit drei Bytes. Diese wird fest auf 00H gesetzt.

Der Extended-Block (Typ 8)

Dieser Subblock wird in den meisten Dokumentationen nicht erwähnt. Hierbei handelt es sich um eine Erweiterung des Subblocks mit dem Typ 1. Die Aufgabe dieses Blockes ist es, ein *Stereo Sample* zu deklarieren. Der *Extended*-Block kommt deshalb unmittelbar vor dem *Voice Data*-Block und besitzt folgenden Aufbau:

Offset	Bytes	Bemerkungen
00H	1	Blocktyp (08H)
01H	3	Blocklänge (04H)
04H	2	Time Constant
06H	1	Compression Code
07H	1	Mode (0: Mono, 1: Stereo)

Tabelle 43.10 Struktur eines Extended-Blocks (08H)

Auf das Byte mit dem Blocktyp folgt die Längenangabe mit drei Bytes. Diese wird fest auf 04H gesetzt. Ab Offset 04H folgt ein Wort mit der Time Constant. Diese Konstante umfaßt 2 Bytes und wird bei *Mono Samples* aus der *Sample Rate* gemäß der Formel:

```
Mono Time Constant = 65532 -(256E**6/Sample Rate)
```

berechnet. Für Stereo Samples gilt dagegen nur die halbe Frequenz:

```
Stereo Time Constant = (65532 -(256E**6/Sample Rate))/2
```

Die Sample Rate läßt sich aus diesen Vorgaben berechnen.

Ab Offset 06H folgt dann das Byte mit dem Code für den Kompressionsfaktor. Dieser Kompressionsfaktor wird wie beim Subblock 01H (Voice Data) kodiert. Das letzte Byte im *Extended*-Block definiert den Mode des nachfolgenden *Voice Data*-Blocks. Der Eintrag 0 weist auf Monodaten hin, mit dem Wert 1 liegen Stereodaten vor.

Der zwangsweise auf den *Extended*-Block folgende *Voice Data*-Block enthält dann die eigentlichen Daten. Die beiden Felder für *Sample Rate* und *Compression*-Typ werden dabei ignoriert. Bei Stereodaten werden abwechselnd der erste Wert im *Voice Data*-Block für den linken Kanal und der folgende Wert für den rechten Kanal benutzt.

44 Das AMIGA MOD-Format

Dieses Format wurde ursprünglich von der Firma Commodore für den Amiga Computer definiert. Mittlerweile wurde es für andere Plattformen (z.B. PC) übernommen. Das MOD-Format speichert sowohl digitale Daten als auch Noten und wird zur Gruppe der Soundtracker Formate gezählt. Hierzu werden in einem ersten Schritt die einzelnen Noten eines Instruments in digitaler Form aufgezeichnet. Anschließend läßt sich das Musikstück durch einzelne Noten und deren Dauer beschreiben. Dies erlaubt eine sehr gute Annäherung an den Klang eines Instruments und führt trotzdem zu kompakten Dateien. Die Struktur einer MOD-Datei unterteilt sich in drei Blöcke (Abbildung 44.1).

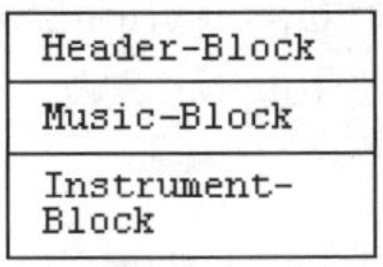

Abbildung 44.1 Struktur einer MOD-Datei

Im Header finden sich allgemeine Daten, wie der Name des Musikstückes oder der Name des Instrumentes. An den Header schließen sich die aufgezeichneten Noten des Musikstücks an. Der dritte Block enthält die digitalisierten Daten des Instruments. Leider gibt es mittlerweile einige Varianten, mit geringfügig abweichenden Strukturen. Die ältere MOD-Version erlaubt die Arbeit mit bis zu 15 Instrumenten. In einer erweiterten Version sind bis zu 31 Instrumente möglich.

Die Daten werden im MOD-Format immer im Motorola-Format abgespeichert. Längenangaben erfolgen im MOD-Format in Worten, d.h., eine Länge in Byte ist immer das Zweifache des angegebenen Wertes.

Der MOD-Header

Der Header besitzt einen Aufbau gemäß Tabelle 44.1.

Offset	Bytes	Bemerkungen
00H	20	Name Sound-Track
14H	21	Name 1. Instrument
2AH	2	Länge 1. Instrumentname
2CH	1	Instrumentkalibrierung
2DH	1	Instrumentvolume
2EH	2	Instrumentecho
30H	2	Echolänge
..H		nächstes Instrument

Tabelle 44.1 Struktur eines MOD-Headers

Die ersten 20 Bytes einer MOD-Datei enthalten den Namen des Musikstückes. Dieser Name muß mit einem Nullbyte abgeschlossen werden. Ab Offset 14H schließen sich die Definitionen für die einzelnen Instrumente an. Jede Definition umfaßt 30 Bytes. Die ersten 22 Bytes liefern den Namen des Instruments als ASCIIZ-String. Daran schließt sich ein Wort an, welches die Länge des Instrumentdatenbereichs definiert. Dieser Bereich enthält die digitalisierten Daten des Instruments und befindet sich am Ende der Datei. Die Länge wird dabei in Worten angegeben, d.h., der Wert ist zu verdoppeln, um die Länge in Byte zu erhalten. Im folgenden Byte sind nur die untersten 4 Bits belegt. Dieser Wert wird als vorzeichenbehaftete Zahl (-8 ... 7) aufgefaßt und dient zum Stimmen des Instruments. Das nächste Byte definiert die Lautstärke. Hier werden die unteren 6 Bits benutzt. Um Effekte wie Hall oder Echo zu erreichen, kann das MOD-Format Teile der digitalisierten Daten beliebig oft wiederholen. Das folgende Wort gibt den Offset vom Beginn der Instrumentendaten an, ab der die Wiederholung beginnt. Das folgende Wort definiert dann die Schleifenlänge (in Worten).

Dieser Bereich mit 30 Bytes wird für jedes Instrument wiederholt. Hierbei gibt es MOD-Dateien mit 15 und 31 Instrumenten. Die Unterscheidung kann nur durch Analyse des Bereiches ab Byte 470 erfolgen. Findet sich hier ein Instrumentname (ASCIIZ-String), liegen 31 Instrumente vor. Andernfalls beginnt ab diesem Offset der Notenbereich.

Der Noten-Block

An den Header schließt sich der Bereich mit den Noten an. Bei MOD-Dateien mit 31 Instrumenten beginnt das erste Byte ab Offset 3B6H, bei Dateien mit 15 Instrumenten ist der Offset auf 1D6H zu setzen. Der Bereich mit den Noten besitzt den in Tabelle 44.2 gezeigten Aufbau.

Offset	Bytes	Bemerkungen
00H	1	Pattern-Nummer
01H	1	(Intern benutzt von Amiga)
02H	128	Pattern Area
..H	4	MOD-File-ID
..H	1024	Note Area
..H	..	Next Pattern Area

Tabelle 44.2 Struktur eines Notenblocks

Das erste Byte gibt die Zahl der Muster an, die in diesem Musikstück verwendet werden. Ab dem dritten Byte beginnt ein 128 Bytes langer Bereich (pattern area). Dieser Bereich enthält die Abspielreihenfolge der folgenden Notenmuster (pattern). Jeder Eintrag kann Werte zwischen 0 und 63 darstellen. Die nächsten vier Bytes spezifizieren einen Identifikationscode für die MOD-Dateien. Dieser kann unterschiedliche Werte (z.B. *'M.K.'* oder *'FLT4'*) annehmen.

An diesen Vorspann schließen sich mehrere 1024-Byte-Bereiche mit den eigentlichen Noten an. Die Reihenfolge, in der diese Notenbereiche gespielt werden, steht in dem 128-Byte-Pattern-Bereich. Die Anzahl der Bereiche wird im ersten Byte des Notenbereiches definiert. Die einzelnen Noten werden in einem 1024-Byte-Bereich mit 4 Byte (32 Bit) kodiert. Damit ergeben sich 256 Noten pro Block. Diese 256 Noten werden nochmals in 64 Blöcke à 4 Noten unterteilt. Da MOD-Dateien vier Kanäle kennen, enthält jeder Block die Noten für diese Kanäle. Dabei bezieht sich der erste Eintrag auf Kanal 1. Dann folgen die Noten für die Kanäle 2, 3 und 4. Anschließend beginnt der nächste Block mit der Note für Kanal 1.

Der Instrumentdatenbereich

An den Music-Bereich schließt sich der Bereich mit den digitalisierten Instrumentdaten an. In diesem Teil werden für jedes Instrument die aufgezeichneten Daten unkomprimiert sequentiell abgelegt. Die Länge eines solchen Bereichs kann für jedes Instrument unterschiedlich sein. Die betreffenden Längen werden aber im Header der MOD-Datei angegeben. Die Noten im Music-Teil besitzen nun eine besondere Kodierung zur Aufbereitung der digitalisierten Daten.

Ursprünglich wurden von den 32 Bit nur die untersten 4 Bits zur Bestimmung des Instruments verwendet. Nachdem die MOD-Datenstruktur auf 31 Instrumente erweitert wurde, reichten diese 4 Bits nicht mehr aus. Deshalb ergeben sich für die beiden MOD-Varianten zwei unterschiedliche Strukturen für die Noten.

Bits	Bemerkungen
0-3	Pitch
4-15	---
16-19	Instrument-Nummer
20-23	Adjektiv (Effect)
24-31	Parameter für Adjektiv

Tabelle 44.3 Struktur einer Note in MOD-Files mit 15 Instrumenten

Bei den MOD-Dateien mit 31 Instrumenten wird eine etwas modifizierte Struktur zur Kodierung der Notenwerte benutzt.

Bits	Bemerkungen
0-3	obere Hälfte der Instrumentnummer
4-15	Pitch
16-19	untere Hälfte Instrumentnummer
20-23	Adjektiv (Effect)
24-31	Parameter für Adjektiv

Tabelle 44.4 Struktur einer Note in MOD-Files mit 31 Instrumenten

Jeder Note läßt sich über die Bits 20-23 ein Adjektiv zur Erzeugung eines Effekts zuweisen. Die vier Bit erlauben bis zu 16 verschiedene Adjektive. Die Bits 24 bis 31 werden dann für Parameter verwendet. Bei Adjektiven mit zwei Parametern werden die unteren vier Bit für den ersten Parameter verwendet, während die oberen 4 Bits den zweiten Parameter definieren. Bei einem Parameter verwendet das Adjektiv alle 8 Bits. Für die Adjektive gilt folgende Struktur:

0: *Arpeggio:* Dieses Adjektiv erzeugt einen Dreifachton (Arpeggio) und besitzt zwei Parameter. Der erste Parameter (Bit 24-27) gibt den Sprung zur zweiten Tonhöhe in Halbtonschritten an. Im zweiten Parameter wird der Sprung zur dritten Tonhöhe in Halbtonschritten definiert.

1: *Portamente Up:* Dieses Adjektiv erhöht Frequenz beim Abspielen kontinuierlich. Der Anstieg wird durch einen Parameter definiert.

2: *Portamente Down:* Dieses Adjektiv erniedrigt die Frequenz beim Abspielen um die im Parameter angegebene Geschwindigkeit.

3: *Portamente to Note:* Zieht den Ton zu einer Note hin. Der Parameter gibt die Zahl der Halbtonschritte bis zur gewünschten Note an.

4: *Vibrato:* Dieses Adjektiv besitzt zwei Parameter, die die Geschwindigkeit und die Stärke des Vibrato-Effekts einstellen. Der Vibrato-Effekt verändert die Frequenz bei konstanter Amplitude. Der erste Parameter definiert, wie schnell sich die Tonhöhe ändern soll (Periodendauer der Schwingung). Der zweite Parameter definiert die Schwankung der Tonhöhe (Frequenz).

10: *Tremolo:* Dieses Adjektiv besitzt ebenfalls zwei Parameter, die die Note lauter oder leiser ausgeben. Dabei wird die Amplitude des Tones erhöht oder reduziert. Ist der erste Parameter 0, wird die Tonhöhe mit dem Anstieg des Parameters 2 verringert (leiser). Ist dagegen der zweite Parameter 0, nimmt die Tonhöhe mit dem in Parameter 1 definierten Anstieg zu.

11: *Jump:* Die aktuell angegebene Note wird abgebrochen, und es wird zu einem anderen Muster (Pattern) verzweigt. Das Sprungziel wird in Parameter 1 im Bereich zwischen 0 bis 127 angegeben.

12: *Volume Note:* Dieses Adjektiv besitzt einen Parameter, der die Lautstärke der Note im Bereich zwischen 0 bis 63 angibt.

13: *Next Pattern:* Beendet die aktuelle Note und verzweigt zum nächsten Muster (Pattern). Der Parameter muß auf 0 gesetzt werden.

15: *Speed:* Dieses Attribut enthält einen Parameter mit der Abspielgeschwindigkeit im Bereich zwischen 0 und 31.

Mit diesen Definitionen lassen sich die MOD-Dateien bearbeiten.

45 Das MIDI-File-Format (MID)

Das MIDI-File-Format geht auf das Bestreben der beiden großen Keybord-Hersteller Roland und Sequential Circuit zurück, die 1984 einen Standard für Synthesizer-Schnittstellen definierten. Dieser Standard wird heute allgemein zur Kopplung von Geräten benutzt und ist unter dem Namen MIDI-Schnittstelle bekannt. Um mit diesen Geräten aufgezeichnete Daten zwischen unterschiedlichen Systemen auszutauschen, wurde gleich ein Dateiformat definiert. Dieses Standard-MIDI-File-Format (SMF) steht mittlerweile auf verschiedenen Plattformen zur Verfügung, und die MIDI-Dateien lassen sich ohne Konvertierung austauschen. Unter Windows wird dieses Format zum Beispiel in den MID-Dateien verwendet.

Das Format lehnt sich einerseits stark an die MIDI-Befehle zur Kommunikation mit anderen Geräten an. Daher werden die Daten als sogenannte Ereignisse (Events) gespeichert. Die Struktur der MIDI-Dateien wurde dem IFF-Format entlehnt. Eine MIDI-Datei besteht aus verschiedenen Blöcken, die als CHUNKs bezeichnet werden (Abbildung 45.1).

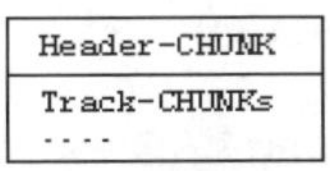

Abbildung 45.1 Struktur einer MIDI-Datei

Diese CHUNKs sind sequentiell zu lesen und auszuwerten. Die Daten in MIDI-Dateien werden dabei im Motorola-Format (big-endian) gespeichert. Zur Zeit existieren lediglich zwei CHUNKs für MIDI-Dateien, ein Header-CHUNK und der Track-CHUNK zur Aufnahme der Sounddaten.

Der MIDI Header-CHUNK

Der Header-CHUNK einer MIDI-Datei besitzt gemäß Tabelle 45.1 einen festen Aufbau.

Offset	Bytes	**Bemerkungen**
00H	4	File ID (4D 54 68 64)
04H	4	CHUNK-Länge
08H	2	SMF-Typ (0,1,2)
0AH	2	Zahl der Spuren (Tracks)
0CH	2	Time Format

Tabelle 45.1 Struktur eines MIDI Header-CHUNKs

Die ersten vier Bytes einer MIDI-Datei enthalten die Signatur *'MThd'*. Damit läßt sich einwandfrei feststellen, ob eine MIDI-Datei vorliegt. Ab Offset 04H folgt dann ein vier Bytes langer Wert mit der Header-Länge. In der MIDI-Spezifikation 1.0 wird diese Länge fest auf 00 00 00 06 gesetzt, d.h., der Datenbereich des Headers umfaßt 6 Bytes.

Die nächsten zwei Bytes geben den Typ der MIDI-Datei an. In der Version 1.0 sind drei unterschiedliche MIDI-Typen definiert.

0: Der Typ 0 MIDI-File enthält nur die Daten eines Sound Tracks. Dieser MIDI-Typ läßt sich zum Beispiel verwenden, wenn nur ein Instrument aufgezeichnet wird.

1: Der Typ 1 stellt die gebräuchlichste MIDI-Variante dar und erlaubt die Speicherung mehrerer unabhängiger Spuren (Tracks). Hierdurch lassen sich verschiedene Instrumente in verschiedenen Tracks aufzeichnen, was eine nachträgliche Bearbeitung erleichtert. Die Zahl der Tracks wird im Header angegeben.

2: Der Typ 2 stellt ebenfalls eine MIDI-Variante mit mehreren Tracks dar. Diese Tracks stellen aber keine getrennten Instrumentenkanäle dar, sondern enthalten komplette Abschnitte eines Musikstückes. Diese Abschnitte müssen nicht unbedingt zum gleichen Musikstück gehören.

Die Zahl der Tracks (und damit auch die Zahl der Datenblöcke) steht im Header ab Offset 0AH. Bei Typ 0-Dateien wird der Wert immer auf 1 gesetzt.

Das letzte Wort des Header-CHUNKs definiert das im Track-CHUNK verwendete Zeitformat (Time Format). Hierbei existieren zwei Möglichkeiten:

- Einmal läßt sich die Ausgabegeschwindigkeit in *Ticks per Quarter* definieren. Dies ist eine gebräuchliche Größe bei Sequenzern, die eine Viertelnote in Ticks unterteilen. Je mehr Ticks pro Viertelnote verwendet werden, um so besser ist die zeitliche Auflösung.
- Die andere Alternative wird bei der Vertonung im Bereich der Film- und Videotechnik verwendet. Hier beziehen sich die Töne auf bestimmte Bilder oder Sequenzen. Ein Frame gibt dabei die Zahl der Bilder pro Sekunde an. Ein Subframe definiert 1/100 Frames. Als Zeitformat wird dann ein sogenannter SMPTE-Time Code benutzt.

Die Unterscheidung bezüglich des verwendeten Zeitsystems erfolgt über Bit 15 des letzten Wortes im Header. Ist dieses Bit auf 1 gesetzt, basiert das MIDI-Format auf dem SMPTE-Time Code. Dieses Format unterteilt die Zeit seit dem Start einer Bildsequenz in:

```
Stunden:Minuten:Sekunden:Frames:Subframes
```

Die Zahl der Frames (Bilder pro Sekunde) ist abhängig von der verwendeten Videonorm (24-, 25-, 30- und 30-Drop Frames). Die Drop Frames erlauben die Synchronisierung mit der US NTSC-Norm, die genau 29,97 Bilder pro Sekunde verwendet. Zu Beginn jeder Minute läßt das SMPTE-System einfach zwei Frames wegfallen und kompensiert damit die vorauslaufenden Zeilen der US-Norm.

Ist Bit 15 gesetzt, geben die Bits 8 bis 14 die Frame-Zahl des Time Systems an. Ein Wert -29 entspricht dabei dem Korrekturwert von 30-Drop-Frames. Die Bits 0 bis 7 definieren die Zahl der Subframes (1/ 100 Bilder pro Sekunde).

Falls das Bit 15 den Wert 0 enthält, gelangt das Tick-Verfahren zur Anwendung. Das Tempo oder die Taktrate werden nicht im Header, sondern in den Tracks gespeichert. Fehlt hier die Information, sind als Standardwerte Tempo = 120 und Taktart = 4/4 zu verwenden.

Der Track-CHUNK

An den Header-CHUNK schließen sich die Track-CHUNKs an. Diese besitzen den für CHUNKs üblichen Aufbau (Tabelle 45.2).

Offset	Bytes	Bemerkungen
00H	4	CHUNK-ID (4D 54 72 6B)
04H	4	CHUNK-Länge
08H	n	Datenbereich

Tabelle 45.2 Struktur eines Track-CHUNK

Die ersten vier Bytes eines Track-CHUNK enthalten die Signatur *'MTrk'*. Daran schließt sich das 4-Byte-Feld mit der Längenangabe für den Parameterbereich an. Dieser Bereich besitzt eine variable Länge und enthält die Daten eines Tracks.

Diese Daten bestehen aus einer Sequenz von Kommandos zur Ausgabe von Klängen und zur Steuerung. Diese Kommandos werden gemäß der MIDI-Spezifikation als Ereignisse (Events) bezeichnet. Neben normalen MIDI-Events können zusätzlich Meta-Events in diesem Bereich auftreten.

Vor jedem Event muß ein Delta-Time-Wert auftreten, der den Zeitabstand bis zur Ausführung des nächsten Events definiert. Soll keine Wartezeit eingelegt werden, ist die Delta Time auf 0 zu setzen.

Der Aufbau eines Delta-Time-Kommandos

Ein Eintrag für die Delta Time besteht aus einem Record variabler Länge, der gemäß Abbildung 45.2 kodiert ist. Die Verzögerungszeit wird in 7-Bit-Pakete unterteilt und anschließend in einzelne Bytes gespeichert. Hierdurch bleibt Bit 7 bei allen Bytes frei. Da die Länge mit der Größe des Delta-Time-Wertes variiert, wird Bit 7 zur Markierung des Endes verwendet. Bei den ersten Bytes wird Bit 7 auf 1 gesetzt. Lediglich beim letzten Byte des Wertes ist Bit 7 = 0. Damit läßt sich die Delta Time aus mehreren Byte aufbauen und leicht dekodieren. Aus den gelesenen Bytes muß das oberste Bit ausgeblendet werden, d.h., die restlichen Bits der einzelnen Bytes sind zusammenzuschieben.

```
|1|xxxxxx|  |1|xxxxxx|  ...|0|xxxxxx|
```

Abbildung 45.2 Struktur eines Delta-Time-Werts

Der so gefundene Wert gibt die Dauer der Pause im Zeitformat an. Wird das Zeitformat *Ticks per Quarter* benutzt, ist die *Delta Time* durch die *Ticks per Quarter* zu teilen. Beim SMPTE-Zeitsystem wird die *Delta Time* auf *Delta Frames* des *Time Codes* bezogen.

Die Befehle des Track-CHUNKs

Der Datenbereich des Track-CHUNK enthält wechselweise die *Delta-Time*-Einträge und die Event-Records. Hierbei wird zwischen MIDI-Events, *System-Exclusive*-Events und *Meta*-Events unterschieden. Der Aufbau dieser Event-Records wird nachfolgend beschrieben. Die MIDI-Spezifikation kennt die in Tabelle 45.3 definierten MIDI-Events.

Code	Datenbytes	Bemerkungen
Channel Mode Messages		
8xH	2	Sound Off
9xH	2	Sound On
AxH	2	Aftertouch (polyphon)
BxH	2	Kontroller
CxH	1	Program Change
DxH	1	Aftertouch (monophon)
ExH	2	Pitch Wheel
System Mode Messages		
F8H	0	Timing Clock
FAH	0	Start
FBH	0	Songstart Continue
FCH	0	Stop
FEH	0	Active Sensing
FFH	0	System Reset
F2H	2	Song Pointer
F3H	1	Song Select
F6H	0	Tune
F0H		System Exclusive
F7H	0	End of Exclusive

Tabelle 45.3 MIDI-Kommandos

In den Befehlscodes steht der Wert *x* für die Kanalnummer.

Befehle, die mit den Codes 90H bis 9FH beginnen, schalten zum Beispiel einen Ton ein. Dieser Ton gilt so lange, bis er wieder durch einen Befehl mit dem Code 80H bis 8FH ausgeschaltet wird. Da zwischen den Events eine Pause stehen muß, gibt diese in der Regel die Tonlänge an. Der Kanal mit dem Ton wird über die unteren vier Bits des Codes angegeben. Mit 92H wird zum Beispiel der Ton auf Kanal 3 angeschaltet. Die Werte 0 bis 0FH stehen dann für die Instrumentenkanäle 1 bis 16.

Die MIDI-Events

Diese Gruppe umfaßt die einzelnen MIDI-Befehle zur Kommunikation zwischen Geräten. Diese Befehle werden 1:1 mit ihren Parametern in der Datei gespeichert.

Note on

Der Befehl *Note on* umfaßt 3 Bytes mit folgender Struktur:

Byte	Bemerkung
1	Eventcode (9xH)
1	Note-Nummer (0...127)
1	Dynamik (0...127)

Tabelle 45.4 Struktur eines Note-On-Kommandos

Das erste Byte dient zur Aufnahme des Eventcodes 9xH und enthält die Nummer des MIDI-Kanals in den unteren 4 Bits (z. B. 90H = MIDI-Kanal 1).

Im zweiten Byte folgt der Code für die Note (Tonhöhe). Der Wertebereich liegt zwischen 0 und 127. Die einzelnen Töne sind gemäß Tabelle 45.5 kodiert.

Code	Frequenz(Hz)	Note	Octave
15H	27.500	A"	Subcontra
16H	29.135	Ais"	
17H	30.868	H"	
18H	32.703	C'	Contra-octave
19H	34.648	Cis'	
1AH	36.708	D'	
1BH	38.891	Dis'	
1CH	41.203	E'	
1DH	43.654	F'	
1EH	46.249	Fis'	
1FH	48.999	G'	
20H	51.913	Gis'	
21H	55.000	A'	
22H	58.270	Ais'	

Code	Frequenz(Hz)	Note	Octave
23H	61.735	H'	
24H	65.406	C	große Oktave
25H	69.296	Cis	
26H	73.416	D	
27H	77.782	Dis	
28H	82.407	E	
29H	87.307	F	
2AH	92.499	Fis	
2BH	97.999	G	
2CH	103.826	Gis	
2DH	110.000	A	
2EH	116.541	Ais	
2FH	123.471	H	
30H	130.813	c	kleine Oktave
31H	138.591	cis	
32H	146.832	d	
33H	155.536	dis	
34H	164.814	e	
35H	174.614	f	
36H	184.997	fis	
37H	195.998	g	
38H	207.652	gis	
39H	220.000	a	
3AH	233.082	ais	
3BH	246.942	h	
3CH	261. 662	c'	eingestrichene Oktave
3DH	277.183	cis'	
3EH	293.665	d'	
3FH	311.127	dis'	
40H	329.628	e'	
41H	349.228	f'	
42H	369.994	fis'	
43H	391.995	g'	
44H	415.305	gis'	

Code	Frequenz(Hz)	Note	Octave
45H	440.000	a'	
46H	466.164	ais'	
47H	493.883	h'	
48H	523.251	c"	zweigestrichene Oktave
49H	554.365	cis"	
4AH	587.330	d"	
4BH	622.254	dis"	
4CH	659.255	e"	
4DH	698.456	f"	
4EH	739.989	fis"	
4FH	783.991	g"	
50H	830.609	gis"	
51H	845.000	a"	
52H	932.328	ais"	
53H	987.767	h"	
54H	1046.502	c3	dreigestrichene Oktave
55H	1108.731	cis3	
56H	1174.659	d3	
57H	1244.508	dis3	
58H	1318.510	e3	
59H	1396.913	f3	
5AH	1479.978	fis3	
5BH	1567.982	g3	
5CH	1661.219	gis3	
5DH	1760.000	a3	
5EH	1864.655	ais3	
5FH	1975.533	h3	
60H	2093.005	c4	viergestrichene Oktave
61H	2217.461	cis4	
62H	2349.318	d4	
63H	2489.016	dis4	
64H	2637.020	e4	
65H	2793.826	f4	
66H	2959.955	fis4	

Code	Frequenz(Hz)	Note	Octave
67H	3135.963	g4	
68H	3322.438	gis4	
69H	3520.000	a4	
6AH	3729.310	ais4	
6BH	3951.066	h4	

Tabelle 45.5 MIDI-Notencodes

Das dritte Byte definiert die Lautstärke (amplitude) und den Anstieg der Hüllkurve (velocity oder dynamic) des Tones. Die Nutzung dieser Information hängt jedoch vom verwendeten Gerät ab. Weiterhin kann dieser Wert als Anschlaggeschwindigkeit des Instruments (z.B. beim Piano) interpretiert werden. Synthesizer, die dies nicht unterstützen, erhalten den Wert 64 in diesem Byte. Mit 0 besitzt der Ton keine Dynamik, d.h., er wird nicht gespielt und ist nicht mehr zu hören. Dies entspricht praktisch dem nachfolgenden vorgestellten Befehl *Note off*.

Note off

Der Befehl *Note off* umfaßt 3 Bytes mit folgender Struktur:

Byte	Bemerkung
1	Eventcode (8xH)
1	Nummer Ton (0...127)
1	Dynamikparameter (0...127)

Tabelle 45.6 Struktur eines Note off-Kommandos

Das erste Byte dient zur Aufnahme des Eventcodes. Hier wird der Wert 8xH mit der Nummer des MIDI-Kanals in den unteren 4 Bits verknüpft. Das zweite Byte definiert den abzuschaltenden Ton. Bei mehrstimmigen Instrumenten lassen sich damit einzelne Töne des Synthesizers abschalten. Der dritte Parameter gibt die Dynamik beim Ausschwingen des Tones an.

Polyphonic Key Pressure, Aftertouch

Der Befehl läßt sich für Master Keyboards und bestimmte Synthesizer verwenden, die für diese Anweisung ausgelegt sind. Der Befehl umfaßt 3 Bytes mit folgender Struktur:

Byte	Bemerkung
1	Eventcode (AxH)
1	Tastennummer (Key Number) (0...127)
1	Pressure (0...127)

Tabelle 45.7 Struktur eines Polyphone Key Pressure Aftertouch-Kommandos

Das erste Byte dient zur Aufnahme des Eventcodes. Hier wird der Wert AxH mit der Nummer des MIDI-Kanals in den unteren 4 Bits verknüpft. Das zweite Byte definiert die angeschlagene Taste. Der dritte Parameter gibt Druckstärke der angeschlagenen Taste wieder.

Channel Pressure, Aftertouch

Der Befehl besitzt die gleiche Funktion wie *Polyphone Key Pressure* und besitzt folgende Struktur:

Byte	Bemerkung
1	Eventcode (DxH)
1	Pressure (0...127)

Tabelle 45.8 Struktur eines Channel Pressure Aftertouch-Kommandos

Das erste Byte dient zur Aufnahme des Eventcodes. Hier wird der Wert DxH mit der Nummer des MIDI-Kanals in den unteren 4 Bits verknüpft. Das zweite Byte definiert die Druckstärke. Da die Taste fehlt, bezieht sich der Befehl auf alle angeschlagenen Tasten des Instruments.

Die Steuerbefehle

Neben den bereits vorgestellten Events kennt das MIDI-Format weitere Steueranweisungen. Damit lassen sich zum Beispiel Verzerrungsfaktoren einstellen.

Pitch Wheel Change

Der Befehl verändert die Tonhöhensteuerung (pitch wheel) und besitzt folgende Struktur:

Byte	Bemerkung
1	Eventcode (ExH)
1	Wheel Fine Pitch (0...127)
1	Wheel Coarse Pitch (0...127)

Tabelle 45.9 Struktur eines Pitch Wheel Change-Kommandos

Das erste Byte dient zur Aufnahme des Eventcodes. Hier wird der Wert ExH mit der Nummer des MIDI-Kanals in den unteren 4 Bits verknüpft. Die beiden Bytes mit den Parametern umfassen je 7 Bit und sind zu einem 14-Bit-Wert zusammenzufassen. Der erste Parameter definiert den unteren Teil der Zahl mit der Feineinstellung (wheel fine). Im nächsten Parameter folgt die Grobeinstellung (wheel coarse). Die Änderung der Tonhöhe bezieht sich auf den Mittelwert, d.h., der erste Parameter wird zu 0 und der zweite Parameter auf 64 gesetzt.

Control Change

Der Befehl dient zur Änderung verschiedener Steuerfunktionen und besitzt folgende Struktur:

Byte	Bemerkung
1	Eventcode (BxH)
1	Control (0...127)
1	Value (0...127)

Tabelle 45.10 Struktur eines Control Change-Kommandos

Das erste Byte dient zur Aufnahme des Eventcodes. Hier wird der Wert BxH mit der Nummer des MIDI-Kanals in den unteren 4 Bit verknüpft. Das nächste Byte enthält den Code für den Kontroller. Der zweite Parameter enthält den Einstellwert für diesen Kontroller. Diese Codes sind gemäß Tabelle 45.11 definiert.

Coarse Tune	Fine Tune	Controller
1	33	Modulation Wheel
2	34	Breath Controller
4	36	Foot Pedal Controller
5	37	Portamento Time
6	38	Data Entry
7	39	Main Volume
64	--	Hold Pedal
65	--	Portamento
66	--	Sustenuto Pedal
67	--	Soft Pedal
96	--	Data Increment
97	--	Data Decrement

Tabelle 45.11 MIDI-Kontroller-Nummern

Die erste Spalte *(Coarse Tune)* gibt die gebräuchliche Kontrollernummer für die Grobeinstellung des Kontrollers an. Die zweite Spalte enthält die Kontrollernummer für die Feineinstellung. Im zweiten Parameter des Befehls wird dann der Einstellwert übergeben.

Früher wurde die Tonhöhenverstellung teilweise über die Codes 0 und 32 vorgenommen. Hierfür ist jedoch der Pitch-Wheel-Befehl zuständig.

Grundsätzlich gilt, daß die Grobeinstellung der Regler über die Codes 0 bis 31 erfolgt. Die Feineinstellung dieser Regler erfolgt über die nächsten 32 Werte (32 bis 63). Die Codes 64 bis 93 beziehen sich auf Schalter. Die Codes ab 96 bis 121 sind bisher keinen Geräten zugeordnet. Die Betriebsarteninformationen werden in den Codes 122 bis 127 untergebracht.

Die MIDI-Betriebsartenbefehle

Die Kennungen 122 bis 127 erlauben die Einstellung verschiedener Betriebsarten. Nachfolgend finden Sie eine Zusammenstellung der möglichen Befehle.

Local Control

Der Befehl dient zur Änderung verschiedener Steuerfunktionen und besitzt folgende Struktur:

Byte	Bemerkung
1	Eventcode (BxH)
1	Code (7AH)
1	Wert (0: Remote, 127: Local)

Tabelle 45.12 Local Control-Kommando

Mit der Codefolge Bx 7A zz können Sie die Gerätesteuerung auf die MIDI-Schnittstelle schalten (Wert zz = 0) oder diese Umschaltung wieder aufheben (Wert zz = 127).

All Notes off

Der Befehl schaltet alle Noten eines aktivierten Kanals aus.

Byte	Bemerkung
1	Eventcode (BxH)
1	Code (7BH)
1	Wert (0)

Tabelle 45.13 All Notes off-Kommando

Das zweite Datenbyte muß immer den Wert 0 aufweisen.

Omni-Mode off

Der Befehl dient zur Abschaltung des Omni-Modes eines Gerätes.

Byte	Bemerkung
1	Eventcode (BxH)
1	Code (7CH)
1	Wert (0)

Tabelle 45.14 Omni-Mode off-Kommando

Omni-Mode on

Der Befehl schaltet den Omni-Mode eines Gerätes ein.

Byte	Bemerkung
1	Eventcode (BxH)
1	Code (7DH)
1	Wert (0)

Tabelle 45.15 Omni-Mode on-Kommando

Monomode on, Polymode off

Der Befehl schaltet den Monomode eines Gerätes ein. Damit wird der Polymode automatisch abgeschaltet.

Byte	Bemerkung
1	Eventcode (BxH)
1	Code (7EH)
1	Wert (0yH)

Tabelle 45.16 Monomode on-Kommando

Im dritten Byte wird in den unteren vier Bits *(y)* die Anzahl der verwendeten Kanäle eingetragen. Der Wert 0 schaltet alle Kanäle um.

Monomode off, Polymode on

Der Befehl schaltet den Monomode eines Gerätes aus. Damit wird der Polymode automatisch eingeschaltet.

Byte	Bemerkung
1	Eventcode (BxH)
1	Code (7FH)
1	Wert (00H)

Tabelle 45.17 Monomode off-Kommando

Im dritten Byte wird immer der Wert 00H erwartet.

Die MIDI-Programm-Befehle

Das MIDI-Format sieht verschiedene Befehle zur Programmierung der Synthesizerkanäle vor. Hiermit können unterschiedliche Klangbilder abgerufen werden. Dies entspricht der Zuordnung eines Kanals zu einem bestimmten Instrument. Dieser Befehl besitzt folgende Struktur.

Byte	Bemerkung
1	Eventcode (CxH)
1	Program (0...127)

Tabelle 45.18 Struktur eines Program Instrument Events

Der Befehl wird mit dem Eventcode CxH eingeleitet. Dabei steht das Zeichen x für die Kanalnummer. Das zweite Byte dient zur Aufnahme der Programmnummer. Hier sind ebenfalls Werte zwischen 0 und 7FH einzutragen.

Die MIDI-Timing-Befehle

Diese Befehle dienen zur Real-Time-Kontrolle der MIDI-Geräte und besitzen immer nur ein Byte mit dem Befehlscode.

F8H: *Timing Clock:* Dieser Befehl darf direkt hinter einem anderen Befehl auftreten und dient zur Zeitsynchronisierung verschiedener MIDI-Geräte.

FAH: *Start:* Mit diesem Befehl wird der Song-Position-Pointer der aktuellen Sequenz zurückgesetzt.

FCH: *Stop:* Die laufende Sequenz wird mit diesem Befehl unterbrochen, der Song-Position-Pointer behält aber seine Position bei.

FBH: *Continue:* Sobald dieser Befehl erscheint, wird nach dem Senden des nächsten Timing Clock-Befehls die Sequenz wieder fortgesetzt.

FEH: *Active Sensing:* Der Befehl wird zur Überprüfung der Verbindung zum MIDI-System verwendet.

FFH: *System Reset:* Dieser Befehl setzt die Instrumente in den Grundzustand zurück.

Die beiden Codes F9H und FDH werden zur Zeit nicht belegt.

Die MIDI-System-Common-Befehle

Diese Befehlsgruppe erlaubt die Veränderung des Song-Pointers, der Auswahl des Songs etc. Hierbei sind folgende Befehle definiert.

Song-Position-Pointer

Setzt den *Song-Position*-Pointer auf ein anderes Gerät um. Der Record besitzt den folgenden Aufbau:

Byte	Bemerkung
1	Eventcode (F2H)
1	1. Datenbyte (0...127)
1	2. Datenbyte (0...127)

Tabelle 45.19 Song-Position-Pointer-Struktur

Das erste Byte enthält die unteren 7 Bits des Zeigers. Das zweite Byte enthält die oberen 7 Bits des Zeigers.

Song-Select

Dieser Befehl definiert die zu spielenden Sequenzen und besitzt den folgenden Aufbau:

Byte	Bemerkung
1	Eventcode (F3H)
1	Datenbyte (0...127)

Tabelle 45.20 Song-Select-Struktur

Das Datenbyte definiert eine der 127 verfügbaren Sequenzen.

Tune-Request

Dieser Befehl ermöglicht die Neukalibrierung analoger Synthesizer und besitzt nur ein Byte mit dem Wert F6H.

End Of System Exclusive (EOX)

Dieser Befehl besitzt ebenfalls nur ein Befehlsbyte (F7H). Der Befehl zeigt das Ende einer System-Exclusive-Sequenz an.

Die System-Exclusive-Befehle (SOX)

Dieser Befehl erlaubt die Integration neuer Funktionen in einem Gerät, die durch die MIDI-Definition nicht abgedeckt sind. Die Sequenz besitzt dabei den folgenden Aufbau:

Byte	Bemerkung
1	Eventcode (F0H)
n	Länge
n	Sequenz aus Datenbytes (0...127)
1	EOX-Kommandos

Tabelle 45.21 System-Exclusive Struktur

Die Sequenz beginnt mit dem Eventcode F0H. Dann wird als Erweiterung zu den MIDI-Befehlen eine Längenangabe (1 bis n Byte) hinzugefügt. Die Kodierung der Länge erfolgt analog dem *Delta Time*-Verfahren, d.h., bei den ersten Bytes wird Bit 7 = 1 gesetzt. Das letzte Byte der Längenangabe erhält in Bit 7 den Wert 0. Damit lassen sich nur 7 Bits innerhalb der Bytes in der Längenangabe nutzen.

An die Längenangabe schließen sich n Datenbytes an, deren Bedeutung durch den jeweiligen Hersteller festgelegt wird. Die Werte dürfen zwischen 0 und 127 Bytes liegen.

Das Ende einer System-Exclusive-Sequenz wird durch den SOX-Befehl definiert (siehe oben). Einzige Ausnahme bildet der Fall, daß in der Sequenz Time-Codes zur Synchronisierung eingefügt werden. In diesem Fall endet der erste Teil der Sequenz nicht mit dem EOX-Kommando. Nur der letzte Teil wird mit EOX abgeschlossen.

Der Real Time System-Exclusive-Befehl

Dieser Befehl erlaubt die Übertragung spezieller Formate innerhalb der *System-Exclusive*-Befehle. Die Informationen werden zum Beispiel zur Übertragung von SMPTE-Time-Codes verwendet.

Der Befehl kennt zwei Formate:

Long-Format

Der Befehl besteht aus 7 Bytes und dem EOX-Code (F7H) im achten Byte. Hierbei gilt folgende Belegung.

Byte	Bemerkung
1	Eventcode (F0H)
n	Länge
1	Status (7FH)
1	Long (02H)
1	Stunden (0...23)
1	Minuten (0...59)
1	Sekunden (0...59)
1	Typ & Frame
1	EOX Code (F7H)

Tabelle 45.22 Struktur Long-Format

Das letzte Datenbyte enthält in den Bits 0 bis 4 die Frame-Nummer. Die Bits 5 und 6 definieren den *Frame*-Typ:

Wert	Frame-Typ
0	24 frames/s
1	25 frames/s
2	30 frames/s, drop frame
3	30 frames/s, non drop frame

Tabelle 45.23 Frame-Typ

Short-Format

Der Befehl besteht aus 5 Bytes und dem EOX-Code (F7H) im sechsten Byte. Hierbei gilt folgende Belegung.

Byte	Bemerkung
1	Eventcode (F0H)
n	Länge
1	Status (7FH)
1	Short (01H)
1	Sekunden (0...59)
1	Typ & Frame
1	EOX Code (F7H)

Tabelle 45.24 Struktur Short-Format

Das letzte Datenbyte enthält in den Bits 0 bis 4 die *Frame*-Nummer. Die Bits 5 und 6 definieren den *Frame*-Typ gemäß Tabelle 45.23.

Universal System Exclusive

Dieser Befehl erlaubt eine Kommunikation der MIDI-Geräte untereinander. Der Befehl besteht aus einer variablen Anzahl an Bytes *(F0 <len> 7E xx xx...)*, die anschließend mit einem EOX-Kommando (F7H) abgeschlossen werden. Das erste Datenbyte enthält die Kanalnummer und das folgende Byte die ID-Nummer des Gerätes (01H Dump Header, 02H Data Packet, 03H Dump Request, 7CH Wait, 7DH Cancel, 7EH NAK, 7FH ACK). Die Übertragung der Daten ist jedoch gerätespezifisch, weshalb die Struktur hier nicht vorgestellt wird.

Die Meta-Events

Das MIDI-File-Format kennt neben den abgebildeten MIDI-Befehlen noch einige zusätzliche Records. Diese werden als Meta-Events bezeichnet. Alle Meta-Events beginnen mit dem Befehlscode FFH, gefolgt von einer Event-ID.

Byte	Bemerkung
1	Meta-Event (FFH)
1	Event-ID
n	Länge
n	Daten

Tabelle 45.25 Meta-Event-Struktur

Die Längenangabe ist im *Delta-Time*-Verfahren kodiert, d.h., die ersten Bytes enthalten Bit 7 = 1. Das letzte Byte der Längenangabe wird mit Bit 7 = 0 markiert. In den Bytes sind nur die unteren 7 Bit für die Längenangabe zusammenzuschieben. Nachfolgend finden Sie eine Aufstellung der Meta-Events.

Sequence Number (00)

Dieses Event erlaubt die Numerierung von Pattern oder Tracks. Es gilt die Codefolge:

```
FF 00 02 <number>
```

wobei die Nummer als Word kodiert wird. Das Event ist beim SMF-Typ 2 hilfreich, um die Tracks in die richtige Reihenfolge zu bringen. Die Sequence Number muß an erster Stelle im Track stehen, die Delta Time vorher erhält den Wert 00H.

Text (01)

Dieses Event dient zur Speicherung beliebiger Texte und besitzt das Format:

```
FF 01 <len> <text>
```

Die Textlänge ist variabel lang (Time Code-Markierung).

Copyright Note (02)

Dieses Event dient zur Aufnahme eines Copyright-Textes und besitzt das Format:

```
FF 02 <len> <text>
```

Der Text nimmt das Copyright des Herstellers/Komponisten mit der Datumsangabe auf.

Sequence/Track Name (03)

Dieses Event erlaubt es, einer Sequenz oder einem Track einen Namen zuzuordnen. Es gilt die Codefolge:

```
FF 03 <len> <text>
```

Beachten Sie, daß viele Sequenzer nur Tracknamen mit 8 Zeichen verarbeiten.

Instrument Name (04)

Dieses Meta-Event dient zur Zuordnung eines Instrumentnamens. Es gilt die Codefolge:

```
FF 04 <len> <text>
```

Der Instrumententyp des angesteuerten Tracks wird das String definiert. Der Name sollte aber auf 8 Zeichen begrenzt werden.

Lyric (05)

In diesem Meta-Event läßt sich der Text des Songs mit ablegen. Es gilt die Codefolge:

```
FF 05 <len> <text>
```

Die Länge wird in Byte angegeben. Die Texte werden in der Regel silbenweise der Musik zugeordnet.

Marker (06)

Dieses Meta-Event erlaubt die Markierung bestimmter Stellen im MIDI-File. Es gilt die Codefolge:

```
FF 06 <len> <text>
```

Der Text kann bei der Bearbeitung der MIDI-Datei angezeigt werden.

Cue Point (07)

Dieses Meta-Event wird bei der Vertonung von Videos und Filmen benutzt. Es gilt die Codefolge:

```
FF 07 <len> <text>
```

Der Text kann die Beziehung zwischen wichtigen Bildereignissen und einem Ton markieren. Über dieses Meta-Event läßt sich der betreffende Bereich beim Vertonen leicht anfahren.

Channel Prefix (32)

Dieses Event legt fest, auf welche Kanäle sich die folgenden Meta Events beziehen. Hierbei gilt folgende Codesequenz:

```
FF 20 01 <channel>
```

Die Kanalnummer (channel) umfaßt ein Byte, und der Wert muß zwischen 0 und 15 liegen. Der Befehl ist bei den Meta Events 03 und 04 hilfreich. Die Kanalzuordnung bleibt bis zum nächsten Meta-Event 32 oder bis zum nächsten MIDI-Event gültig.

End of Track (47)

Dieses Event markiert das Ende einer Spur (Track). Es gilt die Codefolge:

```
FF 2F 00
```

Dieses Event muß zwingend am Ende eines jeden Tracks auftreten.

Set Temp (81)

Dieses Meta-Event gibt ein neues Tempo vor. Es gilt die Codefolge:

```
FF 51 03 <Tempo>
```

Das Feld *Tempo* umfaßt dabei drei Bytes, wobei der Wert als Dauer einer Viertelnote in Mikrosekunden zu interpretieren ist. Mit:

```
bpm = (1000/tempo) * 60
```

läßt sich der Wert Beats per Minute errechnen.

SMPTE-Offset (84)

Dieses Meta-Event definiert einen Offset für eine SMPTE-Zeitangabe:

```
FF 54 05 <hour> <minuts> <seconds> <frames> <subframes>
```

Das Event bestimmt, zu welcher Zeit ein Track abgespielt werden soll. Es muß vor dem ersten MIDI-Event im Track stehen. Die Delta-Time-Angabe vor diesem Event wird immer auf 0 gesetzt.

Time Signature (88)

Dieses Meta-Event legt die Taktart fest.

```
FF 58 04 <nominator> <denominator> <clock> <count>
```

Der Zähler (Nominator) enthält den Wert des Bruchs der Taktzahl. Der Nenner (Denominator) wird als Exponent zur Basis 2 definiert (z.B. 7/3 = 7/8 Takt). Das *Clock*-Feld informiert über die Zahl der *Clock Ticks* pro Viertelnote. Nach dieser Zeit wird der Takt (z.B. Metronom) ausgelöst. Das Feld *Count* gibt an, wie viele 1/32 Noten auf eine Viertelnote folgen. Standardmäßig wird hier der Werte 8 (1/4 Note) eingetragen.

Key Signature (89)

Dieses Meta-Event bezeichnet die Tonart des Songs.

```
FF 59 02 <sign> <Tonart>
```

Ist das Vorzeichen (sign) positiv (Bit 7 = 0), handelt es sich bei der Tonart um eine Kreuztonart. Bei gesetztem Vorzeichen liegt eine B-Tonart vor. Die unteren 4 Bits im Feld *Sign* geben die Zahl der Vorzeichenstriche an (0 Dur, 1 Moll). Die Sequenz FF 59 02 F3 00 bildet damit eine Dur-Tonart mit drei Strichen (Es-Dur) ab.

Sequencer Specific (127)

Dieses Meta-Event dient zur systemspezifischen Übertragung von Informationen. Es gilt die Codefolge:

```
FF 7F <Len> <Events>
```

Das Feld Len wird dabei im Time-Code-Verfahren kodiert, d.h. die ersten Bytes enthalten Bit 7 = 1, und das letzte Byte wird mit Bit 7 = 0 markiert. Die Events werden anschließend spezifisch kodiert.

Mit dieser Event-Beschreibung möchte ich die Vorstellung des MIDI-Formats abschließen. Die komplette Spezifikation des MIDI-Formats wurde von der MIDI-Association (5316 W.57th Street, Los Angeles, California 90056, USA) in dem Buch »MIDI-File Specification« veröffentlicht.

46 Das Windows WAV-Format

Dieses Format stellt eine der Implementierungen des von Microsoft vorgeschlagenen Resource Interchange-Formates (RIFF) dar. Beim RIFF-Format handelt es sich um einen Formatrahmen (Container), in den verschiedene Daten wie Grafik, Sound etc. gepackt werden. Die RIFF-Dateien werden dabei in Anlehnung an das IFF-Format in CHUNKs aufgeteilt. Die CHUNKs bestimmen den Inhalt der Daten.

RIFF-Header
Format-CHUNK
Data-CHUNKs ...

Abbildung 46.1 Struktur einer WAV-Datei

Jeder CHUNK wird durch eine 4-Byte-Kennung eingeleitet. An diese Kennung schließt sich ein 4-Byte-Feld mit der Länge des CHUNKs an. Anschließend folgt eine variable Anzahl an Parametern. Da das RIFF-Format die Daten wortweise organisiert, muß ein CHUNK mit einer ungeraden Anzahl an Bytes bis zur Wortgrenze mit Nullbytes (Padbytes) gefüllt werden. Zu beachten ist aber, daß dieses Füllbyte in der Längenangabe nicht berücksichtigt wird. RIFF-Dateien enthalten die gespeicherten Daten im Intel-Format (little-endian).

Der WAV-Header

Der Header einer WAV-Datei beginnt mit einem RIFF-CHUNK mit folgendem Aufbau.

Offset	Bytes	Bemerkungen
00H	4	CHUNK-Name 'RIFF'
04H	4	CHUNK-Länge
08H	4	RIFF-Typ 'WAVE'

Tabelle 46.1 Struktur eines WAV-Headers

Die ersten 4 Byte der WAV-Datei enthalten die RIFF-Signatur. Hierbei handelt es sich lediglich um die vier Buchstaben 'RIFF'. Anschließend folgt ein 4-Byte-Feld mit der Länge des Headers. Der Header wird anschließend mit einem weiteren 4-Byte-Feld abgeschlossen, welches den Typ der Datei angibt. Für WAV-Dateien steht hier den Eintrag 'WAVE'. Damit sind die folgenden CHUNKs auf WAV-CHUNKs festgelegt.

Der FMT-CHUNK

Auf den Header folgt der Format-CHUNK. Dieser CHUNK besitzt folgenden Aufbau.

Offset	Bytes	Bemerkungen
00H	4	CHUNK-Name 'FMT '
04H	4	CHUNK-Länge (10H)
08H	2	Formattyp 0 = Mono 1 = Stereo
0AH	2	Kanalzahl
0CH	4	Sample Rate (in Herz)
10H	4	Bytes pro Sekunde
14H	2	Bytes pro Sample 1 = 8 Bit Mono 2 = 8 Bit Stereo oder 16 Bit Mono 4 = 16 Bit Stereo
16H	2	Bits per Sample

Tabelle 46.2 Struktur eines FMT-CHUNK

Die ersten 4 Bytes des FMT-CHUNK enthalten die Signatur 'FMT '. Anschließend folgt ein 4-Byte-Feld mit der Länge des CHUNKs. Das folgende Wort definiert das Aufzeichnungsformat (1 = Mono, 2 = Stereo).

Die nächsten Felder definieren die Anzahl der benutzten Kanäle, die Aufzeichnungsrate in Herz und die Anzahl der benötigten Bytes pro Sekunde. Die Anzahl der Byte pro Sample kann zwischen 1 (Mono) und 4 (16 Bit Stereo) schwanken. Das letzte Feld definiert die Zahl der Bits pro Sample (8, 12 oder 16). Über diese Informationen läßt sich der folgende Daten-CHUNK lesen.

Der DATA-CHUNK

Auf den FMT-CHUNK folgen die eigentlichen Sounddaten. Diese werden in einem DATA-CHUNK gespeichert. Der CHUNK besitzt folgenden Aufbau.

Offset	Bytes	Bemerkungen
00H	4	CHUNK-Name 'data'
04H	4	CHUNK-Länge
08H	n	Datenbereich

Tabelle 46.3 Struktur eines DATA-CHUNK

Die ersten 4 Bytes des DATA-CHUNK enthalten die Signatur 'data'. Anschließend folgt ein 4-Byte-Feld mit der Längenangabe für den Datenbereich. Die DATA-CHUNKs besitzen bei RIFF-Dateien immer den gleichen Aufbau, d.h., an die Längenangabe schließt sich der Datenbereich an. Die Interpretation der Daten erfolgt über den vorherigen FMT-CHUNK. Bei den Sounddateien sind die Daten sequentiell abgelegt. Für jedes Sample sind n Bits zu lesen. Bei einer 8-Bit-Mono-Aufzeichnung sind die Daten Byte für Byte zu lesen und auszugeben. Bei Stereoaufzeichnungen werden die Werte für den linken und rechten Kanal wechselweise gespeichert.

Anmerkung: Bei WAV-Dateien tritt in der Regel nur ein DATA-CHUNK auf. Es besteht aber die Möglichkeit, mehrere CHUNKs hintereinander anzuordnen, wobei durchaus mehrere DATA-CHUNKs auftreten dürfen.

47 Hewlett Packard Graphic Language (HP-GL/2)

Die Sprache besteht aus den Zeichen des ASCII-Zeichensatzes, die Zeichenoperationen beschreiben. Ein Befehl beginnt dabei immer mit einem sogenannten mnemotechnischen Zeichen (mnemonics), bestehend aus zwei Groß- oder Kleinbuchstaben, gefolgt von mehreren Parametern. Die Parameter werden durch Separatoren (Kommata und/oder Leerzeichen) getrennt. Ein Separator zwischen dem Befehl und dem ersten Parameter ist nicht unbedingt erforderlich; zur besseren Lesbarkeit kann jedoch ein Leerzeichen eingefügt werden. Einige der Parameter sind optional. Wird einer der optionalen Parameter weggelassen, müssen auch die folgenden Parameter entfallen. Abbildung 47.1 zeigt mehrere gültige Befehle sowie deren grundsätzlichen Aufbau:

```
XX<param.>...<sep.><param>;
   PDPU10,20  oder  PD;PU10,20;   oder  PD PU 10 20;
```

Abbildung 47.1 HP-GL/2-Befehle

Eine Anweisung wird durch ein Semikolon oder das nächstfolgende Schlüsselwort abgeschlossen. Bei Verwendung einer HP-IB-Schnittstelle wird auch ein LF als Terminator akzeptiert. Aus Gründen der Lesbarkeit empfiehlt es sich jedoch, immer das Semikolon als Terminator zu benutzen. Zur Textformatierung eingestreute optionale CR/LF-Zeichen werden ignoriert. Um die Länge der HP-GL/2-Befehle zu minimieren, sind im Standard alle überflüssigen Zeichen entfernt worden. Ein Semikolon als Terminator ist dadurch – bis auf einige Ausnahmen – nicht mehr erforderlich. Auch die Separatoren zwischen Mnemonics und erstem Parameter sind entbehrlich.

Numerische Werte sind innerhalb des Kommandos als ASCII-String zu übergeben, wobei verschiedene Zahlenformate für die Parameter definiert sind. Integerwerte dürfen im Bereich zwischen -2**23 und +2**23-1 liegen. Weiterhin gibt es noch den clamped Integertyp, der den Wertebereich von -32767 bis +32767 umfaßt. Bei Kommazahlen liegt der Ganzzahlanteil im Integerbereich. Weiterhin sind fünf Nachkommastellen zulässig. Das Dezimalkomma darf hier weggelassen werden, falls keine Nachkommastellen auftreten. Beim clamped Real-Format hingegen dürfen die Werte zwischen -32767.9999 und 32767.9999 liegen. Fehlt bei einer Zahl das Vorzeichen, wird der Wert als positiv interpretiert. Weiterhin sind noch Zeichenketten als Parameter erlaubt.

HP-GL/2-Dateien lassen sich durch diese Notation leicht zwischen Rechnern übertragen und in Dateien speichern. Die nachfolgend in runden Klammern () stehenden Parameter eines Befehls sind optional und müssen nicht übergeben werden.

HP-GL/2-Gruppen

Die Sprache besitzt verschiedene, in einzelne Gruppen zusammengefaßte Befehle. Der HP-GL/2-Kern enthält 55 Befehle, die von allen Geräten unterstützt werden müssen (Tabelle 47.1). Weitere Befehlsgruppen (*Technical Graphics Extension, Palette Extension, Dual Context Extension, Digitizing Extension*) sind gerätespezifisch und werden nicht von allen Einheiten unterstützt.

Configuration and Status Group
Set Default Values Initialize Input P1 und P2 Input Relative Input Fenster Advance Full Page Rotate Coordinate System Replot Scale
Vector Group
Arc Absolute Arc Relative Absolute Arc Iree Point Circle Plot Absolute Pen Down Polyline Encoded Plot Relativ Pen Up Relative Arc Tree Point
Polygon Group
Edge Rectangle Absolute Edge Rectangle Relative Edge Wedge Edge Polygon Fill Polygon Polygon Mode Fill Rectangle Absolute Fill Rectangle Relative Fill Wedge
Line and Fill Attributes Group
Anchor Corner Fill Type Line Attributes Line Typ Pen Width Raster Fill Symbol Mode
Select Pen

User-Defined Line Type Pen Width Unit Selection
Character Group
Alternate Font Definition Character Fill Mode Character Plot Absolute Direction Relative Direction Define Label Terminator Define Variable Text Path Extra Space Label Label Origin Select Alternate Font Standard Font Definition Absolute Character Size Character Slant Relative Character Size Select Standard Font Transparent Data
Technical Graphics Group
Begin Plot Chord Tolerance Mode Download Character Enable Cutter Frame Advance Merge Control Message Media Type Not Ready Output Error Output Hard-Clip Limits Output Identification Output P1 and P2 Output Status Plot Size Quality Level Sort Velocity Select
Palette Extension
Set Color Range for Relative Color Data Number of Pens Pen Color Assignment Screened Vectors Transparency Mode
Dual Context Extension
Enter PCL Mode Reset Primary Font Selection by ID Secondary Font Selection by ID Scalable or Bitmap Fonts

Digitizing Extensions
Digitize Clear Digitize Point Output Digitized Position and Pen Status

Tabelle 47.1 Aufstellung der HP-GL/2-Befehlsgruppen

Wie aus Tabelle 47.1 ersichtlich, ist der Kernel in einzelne Gruppen unterteilt, die nachfolgend beschrieben werden.

Configuration and Status Group

Diese Gruppe umfaßt alle Kernel-Befehle, mit denen sich das Ausgabegerät in die Grundeinstellung bringen läßt.

Set Default Values

Format: `DF(;)`

Setzt die Werte (SC, AD, CF, DI, DT, DV, ES, FT, IW, LA, LO1, LT, PA, PM, RF, SC, SD, SI, SL, SM, SS, TD, UL) des Plotters auf die Standardeinstellung zurück. Die Lage der Skalierpunkte P1 und P2, der aktuelle Stift, Plotgröße und Drehung werden nicht verändert. Der Fehlerstatus bleibt ebenfalls erhalten. Das Semikolon als Separator kann bei diesem Befehl entfallen, falls ein weiterer Befehl folgt.

Initialize

Format: `IN (n;)`

Initialisiert alle programmierbaren Plotfunktionen mit ihren Standardwerten. Der Fehlerstatus wird dabei gelöscht. Der Befehl kann optional den Parameter 1 besitzen, womit die werksseitig eingestellten Werte als Initialisierung übernommen werden. Der Separator ist ebenfalls optional.

Input P1 und P2

Format: `IP P1x, P1y (,P2x, P2y;)`

Erlaubt die Aktivierung bzw. ein Neusetzen der eingestellten Skalierungspunkte. Die Parameter sind als Integer anzugeben. Die Plotter besitzen zwei Skalierungspunkte (P1 linke untere Ecke, P2 rechte obere Ecke), die standardmäßig durch die Hardware vorgegeben sind. Falls diese Parameter fehlen, werden die hardwaremäßig definierten Punkte benutzt. Bei rotierter Ausgabe werden die Punkte entsprechend angepaßt. Die Befehle IW, RO, SC, FT, LT, PW, WU, DR, LB und SR beziehen sich auf die Eingabepunkte P1 und P2.

Input Relative

Format: `IR P1x, P1y (,P2x, P2y;)`

Erlaubt die Aktivierung von neuen Skalierungspunkten oder den eingestellten Werten. Die Parameter sind als Integer anzugeben und bezeichnen die Lage der Punkte relativ zu den vom Gerät vorgegebenen *hardclip limits*. Die Koordinatenangabe des Punktes P2 ist optional. Die Befehle IW, RO, SC, FT, LT, PW, WU, DR, LB und SR beziehen sich auf die Eingabepunkte P1 und P2.

Input Window

Format: `IW x1, y1, x2, y2(;)`

Setzt ein rechteckiges Fenster für die Ausgabe. Der Stift kann nur innerhalb des Fensters zeichnen (*soft clipping*). Die Koordinaten der zwei diagonal liegenden Punkte sind als Integer anzugeben. Falls die Parameter fehlen, werden die gerätemäßig vorgegebenen *hard-clip-limits* übernommen. Liegt das Fenster außerhalb der Zeichenfläche des Gerätes, werden keine Ausgaben vorgenommen.

Advance Full Page

Format: `PG (n);`

Führt einen Seitenvorschub um eine Seite durch. Der Befehl muß durch ein Semikolon abgeschlossen werden, sofern nicht eine RP-Anweisung folgt. Optional läßt sich ein Parameter *n* angeben, der die Seitennummer spezifiziert, nach der der Befehl ausgeführt wird. Ohne Parameter wird ein Seitenvorschub nur dann ausgeführt, wenn auf der aktuellen Seite gerade gezeichnet wurde. Bei Geräten mit PCL-Schnittstelle ist das Kommando unwirksam. Hier ist ein FF im PCL-Modus auszugeben. Der Befehl beeinflußt die Anweisungen PS, RP und BP.

Rotate Coordinate System

Format: `RO (angle;)`

Veranlaßt eine Drehung des Koordinatensystems der Ausgabeeinheit um 90, 180 oder 270 Grad gegen den Uhrzeigersinn. Für den Parameter *angle* sind daher die Werte 0, 90, 180 und 270 zulässig. Wird der Parameter weggelassen, stellt das Ausgabegerät den Rotationswinkel auf 0 Grad zurück. Mehrere Aufrufe mit dem gleichen Winkel verändern die Rotationsrichtung nicht, da die Werte nicht kumuliert werden. Die Skalierungspunkte P1 und P2 werden mit rotiert.

Replot

Format: `RP (n);`

Gestattet die Erstellung mehrerer Kopien eines Plots. Der optionale Parameter *n* bestimmt dabei die Zahl der Kopien. Fehlt der Parameter, wird nur eine Kopie ausgegeben. Voraussetzung ist dabei jedoch immer, daß die Plotanweisungen noch im Puffer vorhanden sind. Die Anweisung muß mit einem Semikolon abgeschlossen werden.

Scale

Format: `SC Xmin, Xmax, Ymin, Ymax (, type, left, bottom;)`

Definiert ein anwenderspezifisches Koordinatensystem für die Grafikausgabe. Die Skalierung bezieht sich dabei auf die Punkte P1 und P2. Die Parameter *Xmin*, *Xmax*, *Ymin* und *Ymax* sind als Fließkommawerte zu übergeben; sie repräsentieren die Skalierung der x- und y-Achse. Mit dem optionalen Parameter *type* läßt sich festlegen, ob die Skalierung *isotrop* oder *anisotrop* erfolgt. Bei der anisotropen Skalierung (*type = 0*) dürfen die x- und y-Achsen unterschiedliche Skalen aufweisen. Bei der isotropen Skalierung (*type = 1*) besitzen x- und y-Achse die gleichen Abmessungen. Mit der dritten Einstellung (*type = 2*) wird die anwenderspezifische Skalierung auf die des Ausgabegerätes übertragen. In diesem Fall enthalten die Parameter *Xmax* und *Ymax* die Skalierungsfaktoren für die jeweiligen Achsen. Mit den optionalen Parametern *left* und *bottom* läßt sich angeben, wie groß der Anteil der unbenutzten Zeichenfläche am linken und unteren Rand bei isotroper Skalierung ist. Die Werte müssen als Fließkommazahl (0.01...1.00 für 0-100%) übergeben werden.

Vector Group

In dieser Gruppe sind die Kernel-Befehle zum Zeichnen von Vektorgrafiken zusammengefaßt.

Arc Absolute

Format: `AA x,y,arc(,chord angle;)`

Mit diesem Befehl wird ein Kreisbogen um einen angegebenen Mittelpunkt *x, y* gezeichnet. Der Radius berechnet sich aus dem Abstand des aktuellen Punktes zum angegebenen Mittelpunkt. Der Parameter *arc* gibt den Winkel des Kreisbogens an. Das Vorzeichen des Parameters bestimmt, in welche Richtung der Kreisbogen gezeichnet wird: bei positiven Werten gegen den Uhrzeigersinn, bei negativen entsprechend im Uhrzeigersinn. Mit dem optionalen Parameter *chord angle* läßt sich die Auflösung des Kreises angeben (standardmäßig 5 Grad). Der Parameter bestimmt, wie genau ein Kreis durch Aneinanderreihung von kurzen Geradenabschnitten (Vektoren) gezeichnet wird. Alle Parameter sind als *clamped real* zu übergeben. Die Koordinaten werden in der aktuellen Skalierung interpretiert.

Arc Relative

Format: `AR dx,dy,arc(,chord angle;)`

Mit diesem Befehl wird ein Kreisbogen um einen Mittelpunkt gezeichnet, der um *dx, dy* von den aktuellen Koordinaten entfernt ist. Der Radius berechnet sich aus dem Abstand *dx dy*. Der Parameter *arc* gibt den Winkel des Kreisbogens an. Analog zum Befehl *arc absolute* bestimmt das Vorzeichen des Parameters die Richtung, in der ein Kreisbogen gezeichnet wird. Mit dem optionalen Parameter *chord angle* läßt sich die Auflösung für den Kreis angeben. Alle Parameter sind als *clamped real* anzugeben.

Absolute Arc Tree Point

Format: `AT Xint, Yint, Xend, Yend(, chord angle;)`

Erlaubt die Ausgabe eines Kreissegments mit absoluten Koordinatenangaben. Der Kreisbogen wird ab der aktuellen *Pen Position* um den mit *Xint, Yint* angegebenen *Intermediate*-Punkt gezeichnet. Der Endpunkt des Kreisbogens ist mit den Parametern *Xend* und *Yend* in absoluten Koordinaten anzugeben. Der optionale Parameter *chord angle* bestimmt die Auflösung des Kreisbogens.

Circle

Format: `CI r (,chord angle;)`

Zeichnet einen Kreis mit dem Radius *r* um den aktuellen Punkt. Der optionale Parameter *chord angle* definiert die Auflösung, mit der der Kreisbogen aus geraden Vektoren konstruiert wird; standardmäßig ist dieser Wert auf 5 Grad eingestellt. Die Parameter sind als *clamped real* anzugeben.

Plot Absolute

Format: `PA X, Y (,...;)`

Veranlaßt eine Bewegung des Stiftes zu der angegebenen Position. Falls die Parameter *X*, *Y* fehlen, bezieht sich das Kommando auf die folgenden Befehle. Es ist jedoch möglich, mehr als einen Koordinatenpunkt anzugeben. In diesem Fall werden alle Punkte nacheinander angefahren, womit sich recht einfach komplexere Linienzüge zeichnen lassen.

Pen Down

Format: `PD X, Y (,...;)`

Sorgt dafür, daß bei der Arbeit mit dem Plotter der Stift mit dem Zeichnen beginnt. Werden als Parameter XY-Koordinaten angegeben, bewegt sich der Stift zu diesen Punkten. Der Befehl interpretiert die Koordinatenangaben entweder als absolut oder als relativ, abhängig davon, ob ein PA- oder PR-Befehl vorangegangen ist. Standardmäßig werden absolute Koordinatenangaben angenommen.

Polyline Encoded

Format: `PE (flag)(value)/(X,Y)...(flag)(value)/(X,Y);`

Zeichnet zwischen den angegebenen Punkten eine Linie im aktuellen Modus. Falls keine Parameter angegeben werden, wird der »Carriage Return«-Punkt gesetzt. Der Parameter *flag* enthält ASCII-Zeichen und spezifiziert den Modus, in dem der Plotter die folgenden Werte zu interpretieren hat:

Mode	Bedeutung
.	Select Pen
<	Pen Up
>	Fractional Data
=	Absolute Data
7	7-Bit-Mode

Tabelle 47.2 Linienmodi

Im Anschluß an das Flag lassen sich optionale Werte übergeben. Mit *flag* = *:* kommt anschließend die Nummer für den zu selektierenden Farbstift, mit *flag* = < wird der Stift angehoben und zum nachfolgend angegebenen Punkt gefahren. Der Wert *flag* = > signalisiert, daß der folgende Parameter die Zahl der binären Nachkommastellen der Koordinaten angibt, *flag* = = gibt die Koordinaten absolut an. Im 7-Bit-Mode werden alle Koordinaten als 7-Bit-Zeichen übertragen. Die übertragenen Koordinaten sind als Binärzahlen zur Basis 64 oder 32 kodiert.

Plot Relative

Format: `PR X, Y(,...;)`

Bewegt den Stift relativ vom aktuellen Punkt zu den angegebenen Koordinaten. Falls die Parameter fehlen, werden die Koordinatenangaben in den nachfolgenden Kommandos als relative Werte interpretiert. Bei der Angabe von X,Y-Parametern wird der Stift zu diesen Koordinatenpunkten bewegt. In einem Befehl lassen sich durchaus mehrere Punkte angeben.

Pen Up

Format: `PU X,Y(,...;)`

Hebt den Stift an und bewegt ihn – bei gleichzeitiger Angabe von Koordinaten – zu diesen Punkten. Es lassen sich durchaus mehrere Punkte spezifizieren. Ist der *Symbol Mode* (SM) eingestellt, wird das spezifizierte Symbol an jedem Punkt ausgegeben.

Relative Arc Tree Point

Format: `RT Xint, Yint, Xinc, Yinc(, chord angle;)`

Erlaubt die Ausgabe eines Kreissegments mit relativen Koordinatenangaben. Der Kreisbogen wird ab der aktuellen *Pen Position* um den mit *Xint*, *Yint* angegebenen *Intermediate*-Punkt gezeichnet. Der Endpunkt des Kreisbogens ist mit den Parametern *Xinc* und *Yinc* in relativen Koordinaten anzugeben. Der optionale Parameter *chord angle* bestimmt die Auflösung des Kreisbogens.

Polygon Group

Diese Kernel-Befehle beeinflussen den Polygonpuffer des HP-GL/2-Ausgabegerätes, der für das Zeichnen von Vielecken zuständig ist.

Edge Rectangle Absolute

Format: `EA X, Y(;)`

Definiert ein Rechteck über zwei gegenüberliegende absolute Eckkoordinaten. Ein Eckpunkt liegt an der aktuellen Koordinate, während der zweite diagonale Eckpunkt durch x,y angegeben wird.

Edge Rectangle Relative

Format: `ER X, Y(;)`

Definiert ein Rechteck über zwei gegenüberliegende relative Eckkoordinaten. Ein Eckpunkt liegt an der aktuellen Koordinate, während der zweite diagonale Eckpunkt relativ vom aktuellen Punkt durch x,y angegeben wird.

Edge Wedge

Format: `EW radius, start angle, sweep angle (, chord tol.;)`

Mit diesem Befehl lassen sich Tortengrafiken erzeugen. Die Parameter, die als Dezimalzahlen übergeben werden müssen, geben den Kreisradius und den Ausschnitt über die Winkel an.

Edge Polygon

Format: `EP(;)`

Mit diesem Befehl lassen sich Polygone zeichnen, deren Koordinaten über PM, RA, RR und WG in den Polygonpuffer geschrieben wurden.

Fill Polygon

Format: `FP(;)`

Füllt ein im Polygonpuffer befindliches Vieleck mit einem Muster oder einer Farbe.

Polygon Mode

Format: `PM poly def(;)`

Erlaubt die Definition eines Polygons. Falls der Parameter nicht vorhanden ist, wird der Polygonpuffer gelöscht. Für den Parameter *poly def* sind die Werte 0, 1 und 2, die den nachfolgenden Polygonmodus bestimmen, zulässig. Mit 0 wird der Polygonpuffer gelöscht und der Polygonmodus eingestellt. Der Polygonpuffer läßt sich dann mit Anweisungen wie AA, AR, AT, PA, PD, PE, PR, PU oder RT füllen. Mit dem Wert 1 wird der Polygonpuffer geschlossen und ist für die Ausgabe bereit. Mit dem Wert 2 wird das aktuelle Polygon abgeschlossen und der Polygonmodus beendet.

Fill Rectangle Absolute

Format: `RA X, Y(;)`

Definiert ein gefülltes Rechteck in absoluten Koordinaten. Eine Ecke liegt dabei an der aktuellen Ausgabeposition, während die diagonale Ecke durch die Parameter x,y definiert wird. Im Gegensatz zur EA-Anweisung produziert die RA-Anweisung ein gefülltes Rechteck.

Fill Rectangle Relative

Format: `RR X, Y(;)`

Definiert ein gefülltes Rechteck in relativen Koordinaten. Eine Ecke liegt an der aktuellen Ausgabeposition, die diagonale Ecke wird durch die Parameter x,y definiert.

Fill Wedge

Format: `WG radius, start angle, end angle(,chord angle;)`

Erlaubt die Ausgabe eines gefüllten Kreisausschnittes. Radius sowie Start- und Endwinkel sind als Parameter anzugeben, der Mittelpunkt liegt auf der aktuellen Ausgabeposition. Weiterhin läßt sich noch die Auflösung des Kreisbogens im optionalen Parameter *chord angle* angeben. Der Befehl wird zur Ausgabe von Tortengrafiken verwendet.

Line and Fill Attributes Group

Diese Gruppe von Kernel-Befehlen dient zur Auswahl von verschiedenen Linientypen und Füllmustern.

Anchor Corner

Format: `AC X,Y(;)`

Definiert den Startpunkt, an dem ein Füllmuster beginnt. Falls die Parameter fehlen, wird er an den Nullpunkt (0,0) gelegt.

Fill Type

Format: `FT type (,spacing, angle;)`

Legt den Typ des Füllmusters für Flächen fest (1-4,10,11). Für den Füllmustertyp sind sechs Varianten vorgesehen:

Variante	Füllmuster
1	solid bidirectional
2	solid unidirectional
3	parallele Linien (hatched)
4	Kreuzschraffur (crossed hatched)
10	shading
11	user defined

Tabelle 47.3 Füllmustertypen für Flächen

Mit den optionalen Parametern lassen sich die Abstände für Schraffuren und Schwärzungsgrad sowie der Winkel einstellen.

Line Attributes

Format: `LA kind, value(,kind,value...;)`

Legt das Aussehen von Linienenden, Verbindungslinien und Gehrungen fest. Im Parameter *kind* wird definiert, auf welchen Modus sich der nachfolgende Wert bezieht.

kind = 1 line ends
2 line joins
3 miter limit

Der Inhalt von *value* bestimmt das Aussehen der Linie. Nähere Informationen über die jeweiligen Formen sind den Plotter-Handbüchern zu entnehmen.

Line Type

Format: `LT pattern number (,pattern length, mode;)`

Definiert das Aussehen von Linien, wobei acht adaptive und acht feste Linientypen definiert sind. Ist der (Integer-) Wert von *pattern number* negativ, wird ein adaptiver Linientyp genommen. Die optionale Länge ist als Fließkommazahl zu übergeben. Mit dem Parameter *mode* läßt sich auswählen, ob die Linienmuster absolut in Millimetern (*mode* = *1*) oder relativ in Prozent (*mode* = *0*) angegeben werden.

Pen Width

Format: `PW width(,pen;)`

Legt die Zeichenbreite des aktuellen oder des angegebenen Stiftes fest.

Raster Fill

Format: `RF index(,width, height, pen number,...;)`

Definiert ein rechteckiges Muster, das beim Füllen von Flächen verwendet werden kann. Falls die Parameter fehlen, wird ein gefülltes Muster als Standard vorgegeben. Mit dem Befehl lassen sich eigene Füllmuster definieren. Der Parameter *index* weist dem Muster eine Zahl zu, so daß später nur noch dieser Index benötigt wird. Die optionalen Parameter *width* und *height* spezifizieren die Abmessungen des Musters in Pixel. Die Werte sind als Vielfaches von 2 im Bereich zwischen 8 und 64 Pixel anzugeben. Über *pen number* läßt sich das Muster einem oder mehreren Stiften zuordnen.

Symbol Mode

Format: `SM char(;)`

Gibt das angegebene Symbol *char* an jedem angegebenen XY-Punkt aus, falls die Befehle PA, PD, PE, PR und PU anschließend verwendet werden. Falls der Parameter fehlt, wird das letzte Symbol gelöscht.

Select Pen

Format: `SP pen number(;)`

Wählt den Stift entsprechend der angegebenen Nummer. Ohne Parameter wird der Stift mit der Nummer 0 selektiert.

User-Defined Line Type

Format: `UL index(,gap1,...,gapn;)`

Erlaubt die Definition anwenderspezifischer Linientypen. Mit *Index* läßt sich jedem Typ eine Nummer zuordnen, mit der die Linie später wieder abrufbar ist. Die optionalen Parameter *gapx* spezifizieren das Muster. Die geraden Parameter (*gap2, gap4, ...*) bezeichnen die Strecken, die nicht gezeichnet werden; bis zu zwanzig dieser *gaps* lassen sich definieren.

Pen Width Unit Selection

Format: `WU type(;)`

Spezifiziert, wie der Parameter PW (*pen width*) zu interpretieren ist. Mit *type = 0* wird der Parameter PW in Millimetern interpretiert, mit *type = 1* wird er relativ als Prozentangabe verstanden.

Character Group

Mit dieser Gruppe von Kernel-Befehlen lassen sich diverse Zeichensätze selektieren, in verschiedenen Richtungen ausgeben.

Alternate Font Definition

Format: `AD kind,value...(,kind,value;)`

Erlaubt die Definition von alternativen Zeichensätzen einschließlich *font spacing*, *pitch*, *height*, *stroke weight* und *type face*. Ohne Parameter stellt der Befehl den Standardzeichensatz ein. Der Parameter *kind* spezifiziert die Attribute und ist als *clamped integer* (1...7) anzugeben. Je nach seinem Wert wird ein bestimmtes Attribut im Fließkommaparameter *wert* beeinflußt. Weitere Hinweise sind der Dokumentation des jeweiligen Ausgabegerätes zu entnehmen.

Character Fill Mode

Format: `CF fill mode(,edge pen;)`

Spezifiziert, wie *Outline Fonts* umrahmt werden, und definiert das Füllmuster für Bitmap- und Stickfonts. Ein Aufruf ohne Parameter stellt den standardmäßigen Zeichensatz mit gefüllten Zeichen ein. Der Parameter *fill mode* definiert die Art und Weise, in der ein Zeichen auszugeben ist:

Mode	Fill Attribute
0	solid fill mit aktuellem Stift
1	Outline Schrift
2	aktuelles Füllmuster benutzen, aber keine Umrandung zeichnen
3	aktuelles Füllmuster benutzen und Umrandung zeichnen

Tabelle 47.4 Füllattribute für Zeichensätze

Der Parameter *edge pen* spezifiziert die Stiftnummer, mit der die Buchstabenumrisse gezeichnet werden. Falls der Integerparameter fehlt, wird der aktuelle Stift verwendet.

Character Plot

Format: `CP (c,l;)`

Verschiebt den Stift auf den *Return Point*, falls keine Parameter spezifiziert werden. Mit dem optionalen Parameter *c* läßt er sich um *n* Zeichen in der Zeile verschieben. Mit dem Parameter *l* wird der Stift um *n* Zeilen verschoben.

Absolute Direction

Format: `DI dx,dy(;)`

Definiert Steigung und Zeichenrichtung für Texte, ausgehend vom aktuellen Punkt in Richtung des durch *dx, dy* angegebenen Vektors. Standardmäßig ist die Richtung zu (1, 0) für die horizontale Ausgabe eingestellt. Die Werte werden als absolute Koordinaten angegeben.

Relative Direction

Format: `DR dx,dy(;)`

Definiert die Steigung oder die Zeichenrichtung für ein auszugebendes Zeichen durch die Parameter *dx* und *dy*. Die Parameter beziehen sich auf einen Punkt relativ zur aktuellen Position. Die Werte *dx* und *dy* werden daher in Prozent von P2X und P2Y angegeben.

Define Label Terminator

Format: `DT label terminator(,mode);`

Spezifiziert die Endekennung von Texten. Erlaubt sind alle Zeichen außer 0, LF, ESC und ; (das Semikolon wird vom Befehl als Abschlußzeichen benötigt). Ein Aufruf ohne Parameter stellt ETX als Endekennung ein. Mit dem optionalen Parameter *mode* läßt sich spezifizieren, ob der Terminator ausgegeben (mode = 0) oder unterdrückt (mode = 1) wird.

Define Variable Text Path

Format: `DV path(,line;)`

Spezifiziert die Richtung eines Textpfades und die Richtung, in der ein CR/LF ausgeführt wird. Der Integerparameter *path* enthält einen der folgenden Ausgabewinkel, unter denen der Text ausgegeben wird.

path	Winkel
0	0 Grad
1	-90 Grad
2	-180 Grad
3	-270 Grad

Tabelle 47.5 Ausgabewinkel für Text

Ein CR/LF wird anschließend in der angegebenen Richtung ausgeführt. Der optionale Parameter *line* spezifiziert die Lage eines Zeichens im Hinblick auf das vorhergehende Zeichen. Es gelten die gleichen Werte wie bei *path*.

Extra Space

Format: `ES spaces(,lines;)`

Justiert den Abstand zwischen Zeichen und Zeilen bei der Textausgabe, ohne die Zeichengröße zu beeinflussen. Der Parameter *spaces* bestimmt den Zwischenraum zwischen zwei Zeichen einer Linie, während mit dem optionalen Parameter *lines* der Zeilenzwischenraum definiert wird.

Label

Format: `LB string<term>;`

Gibt einen Text aus, der durch den über DT definierten Terminator *<term>* beendet wird. Die eingestellten Parameter für Schriftart, -größe und -farbe werden übernommen; der Text darf bis zu 256 Zeichen (einschließlich Terminator) beinhalten. Die Textausgabe beginnt an der aktuellen Position in die eingestellte Ausgaberichtung.

Label Origin

Format: `LO  position number(;)`

Gibt die Textposition relativ zum aktuellen Standort des Stiftes wieder. 19 Positionen sind definiert.

Select Alternate Font

Format: `SA(;)`

Selektiert einen durch das Kommando AD definierten alternativen Zeichensatz. Standardmäßig ist *Roman 8* eingestellt.

Standard Font Definition

Format: `SD kind,value...(,kind,value;)`

Erlaubt die Definition des Standardzeichensatzes einschließlich *font spacing*, *pitch*, *height*, *stroke weight* und *type face*. Ohne Parameter stellt der Befehl den standardmäßigen Zeichensatz ein. Der Parameter *kind* spezifiziert die Attribute und ist als *clamped integer* (1...7) anzugeben. Je nach dem Wert von *kind* wird ein bestimmtes Attribut im Fließkommaparameter *wert* beeinflußt. Weitere Hinweise sind der Dokumentation des jeweiligen Ausgabegerätes zu entnehmen.

Absolute Character Size

Format: `SI width,height(;)`

Spezifiziert die Größe eines auszugebenden Zeichens in Zentimetern, wobei die Parameter als Integer angegeben werden sollten. Bei Fehlen der Parameter wird die Standardeinstellung übernommen. Mit *width* wird die Breite in Zentimetern angegeben; *height* gibt die Höhe der Zeichen in Zentimetern an.

Character Slant

Format: `SL tangent of angle(;)`

Bestimmt den Winkel (*slant*), um den jeweils ein Buchstabe bei der Ausgabe gedreht wird. Dadurch lassen sich kursive Schriften erzeugen. Ein Aufruf ohne Parameter setzt den Winkel auf 0 Grad zurück. Positive und negative Steigungen können als Fließkommawerte angegeben werden.

Relative Character Size

Format: `SR width,height(;)`

Spezifiziert die Größe eines ausgegebenen Zeichens als Prozentwert, bezogen auf die Punkte P1 und P2, wobei die Parameter als Integer angegeben werden müssen. Ohne Parameter wird die Standardeinstellung (0.75%, 1.5%) übernommen. *Width* definiert die Zeichenbreite, *height* gibt die Zeichenhöhe in Prozent an.

Select Standard Font

Format: `SS(;)`

Wechselt den aktuell eingestellten Zeichensatz gegen den als Standardfont definierten Zeichensatz aus.

Transparent Data

Format: `TD (mode;)`

Spezifiziert die Behandlung von Kontrollzeichen in Texten. Der optionale Parameter *mode* selektiert den normalen Modus (Wert = 0), in dem die Kontrollzeichen interpretiert werden. Mit dem Wert *mode = 1* wird der Transparentmodus eingestellt, in dem die Zeichen ausgegeben werden. Ein Aufruf ohne Parameter stellt den normalen Modus ein.

Technical Graphics Extension

Neben den 55 Befehlen des HP-GL/2-Kerns gibt es Erweiterungen, die gerätespezifisch implementiert werden und nicht immer verfügbar sind. Eine dieser Erweiterungen ist die *Technical Graphics Extension* mit den folgenden Befehlen:

Begin Plot

Format: `BP (kind,value,...;)`

Schaltet den Plotter so, daß er einen neuen Ausdruck beginnen kann. Der optionale Parameter *kind* ist als Integer im Bereich zwischen 1 und 4 zu übergeben. Genauere Angaben sind den jeweiligen Geräteunterlagen zu entnehmen.

Chord Tolerance Mode

Format: `CT mode(;)`

Wählt für die Befehle AA, AR, CI, EW und WG die *chord tolerance* aus. Kreise und gekrümmte Flächen werden durch das Ausgabegerät in Form von kurzen geraden Vektoren nachgebildet. Die *chord tolerance* bestimmt nun, wie viele Vektoren benutzt werden, um beispielsweise einen Kreis zu zeichnen. Je weniger Vektoren es sind, desto eckiger ist der gezeichnete Kreis. Standardmäßig ist der *chord tolerance mode* auf 5 Grad eingestellt. Ein Aufruf ohne Parameter stellt diesen Wert von 5 Grad wieder ein. Mit *mode* läßt sich wählen, ob die in nachfolgenden Befehlen auftretenden Werte der *chord tolerance* in Grad (mode = 0) oder als Abweichung von der Kreisform (mode = 1) zu interpretieren sind.

Download Character

Format: `DL n(,count,x,y,...;)`

Definiert ein neues Zeichen für den Plotter. Der Parameter *n* spezifiziert das ASCII-Zeichen, unter dem das neue Symbol künftig angesprochen wird. Der Parameter *count* gibt dann an, wie viele XY-Parameter folgen. Diese beschreiben das neue Zeichen durch Stiftbewegungen und *Pen Up/Down*-Anweisungen. Weitere Hinweise sind den Geräteunterlagen zu entnehmen.

Enable Cutter

Format: `EC (n;)`

Schaltet die automatische Cutterfunktion des Plotters ein oder aus. Ein Aufruf ohne Parameter schaltet die Funktion ab; ein Integerparameter aktiviert sie hingegen.

Frame Advance

Format: `FR (;)`

Verschiebt das Ausgabemedium, um den Rahmen auszurichten.

Merge Control

Format: `MC mode(;)`

Steuert die Erstellung von Rastergrafiken. Der Parameter *mode = 0* schaltet die Kontrolle aus, *mode = 1* schaltet sie ein.

Message

Format: `MG (message;)`

Erlaubt die Bildschirmausgabe von Plotternachrichten. Ein Aufruf ohne Parameter löscht die Anzeige.

Media Type

Format: `MT type(;)`

Legt den Typ des Ausgabemediums fest. Typ 0 bezieht sich auf Papier, mit 1 werden Folien angegeben. Weitere Hinweise sind der Gerätedokumentation zu entnehmen.

Not Ready

Format: `FNR;`

Entlädt das Papier und setzt den Plotter in den Wartemodus.

Output Error

Format: `FOE;`

Erlaubt die Abfrage des Fehlerstatus, der als Integerwert in ASCII zurückgegeben wird.

Output Hard-Clip Limits

Format: `OH;`

Erlaubt die Abfrage der *Clipping Limits* als ASCII-Integerwerte X1, Y1, X2, Y2. Dabei werden die Koordinaten der oberen linken und der unteren rechten Ecke benutzt.

Output Identification

Format: `OI;`

Fragt die Plotter-Identifikationsnummer ab.

Output P1 and P2

Format: `OP;`

Fragt die Koordinaten der Punkte P1 und P2 ab.

Output Status

Format: `OS;`

Fragt den Output-Status des Ausgabegerätes ab.

Plot Size

Format: `PS (length,width;)`

Setzt die *hard-clip limits* auf die angegebene Einstellung (Länge, Breite).

Quality Level

Format: `QL (Quality;)`

Setzt den Ausgabemodus auf *draft* (quality = 0) oder *final* (quality = 1).

Sort

Format: `ST (switches;)`

Spezifiziert die Art und Weise, in der der Plotter Vektoren vor der Ausgabe sortiert.

Velocity Select

Format: `VS (pen velocity, pen;)`

Spezifiziert die Ausgabegeschwindigkeit eines ausgewählten Stiftes.

Palette Extension

In dieser Gruppe von erweiterten Befehlen lassen sich die Zeichenfarben des Ausgabegerätes neu definieren.

Set Color Range for Relative Color Data

Format:
```
CR (black-ref red, white-ref red,
black-ref green, white-ref green,
black-ref blue, white-ref blue;)
```

Stellt den Rot-Grün-Blau-Bereich der Farbskala ein. Mit den optionalen Parametern lassen sich die Intensitäten der Grundfarben zwischen Schwarz und Weiß einstellen.

Number of Pens

Format: `NP n(;)`

Stellt die Anzahl der Farben für eine Farbpalette ein.

Pen Color Assignment

Format: `PC (pen,red,green,blue;)`

Weist einem bestimmten Stift eine Farbe zu.

Screened Vectors

Format: `SV screen type(,option1,option2;)`

Selektiert den Füllmustertyp für Bildschirmausgaben.

Transparency Mode

Format: `TR (N);`

Bestimmt, wie weiße Flächen im Plot auszugeben sind (transparent oder deckend).

Dual Context Extension

Diese Befehle unterstützen die Umschaltung des Modus zwischen HP-GL/2 und PCL. Die Gruppe umfaßt folgende Befehle:

Enter PCL Mode

Format: `ESC%#A`

Beendet den HP-GL/2-Modus und kehrt in den PCL-Modus zurück. Das Zeichen »#« steht dabei als Platzhalter für einen Parameter 0...3, der den PCL-Mode definiert. Das Zeichen ESC steht für den Wert 1BH. Nähere Informationen finden sich in den Geräteunterlagen.

Reset

Format: `ESC E`

Setzt das Gerät im aktuell eingestellten Modus (HP-GL/2 oder PCL) zurück.

Primary Font Selection by ID

Format: `FI fontID`

Weist einem Zeichensatz eine Identifikationsnummer zwischen 0 und 32767 zu. Diese ID-Nummern werden im PCL-Modus benutzt.

Secondary Font Selection by ID

Format: `N fontID`

Definiert einen Zeichensatz mit einer Identifikationsnummer als sekundärem Font.

Scalable or Bitmap Fonts

Format: `SB (n);`

Spezifiziert den Typ eines Zeichensatzes (skalierbar oder Bitmap).

Digitizing Extensions

Diese Gruppe von Befehlen wird nur von Stiftplottern unterstützt, die eine Bilderdigitalisierung erlauben. Es gelten folgende Befehle:

Digitize Clear

Format: `DC;`

Hebt den Digitalisierungsmodus auf.

Digitize Point

Format: `DP;`

Schaltet den Plotter in den Digitalisierungsmodus.

Output Digitized Position and Pen Status

Format: `OD;`

Erlaubt die Abfrage der aktuellen Position beim Digitalisieren. XY-Position und Pen werden als ASCII-String zurückgeliefert.

Damit möchte ich die HP-GL/2-Beschreibung schließen. Weitere Hinweise sind den HP-Plotter-Handbüchern zu entnehmen.

48 PostScript und Encapsulated PostScript (EPS)

Mit PostScript hat der Hersteller Adobe eine druckerunabhängige Beschreibungssprache geschaffen, die sich als Standard durchsetzt. Viele Softwareprodukte unterstützen deshalb den Import von PostScript-kodierten Bildern und Texten. Um einen Austausch zwischen verschiedenen Systemen zu erleichtern, verlangt Adobe bestimmte Strukturkonventionen (EPS), die von PostScript-Programmen einzuhalten sind. Abbildung 48.1 enthält eine solche Datei, die mit dem Lotus-Produkt *Freelance* erstellt wurde.

```
%!PS-Adobe-2.0 EPSF-1.2
%%Title: born1.EPS
%%Creator: Freelance Plus 3.01
%%CreationDate: 8/1/1990
%%Pages: 1
%%DocumentFonts: (atend)
%%BoundingBox: 0 0 648 468
%%EndComments
%%BeginProcSet: Freelance Plus
/Freelance_Plus dup 100 dict def load begin
[ ] {bind} stopped { (patching the bind operator...) = flush
/*bind /bind load def /bind { dup xcheck { *bind } if } *bind def }
if pop /bdf {bind def} bind def /ldf {load def} bdf
/mt /moveto ldf /rt /rmoveto ldf /l2 /lineto ldf /c2 /curveto ldf
/sg /setgray ldf /gs /gsave ldf /ef /eofill ldf /rl2 /rlineto ldf
/st /stroke ldf /gr /grestore ldf /np /newpath ldf
/sv /save ldf /su /statusdict ldf /rs /restore ldf
/sw /setlinewidth ldf /sd /setdash ldf /cp /closepath ldf /ed
{exch def } bdf /cfnt {findfont exch makefont setfont} bdf
/itr {transform round exch round exch itransform} bdf
/fres 72 0 matrix currentmatrix dtransform
exch dup mul exch dup mul add sqrt def
/res fres def /mcm matrix currentmatrix bdf
%%EndProcSet
end
%%EndProlog
%%BeginSetup
Freelance_Plus begin
```

Beschreibungssprachen

```
save newpath
.1 .1 scale
/ecm matrix currentmatrix bdf
/sem {ecm setmatrix} bdf
-720 -720 translate
0 setlinecap
0 setlinejoin
1.42 setmiterlimit%%EndSetup
/Ich 256 array def StandardEncoding Ich copy pop /bullet
/paragraph/section/dieresis/tilde/ring
/circumflex/grave/acute/quotedblleft/quotesingle
/ellipsis/endash/emdash/guilsinglleft/guilsinglright
/quotedblbase/quotesinglbase/quotedblright/OE/oe
/Ydieresis/fi/fl/dagger/daggerdbl/Ccedilla/udieresis
/eacute/acircumflex/adieresis/agrave/aring/ccedilla
/ecircumflex/edieresis/egrave/idieresis/icircumflex
/igrave/Adieresis/Aring/Eacute/ae/AE/ocircumflex
/odieresis/ograve/ucircumflex/ugrave/ydieresis
/Odieresis/Udieresis/oslash/sterling/Oslash/florin
/aacute/iacute/oacute/uacute/ntilde/Ntilde/ordfeminine
/ordmasculine/questiondown/exclamdown/guillemotleft
/guillemotright/Aacute/Acircumflex/Agrave/cent/yen
/atilde/Atilde/currency/Ecircumflex/Edieresis/Egrave
/dotlessi/Iacute/Icircumflex/Idieresis/Igrave/Oacute
/germandbls/Ocircumflex/Ograve/otilde/Otilde/Uacute
/Ucircumflex/Ugrave/macron/cedilla/periodcentered
Ich 127 97 getinterval astore pop
/Ienc { /ncs Ich def /nfn ed /bfn ed /bfd bfn findfont def
/nf bfd maxlength dict def bfd{exch dup dup /FID ne exch
/Encoding ne and {exch nf 3 1 roll put}{pop pop} ifelse }
forall nf/FontName nfn put nf/Encoding ncs put nfn nf
definefont pop}bdf
/Ienc0 { /ncs Ich def /nfn ed /bfn ed /lnw ed /bfd bfn
findfont def /nf bfd maxlength 4 add dict def bfd{exch dup
dup /FID ne exch /Encoding ne and
{exch nf 3 1 roll put}{pop pop} ifelse }forall
```

```
nf/FontName nfn put nf/Encoding ncs put
nf/PaintType 2 put nf/StrokeWidth lnw put
nfn nf definefont pop}bdf
/IencSO { /nfn ed /bfn ed /lnw ed /bfd bfn findfont def
/nf bfd maxlength 4 add dict def bfd{exch dup
/FID ne { exch nf 3 1 roll put}{pop pop} ifelse }forall
nf/FontName nfn put nf/PaintType 2 put
nf/StrokeWidth lnw put nfn nf definefont pop}bdf
/Helvetica /Flfon1 Ienc
[191 0 0.00 191 -18 -142]  /Flfon1 cfnt
0.000 sg
2737 3026 itr mt
(Dies ist ein Text)
show
6 sw
sv np [] 0 sd
2764 3749 itr mt
4071 3749 itr l2
st rs
sv np
1352 2572 itr mt
2424 2572 itr l2
2424 3513 itr l2
1352 3513 itr l2
1352 2572 itr l2
cp
st rs
sv np
3456 4438 itr mt
currentpoint translate
np 1.000 1.000 scale
0 0 549 0.000 360.000 arc sem
st rs
sv np
5156 4438 itr mt
5823 4573 itr l2
```

```
5823 3984 itr l2
4973 3984 itr l2
4973 4354 itr l2
5156 4438 itr l2
gs 0.000 sg
ef gr
cp
st rs
rs end
%%Trailer
%%DocumentFonts: Helvetica
```

Abbildung 48.1 EPS-Datei, erzeugt mit Freelance Plus

Die EPS-Datei besteht aus den eigentlichen PostScript-Anweisungen und den Strukturkonventionen zur Programmsteuerung.

Die EPS-Strukturkonventionen

Die Strukturkonventionen von EPS sehen für jedes Programm einen *Prolog* und ein *Script* vor. Im Prolog finden sich anwendungsabhängige Definitionen, während im Script die eigentlichen PostScript-Anweisungen stehen. Die Teile werden durch verschiedene Strukturinformationen beschrieben, die als PostScript-Kommentare mit dem Zeichen % eingeleitet werden. Der Interpreter ignoriert dann die komplette Zeile, während ein lesendes Programm die darin enthaltenen Informationen auswerten kann.

Um die Strukturinformationen von anderen Kommentarzeilen zu unterscheiden, beginnen die Infos mit den Zeichen:

```
%!
%%
```

gefolgt von einem beliebigen ASCII-String. Eine EPS-Datei beginnt immer mit der folgenden Zeile, die eine Datei als PostScript-Datei gemäß den Adobe-Konventionen auszeichnet:

```
%!PS-Adobe-2.0 EPSF-1.2
```

Weiterhin enthält die Zeile noch das Schlüsselwort:

```
PS-Adobe-
```

gefolgt von einer Versionsnummer.

Header Comments

Unmittelbar nach der Versionszeile finden sich weitere Kommentare mit zusätzlichen Informationen.

```
%%DocumentFonts: font1, font2 ...
```

Mit diesem Kommentar lassen sich die benutzten Fontnamen angeben. Diese Anweisung kann aber auch an das Ende der Datei verschoben werden. Dann muß im Header folgende Zeile erscheinen (Abbildung 48.1):

```
%%DocumentFonts: (atend)
```

Diese Anweisung legt den Dokumententitel fest:

```
%%Title: title
```

Hier wird häufig der Dateiname mitgespeichert. Das dateierzeugende Programm oder die zuständige Person sowie das Erzeugungsdatum sind in diesen Zeilen notiert:

```
%Creator: text
%%CreationDate: datum
```

Im Datum kann auch die Zeit als String mit aufgenommen werden. Diese Anweisung benennt einen Empfänger für das Dokument:

```
%%For: text
```

Die Zahl der Seiten wird mit der nächsten Sequenz gesetzt:

```
%%Pages: xx
```

Der Wert *xx* sollte eine nicht negative Dezimalzahl umfassen und die Zahl der auf dem Drucker auszugebenden Seiten spezifizieren. Erzeugt das Programm keine Seiten, ist eine 0 einzutragen. Die Spezifikation *attend* ist ebenfalls erlaubt.

Die Bounding-Box umschließt alle Markierungen des Programmes mit einem Rechteck. Die nächste Anweisung enthält als Parameter vier Integerwerte, die die linke obere und die rechte untere Ecke der Bounding-Box im Initialkoordinatensystem angeben:

```
%%BoundingBox: 0 0 648 468
```

Folgende Anweisung schließt den Header ab:

```
%%EndComments
```

Body Comments

Die auftretenden Kommentare dienen im wesentlichen zur Markierung verschiedener Abschnitte im eigentlichen Programmteil. Nachfolgend findet sich eine Zusammenstellung möglicher Kommentare (aus Abbildung 48.1):

```
%%BeginProcSet:
%%EndProcSet
%%EndProlog
%%BeginSetup
%%EndSetup
```

Der Prolog wird durch einen entsprechenden Kommentar (*EndProlog*) abgeschlossen. Der Beginn der Beschreibung einer Seite läßt sich durch diese Sequenz markieren:

```
%%Page: label ordial
```

In *label* und *ordial* werden die entsprechenden Nummern eingetragen. Zeichensätze für einzelne Seiten, die durch ein Leseprogramm ausgewertet werden können, lassen sich so spezifizieren:

```
%%PageFonts: font1, font2 ...
```

Trailer Comments

Den Abschluß einer EPS-Datei bildet der Anhang (*Trailer*), eingeleitet durch den Kommentar

```
%%Trailer
```

Falls im Kopf die Anweisung mit *attend* an das Ende verschoben wurde, können mit der folgenden Anweisung noch die im Dokument verwendeten Zeichensätze aufgeführt werden:

```
%%DocumentFonts: font1, font2 ...
```

Entsprechende Beispiele finden sich in Abbildung 48.1.

PostScript-Anweisungen (Level 1)

Die Sprache PostScript arbeitet nach dem Prinzip der umgekehrten polnischen Notation und besitzt verschiedene Anweisungen zur Ausgabe von Schrift und Grafik. Für den Umgang mit der Sprache seien die von Adobe bei Addison Wesley publizierten Titel (z. B. PostScript Language Reference) als Lektüre empfohlen. Nachfolgend werden die wichtigsten PostScript-Anweisungen kurz beschrieben.

abs

Format: `num abs`

Wandelt den Inhalt von *num* in eine absolute Zahl um und legt das Ergebnis auf dem Stack ab.

add

Format: `num1 num2 add`

Addiert die beiden Parameter *num1* und *num2* und legt das Ergebnis auf dem Stack ab.

and

Format: `bool1 bool2 and`

Verknüpft die beiden logischen Werte *bool1* und *bool2* über die And-Funktion und legt das Ergebnis auf dem Stack ab.

arc

Format: `x y r ang1 ang2 arc`

Zeichnet am Punkt *x,y* einen Kreisbogen mit dem Radius *r*. Die Parameter *ang1* und *ang2* geben die Winkel des Kreisbogens an.

arcn

Format: `x y r ang1 ang2 arcn`

Zeichnet am Punkt *x,y* im Uhrzeigersinn einen Kreisbogen mit dem Radius *r*. Die Parameter *ang1* und *ang2* geben die Winkel des Kreisbogens an.

arcto

Format: `x1 y1 x2 y2 arcto`

Zeichnet vom aktuellen Punkt *x0,y0* eine Gerade zum Punkt *x1,y1* und von dort einen Kreisbogen zum Punkt *x2,y2*. Nach dem Aufruf stehen auf dem Stack vier Parameter mit den Tangentenpunkten.

ashow

Format: `ax ay string ashow`

Gibt einen Text (*string*) aus, wobei die Dickten mit *ax* und *ay* korrigiert werden.

atan

Format: `num den atan0`

Berechnet aus dem Parameter *num* den Winkel in Grad und legt das Ergebnis auf dem Stack ab.

awidthshow

Format: `cx cy char ax ay string awidthshow`

Gibt einen Text (*string*) aus, wobei die Dickten mit *ax* und *ay* korrigiert werden. Zusätzlich wird jedes Zeichen *char* im Text mit den Parametern *cx* und *cy* korrigiert.

bind

Format: `proc bind`

Ersetzt den Operatornamen einer Prozedur durch deren Werte und legt sie auf dem Stack ab.

bitshift

Format: `int1 shift bitshift`

Verschiebt den Wert von *int1* um *shift* nach links. Ist der Wert negativ, werden die Bits nach rechts verschoben. Das Ergebnis findet sich anschließend auf dem Stack.

ceiling

Format: `num ceiling`

Liefert den nächsten benachbarten Wert von *num* auf dem Stack zurück.

charpath

Format: `string bool charpath`

Liefert den Pfad, der durch die Anwendung von *show* erzeugt wurde.

clip

Format: `clip`

Schneidet die inneren Flächen eines Clipping-Pfades aus.

clippath

Format: `clippath`

Definiert den aktuellen Clipping-Pfad.

closepath

Format: `closepath`

Schließt den aktuellen Subpfad durch ein gerades Liniensegment vom aktuellen Punkt zum Startpunkt.

copypage

Format: copypage

Gibt den Inhalt der aktuellen Seite auf dem Drucker aus, ohne die Seite neu zu initialisieren. Dadurch kann ein Teilbild probeweise ausgegeben werden.

cos

Format: `angle cos`

Berechnet den Cosinuswert des Winkels und gibt das Ergebnis auf dem Stack zurück.

currentpoint

Format: `currentpoint`

Liefert die aktuellen XY-Koordinaten auf dem Stack zurück.

curveto

Format: `x1 y1 x2 y2 x3 y3 curveto`

Zeichnet eine Bézierkurve durch die drei angegebenen Punkte.

cvi

Format: `num cvi`

Konvertiert den Wert von *num* in eine Integergröße und gibt diese auf dem Stack zurück.

cvn

Format: `string cvn`

Konvertiert eine Zahl in Form eines Strings in eine Integergröße und gibt diese auf dem Stack zurück.

cvr

Format: `string cvr`
`num cvr`

Konvertiert den Wert von *num* oder *string* in eine Fließkommagröße und gibt diese auf dem Stack zurück.

cvrs

Format: `num string radix cvrs`

Konvertiert eine Zahl *num* in einen String mit der Basis *radix* und gibt das Ergebnis auf dem Stack zurück.

cvs

Format: `num string cvs`

Konvertiert den Wert eines beliebigen Elements in einen Text und gibt diesen auf dem Stack zurück.

div

Format: `num1 num2 div`

Dividiert die Zahl *num1* durch *num2* und legt das Ergebnis auf dem Stack ab.

dup

Format: `element dup`

Dupliziert das oberste Element des Stacks.

eoclip

Format: `eoclip`

Schneidet die inneren Flächen des aktuellen Clipping-Pfades mit den inneren Flächen des aktuellen Pfades.

eofill

Format: `eofill`

Füllt die inneren Flächen des aktuellen Pfades mit der aktuellen Farbe aus.

eq

Format: `elem1 elem2 eq`

Vergleicht zwei beliebige Elemente miteinander und legt als Ergebnis *True* oder *False* auf dem Stack ab.

exch

Format: `elem1 elem2 exch`

Vertauscht die beiden obersten Stackelemente.

exec

Format: `oper exec`

Legt den Operanden auf den Stack und führt ihn direkt aus.

exit

Format: `exit`

Beendet die Ausführung einer Schleife (*for*, *loop*, *repeat*, *forall*).

exp

Format: `base exp exp`

Berechnet aus der Basis *base* und dem Exponenten *exp* einen Fließkommawert.

fill

Format: `fill`

Füllt die Fläche des aktuellen Pfades mit der aktuellen Farbe.

findfont

Format: `font findfont`

Sucht einen durch *font* beschriebenen Namen aus dem Font-Dictionary.

for

Format: `start step end { proc } for`

Konstruiert eine Schleife, die mit dem Wert von *start* beginnt. Der Schleifenindex wird mit der Schrittweite *step* so lange erhöht, bis der Endwert *end* erreicht ist. Bei jedem Durchlauf werden die in den geschweiften Klammern ({}) stehenden Anweisungen ausgeführt.

ge

Format: `num1 num2 ge`

Führt zwischen *num1* und *num2* einen Vergleich auf *greater equal* aus und legt das Ergebnis als Boole-Wert auf dem Stack ab.

grestore

Format: `grestore`

Restauriert den mit *gsave* gesicherten Grafikstatus.

gsave

Format: `gsave`

Sichert den Grafikstatus.

gt

Format: `num1 num2 gt`

Führt zwischen *num1* und *num2* einen Vergleich auf *greater* aus und legt das Ergebnis als Boole-Wert auf dem Stack ab.

idiv

Format: `int1 int2 idiv`

Führt eine Integerdivision zwischen *int1/int2* aus und legt das Ergebnis auf dem Stack ab.

if

Format: `bool { proc } if`

Bearbeitet die in den Klammern stehenden Anweisungen, falls *bool* gleich *True* ist.

ifelse

Format: `bool { proc1 } { proc2 } ifelse`

Bearbeitet die in den Klammern stehenden Anweisungen *proc1*, falls:

```
bool = True
```

andernfalls werden die Anweisungen *proc2* ausgeführt.

image

Format: `width height bits_per_sample matrix proc image`

Überträgt ein Rasterbild auf die aktuelle Seite. Die Parameter *width* und *height* spezifizieren die Abmessungen des Bildes; mit *proc* werden die Bilddaten eingelesen.

imagemask

Format: `width height invert matrix proc imagemask`

Überträgt ein Rasterbild auf die aktuelle Seite. Die Parameter *width* und *height* spezifizieren die Abmessungen des Bildes, mit *proc* werden die Bilddaten eingelesen. Der logische Wert *invert* definiert dabei, ob die Bits direkt oder invertiert (*0 Bits zeichnen -> invert = False*) gezeichnet werden.

index

Format: `a1 a2...ax n index`

Kopiert das *n-te* Stackelement oben auf den Stack, gezählt vom obersten Element (0).

le

Format: `num1 num2 le`

Führt zwischen *num1* und *num2* einen Vergleich auf *less or equal* aus und legt das Ergebnis als Booleschen Wert auf dem Stack ab.

lineto

Format: `x y lineto`

Fügt an den aktuellen Pfad ein gerades Liniensegment von der aktuellen Position zum Punkt *x,y* an.

ln

Format: `num1 ln`

Liefert den Fließkommawert von *ln(num1)* auf den Stack zurück.

log

Format: `num1 log`

Liefert den Fließkommawert von *log(num1)* auf den Stack zurück.

loop

Format: `{ proc } loop`

Führt die Anweisungen der Schleife *{ proc }* so lange aus, bis ein *exit*-Operator geladen wird.

lt

Format: `num1 num2 lt`

Führt einen Vergleich auf *less then num1* und *num2* aus und legt das Ergebnis als Boole-Wert auf dem Stack ab.

mod

Format: `int1 int2 mod`

Liefert den Rest der Division von *int1/int2* auf dem Stack zurück (Modulofunktion).

moveto

Format: `x y moveto`

Beginnt einen neuen Pfad und setzt den aktuellen Punkt auf die mit *x,y* angegebenen Koordinaten.

mul

Format: `num1 num2 mul`

Liefert das Ergebnis der Multiplikation von *num1* und *num2* auf dem Stack ab.

neg

Format: `num1 neg`

Invertiert den Wert von *num1* und legt das Ergebnis auf dem Stack ab.

newpath

Format: `newpath`

Legt einen neuen Pfad auf der aktuellen Seite an; der aktuelle Punkt ist dann undefiniert.

not

Format: `bool1 not`

Invertiert den Wert der logischen Variablen und gibt das Ergebnis auf dem Stack zurück.

or

Format: `bool1 bool2 or`

Verknüpft die beiden Operatoren mit *or* und liefert das Ergebnis auf dem Stack ab.

pop

Format: `pop`

Entfernt das oberste Element vom Stack.

quit

Format: `quit`

Beendet die Arbeit des Interpreters.

rand

Format: `rand`

Liefert eine Zufallszahl (Integer) auf dem Stack zurück.

rcurveto

Format: `dx1, dy1 dx2 dy2 dx3 dy3 rcurveto`

Zeichnet eine Bézierkurve vom aktuellen Pfad relativ zu den Koordinatenangaben *dx,dy*.

repeat

Format: `count { proc } repeat`

Führt die Anweisungen in *proc count*-mal aus.

rlinto

Format: `dx dy rlineto`

Erzeugt einen neuen Subpfad durch relative Verschiebung um die Strecke *dx,dy*.

roll

Format: `elem1...elemx n j roll`

Verschiebt *n* Elemente des Stacks um *j* Positionen im Kreis.

round

Format: `num1 round`

Rundet den Wert *num1* auf den nächstliegenden Integerwert.

scale

Format: `x y scale`

Verändert die Skalierung der x- und y-Achsen.

scalefont

Format: `font scale scalefont`

Skaliert die Größe eines Zeichensatzes vor der Ausgabe.

search

Format: `string such search`

Sucht *string* nach der Zeichenkette *such* ab und legt das Ergebnis als:

```
Reststring, such, Anfangsteil, bool
```

auf dem Stack ab. Der oberste Wert auf dem Stack gibt an, ob der String gefunden wurde (*bool* = *True*).

setfont

Format: `font setfont`

Aktiviert den angegebenen Zeichensatz als aktuellen Font.

setgray

Format: `num setgray`

Legt die Schwärzung für die Zeichenoperationen fest. Der Wert von *num* kann zwischen 0 (Weiß) und 1 (Schwarz) liegen.

setlinewidth

Format: `num setlinewidth`

Setzt die Breite von Linien auf einen definierten Wert.

show

Format: `(text) show`

Gibt den auf dem Stack stehenden Text im aktuellen Pfad aus.

showpage

Format: `showpage`

Kopiert die aktuelle Seite auf das Ausgabegerät.

sin

Format: `angle sin`

Berechnet den Sinus des angegebenen Winkels und gibt das Ergebnis als Fließkommawert auf dem Stack zurück.

sqrt

Format: `num sqrt`

Berechnet die Wurzel aus *num* und gibt das Ergebnis als Fließkommawert auf dem Stack zurück.

string

Format: `int string`

Erzeugt ein Stringobjekt der Länge *int*.

stringwidth

Format: `string stringwidth`

Ermittelt die Länge des angegebenen Strings.

stroke

Format: `stroke`

Zieht entlang des aktuellen Pfades eine Linie. Erst damit werden Objekte in der aktuellen Farbe gezeichnet.

sub

Format: `num1 num2 sub`

Subtrahiert *num1-num2* und liefert das Ergebnis auf dem Stack ab.

truncate

Format: `num truncate`

Entfernt den Nachkommateil von *num* und liefert das Ergebnis auf dem Stack zurück.

xor

Format: `bool1 bool2 xor`

Verknüpft die beiden Werte *bool1* und *bool2* mit Xor und legt das Ergebnis auf dem Stack ab.

PostScript Level 2

PostScript Level 2 stellt eine Erweiterung des Befehlsvorrats in Level 1 dar. Neben verbesserten Möglichkeiten zur Komprimierung von PostScript-Programmen wurden neuere Verfahren implementiert:

- Verbesserungen in der Speicherverwaltung und Definition eines Dictionary-Operands.
- Einführung von Resources (Sammlung von benannten Objekten) und Filtern zum Import/Export von Dateien.
- Binäre Kodierung der Programme zur optimalen Übertragung der Programme; User Paths, um die Pfade für Operatoren zu definieren.
- Befehle, um Formulare (FORMS) zu erzeugen und wiederzuverwenden; Definition von Mustern (Pattern).
- Definition verschiedener Farbräume, um Farbausgaben unter PostScript zu unterstützen; Unterstützung des CIE-Farbmodells und Befehle zur Ausgabe von Bildern.
- Erweiterungen in den Text- und Grafikoperatoren; Parameter für den Interpreter und Device-Setup-Befehle.

Nachfolgend finden Sie eine kurze Übersicht über die neuen Befehle in Level 2.

<< mark

Der Befehl legt das Objekt *mark* auf dem Operandenstack ab; dieser Befehl verhält sich wie der *mark*- oder *[*-Operator.

>> mark

Format: `mark key1 value1 .... keyn valuen >> dict`

Erzeugt ein Dictionary mit den spezifizierten *key*-Werten. Als Operanden werden *mark* und eine gerade Anzahl von Operanden (key) erwartet. Diese Schlüssel werden in das Dictionary eingefügt. Der folgende Befehl:

```
<< /Duplex true /PageSize [612 792] /Collate false >> setpagedevice
```

erzeugt ein Dictionary mit drei Einträgen, welches sofort zum *setpagedevice*-Operator weitergegeben wird.

arct

Format: `x1 y1 x2 y2 r arct`

Der Befehl fügt ein Kreissegment an den aktuellen Pfad an. Vorher kann eine gerade Linie auftreten, damit ein Kreissegment erzeugt wird.

Die Punkte x1 y1 und x2 y2 definieren die Ecken, in die der Kreis einzufügen ist. Vom Startpunkt x0 y0 wird ein Pfad zu x1 y1 und dann zu x2 y2 konstruiert. Anschließend erzeugt der Befehl ein Kreissegment mit dem Radius *r* an den Tangenten. Letztlich erzeugt der Befehl eine abgerundete Ecke in einem Viereck. Das folgende Beispiel verdeutlicht die Anwendung des Befehls:

```
newpath
0 0 moveto          % auf Startpunkt
0 10 10 10 4 arct   % runde Ecke zeichnen
10 10 lineto        % Linie zum Endpunkt zeichnen
```

Der Pfad wird dabei vom Startpunkt bis zum angegebenen Endpunkt konstruiert.

cshow

Format: `proc string cshow`

Ruft die Prozedur *proc* für jede Operation im Font-Mapping-Algorithmus einmal auf. Beim Aufruf von *proc* enthält der Stack den selektierten Zeichencode und die x-, y-Koordinaten des Vektors für die Ausgabe. *cshow* gibt keine Zeichen aus und verändert auch nicht die aktuelle Zeichenposition. Die Ausgabe des Textes erfolgt über *proc*, d.h., der Befehl läßt sich zur Ausgabe und Positionierung spezieller Zeichen verwenden.

currentblackgeneration

Format: `currentblackgeneration proc`

Gibt die aktuelle *blackgeneration*-Funktion für den Grafikstatus zurück.

currentcacheparams

Format: `currentcacheparams mark size lower upper`

Legt ein *mark*-Objekt, gefolgt von den aktuellen Cacheparametern, auf dem Operandenstack ab. Die Parameterzahl ist dabei variabel.

currentcmykcolor

Format: `currentcmykcolor cyan magenta yellow black`

Gibt die aktuelle Farbe des Grafikstatus im CMYK-Farbsystem auf dem Stack zurück.

Ist das Farbsystem auf *DeviceCMYK* gesetzt, gibt der Befehl die Farben zurück, die mit *setcmykcolor* oder *setcolor* gesetzt wurden. Bei *DeviceRGB* oder *DeviceGray* werden die Farbwerte erst in den CMYK-Farbraum konvertiert.

currentcolor

Format: `currentcolor comp1 comp2 .... compn`

Der Befehl ermittelt die aktuellen Farbkomponenten und gibt diese auf dem Stack zurück.

currentcolorrendering

Format: `currentcolorrendering dict`

Der Befehl gibt den Wert des CIE-Color-Rendering-Dictionary zurück.

currentcolorscreen

Format: `currentcolorscreen redfreq redang redproc`
`greenfreq greenang greenproc`
`bluefreq blueang blueproc`
`grayfreq grayang grayproc`

Der Befehl gibt alle 12 Halbton-Bildparameter zurück, falls der aktuelle Halbton-Screen mit *setcolorscreen* oder *currentcolorscreen* definiert wurde. Wurde der Halbton-Screen mit *sethalftone* oder *currentcolorscreen* definiert, gibt der Befehl die Werte 60,0 und das Halftone Dictionary viermal zurück.

currentcolorspace

Format: `currentcolorspace array`

Der Befehl gibt ein Feld mit den Werten des Farbraums zurück. Dieses Feld kann zum Beispiel den Namen des Farbraums enthalten.

currentcolortransfer

Format: `currentcolortransfer redproc greenproc blueproc grayproc`

Mit dem Befehl werden die aktuellen Transferprozeduren für die vier Farben zurückgegeben. Wurden die Funktionen mit *setcolortransfer* oder *currentcolortransfer* definiert, enthält der Stack 4 Operanden. Mit *settransfer* gibt *currentcolortransfer* nur eine Funktion zurück.

currentdevparams

Format: `string currentdev currentdevparams dict`

Der Befehl gibt das Dictionary mit allen Keys und aktuellen Werten der Einheit (Device) zurück, die durch *string* angegeben wurde.

currentglobal

Format: `currentglobal bool`

Der Befehl gibt den aktuellen VM Allocation Mode zurück.

currentgstate

Format: `gstate currentgstate gstate`

Der Befehl ersetzt den aktuellen Wert von *gstate* durch eine Kopie des aktuellen Grafikstatus. Weiterhin wird *gstate* auf dem Operandenstack hinterlassen.

currenthalftone

Format: `currenthalftone halftone`

Der Befehl gibt das aktuelle Halftone Dictionary des Grafikstatus zurück.

currentobjectformat

Format: `currentobjectformat int`

Der Befehl gibt den aktuellen *Object Format*-Parameter zurück.

currentoverprint

Format: `currentoverprint bool`

Gibt den Wert des *Overprint*-Parameters zurück.

currentpacking

Format: `currentpacking bool`

Vom Befehl wird das Feld *Packing Mode* zurückgegeben.

currentpagedevice

Format: `currentpagedevice dict`

Der Befehl gibt ein *Dictionary* (read only) zurück, welches ein seitenorientiertes Ausgabegerät beschreibt. Der Befehl erzeugt bei Bedarf ein neues Dictionary. Ist das aktuelle Ausgabegerät nicht seitenorientiert, ist das zurückgegebene Dictionary leer.

currentshared

Format: `currentshared bool`

Der Befehl besitzt die gleiche Semantik wie *currentglobal* und wird aus Kompatibilitätsgründen beibehalten.

currentstrokeadjust

Format: `currentstrokeadjust bool`

Der Befehl gibt den aktuellen Grafikstatus-Parameter *currentstrokeadjust* zurück.

currentsystemparams

Format: `currentsystemparams dict`

Gibt ein Dictionary mit den aktuellen Systemparametern der Implementierung zurück.

currentundercolorremoval

Format: `currentundercolorremoval proc`

Vom Befehl wird die aktuelle *colorremoval*-Funktion zurückgegeben.

currentuserparams

Format: `currentuserparams dict`

Gibt das Dictionary mit den aktuellen Benutzerparametern zurück.

defineuserobject

Format: `index any defineuserobject`

Erzeugt eine Verknüpfung zwischen der positiven Integerzahl *index* und dem Objekt *any* im *UserObject.* Der Befehl speichert ein Objekt *any* an die in *index* angegebene Position im *array* des *UserObject.*

deletefile

Format: `filename deletefile`

Löscht die angegebene Datei aus dem Speicher. Gibt es die Datei nicht, löst der Interpreter einen *undefinedfilename*-Fehler aus.

execuserobject

Format: `index execuserobject`

Der Befehl führt das User-Object aus, welches in *index* angegeben wird. Das Objekt muß mit *defineuserobject* definiert worden sein, sonst erfolgt eine Fehlermeldung.

filenameforall

Format: `template proc scratch filenameforall`

Der Befehl führt alle Dateien auf, deren Namen mit dem in *template* angegebenen Muster übereinstimmen. Die Dateinamen werden in den angegebenen *srcatch*-String kopiert, und dann wird die angegebene Prozedur *proc* aufgerufen. Die Zeichen im Parameter *template* dürfen auch Wildcards * ? enthalten. Wobei * mehrere Zeichen ersetzt und ? für ein Wildcard-Zeichen steht. Beginnt ein Zeichen mit \, wird das folgende Zeichen als Literal verwendet. Beginnt *template* mit %, erfolgt der Vergleich auf komplette Dateinamen in der Form %device%file.

Für den Inhalt der Prozedur *proc* gibt es keine Einschränkungen. Bei jedem gefundenen Dateinamen wird diese Prozedur aufgerufen.

filenameposition

Format: `file filenameposition position`

Der Befehl gibt die aktuelle Position innerhalb der angegebenen Datei in *position* (positive Integerzahl) zurück.

filter

Format: `scr|tgt para1 ... paran filter file`

Vom Befehl wird eine gefilterte Datei erzeugt und in *file* zurückgegeben. Der *scr | tgt*-Operand definiert die unterlagerte Datenquelle, aus der der Filter die Daten liest. Die Quelle kann eine Datei, ein String oder eine Prozedur sein. Die Parameter $para_x$ definieren die Anpassung des speziellen Filters. Meist benötigen die Filter jedoch keine Parameter. Tabelle 48.1 gibt die Namen der Standardfilternamen an:

Name	Name
ASCIIHexEncode	ASCIIHexDecode
ASCII85Encode	ASCII85Decode
LZWEncode	LZWDecode
RunLengthEncode	RunLengtDecode
CCITTFaxEncode	CCITTFaxDecode
NullEncode	NullDecode

Tabelle 48.1 Standardfilter

findencoding

Format: `key findencoding array`

Der Befehl übernimmt den in *key* angegebenen Encoding-Vektor und legt diesen auf dem Stack ab.

findresource

Format: `key category findresource instance`

Der Befehl versucht, eine benannte Ressourceninstanz der spezifizierten Kategorie zu übernehmen. *category* ist ein Name oder ein Stringobjekt, welches die Ressourceninstanz angibt (z. B. ein Font). Der Befehl gibt eine Instanz der Ressource auf dem Stack zurück.

gcheck

Format: `any gcheck bool`

Mit dem Befehl läßt sich prüfen, ob der angegebene Operand *any* zu den grundlegenden PostScript-Befehlen gehört oder in der globalen VM als zusammengesetzter Operand existiert. In diesen Fällen wird der Wert *true* zurückgegeben. Der Wert *false* wird zurückgegeben, falls ein zusammengesetzter Operand in der lokalen VM vorhanden ist.

globaldict

Format: `globaldict dict`

Der Befehl legt das Objekt *globaldict* auf dem Operandenstack ab.

GlobalFontDirectory

Format: `GlobalFontDirectory dict`

Mit dem Befehl wird ein Dicitonary oder ein definierter Font auf dem Operandenstack hinterlegt.

glyphshow

Format: `name glyphshow`

Der Befehl zeigt ein einzelnes Zeichen aus dem aktuellen Font. Das Zeichen ist in *name* anzugeben. *glyphshow* umgeht dabei die aktuelle *Font-Encoding*-Funktion und kann damit auf alle Zeichen eines Fonts zugreifen. Die Wirkungsweise des Operators ist aber abhängig vom verwendeten Font (Type 1, Type 3).

ineofill

Format:
```
x y ineofill bool
userpath ineofill bool
```

Der Befehl besitzt zwei Varianten und ist vergleichbar mit *infill*. Der Test wird lediglich auf *eofill* und nicht auf *fill* durchgeführt.

infill

Format:
```
x y infill bool
userpath infill bool
```

Der Befehl besitzt zwei Varianten. Der erste Befehl gibt den Wert *true* zurück, falls der Bildpunkt *x,y* im Benutzerkoordinatensystem bei Anwendung des *fill*-Kommandos gezeichnet wird. Im zweiten Fall gibt der Befehl den Wert *true* zurück, falls Punkte im *userpath* bei Anwendung des *fill*-Operators gezeichnet werden.

instroke

Format:
```
x y instroke bool
userpath instroke bool
```

Der Befehl besitzt zwei Varianten. Der erste Befehl arbeitet ähnlich wie *infill*, wobei der Test sich jedoch auf die Funktion *stroke* bezieht.

inueofill

Format:
```
x y userpath inueofill bool
userpath1 userpath2 inueofill bool
```

Der Befehl besitzt zwei Varianten und wirkt ähnlich wie *inufill*, wobei sich der Test auf den Befehl *inueofill* bezieht.

inufill

Format: `x y userpath inufill bool`
`userpath1 userpath2 inufill bool`

Der Befehl besitzt zwei Varianten. Der erste Befehl gibt den Wert *true* zurück, falls der Bildpunkt *x,y* im Benutzerkoordinatensystem bei Anwendung des *ufill*-Kommandos im *Userpath* gezeichnet wird. Im zweiten Fall werden Punkte in *userpath1* als Appertur interpretiert. Dann gibt der Befehl den Wert *true* zurück, falls Punkte der Appertur im *userpath2* bei Anwendung des *ufill*-Operators gezeichnet werden.

inustroke

Format: `x y userpath inustroke bool`
`x y userpath matrix inustroke bool`
`userpath1 userpath2 inustroke bool`
`userpath1 userpath2 matrix inustroke bool`

Der Befehl besitzt mehrere Varianten. Der erste Befehl testet, ob ein Bildpunkt *x,y* auf dem aktuellen Device mit *inustroke* gezeichnet wird, und gibt dann den Wert *true* zurück. Im zweiten Befehl wird nach der Interpretation des User-Pfads die Matrix zur CTM (coordinate transfer matrix) hinzugefügt. Im dritten und vierten Befehl werden die Pixel im *userpath1* als *Appertur* interpretiert. Wird ein solches Pixel von *ustroke* gezeichnet, gibt *inustroke* den Wert *true* zurück.

ISOLatin1Encoding

Format: `ISOLatin1Encoding array`

Der Befehl legt einen ISO-Latin1-Encoding-Vektor auf dem Operandenstack ab. Dieser Vektor ist ein Array mit 256 Einträgen, welches durch die Zeichencodes indiziert wird.

languagelevel

Format: `languagelevel int`

Der Befehl ermittelt die Sprachversion des PostScript-Interpreters und gibt diese auf dem Stack zurück. Der Wert 2 signalisiert, daß alle Level 2-Befehle implementiert sind.

makepattern

Format: `dict matrix makepattern pattern`

Der Befehl erzeugt ein Muster. Zuerst wird geprüft, ob *dict* ein Pattern-Dictionary ist, welches alle erforderlichen Werte enthält. Dann wird eine Kopie in der lokalen VM erzeugt. Der Inhalt von *matrix* wird in der CTM gesichert. Als Resultat wird das Muster-Dictionary auf dem Stack zurückgegeben. Das Muster ist dann über *setpattern* aus dem Dictionary abrufbar.

packedarray

Format: `any0 ... anyn n packedarray packedarray`

Der Befehl erzeugt aus den Einträgen any_0 ... any_n ein gepacktes Array der Länge *n* und legt es auf dem Operandenstack ab.

printobject

Format: `obj tag printobject`

Schreibt eine binäre Objektsequenz in die Standard-Ausgabedatei. Die binäre Objektsequenz enthält ein Top-Level Array der Länge 1. Dieses Element stellt die Kodierung für *obj* dar. *tag* ist ein Wert zwischen 0 und 255 und bezieht sich auf das *top level object.*

product

Format: `product string`

Mit dem Befehl äßt sich ein *string* (read only) abrufen, der die Umgebung des PostScript-Interpreters angibt.

realtime

Format: `realtime int`

Der Befehl erlaubt die Abfrage der Uhrzeit, die in Millisekunden in *int* zurückgegeben wird.

rectclip

Format:
```
x y width heigth rectclip
numarray rectclip
numstring rectclip
```

Der Befehl schneidet ein Rechteck aus dem aktuellen Clipping-Pfad. In der ersten Variante wird ein Rechteckpfad anhand des Startpunkts und der Abmessungen erzeugt. In den beiden anderen Varianten wird der Operand als *array* oder als *string* angegeben. Damit lassen sich mehrere Rechtecke angeben. Nach der Berechnung des Clipping-Pfades wird *current path* wie bei *newpath* auf *empty* gesetzt.

rectfill

Format:
```
x y width heigth rectfill
numarray rectfill
numstring rectfill
```

Der Befehl besitzt mehrere Varianten. Mit diesem Befehl läßt sich ein Pfad, bestehend aus einem oder mehreren Rechtecken, in der aktuellen Farbe füllen. Die Parameter besitzen die gleiche Bedeutung wie bei *rectclip*.

rectstroke

Format: `x y width heigth rectstroke`
`x y width heigth matrix rectstroke`
`numarray rectstroke`
`numarray matrix rectstroke`
`numstring rectstroke`
`numstring matrix rectstroke`

Der Befehl besitzt mehrere Varianten. Er führt einen *stroke*-Befehl auf einen Pfad mit einem oder mehreren Rechtecken aus. Ist der Parameter *matrix* vorhanden, fügt der Interpreter den Inhalt in der CTM ein. Die restlichen Parameter besitzen die Bedeutung wie bei *rectclip*.

rectviewclip

Format: `x y width heigth rectviewclip`
`numarray rectviewclip`
`numstring rectviewclip`

Der Befehl ersetzt den aktuellen Bildausschnitt (*view clip*) durch einen Rechteckpfad. Für die Parameter gelten die gleichen Bedingungen wie bei *rectclip*.

renamefile

Format: `old new renamefile`

Der Befehl benennt eine Datei mit dem Namen *old* in den neuen Namen *new* um. Die Parameter *old* und *new* sind Strings. Existiert die Datei nicht, wird ein *undefinedfilename*-Fehler ausgelöst. Ist eine Umbenennung nicht erlaubt, wird ein *invalidfileaccess*-Error ausgelöst.

resourceforall

Format: `template proc scratch category resourceforall`

Der Befehl zählt alle Namen der Instanzen einer angegebenen Ressourcenkategorie auf. *category* ist der Objektname einer Ressourcenkategorie (z. B. Fonts). In *template* wird ein String übergeben, der als Suchmuster für die Namen interpretiert wird. Dabei sind auch die Wildcards * ? erlaubt. Mit dem Zeichen \ wird das folgende Zeichen als Literal interpretiert (z. B. bedeutet *, daß ein * nicht als Wildcard zu interpretieren ist). Die gefundenen Namen werden im String *scratch* gespeichert. Für jeden gefundenen Namen wird die Prozedur *proc* aufgerufen.

resourcestatus

Format: `key category resourcestatus status size bool`

Der Befehl gibt den Status der in *key* angegebenen Ressourceninstanz zurück. In *category* läßt sich eine Kategorie der Ressource (z. B. Font) festlegen. Existiert die Ressource, gibt der Befehl in *bool* den Wert *true* zurück. Dann enthält der Stack zwei zusätzliche Parameter. *status* kann folgende Werte aufweisen:

0 = in VM per *defineresource* definiert
1 = in VM durch den vorherigen Befehl *findresource* definiert
2 = nicht in VM definiert, aber über externen Speicher verfügbar

Der Integerwert *size* gibt an, wie viele Bytes die Ressource ungefähr in der VM verbraucht. Existiert die Ressource nicht, gibt der Befehl nur den Wert *false* auf dem Stack zurück.

rootfont

Format: `rootfont font`

Der Befehl gibt den zuletzt mit *setfont* oder *selectfont* ausgewählten Font zurück. Normalerweise ist der Wert mit der durch *currentfont* ermittelten Größe identisch. Beim Aufruf aus *cshow* gibt der Befehl den *composite font* zurück.

scheck

Format: `any scheck bool`

Der Befehl besitzt die gleiche Funktion wie *gcheck* und wird aus Kompatibilitätsgründen beibehalten.

selectfont

Format: `key scale selectfont`
`key matrix selectfont`

Der Befehl übernimmt einen Font, dessen Namen in *key* angegeben wird. Der Font wird bei der Übernahme gemäß *scale* oder *matrix* transformiert. In Level 1 konnte der gleiche Effekt mit der Sequenz:

```
/Times Roman findfont
10 scalefont
setfont
```

erreicht werden. In Level 2 ist nur noch die Anweisung:

```
/Times Roman 10 selectfont
```

erforderlich.

serialnumber

Format: `serialnumber int`

Der Befehl ermittelt die Seriennummer des Interpreters und gibt diese als Integerwert auf dem Stack zurück.

setbbox

Format: `llx lly urx ury setbbox`

Der Befehl legt die Bounding-Box des aktuellen Pfades fest, wobei die Bounding-Box durch zwei Koordinatenpaare definiert wird. *llx lly* definiert die linke untere Ecke (lower left corner), *urx* und *ury* definieren die obere rechte Ecke (upper right corner). Die Bounding-Box bleibt so lange erhalten, wie der Pfad gültig ist.

setblackgeneration

Format: `proc setblackgeneration`

Der Befehl definiert die Parameter *proc* der Prozedur *blackgeneration* im Grafik-State. Als Operand wird in *proc* eine Prozedur übergeben. Die Prozedur muß sich mit einer Zahl zwischen 0.0 und 1.0 aufrufen lassen. Aus diesem Wert (Graustufe) wird dann der neue Wert durch die Prozedur bestimmt und durch diese auf dem Stack zurückgegeben.

setcachedevice2

Format: `w0x w0y llx lly urx ury w1x w1y vx vy setcachedevice2`

Der Befehl übergibt zwei Sets der Zeichenmetrik an die Fontmaschine. *w0x* und *w0y* definieren den Abstand zum aktuellen Punkt zum neuen *current point* für die Textausgabe im Modus 0. *llx*, *lly* und *urx*, *ury* definieren die Bounding-Box bezogen auf den aktuellen Punkt für die Zeichen. *w1x* und *w1y* definieren den Abstand vom aktuellen Punkt zum neuen *current point*, wenn der Text im Mode 1 ausgegeben wird. *vx* und *vy* geben dann den Abstand vom Punkt 0 zum Punkt 1 an. Nach *setcachedevice2* bis zum Ende von *BuildGlyph* oder *BuildChar* sind Befehle zur Farbauswahl oder *imagemask* nicht zulässig.

setcacheparams

Format: `mark size lower upper setcacheparams`

Mit dem Befehl werden die Cacheparameter gesetzt. Die Zahl der Parameter wird in *size* angegeben.

setcmykcolor

Format: `cyan magenta yellow black setcmykcolor`

Dieser Befehl erlaubt es, die aktuelle Farbe im CMYK-Farbraum zu definieren, wobei die Farbdefinition über die Farbanteile *cyan, magenta, yellow* und *black* erfolgt. Die Werte dieser Parameter müssen zwischen 0.0 und 1.0 liegen.

setcolor

Format: `comp1 ... compn setcolor`

Mit dem Befehl werden die aktuellen Farbparameter im *graphic state* gesetzt. Die Zahl der Komponenten *comp* und deren Werte variieren in Abhängigkeit vom verwendeten Farbsystem.

setcolorrendering

Format: `dict setcolorrendering`

Der Befehl installiert *dict* als das aktuelle CIE-basierte *color rendering*-Dictionary im Graphic-State. Damit läßt sich die Farbausgabe an bestimmte Geräte anpassen.

setcolorscreen

Format:
```
redfreq redang redproc
greenfreq greenang greenproc
bluefreq blueang blueproc
grayfreq grayang grayproc setcolorscreen
```

Mit dem Befehl lassen sich die Halbton-Parameter im Graphic-State setzen. Die Parameter geben die Farbanteile Rot, Grün, Blau und Grau mit den jeweiligen Komponenten an.

setcolorspace

Format:
```
array setcolorspace
name setcolorspace
```

Der Befehl definiert den zu verwendenden Farbraum. Das *array* muß dabei im Format *[key* $param_1$ *...* $param_n$*]* angegeben werden. In der zweiten Variante reicht es, den Namen des Farbsystems (DeviceGray, DeviceRGB, DeviceCMYK, Pattern) anzugeben.

setcolortransfer

Format: `redproc greenproc blueproc grayproc setcolortransfer`

Der Befehl definiert eine Transferfunktion für die Grafikmaschine. Jeder der Operanden für Rot, Grün, Blau und Grau muß eine PostScript-Prozedur sein, die Parameter im Bereich zwischen 0.0 und 1.0 erwartet. Dieser Parameter wird durch die Transferfunktion in einen Wert im Bereich 0.0 bis 1.0 umgerechnet.

setdevparams

Format: `string dict setdevparams`

Mit dem Befehl lassen sich ein oder mehrere Parameter für ein in *string* angegebenes Gerät übergeben. Die Schlüssel und Werte befinden sich in *dict*. Jeder Wert wird dabei durch einen Schlüssel *key* im Dictionary definiert.

setfileposition

Format: `file position setfileposition`

Der Befehl repositioniert den Zeiger einer geöffneten Datei *file* auf die in *position* angegebene Position. *position* muß eine positive Integerzahl sein. Bei einer Positionierung über das Dateiende hinaus hängt die Reaktion von der Implementierung des Dateisystems ab.

setglobal

Format: `bool setglobal`

Der Befehl setzt den VM Allocation Mode. Mit *true* wird der Modus auf *global* festgelegt, während *false* den VM-Modus auf *lokal* einstellt. Damit wirken sich *save*- und *restore*-Befehle auf die lokale oder globale VM aus.

setgstate

Format: `gstate setgstate`

Der Befehl ersetzt den aktuellen Grafikstatus (graphics state) durch den Inhalt des Objekts *gstate*.

sethalftone

Format: `halftone sethalftone`

Mit dem Befehl wird der Halbtonparameter im aktuellen *graphic state* gesetzt.

setobjectformat

Format: `int setobjectformat`

Der Befehl legt das Objektformat für binäre Sequenzen von *printobject* und *writeobject* gemäß Tabelle 48.2 fest.

Code	Objekt
0	Disable binäre Kodierung
1	High-order byte first, IEEE Standard Real Format
2	Low-order byte first, IEEE Standard Real Format
3	High-order byte first, native Real Format
4	Low-order byte first, native Real Format

Tabelle 48.2 Kodierung der binären Objektformate

Der Wert 0 sperrt alle binären Kodierungen für die Ausgabewerte. Damit werden die Ausgaben als ASCII-Strings kodiert.

setoverprint

Format: `bool setoverprint`

Mit diesem Befehl wird der *setoverprint*-Parameter im *graphic state* gesetzt. Der Befehl wird verwendet, wenn die Einheit Farbseparationen unterstützt. Mit *false* werden die anderen Separationen gelöscht, und mit *true* bleiben diese erhalten.

setpacking

Format: `bool setpacking`

Der Befehl setzt den Packmodus für Arrays gemäß dem spezifizierten Wert. Mit *true* werden gepackte Arrays selektiert.

setpagedevice

Format: `dict setpagedevice`

Mit dem Befehl kann ein Systemadministrator ein neues Rasterausgabegerät im Interpreter installieren.

setpattern

Format: `pattern setpattern`
`comp1 .... compn pattern setpattern`

Der Befehl ermöglicht die Definition eines Musters in der aktuellen Farbe im *graphic state*. In *pattern* wird das Muster als *Dictionary* definiert (wird durch *setpattern* erzeugt). Definiert *pattern* ein farbloses Muster, enthalten die Parameter $comp_x$ die betreffenden Farben, die dem Muster unterlegt werden.

setrgbcolor

Format: `red green blue setrgbcolor`

Eine Farbe im RGB-Farbraum läßt sich mit *setrgbcolor* definieren. Die Werte für *red, green* und *blue* müssen dabei zwischen 0.0 und 1.0 liegen.

setshared

Format: `bool setshared`

Der Befehl besitzt die gleiche Semantik wie die Anweisung *setglobal* und wird aus Kompatibilitätsgründen beibehalten.

setstrokeadjust

Format: `bool setstrokeadjust`

Mit dem Befehl wird der Parameter *stroke adjust* im aktuellen Grafikstatus (graphics state) beeinflußt. Mit dem Wert *true* wird die Justierung für *stroke* aktiviert.

setsystemparms

Format: `dict setsystemparms`

Der Befehl erlaubt es, einen oder mehrere Systemparameter zu setzen. Die Schlüssel *keys* und die Werte dieser Systemparameter sind in *dict* zu übergeben. Die Änderung der Systemparameter wird in der Regel durch ein Kennwort geschützt. Dieses Kennwort kann durch den Eintrag *Password* im Dictionary gesetzt werden.

setucacheparms

Format: `mark blimit setucacheparms`

Mit *setucacheparms* wird der Parameter des *user path cache* beeinflußt. Die Integerparameter liegen oberhalb des mit *mark* markierten Elements auf dem Stack. In *blimit* wird die Zahl der belegbaren Bytes für einen Pfad im *user path cache* festgelegt.

setundercolorremoval

Format: `proc setundercolorremoval`

Der Befehl übergibt eine Prozedur, mit der eine Farbsubtraktion für RGB, GRAY oder CMYK realisiert wird. Die der Prozedur übergebenen Werte liegen im Bereich zwischen 0.0 und 1.0. Der Interpreter erwartet die Ergebnisse im gleichen Wertebereich.

setuserparams

Format: `dict setuserparams`

Der Befehl besitzt die obige Syntax und ermöglicht es, User-Pparameter über den Dictionary-Eintrag *dict* zu setzen.

setvmthreshold

Format: `int setvmthreshold`

Mit dem Befehl wird die Schwelle für den Beginn der *Garbage Collection* gesetzt. Mit -1 wird die in der Implementierung definierte Schwelle verwendet.

shareddict

Format: `shareddict dict`

Der Befehl wirkt wie *globaldict* und wird aus Kompatibilitätsgründen zu Display-PostScript beibehalten.

sharedfontdirectory

Format: `sharedfontdirectory dict`

Der Befehl wirkt wie *globalfontdirectory* und wird aus Kompatibilitätsgründen zu Display-PostScript beibehalten.

startjob

Format: `bool password startjob bool`

Mit *startjob* wird ein neuer Job im PostScript-Interpreter gestartet.

uappend

Format: `userpath uappend`

Mit dem Befehl wird die *userpath*-Definition interpretiert und das Ergebnis an den aktuellen Pfad angehängt.

ucache

Format: `ucache`

Der Befehl veranlaßt, daß der aktuelle *user path* im Cache zu halten ist.

ucachestatus

Format: `ucachestatus mark bsize bmax rsize rmax blimit`

Der Befehl ermittelt den Status des User-Cache.

ueofill

Format: `userpath ueofill`

Der Befehl wirkt wie *ufill*, verwendet aber die *eofill*-Funktion anstelle von *fill*.

ufill

Format: `userpath fill`

Mit dem Befehl wird die Definition des *userpaths* interpretiert und der resultierende Pfad mit *fill* gefüllt. Die Operation wird dabei mit *gsave* und *grestore* eingeschlossen.

undef

Format: `dict key undef`

Der Befehl entfernt den Schlüssel *key* und den zugehörigen Wert aus dem angegebenen Dictionary *dict*.

undefinedresource

Dies ist ein Fehler, der auftreten kann, falls eine nicht definierte Ressource aufgerufen wird.

undefinefont

Format: `key undefinefont`

Der Befehl entfernt den Eintrag *key* und den zugehörigen Wert aus dem Font-Dictionary.

undefineresource

Format: `key category undefineresource`

Mit dem Befehl läßt sich die in *key* benannte Ressource der angegebenen Kategorie (z. B. Font) entfernen.

undefineuserobject

Format: `index undefineuserobject`

Der Befehl hebt die Verknüpfung zwischen dem User-Objekt und dem angegebenen Index auf.

upath

Format: `bool upath userpath`

Mit dem Befehl wird ein neues *user path*-Objekt erzeugt, welches dem aktuellen Pfad entspricht. Der Parameter *bool* definiert, ob *ucache* als erstes Element in den Pfad aufzunehmen ist.

UserObjects

Format: `UserObjects array`

Der Befehl gibt ein Array der User Objects des aktuellen *userdicts* zurück.

ustroke

Format: `userpath ustroke`
`userpath matrix ustroke`

Mit dem Befehl wird der Userpfad interpretiert und ein *stroke*-Befehl ausgeführt. *ustroke* wird mit *gsave* und *grestore* eingeschlossen.

ustrokepath

Format: `userpath ustrokepath`
`userpath matrix ustrokepath`

Der Befehl ersetzt den aktuellen Pfad mit einem Pfad, der bei Anwendung von *ustroke* entsteht.

vmreclaim

Format: `int vmreclaim`

Der Befehl kontrolliert die *Garbage Collection* des Speichers über den Parameter *int*. Mit *-2* wird die automatische Speicherbereinigung in der lokalen und globalen VM abgeschaltet. Mit *-1* bezieht sich die Sperre nur auf die lokale VM. Mit *0* wird die automatische Speicherbereinigung zugelassen. *1* bewirkt eine sofortige Speicherbereinigung in der lokalen VM, während *2* sich auf beide VMs bezieht.

writeobject

Format: `file obj tag writeobject`

Der Befehl schreibt eine Sequenz binärer Objekte in die angegebene Datei. Der Dateiname wird in *file* angegeben. Der Befehl wirkt wie *printobject*.

xyshow

Format: `string numarray xyshow`
`string numstring xyshow`

Mit diesem Befehl wird ein *string* ähnlich wie bei *show* ausgegeben. Nach der Ausgabe eines Zeichens werden aus *numarray* oder *numstring* zwei aufeinanderfolgende Zahlen gelesen, die die Koordinaten der nächsten Ausgabeposition im User-Koordinatensystem angeben. Die erste Zahl gibt die relative x-Position zum zuletzt ausgegebenen Zeichen an. Der andere Parameter bezieht sich auf die y-Position.

yshow

Format: `string numarray yshow`
`string numstring yshow`

Der Befehl ist vergleichbar *xyshow*, wobei jedoch nur ein Wert für y aus *numarray* oder *numstring* bezogen wird.

Die obige Aufstellung enthält nur die wichtigsten Informationen zu den PostScript Level-2-Befehlen. Die Beschreibung aller Feinheiten würde ein eigenes Buch umfassen. Hier möchte ich auf das bei Addison-Wesley publizierte Werk »PostScript Language Reference Manual« verweisen.

49 Das Portable Document Format (PDF)

Das von Adobe definierte Format PDF (nachfolgend auch als PDF-Format bezeichnet) erlaubt die Ausgabe und Anzeige von Dokumenten in einem anwendungsübergreifenden Format. Dateien im PDF-Format können Texte und Grafiken enthalten und lassen sich mit den von Adobe angebotenen Acrobat Readern unter Windows und Macintosh anzeigen. Die PDF-Version 1.0 wird auch unter Unix unterstützt.

Eine PDF-Datei besteht aus einem Header, einem Body (mit dem Dokumentinhalt), einer Querverweisliste (für Verweise) und dem Trailer. Diese Teile enthalten Befehle, die sich stark an PostScript anlehnen. Alle Informationen innerhalb einer PDF-Datei werden im ASCII-Format hinterlegt, und eine Zeile darf nicht mehr als 255 Zeichen umfassen. Binäre Daten sind als ASCII-Zeichen zu kodieren (Hexzeichen). Nachfolgend sehen Sie einen Ausschnitt aus einer PDF-Datei:

```
%PDF-1.1
%âãÏÓ
1 0 obj
[
/CalRGB << /WhitePoint [ 0.9505 1 1.089 ] /Gamma [ 1.8 1.8 1.8 ] /Matrix [ 0.4497
0.2446 0.0252 0.3163 0.672 0.1412 0.1845 0.0833 0.9227 ] >>

]
endobj
2 0 obj
<<
/Type /Page
/Parent 10 0 R
/Resources 4 0 R
/Contents 3 0 R
/CropBox [ 57 379 517 754 ]
/Annots 121 0 R
>>
endobj
3 0 obj
<< /Length 2656 /Filter /LZWDecode >>
stream
<Streamdaten.......>
```

```
endstream
endobj
4 0 obj
<<
/ProcSet [ /PDF /Text ]
/ColorSpace << /DefaultRGB 1 0 R >>
/Font << /F2 5 0 R /F4 6 0 R /F6 7 0 R /F8 8 0 R /F10 9 0 R >>
>>
endobj
5 0 obj
<<
/Type /Font
/Subtype /Type1
/Name /F2
/FirstChar 32
/LastChar 255
/Widths [ ....
......
trailer
<<
/Size 172
/Info 101 0 R
/Root 100 0 R
/ID[<b64328e1c56ce225183bac5f0dff91bd><b64328e1c56ce225183bac5
f0dff91bd>]>>
startxref
186264
%%EOF
```

Abbildung 49.1 Auszug aus einer PDF-Datei

Hinweise zu PDF-Befehlen

PDF-Befehle stellen Objekte dar, die einem reduzierten PostScript-Befehlsumfang entsprechen. So können in PostScript-Dateien Verzweigungen, Schleifen, Prozeduren etc. genutzt werden, PDF-Dokumente bieten diese Möglichkeiten nicht, sondern besitzen einen linearen Programmablauf. Alle Befehle und Namen sind case-sensitiv, d.h. Groß-/Kleinschreibung wird unterschieden. In PDF-Dateien kommen Werte (als Objekte interpretiert) mit den Basistypen *boolean, number, string, name, array, dictionary* und *stream* vor. Ein *boolean*-Objekt kann die Werte *true* oder *false* annehmen.

Zahlen werden entweder als Integer oder als Real angegeben. Integerwerte sind Ganzzahlen, während Realwerte Dezimalzahlen darstellen. Bei Dezimalzahlen wird kein Exponentialformat (1.0E3) unterstützt. Zeichenketten (Strings) werden in runde Klammern gestellt. Die folgende Angabe enthält eine Zeichenkette:

```
(Dies ist ein Text)
(Ein Text mit \n
Zeilenumbruch)
```

Das Zeichen \ besitzt dabei eine besondere Funktion, es leitet eine sogenannte Escape-Sequenz ein. Das Folgezeichen besitzt dabei eine besondere Bedeutung:

```
\n    linefeed
\r    carriage return
\t    horizontaler Tabulator
\b    backspace
\f    formfeed
\\    backslash
\(    linke Klammer
\)    rechte Klammer
\ddd  oktale Zahl mit dem Zeichencode
```

Da die PDF-Dateien nur druckbare ASCII-Zeichen beinhalten, müssen alle nicht mit diesem Zeichensatz kodierbaren Zeichen als *\ddd* angegeben werden. Zusätzlich können Zeichenketten auch wie in PostScript über eine Sequenz an Hexadezimalzahlen in der Form *<40414b>* angegeben werden. Beachten Sie aber, daß Hexadezimalziffern in kleinen Buchstaben (a, b, c, d, e und f) anzugeben sind.

Namen werden als Zeichenketten in der Form /name angegeben. Der Name muß mit dem Slash-Zeichen gefolgt von einem Buchstaben beginnen. An den ersten Buchstaben können sich beliebige Zeichen mit Ausnahme *linefeed, carriage return,* %, *(,),* <, >, *[,], {* und *}* anschließen.

Zusätzlich können PDF-Objekte zu Sequenzen zusammengefaßt und in Feldern (Arrays) gespeichert werden. Arrays werden dabei mit eckigen Klammern *[0 1 /test]* zusammengefaßt. Bei Dictionaries handelt es sich um Tabellen, in denen Objektpaare (jeweils ein Schlüssel *key* und der eigentliche Wert *value*) zugeordnet werden. Ein Dictionary wird durch spitze Klammern << ... >> dargestellt (z. B. *<</Type /MeinBeispiel /name (Born) / vorname (Klaus)>>*). Der erste Eintrag im Dictionary ist */Type* gefolgt vom Namen des Objekts (hier */MeinBeispiel*). Dann folgen die Schlüssel-Werte-Paare. Dictionary-Objekte sind der Hauptbestandteil von PDF-Dateien, da Seiten oder Schriftarten (Fonts) über solche Objekte abgebildet werden. Mit */Type /Font* wird eine Schriftart referenziert. Dann tritt das Objekt */SubType* auf, welches die Schrifttechnologie (*/Type1, MMType1, Type3* oder */TrueType*) angibt.

Streams sind Zeichenfolgen, die durch eine Anwendung sequentiell gelesen werden können. Streams eignen sich daher zur Speicherung großer Datenmengen (wie Bilddaten oder Seitenbeschreibungen). Ein Stream besteht aus einem Dictionary-Objekt, welches die Zeichenfolge beschreibt, gefolgt vom Schlüsselwort *stream*, gefolgt von einer oder mehreren Zeilen mit den Zeichen (dem Text) und abgeschlossen vom Schlüsselwort *endstream*:

```
<< dictionary object>> stream
( Textzeilen )
endstream
```

Das Dictionary-Objekt enthält verschiedene Schlüsselwörter. */Length* ist erforderlich und gibt die Länge (Zeichenzahl) des auf das Schlüsselwort *stream* folgenden Strings bis zu *endstream* an. Die Daten können komprimiert vorliegen. Mit dem optionalen Wort */Filter* kann ein Filter zum Entschlüsseln des Datenstroms angegeben werden. Die betreffenden Einträge werden als Feld angegeben (z. B. */Filter [/ASCII85Decode /LZWDecode]*). Hierbei werden die Standard-PostScript Level 2-Dekodierungsfilter (siehe vorheriges Kapitel) unterstützt (ASCIIHexDecode = Binärdaten werden als Hexadezimalzahlenfolgen dargestellt; ASCII85Decode = Binärdaten werden als ASCII bas-85 interpretiert, LZWDecode = hier sind Texte oder Binärdaten mit einem LZW-Algorithmus komprimiert, RunLengthDecode = entpacken der Daten mit einem Run Length-Algorithmus, CCITTFaxDecode = Binärdaten werden nach dem CCITT-Fax-Standard entschlüsselt, DCTDecode = Bilddaten werden nach dem JPEG-Verfahren entpackt).

Anmerkung: Die /ASCIIxx-Filter werden benutzt, um binäre Bilddaten in ASCII-Zeichen zu überführen, da PDF-Dateien nur druckbare Zeichen enthalten dürfen. Beim ASCIIHexDecode-Filter wird das Ende der Zeichenfolge durch > markiert. Der ASCII85Decode-Filter erzeugt aus vier Byte Binärdaten jeweils fünf druckbare Zeichen. Die vier Bytes b1, b2, b3 und b4 werden dabei gemäß folgender Formel in die Zeichen c1, c2, c3, c4 und c5 konvertiert: $b1*256**3 + b2**2+b3* + b4 = c1*85**4 + c2*85**3 + c3*85**3 + c4*85**2 + c5$. Die fünf Ziffern c1 bis c5 werden durch Addition der Zahl 33 in druckbare Zeichen umgesetzt (Zeichen ! bis u). Bei fünf aufeinanderfolgenden Nullen wird das Zeichen *z* (anstelle von !!!!) als Platzhalter eingesetzt. Enthält der Rest des Streams keine vier Bytes mehr, sind die fehlenden Bytes mit Nullen aufzufüllen und dann zu kodieren. Anschließend werden aber nur die Ziffern gespeichert, deren Wert nicht 0 war. Das Ende der Datensequenz wird durch die Zeichen ~> markiert.

Eine detaillierte Beschreibung des PDF-Formats finden Sie in dem Adobe-Titel »PDF Reference Manual, Second Edition: Version 1.3«, erschienen bei Addison-Wesley (ISBN 0-201-61588-6).

50 Standard Generalised Markup Language (SGML)

Die in den vorhergehenden Abschnitten vorgestellten Dateiformate für Textverarbeitungsprogramme sind alle herstellerspezifisch und werden nur von wenigen Produkten unterstützt. Um den Austausch von Dokumenten zwischen verschiedenen Systemen zu erleichtern, wurde bereits Anfang 1970 von Dr. Goldfab bei IBM die Sprache GML definiert. Die Arbeiten daran wurden anschließend weitergeführt und 1986 im ISO-Standard 8879 als *Standard Generalised Markup Language* (SGML) festgeschrieben. 1988 wurde der Standard dann nochmals geringfügig modifiziert und liegt mittlerweile in der international gültigen Definition als Beschreibungssprache für Textdokumente vor. Die Grundzüge von SGML werden nachfolgend dargestellt.

Struktur einer SGML-Datei

Bei SGML handelt es sich um die Syntaxbeschreibung für eine formale Metasprache zur Textgestaltung. Sie enthält Elemente zur Definition

- der Struktur eines Dokuments,
- der benutzten Zeichen,
- mehrfach benutzter Textteile,
- externer Informationen, die im Text verwendet werden,
- von Techniken zur Layoutgestaltung sowie von Formatieranweisungen.

SGML baut dabei auf den ISO 646-7-Bit-Zeichensatz auf, womit die Austauschbarkeit von Texten gewährleistet wird. Die Datei enthält dabei alle Definitionen, Steueranweisungen und Texte im Klartext. Sie gliedert sich in einen SGML-Deklarationsteil und einen Teil, der das eigentliche Dokument betrifft. Der *Deklarationsteil* enthält die Informationen zur Einstellung des SGML-Parsers. Hierunter fällt zum Beispiel die Festlegung der benutzten Zeichen, die Definition des benutzten Scopes und der Syntax oder die Angabe über den zur Formatierung benötigten Speicherplatz. Die SGML-Definitionen werden in spitze Klammern <> eingefaßt. Eine Deklaration beginnt immer mit einem Ausrufungszeichen, gefolgt von dem Schlüsselwort SGML. Abbildung 50.1 enthält einen Ausschnitt einer gültigen SGML-Deklaration:

```
<!SGML "ISO 8879-1986"
  -- Deklaration für ein Basis-SGML-Dokument --
 CHARSET BASESET  "ISO 646-1983//CHARSET International
                  Reference Version (IRV)//ESC 2/5 4/0"

         DESCSET  0 9 UNUSED
                  9 2 9
```

```
              11 2 UNUSED
CAPACITY PUBLIC "ISO 8879-1986//CAPACITY Reference//EN"
SCOPE    DOCUMENT
SYNTAX   SHUNCHAR CONTROLS 0 1 2 3 4 5
                           127 255
         BASESET "ISO 646-1983//CHARSET International
                 Reference Version (IRV)//ESC 2/5 4/0"
         DESCSET 0 128 0
         FUNCTION RE    13
                  RS    10
                  SPACE 32
           ...
>
```

Abbildung 50.1 Ausschnitt einer SGML-Deklaration

Die genaue Definition für die SGML-Deklaration findet sich im ISO-Standard 8879 (Information Processing – Text and Office System, Standard Generalized Markup Language, 1986).

Struktur eines Dokuments

Im Anschluß an die SGML-Deklaration folgen die Informationen zum eigentlichen Textdokument. Dieses setzt sich aus reinem Text sowie weiteren eingebetteten Steueranweisungen für die Textgestaltung zusammen. Hierbei sind die im Kopf definierten Zeichen des ISO 646-7-Bit-Zeichensatzes für Text und Steueranweisungen erlaubt. Für multinationale Zeichen wie die deutschen Umlaute existiert eine Erweiterung des Zeichensatzes. Das betreffende Zeichen wird durch das Zeichen & eingeleitet und durch ein Semikolon oder ein Leerzeichen abgeschlossen. Für die deutschen Umlaute gilt zum Beispiel die Zuordnung gemäß Tabelle 50.1.

Ü	Ü
ü	ü
Ä	Ä
ä	ä
Ö	Ö
ö	ö
ß	ß

Tabelle 50.1 Kodierung der Umlaute in SGML

Ein Dokument in der SGML-Notation gliedert sich dabei in drei Teile:

- SGML-*Kopfteil* mit der Definition des Titels etc.
- der eigentliche *Textteil*
- der *Anhang* mit Index etc.

Der Aufbau des Dokuments ist dabei hierarchisch vorzunehmen. Um Austauschbarkeit zu gewährleisten, wurden die Strukturen einiger Dokumenttypen definiert und veröffentlicht (*public*) (EPSIG, Author's Guide to Electronic Manuscript Preparation and Markup, Association of American Publishers, 1989). Es ist jedoch durchaus möglich, neue Dokumenttypen für den eigenen Gebrauch (*private*) zu definieren.

Zuerst wird die Art des Dokuments (Report, Brief, Buch etc.) über eine SGML-Deklaration spezifiziert. Daran schließen sich weitere Steueranweisungen mit Informationen zur Textgestaltung an. Die Steueranweisungen (als Elemente bezeichnet) in SGML bestehen grundsätzlich aus Buchstaben und werden durch spitze Klammern <> eingerahmt. Jedes Element besteht dabei aus einem einleitenden und einem abschließenden Tag (ein Tag ist der Elementname in den spitzen Klammern wie *<p>*). Der Endtag wird durch einen vorangestellten Schrägstrich vor dem Elementnamen markiert.

```
<li> ...
 .......
</li>
```

Hier ist *<li>* der Starttag, während *</li>* den Endtag bezeichnet. Ein Beispiel für eine SGML-Sequenz findet sich in Abbildung 50.2.

```
<!DOCTYPE report PUBLIC"_">
<report>
<title>Der SGML-Standard</title>
<author>Born G&uuml;nter</author>
<p>SGML ist eine standardisierte Sprache f&uuml;r den
Austausch von Texten zwischen verschiedenen Textsystemen.</p>
<p>SGML definiert</p><li number=alpha>
<it>die Struktur eines Dokuments</it>
<it>die benutzten Zeichen</it>
<it>externe Informationen</it>
<it>die Techniken zur Textgestaltung.</it></li>
<h1>Die Struktur eines Dokuments</h1>
<p>Ein <hp1>Dokument</hp1> setzt sich aus verschiedenen
geschachtelten <ix>Elementen </ix> zusammen.</p>
...
</report>
```

Abbildung 50.2 Ausschnitt aus einem SGML-Dokument

Beschreibungssprachen

Nachfolgend sind die gültigen Anweisungen der SGML-Sprache in Listenform aufgeführt:

Anweisung	Beschreibung
<abstract>	Abstract of contents
<acknowls>	Acknowledgements number = number id = identifier for cross reference stitle = short version title
<adr>	Address
<appendix>	Appendices to main body of text number = number id = identifier for cross reference stitle = short version title
<artwork>	Space for insertion of artwork sizex = width of artwork sizey = depth of artwork file = name of artwork file
<author>	Author of Publication
<bibliog>	Bibliography number = number id = identifier for cross reference stitle = short version title
<body>	Main body of text
<bt>	Body of table col = number of columns
<c>	Cell of table row straddle = number of columns cell straddles
<cit>	Citation (reference to another publication) id = identifier for cross reference
<citref>	Citation references refid = referred to identifier page = yes (add page number to reference)
<colophon>	Printer's colophon
<copyright>	Copyright details
<date>	Date of publication
<dedicate>	Dedication of book
<details>	Publication details
<dd>	Definition of defined term
<ddhd>	Heading for definition column style = type style for heading
<docnum>	Number or other identifier of document

Anweisung	Beschreibung
<dt>	Defined term id = identifier for cross reference
<dthd>	Heading for defined terms column style = type style for heading
<editor>	Editor of publication
<eqn>	Equation type = type of used notation
<fig>	Figure id = identifier for cross reference number = figur number (if fixed) frame = type of frame (box or rules) position = position in page (top, bottom, ...) type = column align = type of alignment (left, right, ...)
<figbody>	Body of figure form = runon
<figcap>	Caption for figure
<figdesc>	Description of figure
<figlist>	Position of list of figures
<figref>	Cross reference to figure refid = referred to unique identifier pages = yes (add page number to reference)
<fn>	Footnote id = identifier for cross reference
<fnref>	Cross reference to footnote refid = referred to unique identifier pages = yes (add page number to reference)
<foreword>	Foreword number = number d = identifier for cross reference stitle = short version of title
<front>	Front matter of book
<ft>	Foot of table col = number of columns covered
<gd>	Definition of glossary term source = source of definition see = cross reference to other definition seealso = link to further definition
<gdg>	Group of glossary definitions number = form of numbering required

Anweisung	Beschreibung
<gl>	Glossary list form = compact (no space between entries) termhi = level of highlighting for terms
<glossary>	Start of glossary number = number id = identifier for cross reference stitle = short version title
<gt>	Glossary term id = identifier for cross reference
<h0>	Highest division of text number = number id = identifier for cross reference stitle = short version title
<h0t>	Part title
<h1>	Main division of text number = number id = identifier for cross reference stitle = short version title
<h1t>	Chapter title
<h2>	Section within main division of text number = number id = identifier for cross reference stitle = short version title
<h1t>	Section title
<h3>	Subsection within main division of text number = number id = identifier for cross reference stitle = short version title
<h3t>	Subsection title
<h4>	Subsubsection within subsection of text number = number id = identifier for cross reference stitle = short version title
<h4t>	Subsubsection title
<h5>	Lowest level of numbered heading number = number id = identifier for cross reference stitle = short version title
<h5t>	Low level title
<hc>	Heading for table columns
	cols = number of columns covered

Anweisung	Beschreibung
<hd>	Other type of heading id = identifier for cross reference
<hdref>	Cross reference to heading refid = identifier for cross reference page = yes (add page number)
<hp0>	Highlighted phrase, style 0
<hp1>	Highlighted phrase, style 1
<hp2>	Highlighted phrase, style 2
<hp3>	Highlighted phrase, style 3
<ht>	Heading of table
<index>	Position of index
<ISBN>	International Standard Book Number type = serial (ISBN)
<it>	Item list id = identifier for cross reference
<itref>	Cross reference to item in list refid = referred to identifier pages = yes (add page number)
<ix>	Index entry id = identifier for cross reference print = printed form of entry linkwith = listed under ... andwith = also listed under ... see = cross reference to other definition
<l>	Line of text position = position
<li>	List number = type of numbering required form = compact (no space between entries)
<LibCong>	Library of Congress Cataloguing in Publication data
<lq>	Long quotation
<name>	Name of author/editor
<note>	Note
<nt>	Number of table
<others>	Other matter within preliminary pages number = number id = identifier for cross reference stitle = short version title

Anweisung	Beschreibung
<p>	Paragraph of text
<poem>	One or more poems
<position>	Position held by author
<preface>	Preface number = number id = identifier for cross reference stitle = short version title
<pt>	Poem title
<publishr>	Publisher
<q>	Quotation within text
<r>	Row in table
<related>	Related publications
<subtitle>	Subtitle of the document
<table>	Table within text id = identifier for cross reference cols = maximum column numbers tabs = string with tab positions
<tableref>	Cross reference to table refid = referred identifier to reference pages = yes (add page numbers)
<terms>	List of term definitions style = columns (terms and definitions)
<textbook>	Name of main document type version = version number or date status = status of document security = classification
<th>	Topic heading
<title>	Title of the document htitle = alternative form of half title running = alternative form of running headline
<titlep>	Title page
<tline>	Line within document title
<toc>	Position of table of contents
<top1>	First level topic id = identifier for cross reference
<top2>	Second level topic id = identifier for cross reference
<top3>	Third level topic id = identifier for cross reference

Anweisung	Beschreibung
<v>	Verse of poem no = number of verse
<xmp>	Example style = name of required format keep = number of lines kept on first page form = run on (ignore line ending in example)

Tabelle 50.2 Anweisungen der SGML-Sprache

Die komplette SGML-Spezifikation ist wesentlich umfangreicher als die obige Übersicht. Falls Sie mit SGML arbeiten möchten, sollten Sie sich die entsprechenden ISO-Unterlagen und ggf. separate Einführungsliteratur zu SGML beschaffen. Eine Alternative zu SGML steht mit XML bereit, da XML eine SGML-Anwendung ist, deren Definitionen aber wesentlich einfacher zu handhaben sind.

51 Extended Markup Language (XML)

XML ist eine Anwendung von SGML und stellt eine Sprache zur Beschreibung von Daten dar. Einerseits läßt sich XML nutzen, um HMTL-Dokumente mit Daten anzureichern. Andererseits erlaubt XML die transparente Beschreibung von Daten, die zwischen Anwendungen ausgetauscht werden. XML könnte sich daher als universelles Dateiformat erweisen. So benutzt Microsoft ab Office 2000 neben den nativen Dateiformaten XML zur Speicherung der Dokumente. Sobald Sie ein Dokument als HTML-Datei hinterlegen, werden XML-Elemente zur Abbildung der Daten eingebettet. Anhand dieser XML-Elemente läßt sich der Dokumentinhalt später in der Office-Anwendung lesen.

XML-Dateistruktur

XML-Dokumente werden als reine Textdateien (basierend auf dem Unicode-Zeichensatz) gespeichert, d.h., die Dateien lassen sich mit jedem Texteditor öffnen und bearbeiten. Wichtig ist, daß bei XML-Dokumentdateien Groß-/Kleinschreibung bei den Schlüsselwörtern und Anweisungen zu beachten ist. Die Dokumentdatei besteht dabei aus einer Kopfzeile (Prolog), der Document Type Definition (DTD) sowie aus den eigentlichen Daten (umgangssprachlich: dem Dokumentinhalt), in welche die Anweisungen (als Markup bezeichnet) zur Beschreibung der Dokumentdaten eingebettet sind. Ein einfaches XML-Dokument könnte folgendermaßen aussehen.

```
<?xml version="1.0"?>
<!DOCTYPE meintext system "text.dtd">
<person>
<name>Meier</name>
<vorname>Hans</vorname>
<name>Mueller</name>
<vorname>Armin</vorname>
</person>
```

Abbildung 51.1 Beispiel einer XML-Datei

Die XML-Datei beginnt dabei immer mit der Zeile *<?xml version="1.0"?>*. Diese Zeile weist darauf hin, daß es sich um ein XML-Dokument gemäß der Spezifikation 1.0 handelt.

Der Prolog mit der Processing Instruction

Jedes XML-Dokument muß mit einem einzeiligen Prolog beginnen. Diese *<?xml ...?>*-Anweisung wird auch als XML-Processing Instruction (PI) bezeichnet. Die Anweisung gibt dem lesenden Programm Hinweise, was beim Lesen zu beachten ist. Neben der Versionsangabe über das Attribut *version* können Sie zusätzlich den in der Dokumentdatei vereinbarten Zeichensatz hinterlegen. Die Kodierung der Zeichen in Dokumenten erfolgt gemäß verschiedenen ISO-Normen. Die ISO-8859-Norm legt in zehn Untergliederungen die Zeichen verschiedener Sprachen fest. Zusätzlich gibt es noch die ISO/IEC-10646-Norm, die weitere Zeichen definiert. Fehlt die Angabe über den Zeichensatz, verwendet der XML-Parser den Standard-Unicode-Zeichensatz. Abweichende Zeichensätze werden über das *encoding*-Attribut vereinbart.

Zeichensatz	Bemerkung
UTF-8	internationaler Zeichensatz (8 Bit)
UTF-16	internationaler Zeichensatz (16 Bit)
ISO-8859-1	Westeuropa (Latin-1)
ISO-8859-2	Osteuropa (Latin-2)
ISO-8859-3	Südeuropa (Latin-3)
ISO-8859-4	Nordeuropa (Latin-4)
ISO-8859-5	Kyrillisch
ISO-8859-6	Arabisch
ISO-8859-7	Griechisch
ISO-8859-8	Hebräisch
ISO-8859-9	Türkisch (Latin-5)
ISO-8859-10	Nordisch (Latin-6)

Tabelle 51.1 Zeichencodierung nach ISO 8859

Die UTF-8-Kodierung basiert dabei auf Unicode und ist zum 7-Bit-ASCII-Code kompatibel, d.h., die ersten 127 Zeichen des ASCII-Codes sind mit dem UTF-8-Unicode identisch. XML-Prozessoren müssen mindestens die Zeichenformate UTF-8 und UTF-16 unterstützen.

Mit der Angabe *<?xml version="1.0« encoding="ISO-8859-1"?>* signalisieren Sie dem XML-Prozessor, daß das Dokument Zeichen aus dem ISO-8859-1-Zeichensatz verwendet. Dies ist beispielsweise erforderlich, wenn im Dokument Texte mit Umlauten vorkommen.

Als weitere Information läßt sich in der *<?xml ..?>*-Processing Instruction angeben, ob das Dokument eine sogenannte Document Type Definition (DTD) besitzt. Dies ist ggf. eine Dokumentdatei, die die im Dokument zulässigen XML-Befehle (Elemente), deren Reihenfolge und deren Eigenschaften (Attribute) definiert. Sie können in der Processing Instruction angeben, ob es eine DTD gibt und wo diese liegt. Mit *<?xml version="1.0" standalone="yes"?>* signalisieren Sie dem XML-Parser, daß keine externe DTD existiert. Der Parser kann dann die Elemente ggf. nach internen Richtlinien verwenden. Mit *<?xml version="1.0" standalone="no"?>* erkennt der Parser, daß eine DTD existiert, es müssen also Hinweise zur DTD im Dokument zu finden sein.

Die Document Type Definition-Angabe

Besitzt das XML-Dokument eine getrennte DTD, wird diese in einer *<!DOCTYPE>*-Anweisung vereinbart:

```
<!DOCTYPE meintext SYSTEM "text.dtd">
```

Nach dem Begriff *!DOCTYPE* folgt ein Name, der die DTD angibt. Das Schlüsselwort SYSTEM bezeichnet eine auf dem System vorhandene DTD, die einfach als Wert angegeben wird. Existiert eine öffentliche Definition, verwenden Sie das Schlüsselwort PUBLIC und geben den URL zur betreffenden DTD-Datei an (*<!DOCTYPE adresse PUBLIC "http://www.borncity.de/text.dtd"*>). Als Variante kann die DTD auch direkt im Dokument hinterlegt sein.

```
<?xml version="1.0" standalone="yes"?>
<!DOCTYPE personen [
<!ELEMENT personen (person)*>
<!ELEMENT person (name, vorname)>
<!ELEMENT name #PCDATA>
<!ELEMENT vorname #PCDATA>
 ]>
<person>
<name>Meier</name>
<vorname>Hans</vorname>
<name>Mueller</name>
<vorname>Armin</vorname>
</person>
```

Abbildung 51.2 Beispiel einer XML-Datei mit interner DTD

XML-Elemente

Der eigentliche Dokumentinhalt mit den Daten (Text, Bilder etc.) wird durch XML-Elemente beschrieben. Diese XML-Elemente erinnern an HTML-Tags, d.h., ein Name wird in spitze Klammern gesetzt (z.B. *<person> ... </person>*). Ein XML-Element besteht dabei immer aus einem einleitenden Start-Tag und einem abschließenden Ende-Tag. End-Tags werden dabei durch ein dem Elementnamen vorangestelltes Slash (/) gekennzeichnet. Das folgende XML-Element bezeichnet also einen Namen:

```
<name>Meier</name>
```

wobei *<name>* der einleitende und *</name>* der abschließende Tag des Elements ist. Innerhalb der beiden Tags folgt dann der Inhalt des Elements. Das Element kann dabei reine Dokumentdaten oder weitere XML-Elemente enthalten. Wichtig ist dabei, daß die

Schreibweise der Elementnamen den Definitionen in der DTD entspricht. Daher ist auf Groß-/Kleinschreibung zu achten, d.h., *<Name>* ist etwas anderes als *<name>*. Die DTD legt auch fest, welche Elemente innerhalb eines Elements untergebracht werden dürfen und ob die Elemente ggf. Attribute besitzen. Und die DTD kann angeben, welche Werte für ein Element zulässig sind (z. B. nur Texte, nur Datumswerte etc.).

Anmerkung: Einige Elemente besitzen selbst keine Daten. Dann wäre es zu aufwendig, die Schreibweise *
</br>* zu verwenden, nur um einen abschließenden Tag zu vereinbaren. In diesem Fall erlaubt die XML-Spezifikation eine verkürzte Schreibweise, bei der das Slash-Zeichen am Ende des einleitenden Tags benutzt wird (z. B. *
*).

Attribute

Ein XML-Element kann bestimmte Daten enthalten, die zwischen einleitendem und abschließendem Tag stehen. Dem Element können aber, abhängig von der DTD, zusätzliche Eigenschaften zugewiesen werden. Diese Eigenschaften sind dabei im einleitenden Tag als Attributwerte in der Form *attributname="wert"* anzugeben. Solche Attribute werden in HTML bei vielen Tags eingesetzt. Ein Beispiel wäre:

```
<img src="bild.gif" />
```

In obiger Zeile stellt *src* das Attribut dar, dessen Wert die Lage der Bilddatei angibt. Gleichzeitig handelt es sich um ein leeres XML-Element, d. h., das XML-Element wird in der verkürzten Schreibweise mit / angegeben.

Anmerkung: Welche Attribute ein Element besitzt, wird in der DTD spezifiziert.

Entities

Ein XML-Dokument besteht aus einer Zeichenfolge im vereinbarten Zeichensatz. Diese Zeichenfolge kann dabei XML-Elemente und die Daten enthalten. Der Datenbereich läßt sich dabei in Textstücke zerlegen. Nun kommt es häufiger vor, daß ein bestimmter Begriff häufiger im Text auftaucht bzw. ersetzbar sein sollte. Denken Sie beispielsweise an einen Namen, der im Text zu ersetzen ist. Hier kommen Entities zum Einsatz. Diese bestehen aus einem Namen, der mit dem &-Zeichen eingeleitet und mit einem Semikolon ; abgeschlossen wird (z. B. <). Der Entität wird dann ein Wert zugewiesen. Immer wenn der XML-Parser auf eine solche Entität stößt, ersetzt er im Datenbereich das Entity durch dessen Wert. XML kennt dabei die in folgender Tabelle vordefinierten Entities.

Entity-Verweis	Zeichen
&	&
<	<
>	>

Entity-Verweis	Zeichen
'	'
"	"

Tabelle 51.2 Vordefinierte Entities

Diese vordefinierten Entities werden benutzt, um Texte mit den betreffenden Zeichen vor dem XML-Parser zu verstecken. Sie können ja nicht einfach das Zeichen < im Text angeben. Der XML-Parser würde dieses Zeichen als Beginn eines Tags interpretieren und bestenfalls einen Fehler auslösen. Wenn Sie dagegen die folgende Konstruktion wählen:

```
<text>Der Wert 60 ist &lt; als 100</text>
```

erkennt der XML-Parser nur gültige Tags. Das vordefinierte Entity < wird dann zur Analysezeit durch das zugeordnete Zeichen < ersetzt.

Kommentare

Innerhalb eines XML-Dokuments dürfen Kommentare auftreten, die durch den XML-Parser überlesen werden. Die XML-Spezifikation erlaubt Kommentare an beliebiger Stelle im Prolog oder in der Dokumentinstanz. Ein Kommentar sieht dann folgendermaßen aus:

```
<!-- beliebiger Text -->
```

Die Zeichenfolge <!-- leitet den Kommentar ein. Dann dürfen beliebige Zeichen folgen. Das Ende des Kommentars wird mit der Zeichenfolge --> markiert.

CDATA-Abschnitte

Manchmal soll ein XML-Element Daten enthalten, die nicht durch den XML-Parser auszuwerten sind. Denken Sie beispielsweise an Bilddaten, an Programmanweisungen etc. Hier könnte es ja vorkommen, daß die Zeichenfolgen, welche die Daten enthalten, ebenfalls Tags aufweisen. Um eine Analyse durch den Parser zu umgehen, werden diese Datenbereiche in einen CDATA-Abschnitt eingebettet.

```
<?xml version="1.0"?>
<job id="T1">
 <comment>
  WSH-Beispielskript by G. Born
 </comment>
 <script language="VBScript">
  <![CDATA[
' zeige ein Meldungsfeld
   name = "Welt"
```

```
    WScript.Echo "Hallo " & name
  ]]>
 </script>
</job>
```

Abbildung 51.3 Beispiel einer XML-Skripdatei mit CDATA-Abschnitt

Das Beispiel aus Abbildung 51.3 demonstriert diesen Sachverhalt. Es handelt sich um eine XML-Datei, die von Microsoft Windows für WSH-Skriptprogramme verwendet wird. Im *<script>*-Element folgt dann der Programmcode. Zufälligerweise enthält dieser Programmcode die Zeichenkombination *& name*. Diese Kombination wird dann vom XML-Parser als Einleitung für eine Entität interpretiert. Da das abschließende Semikolon ; fehlt, löst *& name* einen Fehler aus. Abhilfe schafft die CDATA-Anweisung, die den Inhalt des *<script>*-Elements vor dem Parser versteckt.

Hinweise zur Extended Backus-Naur Form (EBNF)

Die XML-Syntax wird in einem W3C-Dokument nach formalen Kriterien spezifiziert. Wer über die obige Kurzeinführung detailliertere Informationen benötigt, sei an dieser Stelle auf das betreffende im Internet abrufbare Dokument verwiesen (siehe unten). Die XML-Spezifikation baut dabei auf der Extended Backus-Naur Form (EBNF) auf. Bei der Backus-Naur Form handelt es sich um eine Metasprache zur Syntaxbeschreibung formaler Sprachen. Die Sprache setzt sich dabei aus einem Satz von Befehlen zusammen, wobei jeder Befehl ein Sprachelement definiert. Sprachelemente (Metavariablen) werden in spitze Klammern gesetzt. In der XML-Spezifikation kommt eine erweiterte Schreibweise zur Definition der Regeln zum Einsatz. Hierbei werden Bedingungen (productions) zur Darstellung der Syntax aufgelistet. Jede dieser Bedingungen beschreibt einen Teil der XML-Syntax in der Form:

```
[Nummer] Bezeichnung ::= Definition
```

Die Bedingung wird durch eine in eckigen Klammern stehende Nummer eingeleitet. Dann kommt der Bezeichner, der durch zwei Doppelpunkte und ein Gleichheitszeichen von der eigentlichen Definition getrennt ist. In der XML-Spezifikation wird ein »document« folgendermaßen definiert:

```
[1] document ::= prolog element Misc*
```

Das Dokument besteht aus einem Prolog, mindestens einem Element und ggf. weiteren Inhalten *(Misc)* wie beispielsweise Kommentaren. Das Zeichen * gibt dabei an, daß das betreffende Element keinmal, einmal oder mehrfach auftreten darf. Die EBNF für einen Kommentar sieht dann folgendermaßen aus:

```
[15] Comment ::= <!--' ((Char - '-')|
     ('-' (Char - »-«)))* '-->'
```

Die Regel Nummer 15 definiert das XML-Element *Comment*, welches mit <!-- beginnen muß. Daran schließt sich ein beliebiges Zeichen an, welches aber nicht dem Zeichen '-' entsprechen darf. Dies wird durch die Konstruktion (Char – '-') spezifiziert, die besagt, daß das Zeichen nicht mit '-' übereinstimmen darf. Das Zeichen | stellt eine Exklusiv-Oder-Verknüpfung dar (a oder b darf zutreffen, aber nicht beide). Ein Kommentar darf aus einem '-' gefolgt von beliebigen Zeichen, die nicht mehr das Zeichen '-' enthalten, bestehen. Die Zeichenwiederholung wird durch den Stern * symbolisiert. Der Kommentar muß mit den Zeichen '-->' abgeschlossen werden. Der Prolog für ein XML-Dokument ist in der Spezifikation folgendermaßen deklariert:

```
[22] prolog ::= XMLDecl? Misc* (doctypedecl Misc*)?
[23] XMLDecl ::= '<?xml' VersionInfo EncodingDecl?
                 SDDecl? S? '?>'
[24] VersionInfo ::= S 'version' Eq (' VersionNum ' | "
                     VersionNum ")
[25] Eq ::= S? '=' S?
[26] VersionNum ::= ([a-zA-Z0-9_.:] | '-')+
[27] Misc ::= Comment | PI | S
```

Gemäß Definition beginnt der Prolog des XML-Dokuments aus der XML-Deklaration (XMLDecl), die in Regel [23] detaillierter spezifiziert wird. Der Ausdruck *Misc* kann für Kommentare etc. stehen, d.h., im Prolog können kein, ein oder mehrere Kommentare stehen. Der in runden Klammern stehende Ausdruck *(doctypedecl Misc*)?* besagt, daß im Prolog auch eine optionale Dokumenttyp-Deklaration vorkommen darf. Wie diese Dokumenttyp-Deklaration auszusehen hat, wird dann in einer weiteren Regel gemäß der EBNF definiert.

Anmerkung: Details können Sie der XML-Spezifikation 1.0 des W3C *(www.w3c.org)* entnehmen.

52 Hypertext Markup Language (HTML)

Dokumente innerhalb des World Wide Web (WWW) werden in der Dokumentbeschreibungssprache HTML (Hypertext Markup Language) definiert. Diese Sprache basiert auf SGML und beschreibt den Aufbau eines Dokuments mit Kapiteln, Abschnitten, Überschriften, Auszeichnungen (z. B. fett, kursiv), Verweisen zu anderen Dokumenten etc. HTML-Dokumente enthalten nur ASCII-Zeichen und lassen sich rechner- und plattformunabhängig (DOS, Windows, OS/2, Macintosh, Unix) bearbeiten und anzeigen. Zum Erstellen benötigen Sie im einfachsten Fall nur einen Editor, der auf allen Plattformen verfügbar ist. HTML ist die Lingua Franca im Bereich des Dokumentenaustauschs (ohne die sonst allgemein üblichen Probleme mit inkompatiblen Dateiformaten etc.).

HTML-Varianten

Trotz der Popularität gibt es bei HTML keinen einheitlichen Standard, sondern mehrere Versionen. Dies liegt an den unterschiedlichen HTML-Spezifikationen (HTML 2.0, HTML 3.2) und an den herstellerspezifischen Erweiterungen von Netscape und Microsoft. In der Praxis haben Sie sich mit folgenden »Standards« herumzuschlagen:

- HTML 2.0 ist der Standard, der vom W3-Konsortium definiert wurde und den die meisten Browser unterstützen. Die Spezifikation enthält die wichtigsten Elemente zur Beschreibung von Dokumenten (wie Texte, Formatierungen, Verweise, eingebettete Bilder etc.). Es fehlen aber wichtige Befehle zur Darstellung von Tabellen, Farben für Schriftarten, Schriftgrößen etc. Daher wurde vom W3-Konsortium Anfang 1995 ein HTML 3.0-Vorschlag veröffentlicht. Die Implementierung war leider zu aufwendig (z. B. Formeln, Klassen etc.); der Vorschlag setzte sich nicht durch und wurde mittlerweile zurückgezogen. Trotzdem unterstützen viele Werkzeuge einen Teil der HTML 3.0-Befehle.
- Firmenspezifische Erweiterungen der Netscape-Browser zur Darstellung von Farben, Tabellen, Frames etc. avancierten schnell zum »De-facto-Standard«. Weiterhin stellt Microsoft mit dem Internet Explorer ergänzende Befehle zu HTML 2.0 zur Verfügung. Diese als *Extensions* bezeichneten Befehlserweiterungen werden im Referenzteil hervorgehoben.
- Seit Mitte 1996 gibt es vom W3-Konsortium eine neue HTML 3.2-Spezifikation, wobei die Hersteller von Browsern wie IBM, Microsoft, Netscape, Novell, SoftQuad, Spyglass und Sun bei der Festlegung beteiligt waren. Diese Spezifikation ergänzt HTML 2.0 um die wichtigsten von Netscape und Microsoft eingeführten Erweiterungen (Farben, Tabellen, Formatbefehle, Attribute zur Ausrichtung etc.).
- 1999 wurde dann HTML 4.0 verabschiedet. HTML 4.0 erweitert einige Tags der Version 3.2 und führt weitere Standards (z. B. für Frames, für Skripte etc.) ein.

HTML 4.01 ist die vorläufig letzte Version, da zukünftige Erweiterungen in Richtung XML gehen.

Die Grundstruktur einer HTML-Datei

HTML-Dateien bestehen aus reinem ASCII-Text, in dem HTML-Befehle, die sogenannten *Tags*, enthalten sind. Alle HTML-Dokumente besitzen eine Grundstruktur, die durch die nachfolgenden Zeilen beschrieben wird.

```
<HTML>
<HEAD>
<TITLE>     </TITLE>
</HEAD>
<BODY>
.....
</BODY>
</HTML>
```

Die *Tags* werden in spitze Klammern gesetzt und treten meist paarweise auf. (In HTML ist dies aber im Gegensatz zu XML nicht zwingend erforderlich, einige Tags besitzen keinen abschließenden Tag. Daher gibt es eine als XHTML bezeichnete Spezifikation, die die HTML-Tags in eine XML-konforme Form bringt.) Dabei leitet ein Tag eine Option ein, und der zweite Tag schließt diese Option ab. Dieser abschließende Tag wird immer durch ein vorangestelltes Slash-Zeichen / markiert (z. B. *</HTML>*). Die HTML-Grundstruktur besteht aus verschiedenen einleitenden und abschließenden Tags:

- Das gesamte Dokument wird durch die Tags *<HTML> ... </HTML>* eingefaßt. Damit erkennt der Browser den Anfang und das Ende des HTML-Dokuments.
- *<HEAD> ... </HEAD>* markiert den Kopf des HTML-Dokuments, in dem sich der Dokumenttitel und die Verwaltungsinformationen (z. B. ein Hinweis auf den Autor) unterbringen lassen.
- Der eigentliche Inhalt des Dokuments wird durch *<BODY> ... </BODY>* eingerahmt. Dort finden Sie dann den Text und die Tags zur Formatierung des Dokuments.

Nachfolgend sehen Sie ein Beispiel für eine einfache HTML-Datei.

```
<HTML>
<HEAD>
<TITLE>Ein einfaches Beispiel</TITLE>
</HEAD>
<BODY>
<P>Dies ist ein HTML-Dokument.
Dieses Dokument wurde mit einem einfachen
Texteditor erstellt.
<P>Das Dokument basiert auf
  der Vorlage VORLAGE0.HTM <BR>
und besteht aus zwei Abschnitten. Im zweiten Abschnitt<BR>
```

```
wird hinter einer Zeile ein manueller Zeilenwechsel <BR>
eingeleitet.<BR>
</BODY>
</HTML>
```

Sonderzeichen in HTML

Bedingt durch die historische Entwicklung sind nur die ersten 127 Zeichen des ASCII-Codes mit den Buchstaben A...Z, a...z, den Ziffern 0...9 und einigen Sonderzeichen wie Punkt, Komma, Bindestrich festgelegt. Länderspezifische Zeichen wie Umlaute oder andere Sonderzeichen werden betriebssystemspezifisch belegt (versuchen Sie einmal, einen DOS-Text mit Umlauten unter Windows anzuzeigen). Sie können zwar einen Text mit Sonderzeichen und Umlauten direkt in HTML eintippen. Das führt aber zu Problemen, wenn das anzeigende System seine Standardzeichenkodierung verwendet. Ein unter Windows mit Umlauten erstelltes HTML-Dokument wird dann bei der Anzeige auf dem Macintosh oder auf anderen Plattformen nicht unbedingt korrekt wiedergegeben. Spitze Klammern im Text sind ebenfalls nicht zulässig, da diese Zeichen in HTML zum Markieren von Tags vorgesehen sind.

In HTML wurde zur Kodierung dieser Zeichen eine besondere Lösung gewählt – die Zeichen werden entweder als Code (z. B. *ö*) oder als Name (z. B. *ö*) im Text angegeben. (Dies entspricht den XML-Entities.) Der Ausdruck beginnt mit einem &-Zeichen und wird mit einem Semikolon abgeschlossen. Tabelle 52.1 enthält die Namen der wichtigsten Sonderzeichen.

Zeichen	HTML-Code oder HTML-Abkürzung	Zeichen	HTML-Code oder HTML-Abkürzung
	€	À	À À
		Á	Á Á
‚	‚	Â	Â Â
ƒ	ƒ	Ã	Ã Ã
»	„	Ä	Ä Ä
…	…	Å	Å Å
†	†	Æ	Æ &Aelig;
‡	‡	Ç	Ç Ç
ˆ	ˆ	È	È È
‰	‰	É	É É
Š	Š	Ê	Ê Ê
‹	‹	Ë	Ë Ë
Œ	Œ	Ì	Ì Ì

_		Í	Í Í
_	Ž	Î	Î Î
_		Ï	Ï Ï
_		Ð	Ð &Eth;
'	‘	Ñ	Ñ Ñ
'	’	Ò	Ò Ò
»	“	Ó	Ó Ó
»	”	Ô	Ô Ô
•	•	Õ	Õ Õ
-	–	Ö	Ö Ö
-	—	×	×
˜	˜	Ø	Ø Ø
™	™	Ù	Ù Ù
š	š	Ú	Ú Ú
›	›	Û	Û Û
œ	œ	Ü	Ü Ü
_		Ý	Ý Ý
_	ž	Þ	Þ &Thorn;
Ÿ	Ÿ	ß	ß ß
	non-break. space	à	à à
¡	¡	á	á á
¢	¢	â	â â
£	£	ã	ã ã
¤	¤	ä	ä ä
¥	¥	å	å å
¦	¦	æ	æ æ
§	§	ç	ç ç
¨	¨	è	è è
©	© ®	é	é é
ª	ª	ê	ê ê
»	«	ë	ë ë
¬	¬	ì	ì ì
-		í	í í
®	® ©	î	î î
¯	¯	ï	ï ï
°	°	ð	ð ð

±	±	ñ	ñ ñ
^{2}	²	ò	ò ò
^{3}	³	ó	ó ó
´	´	ô	ô ô
µ	µ	õ	õ õ
¶	¶	ö	ö ö
·	·	÷	÷
¸	¸	ø	ø ø
^{1}	¹	ù	ù ù
º	º	ú	ú ú
»	»	û	û û
¼	¼	ü	ü ü
½	½	ý	ý ý
¾	¾	þ	þ þ
¿	¿	ÿ	ÿ ÿ

Tabelle 52.1 Kodierung der Sonderzeichen

Ein Text mit einigen Umlauten sieht in HTML dann folgendermaßen aus:

```
Im Moment des gr&ouml;&szlig;ten &Auml;rgers sprach
eine Stimme zu mir:     l&auml;chle und sei
froh, es k&ouml;nnte schlimmer kommen.
```

Dies ist zwar nicht sonderlich gut lesbar, aber der Browser kann etwas damit anfangen und setzt den Text korrekt um. Achten Sie insbesondere auf Groß-/Kleinschreibung; der Großbuchstabe *Ü* wird mit *Ü* festgelegt, während für das kleine *ü* der Ausdruck *&uuml* steht. Bei Leerzeichen und Bindestrichen gibt es verschiedene Varianten, die sich an der Breite der Buchstaben *m* und *n* anlehnen. Mehrere normale Leerzeichen werden vom Browser zu einem Wortzwischenraum zusammengefaßt. Sie können aber das Zeichen * * benutzen, um mehrere feste Leerzeichen anzugeben (funktioniert aber nicht bei allen Browsern korrekt).

Anmerkung: Mit HTML 4.0 wurde aber ein Meta-Tag der Form *<meta http-equiv="Content-Type« content="text/html; charset=iso-8859-1">* eingeführt, mit dem sich der verwendete Zeichensatz angeben läßt.

Gestaltung von Überschriften

Die meisten Dokumente enthalten Überschriften, um Abschnitte auch optisch zu trennen. HTML bietet einen sehr effizienten Befehl zur Gestaltung von Überschriften mit bis zu sechs Überschriftsebenen. Der Text einer Überschrift wird mit den Tags:

```
<H1>Hier steht der Text</H1>
```

eingerahmt. Der Buchstabe *H* innerhalb des Tags steht dabei für den Begriff Header, während die folgende Ziffer die Überschriftsebene festlegt. Die obige Zeile erzeugt dabei eine Überschrift im Format der Ebene 1. Insgesamt sind aber die Überschriftsebenen 1 bis 6 verfügbar. Die nachfolgenden Anweisungen erzeugen beispielsweise zwei Überschriften der Ebenen 2 und 3:

```
<H2>Einleitung (Ebene 2)</H2>
<H3>Publizieren im Internet (Ebene 3)</H3>
```

Wichtig ist, daß eine Überschrift mit dem <Hx>-Tag eingeleitet und mit dem gleichen Tag wieder abgeschlossen wird. Geschachtelte Überschriften und falsche Tag-Kombinationen (z. B. *<H2>Internet</H3>*) führen zu Problemen bei der Anzeige im Browser.

Texte auszeichnen

HTML bietet Ihnen verschiedene Tags, um Textstellen mit Zeichenformaten auszuzeichnen. Hierbei wird zwischen einer logischen und einer physischen Textformatierung unterschieden. Tabelle 24.2 enthält eine Aufstellung verschiedener Tags zur Textauszeichnung.

Tag	Beispiel	Bemerkung
<B>	Ein <B>fetter</B> Text.	Text mit **Fettschrift**
<I>	Ein <I>kursiver</I> Text.	Ausgezeichneten Text *kursiv* anzeigen
<U>	<U>unterstrichen</U>	Textauszeichnung unterstrichen
<BLINK>	<BLINK>blinkend </BLINK>	blinkender Text (ab HTML 3.2)
<STRIKE>	<STRIKE>Text </STRIKE>	Text ~~durchgestrichen~~ darstellen
<BIG>	<BIG>Großer Text</BIG>	Vergrößert den Schriftgrad
<SMALL>	<SMALL>by Born</SMALL>	Verkleinert den Schriftgrad
<SUB>	H₂O	Tiefstellen wie H_2O
<SUP>	m<SUP>3</SUB>	Hochstellen wie m^3
<STRONG>	<STRONG>Text</STRONG>	Textstelle wird **fett** hervorgehoben.
<EM>	<EM>Text</EM>	Textstelle *kursiv* hervorheben
<TT>	<TT>Teletypeschrift<TT>	Text in nicht-proportionaler (Teletype-) Schriftart ohne Formatierung ausgeben
<PRE>	<PRE>Text</PRE>	Ausgabe eines vorformatierten Abschnitts (meist in Courier)
<CITE>	<CITE>Eins, zwei, drei ...</CITE>	Kennzeichnet ein Zitat (kursive Ausgabe)
<BLOCKQUOTE>	<BLOCKQUOTE>Zitat Abschnitt</BLOCKQUOTE>	Kennzeichnet einen Absatz als Zitat, wird etwas nach rechts eingezogen
<CODE>	<CODE>Befehle</CODE>	Zur Formatierung von Programmanweisungen (meist in Courier etc.)

Tag	Beispiel	Bemerkung
<KBD>	<KBD>Enter</KBD>	Markiert Tastatureingaben (wird meist in Courier angezeigt)
<SAMP>	<SAMP>Beispiel</SAMP>	Markiert ein Beispiel (mit nicht-proportionaler Schriftart)
<XMP>	<XMP>Beispiel</XMP>	Markiert ein Beispiel

Tabelle 52.2 Textauszeichnungen

Schriftgröße und -farbe auswählen

HTML 3.2 sowie die Erweiterungen von Netscape und Internet Explorer erlauben Ihnen, die Schriftgröße über den <FONT>-Tag zu verändern und auch die Schriftfarbe zu wählen. Der Tag ist in der Form:

```
<FONT Attribute>Text</FONT>
```

anzugeben, wobei *Attribut* für die Befehle SIZE oder COLOR steht. Mit *SIZE=x* legen Sie eine absolute Schriftgröße fest, wobei die Werte für *x* zwischen 1 und 7 liegen dürfen. Damit stehen Ihnen sieben verschiedene Schriftgrößen zur Abstufung zur Verfügung. Die Grundschriftgröße wird dabei auf den Wert 3 gesetzt. Alternativ läßt sich die Schriftgröße relativ zur eingestellten Grundschriftgröße mit *SIZE=+x* oder *SIZE=-x* erhöhen/reduzieren. Der Parameter x ist so zu wählen, daß die neue (relative Größe) im Bereich zwischen 1 bis 7 liegt.

```
<FONT SIZE=5>Dieser Text ist 5 Einheiten groß</FONT>
<FONT SIZE=3>Dieser Text ist 3 Einheiten groß</FONT>
<FONT SIZE=+3>Text 3 Einheiten größer als Basisschrift</FONT>
```

Unterstützt Ihr Browser diesen Tag, wird er die obigen Zeilen mit unterschiedlichen Schriftgrößen darstellen. Im FONT-Tag lassen sich über das COLOR-Attribut auch Farben in der Form:

```
<FONT COLOR=Farbe>....</FONT>
```

für den auszuzeichnenden Text angeben. Der Wert für die Farbe kann dabei als Farbname oder als Hexadezimal-Wert der Form *#rrggbb* angegeben werden. Farben lassen sich auf Grafikkarten als eine Mischung aus den Grundfarben Rot, Grün und Blau mit 24-Bit-Werten darstellen. Folglich können Sie jede Farbe aus diesen Grundfarben durch einen drei Byte langen Wert beschreiben. Jede Grundfarbe trägt einen Farbanteil zwischen 0 % und 100 % zur Mischfarbe bei. Mit 100 % Rot, 0 % Grün und 0 % Blau erhalten Sie die Mischfarbe Rot. Im COLOR-Attribut sind Farbwerte als Hexadezimalzahl vorgegeben. Ein 24-Bit-Wert wird durch sechs Hexadezimalzahlen der Form *#FF0000* dargestellt. Jede Farbe belegt ein Byte, und der Wert wird nicht in Prozent, sondern als absolute Größe im Bereich 0 bis 255 (entspricht 00 bis FF im Hexadezimalsystem) angegeben. Der Wert

#FF0000 bedeutet demnach, daß die Farbe Rot mit 100 % (d.h. 255) in die Mischfarbe eingeht. Da die beiden anderen Farbanteile fehlen, erhalten Sie die Mischfarbe Rot. In einem HTML-Dokument sieht das Ganze dann so aus:

```
<FONT COLOR=#ff0000>Dieser Text ist rot</FONT>
<FONT COLOR=#00ff00>Dieser Text ist grün</FONT>
<FONT COLOR=#0000ff>Dieser Text ist blau</FONT>
```

Unterstützt der Browser Farben, sollte er die Zeilen farbig ausgeben. Vielleicht versuchen Sie einmal verschiedene andere Farbkombinationen (z.B. *#ffffff*, *#000000*, *#c0c0c0* etc.). Denken Sie aber daran, daß sich Texte bei bestimmten Farbkombinationen nur schlecht lesen lassen. Es ist übrigens egal, ob Sie die Hexadezimalziffern mit großen oder kleinen Buchstaben schreiben. Da sich die verschiedenen Werte für die Farbmischungen nur schlecht merken lassen, unterstützen HTML 3.2 und verschiedene Browser (z.B. Netscape, Internet Explorer) Namen für 16 Grundfarben (aqua, gray, navy, silver, black, olive, green, teal, blue, purple, lime, white, fuchsia, red, maron, yellow). Sie können dann die betreffenden Farben direkt über den Namen in der Form:

```
<FONT COLOR=red>Dieser Text ist rot</FONT>
<FONT COLOR=green>Dieser Text ist grün</FONT>
<FONT COLOR=blue>Dieser Text ist blau</FONT>
```

angeben.

Anmerkung: Neben den aufgeführten Tags können Sie Textstellen mit anderen Formaten auszeichnen. Der *<CENTER>*-Tag ermöglicht Ihnen zum Beispiel, Elemente wie Überschriften, Absätze, Bilder etc. zu zentrieren.

Horizontale Linien im Dokument

In vielen HTML-Dokumenten stoßen Sie auf horizontale Linien, mit denen sich Textabschnitte optisch untergliedern lassen. Diese Linien werden mit dem *<HR>*-Tag erzeugt, der an beliebigen Textstellen auftreten kann. Die *<HR>*-Anweisung (steht für *Horizontal Ruler*) erzeugt eine horizontale Linie. Das folgende Beispiel zeigt die Verwendung dieses Tags:

```
<HTML><HEAD>
<TITLE>Liniendemo</TITLE>
</HEAD><BODY>
<H2>Publizieren im Internet</H2>
Zum Publizieren im Internet m&uuml;ssen Sie auf HTML zur&uuml;ckgreifen.
Mit dieser Sprache k&ouml;nnen Sie Dokumente formatieren und mit Linien versehen.
<HR>Dieser Abschnitt ist durch eine Linie abgetrennt. Die Linienbreite wird in Net
scape (HTML 3.2) durch das WIDTH-
Attribut eingestellt. SIZE legt dagegen die Liniendicke fest.
```

```
<HR SIZE="4" WIDTH="40%">
<FONT SIZE=+2>Farben</
FONT> sind in Netscape ebenfalls m&ouml;glich, und das erste Wort der Zeile wurde
mit FONT etwas vergr&ouml;&szlig;ert.
</BODY>
</HTML>
```

Die Dicke, Ausrichtung und Länge der Linie hängen dabei vom Browser ab.

Dokumente mit Aufzählungen gestalten

Ein häufig benutztes Element zum Auszeichnen oder Hervorheben von Textabsätzen stellen Aufzählungen dar. Vor jedem Absatz erscheint ein Symbol (auch als Schmuckpunkt bezeichnet), und die Folgezeilen eines Absatzes werden eingezogen, d. h., der linke Textrand ist für alle Zeilen gleich. Die HTML-Beschreibungssprache kennt verschiedene Tags, um eine solche Aufzählung zu erstellen. In der englischen Sprache spricht man aber von *Listen*. Eine einfache Aufzählung mit Schmuckpunkten vor jedem Absatz wird als unsortierte Liste (unordered list) bezeichnet und mit dem *<UL>*-Tag ausgezeichnet. Um eine solche Liste oder Aufzählung zu erstellen, muß folgende Sequenz im HTML-Dokument auftreten:

```
<UL>
<LI>Dies ist der erste Listenpunkt.</LI>
<LI>Hier kommt der zweite Listenpunkt.</LI>
<LI>Der dritte und letzte Punkt der Liste.</LI>
</UL>
```

Die komplette Liste wird durch die Tags *<UL>* ... *</UL>* eingefaßt. Jeder Listenpunkt ist anschließend mit dem Tag *<LI>* einzuleiten. Sie können (müssen aber nicht) den Listenpunkt mit dem Tag *</LI>* abschließen. Einige Werkzeuge verzichten beim Generieren des HTML-Codes auf diesen abschließenden Tag. Dies kann aber bei einigen Browsern zu Problemen führen. Die Schmuckpunkte werden jedoch von Browser zu Browser unterschiedlich dargestellt. In HTML 3.2 und für die Netscape-/Microsoft-Browser sind zusätzliche Optionen zur Gestaltung des Schmuckpunkts zulässig.

Numerierungen in Dokumenten verwenden

Neben Aufzählungen lassen sich auch Numerierungen zum Hervorheben von Textabsätzen verwenden. Bei Numerierungen werden die einzelnen Absätze mit einer fortlaufenden Nummer versehen. Der Absatztext wird ebenfalls eingezogen und wirkt damit als Blickfänger. Eine Numerierung wird in der englischen Sprache als sortierte Liste (ordered list) bezeichnet und folglich mit dem Tag *<OL>* eingeleitet. Die Liste mit der Numerierung besitzt dann folgendes Format im HTML-Dokument:

```
<OL>
<LI>Dies ist der erste Listenpunkt. </LI>
<LI>Hier kommt der zweite Listenpunkt. </LI>
<LI>Der dritte und letzte Punkt der Liste. </LI>
</OL>
```

Die komplette Liste wird durch die Tags *<OL>* .. *</OL>* eingefaßt. Jeder Listenpunkt ist anschließend mit dem Tag *<LI>* einzuleiten und optional mit dem Tag *</LI>* abzuschließen. In den Netscape/Microsoft-Browsern und ab HTML 3.2 lassen sich auch Numerierungen mit Buchstaben erzeugen.

Grafiken in HTML-Dokumenten

Ein weiteres wichtiges Element eines Dokuments stellen Bilder bzw. Grafiken dar. In HTML können Sie Bilder im GIF- und JPEG-Format einbinden. Hierzu ist der *<IMG>*-Tag zu verwenden. Mit der Anweisung:

```
<IMG SRC="html_2.gif" ALT="HTML-Icon">
```

binden Sie die Grafikdatei *html_2.gif* aus dem aktuellen Verzeichnis mit ins Dokument ein. Der Browser wird dieses Bild dann im Dokument einblenden. Das SRC-Attribut legt den Namen der Grafikdatei fest. Sie müssen hier den Dateinamen, die Dateierweiterung und gegebenenfalls den Pfad zur Datei eintragen. Mit dem zweiten Attribut ALT sorgen Sie vor, falls ein Browser keine Grafiken anzeigen kann. Dann wird der im Attribut angegebene Text an Stelle der Grafik ausgegeben.

In der obigen Zeile habe ich das Beispiel recht einfach gehalten und dem Attribut SRC lediglich einen Dateinamen zugewiesen. Beim Laden des HTML-Dokuments muß sich die Grafikdatei im gleichen Verzeichnis wie die HTML-Datei befinden. Sie haben aber jederzeit die Möglichkeit, auch getrennte Pfade zu verwenden. Hier sehen Sie noch einige Beispiele für mögliche Verweise auf Grafikdateien:

```
<IMG SRC="http://www.Stars.com/Icons/icon1.gif"
```

Der vorhergehende Verweis zeigt auf eine Seite im WWW. Um auf lokale Grafiken zuzugreifen, die in einem anderen Verzeichnis liegen, lassen sich zum Beispiel folgende Angaben benutzen:

```
<IMG SRC="../bilder/bld2_01.gif">
```

Die vorhergehende Anweisung veranlaßt den Wechsel aus dem aktuellen Verzeichnis zum übergeordneten Verzeichnis. Anschließend wird der Pfad */bilder* eingestellt und die Datei *bld2_01.gif* geladen.

Hintergrundbilder und Hintergrundfarben

HTML-Dokumente werden im Browser standardmäßig mit einem grauen Hintergrund dargestellt. Die meisten Browser (Netscape Navigator, Internet Explorer, Mosaic Browser) und HTML 3.2 unterstützen Optionen, um den Hintergrund in einer anderen Farbe oder mit einem Bild zu versehen. Die betreffenden Optionen sind im *<BODY>*-Tag anzugeben.

```
<HTML><HEAD>
<TITLE>Grafikdemo</TITLE>
</HEAD><BODY BGCOLOR="aqua">
<H2>Publizieren im Internet</H2>
Das Publizieren im Internet bietet folgende Vorteile:
<UL>
<IMG SRC="bullet1.gif">  Weltweiter Zugriff auf Ihre Dokumente.</P>
<IMG SRC="bullet1.gif">  Schnelle Ergebnisse</P>
<IMG SRC="bullet2.gif">  Plattformunabh&auml;ngige Dokumente</P>
</UL>
</BODY>
</HTML>
```

Die Hintergrundfarbe wird mit *<BODY BGCOLOR="AQUA">* auf Hellblau gesetzt. Sie können aber beliebige Farben für den Hintergrund vorgeben. Um ein GIF-Bild im Hintergrund einzubinden, benutzen Sie die Option:

```
<BODY BACKGROUND="wiblue.gif">
```

Hier wird die Datei *wiblue.gif* geladen und angezeigt.

Verweise in HTML-Dokumenten

Die Stärke von HTML liegt in der Möglichkeit zur Einbindung von Referenzen (auch als Querverweise oder Hyperlinks bezeichnet). Der Benutzer kann durch Anwahl einer Referenz zum angegebenen Dokument verzweigen. Das Dokument kann sich dabei lokal, im Netzwerk oder im Internet befinden. Eine solche Referenz wird mit dem *<A>*-Tag (A steht für *Anchor*) definiert. Verweise auf andere Dokumente besitzen immer einen einleitenden und einen abschließenden Tag der Form:

```
<A HREF="./beispiel/doc2_01.htm">Beispiel 1</A>
```

Der erste Tag *<A HREF...>* leitet den Verweis auf die Referenz ein. In diesem Tag wird das Attribut HREF verwendet, um das Verweisziel (auch als URL bezeichnet) anzugeben. In der obigen Zeile ist dies die Datei *doc2_01.htm* im lokalen Verzeichnis *./beispiel*. Auf diesen einleitenden Tag folgt nun ein Abschnitt des HTML-Dokuments, der im Browser als Hot-Link hervorzuheben ist. Für die obige Zeile stellt dies der Text *Beispiel 1* dar. Das Ende des Verweises wird durch den abschließenden Tag *</A>* markiert. Die obige Zeile wird im Browser dann meist blau hinterlegt (und teilweise unterstrichen) dargestellt. Der Verweis in HREF kann auf verschiedene Weise angegeben werden. Nachfolgend finden Sie weitere Beispiele für gültige Verweise:

```
<A HREF="http: Dies ist die vorläufig letzte Version, da zukünftige Erweiterungen
in Richtung XML gehen. //www.w3c.org">W3C</A>
```

Dieser Verweis zeigt auf eine Seite im WWW. Um auf lokale Dokumente zuzugreifen, die in einem anderen Verzeichnis liegen, lassen sich folgende Angaben benutzen:

```
<A HREF="./buch/kap1/kap01.htm">Kapitel 1</A>
<A HREF="file:///c|kap1/kap01.htm ">Kapitel 1</A>
<A HREF="./beispiel/doc2_01.htm">Kapitel 1</A>
```

Bei der Eingabe von Verweisen sind Verzeichnisnamen mit dem Slash-Zeichen »/« und nicht mit dem auf Rechnerebene häufig benutzten Backslash \ einzutragen. Weiterhin müssen Sie die Einschränkungen bezüglich der Dateinamen beachten (z. B. Groß-/Kleinschreibung, Länge der Namen und Erweiterungen etc.).

Verweise können nicht nur auf ein Dokument, sondern auch an eine bestimmte Stelle innerhalb eines Dokuments zeigen. Um einen lokalen Verweis anzugeben, muß zuerst ein Anker als Marke am Ziel eingetragen werden. Der betreffende Tag sieht folgendermaßen aus:

```
<A NAME="anker">
```

Auch hier kommt der <*A*>-Tag zum Einsatz, allerdings wird das NAME-Attribut an Stelle von HREF verwendet. In *Anker* läßt sich dann ein beliebiger, aber gültiger HTML-Bezeichner eintragen (siehe Referenz unter Namen). Achten Sie auch hier auf die korrekte Schreibweise, auch wenn viele Browser nicht zwischen Groß- und Kleinbuchstaben unterscheiden. Das folgende Beispiel zeigt Ihnen, wie sich ein lokaler Verweis in einem HTML-Dokument anlegen und verwalten läßt.

```
<A NAME="top">Bei</A> vielen HTML-Dokumenten kommen lokale
Verweise zum Einsatz. Es ist nicht sonderlich schwer, einen
entsprechenden Anker im Dokument zu vergeben. Allerdings
sollten Sie bei der Namengebung auf die korrekte Schreibweise
der Bezeichner achten (Umlaute und Sonderzeichen sind tabu).
<P>Wenn Sie im Dokument einen lokalen Verweis angeben,
verwenden Sie ebenfalls den A-Tag. Dieser sieht dann
folgendermaßen aus:

<P><A HREF="#top">Anfang</A>

<P>Wenn Sie auf diesen Verweis klicken, verzweigt der
Browser zur angegebenen Marke.
```

Der Verweis erfolgt durch den *<A>*-Tag, wobei das Zeichen # vor den Namen der Marke gestellt wird. Daran erkennt der Browser, daß es sich um eine lokale Referenz handelt. Sie können selbstverständlich auch eine lokale Referenz in einer anderen Datei angeben (z. B. *<A HREF="kap01.htm#Z2">....</A>*).

Tabellen in HTML-Dokumenten

Tabellen sind ein Gestaltungselement, welches erst ab HTML 3.2 spezifiziert wurde. Allerdings unterstützen die Browser von Netscape und Microsoft ab der Version 2.0 die Anzeige von Tabellen. Eine Tabelle wird immer durch die beiden Tags *<TABLE>...</TABLE>* geklammert. Über das BORDER-Attribut läßt sich festlegen, ob eine Linie um die Zellen der Tabelle gezeichnet wird. Das Attribut *WIDTH* legt die Breite der Tabelle in bezug auf die Seitenbreite fest. Mit *<CENTER>...</CENTER>* läßt sich die Tabelle in der Seitenmitte zentrieren.

Eine Tabelle ist zeilenweise aufgebaut, und jede Zeile wird mit dem *<TR>*-Tag eingeleitet (TR steht für Table Row) sowie mit *</TR>* abgeschlossen. Innerhalb dieser Tag-Kombination finden sich die Tags zur Definition der einzelnen Zellen. Für den Tabellenkopf kann die *<TH>...</TH>*-Tag-Kombination benutzt werden (TH steht für Table Header). Zellen mit Werten werden mit der Tag-Kombination *<TD>...</TD>* (TD steht für Table Definition) festgelegt. Eine Tabellenbeschriftung kann mit *<CAPTION>...</CAPTION>* festgelegt werden, wobei dieser Tag innerhalb der *<TABLE>...</TABLE>*-Sequenz stehen muß:

```
<HTML><HEAD>
<TITLE>Tabellendemo</TITLE>
</HEAD>
<BODY>
<CENTER><H2>Beispiel mit einer Tabelle</H2></CENTER>
<CENTER><TABLE  BORDER="1" CELLPADDING="5" CELLSPACING="0" WIDTH="70%">
<CAPTION ALIGN="bottom"><I>Tabelle 1.1</I></CAPTION>
<TR ALIGN="center">
<TH><B>Preise</B><TH><B>Waren</B></TH>
</TR>
<TR>
<TD COLSPAN="2" ALIGN="center">
<I>Text reicht &uuml;ber zwei Spalten</I></TD>
</TR>
<TR><TD>Zelle 1.1</TD><TD>Zelle 1.2</TD></TR>
<TR><TD>Zelle 2.1</TD><TD>Zelle 2.2</TD></TR>
</TABLE>
</CENTER>
</BODY>
</HTML>
```

Hierbei wurde der *<CENTER>...</CENTER>*-Tag genutzt, um die Tabelle und die Überschrift auf der Seite zu zentrieren. Die Zellinhalte werden dagegen innerhalb der einleitenden Tags mit dem *ALIGN*-Attribut ausgerichtet. Um die Tabellenköpfe etwas hervorzuheben, wurde der *<B>*-Tag verwendet.

Interessant ist das *COLSPAN*-Attribut, welches in obiger Sequenz im *<TD>*-Tag verwendet wird. Dieses Attribut gibt an, daß die folgende Zelle über mehrere Spalten reicht. Damit wird die obige Zelle auf die Tabellenbreite erweitert.

HTML-Referenz

Die nachfolgende Tabelle enthält eine Kurzübersicht über die wichtigsten HTML-Befehle.

Allgemeines	<!-- Kommentar //--> <!DOCTYPE HTML PUBLIC "-//IETF//DTD HTML 3.2//EN"> <HTML> <HEAD> <TITLE>Titeltext </TITLE> </HEAD> <BODY> ... Dokumentinhalt ... </BODY> </HTML>
Farben und Hintergrundgrafiken	<BODY bgcolor=#rgb text=#rgb link=#rgb vlink=#rgb alink=#rgb> bgcolor = Background-Farbe r = Rotwert, hexadezimal 00 bis FF g = Grünwert, hexadezimal 00 bis FF b = Blauwert, hexadezimal 00 bis FF text = Textfarbe link = Farbe von Verweisen vlink = Farbe von Verweisen zu besuchten Zielen alink = Farbe von Verweisen beim Anklicken Beispiel für eine Hintergrundgrafik: <BODY background="stars.gif">
Hintergrundmusik	<BGSOUND SRC="Jimmy.mid" LOOP=infinite> loop= Anzahl Wiederholungen, »infinite« oder Zahl Der Tag muß zwischen <HEAD> und </HEAD> stehen.
Meta-Information	<BASE HREF="http://pfad../datei.html"> URL-Angabe für die HTML-Datei <META NAME="Stichwort" CONTENT="HTML"> Zusätzliche Informationen im HTML-Kopf wie z. B. <META HTTP-EQUIV="Datum" CONTENT="1.1.96"> Automatisch zur nächsten Seite weiterschalten (Diashow): <META HTTP-EQUIV="Refresh" CONTENT="(Zahl); URL=Seite2.htm"> content = Anzahl Sekunden bis zur Anzeige der nächsten Datei, URL = nächste Datei

Seitenformatierung	<P> = leitet einen Absatzwechsel ein <P ALIGN=left> = folgenden Absatz linksbündig ausrichten; alternativ auch right oder center <CENTER> ... Elemente ... </CENTER> = Elemente (Text, Überschrift, Bild etc.) zentriert ausrichten. = Zeilenumbruch im Dokument <NBR> ... </NOBR> = kein Zeilenumbruch im Bereich (Netscape) <WBR> ... </WBR> = Zeilenumbruch NOBR-Bereich (Netscape)
Überschriften	<H1> ... </H1> = Überschrift Ebene 1 <H2> ... </H2> = Überschrift Ebene 2 <H3> ... </H3> = Überschrift Ebene 3 <H4> ... </H4> = Überschrift Ebene 4 <H5> ... </H5> = Überschrift Ebene 5 <H6> ... </H6> = Überschrift Ebene 6
Textformatierung	**Logische Textauszeichnungen:** <PRE> ... </PRE> = vorformatierter Text <ADDRESS> ... </ADDRESS> = Adreßangabe <BLOCKQUOTE> ... </BLOCKQUOTE> = Zitat (Absatz) <STRONG> ... </STRONG> = fett hervorheben <EM> ... </EM> = kursiv hervorheben <TT> ... </TT> = Teletype-Schrift (dicktengleich) <CITE> ... </CITE> = Zitat (Wort) <CODE> ... </CODE> = als Listing formatieren <KBD> ... </KBD> = Tastaturschriftart <VAR> ... </VAR> = als Variable auszeichnen <SAMP> ... </SAMP> = Beispiel Physische Textauszeichnung <B> ... </B> = fett <I> ... </I> = kursiv <U> ... </U> = unterstrichen <BLINK> ... </BLINK> = blinkend <BIG> ... </BIG> = große Schrift <SMALL> ... </SMALL> = kleine Schrift _{...} = tiefgestellt ^{...} = hochgestellt
Schriftarten und -farben	<BASEFONT SIZE=n> ... </BASEFONT> = Standardschriftgröße <FONT SIZE=n> ... </FONT> = Schriftgröße (n = 1–7) <FONT COLOR=#rgb> ... </FONT> = Schriftfarbe <FONT FACE=Name> ... </FONT> = Schriftart festlegen
Marquee	**Erzeugt Laufschriften im Microsoft Internet Explorer:** <MARQUEE DIRECTION=right> ... </MARQUEE> = scrollt Text nach rechts. <MARQUEE SCROLLAMOUNT=(Zahl)> ... </MARQUEE> = der Browser verschiebt den Text n Pixel zwischen zwei Schritten. <MARQUEE SCROLLDELAY=(Zahl)> ... </MARQUEE> = setzt die Verzögerungszeit für Scroll in Millisekunden. <MARQUEE BEHAVIOR=slide> ... </MARQUEE> = verschiebt Marquee-Text über den Rand.

	<MARQUEE ALIGN=top> ... </MARQUEE> = richtet den Marquee-Text am oberen Dokumentrand aus (ähnlich middle und bottom an anderen Rändern). <MARQUEE HEIGHT=(Zahl)> ... </MARQUEE> = definiert die Höhe des Marquee-Bereichs. <MARQUEE HSPACE=(Zahl)> ... </MARQUEE> = definiert den horizontalen Abstand zum umgebenden Text. <MARQUEE BGCOLOR=rgb> ... </MARQUEE> = setzt Hintergundfarbe im Marquee-Bereich.
Horizontaler Leerraum	Gibt einen Leerraum an (Netscape 3.x): <SPACER TYPE=horizontal SIZE=(Zahl)> <SPACER TYPE=vertical SIZE=(Zahl)> <SPACER TYPE=block WIDTH=(Zahl) HEIGHT=(Zahl)>
	Erzwingt Spaltensatz: <MULTICOL COLS=(Zahl)>...Text...</MULTICOL> <MULTICOL COLS=(Zahl) WIDTH=(Zahl)>...Text...</MULTICOL> <MULTICOL COLS=(Zahl) GUTTER=(Zahl)>...Text...</MULTICOL> = Spaltendruck in Netscape 3.x, COL = Spaltenanzahl, WIDTH = Breite gesamter Textbereich, GUTTER = Breite zwischen den Spalten.
Aufzählungen und Numerierungen	<UL> = Aufzählungsliste (Bullet oder unordered) <LI> = Listeneintrag </UL> = Ende der Liste Die folgenden Optionen gelten ab HTML 3.2 und für Netscape/Internet Explorer 2.x: <UL Type=square> = Rechteck als Schmuckpunkt <UL TYPE=circle> = Kreis (leer) als Schmuckpunkt <UL TYPE=disc> = Kreis gefüllt <OL> = numerierte (ordered) Liste <LI> = Listeneintrag </OL> = Ende der Numerierung Die folgenden Optionen gelten ab HTML 3.2 und für Netscape/Internet Explorer 2.x: <OL TYPE=A> = Numerierung A, B, C... <OL TYPE=a> = Numerierung a, b, c... <OL TYPE=I> = Numerierung Liste I, II, III... <OL TYPE=i> = Numerierung Liste i, ii, iii <OL START=(Zahl)> = Startwert Numerierung <DIR> = Verzeichnis-Liste <LI> = Listeneintrag </DIR> = Ende der Verzeichnisliste <DL> = Glossaranfang <DT> ... </DL> = zu definierender Ausdruck (Definition Term) <DD> ... </DD> = Definition </DL> = Glossarende
Tabellen	<TABLE> = Tabellenanfang </TABLE> = Ende der Tabellendefinition <TABLE BORDER> = Gitternetzlinien anzeigen <TABLE BORDER=(Zahl)> = Außenrahmendicke in Pixel <TABLE WIDTH=(Zahl)%> = Gesamtbreite Tabelle in % <TABLE WIDTH=(Zahl)> = Gesamtbreite in Pixel
	<TABLE HEIGHT=(Zahl)%> = Gesamthöhe in % <TABLE HEIGHT=(Zahl)> = Gesamthöhe in Pixel

	<TABLE CELLSPACING=(Zahl)> = Zellabstand in Pixel <TABLE CELLPADDING=(Zahl)> = Abstand Zelle vom Rand in Pixel <TABLE BGCOLOR=rgb> = Hintergrundfarbe Tabelle <TABLE BORDERCOLOR=rgb> = Rahmen- und Gitternetzfarbe <TABLE BORDERCOLORDARK=rgb> = Farbe dunkler Teil der Rahmen- und Gitternetzlinien <TABLE BORDERCOLORLIGHT=rgb> = Farbe heller Teil der Rahmen- und Gitternetzlinien <TR> = neue Tabellenzeile (Table Row) </TR> = Ende der Tabellenzeile
	<TH> ... </TH> = Kopfzeile <TH ALIGN=left> = Kopfzelle links ausrichten <TH ALIGN=center> = Kopfzelle zentriert ausrichten <TH ALIGN=right> = Kopfzelle rechts ausrichten <TH WIDTH=(Zahl)%> = Spaltenbreite in % des Anzeigefensters <TH WIDTH=(Zahl)> = Spaltenbreite in Pixel <TH HEIGHT=(Zahl)%> = Zeilenhöhe in % des Anzeigefensters <TH HEIGHT=(Zahl)> = Höhe Kopfzeile in Pixel <TH VALIGN=top> = Kopfzeile oben ausrichten <TH VALIGN=middle> = Kopfzelle vertikal mittig ausrichten <TH VALIGN=bottom> = Kopfzelle unten ausrichten <TH BGCOLOR=rgb> = Hintergrundfarbe der Kopfzelle <TD> ... </TD> = Tabellenzelle <TD ALIGN=left> = Zelle links ausrichten <TD ALIGN=center> = Zelle zentriert ausrichten <TD ALIGN=right> = Zelle rechts ausrichten <TD WIDTH=(Zahl)%> = Spaltenbreite in % des Anzeigefensters
	<TD WIDTH=(Zahl)> = Spaltenbreite in Pixel <TD HEIGHT=(Zahl)%> = Zeilenhöhe in % des Anzeigefensters <TD HEIGHT=(Zahl)> = Zeilenhöhe in Pixel <TD VALIGN=top> = Zelle oben ausrichten <TD VALIGN=middle> = Zelle mittig ausrichten <TD VALIGN=bottom> = Zelle unten ausrichten <TD BGCOLOR=rgb> = Hintergrundfarbe der Zelle Zellen verbinden: <TH ROWSPAN=(Zahl)> = n Zeilen zu einer Zelle verbinden <TH COLSPAN=(Zahl)> = n Spalten zu einer Zelle verbinden <TD ROWSPAN=(Zahl)> = n Zeilen zu einer Zelle verbinden <TD COLSPAN=(Zahl)> = n Spalten zu einer Zelle verbinden <CAPTION VALIGN=top>Tabellenüberschrift</CAPTION> <CAPTION VALIGN=bottom>Tabellenunterschrift</CAPTION> <CAPTION VALIGN=top ALIGN=center>Tabellenüberschrift zentriert</CAPTION> <CAPTION vALIGN=top ALIGN=center>Tabellenüberschrift rechtsbündig</CAPTION>
Frames	Netscape 2.x und Internet Explorer 3.x: <FRAMESET COLS="200,*"> <FRAME SRC="datei.htm" NAME="Name"> <FRAME ... > </FRAMESET>

Grafiken	<IMG SRC="html.gif« ALT="+"> <IMG SRC="../[pfad]/datei.gif" ALT="Bild"> <IMG SRC="file://localhost/[lw:/pfad]/datei.gif"> ALT = alternativer Text für die Grafik Neben ALT können weitere Attribute angegeben werden: <IMG SRC="datei.gif" BORDER=(Zahl)> BORDER = Breite des Rahmens um die Grafik in Pixel
	<IMG SRC="datei.gif" ALIGN=left> = Grafik links ausrichten <IMG SRC="datei.gif" ALIGN=right> = Grafik rechts ausrichten <IMG SRC="datei.gif" VSPACE=(Zahl)> = Abstand oben/unten <IMG SRC="datei.gif" HSPACE=(Zahl)> = Abstand links/rechts <IMG SRC="datei.gif" ALIGN=top> = Beschriftung oben <IMG SRC="datei.gif" ALIGN=middle> = Beschriftung mittig <IMG SRC="datei.gif" ALIGN=bottom> = Beschriftung unten <IMG SRC="datei.gif" WIDTH=(Zahl oder %)> = Skalierung in Breite <IMG SRC="datei.gif" HEIGHT=(Zahl oder %)> = Skalierung in Höhe
Verweise	<A NAME="Bezeichner"> ... </A> = setze einen Anker <A HREF="#Bezeichner">Verweistext</A> = lokaler Verweis <A HREF="datei.htm">Verweistext</A> = Verweis zu Datei <A HREF="../[pfad]/datei.htm">Verweistext</A> <A HREF="datei.htm#Bezeichner">Verweistext</A> <A HREF="URL-Typ://Server/Verzeichnis/Datei">Verweistext</A> URL-Typen: http:// = Adressierung von HTML-Dateien im WWW ftp:// = Adressierung von Dateien auf FTP-Servern telnet:// = Adressierung von Telnet-Servern gopher:// = Adressierung von Dateien auf Gopher-Servern news: = Adressierung von Newsgroups im Usenet mailto: = Adressierung von persönlichen EMail-Adressen
Sound	<sound src="datei.wav"> Soundausgabe in HTML 3.2 und Netscape 2.x
JavaScript	<SCRIPT LANGUAGE="JavaScript" ... JavaScript-Code ... </SCRIPT> <// -->

Tabelle 52.3 HTML-Kurzreferenz

Anmerkung: Die HTML 4.0-Spezifikation führt einige zusätzliche Attribute und von Netscape bzw. Microsoft unterstützte Tags ein. Eine detaillierte Übersicht aller HTML-4.0-Befehle finden Sie in der Spezifikation, die sich unter *www.w3c.org* abrufen läßt. Die vorläufig letzte Spezifikation trägt die Version 4.01 (gegenüber der 4.0 wurden einige Fehler korrigiert). XHTML ist ein Spezifikation, die beschreibt, wie HTML-Dokumente XML-konform gestaltet werden können. Kurzgefaßt fordert XHTML, daß alle Tag- und Attributnamen in Kleinbuchstaben zu schreiben sind. Attributwerte müssen in Anführungszeichen gesetzt werden, und jeder einleitende Tag benötigt einen abschließenden Tag – notfalls ist ein leerer Tag in der Form < ... /> zu schreiben. Eine umfangreiche Einführung in HTML samt Randthemen wie XML findet sich in »HTML – Das Kompendium«, Markt & Technik Verlag, 2000, München.

Index

A

Adobe Illustrator *s.* AI-Format
AI-Format 515
  Clipping-Operatoren 525
  Color Operators 523
  Compound Paths-Kommandos 525
  Graphic State Operators 523
  Graphs-Operatoren 529
  Group Operators 524
  Locked Object Operator 523
  Path Definition Commands 524
  Path Painting-Kommandos 525
  Script-Body 521
  Text 526
Animator CEL-Format 589
Animator PIC-Format 589
Apple QuickTime-Format *s.* QTM
AutoCAD *s.* DXF
AutoCAD Binary DXF 580
Autocad Drawing Exchange Format *s.* DXF
Autodesk 3D Studio-Format *s.* FLC
Autodesk Animator-Format *s.* FLI
AVI
  AVI_PALCHANGE-CHUNK 608
  CHUNK 602
  Format 599
  Header 601
  idx1-CHUNK 609
  JUNK-CHUNK 609
  movi-CHUNK 607
  rec-CHUNK 607
  Stream Data-CHUNK (strd) 607
  Stream Format-CHUNK (strf) 605
  strl-CHUNK 603

B

BIFF-Recordtypen *s.* EXCEL
Bildschirm-Split 20
Binary Interchange Format (BIFF) *s.* EXCEL
BMP (Windows)
  BMP4-Header 615
  Datenbereich 616
  erweiterter Header 611
  RLE-Komprimierung 617

C

CAPTURE File Format (SCR) 835
CAS Fax Format (DCX) 631
CGA 829
  Color Map speichern 829
  Farbinformation 829
  Kodierungen 829
CGM
  Alternate Character Set Index 652
  Application Data 654
  ASCII-Steuercodes 640
  Aspect Source Flags 654
  Auxiliary Color 648
  Background Color 648
  Basiskodierung 645
  binäre Kodierung 633
  BitStream-Format 645
  Cell Array 650
  Character Coding Announcer 647
  Character Expansion Factor 651
  Character Height 652
  Character Orientation 652
  Character Set Index 652
  Character Set List 647
  Character Spacing 652
  Circle 650
  Circular ARC 3 Point 650
  Circular ARC 3 Point Close 650
  Circular ARC Centre 650
  Circular ARC Centre Close 650
  Clip Indicator 649
  Clip Rectangle 649
  Color Index Precision 646
  Color Precision 646
  Color Selection Mode 648
  Color Table 653
  Color Value Extent 647
  Defaults Replacement 647
  Description 646
  Disjoint Polyline 649
  Edge Bundle Index 653
  Edge Color 653
  Edge Type 653
  Edge Visibility 653
  Edge Width 653
  Edge Width Specification Mode 648
  Element List 647
  Ellipse 650
  Elliptical Arc 650
  Elliptical Arc Close 650
  ESCAPE 654
  Fill Bundle Index 652

CGM (Forts.)
Fill Color 652
Fill Reference Point 653
Font List 647
Generalized Drawing Primitive 650
Hatch Index 653
Header (erweitert) 636
Header (Kurzform) 636
Index Precision 646
Integer Precision 646
Interior Style 652
ISO-kodierte Steuercode 642
Kodierungsformat 633
Line Bundle Index 651
Line Color 651
Line Type 651
Line Width 651
Line Width Specification Mode 648
Marker Bundle Index 651
Marker Color 651
Marker Size 651
Marker Size Specification Mode 648
Marker Type 651
Maximum Color Index 647
Message 654
Metafile-Anweisungen 645
Pattern Index 653
Pattern Size 653
Pattern Table 653
Polygon 649
Polygon Set 649
Polyline 649
Polymarker 649
Precision Parameter Encoding 648
Real Precision 646
Rectangle 650
Restricted Text 649
Scaling Mode 648
Steuercodes (binär) 637
Text 649
Text Alignment 652
Text Bundle Index 651
Text Color 652
Text Font Index 651
Text Path 652
Text Precision 651
Transparency 649
VDC Extent 648
VDC Space/Range 648
VDC Type 646
verkettete Parameterliste 637
Version 646
CMF
Header 965
Instrument-Block 967
Komprimierung 974
Music-Block 969
Pause command 969
Steuerbefehle 971
Ton ein/aus 970, 971
Computer Graphic Metafile Format *s.* CGM
Creative-Music-File-Header *s.* CMF
Creative Voice-Format *s.* VOC
CUT-Format 658

D

Data Interchange Format *s.* DIF
DCX
Header 631
DeLuxe Paint 740
DIF (Data Interchange Format) 311
COMMENT 314
DATA 313
Datei 311
Datensatzstruktur 317
Datum 318
DISPLAYUNITS 316
Ende 313
Header
Analyse von Zeitreihen 315
MAJORSTART 315
Satztypen 312
UNITS 316
Headeraufbau 311
Kommentare 314
LABEL 314
MINORSTART 315
numerische Daten 317
Periodicity 315
signifikante Daten 316
SIZE 315
Spaltenbreite in Byte 315
Spaltenname 316
Spaltenüberschrift 314
Special Datatype 317
Stringdaten 318
TABLE 312
TRUELENGTH 316
TUPLES 313
Value Indicator 318
VECTORS 312
Vektorenanzahl 312
Zeilenanzahl 313
Zeitangabe 315

DOC
  Dateiaufbau 331
  File Information Block 331
  Main-Stream 331
  Textbereichs 340
  Zeichen- und Absatzformatierung 343
Dr. Halo-Format 655
Drawing Exchange Binary-Format (DXB) 581
DRW *s.* Micrografx-Formate
DXF (AutoCAD Drawing Exchange Format) 537
  3DFACE 577
  3DLINE 567
  APPID 556
  ARC 569
  ATTRIB 573
  AutoCAD Binary DXF 580
  Bildbeschreibung 566
  Block-Flag 564
  Blocks (Table) 564
  CIRCLE 568
  Dateiabschnitte 537
  Dateiaufbau 537
  DIMENSION 579
  DIMSTYLE 556
  Drawing Exchange Binary-Format (DXB) 581
  Entities Section 566
    3DFACE 577
    3DLINE 567
    ARC 569
    ATTRIB 573
    CIRCLE 568
    DIMENSION 579
    INSERT 572
    LINE 567
    Objekte 566
    POINT 568
    POLYLINE 574
    SEQEND 577
    SHAPE 572
    SOLID 570
    TEXT 570
    TRACE 569
    VERTEX 576
    VIEWPORT 577
  Gruppencode 537
  Headeraufbau 548
  INSERT 572
  LAYER 555, 558
  LINE 567
  LTYPE 555, 559
  POINT 568
  POLYLINE 574
  Schlüsselworte (Table Section) 555
DXF (Forts.)
  SEQEND 577
  SHAPE 572
  SOLID 570
  STYLE 560
  Table-Section 554
  TEXT 570
  TRACE 569
  UCS 562
  VERTEX 576
  VIEW 562
  VIEWPORT 577
  VPORT 563

E

EMF
  Header 947
  Records 947
Encapsulated PostScript Format *s.* EPS
Enhanced Metafile-Format *s.* EMF
EPS
  abs 1036
  add 1037
  and 1037
  Anweisungen 1036
  arc 1037
  arcn 1037
  arcto 1037
  ashow 1037
  atan 1037
  awidthshow 1037
  bind 1038
  bitshift 1038
  Body Comments 1035
  BoundingBox 1035
  ceiling 1038
  charpath 1038
  clip 1038
  clippath 1038
  closepath 1038
  copypage 1038
  cos 1039
  Creator 1035
  currentpoint 1039
  curveto 1039
  cvi 1039
  cvn 1039
  cvrs 1039
  cvs 1039
  cvt 1039
  div 1040
  DocumentFonts 1035
  dup 1040

EPS (Forts.)
EndComments 1035
eoclip 1040
eofill 1040
eq 1040
exch 1040
exec 1040
exit 1040
exp 1040
fill 1041
findfont 1041
For 1035
for 1041
ge 1041
grestore 1041
gsave 1041
gt 1041
Header Comments 1035
idiv 1041
if 1042
ifelse 1042
image 1042
imagemask 1042
index 1042
Kommentare 1035
le 1042
lineto 1042
ln 1043
log 1043
loop 1043
lt 1043
mod 1043
moveto 1043
mul 1043
neg 1043
newpath 1043
not 1044
or 1044
Page 1036
pop 1044
quit 1044
rand 1044
rcurveto 1044
repeat 1044
rlinto 1044
roll 1044
round 1045
scale 1045
scalefont 1045
search 1045
setfont 1045
setgray 1045
EPS (Forts.)
setlinewidth 1045
show 1045
showpage 1046
sin 1046
sqrt 1046
string 1046
stringwidth 1046
stroke 1046
Strukturkonventionen 1034
sub 1046
title 1035
Trailer Comments 1036
truncate 1046
Versionsnummer 1034
xor 1046
EXCEL 87
1904 (Recordtyp 22H) 218
ADDIN (Recordtyp 87H) 98
ADDMENU (Recordtyp C2H) 98
ARRAY (Recordtyp 21H) 99
AUTOFILTER (Recordtyp 9EH) 101
AUTOFILTERINFO (Recordtyp 9DH) 102
BACKUP (Recordtyp 40H) 102
Bildobjekt (Picture) 174
BLANK (Recordtyp 201H) 103
BOF (Recordtyp 09H) 104
BOOKBOOL (Recordtyp DAH) 105
BOOLERR (Recordtyp 05H) 106
BOTTOMMARGIN (Recordtyp 29) 107
BOUNDSHEET (Recordtyp 85) 107
BUILTINFMTCOUNT (Recordtyp 56) 108
CALCCOUNT (Recordtyp 0CH) 108
CALCMODE (Recordtyp 0DH) 108
CF (Recordtyp 1B1H) 109
Chart-Objekt 169
CODENAME (Recordtyp 42H) 109
CODEPAGE (Recordtyp 42H) 110
COLINFO (Recordtyp 7DH) 110
COLUMNDEFAULT (Recordtyp 20H) 112
COLWIDTH (Recordtyp 24H) 112
CONDFMT (Recordtyp 1B0H) 111
CONTINUE (Recordtyp 3CH) 112
COORDLIST (Recordtyp A9H) 113
COUNTRY (Recordtyp 8CH) 113
CRN (Recordtyp 5AH) 113
DBCELL (Recordtyp D7H) 115
DCON (Recordtyp 50H) 115
DCONNAME (Recordtyp 52H) 116
DCONREF (Recordtyp 51H) 116
DEFAULTROWHEIGHT (Recordtyp 25H) 117

EXCEL (Forts.)
DEFCOLWIDTH (Recordtyp 55H) 118
DELMENU (Recordtyp C3H) 118
DELTA (Recordtyp 10H) 118
DIMENSIONS (Recordtyp 200H) 119
DOCROUTE (Recordtyp B8H) 119
DSF (Recordtyp 161H) 120
DV (Recordtyp 1BEH) 120
DVAL (Recordtyp 1B2H) 121
EDG (Recordtyp 88H) 121
EFONT (Recordtyp 45H) 122
Ellipsenobjekt 167
EOF (Recordtyp 0AH) 122
EXTERNNAME (Recordtyp 23H) 123
EXTERNSHEET (Recordtyp 17H) 125
EXTRNCOUNT (Recordtyp 16H) 122
EXTSST (Recordtyp FFH) 127
FILEPASS (Recordtyp 2FH) 127
FILESHARING (Recordtyp 5BH) 127
FILESHARING2 (Recordtyp 1A5H) 128
FITERMODE (Recordtyp 5BH) 128
FNGROUPCOUNT (Recordtyp 9CH) 129
FNGROUPNAME (Recordtyp 9AH) 129
FNPROTO (Recordtyp A2H) 129
FONT (Recordtyp 31H) 130
FONT2 (Recordtyp 86H) 132
FOOTER (Recordtyp 15H) 132
FORMAT (Recordtyp 1EH) 132
FORMATCOUNT (Recordtyp 1EH) 133
FORMULA (Recordtyp 06H) 133
GCW (Recordtyp 5CH) 145
GRIDSET (Recordtyp 82H) 145
Gruppe 175
GUTS(Recordtyp 80H) 146
HCENTER(Recordtyp 83H) 146
HEADER (Recordtyp 14H) 146
HIDEOBJ (Recordtyp 8DH) 147
HLINK (Recordtyp 1B8H) 147
HORIZONTAL PAGE BREAKS (Recordtyp 1BH) 147
IMDATA (Recordtyp 7FH) 148
INDEX (Recordtyp 0BH) 148
INTEGER (Recordtyp 02H) 149
INTERFACEEND (Recordtyp E2H) 150
INTERFACEHDR (Recordtyp E1H) 150
INTL (Recordtyp 61H) 150
ITERATION (Recordtyp 11H) 151
IXFE (Recordtyp 44H) 151
Kreisbogenobjekt (Arc) 168
LABEL (Recordtyp 04H) 151
LABELSST (Recordtyp FDH) 152

EXCEL (Forts.)
LEFTMARGIN (Recordtyp 26H) 152
LH (Recordtyp 8BH) 153
LHNGRAPH (Recordtyp 95H) 153
LHRECORD (Recordtyp 95H) 153
Linienobjekt 164
LPR (Recordtyp 98H) 154
MMS (Recordtyp C1H) 155
MSODRAWING (Recordtyp ECH) 155
MSODRAWINGGROUP (Recordtyp EBH) 155
MSODRAWINGSELECTION (Recordtyp EDH) 155
MULBLANK (Recordtyp BEH) 156
MULRK (Recordtyp BDH) 156
NAME 156
NOTE (Recordtyp 1CH) 160
NUMBER (Recordtyp 203H) 161
OBJ (Recordtyp 5DH) 162
OBJPRO (Recordtyp D3H) 179
OBJPROTECT (Recordtyp 63H) 179
OLESIZE (Recordtyp DEH) 179
PALETTE (Recordtyp 92H) 179
PANE (Recordtyp 41H) 180
PARAMQRY (Recordtyp DCH) 180
PASSWORD (Recordtyp 13H) 181
PLS (Recordtyp 4DH) 181
Polygon 175
Precision (Recordtyp 0EH) 183
PRINTGRIDLINES (Recordtyp 2BH) 183
PRINTHEADERS (Recordtyp 2AH) 183
PROT4REV (Recordtyp 1AFH) 184
PROT4REVPASS (Recordtyp 1BCH) 184
PROTECT (Recordtyp 12H) 183
PUB (Recordtyp 89H) 184
QSI (Recordtyp 1ADH) 185
RECIPNAME (Recordtyp B9H) 185
Recordaufbau 87
REFMODE (Recordtyp 0FH) 186
REFRESHALL (Recordtyp 1B7H) 186
RIGHTMARGIN (Recordtyp 27H) 186
RK (Recordtyp 27EH) 186
ROW (Recordtyp 08H) 188
RSTRING (Recordtyp D6H) 189
SAVERECAL (Recordtyp 5FH) 189
SCENARIO (Recordtyp AFH) 190
SCENMAN (Recordtyp AEH) 190
SCENPROTECT (Recordtyp DDH) 191
Schaltfläche (Button) 172
SCL (Recordtyp A0H) 191
SELECTION (Recordtyp 1DH) 191

EXCEL (Forts.)
SETUP (Recordtyp A1H) 192
SHRFMLA (Recordtyp BCH) 193
SORT (Recordtyp 90H) 193
SOUND (Recordtyp 96H) 194
SST (Recordtyp FCH) 194
STANDARDWIDTH (Recordtyp 99H) 194
STRING (Recordtyp 07H) 195
STYLE (Recordtyp 293H) 195
SUB (Recordtyp 91H) 196
SUBBOOK (Recordtyp 1AEH) 197
SX-Records 197
SYNC (Recordtyp 97H) 198
TABID (Recordtyp 13DH) 198
TABIDCONF (Recordtyp EAH) 198
TABLE (Recordtyp 36H) 199
TABLE2 (Recordtyp 37H) 200
TEMPLATE (Recordtyp 60H) 200
Text to Objekt 169
TOPMARGIN (Recordtyp 28H) 201
TXO (Recordtyp 1B6H) 201
UDDESC (Recordtyp DFH) 202
UNCALCED (Recordtyp 5EH) 202
Unicode-Zeichenketten 89
USERBVIEW (Recordtyp 1A9H) 202
USERVIEWBEGIN (Recordtyp 1AAH) 203
USERVIEWEND (Recordtyp 1ABH) 204
USESELFS (Recordtyp 160H) 204
VCENTER (Recordtyp 84H) 204
VERTICALPAGEBREAKS (Recordtyp 1AH) 205
WINDOW 1 (Recordtyp 3DH) 205
WINDOW 2 (Recordtyp 3EH) 206
WINDOWPROTECT (Recordtyp 19H) 207
WRITEACCESS (Recordtyp 5CH) 208
WRITEPROT (Recordtyp 86H) 208
WSBOOL (Recordtyp 81H) 208
XCT (Recordtyp 59H) 209
XF (Recordtyp 43H) 209
Extended Markup Language s. XML

F
Farbtabelle 448
Fax CCITT Group 3-Verfahren 886
Fax CCITT Group 4-Verfahren 886
Fax-Komprimierung 918
FKP 334
FLC
COLOR_256-CHUNK (Typ 4) 594
DELTA_FLC-CHUNK (Typ 7) 594
FLC_BLACK-CHUNK (Typ 13) 596
FLC_BYTE_RUN-CHUNK (Typ 15) 596
Frames 593
FLC (Forts.)
Header 591
LITERAL-CHUNK (Typ 16) 597
PREFIX-CHUNK (Typ F100H) 593
PSTAMP-CHUNK (Typ 18) 597
FLI
COLOR_64-CHUNK (Type 11) 585
DELTA_FLI-CHUNK (Type 12) 586
FLI_BLACK-CHUNK (Type 13) 587
FLI_BYTE_RUN-CHUNK (Type 15) 587
FLI_COPY-CHUNK (Type 16) 588
Frames 584
Header 583
Fontfamilie 443

G
GDP (Generalized Drawing Primitives)
Arc 699
Bar 699
Circle 701
Ellipse 701
Elliptical Arc 702
Elliptical Pie 702
Filled Rounded Rectangle 703
Justified Graphics Text 704
Pie 700
Rounded Rectangle 703
s. auch GEM
GEM
Arc GDP 699
Bar GDP 699
Circle GDP 701
Ellipse GDP 701
Elliptical Arc GDP 702
Elliptical Pie GDP 702
Fill Area 698
Filled Rounded Rectangle GDP 703
Generalized Drawing Primitives (GDP) 699
Justified Graphics Text GDP 704
Pie GDP 700
Poly Line 697
Poly Marker 697
Rounded Rectangle GDP 703
Set Character Baseline Vector 705
Set Character Height 705, 713
Set Color Mode 705
Set Fill Color Index 710
Set Fill Interior Style 709
Set Fill Parameter Visibility 712
Set Fill Style Index 710
Set Graphic Text Alignment 711
Set Graphic Text Special Effects 713
Set Polyline Color Index 707

GEM (Forts.)
Set Polyline End Style 714
Set Polyline Type 706
Set Polyline Width 707
Set Polymarker Color Index 708
Set Polymarker Height 708
Set Polymarker Type 707
Set Text Color Index 709
Set Text Font 709
Set User Defined Fill Pattern 714
Set User Defined Linestyle Pattern 714
Set Writing Mode 710
Text 698
GEM Image File-Format *s.* IMG
GEM Metafile-Format 693
Bildgröße 694
Ende 716
Headeraufbau 693
Kodierung der Schrifteffekte 713
Koordinatensysteme 694
Objekte 695
Programmer's Toolkit 716
Steuercodes 695
Versionsnummer 683
Generalized Drawing Primitives *s.* GDP
GIF (Graphics Interchange Format)
Application Extension-Block 678
Comment Extension-Block 676
Extension-Block 667
Global Color Map-Block 664
Graphic Control Extension-Block 674
Image Descriptor-Block 665
Local Color Map-Block 667
Logical Screen Descriptor-Block 662
LZW-Komprimierung 669
LZW-Verfahren 668
Pixel Aspect Ratio 664
Plain Text Extension-Block 677
Raster Data-Block 668
Raster Data-Subblocks 674
Resolution-Flag in GIF89a 663
Terminator-Block 674, 679
Graphicraft 740
Graphics Interchange Format *s.* GIF
GRF *s.* Micrografx-Formate

H

HP-GL/2 (Hewlett Packard Graphic Language) 1009
Absolute Arc Tree Point 1015
Absolute Character Size 1024
Absolute Direction 1022
Advance Full Page 1013
HP-GL/2 (Forts.)
Alternate Font Definition 1021
Anchor Corner 1019
Arc Absolute 1014
Arc Relative 1015
Befehle 1009
Befehlsgruppen (Liste) 1010
Begin Plot 1025
Character Fill Mode 1021
Character Group 1021
Character Plot 1022
Character Slant 1024
Chord Tolerance Mode 1025
Circle 1015
Configuration and Status Group 1012
Define Label Terminator 1022
Define Variable Text Path 1022
Digitize Clear 1028
Digitize Point 1029
Digitizing Extensions 1028
Dual-Context Extension 1028
Edge Polygon 1017
Edge Rectangle Absolute 1017
Edge Rectangle Relative 1017
Edge Wedge 1017
Enable Cutter 1025
Enter PCL Mode 1028
Extra Space 1023
Fill Polygon 1018
Fill Rectangle Absolute 1018
Fill Rectangle Relative 1018
Fill Type 1019
Fill Wedge 1018
Frame Advance 1025
Initialize 1012
Input P1/P2 1012
Input Relative 1013
Input Window 1013
Label 1023
Label Origin 1023
Line and Fill Attributes Group 1019
Line Attributes 1019
Line Type 1020
Media Type 1026
Merge Control 1025
Message 1026
Not Ready 1026
Number of Pens 1027
Output Digitized Position/Pen Status 1029
Output Error 1026
Output Hard-Clip Limits 1026
Output Identification 1026
Output P1/P2 1026

HP-GL/2 (Forts.)
  Output Status 1026
  Palette Extension 1027
  Pen Color Assignment 1027
  Pen Down 1015
  Pen Up 1016
  Pen Width 1020
  Pen Width Unit Selection 1021
  Plot Absolute 1015
  Plot Relative 1016
  Plot Size 1026
  Polygon Group 1017
  Polygon Mode 1018
  Polyline Encoded 1016
  Primary Font Selection 1028
  Quality Level 1027
  Raster Fill 1020
  Relative Arc Tree Point 1017
  Relative Character Size 1024
  Relative Direction 1022
  Replot 1014
  Reset 1028
  Rotate Coordinate System 1013
  Scalable/Bitmap Fonts 1028
  Scale 1014
  Screened Vectors 1027
  Secondary Font Selection 1028
  Select Alternate Font 1023
  Select Pen 1020
  Select Standard Font 1024
  Set Color Range 1027
  Set Default Values 1012
  Standard Font Definition 1023
  Symbol Mode 1020
  Technical Graphics Extension 1024
  Transparency Mode 1027
  Transparent Data 1024
  User-Defined Line Type 1020
  Vector Group 1014
  Velocity Select 1027
HTML
  Aufzählung 1097
  Dateiformat 1089
  Grafik 1098
  Grundstruktur 1090
  Hintergrundfarbe 1099
  horizontale Linien 1096
  Numerierung 1097
  Schriftfarbe 1095
  Schriftgröße 1095
  Sonderzeichen 1091
  Tabellen 1101
  Tag 1090
  Überschriften 1093

I

IFD
  Tags 879
IFF (Interchange File Format)
  8SVX-CHUNK 744
  ATAK-CHUNK 746
  Bitmap Header-CHUNK 738
  Blockstruktur (CHUNK) 736
  BODY-CHUNK 745
    Musical Instrument 746
    One Shot Sound 745
  CAMG-CHUNK 743
  CHRS-CHUNK 750
  CHUNK 733
  CHUNK-Signaturen 737
  CLUT-CHUNK 743
  COLR-CHUNK 751
  COMM-CHUNK 747
  Dateiaufbau 733
  Dateiheader (FORM) 733
  DEST-CHUNK 742
  DOC-CHUNK 751
  FONS-CHUNK 749
  FONT-CHUNK 750
  FOOT/HEAD-CHUNK 751
  FORM 733
  FSCC-CHUNK 753
  FTXT FORM 749
  GRAB-CHUNK 742
  Header
    8SVX-Form 744
  Headeraufbau 734
  Headersignatur 736
  ILBM-Form-CHUNKs 738
  INS1-CHUNK 749
  INST-CHUNK 748
  Musical Instrument 746
  NAME-CHUNK 745
  One Shot Sound 745
  PAGE-CHUNK 753
  PARA-CHUNK 752
  PCTS-CHUNK 754
  PINF-CHUNK 754
  RLSE-CHUNK 746
  SHDR-CHUNK 748
  SMUS FORM 748
  SNDD-CHUNK 747
  SPRT-CHUNK 742
  TABS-CHUNK 752
  TEXT-CHUNK 753
  TRAK-CHUNK 749
  Voice Header-CHUNK (VHDR) 744
  WORD FORM 750

IGES 719
Directory-Entry-Section 722
Global-Section 720
Parameter-Data-Section 724
Start-Section 720
Terminate-Section 724
IMG (GEM Image File Format) 681
Bildkomprimierung 686
Bit String-Record 687
Bits pro Pixel 683
Dateiaufbau 682
Datenspeicherung 685, 686
GEM-Versionsnummer 683
Headeraufbau 682
Kodierungen 686
Komprimierungsverfahren 686
Kopfsatz 682
Pattern Run-Record 688
Pixel 681
Pixelkodierung 686
Solid Run-Kodierung 687
Vertical Replication Count-Verfahren 689
Informationsgruppe 454
Initial Graphics Exchange Language *s.* IGES
Interchange File Format *s.* IFF
ISO
Metafile-Kodierung (CGM) 642
ISO 646-7-Bit-Zeichensatz 1071
ISO 646-Kodierung 642

J

JFIF
Application (APP0-)Marker 759
Define Arithmetic Coding-(DAC-)Marker 762
Define Huffman Table-(DHT)-Marker 762
Define Quantisation Table-(DQT)-Marker 762
Define Restart Interval-(DRI)-Marker 763
End of Image-(EOI)-Marker 758
Extension APP0-(SOI)-Marker 760
Start of Frame-(SOF)-Marker 763
Start of Image-(SOI)-Marker 758
Start of Scan-(SOS)-Marker 766
JPEG-Komprimierung 923

K

Komprimierungsverfahren 686
CCITT/3 1-D 886
Fax 918
Fax CCITT Group 3 886
Fax CCITT Group 4 886
JPEG 923
Komprimierungsverfahren (Forts.)
LZW 923
PackBit 887, 917
private 887
Run Length Encoding (RLE) 832
TIFF-Format 917

L

LMBCS 55
LOTUS 1-2-3 *s.* WKS/WK1, WK3
LOTUS Multibyte Character Set 55
LZW-Komprimierung 923
LZW-Verfahren 668

M

MAC-Datenbereich 774
MAC-Header 772
MAC-Packbit 775
MAC-Paint-Format (MAC) 771
MAC-Picture-Format *s.* PICT
Metafile-Anweisungen 645
Alternate Character Set Index 652
Application Data 654
Aspect Source Flags 654
Auxiliary Color 648
Background Color 648
Cell Array 650
Character Coding Announcer 647
Character Expansion Factor 651
Character Height 652
Character Orientation 652
Character Set Index 652
Character Set List 647
Character Spacing 652
Circle 650
Circular ARC 3 Point 650
Circular ARC 3 Point Close 650
Circular ARC Centre 650
Circular ARC Centre Close 650
Clip Indicator 649
Clip Rectangle 649
Color Index Precision 646
Color Precision 646
Color Selection Mode 648
Color Table 653
Color Value Extent 647
Defaults Replacement 647
Description 646
Disjoint Polyline 649
Edge Bundle Index 653
Edge Color 653
Edge Type 653
Edge Visibility 653

Metafile-Anweisungen (Forts.)
Edge Width 653
Edge Width Specification Mode 648
Element List 647
Ellipse 650
Elliptical Arc 650
Elliptical Arc Close 650
ESCAPE 654
Fill Bundle Index 652
Fill Color 652
Fill Reference Point 653
Font List 647
Generalized Drawing Primitive 650
Hatch Index 653
Index Precision 646
Integer Precision 646
Interior Style 652
Line Bundle Index 651
Line Color 651
Line Type 651
Line Width 651
Line Width Specification Mode 648
Marker Bundle Index 651
Marker Color 651
Marker Size 651
Marker Size Specification Mode 648
Marker Type 651
Maximum Color Index 647
Message 654
Pattern Index 653
Pattern Size 653
Pattern Table 653
Polygon 649
Polygon Set 649
Polyline 649
Polymarker 649
Precision Parameter Encoding 648
Real Precision 646
Rectangle 650
Restricted Text 649
Scaling Mode 648
Text 649
Text Alignment 652
Text Bundle Index 651
Text Color 652
Text Font Index 651
Text Path 652
Text Precision 651
Transparency 649
VDC Extent 648
VDC Space/Range 648
VDC Type 646
Version 646
Micrografx-Formate (PIC, DRW, GRF) 789
CHART_SKIP_SYMBOLS (Typ 44, 2CH) 792
DRW_BACKGROUND (Typ 1, 01H) 793
DRW_BAND (Typ 32, 20H) 793
DRW_BITMAP (Typ 20, 14H) 794
DRW_COLOR (Typ 9, 09H) 794
DRW_COLOR_FLAG (Typ 10, 0AH) 794
DRW_COLOR_TABLE (Typ 35, 23H) 794
DRW_COMMENT (Typ 18, 12H) 795
DRW_CURR_OVERLAY (Typ 16, 10H) 795
DRW_DIMENSIONS (Typ 24, 18H) 795
DRW_EOF (Typ 254, FEH) 795
DRW_FACENAME (Typ 2, 02H) 796
DRW_FONT (Typ 21, 15H) 796
DRW_GRADIENT (Typ 30, 1EH) 797
DRW_GRID (Typ 22, 16H) 798
DRW_ID (Typ 4, 04H) 798
DRW_INFO (Typ 19, 13H) 798
DRW_LOCKED (Typ 29, 1DH) 798
DRW_MAX_LINK_ID (Typ 37, 25H) 799
DRW_OLD_GRID (Typ 15, 0FH) 799
DRW_OVERLAY (Typ 5, 05H) 800
DRW_OVERLAY_NAME (Typ 23, 17H) 800
DRW_PAGE (Typ 27, 1BH) 800
DRW_PATTERN (Typ 28, 1CH) 801
DRW_POLYGON (Typ 6, 06H) 801
DRW_RESOLUTION (Typ 25, 19H) 801
DRW_SYMBOL (Typ 7, 07H) 802
DRW_SYMBOLVERSION (Typ 33, 21H) 814
DRW_TEXT (Typ 8, 08H) 814
DRW_TEXTEXTRA (Typ 36, 24H) 814
DRW_TEXTHDR (Typ 31, 1FH) 814
DRW_TEXTPARA (Typ 34, 22H) 816
DRW_VERSION (Typ 3, 03H) 816
DRW_VIEW (Typ 14, 0EH) 817
DRW_VISIBLE (Typ 17, 11H) 817
Recordaufbau Version 1 803
Recordaufbau Version 2 805
Recordaufbau Version 3 807
Recordaufbau Version 4 809
Recordaufbau Version 5 811
SYMBOL-Record 803
VERSION_REC (Typ 255, FFH) 817
MIDI
Betriebsarten 995
Channel Prefix (32) 1002
Copyright Note (02) 1001
Cue Point (07) 1002
Delta Time 987
End Of System Exclusive (EOX) 998
End of Track (47) 1002
Format 985
Header-CHUNK 985

MIDI (Forts.)
Instrument Name (04) 1001
Key Signature (89) 1003
Local Control 995
Long-Format 999
Lyric (05) 1002
Marker (06) 1002
Meta-Events 1000
Note off 992
Note on 989
Real Time System-Exclusive-Befehl 999
Sequence Number (00) 1001
Sequence/Track Name (03) 1001
Sequencer Specific (127) 1003
Set Temp (81) 1002
Short-Format 1000
SMPTE-Offset (84) 1003
Song-Position-Pointer 997
Song-Select 998
Steuerbefehle 993
System-Common-Befehle 997
System-Exclusive-Befehle (SOX) 998
Text (01) 1001
Time Signature (88) 1003
Timing 997
Track-CHUNK 987
Track-CHUNK Befehle 988
Tune-Request 998
Universal System Exclusive 1000
Miscellaneous Group 389
MOD
Format 981
Instrument Daten 983
Noten-Block 982
MSP
Datenbereich 820
Header 819
Indextabelle 820

O

OS/2 Bitmap Format
Version 1.2 621
Version 2.0 623

P

PAL-Format 658
Pattern Run-Format 688
PBM-Formate (PBM, PGM, PNM, PPM) 823
PBM-Header 823
PCL
EPS (Encapsulated PostScript-Format) 1031
PCPAINT/Pictor-Format (PIC) 837
PCPAINT/Pictor-Header 837
PCX
Abbildung in 826
Bildkomprimierung 832
Bitmap 825
CGA Color Map speichern 829
Color Map 829
Color Planes (VGA) 830
Datei (Hexdump) 833
Dateiaufbau 834
Datenkodierung 831
Farbebenen (VGA) 830
Farbpaletteninformation (CGA) 829
Headeraufbau 827
RLE-Verfahren 832
Speicherung von Farbebenen 825
Periodizität 315
PGM-Header 823
Photoshop-Dateiformat *s.* PSD
PIC *s.* Micrografx-Formate
PICT
Bilddaten-Records 780
Datenbereich 778
Header 778
PicFrame-Record 779
PicSize-Record 778
Reserved Header-Record 779
Picture Element 681
Pixelkodierung 686
Bit String-Record 687
Pattern Run-Record 688
Solid Run-Format 687
Vertical Replication Count 689
PNG
Background Color-CHUNK 847
Bilddatenbereich 851
CHUNK-Struktur 844
Compressed Textual Data-CHUNK 851
Dateiaufbau 843
Daten-CHUNK 847
Deflate/Inflate-Komprimierung 853
Filterung 852
Gamma-CHUNK 848
Header-CHUNK 845
Histogramm-CHUNK 848
Image Last-Modification Time-CHUNK 850
Interlacing 852
Palette-CHUNK 846
Physical Pixel Dimensions-CHUNK 848
Primary Chromaticities-CHUNK 847
Signatur 844
Significant Bits-CHUNK 849
Textual Data-CHUNK 849
Trailer-CHUNK 847
Transparency-CHUNK 850

Portable Document Format (PDF) 1067
PostScript 1031
Anweisungen 1036
arct 1047
currentcmykcolor 1048
currentcolor 1048
currentcolorrendering 1049
currentcolorscreen 1049
currentcolorspace 1049
currentcolortransfer 1049
currentdevparams 1049
currentglobal 1049
currentgstate 1049
currenthalftone 1050
currentobjektformat 1050
currentoverprint 1050
currentpagedevice 1050
currentshared 1050
currentstrokeadjust 1050
currentsystemparams 1050
currentundercolorremoval 1050
currentuserparams 1051
defineuserobject 1051
deletefile 1051
EPS-Strukturkonventionen 1034
execuserobject 1051
filenameforall 1051
filenameposition 1051
filter 1052
findeencoding 1052
findresource 1052
gcheck 1052
globaldict 1052
GlobalFontDirectory 1053
glyphshow 1053
ineofill 1053
infill 1053
instroke 1053
inueofill 1053
inufill 1054
inustroke 1054
ISOLatin1Encoding 1054
languagelevel 1054
makepattern 1054
packedarray 1055
printobject 1055
product 1055
realtime 1055
rectclip 1055
rectfill 1055
rectstroke 1056
rectviewclip 1056
renamefile 1056
PostScript (Forts.)
resourceforall 1056
resourcestatus 1056
rpptfont 1057
scheck 1057
selectfont 1057
serialnumber 1057
setbbox 1058
setblackgeneration 1058
setcachedevice2 1058
setcacheparams 1058
setcmykcolor 1058
setcolor 1058
setcolorrendering 1059
setcolorscreen 1059
setcolorspace 1059
setcolortransfer 1059
setdevparams 1059
setfileposition 1059
setglobal 1060
setgstate 1060
sethalftone 1060
setobjectformat 1060
setoverprint 1060
setpacking 1061
setpagedevice 1061
setpattern 1061
setrgbcolor 1061
setshared 1061
setsystemparms 1061
setucacheparms 1062
setundercolorremoval 1062
setuserparams 1062
setvmthreshold 1062
shareddict 1062
sharedfontdirectory 1062
startjob 1062
uappend 1063
ucache 1063
ucachestatus 1063
ueofill 1063
ufill 1063
undef 1063
undefinedresource 1063
undefinefont 1063
undefineresource 1063
undefineuserobject 1064
upath 1064
UserObjects 1064
ustroke 1064
ustrokepath 1064
vmreclaim 1064
writeobject 1064

PostScript (Forts.)
xyshow 1065
yshow 1065
PPM-Header 824
printer point 713
PSD 533
Bilddatenbereich 535
Header 533
MAC-Packbit-Kodierung 536
Mode Data-Block 534
Resource Data-Block 535

Q

QTM 855
Media Header-Atom 860
Media-Atom 859
Movie Directory-Atom 856
Movie Header-Atom 857
Track Directory-Atom 858
Track Header-Atom 858
Quattro Pro (WQ1)
ANNDROP 275
ANNGRID 274
ANNHEAPDATA 271
ANNINDEX 270
ANNOBJECT 268
ANNSNAPS 274
ANNVIS 274
ANNVISUAL 267
Berechnungsformel 229
BLANK 226
BOF (Recordtyp 0000H) 219
CALC_COUNT 258
CALC_MODE 220
CALC_ORDER 220
CELL_PTR_INDEX 262
COLUMN_WIDTH 225
COLUMN_WIDTH_2 226
CONDITION 266
CURSOR_SYNC 221
CURSOR_WINDOW_1_2 259
DISPGRID 275
EOF 220
EXTNMRANGE 263
EXTWKST 263
Fließkommazahlen 227
FONTS 264
FOOTER 238
FORMULA 229
GNAME 273
GRAPH 241
H_RANGE 237
HEADER 239
Quattro Pro (WQ1) (Forts.)
HIDDEN_VECTOR1 260
HIDDEN_VECTOR2 260
INTEGER 227
KEY_RANGE1 237
KEY_RANGE2 238
KRANGE3 267
KRANGE4 267
KRANGE5 267
LABEL 228
LABEL_FORMAT 240
lineare Regressionsauswertungen 261
MACOROLIB 263
MARGINS 239
MATRIX_RANGES 262
NAME 226
NAMED_GRAPH 249
NUMBER 227
OPTIMIZE 271
ORIENTATION 273
PARSE_RANGES 261
PRINT_RANGE 236
PROTECT 238
QUERY_RANGE 235
RHRANGE 276
RHSIZE 276
SAVE_RANGE 221
SCALE 273
SETUP 239
SEXTGRAPH 272
SLIDER 272
SOLVE 272
SORT_RANGE 236
STRINGVAL 259
STYLECELL 266
STYLECPI 265
TABLE 234
TITLES 240
UNFORMATTED 258
Window_Split 221
WINDOW1 222
WINDOW2 226
WINTL 264
WKS_PASSWORD 260
QuickTime-Format *s.* QTM

R

RAS
Datenbereich 863
Header 861
Palettenbereich 863
Resource Interchange File Format (RIFF) 599

RGB-Werte 828
Rich Text Format s. RTF
RIFF-Spezifikation 599
RLE (Run Length Encoding-Verfahren) 832
RTF 437
Absatzabstände 478
Absatzausrichtung 477
Absatzformatierung 476
Absatzpositionierung 485
Absatzränder (Paragraph borders) 483
Absatzschattierung (Paragraph Shading) 484
Abschnittsformate 469
Alternativer Font 444
Anmerkungen 467
Aufzählungen 480
Basiskommandos 440
Bidirektionale Ausrichtung 475
Bidirektionale Kontrolle 479
Bidirektionale Steuerung in Tabellen 489
Bidirektionale Zeichensteuerung 469
Bilddaten 503
Bullets 480
Callout-Elemente 507
Character formatting 491
Click-and-Type 467
Columns 470
control symbols 438
control words 512
Dateiaufbau 438
Dateitabelle 447
destination control words 440
Document formatting 455
Document Views und Zoom Level 457
Dokumentbereich 454
Dokumentformatierung 455
Drawing Grid 468
Drawing Objects 505
drawing objects control words 505
Eigenschaften 495
Einrückung 478
Farbtabelle 448
Fontnummer 443
Fonttabelle 442
Formatvorlagen 448
Formularoptionen 466
Fuß- und Endnoten 458
Grafiken 500
Header 440
Headers/Footers 475
Kinsoku-Zeichen (FarEast) 467
Kompatibilitätsoptionen 463
Kontrollwörter 440
RTF (Forts.)
Kopf- und Fußzeilen 475
Kopf-/Fußzeilen 475
Linked-Stil 463
List Levels 451
List Override Level 453
List Override-Tabelle 453
List Table 450
Numerierungen 480
objects control words 503
Objekte 503
Objektkontrollwörter 503
Page Borders 468
Paragraph Formatting 476
picture control words 500
Positionierung und Größenangaben 507
Referenz auf Dokumente 479
Revisionsinformationen 467
RTF-Reader 438
Schattierung 511
Schattierung und Hintergrund der Tabellenzellen 490
Section Break 470
Section Formatting 469
Section formatting 469
Seiteneinstellung 462
Seiteninformationen 471
Seitennumerierung 472
Seitenränder 468
Sonderzeichen 439
Spalten 470
special control words 497
Spezialzeichen 497
Tabellendefinitionen 488
Tabellenzeile 489
Tabulatoren 479
Textfeld 508
Unicode-Unterstützung 441
Vertikale Ausrichtung 475
Zeichenformatierung 491
Zeichensatz 440
Zeichnungen 505
Zeilennumerierung 471
Zeilenumbruch in Positionsrahmen 487
Run Length Encoding-Verfahren (RLE) 832

S

Satztyp
COL-FORMAT 326
COMMENT 314
DATA 313, 326
DISPLAYUNITS 316

Satztyp (Forts.)
GDISP-FORMAT 325
LABEL 314
MAJORSTART 315
MINORSTART 315
PERIODICITY 315
ROW-FORMAT 326
SIZE 315
TABLE 312, 324
TRUELENGTH 316
TUPLES 313, 325
UNITS 316
VECTORS 312, 324
SDI (Super Data Interchange Format) 323
COL-FORMAT 326
Darstellungsformat einer Zeile 326
DATA 326
Data Definition Entry 329
Datei 323
Datenteil 327
Endemarkierung 329
Formeln 330
Formula Entry 330
GDISP-FORMAT 325, 326
Header 323
Level Display Formatting Entry 330
Numeric Entry 328
numerische Werte 328
Origin Specifier 329
Recordtypen 324
Repeat Count Entry 330
ROW-FORMAT 326
Satzarten 327
Steuerzeichen 323
String mit Zellkoordinaten 329
TABLE 324
Text Entry 328
TUPLES 325
VECTORS 324
Zeilenmarkierung 329
SGML 1071
Anweisungen 1074
Dateistruktur 1071
Dokumentenstruktur 1072
Kopfteil 1073
Notation 1073
Solid Run Format 687
Sound
CMF-Format 965
MIDI Header 985
MOD-Header 981
RIFF-Header 1005
Voice Format (VOC) 975
Sound (Forts.)
WAV-DATA-CHUNK 1006
WAV-FMT-CHUNK 1006
Spezialformat
Kodierung 23
SPIFF
Header 767
Standard Generalised Markup Language
s. SGML
Standard MIDI-Format (SMF) 985
SUN Rasterformat *s.* RAS
Super Data Interchange-Format *s.* SDI
SYLK
Bereich 289
Boardered Flag 290
Boundary-Record 284
Cell-Format-Record 284
Dateiende 292
Defaultformat 282
End of SYLK 292
Ersatzname 289
Expression 285
Filename 289
File-Substitution 289
Formaterweiterungen für CHART 294
Format-Record 280
Formatsteuerzeichen 281
Formelformat 282
GA-Record 301
GC-Record 298
GD-Record 303
GE-Record 300
GF-Record 306
GI-Record 305
GL-Record 299
GM-Record 308
GN-Record 308
GP-Record 302
GR-Record 306
GS-Record 298
GT-Record 307
GW-Record 304
GX-Record 304
GY-Record 304
GZ-Record 308
ID-Satz 279
Kalkulationsformel 285
Kommaformat 282
Koordinaten 290
Name 288
Name Bereich 287
Name Link 288
Name Record 286

SYLK (Forts.)
Protected 284
Quellbereich 289
Shared Expression 285
Shared Values 285
Spaltenadressierung 285
Spaltenformatierung 281
Split Window 290
Split Window horizontal 290
Split Window vertical 290
Textausrichtung 281
Widthformat 282
Window 289
Window Number 289
Zeilenadressierung 285
Zeilenformatierung 281
Zellformat 280
Zellkoordinaten 280, 284
Zellwert 284
Symphony
Berechnungsformel 28
Dateiformat 17
DIF 311
Satzaufbau 17
Symbolic Link-Format *s.* SYLK

T

Tag Image File Format *s.* TIFF
TARGA-Format (TGA) 865
Erweiterungen 873
Extension Area 874
Footer 876
Header 865
Palettendaten 869
Scan Line- und Color Correction-Tabellen 875
Stamp Image 875
Version 2.0 873
Technical Graphics Extension (HP-GL/2)
Begin Plot 1025
Chord Tolerance Mode 1025
Download Character 1025
Enable Cutter 1025
Frame Advance 1025
Media Type 1026
Merge Control 1025
Message 1026
Not Ready 1026
Output Error 1026
Output Hard-Clip Limits 1026
Output Identification 1026
Output P1/P2 1026
Output Status 1026
Technical Graphics Extension (Forts.)
Plot Size 1026
Quality Level 1027
Sort 1027
Velocity Select 1027
TIFF
Artist-Tag 902
Aufbau 879
BitsPerSample-Tag 885
CellLength-Tag 889
CellWidth-Tag 889
ColorMap-Tag 904
ColorResponseCurve-Tag 901
ColorResponseUnit-Tag 900
Compression-Tag 886
DateTime-Tag 902
DocumentName-Tag 890
DOTRange-Tag 908
ExtrasSamples-Tag 908
FillOrder-Tag 889
FreeByteCount-Tag 897
FreeOffsets-Tag 897
GrayResponseCurve-Tag 898
GrayResponseUnit-Tag 897
HalftoneHints-Tag 905
Header 877
Host-Computer-Tag 902
Image File Directory (IFD) 877, 878
ImageDescriptor-Tag 890
ImageLength-Tag 885
ImageWidth-Tag 885
InkNames-Tag 907
InkSet-Tag 906
JPEGACTables-Tag 915
JPEGDCTables-Tag 915
JPEGInterchangeFormatLength-Tag 913
JPEGInterchangeFormat-Tag 913
JPEGLossLessPredictors-Tag 914
JPEGPointTransforms-Tag 914
JPEGProc-Tag 912
JPEGQTables-Tag 915
JPEGRestartInterval-Tag 913
Komprimierungsverfahren 917
Make-Tag 891
MaxSampleValue-Tag 894
MinSampleValue-Tag 894
Model-Tag 891
NewSubFile-Tag 883
NumberOfInks-Tag 907
Orientation-Tag 892
PageName-Tag 896
PageNumber-Tag 900
PhotometricInterpretation-Tag 887

TIFF (Forts.)
PlanarConfiguration-Tag 895
Predictor-Tag 903
PrimaryChromaticities-Tag 904
ReferenceBlackWhite-Tag 912
ResolutionUnit-Tag 899
RowsPerStrip-Tag 893
SampleFormat-Tag 909
SamplesPerPixel-Tag 893
SMaxSampleValue-Tag 909
SMinSampleValue-Tag 909
Software-Tag 901
Strip Offset Pointer 892
Strip Offset-Tags 886
StripByteCounts-Tag 893
StripOffset-Tag 891
Subfile Type-Tag 884
T4Options-Tag 898
T6Options-Tag 899
Tag-Beschreibung 883
Tags 879
TargetPrinter-Tag 908
Thresholding-Tag 888
TileByteCount-Tag 906
TileLength-Tag 905
TileOffsets-Tag 906
TileWidth-Tag 905
TransferRange-Tag 910
White Point-Tag 903
XPosition-Tag 896
XResolution-Tag 894
YCbCrCoefficient-Tag 910
YCbCrPositioning-Tag 911
YCbCrSubSampling-Tag 911
YPosition-Tag 896
YResolution-Tag 895
twips 500

V

Variable Length Multibyte-Steuercodes 357, 403
Advance to Page Position 373
Auto Reference Definition 385
Auto Reference Tag 386
Begin marked text 381
Begin style 395
Box Group 391
Character/Space Width 373
Color 363
Comment 390
Conditional End of Page 389
Date Function 387
Define Columns 365

Variable Length Multibyte-Steuercodes (Forts.)
Define marked text 382
Define Math Columns 365
Display Group 387
Embedded Printer Command 389
End marked text 382
End of included Subdocumen 387
End of Line 377
End of Page 376
End style 396
Endnote 380
Endnote Options 367
Endnotes print here 384
Figure 391
Font Change 364
Fontauswahl 363
Footer A 379
Footer B 379
Footnote 380
Footnote Options 366
Footnote/Endnote Group 380
Force odd/even Page 373
Form 362
Format Group 376
Generate Group 381
Global ON 396
Graph Box Information 377
Graph Box Options 368, 370
Gruppendefinition 364
Header A 378
Header B 379
Header/Footer Group 378
Horizontal line 394
Hyphenation Zone Set 359
Include Subdocument 386
Index entry 383
Kerning 390
Left/Right Margin Set 358
Line Numbering 372
Miscellaneous Group 389
Overstrike 388
Page Number Position 361
Paragraph Number 388
Paragraph Number Definitions 366
Save Page Information 384
Set Alignment Character 370
Set Endnote Number 371
Set Footnote Number 371
Set Graph Box Number 375
Set Group Subfunktionen 370
Set Language 375
Set Lines per Inch 357
Set Page Number 372

Variable Length Multibyte-Steuercodes (Forts.)
Set Underline Mode 370
Space Extension 374
Spacing Set 358
Start of included Subdocum 386
Style Group 395
Style OFF 397
Tab Set 359
Table 393
Table of authority entry 383
Text box 393
Top/Bottom Margin Set 360
User defined text box 394
Vertical line 395
Variable Length Multibyte-Steuercodes (WP 5.1)
Beginning of Column 429
Beginning of ROW 430
Enhanced Merge 431
Equation Nested 434
Style Group 428
Table End of Line Codes Group 429
Table End of Pages Codes Group 431
Table Off at 431
Unknown Function 435
Vertical line 428
VOC
ASCII-Text-Block (05) 978
Continuation-Block (02) 977
Data-Block (01) 976
End Repeat Loop-Block (07) 979
Extended-Block (08) 979
Format 975
Header 975
Marker-Block (04) 978
Repeat Loop-Block (06) 979
Silence-Block (03) 978
Terminator Block (00) 976
Datenblöcke 976

W

WAV 1005
DATA-CHUNK 1006
FMT-CHUNK 1006
Header 1005
WebCGM 633
Window_Split 20
WINDOW_WIDTH_2 24
WINDOWS 2.0 PAINT File-Format *s.* MSP
Windows Bitmap-Format *s.* BMP
Windows Metafile-Format *s.* WMF
Windows RLE-Format (RLE) 619
Windows WAV-Format *s.* WAV
WK1 *s.* WKS/WK1
WK3
BOF-Record 53
CALCSET-Record 57
COLUMNWIDTH-Record 61
CPA 84
DATAFILLNUMS-Record 64
DTLABELCELL-Record 84
DTLABELMISC-Record 83
DUPFMT-Record 74
EOF-Record 57
ERRCELL-Record 74
FILESEAL-Record 63
Format 17
FORMAT-Record 72
FORMULA-Record 77
FORMULASTRING-Record 83
FRM-Fileformat 86
GBLFMT-Record 73
GRAPHMAIN-Record 68
GRAPHSTRING-Record 71
GRAPHWINDOW 84
HIDDENCOLUMN-Record 61
HIDDENSHEET-Record 86
LABEL-Record 75
LPTAUTO-Record 85
NACELL-Record 75
NUMBERCELL-Record 76
PASSWORD-Record 57
PRINTMAIN-Record 65
PRINTSTRING-Record 67
QUERY-Record 85
SHEETCELLPTR-Record 59
SHEETLAYOUT-Record 60
SMALLNUMCELL-Record 76
SORTKEYDIR-Record 63
SYSTEMRANGE-Record 62
USERRANGE-Record 62
WINDOWSET-Record 58
XFORMAT 83
ZEROFORCE-Record 63
WKS/WK1
Abmessungen Druckrand 39
aktuelle Cursorposition 22
Aufbau 17
Berechnungsformel 28
Bereichsname 24
BLANK 25
BOF 18
CALC_COUNT 47
CALC_MODE 19

WKS/WK1 (Forts.)
CALC_ORDER 19
CELL_PTR_INDEX 51
COLUMN_WIDTH_1 24
COLUMN_WIDTH_2 24
CURSOR_SYNC 20
CURSOR_WINDOW_1_2 48
Dateien 17
Datentabelle 32
DIF 311
Header 312
Distribution Range 35
EOF 18
FILL_RANGE 35
Fließkommazahlen 26
FOOTER 37
Format 17
Formatierung der Druckausgabe 48
Formelberechnung 20
FORMULA 28
Fußzeile 37
Ganzzahlen 25
Grafik 43
Grafikerstellung 39
GRAPH 39
H_RANGE 35
HEADER 37
HIDDEN_VECTOR1 49
HIDDEN_VECTOR2 49
hidden-Spalte 49
INTEGER 25
KEY_RANGE1 35
KEY_RANGE2 36
Kodierung 23, 25
Kopfzeile 37
LABEL 27
LABEL_FORMAT 38
lineare Regressionsauswertungen 50
MARGINS 38
MATRIX_RANGES 51
NAME 24
NAMED_GRAPH 43
NUMBER 26
PARSE_RANGES 50
PRINT_RANGE 34
PROTECT 36
QUERY_RANGE 33
Randbegrenzungen 38
Rechenblattausschnitt 34
Recordtypen 18
REGRESS_RANGES 50
Satzaufbau 17
SAVE_RANGE 20
WKS/WK1 (Forts.)
Schutz des Arbeitsblatts 36
SDI 323
SETUP 38
Setup-Zeichensatz 38
SORT_RANGE 34
Spaltenbreite 24
SYLK 279
TABLE 32
TITLES 39
UNFORMATTED 48
WINDOW_SPLIT 20
Window_Split 20
WINDOW1 21, 22
WINDOW2 24
WK3-Format 53
WKS_PASSWORD 48
Zahlenformat 25
Zellformat 22
WMF
AnimatePalette 929
BitBlt 930
CHORD 931
CREATEBITMAP 931
CREATEBITMAPINDIRECT 931
CREATEBRUSH 932
CREATEBRUSHINDIRECT 932
CREATEFONTINDIRECT 933
CREATEPALETTE 933
CREATEPATTERNBRUSH 934
CREATEPENINDIRECT 934
CREATEREGION 935
DELETEOBJECT 935
DRAWTEXT 936
ELLIPSE 936
Enhanced Metafile-Format (EMF) 946
ESCAPE 936
EXCLUDECLIPRECT 937
EXTTEXTOUT 937
Header 925
LINETO 937
Metafile-Records 926
MOVETO 938
OFFSETCLIPRGN 938
OFFSETVIEWPORTORG 938
OFFSETWINDOWORG 938
PAINTREGION 938
PATBLT 939
PIE 939
Placable Metafiles 926
POLYGON 939
POLYLINE 939
POLYPOLYGON 940

WMF (Forts.)
Records 926
RECTANGLE 940
RESICEPALETTE 940
ROUNDRECT 941
SCALEVIEWPORT 941
SCALEWINDOWEXT 941
SETBKCOLOR 942
SETBKMODE 942
SETDIBTODEV 942
SETPALENTRIES 942
SETPIXEL 943
SETPOLYFILLMODE 943
SETROP2 943
SETSTRETCHBLTMODE 943
SETTEXTALIGN 943
SETTEXTCHAREXTRA 943
SETTEXTCOLOR 943
SETTEXTJUSTIFICATION 943
SETWINDOWEXT 944
SETWINDOWORG 944
STRETCHBLT 944
STRETCHDIB 945
TEXTOUT 946
Word Perfect Graphic File Format *s.* WPG
WordPerfect 345, 350
5.1-Format 397
anwenderdefinierter Block (Graph Box) 370
Box Group 391, 423
Subfunktionen 423
Codebelegung 352
Datenbereich 350
Display Group 387
Drucker 389
Einlesen von Bildern 391
Farbe für Textausgabe 363
Festlegung der Fonts 364
Fixed Length Multibyte-Steuercodes 354
Fixed Length Multibyte-Steuercodes (5.1) 401
Fontauswahl 363
Format des Indexblocks 347
Format Group 376
Fußnoten 366
Generate Group 381
Grafikdaten 350
Graph Box Options 368
Gruppendefinition 364
Header 345, 397
Header-Präfix 345, 397
Indizes 348, 399
Literaturhinweise 367, 371
WordPerfect (Forts.)
Miscellaneous Group 389
Multibyte-Steuercodes 352
Pakettypen 348, 399
Paragraph Number 388
Präfix 345
Seitennumerierung 361, 372
Set Group 370
Single Byte Functions (5.1) 400
Spaltendefinition 365
Steuercodes 354
Style Group 395
Subfunktionen 363, 364, 370, 376, 378, 380, 381, 387, 389, 391, 395
Tabellen (Graph Boxes) 370
Textbereich (5.1) 400
Textblock (Graph Boxes) 370
Textformat 362
Trennung 359
Variable Length Multibyte-Steuercodes 357, 403
WPG-Records 951
Zeichenbreite 373
Zeichensätze 375
Zeilennumerierung 372
Zeilenrand 360
World Wide Web 1089
WPG (Word Perfect Graphic File Format) 951
Bitmap 957
Bitmap 2 962
Color Map 959
Ellipse 956
End WPG Data 960
Fill Attributes 953
Graphic Text 958
Graphic Text Attributes 958
Graphics Text 2 963
Headeraufbau 951
Kurve 961
Line 955
Marker Attributes 954
Output Attributes 961
Polygon 956
Polyline 955
Polymarker 955
PostScript Data 960
Records 951
Rectangle 956
Start Bild 962
Start Chart 963
Start WPG Data 960
Start WPG2 964

X

XML 1081
    Attribute 1084
    CDATA-Abschnitte 1085
    Dateistruktur 1081
    Elemente 1083
    Entity 1084
    Extended Backus-Naur Form (EBNF) 1086
    Kommentare 1085

Z

Zeichensätze
    ISO 646-7-Bit 1071
    PCX-Dateien 834
Zeichensatz 444
ZSoft Paintbrush File Format *s.* PCX